ÖFFENTLICHES RECHT

Beamtenrecht in Nordrhein-Westfalen

Fachbuch
mit praktischen Übungen und Lösungen

7. vollständig überarbeitete Auflage

von
Alfons Gunkel
Boris Hoffmann

Verlag Bernhardt-Witten · 58456 Witten

Bibliografische Information der Deutschen Bibliothek

Die Deutsche Bibliothek verzeichnet diese Publikation in der Deutschen Nationalbibliografie; detaillierte bibliografische Daten sind im Internet über http://dnb.ddb.de abrufbar.

Verlag: Bernhardt-Witten, Bruchstr. 33, 58456 Witten
☎ 02302-71713, Telefax 02302-77126
E-Mail: mail@bernhardt-witten.de
Internet: www.bernhardt-witten.de

Satz: Schreibservice Bernhardt, Witten

Druck: inprint druck und service, Erlangen

© 2016 by Verlag Bernhardt-Witten

Alle Rechte vorbehalten. Dieses Buch ist urheberrechtlich geschützt.

Kein Teil dieses Werkes darf ohne schriftliche Einwilligung des Verlages in irgendeiner Form reproduziert (Nachdruck, Fotokopie oder ein anderes Verfahren) oder unter Verwendung elektronischer Systeme verarbeitet, vervielfältigt oder verbreitet werden.

Im Falle der Zuwiderhandlung wird Strafantrag gestellt und Schadensersatz geltend gemacht.

Vorwort zur 7. Auflage

Die 6. Auflage des Lehrbuchs erschien im Jahre 2014. Mit dem Dienstrechtsmodernisierungsgesetz vom 14.06.2016 wurde, aufbauend auf den bereits zur Umsetzung der Föderalismusreform von 2006 ergriffenen Maßnahmen, wie der Verabschiedung des Dienstrechtsanpassungsgesetzes vom 16.05.2013 und der Überleitung des Besoldungs- und Versorgungsrechtes, das öffentliche Dienstrecht in Nordrhein-Westfalen neu geordnet und weiterentwickelt. Durch das Gesetz wurden Änderungen in 42 Gesetzen und Verordnungen vorgenommen, die sich im Wesentlichen auf Dienst-, Besoldungs- und Versorgungsrecht beziehen.

Als zentrale Inhalte im Bereich des Dienstrechts sind dabei zu nennen die Vereinbarkeit von Familie und Beruf durch Flexibilisierung von Arbeitszeit und Freistellungsregelungen, die Anpassung der Laufbahngruppenstruktur an die Entwicklung im Hochschulbereich, die Verbesserung der Karrierechancen von Frauen, die Verankerung von Personalentwicklung, Fortbildung und behördlichem Gesundheitsmanagement im Gesetz und die Steigerung der Attraktivität des öffentlichen Dienstes für Spezialisten. Im Bereich des Besoldungsrechts wurden neben der Zusammenfassung des Übergeleiteten Besoldungsgesetz für das Land Nordrhein-Westfalen mit dem bisherigen Landesbesoldungsgesetz eine Vielzahl von einzelnen Änderungen vorgenommen, wie z. B. die Neuregelung des Familienzuschlages der Stufe 1, die Anpassung der Wartefrist für die Zulage für die Wahrnehmung eines höherwertigen Amtes und die Verbesserung der Besoldung des bisherigen einfachen Dienstes. Wesentliche Änderungen im Versorgungsrecht haben sich durch die Überarbeitung, Bereinigung und Neustrukturierung des 2013 in Landesrecht übergeleiteten Beamtenversorgungsrecht mit Änderungen bei der Berücksichtigung von ruhegehaltfähigen Dienstzeiten, der Vereinfachung von Kindererziehungs- und Pflegezuschlägen sowie der Integration der Regelungen zur Versorgungslastenteilung ergeben.

Auf der Basis der getroffenen Änderungen im Landesbeamtengesetz wurde die Laufbahnverordnung am 21.06.2016 neu gefasst. U. a. wurden unter Aufrechterhaltung des Laufbahnprinzips eine Reduzierung der Zahl der Laufbahngruppen, eine Anpassung an neue Studienstrukturen und Studiengängen bei den Hochschulen sowie wesentliche Änderungen zur Förderung der beruflichen Entwicklung vorgenommen.

Das Buch ist unter Berücksichtigung der genannten Gesetzesänderungen sowie der neueren Literatur und Rechtsprechung auf den aktuellen Stand (Oktober 2016) gebracht worden. Hinweise auf Fehler und Anregungen bzw. Verbesserungsvorschläge sind ausdrücklich erwünscht. Bitte nehmen Sie diesbezüglich Kontakt zu den Autoren gunkel@t-online.de oder boris.hoffmann@fhoev.nrw.de auf.

Das Buch richtet sich sowohl an Studierende der Fachhochschule für öffentliche Verwaltung NRW als auch an den nordrhein-westfälischen Studieninstituten. Aufgrund seiner umfassenden Aufarbeitung des gesamten nordrhein-westfälischen Beamtenrechts ist es darüber hinaus auch für Verwaltungspraktiker von Nutzen.

Beibehalten wurden auch in dieser Auflage zwei wesentliche Prinzipien eines traditionellen Lehrbuches. Nach der systematischen und strukturierten Aufbereitung der Rechtsmaterie folgen Übungen und Lösungen zur Vertiefung und Selbstkontrolle. Die praktischen Übungen sind vor allem für Studierende an Fachhochschulen und Studieninstituten gedacht, können aber auch Praktikern in Personalverwaltungen eine Hilfe sein.

Obwohl sich die Verfasser inhaltlich und sprachlich der Geschlechtergerechtigkeit verpflichtet fühlen, wurde in diesem Lehrbuch zur besseren Lesbarkeit gleichwohl darauf verzichtet, alle Begriffe zu „gendern". Wir hoffen auf das Verständnis der Leserinnen und Leser.

Dortmund und Bergheim, im Oktober 2016

Zu den Verfassern

Alfons Gunkel, vormals hauptamtlicher Dozent an der Fachhochschule für öffentliche Verwaltung Nordrhein-Westfalen.

Dr. Boris Hoffmann, Professor an der Fachhochschule für öffentliche Verwaltung Nordrhein-Westfalen.

Verantwortlich für die Kapitel 5, 6, 7 und 10 ist Alfons Gunkel, für die übrigen Kapitel Prof. Dr. Boris Hoffmann.

Inhaltsverzeichnis

Vorwort zur 7. Auflage III
Zu den Verfassern III
Abkürzungsverzeichnis XVI
Literaturverzeichnis XXV

1	**Einführung einschließlich historischer Grundlagen** 1
1.1	Geschichte des Beamtenrechts 1
1.1.1	Geschichtliche Entwicklung bis zum 18. Jahrhundert 2
1.1.2	Geschichtliche Entwicklung seit 1849 4
1.1.2.1	Reichsverfassung von 1849 4
1.1.2.2	Verfassung des Deutschen Reiches von 1871 4
1.1.2.3	Verfassung des Deutschen Reiches von 1919 5
1.1.2.4	Beamtenrecht im Nationalsozialismus 6
1.1.3	Entwicklung des Beamtenrechts in der Bundesrepublik Deutschland ... 8
1.1.4	Zusammenfassung 16
1.1.5	Europäische Entscheidungen mit Auswirkungen auf das Beamtenrecht ... 16
2	**Rechtsquellen** 17
2.1	Rechtsquellen des Beamtenrechts 17
2.1.1	Verfassungsrechtliche Grundlagen 17
2.1.1.1	Der Beamte als Grundrechtsträger 18
2.1.1.2	Artikel 33 Grundgesetz 19
2.1.1.2.1	Eignungs-, Leistungs- und Gleichheitsprinzip 20
2.1.1.2.2	Vorbehalts- und Institutionsprinzip 22
2.1.1.2.3	Regelungs- und Fortentwicklungsprinzip (Grundsätze des Berufsbeamtentums) ... 24
2.1.2	Sonstige Rechtsquellen 37
2.1.2.1	Bundesrecht 37
2.1.2.1.1	Bundesrecht für Bundesbeamte 38
2.1.2.1.2	Sonstiges Bundesrecht für Beamte in der Bundesrepublik Deutschland ... 38
2.1.2.1.3	Bundesrecht mit beamtenrechtlichen Inhalten 39
2.1.2.2	Landesrecht Nordrhein-Westfalen 39
3	**Grundbegriffe des Beamtenrechts** 42
3.1	Beamtenbegriff 42
3.1.1	Beamtenbegriff im staatsrechtlichen Sinne 43
3.1.1.1	Übungen 44
3.1.2	Beamtenbegriff im haftungsrechtlichen Sinne 45
3.1.2.1	Übung 46
3.1.3	Beamtenbegriff im strafrechtlichen Sinne 47
3.1.4	Abgrenzung der Begriffe „Beamter" und „Arbeitnehmer" 48
3.2	Begriff des Amtes 49
3.2.1	Begriff des Amtes im Sprachgebrauch und organisatorischen Sinne ... 49
3.2.2	Begriff des Amtes im beamtenrechtlichen Sinne 50
3.2.2.1	Amt im statusrechtlichen Sinne 51
3.2.2.2	Amt im funktionellen Sinne 52

3.3	Dienstherr, Dienstherrnfähigkeit und Organe des Dienstherrn	54
3.3.1	Dienstherr	54
3.3.2	Dienstherrnfähigkeit	54
3.3.3	Organe des Dienstherrn	56
3.3.3.1	Oberste Dienstbehörde	56
3.3.3.1.1	Oberste Dienstbehörde der Beamten des Landes Nordrhein-Westfalen	57
3.3.3.1.2	Oberste Dienstbehörde der Beamten der Gemeinden und der Gemeindeverbände i.S. des Art. 28 Abs. 2 GG	57
3.3.3.1.3	Oberste Dienstbehörde der Beamten der übrigen der Aufsicht des Landes unterstehenden Körperschaften, Anstalten und Stiftungen	58
3.3.3.1.4	Oberste Dienstbehörde für Ruhestandsbeamte, frühere Beamte und Hinterbliebene	58
3.3.3.1.5	Aufgaben der obersten Dienstbehörde	58
3.3.3.2	Dienstvorgesetzte Stelle	59
3.3.3.2.1	Dienstvorgesetzte Stelle der Beamten des Landes Nordrhein-Westfalen	59
3.3.3.2.2	Dienstvorgesetzte Stelle der Beamten der Gemeinden und Gemeindeverbände in Nordrhein-Westfalen	60
3.3.3.2.3	Dienstvorgesetzte Stelle der sonstigen der Aufsicht des Landes unterstehenden Körperschaften, Anstalten und Stiftungen des öffentlichen Rechts	61
3.3.3.3	Vorgesetzter	62
3.3.3.4	Landespersonalausschuss	62
3.3.3.5	Übung	63
4	**Das Beamtenverhältnis**	**65**
4.1	Rechtsnatur des Beamtenverhältnisses	65
4.2	Art des Beamtenverhältnisses	65
4.2.1	Unterscheidung nach dem Dienstherrn	65
4.2.1.1	Bundesbeamte	66
4.2.1.2	Landesbeamte	66
4.2.1.3	Kommunalbeamte	67
4.2.1.4	Sonstige Beamte	67
4.2.2	Unterscheidung nach der Dauer und Intensität der Bindung	67
4.2.2.1	Beamtenverhältnis auf Lebenszeit	68
4.2.2.2	Beamtenverhältnis auf Zeit	69
4.2.2.2.1	Beamtenverhältnis auf Zeit i.S. des § 4 Abs. 3 Buchstabe a) BeamtStG	70
4.2.2.2.2	Landesbeamte im Beamtenverhältnis auf Zeit	70
4.2.2.2.3	Beamte der Gemeinden, Gemeindeverbände usw. im Beamtenverhältnis auf Zeit	71
4.2.2.3	Beamtenverhältnis auf Probe	76
4.2.2.3.1	Beamtenverhältnis auf Probe vor der Berufung in das Beamtenverhältnis auf Lebenszeit	76
4.2.2.3.2	Beamtenverhältnis auf Probe bei Übertragung eines Amtes mit leitender Funktion	79
4.2.2.4	Beamtenverhältnis auf Widerruf	81
4.2.2.5	Ehrenbeamtenverhältnis	83
4.2.3	Unterscheidung nach dem Umfang der Bindung	83
4.2.4	Unterscheidung nach der Laufbahn	84
4.2.4.1	Laufbahnbewerber	85
4.2.4.1.1	Laufbahnbewerber mit Vorbereitungsdienst und Laufbahnprüfung	85
4.2.4.1.2	Laufbahnbewerber als Beamte besonderer Fachrichtung	86
4.2.4.1.3	Sonstige Laufbahnbewerber	86
4.2.4.2	Andere Bewerber	89
4.2.5	Unterscheidung nach dem wahrzunehmenden Amt	89
4.2.5.1	Ämterbeamte	89

4.2.5.2	Amtsbeamte	90
4.2.6	Unterscheidung nach dem Haushaltsrecht	90
4.2.6.1	Landesbeamte	90
4.2.6.2	Kommunalbeamte	91
4.2.7	Beamte mit besonderer Rechtsstellung	91
4.2.7.1	Beamte des Landtags und des Landesrechnungshofs	91
4.2.7.2	Ehrenbeamte	92
4.2.7.3	Polizeivollzugsbeamte	92
4.2.7.4	Kommunale Wahlbeamte	93
4.2.7.5	Beamte des feuerwehrtechnischen Dienstes	94
4.2.7.6	Beamte bei den Justizvollzugsanstalten	94
4.2.7.7	Professoren, Juniorprofessoren sowie sonstige wissenschaftlich und künstlerisch tätige Beamte	94
4.2.8	Politische Beamte	95
5	**Ernennung**	**96**
5.1	Bedeutung, Begriff und Rechtsnatur der Ernennung	96
5.1.1	Ernennung als Verwaltungsakt	96
5.1.1.1	Ernennung als rechtsgestaltender Verwaltungsakt	96
5.1.1.2	Ernennung als mitwirkungs- (zustimmungs-) bedürftiger Verwaltungsakt	97
5.1.1.3	Ernennung als formbedürftiger Verwaltungsakt	98
5.1.1.4	Wirksamkeit der Ernennung	99
5.2	Ernennungsfälle	100
5.3	Voraussetzungen der einzelnen Ernennungsfälle in formeller und materieller Hinsicht	101
5.3.1	Begründung des Beamtenverhältnisses (Einstellung)	101
5.3.1.1	Formelle Voraussetzungen für die Begründung des Beamtenverhältnisses	102
5.3.1.1.1	Zuständigkeit	102
5.3.1.1.2	Stellenausschreibung	106
5.3.1.1.3	Formalisiertes Auswahlverfahren	109
5.3.1.1.4	Beteiligung des zu ernennenden Beamten	109
5.3.1.1.5	Beteiligung unterlegener Mitkonkurrenten	110
5.3.1.1.6	Beteiligung der Gleichstellungsbeauftragten	111
5.3.1.1.7	Beteiligung des Personalrates	112
5.3.1.1.8	Beteiligung der Schwerbehindertenvertretung	113
5.3.1.1.9	Beteiligung des Landespersonalausschusses	113
5.3.1.1.10	Beteiligung der Aufsichtsbehörde und der Bezirksregierung bei der Ernennung kommunaler Wahlbeamter	114
5.3.1.1.11	Beteiligung anderer Stellen	114
5.3.1.1.12	Ernennungsurkunde	116
5.3.1.1.13	Planstelleneinweisung	119
5.3.1.2	Materielle Voraussetzungen	119
5.3.1.2.1	Dienstherrnfähigkeit	119
5.3.1.2.2	Ausübung hoheitsrechtlicher Befugnisse (Aufgaben)	120
5.3.1.2.3	Haushaltsrechtliche Voraussetzungen	121
5.3.1.2.4	Staatsangehörigkeit	122
5.3.1.2.5	Verfassungstreue	127
5.3.1.2.6	Besondere Voraussetzungen je nach Art des zu begründenden Beamtenverhältnisses	131
5.3.1.2.7	Eignung, Befähigung und fachliche Leistung	133
5.3.1.2.8	Fähigkeit zur Bekleidung öffentlicher Ämter	137

5.3.1.2.9	Übung	138
5.3.1.2.10	Amtswürdigkeit	140
5.3.1.2.11	Keine Entfernung aus dem Dienst oder Aberkennung des Ruhegehaltes in einem Disziplinarverfahren	141
5.3.1.2.12	Altersvoraussetzungen	142
5.3.1.2.13	Unvereinbarkeit von Amt und Mandat (Inkompatibilität)	148
5.3.1.3	Übung	150
5.3.2	Die Umwandlung eines Beamtenverhältnisses in ein solches anderer Art	154
5.3.2.1	Formelle Voraussetzungen	155
5.3.2.1.1	Zuständigkeit	155
5.3.2.1.2	Stellenausschreibung	155
5.3.2.1.3	Formalisiertes Auswahlverfahren	155
5.3.2.1.4	Beteiligung des zu ernennenden Beamten	155
5.3.2.1.5	Beteiligung der Gleichstellungsbeauftragten	156
5.3.2.1.6	Beteiligung des Personalrates	156
5.3.2.1.7	Beteiligung des Landespersonalausschusses	156
5.3.2.1.8	Ernennungsurkunde	156
5.3.2.1.9	. Planstelleneinweisung	156
5.3.2.2	Materielle Voraussetzungen	157
5.3.2.2.1	Haushaltsrechtliche Voraussetzungen	157
5.3.2.2.2	Besondere Voraussetzungen für die Umwandlung eines Beamtenverhältnisses auf Widerruf in ein Beamtenverhältnis auf Probe	157
5.3.2.2.3	Besondere Voraussetzungen für die Umwandlung eines Beamtenverhältnisses auf Probe in ein Beamtenverhältnis auf Lebenszeit	158
5.3.3	Die Verleihung eines anderen Amtes mit anderem Grundgehalt	158
5.3.3.1	Die Verleihung eines Amtes mit höherem Grundgehalt (Beförderung)	158
5.3.3.1.1	Formelle Voraussetzungen	160
5.3.3.1.2	Materielle Voraussetzungen	166
5.3.3.1.3	Beförderungsverbote	167
5.3.3.2	Die Verleihung eines anderen Amtes mit geringerem Endgrundgehalt und anderer Amtsbezeichnung (Rangherabsetzung)	179
5.3.3.2.1	Formelle Voraussetzungen	180
5.3.3.2.2	Materielle Voraussetzungen	181
5.3.4	Die Verleihung eines anderen Amtes mit anderer Amtsbezeichnung	186
5.3.4.1	Formelle Voraussetzungen	187
5.3.4.1.1	Zuständigkeit	187
5.3.4.1.2	Stellenausschreibung	187
5.3.4.1.3	Formalisiertes Auswahlverfahren	187
5.3.4.1.4	Beteiligung des zu ernennenden Beamten	187
5.3.4.1.5	Beteiligung der Gleichstellungsbeauftragten	188
5.3.4.1.6	Beteiligung des Personalrates	188
5.3.4.1.7	Beteiligung der Schwerbehindertenvertretung	188
5.3.4.1.8	Beteiligung des Landespersonalausschusses	188
5.3.4.1.9	Beteiligung anderer Stellen	188
5.3.4.1.10	Ernennungsurkunde	189
5.3.4.1.11	Planstelleneinweisung	189
5.3.4.2	Materielle Voraussetzungen	189
5.3.4.2.1	Haushaltsrechtliche Voraussetzungen	189
5.3.4.2.2	Eignung, Befähigung und fachliche Leistung	199
5.3.4.2.3	Laufbahnrechtliche Aufstiegsvoraussetzungen	190
5.4	Mängel der Ernennung und ihre Folgen	190
5.4.1	Nichternennung	191

5.4.2	Nichtigkeit von Ernennungen	192
5.4.2.1	Urkunde entspricht nicht der in § 8 Abs. 2 BeamtStG vorgeschriebenen Form	193
5.4.2.2	Ernennung durch eine sachlich unzuständige Behörde	194
5.4.2.3	Ernennung ohne Vorliegen der Staatsangehörigkeitsvoraussetzungen	194
5.4.2.4	Fehlende Fähigkeit zur Bekleidung öffentlicher Ämter	194
5.4.2.5	Unwirksame Wahl	195
5.4.2.6	Verfahren bei Nichtigkeit	195
5.4.2.7	Rechtsfolgen der Nichtigkeit	196
5.4.3	Rücknahme von Ernennungen	197
5.4.3.1	Zwang, arglistige Täuschung oder Bestechung	198
5.4.3.2	Amtsunwürdigkeit	200
5.4.3.3	Fehlende Staatsangehörigkeitsvoraussetzungen	201
5.4.3.4	Ernennung ohne die durch Landesrecht vorgeschriebene Mitwirkung einer unabhängigen Stelle oder einer Aufsichtsbehörde	201
5.4.3.5	Entfernung aus dem Beamtenverhältnis oder Aberkennung des Ruhegehaltes	201
5.4.3.6	Rücknahmeverfahren	202
5.4.3.7	Rechtsfolgen der Rücknahme	202
5.4.3.8	Gerichtliche Aufhebung der Ernennung	203
5.4.3.9	Rechtswidrige, aber wirksame Ernennungen	204
5.4.4	Übungen	204
5.5	Anspruch auf Ernennung	215
5.5.1	Anspruch auf ermessensfehlerfreie Entscheidung	215
5.5.2	Materiell-subjektive Rechte auf Ernennung	217
5.5.2.1	Ausbildungsmonopol des Staates	217
5.5.2.2	Anspruch des Polizeivollzugsbeamten auf Umwandlung des Beamtenverhältnisses auf Widerruf in das Beamtenverhältnis auf Probe	218
5.5.2.3	Anspruch eines Beamten auf Umwandlung des Beamtenverhältnisses auf Probe in ein Beamtenverhältnis auf Lebenszeit	219
5.5.2.4	Zusicherung	219
5.5.2.4.1	Formelle Voraussetzungen	219
5.5.2.4.2	Materielle Voraussetzungen	220
5.5.2.4.3	Wirksamkeit von Zusicherungen	220
5.5.3	Verfahrensrechte im Hinblick auf die Ernennung	221
5.5.3.1	Stellenausschreibung	221
5.5.3.2	Unterrichtung nicht berücksichtigter Bewerberinnen und Bewerber	222
5.5.3.3	Akteneinsicht	223
5.5.3.4	Bevollmächtigte und Beistand	223
6	**Laufbahnrecht**	**224**
6.1	Bestimmungsfaktoren der Laufbahn	229
6.1.1	Laufbahngruppe und Laufbahngruppensystem	229
6.1.2	Laufbahnabschnitte und Laufbahnsystem nach der Laufbahnverordnung der Polizei	231
6.1.3	Fachrichtung	232
6.2	Befähigung	233
6.2.1	Befähigungserwrb für Laufbahnbewerber	233
6.2.1.1	Zugangsvoraussetzungen	234
6.2.1.2	Laubahnen mit Vorbereitungsdienst	235
6.2.1.3	Laufbahnen besonderer Fachrichtungen	239
6.2.2	Sonstige Fälle des Erwerbs der Laufbahnbefähigung	242
6.2.3	Andere Bewerber	242

6.3	Probezeit	245
6.3.1	Art und Dauer der Probezeit	246
6.3.1.1	Kürzung der Probezeit durch Anrechnung	246
6.3.1.1.1	Dienstzeiten und hauptberufliche Tätigkieten im öffentlichen Dienst	247
6.3.1.1.2	Hauptberufliche Tätigkeit	248
6.3.1.2	Nichtberücksichtigung von Zeiten und Verlängerung der Probezeit	249
6.3.1.2.1	Beurlaubungs- und Krankheitszeiten	249
6.3.1.2.2	Unterhälftige Teilzeitbeschäftigung	250
6.3.1.3	Verlängerung der Probezeit wegen Nichtbewährung	251
6.3.1.4	Verlängerung der Probezeit nach sondergesetzlichen Bestimmungen	251
6.3.2	Probezeit im Polizeivollzugsdienst	252
6.3.3	Zusammenfassende Übersicht	252
6.3.4	Übungen	253
6.4	Laufbahnwechsel	257
6.4.1	Laufbahnwechsel in ein nichtstatusgleiches Amt	258
6.4.1.1	Aufstieg in die nächsthöhere Laufbahngruppe	258
6.4.1.1.1	Aufstieg von der der Laufbahngruppe 1 in die Laufbahngruppe 2 des allgemeinen Verwaltungsdienstes	258
6.4.1.1.2	Aufstieg im Polizeivollzugsdienst	264
6.4.1.2	Abstieg in die nächstniedrigere Laufbahngruppe	265
6.4.1.2.1	Nichtbewährung in der Probezeit	266
6.4.1.2.2	Nichtbestehen der Laufbahnprüfung	266
6.4.1.2.3	Versetzung in ein Amt der nächstniedrigeren Laufbahngruppe auf Antrag	267
6.4.2	Laufbahnwechsel in ein statusgleiches Amt	267
6.4.2.1	Außerhalb dvon Nordrhein-Westfalen erworbene Befähigungen	269
6.4.2.2	Wechsel von Beamten anderer Laufbahnen in den Polizeivollzugsdienst	270
6.4.2.3	Wechsel von Polizeivollzugsbeamten anderer Dienstherren in den Dienst des Landes Nordrhein-Westfalen	270
6.4.3	Berufliche Entwicklung innerhalb der Laufbahngruppe 2	271
6.4.3.1	Modulare Qualifizierung	271
6.4.3.2	Masterstudium	273
6.4.3.3	Masterstudium mit dem Ziel der Spezialiasierung	276
6.4.4	Übungen	278
7	**Änderung des funktionellen Amtes und Maßnahmen bei der Umbildung von Behörden und Körperschaften**	283
7.1	Änderung des funktionellen Amtes	283
7.1.1	Versetzung	285
7.1.1.1	Versetzung nach dem Landesbeamtengesetz	287
7.1.1.1.1	Versetzung nach § 25 Abs. 2 Satz 1 LBG auf Antrag oder mit Zustimmung des Beamten	288
7.1.1.1.2	Versetzung nach § 25 Abs. 2 Satz 2 LBG ohne Zustimmung des Beamten	288
7.1.1.1.3	Versetzung nach § 25 Abs. 3 LBG ohne Zustimmung des Beamten	289
7.1.1.1.4	Statusrechtliche Versetzung nach § 26 Abs. 2 Satz 1 LBG ohne Zustimmung des Beamten	290
7.1.1.2	Versetzung nach dem Beamtenstatusgesetz	290
7.1.1.3	Formelle und materielle Voraussetzungen der Versetzung	291
7.1.1.3.1	Formelle Voraussetzungen	291
7.1.1.3.2	Materielle Voraussetzungen	295
7.1.2	Abordnung	296
7.1.2.1	Abordnung nach dem Landesbeamtengesetz	298

7.1.2.2	Abordnung nach dem Beamtenstatusgesetz	299
7.1.2.3	Formelle und materielle Voraussetzungen der Abordnung	300
7.1.2.3.1	Formelle Voraussetzungen	300
7.1.2.3.2	Materielle Voraussetzungen	302
7.1.3	Umsetzung	303
7.1.3.1	Formelle Voraussetzungen	304
7.1.3.2	Materiell-rechtliche Voraussetzungen	305
7.1.4	Organisationsverfügung (Geschäftsplanänderung)	306
7.1.5	Zuweisung einer Tätigkeit bei anderen Einrichtungen	306
7.2	Maßnahmen bei der Umbildung, Auflösung usw. von Behörden und Körperschaften	308
7.3	Versetzung aus disziplinarrechtlichen Gründen - Rangherabsetzung	309
7.4	Übung	310
8	**Rechtsstellung des Beamten mit Berücksichtigung berufsethischer Fragen**	316
8.1	Beamtenpflichten	316
8.1.1	Allgemeine Pflichten	317
8.1.1.1	Pflichten politischer Art	318
8.1.1.1.1	Pflicht zum Dienst am ganzen Volk	318
8.1.1.1.2	Neutralitätspflicht	319
8.1.1.1.3	Pflicht zum Eintreten für die freiheitlich demokratische Grundordnung	320
8.1.1.1.4	Pflicht zur Mäßigung und Zurückhaltung	324
8.1.1.1.5	Übungen	325
8.1.1.2	Pflichten innerhalb des Dienstes	327
8.1.1.2.1	Pflicht zur vollen Hingabe im Beruf	327
8.1.1.2.2	Pflicht zur gerechten, unparteiischen und uneigennützigen Amtsführung	336
8.1.1.2.3	Pflicht zum Gehorsam, zur Beratung und Unterstützung der Vorgesetzten	337
8.1.1.2.4	Gehorsamspflicht und strafrechtliche Schweigepflicht	339
8.1.1.2.5	Pflicht zu achtungs- und vertrauenswürdigem Verhalten im Dienst	340
8.1.1.2.6	Übungen	342
8.1.1.2.7	Pflicht zur Einhaltung des Dienstweges	343
8.1.1.3	Pflichten außerhalb des Dienstes	343
8.1.1.4	Übungen	345
8.1.2	Besondere Pflichten	347
8.1.2.1	Verpflichtungen für den Beamten	347
8.1.2.1.1	Pflicht zur Leistung des Diensteides	347
8.1.2.1.2	Pflicht zur Dienstleistung	349
8.1.2.1.3	Pflicht zur Verschwiegenheit	351
8.1.2.1.4	Pflicht zum Tragen von Dienstkleidung	353
8.1.2.2	Einschränkungen für den Beamten	354
8.1.2.2.1	Ausübung einer Nebentätigkeit	355
8.1.2.2.2	Pflicht zur Wohnsitznahme	360
8.1.2.2.3	Verbot der Annahme von Belohnungen und Geschenken	360
8.1.3	Disziplinarrechtliche Konsequenzen bei Pflichtverletzungen	363
8.2	Beamtenrechte	365
8.2.1	Nichtvermögenswerte Rechte	366
8.2.1.1	Recht auf Anhörung und Beratung	366
8.2.1.2	Recht auf Fürsorge und Schutz	367
8.2.1.2.1	Unterstützung der Behörde bei Rechtsschutzangelegenheiten	368
8.2.1.2.2	Beachtung der Rechtsstellung des Beamten	368
8.2.1.2.3	Gerechte und wohlwollende Behandlung des Beamten	369

8.2.1.2.4	Offenes und vertrauensvolles Verhalten gegenüber dem Beamten	370
8.2.1.2.5	Wahrung der Rechte des Beamten und Bewahrung vor Schaden	370
8.2.1.2.6	Schutz der Gesundheit, des Eigentums und der Ehre	371
8.2.1.2.7	Schutz vor sexueller Belästigung am Arbeitsplatz	374
8.2.1.2.8	Schutz in besonderen Lebenssituationen wie Schwangerschaft, Mutterschaft, Schutz für Jugendliche und Behinderte	376
8.2.1.2.9	Schutz und Förderung von Frauen	377
8.2.1.3	Amtsbezogene Rechte	380
8.2.1.3.1	Recht auf Amtsausübung	380
8.2.1.3.2	Recht auf Befreiung von der Amtsausübung	381
8.2.1.3.3	Recht auf Führung der Amts- und Dienstbezeichnung	382
8.2.1.3.4	Recht auf Fortbildung	383
8.2.1.3.5	Anspruch auf Amts- und Dienstkleidung	384
8.2.1.4	Einzelrechte persönlicher Art	385
8.2.1.4.1	Urlaubsanspruch / Dienstbefreiung aus besonderen Gründen	385
8.2.1.4.2	Anspruch auf Teilzeitbeschäftigung	393
8.2.1.4.3	Anspruch auf ordnungsgemäße Führung der Personalakte	394
8.2.1.4.4	Anspruch auf Beurteilung / Zeugniserteilung / Beurteilung	398
8.2.1.4.5	Antrags-, Beschwerde- und Klagerecht	403
8.2.2	Vermögenswerte Rechte	403
8.2.2.1	Lebensunterhalt	403
8.2.2.1.1	Besoldung / Dienstbezüge	405
8.2.2.1.2	Anwärterbezüge	421
8.2.2.1.3	Vermögenswirksame Leistungen	421
8.2.2.1.4	Versorgungsbezüge	422
8.2.2.2	Ausgleich dienstlicher Sonderbelastungen	431
8.2.2.2.1	Reisekosten	431
8.2.2.2.2	Umzugskosten	432
8.2.2.2.3	Mehrarbeitsvergütung	433
8.2.2.2.4	Ersatz von Schäden des Beamten	434
8.2.2.3	Außerdienstliche Sonderbelastungen	435
8.2.2.3.1	Jährliche Sonderzahlung	435
8.2.2.3.2	Beihilfen	436
8.2.2.3.2	Freie Heilfürsorge	439
8.2.2.3.4	Gehaltsvorschüsse und Unterstützungen	440
8.3	Übungen	440
9	**Folgen von Pflichtverletzungen**	**446**
9.1	Pflichtverletzung durch Beamte	446
9.1.1	Vermögensrechtliche Folgen von Pflichtverletzungen	447
9.1.1.1	Schadensersatz	448
9.1.1.1.1	Fremdschäden bei Amtspflichtverletzung	448
9.1.1.1.2	Eigenschäden des Dienstherrn bei Ausübung hoheitlicher oder fiskalischer Tätigkeit	449
9.1.1.1.3	Ersatzleistungen des Dienstherrn gegenüber Dritten für Fremdschäden bei hoheitlicher oder fiskalischer Tätigkeit	450
9.1.1.1.4	Voraussetzungen für die Inanspruchnahme bei Eigen- und Fremdschäden	451
9.1.1.2	Erstattungsansprüche des Dienstherrn gegenüber dem Beamten (Rückforderung von Bezügen)	453
9.1.1.3	Verlust von Leistungen	454
9.1.1.3.1	Verlust der Dienstbezüge	454

9.1.1.3.2	Verlust des Anspruchs auf Leistungen bei Entlassung	455
9.1.1.3.3	Verlust des Anspruchs auf Leistungen bei Verlust der Beamtenrechte	455
9.1.1.3.4	Verlust von Leistungen nach dem Landesdisziplinargesetz	456
9.1.2	Beamtenrechtliche Folgen von Pflichtverletzungen	456
9.1.2.1	Missbilligung	456
9.1.2.2	Herausgabeanspruch	457
9.1.2.3	Disziplinarrechtliche Verfolgung von Pflichtverletzungen	457
9.1.2.3.1	Disziplinarmaßnahmen	458
9.1.2.3.2	Zuständigkeit für die einzelnen Disziplinarmaßnahmen	463
9.1.2.3.3	Durchführung des Verfahrens	464
9.1.2.4	Personalmaßnahmen	466
9.1.2.5	Verbot der Führung der Dienstgeschäfte	467
9.1.2.6	Sonstige Konsequenzen	467
9.1.3	Strafrechtliche Folgen von Pflichtverletzungen	468
9.2	Pflichtverletzung durch den Dienstherrn	468
9.2.1	Anspruch auf Erfüllung	469
9.2.1.1	Anspruch auf Erfüllung vermögenswerter Rechte	469
9.2.1.2	Anspruch auf Erfüllung nicht vermögenswerter Rechte	469
9.2.2	Anspruch auf Beseitigung nachteiliger Folgen	470
9.2.3	Anspruch auf Schadensersatz	471
10	**Beendigung des Beamtenverhältnisses**	**472**
10.1	Entlassung	472
10.1.1	Entlassung kraft Gesetzes	473
10.1.1.1	Verlust der erforderlichen Staatsangehörigkeit (§ 22 Abs. 1 Nr. 1 BeamtStG)	474
10.1.1.2	Erreichen der Altersgrenze, wenn das Beamtenverhältnis nicht durch den Eintritt in den Ruhestand endet (§ 22 Abs. 1 Nr. 2 BeamtStG, § 41 LBG)	476
10.1.1.3	Eintritt in ein öffentlich-rechtliches Dienst- oder Amtsverhältnis zu einem anderen Dienstherrn § 22 Abs. 2 BeamtStG	476
10.1.1.3.1	Ausnahmetatbestände	476
10.1.1.4	Berufung in ein Beamtenverhältnis auf Zeit zu demselben Dienstherrn	477
10.1.1.5	Ablegung oder endgültiges Nichtbestehen der Laufbahnprüfung (§ 22 Abs. 4 BeamtStG)	477
10.1.1.6	Entlassung von Beamten mit leitender Funktion aus dem Beamtenverhältnis auf Probe (§ 22 Abs. 5 BeamtStG)	478
10.1.1.7	Ablauf der Amtszeit bei Bürgermeistern und Landräten ohne Erfüllung der Dienstzeitvoraussetzungen für den Eintritt in den Ruhestand (§ 118 Abs. 4 Satz 4 und Abs. 10 LBG)	479
10.1.1.8	Ablauf der Amtszeit von Beamten auf Zeit ohne ausreichende Dienstzeit	480
10.1.1.9	Beendigung der Amtszeit von Juniorprofessoren auf Zeit (§ 124 Abs. 1 Satz 6 Halbsatz 2 LBG)	480
10.1.1.10	Zuständigkeit und Verfahren für den Fall der Entlassung kraft Gesetzes	480
10.1.1.10.1	Zeitpunkt der Entlassung kraft Gesetzes	480
10.1.1.10.2	Feststellung der Voraussetzungen der Entlassung	481
10.1.1.11	Rechtsfolgen der Entlassung (Wirkung)	481
10.1.1.12	Übung	481
10.1.2	Entlassung durch Verwaltungsakt	482
10.1.2.1	Formelle Voraussetzungen	484
10.1.2.1.1	Zuständigkeit	485
10.1.2.1.2	Form, Bestimmtheit und Begründung	485
10.1.2.1.3	Frist	485

10.1.2.1.4	Zustellung	485
10.1.2.1.5	Beteiligungen	485
10.1.2.2	Materielle Voraussetzungen	486
10.1.2.2.1	Entlassung durch obligatorischen Verwaltungsakt	487
10.1.2.2.2	Entlassung durch fakultativen Verwaltungsakt	491
10.1.3	Übung	495
10.2	Verlust der Beamtenrechte	498
10.2.1	Freiheitsstrafe von mindestens einem Jahr wegen einer vorsätzlichen Tat	498
10.2.2	Freiheitsstrafe von mindestens sechs Monaten wegen Friedens-verrats, Hochverrats, Gefährdung des demokratischen Rechts-staates, Landesverrats und Gefährdung der äußeren Sicherheit oder Bestechlichkeit	499
10.2.3	Aberkennung der Fähigkeit zur Bekleidung öffentlicher Ämter	500
10.2.4	Verwirkung von Grundrechten	500
10.2.5	Wirkung des Verlustes der Beamtenrechte	501
10.3	Entfernung aus dem Beamtenverhältnis	501
10.4	Eintritt oder Versetzung in den Ruhestand	502
10.4.1	Eintritt in den Ruhestand kraft Gesetzes durch Erreichen der Altersgrenze	502
10.4.2	Eintritt in den Ruhestand durch Verwaltungsakt	505
10.4.3	Formelle Voraussetzungen	505
10.4.3.1	Zuständigkeit	505
10.4.3.2	Form, Bestimmtheit und Begründung	506
10.4.3.3	Zustellung	506
10.4.3.4	Beteiligungen	506
10.4.4	Materielle Voraussetzungen	507
10.4.4.1	Dienstunfähigkeit bei Beamten auf Lebenszeit und auf Zeit	507
10.4.4.2	Dienstunfähigkeit bei Beamten auf Probe	510
10.4.4.3	Eintritt in den dauernden Ruhestand auf Antrag (Antragsaltersgrenze)	511
10.4.5	Eintritt in den einstweiligen Ruhestand politischer Beamter	511
10.4.6	Eintritt in den einstweiligen Ruhestand bei der Auflösung oder Umbildung von Behörden	512
10.4.7	Übungen	512
10.5	Rechtsfolgen der Beendigung von Beamtenverhältnissen	516
10.5.1	Rechtsfolgen der Entlassung	516
10.5.2	Rechtsfolgen des Eintritts in den Ruhestand	517
10.5.2.1	Dauernder Ruhestand	517
10.5.2.2	Einstweiliger Ruhestand	517
11	**Beschwerdeweg und Rechtsschutz**	**518**
11.1	Außergerichtliche Rechtsbehelfe	519
11.1.1	Außergerichtliche formlose Rechtsbehelfe	519
11.1.1.1	Anträge und Beschwerden	519
11.1.1.2	Remonstration (Gegenvorstellung)	520
11.1.1.3	Petitionen	520
11.1.1.4	Beschwerden an Personalrat, Gleichstellungsbeauftragte und Schwerbehindertenvertretung	521
11.1.1.5	Anrufung des Datenschutzbeauftragten	522
11.1.1.6	Antrag nach § 18 Abs. 1 LDG	522
11.1.1.7	Gnadengesuch	522
11.1.1.7.1	Gnadengesuch nach dem Landesbeamtengesetz	522
11.1.1.7.2	Gnadengesuch nach der Disziplinarordnung	523

11.1.2	Außergerichtliche förmliche Rechtsbehelfe	523
11.1.2.1	Widerspruch	523
11.1.2.1.1	Zulässigkeit des Widerspruchs	525
11.1.2.1.2	Formelle und materielle Begründetheit	529
11.1.2.1.3	Widerspruchsbescheid	530
11.1.2.1.4	Abhilfebescheid	531
11.1.2.2	Einwand bei beabsichtigter Versetzung in den Ruhestand nach § 34 Abs. 1 Satz 1 LBG	531
11.1.2.3	Antrag auf Wiederaufgreifen des Verfahrens	531
11.2	Gerichtliche Rechtsbehelfe	532
11.2.1	Förmliche gerichtliche Rechtsbehelfe	532
11.2.1.1	Klage vor dem Verwaltungsgericht	532
11.2.1.2	Klage vor dem Disziplinargericht	534
11.2.1.3	Klage vor dem Finanzgericht	534
11.2.1.4	Klage vor dem Zivilgericht	534
11.2.1.5	Verfassungsbeschwerde vor dem Bundesverfassungsgericht	535
12	**Grundlagen des Personalvertretungsrechts**	**536**
12.1	Begriffsbestimmungen des Landespersonalvertretungsgesetzes	537
12.1.1	Dienststellen	537
12.1.2	Nebenstellen	537
12.1.3	Beschäftigte	537
12.2	Der Personalrat	538
12.2.1	Wahl und Zusammensetzung des Personalrats / Geschäftsführung	539
12.2.2	Organisation des Personalrates, sowie der Jugend- und Auszubildendenvertretung	540
12.3	Formen der Beteiligung der Personalvertretung	541
12.3.1	Mitbestimmung	542
12.3.2	Mitwirkung	547
12.3.3	Anhörung	547
12.4	Beteiligungsverfahren	548
12.4.1	Beteiligungsverfahren im Rahmen der Mitbestimmung in der Landesverwaltung	549
12.4.2	Beteiligungsverfahren im Rahmen der Mitbestimmung in Gemeinden, Gemeindeverbänden und der sonstigen der Aufsicht des Landes unterstehenden Körperschaften, Anstalten und Stiftungen des öffentlichen Rechts	550
12.4.3	Beteiligungsverfahren im Rahmen der Mitwirkung	551
12.5	Rechtsfolgen von Verfahrensfehlern	551
Stichwortverzeichnis		**554**

Abkürzungsverzeichnis[1]

a. a. O.	am angegebenen Ort
a. D.	außer Dienst
a. F.	alte Fassung
AbgG	Gesetz über die Rechtsverhältnisse der Mitglieder des Deutschen Bundestags (Abgeordnetengesetz – AbgG) in der Fassung der Bekanntmachung vom 21.021996 (BGBl. I S. 326), zuletzt geändert durch Artikel 1 des Gesetzes vom 11.07.2014 (BGBl. I S. 906)
AbgG NRW	Abgeordnetengesetz des Landes Nordrhein-Westfalen – AbgG NRW – vom 05.04.2005 (GV.NRW. S. 252), zuletzt geändert durch Gesetz vom 08.07.2016 (GV. NRW. S. 550)
Abl. EG	Amtsblatt der Europäischen Gemeinschaften
Abs.	Absatz
AGG	Allgemeines Gleichbehandlungsgesetz (AGG) vom 14.08.2006 (BGBl. I S. 1897), zuletzt geändert durch Artikel 8 des Gesetzes vom 03.04.2013 (BGBl. I S. 610)
Anm.	Anmerkung
ArbGG	Arbeitsgerichtsgesetz (ArbGG) in der Fassung der Bekanntmachung vom 02.07.1979 (BGBl. I S. 853, 1036), zuletzt geändert durch Artikel 170 der Verordnung vom 31.08.2015 (BGBl. I S. 1474)
ArbSchG	Gesetz über die Durchführung von Maßnahmen des Arbeitsschutzes zur Verbesserung der Sicherheit und des Gesundheitsschutzes bei der Arbeit (Arbeitsschutzgesetz – ArbSchG) vom 07.08.1996 (BGBl. I S. 1246), zuletzt geändert durch Artikel 427 der Verordnung vom 31.08.2015 (BGBl. I S. 1474)
ArbZG	Arbeitszeitgesetz (ArbZG) vom 06.06.1994 (BGBl. I S. 1170, 1171), zuletzt geändert durch Artikel 3 Absatz 6 des Gesetzes vom 20.04.2013 (BGBl. I S. 868)
Art.	Artikel
AWbG	Gesetz zur Freistellung von Arbeitnehmern zum Zwecke der beruflichen und politischen Weiterbildung - Arbeitnehmerweiterbildungsgesetz (AWbG) vom 06.11.1984 (GV. NRW. S. 678), zuletzt geändert durch Gesetz vom 09.12.2014 (GV.NRW. S. 887)
AZVO	Verordnung über die Arbeitszeit der Beamtinnen und Beamten im Lande Nordrhein-Westfalen (Arbeitszeitverordnung - AZVO) vom 04.07.2006 (GV.NRW. S. 335), zuletzt geändert durch Artikel 2 der VO vom 21.06.2016 (GV. NRW. S. 335)
AZVOFeu	Verordnung über die Arbeitszeit der Beamtinnen und Beamten des feuerwehrtechnischen Dienstes im Lande Nordrhein-Westfalen (Arbeitszeitverordnung Feuerwehr – AZVOFeu) vom 01.09.2006 (GV.NRW. S. 442), zuletzt geändert durch Verordnung vom 03.05.2016 (GV. NRW. S. 243)
AZVOPol	Verordnung über die Arbeitszeit der Polizeivollzugsbeamten des Landes Nordrhein-Westfalen (AZVOPol) vom 15.08.1975 (GV.NRW. S. 532), zuletzt geändert durch VO vom 20.09.2013 (GV.NRW. S. 557)
BAG	Bundesarbeitsgericht
BAGE	Entscheidungssammlung des Bundesarbeitsgerichts

---

[1] Soweit es sich um Landesrecht handelt, stehen die Abkürzungen für Vorschriften des Landes Nordrhein-Westfalen.

BayLlbG	Gesetz über die Leistungslaufbahn und die Fachlaufbahnen der bayerischen Beamten und Beamtinnen (Leistungslaufbahngesetz - LlbG) vom 05.08.2010 (GVBl S. 410), zuletzt geändert durch § 2 des Gesetzes vom 22.12.2015 (GVBl S. 497)
BayPVG	Bayerisches Personalvertretungsgesetz (BayPVG) in der Fassung der Bekanntmachung vom 11.11.1986 (GVBl. S. 349), zuletzt geändert durch § 2 Abs. 6 des Gesetzes vom 17.07.2015 (GVBl. S. 243)
BayVGH	Bayerischer Verwaltungsgerichtshof
BBankG	Gesetz über die Deutsche Bundesbank (BBankG) in der Fassung der Bekanntmachung vom 22.10.1992 (BGBl. I S. 1782), zuletzt geändert durch Artikel 23 des Gesetzes vom 04.07.2013 (BGBl. I S. 1981)
BBG	Bundesbeamtengesetz vom 05.02.2009 (BGBl. I S. 160), zuletzt geändert durch Artikel 3 Absatz 3 des Gesetzes vom 18.07.2016 (BGBl. I S. 1666)
BBesG	Bundesbesoldungsgesetz
BeamtStG	Gesetz zur Regelung des Statusrechts der Beamtinnen und Beamten in den Ländern (Beamtenstatusgesetz - BeamtStG) vom 17.062008 (BGBl. I S. 1010), zuletzt geändert durch Artikel 15 Absatz 16 des Gesetzes vom 05.022009 (BGBl. I S. 160)
BEEG	Gesetz zum Elterngeld und zur Elternzeit (Bundeselterngeld- und Elternzeitgesetz - BEEG) vom 05.12.2006 (BGBl. I S. 2748), neugefasst durch Bekanntmachung vom 27.01.2015 (BGBl. I S. 33).
BGB	Bürgerliches Gesetzbuch in der Fassung der Bekanntmachung vom 02.01.2002 (BGBl. I S. 42), zuletzt geändert durch Artikel 3 des Gesetzes vom 24.05.2016 (BGBl. I S. 1190)
BGBl.	Bundesgesetzblatt
BGH	Bundesgerichtshof
BGleiG	Gesetz für die Gleichstellung von Frauen und Männern in der Bundesverwaltung und in den Unternehmen und Gerichten des Bundes (Bundesgleichstellungsgesetz - BGleiG) vom 24.042015 (BGBl. I S. 642)
BBVLG	Gesetz über vermögenswirksame Leistungen für Beamte, Richter, Berufssoldaten und Soldaten auf Zeit (BBVLG) in der Fassung der Bekanntmachung vom 16.05.2002 (BGBl. I S. 1778)
BEGTPG	Gesetz über die Bundesnetzagentur für Elektrizität, Gas, Telekommunikation, Post und Eisenbahnen (BEGTPG) vom 07.05.2005 (BGBl. I S. 1970, 2009), zuletzt geändert durch Artikel 4 des Gesetzes vom 29.08.2016 (BGBl. I S. 2082)
BLV	Verordnung über die Laufbahnen der Bundesbeamtinnen und Bundesbeamten (Bundeslaufbahnverordnung - BLV) vom 12.02.2009 (BGBl. I S. 284), zuletzt geändert durch Artikel 1 der Verordnung vom 02.06.2016 (BGBl. I S. 1257)
BMVergV	Verordnung über die Gewährung von Mehrarbeitsvergütung für Beamtinnen und Beamte des Bundes (Bundesmehrarbeitsvergütungsverordnung - BMVergV) in der Fassung der Bekanntmachung vom 04.11.2009 (BGBl. I S. 3701), zuletzt geändert durch Artikel 7 des Gesetzes vom 25.11.2014 (BGBl. I S. 1772)
BMinG	Gesetz über die Rechtsverhältnisse der Mitglieder der Bundesregierung (Bundesministergesetz - BMinG) in der Fassung der Bekanntmachung vom 27.07.1971 (BGBl. I S. 1166), zuletzt geändert durch Artikel 1 des Gesetzes vom 17.07.2015 (BGBl. I S. 1322)

BPersVG	Bundespersonalvertretungsgesetz (BPersVG) vom 15.03.1974 (BGBl. I S. 693), zuletzt geändert durch Artikel 2 des Gesetzes vom 29.08.2016 (BGBl. I S. 2065)
BRRG	Rahmengesetz zur Vereinheitlichung des Beamtenrechts (Beamtenrechtsrahmengesetz - BRRG) in der Fassung der Bekanntmachung vom 31.03.1999 (BGBl. I S. 654), zuletzt geändert durch Artikel 15 Absatz 14 des Gesetzes vom 05.022009 (BGBl. I S. 160)
BUKG	Gesetz über die Umzugskostenvergütung für die Bundesbeamten, Richter im Bundesdienst und Soldaten (Bundesumzugskostengesetz - BUKG) i. d. F. der Bekanntmachung vom 11.12.1990 (BGBl. I S. 2682), zuletzt geändert durch Art. 46 Abs. 5 der zehnten Zuständigkeitsanpassungsverordnung vom 31.08.2015 (BGBl. I S. 1474)
BVerfG	Bundesverfassungsgericht
BVerfGE	Entscheidungssammlung des Bundesverfassungsgerichts
BVerfGG	Gesetz über das Bundesverfassungsgericht (Bundesverfassungsgerichtsgesetz - BVerfGG) in der Fassung der Bekanntmachung vom 11.08.1993 (BGBl. I S. 1473), zuletzt geändert durch Artikel 8 der Verordnung vom 31.08.2015 (BGBl. I S. 1474)
BVerwG	Bundesverwaltungsgericht
BVerwGE	Entscheidungssammlung des Bundesverwaltungsgerichts
BVFG	Gesetz über die Angelegenheiten der Vertriebenen und Flüchtlinge (Bundesvertriebenengesetz - BVFG) in der Fassung der Bekanntmachung vom 10.08.2007 (BGBl. S. 1902), zuletzt geändert durch Artikel 10 des Gesetzes vom 20.11.2015 (BGBl. I S. 2010)
BVO	Verordnung über Beihilfen in Geburts-, Krankheits-, Pflege- und Todesfällen (Beihilfenverordnung NRW - BVO NRW) vom 05.09.2009 (GV.NRW. S. 224), zuletzt geändert durch VO vom 01.12.2015 (GV.NRW. S. 844)
BWahlG	Bundeswahlgesetz (BWahlG) in der Fassung der Bekanntmachung vom 23.07.1993 (BGBl. I S. 1288, 1594), zuletzt geändert durch Artikel 1 des Gesetzes vom 03.05.2016 (BGBl. I S. 1062)
bzw.	beziehungsweise
DDR	Deutsche Demokratische Republik
DGB	Deutscher Gewerkschaftsbund
d. h.	das heißt
DKP	Deutsche Kommunistische Partei
DÖD	Der öffentliche Dienst (Zeitschrift)
DÖV	Die öffentliche Verwaltung (Zeitschrift)
DRModG	Dienstrechtsmodernisierungsgesetz für das Land Nordrhein-Westfalen (Dienstrechtsmodernisierungsgesetz - DRModG NRW) vom 14.06.2016 (GV.NRW. S. 310, berichtigt S. 642)
DSG	Datenschutzgesetz Nordrhein-Westfalen - DSG NRW -, Bekanntmachung der Neufassung vom 09.06.2000 (GV.NRW. S. 542), zuletzt geändert durch Gesetz vom 02.06.2015 (GV. NRW. S. 482)
DVBl.	Deutsches Verwaltungsblatt (Zeitschrift)
DVP	Deutsche Verwaltungspraxis (Zeitschrift)
EG	Europäische Gemeinschaft

EingrVO	Verordnung über die Eingruppierung der kommunalen Wahlbeamten auf Zeit und die Gewährung von Aufwandsentschädigungen durch die Gemeinden und Gemeindeverbände sowie weitere Körperschaften des öffentlichen Rechts (Eingruppierungsverordnung – EingrVO) vom 09.02.1979 (GV.NRW. S. 97), zuletzt geändert durch VO vom 20.10.2015 (GV.NRW. S. 729)
EStG	Einkommensteuergesetz (EStG) in der Fassung der Bekanntmachung vom 08.10.2009 (BGBl. I S. 3366, 3862), zuletzt geändert durch Artikel 7 des Gesetzes vom 31.07.2016 (BGBl. I S. 1914)
EU	Europäische Union
EuAbgG	Gesetz über die Rechtsverhältnisse der Mitglieder des Europäischen Parlaments der Bundesrepublik Deutschland (Europaabgeordnetengesetz – EuAbgG) vom 06.04.1979 (BGBl. I S. 413), zuletzt geändert durch Artikel 2 des Gesetzes vom 11.07.2014 (BGBl. I S. 906)
EuGH	Europäischer Gerichtshof
EWG	Europäische Wirtschaftsgemeinschaft
evtl.	eventuell
f	folgend
ff.	fortfolgend
FHGöD	Gesetz über die Fachhochschulen für den öffentlichen Dienst im Lande Nordrhein-Westfalen (Fachhochschulgesetz öffentlicher Dienst – FHGöD) vom 29.05.1984 (GV.NRW. S. 303), zuletzt geändert durch Artikel 12 des Gesetzes vom 02.10.2014 (GV. NRW. S. 622)
FHöV NRW	Fachhochschule für öffentliche Verwaltung Nordrhein-Westfalen
FHVOPol	Verordnung über die freie Heilfürsorge der Polizei (Polizei-Heilfürsorgeverordnung - FHVOPol) vom 09.12.2009 (GV.NRW. S. 812), zuletzt geändert durch Art. 8 der VO vom 27.06.2014 (GV. NRW. S. 376)
Fn.	Fußnote
FrUrlV	Verordnung über die Freistellung wegen Mutterschutz für Beamtinnen und Richterinnen, Eltern – und Pflegezeit, Erholungs- und Sonderurlaub der Beamtinnen und Beamten und Richterinnen und Richter im Land Nordrhein-Westfalen (Freistellungs- und Urlaubsverordnung NRW - FrUrlV NRW) vom 10.01.2012 (GV.NRW. S. 2, berichtigt S. 92), zuletzt geändert durch Artikel 1 der Verordnung vom 21.06.2016 (GV.NRW. S. 485)
gem.	gemäß
GemHVO	Verordnung über das Haushaltswesen der Gemeinden im Land Nordrhein-Westfalen (Gemeindehaushaltsverordnung NRW - GemHVO NRW) vom 16.11.2004 (GV.NRW. S. 644, berichtigt GV.NRW. 2005 S. 15), zuletzt geändert durch Artikel 2 des Gesetzes vom 17.12.2015 (GV. NRW. S. 886)
GewArch	Gewerbearchiv (Zeitschrift)
GewO	Gewerbeordnung (GewO) in der Fassung der Bekanntmachung vom 22.02.1999 (BGBL. I S. 202), zuletzt geändert durch Artikel 9 des Gesetzes vom 31.07.2016 (BGBl. I S. 1914)
GG	Grundgesetz für die Bundesrepublik Deutschland in der im Bundesgesetzblatt Teil III, Gliederungsnummer 100-1, veröffentlichten bereinigten Fassung, zuletzt geändert durch Artikel 1 des Gesetzes vom 23.12.2014 (BGBl. I S. 2438)
ggf.	gegebenenfalls
GKöD	Gesamtkommentar öffentliches Dienstrecht

GO	Gemeindeordnung für das Land Nordrhein-Westfalen (GO NRW), Bekanntmachung der Neufassung vom 14.06.1994 (GV.NRW. S. 666), zuletzt geändert durch Artikel 2 des Gesetzes vom 25.06.2015 (GV.NRW. S. 496)
GOLR	Geschäftsordnung der Landesregierung Nordrhein-Westfalen (GOLR) vom 01.06.2005 (MBl.NRW. S. 604)
GV.NRW.	Gesetz- und Verordnungsblatt Nordrhein-Westfalen
HG	Gesetz über die Hochschulen des Landes Nordrhein-Westfalen vom 16.09.2014 (Artikel 1 des Hochschulzukunftsgesetzes vom 16.09.2014 (GV. NRW. S. 547), geändert durch Artikel 9 des Gesetzes vom 14.06.2016 (GV. NRW. S. 310)
HGB	Handelsgesetzbuch (HGB) in der im Bundesgesetzblatt Teil III, Gliederungsnummer 4100-1, veröffentlichten Fassung, zuletzt geändert durch Artikel 5 des Gesetzes vom 05.07.2016 (BGBl. I S. 1578)
HLeistBVO	Verordnung über die Gewährung und Bemessung von Leistungsbezügen sowie über die Gewährung von Forschungs- und Lehrzulagen für Hochschulbedienstete (Hochschul-Leistungsbezügeverordnung – HLeistBVO vom 17.12.2004 (GV.NRW. S. 790), zuletzt geändert durch VO vom 01.07.2016 (GV. NRW. S. 527)
h. M.	herrschende Meinung
HNtV	Verordnung über die Nebentätigkeit des wissenschaftlichen und künstlerischen Personals an den Hochschulen des Landes Nordrhein-Westfalen (Hochschulnebentätigkeitsverordnung - HNtV) vom 19.12.2014 (GV.NRW. 2015 S. 100)
Hrsg.	Herausgeber
i. d. F.	in der Fassung
i. d. R.	in der Regel
IÖD	Information Öffentliches Dienstrecht (Zeitschrift)
i. S.	im Sinne
i. V. m.	in Verbindung mit
JAG	Gesetz über die juristischen Prüfungen und den juristischen Vorbereitungsdienst (Juristenausbildungsgesetz Nordrhein-Westfalen - JAG NRW) vom 11.03.2003 (GV.NRW. S. 135), zuletzt geändert durch Artikel 14 des Gesetzes vom 14.062016 (GV. NRW. S. 310)
JArbSchG	Gesetz zum Schutz der arbeitenden Jugend (Jugendarbeitsschutzgesetz – JArbSchG) vom 12.04.1976 (BGBl. I S. 965), zuletzt geändert durch Artikel 2 des Gesetzes vom 03.03.2016 (BGBl. I S. 369)
JFDG	Gesetz zur Förderung von Jugendfreiwilligendiensten (Jugendfreiwilligendienste-gesetz – JFDG) vom 16.05.2008 (BGBl. I S. 842), zuletzt geändert durch Artikel 30 des Gesetzes vom 20.12.2011 (BGBl. I S. 2854)
KrO	Kreisordnung (KrO NRW) für das Land Nordrhein-Westfalen, Bekanntmachung der Neufassung vom 14.07.1994 (GV.NRW. S. 646), zuletzt geändert durch Artikel 2 des Gesetzes vom 19.12.2013 (GV. NRW. S. 878)
LABG	Gesetz über die Ausbildung für Lehrämter an öffentlichen Schulen (Lehrerausbildungsgesetz – LABG) vom 12.05.2009 (GV.NRW. S. 308) zuletzt geändert durch Artikel 12 des Gesetzes vom 14.06.2016 (GV.NRW. S. 310)
LBeamtVG	Beamtenversorgungsgesetz für das Land Nordrhein-Westfalen (Landesbeamtenversorgungsgesetz – LBeamtVG) vom 14.06.2016 (GV. NRW S. 310), geändert durch Artikel 3 des Gesetzes vom 08.07.2016 (GV. NRW. S. 619)

LBesG	Besoldungsgesetz für das Land Nordrhein-Westfalen (Landesbesoldungsgesetz – LBesG) vom 14.06.2016 (GV.NRW. S. 310) als Artikel 2 des Dienstrechtsmodernisierungsgesetzes für das Land Nordrhein-Westfalen (Dienstrechtsmodernisierungsgesetz – DRModG NRW) vom 14.06.2016 (GV.NRW. S. 310)
LBG	Gesetz über die Beamtinnen und Beamten des Landes Nordrhein-Westfalen (Landesbeamtengesetz – LBG NRW) vom 14.06.2016 (GV.NRW. S. 339) als Artikel 1 des Dienstrechtsmodernisierungsgesetzes für das Land Nordrhein-Westfalen (Dienstrechtsmodernisierungsgesetz – DRModG NRW) vom 14.06.2016 (GV.NRW. S. 310)
LDG	Disziplinargesetz für das Land Nordrhein-Westfalen (Landesdisziplinargesetz – LDG NRW) vom 16.11.2004 (GV. NRW. S. 624), zuletzt geändert durch Artikel 37 des Gesetzes vom 14.06.2016 (GV. NRW. S. 310)
LGG	Gesetz zur Gleichstellung von Frauen und Männern für das Land Nordrhein-Westfalen (Landesgleichstellungsgesetz – LGG) vom 09.11.1999 (GV.NRW. S. 590). zuletzt geändert durch Artikel 3 des Gesetzes vom 16.09.2014 (GV. NRW. S. 547)
LHO	Landeshaushaltsordnung (LHO in der Fassung vom 26.04.1999 (GV.NRW. S. 158), zuletzt geändert durch Artikel 16 des Gesetzes vom 14.06.2016 (GV. NRW. S. 310)
LOG	Gesetz über die Organisation der Landesverwaltung – Landesorganisationsgesetz – (LOG NRW) vom 10.07.1962 (GV. NRW. S. 421), zuletzt geändert durch Artikel 2 des Gesetzes vom 01.10.2013 (GV.NRW. S. 566)
LPA	Landespersonalausschuss
LPVG	Personalvertretungsgesetz für das Land Nordrhein.-Westfalen (Landespersonalvertretungsgesetz – LPVG) vom 03.12.1974 (GV.NRW. S. 1514), zuletzt geändert durch Artikel 3 des Gesetzes vom 08.12.2015 (GV.NRW. S. 812)
LRHG	Gesetz über den Landesrechnungshof Nordrhein-Westfalen (LRHG) in der Neufassung vom 19.06.1994 (GV.NRW. S. 428)
LRKG	Gesetz über die Reisekostenvergütung der Beamtinnen und Beamten, Richterinnen und Richter (Landesreisekostengesetz – LRKG) vom 16.12.1998 (GV.NRW. S. 738), zuletzt geändert durch Artikel 32 des Gesetzes vom 14.06.2016 (GV.NRW. S. 310)
LPZVO	Verordnung über die Gewährung von Prämien und Zulagen für besondere Leistungen (Leistungsprämien- und -zulagenverordnung – LPZVO -) vom 10.03.1998 (GV.NRW. S. 204), zuletzt geändert durch Artikel 6 der VO vom 02.12.2014 (GV.NRW. S. 870)
LStuVO	Verordnung über das leistungsabhängige Aufsteigen in den Grundgehaltsstufen (Leistungsstufenverordnung – LStuVO) vom 10.03.1998 (GV.NRW. S. 205, berichtigt S. 556 und 632), zuletzt geändert durch Artikel 7 der VO vom 02.12.2014 (GV.NRW. S. 870)
LUKG	Gesetz über die Umzugskostenvergütung für die Beamten, Beamtinnen, Richter und Richterinnen (Landesumzugskostengesetz – LUKG) in der Neufassung vom 06.07.1993 (GV.NRW. S. 464), zuletzt geändert durch Artikel 2 und Artikel 3 des Gesetzes vom 03.12.2013 (GV. NRW. S. 722)
LVerbO	Landschaftsverbandsordnung für das Land Nordrhein-Westfalen (LVerbO), Neufassung vom 14.07.1994 (GV.NRW. S. 657), zuletzt geändert durch Artikel 6 des Gesetzes vom 23.10.2012 (GV. NRW. S. 474)
LVO	Verordnung über die Laufbahnen der Beamtinnen und Beamten im Land Nordrhein-Westfalen (Laufbahnverordnung – LVO) vom 21.06.2016 (GV.NRW. S. 461)

LVOFeu	Verordnung über die Laufbahnen der Beamtinnen und Beamten des feuerwehrtechnischen Dienstes im Lande Nordrhein-Westfalen (LVOFeu) vom 01.12.1985 (GV.NRW. S. 744), zuletzt geändert durch Verordnung vom 10.03.2016 (GV. NRW. S. 180)
LVOPol	Verordnung über die Laufbahn der Polizeivollzugsbeamtinnen und Polizeivollzugsbeamten des Landes Nordrhein-Westfalen (Laufbahnverordnung der Polizei – LVOPol) vom 04.01.1995 (GV.NRW. S.42), berichtigt S. 215 und 922, zuletzt geändert durch Artikel 4 des Gesetzes vom 17.12.2015 (GV. NRW. S. 938)
LZG	Verwaltungszustellungsgesetz für das Land Nordrhein-Westfalen (Landeszustellungsgesetz - LZG NRW) vom 07.03.2006 (GV.NRW. S. 94), zuletzt geändert durch Artikel 2 des Gesetzes vom 08.07.2016 (GV.NRW. S. 557)
MBl.NRW.	Ministerialblatt Nordrhein-Westfalen
MDR	Monatsschrift für deutsches Recht (Zeitschrift)
MuSchG	Gesetz zum Schutz der erwerbstätigen Mutter (MuSchG) in der Fassung der Bekanntmachung vom 20.06.2002 (BGBl. I S. 2318), zuletzt geändert durch Artikel 6 des Gesetzes vom 23.10.2012 (BGBl. I S. 2246)
m. w. N.	mit weiteren Nachweisen
n. F.	neue Fassung
NJW	Neue Juristische Wochenschrift (Zeitschrift)
NPD	Nationaldemokratische Partei Deutschlands
Nr.	Nr.
NRW	Nordrhein-Westfalen
NtV	Verordnung über die Nebentätigkeit der Beamten und Richter im Lande Nordrhein-Westfalen (Nebentätigkeitsverordnung – NtV) vom 21.09.1982 (GV.NRW. S. 605), zuletzt geändert durch Artikel 7 der VO vom 27.06.2014 (GV. NRW. S. 376)
NVwZ	Neue Zeitschrift für Verwaltungsrecht
NVwZ-RR	Rechtsprechungsreport Verwaltungsrecht (Zeitschrift)
NWVBl.	Nordrhein-Westfälische Verwaltungsblätter (Zeitschrift)
o. a.	oben angegeben
o. g.	oben genannt
ÖGDG	Gesetz über den öffentlichen Gesundheitsdienst des Landes Nordrhein-Westfalen (ÖGDG NRW) vom 25.11.1997 (GV.NRW. S. 430), zuletzt geändert durch Artikel 2 des Gesetzes vom 30.04.2013 (GV.NRW. S. 202)
OLG	Oberlandesgericht
OVG	Oberverwaltungsgericht
PersV	Die Personalvertretung (Zeitschrift)
PflegeZG	Gesetz über die Pflegezeit (Pflegezeitgesetz – PflegeZG) vom 28.05.2008 (BGBl. I S. 874, 896), zuletzt geändert durch Artikel 7 des Gesetzes vom 21.12.2015 (BGBl. I S. 2424)
PolG NRW	Polizeigesetz des Landes Nordrhein-Westfalen (PolG NRW) vom 25.07.2003 (GV.NRW. S. 441), zuletzt geändert durch Artikel 7 des Gesetzes vom 02.10.2014 (GV. NRW. S. 622)
QualiVO hD allg Verw	Verordnung über den Aufstieg durch Qualifizierung in die Laufbahn des höheren allgemeinen Verwaltungsdienst im Lande Nordrhein-Westfalen (Qualifizierungsverordnung – QualiVO hD allg Verw) vom 04.11.2014 (GV.NRW. S. 730)
RdErl.	Runderlass

RiA	Recht im Amt (Zeitschrift)
Rn.	Randnummer
SchulG	Schulgesetz für das Land Nordrhein-Westfalen (Schulgesetz NRW - SchulG) vom 15.02.2005 (GV.NRW. S. 102), zuletzt geändert durch Artikel 5 des Gesetzes vom 14.06.2016 (GV. NRW. S. 442)
SED	Sozialistische Einheitspartei Deutschlands
SGB I	Sozialgesetzbuch /SGB) Erstes Buch (I) vom 11.12.1975 (Artikel I des Gesetzes vom 11.12.1975, BGBl. I S. 3015), zuletzt geändert durch Artikel 3 des Gesetzes vom 19.07.2016 (BGBl. I S. 1757)
SGB VI	Sechstes Buch Sozialgesetzbuch (SGB VI) - Gesetzliche Rentenversicherung in der Fassung der Bekanntmachung vom 19.02.2002 (BGBl. S. 754), zuletzt geändert durch Artikel 7 des Gesetzes vom 21.12.2015 (BGBl. I S. 2518)
SGB IX	Neuntes Buch Sozialgesetzbuch - Rehabilitation und Teilhabe behinderter Menschen - (Artikel 1 des Gesetzes vom 19.06.2001 (BGBl. I S. 1046), zuletzt geändert durch Artikel 104 des Gesetzes vom 08.07.2016 (BGBl. I S. 1594)
SGB X	Zehntes Buch Sozialgesetzbuch - Sozialverwaltungsverfahren und Sozialdatenschutz - (SGB X) in der Fassung der Bekanntmachung vom 18.01.2001 (BGBl. I S. 130), zuletzt geändert durch Artikel 7 des Gesetzes vom 21.07.2016 (BGBl. I S. 1768)
SGG	Sozialgerichtsgesetz (SGG) in der Fassung der Bekanntmachung vom 23.09.1975 (BGBl. I S. 2535), zuletzt geändert durch Artikel 2 Abs. 2 des Gesetzes vom 17.02.2016 (BGBl. I S. 203)
SGV.NRW.	Sammlung des bereinigten Gesetz- und Verordnungsblattes Nordrhein-Westfalen
SMBl.NRW.	Sammlung des bereinigten Ministerialblattes Nordrhein-Westfalen
StAG	Staatsangehörigkeitsgesetz in der im Bundesgesetzblatt Teil III, Gliederungsnummer 102-1, veröffentlichten bereinigten Fassung, zuletzt geändert durch Artikel 3 des Gesetzes vom 28.10.2015 (BGBl. I S. 1802)
StBAG	Steuerbeamten-Ausbildungsgesetz in der Fassung der Bekanntmachung vom 29.10.1996 (BGBl. I S. 1577, zuletzt geändert durch Artikel 22 des Gesetzes vom 08.12.2010, BGBl. I S. 1768)
StGB	Strafgesetzbuch in der Fassung der Bekanntmachung vom 13.11.1998 (BGBl. I S. 3322), zuletzt geändert durch Artikel 8 des Gesetzes vom 26.07.2016 (BGBl. I S. 1818)
StPO	Strafprozessordnung (StPO) in der Fassung der Bekanntmachung vom 07.04.1987 (BGBl. I S. 1074, 1319), zuletzt geändert durch Artikel 2 des Gesetzes vom 08.07.2016 (BGBl. I S. 1610)
SüG	Gesetz über die Voraussetzungen und das Verfahren von Sicherheitsüberprüfungen des Landes Nordrhein-Westfalen (Sicherheitsüberprüfungsgesetz - SüG NRW) vom 07.03.1995 (GV.NRW. S. 210), zuletzt geändert durch das Dritte Befristungsgesetz vom 05.04.2005 (GV.NRW. S. 306)
SVG	Gesetz über die Versorgung für die ehemaligen Soldaten der Bundeswehr und ihre Hinterbliebenen (Soldatenversorgungsgesetz - SVG) in der Fassung der Bekanntmachung vom 16.09.2009 (BGBl. I S. 3054), zuletzt geändert durch Artikel 7a des Gesetzes vom 03.12.2015 (BGBl. I S. 2163)
SZG	Gesetz über die Gewährung einer Sonderzahlung an Beamte, Richter und Versorgungsempfänger für das Land Nordrhein-Westfalen (Sonderzahlungsgesetz NRW - SZG NRW) vom 20.11.2003 (GV.NRW. S. 696), zuletzt geändert durch Artikel 27 des Gesetzes vom 14.06.2016 (GV. NRW. S. 310)

u. a.	unter anderem
UGr	Unterstützungsgrundsätze - UGr, RdErl. des Finanzministers vom 05.05.1972 - B 3120 - 0.1 IV A 4, erlassen im Einvernehmen mit dem Innenminister (MBl.NRW. S. 964), zuletzt geändert durch RdErl. vom 24.09.2003 (MBl.NRW. S. 1150)
usw.	und so weiter
u. U.	unter Umständen
VAPgD BA	Verordnung über die Ausbildung und Prüfung für Laufbahnen des gehobenen nichttechnischen Dienstes (Bachelor) im Lande Nordrhein-Westfalen (Ausbildungsverordnung gehobener nichttechnischer Dienst - VAPgD BA) vom 05.08.2008 (GV.NRW. S. 572), zuletzt geändert durch Verordnung vom 21.08.2014 (GV.NRW. S. 477)
VAPPol II Bachelor	Verordnung über die Ausbildung und die II. Fachprüfung für den Laufbahnabschnitt II (Bachelor) der Polizeivollzugsbeamtinnen und Polizeivollzugsbeamten des Landes Nordrhein-Westfalen (Ausbildungs- und Prüfungsverordnung Laufbahnabschnitt II Bachelor - VAPPol II Bachelor) vom 21.08.2008 (GV.NRW. S. 554), zuletzt geändert durch VO vom 16.08.2012 (GV. NRW. S. 303)
VermBG	Fünftes Gesetz zur Förderung der Vermögensbildung der Arbeitnehmer (Fünftes Vermögensbildungsgesetz - 5. VermBG) vom 04.03.1994 (BGBl. I S. 406), zuletzt geändert durch Artikel 8 des Gesetzes vom 18.0872016 (BGBl. I S. 1679)
VG	Verwaltungsgericht
VGH	Verwaltungsgerichtshof
vgl.	vergleiche
v. H.	vom Hundert
VO	Verordnung
VR	Richtlinien über die Gewährung von Vorschüssen in besonderen Fällen (Vorschussrichtlinien - VR -), RdErl. des Finanzministers vom 02.06.1976 - B 3140 - 0.1 - IV A 4 1 (MBl.NRW. S. 1235), zuletzt geändert durch RdErl. vom 24.09.2003 (MBl.NRW. S. 1150)
VwGO	Verwaltungsgerichtsordnung in der Fassung der Bekanntmachung vom 19.031991 (BGBl. I S. 686), zuletzt geändert durch Artikel 3 des Gesetzes vom 21.12.2015 (BGBl. I S. 2490)
VwVfG NRW	Verwaltungsverfahrensgesetz für das Land Nordrhein-Westfalen (VwVfG NRW) vom 12.11.1999 (GV.NRW. S. 602), zuletzt geändert durch Artikel 1 des Gesetzes vom 20.05.2014 (GV. NRW. S. 294)
VwZG	Verwaltungszustellungsgesetz (VWZG) vom 12.08.2005 (BGBl. I S. 2354), zuletzt geändert durch Artikel 17 des Gesetzes vom 10.10.2013 (BGBl. I S. 3786)
WehrRÄndG	Gesetz zur Änderung wehrrechtlicher Vorschriften 2011 (Wehrrechtsänderungsgesetz 2011 - WehrRÄndG 2011) vom 28.04.2011 (BGBl. I S. 678)
WO-LPVG	Wahlordnung zum Landespersonalvertretungsgesetz (WO-LPVG) vom 20.05.1986(GV.NRW. S. 485), zuletzt geändert durch VO vom 18.10.2011 (GV. NRW. S. 497)
WPflG	Wehrpflichtgesetz (WPflG) in der Fassung der Bekanntmachung vom 15.08.2011 (BGBl. I S. 1730), zuletzt geändert durch Artikel 2 Absatz 8 des Gesetzes vom 03.05.2013 (BGBl. I S. 1084)
z. B.	zum Beispiel
ZBR	Zeitschrift für Beamtenrecht

ZDG	Gesetz über den Zivildienst der Kriegsdienstverweigerer (Zivildienstgesetz - ZDG) in der Fassung der Bekanntmachung vom 17.05.2005 (BGBl. I S. 1346), zuletzt geändert durch Artikel 3 Absatz 5 des Gesetzes vom 29.06.2015 (BGBl. I S. 1061)
z. T.	zum Teil
ZTR	Zeitschrift für Tarifrecht
z. Z.	zur Zeit

Literaturverzeichnis
(ohne Periodika)

Cecior/Vallendar/Lechtermann/Klein	Das Personalvertretungsrecht in Nordrhein-Westfalen, Loseblattsammlung
Erichsen	Kommunalrecht des Landes Nordrhein-Westfalen, 2. Auflage 1997
Fürst u. a.	Beamtenrecht des Bundes und der Länder Gesamtkommentar Öffentliches Dienstrecht (GKöD), Loseblattsammlung
Held/Winkel/Wansleben	Kommunalverfassungsrecht Nordrhein-Westfalen, Loseblattsammlung
Hoffmann	Rechtssichere Personalauswahl in der öffentlichen Verwaltung 2013
Hofmann/Theisen/Bätge	Kommunalrecht in Nordrhein-Westfalen, 16. Auflage 2015
Hummel/Köhler/Mayer/Baunack	Bundesdisziplinargesetz und materielles Disziplinarrecht, 6. Auflage 2016
Kopp	Verwaltungsverfahrensgesetz, Kommentar, 17. Auflage 2016
Kopp/Schenke	Verwaltungsgerichtsordnung, Kommentar, 22. Auflage 2016
Kugele	Beamtenstatusgesetz, 2010
Leisner	Beamtentum, Schriften zum Beamtenrecht und zur Entwicklung des öffentlichen Dienstes 1968 - 1991
Maunz/Dürig	Grundgesetz, Kommentar, Loseblattsammlung
Maurer	Allgemeines Verwaltungsrecht, 18. Auflage 2011
Metzler-Müller/Rieger/Seeck/Zentgraf	Beamtenstatusgesetz, 3. Auflage 2014
Monhemius	Beamtenrecht, 1995
Ossenbühl/Cornils	Staatshaftungsrecht, 6. Auflage 2013

Osterlitz	Eingriffsrecht im Polizeidienst, Bände I und II, 13. Auflage 2016
Pechstein	Laufbahnrecht in Bund und Ländern, 3. Auflage 2015
Reich	Beamtenstatusgesetz, 2. Auflage 2012
Rhode/Lustig/Wöhler	Allgemeines Verwaltungsrecht mit Verwaltungsvollstreckung und verwaltungsgerichtlichem Rechtsschutz, 14. Auflage 2016
Scheerbarth/Höffken/Bauschke/Schmidt	Beamtenrecht, 6. Auflage 1992
Schnellenbach	Beamtenrecht in der Praxis, 8. Auflage 2013
Schrapper/Günther	Beamtenrecht in Nordrhein-Westfalen, 2013
Schütz/Maiwald	Beamtenrecht des Bundes und der Länder, Loseblattsammlung
Schütz/Schmiemann	Disziplinarrecht des Bundes und der Länder, Loseblattsammlung
Tadday/Rescher	Laufbahnrecht des Landes Nordrhein-Westfalen, Loseblattsammlung
Tadday/Rescher	Das Beamtenrecht in Nordrhein-Westfalen, Loseblattsammlung
von Richthofen (Hrsg.)	Beamte im Nationalsozialismus 1989
von Roetteken/Rothländer	Beamtenstatusgesetz, Loseblattsammlung
Wichmann/Langer	Öffentliches Dienstrecht, 7. Auflage 2013

1 Einführung einschließlich historischer Grundlagen

Die Ausübung hoheitlicher Befugnisse ist nach Art. 33 Abs. 4 GG als ständige Aufgabe in der Regel Angehörigen des öffentlichen Dienstes zu übertragen, die in einem öffentlich-rechtlichen Dienst- und Treueverhältnis stehen. Polizeiarbeit bedeutet immer hoheitliches Tätigwerden gegenüber Betroffenen. Im allgemeinen Verwaltungsdienst des Landes und in den Kommunalverwaltungen ist die Wahrnehmung hoheitlicher Aufgaben abhängig von der Art der Tätigkeit. Der Beamte steht nach § 3 Abs. 1 BeamtStG zu seinem Dienstherrn in einem öffentlich-rechtlichen Dienst- und Treueverhältnis (Beamtenverhältnis). Aufgaben nichthoheitlicher Art sind Beschäftigten im Arbeitsverhältnis unter Beachtung der tariflichen Regelungen (TV-L bzw. TVöD) zu übertragen.

Die Berufung in das Beamtenverhältnis ist nur zulässig zur Wahrnehmung hoheitsrechtlicher Aufgaben (§ 3 Abs. 2 Nr. 1 BeamtStG) oder solcher Aufgaben, die aus Gründen der Sicherung des Staates oder des öffentlichen Lebens nicht ausschließlich Personen übertragen werden dürfen, die in einem privatrechtlichen Arbeitsverhältnis stehen (§ 3 Abs. 2 Nr. 2 BeamtStG).

Der öffentliche Dienst, dessen unverzichtbares Rückgrat das Berufsbeamtentum ist, bildet die Gewähr für die rechtsstaatliche, unparteiische, sachverständige und wirksame Ausführung der Gesetze. Die Eigenart des Berufsbeamtentums muss stets von neuem überprüft werden. Wesentliche Entscheidungen und Regelungen zum Funktionsvorbehalt sind an den Interessen der öffentlichen Verwaltung auszurichten.[1]

Der Funktionsvorbehalt des Art. 33 Abs. 4 GG und des § 3 Abs. 2 BeamtStG blickt auf eine lange Tradition zurück. Seit Jahrtausenden gibt es Amtsträger in diesem Sinne, die bis heute als Beamte Aufgaben und Angelegenheiten der öffentlichen Verwaltung unterschiedlichster Art wahrgenommen haben. „Ambactus" ist der lateinische Begriff für „Gefolgsmann", „Bote" oder „Diener des Staates". In den Begriffen „Amt" oder „Beamter" ist die Nähe heute noch erkennbar.

1.1 Geschichte des Beamtenrechts

Die Aufgabenerledigung durch Amtsträger entwickelte sich insbesondere dort, wo Menschen in engen sozialen Kontakten miteinander lebten und auf eine Aufteilung von Arbeit im Gemeinschaftsinteresse angewiesen waren. Erste Anfänge finden sich in China, in Ägypten[2], bei den Azteken sowie im römischen und Byzantinischen Reich.

---

[1] Vgl. Badura, Die hoheitlichen Aufgaben des Staates und die Verantwortung des Berufsbeamtentums, ZBR 1996, 321 (324).
[2] Zur Vertiefung vgl. Allam/Fechner, Beamtenrecht in Altägypten, ZBR 1999, 301.

1.1.1 Geschichtliche Entwicklung bis zum 18. Jahrhundert

Das Zentrum der Erledigung öffentlicher Aufgaben des Römischen Reiches lag seit Augustus unbestritten beim Kaiser. Dessen Macht stieg immer mehr und war bald nahezu unbegrenzt. Das Resultat war der Ausbau einer kaiserlichen Verwaltung, die sich vor allem in den Bereichen bildete, in denen bislang noch keine republikanische Verwaltungstätigkeit bestanden hatte. Das war in erster Linie die Finanzverwaltung, aber auch die öffentliche Wohlfahrt, die als staatliche Aufgabe „entdeckt" wurde. In der Mitte des 2. Jahrhunderts waren in der Zentralverwaltung des Reiches, das damals schon 80 Millionen Einwohner zählte, etwa 260 Beamte tätig, da die meisten Verwaltungsaufgaben noch von städtischen Stellen wahrgenommen wurden. Als der Kaiser stärker in die Obliegenheiten der Gemeinden eingriff, stieg die Zahl der Beamten. Der Beamtenapparat wuchs von Augustus bis etwa 250 nach Christus auf das Achtfache. Im 3. Jahrhundert sind römische Bürger dann verstärkt vom Staat ausgepresst worden. Kaiser Diokletian (284 bis 305)[3] legte steuerähnlich fest, was die Beamten von den Bürgern einziehen konnten. Die immer höheren Abgaben wurden nur widerwillig entrichtet. Die Beitreibung erforderte eine größere Bürokratie, was neue Belastungen nach sich zog. So wurde das Römische Reich zum Beamtenstaat, der alles regulierte und kontrollierte.[4]

Das Berufsbeamtentum in der heutigen Erscheinungsform war in Mittel- und Westeuropa erstmals in der Reichsverwaltung Karls des Großen (768 bis 814) zu erkennen. Die dem Volk zugestandenen Rechte und die hierzu in lateinischer Sprache verfassten Verordnungen, Verwaltungsanweisungen sowie Rundschreiben (Kapitularien) sind Zeugnisse ausgeprägter administrativer Fähigkeiten. Unter Kaiser Friedrich II. (1212 bis 1250) traten anders als bei seinen Vorgängern an die Stelle der erblichen Lehnsträger besoldete Beamte, die juristisch ausgebildet waren. Im Feudalismus des Mittelalters spielte dagegen die Wahrnehmung von Aufgaben durch besonders ausgewählte, dem Staat nahe stehende Personen eine nur nachgeordnete Rolle. Die Entwicklung setzte sich erst im Zeitalter des Absolutismus fort. Staatsaufgaben wurden einer vom Herrschaftswillen abhängigen Beamtenschaft übertragen. Die Landesherren bedienten sich zur Wahrnehmung der Verwaltung so genannter öffentlicher Dienste. Es entstand ein Anstellungsverhältnis, das eine auf Treue basierende Bindung an den Monarchen mit sich brachte. Der angestellte „Diener" widmete seinem Herrscher auf Lebenszeit die volle Arbeitskraft und erhielt im Gegenzug dafür Schutz und einen angemessenen Lebensunterhalt für sich und seine Familie. Es verfestigte sich auf der Seite des „Dieners" die Treuepflicht und das Lebenszeitprinzip und auf der Seite des Monarchen im Gegenzug die Fürsorgepflicht.

Für die Weiterentwicklung des Berufsbeamtentums sorgte das Preußische Königshaus insbesondere unter Friedrich Wilhelm I. (der Soldatenkönig, 1713 - 1740) sowie dessen Sohn Friedrich II. (der Große, 1740 - 1796). Soldaten, die den preußischen Königen treu gedient hatten, wurden als Staatsdiener in den öffentlichen Dienst übernommen und auf Lebenszeit als Polizisten (Gendarmen), Lehrer oder Stadtschreiber „alimentiert". Die heute noch zum Berufsbeamtentum zählenden Tugenden wie Treue, Pflichtbewusstsein,

---

[3] Seine energischen und umsichtigen Verwaltungs-, Wirtschafts- und Heeresreformen waren die Grundlage für das von Konstantin dem Großen (306 bis 337) weiterentwickelte System der Reichsverfassung.
[4] Vgl. Schütz, Geschichte und Wandel – Von der Antike bis zum Mittelalter des Absolutismus, S. 76 und 81.

Pünktlichkeit, Unbestechlichkeit und Pflichtgefühl sowie andere im 21. Jahrhundert noch verwendete Begriffe wie „volle Hingabe im Beruf" und „Amtsübertragung" stammen aus dieser Epoche.

Es war zwangsläufig, dass das Preußische Allgemeine Landrecht von 1794 – auf dem Weg vom Polizei- zum Rechtsstaat – Regelungen zu den Rechten und Pflichten der Staatsdiener enthielt. Im 10. Titel in Teil II „Von den Rechten und Pflichten der Diener des Staates" erfolgte eine erste Kodifizierung der Vorschriften und der Beamte wurde als Staatsorgan verankert. Niemandem durfte von nun an ein Amt übertragen werden, wenn er hierfür nicht qualifiziert war und dieses zuvor nachgewiesen hatte (Leistungsprinzip). Auch wurde die Eigenschaft des Beamtenverhältnisses auf Lebenszeit gesetzlich verankert.

Mit den Verhältnissen in Staat und Gesellschaft waren große Teile der Bevölkerung zu Beginn des 19. Jahrhunderts unzufrieden. Persönlichkeiten wie Freiherr von Stein (1757 - 1831), Freiherr von Hardenberg (1750 - 1822) und Karl vom Stein zum Altenstein (1770 - 1840) wollten durchgreifende Reformen in Staat und Gesellschaft. Eine liberale Gesellschaftsordnung sollte -anders als in Frankreich- friedlich entstehen. Elemente der Selbstverwaltung in den Kommunen und Provinzen wurden eingeführt, die Auswirkungen auch auf die Polizei hatten.

In dieser Zeit trat Napoleons Code civil in Kraft. Aus Untertanen wurden Staatsbürger, die alte Städteordnung wurde abgeschafft. Für Deutschland war es insgesamt eine Zeit des Strukturwandels, wie es einen solchen zuvor nur in der Reformationszeit gegeben hatte. Die amerikanische und französische Revolution hatten die Verhältnisse auf der Welt zu Beginn des 19. Jahrhunderts durcheinandergewirbelt. Gedanken, Ideen, Konzepte für eine Modernisierung Deutschlands, für Rechtssicherheit, Freiheitsgarantien und demokratische Reformen hatte es zwar schon lange gegeben; aber sie lebten bloß in den Köpfen der Aufklärer. Die Verhältnisse, die Institutionen und Interessen blieben dem Ancien Régime verpflichtet. Deutschland sah sich herausgefordert. Es sollte aber bewahrt werden, was zu bewahren war. Man sah ein, dass der Fortschritt ins Land hineinwehte, aber die Reaktion darauf, die Schlussfolgerungen aus der Ankunft der neuen Zeit waren ganz unterschiedlich[5]. Einen rechtsstaatlichen und demokratischen Polizeibegriff heutiger Prägung gab es zu dieser Zeit noch nicht.

In dieser Zeit traten in Deutschland erstmals Rechtsvorschriften, die ausschließlich Beamtenrecht regelten, in Kraft. Im Jahre 1805 wurden in Bayern die Haupt-Landes-Pragmatik (Ordnung des Staatsdienstes) und in Württemberg die Dienst-Pragmatik 1821 verabschiedet. Im weiteren Verlauf kam es zur Trennung von Justiz und sonstigen Verwaltungsbereichen und der den jeweiligen Bereichen zugehörigen Beamten. Der Prozess der Industrialisierung in der zweiten Hälfte des 19. Jahrhunderts, u. a. mit dem Ausbau des Verkehrswesens und der sprunghaften Urbanisierung sowie der Wechsel von der Eingriffs- zur Leistungsverwaltung brachte eine erhebliche Ausweitung des öffentlichen Dienstes, aber auch neue Aufgaben für die Polizei, mit sich.

---

[5] Wo waren sie, als Kant starb, Frankfurter Allgemeine Zeitung Nr. 6, 08.02.2004, S. 21.

1.1.2 Geschichtliche Entwicklung seit 1849

Die Entwicklung des Berufsbeamtentums vollzog sich seit 1849 in unterschiedlichen Etappen. In den in dieser Zeit verabschiedeten drei Verfassungen wurden strukturelle Veränderungen und Ergänzungen manifestiert. Mehr und mehr entwickelten sich Grundsätze, die für das Beamtentum typisch und unverwechselbar waren und heute noch als hergebrachte Grundsätze des Berufsbeamtentums zu beachten sind. Polizeirechtlich verlagerten sich die Aufgaben auf die Gefahrenabwehr.

1.1.2.1 Reichsverfassung von 1849

Die Anstellung von Reichsbeamten ging nach § 67 Satz 1 der Reichsverfassung von 1849 (Paulskirchenverfassung) vom Reiche selbst aus. Weiterhin stellte § 137 Satz 6 fest, dass die öffentlichen Ämter für alle Befähigten gleich zugänglich waren. Beamte konnten erstmalig seit dieser Zeit ohne vorherige Genehmigung der zuständigen Behörden wegen ihrer amtlichen Handlungen gerichtlich verfolgt werden (§ 160). Nach § 191 Satz 1 der Paulskirchenverfassung hatten die Reichsbeamten beim Antritt ihres Amtes einen Eid auf die Reichsverfassung zu leisten. Im Übrigen sollte das Beamtenrecht in einem besonderen Reichsgesetz geregelt werden (vgl. § 67 Satz 2 der Paulskirchenverfassung).

1.1.2.2 Verfassung des Deutschen Reiches von 1871

Nach Art. 3 der Verfassung bestand für ganz Deutschland ein Recht mit der Wirkung, dass Angehörige eines jeden Bundesstaates in jedem anderen Bundesstaate als Inländer zu behandeln und demgemäß zu öffentlichen Ämtern unter denselben Voraussetzungen, wie Einheimische zuzulassen waren. Der Kaiser ernannte die Beamten, veranlasste ihre Vereidigung und verfügte erforderlichenfalls deren Entlassung (Art. 18 Satz 1). Zum Eintritt in den Reichstag bedurften sie keines Urlaubs. Beleidigungen eines öffentlichen Beamten standen unter Strafe.

Am 31.03.1873 wurde das Reichsbeamtengesetz mit Disziplinarvorschriften erlassen, das über die Jahrhundertwende hinaus gültig war. Zwischenzeitlich erließ Preußen für die Kommunalbeamten im Jahre 1899 ein eigenes Beamtengesetz.

Der Beamte hatte folgenden Eid zu leisten: „Ich schwöre zu Gott dem Allmächtigen, dass, nachdem ich zum Beamten des Deutschen Reiches bestellt worden bin, ich in dieser meiner Eigenschaft Seiner Majestät dem Deutschen Kaiser treu und gehorsam sein, die Reichsverfassung und die Gesetze des Reiches beachten und alle mir vermöge meines Amtes obliegenden Pflichten nach meinem besten Wissen und Gewissen genau erfüllen will, so wahr mir Gott helfe".

1.1.2.3 Verfassung des Deutschen Reiches von 1919

Mit dem Niedergang des deutsch-österreichischen Kaisertums im Jahre 1918 trat an die Stelle des Monarchen der Staat. Aus dem Diener des Fürsten wurde der Staatsdiener. Polizeibeamte waren in aller Regel Gemeindebeamte, die dem Bürgermeister, in Großstädten auch einem Polizeipräsidenten, unterstanden.

In der Verfassung von 1919 (Weimarer Verfassung) wurde dem Reich in Art. 10 Nr. 3 die Kompetenz verliehen, Grundsätze über das Recht der Beamten aller öffentlichen Körperschaften aufzustellen. Weiterhin sollten die mit der unmittelbaren Reichsverwaltung in den Ländern betrauten Beamten, also auch die Polizeibediensteten, i. d. R. Landesangehörige sein (Art. 16 Satz 1). In dieser Zeit lebte Carl Severing (1875 - 1952). Er gilt als Schöpfer der ersten demokratisch orientierten und legitimierten Polizei in Preußen[6]. Er hat sich als preußischer Innenminister und zeitweiliger Reichsminister des Innern um die zivile Ausrichtung der Polizei in Preußen bemüht. Sein Leitbild für die Polizeipraxis war das Konzept einer Polizei als Lebensberuf.

Zur Ausübung ihres Amtes als Mitglieder des Reichstages oder eines Landtages bedurften Beamte keines Urlaubs. Bewarben sie sich um einen Sitz in diesen Körperschaften, so war ihnen nach der Verfassung der erforderliche Urlaub zur Vorbereitung zu gewähren (Art. 39). Die Ernennung und Entlassung oblag dem Reichspräsidenten, soweit nicht durch Gesetz etwas anderes bestimmt war. Art. 46 räumte dem Reichspräsidenten ein Delegationsrecht ein.

Weitere Einzelheiten regelten die Art. 128 bis 131 der Weimarer Verfassung. Danach waren alle Staatsbürger ohne Unterschied nach Maßgabe der Gesetze und entsprechend ihrer Befähigung und ihren Leistungen zu den öffentlichen Ämtern zuzulassen. Nachteilige Bestimmungen gegenüber Frauen wurden abgeschafft. Des Weiteren enthielt Art. 128 Satz 3 der Weimarer Verfassung einen Gesetzesvorbehalt, wonach die Grundlagen des Beamtenverhältnisses durch Reichsgesetz zu regeln waren, was aber erst Jahre später gelang.

Zur Rechtsstellung der Beamten wurde ausgeführt, dass die Anstellung der Beamten auf Lebenszeit erfolgte, soweit Gesetze nicht etwas anderes bestimmten. Ruhegehalt und Hinterbliebenenversorgung mussten nach den Vorgaben der Verfassung gesetzlich geregelt werden. Erworbene Rechte der Beamten waren unverletzlich. Für vermögensrechtliche Ansprüche war der Rechtsweg eröffnet.

Die Beamten konnten nur unter den gesetzlich vorgesehenen Voraussetzungen und Formen vorläufig ihres Amtes enthoben bzw. einstweilen oder endgültig in den Ruhestand oder in ein Amt mit geringerem Endgrundgehalt versetzt werden.

Gegen jede dienstliche Straferkenntnis mussten der Beschwerdeweg und ein Wiederaufnahmeverfahren möglich sein. In die Nachweise (heute: Personalakte) über die Person des Beamten waren Eintragungen von ungünstigen Tatsachen erst zulässig, wenn für den Beamten zuvor die Gelegenheit bestand, sich zu den Vorwürfen zu äußern. Auch war ihm Einsicht in die Personalnachweise zu gewähren.

---

[6] Polizeibeamten ist Carl Severing durch die Deutsche Hochschule der Polizei in Münster-Hiltrup bekannt.

Nach Art. 130 der Verfassung waren Beamte Diener der Gesamtheit, nicht einer Partei. Unabhängig davon wurden ihnen die Freiheit ihrer politischen Gesinnung und die Vereinigungsfreiheit gewährt. Nach näherer gesetzlicher Bestimmung erhielten sie besondere Vertretungen.

Eine mit der heutige Regelung des Art. 34 GG vergleichbare Vorschrift zur Amtspflichtverletzung gab es in Art. 131 der Weimarer Verfassung. Danach traf die Verantwortlichkeit grundsätzlich den Staat oder die Körperschaft, wenn der Beamte in Ausübung der ihm anvertrauten öffentlichen Gewalt die ihm einem Dritten gegenüber obliegende Amtspflicht verletzte. Auch der Rückgriff gegen den Beamten war vorgesehen. Der ordentliche Rechtsweg zu den Zivilgerichten durfte schon damals nicht ausgeschlossen werden.

Der Beamte hatte folgenden Eid zu leisten: „Ich schwöre Treue der Verfassung, Gehorsam den Gesetzen und gewissenhafte Erfüllung meiner Amtspflichten".

In dieser Zeit waren neben den Regelungen in der Verfassung insbesondere folgende Vorschriften zum Beamtenrecht von Bedeutung, das Reichsbeamtengesetz aus dem Jahre 1873 in der Fassung von 1907 mit den Regelungen für die Beamten der Bahn, Post und Finanzverwaltung, die beamtenrechtlichen Regelungen der einzelnen Länder sowie das Reichsbesoldungsgesetz.

1.1.2.4 Beamtenrecht im Nationalsozialismus

Wegen der ständigen Unruhen in der Weimarer Zeit standen viele Bürger dem Staat mit Vorbehalten gegenüber. Heftig umstritten war das Bestreben der Parteien der Weimarer Koalitionen, Schlüsselpositionen im öffentlichen Dienst und bei der Polizei mit ihnen nahe stehenden Personen zu besetzen. Der im Jahre 1923 beginnende Personalabbau, der jeden fünften Beamten und eine Vielzahl von Angestellten betraf, war von lebhafter Aufregung in allen Gesellschaftskreisen verbunden. Dass auch der öffentliche Dienst nunmehr Interessenvertretungen bekam, führte zu einer weiteren Verschlechterung des Klimas in der ohnehin desolaten wirtschaftlichen Situation.

Das Scheitern der Weimarer Republik, als wesentliche Folge der Weltkriegsniederlage, Inflation von 1923 und die Weltwirtschaftskrise mit sechs Millionen unversorgten Arbeitslosen, führten zur Machtübernahme der Nationalsozialisten und Abschaffung der Republik. Fehlendes Rechtsbewusstsein und Verfassungsbrüche führten zu Änderungen des Berufsbeamtentums. Die zuvor mühevoll eingeleiteten Entwicklungen des rechtsstaatlichen Polizeirechts mit einem entsprechenden Berufsbild erlitten einen Rückfall in den totalitären Polizeistaat.

Mit dem sog. „Preußenschlag" vom 20.07.1932 unter der Regierung von Papens wurden die ersten Schritte der Veränderung im Beamtenapparat eingeleitet. Rechtswidrig und mit fadenscheiniger Begründung setzte von Papen die preußische Regierung ab. Auch wenn die Regierung nach den Wahlen ihre Mehrheit verloren hatte und der neue Landtag nicht mehr zur Mehrheitsbildung fähig war, war dies ein offener Verfassungsbruch. Damit wurde ein wichtiges Bollwerk der Republik entscheidend ausgehöhlt. In der Folgezeit wurden in Preußen sozialdemokratische oder demokratische Regierungs- und Polizeipräsidenten oder Landräte ihrer Ämter enthoben und durch konservative Beamte ersetzt. Für die spätere Gleichstellungsaktion war mit der politischen Säuberung in den Spitzen der Bürokratie eine wesentliche Vorleistung erbracht. Es folgten sog. Säuberungsaktionen durch die Beurlaubung und Entlassung prominenter Staatsrechtler, Nationalökonomen, Soziologen und Historiker an Akademien, Universitäten und Bibliotheken. Ein Opfer aus dieser Zeit war u. a. der damalige Oberbürgermeister von Köln Konrad Adenauer[7]. Er wurde am 17. Juli 1933 nach § 4 des Gesetzes zur Wiederherstellung des Berufsbeamtentums als „national unzuverlässig" aus seinem Amt entlassen.[8]

Die Änderung konkreter beamtenrechtlicher Vorschriften begann 1933 mit dem Gesetz zur Wiederherstellung des Berufsbeamtentums vom 07.04.1933, das als Grundlage für die Entfernung rassisch und politisch unerwünschter Beamter diente. Mit diesem Gesetz wurden de facto die den Beamten in der Weimarer Zeit zugestandenen Rechte wieder abgeschafft.[9]

Es folgte die Vereinheitlichung des Beamtenrechts im bereits vor Hitlers Machtübernahme fertig gestellten Beamtenrechtsänderungsgesetz am 30.06.1933 mit dem Beamtengesetz und die Reichsdienststrafordnung vom 26.01.1937.

Beamte durften nur für obrigkeitliche Aufgaben eingestellt werden. Das teilweise praktizierte Urkundenprinzip wurde gesetzlich verfestigt. Sie wurden auf den „Führer" vereidigt und genötigt, nationalsozialistisches Gedankengut zu vollstrecken. Die Eidesformel lautete: „Ich schwöre: Ich werde dem Führer des Deutschen Reiches und Volkes Adolf Hitler treu und gehorsam sein, die Gesetze beachten und meine Amtspflichten gewissenhaft erfüllen, so wahr mir Gott helfe".

Abzugeben war darüber hinaus eine Erklärung über die arische Abstammung, in der pflichtgemäß versichert werden musste, dass trotz sorgfältiger Prüfung keine Umstände bekannt waren, die die Annahme gerechtfertigt hätte, dass der Beamte nicht arischer Abstammung war oder dass einer seiner Eltern- oder Großelternteile zu irgendeiner Zeit der jüdischen Religion angehört hat. Entsprach die Erklärung nicht der Wahrheit, verfolgte das Regime den Beamten dienststrafrechtlich mit dem Ziel der Entlassung. Politische Maßnahmen wie unberechtigte Korruptions- und Bereicherungsvorwürfe, Pressekampagnen, körperliche sowie physische Misshandlungen gegenüber einzelnen Beamten gingen soweit, dass Beamte gezwungen wurden, sich von jüdischen Ehegatten scheiden zu lassen, wollten sie ihren Beruf nicht verlieren.[10]

Behördliche Strukturen wurden radikal verändert. So wurde die Polizei im Jahre 1936 verstaatlicht und später Heinrich Himmler, dem "Reichsführer SS und Chef der Deutschen Polizei" unterstellt.

---

[7] Konrad Adenauer (1876 - 1967) wurde 1949 erster Bundeskanzler der Bundesrepublik Deutschland.
[8] Vgl. Nationalsozialismus I, Von den Anfängen bis zur Festigung der Macht, Informationen zur politischen Bildung 251, 2. Quartal 1996.
[9] Vgl. hierzu Kremer, DÖD 1993, 204 ff.
[10] Vgl. Dieprand von Richthofen (Hrsg.), „Beamte im Nationalsozialismus", Schriftenreihe der FHöV Nordrhein-Westfalen, Band 18/1989.

Die nationalsozialistische Diktatur brachte die Beamten in eine immer größer werdende Abhängigkeit zum Staat. Beamte wurden als Handlanger für Willkürmaßnahmen und Verbrechen missbraucht. Nur wenige Beamte leisteten Widerstand gegen das Unrecht und die Willkürherrschaft. Ein Teil der Beamtenschaft erfüllte die Aufgaben loyal weiter und diente damit vielfach dem Vollzug von Unrecht. Insbesondere die Polizei wurde als Instrument staatlicher Macht missbraucht.

1.1.3 Entwicklung des Beamtenrechts in der Bundesrepublik Deutschland

Die Nachkriegszeit war gekennzeichnet durch die unterschiedliche Politik der Besatzungsmächte. Zunächst wurden Beamte wegen ihrer zuvor engen Verbindung mit dem Nationalsozialismus aus ihren Ämtern entfernt. Es folgte eine Aufsplittung des Beamtenrechts je nach Besatzungszone und Einflussnahme durch die jeweilige Besatzungsmacht. In Berlin und im Bundesland Hessen gab es zunächst die Absicht, kein Berufsbeamtentum mehr zu etablieren. Beamte gab es wieder im amerikanischen und französischen Besatzungsgebiet. Als Grundlage dienten neue Beamtengesetze. In der britischen Besatzungszone wurde das aus der Zeit vor 1933 erarbeitete Deutsche Beamtengesetz von 1937 modifiziert zugelassen. Nahtlos konnte an die Verhältnisse vor der Machtübernahme nicht angeknüpft werden, da es eine zentrale Regierung bis zur Gründung der Bundesrepublik nicht gab und Preußen nicht mehr existierte. In dieser Zeit hatten Beamte folgenden Eid zu leisten: „Ich werde die Gesetze beachten, meine Amtspflichten erfüllen und den Befehlen der zuständigen Militärregierung Folge leisten, so wahr mir Gott helfe".

Ein spezielles Konzept für die Reorganisation der deutschen Polizei haben die Alliierten nicht entwickelt. Auf die Polizei wurden vielmehr die allgemeinen, auf den Konferenzen von Jalta und Potsdam entwickelten Grundsätze angewandt, die eine Entmilitarisierung, Entnazifizierung, Demokratisierung und Dezentralisierung Deutschlands vorsahen. Für die Polizei bedeutete das u. a. den Wegfall der militärisch organisierten und kasernierten Polizeieinheiten sowie eine grundsätzliche Reduzierung ihrer Bewaffnung, aber auch die Wiederherstellung der Länderhoheit über das Polizeiwesen.[11]

Erst mit der Errichtung der Bundesrepublik Deutschland im Jahre 1949 wurde das Beamtenrecht und damit auch das Recht der Polizeibeamten entsprechend der Tradition vor der Zeit des Nationalsozialismus endgültig wieder eingeführt. Verfassungsrechtliche Grundlage bildet Art. 33 GG. Jeder Deutsche hatte jetzt nach seiner Eignung, Befähigung und fachlichen Leistung gleichen Zugang zu jedem öffentlichen Amte (Art. 33 Abs. 2 GG). Der Genuss bürgerlicher und staatsbürgerlicher Rechte, die Zulassung zu öffentlichen Ämtern sowie die im öffentlichen Dienst erworbenen Rechte sind unabhängig von dem religiösen Bekenntnis (Art. 33 Abs. 3 Satz 1 GG). Niemand darf aus seiner Zugehörigkeit oder Nichtzugehörigkeit zu einem Bekenntnis oder einer Weltanschauung ein Nachteil erwachsen (Art. 33 Abs. 3 Satz 2 GG). Diese Regelungen gelten nicht nur für das Beamtenverhältnis, sondern auch für Beschäftigte im Arbeitsverhältnis, Auszubildende usw., die im öffentlichen Dienst tätig sind oder sich um eine solche Tätigkeit bewerben.

---

[11] Kay/Böcking, Polizeirecht in Nordrhein-Westfalen, Rn. 67.

Die Ausübung hoheitsrechtlicher Befugnisse ist als ständige Aufgabe in der Regel Angehörigen des öffentlichen Dienstes zu übertragen, die in einem öffentlich-rechtlichen Dienst- und Treueverhältnis stehen (Art. 33 Abs. 4 GG). Das Recht des öffentlichen Dienstes ist unter Berücksichtigung der hergebrachten Grundsätze des Berufsbeamtentums zu regeln und fortzuentwickeln (Art. 33 Abs. 5 GG). Die Absätze 4 und 5 des Art. 33 GG beinhalten die institutionelle Garantie des Berufsbeamtentums und verpflichten Gesetzgebung, Verwaltung und Justiz, traditionell entwickelte und als verbindlich anerkannte Strukturprinzipien des Berufsbeamtentums zu beachten, andernfalls liegt Verfassungswidrigkeit vor.

Als erste wesentliche Rechtsgrundlage folgte dem Verfassungsauftrag das Bundespersonalgesetz im Jahre 1950. Als Wegweiser des heutigen Beamtenrechts gilt das Beamtenrechtsrahmengesetz vom 01.07.1957. Es war die logische Folge unterschiedlicher Entwicklungen in den einzelnen Bundesländern. Die Länder wurden durch die damalige Rahmengesetzgebung nach Art. 75 GG[12] verpflichtet, ihre Landesbeamtengesetze entsprechend anzupassen.

Der Bund hat nach der entsprechenden Ermächtigung im Grundgesetz (vgl. Art. 74a GG) auch von der Möglichkeit der Vereinheitlichung des Besoldungs- und Versorgungsrechts durch die Verabschiedung des Bundesbesoldungsgesetzes vom 23.05.1975[13] - und des Beamtenversorgungsgesetzes vom 24.08.1976[14] - Gebrauch gemacht.

Der ehemalige preußische Innenminister Carl Severing wurde nach dem II. Weltkrieg Landtagsabgeordneter in Nordrhein-Westfalen und widmete sich als Politiker - wie schon in der Weimarer Zeit - intensiv dem Gedanken einer modernen Polizei. Seine Vorstellungen waren von folgender Sichtweite geprägt: Die Polizei benötigt gut ausgebildete Fachleute, die gleichzeitig warmherzige Menschen sind und die ein Gefühl für die Nöte der Bevölkerung haben. Weiterhin erfordert der Beruf einen gefestigten Charakter, der Versuchungen widerstehen kann. Die Polizei als Freund des Volkes in der Staatsform der Demokratie kann nur gute Arbeit verrichten, wenn sie Mitarbeiter und Mitarbeiterinnen hat, die nicht allein strafend, sondern vielmehr beratend und vorbeugend sowie fürsorglich und schützend tätig werden.

Im sowjetisch besetzten Teil Deutschlands gab es nach dem II. Weltkrieg bis zur Wiedervereinigung der beiden Deutschen Staaten keine Beamten alter Prägung, sondern Funktionäre der öffentlichen Hand und Mitarbeiter und Mitarbeiterinnen in den Staatsorganen. In der DDR wurde die Deutsche Volkspolizei aufgebaut und unter der Leitung des Innenministeriums als staatliche Polizei zentral geführt.

Mit der Vereinigung der beiden deutschen Staaten am 03.10.1990 wurde das Berufsbeamtentum in den neuen Bundesländern entsprechend den getroffenen Vereinbarungen im Einigungsvertrag ... „sobald wie möglich"... wieder eingeführt (Art. 20 Abs. 2 Einigungsvertrag[15]). Inzwischen ist der Geltungsbereich des öffentlichen Dienstrechts durch

---

[12] GG in der Fassung bis zur Änderung durch das Gesetz zur Änderung des Grundgesetzes vom 28.08.2006, BGBl. I 2006, 2034.
[13] BGBl. I 1975, S. 1173.
[14] BGBl. I 1976, S. 2485.
[15] Vertrag zwischen der Bundesrepublik Deutschland und der Deutschen Demokratischen Republik über die

die Verabschiedung der Landesbeamtengesetze erweitert worden. Hoheitliche Aufgaben, die dem Funktionsvorbehalt des Art. 33 Abs. 4 GG unterliegen, werden seither in Brandenburg, Mecklenburg-Vorpommern, Sachsen, Sachsen-Anhalt, Thüringen und „Ostberlin" wieder von Beamten wahrgenommen.

Mit der Wiedervereinigung setzte verstärkt die Reform von Bahn und Post ein. Nach der Überführung der Reichsbahn der DDR in die Bundesbahn kam es 1994 zur Bahn AG (Art. 87e GG), einem in privatrechtlicher Form geführten Wirtschaftsunternehmen. Die Beamten der ehemaligen Bundesbahn bekamen das Bundeseisenbahnvermögen als neuen Dienstherrn. Einstellungen erfolgen seit dieser Zeit im Arbeitsverhältnis. Parallel verlief der Reformprozess bei der Post, wobei Hoheitsaufgaben im Bereich des Postwesens und der Telekommunikation weiterhin in bundeseigener Verwaltung ausgeführt werden (Art. 87f GG). Die Diskussion zur Abschaffung von Lehrern im Beamtenverhältnis ist noch nicht abgeschlossen.

Auf der Grundlage der Vorarbeiten der Kommission von Bundestag und Bundesrat zur Modernisierung der bundesstaatlichen Ordnung hat sich die große Koalition im Koalitionsvertrag vom 18.11.2005 auf eine im Konsens mit den Ländern entwickelte Föderalismusreform geeinigt. Entsprechend der Koalitionsvereinbarung wurde von den Fraktionen der CDU/CSU und SPD der mit den Bundesländern abgestimmte Entwurf eines Gesetzes zur Änderung des Grundgesetzes und ein Begleitgesetz – Gesetz zur Änderung des Grundgesetzes vom 28.08.2006 (Artikel 22, 23, 33, 52, 72, 73, 74, 74a, 75, 84, 85, 87c, 91a, 91b, 93, 98, 104a, 104b, 105, 107, 109, 125a, 125b, 125c, 143c) – mit den Änderungen der Zuständigkeit im Beamtenrecht auf den Weg gebracht und von Bundestag und Bundesrat verabschiedet[16].

Nach einer langen Epoche von Stabilität ist es trotz mehrfacher Versuche nach der Wiedervereinigung Art. 33 Abs. 5 GG zu ändern, erst im Jahr 2006 in der großen Koalition von CDU/CSU und SPD gelungen. Mit der Ergänzung des Artikels 33 Abs. 5 GG um die Wörter **„und fortzuentwickeln"** soll der Notwendigkeit einer Modernisierung und Anpassung des öffentlichen Dienstrechts an die sich ändernden Rahmenbedingungen Rechnung getragen werden. Der Gesetzgeber soll das öffentliche Dienstrecht weiter entwickeln können. Allerdings sind die hergebrachten Grundsätze des Berufsbeamtentums weiterhin zu berücksichtigen. Unberührt geblieben ist auch die verfassungsrechtliche Garantie des Berufsbeamtentums.[17]

Nach der Föderalismusreform steht dem Bund im Beamtenrecht nach Art. 74 Abs. 1 Nr. 27 GG die konkurrierende Gesetzgebung für die Statusrechte und -pflichten der Beamten der Länder, Gemeinden und anderen Körperschaften des öffentlichen Rechts mit Ausnahme der Laufbahnen, Besoldung und Versorgung zu. Diese Rechtsbereiche unterliegen der ausschließlichen Gesetzgebungskompetenz der Bundesländer (Art. 70 Abs. 1 GG).

Herstellung der Einheit Deutschlands (Einigungsvertrag) vom 31.08.1990 (BGBl. II S. 889).
[16] BGBl. I 2006, S. 2034.
[17] Bundestagsdrucksache 16/813, S. 8.

Aufgrund der Änderung des Grundgesetzes[18] ist die bis dahin geltende Rahmenkompetenz des Bundes zum Erlass von Rahmenregelungen (vgl. Beamtenrechtsrahmengesetz) entfallen. Die Länder waren bis dahin aufgrund der Rahmenkompetenz des Bundes nach Art. 75 Abs. 1 Satz 1 Nr. 1 GG verpflichtet, ihre Landesbeamtengesetze an den Vorgaben des Beamtenrechtsrahmengesetzes auszurichten. An die Stelle der bisherigen Rahmengesetzgebung für die allgemeinen Rechtsverhältnisse der Landes- und Kommunalbeamten ist die konkurrierende Gesetzgebungsbefugnis des Bundes getreten. Nach Art. 74 Abs. 1 Nr. 27 GG hat der Bund die Kompetenz zur Regelung der Statusrechte und -pflichten der Angehörigen des öffentlichen Dienstes der Länder, Gemeinden und anderen Körperschaften des öffentlichen Rechts, die in einem Dienst- und Treueverhältnis stehen mit Ausnahme der Regelungen zu den Laufbahnen, zur Besoldung und Versorgung. Die vom Bundestag verabschiedeten Gesetze bedürfen der Zustimmung des Bundesrates.

Der Bund hat von seiner Gesetzgebungszuständigkeit mit dem Erlass des Gesetzes zur Regelung des Statusrechtes der Beamtinnen und Beamten in den Ländern (Beamtenstatusgesetz – BeamtStG)[19] vom 17.06.2009 Gebrauch gemacht. Mit dem Dienstrechtsanpassungsgesetz für das Land Nordrhein-Westfalen vom 24.05.2013[20] hat der Landesgesetzgeber in Art. 1 Nr. 1 das Bundesbesoldungsgesetz und in Art. 5 Nr. 1 das Beamtenversorgungsgesetz in Landesrecht übergeleitet. Das Besoldungsrecht der Landesbediensteten ist damit ab dem 01.06.2013 nach Art. 3 Nr. 1 im „Übergeleiteten Besoldungsgesetz für das Land Nordrhein-Westfalen (ÜBesG)" und das entsprechende Versorgungsrecht nach Art. 6 Nr. 1 im „Beamtenversorgungsgesetz für das Land Nordrhein-Westfalen (Landesbeamtenversorgungsgesetz – LBeamtVG NRW)" normiert. Neben dem ÜBesG gilt das Landesbesoldungsgesetz (LBesG) weiter.

Am 01.07.2016 ist das **Dienstrechtsmodernisierungsgesetz für das Land Nordrhein-Westfalen**[21] (Dienstrechtsmodernisierungsgesetz – DRModG NRW) in Kraft getreten.

Die wesentlichen Beweggründe der Landesregierung für das Dienstrechtsmodernisierungsgesetz lassen sich der Begründung zum Gesetzesentwurfe entnehmen.[22]

„Mit der Reform soll ein einheitliches Dienst-, Besoldungs- und Versorgungsrecht gewährleistet werden, das für die Beschäftigten attraktive Bedingungen schafft sowie lern- und leistungswillige Menschen motiviert, in den öffentlichen Dienst einzutreten. Im Wesentlichen beziehen sich die Änderungen auf die folgenden Bereiche:

1. Dienstrecht

Die Vereinbarkeit von Familie und Beruf ist zentrales Thema der anstehenden Dienstrechtsmodernisierung. Obwohl das Landesbeamtengesetz bereits jetzt eine Vielzahl von Möglichkeiten der Beurlaubung und Teilzeitbeschäftigung von Landesbeamtinnen und

---

[18] Gesetz zur Änderung des Grundgesetzes (u. a. mit der Änderung der Art. 33, 72, 73, 74, 74a und 75 GG) vom 28.08.2006, BGBl. I, S. 2034.
[19] BGBl. I 2009, S.160.
[20] GV. NRW. S. 233.
[21] GV. NRW. S. 309.
[22] Landtagsdrucksache 16/10380.

Landesbeamten anbietet, ist es Ziel, diese noch familienfreundlicher und flexibler zu gestalten. Daher ist u.a. vorgesehen,

- *die maximale Beurlaubungsdauer von 12 auf 15 Jahre zu erweitern,*
- *einen vorzeitigen Rückkehranspruch aus der familienbedingten Teilzeit und Beurlaubung zu normieren,*
- *Ausbildung in Teilzeit zu ermöglichen und*
- *das Sabbatical als familienbedingtes Teilzeitmodell bedarfsgerecht auszubauen.*

Ziel ist es ebenfalls, die Karrierechancen für Frauen zu verbessern. Frauen bleiben trotz leichter oder besserer Qualifizierung als Männer in Führungspositionen immer noch unterrepräsentiert. Trotz hoher Werte in den Eingangsämtern nimmt der Frauenanteil mit zunehmender Hierarchiestufe systematisch ab. Aus diesem Anlass war In Umsetzung des Koalitionsvertrages (Rn. 6325 ff.) bei dem ehemaligen Präsidenten des Bundesverfassungsgerichts, Prof. Dr. Papier, ein Gutachten zur Zulässigkeit von Zielquoten für Frauen in Führungspositionen sowie zur Verankerung von Sanktionen bei Nichteinhaltung in Auftrag gegeben worden. Auf der Grundlage des Gutachtens soll eine gesetzliche Regelung geschaffen werden, um der Entwicklung entgegenzuwirken, dass der Frauenanteil mit zunehmender Hierarchiestufe abnimmt.

Ein weiterer Schwerpunkt der Dienstrechtsmodernisierung liegt im neuen Laufbahnrecht in Kombination mit einer stärkeren Fokussierung auf den Bereich Personalentwicklung und Fortbildung.

Die Neufassung der laufbahnrechtlichen Regelungen im modernisierten Dienstrecht soll zunächst der Tatsache Rechnung tragen, dass sich mit Einführung von neuen gestuften Studienstrukturen (Bachelor/Master) und neuen Studiengängen die Hochschullandschaft verändert hat. Unter Aufrechterhaltung des Laufbahnprinzips soll eine Verschlankung der Strukturen durch Reduzierung der Anzahl der Laufbahngruppen und im Bereich der Laufbahnen besonderer Fachrichtung erfolgen. Die bisher vier Laufbahngruppen des einfachen, mittleren, gehobenen und höheren Dienstes werden künftig in zwei Laufbahngruppen neu geordnet. Die besoldungsrechtliche Ämterordnung bildet weiterhin die Grundlage für die laufbahnrechtliche Ämterstruktur. Die Laufbahnsystematik berücksichtigt damit, dass nach dem Grundsatz des lebenslangen Lernens die Befähigung nicht isoliert aufgrund einer zu Beginn des Berufslebens absolvierten Ausbildung, sondern auch die im Laufe eines Berufslebens durch Qualifikationen und Berufserfahrung erworbene Kompetenzerwerb jeweils im Kontext mit den zusätzlichen Erfahrungen und vor allem Qualifikationen zu bewerten ist. Stärker als bislang sollen dabei folgerichtig auch Personalentwicklung und Fortbildung in den Fokus genommen werden, um den Herausforderungen des demografischen Wandels Rechnung tragen zu können. Durch die Aufnahme entsprechender Regelungen in das Landesbeamtengesetz werden die Behörden des Landes NRW flächendeckend verpflichtet werden, Personalentwicklungs- und Fortbildungskonzepte zu erstellen. Es soll ein Anspruch der Mitarbeiterinnen und Mitarbeiter auf Fortbildung normiert werden, sofern keine dienstlichen Gründe entgegenstehen. Angesichts des demografischen Wandels und dessen Auswirkungen auf die Beschäftigtenstruktur sieht Nordrhein-Westfalen erstmals die Verankerung eines Behördlichen Gesundheitsmanagements auf Gesetzesebene im Dienstrecht vor. Dieses Thema ist von zentraler Bedeutung im Hinblick auf den Erhalt der Arbeits- und Beschäftigungsfähigkeit aller Beschäftigten einerseits sowie die Steigerung der Attraktivität des Landes NRW als Arbeitgeber andererseits und damit unverzichtbarer Bestandteil eines modernen Dienstrechts im Landes Nordrhein-Westfalen.

2. Besoldungsrecht

Das Übergeleitete Besoldungsgesetz für das Land Nordrhein-Westfalen (ÜBesG NRW) und das bisherige Landesbesoldungsgesetz (LBesG) werden zu einem Gesetz zusammengeführt. Die Regelungen werden überarbeitet, bereinigt und neu strukturiert, womit ein übersichtlicheres und anwenderfreundlicheres Recht geschaffen wird.

Die jährliche Sonderzahlung wird ab dem 1. Januar 2017 – ohne inhaltliche Änderung gegenüber dem bisherigen Recht – in die monatlichen Bezüge integriert. Das Sonderzahlungsgesetz-Nordrhein-Westfalen in der Fassung der Bekanntmachung vom 20. November 2003 (GV. NRW. S. 696), das zuletzt durch Artikel 3 des Gesetzes vom 4. Dezember 2012 (GV. NRW. S. 634) geändert worden ist, wird zu diesem Zeitpunkt aufgehoben. Eine unterjährige Aufhebung wäre mit unvertretbarem Aufwand in der Umsetzung für das Landesamt für Besoldung und Versorgung Nordrhein-Westfalen verbunden.

Insbesondere alleinerziehende Beamtinnen und Beamte, die mit ihren Kindern in ihrem Haushalt leben, können bereits nach bisherigem Recht einen Familienzuschlag der Stufe 1 erhalten. Voraussetzung ist, dass die für das Kind zur Verfügung stehenden Unterhaltsmittel eine bestimmte Grenze (sog. Eigenmittelgrenze) nicht übersteigen. Die Neuregelung verzichtet für die Fälle, in denen ein Kindergeldanspruch besteht, auf die sog. Eigenmittelgrenze, an der der Anspruch auf den Familienzuschlag bisher oft von vornherein oder bei geringfügigen Änderungen beim monatlichen Barunterhalt scheitert. Der Familienzuschlag wird in diesen Fällen nunmehr unabhängig davon gewährt, ob und in welcher Höhe Unterhaltsmittel für das Kind zur Verfügung stehen.. Dies trägt dem Umstand Rechnung, dass sowohl die Gewährung von Kindergeld als der Familienzuschlag der Stufe 1 für Alleinerziehende dem gleichen Zweck zu dienen bestimmt sind, nämlich dem Ausgleich für durch Kinder entstehenden Mehraufwand. Die Erweiterung entspricht dem vielfach geäußerten Wunsch und Interesse der Beamtinnen, Beamten und Verbände nach einer Neukonzeption des Zuschlags entsprechend der des Bundesbesoldungsgesetzgebers in § 40 Absatz 1 Nummer 4 des Bundesbesoldungsgesetzes. Durch die Anknüpfung an den Kindergeldanspruch wird zudem der Verwaltungsaufwand vermindert und die Regelung transparenter. Bei Aufnahme von Kindern, für die kein Anspruch auf Kindergeld besteht (grundsätzlich ab Vollendung des 25. Lebensjahres), oder anderer Personen als einem Kind in den Haushalt und Unterhaltsgewährung aufgrund gesetzlicher Verpflichtung (z.B. gegenüber bedürftigen Elternteilen) oder sittlicher Verpflichtung (z.B. gegenüber bedürftigen Geschwistern) wird ein Familienzuschlag der Stufe 1 unter denselben Voraussetzungen wie nach bisherigem Recht gewährt.

Für Versorgungsempfängerinnen und Versorgungsempfänger, die als aktive Beamtinnen und Beamte im Vollzugsdienst bei der Polizei, der Feuerwehr, der Justiz, in der Steuerfahndung und beim Verfassungsschutz lange tätig waren, wird die nach den Jahren 2007 bzw. 2010 ausgelaufene Ruhegehaltfähigkeit der Stellenzulagen wieder eingeführt. Der ursprüngliche Rechtszustand, wie er bis 1998 bundeseinheitlich bestanden hat, wird da-

mit wiederhergestellt. Dies wird auch für die Personen geregelt, die bis zum Inkrafttreten dieses Gesetzes in den Ruhestand getreten oder versetzt worden sind und bei denen die genannten Zulagen aufgrund des Versorgungsreformgesetzes 1998 bisher nicht ruhegehaltfähig waren. Die Ruhegehaltfähigkeit gilt ab Inkrafttreten des Gesetzes, eine Nachzahlung für zurückliegende Zeiträume wird nicht gewährt.

Die bisherige Regelung über eine Zulage für die Wahrnehmung eines höherwertigen Amtes wird hinsichtlich der Wartefrist für die Erlangung der Zulage von 18 Monaten auf 12 Monate inhaltlich angepasst, weil eine über 12 Monate hinausgehende Wartefrist als nicht mehr angemessen erachtet wird.

Die Besoldung des einfachen Dienstes vor allem des Justizwachtmeisterdienstes wird verbessert. Mit der Einfügung weiterer Erfahrungsstufen wird der bisherige einfache Dienst attraktiver, und es wird der Steigerung der beruflichen Erfahrung durch langjährige Tätigkeit angemessen Rechnung getragen. Mit der Erhöhung der Amtszulagen werden die „Zwischenämter" strukturell höher bewertet und im Ämtergefüge zutreffend berücksichtigt.

Schließlich wird die Regelung für den Zuschlag bei begrenzter Dienstfähigkeit an die Entwicklung in der Rechtsprechung angepasst. Es ist mit der neuen Regelung sichergestellt, dass begrenzt Dienstfähige in allen Fällen besser besoldet werden als in gleichem Umfang freiwillig Teilzeitbeschäftigte.

3. Versorgungsrechtliche Regelungen

Das mit dem Dienstrechtsanpassungsgesetz 2013 in Landesrecht übergeleitete Beamtenversorgungsrecht wird ebenfalls überarbeitet, bereinigt und neu strukturiert, womit auch dieses Gesetz übersichtlicher und anwenderfreundlicher wird.

Es wird erstmalig ein Anspruch auf Versorgungsauskunft für die nordrhein-westfälischen Beamtinnen und Beamten gesetzlich geregelt. Ein Anspruch soll ab Vollendung des 55. Lebensjahres im Abstand von drei Jahren und bei berechtigtem Interesse vor Vollendung des 55. Lebensjahres und auch in kürzeren Abständen bestehen. Aufgrund des Vorbehaltes des Gesetzes begründet die erteilte Auskunft keinen Anspruch auf Versorgung entsprechend der Auskunftshöhe, sondern sie wird vorbehaltlich künftiger Sach- und Rechtsänderungen erteilt. Die Beamtinnen und Beamten trifft bei der Erstellung der Auskunft eine Mitwirkungspflicht, und zwar bei der Feststellung der Ausbildungs- und Berufszeiten. Diese müssen richtig und vollständig sein, denn hiernach ist zu klären, welche Zeiten versorgungsrechtlich zu berücksichtigen sind. Da es sich bei der Erteilung von Versorgungsauskünften für die Landesbeamtinnen und -beamten sowie die Beamtinnen und Beamten der Hochschulen durch das Landesamt für Besoldung und Versorgung Nordrhein-Westfalen um ein Massenverfahren handelt, erfordert eine zeitgerechte Erteilung der Versorgungsauskünfte eine weitgehende automationsgestützte Verfahrenslösung und eine entsprechende Mitwirkung der Antragstellerinnen und der Antragsteller sowie der personalaktenführenden Dienststellen. Um die Voraussetzungen für das anstehende Massenverfahren zu schaffen, sind zeitliche Vorläufe zur Einführung eines automationsgestützten Verfahrens sowie zur Schulung des mitwirkenden Personals zwingend erforderlich. Deshalb ist eine Einführung des Anspruches auf Erteilung einer Versorgungsaus-

kunft vor dem Jahr 2021 nicht möglich. Über die gemachten Erfahrungen mit der eingeführten Versorgungsauskunft für Beamtinnen und Beamte des Landes sowie der Hochschulen soll sodann Ende 2023 berichtet werden, auch unter dem Blickwinkel, ob eine Ausweitung der Auskunft als angemessen erscheint.

Zukünftig werden auch ruhegehaltfähige Dienstzeiten vor Vollendung des 17. Lebensjahres berücksichtigt, die Anbindung an die Altersgrenze wird aufgehoben. Die Kindererziehungs- und Pflegezuschläge werden durch die Einführung von Festbeträgen systemkonform vereinfacht. Zugleich werden familienpolitische Akzente gesetzt. Der jetzt vorgesehene Festbetrag für den Kindererziehungszuschlag pro Monat der Kindererziehung (maximal 36 Monate) orientiert sich an dem Betrag, den die Tarifbeschäftigten des Landes zurzeit für die Kindererziehung als Rentenleistung und aus der Zusatzversorgung des öffentlichen Dienstes bekommen. Letzteres tritt als neue Komponente zu den bisherigen Leistungen hinzu. Zukünftig erfolgt die Anpassung der Zuschläge wie die Anpassung der monatlichen Bezüge. Die Berechnung des Betrages richtet sich damit nicht mehr nach einem Bruchteil des Rentenwertes. Es entfällt damit auch eine rentenrechtliche Höchstgrenzenberechnung, die bisher in einem mehrfach gestuften, sehr aufwendigen und wenig nachvollziehbaren Verfahren erfolgte. Die Zuschläge werden zukünftig neben dem Ruhegehalt gezahlt, und es wird klargestellt, dass die Ruhens-, Kürzungs- und Anrechnungsvorschriften auf die Zuschläge nicht anzuwenden sind. Auch hierdurch wird eine erhebliche Verwaltungsvereinfachung erzielt.

Die landesrechtlichen Regelungen zur Versorgungslastenteilung (Versorgungslastenverteilungsgesetz – VLVG) werden in das Landesbeamtenversorgungsgesetz integriert, und es wird die finanzielle Beteiligung früherer Dienstherren an den Versorgungslasten des letzten Dienstherrn bei Dienstherrenwechseln innerhalb des Landes Nordrhein-Westfalen entsprechend den Regelungen des Staatsvertrag über die Verteilung von Versorgungslasten bei bund- und länderübergreifenden Dienstherrenwechseln (Versorgungslastenteilungs- Staatsvertrag) bestimmt. Die Neuregelung ergänzt damit den bei bund- und länderübergreifenden Dienstherrenwechseln geltenden Versorgungslastenteilungs-Staatsvertrag, der für landesinterne Dienstherrenwechsel nicht gilt. Die Versorgungslastenteilung innerhalb Nordrhein-Westfalens erfolgt daher künftig durch eine pauschalierte Abfindung der erworbenen Versorgungsanwartschaften in Form einer Einmalzahlung des abgebenden an den aufnehmenden Dienstherrn zum Zeitpunkt des Dienstherrenwechsels. Durch dieses Abfindungsmodell ist es möglich, die Fälle zum Zeitpunkt des Dienstherrenwechsels abschließend und verwaltungsökonomisch zu erledigen. Zudem wird hiermit die Kompatibilität mit den Regelungen des Staatsvertrags sichergestellt. Dies ist für Fälle erforderlich, in denen neben einem Dienstherrenwechsel innerhalb Nordrhein-Westfalens ein bund- oder länderübergreifender Dienstherrenwechsel vorliegt. Die Versorgungsanwartschaften der Beamtinnen und Beamten werden durch einen Dienstherrenwechsel nicht tangiert. Für die Berechnung der ruhegehaltfähigen Dienstzeiten spielt es keine Rolle, bei welchem Dienstherrn die Dienstzeit zurückgelegt wurde."

1.1.4 Zusammenfassung

Rechtsordnungen prägen die Staatsverwaltung und die zu ihrer Ausführung ernannten Beamten. Die häufig wechselnden Verfassungen und Systeme in Deutschland seit 1849 beruhten auf grundverschiedenen Weltanschauungen, vom Kaiserreich über alle gegensätzlichen Folgesysteme bis zur Grundrechtsdemokratie und Einbindung der Bundesrepublik Deutschland in die Europäische Gemeinschaft. Der Reigen der politischen Systeme und verschiedenen Verfassungen war zugleich mit unterschiedlichen Rechtsordnungen verbunden. Dass es in dieser Epoche Deutscher Geschichte, insbesondere nach dem Zusammenbruch des nationalsozialistischen Staates und des SED-Staates, gelang, kurzfristig notwendige Kontinuität und Stabilität in der staatlichen und kommunalen Verwaltung zu erzeugen, ist nicht zuletzt dem Berufsbeamtentum zuzuschreiben.

1.1.5 Europäische Entscheidungen mit Auswirkungen auf das Beamtenrecht

Auf europäischer Ebene hat das Zehnte Gesetz zur Änderung dienstrechtlicher Vorschriften vom 20.12.1993[23] eine Annäherung gebracht. Durch die Neufassung des § 4 Abs. 1 Nr. 1 BRRG dürfen seit dieser Zeit neben Deutschen i. S. des Art. 116 GG auch Personen, die die Staatsangehörigkeit eines anderen Mitgliedstaates der Europäischen Gemeinschaften besitzen, in das Beamtenverhältnis berufen werden. Diese Vorschrift ist inhaltsgleich im BeamtStG in § 7 Abs. 1 Nr. 1 a) übernommen worden. Nur wenn es die Aufgabe erfordert, darf nach § 7 Abs. 2 BeamtStG ausschließlich ein Deutscher i. S. des Art. 116 GG berufen werden (Art. 48 Abs. 4 EWG-Vertrag).

Europarecht tangiert immer stärker auch auf das nationale Dienstrecht. Bei spektakulären Entscheidungen des Europäischen Gerichtshofs wird dieses ins Bewusstsein gerufen. Für Aufsehen hat erstmalig die Entscheidung zur Billigung der Frauenquote im Landesbeamtengesetz Nordrhein-Westfalen (vgl. §§ 8 Abs. 4 Satz 2 und 25 Abs. 5 Satz 2 LBG alt) im Jahre 1997 gesorgt[24]. Im Jahr 2012 hat das Bundesverwaltungsgericht entschieden, dass eine Altersgrenze von 40 Jahren für die Einstellung und Übernahme in das Beamtenverhältnis als Lehrer sowohl mit Verfassungsrecht als auch mit Europarecht vereinbar ist[25]. Selbiges gilt auch für eine Altersgrenze von 42 Jahren[26]. Bei Änderungen nationaler beamtenrechtlicher Vorschriften ist immer zu beachten, dass von der Europäischen Union erlassene Richtlinien von den Mitgliedstaaten bereits in der Übergangsphase bis zum Umsetzungstermin verbindlich sind. Während der Frist können keine Maßnahmen mehr ergriffen werden, die der erlassenen Richtlinie zuwiderlaufen. Nach dem Wortlaut des EG-Vertrages ist es Pflicht der Mitglieder, bereits während der Frist – meist zwischen zwei und vier Jahren – alle Maßnahmen zu ergreifen, die nötig sind, um die Ziele der Richtlinie zu erreichen[27].

---

[23] BGBl. I 1993, S. 2136.
[24] Vgl. EuGH, Urteil vom 11.11.1987, C-409/95, NJW 1997, 3429 = DVBl 1998, 183 = RiA 1998, 37.
[25] BVerwG, Beschluss vom 26.03.2012, 2 B 26.11, juris Langtext Rn. 19 ff.
[26] BVerwG, Urteil vom 11.10.2016, 2 C 11.15.
[27] Vgl. Entscheidung des Europäischen Gerichtshofs auf Ersuchen des Belgischen Staatsrates, Urteil vom 18.12.1997,C-129/96, juris-Langtext Rn. 42 ff.

2 Rechtsquellen

Das Beamtenrecht regelt die Rechtsbeziehungen der Beamten zu ihrem Dienstherrn. Als Teil des Rechts des öffentlichen Dienstes hat es verschiedene Rechtsquellen (Staatsrecht und besonderes Verwaltungsrecht). Als Rechtsquellen werden alle Grundlagen der staatlichen Rechtsordnung bezeichnet, unabhängig davon, ob es sich um geschriebenes oder (ausnahmsweise) ungeschriebenes Recht handelt. In der Rechtsordnung werden die Rechts-quellen je nach Rechtsgebiet entsprechend zugeordnet.

2.1 Rechtsquellen des Beamtenrechts

Das Beamtenrecht ist das besondere Recht der Personen im öffentlichen Dienst, die in einem öffentlich-rechtlichen Dienst- und Treueverhältnis stehen. Es ist abzugrenzen vom allgemeinen Arbeitsrecht (vgl. § 611 ff. BGB), welches sowohl für die Privatwirtschaft als auch für den öffentlichen Dienst Gültigkeit beansprucht, und dem Tarifrecht für die Beschäftigten im öffentlichen Dienst (TV-L / TVöD).[1] Das Beamtenrecht gehört zum Rechtsgebiet des öffentlichen Rechts und ist Teil des besonderen Verwaltungsrechts.

Die Quellen des Beamtenrechts oder die Quellen, aus denen das Recht der Beamtenverhältnisse abgeleitet wird, sind in einer Vielzahl von Rechtsvorschriften mit unterschiedlicher Bedeutung enthalten. Der öffentlichen Verwaltung dienen sie als Zielvorgabe politischer Absichten und dem Dienstvorgesetzten als Ermächtigungsgrundlage für Eingriffe in Rechte des Beamten aber auch als Legitimation für die Gewährung von Leistungen. Dem Beamten selbst dienen die Rechtsquellen zur Feststellung, welche Rechte und Pflichten sie im konkreten Einzelfall gegenüber dem Dienstherrn haben.

Von Bedeutung ist die Gesamtheit aller Rechtsnormen mit beamtenrechtlichen Inhalten. Es kann sich um Europarecht oder nationales Recht (Verfassung, Gesetze, Rechtsverordnungen usw.) handeln.

2.1.1 Verfassungsrechtliche Grundlagen

Das Grundgesetz enthält eine Vielzahl unterschiedlicher Regelungen, die das Beamtenverhältnis direkt oder indirekt berühren. Insofern hat die Verfassung für die Beantwortung beamtenrechtlicher Fragestellungen wesentliche Bedeutung, beispielsweise die Grundrechte in den Artikeln 1 bis 19 GG, sowie das Gesetzgebungsverfahren in den Artikeln 70 ff. GG. Wegen ihres Verfassungsranges gehören auch die hergebrachten Grundsätze des Berufsbeamtentums (Art. 33 Abs. 5 GG) zu den verfassungsrechtlichen Grundlagen. Von Bedeutung sind ebenfalls die Abs. 1 bis 4.

---

[1] Vgl. zu den entsprechenden arbeitsrechtlichen Rechtsquellen Hoffmann, Arbeitsrecht im öffentlichen Dienst, S. 1 ff.

2.1.1.1 Der Beamte als Grundrechtsträger

Beamte haben, wie alle Staatsbürger, einen Anspruch auf die verfassungsrechtlich garantierten Grundrechte. Grundrechte sind Abwehrrechte des Bürgers gegenüber dem Staat. Wegen des besonderen Dienst- und Treueverhältnisses gegenüber dem Dienstherrn müssen Beamte in Einzelfällen Einschränkungen dieser elementaren Rechte hinnehmen. Dieses ist aus Art. 33 Abs. 5 GG abzuleiten, wonach das Recht des öffentlichen Dienstes unter Berücksichtigung der hergebrachten Grundsätze des Berufsbeamtentums zu regeln und fortzuentwickeln ist. Insofern bedarf es nicht in jedem Einzelfall des sonst nach Art. 19 Abs. 1 GG erforderlichen Gesetzesvorbehalts für einzelne Grundrechtsbeschränkungen des Beamten.

Nach der Rechtsprechung des Bundesverwaltungsgerichts ist im Streitfall zwischen den Grundrechten und den sonstigen Regelungen mit Verfassungsrang, wozu die hergebrachten Grundsätze des Berufsbeamtentums gehören, abzuwägen. Es ist zu prüfen, welcher Bestimmung ein höheres Gewicht zukommt. Einige Grundrechtsbeispiele verdeutlichen die Problematik:

Beamte als Grundrechtsträger		
Rechts-grundlage	**Grund-rechte**	**Einschränkungen aus Art. 33 Abs. 5 GG**
Art. 2 Abs. 1 GG	Freie Entfaltung der Person	Einschränkung von Nebentätigkeiten
Art. 2 Abs. 2 GG	Körperliche Unversehrtheit	Einsatz von Gesundheit und Leben der Polizeivollzugs- und Feuerwehrbeamten
Art. 4 Abs. 2 GG	Freiheit der Religionsausübung	Untersagung des Tragens eines Kopftuches
Art. 5 Abs. 1 GG	Freiheit der Meinungsäußerung	Amtsverschwiegenheit, Treuepflicht und Neutralitätspflicht
Art. 9 Abs. 3 GG	Koalitionsfreiheit	Streikverbot, als Teilbereich der Koalitionsfreiheit
Art. 11 Abs. 1 GG	Freizügigkeit	Wohnen in Gemeinschaftsunterkünften von Polizeivollzugsbeamten

Zur Frage der Einschränkung des äußeren Erscheinungsbildes gehörte bei Polizeibeamten lange Zeit die Länge der Haare oder das Tragen von Ohrschmuck. Obwohl das Verbot, Ohrschmuck und / oder lange Haare zu tragen, das Recht der Beamten auf freie Entfaltung der Persönlichkeit einschränkte, wurde die Auffassung vertreten, dass die oberste

Dienstbehörde eine generell einheitliche und nachvollziehbare Anordnung hierzu treffen durfte.[2]

Das Bundesverwaltungsgericht hat inzwischen seine Rechtsprechung geändert und festgestellt, dass eine Regelung der obersten Dienstbehörde, die uniformierten Polizeibeamten vorschreibt, die Haare in Hemdkragenlänge zu tragen, gegen Art. 2 Abs. 1 GG verstößt[3]. In diesem Sinne hat das Verwaltungsgericht Aachen entschieden, dass weder die besonderen Sachnotwendigkeiten des Polizeivollzugsdienstes den Bürgern gegenüber noch die Vermeidung innerdienstlicher Konflikte es erfordern, Einstellungsbewerbern mit großflächigen Tätowierungen im sichtbaren Armbereich von vornherein, generell und ausnahmslos die notwendige Eignung für den gehobenen Polizeivollzugsdienst abzusprechen[4].

Eine besondere Bedeutung haben die Grundrechte für das sog. Grundverhältnis der Beamten. Innerdienstlich kann dagegen nur ausnahmsweise auf sie zurückgegriffen werden.

Beamte genießen den Schutz des Art. 19 Abs. 4 Satz 1 GG. Bei Rechtsverletzungen durch die öffentliche Gewalt, steht ihnen der Rechtsweg offen. Dieses gilt unabhängig davon, ob es sich um das sogenannte Grund- (Beamter als Individuum) oder Dienstverhältnis (Beamter als Teil der Organisation = Betriebsverhältnis) handelt. Die Qualität der Entscheidung (z. B. Verwaltungsakt i. S. des § 35 Satz 1 VwVfG NRW) ist nach der Rechtsprechung des Bundesverwaltungsgerichts eine zu vernachlässigende Größe. So ist heute anerkannt, dass der Dienstherr Beamte auch ohne Verwaltungsakt (z.B. im Rahmen einer organisatorischen Umsetzung von einer Dienststelle zu einer anderen Dienststelle) in seinen Rechten verletzen kann.

2.1.1.2 Artikel 33 Grundgesetz

Jeder Deutsche hat in jedem Lande die gleichen staatsbürgerlichen Rechte und Pflichten (Art. 33 Abs. 1 GG). Artikel 33 GG enthält über die grundsätzliche Aussage zur Gleichheit der staatsbürgerlichen Rechte und Pflichten (Art. 33 Abs. 1 und Abs. 3 GG) hinaus wesentliche Regelungen zur Ausgestaltung des öffentlichen Dienstes (Art. 33 Abs. 2 und Abs. 3 GG) und spezielle Vorgaben zum Berufsbeamtentum (Art. 33 Abs. 4 und Abs. 5 GG).

Der Genuss bürgerlicher und staatsbürgerlicher Rechte, die Zulassung zu öffentlichen Ämtern sowie die im öffentlichen Dienst erworbenen Rechte sind unabhängig von dem religiösen Bekenntnis (Art. 33 Abs. 3 Satz 1 GG). Besonders herauszustellen sind die aus Art. 33 GG abzuleitenden Prinzipien, die für die Ausgestaltung des Beamtenrechts von wesentlicher Bedeutung sind:

---

[2] BVerwG, Urteil vom 15.01.1999, 2 C 11/98, ZBR 1999, 277 = DÖD 1999, 271 = RiA 2000, 259 = IÖD 1999, 182 = DVP 1999, 129.
[3] BVerwG, Urteil vom 02.03.2006, 2 C 3/05, BVerwGE 125, 85 = ZBR 2006, 380 = DVBl. 2006, 1187 RiA 2006, 270 = DÖD 2006, 249 = DÖV 2006, 694.
[4] VG Aachen, Urteil vom 26.11.2012, 1 K 1518/12, juris Langtext Rn. 27 = ZBR 2013, 139 = NWVBl 2013, 301.

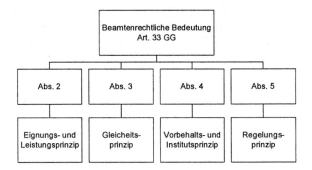

2.1.1.2.1 Eignungs-, Leistungs- und Gleichheitsprinzip

Jeder Deutsche hat nach seiner **Eignung, Befähigung** und **fachlichen Leistung** gleichen Zugang zu jedem öffentlichen Amte (Art. 33 Abs. 2 GG)[5].

Die Regelung enthält das für das Beamtenrecht wesentliche Eignungs- und **Leistungsprinzip**. Das Leistungsprinzip ist der einzige namentlich genannte hergebrachte Grundsatz des Berufsbeamtentums. Der Zugang zu öffentlichen Ämtern ist danach ausschließlich von diesen Kriterien abhängig. Auf soziale oder sonstige Merkmale, wie z.B. Familienstand, Geschlechtszugehörigkeit, Schwerbehinderteneigenschaft (vgl. § 69 Abs. 5 SGB IX) oder Alter kann es nur ausnahmsweise bei gleicher Qualifikation der Bewerber ankommen. Bei der Bewerberauswahl muss es darum gehen, das Eignungsprofil des Bewerbers mit dem beruflichen Anforderungsprofil der zu besetzenden Stelle zu vergleichen. Je mehr Übereinstimmung zwischen Eignungsprofil und den beruflichen Anforderungen besteht, umso besser passen Beamter und berufliche Tätigkeit zusammen.

Eine Bevorzugung oder Benachteiligung aufgrund des Geschlechts, der Abstammung, der Rasse oder der ethnischen Herkunft, einer Behinderung, der Religion oder Weltanschauung, der politischen Anschauungen, Herkunft oder Beziehungen oder sexuelle Identität ist unzulässig (vgl. § 9 BeamtStG). Dies gilt auch nach §§ 1, 7 Abs. 1, 24 AGG, wobei das AGG zusätzlich auch eine Benachteiligung wegen des Alters für unzulässig erklärt. Im Einzelfall könnte dies zu Schadensersatz- (§ 15 Abs. 1 AGG) oder verschuldensunabhängigen Entschädigungsansprüchen (§ 15 Abs. 2 AGG) nicht berücksichtigter Bewerber führen[6]. Politische Anschauungen dürfen bei so genannten politischen Beamten (zum Personenkreis vgl. § 38 Abs. 1 LBG) berücksichtigt werden.

Art. 33 Abs. 2 GG spricht vom „Zugang" zu jedem öffentlichen Amte. Damit erfasst die Regelung nicht nur die Begründung des Beamtenverhältnisses (Einstellung i. S. des § 8 Abs. 1 Nr. 1 BeamtStG), sondern auch die Übertragung eines anderen höher bewerteten Amtes (Beförderung i. S. des § 8 Abs. 1 Nr. 4 BeamtStG). Um der Forderung nach Bestenauswahl gerecht werden zu können, schreiben Behörden zu besetzende Stellen intern

---

[5] Vgl. Kämmerling, Das Leistungsprinzip im Fortgang der Rechtsprechung, RiA 2013, 49 ff.
[6] OVG Lüneburg, Urteil vom 10.01.2012, 5 LB 9/10, DÖD 2012, 88 = NVwZ-RR 2012, 733 = KommJur 2012, 151.

und extern (also öffentlich) aus. Eine **Stellenausschreibung** ist nur dann zwingend, wenn eine Rechtsnorm dies ausdrücklich verlangt. So sieht z. B. § 8 Abs. 2 LGG die externe Ausschreibung für den Fall vor, dass Frauen im jeweiligen Bereich (Laufbahn bzw. Amt) unterrepräsentiert sind und eine interne Stellenbesetzung nicht erfolgen kann, weil keine Bewerbungen von Frauen vorliegen bzw. Frauen die geforderte Qualifikation nicht erfüllen. Ausbildungsplätze sind öffentlich auszuschreiben (§ 8 Abs. 3 Satz 1 LGG). Gleiches gilt für Stellen kommunaler Wahlbeamter, die nach § 71 Abs. 2 Satz 2 GO hinsichtlich der erstmaligen Besetzung auszuschreiben sind. Darüber hinaus lässt sich aus dem Leistungsgrundsatz (Art. 33 Abs. 2 GG) keine allgemeine Pflicht zur Stellenausschreibung ableiten[7].

Gemäß Art. 33 Abs. 2 GG hat jeder Deutsche nach seiner Eignung, Befähigung und fachlichen Leistung gleichen Zugang zu jedem öffentlichen Amt. Jede Bewerbung muss nach diesen Kriterien beurteilt werden[8]. Dies gilt auch bei der Vergabe von sog. Beförderungsdienstposten, die dem ausgewählten Bewerber bei erfolgreicher Erprobung die Chance auf eine Beförderung eröffnen[9]. Der Leistungsgrundsatz gebietet, dass der Dienstherr bei seiner Auswahlentscheidung keinen Bewerber übergehen darf, der im Vergleich mit anderen Bewerbern die Kriterien der **Bestenauslese** am besten erfüllt[10]. Die Geltung des Grundsatzes der Bestenauslese wird durch Art. 33 Abs. 2 GG unbeschränkt und vorbehaltlos gewährleistet. Das dient zum einen dem öffentlichen Interesse an der bestmöglichen Besetzung der Stellen des öffentlichen Dienstes. Zum anderen trägt Art. 33 Abs. 2 GG dem berechtigten Interesse der Bediensteten an einem angemessenen beruflichen Fortkommen dadurch Rechnung, dass er grundrechtsgleiche Rechte auf ermessens- und beurteilungsfehlerfreie Einbeziehung in die Bewerberauswahl begründet[11]. Öffentliche Ämter i. S. d. Art. 33 Abs. 2 GG sind nicht nur Beamtenstellen, sondern auch solche Stellen, die von Arbeitnehmern besetzt werden können.[12] Verfassungsrechtlich ist zudem der Zugang zu Beförderungsämtern bzw. zu höherwertigen Stellen geschützt. Beamten und Arbeitnehmern im öffentlichen Dienst steht nach Art. 33 Abs. 2 GG bei der Besetzung von Ämtern des öffentlichen Dienstes ein **Bewerbungsverfahrensanspruch** zu. Daraus folgt angesichts der Kriterien Eignung, Befähigung und fachliche Leistung in Art. 33 Abs. 2 GG ein subjektives Recht, d. h. einen Anspruch jedes Bewerbers auf chancengleiche Teilnahme am Bewerbungsverfahren[13]. Neben der Berücksichtigung des Leistungsgrundsatzes dürfen damit keine weiteren Bewertungsmaßstäbe treten[14].

Das Leistungsprinzip vermittelt dem Bewerber ein Recht auf Bewerbung und auf Einbeziehung in das jeweilige Bewerbungsverfahren. Darüber hinaus enthält Art. 33 Abs. 2 GG ein Abwehrrecht des Bewerbers gegenüber sachwidrig unter Missachtung der Bestenauslese ausgewählten Konkurrenten. Wird das insoweit durch Art. 33 Abs. 2 GG vermittelte (grundrechtsgleiche) subjektive Recht, der sog. Bewerbungsverfahrensan-

---

[7] OVG Münster, Beschluss vom 11.07.2006, 6 B 1184/06, juris Langtext Rn. 8 ff. = IÖD 2007, 122.
[8] BAG 12.10.2010 - 9 AZR 518/09 -, E 136, 36.
[9] OVG NRW 6.4.2016 – 6 B 221/16 -, juris Rn. 5.
[10] BVerfG 20.9.2007 – 2 BvR 1972/07 -, ZBR 2008, 167.
[11] BVerfG 25.11.2011 - 2 BvR 2305/11 -, juris Rn. 12.
[12] BAG 19.2.2008 - 9 AZR 70/07 -, E 126, 26; BAG 18.9.2007 - 9 AZR 672/06 -, E 124, 80; Maunz/Dürig, Kommentar zum Grundgesetz, Art. 33 Rn. 22.
[13] BAG 7.9.2004 - 9 AZR 537/03 -, E 112, 13.
[14] Hoffmann, Rechtssichere Personalauswahl in der öffentlichen Verwaltung, S. 19.

spruch, durch eine **fehlerhafte bzw. rechtswidrige Auswahlentscheidung** des Dienstherrn verletzt, so folgt daraus regelmäßig kein Anspruch auf Einstellung oder auf Vollziehung einer anderen Personalmaßnahme (z. B. Beförderung); der unterlegene Bewerber kann aber eine erneute Entscheidung über seine Bewerbung beanspruchen (i. d. R. im Rahmen des einstweiligen Rechtsschutzes), wenn seine Auswahl möglich erscheint[15].

Da der bloße Wechsel auf einen anderen gleichwertigen Dienstposten (sog. gleichwertiger Wechsel unter Beibehaltung der Besoldungs- oder Entgeltgruppe) keine Übertragung eines anderen öffentlichen Amtes i. S. d. Art. 33 Abs. 2 GG ist, bedarf es vorab keiner Bestenauslese. Vielmehr entscheidet der Dienstherr über die Umsetzung oder Versetzung des Betroffenen unter Beachtung der dienstlichen Belange im Rahmen des ihm eingeräumten Ermessens[16]. Allerdings kann der Dienstherr sich in diesen Fällen auch auf ein an den Maßstäben des Art. 33 Abs. 2 GG ausgerichtetes Auswahlverfahren festlegen. Das Prinzip der Bestenauslese ist zwingend zu beachten, wenn sich der Dienstherr für ein Auswahlverfahren entschließt, an dem Beförderungs- und Um-/Versetzungsbewerber unterschiedslos teilnehmen. Aufgrund der Organisationsfreiheit obliegt es dem Dienstherrn zwischen Umsetzung, Versetzung und Beförderung bzw. Höhergruppierung zu wählen. Die Ausübung dieses Rechts steht im pflichtgemäßen Ermessen des Dienstherrn.[17]

Die Zulassung zu öffentlichen Ämtern sowie die im öffentlichen Dienst erworbenen Rechte sind unabhängig von jedem religiösen Bekenntnis zu beurteilen (vgl. Art. 33 Abs. 3 GG). Niemandem darf aus seiner Zugehörigkeit oder Nichtzugehörigkeit zu einem Bekenntnis oder einer Weltanschauung ein Nachteil erwachsen (**Gleichheitsprinzip**). Entscheidungen, die dieses nicht berücksichtigen, sind rechtswidrig und gerichtlich anfechtbar. Allerdings ist das Gebot der Neutralität des Staates zu beachten, wenn beispielsweise Bewerber, deutlich ihre religiöse Anschauung zum Ausdruck bringen (z. B. Kopftuch bei Lehrerinnen).

Eine Besonderheit enthält auf Bundesebene die Regelung des Art. 36 Abs. 1 Satz 1 GG, wonach bei obersten Bundesbehörden Beamte aus allen Bundesländern in angemessenem Verhältnis zu verwenden sind, was im Einzelfall das Leistungsprinzip durchbrechen könnte[18].

2.1.1.2.2 Vorbehalts- und Institutionsprinzip

Nach dem Funktionsvorbehalt ist die Ausübung **hoheitsrechtlicher Befugnis**se als ständige Aufgabe i. d. R. Angehörigen des öffentlichen Dienstes zu übertragen, die in einem öffentlich-rechtlichen Dienst- und Treueverhältnis stehen (vgl. Art. 33 Abs. 4 GG). Mit diesen Vorgaben des Grundgesetzes ist das Berufsbeamtentum bezüglich der Wahrnehmung hoheitlicher Aufgaben verfassungsrechtlich verankert. Der Funktionsvorbehalt

---

[15] BVerfG 26.11.2010 – 2 BvR 2435/10 -, NVwZ 2011, 746.
[16] BVerfG 28.2.2007 – 2 BvR 2494/06 -, ZBR 2008, 94.
[17] Vgl. BVerwG 25.11.2004 – 2 C 17/03 -, E 122, 237.
[18] Zur Vertiefung vgl. Hetzer, Der Bewerbungsverfahrensanspruch, VR 1998, 116.; zur Frage von Schadensersatzansprüchen bei Verletzung des Bewerbungsverfahrensanspruches vgl. Hoffmann, Rechtssichere Personalauswahl in der öffentlichen Verwaltung, S. 136 f.

erstreckt sich dabei nicht nur auf die Leitungsfunktionen oder solche Positionen, die unmittelbar nach außen wirken, sondern erfasst ebenso alle anderen Aufgaben.

Die hin und wieder geforderte Abschaffung des Berufsbeamtentums würde eine Verfassungsänderung erfordern, die der Zustimmung von zwei Dritteln der Mitglieder des Bundestages und zwei Dritteln der Stimmen des Bundesrates bedarf (vgl. Art. 79 Abs. 2 GG).

Das Berufsbeamtentum ist im Bund, in den Ländern sowie im Bereich der Selbstverwaltungskörperschaften (insbesondere Gemeinden und Gemeindeverbände) nach Art. 28 Abs. 2 GG, Art. 78 Abs. 2 Landesverfassung Nordrhein-Westfalen, institutionell garantiert. Die Entscheidung, ob eine Stelle mit einem Beamten zu besetzen ist, treffen die Dienstherren in eigener Verantwortung aufgrund der ihnen zustehenden **Personalhoheit**.

Die Personalhoheit umfasst vor allem die Befugnis, die Bediensteten auszuwählen, anzustellen, zu befördern und zu entlassen. Sie ist nicht absolut geschützt, sondern unterliegt der Formung durch den Gesetzgeber, der dabei freilich seinerseits - entsprechend den Anforderungen für die Entziehung von Aufgaben oder für die Vorgabe organisationsrechtlicher Regelungen - durch die kommunale Selbstverwaltungsgarantie verfassungsrechtlich gebunden ist.[19]

Zu beachten haben die Dienstherren bei ihrer Entscheidung, dass die institutionelle Garantie unter dem Vorbehalt der Ausübung hoheitsrechtlicher Befugnisse steht. Der unbestimmte Begriff der „hoheitsrechtlichen Befugnisse" i. S. des Art. 33 Abs. 4 GG wird je nach politischer Einstellung zum Berufsbeamtentum unterschiedlich eng oder weit ausgelegt. Bei restriktiver Auslegung wird nur der Kernbereich der zwangsweisen freiheitseinschränkenden Eingriffsverwaltung sowie der Bereich der existenzsichernden **Leistungsverwaltung** zugeordnet[20].

Die weitergehende Auslegung des Begriffs „hoheitsrechtliche Befugnisse" schließt die Subventionsverwaltung insgesamt ein. Selbst Verwaltungshandeln in privatrechtlicher Form wird ihr zugerechnet, soweit damit nur öffentliche Zwecke verfolgt werden[21].

Unbestritten sind bei einer negativen Abgrenzung des Begriffs allerdings die rein mechanischen oder fiskalischen Tätigkeiten. Diese bleiben den Beschäftigten der öffentlichen Verwaltung mit Arbeitsvertrag vorbehalten.

In der Literatur wird immer wieder darauf verwiesen, dass in Behörden Beamte und Beschäftigte für gleiche Aufgaben zuständig sind. Beamte würden fiskalische Aufgaben wahrnehmen, umgekehrt würden Beschäftigte im hoheitlichen Bereich tätig sein[22]. Unabhängig von der (auch damit angefachten) Diskussion über die Notwendigkeit eines Berufsbeamtentums kann festgestellt werden, dass ein von politischen Einflüssen unab-

---

[19] VerfGH NRW, Urteil vom 26.06.2001, VerfGH 28/00 und 30/00, NWVBl. 2001, 340 = DVBl. 2001, 1595 = DÖV 2002, 475.
[20] Zur Vertiefung vgl. Jachmann/Strauß, Berufsbeamtentum, Funktionsvorbehalt und der Kaperbrief für den Landeinsatz, ZBR 1999, 289.
[21] Vgl. Lehnguth, Die Entwicklung des Funktionsvorbehalts nach Art. 33 Abs. 4 GG, ZBR 1991, 266.
[22] Vgl. Löhr, Verwaltungsmodernisierung und notwendige Änderungen des Dienstrechtes, VR 1995, 188.

hängiges Beamtentum einen wesentlichen Beitrag im Gesamtgefüge der Gewaltenteilung zu leisten vermag und die Gleichbehandlung aller Bürger zu garantieren in der Lage ist. Nur gut ausgebildete Beamte beherrschen eine immer schwieriger zu handhabende Administration und garantieren damit die notwendige Kontinuität staatlichen Handelns in Bund, Ländern, Gemeinden und Gemeindeverbänden unabhängig von jeweiligen politischen Mehrheiten und finanziellen Anfechtungen Dritter. Wie wichtig ein gut funktionierendes Berufsbeamtentum im gesellschaftlichen Gesamtinteresse ist, hat nach der Vereinigung der beiden deutschen Staaten der Aufbau der öffentlichen Verwaltung im Gebiet der neuen Bundesländer gezeigt.

2.1.1.2.3 Regelungs- und Fortentwicklungsprinzip (Grundsätze des Berufsbeamtentums)

Das Recht des öffentlichen Dienstes ist unter Berücksichtigung der **hergebrachten Grundsätze des Berufsbeamtentums** zu regeln und nach der Verfassungsänderung und nach der Verfassungsänderung im Jahr 2006 fortzuentwickeln (Art 33 Abs. 5 GG). Dabei ist in der Verfassung nicht vorgegeben worden, welche Grundsätze im Einzelnen gemeint sind. Hergebracht ist ein Grundsatz nach allgemeiner und durch die Rechtsprechung bestätigter Auffassung immer dann, wenn er sich geschichtlich als typisch für die Struktur des Beamtenrechts entwickelt hat und mindestens seit der Zeit der Verabschiedung der Weimarer Verfassung von 1919 anerkannt ist[23]. Die Formulierung „Berücksichtigung" verleiht dem Artikel dabei nicht nur den Charakter eines Programmsatzes, sondern bildet unmittelbar geltendes Recht. Die zuständigen Gesetzgebungsorgane, die die Gesetze ausführende Verwaltung sowie die Gerichte haben die hergebrachten Grund-sätze bei ihren Entscheidungen zu beachten.

Hergebrachte Grundsätze des Berufsbeamtentums	
Prinzipien	**Sonstige Grundsätze**
• Lebenszeitprinzip • Leistungsprinzip • Laufbahnprinzip • Neutralitätsprinzip • Alimentationsprinzip	• Fürsorgepflicht • Treuepflicht • Hauptberufliche Bindung • Legalitätsgrundsatz • Haftungsprivileg • Koalitionsrecht

Die hergebrachten Grundsätze des Berufsbeamtentums haben Verfassungsrang. Allerdings sind die vielfach aus der absoluten Monarchie übernommenen Strukturprinzipien auf ihre Verträglichkeit mit den Prinzipien der freiheitlich demokratischen Grundordnung des vom Volkswillen getragenen Rechtsstaates zu überprüfen.[24] In der Nachkriegs-

---

[23] BVerfG, Beschluss vom 02.12.1958, 1 BvL 27/55, juris Langtext Rn. 36 ff = BVerfGE 8, 332 = ZBR 1959, 48 = NJW 1959, 189.
[24] Vgl. Wendt, DVP 1992, 64 (66).

geschichte sind bis zum Jahr 2006 verschiedene Gesetzgebungsverfahren, die eine Änderung des Art. 33 Abs. 5 GG zum Inhalt hatten, gescheitert, so z. B. ein Gesetzesantrag des Landes Schleswig-Holstein „Entwurf eines Gesetzes zur Änderung des Art. 33 GG" im Rahmen der Diskussion zum Dienstrechtsreformgesetz vom 24.02.1997[25]. Danach sollte Art. 33 Abs. 5 GG zur Umgehung der hergebrachten Grundsätze des Berufsbeamtentums wie folgt gefasst werden:

„Die Angehörigen des öffentlichen Dienstes, die dem Funktionsvorbehalt des § 33 Abs. 4 GG unterfallen, sind nach Erfüllung der erforderlichen Voraussetzungen in ein Beamtenverhältnis auf Lebenszeit oder auf Zeit zu berufen. Rechte und Pflichten der Beamten, ihre Besoldung sowie ihre Versorgung sind gesetzlich zu regeln."[26]

Mit der Ergänzung des Artikels 33 Abs. 5 GG[27] um die Worte „**und fortzuentwickeln**" ist es möglich, das Beamtenrecht zu modernisieren und aktuellen gesellschaftlichen Veränderungen anzupassen. Die hergebrachten Grundsätze des Berufsbeamtentums und die verfassungsrechtliche Garantie des Berufsbeamtentums müssen dabei berücksichtigt werden.[28]

Lebenszeitprinzip

Das **Regelbeamtenverhältnis** ist das **Beamtenverhältnis auf Lebenszeit** (vgl. §§ 4 Abs. 1, 10 BeamtStG). Der Dienstherr kann sich in dieser statusrechtlichen Situation nicht mehr gegen den Willen des Beamten von diesem trennen, sondern muss bei Pflichtverletzung (vgl. insbesondere §§ 33 ff. BeamtStG) **Disziplinarklage** (§ 35 LDG) mit dem Ziel der **Entfernung aus dem Beamtenverhältnis** (§ 5 Abs. 1 Nr. 5 und 10 LDG) erheben. Das Beamtenverhältnis endet, wenn das Disziplinarverfahren rechtskräftig abgeschlossen ist.

Die Beendigung des Beamtenverhältnisses auf Lebenszeit kommt ferner nur bei Vorliegen der gesetzlich eng begrenzten **Ausnahmetatbestände** in Betracht (vgl. §§ 21 ff. BeamtStG). Das Beamtenverhältnis endet etwa durch **Verlust der Beamtenrechte** nach § 24 Abs. 1 Satz 1 BeamtStG, wenn ein Beamter im ordentlichen Strafverfahren durch das Urteil eines deutschen Gerichts

- wegen einer vorsätzlichen Tat zu einer Freiheitsstrafe von mindestens einem Jahr (Nr. 1) oder

- wegen einer vorsätzlichen Tat, die nach den Vorschriften über Friedensverrat ...oder soweit sich die Tat auf eine Diensthandlung im Hauptamt bezieht, Bestechlichkeit, strafbar ist, zu einer Freiheitsstrafe von mindestens sechs Monaten (Nr. 2)

verurteilt wird.

---

[25] BGBl. I 1997 S. 322.
[26] Bundesratsdrucksache 298/96.
[27] BGBl. I 2006 S. 2034.
[28] Bundestagsdrucksache 16/813.

Durch die Begrenzung der Entlassungsmöglichkeiten auf wenige Einzelfälle wird dem Beamten die persönliche Unabhängigkeit als Voraussetzung für ein Tätigwerden ausschließlich nach rechtlichen Vorgaben und ohne Rücksichtnahme auf sonstige Einflüsse oder Angst um den Arbeitsplatz gewährleistet. Der Austausch von Beamten in der Verwaltung bei Änderung politischer Mehrheiten nach Wahlen ist damit ausgeschlossen und garantiert die kontinuierliche Wahrnehmung öffentlicher Aufgaben im Bereich der Exekutive. Eine Ausnahme bilden die so genannten **politischen Beamten**. Obwohl hier die Berufung in das Beamtenverhältnis auf Lebenszeit erfolgt, können diese Funktionen jederzeit neu besetzt werden. So ist in Nordrhein-Westfalen die Versetzung in den einstweiligen Ruhestand ohne Angabe von Gründen z. B. bei Staatssekretären, Regierungspräsidenten, Regierungssprechern und Polizeipräsidenten im Beamtenverhältnis auf Lebenszeit möglich (vgl. § 37 Abs. 1 LBG, § 30 BeamtStG).

Soweit ein Beamtenverhältnis ausnahmsweise nicht auf Lebenszeit begründet wird (vgl. § 4 BeamtStG), bedarf es hierfür einer ausdrücklichen Rechtfertigung. Diese ist z. B. für die Ausbildung (im **Beamtenverhältnis auf Widerruf** nach § 4 Abs. 4 a) BeamtStG) und für die Erprobung (im **Beamtenverhältnis auf Probe** nach § 4 Abs. 3 a) BeamtStG) gegeben. Eine weitere Ausnahme bildet in diesem Zusammenhang auch die Berufung in das Beamtenverhältnis auf Zeit (vgl. § 4 LBG, § 4 Abs. 2 BeamtStG). Beispielsweise werden **kommunale Wahlbeamte** (Bürgermeister, Beigeordnete oder Landräte) wegen Vermischung ihrer administrativen und politischen Aufgaben nicht in das Beamtenverhältnis auf Lebenszeit berufen (vgl. §§ 119 f. LBG).

Ein Amt in leitender Funktion kann zunächst auf Zeit (§ 4 Abs. 2 b) BeamtStG) oder zur Ableistung einer Probezeit (§ 4 Abs. 3 b) BeamtStG) befristet übertragen werden. Die Besetzung von Spitzenämtern auf Zeit ist nur gerechtfertigt, wenn sich dafür ein tragendes Gut mit Verfassungsrang anführen lässt. Zu denken wäre an das Leistungsprinzip aus Art. 33 Abs. 2 GG. Allerdings verfügt das Beamtenrecht gerade in Konkretisierung dieses Prinzips bereits über eine Anzahl von Instituten, die geeignet sind, dem Erprobungsanliegen ausreichend Rechnung zu tragen.[29] Deswegen ist es nicht unumstritten, ob das Institut verfassungsrechtlich zulässig ist[30]. Die Diskussion dürfte nach der Ergänzung des Art. 33 Abs. 5 GG durch die Worte „und fortzuentwickeln" verstummen[31].

Das auf lebenslange Dauer angelegte Beamtenverhältnis war bereits 1794 im Allgemeinen Preußischen Landrecht verankert. Auch nach Art. 129 Satz 1 der Weimarer Verfassung war die Begründung von Beamtenverhältnissen anderer Art nur ausnahmsweise zulässig bzw. konnten Beamte ausschließlich unter den gesetzlichen Voraussetzungen ihres Amtes enthoben oder in den Ruhestand versetzt werden (Art. 129 Satz 5 Weimarer Verfassung).

---

[29] Vgl. Ziemske, Öffentlicher Dienst zwischen Bewahrung und Umbruch, DÖV 1997, 605 (611).
[30] Wichmann/Langer, Rn. 63.
[31] BGBl. I 2006 S. 2034.

Leistungsprinzip

Das Leistungsprinzip ist, wie oben erläutert, selbst Inhalt des Art. 33 Abs. 2 GG, wonach der Zugang zu jedem öffentlichen Amte ausschließlich von der Eignung, Befähigung und fachlichen Leistung abhängig ist (vgl. auch § 9 BeamtStG). Andere Kriterien dürfen bei der Berufung in das Beamtenverhältnis oder bei der späteren Verleihung von Ämtern grundsätzlich nicht als Vorteil eines Bewerbers gewertet werden. Jeweils der beste Kandidat ist bei der Vergabe von Stellen und Ämtern zu berücksichtigen.

Das Leistungsprinzip ist bei Übertragung von Führungspositionen und Beförderungen u. a. durch Einführung einer Erprobungszeit bzw. durch leistungsbezogene Elemente im Besoldungssystem (Aufstieg in die nächste **Leistungsstufe** nur bei entsprechenden Leistungen sowie Leistungsprämien und -zulagen) gesetzlich verankert. Insbesondere der Wegfall des automatischen Aufstiegs in den Leistungsstufen ist von Bedeutung, da der Beamte in der Vergangenheit das Endgrundgehalt auch bei „Minderleistung" regelmäßig erreicht hat. Abgesehen davon, dass der Beamte nicht mit einer Beförderung rechnen konnte, musste er nur die für diesen Fall weitgehend „stumpfen" Mittel des Disziplinarrechts fürchten.

Die Regelung des Art. 33 Abs. 2 GG entspricht ihrem Inhalt nach dem Art. 128 der Weimarer Verfassung, wonach alle Staatsbürger ohne Unterschied nur nach Maßgabe der Gesetze und entsprechend ihrer Befähigung und ihren Leistungen zu öffentlichen Ämtern zuzulassen waren. Die Voraussetzungen bezüglich der Befähigung gehen auf Regelungen der Paulskirchenverfassung von 1849 zurück.

Laufbahnprinzip

Das Laufbahnprinzip ist ein weiterer hergebrachter Grundsatz des Berufsbeamtentums. Es beinhaltet eine Konkretisierung des Leistungsprinzips. Hier wird im Gegensatz zu den individuellen Voraussetzungen beim Leistungsprinzip auf die Zugehörigkeit zu einer bestimmten Gruppe abgestellt. Die Landesregierung erlässt in Nordrhein-Westfalen unter Berücksichtigung der Erfordernisse der einzelnen Verwaltungen im Benehmen mit dem Ausschuss für Innere Verwaltung des Landtags durch Rechtsverordnung Vorschriften über die Laufbahnen der Beamten (§ 7 Abs. 2 Satz 1 LBG).

Die Laufbahn umfasst begrifflich die Ämter einer Fachrichtung derselben Laufbahngruppe (§ 5 Abs. 1 Satz 2 LBG). Die Laufbahnen gehören zu den Laufbahngruppen 1 und 2 (§ 5 Abs. 1 Satz 1 LBG). Innerhalb einer Laufbahngruppe gibt es nach § 5 Abs. 2 Satz 2 LBG nach Maßgabe des Besoldungsrechts erste und zweite Einstiegsämter (vgl. § 24 f. LBesG). Die Zugehörigkeit zu einer Laufbahngruppe und innerhalb einer Laufbahngruppe zu einem Einstiegsamt richtet sich nach den in § 6 LBG normierten Zugangsvoraussetzungen (§ 5 Abs. 2 Satz 3 LBG). So ist die Einstellung von Beamten in einer bestimmten **Laufbahngruppe** (bei der Polizei handelt es sich um den Laufbahnabschnitt II oder III) bzw. die Zuordnung zu einem Einstiegsamt innerhalb der Laufbahngruppe davon abhängig, welche Vor- und Ausbildungsvoraussetzungen schulischer oder sonstiger Art Bewerber qualifizieren (vgl. dazu § 6 LBG). Für die berufliche Entwicklung innerhalb der jeweiligen Laufbahn ist ausschließlich das **Leistungsprinzip** von Bedeutung. Dies gilt ebenso für den Aufstieg in die nächsthöhere Laufbahngruppe. Die einzelnen Laufbahnen müssen funktions- und leistungsgerecht zugeschnitten sein.

Die Verordnung über die Laufbahnen der Beamten im Lande Nordrhein-Westfalen gilt für die Beamten des Landes, der Gemeinden, der Gemeindeverbände und der anderen der Aufsicht des Landes unterstehenden Körperschaften, Anstalten und Stiftungen des öffentlichen Rechts. Die Laufbahnverordnung findet keine Anwendung auf Professoren, Hochschuldozenten usw. sowie auf kommunale Wahlbeamte (vgl. § 1 Abs. 2 LVO).

Für Polizeivollzugsbeamte gilt die Verordnung über die Laufbahn der Polizeivollzugsbeamten des Landes Nordrhein-Westfalen. Die Laufbahn der Polizeivollzugsbeamten ist im Wesentlichen eine **Einheits**laufbahn, die sich in die Laufbahnabschnitte I bis III gliedert (§ 2 Abs. 1 LVOPol). Soweit dienstrechtliche Vorschriften anzuwenden sind, die auf Laufbahngruppen abstellen, gilt der Laufbahnabschnitt I als eine Laufbahn des mittleren Dienstes, der Laufbahnabschnitt II als eine Laufbahn des gehobenen Dienstes und der Laufbahnabschnitt III als eine Laufbahn des höheren Dienstes (§ 2 Abs. 2 LVOPol). Einstellungen im Laufbahnabschnitt I erfolgen nicht mehr. Den Polizeivollzugsbeamten stehen alle Ämter des Polizeivollzugsdienstes nach der Verordnung über die Laufbahn der Polizeivollzugsbeamtinnen und Polizeivollzugsbeamten des Landes Nordrhein-Westfalen offen (§ 2 Abs. 6 LVOPol).

Zu den Bestimmungsfaktoren der Laufbahn vgl. die Ausführungen zu 6.1.

Neutralitätsprinzip

Der Beamte ist Diener des ganzen Volkes. Er hat die Aufgaben des ihm übertragenen Amtes unparteiisch und ohne Rücksicht auf die Person nur nach sachlichen Gesichtspunkten wahrzunehmen (vgl. Art. 80 Satz 1 und Satz 2 Landesverfassung Nordrhein-Westfalen). Er dient nach § 33 Abs. 1 Satz 1 BeamtStG dem ganzen Volke, nicht einer Partei. Die Neutralitätspflicht umfasst die Pflicht zur Mäßigung und Zurückhaltung (vgl. 8.1.1.1.4).

Der Beamte hat seine Aufgaben ohne Rücksicht auf Parteien gerecht zu erfüllen. Bei der Amtsführung ist ausschließlich das Wohl der Allgemeinheit zu beachten (vgl. § 33 Abs. 1 Satz 2 BeamtStG). Bei politischer Betätigung hat der Beamte diejenige Mäßigung und Zurückhaltung zu wahren, die sich aus seiner Stellung gegenüber der Gesamtheit und aus der Rücksicht auf die Pflichten seines Amtes ergibt (vgl. § 33 Abs. 2 BeamtStG).

Dieser Grundsatz stammt im Wesentlichen aus der Weimarer Zeit. Beamte waren nach dem Wortlaut der Verfassung Diener der Gesamtheit, nicht einer Partei (Art. 130 Satz 1 Weimarer Verfassung).

Alimentationsprinzip

Nach diesem hergebrachten Grundsatz des Berufsbeamtentums erfolgt die Zahlung der Besoldung unabhängig von der tatsächlichen Arbeitsleistung bzw. der Qualität der im Einzelfall wahrzunehmenden Aufgabe. Die Bezüge richten sich ausschließlich nach der standesgemäßen Lebensführung entsprechend dem ausgeübten Amt im statusrechtlichen Sinne, z. B. Sekretär, Inspektor, Oberkommissar oder Rat[32]. Begründet wird die im Wesentlichen funktionsbezogene Besoldungsstruktur damit, dass sie für die erforderliche Unabhängigkeit und Neutralität des Beamten unabdingbar ist und ihn vor Anfechtungen politischer oder finanzieller Art (Korruption) schützt. Gleiches gilt bezüglich der Versorgungsbezüge, die nach dem Ausscheiden aus dem aktiven Beamtenverhältnis vom Dienstherrn grundsätzlich aus dem letzten Amt gezahlt werden[33].

Das Grundgesetz selbst enthält keine Aussagen zur „Entlohnung" der Beamten. Nach der Rechtsprechung des Bundesverfassungsgerichts gilt diesbezüglich Folgendes: „Das Alimentationsprinzip verpflichtet den Dienstherrn, den Beamten und seine Familie lebenslang angemessen zu alimentieren und ihm nach seinem Dienstrang, nach der mit seinem Amt verbundenen Verantwortung und nach der Bedeutung des Berufsbeamtentums für die Allgemeinheit entsprechend der Entwicklung der allgemeinen wirtschaftlichen und finanziellen Verhältnisse und des allgemeinen Lebensstandards einen angemessenen Lebensunterhalt zu gewähren. Im Rahmen dieser Verpflichtung zu einer dem Amt angemessenen Alimentierung hat der Gesetzgeber die Attraktivität des Beamtenverhältnisses für überdurchschnittlich qualifizierte Kräfte, das Ansehen des Amtes in den Augen der Gesellschaft, die vom Amtsinhaber geforderte Ausbildung und seine Beanspruchung zu berücksichtigen. Diesen Kriterien muss der Gesetzgeber sowohl bei strukturellen Neuausrichtungen im Besoldungsrecht als auch bei der kontinuierlichen Fortschreibung der Besoldungshöhe über die Jahre hinweg im Wege einer Gesamtschau der hierbei relevanten Kriterien und anhand einer Gegenüberstellung mit jeweils in Betracht kommenden Vergleichsgruppen Rechnung tragen. Taugliche Vergleichsgruppen sind primär innerhalb des Besoldungssystems zu finden. Durch die Anknüpfung der Alimentation an innerdienstliche, unmittelbar amtsbezogene Kriterien wie den Dienstrang soll sichergestellt werden, dass die Bezüge entsprechend der unterschiedlichen Wertigkeit der Ämter abgestuft sind. Daher bestimmt sich die Amtsangemessenheit im Verhältnis zur Besoldung und Versorgung anderer Beamtengruppen. Gleichzeitig kommt darin zum Ausdruck, dass jedem Amt eine Wertigkeit immanent ist, die sich in der Besoldungshöhe widerspiegeln muss. Die Wertigkeit wird insbesondere durch die Verantwortung des Amtes und die Inanspruchnahme des Amtsinhabers bestimmt. Die „amts"-angemessene Besoldung ist notwendigerweise eine abgestufte Besoldung. Vergleiche sind daher nicht nur innerhalb einer Besoldungsordnung, sondern auch zwischen den verschiedenen Besoldungsordnungen möglich und geboten. Der systeminterne Besoldungsvergleich wird durch den systemexternen Gehaltsvergleich mit der Privatwirtschaft ergänzt.

---

[32] Zur Alimentierung während des aktiven Beamtenverhältnisses und zur Gewährung einer „Ballungsraumzulage" zum Ausgleich der erhöhten Lebenshaltungskosten in München vgl. BVerfG, Urteil vom 06.03.2007,BvR 556/04, ZBR 2007, 128 = IÖD 2007, 77 = DVBl. 2007, 440 = NVwZ 2007, 568.
[33] Zur Alimentierung nach dem Ausscheiden aus dem aktiven Beamtenverhältnis vgl. Vorlagebeschluss des Bundesverfassungsgerichts vom 20.03.2007, 2 BvL 11/04 zu § 5 Abs. 3 BeamtVG, wonach die Regelung, dass die Versorgungsbezüge aus dem letzten Amt nur gezahlt werden, wenn das letzte Beförderungsamt mindestens drei Jahre bekleidet worden ist, mit dem Grundgesetz nicht vereinbar ist.

Die Alimentation muss es dem Beamten ermöglichen, sich ganz dem öffentlichen Dienst als Lebensberuf zu widmen und in rechtlicher wie wirtschaftlicher Sicherheit und Unabhängigkeit zur Erfüllung der dem Berufsbeamtentum zugewiesenen Aufgaben beizutragen. Die Alimentation dient damit nicht allein dem Lebensunterhalt des Beamten, sondern sie hat - angesichts der Bedeutung des Berufsbeamtentums für die Allgemeinheit - zugleich eine qualitätssichernde Funktion. Damit das Beamtenverhältnis für überdurchschnittlich qualifizierte Kräfte attraktiv ist, muss sich die Amtsangemessenheit der Alimentation auch durch ihr Verhältnis zu den Einkommen bestimmen, die für vergleichbare und auf der Grundlage vergleichbarer Ausbildung erbrachte Tätigkeiten außerhalb des öffentlichen Dienstes erzielt werden. Dabei dürfen allerdings die gegenüber den Bezahlungssystemen der Privatwirtschaft bestehenden Besonderheiten des beamtenrechtlichen Besoldungssystems nicht außer Acht gelassen werden, die auf den Charakter des Beamtenverhältnisses als wechselseitiges Dienst- und Treueverhältnis zurückzuführen sind. Angesichts der zwischen Staatsdienst und Privatwirtschaft bestehenden Systemunterschiede müssen die Konditionen (nur) insgesamt vergleichbar sein."[34]

Diese Rechtsprechung hat das Bundesverfassungsgericht[35] weiter konkretisiert. Hierbei hat das Gericht dem Gesetzgeber insbesondere folgende Rahmenbedingungen vorgegeben:

„ Dem weiten Entscheidungsspielraum des Gesetzgebers bei der praktischen Umsetzung der aus Art. 33 Abs. 5 GG resultierenden Pflicht zur amtsangemessenen Alimentierung der Beamten entspricht eine zurückhaltende, auf den Maßstab evidenter Sachwidrigkeit beschränkte verfassungsgerichtliche Kontrolle der einfachgesetzlichen Regelung. Ob die Bezüge evident unzureichend sind, muss anhand einer **Gesamtschau** verschiedener Kriterien und unter Berücksichtigung der konkret in Betracht kommenden Vergleichsgruppen geprüft werden"[36].

Im Rahmen dieser Gesamtschau liegt es nahe, mit Hilfe von aus dem Alimentationsprinzip ableitbaren und volkswirtschaftlich nachvollziehbaren Parametern einen **durch Zahlenwerte konkretisierten Orientierungsrahmen** für eine grundsätzlich verfassungsgemäße Ausgestaltung der Alimentationsstruktur und des Alimentationsniveaus zu ermitteln.

Hierzu eignen sich **fünf Parameter**, die in der Rechtsprechung des Bundesverfassungsgerichts zum Alimentationsprinzip angelegt sind und denen indizielle Bedeutung bei der Ermittlung des verfassungsrechtlich geschuldeten Alimentationsniveaus zukommt (deutliche Differenz zwischen einerseits der Besoldungsentwicklung und andererseits der Entwicklung der Tariflentlohnung im öffentlichen Dienst, des Nominallohnindex sowie des Verbraucherpreisindex, systeminterner Besoldungsvergleich und Quervergleich mit der

---

[34] BVerfG, Urteil vom 14.02.2012, 2 BvL 4/10, juris Langtext Rn. 145 ff. = NVwZ 2012, 357 = DÖD 2012, 106.
[35] BVerfG, Beschluss vom 17.11.2015, 2 BvL 19/09, 2 BvL 20/09, 2 BvL 5/13, 2 BvL 20/14, juris LS =ZBR 2016, 89.
[36] Vgl. zur Besoldung der Professoren BVerfG, Urteil vom 14.02.2012, 2 BvL 4/10, Schütz BeamtR ES/C I Nr. 13 = E 130, 263 = ZTR 2012, 106 und zur Besoldung der Richter und Staatsanwälte BVerfG, Urteil vom 05.05.2015 - 2 BvL 17/09 u.a., Schütz BeamtR ES/C I Nr. 18 = ZTR 2015, 356.

Besoldung des Bundes und anderer Länder). Ist die Mehrheit dieser Parameter erfüllt (1. Prüfungsstufe), besteht eine Vermutung für eine verfassungswidrige Unteralimentation. Diese Vermutung kann durch die Berücksichtigung weiterer alimentationsrelevanter Kriterien im Rahmen einer Gesamtabwägung widerlegt oder weiter erhärtet werden (2. Prüfungsstufe).

Ergibt die Gesamtschau, dass die als unzureichend angegriffene Alimentation grundsätzlich als verfassungswidrige Unteralimentation einzustufen ist, bedarf es der Prüfung, ob dies **im Ausnahmefall verfassungsrechtlich gerechtfertigt** sein kann. Der Grundsatz der amtsangemessenen Alimentation ist Teil der mit den hergebrachten Grundsätzen verbundenen institutionellen Garantie des Art. 33 Abs. 5 GG. Soweit er mit anderen verfassungsrechtlichen Wertentscheidungen oder Instituten kollidiert, ist er entsprechend dem Grundsatz der praktischen Konkordanz im Wege der Abwägung zu einem schonenden Ausgleich zu bringen (3. Prüfungsstufe). Verfassungsrang hat namentlich das Verbot der Neuverschuldung in Art. 109 Abs. 3 Satz 1 GG.

Jenseits der verfassungsrechtlich gebotenen Mindestalimentation genießt die Alimentation der Beamten einen relativen Normbestandsschutz. Der Gesetzgeber darf hier Kürzungen oder andere Einschnitte in die Bezüge vornehmen, wenn dies aus sachlichen Gründen gerechtfertigt ist.

Die Festlegung der Besoldungshöhe durch den Gesetzgeber ist an die Einhaltung prozeduraler Anforderungen geknüpft. Diese Anforderungen treffen ihn insbesondere in Form von Begründungspflichten."

Durch die enge Verbindung des Alimentationsprinzips mit der Gesetzesbindung im Hinblick auf die Besoldung und Versorgung liegt die Rechtsetzungsbefugnis beim Gesetzgeber selbst. Danach bedarf das Besoldungs- und Versorgungsrecht der Regelung in einem Gesetz im formellen Sinne. Bezüglich des Ruhegehalts und der Hinterbliebenenversorgung gab es diesen Vorbehalt bereits in der Verfassung des Weimarer Reiches von 1919 (vgl. Art. 129 Satz 2 Weimarer Verfassung).

Dem Alimentationsprinzip unterliegen nicht die Anwärterbezüge (§§ 74 ff. LBesG), die sich im Beamtenverhältnis auf Widerruf befinden. Während der Ausbildung wird ein Zuschuss zum Lebensunterhalt und zu den Kosten der Ausbildung geleistet. Hier fehlt der erforderliche Amtsbezug. Die erstmalige Übertragung eines statusrechtlichen Amtes erfolgt nach § 8 Abs. 3 BeamtStG erst mit der Verbeamtung auf Probe.

Der Anspruch auf Alimentierung (Besoldung) entfällt, wenn der Beamte ohne Genehmigung schuldhaft dem Dienst fernbleibt (vgl. § 62 LBG, § 11 Abs. 1 Satz 1 LBesG). Andere Einschränkungstatbestände sind im Besoldungsrecht nicht vorgesehen. Gefordert wird immer häufiger, dass der Besoldungsanspruch bei Fortfall der Dienstleistung wegen einer Strafhaft, Untersuchungshaft oder einem polizeilichen Gewahrsam entfällt bzw. hinsichtlich der Höhe wegen eventueller Unterhaltsverpflichtungen oder zur Sicherung der Unterkunft zu begrenzen ist. Die volle Zahlung der Bezüge wäre auch mit dem Alimentationsprinzip nicht zu begründen, selbst dann, wenn bei Inhaftierung die Rechtmäßigkeit des Fernbleibens vom Dienst unterstellt würde. Die uneingeschränkte Vollalimentation wird heute auch bereits bei Fehlzeiten wegen Suchterkrankungen in Frage gestellt.[37]

Mit der Änderung der Gesetzgebungskompetenz im Art. 74 Nr. 27 GG ist nicht mehr der Bund, sondern die einzelnen Bundesländer selbst für die Alimentierung der Beamten zuständig. Gleiches gilt hinsichtlich der Versorgungsbezüge.

Fürsorgepflicht

Die beamtenrechtliche Fürsorgepflicht[38] des Dienstherrn zählt zu den hergebrachten Grundsätzen des Berufsbeamtentums[39]. Der Dienstherr hat für das Wohl des Beamten und seiner Familie zu sorgen. Dieses gilt auch noch für die Zeit nach der Beendigung des aktiven Beamtenverhältnisses; ggf. besteht nach dem LBeamtVG die Verpflichtung nach dem Tode des Beamten gegenüber seinen Hinterbliebenen weiter (vgl. § 45 BeamtStG). Kernbereiche der Fürsorgepflicht sind die Wahrnehmung schutzwürdiger Interessen bei unberechtigten Vorwürfen, die Förderung der beruflichen Karriere entsprechend der Eignung, Befähigung und fachlichen Leistung sowie die wohlwollende Berücksichtigung der Interessenlage des Beamten bei anstehenden Entscheidungen. Die Fürsorgepflicht ist aufseiten des Dienstherrn das Gegenstück zur Treuepflicht des Beamten.

Die als Generalklausel verstandene Fürsorgepflicht löst sich bei genauer Betrachtungsweise in eine **Vielzahl von Einzelpflichten** des Dienstherrn (Rechte des Beamten) auf, die heute größtenteils durch Rechtsvorschriften konkretisiert sind. So finden beispielsweise die Regelungen zur Beihilfe (vgl. § 75 LBG), freien Heilfürsorge für Polizeivollzugsbeamte (vgl. § 112 Abs. 2 LBG), Reisekostenerstattung (vgl. Landesreisekostengesetz - LRKG), Umzugskostenvergütung (vgl. Landesumzugskostengesetz - LUKG), Trennungsentschädigung (vgl. Trennungsentschädigungsverordnung - TEVO), Erstattung von Sachschäden (vgl. § 82 LBG), zum Mutterschutz und Elternurlaub (vgl. Freistellungs- und Urlaubsverordnung – FrUrlV) ihre Grundlage in der Pflicht zur Fürsorge. Soweit entsprechende Normen existieren, gelten sie grundsätzlich als **abschließend**, sodass der Beamte darüber hinaus Rechte nur ausnahmsweise aus dem allgemeinen Fürsorgeprinzip ableiten kann. Dies gilt selbst dann, wenn eine Ausweitung der Fürsorgepflicht zur Vermeidung von Härtefällen wünschenswert gewesen wäre, da die verfassungsrechtliche Fürsorgepflicht keine lückenlose Normierung aller in Betracht kommenden Ansprüche fordert[40]. Die wesentliche Funktion zeigt sich heute darin, dass die Fürsorgepflicht die Auslegung unbestimmter Rechtsbegriffe im Beamtenrecht beeinflusst und einen wichtigen Abwägungsaspekt im Rahmen der Ermessensausübung darstellt.[41]

---

[37] Vgl. u. a. Summer, Leistungsanreize / Unleistungsaktionen, ZBR 1995, 125 (136).
[38] Vgl. ausführlich zu den Inhalten und dem Umfang der Fürsorgepflicht des Dienstherrn Hoffmann in Schütz/Maiwald, BeamtR, Teil B Rn. 1 ff. zu § 45.
[39] Vgl. u. a. BVerwG, Urteil vom 04.12.1970, I WD 10/69, BVerwGE 43,154 (165) = NJW 1977, 1189; BVerwG, Beschluss vom 23.03.1973, I DB 1/73, BVerwGE 46, 97 (117) = NJW 1978, 533; BVerwG, Beschluss vom 11.12.1985, 1 WB 141/84, BVerwGE 83, 89 (98) = NJW 1991, 743 bzw. u. a. Leuze, Das allgemeine Persönlichkeitsrecht des Beamten, ZBR 1998, 187 (188).
[40] BVerwG Urteil vom 28.5.2008, 2 C 1.07, Buchholz 237.8 § 90 LBG RP Nr. 4 Rn. 26 = NVwZ 2008, 1380).
[41] Vgl. Monhemius, Rn. 305 m. w. N.

Die beamtenrechtliche Fürsorgepflicht verbietet dem Dienstherrn, den Beamten z. B. durch Kritik an seiner Amtsführung gegenüber Dritten ohne rechtfertigenden Grund bloßzustellen. Das gilt sowohl für nachteilige Tatsachenbehauptungen als auch für missbilligende Werturteile. Nicht erforderlich ist, dass der Beamte namentlich genannt wird. Im Falle unzulässiger Kritik nach außen kann der Beamte als Erfüllung der noch möglichen Fürsorge beanspruchen, dass der Dienstherr die Ansehensbeeinträchtigung für die Zukunft durch eine geeignete, nach Form und Adressatenkreis der beeinträchtigenden Äußerung entsprechende Erklärung ausräumt.[42]

Die Fürsorgepflicht geht nicht soweit, dass der Beamte bei einer sog. Antragspflicht (vgl. z. B. §§ 63 ff. LBG, wonach Teilzeitbeschäftigung u. ä. ausschließlich auf Antrag des Beamten zu gewähren ist) nicht selbst tätig werden muss. Werden Vergünstigungen für Beamte nur auf Antrag gewährt, so ist der Dienstherr nicht verpflichtet, Beamte auf bestehende Antragsmöglichkeiten bzw. Ausschlussfristen zwingend hinweisen.[43]

Die Fürsorge verbietet es dem Dienstherrn nicht, einmal erbrachte Leistungen wieder zurückzunehmen. So kann der Dienstherr beispielsweise Krankenhauswahlleistungen (dazu gehören die privatärztliche Behandlung und Unterkunft im Ein- bzw. Zweibettzimmer) wieder zurücknehmen. Das Bundesverfassungsgericht hat in einer Grundsatzentscheidung den Ausschluss der Beihilfefähigkeit von Krankenhauswahlleistungen für verfassungsgemäß erklärt. Das System der Beihilfe kann jederzeit geändert werden, ohne dass dadurch Art. 33 Abs. 5 GG berührt wird. Die Beihilfe in seiner gegenwärtigen Gestalt gehört nicht zu den hergebrachten Grundsätzen des Berufsbeamtentums. Sie findet ihre rechtliche Grundlage vielmehr in der Fürsorgepflicht des Dienstherrn. Diese gebietet nur, dass die Kosten einer medizinisch erforderlichen stationären Behandlung vom Dienstherrn übernommen werden müssen. Die privatärztliche Behandlung und Unterbringung in Ein- und Zweibettzimmern ist i. d. R. nicht medizinisch erforderlich, darf also ausgeschlossen werden.[44]

Die Pflicht zur Fürsorge des Dienstherrn gegenüber dem Beamten und seinen Familienangehörigen hat sich in über 200 Jahren verfestigt und ist heute noch ein wesentlicher Eckpfeiler des öffentlich-rechtlichen Dienst- und Treueverhältnisses.

Treuepflicht

Hoheitliche Aufgaben sind i. d. R. Angehörigen des öffentlichen Dienstes zu übertragen, die in einem öffentlich-rechtlichen Dienst- und Treueverhältnis stehen (vgl. Art. 33 Abs. 4 GG, § 3 Abs. 1 und 2 Nr. 1 BeamtStG). Die Treue gegenüber dem Dienstherrn ist auf der Seite des Beamten das Gegenstück zur Fürsorgepflicht. Sie überlagert alle Pflichten des Beamten und dient von daher ebenfalls als Generalklausel. Der Grundsatz verpflichtet Beamte, sich jederzeit durch das gesamte Verhalten zur freiheitlichen demo-

---

[42] Vgl. BVerwG, Urteil vom 29.06.1995, 2 C 10/93, BVerwGE 99, 56 = ZBR 1995,370 = DÖD 1996, 36 = IÖD 1996, 26 =NJW 1996, 210.
[43] Vgl. BVerwG, Urteil vom 30.01.1997, 2 C 10/96, BVerwGE 104, 55 = ZBR 1997, 231 = DÖD 1997, 193 = IÖD 1997, 158 = DVBl. 1997, 1004.
[44] BVerfG, Beschluss vom 07.11.2002, 2 BvR 1053/98, BVerfGE 83, 89 = ZBR 1991, 82 = DVBl 1991, 201 = DÖV 1991, 245 = NJW 1991, 743.

kratischen Grundordnung i. S. des Grundgesetzes zu bekennen (zur Verfassungstreue vgl. 5.3.1.3.5) und das Amt nach bestem Wissen und Können zu verwalten (vgl. § 34 Satz 1 BeamtStG).

Hauptberufliche Bindung

Der Grundsatz der hauptberuflichen Bindung berührt verschiedene Rechte und Pflichten. Unter anderem die Pflicht zur

- vollen Hingabe im Beruf (§ 34 Satz 1 BeamtStG),
- Pflicht zur Ableistung der Arbeitszeit (vgl. § 60 LBG, wonach die regelmäßige wöchentliche Arbeitszeit durchschnittlich 41 Stunden beträgt),
- Pflicht zur Mehrarbeit (vgl. § 61 LBG),
- Beachtung des Streikverbots (aus Art. 33 Abs. 5),
- Begrenzung von Nebentätigkeiten (vgl. § 49 ff. LBG, § 40 BeamtStG) und
- Fortbildungspflicht (vgl. § 42 Abs. 2 LBG).

Die hauptberufliche Bindung trägt wesentlich zur Sicherung der Unabhängigkeit des Beamten bei. Beispielsweise soll durch die Möglichkeit der **Einschränkung der Nebentätigkeit** eine Kollision unterschiedlicher Interessenlagen vermieden werden. Die einschränkenden Regelungen zur Wahrnehmung von Nebentätigkeiten in § 49 ff. LBG gehen auf diesen hergebrachten Grundsatz des Berufsbeamtentums zurück.

Der Grundsatz wird insbesondere im Zusammenhang mit der Rechtslage zur **Teilzeitarbeit** diskutiert. Nach der Teilzeitarbeit aus familiären Gründen, aus Gründen des Arbeitsmarktes und der Altersteilzeitarbeit wurde immer wieder die Forderung nach unbefristeter voraussetzungsloser Teilzeitarbeit erhoben. Bezüglich der Vereinbarkeit von Teilzeitarbeit mit den hergebrachten Grundsätzen des Berufsbeamtentums aus Art. 33 Abs. 5 GG reichen die Meinungen von weitgehender Ablehnung bis hin zur uneingeschränkten Ausdehnung.[45] Mit den hergebrachten Grundsätzen des Berufsbeamtentums nicht vereinbar, ist nach der Rechtsprechung des Bundesverfassungsgerichts die sog. antragslose Einstellungsteilzeit, so dass es verfassungswidrig wäre, dem Dienstherrn die Möglichkeit zu eröffnen, Beamte mit reduzierter Arbeitszeit einzustellen[46].

Nach § 43 BeamtStG ist Beamten Teilzeitbeschäftigung zu ermöglichen. Der Landesgesetzgeber hat von dieser Ermächtigungsgrundlage Gebrauch gemacht und in den §§ 63 ff. LBG unterschiedliche Teilzeitmodelle (voraussetzungslose Teilzeitbeschäftigung, Teilzeitbeschäftigung aus familiären Gründen, Teilzeitbeschäftigung im Blockmodell, Altersteilzeit,) normiert.

---

[45] Vgl. Haldewang, Die Neugestaltung der Teilzeitregelungen im Beamtenrecht, ZBR 1995, 61.
[46] BVerfG, Beschluss vom 19.09.2007, 2 BvF 3/02, juris Langtext Rn. 44 ff. = ZBR 2007, 381 = NVwZ 2007, 1396.

Legalitätsgrundsatz

Wesentliche Regelungsbereiche im Beamtenverhältnis bedürfen einer **gesetzlichen Ermächtigung** in einem formell zustande gekommenen Gesetz und somit der parlamentarischen Legitimation. Hier sind insbesondere das Besoldungs- und Versorgungsrecht zu nennen. Auch die Einstellung in das Beamtenverhältnis muss nach den gesetzlichen Vorgaben erfolgen. So sind u. a. strenge Formvorschriften bei der Begründung und Umwandlung eines Beamtenverhältnisses zu beachten. Selbst die Beendigung ist nur unter den gesetzlich vorgesehenen Möglichkeiten zulässig. Vergleichbare Regelungen waren bereits nach dem Verfassungsrecht der Weimarer Zeit zu beachten. So konnten Beamte damals nur unter den gesetzlich vorgesehenen Voraussetzungen und Formen vorläufig ihres Amtes enthoben bzw. einstweilen oder endgültig in den Ruhestand oder in ein Amt mit geringerem Endgrundgehalt versetzt werden (vgl. Art. 129 Satz 5 Weimarer Verfassung).

Haftungsprivileg

Verletzt ein Beamter in Ausübung eines ihm anvertrauten Amtes die ihm einem Dritten gegenüber obliegende **Amtspflicht**, für die er grundsätzlich schadensersatzpflichtig ist (§ 839 BGB), so trifft die Verantwortlichkeit den Staat oder die Körperschaft, in deren Dienst der Beamte steht (Art. 34 Satz 1 GG). Wird ein Dritter durch öffentlich-rechtliches Handeln geschädigt, haftet der Beamte für den eingetretenen Schaden nicht selbst, sondern der Dienstherr.

Die Regelung exkulpiert den Beamten nicht endgültig von der Verpflichtung zur Wiedergutmachung des Schadens. Bei Vorsatz oder grober Fahrlässigkeit bleibt dem Dienstherrn der Rückgriff vorbehalten (Art. 34 Satz 2 GG). Eine entsprechende Regelung enthielt schon Art. 131 der Weimarer Verfassung.

Im Rahmen der **Amtshaftung** wird die im Grundsatz persönliche Haftung des einzelnen Beamten auf den Staat verlagert und dabei gleichzeitig modifiziert. Diese vielfach als Privilegierung der öffentlichen Bediensteten empfundene Regelung hat historische Wurzeln und sollte insbesondere die Entscheidungsfreudigkeit und Verantwortungsübernahme der Beamten fördern. Wie immer man diese schuldbefreiende Haftungsübernahme auch werten mag, hat sie doch ein Gutes: Im Haftungsfall steht dem betroffenen Bürger mit dem Staat ein solventer Schuldner gegenüber (Privileg). Diesem bleibt die Möglichkeit, im Innenregress den verantwortlichen Beamten zur Rechenschaft zu ziehen.[47]

Die Amtshaftungsvorschrift des Art. 34 GG erfasst auch Arbeitnehmer (Beschäftigte im öffentlichen Dienst), soweit sie im Einzelfall hoheitlich tätig werden.

Die Haftung im Innenverhältnis ist bei einem Schaden des Dienstherrn nach § 48 BeamtStG zu beurteilen.

---

[47] Vgl. Vahle, Die Amtshaftung, NWVBL, 2001, Heft 35.

Koalitionsrecht

Alle Deutschen haben das Recht, Vereine und Gesellschaften zu bilden (Art. 9 Abs. 1 GG). Das Recht zur Wahrung und Förderung der Arbeits- und Wirtschaftsbedingungen Vereinigungen zu bilden, ist für jedermann und für alle Berufe gewährleistet. Abreden, die dieses Recht einschränken oder zu behindern suchen, sind nichtig, hierauf gerichtete Maßnahmen sind rechtswidrig (Art. 9 Abs. 3 Satz 1 GG).

Die Koalitionsfreiheit hat als Doppelgrundrecht für den Beamten einen individualrechtlichen und einen kollektivrechtlichen Aspekt. Die Koalitionsfreiheit gewährleistet das Recht der spezifisch koalitionsmäßigen Betätigung zum Zwecke der Wahrung und Förderung der Arbeits- und Wirtschaftsbedingungen. Als Kernbereich der koalitionsmäßigen Betätigung erkennt das Bundesverfassungsgericht „Tätigkeiten" an, für die Koalitionen gegründet sind und die für die Erhaltung und Sicherung ihrer Existenz unerlässlich sind. Dazu gehört in allererster Linie die spezifisch koalitionsmäßige Betätigung zum Aushandeln der Arbeits- und Wirtschaftsbedingungen, also die Wahrnehmung der Tarifautonomie und des Rechts zum Arbeitskampf. Da die Koalitionsfreiheit „für jedermann und alle Berufe" gewährleistet ist, steht sie als Individualgrundrecht auch den Beamten zu. Diese grundrechtliche Gewährleistung muss allerdings mit dem Inhalt von Art. 33 Abs. 5 GG in Einklang gebracht werden.

Zu den hergebrachten Grundsätzen des Berufsbeamtentums, die aufgrund des Art. 33 Abs. 5 GG weitergelten, zählen Rechtsprechung und herrschende Meinung auch die einseitige Regelung des Beamtenverhältnisses durch den Staat. Es stehen sich also die einseitige, hoheitliche Ausgestaltung es Beamtenverhältnisses und die grundrechtlich garantierte Koalitionsfreiheit der Beamten und ihrer Organisationen mit ihrer Gewährleistung der spezifisch koalitionsmäßigen Betätigung auf der Ebene der Verfassung gegenüber. Zwischen diesen Verfassungsregelungen muss ein Ausgleich i. S. der „praktischen Konkordanz" gefunden werden.

Bei der Kollision von Grundrechten mit sonstigen Verfassungsgrundsätzen muss zunächst immer der Ausgleich zwischen den verschiedenen Verfassungswerten gesucht werden. Keinem der Rechtsgüter kommt von vornherein eine Vorrangstellung vor dem anderen zu. Konkordanz ist daher in der Weise herzustellen, dass jedes so weit wie möglich zur Geltung gebracht wird. Erst wenn sich dies nicht verwirklichen lassen sollte, muss im Einzelfall entschieden werden, welches Interesse zurückzutreten hat. Auch im Verhältnis von Art. 9 Abs. 3 zu Art. 33 Abs. 4 und 5 GG ist der Ausgleich in der Weise zu suchen, dass beiden Bestimmungen zu einer größtmöglichen Wirksamkeit verholfen wird. Aus der Sicht des Art. 33 Abs. 4 und 5 GG ist dies in Rechtsprechung und Literatur bereits geleistet worden. Die nach Art. 33 Abs. 5 GG geltenden hergebrachten Grundsätze des Berufsbeamtentums entfalten nach bisher herrschender Meinung uneingeschränkte Wirksamkeit bei der Begrenzung des Grundrechts aus Art. 9 Abs. 3 GG. So ist herrschende Meinung, dass Beamte wegen Art 33 Abs. 5 GG von der Tarifautonomie ausgeschlossen sind und keine Arbeitskampfmaßnahmen ergreifen dürfen.[48] Beamte können sich damit nicht auf das Streikrecht zur Durchsetzung von Forderungen gegenüber dem Dienstherrn

---

[48] Umbach, Der beamtenrechtliche Beteiligungsanspruch und seine Entwertung, ZBR 1998, 14, m. w. N.

berufen[49].

Aufgrund der Vereinigungsfreiheit haben Beamte aber das Recht, sich in Gewerkschaften oder Berufsverbänden zusammenzuschließen und die Organisationen mit ihrer Vertretung in Personalräten zu beauftragen (vgl. §§ 51 ff. BeamtStG). Kein Beamter darf wegen einer Betätigung für seine Gewerkschaft oder seinen Berufsverband dienstlich gemaßregelt oder benachteiligt werden (§ 52 Satz 2 BeamtStG).

Schon nach Art. 130 der Weimarer Verfassung wurde den Beamten die Vereinigungsfreiheit eingeräumt.

2.1.2 Sonstige Rechtsquellen

Bei den sonstigen Rechtsquellen des Beamtenrechts ist neben den Regelungen des Grundgesetzes und den hergebrachten Grundsätzen des Berufsbeamtentums zwischen der Gesetzgebungszuständigkeit des Bundes und der der Länder aufgrund des föderativen Staatsaufbaues (vgl. Art. 20 Abs. 1 GG) zu unterscheiden. Das Berufsbeamtentum bildet in Bund, Ländern und Gemeinden sowie im Bereich der sonstigen Körperschaften usw. grundsätzlich eine Einheit.

2.1.2.1 Bundesrecht

Bundesrecht kann nach unterschiedlichen Kriterien gegliedert werden. Die nachfolgende Übersicht unterscheidet das Bundesrecht entsprechend der Gesetzgebungskompetenz und wird ergänzt durch das sog. Bundesrecht sonstiger Art mit beamtenrechtlichen Inhalten.

---

[49] Das Bundesverwaltungsgerichts hat allerdings die Revision gegen ein entsprechendes Urteil des OVG Münster vom 07.03.2012, 3d A 317/11.O mit Beschluss vom 02.01.2013, 2 B 46/12, 2 B 46/12 (2 C 1/13) zur Klärung der Frage, ob der Rechtsprechung des Europäischen Gerichtshofs für Menschenrechte zum Streikrecht für Angehörige des öffentlichen Dienstes (vgl. Urteil vom 21.04.2009 - 68959/01) Bedeutung für die Geltung des verfassungsrechtlichen Streikverbot für Beamte oder für die disziplinarrechtliche Sanktionierung von Verstößen gegen das Streikverbot zukommt, zugelassen.

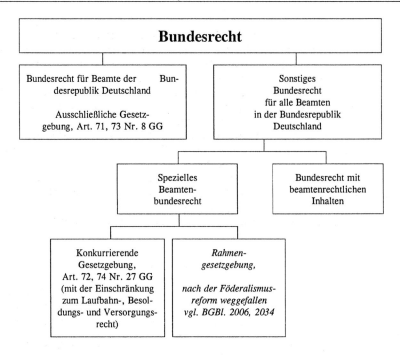

2.1.2.1.1 Bundesrecht für Bundesbeamte

Die Länder haben im Bereich der ausschließlichen Gesetzgebung des Bundes die Befugnis zur Gesetzgebung nur, wenn und soweit sie durch Bundesgesetz ausdrücklich ermächtigt worden sind (vgl. Art. 71 GG). Rechtsgrundlage für die ausschließliche Gesetzgebung des Bundes für die Regelungen zu den Rechtsverhältnissen der im Dienst des Bundes und der bundesunmittelbaren Körperschaften des öffentlichen Rechts stehenden Personen bildet Art. 73 Nr. 8 GG.

Für **Bundesbeamte** wurden auf dieser Grundlage u. a. folgende Gesetze verabschiedet:

- Bundesbeamtengesetz,
- Bundeslaufbahnverordnung
- Bundesumzugskostengesetz und
- Bundesdisziplinargesetz.

2.1.2.1.2 Sonstiges Bundesrecht für Beamte in der Bundesrepublik Deutschland

Das **Beamtenbundesrecht** gilt sowohl für die Bundesbeamten (für die ansonsten das Bundesbeamtenrecht gilt) als auch für die Beamten anderer Dienstherrn i. S. des § 2 BeamtStG.

Aufgrund des Gesetzes zur Änderung des Grundgesetzes vom 28. August 2006 ist die Rahmenkompetenz des Bundes zum Erlass von Rahmenrecht, also auch des Beamtenrechtsrahmengesetzes (BRRG) entfallen. Die Länder waren bis zu diesem Zeitpunkt aufgrund dieser Gesetzgebungskompetenz des Bundes nach Artikel 75 Abs. 1 Satz 1 Nr. 1 GG verpflichtet, ihre Landesbeamtengesetze an den Vorgaben der Rahmenvorschrift auszurichten. An die Stelle der bisherigen Rahmengesetzgebung für die allgemeinen Rechtsverhältnisse der Landes- und Kommunalbediensteten tritt die konkurrierende Gesetzgebungsbefugnis des Bundes. Nach Artikel 74 Abs. 1 Nr. 27 GG hat der Bund nunmehr die Kompetenz zur Regelung der Statusrechte und -pflichten der Angehörigen des öffentlichen Dienstes der Länder, Gemeinden und anderen Körperschaften des öffentlichen Rechts, die in einem Dienst- und Treueverhältnis stehen mit Ausnahme der Laufbahnen, Besoldung und Versorgung. Der Bundesgesetzgeber hat mit dem Erlass des Gesetzes zur Regelung des Statusrechts der Beamtinnen und Beamten in den Ländern – BeamtStG[50] zum 17.06.2008 von seiner Gesetzgebungszuständigkeit Gebrauch gemacht.

2.1.2.1.3 Bundesrecht mit beamtenrechtlichen Inhalten

Bundesrecht mit beamtenrechtlichen Inhalten erfasst alle bundesrechtlichen Rechtsnormen, die im Einzelfall konkrete beamtenrechtliche Regelungen oder Bezüge zum Beamtenrecht enthalten. Zu den Gesetzen, die solche Vorschriften enthalten, gehören z. B.:

- Verwaltungsgerichtsordnung (§ 52 Nr. 4 VwGO - örtliche Zuständigkeit des Verwaltungsgerichts bei Beamtenklagen),
- Strafgesetzbuch (z.B. § 11 Abs. 1 Nr. 2a StGB - Begriff des Amtsträgers, §§ 331 ff. Straftaten im Amt),
- Arbeitsplatzschutzgesetz (§ 9 - Vorschriften für Beamte und Richter),
- Bürgerliches Gesetzbuch (§ 839 BGB - Haftung bei Amtspflichtverletzung) und
- Allgemeines Gleichbehandlungsgesetz (vgl. § 24 AGG).

Als Beispiele für Vorschriften, die allgemein das Beamtenrecht tangieren, können beispielsweise das Gesetz über das Bundesverfassungsgericht oder das Einkommensteuergesetz genannt werden.

2.1.2.2 Landesrecht Nordrhein-Westfalen

In allen Fällen, in denen die Gesetzgebungsbefugnis dem Bund nicht zusteht, greift Art. 70 Abs. 1 GG, wonach die Länder das Recht der Gesetzgebung besitzen. Infolgedessen hat das Land Nordrhein-Westfalen eine Reihe eigener Vorschriften für die Beamten des Landes, der Gemeinden und Gemeindeverbände sowie der sonstigen der Aufsicht des Landes unterstehenden Körperschaften, Anstalten und Stiftungen des öffentlichen Rechts erlassen. Die Gliederung der zu beachteten Vorschriften verdeutlicht **nachfolgende Übersicht:**

---

[50] BGBl. I 2008, S. 1010.

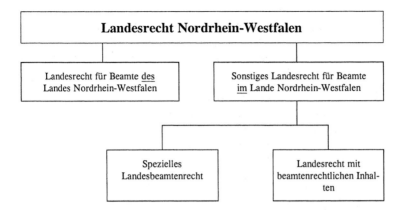

Folgende **landesrechtliche Vorschriften** sind insbesondere zu beachten:

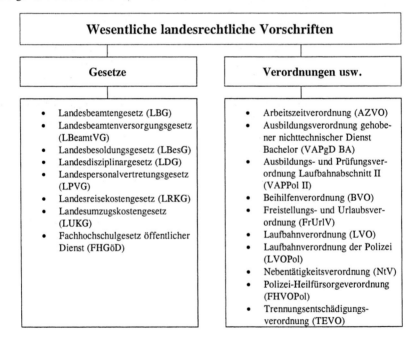

Wesentliche landesrechtliche Vorschriften mit beamtenrechtlichen Inhalten

- Landesgleichstellungsgesetz (z.B. § 3 LGG)
- Gemeindehaushaltsverordnung (z.B. § 8 GemHVO)
- Gemeindeordnung (z.B. §§ 73 und 74 GO)
- Kommunalwahlgesetz (z.B. § 13)
- Kreisordnung (z.B. § 49 KrO)
- Landeshaushaltsordnung (z.B. § 48 LHO)
- Landesverfassung (z.B. Art. 80 LV)
- Landeszustellungsgesetz (z.B. § 11 LZG)
- Landschaftsverbandsordnung (z.B. § 20 LVerbO)
- Verwaltungsverfahrensgesetz (z.B. § 21 VwVfG)

Die Gemeindeordnung und die Kreisordnung enthalten nicht nur Vorschriften mit beamtenrechtlichen Inhalten, sondern auch ganz konkrete Regelungen. Unter anderem für **kommunale Wahlbeamte** hinsichtlich der Rechtsstellung des Bürgermeisters in Gemeinden (vgl. §§ 62 ff. GO) und des Landrats in Kreisen (vgl. §§ 42 ff. KrO). Gleiches gilt für die Beigeordneten in Gemeinden (vgl. § 71 GO) und für den gegebenenfalls gewählten Vertreter des Landrats in Kreisen (vgl. § 47 KrO). Insbesondere bei der Berufung und Abwahl sind neben den beamtenrechtlichen Regelungen der §§ 119 und 120 LBG die Vorschriften der Gemeinde- und Kreisordnung zu beachten.

Zur Ausführung des Beamtenstatusgesetzes (BeamtStG) und des Landesbeamtengesetzes (LBG NRW) wurden am 10.11.2009 Verwaltungsvorschriften[51] erlassen. Diese enthalten u. a. Regelungen zur Form und zum Inhalt der Ernennungsurkunde, Kriterien der Ernennung und zur Konkretisierung des Verbots der Annahme von Vorteilen und Geschenken.

---

[51] MBl.NRW. 2009 S. 532.

3 Grundbegriffe des Beamtenrechts

Zu den wesentlichen Grundbegriffen des Beamtenrechts gehören der Beamtenbegriff selbst, der Begriff des Amtes, der Dienstherrnfähigkeit sowie die Begriffe zu den Organen des Dienstherrn.

3.1 Beamtenbegriff

Die Ausübung hoheitlicher Befugnisse (vgl. Vorbehalts- und Institutionsprinzip aus Art. 33 Abs. 4 GG) ist als ständige Aufgabe in der Regel Angehörigen des öffentlichen Dienstes zu übertragen, die in einem öffentlich-rechtlichen Dienst- und Treueverhältnis stehen (vgl. 2.1.1.2.2). Die Berufung in das Beamtenverhältnis ist nach § 3 Abs. 2 BeamtStG zur Wahrnehmung hoheitsrechtlicher Aufgaben (Nr. 1) oder solcher Aufgaben zulässig, die aus Gründen der Sicherung des Staates oder des öffentlichen Dienstes nicht ausschließlich Personen übertragen werden dürfen, die in einem privatrechtlichen Arbeitsverhältnis stehen (Nr. 2).

Der **Beamtenbegriff** erfasst die Mitarbeiter des öffentlichen Dienstes, die vorrangig hoheitliche Aufgaben wahrnehmen und nicht die, die in einem privatrechtlichen Dienstverhältnis mit Arbeitsvertrag i.S. des § 611 BGB tätig sind. Die einzelnen Beschäftigungsgruppen in der öffentlichen Verwaltung können wie folgt eingeteilt werden:

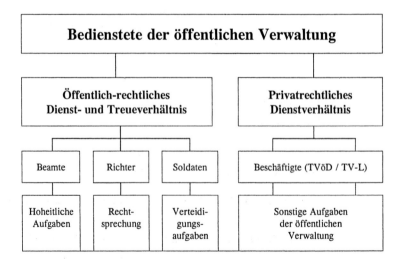

Zu den Bediensteten der öffentlichen Verwaltung in einem öffentlich-rechtlichen Dienst- und Treueverhältnis gehören die Beamten. Weder in der Verfassung selbst noch in einer anderen Vorschrift wird der Begriff „Beamter" sonst näher umschrieben oder definiert. Lediglich das Personalvertretungsgesetz für das Land Nordrhein-Westfalen enthält zu den Begriffen „Beschäftigte", „Beamte" und „Arbeitnehmer" Aussagen. Beschäftigte sind nach § 5 Abs. 1 Satz 1 LPVG die Beamtinnen und Beamten und Arbeitnehmerinnen und

Arbeitnehmer und arbeitnehmerähnliche Personen der Gemeinden, der Gemeindeverbände und der sonstigen der Aufsicht des Landes unterstehenden Körperschaften, Anstalten und Stiftungen des öffentlichen Rechts (vgl. § 1 Abs. 1 LPVG). Wer Beamter ist, bestimmen die Beamtengesetze (vgl. § 5 Abs. 2 Satz 1 LPVG). Das Beamtenverhältnis ist gekennzeichnet durch Treue und Pflicht, Fürsorge und Schutz, wirtschaftliche Unabhängigkeit und Stabilität.

Arbeitnehmer (Beschäftigter i. S. des Tarifrechts) ist, wer aufgrund eines privatrechtlichen Vertrags im Dienste eines anderen zur Leistung weisungsgebundener (§§ 6 Abs. 2, 106 Satz 1 GewO), fremdbestimmter Arbeit in persönlicher Abhängigkeit verpflichtet ist[1]. Die Arbeitnehmereigenschaft beinhaltet **drei wesentliche Merkmale**:

- Privatrechtlicher, entgeltlicher Vertrag i. S. des § 611 BGB, unabhängig von einer schriftlichen Vereinbarung,
- Verpflichtung zur Erbringung der versprochenen Arbeitsleistung sowie
- eine abhängige Beschäftigung (sog. persönliche Abhängigkeit).

Beschäftigte im öffentlichen Dienst sind Arbeitnehmer, die nach dem für die Dienststelle maßgebenden Tarifvertrag usw. beschäftigt werden (vgl. § 5 Abs. 3 und 4 LPVG).

Personen, die von einer juristischen Person oder einer Personengemeinschaft kraft Gesetzes, Satzung oder Gesellschaftsvertrag allein oder als Mitglieder des Vertretungsorgans zu deren Vertretung berufen wurden und **Beamte** sind als solche keine Arbeitnehmer.

Da die Aussage zum Beamtenstatus im § 5 Abs. 2 LPVG im Einzelfall Zweifel an einer Zuordnung, insbesondere bei der Anwendung anderer Rechtsvorschriften, nicht ausschließt, ist der Beamtenbegriff auszufüllen. Üblicherweise wird nach **drei Merkmalen** unterschieden:

- Beamter im staatsrechtlichen Sinne,
- Beamter im haftungsrechtlichen Sinne und
- Beamter im strafrechtlichen Sinne.

3.1.1 Beamtenbegriff im staatsrechtlichen Sinne

Der Beamtenbegriff im **staatsrechtlichen Sinne** wird im Wesentlichen durch **folgende Inhalte** gekennzeichnet:

- Öffentlich-rechtliches Dienst- und Treueverhältnis (vgl. Art. 33 Abs. 4 GG, § 3 Abs. 1 BeamtStG),
- Dienstherrnfähigkeit (vgl. § 2 BeamtStG) und
- Aushändigung einer formgerechten Ernennungsurkunde mit den Worten „unter Berufung in das Beamtenverhältnis" (vgl. § 8 Abs. 2 Satz 2 Nr. 1 BeamtStG).

---

[1] BAG, Beschluss vom 13.03.2013, 7 ABR 69/11, juris Langtext Rn. 22 = NZA 2013, 789.

Der Beamtenbegriff im staatsrechtlichen Sinne erfordert es **nicht**, dass dem Beamten bereits ein statusrechtliches Amt (§ 8 Abs. 3 BeamtStG) verliehen wurde. Auch Beamte ohne Amt sind bei Vorliegen der oben genannten Voraussetzungen Beamte im staatsrechtlichen Sinne.

Eine Überschneidung des Beamtenbegriffs mit gleich lautenden Formulierungen kommt heute im allgemeinen Sprachgebrauch nur selten vor. Frühere Begriffe wie „Versicherungsinspektor" oder „Bankbeamter" sind in der Terminologie kaum noch vorhanden und erfordern insofern keine rechtliche Abgrenzung.

3.1.1.1 Übungen

Sachverhalt 1

A erhält von der Gemeinde D nach bestandener Laufbahnprüfung eine Ernennungsurkunde mit folgendem Text: "Herr Anton A wird unter Berufung in das Beamtenverhältnis auf Probe zum Stadtinspektor ernannt".

Fragestellung

Handelt es sich bei A um einen Beamten im staatsrechtlichen Sinne?

Bearbeitungshinweis

Bei der Gemeinde D handelt es sich um einen mit Dienstherrnfähigkeit ausgestatteten Träger öffentlicher Verwaltung (vgl. § 2 Nr. 1 BeamtStG).

Lösungshinweise

Mit der Berufung in das Beamtenverhältnis auf Probe (§ 4 Abs. 3 Buchstabe a) BeamtStG) wird mit A ein öffentlich-rechtliches Dienst- und Treueverhältnis zum Zwecke der Ausbildung begründet. Die Berufung in das Dienst- und Treueverhältnis erfolgte durch die Gemeinde D. Bei der Gemeinde D handelt es sich nach dem Bearbeitungshinweis um einen mit Dienstherrnfähigkeit (§ 2 Nr. 1 BeamtStG) ausgestatteten Träger öffentlicher Verwaltung. Die Begründung des Beamtenverhältnisses erfolgte durch die Worte in der Ernennungsurkunde „unter Berufung in das Beamtenverhältnis". Somit sind alle Ernennungsvoraussetzungen des § 8 Abs. 2 Satz 1 und Satz 2 Nr. 1 BeamtStG erfüllt. A ist durch die Aushändigung der formgerechten Ernennungsurkunde Beamter im staatsrechtlichen Sinne geworden.

Sachverhalt 2

B erhält nach erfolgreicher Bewerbung eine Ernennungsurkunde mit folgendem Text: „Frau Berta B wird unter Berufung in das Beamtenverhältnis auf Widerruf zur Kommissaranwärterin ernannt".

Fragestellung

Handelt es sich bei B um eine Beamtin im staatsrechtlichen Sinne?

Bearbeitungshinweis

Das Land Nordrhein-Westfalen besitzt die Dienstherrnfähigkeit i. S. des § 2 Nr. 1 BeamtStG.

Lösungshinweise

Mit der Begründung (§ 8 Abs. 1 Nr. 1 BeamtStG) eines Beamtenverhältnisses auf Widerruf (§ 4 Abs. 4 Buchstabe a) BeamtStG) ist das öffentlich-rechtliche Dienst- und Treueverhältnis zur Ausbildung für den Laufbahnabschnitt II begründet worden. Die Berufung in das Dienst- und Treueverhältnis erfolgt durch das Land Nordrhein-Westfalen, das nach dem Bearbeitungshinweis die Dienstherrnfähigkeit i. S. des § 2 Nr. 1 BeamtStG besitzt. Die Begründung des Beamtenverhältnisses erfolgte durch die Aushändigung der formgerechten Ernennungsurkunde mit den Worten „unter Berufung in das Beamtenverhältnis" (§ 8 Abs. 2 Satz 2 Nr. 1 BeamtStG). Somit liegen die Ernennungsvoraussetzungen vor. B ist durch die Aushändigung der Ernennungsurkunde Polizeivollzugsbeamtin im staatsrechtlichen Sinne geworden.

3.1.2 Beamtenbegriff im haftungsrechtlichen Sinne

Der Begriff „Beamter im haftungsrechtlichen Sinne" geht über den Begriff des „Beamten im staatsrechtlichen Sinne" hinaus.

Haftungsrechtlich i. S. des § 839 BGB und des Art. 34 Satz 1 GG ist „Beamter" jeder, den der Bund, ein Land oder eine andere öffentlich-rechtliche Körperschaft mit öffentlicher Gewalt ausgestattet hat, ohne Rücksicht darauf, ob es sich um Beamte im staatsrechtlichen Sinne handelt. Beamte im haftungsrechtlichen Sinne können deshalb auch Private oder private Unternehmer sein, wenn sie von einem Verwaltungsträger im Wege der Beleihung mit hoheitlichen Aufgaben betraut worden sind, im Einzelfall aber auch bei bloßen Hilfstätigkeiten im Rahmen öffentlicher Verwaltung (Verwaltungshelfer)[2]. Soweit Verwaltungshelfer von der öffentlichen Hand durch freie Dienst- oder Werkverträge oder ähnliche Vertragsverhältnisse herangezogen werden, ist darauf abzustellen, wer Vertragspartner des Verwaltungsträgers ist. Insofern kommen auch juristische Personen des Privatrechts haftungsrechtlich als „Beamte" in diesem Sinne in Betracht.[3]

---

[2] Vgl. Ossenbühl, Staatshaftungsrecht, S. 13 ff.
[3] BGH, Urteil vom 14.10.2004, III ZR 169/04, BGHZ 161, 6 = NJW 2005, 286 = DVBl. 2005, 247 =

Unter haftungsrechtlichen Aspekten können auch Angestellte und Arbeiter, also Beschäftigte des öffentlichen Dienstes mit TVöD- / TV-L-Arbeitsvertrag „Beamte" sein. Verletzt ein Beamter im haftungsrechtlichen Sinne vorsätzlich oder fahrlässig die ihm einem Dritten gegenüber obliegende Amtspflicht, so hat er dem Dritten den daraus entstehenden Schaden grundsätzlich nach § 839 Abs. 1 Satz 1 BGB zu ersetzen. Nach Art. 34 Satz 1 GG trifft bei Vorliegen der Voraussetzungen die Verantwortlichkeit für den Schaden den Staat oder die Körperschaft, wenn jemand in Ausübung des ihm anvertrauten öffentlichen Amtes die dem Dritten gegenüber obliegende Amtspflicht verletzt hat. Ausschlaggebend für den Haftungsanspruch ist danach ausschließlich die Art der ausgeübten Tätigkeit (hoheitlich) und nicht das Beamtenverhältnis im staatsrechtlichen Sinne. Hat ein Beschäftigter der öffentlichen Verwaltung mit Arbeitsvertrag ausnahmsweise bei der Wahrnehmung hoheitsrechtlicher Aufgaben einem Dritten einen Schaden zugefügt, ist er als „Beamter" im haftungsrechtlichen Sinne zu betrachten.

Beamte im staatsrechtlichen Sinne sind bei der Wahrnehmung entsprechender Aufgaben immer auch Beamte im haftungsrechtlichen Sinne. Bei dem mit der Amtshaftung nach Art. 34 Satz 1 GG verbunden Haftungsprivileg handelt es sich um einen hergebrachten Grundsatz des Berufsbeamtentums (vgl. 2.1.1.2.3).

Die vorrangige Staatshaftung schließt einen Rückgriff durch den Staat oder die Körperschaft nicht aus, wenn der Beamte im haftungsrechtlichen Sinne bei Ausübung hoheitlicher Befugnisse vorsätzlich oder grob fahrlässig gehandelt hat (Art. 34 Satz 2 GG).

3.1.2.1 Übung

Sachverhalt

Polizeikommissar B ist im Streifendienst einer Kreispolizeibehörde tätig. Er soll kurz vor Dienstschluss zwei Mitarbeiter der Tiefbauverwaltung der Stadt S im Rahmen der Ordnungspartnerschaft bei der Absicherung einer Baustelle vor der einbrechenden Dunkelheit unterstützen. Bei den Mitarbeitern handelt es sich um den Vorarbeiter V und den Mitarbeiter A mit TVöD-Arbeitsvertrag. Die Absicherung der Baugrube erfolgt sehr oberflächlich und aus der Sicht des Polizeikommissars nachlässig. Wegen einer Verabredung unmittelbar nach Dienstschluss, schreitet er aber nicht ein. Bei einem anschließenden Unfall wird der Fahrer eines Kraftfahrzeuges verletzt. Wie die Staatsanwaltschaft ermittelt, ist der Unfall auf die nicht vorschriftsmäßige Beleuchtung der Baustelle zurückzuführen.

Fragestellung

Sind B, V und A Beamte im haftungsrechtlichen Sinne?

Bearbeitungshinweis

Bei der Sicherung der Baustelle (Verkehrssicherheitsmaßnahme) handelt es sich um die Wahrnehmung einer hoheitlichen (öffentlich-rechtlichen) Tätigkeit. Gleiches gilt für den Streifendienst des Polizeivollzugsbeamten.

Lösungshinweise

Die Verantwortung trifft grundsätzlich den Staat oder die Körperschaft, wenn jemand in Ausübung eines ihm anvertrauten öffentlichen Amtes die ihm einem Dritten gegenüber obliegende Amtspflicht (§ 839 Abs. 1 Satz 1 BGB) verletzt (vgl. Art. 34 Satz 1 GG).

Polizeikommissar B ist als Beamter im staatsrechtlichen Sinne auch Beamter im haftungsrechtlichen Sinne, soweit er hoheitliche Tätigkeiten ausübt. In Ausübung des ihr anvertrauten öffentlichen Amtes (Streifendienst) hat er dem verunglückten Autofahrer gegenüber die ihm obliegende Amtspflicht bei der Absicherung der Baustelle verletzt. Er hätte die ordnungsgemäße Aufstellung der Beleuchtungskörper veranlassen müssen. Die Verantwortlichkeit für den Schaden trifft allerdings das Land Nordrhein-Westfalen, für das er tätig geworden ist.

Gleiches gilt für die Tiefbaumitarbeiter V und A. Unabhängig von ihrer privatrechtlichen Tätigkeit als Arbeitnehmer, haben sie bei der Sicherung der Baustelle ebenfalls eine ihrer Rechtsnatur nach hoheitliche Tätigkeit ausgeübt. Nach Art. 34 Satz 1 GG haftet in diesem Fall die Stadt, da es sich bei V und A um Beamte im haftungsrechtlichen Sinne handelt.

Allerdings kann hier grobe Fahrlässigkeit unterstellt werden, was dem Land Nordrhein-Westfalen bzw. der Stadt S den Rückgriff ermöglicht (§ 34 Satz 2 GG).

3.1.3 Beamtenbegriff im strafrechtlichen Sinne

Der Begriff des Beamten im **strafrechtlichen Sinne** geht auf eine frühere Regelung des Strafgesetzbuchs zurück. Die damalige Fassung des § 359 StGB definierte den Begriff des Beamten wie folgt: „Unter Beamten i. S. dieses Strafgesetzes sind alle im unmittelbaren oder mittelbaren inländischen Staatsdienst auf Lebenszeit, auf Zeit oder nur vorläufig angestellte Personen, ohne Unterschied, ob sie einen Diensteid geleistet haben oder nicht, ferner Notare, nicht aber Anwälte, zu verstehen."

Das heute geltende Strafrecht kennt den Begriff des Beamten in dieser Form **nicht** mehr. Die maßgebenden Regelungen enthalten den Begriff „Amtsträger". Nach der Definition des § 11 Abs. 1 Nr. 2 StGB ist **Amtsträger** i. S. des Strafrechts, wer nach deutschem Recht Beamter oder Richter ist (Buchstabe a)), in einem sonstigen öffentlich-rechtlichen Amtsverhältnis steht (Buchstabe b)) oder sonst dazu bestellt ist, bei einer Behörde oder einer sonstigen Stelle oder in deren Auftrag Aufgaben der öffentlichen Verwaltung unbeschadet der zur Aufgabenerfüllung gewählten Organisationsform wahrzunehmen (Buchstabe c)).

Der Begriff des Amtsträgers erfasst somit unter Nr. 2 Buchstabe a) die Beamten und Richter im staatsrechtlichen Sinne, unter Buchstabe b) und c) einen Personenkreis, der außerhalb eines Beamtenverhältnisses im staatsrechtlichen Sinne hoheitlich tätig wird. In einem öffentlich-rechtlichen Amtsverhältnis stehen z. B. Notare, Minister und parlamentarische Staatssekretäre. Personen, die dazu bestellt sind, bei einer Behörde oder bei einer sonstigen Stelle Aufgaben der öffentlichen Verwaltung (hoheitliche Aufgaben) wahrzunehmen, sind im Wesentlichen Beschäftigte des öffentlichen Dienstes mit TVöD- oder TV-L-Arbeitsvertrag. Der Begriff des Amtsträgers ist für Straftaten im Amt strafrechtlich von Bedeutung (vgl. §§ 331 ff. StGB).

Die **Beamten der Kirchen** und sonstigen öffentlich-rechtlichen Religionsgesellschaften sind weder Beamte im staatsrechtlichen Sinne, noch unterliegen sie den Regelungen des Landesbeamtengesetzes. Dies gilt selbst dann nicht, wenn das Landesbeamtengesetz oder einzelne Vorschriften daraus für anwendbar erklärt worden sind.

3.1.4 Abgrenzung der Begriffe „Beamter" und „Arbeitnehmer"

Beamter ist, wer zum Land, zu einer Gemeinde, einem Gemeindeverband oder einer sonstigen der Aufsicht des Landes unterstehenden Körperschaft, Anstalt oder Stiftung des öffentlichen Rechts in einem öffentlich-rechtlichen Dienst- und Treueverhältnis steht (vgl. § 3 BeamtStG), das durch Aushändigung einer formgerechten Ernennungsurkunde mit den Worten „unter Berufung in das Beamtenverhältnis" (§ 8 Abs. 2 Satz 2 Nr. 1 BeamtStG) begründet worden ist.

Arbeitnehmer (Beschäftigte des öffentlichen Dienstes) sind Personen, die sich in persönlicher Abhängigkeit durch einen Arbeitsvertrag zur Arbeitsleistung gegen Entgelt verpflichtet haben.[4]

Während das **Beamtenverhältnis** durch **Hoheitsakt** mittels Ernennungsurkunde bei vorbehaltloser Entgegennahme der Ernennungsurkunde begründet wird, stehen sich Arbeitnehmer und Arbeitgeber grundsätzlich als gleichberechtigte Partner bei der Begründung eines **Arbeitsvertrages** i. S. des § 611 BGB gegenüber.

Wesentlich für die Arbeitnehmereigenschaft ist, dass der Schwerpunkt der Tätigkeit in persönlicher Abhängigkeit geleistet wird. Eine gesetzliche Definition des Begriffs „Arbeitnehmer" gibt es nicht. In verschiedenen Vorschriften wird der Begriff allerdings verwendet. So regelt § 2 Satz 1 Mindesturlaubsgesetz für Arbeitnehmer (Bundesurlaubsgesetz[5]), dass Arbeitnehmer i. S. des Gesetzes Arbeiter und Angestellte sind sowie die zu ihrer Berufsausbildung Beschäftigten. Der Arbeitsvertrag ist vom Werk- bzw. Dienstvertrag zu unterscheiden, die die Arbeitsleistung in persönlicher Abhängigkeit nicht kennen. Wesentlich für Arbeitnehmer ist die Weisungsgebundenheit (§ 106 GewO)[6].

---

[4] BAG, Urteil vom 27.09.2012, 2 AZR 838/11, NJW 2013, 1692.
[5] BGBl. I 1996, S. 1476.
[6] Hoffmann, Arbeitsrecht im öffentlichen Dienst, S. 9.

Keine Arbeitnehmer sind Beamte, Richter und Soldaten (vgl. § 5 Abs. 2 ArbGG), da sie sich in einem öffentlich-rechtlichen Dienstverhältnis zu ihrem Dienstherrn befinden. Ebenfalls keine Arbeitnehmer sind selbstständige Unternehmer (insbesondere Handwerker und Landwirte). Auch freiberuflich tätige Architekten, Rechtsanwälte, Ärzte und Ingenieure sind keine Arbeitnehmer, da sie ihre Tätigkeit nach den dienst- oder werkvertraglichen Vorschriften des bürgerlichen Rechts verrichten.

Beschäftigte des öffentlichen Dienstes sind Arbeitnehmer, soweit sie nicht in einem öffentlich-rechtlichen Dienst- und Treueverhältnis stehen und ihre Arbeit grundsätzlich abhängig und weisungsgebunden aufgrund eines privatrechtlichen Arbeitsvertrages - unter Einbeziehung arbeits- und / oder tarifrechtlicher Besonderheiten - wahrnehmen.

3.2 Begriff des Amtes

Der Begriff des Amtes ist wegen seiner unterschiedlichen Verwendung für verschiedene Fragestellungen beamtenrechtlich von wesentlicher Bedeutung.

3.2.1 Begriff des Amtes im Sprachgebrauch und organisatorischen Sinne

Der Begriff des Amtes wird in vielfältiger Form für verschiedene Zwecke und Organisationseinheiten verwendet und bereitet von daher nicht selten Schwierigkeiten bei einer Zuordnung in der erforderlichen Form. In folgenden Bezeichnungen taucht als Bestandteil das Wort „Amt" mit unterschiedlicher Bedeutung auf:

Beispiele	
Begriff	Bedeutung
„Ich gehe aufs *Amt*"	Aufsuchen z. B. der Gemeinde-, Stadt- oder Kreisverwaltung
Standes*amt* / Steuer*amt*	Organisationseinheit der Kommunalverwaltung
Landeskriminal*amt*	Polizeibehörde

Wie aus der Übersicht erkennbar ist, wird der Begriff des Amtes im allgemeinen Sprachgebrauch häufig in der Behördenorganisation verwendet. Es handelt sich dann um einen fest umrissenen Aufgabenkreis, für den einzelne oder mehrere Mitarbeiter bzw. Mitarbeiterinnen der öffentlichen Verwaltung zuständig sind.

3.2.2 Begriff des Amtes im beamtenrechtlichen Sinne

Der beamtenrechtliche Begriff des „Amtes" umfasst das **Amt im statusrechtlichen Sinne** und das **Amt im funktionellen Sinne**.

Das **statusrechtliche Amt** wird gekennzeichnet durch die Merkmale Laufbahngruppe (z. B. Laufbahngruppe 1 und 2 oder Laufbahnabschnitt II), Endgrundgehalt der Besoldungsgruppe (z. B. A 9 LBesO) sowie durch die Amtsbezeichnung (z. B. Kreisinspektor oder Polizeikommissar). Es ist hinsichtlich der Rechte und Pflichten des Beamten Bedeutung und betrifft ihn als Rechtssubjekt. Entscheidungen trifft die dienstvorgesetzte Stelle durch Verwaltungsakt i. S. des § 35 Satz 1 VwVfG NRW.

Hinsichtlich des **Amtes im funktionellen Sinne** wird zwischen dem abstrakt und konkret funktionellen Amt unterschieden. Das **Amt im konkret funktionellen Sinne** ist die kleinste organisatorische Verwaltungseinheit (Dienstposten), die einem Beamten verantwortlich übertragen wird. Hier geht es um Rechte und Pflichten des Beamten als Teil der Ablauforganisation der Verwaltung im sogenannten Innen- oder Betriebsverhältnis, in der der Beamte nicht als Rechtssubjekt, sondern als Teil des betrieblichen Ablaufs (Ablauforganisation) betroffen ist. Anordnungen hinsichtlich des Amtes im funktionellen Sinne treffen vorgesetzte Personen (§ 2 Abs. 5 LBG). Ein Beamter hat keinen Anspruch auf Beibehaltung seines Amtes im konkret-funktionellem Sinne[7].

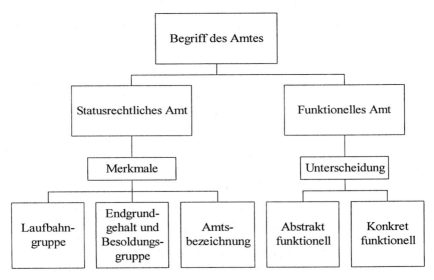

---

[7] OVG NRW, Beschluss vom 11.04.2013, 1 A 2775/12, juris Langtext Rn. 14.

3.2.2.1 Amt im statusrechtlichen Sinne

Das Amt im statusrechtlichen Sinne regelt die **Rechtsstellung des Beamten** gegenüber dem Dienstherrn. Maßgebend charakterisiert wird das Amt im statusrechtlichen Sinne durch die Laufbahngruppe, das Endgrundgehalt der Besoldungsgruppe und durch die Amtsbezeichnung. So sind beispielsweise das Amt des Stadtsekretärs, des Oberkommissars bzw. der Regierungsdirektorin Ämter in diesem Sinne.

Die Einordnung der statusrechtlichen Situation ist abhängig von der Laufbahn und Laufbahngruppe unter Beachtung des jeweiligen Einstiegsamtes. Eine Laufbahn (z. B. Laufbahn des allgemeinen Verwaltungsdienstes in den Gemeinden und Gemeinde-verbänden im Lande NRW der Laufbahngruppe 2, erstes Einstiegsamt) umfasst alle Ämter, die derselben Fachrichtung und derselben Laufbahngruppe angehören (§ 5 Abs. 1 Satz 2 LBG). Die Laufbahnen gehören zu den Laufbahngruppen 1 und 2 (§ 5 Abs. 2 Satz 1 LBG). Der Zugang zu einer Laufbahngruppe und innerhalb einer Laufbahngruppe zu einem Einstiegsamt richtet sich nach den in § 6 LBG im Einzelnen normierten Zugangs- bzw. Vorbildungsvoraussetzungen (§ 5 Abs. 2 Satz 3 LBG). Die jeweiligen Einstiegsämter sind im Besoldungsrecht in § 24 LBesG festgelegt. Die Möglichkeit, bei Sonderlaufbahnen ein höheres Einstiegsamt zuzuweisen, ist in § 25 näher gesetzlich spezifiziert. Die Einstiegsämter für Beamte sind nach § 24 LBesG **folgenden Besoldungsgruppen** zugewiesen:

1. in der Laufbahngruppe 1 als erstes Einstiegsamt der Besoldungsgruppe A 5 ,

2. in der Laufbahngruppe 1 als zweites Einstiegsamt der Besoldungsgruppe A 6, in technischen Laufbahnen der Besoldungsgruppe A 6 oder A 7,

3. in der Laufbahngruppe 2 als erstes Einstiegsamt der Besoldungsgruppe A 9, in technischen Laufbahnen der Besoldungsgruppe A 10 und

4. in der Laufbahngruppe 2 als zweites Einstiegsamt der Besoldungsgruppe A 13.

Das Grundgehalt wird nach Sätzen der Besoldungsgruppen der Besoldungsordnungen gewährt. Als Endgrundgehalt wird der Zahlbetrag bezeichnet, der als höchster Betrag in den Grundgehaltssätzen zu der jeweiligen Besoldungsgruppe ausgewiesen ist (vgl. Anlage 6 zur Landesbesoldungsordnung A, in der z. B. alle Beträge für die Besoldungsgruppen A 2 bis A 16 ausgewiesen sind).

Das Amt im statusrechtlichen Sinne darf dem Beamten nur verliehen werden, wenn die beamten- und laufbahnrechtlichen Voraussetzungen dafür erfüllt sind. Die **erstmalige Verleihung** des Amtes erfolgt mit der **Begründung eines Beamtenverhältnisses auf Probe** (§ 8 Abs. 3 BeamtStG). Hiermit erlangt der Beamte das Recht auf eine statusgemäße Besoldung (z. B. für einen Sekretär die Besoldungsgruppe A 6 LBesO), das Recht auf Führung der entsprechenden Amtsbezeichnung (z. B. bei einer Stadt Stadtsekretär) und einen Anspruch auf Übertragung eines amtsangemessenen Amtes im konkret funktionellen Sinne (Dienstposten).

Die Laufbahn der Polizeivollzugsbeamten ist eine Einheitslaufbahn, soweit die Laufbahnverordnung nichts anderes bestimmt (§ 2 Abs. 1 Satz 1 LVOPol). Die Einheitslaufbahn gliedert sich in die Laufbahnabschnitte I bis III (§ 2 Abs. 1 Satz 2 LVOPol). Soweit dienstrechtliche Vorschriften anzuwenden sind, die auf Laufbahngruppen abstellen, gilt der Laufbahnabschnitt I als eine Laufbahn des mittleren Dienstes, der Laufbahnabschnitt II als eine Laufbahn des gehobenen Dienstes und der Laufbahnabschnitt III als eine Laufbahn des höheren Dienstes (§ 2 Abs. 2 LVOPol)[8]. Beispiele:

Amt des / der	Laufbahn-gruppe	Besoldungs-gruppe	Amtsbezeichnung *mit möglichem Zusatz*
Sekretärs	Mittlerer Dienst	A 6	*Stadt*sekretär
Polizeimeisters	Laufbahnabschnitt I	A 7	*Polizei*meister
Oberinspektors	Gehobener Dienst	A 10	*Kreisober*inspektor
Polizeioberkommissars	Laufbahnabschnitt II		*Polizei*oberkommissar
Direktorin	Höherer Dienst	A 15	*Regierungs*direktorin
Polizeidirektorin	Laufbahnabschnitt III		*Polizei*direktorin

In der Besoldungsordnung, die als Anlage I dem LBesG beigefügt ist, sind die Amtsbezeichnungen und Besoldungsgruppen aufgeführt.

Beschäftigte mit Arbeitsvertrag in der öffentlichen Verwaltung bekleiden auch bei Ausübung hoheitlicher Aufgaben kein Amt im statusrechtlichen Sinne.

3.2.2.2 Amt im funktionellen Sinne

Als Amt im funktionellen Sinne wird die dem Beamten **übertragene Aufgabe** bezeichnet. Es beschreibt einen abgrenzbaren Aufgabenbereich innerhalb der Behördenorganisation. Das zwischen dem Dienstherrn und dem Beamten begründete Amtswalterverhältnis verpflichtet den Beamten zu dessen Wahrnehmung. Das Amt im funktionellen Sinne wird dem Beamten übertragen, auch wenn er die Voraussetzungen für die Übertragung des Amtes im statusrechtlichen Sinne wegen beamten- bzw. laufbahnrechtlicher Voraussetzungen noch nicht erfüllt. Es wird Beamten **während der laufbahnrechtlichen Probezeit** zugewiesen.

Beamten im **Beamtenverhältnis auf Widerruf** während des Vorbereitungsdienstes wird **kein Amt im funktionellen Sinne** verliehen. Während des Vorbereitungsdienstes soll der Beamte vorrangig für seine später wahrzunehmenden Aufgaben seiner Laufbahn ausgebildet werden. Der Einsatz der Arbeitskraft ist diesem Ziel unterzuordnen (vgl. z. B. § 9 Abs. 1 VAPgD BA, § 9 VAPPol II). Dennoch nimmt der Beamte auf Widerruf während des Vorbereitungsdienstes Dienstgeschäfte wahr. Als Dienstgeschäft eines Beamtenanwärters des gehobenen Dienstes ist z. B. ist die fachwissenschaftliche Ausbildung an der Fachhochschule für öffentliche Verwaltung Nordrhein-Westfalen und die fachpraktische Ausbildung in der Behörde sowie das Prüfungsverfahren anzusehen.

---

[8] Die LVOPol ist noch nicht an das Dienstrechtsmodernisierungsgesetz vom 14.06.2016 angepasst worden (Stand Oktober 2016).

Aus dem Amt im statusrechtlichen Sinne ist das **Recht** des Beamten **auf eine amtsangemessene Beschäftigung** hinsichtlich des Amtes im funktionellen Sinne **abzuleiten**. Obwohl kein Anspruch auf Übertragung eines bestimmten Aufgabenbereichs besteht, ist der Beamte in seiner Laufbahn mit einer entsprechenden Aufgabe zu betrauen, die ihn weder über- noch unterfordert.

Zu unterscheiden ist zwischen dem **abstrakt** und **konkret** funktionellen Amt. Das **abstrakt funktionelle Amt** beschreibt den **allgemeinen Aufgabenkreis** entsprechend dem Amt im funktionellen Sinne, ohne Hinweis auf die konkret wahrzunehmende Aufgabe. Einen Rückschluss auf den auszufüllenden Dienstposten lässt erst das Amt im konkret funktionellen Sinne zu. Ausnahmsweise können das abstrakte Amt und der konkrete Dienstposten zusammenfallen, wenn es die Funktion nur einmal gibt und sie damit im Bereich des Dienstherrn auf einen einzigen Dienstposten beschränkt ist (z. B. bei kommunalen Wahlbeamten wie Bürgermeister und Landrat oder Datenschutzbeauftragter).

Unterscheidung zwischen dem abstrakt-funktionellen und dem konkret-funktionellen Amt

Statusrechtliches Amt	Abstrakt-funktionelles Amt	Konkret-funktionelles Amt
Stadtoberinspektor	Sachbearbeiter bei der Stadt S	Sachbearbeiter beim Sozialamt der Stadt S in der Abteilung „Grundsicherung", Buchstaben A bis C
Polizeikommissar	Sachbearbeiter bei der Kreispolizeibehörde	Beamter des Sondereinsatzkommandos beim Polizeipräsidium S-Stadt

Das **Amt im statusrechtlichen Sinne** hat eine vom Amt im funktionellen Sinne zu unterscheidende rechtliche Bedeutung. Aus dem statusrechtlichen Amt kann der Beamte persönliche, also subjektive Rechte, ableiten, die für ihn u. U. von existenzieller Bedeutung sind. Pflichten treffen ihn als Person und nicht als Teil der Behördenorganisation. Dagegen handelt es sich beim **funktionellen Amt** um die Übertragung von Aufgaben (abstrakt) und die Zuordnung organisatorischer Zuständigkeiten innerhalb einer Behörde (konkret) aufgrund der Organisationsgewalt der Behördenleitung. Die Unterscheidung ist insbesondere für die Frage der Zuständigkeit bei beamtenrechtlichen Entscheidungen von Bedeutung. Für den Beamten ist damit erkennbar, für welche Aufgaben er verantwortlich ist und ggf. zur Rechenschaft gezogen werden kann.

3.3 Dienstherr, Dienstherrnfähigkeit und Organe des Dienstherrn

Zu den weiteren Grundbegriffen des Beamtenrechts, die für beamtenrechtliche Fragestellungen von Bedeutung sind, gehören die Begriffe „Dienstherrnfähigkeit", „dienstvorgesetzte Stelle" und „Vorgesetzter".

3.3.1 Dienstherr

Das Recht Beamte ernennen zu dürfen (sog. Dienstherrnfähigkeit nach § 2 BeamtStG), besitzen die Dienstherren.

Der Beamte steht nicht in einem Arbeitsverhältnis und hat somit - anders als der Arbeitnehmer - keinen Arbeitgeber als Vertragspartner des Beschäftigungsverhältnisses. Aber auch das öffentlich-rechtliche Dienst- und Treueverhältnis des Beamten mit beiderseitigen Rechtsbeziehungen bedarf eines Gegenparts; diese Funktion wird vom Dienstherrn wahrgenommen.[9]

3.3.2 Dienstherrnfähigkeit

Dienstherrnfähigkeit ist das **Recht**, ein öffentlich-rechtliches Dienst- und Treueverhältnis (Beamtenverhältnis) **begründen** zu können. Wem dieses Recht zusteht, regelt § 2 BeamtStG. Die Dienstherrnfähigkeit besitzen nach Nr. 1) die Länder, die Gemeinden und die Gemeindeverbände (sog. originäre Dienstherreigenschaft) sowie nach Nr. 2 die Körperschaften, Anstalten und Stiftungen des öffentlichen Rechts, soweit ihnen dieses Recht zum Zeitpunkt des Inkrafttretens des Beamtenstatusgesetzes zustand oder denen es durch ein Landesgesetz oder aufgrund eines Landesgesetzes verliehen wird (sog. abgeleitete Dienstherreigenschaft). Juristische Personen des öffentlichen Rechts sind damit grundsätzlich in der Lage, Dienstherrnfähigkeit zu erlangen.

Von der Dienstherrnfähigkeit zu unterscheiden ist die die Dienstherrnfähigkeit ausgestaltende Personalhoheit, die ihre Grundlage in Art. 28 GG hat, also die Befugnis, z. B. Beamte auszuwählen, zu ernennen, zu befördern und zu entlassen. Die Personalhoheit enthält aber kein uneingeschränktes Recht des Dienstherrn, sondern findet ihre Grenzen in der staatlichen Rechtsordnung.

Satzungen, die das Recht begründen, Beamte zu haben, **bedürfen der vorherigen Genehmigung** der obersten Aufsichtsbehörde im Einvernehmen mit dem mit dem für Inneres zuständigen Ministerium (§ 136 LBG). Das nachfolgende Schaubild enthält eine zusammenfassende Übersicht zum Begriff „Dienstherrnfähigkeit":

---

[9] Vogt, Dienstherrnfähigkeit, DVP 2003, S. 102.

Dienstherrnfähigkeit

Kraft Gesetzes	Kraft Besitzstandes	Kraft Verleihung
§ 2 Nr. 1 BeamtStG	§ 2 Nr. 2 BeamtStG	§ 2 Nr. 2 BeamtStG
Bund Länder Gemeinden Gemeindeverbände i. S. des Art. 28 Abs. 2 Satz 2 GG	Körperschaften Anstalten Stiftungen des öffentlichen Rechts	

Die Länder besitzen die Dienstherrnfähigkeit kraft Gesetzes aufgrund ihrer Eigenschaft als Staat. Den Gemeinden und Gemeindeverbänden steht das Recht im Rahmen ihrer institutionellen Garantie der Selbstverwaltung aus Art. 28 Abs. 2 GG und Art. 78 Abs. 1 Landesverfassung Nordrhein-Westfalen zu. Gemeindeverbände in diesem Sinne sind kommunale Körperschaften, die gebietlich über der Ortsgemeinde stehen und deren Wirkungskreis nicht durch eine **spezielle** Aufgabenzuweisung begrenzt ist. Dieses gilt in Nordrhein-Westfalen für die Landschaftsverbände Rheinland und Westfalen-Lippe, da es sich um so genannte „echte Gemeindeverbände" handelt[10].

Der Status sonstiger kommunaler **Zweckverbände** ergibt sich aus dem Gesetz über kommunale Gemeinschaftsarbeit. Zweckverbände sind zwar „Gemeindeverbände", aber nicht i. S. des § 28 Abs. 2 Satz 2 GG und Art. 78 Abs. 1 Landesverfassung Nordrhein-Westfalen[11].

Mit Gründung eines Zweckverbandes wird eine juristische Person des öffentlichen Rechts geschaffen. Da der Zweckverband mitgliedschaftlich strukturiert ist, stellt er gem. § 5 Abs. 1 Satz 1 GkG eine Körperschaft des öffentlichen Rechts dar, die ihrerseits als Gemeindeverband gilt (§ 5 Abs. 2 GkG). Ist ein Zweckverband wirksam gegründet, so finden die Vorschriften Anwendung, die für seine Primärmitglieder gelten (§ 8 GkG). Das bedeutet zunächst, dass der Zweckverband die übertragene Aufgabe in eigenem Namen hoheitlich erledigt. Hierfür steht dem Verband die Dienstherrnfähigkeit - nach Maßgabe der Verbandssatzung - zu (§ 17 Abs. 2 GkG).[12]

Kraft Besitzstandes besitzen die Dienstherrnfähigkeit in Nordrhein-Westfalen z. B. die Deutsche Rentenversicherung Rheinland in Düsseldorf und Westfalen in Münster. Verliehen wurde das Recht nach dem Inkrafttreten des Beamtenrechtsrahmengesetzes den Sparkassen, die nach der Änderung des Sparkassengesetzes heute aber keine Beamten mehr ernennen können. Im Jahr 1998 wurde der Landesunfallkasse Nordrhein-Westfalen als Träger der gesetzlichen Unfallversicherung für die Unternehmen und Versicherten im Landesbereich Nordrhein-Westfalen die Dienstherrnfähigkeit verliehen. Die Hochschulen

---

[10] Vgl. Hofmann/Theisen/Bätge 2.3.1.3.
[11] Vgl. Erichsen 13 B 1 d.
[12] Vgl. Hofmann/Theisen/Bätge 6.1.3.

des Landes Nordrhein-Westfalen sind im Jahr 2007 durch das Hochschulfreiheitsgesetz in rechtsfähige Körperschaften des öffentlichen Rechts umgebildet worden. Sie haben das Recht der Selbstverwaltung im Rahmen der Gesetze (Art. 16 Abs. 1 LV). Das Personal steht im Dienst der jeweiligen Hochschule. Die Hochschulen besitzen das Recht, Beamte zu haben (§ 2 Abs. 3 Satz 2 HG). Einzelheiten regelt das Gesetz über weitere dienstrechtliche und sonstige Regelungen im Hochschulbereich.[13]

Die Dienstherrnfähigkeit wird in Einzelfällen heute noch verliehen, wenn eine **neue** Behörde, Einrichtung usw. hoheitlich tätig wird.

3.3.3 Organe des Dienstherrn

Die mit der Dienstherrnfähigkeit ausgestatteten juristischen Personen des öffentlichen Rechts handeln durch ihre Organe. Organe des Dienstherrn sind die oberste Dienstbehörde, die dienstvorgesetzte Stelle und die Vorgesetzten (vgl. § 2 LBG). Für bestimmte Personalentscheidungen wird des Weiteren der Landespersonalausschuss als unabhängiges Organ für den Dienstherrn im Lande Nordrhein-Westfalen tätig (vgl. § 94 ff. LBG).

3.3.3.1 Oberste Dienstbehörde

Die oberste Dienstbehörde der Beamten im Lande Nordrhein-Westfalen **richtet sich nach dem jeweiligen Dienstherrn**, bei dem der Beamte ein Amt bekleidet. Sie ist zuständig, wenn Rechtsvorschriften dieses für bestimmte beamtenrechtliche Entscheidungen ausdrücklich vorsehen.

Dienstherr	Oberste Dienstbehörde
Land Nordrhein-Westfalen § 2 Abs. 1 Satz 1 Nr. 1 LBG	Oberste Behörde des Geschäftsbereichs, in dem der Beamte ein Amt bekleidet
Gemeinden und Gemeindeverbände § 2 Abs. 1 Satz 1 Nr. 2 LBG	Vertretung der Gemeinde oder des Gemeindeverbandes
Sonstige der Aufsicht des Landes unterstehende Körperschaften, Anstalten und Stiftungen des öffentlichen Rechts § 2 Abs. 1 Satz 1 Nr. 3 LBG	Gesetzlich oder durch Satzung zuständiges Organ

---

[13] Vgl. Hochschulfreiheitsgesetzes vom 31.10.2006 (GV.NRW. S. 474), welches als Artikelgesetz am 01.01.2007 in Kraft getreten ist.

3.3.3.1.1 Oberste Dienstbehörde der Beamten des Landes Nordrhein-Westfalen

Oberste Dienstbehörde ist für die Beamten des Landes Nordrhein-Westfalen - somit auch für alle Polizeivollzugsbeamten - die oberste Behörde des Geschäftsbereichs, in dem der Beamte ein Amt bekleidet (§ 2 Abs. 1 Satz 1 Nr. 1 LBG). Wer die Behörden und Einrichtungen sind, richtet sich nach Abschnitt II des Landesorganisationsgesetzes. **Oberste Landesbehörden** sind nach § 3 LOG die Landesregierung, der Ministerpräsident und die Landesministerien. Aber auch der Präsident des Landtages (§ 106 Abs. 1 Satz 3 LBG) sowie der Präsident des Landesrechnungshofes (§ 108 Satz 2 LBG) sind oberste Dienstbehörden.

Für welchen Landesbeamten welche oberste Dienstbehörde zuständig ist, zeigt die nachfolgende Übersicht, die begrifflich auf die Behördenstruktur abstellt:

Oberste Dienstbehörde für die Beamten des Landes	
Behörde	Oberste Dienstbehörde
Beamte der Staatskanzlei	Ministerpräsident
Beamte der Landesministerien und nachgeordneter Behörden und Einrichtungen	Ministerium
Beamte des Landtages	Präsident des Landtages
Beamte des Landesrechnungshofes	Präsident des Landesrechnungshofes

So ist beispielsweise oberste Dienstbehörde der Polizeivollzugsbeamten und der Beamten der Bezirksregierungen in Nordrhein-Westfalen das Ministerium für Inneres und Kommunales als oberste Behörde des Geschäftsbereichs, in dem sie ein Amt bekleiden.

3.3.3.1.2 Oberste Dienstbehörde der Beamten der Gemeinden und der Gemeindeverbände i. S. des Art. 28 Abs. 2 GG

Oberste Dienstbehörde der Beamten der Gemeinden und Gemeindeverbände ist die **jeweilige Vertretung** (z. B. Rat und Kreistag). Das Nähere regelt das Kommunalverfassungsrecht (vgl. § 2 Abs. 1 Satz 1 Nr. 2 LBG) in der Gemeindeordnung, der Kreisordnung, der Landschaftsverbandsordnung und im Gesetz über den Regionalverband Ruhr. Die im Landesbeamtengesetz verwendeten Begriffe „Vertretung" und „oberste Dienstbehörde" sind in den Einzelgesetzen nicht deutlich nachvollziehbar. Daher ist die Antwort aus dem Gesamtzusammenhang der jeweiligen Regelungen abzuleiten. Obwohl nach der Änderung der Gemeindeordnung die Bürgerschaft durch den Rat und den Bürgermeister vertreten wird (vgl. § 40 Abs. 2 Satz 1 GO), ist weiterhin von der Zuständigkeit des Rates als oberster Dienstbehörde auszugehen. Der Bürgermeister als Vorsitzender des Rates mit Stimmrecht wirkt an der Entscheidung mit (vgl. § 40 Abs. 2 Sätze 3 und 4 GO). Vergleichbares gilt im Kreis bezüglich des Kreistages (Rückschluss aus § 25 Abs. 2 Satz 1 KrO).

Oberste Dienstbehörde für die Beamten der Gemeinden und Gemeindeverbände	
Dienstherr	**Oberste Dienstbehörde**
Gemeinde	Rat (GO)
Kreis	Kreistag (KrO)
Landschaftsverband	Landschaftsausschuss (LVerbO)

Entgegen der eigentlichen Regelung (Landschaftsversammlung) ist wegen der besonderen Aufgabenstruktur des Landschaftsverbandes der Landschaftsausschuss oberste Dienstbehörde.

3.3.3.1.3 Oberste Dienstbehörde der Beamten der übrigen der Aufsicht des Landes unterstehenden Körperschaften, Anstalten und Stiftungen

Oberste Dienstbehörde der Beamten der sonstigen der Aufsicht des Landes unterstehenden Körperschaften, Anstalten und Stiftungen des öffentlichen Rechts ist **das nach Gesetz oder Satzung zuständige Organ** (vgl. § 2 Abs. 1 Satz 1 Nr. 3 LBG). So regelt beispielsweise die Satzung der Landesversicherungsanstalt Rheinprovinz (jetzt Deutsche Rentenversicherung Rheinland), dass der Vorstand der Deutschen Rentenversicherung Rheinland oberste Dienstbehörde der Beamten ist.

3.3.3.1.4 Oberste Dienstbehörde für Ruhestandsbeamte, frühere Beamte und Hinterbliebene

Für Ruhestandsbeamte, frühere Beamte und Hinterbliebene des Beamten, Ruhestandsbeamten oder früheren Beamten gilt als oberste Dienstbehörde **die letzte oberste Dienstbehörde des Beamten** (vgl. § 2 Abs. 1 Satz 3 LBG). Sollte ausnahmsweise eine oberste Dienstbehörde nicht vorhanden sein, bestimmt für die Beamten der Gemeinden, der Gemeindeverbände und der sonstigen der Aufsicht des Landes unterstehenden Körperschaften, Anstalten und Stiftungen des öffentlichen Rechts die oberste Aufsichtsbehörde, wer die Aufgaben der obersten Dienstbehörde wahrnimmt (vgl. § 2 Abs. 1 Satz 4 LBG).

3.3.3.1.5 Aufgaben der obersten Dienstbehörde

Oberste Dienstbehörden sind für die Wahrnehmung grundsätzlicher Aufgaben aus unterschiedlichen beamtenrechtlichen Bereichen zuständig, soweit sie nicht aufgrund einer Ermächtigung auf eine nachgeordnete Behörde übertragen worden sind, beispielsweise für folgende Entscheidungen:

Beispiele für die Zuständigkeit der obersten Dienstbehörde		
Bereich	**Rechtsgrundlage**	**Kompetenz**
Laufbahnrecht[14]	§ 7 Abs. 2 Satz 1 LBG	Ordnung der Laufbahnen
	§ 14 Abs. 2 Satz 2 Nr. 1 LVO	Antrag auf Zulassung von Ausnahmen
Besoldungsrecht	§ 18 Abs. 2 LBesG	Bestimmung des dienstlichen Wohnsitzes
	§ 79 Abs. 1 LBesG	Kürzung der Anwärterbezüge
Versorgungsrecht	§ 53 Abs. 2 Satz 1 LBeamtVG	Versagung von Unfallfürsorge
	§ 54 Abs. 3 Satz 2 LBeamtVG	Entscheidung über das Vorliegen eines Dienstunfalles
	§ 57 Abs. 1 Satz 1 LBeamtVG	Festsetzung der Versorgungsbezüge
Verfahrensrecht	§ 54 Abs. 3 BeamtStG	Erlass des Widerspruchsbescheides

Darüber hinaus ist die oberste Dienstbehörde für die Wahrnehmung verschiedener Aufgaben nach dem Landesdisziplinargesetz zuständig (z. B. §§ 32 Abs. 2, 34 Abs. 2, 35 Abs. 2 LDG). Die Übertragung von Befugnissen der obersten Dienstbehörde auf nachgeordnete Behörden bzw. andere Stellen ist nach den Rechtsvorschriften in Einzelfällen möglich und vorgenommen worden.

3.3.3.2   Dienstvorgesetzte Stelle

Dienstvorgesetzte Stelle ist, wer **beamtenrechtliche Entscheidungen über persönliche Angelegenheiten** ihm nachgeordneter Beamter trifft (vgl. § 2 Abs. 2 und § 2 Abs. 4 Satz 1 LBG). Ausnahmsweise kann der Beamte mehrere Dienstvorgesetzte gleichzeitig haben. Beispielsweise bei der Abordnung von Beamten nach § 24 LBG bzw. nach § 14 BeamtStG zur vorübergehenden Wahrnehmung von Aufgaben bei einer anderen Behörde. Der Beamte behält seinen bisherigen Dienstvorgesetzten und bekommt für die Zeit der Abordnung zur neuen Dienststelle einen weiteren Dienstvorgesetzten.

3.3.3.2.1   Dienstvorgesetzte Stelle der Beamten des Landes Nordrhein-Westfalen

Für die Beamten des Landes Nordrhein-Westfalen **ist dienstvorgesetzte Stelle** die oberste Behörde des Geschäftsbereichs, in dem sie ein Amt bekleiden (§ 2 Abs. 2 Satz 1 Nr. 1 LBG). Oberste Landesbehörden sind die Landesregierung, der Ministerpräsident und die Landesministerien (§ 3 LOG). Nach § 2 Abs. 3 LBG kann die oberste Dienstbehörde für die beamtenrechtlichen Entscheidungen nach § 2 Abs. 4 LBG durch Rechtsverordnung eine andere dienstvorgesetzte Stelle bestimmen. Dieses ist für alle Geschäftsbereiche der Ministerien geschehen.

---

[14] Die Laufbahnverordnung der Polizei verwendet nicht den Begriff, sondern benennt konkret das Innenministerium.

So ist beispielsweise in der Verordnung über beamten- und disziplinarrechtliche Zuständigkeiten im Geschäftsbereich des für Inneres zuständigen Ministeriums geregelt[15], dass der Leiter der Behörde oder Einrichtung, bei der der Beamte beschäftigt ist, dienstvorgesetzte Stelle ist, soweit nicht in der Verordnung etwas Anderes geregelt ist (vgl. § 1 Abs. 1 Satz 1 VO). Nach der Regelung sind grundsätzlich die Behördenleiter Dienstvorgesetzte der Beamten ihrer Behörde (z. B. Regierungspräsident für die Beamten der Bezirksregierung (Landesmittelbehörde i. S. des § 7 Abs. 2 LOG) und Polizeipräsident bzw. Landrat für die Polizeivollzugsbeamten der jeweiligen Kreispolizeibehörde (Untere Landesbehörden i. S. des § 9 Abs. 2 LOG).

Für die Beamten des Landes trifft die dienstvorgesetzte Stelle die beamtenrechtlichen Entscheidungen über die persönlichen Angelegenheiten (z. B. Besoldungs-, Versorgungs-, Beihilfe- bzw. Beförderungsangelegenheiten oder Versetzung und Abordnung) der ihr nachgeordneten Beamten, soweit nicht nach Gesetz oder Verordnung eine andere Stelle zuständig ist; sie kann sich dabei nach Maßgabe der für ihre Behörde geltenden Geschäftsordnung vertreten lassen (§ 2 Abs. 4 Satz 1 LBG).

Aufgrund des mehrstufigen Verwaltungsaufbaues des Landes Nordrhein-Westfalen (Einzelheiten sind den §§ 3 ff. LOG zu entnehmen) haben Landesbeamte der unteren Landesbehörden eine unmittelbare dienstvorgesetzte Stelle (Behördenleiter), eine höhere dienstvorgesetzte Stelle (ggf. Leiter der Mittelbehörde) und eine höchste dienstvorgesetzte Stelle (Minister). Soweit die Ausübung dienstrechtlicher Befugnisse gesetzlich nicht ausdrücklich einer bestimmten dienstvorgesetzten Stelle übertragen ist, besteht eine Mehrfachzuständigkeit. Insofern können die Befugnisse von jeder (unmittelbaren, höheren oder höchsten) dienstvorgesetzten Stelle wahrgenommen werden.

3.3.3.2.2 Dienstvorgesetzte Stelle der Beamten der Gemeinden und Gemeindeverbände in Nordrhein-Westfalen

Für die Beamten der Gemeinden und Gemeindeverbände **bestimmt das Kommunalverfassungsrecht die dienstvorgesetzte Stelle** (vgl. § 2 Abs. 2 Satz 1 Nr. 2 LBG) und somit die Zuständigkeit für beamtenrechtliche Entscheidungen über persönliche Angelegenheiten (vgl. § 2 Abs. 4 Satz 2 LBG).

In den **Gemeinden** ist der **Bürgermeister dienstvorgesetzte Stelle** der Beamten (vgl. § 73 Abs. 2 GO). Wer dienstvorgesetzte Stelle des Bürgermeisters ist, regelt die Gemeindeordnung nicht. Die Aufgaben der für die Ernennung zuständigen Stelle nimmt im Falle der Entlassung und der Versetzung in den Ruhestand die Aufsichtsbehörde wahr, soweit gesetzlich nichts anderes bestimmt ist (vgl. § 118 Abs. 7 Satz 1 LBG). In den Fällen des § 36 LBG sowie der §§ 27 und 37 BeamtStG die Aufsichtsbehörde ohne die Möglichkeit einer anderen Regelung.

---

[15] Verordnung über beamten- und disziplinarrechtliche Zuständigkeiten im Geschäftsbereich des für Inneres zuständigen Ministeriums vom 18.11.2015 (GV. NRW. S. 760).

Nach § 49 Abs. 1 KrO ist der **Landrat** dienstvorgesetzte Stelle der **Beamten des Kreises**. Zur Problematik des Dienstvorgesetzten des Landrats vgl. Ausführungen zur dienstvorgesetzten Stelle des Bürgermeisters (§ 118 Abs. 10 LBG).

Dienstvorgesetzte Stelle des **Direktors des Landschaftsverbandes** ist der Landschaftsausschuss, aller übrigen Beamten der Direktor des Landschaftsverbandes (vgl. § 20 Abs. 4 Satz 1 LVerbO). In Zweckverbänden ist die Verbandsversammlung dienstvorgesetzte Stelle des Verbandsvorstehers, dienstvorgesetzte Stelle der sonstigen Beamten des Zweckverbandes ist der Verbandsvorsteher (vgl. § 16 Abs. 2 Satz 2 und Satz 3 GkG). Im Einzelnen regeln folgende Vorschriften, wer jeweils dienstvorgesetzte Stelle ist:

Dienstvorgesetzte Stelle der Beamten der Gemeinden und Gemeindeverbände		
Beamter	Rechtsgrundlage	Dienstvorgesetzter
Beamter der Gemeinde	§ 73 Abs. 2 GO	Bürgermeister
Beamter des Kreises	§ 49 Abs. 1 KrO	Landrat
Bürgermeister und Landrat	§ 118 Abs. 7 LBG § 118 Abs. 10 i. V. m. Abs. 7 LBG	Aufsichtsbehörde[16]
Beamter des Landschaftsverbandes	§ 20 Abs. 4 Satz 1 LVerbO	Direktor des Landschaftsverbandes
Direktor des Landschaftsverbandes	§ 20 Abs. 4 Satz 1 LVerbO	Landschaftsausschuss

3.3.3.2.3 Dienstvorgesetzte Stelle der sonstigen der Aufsicht des Landes unterstehenden Körperschaften, Anstalten und Stiftungen des öffentlichen Rechts

Für die Beamten der sonstigen der Aufsicht des Landes unterstehenden Körperschaften, Anstalten und Stiftungen des öffentlichen Rechts ist dienstvorgesetzte Stelle die durch Gesetz oder Satzung bestimmte Stelle (§ 2 Abs. 2 Satz 1 Nr. 3 LBG). So ist z. B. für die Beamten der Zweckverbände in Nordrhein-Westfalen der Verbandsvorsteher dienstvorgesetzte Stelle (vgl. § 16 Abs. 2 Satz 2 GkG) und dienstvorgesetzte Stelle des Verbandsvorstehers die Verbandsversammlung (vgl. § 16 Abs. 2 Satz 3 GkG).

---

[16] Beschränkt auf einzelne Aufgaben.

3.3.3.3 Vorgesetzter

Vorgesetzter ist, wer dienstliche Anordnungen erteilen kann (§ 2 Abs. 5 Satz 1 LBG). Im Gegensatz zum Bereich der beamtenrechtlichen Entscheidungen über die persönlichen Angelegenheiten, für die die dienstvorgesetzte Stelle zuständig ist, kommt es auf dienstliche Anordnungen bezüglich des konkret funktionellen Amtes (vgl. 3.2.2.2) an. Nicht jeder ranghöhere Mitarbeiter (Beamter oder sonstiger mit Arbeitsvertrag Beschäftigter) einer Behörde oder sonstigen Dienststelle ist gleichzeitig Vorgesetzter. Dagegen ist die dienstvorgesetzte Stelle auch immer Vorgesetzter der Beamten.

Der Beamte wird von seinem Vorgesetzten in seiner Eigenschaft als Mitarbeiter in seinem Aufgabenbereich (Amt im funktionellen Sinne) und nicht als Amtswalter und Inhaber seines Amtes im statusrechtlichen Sinne angesprochen. Anordnungen des Vorgesetzten haben somit, von Ausnahmen abgesehen, keine Verwaltungsaktqualität i. S. des § 35 Satz 1 VwVfG NRW.

Wer Vorgesetzter ist, bestimmt sich im Einzelfall nach dem Aufbau der öffentlichen Verwaltung (§ 2 Abs. 5 Satz 2 LBG). Je nach Art der Verwaltung sind folgende Funktionen regelmäßig mit Vorgesetzteneigenschaften verbunden: Streifenführer, Arbeitsgruppenleiter, Dienstgruppenleiter, Abteilungsleiter, Amtsleiter, Referatsleiter, Dezernent und Direktor. Insofern hat der Beamte unmittelbare und mittelbare Vorgesetzte.

Der Beamte hat seine Vorgesetzten zu beraten und zu unterstützen (§ 35 Satz 1 BeamtStG). Er ist verpflichtet, die von ihnen erlassenen Anordnungen und ihre allgemeinen Richtlinien zu befolgen, sofern es sich nicht um Fälle handelt, in denen er nach besonderer gesetzlicher Vorschrift an Weisungen nicht gebunden und nur dem Gesetz unterworfen ist (§ 35 Satz 2 und 3 BeamtStG). Da der Beamte die volle persönliche Verantwortung für die Rechtmäßigkeit seiner dienstlichen Handlungen trägt, hat er Bedenken gegen die Rechtmäßigkeit dienstlicher Anordnungen unverzüglich seinem unmittelbaren Vorgesetzten, ggf. dem nächsthöheren Vorgesetzten gegenüber geltend zu machen. Einzelheiten des Remonstrationsrechts regelt § 36 Abs. 2 BeamtStG (vgl. 8.1.1.2.3).

3.3.3.4 Landespersonalausschuss

Das Beamten- und Laufbahnrecht mit seinen Regeln zur Vor- und Ausbildung sowie die Ausrichtung des Berufsweges des einzelnen Beamten ausschließlich nach Eignung, Befähigung und fachlicher Leistung ist in Ausnahmesituationen starr und unflexibel. Damit in Einzelfällen wünschenswerte Personalentscheidungen ggf. nicht blockiert werden, lassen verschiedene Vorschriften (vgl. § 97 Abs. 1 LBG bzw. § 14 Abs. 2 Satz 1 LVO, § 8 Abs. 6 LVOPol) **Ausnahmen vom Regelfall** zu. Die Entscheidung hierüber trifft nicht die für die Personalentscheidung grundsätzlich zuständige Stelle (i. d. R. die dienstvorgesetzte Stelle, gegebenenfalls die oberste Dienstbehörde), sondern der **Landespersonalausschuss**, der seine Tätigkeit innerhalb der gesetzlichen Schranken unabhängig und in eigener Verantwortung ausübt. Insbesondere dürfen seine Mitglieder wegen ihrer Tätigkeit weder dienstlich gemaßregelt noch benachteiligt werden (§ 96 Abs. 1 Satz 1 und 2 LBG).

Der Landespersonalausschuss besteht aus vierzehn ordentlichen und vierzehn stellvertretenden Mitgliedern, die von verschiedenen Ministerien, sowie auf Vorschlag des für Inneres zuständige Ministerium (Ministerium für Inneres und Kommunales) von der Landesregierung bestimmt werden. Der Vorschlag des Ministeriums für Inneres und Kommunales erfasst die Mitglieder, die von den kommunalen Spitzenverbänden und den Spitzenorganisationen der zuständigen Gewerkschaften im Lande benannt werden. Einzelheiten regelt § 95 LBG.

Wesentliche beamtenrechtliche Entscheidungen (in Einzelfällen oder allgemein) können so objektiv und ohne Einflussnahme des betroffenen Dienstherrn getroffen werden. Diese Kompetenzverlagerung auf eine unabhängige Stelle trägt zu einer sachlichen Entscheidungspraxis bei. Gleichzeitig ist damit für Ausnahmefälle eine weitgehend einheitliche Entscheidungspraxis im Lande Nordrhein-Westfalen gewährleistet.

3.3.3.5 Übung

Sachverhalt

Von den nachstehend genannten Behörden wurden zum 01.09. jeweils Beamte unter Berufung in das Beamtenverhältnis auf Widerruf zur Ableistung des Vorbereitungsdienstes für den gehobenen Dienst / Laufbahnabschnitt II eingestellt:
1. Staatskanzlei,
2. Ministeriums für Inneres und Kommunales,
3. Bezirksregierung Arnsberg (Geschäftsbereich des Ministeriums für Inneres und Kommunales),
4. Stadt Bochum,
5. Kreis Wesel (allgemeiner Verwaltungsdienst),
6. Kreispolizeibehörde Wesel (Polizeivollzugsdienst),
7. Landschaftsverband Westfalen-Lippe und
8. Kreispolizeibehörde Duisburg.

Fragestellung

Wer ist im Einzelfall der Dienstherr, die oberste Dienstbehörde bzw. die dienstvorgesetzte Stelle?

Lösungshinweise

Behörde	Dienstherr	Oberste Dienstbehörde	Dienstvorgesetzte Stelle
Staatskanzlei	Land NRW § 2 Nr. 1 BeamtStG	Ministerpräsident § 2 Abs. 1 Satz 1 Nr. 1 LBG	Ministerpräsident § 2 Abs. 2 Satz 1 Nr. 1 LBG

Behörde	Dienstherr	Oberste Dienstbehörde	Dienstvorgesetzte Stelle
Ministerium für Inneres und Kommunales	Land NRW § 2 Nr. 1 BeamtStG	Ministerium für Inneres und Kommunales § 2 Abs. 1 Satz 1 Nr. 1 LBG	Ministerium für Inneres und Kommunales § 2 Abs. 2 Satz 1 Nr. 1 LBG
Bezirksregierung Arnsberg	Land NRW § 2 Nr. 1 BeamtStG	Ministerium für Inneres und Kommunales § 2 Abs. 1 Satz 1 Nr. 1 LBG	Regierungspräsident § 1 Abs. 1 der Verordnung über beamten- und disziplinarrechtliche Zuständigkeiten im Geschäftsbereich des für Inneres zuständigen Ministeriums
Stadt Bochum	Stadt Bochum § 2 Nr. 1 BeamtStG	Rat § 2 Abs. 2 Satz 1 Nr. 2 LBG und § 40 Abs. 2 Satz 1 Alternative 1 GO	Bürgermeister § 73 Abs. 2 GO
Kreis Wesel	Kreis Wesel § 2 Nr. 1 BeamtStG	Kreistag § 2 Abs. 2 Satz 1 Nr. 2 LBG und Schluss aus den §§ 25 und 26 KrO	Landrat § 49 Abs. 1 KrO
Kreispolizeibehörde Wesel	Land NRW § 2 Nr. 1 BeamtStG	Ministerium für Inneres und Kommunales § 2 Abs. 2 Satz 1 Nr. 1 LBG	Landrat § 1 Abs. 1 der VO Verordnung über beamten- und disziplinarrechtliche Zuständigkeiten im Geschäftsbereich des für Inneres zuständigen Ministeriums
Landschaftsverband Westfalen-Lippe	Landschaftsverband Westfalen-Lippe § 2 Nr. 1 BeamtStG	Landschaftsausschuss[17]	Direktor des Landschaftsverbandes § 20 Abs. 4 Satz 1 LVerbO
Kreispolizeibehörde Duisburg	Land NRW § 2 Nr. 1 BeamtStG	Ministerium für Inneres und Kommunales § 2 Abs. 2 Satz 1 Nr. 1 LBG	Polizeipräsident § 1 Abs. 1 der Verordnung über beamten- und disziplinarrechtliche Zuständigkeiten im Geschäftsbereich des für Inneres zuständigen Ministeriums

---

[17] Weil die Landschaftsversammlung nicht zuständig ist, obliegt die Aufgabe dem Landschaftsausschuss.

4 Das Beamtenverhältnis

Das Beamtenverhältnis ist ein **öffentlich-rechtliches Dienst- und Treueverhältnis** zwischen dem Beamten und seinem Dienstherrn, das aufgrund des Funktionsvorbehalts des Art. 33 Abs. 4 GG für die Wahrnehmung hoheitlicher Aufgaben begründet wird (vgl. auch § 3 Abs. 1 BeamtStG).

4.1 Rechtsnatur des Beamtenverhältnisses

Das Beamtenverhältnis ist öffentlich-rechtlicher Natur und begründet Rechte und Pflichten, die sich vom Dienst-/Arbeitsverhältnis der Beschäftigten in der öffentlichen Verwaltung unterscheiden. So wird das Arbeitsverhältnis durch Arbeitsvertrag begründet (§ 611 BGB), das Beamtenverhältnis dagegen durch Ernennung mittels Verwaltungs-(Hoheits)akt i. S. des § 35 Satz 1 VwVfG. Streitigkeiten, die das Beamtenverhältnis betreffen, sind in aller Regel dem öffentlichen Recht zuzuordnen[1] und werden grundsätzlich vor Verwaltungsgerichten (§ 54 Abs. 1 BeamtStG) ausgetragen. Das Beamtenrecht ist kein Bestandteil des Arbeitsrechts, sondern des besonderen Verwaltungsrechts.

4.2 Art des Beamtenverhältnisses

Das Beamtenverhältnis ist von verschiedenen Merkmalen und Kriterien gekennzeichnet, die weitgehend gesetzlich geregelt sind bzw. aus den hergebrachten Grundsätzen des Berufsbeamtentums (vgl. Art. 33 Abs. 5 GG) abgeleitet werden. Es kann **wie folgt unterschieden** werden:

4.2.1 Unterscheidung nach dem Dienstherrn

Das Beamtenverhältnis kann nach dem Dienstherrn unterschieden werden, zu dem der Beamte in einem öffentlich-rechtlichen Dienst- und Treueverhältnis steht. Die Dienstherrnfähigkeit besitzen nach § 2 BeamtStG der Bund, die Länder, die Gemeinden und Gemeindeverbände sowie die sonstigen Körperschaften, Anstalten und Stiftungen des

---

[1] Zu den Ausnahmen vgl. Art. 34 Satz 2 GG, wonach der ordentliche Rechtsweg nicht ausgeschlossen werden darf.

öffentlichen Rechts, soweit ihnen die Dienstherrnfähigkeit kraft Besitzstandes oder kraft Verleihung zusteht (vgl. 3.3.1).

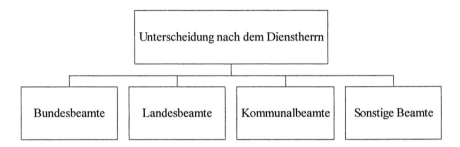

4.2.1.1 Bundesbeamte

Bundesbeamte sind Beamte, deren Dienstherr die Bundesrepublik Deutschland ist. Sie sind in Bundesministerien, sonstigen Bundesbehörden usw. tätig.

4.2.1.2 Landesbeamte

Dienstherr der Landesbeamten ist eines der 16 Bundesländer (Flächen- und Stadtstaaten) der Bundesrepublik Deutschland (z. B. das Bundesland Nordrhein-Westfalen). Beamte des Landes Nordrhein-Westfalen sind in Landesbehörden und Einrichtungen des Landes tätig (vgl. §§ 3 ff. LOG). Landesbehörden sind die obersten Landesbehörden, die Landesoberbehörden, die Landesmittelbehörden sowie die unteren Landesbehörden (vgl. § 2 LOG).

Einrichtungen des Landes sind insbesondere Institute, Archive, Untersuchungsanstalten, Schulen, Ausbildungsstätten, Forschungsanstalten und zentrale Forschungseinrichtungen, Kuranstalten sowie sonstige nichtrechtsfähige öffentliche Anstalten, die einen eigenen Bestand an Personal und sachlichen Mitteln haben, werden - vorbehaltlich der besonderen hierfür geltenden Vorschriften - von den obersten Landesbehörden im Rahmen ihres Geschäftsbereichs errichtet (§ 14 Abs. 1 Satz 1 LOG). Die einzelnen Einrichtungen müssen sich aus dem Haushaltsplan des Landes ergeben (vgl. § 14 Abs. 2 LOG).

Die Fachhochschulen für den öffentlichen Dienst (Fachhochschule für Finanzen in Nordkirchen, die Fachhochschule für Rechtspflege in Bad Münstereifel und die Fachhochschule für öffentliche Verwaltung in Gelsenkirchen) sind beispielsweise Einrichtungen des Landes Nordrhein-Westfalen (vgl. § 1 FHGöD[2]).

Die Organisationspläne der einzelnen Landesbehörden und Einrichtungen werden im Ministerialblatt Nordrhein-Westfalen veröffentlicht.

---

[2] Gesetz über die Fachhochschulen für den öffentlichen Dienst im Lande Nordrhein-Westfalen vom 29.05.1984 (GV. NRW. S. 303), zuletzt geändert durch Artikel 12 des Gesetzes vom 02.10.2014 (GV.NRW. S. 622).

4.2.1.3 Kommunalbeamte

Der Begriff „Kommunalbeamter" erfasst in Nordrhein-Westfalen die Beamten der 396 Städte und Gemeinden, der 31 Kreise sowie der Landschaftsverbände Westfalen-Lippe und Rheinland und der Zweckverbände (z. B. Kommunale Datenverarbeitungszentralen). Die nachfolgende Übersicht zeigt die Struktur der Kommunalverwaltung in Nordrhein-Westfalen:

4.2.1.4 Sonstige Beamte

Zu den sonstigen Beamten gehören Körperschaftsbeamte (ohne Gemeinde- und Gemeindeverbände) sowie die Beamten der Anstalten und Stiftungen des öffentlichen Rechts, die die Dienstherrnfähigkeit nach § 2 Nr. 2 BeamtStG besitzen.

4.2.2 Unterscheidung nach der Dauer und Intensität der Bindung

Die Einteilung der Beamten nach der Dauer und Intensität der Bindung zu ihrem Dienstherrn kann wie folgt vorgenommen werden:

- Beamtenverhältnis auf Lebenszeit (§ 4 Abs. 1 BeamtStG),
- Beamtenverhältnis auf Zeit (§ 4 Abs. 2 BeamtStG),
- Beamtenverhältnis auf Probe (§ 4 Abs. 3 BeamtStG) und
- Beamtenverhältnis auf Widerruf (§ 4 Abs. 4 BeamtStG).

Ausnahmsweise gibt es für die Wahrnehmung spezieller hoheitlicher Aufgaben noch das Ehrenbeamtenverhältnis (§ 5 BeamtStG).

4.2.2.1 Beamtenverhältnis auf Lebenszeit

In das **Beamtenverhältnis auf Lebenszeit** kann berufen werden, wer dauernd für Aufgaben i. S. des § 3 Abs. 2 BeamtStG, also zur Wahrnehmung hoheitsrechtlicher Aufgaben oder von Aufgaben zur Sicherung des Staates oder des öffentlichen Lebens, verwendet werden soll (vgl. § 4 Abs. 1 Satz 1 BeamtStG). Das Beamtenverhältnis auf Lebenszeit bildet nach § 4 Abs. 1 Satz 2 BeamtStG **die Regel**; das Lebenszeitprinzip gehört zu den hergebrachten Grundsätzen des Berufsbeamtentums (vgl. 2.1.1.2.3).

In das Regelbeamtenverhältnis darf nach § 7 Abs. 1 Nr. 1 BeamtStG[3] nur berufen werden, wer Deutscher i. S. des Art. 116 GG ist, die Staatsangehörigkeit eines anderen Mitgliedstaates der Europäischen Union (§ 7 Abs. 1 Nr. 1 Buchstabe a) BeamtStG), eines anderen Vertragsstaates des Abkommens über den Europäischen Wirtschaftsraum (§ 7 Abs. 1 Nr. 1 Buchstabe b) BeamtStG) oder eines Drittstaates, dem Deutschland und die Europäische Union vertraglich einen Anspruch auf Anerkennung von Berufsqualifikationen eingeräumt hat (§ 7 Abs. 1 Nr. 1 Buchstabe c) BeamtStG), besitzt. Wenn es die Aufgaben erfordern, darf nach § 7 Abs. 2 BeamtStG nur ein Deutscher in ein Beamtenverhältnis berufen werden (Art. 48 Abs. 4 EG-Vertrag). Ausnahmen von § 7 Abs. 1 Nr. 1 und Abs. 2 BeamtStG können nur zugelassen werden, wenn für die Gewinnung des Beamten ein dringendes dienstliches Bedürfnis besteht (§ 7 Abs. 3 Nr. 1 BeamtStG) oder bei der Berufung von Hochschullehrern und anderen Mitarbeitern des wissenschaftlichen und künstlerischen Personals in das Beamtenverhältnis andere wichtige Gründe vorliegen (§ 7 Abs. 3 Nr. 2 BeamtStG). Zuständig für die Erteilung der Ausnahmegenehmigung ist die oberste Dienstbehörde (§ 3 Abs. 2 Satz 1 LBG). Für die Beamten der Gemeinden und Gemeindeverbände und der sonstigen der Aufsicht des Landes unterstehenden Körperschaften, Anstalten und Stiftungen des öffentlichen Rechts liegt die Zuständigkeit bei der obersten Aufsichtsbehörde (vgl. § 3 Abs. 2 Satz 2 LBG).

Nach § 10 BeamtStG ist die Ernennung auf Lebenszeit nur zulässig, wenn der Beamte sich in einer laufbahnrechtlichen **Probezeit** von mindestens sechs Monaten und höchstens fünf Jahren **bewährt** hat. Von der Mindestprobezeit können durch Landesrecht Ausnahmen bestimmt werden. Mindestaltersvoraussetzungen sind nicht vorgesehen.

Bewährt der Beamte sich spätestens nach fünf Jahren in der laufbahnrechtlichen Probezeit hat er nach § 15 LBG einen **Anspruch auf Umwandlung** des Probebeamtenverhältnisses **in ein Beamtenverhältnis auf Lebenszeit**, wenn er die beamtenrechtlichen Voraussetzungen hierfür erfüllt; andernfalls ist der Beamte zu entlassen (vgl. § 5 Abs. 8 Satz 4 LVO). Etwas anderes ergibt sich auch nicht aus § 23 Abs. 3 Satz 1 Nr. 2 BeamtStG, wonach Beamte auf Probe entlassen werden **können**, wenn sie sich in der Probezeit nicht bewährt haben. § 15 LBG und § 10 Satz 1 BeamtStG bestimmen ausdrücklich, dass Beamter auf Lebenszeit nur werden darf, wer sich in einer Probezeit bewährt hat. § 23

---

[3] Vgl. ausführlich auch zu den entsprechenden Ausnahmen Hoffmann in Schütz/Maiwald, BeamtR, Teil B Rn. 1 ff. zu § 7.

Abs. 3 Satz 1 Nr. 2 BeamtStG räumt deshalb dem Dienstherrn bei mangelnder Bewährung eines Beamten in der Probezeit **kein Ermessen** ein, diesen gleichwohl zum Beamten auf Lebenszeit zu ernennen[4]. Soweit die mangelnde Bewährung mit Abschluss der laufbahnrechtlichen Probezeit festgestellt worden ist, ist zudem auch eine Verlängerung der Probezeit nicht möglich.

In **Ausnahmefällen** kommt nach der Verordnung über die Laufbahnen der Beamten im Lande Nordrhein-Westfalen die Übernahme in das nächstniedrigere Einstiegsamt oder in die Laufbahngruppe 1 derselben Fachrichtung in Betracht, wenn der Beamte der Rangherabsetzung zustimmt, er hierfür geeignet ist und ein dienstliches Interesse vorliegt (§ 5 Abs. 8 Satz 5 LVO). Eine vergleichbare Regelung sieht die Verordnung über die Laufbahn der Polizeivollzugsbeamten des Landes Nordrhein-Westfalen nicht vor.

Die Verleihung der Eigenschaft eines Beamten auf Lebenszeit erfolgt durch Ernennung i. S. des § 8 Abs. 1 Nr. 2 BeamtStG (insbesondere durch Umwandlung des Beamtenverhältnisses auf Probe in das Beamtenverhältnis auf Lebenszeit) mittels Aushändigung einer entsprechenden Ernennungsurkunde. Die Ernennungsurkunde muss den die Art des Beamtenverhältnisses bestimmenden Zusatz „auf Lebenszeit" enthalten (§ 8 Abs. 2 Nr. 1 und Nr. 2 BeamtStG).

Ausnahmsweise kann bei erneuter Berufung früherer Beamter, die im Beamtenverhältnis auf Lebenszeit ausgeschieden sind, das Beamtenverhältnis auf Lebenszeit direkt begründet werden (vgl. § 12 Abs. 2 Satz 1 LVO, 25 Abs. 2 LVOPol).

Das grundsätzlich auf lebenslange Dauer angelegte Beamtenverhältnis (zum Lebenszeitprinzip vgl. 2.1.1.2.3) verleiht dem Beamten die nötige Sicherheit und Unabhängigkeit, seine Aufgaben unparteiisch sowie gerecht erfüllen zu können und ohne Arbeitsplatzangst nur das Wohl der Allgemeinheit zu berücksichtigen (vgl. § 33 Abs. 1 Satz 2 BeamtStG). Die Beendigung des Beamtenverhältnisses auf Lebenszeit ist nur ausnahmsweise möglich. Es ist mit einem starken Bestandsschutz versehen und kann nur bei Vorliegen gesetzlich ausdrücklich geregelter Tatbestände beendet werden. Siehe hierzu die Ausführungen zu 10.

4.2.2.2 Beamtenverhältnis auf Zeit

Die Begründung des Beamtenverhältnisses auf Zeit kommt hauptberuflich (z. B. bei kommunalen Wahlbeamten) oder als Sonderbeamtenverhältnis während des Beamtenverhältnisses auf Lebenszeit zur Erprobung in einem Amt mit leitender Funktion in Betracht.[5]

---

[4] BVerwG, Urteil vom 31.05.1990, 2 C 35/88, juris Langtext Rn. 23 = DÖV 1990, 1022 = ZBR 1990, 348 = RiA 1991, 86.
[5] In Nordrhein-Westfalen können Ämter mit leitenden Funktionen nicht auf Zeit, sondern nach § 21 LBG ausschließlich auf Probe übertragen werden.

4.2.2.2.1 Beamtenverhältnis auf Zeit i. S. des § 4 Abs. 2 Buchstabe a) BeamtStG

In das Beamtenverhältnis auf Zeit kann berufen werden, wer für eine bestimmte Dauer Aufgaben i. S. des § 3 Abs. 2 BeamtStG, wahrnehmen soll (§ 4 Abs. 2 Buchstabe a) BeamtStG). Die Begründung dieses Beamtenverhältnisses kann nur in sachlich begründeten Ausnahmefällen in Betracht kommen, da das Beamtenverhältnis auf Lebenszeit nach § 4 Abs. 1 Satz 2 BeamtStG die Regel bildet. Die Fälle und die Voraussetzungen für die Berufung in das Beamtenverhältnis auf Zeit müssen durch Gesetz bestimmt werden (vgl. § 4 Satz 1 LBG).

Das Beamtenverhältnis auf Zeit wird grundsätzlich mit der Aushändigung der Ernennungsurkunde begründet (vgl. § 8 Abs. 1 Nr. 1 und Abs. 2 BeamtStG). In der Urkunde müssen bei der Begründung des Beamtenverhältnisses die Worte „unter Berufung in das Beamtenverhältnis" mit dem die Art des Beamtenverhältnisses bestimmenden Zusatz „auf Zeit" und die Angabe der Zeitdauer der Berufung enthalten sein (vgl. § 8 Abs. 2 Nr. 1 BeamtStG, Nr. 1.1.1 der VV zu den §§ 8, 9 BeamtStG/§ 15 LBG, § 8 Abs. 2 Nr. 1 BeamtStG).

Fehlen bei der Begründung des Beamtenverhältnisses in der Ernennungsurkunde die Worte „auf Zeit" mit der Angabe der Zeitdauer der Berufung, so ist die Ernennung wegen Formmangels nach § 11 Abs. 1 Nr. 1 BeamtStG nichtig, soweit dieser Mangel nicht nach § 11 Abs. 2 Nr. 1 BeamtStG rückwirkend geheilt wird.

Durch Umwandlung eines Beamtenverhältnisses auf Probe oder Lebenszeit kann das Beamtenverhältnis auf Zeit grundsätzlich nicht begründet werden, da der Beamte mit der Begründung des Beamtenverhältnisses auf Zeit aus seinem bisherigen Beamtenverhältnis zu demselben Dienstherrn entlassen ist (§ 21 Abs. 3 BeamtStG).

4.2.2.2.2 Landesbeamte im Beamtenverhältnis auf Zeit

Der Datenschutzbeauftragte wird nach § 21 Abs. 2 Satz 1 DSG für die Dauer von acht Jahren in das Beamtenverhältnis auf Zeit berufen.

Professoren werden grundsätzlich in ein Beamtenverhältnis auf Lebenszeit berufen (§ 122 Abs. 1 LBG). Sie können aber zur Deckung eines vorübergehenden Lehrbedarfs oder aus sonstigen Gründen, die eine Befristung nahe legen, in ein Beamtenverhältnis auf Zeit berufen werden (§ 122 Abs. 2 Satz 1 LBG). Die Dauer des Beamtenverhältnisses darf grundsätzlich fünf bzw. sechs Jahre nicht übersteigen, wobei eine Überschreitung bei Vorliegen bestimmter Voraussetzungen (z. B. Beurlaubung, Ermäßigung der Arbeitszeit) von zwei bis vier Jahren möglich ist. Eine erneute Berufung in ein Beamtenverhältnis auf Zeit ist nicht zulässig (§ 122 Abs. 2 Satz 4 LBG).

Politische Beamte wie der Regierungs- oder Polizeipräsident werden nicht in das Beamtenverhältnis auf Zeit berufen. Allerdings ist ihre Versetzung in den Ruhestand im Beamtenverhältnis auf Lebenszeit ohne Angabe von Gründen möglich (vgl. § 37 Abs. 1 LBG).

4.2.2.2.3 Beamte der Gemeinden, Gemeindeverbände usw. im Beamtenverhältnis auf Zeit

In Nordrhein-Westfalen sind der Bürgermeister (§ 118 Abs. 2 Satz 1 LBG, § 62 Abs. 1 Satz 1 GO) und der Landrat (§ 118 Abs. 10 i. V. m. Abs. 2 Satz 1 LBG, § 44 Abs. 5 KrO) kommunale Wahlbeamte im Beamtenverhältnis auf Zeit. Für beide sind die für Beamte allgemein geltenden Vorschriften des Landesbeamtengesetzes anzuwenden, soweit § 118 Abs. 2 bis 9 LBG nichts anderes bestimmt (§ 118 Abs. 1 und Abs. 10 LBG). Das Beamtenverhältnis eines Bürgermeisters oder eines Landrats wird nach § 118 Abs. 3 Satz 1, Abs. 10 LBG mit dem Tag der Annahme der Wahl begründet und bedarf keiner Ernennung, obwohl § 8 Abs. 1 BeamtStG als Bundesgesetz vom Erfordernis der Ernennung keine Ausnahmen vorsieht..

Der **Bürgermeister** der Gemeinde ist verantwortlich für die Leitung und Beaufsichtigung des Geschäftsganges der gesamten Verwaltung (vgl. § 62 Abs. 1 Satz 2 GO). Er leitet und verteilt nach § 62 Abs. 1 Satz 3 GO die Geschäfte und kann sich nach Satz 4 dieser Vorschrift bestimmte Aufgaben vorbehalten und die Bearbeitung einzelner Angelegenheiten selbst übernehmen. Darüber hinaus ist der Bürgermeister unbeschadet der dem Rat und Ausschüssen zustehenden Entscheidungsbefugnisse der gesetzliche Vertreter der Gemeinde in Rechts- und Verwaltungsgeschäften (vgl. § 63 Satz 1 GO) und in dieser Funktion für die Unterzeichnung von Erklärungen zuständig, durch welche die Gemeinde verpflichtet werden soll (vgl. § 64 GO). Er führt den Vorsitz im Rat (vgl. § 40 Abs. 2 Satz 3 GO), beraumt die Sitzungen an (vgl. § 48 Abs. 1 Satz 4 GO), setzt die Tagesordnung für die Sitzungen fest und sorgt für die öffentliche Bekanntmachung von Ort, Zeit und Tagesordnung der Sitzung (vgl. § 48 Abs. 1 Satz 1 GO). Die Vertretung und Repräsentation des Rates obliegt ebenfalls dem Bürgermeister, in kreisfreien Städten dem Oberbürgermeister (vgl. § 40 Abs. 2 Satz 2 GO).

Für welche Aufgaben der **Landrat** in Kreisen im Einzelnen zuständig ist, regeln insbesondere die §§ 42 und 43 KrO. Gleichzeitig ist der Landrat untere Landesbehörde (vgl. § 9 Abs. 2 LOG); in dieser Funktion nimmt er Aufgaben als untere staatliche Verwaltungsbehörde wahr (vgl. § 58 Abs. 1 KrO, § 9 Abs. 2 LOG). Er ist damit in Beamtenangelegenheiten Aufsichtsbehörde für die kreisangehörigen Gemeinden, soweit nicht durch spezielle Regelung die Bezirksregierung oder eine andere Stelle ausdrücklich für zuständig erklärt worden sind.

Der **Bürgermeister** wird von den Bürgern der Gemeinde, der **Landrat** von den Bürgern der kreisangehörigen Gemeinden, in allgemeiner, unmittelbarer, freier, gleicher und geheimer Wahl auf die Dauer von fünf Jahren nach den Grundsätzen der Mehrheitswahl zukünftig wieder zugleich mit dem Rat bzw. dem Kreistag gewählt (vgl. § 65 Abs. 1 Satz 1 GO, § 44 Abs. 1 Satz 1 KrO). Wählbar ist, wer die persönlichen Voraussetzungen des § 65 Abs. 5 Satz 1 GO bzw. des § 44 Abs. 5 Satz 1 KrO i. V. m. § 118 LBG erfüllt.

Auf die Direktwahl sowie die Abwahl der Bürgermeister und Landräte sind die Vorschriften des Kommunalwahlgesetzes entsprechend anzuwenden, soweit sich nicht aus den §§ 46c bis 46e Kommunalwahlgesetz oder aus der Gemeinde- oder Kreisordnung etwas anderes ergibt (vgl. § 46b Kommunalwahlgesetz).

Besondere laufbahnrechtliche oder sonst näher bestimmte fachliche Voraussetzungen verlangen die Gemeinde- oder Kreisordnung bzw. das Landesbeamtengesetz oder die Laufbahnverordnung nicht. Nach § 1 Abs. 2 Nr. 2 LVO findet die Verordnung keine Anwendung auf kommunale Wahlbeamte. Das Amt soll politisch geführt und verantwortet werden. Die fachlichen Fähigkeiten müssen von den Mitarbeiterinnen und Mitarbeitern verlangt und erbracht werden. In Nordrhein-Westfalen wird dies dadurch erreicht, dass zum einen die auf acht Jahre gewählten Beigeordneten und zum anderen die sonstigen Verwaltungs(Laufbahn)beamten, Beschäftigten mit Arbeitsvertrag über die entsprechend notwendigen Fachkompetenzen zur Sachverwaltung verfügen.

Das Beamtenverhältnis des Bürgermeisters in den Gemeinden wird mit dem Tage der Annahme der Wahl, frühestens mit Beginn der Wahlzeit des Rates, begründet und bedarf nach § 118 Abs. 3 Satz 1 LBG keiner Ernennung i. S. des § 8 Abs. 1 Nr. 1 BeamtStG. Entsprechendes gilt nach § 118 Abs. 10 LBG für den Landrat. Diese Vorschrift ist zumindest nicht ganz unbedenklich, da § 8 Abs. 1 BeamtStG keine Ausnahme von dem Erfordernis einer Ernennung zur Begründung eines Beamtenverhältnisses vorsieht. Der Bürgermeister wird vom Altersvorsitzenden in einer Sitzung des Rates vereidigt und in sein Amt eingeführt (§ 65 Abs. 6 GO).

Die **Eingruppierung** des Bürgermeisters richtet sich nach der Verordnung über die Eingruppierung der kommunalen Wahlbeamten auf Zeit und die Gewährung von Aufwandsentschädigungen durch die Gemeinden und Gemeindeverbände (Eingruppierungsverordnung - EingrVO-)[6], entsprechend der Zahl der Einwohner der Gemeinde (vgl. § 2 Abs. 1 EingrVO). Je nach Größe ist eine Besoldung zwischen B 2 LBesO und B 11 LBesO möglich. Das Amt des Landrats ist einzugruppieren in Kreisen mit einer Einwohnerzahl bis 200.000 in Besoldungsgruppe B 6 LBesO und über 200.000 in B 7 LBesO (vgl. § 3 EingrVO). Daneben wird eine Aufwandsentschädigung nach § 5 EingrVO gewährt.

Nach § 119 Abs. 2 Satz 2 LBG endet das Beamtenverhältnis des Bürgermeisters und des Landrates mit Ablauf der Wahlzeit. Sie sind entgegen der Regelung des § 4 Satz 3 LBG **nicht** verpflichtet, sich einer Wiederwahl zu stellen (§ 119 Abs. 2 Satz 2).

Der Bürgermeister kann von den Bürgern der Gemeinde, der Landrat von den Bürgern der kreisangehörigen Gemeinden **vor Ablauf seiner Amtszeit abgewählt** werden. Die Einzelheiten regeln die § 66 GO und § 45 KrO. Danach bedarf es zur Einleitung des Abwahlverfahrens eines von mindestens der Hälfte der gesetzlichen Zahl der Mitglieder des Rates gestellten Antrages und eines mit einer Mehrheit von zwei Dritteln der gesetzlichen Zahl der Mitglieder des Rates bzw. Kreistages zu fassenden Beschlusses. Zwischen dem Eingang des Antrags und dem Beschluss des Rates bzw. Kreistages muss eine Frist von mindestens zwei Wochen liegen. Über den Antrag auf Einleitung des Abwahlverfahrens ist ohne Aussprache namentlich abzustimmen.

---

[6] Verordnung über die Eingruppierung der kommunalen Wahlbeamten auf Zeit und die Gewährung von Aufwandsentschädigungen durch die Gemeinden und Gemeindeverbände sowie weitere Körperschaften des öffentlichen Rechts (Eingruppierungsverordnung – EingrVO) vom 09.02.1979 (GV.NRW. S. 97), zuletzt geändert durch VO vom 20.10.2015 (GV.NRW. S. 729).

Bürgermeister und Landrat sind abgewählt, wenn sich für die Abwahl eine Mehrheit der abgegebenen gültigen Stimmen der wahlberechtigten Bürger ergibt, sofern diese Mehrheit mindestens 25 v. H. der Wahlberechtigten beträgt. Für das weitere Verfahren gelten die Vorschriften des Kommunalwahlgesetzes entsprechend.

Der Bürgermeister bzw. der Landrat scheiden bei einer Abwahl mit dem Ablauf des Tages, an dem der Wahlausschuss die Abwahl feststellt, aus ihrem Amt aus. Die Aufsichtsbehörde kann für die Dauer des Abwahlverfahrens das Ruhen der Amtsgeschäfte des Bürgermeisters anordnen, wenn dieses der Rat bzw. der Kreistag mit einer Mehrheit von zwei Dritteln der gesetzlichen Mitglieder beantragt. Auf abberufene oder abgewählte Bürgermeister und Landräte finden die § 38 LBG (Beginn des einstweiligen Ruhestandes) und 30 Abs. 3 Satz 3 BeamtStG (Ende des einstweiligen Ruhestandes) entsprechende Anwendung (§ 118 Abs. 6 Satz 1 LBG). Nach § 118 Abs. 6 Satz 2 LBG gilt die Regelung des § 118 Abs. 4 LBG mit Ablauf der Amtszeit entsprechend.

Zuständig für den Erlass des erforderlichen Verwaltungsaktes ist die Aufsichtsbehörde (§ 118 Abs. 7 Satz 1 LBG). Widerspruch und Klage vor dem Verwaltungsgericht wären mit der Begründung zulässig, die Abwahl sei unwirksam erfolgt.

Für Bürgermeister und Landräte gilt keine Altersgrenze (§ 118 Abs. 4 Satz 1 LBG). Sie **treten** nach § 118 Abs. 4 Satz 3 LBG **mit Ablauf der Amtszeit in den Ruhestand**, wenn sie

- insgesamt eine mindestens achtjährige ruhegehaltfähige Dienstzeit abgeleistet und das 45 Lebensjahr vollendet haben (Nr. 1) oder
- eine ruhegehaltsfähige Dienstzeit i. S. des § 6 LBeamtVG von 18 Jahren erreicht haben (Nr. 2) oder
- als Beamter auf Zeit eine Gesamtdienstzeit von acht Jahren erreicht haben (Nr. 3).

Liegen diese Voraussetzungen nicht vor, sind sie entlassen (§ 118 Abs. 4 Satz 3 und Abs. 10 LBG).

Scheiden Bürgermeister oder Landrat durch Tod, Eintritt in den Ruhestand oder aus sonstigen Gründen aus dem Dienst aus, wird der Nachfolger von den Bürgern nach den Grundsätzen der Mehrheitswahl bis zum Ablauf der nächsten Wahlzeit des Rates gewählt (vgl. § 65 Abs. 2 GO).

Beigeordnete in Gemeinden und Vertreter des Landrats in Kreisen

Die Beigeordneten der Gemeinde, deren Zahl durch die Hauptsatzung festgelegt wird, werden vom Rat für die Dauer von acht Jahren gewählt und in ein Beamtenverhältnis auf Zeit berufen (§ 71 Abs. 1 GO und § 119 Abs. 2 Satz 1 LBG). In kreisfreien Städten muss mindestens ein Beigeordneter gewählt werden, der dann zum **Kämmerer** zu bestellen ist (§ 71 Abs. 4 GO).

Die Beigeordneten sind **hauptamtlich** tätig (§ 71 Abs. 2 Satz 1 GO) und werden nach der Begründung des Beamtenverhältnisses auf Zeit vom Bürgermeister vereidigt (§ 71 Abs. 6 GO). Im Übrigen finden für die kommunalen Wahlbeamten die für die Beamten allgemein geltenden Vorschriften des Landesbeamtengesetzes Anwendung, soweit nicht in § 119 Abs. 2 und Abs. 3 LBG etwas anderes bestimmt ist (§ 119 Abs. 1 LBG). Die Beigeordneten vertreten den Bürgermeister in ihrem Arbeitsgebiet (§ 68 Abs. 2 GO).

Welche **persönlichen Voraussetzungen** ein Beigeordneter erfüllen muss, regelt § 71 Abs. 3 GO. Danach haben sie die für das Amt erforderlichen **fachlichen Voraussetzungen und eine ausreichende Erfahrung** nachzuweisen (vgl. § 71 Abs. 3 Satz 1 GO). In kreisfreien Städten und Großen kreisangehörigen Städten muss mindestens einer der Beigeordneten die Befähigung zum Richteramt oder zum höheren Verwaltungsdienst (seit dem 01.07.2016 entspricht dies der Laufbahngruppe 2, zweites Einstiegsamt) und in den übrigen Gemeinden die Befähigung für die Laufbahn des gehobenen allgemeinen Verwaltungsdienstes (seit dem 01.07.2016 entspricht dies der Laufbahngruppe 2, erstes Einstiegsamt) besitzen (§ 71 Abs. 3 Satz 2 GO). In den übrigen Gemeinden muss mindestens einer der Beigeordneten die Befähigung für die Laufbahn des gehobenen allgemeinen Verwaltungsdienstes (seit dem 01.07.2016 entspricht dies der Laufbahngruppe 2, erstes Einstiegsamt) besitzen (§ 71 Abs. 3 Satz 3 GO). Diese Voraussetzung liegt auch dann vor, wenn der Betroffene die Befähigung zum Richteramt oder zum Verwaltungsdient Laufbahngruppe 2, zweites Einstiegsamt erworben hat. Bei der ersten Berufung muss gewährleistet sein, dass der Beigeordnete unter Berücksichtigung der Regelaltersgrenze die Voraussetzung zur Ableistung der achtjährigen Dienstzeit erfüllen kann (§ 119 Abs. 2 Satz 3 LBG). Bürgermeister und Beigeordnete dürfen untereinander nicht Angehörige sein, da dieses einen Amtsausschluss zur Folge hat (vgl. § 72 GO).

Die Ernennungsurkunde darf erst ausgehändigt werden, wenn die Wahl nicht innerhalb eines Monats nach ihrer Durchführung aufgrund der dafür geltenden Vorschriften durch die zuständige Aufsichtsbehörde beanstandet worden ist oder wenn eine gesetzlich vorgeschriebene Bestätigung der Wahl vorliegt (§ 16 Abs. 2 Satz 2 LBG).

Nach Annahme der Wahl hat der gewählte Kandidat ein Anwartschaftsrecht auf seine Ernennung (Rechtsanspruch auf Ernennung). Diese Anwartschaft wird - nach Ablauf der Frist des § 16 Abs. 2 Satz 2 LBG oder Erteilung des **Negativattestes** - durch die Aushändigung der Ernennungsurkunde erfüllt. Die Besoldung des hauptamtlichen Beigeordneten richtet sich nach § 2 Abs. 2 EingrVO.

Wird in der erforderlichen Stellenausschreibung (vgl. § 71 Abs. 2 Satz 3 GO) der Geschäftskreis (vgl. § 73 Abs. 1 GO) abschließend und uneingeschränkt umschrieben, hat der gewählte Beigeordnete einen Anspruch auf unveränderte Beibehaltung seines Geschäftsbereichs und ist ggf. Amtsbeamter. In Ausschreibungstexten werden daher regelmäßig Vorbehalte bezüglich der Änderung des Aufgabenbereichs aufgenommen um eine flexiblere Zuordnung während der Wahlzeit zu ermöglichen (ggf. Ämterbeamter).

Die **Wahl oder die Wiederwahl** von Beigeordneten darf frühestens sechs Monate vor dem Freiwerden der Stelle nach einer durchgeführten Stellenausschreibung erfolgen, wobei bei einer Wiederwahl von der Ausschreibung abgesehen werden kann (§ 71 Abs. 2 Satz 2 GO). Über die Wahl bzw. Wiederwahl entscheidet der Rat durch Beschluss mit

Stimmenmehrheit (§ 71 Abs. 1 Satz 3 GO i. V. m. § 50 Abs. 1 GO). Nach § 119 Abs. 2 Satz 4 LBG und § 71 Abs. 5 Satz 1 GO sind sie verpflichtet, eine erste und zweite Wiederwahl anzunehmen und ihr Amt weiterzuführen, wenn sie mindestens drei Monate vor Ablauf der Amtszeit wieder gewählt werden. Die Ablehnung ist nur bei Vorliegen eines wichtigen Grundes möglich. Ob ein wichtiger Grund vorliegt, entscheidet der Rat (§ 71 Abs. 5 Satz 3 GO). Ein wichtiger Grund liegt nach § 71 Abs. 5 Satz 4 GO vor, wenn die Anstellungsbedingungen gegenüber denen der davor liegenden Amtszeit verschlechtert werden. Lehnt ein Beigeordneter die Weiterführung des Amtes ohne wichtigen Grund ab, so ist er mit dem Ablauf der Amtszeit zu entlassen (§ 71 Abs. 5 Satz 2 GO). Nach dieser Regelung der Gemeindeordnung ist in einem solchen Fall ein förmliches Entlassungsverfahren mit anschließender Aushändigung einer Entlassungsurkunde mit deklaratorischer Bedeutung erforderlich.

Die Berufung der kommunalen Wahlbeamten in das Beamtenverhältnis ist nichtig, wenn die ihr zugrunde liegende Wahl durch den Rat unwirksam ist (§ 119 Abs. 2 Satz 5 LBG).

Der Rat kann **Beigeordnete** abberufen (§ 71 Abs. 7 Satz 1 GO). Der Antrag ist an erschwerte Bedingungen geknüpft, da er nach § 71 Abs. 7 Satz 2 GO nur von der Mehrheit der gesetzlichen Zahl der Mitglieder gestellt werden kann. Zwischen dem Eingang des Antrags, über den ohne Aussprache abzustimmen ist, und der Sitzung des Rates muss eine Frist von mindestens sechs Wochen liegen (vgl. § 71 Abs. 7 Sätze 3 und 4 GO). Der Beschluss über die Abberufung bedarf der Mehrheit von zwei Dritteln der gesetzlichen Zahl der Mitglieder (§ 71 Abs. 7 Satz 5 GO). Die Entscheidung des Rates ist dem abgewählten Beigeordneten bekannt zu geben. Da es sich um einen Verwaltungsakt i.S. des § 35 Satz 1 VwVfG handelt (betroffen ist das Grundverhältnis), stehen die Möglichkeiten des Rechtsschutzes nach § 54 BeamtStG i. V. m. § 103 LBG und der Verwaltungsgerichtsordnung zur Verfügung.

Bei Abberufung ist ein Nachfolger innerhalb einer Frist von sechs Monaten zu wählen (vgl. § 71 Abs. 7 Satz 6 GO).

Der Kreistag bestellt widerruflich aus den leitenden hauptamtlichen Beamten des Kreises einen **allgemeinen Vertreter des Landrats** (§ 47 Abs. 1 Satz 1 KrO). Die Hauptsatzung kann bestimmen, dass der Vertreter des Landrats durch den Kreistag für die Dauer von acht Jahren gewählt wird (§ 47 Abs. 1 Satz 2 KrO). Der gewählte allgemeine Vertreter des Landrats führt die Amtsbezeichnung Kreisdirektor und muss, ähnlich wie die Beigeordneten in den kreisfreien und Großen kreisangehörigen Städten, über die Befähigung zum Richteramt oder zum höheren Verwaltungsdienst sowie über eine mehrjährige praktische Erfahrung in einer dem Amt angemessenen hauptamtlichen Verwaltungstätigkeit verfügen (vgl. § 47 Abs. 1 Satz 3 KrO). Wegen der Aufgabenwahrnehmung als untere staatliche Aufsichtsbehörde nach § 59 KrO bedarf die Bestellung oder die Wahl der Bestätigung durch die Bezirksregierung (vgl. § 47 Abs. 1 Satz 4 KrO).

Bezüglich der Stellenausschreibung und die Wiederwahl gelten die Bestimmungen des § 71 GO entsprechend (vgl. § 47 Abs. 2 KrO).

Die Abberufung des gewählten Kreisdirektors vollzieht sich wie die Abberufung eines Beigeordneten. Der Kreistag kann den nach § 47 Abs. 1 Satz 2 KrO gewählten Kreisdirektor abberufen (§ 47 Abs. 3 Satz 1 KrO). Der Antrag kann nur von der Mehrheit der gesetzlichen Zahl der Mitglieder gestellt werden (§ 47 Abs. 3 Satz 2 KrO). Zwischen dem Eingang des Antrages, über den ohne Aussprache abzustimmen ist, und der Sitzung des Kreistages muss eine Frist von mindestens sechs Wochen liegen (vgl. § 47 Abs. 3 Sätze 3 und 4 KrO). Der Beschluss bedarf der Mehrheit von zwei Dritteln der gesetzlichen Zahl der Mitglieder (§ 47 Abs. 3 Satz 5 KrO).

Wahlbeamte der Landschaftsverbände

Sonstige kommunale Wahlbeamte, die in das Beamtenverhältnis auf Zeit berufen werden, sind die Direktoren und die Landesräte der Landschaftsverbände Westfalen-Lippe und Rheinland (§ 20 Abs. 2 Satz 1 LVerbO). Sie werden jeweils für die Dauer von acht Jahren gewählt. Für sie gelten die Regelungen des § 119 LBG.

4.2.2.3 Beamtenverhältnis auf Probe

In das Beamtenverhältnis auf Probe[7] kann nach § 4 Abs. 3 BeamtStG berufen werden,

- wer zur späteren Verwendung als Beamter auf Lebenszeit (Buchstabe a)) oder
- zur Übertragung eines Amtes mit leitender Funktion i. S. des § 22 LBG (Buchstabe b))

eine **Probezeit** zurückzulegen hat.

Das Rechtsverhältnis des Beamten auf Probe ist geschaffen worden, um dem Dienstherrn die Möglichkeit zu geben, Eignung, Befähigung und fachliche Leistung (§ 9 BeamtStG) zu erproben. Ggf. kann sich der Dienstherr von einem Beamten trennen, der den Ansprüchen und Erwartungen (Differenz zwischen Anforderungs- und Leistungsprofil) nicht gerecht wird. Es soll eine abschließende Beurteilung des Beamten vor der endgültigen Bindung des Dienstherrn durch die Berufung in das Beamtenverhältnis auf Lebenszeit oder der Übertragung eines Spitzenamtes auf Dauer ermöglicht werden, weil Fehleinschätzungen bei Übernahme in das Beamtenverhältnis auf Lebenszeit grundsätzlich nicht mehr korrigierbar sind und deshalb durch die Übernahme nicht geeigneter Bewerber zulasten der Allgemeinheit erheblicher Schaden entstehen kann.[8]

4.2.2.3.1 Beamtenverhältnis auf Probe vor der Berufung in das Beamtenverhältnis auf Lebenszeit

In das Beamtenverhältnis auf Probe kann berufen werden, wer zur späteren Verwendung als Beamter auf Lebenszeit eine Probezeit zurückzulegen hat (§ 4 Abs. 3 Buchstabe a) BeamtStG). Das Beamtenverhältnis auf Probe geht dem Beamtenverhältnis auf Lebenszeit

---

[7] Vgl. hierzu ausführlich Hoffmann in Schütz/Maiwald, BeamtR, Teil B Rn. 29 ff. zu § 4.
[8] Vgl. Günther, Probezeit – Probebeamtenzeit, m. w. N., DÖD 1985, 148.

voraus. Der Laufbahnbewerber muss sich nach Ableistung des vorgeschriebenen oder üblichen Vorbereitungsdienstes oder nach den Bestimmungen der Laufbahnverordnung des an die Stelle des Vorbereitungsdienstes tretenden Ausbildungsganges und nach Ablegung der vorgeschriebenen oder üblichen Prüfungen in einer Probezeit bewährt haben (vgl. § 5 Abs. 1 Satz 1 LVO, § 5 Abs. 1 LVOPol).

Dieses gilt auch für **andere Bewerber** i. S. des § 12 LBG, die die erforderliche Befähigung durch Lebens- oder Berufserfahrung innerhalb oder außerhalb des öffentlichen Dienstes erworben haben. Andere Bewerber kennt die Verordnung über die Laufbahn der Polizeivollzugsbeamten des Landes Nordrhein-Westfalen nicht.

In das Beamtenverhältnis auf Probe werden darüber hinaus auch **Bewerber besonderer Fachrichtung** (vgl. § 5 Abs. 3 LBG) bei der Einstellung (erstmalige Begründung des Beamtenverhältnisses i. S. des § 8 Abs. 1 Nr. 1 BeamtStG berufen, da nach § 8 Abs. 1 Satz 1 LBG ein Vorbereitungsdienst nicht gefordert wird (ebenso nach § 12 Abs. 1 LBG für andere Bewerber). Die Laufbahnen besonderer Fachrichtung der Laufbahngruppe 1, zweites Einstiegsamt, ergeben sich aus der Anlage 1 zur Laufbahnverordnung (§ 16 Abs. 1 LVO). Die Laufbahnen besonderer Fachrichtung der Laufbahngruppe 2 ergeben sich mit Ausnahme der in Abschnitt 3 und in den §§ 48 und 49 LVO genannten Laufbahnen aus der Anlage 2 der Laufbahnverordnung (§ 16 Abs. 2 Satz 1 LVO). Die Zuordnung zu einer Laufbahn der Laufbahngruppe 1 erfolgt mit dem fachlichen Schwerpunkt der Ausbildung (Anlage 1). Für die Zuordnung zu den Laufbahnen der Laufbahngruppe 2 ist der Schwerpunkt der Studienbereichsfächergruppe[9] maßgebend. Die den Laufbahnen zugeordneten Studienbereichsfächergruppen weisen eine Vielzahl von hochschulrechtlichen Abschlüssen auf, sodass der Personaleinsatz flexibler gestaltet werden kann.

Beamte besonderer Fachrichtung kennt die Verordnung über die Laufbahn der Polizeivollzugsbeamten des Landes Nordrhein-Westfalen nicht.

Soweit Laufbahnbewerber die Befähigung für die angestrebte Laufbahn durch Ableistung des Vorbereitungsdienstes und dem Bestehen der Laufbahnprüfung im Beamtenverhältnis auf Widerruf erwerben (vgl. § 7 Abs. 1 Satz 1 LBG), kann es sich bei dem sich anschließenden Beamtenverhältnis auf Probe um die Fortsetzung nach einer Umwandlung oder um die zweite Berufung (Einstellung / Begründung) des Beamtenverhältnisses handeln. Die Umwandlung des Beamtenverhältnisses auf Widerruf in das Beamtenverhältnis auf Probe kommt nicht in Betracht, wenn das Beamtenverhältnis nach § 22 Abs. 4 BeamtStG sein Ende gefunden hat. In diesem Fall muss das Beamtenverhältnis auf Probe durch erneute Berufung i. S. des § 8 Abs. 1 Nr. 1 BeamtStG begründet werden. Dies ist etwa dann der Fall, wenn die Ernennungsurkunde erst nach Ablauf des Tages an dem die Prüfung erfolgreich bestanden worden ist, ausgehändigt wird, da das Beamtenverhältnis auf Widerruf mit dem Bestehen der Laufbahnprüfung mit Ablauf des Tages sein Ende findet.

---

[9] Die Fächersystematik an den Hochschulen wird in regelmäßigen Abständen durch das statistische Bundesamt zusammengestellt.

Anders im Polizeivollzugsdienst, wo nach Beendigung des Vorbereitungsdienstes und Bestehen der II. Fachprüfung den Kommissaranwärtern die Eigenschaft eines Beamten auf Probe verliehen wird (§ 12 Abs. 2 LVOPol).

Das Beamtenverhältnis auf Probe wird mit der Aushändigung der entsprechenden Ernennungsurkunde begründet (vgl. § 8 Abs. 1 und 2 BeamtStG). In der Urkunde müssen bei der Begründung des Beamtenverhältnisses die Worte „unter Berufung in das Beamtenverhältnis" mit dem die Art des Beamtenverhältnisses bestimmenden Zusatz „auf Probe" enthalten sein (§ 8 Abs. 2 Nr. 1 BeamtStG), bei Umwandlung des Beamtenverhältnisses auf Widerruf in das Beamtenverhältnis auf Probe der Zusatz „auf Probe" (§ 8 Abs. 2 Nr. 2 BeamtStG). Die Ernennung ist nichtig, wenn sie nicht der in § 8 Abs. 2 BeamtStG vorgeschriebenen Form entspricht (§ 11 Abs. 1 Nr. 1 BeamtStG) und der Formmangel nicht nach § 11 Abs. 2 Nr. 1 BeamtStG rückwirkend geheilt wird.

Das Beamtenverhältnis auf Probe ist spätestens nach drei Jahren in ein solches auf Lebenszeit umzuwandeln, wenn der Beamte die beamtenrechtlichen Voraussetzungen hierfür erfüllt (§ 15 LBG).

Im Beamtenverhältnis auf Probe leistet der Beamte die **laufbahnrechtliche Probezeit** ab (§ 5 LVO, § 5 LVOPol). Während dieser Zeit soll der Beamte in dem ihm übertragenen Amte im konkret funktionellen Sinne (Sachgebiet / Dienstposten) nachweisen, dass er zur Erledigung der Aufgaben der Laufbahn bzw. des Laufbahnabschnitts in der Lage ist und welcher spätere Einsatz in Betracht kommt. Eignung, Befähigung und fachliche Leistung sind vor Ablauf der Probezeit dienstlich zu beurteilen (§ 5 Abs. 1 Satz 5 LVO, § 5 Abs. 2 Satz 3 LVOPol). Bei Probezeiten von mehr als zwölf Monaten bedarf es einer dienstlichen Beurteilung spätestens nach zwölf Monaten und zudem vor Ablauf der laufbahnrechtlichen Probezeit (§ 13 Abs. 1 Satz 1 LBG, § 5 Abs. 1 Satz 5 LVO). Für die Feststellung der Bewährung gilt nach § 13 Abs. 1 Satz 1 LBG, § 5 Abs. 1 Satz 3 LVO ein strenger Maßstab, da der Beamte auf Lebenszeit zu verbeamten ist, wenn er sich im Rahmen der Probezeit bewährt hat. Da der Beamte die Laufbahnbefähigung für die gesamte Laufbahn erworben hat, er damit innerhalb der Laufbahn grundsätzlich universell einsetzbar ist, muss der Beamte während der Probezeit auf mehr als einen Dienstposten eingesetzt werden, soweit dies dienstlich vertretbar ist (§ 5 Abs. 1 Satz 4 LVO). Der Dienstherr kann sich insoweit nicht darauf berufen, ein anderer Einsatz des Beamten komme aufgrund möglicher Einarbeitungszeiten nicht in Betracht. Vielmehr muss er diese während der Erprobungsphase des Beamten hinnehmen.

Der Dienstherr hat bei mangelnder Bewährung des Beamten (Eignung, Befähigung und fachliche Leistung i. S. des § 9 BeamtStG) letztmalig die Möglichkeit, sich von diesem zu trennen. Bei Nichtbewährung muss der Beamte aus dem Beamtenverhältnis auf Probe zu entlassen (§ 5 Abs. 8 Satz 4 LVO, § 5 Abs. 7 Satz 2 LVOPol sowie § 23 Abs. 3 Satz 1 Nr. 2 BeamtStG) oder mit seiner Zustimmung in die nächstniedrigere Laufbahn derselben Fachrichtung übernommen werden, wenn er hierfür geeignet ist und ein dienstliches Interesse vorliegt (vgl. § 5 Abs. 8 Satz 4 Halbsatz 2 LVO), was im Polizeivollzugsdienst nicht vorgesehen ist. Die Rechtsstellung des Beamten auf Probe ist schwächer als die des Beamten im Beamtenverhältnis auf Lebenszeit, aber stärker als die des Beamten im Beamtenverhältnis auf Widerruf (vgl. § 23 Abs. 4 BeamtStG).

Art und Dauer der Probezeit richten sich nach den Erfordernissen in den einzelnen Laufbahnen. Die Dauer der Probezeit soll fünf Jahre nicht übersteigen, bei anderen Bewerbern muss sie mindestens drei Jahre betragen; ausnahmsweise kann die Probezeit durch Entscheidung des Landespersonalausschusses gekürzt werden (vgl. § 13 Abs. 2 LBG). Dienstzeiten im öffentlichen Dienst oder als Lehrkraft an Ersatzschulen und Zeiten einer hauptberuflichen Tätigkeit, die öffentlichen Belangen des Bundes oder eines Landes dienen, können nach § 13 Abs. 3 Satz 1 LBG **auf die Probezeit angerechnet** werden, soweit die Tätigkeit nach ihrer Art und Bedeutung mindestens einem Amt der betreffenden Laufbahn entsprochen hat (§ 14 Abs. 3 Satz 2 LBG). Ein **vollständiger Verzicht** auf die Probezeit durch Kürzung oder / und Anrechnung ist **nicht zulässig**, da § 5 Abs. 2 LVO i. V. m. § 10 Satz 2 BeamtStG für die Laufbahngruppe 1 eine Mindestprobezeit von sechs Monaten und für die Laufbahngruppe 2 eine Mindestprobezeit von einem Jahr vorsieht.

Die **Laufbahnverordnung Polizei** sieht in § 5 Abs. 4 eine einheitliche einjährige Mindestprobezeit vor.

Während der Probezeit darf ein Beamter grundsätzlich **nicht befördert** werden (§ 19 Abs. 2 Satz 1 Nr. 1 LBG). Die Laufbahnverordnungen sehen bei der Beförderung (vgl. § 6 Abs. 1 Satz 1 LVO, § 8 Abs. 5 Satz 1 i. V. m. § 6 LVOPol) Ausnahmen zum Ausgleich beruflicher Verzögerungen vor, die durch die Geburt oder tatsächliche Betreuung oder Pflege eines Kindes unter achtzehn Jahren oder infolge der tatsächlichen Pflege eines nach ärztlichem Gutachten pflegebedürftigen sonstigen nahen Angehörigen eingetreten sind.

Wird ein Beamter zum Grundwehrdienst einberufen, was bei Polizeivollzugsbeamten nicht vorgesehen ist, so ist er für die Dauer des Grundwehrdienstes ohne Bezüge beurlaubt (§ 9 Abs. 1 Arbeitsplatzschutzgesetz). Die Probezeit wird um die Zeit des Grundwehrdienstes verlängert (vgl. § 9 Abs. 7 Satz 1 Arbeitsplatzschutzgesetz). Eine Beförderung darf nicht über den Zeitpunkt hinausgeschoben werden, zu dem der Beamte ohne Ableisten des Wehrdienstes zur Anstellung herangestanden hätte (vgl. § 9 Abs. 8 Satz 4 Arbeitsplatzschutzgesetz). Gleiches gilt bei Ableistung des Zivildienstes bzw. des Bundesfreiwilligendienstes nach dem Zivildienstgesetz. Die allgemeine Wehrpflicht wurde durch das Gesetz zur Änderung wehrrechtlicher Vorschriften vom 28.4.2011[10] ausgesetzt.

Die Zeit im Beamtenverhältnis auf Probe ist in der Regel mit der Länge der laufbahnrechtlichen Probezeit identisch.

4.2.2.3.2 Beamtenverhältnis auf Probe bei Übertragung eines Amtes mit leitender Funktion

Ein Amt mit leitender Funktion wird zunächst im Beamtenverhältnis auf Probe übertragen (§ 21 Abs. 1 Satz 1 LBG). Welche Ämter die Voraussetzungen einer leitenden Funktion erfüllen, regelt § 21 Abs. 7 LBG. Von der Probezeit vor der dauerhaften Über-

---

[10] BGBl. I S. 678.

tragung eines Amtes in leitender Funktion sind Ämter der Mitglieder des Landesrechnungshofes, Ämter, die aufgrund anderer gesetzlicher Vorschriften im Beamtenverhältnis auf Zeit übertragen werden und Ämter der in § 37 Abs. 1 LBG genannten politischen Beamten ausgenommen (vgl. § 21 Abs. 8 LBG).

Die **regelmäßige Probezeit** beträgt für diesen Fall **zwei Jahre**, wobei eine Verkürzung zugelassen werden kann; die Mindestprobezeit beträgt ein Jahr (vgl. § 21 Abs. 1 Satz 2 und 3 LBG). Zeiten, in denen der Beamte eine leitende Funktion nach § 21 Abs. 1 Satz 1 LBG bereits wahrgenommen hat, können auf die Probezeit angerechnet werden (vgl. § 21 Abs. 1 Satz 4 LBG). Eine Verlängerung der Probezeit ist nicht zulässig (vgl. § 21 Abs. 1 Satz 6 LBG).

In ein Amt mit leitender Funktion dürfen nach § 21 Abs. 2 Satz 1 LBG nur Beamte berufen werden,

- die sich in einem Beamtenverhältnis oder in einem Richterverhältnis auf Lebenszeit befinden (Nr. 1)
- und in das Amt mit leitender Funktion auch als Beamte auf Lebenszeit berufen werden könnten (Nr. 2).

Das bedeutet, dass die sonstigen beamten- und laufbahnrechtlichen Voraussetzungen für die Berufung in das Beamtenverhältnis auf Probe vorliegen müssen. Vom Tage der Berufung an **ruhen** für die Dauer des Beamtenverhältnisses auf Probe die Rechte und Pflichten aus dem Amt, das dem Beamten zuletzt im Beamtenverhältnis auf Lebenszeit übertragen war, mit Ausnahme der Pflicht zur Amtsverschwiegenheit (§ 37 BeamtStG) und des Verbots der Annahme von Belohnungen und Geschenken (§ 42 BeamtStG); das Beamtenverhältnis auf Lebenszeit besteht jedoch fort (vgl. § 21 Abs. 3 Satz 1 LBG).

Nach erfolgreicher Probezeit **ist** dem Beamten das Amt mit leitender Funktion auf Dauer im Beamtenverhältnis auf Lebenszeit zu übertragen (vgl. § 21 Abs. 5 Satz 1 LBG).

Dienstvergehen des Beamten, die mit Bezug auf das Beamtenverhältnis auf Lebenszeit oder das Beamtenverhältnis auf Probe begangen worden sind, werden verfolgt, als stünde der Beamte im Beamtenverhältnis auf Lebenszeit (vgl. § 21 Abs. 3 Satz 2 LBG). Während der Übertragung des Amtes in leitender Funktion auf Probe trägt der Beamte nach § 21 Abs. 9 Satz 1 LBG die Amtsbezeichnung des Amtes (zur Amtsbezeichnung vgl. § 77 LBG). Kommt es nicht zur dauerhaften Übertragung, darf er die Amtsbezeichnung nach dem Ausscheiden aus dem Beamtenverhältnis auf Probe nicht weiterführen (vgl. § 21 Abs. 9 Satz 2 LBG).

Mit der gesetzlichen Regelung ist die dauerhafte Übertragung einer herausgehobenen Funktion nicht nur von der Leistungsprognose im Zeitpunkt der Übertragung des Amtes abhängig, sondern von der über einen längeren Zeitraum tatsächlich erbrachten Leistung in der neuen Verantwortung.

4.2.2.4 Beamtenverhältnis auf Widerruf

In das Beamtenverhältnis auf Widerruf kann nach § 4 Abs. 4 BeamtStG berufen werden, wer

- den vorgeschriebenen oder üblichen Vorbereitungsdienst abzuleisten hat (Buchstabe a)) oder
- nur nebenbei oder vorübergehend für Aufgaben hoheitsrechtlicher Art i. S. des § 3 Abs. 2 BeamtStG verwendet werden soll (Buchstabe b)).

Überwiegend werden in dieses Beamtenverhältnis Bewerber berufen, die die Befähigung durch Ableistung des **Vorbereitungsdienstes** und Bestehen der Laufbahnprüfung erwerben (vgl. § 4 Abs. 1 Nr. 1 LVO). Die Bewerber werden als Beamte auf Widerruf in den Vorbereitungsdienst der Laufbahn, in der sie verwendet werden sollen, eingestellt (vgl. § 4 Abs. 1 Nr. 1 LVO, § 11 Abs. 3 LVOPol). Die Beamten führen während des Vorbereitungsdienstes die Dienstbezeichnung „Anwärter", in einem Vorbereitungsdienst für das zweite Einstiegsamt der Laufbahngruppe 2 die Dienstbezeichnung „Referendar" mit einem die Fachrichtung oder die Laufbahn bezeichnenden Zusatz (§ 15 Abs. 4 Satz 1 LVO), wie beispielsweise Regierungsinspektoranwärterin oder Polizeikommissaranwärter. Insofern ist dieses Beamtenverhältnis ein Ausbildungsverhältnis in der Laufbahn bzw. im Laufbahnabschnitt, in der der Beamte verwendet werden soll.

Von Laufbahnbewerbern mit Vorbereitungsdienst und Laufbahnprüfung sind Laufbahnbewerber als Beamte besonderer Fachrichtung i. S. der § 8 LBG und andere Bewerber nach den § 12 LBG zu unterscheiden, die unmittelbar in das Beamtenverhältnis auf Probe berufen werden. Beamte besonderer Fachrichtung und andere Bewerber kennt die Laufbahnverordnung der Polizei nicht. Andere Bewerber erwerben die Befähigung für die Laufbahn durch Lebens- und Berufserfahrung. Beamte besonderer Fachrichtung sind wegen der Vergleichbarkeit der Ausbildung und Berufspraxis mit dem Vorbereitungsdienst und der Laufbahnprüfung für die Laufbahn befähigt.

Das Beamtenverhältnis auf Widerruf wird mit der Aushändigung einer formgerechten Ernennungsurkunde begründet (§ 8 Abs. 1 Nr. 1 und Abs. 2 Satz 1 BeamtStG). In der Urkunde müssen die Worte „unter Berufung in das Beamtenverhältnis" mit dem die Art des Beamtenverhältnisses bestimmenden Zusatz „auf Widerruf" enthalten sein (§ 8 Abs. 2 Nr. 1 BeamtStG). Fehlen bei der Begründung des Beamtenverhältnisses in der Ernennungsurkunde die Worte „auf Widerruf", so ist die Ernennung nach § 11 Abs. 1 Nr. 1 BeamtStG nichtig, soweit der Formmangel nicht nach § 11 Abs. 2 Nr. 1 BeamtStG rückwirkend geheilt wird.

Das Beamtenverhältnis auf Widerruf endet kraft Gesetzes nach § 22 Abs. 4 BeamtStG, durch Verwaltungsakt nach § 23 Abs. 4 BeamtStG oder nach § 8 Abs. 1 Nr. 2 BeamtStG durch Umwandlung in ein Beamtenverhältnis anderer Art.

Kraft Gesetzes endet das Beamtenverhältnis auf Widerruf nach § 22 Abs. 4 BeamtStG mit Ablauf des Tages

- der Ablegung oder
- dem endgültigen Nichtbestehen der für die Laufbahn vorgeschriebenen Prüfung

sofern durch Landesrecht nichts anders bestimmt ist.

Soweit das Beamtenverhältnis nicht mit Ablegung der Laufbahnprüfung kraft Gesetzes endet oder der Beamte sonst entlassen worden ist, kann das Beamtenverhältnis in ein Beamtenverhältnis anderer Art (im Regelfall auf Probe nach § 8 Abs. 1 Nr. 2 BeamtStG) **umgewandelt** werden. Im Polizeivollzugsdienst wird das Beamtenverhältnis auf Widerruf der Kommissaranwärter nach bestandener zweiter Fachprüfung in das Beamtenverhältnis auf Probe umgewandelt (§ 12 Abs. 2 LVOPol).

Ansonsten kann der Beamte im Beamtenverhältnis auf Widerruf jederzeit durch **Verwaltungsakt** entlassen werden (§ 23 Abs. 4 BeamtStG). Die Entscheidung ist ggf. nach pflichtgemäßem Ermessen (§ 40 VwVfG NRW) unter Berücksichtigung der Fürsorgepflicht (§ 45 BeamtStG) und der Besonderheit des Einzelfalles zu treffen. Dabei ist zu beachten, dass dem Beamten auf Widerruf im Vorbereitungsdienst Gelegenheit gegeben werden soll, den Vorbereitungsdienst abzuleisten und die Prüfung abzulegen. Dem Beamten ist diese Möglichkeit im Hinblick auf die in Art. 12 GG geschützte Berufswahlfreiheit insbesondere dann einzuräumen, wenn der erfolgreiche Abschluss des Vorbereitungsdienstes (auch) Zugangsvoraussetzung für Berufe außerhalb des öffentlichen Dienstes (z. B. Zulassung zum Rechtsanwaltsberuf) ist.

Beamte im Beamtenverhältnis auf Widerruf im Vorbereitungsdienst erhalten Anwärterbezüge (§ 74 Abs. 1 LBesG). Es handelt sich um einen Zuschuss zum Lebensunterhalt und zu den Kosten der Ausbildung, der nicht der Alimentationstheorie unterliegt (vgl. 2.1.1.2.3).

Für Anwärter, die im Rahmen ihres Vorbereitungsdienstes ein Studium ableisten, kann die Gewährung der Anwärterbezüge von der Erfüllung von Auflagen abhängig gemacht werden (§ 74 Abs. 4 LBesG). Endet das Beamtenverhältnis eines Anwärters kraft Rechtsvorschrift oder allgemeiner Verwaltungsanordnung mit dem Bestehen oder endgültigen Nichtbestehen der Laufbahnprüfung, werden die Anwärterbezüge und ggf. der Familienzuschlag für die Zeit nach Ablegung der Prüfung bis zum Ende des laufenden Monats weitergewährt, was gleichzeitig den Anspruch auf Beihilfe beinhaltet. Erfolgt eine erneute Ernennung vor Ablauf des laufenden Monats, so werden die Anwärterbezüge nur bis zum Tage vor Beginn des neuen Anspruchs belassen (vgl. § 75 LBesG).

In das Beamtenverhältnis auf Widerruf kann nach § 4 Abs. 4 Buchstabe b) BeamtStG auch berufen werden, wer nur **vorübergehend** für Aufgaben i. S. des § 3 Abs. 2 BeamtStG verwendet werden soll. Diese Möglichkeit der Ernennung von Beamten für die Wahrnehmung einzelner hoheitlicher Tätigkeiten besonderer Art hat heute in der Verwaltungspraxis kaum noch Bedeutung. Früher wurden z. B. Tierärzte in kleineren Gemeinden zur Wahrnehmung von hoheitlichen Aufgaben als Schlachthoftierarzt in das Beamtenverhältnis auf Widerruf berufen.

4.2.2.5 Ehrenbeamtenverhältnis

In das Ehrenbeamtenverhältnis kann nach § 5 Abs. 1 BeamtStG berufen werden, wer Aufgaben hoheitsrechtlicher Art i. S. des § 3 Abs. 2 BeamtStG ehrenamtlich wahrnehmen soll. In diesem Fall handelt es sich nicht um eine hauptamtliche, sondern ehrenamtliche Tätigkeit.

Dienstbezüge werden in diesem Beamtenverhältnis nicht gewährt und Anwartschaften auf eine Versorgung nicht erworben. Ehrenbeamte erhalten für ihren Einsatz eine Aufwandsentschädigung.

Im Kommunalbereich können dem **Ortsvorsteher** für das Gebiet seiner Ortschaft Geschäfte der laufenden Verwaltung zur Erledigung in Verantwortung dem Bürgermeister gegenüber übertragen werden (vgl. § 39 Abs. 7 Satz 3 und 4 GO). Insoweit nimmt der Ortsvorsteher als „Außenstelle der Verwaltung" hoheitliche Aufgaben wahr und ist deswegen nach der Gemeindeordnung zum Ehrenbeamten zu ernennen (vgl. § 39 Abs. 7 Satz 3 Halbsatz 1 GO).

Die nach § 51 Abs. 2 KrO gewählten **Mitglieder oder stellvertretenden Mitglieder des Kreisausschusses** sind, soweit sie Aufgaben nach § 59 Abs. 1 KrO im Rahmen der Aufgaben der unteren staatlichen Aufsichtsbehörde wahrnehmen, zu Ehrenbeamten zu ernennen (vgl. § 62 KrO).

Für Ehrenbeamte gelten grundsätzlich die Vorschriften des Landesbeamtengesetzes, soweit nach § 107 LBG keine Ausnahme bezüglich der Rechtsstellung zu beachten ist. Ein Ehrenbeamtenverhältnis kann **nicht** in ein Beamtenverhältnis anderer Art, ein solches nicht in ein Ehrenbeamtenverhältnis **umgewandelt** werden (§ 5 Abs. 3 BeamtStG).

Der Ehrenbeamte kann **jederzeit verabschiedet** werden; er ist zu verabschieden, wenn die Voraussetzungen für die Versetzung eines Beamten in den Ruhestand oder in den einstweiligen Ruhestand gegeben sind, nicht aber bezüglich des Erreichens der Altersgrenze (vgl. § 107 Abs. 1 Nr. 1 LBG). Aus dem Amt kann er nicht durch einseitige Erklärung ausscheiden; er muss nach den beamtenrechtlichen Vorschriften verabschiedet werden.

Das Ehrenbeamtenverhältnis unterscheidet sich von der ehrenamtlichen Tätigkeit und dem Ehrenamt nach § 28 GO bzw. § 24 KrO dadurch, dass eine Ernennungsurkunde (wie bei Berufsbeamten) ausgehändigt wird.

4.2.3 Unterscheidung nach dem Umfang der Bindung

Bei der Unterscheidung der Beamten nach dem Umfang der Bindung an seinen Dienstherrn ist zwischen Berufsbeamten und Ehrenbeamten zu unterscheiden.

Berufsbeamte sind Beamte im Beamtenverhältnis auf Lebenszeit, die die Aufgaben i. S. des § 3 Abs. 2 BeamtStG als Lebensaufgabe nach der Ausbildung und laufbahnrechtlichen Probezeit wahrnehmen. Sie stellen sich und ihre Arbeitskraft dem Dienstherrn zur Verfügung und erhalten als Gegenleistung für den vollen persönlichen Einsatz (vgl. § 34 Satz 1 BeamtStG) eine amtsangemessene Besoldung. Im Bedarfsfall oder nach dem aktiven Beamtenverhältnis werden sie nach beamtenrechtlichen Vorschriften versorgt. Bei der Gewährung von Besoldung und Versorgung entsprechend dem Amt des Beamten handelt es sich um einen hergebrachten Grundsatz des Berufsbeamtentums (vgl. 2.1.1.2.3).

Das **Vollzeitbeamtenverhältnis** mit der regelmäßigen Arbeitszeit nach § 60 Abs. 1 Satz 1 LBG ist der Regelfall. **Teilzeitbeschäftigung** für Beamte ist durch Gesetz zu regeln (vgl. § 43 BeamtStG, §§ 63 ff. LBG).

4.2.4 Unterscheidung nach der Laufbahn

Wie in der freien Wirtschaft so unterliegen auch in der öffentlichen Verwaltung die zu erfüllenden Aufgaben einem steten Wandel. Die Aufgaben ändern sich, neue kommen hinzu, andere Aufgaben fallen weg. Auf diesen Wandel kann ein Dienstherr in angemessener Form nur reagieren, wenn das Personal entsprechend flexibel ausgebildet worden ist und eingesetzt werden kann. Beamte werden deswegen nicht nur für die Wahrnehmung einzelner Aufgaben eingestellt; vielmehr müssen sie für die Erledigung einer Vielzahl von Aufgaben geeignet sein (Generalist). Alle Aufgaben und Funktionen, die der Beamte grundsätzlich bewältigen können muss, sind in der sog. Laufbahn zusammengefasst.[11]

Die **Laufbahn der Polizeivollzugsbeamten** ist eine Einheitslaufbahn, soweit nichts anderes in der Laufbahnverordnung bestimmt ist, die sich in die Laufbahnabschnitte I bis III gliedert (§ 2 Abs. 1 LVOPol). Soweit dienstrechtliche Vorschriften anzuwenden sind, die auf Laufbahngruppen abstellen, gilt der Laufbahnabschnitt I als eine Laufbahn des mittleren Dienstes, der Laufbahnabschnitt II als eine Laufbahn des gehobenen Dienstes und der Laufbahnabschnitt III als eine Laufbahn des höheren Dienstes (§ 2 Abs. 2 LVOPol).

Eine Laufbahn / ein Laufbahnabschnitt bei der Polizei umfasst alle Ämter derselben Fachrichtung, die eine gleiche Vorbildung und Ausbildung voraussetzen; zur Laufbahn gehören auch der Vorbereitungsdienst und die Probezeit (§ 4 Abs. 1 LVO, § 2 Abs. 5 LVOPol). Die Laufbahnen gehören zu den Laufbahngruppen des einfachen, mittleren, gehobenen oder höheren Dienstes; die Zugehörigkeit bestimmt sich nach dem Eingangsamt (§ 4 Abs. 2 LVO). Einstellungen bei der Polizei erfolgen nur in die Laufbahnabschnitte II (gehobener Dienst) und III (höherer Dienst).[12]

In Nordrhein-Westfalen gibt es Fachrichtungen für die Laufbahngruppe 2, erstes Einstiegsamt mit Vorbereitungsdienst, die den Besuch besonderer Fachhochschulen für öffentliche Verwaltung erfordern, aber auch Laufbahnen, die einen allgemeinen Fachhochschulabschluss verlangen. Zu den Fachrichtungen mit Vorbereitungsdienst gehören z. B. Agrarstrukturverwaltung, Archivdienst, Bergverwaltung sowie Justizvollzugs- und Ver-

---

[11] Vgl. Monhemius, Rn. 73.
[12] Die LVOPol ist (Stand Oktober 2016) ist nicht an das Dienstrechtsmodernisierungsgesetz vom 14.06.2016 angepasst worden.

waltungsdienst. Für den Bibliotheks- und Dokumentationsdienst bzw. Forstdienst wird beispielsweise der allgemeine Fachhochschulabschluss benötigt.

Die Einteilung der Laufbahngruppen und die Zuordnung zu den Eingangsämtern erfolgen unabhängig von der jeweiligen Fachrichtung. Der Zugang zu den Laufbahnen ist grundsätzlich von der Vorbildung abhängig (vgl. § 6 LBG).

Neben der Laufbahngruppe ist die Unterscheidung der Art des Beamtenverhältnisses auch nach der Befähigung gekennzeichnet. Je nach Befähigungserwerb ist zwischen Laufbahnbewerbern - hierzu gehören die Laufbahnen mit Vorbereitungsdienst und die Laufbahnen besonderer Fachrichtung - und anderen Bewerbern zu unterscheiden (vgl. § 4 Abs. 1 Nr. 1 und 2 und Abs. 2 LVO).

4.2.4.1 Laufbahnbewerber

Zu den Laufbahnbewerbern gehören die Bewerber mit Vorbereitungsdienst und Laufbahnprüfung (Anwärter und Referendare), die Beamten besonderer Fachrichtung und Laufbahnbewerber mit einem sonstigen Befähigungserwerb. Von Laufbahnbewerbern abzugrenzen sind andere Bewerber, die ihre Befähigung durch Lebens- und Berufserfahrung erwerben. Wegen der unterschiedlichen Einstellungsvoraussetzungen sind die einzelnen Gruppen zu unterscheiden.

Im Hinblick auf die Einheitslaufbahn im Polizeivollzugsdienst kennt die Laufbahnverordnung der Polizei den Begriff „Laufbahnbewerber" nicht.

4.2.4.1.1 Laufbahnbewerber mit Vorbereitungsdienst und Laufbahnprüfung

Laufbahnbewerber erwerben die Befähigung für ihre Laufbahn grundsätzlich durch Ableistung des Vorbereitungsdienstes und Bestehen der Laufbahnprüfung (vgl. § 4 Abs. 1 Nr. 1 LVO, § 6 Abs. 2 LBG). Die Regelung des § 15 Abs. 1 LVO unterscheidet innerhalb der einzelnen Laufbahnen insbesondere bezüglich der **Dauer des Vorbereitungsdienstes**. Der Vorbereitungsdienst dauert nach § 15 Abs. 1 LVO in Laufbahnen

- der Laufbahngruppe 1, erstes Einstiegsamt, in der Regel sechs Monate und der Laufbahngruppe 1, zweites Einstiegsamt, in der Regel zwei Jahre (Nr. 1),
- der Laufbahngruppe 2, erstes Einstiegsamt, in der Regel drei Jahre und der Laufbahngruppe 2, zweites Einstiegsamt, in der Regel zwei Jahre (Nr. 2).

Die Befähigung für die Laufbahn der Laufbahngruppe 2, zweites Einstiegsamt besitzt auch, wer

- ein rechtswissenschaftliches Studium an einer Universität mit der ersten Prüfung und einen anschließenden Vorbereitungsdienst mit der zweiten Staatsprüfung abschließt (§ 1 JAG) bzw.
- nach einem Studium der Sozial-, Verwaltungs- oder Wirtschaftswissenschaften einen Vorbereitungsdienst mit der bestandenen Laufbahnprüfung abgeschlossen hat (§ 4 Abs. 1 Nr. 1 LVO, § 6 Abs. 2 LBG).

Polizeibeamte, die in den Laufbahnabschnitt III im Polizeivollzugsdienst eingestellt werden, besitzen die Befähigung für diesen Laufbahnabschnitt durch das Bestehen der zweiten juristischen Staatsprüfung oder der zweiten Prüfung (Staatsprüfung) für den höheren allgemeinen Verwaltungsdienst (§ 4 Abs. 4 LVOPol).

Eine Anrechnung von Zeiten förderlicher beruflicher Vorkenntnisse auf den Vorbereitungsdienst ist möglich; allerdings darf durch die Anrechnung das Ausbildungsziel nicht gefährdet werden (§ 7 Abs. 2 Satz 2 Nr. 5 LBG).

Zum Befähigungserwerb von Laufbahnbewerbern mit Vorbereitungsdienst und Prüfung vgl. die speziellen Ausführungen im Kapitel 6.2.1.2.

4.2.4.1.2 Laufbahnbewerber als Beamte besonderer Fachrichtung

Laufbahnbewerber erwerben die Befähigung für ihre Laufbahn auch nach den Vorschriften über Beamte besonderer Fachrichtung (vgl. § 4 Abs. 1 Nr. 2 LVO). Welche Berufsgruppen in welcher Laufbahngruppe in das Beamtenverhältnis berufen werden können, ist in den Anlagen 1 und 2 der Verordnung über die Laufbahnen der Beamten im Lande Nordrhein-Westfalen abschließend festgelegt (vgl. § 16 Abs. 1 und 2 LVO). Der Polizeivollzugsdienst kennt diese Berufsgruppe wegen der speziell notwendigen Kenntnisse zu polizeilichen Aufgaben nicht.

Die Ordnung von Laufbahnen besonderer Fachrichtung setzt voraus, dass die Ausbildungsinhalte eines ansonsten erforderlichen Vorbereitungsdienstes mindestens gleichwertig durch Kenntnisse und Fertigkeiten durch ein Studium und aus einer hauptberuflichen Tätigkeit ersetzt werden können (§ 8 Abs. 1 Satz 1 LBG). An die Stelle des Vorbereitungsdienstes tritt eine den Anforderungen der Laufbahn entsprechende, in ihrem Mindestmaß festzulegende hauptberufliche Tätigkeit. Als hauptberufliche Tätigkeit können nur solche Tätigkeiten anerkannt werden, die nach den Grundsätzen der funktionsbezogenen Bewertung gleichwertige Kenntnisse und Fertigkeiten des auszuübenden Amtes vermitteln (§ 8 Abs. 2 Satz 1). Die für den Erwerb der Befähigung vorgeschriebene Zeit einer hauptberuflichen Tätigkeit muss den überwiegenden Teil der Arbeitskraft beanspruchen. Die Tätigkeit muss zudem entgeltlich sein und dem durch Ausbildung und Berufswahl geprägten Berufsbild entsprechen (vgl. § 16 Abs. 3 Satz 2 LVO).

Zum Befähigungserwerb von Laufbahnbewerbern als Beamte besonderer Fachrichtung vgl. die speziellen Ausführungen in Kapitel 6.2.1.3.

4.2.4.1.3 Sonstige Laufbahnbewerber

Sonstige Laufbahnbewerber erwerben ihre Befähigung aufgrund besonderer Ausnahmesituationen. Es handelt sich im Einzelnen um den Befähigungserwerb im Wege des Aufstiegs, durch die Möglichkeit der Zuerkennung und nach den Vorschriften über Staatsangehörige der Europäischen Union mit Diplom (§ 4 Abs. 1 Nr. 3 bis 6 LVO).

Befähigungserwerb nach den Vorschriften für Aufstiegsbeamte

Laufbahnbewerber können die Befähigung auch nach den Vorschriften über Aufstiegsbeamte erwerben (vgl. § 4 Abs. 1 Nr. 3 LVO). Er erfolgt nach den Vorschriften der §§ 19 ff. LVO (Ausbildungsaufstieg, Qualifizierungsaufstieg, Aufstieg in bestimmte Aufgabenbereiche (Spezialisierungsaufstieg). Ein Aufstieg ist nur in das erste Einstiegsamt der Laufbahngruppe 2 möglich. Dies ist für den allgemeinen nichttechnischen Verwaltungsdienst das Amt der Besoldungsgruppe A 9, für den technischen Dienst (z. B. Feuerwehrtechnischer Dienst) das Amt der Besoldungsgruppe A 10. Innerhalb der Laufbahngruppen 1 und 2 ist ein Aufstieg nicht möglich. Die berufliche Entwicklung erfolgt durch Beförderungen.

Im **Polizeivollzugsdienst** können zur Ausbildung für den Laufbahnabschnitt II Beamte des Laufbahnabschnitts I zugelassen werden, wenn sie sich seit der Anstellung (§ 7 LVOPol) im Laufbahnabschnitt I mindestens fünf Jahre bewährt haben und am Zulassungsverfahren (§ 15 LVOPol) erfolgreich teilgenommen haben (§ 13 Abs. 1 LVOPol). Die Ausbildung der Bewerber für den Laufbahnabschnitt II im Polizeivollzugsdienst beginnt mit dem zweiten Ausbildungsjahr Kommissaranwärter (§ 17 LVOPol). Notwendige Kenntnisse des ersten Jahres der Direkteinsteiger werden hier vorausgesetzt. Sie dauert zwei Jahre und endet mit der II. Fachprüfung. Zu den Zulassungsvoraussetzungen für den Laufbahnabschnitt III vgl. § 19 LVOPol.

Befähigungserwerb durch Zuerkennung

Laufbahnbewerber erwerben ihre Befähigung für die Laufbahn ggf. auch durch Zuerkennung (vgl. § 4 Abs. 1 Nr. 4 bis 6 LVO). Folgende Regelungen zur Zuerkennung der Befähigung für eine Laufbahn kennt die Laufbahnverordnung:

- Die von einem Laufbahnbewerber erworbene Befähigung für eine Laufbahn kann als Befähigung für eine andere Laufbahn anerkannt werden (§ 11 Abs. 2 Satz 1 LVO, § 23 LVOPol).

- Beamte, denen nach Maßgabe der §§ 26 Abs. 2 und 3 oder 28 Abs. 3 BeamtStG bei Dienstunfähigkeit ein Amt einer anderen Laufbahn übertragen werden soll, erwerben die Befähigung durch die Teilnahme an Maßnahmen für den Erwerb der neuen Befähigung (§ 11 Abs. 2 Satz 1 LVO). Art und Umfang der Maßnahmen legt allgemein durch Rechtsverordnung nach § 9 LBG oder im Einzelfall die für die Ordnung der neuen Laufbahn zuständige oberste Dienstbehörde fest (§ 11 Abs. 2 Satz 2 LVO). Entsprechendes gilt bei Versetzung eines Beamten gemäß § 25 Abs. 4 LBG in ein Amt einer anderen Laufbahn.

- Beamte, die sich während der laufbahnrechtlichen Probezeit nicht bewähren, sind grundsätzlich zu entlassen (§ 23 Abs. 3 Satz 1 Nr. 2 BeamtStG). Sie können aber mit ihrer Zustimmung auch in das nächstniedrigere Einstiegsamt oder die Laufbahngruppe 1 derselben Fachrichtung übernommen werden, wenn sie hierfür geeignet sind, ein dienstliches Interesse usw. vorliegt (§ 5 Abs. 8 Satz 3 Halbsatz 2 LVO). Entsprechende Regelungen kennt die Laufbahnverordnung der Polizei nicht.

- Beamten des zweiten Einstiegsamtes der Laufbahngruppe 1 oder des ersten Einstiegsamtes der Laufbahngruppe 2, die die Laufbahnprüfung nicht oder endgültig nicht bestehen, kann der Zugang zu einem niedrigeren Einstiegsamt derselben Fachrichtung zuerkannt werden, wenn die nachgewiesenen Kenntnisse ausreichen (§ 15 Abs. 3 LVO). Entsprechende Regelungen kennt die Laufbahnverordnung der Polizei nicht.

- Polizeidienstunfähige Polizeivollzugsbeamte des Landes Nordrhein-Westfalen (§ 115 LBG) können zum Laufbahnwechsel in eine nichttechnische Laufbahn zugelassen werden. Die Zulassungsentscheidung trifft die zuständige Ausbildungsbehörde nach Durchführung eines Auswahlverfahrens, auf das die Regelungen des § 4 VAPgD BA anzuwenden sind. Der Erwerb der Befähigung durch Laufbahnwechsel erfolgt durch erfolgreiche Ableistung einer dreijährigen Unterweisungszeit bei einer Ausbildungsbehörde. Polizeivollzugsbeamte des gehobenen Dienstes mit Laufbahnprüfung können die Befähigung auch durch eine zweijährige Unterweisungszeit erwerben, wenn sie in dieser Zeit mindestens 800 Stunden der fachwissenschaftlichen Veranstaltungen an der Fachhochschule für öffentliche Verwaltung besuchen und die vorgesehenen Leistungsnachweise in genannten Fächern erbringen. Inhalt und Ausgestaltung der Unterweisungszeit regelt das Innenministerium des Landes Nordrhein-Westfalen durch Erlass.

Laufbahnbewerber als Staatsangehörige eines Mitgliedstaates der Europäischen Union mit Diplom

Zu den Laufbahnbewerbern, die die Befähigung für eine Laufbahn erworben haben, gehören im Einzelfall auch Bewerber mit einer Staatsangehörigkeit eines Mitgliedstaates der Europäischen Union.

Die Laufbahnbefähigung kann nach § 11 Abs. 1 Nr. 1 LBG auf Grund der Richtlinie 2005/36/EG des Europäischen Parlaments und des Rates vom 7. September 2005 über die Anerkennung von Berufsqualifikationen (ABl. L 255 vom 30.9.2005, S. 22, L 271 vom 16.10.2007, S. 18, L 093 vom 4.4.2008, S. 28, L 33 vom 3.2.2009, S. 49, L 305 vom 24.10.2014, S. 115) die zuletzt durch die Richtlinie 2013/55/EU (ABl. L 354 vom 28.12.2013, S. 132) geändert worden ist anerkannt werden. Das Anerkennungsverfahren sowie die Ausgleichsmaßnahmen regelt nach § 11 Abs. 2 Satz 1 LBG das für das Innere zuständige Ministerium, für die Laufbahnen der Lehrer das für das Schulwesen zuständige Ministerium, durch Rechtsverordnung. Darüber hinaus muss die Beherrschung der deutschen Sprache in dem für die Wahrnehmung der Aufgaben der Laufbahn erforderlichen Maße beherrscht werden (§ 11 Abs. 3 LBG).

Zudem kann die Laufbahnbefähigung nach Maßgabe des § 7 des Beamtenstatusgesetzes auf Grund einer auf eine Tätigkeit in einer öffentlichen Verwaltung vorbereitenden Berufsqualifikation, die in einem vom § 7 Absatz 1 Nummer 1 Buchstabe c) des Beamtenstatusgesetzes nicht erfassten Drittstaat erworben ist, anerkannt werden (§ 11 Abs. 1 Nr. 2 LBG).

4.2.4.2 Andere Bewerber

Andere Bewerber erwerben die Befähigung für die Laufbahn, in der sie verwendet werden sollen, durch **Lebens- und Berufserfahrung** innerhalb oder außerhalb des öffentlichen Dienstes (§ 12 Abs. 2 LBG, § 4 Abs. 2 Satz 1 LVO). Der Landespersonalausschuss entscheidet darüber, ob andere Bewerber die erforderliche Befähigung besitzen (§§ 12 Abs. 3, 97 Abs. 1 Nr. 2 LBG, § 4 Abs. 2 Satz 2 LVO). Damit können im Einzelfall qualifizierte Fachleute, die nicht die vorgeschriebene Vor- und Ausbildung für Regellaufbahnbewerber besitzen, aber ausgewiesene Experten in ihrem Gebiet sind, in das Beamtenverhältnis berufen werden.

Von anderen Bewerbern dürfen die für die Laufbahn vorgeschriebene Vorbildung, Ausbildung (Vorbereitungsdienst oder hauptberufliche Tätigkeit) und Laufbahnprüfung nicht gefordert werden (§ 12 Abs. 1 LBG). Für andere Bewerber kann das zeitliche Maß der zu fordernden Lebens- und Berufserfahrung bestimmt werden (§ 12 Abs. 2 LBG). Vor der Begründung des Beamtenverhältnisses mit einem anderen Bewerber ist ein Feststellungsverfahren bezüglich der Befähigung für die Laufbahn durch den Landespersonalausschuss einzuleiten. Die Kompetenzverlagerung auf die neutral besetzte unabhängige Stelle gewährleistet für Nordrhein-Westfalen eine weitgehend einheitliche Entscheidungspraxis (vgl. 3.3.3.4).

4.2.5 Unterscheidung nach dem wahrzunehmenden Amt

Nach der Art des wahrzunehmenden Amtes ist zwischen Ämterbeamten und Amtsbeamten zu unterscheiden.

4.2.5.1 Ämterbeamte

Grundsätzlich wird der Beamte des allgemeinen Verwaltungsdienstes für seine angestrebte Laufbahn als Generalist ausgebildet. Die fachwissenschaftliche und fachpraktische Ausbildung ist so ausgerichtet, dass ein universeller Einsatz in allen Bereichen der Verwaltung und Polizei möglich ist. Der Beamte ist dann sogenannter Ämterbeamter ohne Anspruch auf ein konkret funktionelles Amt. Ihm können **alle Tätigkeiten einer Laufbahn** übertragen werden, für die er die Befähigung erworben hat. Die Übertragung eines bestimmten Dienstpostens oder einer bestimmten Art von Aufgaben kann der Beamte grundsätzlich nicht verlangen.

Die universale Ausbildung und damit die Befähigung für die Laufbahn hat für den Dienstherrn den Vorteil, dass der Beamte innerhalb seiner Fachrichtung (z. B. allgemeiner Verwaltungsdienst oder Polizeivollzugsdienst) auf allen Dienstposten amtsentsprechend einsetzbar ist, für den Beamten den Vorteil, dass die umfassende Einsatzmöglichkeit seine Beförderungschancen erhöht.

4.2.5.2 Amtsbeamte

Nur ausnahmsweise besteht ein **Anspruch auf die Zuteilung eines konkret funktionellen Amtes.** In diesem Fall handelt es sich um sog. Amtsbeamte. Amtsbeamte sind beispielsweise in der Kommunalverwaltung der Bürgermeister, der Landrat oder z. B. auch der Leiter des Gesundheitsamtes oder der Klinikdirektor, soweit ihnen das Amt uneingeschränkt und ohne Vorbehalt übertragen worden ist und das Amt im funktionellen Sinne nicht vom Amt im statusrechtlichen Sinne getrennt werden kann. Die Berufung von Beigeordneten in das Beamtenverhältnis auf Zeit erfolgt wegen der flexibleren Ämterzuteilung regelmäßig unter dem Vorbehalt der Neuordnung der Dezernate. Damit handelt es sich nicht um sog. Amtsbeamte.

Amtsbeamte genießen das Privileg, dass sie weder umgesetzt, abgeordnet oder versetzt werden können. Selbst durch Organisationsverfügung (Änderung des Geschäftsverteilungsplanes) darf der Amts- und Aufgabenbereich nicht wesentlich verändert werden. Diese Vermischung statusrechtlicher und funktioneller Amtseigenschaften führt in der Praxis dazu, dass der Beamte ggf. bei nachlassenden Leistungen, die keine Dienstpflichtverletzung darstellen, nicht aus seinem Amt entfernt werden kann. Regelmäßig erfolgen aus diesem Grund Stellenausschreibungen in der öffentlichen Verwaltung mit dem Hinweis, dass eventuell auch eine andere Aufgabenzuteilung in Betracht kommt, was dann zur Einstellung als sog. Ämterbeamter führt.

Amtsbeamte in der Landesverwaltung sind die so genannten politischen Beamten wie der Chef der Staatskanzlei, Staatssekretäre, Regierungspräsidenten, der Leiter der für den Verfassungsschutz zuständigen Abteilung, Regierungssprecher, Generalstaatsanwälte und Polizeipräsidenten (vgl. § 37 Abs. 1 LBG), aber auch der Landesbeauftragte für den Datenschutz (vgl. § 21 DSG).

4.2.6 Unterscheidung nach dem Haushaltsrecht

Haushaltsrechtlich ist wegen der unterschiedlichen Rechtsgrundlagen zunächst zwischen Landes- und Kommunalbeamten zu unterscheiden. Die jeweils anzuwendenden Vorschriften unterscheiden zwischen planmäßigen und nichtplanmäßigen Beamten.

4.2.6.1 Landesbeamte

Stellen für Beamtinnen und Beamte auf Widerruf im Vorbereitungsdienst sind nach Besoldungsgruppe und Amtsbezeichnung im Haushaltsplan auszubringen. Die in den Erläuterungen zum Haushaltsplan vorgesehenen Zahlen für die Einstellung von Beamtinnen und Beamten auf Widerruf im Vorbereitungsdienst sind verbindlich (§ 48 Abs. 2 LHO). Ein (statusrechtliches) Amt darf nach § 49 LHO nur zusammen mit der Einweisung in eine besetzbare Planstelle verliehen werden.

4.2.6.2 Kommunalbeamte

Die Haushaltsführung der Gemeinden ist in den §§ 75 ff. GO geregelt. § 130 GO enthält darüber hinaus eine Ermächtigung zum Erlass von Rechtsverordnungen. Zur Haushaltsführung der Gemeinden ist die Gemeindehaushaltsverordnung erlassen worden. Für die Haushalts- und Wirtschaftsführung der Kreise gelten grundsätzlich die Vorschriften zur Haushaltsführung in der Gemeindeordnung und die dazu ergangenen Rechtsverordnungen entsprechend (vgl. § 53 Abs. 1 KrO).

Nach § 1 Abs. 2 Nr. 2 GemHVO ist dem Haushaltsplan der Gemeinden und Kreise ein Stellenplan beizufügen. Der Stellenplan ist nach § 74 Abs. 2 Satz 1 Halbsatz 1 GO, § 49 Abs. 3 Satz 1 Halbsatz 1 KrO und § 20 Abs. 4 Satz 5 LVerbO einzuhalten. Er hat die im Haushaltsjahr erforderlichen Stellen der Beamten usw. auszuweisen (vgl. § 8 Abs. 1 Satz 1 GemHVO). Hierbei handelt es sich um die Stellen für die Beamten auf Lebenszeit, auf Zeit und auf Probe. Bei Beamten in diesen Beamtenverhältnissen handelt es sich um sog. planmäßige Beamte. Abweichungen vom Stellenplan sind nur zulässig, soweit sie aufgrund des Besoldungsrechts zwingend erforderlich sind.

Dem Stellenplan ist nach § 8 Abs. 3 Nr. 2 GemHVO eine Übersicht über die vorgesehene Zahl der Nachwuchskräfte (Beamte im Beamtenverhältnis auf Widerruf) beizufügen (nichtplanmäßige Beamte).

4.2.7 Beamte mit besonderer Rechtsstellung

Einige Beamtenverhältnisse zeigen wegen ihrer besonderen Rechtsstellung Unterschiede zu den übrigen Beamtenverhältnissen auf. Der Gesetzgeber hat wegen der Besonderheit der Aufgaben der Beamten diese Rechtsverhältnisse besonders ausgestaltet. Es handelt sich um folgende Beamtenverhältnisse:

- Beamte des Landtags und des Landesrechnungshofs,
- Ehrenbeamte,
- Polizeivollzugsbeamte,
- Kommunale Wahlbeamte,
- Beamte des feuerwehrtechnischen Dienstes,
- Beamte bei den Justizvollzugsanstalten sowie
- Wissenschaftliches und künstlerisches Personal an den Hochschulen des Landes NRW (Professoren und Juniorprofessoren).

4.2.7.1 Beamte des Landtags und des Landesrechnungshofs

Beamte des Landtags sind Beamte des Landes Nordrhein-Westfalen (§ 106 Abs. 1 Satz 1 LBG). Die Ernennung und Zurruhesetzung werden durch den Präsidenten des Landtags im Benehmen mit dem Landtagspräsidium vorgenommen (Satz 2). Oberste Dienstbehörde und Dienstvorgesetzter der Beamten ist der Präsident des Landtags (Satz 3). Die Regelungen finden ihre Grundlage in Art. 39 Abs. 2 Satz 1 und Satz 2 Landesverfassung Nordrhein-Westfalen.

Für die **Beamten im Geschäftsbereich des Landesrechnungshofs** gelten die Vorschriften des Landesbeamtengesetzes, soweit im Gesetz über den Landesrechnungshof Nordrhein-Westfalen nichts anderes bestimmt ist (§ 108 Satz 1 Halbsatz 1 LBG). Oberste Dienstbehörde und Dienstvorgesetzter der Mitglieder und der anderen Beamten im Geschäftsbereich des Landesrechnungshofs ist der Präsident des Landesrechnungshofs (§ 108 Satz 2 LBG). Weitere Regelungen enthält das Gesetz über den Landesrechnungshof Nordrhein-Westfalen vom 19.06.1994[13]. Die Präsidentin oder der Präsident bzw. deren Stellvertreter und andere Mitglieder des Landesrechnungshofs sind unabhängige, nur dem Gesetz unterworfene Beamte auf Lebenszeit, die den Schutz richterlicher Unabhängigkeit genießen (vgl. § 5 Abs. 1 Satz 1 LRHG). Die vorübergehende Vergabe von Ämtern mit leitender Funktion im Beamtenverhältnis auf Probe oder auf Zeit ist für Ämter der Mitglieder des Landesrechnungshofes nach § 2 Abs. 1 LRHG nicht zulässig.

4.2.7.2 Ehrenbeamte

Für Ehrenbeamte i. S. des § 5 Abs. 1 BeamtStG gelten die Vorschriften des Landesbeamtengesetzes unter Berücksichtigung der Maßgaben nach § 107 LBG. (vgl. Ausführungen zum Ehrenbeamtenverhältnis unter 4.2.2.5). Ehrenbeamte können z. B. jederzeit verabschiedet werden. Auch kann ein Ehrenbeamtenverhältnis nicht in ein Beamtenverhältnis anderer Art, ein solches Beamtenverhältnis nicht in ein Ehrenbeamtenverhältnis, umgewandelt werden. Ansprüche auf Versorgung haben Ehrenbeamte nur, wenn sie einen Dienstunfall i. S. des § 36 LBeamtVG erleiden. Außerdem kann ihnen Ersatz von Sachschäden (§ 38 LBeamtVG).

4.2.7.3 Polizeivollzugsbeamte

Für die Polizeivollzugsbeamten gelten nach § 109 Abs. 1 LBG die Vorschriften des Landesbeamtengesetzes, soweit in den §§ 109 Abs. 2 bis 4, 110 bis 116 LBG nichts anderes bestimmt ist. Welche Beamtengruppen zum Polizeivollzugsdienst gehören, bestimmt das für Inneres zuständige Ministerium im Einvernehmen mit dem Finanzministerium durch Rechtsverordnung (vgl. § 109 Abs. 4 LBG).

Für Polizeivollzugsbeamte gilt eine eigene Laufbahnverordnung (LVOPol). Eine Besonderheit bildet die Ausgestaltung als **Einheitslaufbahn** (§ 110 Abs. 1 Satz 1 LBG). Die Einheitslaufbahn gliedert sich in die Laufbahnabschnitte I bis III (§ 2 Abs. 1 Satz 2 LVOPol). Soweit das Landesbeamtengesetz oder andere dienstrechtliche Vorschriften anzuwenden sind, die auf die Laufbahngruppe abstellen, gilt der Abschnitt I als Laufbahn des mittleren Dienstes, der Laufbahnabschnitt II als Laufbahn des gehobenen Dienstes und der Laufbahnabschnitt III als Laufbahn des höheren Dienstes (vgl. § 2 Abs. 2 LVOPol).[14]

---

[13] GV.NRW. 1994 S. 428.
[14] Die LVOPol ist (Stand Oktober 2016) ist nicht an das Dienstrechtsmodernisierungsgesetz vom 14.06.2016 angepasst worden.

Weitere Besonderheiten bestehen darin, dass der Polizeivollzugsbeamte
- Anspruch auf freie Heilfürsorge hat (§ 112 Abs. 2 LBG),
- als Beamter im Beamtenverhältnis auf Lebenszeit nach einem differenzierten System bereits vor Vollendung des 62. Lebensjahres in den Ruhestand tritt (vgl. § 114 LBG) und
- der Begriff der Dienstunfähigkeit wegen der Gefährdungssituation anders als in § 26 Abs. 1 Satz 1 BeamtStG definiert ist (§ 115 LBG).

Eine Ergänzung gilt auch im Hinblick auf ein mögliches Verbot der Führung der Dienstgeschäfte nach § 39 BeamtStG. Ist einem Polizeivollzugsbeamten nach § 39 BeamtStG die Führung seiner Dienstgeschäfte verboten worden, so können ihm auch das Tragen der Dienstkleidung und Ausrüstung (Dienstwaffe), der Aufenthalt in den Polizeiunterkünften und die Führung dienstlicher Ausweise oder Abzeichen untersagt werden (§ 113 Abs. 1 LBG). Die Regelung gilt nach § 113 Abs. 2 LBG auch für die vorläufige Dienstenthebung aufgrund des § 38 LDG in Disziplinarverfahren.

4.2.7.4 Kommunale Wahlbeamte

Regelungen zu den kommunalen Wahlbeamten enthalten die §§ 118 (**Bürgermeister / Landrat**) und 119 LBG (**übrige kommunale Wahlbeamte**). Auf die kommunalen Wahlbeamten finden die für die Beamten allgemein geltenden Vorschriften des Landesbeamtengesetzes Anwendung, soweit nicht in den §§ 118 und 119 LBG bzw. in der Gemeinde- und Kreisordnung etwas anderes oder Ergänzendes bestimmt ist.

Kommunale Wahlbeamte sind Beamte, die ein Amt bekleiden, dessen Ausübung nur in Übereinstimmung mit den Ansichten der Mehrheitsfraktion oder den kommunalpolitisch verantwortlichen Parteien möglich ist, da ihre Aufgaben nicht nur eine administrative sondern auch eine politische Dimension besitzen. Insbesondere der politische Wirkungsbereich erfordert gegenüber anderen Beamten eine besondere rechtliche Stellung. Kommunale Wahlbeamte sind in der Gemeinde der hauptamtliche Bürgermeister (§§ 62 bis 69 GO) und die Beigeordneten (§§ 68 und 69 GO), in Kreisen der hauptamtliche Landrat (§§ 42 bis 46 und § 48 KrO) und, sofern es entsprechend der Hauptsatzung des Kreises vorgesehen ist, der gewählte Kreisdirektor (§§ 47 und 48 KrO).

Die **Besonderheiten** des Rechtsverhältnisses bestehen insbesondere im Zusammenhang mit:

- der fehlenden Ernennung (Beamtenverhältnis ohne Ernennungsurkunde[15]) des hauptamtlichen Bürgermeisters und Landrats,
- der Möglichkeiten der Beendigung des Beamtenverhältnisses des Bürgermeisters und Landrats einschließlich der möglichen Abwahl,

---

[15] Diese Besonderheit kann durchaus hinterfragt werden, da § 8 Abs. 1 Nr. 1 BeamtStG als Bundesgesetz ausdrücklich vorsieht, dass ein Beamtenverhältnis durch Ernennung begründet wird. Eine Ausnahmeregelung enthält § 8 BeamtStG nicht.

- der Dauer der Wahlzeit der Beigeordneten in Gemeinden und des ggf. gewählten Kreisdirektors auf Zeit,
- der Nichtbeachtlichkeit laufbahnrechtlicher Vorschriften,
- der vorgeschriebenen Stellenausschreibung und
- der Zustimmung oder Bestätigung der Aufsichtsbehörde vor der Ernennung von Beigeordneten der Gemeinde oder des ggf. gewählten Kreisdirektors.

Einige Besonderheiten gelten auch für die sonstigen kommunalen Wahlbeamten, wie für den Direktor des Landschaftsverbandes und den Verbandsvorsteher des Zweckverbandes.

4.2.7.5 Beamte des feuerwehrtechnischen Dienstes

Auf die Beamten des feuerwehrtechnischen Dienstes und in den Feuerwehren der Gemeinden und Gemeindeverbände finden die für die Beamten allgemein geltenden Vorschriften des Landesbeamtengesetzes Anwendung, soweit § 116 LBG nichts anderes bestimmt. Zusätzlich sind das Gesetz über den Feuerschutz und die Hilfeleistung bei Unglücksfällen und öffentlichen Notständen und die dazu ergangenen Vorschriften zu beachten.

4.2.7.6 Beamte bei den Justizvollzugsanstalten

Für Beamten des allgemeinen Vollzugsdienstes und des Werkdienstes bei den Justizvollzugsanstalten, Vollzugsdienst in Abschiebungshaftvollzugseinrichtungen und im technischen Aussichtsdienst in untertägigen Bergwerksbetrieben gelten die allgemeinen Regelungen des LBG, soweit in § 117 LBG keine Besonderheiten geregelt sind. Nach Abs. 1 treten diese Beamten etwa bereits mit Ende des Monats in dem sie das 62. Lebensjahr vollenden in den Ruhestand. Ohne Nachweis der Dienstunfähigkeit ist auf Antrag nach Abs. 2 sogar bereits mit Vollendung des 60. Lebensjahres die Versetzung in den Ruhestand möglich.

4.2.7.7 Professoren, Juniorprofessoren sowie sonstige wissenschaftlich und künstlerisch tätige Beamte

Auf das wissenschaftliche und künstlerische Personal an den Hochschulen des Landes Nordrhein-Westfalen finden die für die Beamten allgemein geltenden Vorschriften des Landesbeamtengesetzes Anwendung, soweit in § 120 bis 125 LBG bzw. in anderen Rechtsvorschriften nichts Abweichendes bestimmt ist (§ 120 Abs. 1 LBG). Das Landesbeamtengesetz selbst regelt neben den Besonderheiten der einzelnen Beamtenverhältnisse in § 125 LBG das Nebentätigkeitsrecht.

4.2.8 Politische Beamte

Ebenfalls zu den Beamten mit besonderer Rechtsstellung sind die sog. politischen Beamten zu zählen, obwohl sie in den Vorschriften der §§ 106 ff. LBG nicht ausdrücklich aufgeführt werden. Regelungen bezüglich der besonderen Rechtsstellung enthält insbesondere § 37 LBG.

Politische Beamte sind Beamte, die ein Amt bekleiden, deren Ausübung in fortdauernder Übereinstimmung mit den grundsätzlichen politischen Ansichten und Zielen der Regierung stehen muss. Welche Beamten hierzu gehören, ist gesetzlich zu regeln. In Nordrhein-Westfalen handelt sich ausschließlich um Landesbeamte. Zu ihnen gehören der Chef der Staatskanzlei, der Staatssekretär der Staatskanzlei und die sonstigen Staatssekretäre, die Regierungspräsidenten, der Leiter der für den Verfassungsschutz zuständigen Abteilung, der Regierungssprecher, die Generalstaatsanwälte und die Polizeipräsidenten (§ 37 Abs. 1 LBG). Obwohl es sich um Ämter mit leitender Funktion handelt, scheidet eine Übertragung auf Probe nach § 21 LBG aus.

Wesentlich für die besondere Rechtsstellung der politischen Beamten ist die Regelung des § 37 Abs. 1 LBG. Danach können politische Beamte im Beamtenverhältnis auf Lebenszeit jederzeit ohne Angabe von Gründen nach vorheriger Anhörung (vgl. § 28 VwVfG NRW) in den einstweiligen Ruhestand versetzt werden. Die besondere Rechtsstellung kommt weiterhin dadurch zum Ausdruck, dass die Landesregierung nach § 37 Abs. 2 LBG über folgende Ausnahmeregelungen selbst entscheidet und nicht der Landespersonalausschuss:

- Feststellung der Befähigung (vgl. § 12 Abs. 3 LBG),
- Ausnahmen von der für andere Bewerber geltenden Mindestprobezeit (vgl. § 13 Abs. 2 LBG),
- Begründung eines Beamtenverhältnisses im Einstiegsamt (vgl. § 14 Abs. 1 Satz 1 LBG)
- Ausnahmen vom Beförderungsverbot während der Probezeit und vom Verbot der Sprungbeförderung (vgl. § 19 Abs. 5 LBG).

Ansonsten unterliegen auch die politischen Beamten grundsätzlich den Laufbahnvorschriften.

5 Ernennung

5.1 Bedeutung, Begriff und Rechtsnatur der Ernennung

Die Ernennung bildet einen Zentralbegriff des Beamtenrechts; die rechtliche Stellung des Beamten wird nach Art und Inhalt durch die Ernennung festgelegt, sei es, dass ein Beamtenverhältnis begründet oder in seiner rechtlichen Grundlage oder in seinem durch das Amt bestimmten Inhalt verändert wird[1].

Eine Ausnahme hierzu bildet das Beamtenverhältnis des direkt gewählten Bürgermeisters. Dieses Beamtenverhältnis wird mit dem Tage der Annahme der Wahl, frühestens mit dem Ausscheiden des Vorgängers aus dem Amt, begründet (Amtsantritt) und bedarf keiner Ernennung (vgl. § 118 Abs. 3 Satz 1 LBG). Für den direkt gewählten Landrat im Kreis gilt diese Ausnahme entsprechend (vgl. § 118 Abs. 10 LBG). Das Beamtenstatusgesetz sieht eine solche Ausnahme nicht vor.

Die Frage, ob ein Beamtenverhältnis entstanden und welcher Art der Status ist, muss im Interesse geordneter Personalplanung regelmäßig feststehen. Wegen der Funktionsfähigkeit der Exekutive und um den Beamten in den Stand zu versetzen, seinen Teil zur stabilen, nur Gesetz und Recht realisierenden Verwaltung beizutragen, kann der Status auch nicht unter anderen Voraussetzungen oder in anderen Formen als denen, die vom Gesetz bestimmt oder zugelassen sind, verändert werden.[2]

5.1.1 Ernennung als Verwaltungsakt

Die Ernennung erfolgt durch Verwaltungsakt. Verwaltungsakt ist jede Verfügung, Entscheidung oder andere hoheitliche Maßnahme, die eine Behörde zur Regelung eines Einzelfalles auf dem Gebiet des öffentlichen Rechts trifft und die auf unmittelbare Rechtswirkung nach außen gerichtet ist (§ 35 Satz 1 VwVfG NRW). Bei der Ernennung handelt es sich um einen rechtsgestaltenden, (in der Regel) mitwirkungsbedürftigen und formbedürftigen Verwaltungsakt.

5.1.1.1 Ernennung als rechtsgestaltender Verwaltungsakt

Gestaltende Verwaltungsakte begründen, ändern oder beseitigen ein Rechtsverhältnis. Das Beamtenverhältnis wird, mit Ausnahme der direkt gewählten Bürgermeister und Landräte (vgl. 5.1), ausschließlich durch die Ernennung begründet. Die rechtliche Stellung des Beamten darf unter anderen Voraussetzungen oder in anderen Formen als denen, die gesetzlich bestimmt oder zugelassen sind, nicht verändert werden. Durch die Ernennung wird bestimmt, ob ein Beamtenverhältnis begründet worden ist und welchen Inhalt es hat.

---

[1] Vgl. Bundestagsdrucksache 2/1549, S. 35.
[2] Vgl. Günther, Die Tatbestände nichtiger, zurückzunehmender oder rücknehmbarer Ernennung, DÖD 1990, 281.

Der rechtsgestaltende Verwaltungsakt „Ernennung" darf nicht mit den, ansonsten im Verwaltungsrecht möglichen (vgl. § 36 VwVfG NRW), Nebenbestimmungen Bedingung oder Auflage versehen werden. Eine unter einer Bedingung ausgesprochene Ernennung ist als Nichtakt (Nichternennung, vgl. 5.4.1) zu qualifizieren[3]. Existent und vollzogen ist die Ernennung durch die Aushändigung der Ernennungsurkunde[4].

5.1.1.2 Ernennung als mitwirkungs- (zustimmungs-) bedürftiger Verwaltungsakt

Die Ernennung ist ein grundsätzlich **zustimmungsbedürftiger Verwaltungsakt.** In der Literatur wird vielfach die Bezeichnung mitwirkungsbedürftiger Verwaltungsakt gewählt[5], wenngleich es sich im Beamtenrecht regelmäßig um eine Zustimmung handelt. Die Zustimmung ist eine verwaltungsrechtliche Willenserklärung, die zumindest durch die vorbehaltlose Entgegennahme der Ernennungsurkunde zum Ausdruck kommen muss.

Ohne Zustimmung des Beamten kommt lediglich die Verleihung eines anderen Amtes mit geringerem Endgrundgehalt (Ernennung nach § 8 Abs. 1 Nr. 3 BeamtStG) im Zusammenhang mit der Auflösung oder Umbildung von Behörden nach § 26 Abs. 2 Satz 1 Halbsatz 1 LBG in Betracht. Zur Verleihung eines anderen Amtes mit geringerem Endgrundgehalt und anderer Amtsbezeichnung (Rangherabsetzung) vgl. Ausführungen zu 5.3.3.2.

Die Ernennung wird nur in wenigen Ausnahmefällen von der **Zustimmungsbedürftigkeit** gelöst. Wenn sich z. B. ein Beamter bei Auflösung oder Umbildung von Behörden nicht mit einem niedriger bewerteten Amt zufriedengeben will und die Organisationsgewalt und die Organisationshoheit an dieser Weigerung zu zerbrechen droht, wird der Grundsatz der Zustimmungsbedürftigkeit aufgegeben[6].

Das ungeschriebene Erfordernis der Einwilligung des zu Ernennenden besteht ebenfalls nicht bei der Reaktivierung eines wieder dienstfähig gewordenen Ruhestandsbeamten; vielmehr ist eine Weigerung unbeachtlich, da der Beamte sonst seine Ernennung beliebig hinauszögern könnte.[7]

Liegt bei den übrigen Ernennungen die Zustimmung nicht vor, handelt es sich um einen Fall der Nichternennung[8], von Nichtigkeit oder schwebender Unwirksamkeit kann nicht ausgegangen werden. Um Nichtigkeit kann es sich wegen der abschließend § 11 BeamtStG genannten Nichtigkeitsgründen für Ernennungen, die eine ergänzende Anwendung des § 44 VwVfG nicht zulassen, nicht handeln. Auch eine schwebende Unwirksamkeit ist nicht in Betracht zu ziehen, da diese dem durch die Ernennung zu erreichenden Ziel der Rechtssicherheit und Rechtsklarheit über das Beamtenverhältnis widersprechen würde.

---

[3] BVerwG, Urteil vom 23.04.2015, 2 C 35/13, BVerwGE 152, 68 = Schütz BeamtR ES/A II 2.1 Nr 2 =ZBR 2015, 344.
[4] BVerwG, Urteil vom 01.02.1978, 6 C 9/77, BVerwGE 55,212, DVBl. 1978, 628 = JuS 1978, 788.
[5] Vgl. statt vieler Wichmann/Langer, Rn. 83.
[6] Vgl. Juncker, Die zustimmungsfreie Beamtenernennung, ZBR 1982, 100 (104).
[7] Hessischer VGH, Beschluss vom 29.11.1994, 1 TH 3059/94, ZBR 1996, 96 = DÖV 1995, 430 = IÖD 1995, 99.
[8] Vgl. Günther, Die Tatbestände nichtiger, zurückzunehmender oder rücknehmbarer Ernennung, DÖD 1990, 281; Wichmann/Langer, Rn. 83.

Minderjährige Bewerber, die lediglich beschränkt geschäftsfähig sind, benötigen zur Wirksamkeit der Zustimmung die Einwilligung des gesetzlichen Vertreters (§ 107, § 113 Abs. 1 Satz 1 BGB). Eine analoge Anwendung des § 108 BGB mit der Möglichkeit der nachträglichen Genehmigung des Vertreters und der bis dahin bestehenden schwebenden Unwirksamkeit, muss aus Gründen der Rechtssicherheit abgelehnt werden. Liegt die Zustimmung im Zeitpunkt der Aushändigung der Ernennungsurkunde nicht vor, handelt es sich um eine Nichternennung.

Die Willenserklärung „Zustimmung" kann nach § 119 BGB (Anfechtbarkeit wegen Irrtums) und nach § 123 BGB (Anfechtbarkeit wegen Täuschung oder Drohung) angefochten werden, wobei im Beamtenrecht lediglich eine Anfechtung wegen Irrtums in Betracht kommen dürfte.

Grund der Anfechtung kann nur ein Inhaltsirrtum (Irrtum über die Bedeutung des Verhaltens) nach § 119 Abs. 1 Alternative 1 BGB (z. B. Annahme der Ernennungsurkunde in der Vorstellung, es handele sich um eine Versetzungsverfügung ohne Auswirkung auf den Status[9]) oder ein Erklärungsirrtum nach § 119 Abs. 1 Alternative 2 BGB sein. Ein Motiv- oder Rechtsfolgeirrtum, z. B. bei der Entgegennahme der Ernennungsurkunde in Erwartung einer baldigen Beförderung, führt nicht zu einer wirksamen Anfechtung[10].

Eine Anfechtung muss nach § 121 Abs. 1 Satz 1 BGB ohne schuldhaftes Zögern (unverzüglich) erfolgen, nachdem der Anfechtungsberechtigte von dem Anfechtungsgrund Kenntnis erlangt hat. Für die Anfechtung einer sich auf das Beamtenverhältnis beziehenden Willenserklärung erfordert auch das besondere öffentliche Interesse an Rechtssicherheit die Unverzüglichkeit.

Nach wirksamer Anfechtung ist die Ernennung nicht existent. Es handelt sich auch hier um einen Fall der Nichternennung.

5.1.1.3 Ernennung als formbedürftiger Verwaltungsakt

Die Ernennung erfolgt durch Aushändigung einer Ernennungsurkunde § 8 Abs. 2 Satz 1 BeamtStG), die den in § 8 Abs. 2 Satz 2 BeamtStG vorgeschriebenen Inhalt haben muss. Daneben enthalten die Verwaltungsvorschriften zur Ausführung des Beamtenstatusgesetzes (BeamtStG) und des Landesbeamtengesetzes (LBG NRW)[11] Einzelheiten über Form und Vollziehung der Ernennungsurkunden. Vgl. dazu die Ausführungen zu 5.3.1.1.12.

---

[9] Vgl. Günther, Die Tatbestände nichtiger, zurückzunehmender oder rücknehmbarer Ernennung, DÖD 1990, 281 (289).

[10] Vgl. Günther, Die Tatbestände nichtiger, zurückzunehmender oder rücknehmbarer Ernennung, DÖD 1990, 281 (289); Wichmann/Langer, Rn. 83.

[11] Verwaltungsvorschriften zur Ausführung des Beamtenstatusgesetzes (BeamtStG) und des Landesbeamtengesetzes (LBG NRW a. F.) vom 11.02.2011, SMBl.NRW 2030.

Durch die Verwaltungsverordnung werden die Ernennungsbehörden gebunden, nicht aber die Verwaltungsgerichte. Ob ein Fehler in der Ernennungsurkunde zur Unwirksamkeit der Ernennung führt, ist ausschließlich nach den Bestimmungen des Beamtenstatusgesetzes zu beurteilen.

5.1.1.4 Wirksamkeit der Ernennung

Die Ernennung erfolgt durch Aushändigung einer Ernennungsurkunde § 8 Abs. 2 Satz 1 BeamtStG). Die Ernennungsurkunde ist ein Verwaltungsakt i. S. des § 35 Satz 1 VwVfG NRW. Die Frage der Wirksamkeit von Verwaltungsakten ist grundsätzlich nach § 43 VwVfG NRW zu beurteilen. Die Vorschrift ist jedoch nach § 1 Abs. 1 VwVfG NRW nur anwendbar, soweit nicht Rechtsvorschriften des Landes Nordrhein-Westfalen inhaltsgleiche oder entgegenstehende Bestimmungen enthalten und somit als Spezialvorschriften vorgehen.

Nach § 16 Abs. 3 LBG wird die Ernennung grundsätzlich mit dem Tage der Aushändigung der Ernennungsurkunde an den Adressaten wirksam. Dabei handelt es sich um die so genannte äußere Wirksamkeit des Verwaltungsaktes. Die Bestimmung konkretisiert den § 35 Satz 1 VwVfG NRW insoweit, als dort als Tatbestandsvoraussetzung für das Vorliegen eines Verwaltungsaktes auch die Außenwirkung verlangt wird. Das bedeutet, dass der rechtsgestaltende Verwaltungsakt der Ernennung mit Beginn des Tages der Aushändigung der Ernennungsurkunde wirksam wird, wenn nicht ausdrücklich ein späterer Tag bestimmt ist (vgl. § 16 Abs. 3 1 LBG). Durch Anfangsbefristung (Urkundentext: ... mit Wirkung vom ....) kann die Ernennung auf einen in der Zukunft liegenden Zeitpunkt hinausgeschoben werden.

Eine Ernennung auf einen zurückliegenden Zeitpunkt ist unzulässig und **insoweit** - nur bezogen auf den Zeitraum in der Vergangenheit - unwirksam § 8 Abs. 4 BeamtStG). Der Aushändigung einer neuen Ernennungsurkunde bedarf es in diesem Fall nicht. Vom Tage der Aushändigung an wird auch eine solche Ernennung wirksam.

Die Ernennungsurkunde händigen regelmäßig der Leiter der Behörde oder ein von ihm beauftragter Beamter „von Hand zu Hand" aus. Sie kann allerdings auch (z. B. bei längerer Abwesenheit oder bei Krankheit der bzw. des zu Ernennenden) mittels eines persönlich zuzustellenden eingeschriebenen Briefes mit Rückschein oder Postzustellungsurkunde unter Ausschluss der Ersatzzustellung übersandt werden[12].

Wenn die Ernennungsurkunde bei dieser Art der Übermittlung trotzdem an eine andere Person als der bzw. dem zu Ernennenden übergeben wird, dürfte die Ernennung in dem Zeitpunkt wirksam werden, in dem der Adressat tatsächlich in den Besitz der Ernennungsurkunde gelangt.

---

[12] Scheerbarth/Höffken/Bauschke/Schmidt, § 12 I 2 d.

5.2 Ernennungsfälle

Die Ernennungsfälle sind abschließend in § 8 Abs. 1 BeamtStG genannt. Die einzelnen Ernennungsfälle sind der nachstehenden Übersicht zu entnehmen:

Übersicht über die Ernennungsfälle	
Begründung des Beamtenverhältnisses - Einstellung - (§ 8 Abs. 1 Nr. 1 BeamtStG)	Begründung aller Beamtenverhältnisse auf • Lebenszeit • Zeit • Probe • Widerruf und Begründung eines • Ehrenbeamtenverhältnisses
Umwandlung des Beamtenverhältnisses in ein solches anderer Art - § 4 - (§ 8 Abs. 1 Nr. 2 BeamtStG)	Umwandlung eines Beamtenverhältnisses • auf Widerruf in ein Beamtenverhältnis auf Probe • auf Probe in ein Beamtenverhältnis auf Lebenszeit
Verleihung eines anderen Amtes mit anderem Grundgehalt (§ 8 Abs. 1 Nr. 3 BeamtStG)	Verleihung eines anderen Amtes • mit höherem Endgrundgehalt und anderer Amtsbezeichnung (Beförderung) • mit geringerem Endgrundgehalt und anderer Amtsbezeichnung (Rangherabsetzung)
Verleihung eines anderen Amtes mit anderer Amtsbezeichnung, soweit das Landesrecht dies bestimmt (§ 8 Abs. 1 Nr. 4 BeamtStG, § 19 Abs. 1 S. 1 Nr. 3, § 23 LBG)	Aufstieg • von der Laufbahngruppe 1 in die Laufbahngruppe 2

5.3 Voraussetzungen der einzelnen Ernennungsfälle in formeller und materieller Hinsicht

5.3.1 Begründung des Beamtenverhältnisses (Einstellung)

Zur Begründung eines Beamtenverhältnisses (Einstellung) bedarf es grundsätzlich einer Ernennung (§ 8 Abs. 1 Nr. 1 BeamtStG).

Ein Beamtenverhältnis wird begründet, sobald in eines der in § 4 oder § 5 BeamtStG genannten Beamtenverhältnisse berufen wird, es sei denn, es geschieht im Wege einer Umwandlung.

Es muss sich nicht zwingend um die erstmalige Begründung eines Beamtenverhältnisses handeln. Folgende Fälle der Begründung von Beamtenverhältnissen sind denkbar:

- Erstmalige Begründung eines Beamtenverhältnisses,
- Begründung eines Beamtenverhältnisses mit einem früheren Beamten zu seinem früheren oder einem anderen Dienstherrn,
- Begründung eines Beamtenverhältnisses zu einem anderen Dienstherrn mit gleichzeitiger Entlassung kraft Gesetzes aus dem bestehenden Beamtenverhältnis (vgl. § 22 Abs. 2 Satz 1 BeamtStG) und
- Begründung eines Beamtenverhältnisses auf Zeit zu demselben Dienstherrn (Beamtenverhältnis, das nicht durch Umwandlung i. S. des § 8 Abs. 1 Nr. 2 BeamtStG verändert wird).

In § 4 und § 5 BeamtStG werden die Beamtenverhältnisse, die begründet werden können, abschließend aufgezählt. Es handelt sich dabei um das

- Beamtenverhältnis auf Lebenszeit (§ 4 Abs. 1 BeamtStG),
- Beamtenverhältnis auf Zeit (§ 4 Abs. 2 Buchstaben a) und b) BeamtStG),
- Beamtenverhältnis auf Probe (§ 4 Abs. 3 Buchstaben a) und b) BeamtStG),
- Beamtenverhältnis auf Widerruf (§ 4 Abs. 4 Buchstaben a) und b) BeamtStG), und
- Ehrenbeamtenverhältnis (§ 5 Abs. 1 BeamtStG).

Zu den Arten der Beamtenverhältnisse vgl. die Ausführungen zu 4.2.

Bei der Begründung des Beamtenverhältnisses hat der Dienstherr verschiedene Voraussetzungen zu beachten, die im Einzelnen in den nachfolgenden Ausführungen dargestellt werden[13].

---

[13] Vgl. hierzu Günther, Zu Pflichten des Dienstherrn im Kontext Begründung des Beamtenverhältnisses, ZBR 1991, 257.

5.3.1.1 Formelle Voraussetzungen für die Begründung des Beamtenverhältnisses

Für die Begründung des Beamtenverhältnisses müssen verschiedene Voraussetzungen vorliegen. Insbesondere handelt es sich um die Zuständigkeit der Ernennungsbehörde, die Frage der Notwendigkeit der Stellenausschreibung, die Beteiligung von Personen und Stellen, die Ausstellung der formgerechten Ernennungsurkunde sowie das Erfordernis einer Planstelleneinweisung.

5.3.1.1.1 Zuständigkeit

Beamte des Landes

Die Landesregierung ernennt die Beamten des Landes (§ 16 Abs. 1 Satz 1 LBG).

Sie kann diese Befugnis auf andere Stellen übertragen (§ 16 Abs. 1 Satz 2 LBG). Die Landesregierung hat von dieser Befugnis durch den Erlass der Verordnung über die Ernennung, Entlassung und Zurruhesetzung der Beamtinnen und Beamten und Richterinnen und Richter des Landes Nordrhein-Westfalen Gebrauch gemacht.[14]

In § 1 Satz 1 Halbsatz 1 dieser Verordnung hat sich die Landesregierung die Ernennung der Beamten und Richter des Landes, denen ein Amt der Besoldungsgruppe B 3 oder R 3 oder ein Amt mit höherem Grundgehalt verliehen ist oder wird, sowie die entsprechenden Beamten und Richter ohne Amt, mit Ausnahme der Referatsleiter in obersten Landesbehörden, soweit ihnen künftig ein Amt der Besoldungsgruppe B 3 verliehen werden soll, vorbehalten. Entsprechendes gilt nach § 1 S. 1 Halbsatz 2 der Verordnung über die Ernennung, Entlassung und Zurruhesetzung der Beamten und Richter des Landes Nordrhein-Westfalen für die so genannten politischen Beamten nach § 37 Abs. 1 LBG.

Die Ausübung der Befugnis für die anderen Landesbeamten ist durch § 2 der Verordnung auf die obersten Landesbehörden übertragen worden. Oberste Landesbehörden sind neben der Landesregierung der Ministerpräsident und die Landesministerien (vgl. § 3 LOG). Sie üben die ihnen übertragene Befugnis zur Ernennung von Beamten in eigenem Namen aus.

Die obersten Landesbehörden wiederum werden ermächtigt, durch Rechtsverordnung die Ausübung der Befugnis auf andere ihnen nachgeordnete Behörden und Einrichtungen zu übertragen (vgl. § 3 der Verordnung über die Ernennung, Entlassung und Zurruhesetzung der Beamten und Richter des Landes Nordrhein-Westfalen). Von dieser Ermächtigung ist weitgehend Gebrauch gemacht worden[15].

Die Ernennung der Beamten des Landtags wird durch den Präsidenten des Landtags im Benehmen mit dem Landtagspräsidium vorgenommen (vgl. § 106 Abs. 1 Satz 2 LBG).

---

[14] Verordnung über die Ernennung, Entlassung und Zurruhesetzung der Beamtinnen und Beamten und Richterinnen und Richter des Landes Nordrhein-Westfalen vom 25.02.2014 (GV.NRW. S. 199) zuletzt geändert durch Verordnung vom 09.09.2014 (GV. NRW. S. 500).
[15] Die Verordnungen der obersten Landesbehörden über beamtenrechtliche Zuständigkeiten sind in der SGV.NRW. unter der Gliederungsziffer 2030 abgedruckt.

Der Präsident, der Vizepräsident und die anderen Mitglieder des Landesrechnungshofs werden vom Landtag ohne Aussprache gewählt (§ 3 Abs. 1 Satz 1 Gesetz über den Landesrechnungshof Nordrhein-Westfalen - LRHG). Die Gewählten sind von der Landesregierung zu ernennen (§ 3 Abs. 1 Satz 2 LRHG).

Die übrigen Beamten des Landesrechnungshofs sowie die Beamten der staatlichen Rechnungsprüfungsämter werden auf Vorschlag des Präsidenten des Landesrechnungshofs von der Landesregierung ernannt (vgl. § 3 Abs. 3 LRHG). Die Landesregierung hat diese Befugnis durch § 1 Abs. 1 der Verordnung vom 09.12.2009[16] auf den Präsidenten des Landesrechnungshofs übertragen.

Beamte der Gemeinden und Gemeindeverbände

Die Beamten der Gemeinden und der Gemeindeverbände sowie der sonstigen der Aufsicht des Landes unterstehenden Körperschaften, Anstalten und Stiftungen des öffentlichen Rechts werden von den nach Gesetz, Verordnung oder Satzung hierfür zuständigen Stellen ernannt (§ 16 Abs. 2 Satz 1 LBG).

Der Bürgermeister trifft die dienstrechtlichen Entscheidungen, soweit gesetzlich nichts anderes bestimmt ist (vgl. § 73 Abs. 3 Satz 1 GO). Die Hauptsatzung kann bestimmen, dass für Bedienstete in Führungsfunktionen Entscheidungen, die das beamtenrechtliche Grundverhältnis oder das Arbeitsverhältnis eines Bediensteten zur Gemeinde verändern, durch den Rat oder den Hauptausschuss im Einvernehmen mit dem Bürgermeister zu treffen sind, soweit gesetzlich nichts anderes bestimmt ist (§ 73 Abs. 3 Satz 1 GO). Die nach geltendem Recht auszustellenden Urkunden für Beamte bedürfen der Unterzeichnung durch den Bürgermeister oder seinen allgemeinen Vertreter (§ 74 Abs. 3 Satz 1 GO). Der Bürgermeister kann die Unterschriftsbefugnis durch Dienstanweisung übertragen (§ 74 Abs. 3 Satz 2 GO). In den Kreisen trifft der Landrat die dienstrechtlichen Entscheidungen, soweit gesetzlich nichts anderes bestimmt ist (vgl. § 49 Abs. 1 Satz 2 KrO). Die Hauptsatzung kann bestimmen, dass für Bedienstete in Führungsfunktionen Entscheidungen, die das beamtenrechtliche Grundverhältnis oder das Arbeitsverhältnis eines Bediensteten zum Kreis verändern, durch den Kreistag oder den Kreisausschuss im Einvernehmen mit dem Landrat zu treffen sind, soweit gesetzlich nichts anderes bestimmt ist (§ 49 Abs. 1 Satz 3 KrO).

Die Beamten des Landschaftsverbandes werden aufgrund eines Beschlusses des Landschaftsausschusses vom Direktor des Landschaftsverbandes ernannt (§ 20 Abs. 4 Satz 2 LVerbO). In diesem Fall ist zwischen der Entscheidungszuständigkeit des Landschaftsausschusses und der Ausführungszuständigkeit des Direktors des Landschaftsverbandes zu unterscheiden.

Die Satzung (jetzt Hauptsatzung[17]) kann eine andere Regelung treffen (§ 20 Abs. 4 Satz 4 LVerbO).

---

[16] Verordnung über beamtenrechtliche und disziplinarrechtliche Zuständigkeiten im Geschäftsbereich des Landesrechnungshofs vom 09.12.2009 (GV.NRW. S. 16).
[17] Hauptsatzung des Landschaftsverbandes Westfalen-Lippe in der Neufassung vom 14.06.1994 (GV.NRW. S. 657), zuletzt geändert durch Artikel 6 des Gesetzes vom 23.10.2012 (GV. NRW. S. 474).

Beamte der sonstigen Körperschaften (Nichtgebietskörperschaften), der Anstalten und Stiftungen

Die Ernennung von Beamtinnen und Beamten der der Aufsicht des Landes unterstehenden Körperschaften (Nichtgebietskörperschaften, z. B. Landesunfallkasse Nordrhein-Westfalen, Landesverband Lippe), Anstalten (z. B. die Deutsche Rentenversicherung) und Stiftungen des öffentlichen Rechts, die gemäß § 2 BeamtStG die Dienstherrnfähigkeit kraft Besitzstandes (z. B. Landesverband Lippe, Landesunfallkasse Nordrhein-Westfalen, Hochschulen des Landes Nordrhein-Westfalen) oder kraft Verleihung besitzen, erfolgen durch die nach Gesetz, Verordnung oder Satzung hierfür zuständigen Stellen (vgl. § 16 Abs. 2 Satz 1 LBG).

Übung

Sachverhalt

Von den nachstehend genannten Behörden in Nordrhein-Westfalen wurden zum 01.09. jeweils Beamte auf Probe zur späteren Verwendung als Beamte auf Lebenszeit (§ 4 Abs. 3 Buchstabe a) BeamtStG) eingestellt, um in der Besoldungsgruppe A 9 Landesbesoldungsordnung[18] die Probezeit abzuleisten:

a) Bezirksregierung in D (Geschäftsbereich des Innenministeriums Nordrhein-Westfalen)
b) Stadt S
c) Kreis K
d) Landschaftsverband Westfalen-Lippe

Fragestellung

Welche Stelle ist für die jeweilige Ernennung zuständig?

Lösungshinweise

a) Ernennung des Beamten bei der Bezirksregierung in D

Die Landesregierung ernennt die Beamtinnen und Beamten des Landes (§ 16 Abs. 1 Satz 1 LBG). Sie kann die Befugnis auf andere Stellen übertragen (§ 16 Abs. 1 Satz 2 LBG).

Nach der Verordnung über die Ernennung, Entlassung und Zurruhesetzung der Beamten und Richter des Landes Nordrhein-Westfalen ernennt die Landesregierung die Beamten, denen ein Amt der Besoldungsgruppe B 3 oder R 3 oder ein Amt mit höherem Grundgehalt verliehen ist oder wird sowie die entsprechenden Beamten ohne

---

[18] Anlage 1 zum Besoldungsgesetz für das Land Nordrhein-Westfalen (Landesbesoldungsgesetz – LBesG NRW) vom 14.06.2016 (GV.NRW. S. 339)

Amt (vgl. § 1 Satz 1 der Verordnung über die Ernennung, Entlassung und Zurruhesetzung der Beamten und Richter des Landes Nordrhein-Westfalen).

Die Ausübung der Befugnis zur Ernennung der anderen Beamten des Landes wird auf die obersten Landesbehörden übertragen (vgl. § 2 der Verordnung über die Ernennung, Entlassung und Zurruhesetzung der Beamten und Richter des Landes Nordrhein-Westfalen).

Oberste Landesbehörden sind die Landesregierung, der Ministerpräsident und die Landesministerien (§ 3 LOG).

Die obersten Landesbehörden (im vorliegenden Fall das Ministerium für Inneres und Kommunales) wiederum werden durch § 3 der Verordnung über die Ernennung, Entlassung und Zurruhesetzung der Beamten und Richter des Landes Nordrhein-Westfalen ermächtigt, die Ausübung der Befugnis auf ihnen nachgeordnete Behörden und Einrichtungen zu übertragen.

Das Ministerium für Inneres und Kommunales hat von dieser Ermächtigung durch den Erlass der Verordnung über beamten- und disziplinarrechtliche Zuständigkeiten im Geschäftsbereich des für Inneres zuständigen Ministeriums Gebrauch gemacht[19]. Nach § 2 Abs. 1 Satz 1 dieser Verordnung wird die Ausübung der Befugnis zur Ernennung der Beamten ab der Besoldungsgruppe A 16 vom Ministerium wahrgenommen. Damit obliegt die Befugnis zur Ernennung der Beamten bis zur Besoldungsgruppe A 15 den nachgeordneten Behörden und Einrichtungen.

Zuständig für die Ernennung ist die Bezirksregierung (als dem Ministerium nachgeordnete Behörde) in D. Für die Bezirksregierung handelt der Regierungspräsident.

b) Ernennung des Beamten bei der Stadt S

Die Beamten der Gemeinden werden von den nach Gesetz, Verordnung oder Satzung hierfür zuständigen Stellen ernannt (vgl. § 16 Abs. 2 Satz 1 LBG). Der Bürgermeister trifft die dienstrechtlichen Entscheidungen, soweit gesetzlich nichts anderes bestimmt ist (vgl. § 73 Abs. 3 Satz 1 GO). Die Hauptsatzung kann bestimmen, dass für Bedienstete in Führungsfunktionen Entscheidungen, die das beamtenrechtliche Grundverhältnis oder das Arbeitsverhältnis eines Bediensteten zur Gemeinde verändern, durch den Rat oder den Hauptausschuss im Einvernehmen mit dem Bürgermeister zu treffen sind, soweit gesetzlich nichts anderes bestimmt ist (§ 73 Abs. 3 Satz 2 GO. Um einen solchen Fall handelt es sich hier nicht.

Die nach geltendem Recht auszustellenden Urkunden für Beamte bedürfen der Unterzeichnung durch den Bürgermeister oder seinen allgemeinen Vertreter (§ 74 Abs. 3 Satz 1 GO). Der Bürgermeister kann die Unterschriftsbefugnis nach § 74 Abs. 3 Satz 2 GO durch Dienstanweisung übertragen.

---

[19] Verordnung über beamten- und disziplinarrechtliche Zuständigkeiten im Geschäftsbereich des für Inneres zuständigen Ministeriums vom 18.11.2015 (GV.NRW. S. 760).

Zuständig für die Ernennung ist der Bürgermeister (wenn es sich um eine kreisfreie Stadt handelt, der Oberbürgermeister, vgl. § 40 Abs. 2 Satz 2 GO) der Stadt S.

c) Ernennung des Beamten beim Kreis K

Die Beamten der Gemeindeverbände werden von den nach Gesetz, Verordnung oder Satzung hierfür zuständigen Stellen ernannt (vgl. § 17 Abs. 2 Satz 1 LBG).

In den Kreisen trifft der Landrat die dienstrechtlichen Entscheidungen, soweit gesetzlich nichts anderes bestimmt ist (vgl. § 49 Abs. 1 Satz 1 KrO). Die Hauptsatzung kann bestimmen, dass für Bedienstete in Führungsfunktionen Entscheidungen, die das beamtenrechtliche Grundverhältnis oder das Arbeitsverhältnis eines Bediensteten zum Kreis verändern, durch den Kreistag oder den Kreisausschuss im Einvernehmen mit dem Landrat zu treffen sind, soweit gesetzlich nichts anderes bestimmt ist (§ 49 Abs. 1 Satz 2 KrO). Um einen solchen Fall handelt es sich nicht.

Zuständig für die Ernennung ist der Landrat des Kreises K.

d) Ernennung des Beamten beim Landschaftsverband Westfalen-Lippe

Die Beamten der Gemeindeverbände werden von den nach Gesetz, Verordnung oder Satzung hierfür zuständigen Stellen ernannt (vgl. § 17 Abs. 2 Satz 1 LBG).

Die Beamten des Landschaftsverbandes werden aufgrund eines Beschlusses des Landschaftsausschusses (Entscheidungszuständigkeit) vom Direktor des Landschaftsverbandes (Ausführungszuständigkeit) ernannt, befördert und entlassen (§ 20 Abs. 4 Satz 2 LVerbO. Die Satzung (jetzt Hauptsatzung) kann eine andere Regelung treffen (§ 20 Abs. 4 Satz 4 LVerbO).

Der Direktor des Landschaftsverbandes entscheidet nach § 8 Abs. 1 der Hauptsatzung des Landschaftsverbandes Westfalen-Lippe über die Einstellung von Beamten der Besoldungsgruppen A 1 - A 12.

Zuständig für die Ernennung ist der Direktor des Landschaftsverbandes Westfalen-Lippe.

5.3.1.1.2 Stellenausschreibung

Eine Stellenausschreibung ist nur durchzuführen, soweit dies durch Gesetz oder Rechtsverordnung vorgeschrieben ist. Ausschreibungen sind unter Beachtung der Gleichstellung von Frauen und Männern (Art. 2 Abs. 2 GG) geschlechtsneutral und unter Beachtung des Diskriminierungsverbots (§§ 1 und 7 AGG) zu formulieren.

Die Ausschreibung dient u. a. der Sicherung des Bewerbungsverfahrensanspruchs, der als Anspruch des Bewerbers auf eine sach- und fachgerechte Auswahl unter mehreren Bewerbern bezeichnet werden kann. Grundlage des Bewerbungsverfahrensanspruchs stellt Art. 33 Abs. 2 GG dar, der ein grundrechtsgleiches Rechts auf leistungsgerechte Einbeziehung eines Bewerbers in ein sachgerechtes Auswahlverfahren vermittelt.

Art. 33 Abs. 2 GG gewährt jedem Deutschen ein grundrechtsgleiches Recht auf gleichen Zugang zu jedem öffentlichen Amt nach Eignung, Befähigung und fachlicher Leistung. Daraus folgt der Anspruch eines Bewerbers auf ermessens- und beurteilungsfehlerfreie Entscheidung über seine Bewerbung.

Grundsätzlich darf sich die an Art. 33 Abs. 2 GG zu messende Auswahlentscheidung nicht anhand der Anforderungen eines konkreten Dienstpostens orientieren. Zwar entscheidet der Dienstherr über die Einrichtung und nähere Ausgestaltung von Dienstposten innerhalb der ihm zukommenden Organisationsgewalt nach seinen Bedürfnissen. Die Organisationsgewalt ist aber beschränkt und an die Auswahlgrundsätze des Art. 33 Abs. 2 GG gebunden, wenn mit der Dienstpostenzuweisung Vorwirkungen auf die spätere Vergabe des Amts im statusrechtlichen Sinn verbunden sind und die hierauf bezogene Auswahlentscheidung damit vorweggenommen oder vorbestimmt wird. In diesen Fällen sind die Vorgaben des Anforderungsprofils den Maßstäben aus Art. 33 Abs. 2 GG unterworfen. Da der Bezugspunkt der Auswahlentscheidung nach Art. 33 Abs. 2 GG nicht die Funktionsbeschreibung des konkreten Dienstpostens, sondern das angestrebte Statusamt ist, ist es mit Art. 33 Abs. 2 GG unvereinbar, einen Bewerber vom Auswahlverfahren auszuschließen, nur weil er den besonderen Anforderungen des aktuell zu besetzenden Dienstpostens nicht entspricht.[20]

In Bereichen, in denen Frauen nach Maßgabe des § 7 LGG unterrepräsentiert sind, sind grundsätzlich zu besetzende Stellen in allen Dienststellen des Dienstherrn auszuschreiben (§ 8 Abs. 1 Satz 1 LGG). Liegen nach einer Ausschreibung in allen Dienststellen des Dienstherrn oder Arbeitgebers keine Bewerbungen von Frauen vor, die die geforderte Qualifikation erfüllen und ist durch haushaltsrechtliche Bestimmungen eine interne Besetzung nicht zwingend vorgeschrieben, soll die Ausschreibung öffentlich einmal wiederholt werden (§ 8 Abs. 2 Satz 1 LGG). Im Einvernehmen mit der Gleichstellungsbeauftragten kann von einer öffentlichen Ausschreibung abgesehen werden (§ 8 Abs. 2 Satz 2 LGG).

In der Ausschreibung sind sowohl die männliche als auch die weibliche Form zu verwenden, es sei denn, ein bestimmtes Geschlecht ist unverzichtbare Voraussetzung für die Tätigkeit (§ 8 Abs. 4 Satz 1 LGG). Im Ausschreibungstext ist darauf hinzuweisen, dass Bewerbungen von Frauen ausdrücklich erwünscht sind und Frauen bei gleicher Eignung, Befähigung und fachlicher Leistung bevorzugt berücksichtigt werden, sofern nicht in der Person eines Mitbewerbers liegende Gründe überwiegen (§ 8 Abs. 4 Satz 2 LGG).

Die Ausschreibung hat sich ausschließlich an den Anforderungen des zu übertragenden Amtes zu orientieren (vgl. § 8 Abs. 5 LGG). Soweit zwingende dienstliche Belange nicht entgegenstehen, sind die Stellen einschließlich der Funktionen mit Vorgesetzten- und Leitungsaufgaben zur Besetzung auch in Teilzeit auszuschreiben (§ 8 Abs. 6 LGG).

---

[20] Bayerischer VGH, Beschluss vom 04.02.2015, 2 CE 14.2477, juris Langtext, Rn. 15 = NVwZ 2015, 604 = RiA 2015, 122.

Weitergehende Vorschriften über eine Ausschreibung bleiben von den Vorgaben des Landesgleichstellungsgesetzes unberührt (§ 8 Abs. 7 LGG). Gesetzlich vorgeschrieben ist die Stellenausschreibung z. B. für die Stellen der

- Beigeordneten (§ 71 Abs. 2 Satz 2 GO), bei Wiederwahl kann von einer Ausschreibung abgesehen werden (§ 71 Abs. 2 Satz 3 GO),
- Kreisdirektoren (§ 47 Abs. 2 KrO i. V. m. § 71 Abs. 2 Satz 2 GO),
- Direktoren der Landschaftsverbände und der Landesräte (§ 20 Abs. 2 Satz 2 LVerbO),
- Hochschullehrer (§ 38 Abs. 1 Satz 1 HG), Professoren und der Dozenten sowie der Abteilungsleiter der FHöV NRW (§§ 19 Abs. 1 und 20 Abs. 6 FHGöD, § 17 Abs. 2 Satz 1 FHGöD),
- Schulleiter und Stellvertreter (§ 61 Abs. 1 Satz 1 SchulG).

Von einer Ausschreibung i. S. des § 8 Abs. 1 und 2 LGG kann nach Abs. 8 der Vorschrift abgesehen werden bei

- Stellen der (politischen) Beamten i. S. des § 37 LBG,
- Stellen, die Anwärtern nach dem Vorbereitungsdienst vorbehalten sein sollen,
- Stellen, deren Besetzung nicht mit der Übertragung eines höherbewerteten Dienstpostens verbunden sind und
- Stellen der kommunalen Wahlbeamten.

Die öffentliche Verwaltung geht vermehrt dazu über, jede Stelle öffentlich auszuschreiben, um dem Leistungsprinzip aus Art. 33 Abs. 2 GG und § 9 BeamtStG verstärkt Rechnung zu tragen.

Bei Bundesbeamten ist die Stellenausschreibung der Regelfall (vgl. § 8 Abs. 1 Satz 1 BBG, § 4 BLV).

Ist die Ausschreibung einer Stelle nach dem Landesgleichstellungsgesetz bzw. nach sondergesetzlichen Regelungen nicht erforderlich, muss sie nicht ausgeschrieben werden. Das Leistungsprinzip des Art. 33 Abs. 2 GG muss deswegen nicht gefährdet sein. Das Bundesverwaltungsgericht führt hierzu aus:

„In der Regel wird es bei der Besetzung von Stellen den Grundsätzen einer vernünftigen Personalpolitik entsprechen, sie auch ohne Bestehen einer gesetzlichen oder sonstigen Verpflichtung auszuschreiben, um aus einem möglichst großen Kreis von Bewerbern eine Auswahl treffen zu können, die es sicherstellt, möglichst qualifizierte Mitarbeiter zu gewinnen".[21]

---

[21] BVerwG, Beschluss vom 13.10.1978, 6 P 6/78, juris Langtext Rn. 13 = BVerwGE 56, 324 ;BVerwG, Beschluss vom 11.02.1981, 6 P 44/79, juris Langtext, Rn. 37 = BVerwGE 61, 325 (334) = ZBR 1981, 381 = DÖV 1981, 632.

Die Literatur fordert wegen des Leistungsprinzips und der sozialstaatlich begründbaren Chancengleichheit der Bewerber eine allgemeine Ausschreibungspflicht[22] und lehnt die Judikatur ab.

Jedes Grundrecht oder grundrechtsgleiches Recht, also auch die subjektiv-rechtliche Komponente des Leistungsprinzips muss vom Adressaten ausgeübt werden können. Das setzt die Kenntnis von einer freien Stelle voraus. Eine potentielle Kandidatin bzw. ein potentieller Kandidat kann den aus Art. 33 Abs. 2 GG folgenden Bewerbungsanspruch ohne Kenntnis nicht ausüben. Das Ausschreibungsverfahren stellt ein notwendiges Element dar, um die materiell-rechtliche Rechtsposition überhaupt verwirklichen zu können. Es gibt keine anderen Möglichkeiten als Ausschreibungen, den Kreis der potentiellen Bewerber auf eine freie Stelle hinzuweisen[23]

Soweit eine Personalmaßnahme der Mitbestimmung unterliegen kann, wirkt der Personalrat bei Stellenausschreibungen mit (vgl. § 73 Nr. 2 LPVG).

5.3.1.1.3 Formalisiertes Auswahlverfahren

Formalisierte Auswahlverfahren dienen wie die Stellenausschreibung der Verwirklichung des Leistungsprinzips aus Art. 33 Abs. 2 GG und gleichzeitig dem Grundsatz der Gleichbehandlung nach Art. 3 GG. Sie sind in Ausbildungsordnungen bzw. Ausbildungs- und Prüfungsordnungen vorgesehen. So bestimmen z. B. § 4 Abs. 1 Satz 1 VAPgD BA und § 3 Abs. 1 VAPPol II Bachelor, dass der Entscheidung über die Zulassung ein Auswahlverfahren vorausgeht.

Die Auswahlmethode bestimmt für den Landesdienst die oberste Dienstbehörde (für den Polizeivollzugsdienst das für Inneres zuständige Ministerium, im Übrigen die Einstellungskörperschaft unter Berücksichtigung der in Wissenschaft und Praxis sich fortentwickelnden Erkenntnisse über Personalauseverfahren (§ 4 Abs. 2 Satz 1 VAPgD BA, § 3 Abs. 2 Satz 2 VAPPol II Bachelor). Die Auswahlmethode muss für Bewerber desselben Zulassungstermins gleich bleiben (§ 4 Abs. 2 Satz 2 VAPgD BA, § 3 Abs. 2 Satz 3 VAPPol II Bachelor).

5.3.1.1.4 Beteiligung des zu ernennenden Beamten

Die Ernennung erfolgt durch die Aushändigung der Ernennungsurkunde § 8 Abs. 2 Satz 1 BeamtStG). Dabei handelt es sich um einen mitwirkungsbedürftigen Verwaltungsakt (§ 35 Satz 1 VwVfG NRW), wobei die Zustimmung des Beamten in der Regel in der

---

[22] Vgl. Nachweise bei Wichmann/Langer, Rn. 94, die die unter Rn. 21 zitierte Judikatur mit dem berechtigten Hinweis ablehnen, dass jedes Grundrecht oder grundrechtsgleiche Recht, also auch die subjektiv-rechtliche Komponente des Leistungsprinzips vom Adressaten ausgeübt werden können muss und die Ausübung seines aus Art. 33 Abs. 2 GG fließenden Bewerbungsanspruchs eine Information über freie Ämter voraussetzt.
[23] Wichmann/Langer, Rn. 94.

vorbehaltlosen Entgegennahme der Ernennungsurkunde zu erblicken ist[24]. Bei Minderjährigen ist die vorherige Zustimmung der gesetzlichen Vertreter erforderlich[25]. Eine ordnungsgemäße Ernennung setzt voraus, dass die Aushändigung der Ernennungsurkunde durch die zuständige Stelle (z. B. Bürgermeister oder Regierungspräsident) zu dem entsprechenden Zeitpunkt gewollt und bewusst erfolgt. Die Aushändigung an einen Vertreter oder die bloße Kenntnis von dem Vorgang ersetzt die Beteiligung des Beamten nicht.

Die Beteiligung des Beamten ist ausnahmsweise bei postalischer Aushändigung der Ernennungsurkunde zu bejahen, wenn jede Form der Ersatzzustellung an andere Personen ausgeschlossen wird.

Zur Mitwirkung von gesetzlichen Vertretern von Minderjährigen und zu zustimmungsfreien Beamtenernennungen vgl. die Ausführungen zu 5.1.1.2.

5.3.1.1.5 Beteiligung unterlegener Mitkonkurrenten

Damit von der Ernennungsbehörde keine vollendeten Tatsachen zum Nachteil von Mitkonkurrenten bei einer Ernennung geschaffen werden, muss für diese die Möglichkeit bestehen, einen Antrag auf einstweilige Anordnung nach § 123 Abs. 1 Satz 1 VwGO zu stellen, bevor die beabsichtigte Entscheidung realisiert worden ist. Auf Antrag kann das zuständige Verwaltungsgericht, auch schon vor Klageerhebung, eine einstweilige Anordnung in Bezug auf den Streitgegenstand treffen, wenn die Gefahr besteht, dass durch eine Veränderung des bestehenden Zustandes die Verwirklichung eines Rechts des Antragstellers vereitelt werden könnte. Für den Erlass einstweiliger Anordnungen ist das Gericht der Hauptsache zuständig (§ 123 Abs. 2 Satz 1 VwGO). Das Gericht entscheidet durch Beschluss (§ 123 Abs. 4 VwGO).

Die Stellung des Antrages beim Verwaltungsgericht setzt voraus, dass Konkurrenten innerhalb einer für die Rechtsschutzüberlegungen ausreichenden Zeitspanne Kenntnis von der Absicht der Ernennung eines Mitbewerbers durch die zuständige Stelle erhalten[26]. Der Dienstherr hat unterlegene Mitbewerber rechtzeitig vor der Ernennung über das Ergebnis der Auswahlentscheidung und die maßgebenden Gründe dafür zu unterrichten.[27] Danach muss er eine angemessene Zeit zuwarten, damit die Unterlegenen das Verwaltungsgericht anrufen können; in der Praxis der Verwaltungsgerichte hat sich eine Wartezeit von zwei Wochen ab Zugang der Mitteilung über die Ablehnung der Bewerbung als angemessen herausgebildet[28]. Hat der Dienstherr in der abschließenden Beschwerdeinstanz des einstweiligen Rechtsschutzes vor dem Oberverwaltungsgericht obsiegt, muss er nochmals angemessene Zeit mit der Ernennung warten, um dem unterlegenen

---

[24] Vgl. BVerwG, Urteil vom 06.11.1969, 2 C 110/67, BVerwGE 34, 168 = ZBR 1971, 15 = DÖD 1970, 232.
[25] Vgl. BVerwG, Urteil vom 21.03.1996, 2 C 30/94, BVerwGE 1996, 258 = Schütz BeamtR ES/C I 2 Nr 22 = DÖD 1996, 285.
[26] BVerfG, Stattgebender Kammerbeschluss vom 24.09.2002, 2 BvR 857/02, Schütz BeamtR ES/A II 1.4 Nr 92 = ZBR 2002, 427 = DÖD 2003, 17.
[27] BVerwG, Urteil vom 01.04.2004, 2 C 26/03, Schütz BeamtR ES/A II 1.4 Nr 110 = DÖD 2004, 250 = NVwZ 2004, 1257.
[28] BVerwG, Urteil vom 04.11.2010, 2 C 16/09, juris Langtext, Rn. 34 = BVerwGE 138, 102 = ZBR 2011, 91.

Bewerber Gelegenheit zu geben, zur Durchsetzung seines Bewerbungsverfahrensanspruches nach Art. 33 Abs. 2 GG das Bundesverfassungsgericht anzurufen[29]. Erst nach Ablauf dieser Zeiträume darf die Ernennung vorgenommen werden.

Der Bewerbungsverfahrensanspruch kann als Anspruch des Bewerbers auf eine sach- und fachgerechte Auswahl unter mehreren Bewerbern bezeichnet werden. Grundlage des Bewerbungsverfahrensanspruchs stellt Art. 33 Abs. 2 GG dar, der ein grundrechtsgleiches Rechts auf leistungsgerechte Einbeziehung eines Bewerbers in ein sachgerechtes Auswahlverfahren vermittelt. Art. 33 Abs. 2 GG gewährt jedem Deutschen ein grundrechtsgleiches Recht auf gleichen Zugang zu jedem öffentlichen Amt nach Eignung, Befähigung und fachlicher Leistung. Daraus folgt der Anspruch eines Bewerbers auf ermessens- und beurteilungsfehlerfreie Entscheidung über seine Bewerbung.

5.3.1.1.6 Beteiligung der Gleichstellungsbeauftragten

Die Beteiligung der Gleichstellungsbeauftragten dient der Verwirklichung des Grundrechts der Gleichberechtigung von Frauen und Männern (vgl. Art. 3 Abs. 2 GG, § 1 Abs. 1 Satz 1 LGG).

Durch das **Landesgleichstellungsgesetz** werden Frauen gefördert, um bestehende Benachteiligungen in Verwaltungen des Landes, der Gemeinden und Gemeindeverbände und der sonstigen der Aufsicht des Landes unterstehenden Körperschaften, Anstalten und Stiftungen des öffentlichen Rechts, in Eigenbetrieben und Krankenhäusern des Landes, der Gemeinden sowie Gemeindeverbände usw. abzubauen (vgl. § 1 Abs. 1 Satz 2, § 2 Abs. 1 Satz 1 LGG).

Die Gleichstellungsbeauftragte unterstützt nach § 17 Abs. 1 Halbsatz 1 LGG die Dienststelle und wirkt bei allen Maßnahmen mit, die Auswirkungen auf die Gleichstellung von Frau und Mann haben können. Dies gilt nach § 17 Abs. 1 Halbsatz 2 Nr. 1 LGG insbesondere auch für personelle Maßnahmen, einschließlich der Auswahlverfahren und der Vorstellungsgespräche.

Nach § 18 Abs. 1 Satz 1 LGG erhält die Gleichstellungsbeauftragte Einsicht in alle Akten, die Maßnahmen betreffen, an denen sie zu beteiligen ist. Bei Personalentscheidungen gilt dies nach § 18 Abs. 1 Satz 2 LGG auch für die Bewerbungsunterlagen, einschließlich der von Bewerberinnen und Bewerbern, die nicht in die engere Auswahl einbezogen werden, sowie für Personalakten nach Maßgabe der Grundsätze des § 84 Abs. 2 (jetzt § 83 Abs. 2 LBG).

Die Gleichstellungsbeauftragte ist nach § 18 Abs. 2 Satz 1 LGG frühzeitig über beabsichtigte Maßnahmen zu unterrichten und anzuhören. Nach § 18 Abs. 2 Satz 2 LGG ist ihr innerhalb einer angemessenen Frist, die eine Woche nicht unterschreiten darf, Gelegenheit zur Stellungnahme zu geben. Wird die Gleichstellungsbeauftragte nicht rechtzei-

---

[29] BVerwG, Urteil vom 04.11.2010, 2 C 16/09, juris Langtext, Rn. 35 = BVerwGE 138, 102 = ZBR 2011, 91.

tig an einer Maßnahme beteiligt, ist die Entscheidung über die Maßnahme für eine Woche auszusetzen und die Beteiligung nachzuholen (§ 17 Abs. 3 Satz 1 LGG).

Hält die Gleichstellungsbeauftragte eine Maßnahme für unvereinbar mit dem Landesgleichstellungsgesetz oder anderen Vorschriften zur Gleichstellung von Frau und Mann, kann sie innerhalb einer Woche nach ihrer Unterrichtung der Maßnahme widersprechen; die Dienststelle entscheidet erneut über die Maßnahme (vgl. § 18 Abs. 1 Satz 1 Halbsatz 1 und Satz 2 LGG). Wird dem Widerspruch nicht abgeholfen, kann die Gleichstellungsbeauftragte nach § 18 Abs. 2 Satz 1 LGG innerhalb einer Woche nach der erneuten Entscheidung der Dienststelle eine Stellungnahme der übergeordneten Dienststelle einholen.

Zum Widerspruch der Gleichstellungsbeauftragten an einer Hochschule nimmt die Gleichstellungskommission, ansonsten der Senat Stellung (§ 19 Abs. 2 Satz 4 LGG).

5.3.1.1.7 Beteiligung des Personalrates

Der Personalrat hat darüber zu wachen, dass alle Angehörigen der Dienststelle nach Recht und Billigkeit behandelt werden, insbesondere, dass jede Benachteiligung von Personen aus Gründen ihrer Rasse oder wegen ihrer ethnischen Herkunft, ihrer Abstammung oder sonstigen Herkunft, ihrer Nationalität, ihrer Religion oder Weltanschauung, ihrer Behinderung, ihres Alters, ihrer politischen oder gewerkschaftlichen Betätigung oder Einstellung oder wegen ihres Geschlechts oder ihrer sexuellen Identität unterbleibt (vgl. § 62 LPVG). Dies gilt bereits bei der Einstellung von Bewerbern. Auf Verlangen sind dem Personalrat bei Einstellungen die Unterlagen aller Bewerber vorzulegen (vgl. § 65 Abs. 2 Satz 1 LPVG). An Gesprächen, die im Rahmen geregelter oder auf Übung beruhender Vorstellungsverfahren zur Auswahl unter mehreren dienststellenexternen Bewerbern von der Dienststelle geführt werden, kann ein Mitglied des Personalrats ohne Mitbestimmungsrecht bei der Auswahlentscheidung teilnehmen (vgl. 65 Abs. 2 Satz 2 Halbsatz 1 LPVG). Ein Mitbestimmungsrecht bei der Auswahlentscheidung besteht nicht.

Bei der Einstellung von Beamten hat der Personalrat grundsätzlich mitzubestimmen (vgl. § 72 Abs. 1 Satz 1 Nr. 1 LPVG), d. h., diese Entscheidung darf nur mit der Zustimmung des Personalrates getroffen werden (vgl. § 66 Abs. 1 Satz 1 LPVG). Zum Beteiligungsverfahren vgl. Ausführungen zu 12.3.

Der Personalrat hat in folgenden Fällen **nur auf Antrag** des Beamten mitzubestimmen (§ 72 Abs. 1 Satz 2 Halbsatz 1 LPVG).

Personalmaßnahmen für:

- Beamte i. S. von § 8 Abs. 1 bis 3 und § 11 Abs. 2 Buchstabe b) LPVG (Dienststellenleiter, Vorstände, Beamte, die selbstständige Entscheidungen i. S. von § 72 Abs. 1 Satz 1 LPVG treffen dürfen) und
- Dozenten gemäß § 20 FHGöD.

§ 72 Abs. 1 Satz 1 LPVG **gilt u. a. nicht** (§ 72 Abs. 1 Satz 2 Halbsatz 2 LPVG)

- für die in § 37 des Landesbeamtengesetzes bezeichneten Beamten[30],
- für Beamtenstellen von der Besoldungsgruppe B 3 an aufwärts, ,
- für kommunale Wahlbeamte,
- für Leiter von öffentlichen Betrieben in den Gemeinden, den Gemeindeverbänden und den sonstigen der Aufsicht des Landes unterstehenden Körperschaften, Anstalten und Stiftungen des öffentlichen Rechts.

Ehrenbeamte gehören nicht zu den Beschäftigten i. S. des Landespersonalvertretungsgesetzes (§ 5 Abs. 4 Buchstabe c) LPVG).

5.3.1.1.8 Beteiligung der Schwerbehindertenvertretung

Die Schwerbehindertenvertretung hat nach § 95 Abs. 1 SGB IX die Aufgabe, die Eingliederung schwerbehinderter Menschen in den Betrieb oder in die Dienststelle zu fördern und die Interessen der schwerbehinderten Menschen zu vertreten.

Der Arbeitgeber hat die Schwerbehindertenvertretung in allen Angelegenheiten, die die schwerbehinderten Menschen berühren, unverzüglich und umfassend zu unterrichten und vor einer Entscheidung anzuhören (vgl. § 95 Abs. 2 Satz 1 SGB IX).

5.3.1.1.9 Beteiligung des Landespersonalausschusses

Der Landespersonalausschuss (vgl. 3.3.3.4) als unabhängiges Gremium entscheidet in verschiedenen Personalangelegenheiten, bei der Einstellung (Begründung des Beamtenverhältnisses) insbesondere über Ausnahmen vom Gebot der Einstellung im Einstiegsamt einer Laufbahn (vgl. §§ 14 Abs. 1 Satz 1, § 97 Abs. 1 Nr. 1 Buchstabe a) LBG).

Der Landespersonalausschuss stellt ferner fest, ob andere Bewerber (vgl. § 97 Abs. 1 Nr. 2 LBG) zum Zeitpunkt der Einstellung die erforderliche Befähigung für die Laufbahn, in der sie verwendet werden sollen, besitzen (vgl. § 12 Abs. 3 LBG).

An die Stelle des Landespersonalausschusses tritt für die so genannten politischen Beamten (vgl. § 37 Abs. 1 LBG) bei der Befähigungsfeststellung (vgl. § 12 Abs. 3 LBG) und bei Ausnahmen vom Gebot der Einstellung im Eingangsamt (§ 14 Abs. 1 Satz 1LBG) die Landesregierung (vgl. § 37 Abs. 2 LBG).

Zu den Folgen der fehlenden Beteiligung des Landespersonalausschusses vgl. Ausführungen zu 5.4.2.

---

[30] Chef der Staatskanzlei, Staatssekretäre, Regierungspräsidenten, Leiter der für den Verfassungsschutz zuständigen Abteilung, Regierungssprecher, Polizeipräsidenten, soweit sie Beamte auf Lebenszeit sind.

5.3.1.1.10 Beteiligung der Aufsichtsbehörde und der Bezirksregierung bei der Ernennung kommunaler Wahlbeamter

Auf die kommunalen Wahlbeamten (vgl. zu den Beigeordneten § 71 GO und zur Bestellung eines allgemeinen Vertreters des Landrats § 47 KrO) finden die für die Beamten allgemein geltenden Vorschriften des Landesbeamtengesetzes Anwendung, soweit § 119 LBG nichts anderes bestimmt. Im Übrigen sind die Vorschriften der Gemeinde- bzw. der Kreisordnung zu beachten.

Die Beigeordneten der Gemeinden werden vom Rat für die Dauer von acht Jahren gewählt (vgl. § 71 Abs. 1 Satz 3 GO). Eine Ernennungsurkunde darf erst ausgehändigt werden, wenn die Wahl nicht innerhalb eines Monats nach ihrer Durchführung aufgrund der dafür geltenden Vorschriften beanstandet worden ist oder wenn eine gesetzlich vorgeschriebene Bestätigung der Wahl vorliegt (vgl. § 16 Abs. 2 Satz 2 LBG).

Verletzt ein Beschluss des Rates im Zusammenhang mit der Wahl eines Beigeordneten geltendes Recht, so hat der Bürgermeister den Beschluss zu beanstanden (vgl. § 54 Abs. 2 Satz 1 GO). Auch die Aufsichtsbehörde kann den Bürgermeister anweisen, einen solchen Beschluss zu beanstanden (vgl. § 122 Abs. 2 Satz 1 GO). Aus diesem Grund darf die Ernennungsurkunde erst ausgehändigt werden, wenn nicht innerhalb der gesetzlichen Frist eine Beanstandung erfolgt. Die allgemeine Aufsicht über kreisangehörige Gemeinden führt der Landrat als untere staatliche Aufsichtsbehörde (§ 120 Abs. 1 GO), die allgemeine Aufsicht über kreisfreie Städte führt die Bezirksregierung (§ 120 Abs. 2 GO).

Die Hauptsatzung eines Kreises kann bestimmen, dass der allgemeine Vertreter des Landrats durch den Kreistag für die Dauer von acht Jahren gewählt wird (vgl. § 47 Abs. 1 Satz 2 KrO). Der gewählte Vertreter des Landrats führt die Amtsbezeichnung „Kreisdirektor" (§ 47 Abs. 1 Satz 3 KrO) und ist kommunaler Wahlbeamter, dessen Ernennungsurkunde der Aushändigungsfrist des § 16 Abs. 2 Satz 2 LBG unterliegt. Bezüglich des Beanstandungsrechts sind die §§ 39 Abs. 2 Satz 1, 57 Abs. 3 KrO i. V. m. den Vorschriften über die Aufsicht des 13. Teils (§§ 119 ff.) der Gemeindeordnung zu beachten.

Die Wahl des allgemeinen Vertreters des Landrats bedarf wegen seiner Aufgaben als untere staatliche Aufsichtsbehörde (vgl. § 9 Abs. 2 LOG) der Bestätigung der Bezirksregierung (vgl. § 47 Abs. 1 Satz 4 KrO). Dem gewählten Kreisdirektor darf die Ernennungsurkunde daher nur ausgehändigt werden, wenn die gesetzlich vorgeschriebene Bestätigung der Wahl vorliegt (vgl. § 16 Abs. 2 Satz 2 LBG).

5.3.1.1.11 Beteiligung anderer Stellen

Unter bestimmten Voraussetzungen sind im Einstellungsverfahren andere Stellen zu beteiligen. So ist z. B. eine Beteiligung bei Überschreitung des zulässigen Höchstalters und bei der Einstellung von Bewerbern mit einer ausländischen Staatsangehörigkeit erforderlich. Zu den materiellen Voraussetzungen vgl. 5.3.1.2.

Einstellung von Bewerbern bei Überschreitung des Höchstalters

Laufbahnbewerber dürfen nur in das Beamtenverhältnis auf Probe eingestellt werden, wenn sie das 42. Lebensjahr noch nicht vollendet haben (vgl. § 14 Abs. 3 LBG). Die Höchstaltersgrenze gilt damit nicht für andere Bewerber.

Ausnahmen von dem Höchstalter für die Einstellung in das Beamtenverhältnis können zugelassen werden

- für einzelne Fälle oder Gruppen von Fällen, wenn der Dienstherr ein erhebliches dienstliches Interesse daran hat, Bewerber als Fachkräfte zu gewinnen oder zu behalten § 14 Abs. 10 Satz 1 Nr. 1 LBG) oder
- für einzelne Fälle, wenn sich nachweislich der berufliche Werdegang aus von dem Bewerber nicht zu vertretenden Gründen in einem Maß verzögert hat, dass die Anwendung der Höchstaltersgrenze unbillig erscheinen ließe § 14 Abs. 10 Satz 1 Nr. 2 LBG).

Nach § 14 Abs. 10 Satz 2 LBG liegt ein erhebliches dienstliches Interesse im Sinne von § 14 Abs. 10 Satz 1 Nr. 1 LBG insbesondere vor, wenn die Ausnahmeerteilung zur Sicherstellung der Erledigung der öffentlichen Aufgabe erforderlich ist.

Einer Ausnahmegenehmigung bedarf es nicht, wenn die Höchstaltersgrenze wegen der tatsächlichen Betreuung eines minderjährigen Kindes sowie der tatsächlichen Pflege von nahen Angehörigen erhöht (§ 14 Abs. 5 Satz 1 Nr. 3 und Nr. 4 LBG) . In diesen Fällen darf die Altersgrenze insgesamt höchstens um sechs Jahre überschritten werden (§ 14 Abs. 5 Satz 2 LBG).

Schwerbehinderte Laufbahnbewerber dürfen in das Beamtenverhältnis auf Probe eingestellt oder übernommen werden, wenn sie das 45. noch nicht vollendet haben (§ 14 Abs. 6 LBG)

§ 7 Abs. 6 des Soldatenversorgungsgesetzes bleibt unberührt (§ 14 Abs. 7 LBG)

Über **Ausnahmen vom Höchstalter** gemäß § 14 Abs. 10 LBG für die Einstellung in das Beamtenverhältnis entscheiden für die Beamten

- des Landes die oberste Dienstbehörde als Aufsichtsbehörde im Einvernehmen mit dem für Inneres zuständigen Ministerium (Ministerium für Inneres und Kommunales) und dem Finanzministerium § 14 Abs. 11 Nr. 1 LBG,
- der Landschaftsverbände, des Landesverbandes Lippe und des Regionalverbandes Ruhr das für Inneres zuständige Ministerium (Ministerium für Inneres und Kommunales) als Aufsichtsbehörde § 14 Abs. 11 Nr. 2 LBG der Gemeinden und der sonstigen Gemeindeverbände die Aufsichtsbehörde, in den Fällen der auf Gruppen bezogenen Ausnahmen nach § 14 Abs. 10 Satz 1 Nr. 1 LBG die Bezirksregierung als Aufsichtsbehörde § 14 Abs. 11 Nr. 3 LBG oder
- der der Aufsicht des Landes unterstehenden Körperschaften, Anstalten und Stiftungen des öffentlichen Rechts, mit Ausnahme der Gemeinden und Gemeindever-

bände, die Aufsichtsbehörde, bei Lehrerinnen und Lehrern im Einvernehmen mit der Schulaufsichtsbehörde § 14 Abs. 11 Nr. 4 LBG.

Zu den Folgen der fehlenden Beteiligung einer Aufsichtsbehörde vgl. Ausführungen zu 5.4.2.

Einstellung von Bewerbern mit einer ausländischen Staatsangehörigkeit

In das Beamtenverhältnis darf grundsätzlich nur berufen werden, wer Deutscher i. S. des Art. 116 GG ist, oder die Staatsangehörigkeit eines anderen Mitgliedsstaates der Europäischen Union oder eines anderen Vertragsstaates des Abkommens über den Europäischen Wirtschaftsraum oder eines Drittstaates, dem Deutschland und die Europäische Union vertraglich einen entsprechenden Anspruch auf Anerkennung von Berufsqualifikationen eingeräumt haben besitzt (vgl. § 7 Abs. 1 Satz 1 Nr. 1 BeamtStG).

Wenn es spezielle Aufgaben erfordern, darf nach § 7 Abs. 2 BeamtStG nur ein Deutscher im Sinne des Art. 116 GG in ein Beamtenverhältnis berufen werden.

Ausnahmen im Sinne von § 7 Abs. 1 Nr. 1 und Abs. 2 BeamtStG können nach § 7 Abs. 3 BeamtStG nur zugelassen werden, wenn für die Gewinnung des Beamten ein dringendes dienstliches Interesse besteht oder bei der Berufung von Hochschullehrern und anderen Mitarbeitern des wissenschaftlichen und künstlerischen Personals in das Beamtenverhältnis andere wichtige Gründe vorliegen. Ausnahmen nach § 7 Abs. 3 BeamtStG erlässt nach § 3 Abs. 2 LBG die oberste Dienstbehörde; für die Beamten der Gemeinden und Gemeindeverbände und der sonstigen der Aufsicht des Landes unterstehenden Körperschaften, Anstalten und Stiftungen des öffentlichen Rechts die oberste Aufsichtsbehörde. das Innenministerium (jetzt Ministerium für Inneres und Kommunales); vgl. für Professoren, Juniorprofessoren oder wissenschaftliche und künstlerische Mitarbeiter auch § 121 Abs. 1 LBG. Zu den materiellen Voraussetzungen vgl. Ausführungen unter 5.3.1.2.4.

5.3.1.1.12 Ernennungsurkunde

Die rechtmäßige Ernennungsurkunde muss bestimmte Voraussetzungen erfüllen. Für die verschiedenen Ernennungsfälle sind bestimmte Inhalte verbindlich vorgeschrieben. Auch ist im Einzelnen geregelt, wer für die Unterzeichnung zuständig ist.

Urkundeninhalt

Zur Begründung eines Beamtenverhältnisses (Einstellung) bedarf es einer Ernennung § 8 Abs. 1 Nr. 1 BeamtStG). Eine Ausnahme hierzu stellen die Beamtenverhältnisse der direkt gewählten Bürgermeister und Landräte dar. Das Beamtenverhältnis des von den Bürgern in allgemeiner, unmittelbarer, freier, gleicher und geheimer Wahl gewählten Bürgermeisters (vgl. § 65 Abs. 1 GO) wird mit dem Tage der Annahme der Wahl, frühestens mit dem Ausscheiden der Vorgängerin oder des Vorgängers aus dem Amt, begründet (Amtsantritt) und bedarf keiner Ernennung (§ 118 Abs. 3 Satz 1 LBG). Für Landräte, die nach § 44 Abs. 1 KrO gewählt werden, gilt diese Regelung entsprechend (vgl. § 118 Abs. 10 LBG). Bei der Ausnahme handelt es sich um eine Durchbrechung des Urkundenprinzips, der durch das Votum der Wahlberechtigten begründet ist. Aus dem ansonsten erforderlichen Hoheitsakt wird mit dem Amtsantritt ein Realakt.

Für alle anderen Beamtenverhältnisse erfolgt die Ernennung durch Aushändigung einer Ernennungsurkunde(§ 8 Abs. 2 BeamtStG), die im Fall der Einstellung (Begründung des Beamtenverhältnisses) die Worte „unter Berufung in das Beamtenverhältnis" mit dem die Art des Beamtenverhältnisses bestimmenden Zusatz „auf Lebenszeit", „auf Probe", „auf Widerruf", „als Ehrenbeamtin oder als Ehrenbeamter" oder „auf Zeit" mit der Angabe der Zeitdauer der Berufung enthalten muss (§ 8 Abs. 2 Nr. 1 BeamtStG.

Unterzeichnung der Ernennungsurkunde

Unterzeichnungsbefugnis in der Landesverwaltung

Bestimmungen über die Unterzeichnung der Ernennungsurkunden enthält Nr. 1.2 der VV zu den §§ 8, 9 BeamtStG / § 15 LBG (Ernennung)[31].

Für Beamte des Landtags gilt § 106 LBG (Unterzeichnung durch die Präsidentin oder den Präsidenten des Landtags).

Nach Nr. 1.2.1, 1.2.2 und 1.2.3 der VV zu den §§ 8, 9 BeamtStG/§ 15 LBG NRW (Ernennung) werden Urkunden nach § 13 der Geschäftsordnung der Landesregierung Nordrhein-Westfalen (GOLR) vollzogen.

Vollziehen nach § 13 Abs. 1 GOLR die Ministerpräsidentin oder der Ministerpräsident und ein Mitglied der Landesregierung die Urkunden, unterzeichnen sie:

„Die Landesregierung Nordrhein-Westfalen
Die Ministerpräsidentin / Der Ministerpräsident
(Name)
Die Ministerin/Der Minister
(Name)".

Vollzieht nach § 13 Abs. 2 GOLR die Ministerpräsidentin oder der Ministerpräsident die Urkunden, unterzeichnet sie oder er

„Die Landesregierung Nordrhein-Westfalen
Die Ministerpräsidentin / Der Ministerpräsident
(Name)".

---

[31] Verwaltungsvorschriften zur Ausführung des Beamtenstatusgesetzes (BeamtStG) und des Landesbeamtengesetzes vom10.11.2009 (MBl.NRW. S. 532), geändert durch VV vom 11.02.2011 (MBl.NRW. S. 68).

Vollzieht nach § 13 Abs. 3 GOLR ein Mitglied der Landesregierung die Urkunde, zeichnet es

> „Für die Landesregierung Nordrhein-Westfalen
> Die Ministerin/Der Minister
> (Name)".

Ist in diesen Fällen die Ministerpräsidentin oder der Ministerpräsident verhindert, werden die Urkunden von ihrem oder seinem Vertreter in der Landesregierung vollzogen

> „Der Stellvertreter
> der Ministerpräsidentin / des Ministerpräsidenten
> oder
> „Für die Ministerpräsidentin / den Ministerpräsidenten
> Die Ministerin/Der Minister
> (Name)".

Ist in diesen Fällen die zuständige Ministerin oder der zuständige Minister verhindert, werden die Urkunden von der jeweiligen Vertreterin oder dem jeweiligen Vertreter in der Landesregierung vollzogen

> „Für die Ministerin/den Minister
> Die Ministerin/Der Minister
> (Name)".

Bei Zuständigkeit einer obersten Landesbehörde vollzieht diese die Urkunde

> „Im Namen der Landesregierung
> Nordrhein-Westfalen
> Das Ministerium
> (Name der/des Zeichnungsbefugten)".

Bei Zuständigkeit einer Behörde, Einrichtung oder Stelle der Landesverwaltung, die einer obersten Landesbehörde untersteht, vollzieht diese die Urkunde

> „Im Namen der Landesregierung
> Nordrhein-Westfalen
> Für das Ministerium
> Die Behörde/Die Einrichtung/Die Stelle
> (Name der/des Zeichnungsbefugten)".

Ernennungsurkunden werden von der Person unterzeichnet, die nach der Geschäftsordnung der für die Ernennung zuständigen Stelle befugt ist. Ist die zeichnungsbefugte Person verhindert, zeichnet - außer in den Fällen der Zuständigkeit der Landesregierung - die vertretungsberechtigte Person „In Vertretung".

Unterzeichnungsbefugnis in der Kommunalverwaltung

Die Ausfertigung der Ernennungsurkunden in der Kommunalverwaltung regeln die kommunalen Verfassungsgesetze. Die Ernennungsurkunden der Gemeindebeamten sind vom Bürgermeister oder seinem allgemeinen Vertreter zu unterzeichnen (§ 74 Abs. 3 Satz 1 GO). Der Bürgermeister kann die Unterschriftsbefugnis durch Dienstanweisung übertragen (§ 74 Abs. 3 Satz 2 GO). Die Ernennungsurkunden der Beamten des Kreises bedürfen der Unterzeichnung durch den Landrat oder seinen Stellvertreter (§ 49 Abs. 4 Satz 1 KrO). Die Übertragung der Befugnis durch Dienstanweisung ist ebenfalls möglich (vgl. § 49 Abs. 4 Satz 2 KrO).

5.3.1.1.13 Planstelleneinweisung

Der Ernennungsfall „Einstellung" erfordert grundsätzlich keine Planstelleneinweisung. Nur bei der Begründung des Beamtenverhältnisses mit gleichzeitiger Übertragung eines Amtes (Begründung eines Beamtenverhältnisses auf Probe, auf Lebenszeit und auf Zeit, vgl. § 8 Abs. 3 BeamtStG) ist eine Planstelleneinweisung erforderlich (vgl. § 49 LHO).

5.3.1.2 Materielle Voraussetzungen

Die materiellen Voraussetzungen einer Ernennung umfassen auf der Seite des Dienstherrn Prüfungen zur Dienstherrnfähigkeit oder auch dazu, ob es sich um eine Stelle mit hoheitlichen Inhalten handelt und ob ggf. eine freie besetzbare Planstelle zur Verfügung steht. Hinsichtlich des Bewerbers müssen insbesondere folgende Voraussetzungen geprüft werden:

- Staatsangehörigkeit,
- Verfassungstreue,
- Eignung, Befähigung und fachliche Leistung,
- Fähigkeit zur Bekleidung öffentlicher Ämter, Amtswürdigkeit bzw. Zulässigkeit der Einstellung nach einer Disziplinarmaßnahme,
- Altersvoraussetzungen sowie
- Unvereinbarkeit von Amt und Mandat.

5.3.1.2.1 Dienstherrnfähigkeit

Die Körperschaft, Anstalt oder Stiftung des öffentlichen Rechts, bei denen Beamte eingestellt werden, muss die Dienstherrnfähigkeit nach § 2 BeamtStG besitzen. Nur die mit Dienstherrnfähigkeit ausgestattete Körperschaft, Anstalt oder Stiftung besitzt das Recht, ein öffentlich-rechtliches Dienst- und Treueverhältnis (§ 3 BeamtStG) zu begründen. Zur Dienstherrnfähigkeit vgl. die Ausführungen zu 3.3.2.

5.3.1.2.2 Ausübung hoheitsrechtlicher Befugnisse (Aufgaben)

Die Begriffe „hoheitsrechtliche Aufgaben" in § 3 Abs. 1 BeamtStG und „hoheitsrechtliche Befugnisse" in Art. 33 Abs. 4 GG sind inhaltlich identisch, bedürfen aber der Auslegung.

Die Berufung in das Beamtenverhältnis i. S. des § 8 Abs. 1 Nr. 1 BeamtStG ist nur zulässig zur Wahrnehmung hoheitsrechtlicher Aufgaben oder solcher Aufgaben, die aus Gründen der Sicherung des Staates oder des öffentlichen Lebens nicht ausschließlich Personen übertragen werden dürfen, die in einem privatrechtlichen Arbeitsverhältnis stehen (§ 3 Abs. 2 BeamtStG)[32].

Einigkeit besteht darin, dass zu den „hoheitsrechtlichen Aufgaben" der Bereich der Eingriffsverwaltung zu rechnen ist, also der Bereich, in dem der Staat dem Einzelnen mit einseitigem Zwang gebietend gegenübersteht (z. B. bei der Tätigkeit der Polizei oder der kommunalen Ordnungsbehörden). Ausreichend sind auch vorbereitende Handlungen. Einigkeit besteht weiterhin darüber, dass rein fiskalisches Handeln der Verwaltung (z. B. im Bereich des Beschaffungswesens oder der Anmietung von Büroräumen) nicht zu den hoheitlichen Aufgaben zu rechnen ist, ebenso rein mechanische oder sonst völlig untergeordnete Tätigkeiten (z. B. Schreibdienste, Wartungsarbeiten).[33]

Nicht so eindeutig ist der Bereich der Leistungsverwaltung. Hier stellt sich auf dem Gebiet der „hoheitlichen Leistungsverwaltung" allerdings eine der Eingriffsverwaltung vergleichbare Situation dar. Auch in der Leistungsverwaltung wird zumindest mittelbar in elementare Rechte der Bürger eingegriffen, indem ihnen z. B. existenznotwendige Leistungen wie z. B. Grundsicherung für Arbeitsuchende, Sozialhilfe oder Jugendhilfe geleistet oder verweigert werden bzw. durch Kostenbeitragsbescheide, Aufwendungsersatzforderungen, Erstattungsansprüche, Auskunftsersuchen usw. in wesentliche Rechte durch Verwaltungsakte i. S. des § 35 Satz 1 VwVfG / des § 31 SGB X eingegriffen wird.

Die Bedeutung der auf dem Gebiet der Leistungsverwaltung ergehenden Verwaltungsakte ist oft nicht geringer als die der auf dem Gebiet der Eingriffsverwaltung erlassenen.[34] Deshalb ist davon auszugehen, dass es sich auch bei der Leistungsverwaltung um hoheitliche Aufgaben handelt, jedenfalls insoweit, als sie durch öffentlich-rechtliches Handeln erledigt werden[35]. Bei der Aufgabenwahrnehmung im Einzelfall muss es sich nicht unbedingt um Daueraufgaben handeln und die Beamtin oder der Beamte braucht auch nicht ausschließlich, muss aber überwiegend für die genannten Aufgaben vorgesehen sein.

---

[32] Zur Vertiefung vgl. Badura: Die hoheitlichen Aufgaben des Staates und die Verantwortung des Berufsbeamtentums, ZBR 1996, 321.
[33] Vgl. Benndorf, Zur Bestimmung der hoheitsrechtlichen Befugnisse gemäß Art. 33 Abs. 4 GG, DVBl. 1981, 23.
[34] Vgl. Benndorf, Zur Bestimmung der hoheitsrechtlichen Befugnisse gemäß Art. 33 Abs. 4 GG, DVBl. 1981, 23.
[35] Vgl. Benndorf, Zur Bestimmung der hoheitsrechtlichen Befugnisse gemäß Art. 33 Abs. 4 GG, DVBl. 1981, 23; / Wichmann/Langer, Rn. 19.

Zu den Aufgaben, die aus Gründen der Sicherung des Staates oder des öffentlichen Lebens Beamten zu übertragen sind, können z. B. Tätigkeiten bei Versorgungs- oder Verkehrseinrichtungen, im Rahmen der Sicherung von Datenverarbeitungsanlagen oder der Umgang mit geheimhaltungsbedürftigen Akten gerechnet werden.

In der Verwaltungspraxis, insbesondere in der Kommunalverwaltung, wird nicht selten gegen das Gebot des Art. 33 Abs. 4 GG und § 3 BeamtStG verstoßen; so sind Beamte z. B. mit rein fiskalischen Tätigkeiten betraut (Grundstücksveräußerungen im Liegenschaftsamt), während Beschäftigte typische hoheitsrechtliche Aufgaben im Bereich der Ordnungsverwaltung erledigen (z. B. Ordnungsamt, Bauordnungsamt, Einwohnermeldeamt oder Ausländeramt).

5.3.1.2.3 Haushaltsrechtliche Voraussetzungen

Für Beamte auf Lebenszeit, auf Zeit und auf Probe müssen besetzbare Planstellen vorhanden sein.

Planstellen in der Landesverwaltung (vgl. auch die Ausführungen zu 4.2.6.1) sind nach Besoldungsgruppen und Amtsbezeichnungen im Haushaltsplan auszubringen (§ 17 Abs. 5 Satz 1 LHO). Sie dürfen nur für Aufgaben eingerichtet werden, zu deren Wahrnehmung die Begründung eines Beamtenverhältnisses zulässig ist und die in der Regel Daueraufgaben sind (§ 17 Abs. 5 Satz 2 LHO). Für Beamte ohne Amt (Beamte auf Widerruf) sind keine Planstellen erforderlich. Stellen für Beamte auf Widerruf im Vorbereitungsdienst sind nach Besoldungsgruppe und Amtsbezeichnung im Haushaltsplan auszubringen (§ 48 Satz 1 LHO. Andere Stellen als Planstellen sind in den Erläuterungen zum Haushaltsplan auszuweisen (§ 17 Abs. 6 Satz 1 LHO).

Der Stellenplan der Gemeinden und Gemeindeverbände (vgl. auch die Ausführungen zu 4.2.6.2) hat die im Haushaltsjahr erforderlichen Stellen der Beamten auszuweisen (vgl. § 8 Abs. 1 Satz 1 GemHVO). Der Stellenplan ist einzuhalten; Abweichungen sind nur zulässig, soweit sie aufgrund des Besoldungsrechts zwingend erforderlich sind (vgl. § 74 Abs. 2 Satz 1 GO, § 49 Abs. 3 Satz 1 KrO, § 20 Abs. 4 Satz 5 LVerbO).

Daneben sind unter Umständen Besetzungssperren zu beachten, die sich aus den jeweiligen Haushaltsgesetzen des Landes oder aus den Haushaltssatzungen der Gemeinden und Gemeindeverbände ergeben können.

Für die Beamten zur Anstellung, die Nachwuchskräfte und die informatorisch beschäftigten Dienstkräfte sind Planstellen nicht erforderlich. Sie sind lediglich zahlenmäßig in Übersichten zu erfassen, die dem Stellenplan beizufügen sind (vgl. § 8 Abs. 3 Nr. 2 GemHVO).

5.3.1.2.4 Staatsangehörigkeit

Der Beamte ist dazu berufen, die dem Staat und den übrigen juristischen Personen des öffentlichen Rechts übertragenen Gemeinschaftsaufgaben als Sachwalter und Treuhänder der Gesamtheit der Staatsbürger wahrzunehmen. Das Grundgesetz und ihm folgend der Bundesgesetzgeber haben es deshalb als notwendig und zweckmäßig erachtet, das Rechtsverhältnis des Beamten als besonderes öffentlich-rechtliches Dienst- und Treueverhältnis zu gestalten (vgl. Art. 33 Abs. 4 und 5 GG), das sich durch besonders enge Bindungen zwischen dem Beamten und seinem Dienstherrn und der von diesem repräsentierten Gemeinschaft von sonstigen Dienstverhältnissen abhebt. Bei der Gestaltung dieses Rechtsverhältnisses ist der Gesetzgeber davon ausgegangen, dass Beamter grundsätzlich nur sein kann, wer selbst der Gemeinschaft, deren Sachwalter und Treuhänder er ist, angehört, d. h. Deutscher ist, und nur so lange, als er diese Eigenschaft besitzt.[36]

Die Möglichkeit, bestimmte Stellen nur mit Bewerbern mit deutscher Staatsangehörigkeit zu besetzen, entspricht auch europäischem Recht.

Er betrifft diejenigen Stellen, die eine unmittelbare oder mittelbare Teilnahme an der Ausübung hoheitlicher Befugnisse und an der Wahrnehmung von Aufgaben mit sich bringen, die auf die Wahrung der allgemeinen Belange des Staates oder anderer öffentlicher Körperschaften gerichtet sind, sodass sie ein Verhältnis besonderer Verbundenheit des jeweiligen Stelleninhabers zum Staat sowie die Gegenseitigkeit der Rechte und Pflichten voraussetzen, die dem Staatsangehörigkeitsband zugrunde liegen.[37]

In das Beamtenverhältnis darf folglich grundsätzlich nur berufen werden, wer Deutscher im Sinne des Artikels 116 des Grundgesetzes ist.

Gleichgestellt sind diejenigen, die die Staatsangehörigkeit

- eines anderen Mitgliedstaates der Europäischen Union (§ 7 Abs. 1 Nr. 1 Buchstabe a)
- eines anderen Vertragsstaates des Abkommens über den Europäischen Wirtschaftsraum (§ 7 Abs. 1 Nr. 1 Buchstabe b) oder
- eines Drittstaates, dem Deutschland und die Europäische Union vertraglich einen entsprechenden Anspruch auf Anerkennung von Berufsqualifikationen eingeräumt haben (§ 7 Abs. 1 Nr. 1 Buchstabe c)

besitzen.

Ob der Bewerber die Voraussetzung erfüllt, ist anhand der Bewerbungsunterlagen zu prüfen (Aussage im Lebenslauf). Ein Staatsangehörigkeitsnachweis ist nur in Zweifelsfällen zu fordern.

---

[36] BVerwG, Urteil vom 15.12.1971, VI C 56.68, BVerwGE 39, 174 = RiA 1972, 90 = Buchholz 232 § 159 Nr 4.
[37] Vgl. EuGH, Urteil vom 30.09.2003, C-47/02, Slg 2003, I-10447 =ABl EU 2003, Nr C 275, 17 = DVBl 2004, 182.

Deutsche Staatsangehörigkeit

Deutsche i. S. des Art. 116 GG sind Personen, die die deutsche Staatsangehörigkeit besitzen (geregelt im Staatsangehörigkeitsgesetz) oder als Flüchtling oder Vertriebener deutscher Volkszugehörigkeit oder dessen Ehegatte oder Abkömmling in dem Gebiete des Deutschen Reiches nach dem Stande vom 31.12.1937 Aufnahme gefunden haben.

Erwerb und Verlust der deutschen Staatsangehörigkeit richten sich nach dem Staatsangehörigkeitsgesetz (StAG).

Nach § 3 Abs. 1 StAG wird die Staatsangehörigkeit erworben

- durch Geburt (§ 3 Abs. 1 Nr. 1 StAG)

  Nach § 4 Abs. 1 Satz 1 StAG erwirbt ein Kind durch die Geburt die deutsche Staatsangehörigkeit, wenn ein Elternteil die deutsche Staatsangehörigkeit besitzt. Ist bei der Geburt des Kindes nur der Vater deutscher Staatsangehöriger und ist zur Begründung der Abstammung nach den deutschen Gesetzen die Anerkennung oder Feststellung der Vaterschaft erforderlich, so bedarf es zur Geltendmachung des Erwerbs einer nach den deutschen Gesetzen wirksamen Anerkennung oder Feststellung der Vaterschaft; die Anerkennungserklärung muss abgegeben oder das Feststellungsverfahren muss eingeleitet sein, bevor das Kind das 23. Lebensjahr vollendet hat (§ 4 Abs. 1 Satz 2 StAG).

  Ein Kind, das im Inland aufgefunden wird (Findelkind), gilt bis zum Beweis des Gegenteils als Kind eines Deutschen (§ 4 Abs. 2 Satz 1 StAG).

  Ein Kind ausländischer Eltern erwirbt nach § 4 Abs. 3 Satz 1 StAG die deutsche Staatsangehörigkeit, wenn ein Elternteil seit acht Jahren rechtmäßig seinen gewöhnlichen Aufenthalt im Inland hat und ein unbefristetes Aufenthaltsrecht oder als Staatsangehöriger der Schweiz oder dessen Familienangehöriger eine Aufenthaltserlaubnis auf Grund des Abkommens vom 21.06.1999 zwischen der Europäischen Gemeinschaft und ihren Mitgliedstaaten einerseits und der Schweizerischen Eidgenossenschaft andererseits über die Freizügigkeit[38] besitzt. Ein unbefristetes Aufenthaltsrecht haben vor allem die Unionsbürger und ihre Familienangehörigen[39].

- durch Erklärung nach § 5 StAG (§ 3 Abs. 1 Nr. 2 StAG)

  Nach § 5 StAG erwirbt ein vor dem 01.07.1993 geborenes Kind eines deutschen Vaters und einer ausländischen Mutter durch Erklärung die deutsche Staatsangehörigkeit, wenn eine nach den deutschen Gesetzen wirksame Anerkennung oder Feststellung der Vaterschaft erfolgt ist, das Kind seit drei Jahren rechtmäßig sei-

---

[38] Gesetz zu dem Abkommen zwischen der Europäischen Gemeinschaft und ihren Mitgliedstaaten einerseits und der Schweizerischen Eidgenossenschaft andererseits über die Freizügigkeit vom 02.09.2001 (BGBl. II S. 810).

[39] Richtlinie 2004/38/EG des Europäischen Parlaments und des Rates vom 29.04.2004 (Amtsblatt der Europäischen Union, L 158/77.

nen gewöhnlichen Aufenthalt im Bundesgebiet hat und die Erklärung vor der Vollendung des 23. Lebensjahres abgegeben wird.

- durch Annahme als Kind (3 Abs. 1 Nr. 3 StAG)

Nach § 6 StAG erwirbt ein Kind, das im Zeitpunkt des Annahmeantrags das achtzehnte Lebensjahr noch nicht vollendet hat, die deutsche Staatsangehörigkeit mit der nach den deutschen Gesetzen wirksamen Annahme als Kind (§§ 1741 ff. BGB) durch einen Deutschen Der Erwerb der Staatsangehörigkeit erstreckt sich auf die Abkömmlinge des Kindes.

- durch Ausstellung einer Bescheinigung gemäß § 15 Abs. 1 oder 2 des Bundesvertriebenengesetzes (§ 3 Abs. 1 Nr. 4 StAG)

Nach § 7 StAG erwerben Spätaussiedler und die in den Aufnahmebescheid einbezogenen Familienangehörigen mit der Ausstellung der Bescheinigung nach § 15 Abs. 1 oder Abs. 2 des Bundesvertriebenengesetzes die deutsche Staatsangehörigkeit.

- durch Überleitung als Deutscher ohne deutsche Staatsangehörigkeit im Sinne des Artikels 116 Abs. 1 des Grundgesetzes (§ 3 Abs. 1 Nr. 5 StAG)

Wer am 01.08.1999 Deutscher im Sinne des Artikels 116 Abs. 1 des Grundgesetzes ist, ohne die deutsche Staatsangehörigkeit zu besitzen, erwirbt nach § 40a StAG an diesem Tag die deutsche Staatsangehörigkeit. Für einen Spätaussiedler, seinen nichtdeutschen Ehegatten und seine Abkömmlinge im Sinne von § 4 des Bundesvertriebenengesetzes gilt dies nur dann, wenn ihnen vor diesem Zeitpunkt eine Bescheinigung gemäß § 15 Abs. 1 oder 2 des Bundesvertriebenengesetzes erteilt worden ist.

- für einen Ausländer durch Einbürgerung (§ 3 Abs. 1 Nr. 6 StAG)

Ein Ausländer mit gewöhnlichem Aufenthalt in Deutschland kann eingebürgert werde. Die Voraussetzungen für eine Einbürgerung enthalten die §§ 8 bis 13 StAG.

Die Voraussetzungen des Verlustes des Staatsangehörigkeit nennt § 17 StAG.

Nach § 17 Abs. 1 StAG geht die Staatsangehörigkeit verloren

- durch Entlassung (§ 17 Abs. 1 Nr. 1 StAG)

Ein Deutscher wird nach § 18 StAG auf seinen Antrag aus der Staatsangehörigkeit entlassen, wenn er den Erwerb einer ausländischen Staatsangehörigkeit beantragt und ihm die zuständige Stelle die Verleihung zugesichert hat. Die näheren Voraussetzungen regeln die §§ 19 und 22 bis 24 StAG.

- durch den Erwerb einer ausländischen Staatsangehörigkeit (§ 17 Abs. 1 Nr. 2 StAG)

    Ein Deutscher verliert nach § 25 Abs. 1 Satz 1 StAG seine Staatsangehörigkeit mit dem Erwerb einer ausländischen Staatsangehörigkeit, wenn dieser Erwerb auf seinen Antrag oder auf den Antrag des gesetzlichen Vertreters erfolgt, der Vertretene jedoch nur, wenn die Voraussetzungen vorliegen, unter denen nach § 19 die Entlassung beantragt werden könnte. Der Verlust tritt nach § 25 Abs. 1 Satz 2 StAG nicht ein, wenn ein Deutscher die Staatsangehörigkeit eines anderen Mitgliedstaates der Europäischen Union, der Schweiz oder eines Staates erwirbt, mit dem die Bundesrepublik Deutschland einen völkerrechtlichen Vertrag nach § 12 Abs. 3 StAG abgeschlossen hat.

- durch Verzicht (17 Abs. 1 Nr. 3 StAG),

    Ein Deutscher kann nach § 26 StAG auf seine Staatsangehörigkeit verzichten, wenn er mehrere Staatsangehörigkeiten besitzt.

- durch Annahme als Kind durch einen Ausländer (§ 17 Abs. 1 Nr. 4 StAG),

    Ein minderjähriger Deutscher verliert nach § 27 StAG mit der nach den deutschen Gesetzen wirksamen Annahme als Kind durch einen Ausländer die Staatsangehörigkeit, wenn er dadurch die Staatsangehörigkeit des Annehmenden erwirbt.

- durch Eintritt in die Streitkräfte oder einen vergleichbaren bewaffneten Verband eines ausländischen Staates (§ 17 Abs. 1 Nr. 5 StAG)

    Ein Deutscher, der auf Grund freiwilliger Verpflichtung ohne eine Zustimmung des Bundesministeriums der Verteidigung oder der von ihm bezeichneten Stelle in die Streitkräfte oder einen vergleichbaren bewaffneten Verband eines ausländischen Staates, dessen Staatsangehörigkeit er besitzt, eintritt, verliert nach § 28 StAG die deutsche Staatsangehörigkeit. Dies gilt nicht, wenn er auf Grund eines zwischenstaatlichen Vertrages dazu berechtigt ist.

- durch Erklärung (§ 17 Abs. 1 Nr. 6 StAG)

    Eine optionspflichtige Person hat nach § 29 StAG nach Vollendung des 21. Lebensjahres zu erklären, ob sie oder er die deutsche oder die ausländische Staatsangehörigkeit behalten will. Optionspflichtig ist, wer die deutsche Staatsangehörigkeit erworben hat, nicht im Inland aufgewachsen ist, eine andere ausländische Staatsangehörigkeit als die eines anderen Mitgliedstaates der Europäischen Union oder der Schweiz besitzt und innerhalb eines Jahres nach Vollendung seines 21. Lebensjahres einen Hinweis über seine Erklärungspflicht erhalten hat.

- durch Rücknahme eines rechtswidrigen Verwaltungsaktes (§ 17 Abs. 1 Nr. 7 StAG)

    Die Voraussetzungen für die Rücknahme einer rechtswidrigen Einbürgerung oder einer rechtswidrige Genehmigung zur Beibehaltung der deutschen Staatsangehörigkeit richten sich nach § 35 StAG.

Wenn die Aufgaben es erfordern, darf nach § 7 Abs. 2 BeamtStG nur ein Deutscher i. S. des Art. 116 GG in ein Beamtenverhältnis berufen werden (Artikel 48 Abs. 4 EG-Vertrag). Zu den Aufgaben, die Deutschen vorbehalten bleiben, gehören z. B. der Verfassungsschutz oder das Handeln im Kernbereich der Regierungstätigkeit.

Staatsangehörigkeit eines anderen Mitgliedstaates der Europäischen Union

Bei den Mitgliedstaaten der Europäischen Union handelt es sich (Stand: Oktober 2016) um

1. Belgien,
2. Bulgarien,
3. Dänemark,
4. Deutschland,
5. Estland,
6. Finnland,
7. Frankreich,
8. Griechenland,
9. Großbritannien,
10. Irland,
11. Italien,
12. Kroatien,
13. Lettland,
14. Litauen,
15. Luxemburg,
16. Malta,
17. Niederlande,
18. Österreich,
19. Polen,
20. Portugal,
21. Rumänien,
22. Schweden,
23. Slowakei,
24. Slowenien,
25. Spanien,
26. Tschechische Republik,
27. Ungarn und
28. Zypern.

Der Austritt von Großbritannien aus der Europäischen Union ist noch nicht vollzogen.

Bei der Einstellung von Beamten mit der Staatsangehörigkeit eines Mitgliedstaates der Europäischen Union wird es sich i. d. R. um Laufbahnbewerber handeln, die die Befähigung für ihre Laufbahn nach den Vorschriften der Europäischen Union erworben haben (u. a. Richtlinie 89/48 des Rates vom 21.12.1988 - Abl. EG 1989 Nr. L 19 S. 16).

Staatsangehörigkeit eines anderen Vertragsstaates des Abkommens über den Europäischen Wirtschaftsraum der Europäischen Union

Bei den Vertragsstaaten des Abkommens über den Europäischen Wirtschaftsraum handelt es sich (Stand: Oktober 2016) um Island, Liechtenstein und Norwegen.

Staatsangehörigkeit eines Drittstaates, dem Deutschland und die Europäische Union vertraglich einen entsprechenden Anspruch auf Anerkennung von Berufsqualifikationen eingeräumt haben

Deutschland und die Europäische Union haben der Schweiz einen Anspruch auf Anerkennung von Berufsqualifikationen eingeräumt.

Sonstige Staatsangehörigkeit

Wenn für die Gewinnung des Beamten ein dringendes dienstliches Bedürfnis besteht, können Ausnahmen von den Staatsangehörigkeitsvoraussetzungen des § 7 Abs. 1 Nr. 1 und des § 7 Abs. 2 BeamtStG zugelassen werden vgl. § 7 Abs. 3 Nr. 1 BeamtStG). Seit 1993 berufen fast alle Bundesländer auch Bewerber mit einer ausländischen Staatsangehörigkeit in den Polizeivollzugsdienst. Insbesondere in den Sprachkenntnissen ausländischer Beamter wird wegen des großen Nutzens in der täglichen Arbeit das dringende dienstliche Bedürfnis gesehen.

Sollen Hochschullehrer oder andere Mitarbeiter des wissenschaftlichen und künstlerischen Personals, die nicht die Staatsangehörigkeitsvoraussetzungen des § 7 Abs. 1 Nr. 1 und des § 7 Abs. 2 BeamtStG erfüllen, in ein Beamtenverhältnis berufen werden, können Ausnahmen auch aus anderen als in § 7 Abs. 3 Nr. 1 BeamtStG genannten Gründen zugelassen werden (vgl. § 7 Abs. 3 Nr. 2 BeamtStG).

Fehlen zum Zeitpunkt der Ernennung die Staatsangehörigkeitsvoraussetzungen des § 7 Abs. 1 Nr. 1 BeamtStG und war eine Ausnahme nach § 7 Abs. 3 BeamtStG nicht zugelassen, ist die Ernennung nach § 11 Abs. 1 Nr. 3 Buchstabe a) BeamtStG nichtig.

5.3.1.2.5 Verfassungstreue

In das Beamtenverhältnis darf nur berufen werden, wer die Gewähr dafür bietet, jederzeit für die freiheitliche demokratische Grundordnung im Sinne des Grundgesetzes einzutreten (§ 7 Abs. 1 Nr. 2 BeamtStG).

Es ist ein hergebrachter (vgl. Art. 33 Abs. 5 GG) und zu beachtender Grundsatz (vgl. Pflicht nach § 33 Abs. 1 Satz 2 BeamtStG) des Berufsbeamtentums, dass Beamten eine besondere politische Treuepflicht gegenüber dem Staat und seiner Verfassung obliegt, die das Bekenntnis zur freiheitlich demokratischen Grundordnung i. S. des Grundgesetzes und das Eintreten für deren Erhaltung einschließt.

Es ist eine von der Verfassung (vgl. Art. 33 Abs. 5 GG) geforderte und durch das einfache Gesetz konkretisierte rechtliche Voraussetzung für den Eintritt in das Beamtenverhältnis, dass der Bewerber die Gewähr bietet, jederzeit für die freiheitliche demokratische Grundordnung einzutreten.[40]

Die **freiheitliche demokratische Grundordnung** ist als Ordnung zu verstehen, die unter Ausschluss jeglicher Gewalt und Willkürherrschaft eine rechtsstaatliche Herrschaftsordnung auf der Grundlage der Selbstbestimmung des Volkes nach dem Willen der jeweiligen Mehrheit und der Freiheit und Gleichheit darstellt.

Zu den grundlegenden Prinzipien dieser Ordnung sind mindestens zu rechnen: die Achtung vor den im Grundgesetz konkretisierten Menschenrechten, vor allem vor dem Recht der Persönlichkeit auf Leben und freie Entfaltung, die Volkssouveränität, die Gewaltenteilung, die Verantwortung der Regierenden, die Gesetzmäßigkeit der Verwaltung, die Unabhängigkeit der Gerichte, das Mehrparteienprinzip und die Chancengleichheit für alle politischen Parteien mit dem Recht auf verfassungsmäßige Bildung und Ausübung der Opposition.[41]

Der Beamte muss für die freiheitliche demokratische Grundordnung eintreten (vgl. § 7 Abs. 1 Nr. 3 BeamtStG). Dieses Eintreten erfordert mehr als nur eine formal korrekte, im Übrigen uninteressierte, kühle, innerlich distanzierte Haltung gegenüber Staat und Verfassung; sie fordert von Beamten insbesondere, dass sie sich eindeutig von Gruppen und Bestrebungen distanzieren, die diesen Staat, seine verfassungsmäßigen Organe und die geltende Verfassungsordnung angreifen, bekämpfen und diffamieren. Von Beamten wird erwartet, dass sie diesen Staat und seine Verfassung als einen hohen positiven Wert erkennen und anerkennen, für den einzutreten sich lohnt. Politische Treuepflicht bewährt sich in Krisenzeiten und in ernsthaften Konfliktsituationen, in denen der Staat darauf angewiesen ist, dass Beamte Partei für ihn ergreifen.[42]

Der Beamte bekräftigt seine Haltung, indem er folgenden Diensteid leistet: „Ich schwöre, dass ich das mir übertragene Amt nach bestem Wissen und Können verwalten, Verfassung und Gesetze befolgen und verteidigen, meine Pflichten gewissenhaft erfüllen und Gerechtigkeit gegen jedermann üben werde; so wahr mir Gott helfe (Art. 80 LV NRW, § 46 LBG, § 38 Abs. 1 BeamtStG). Der Begriff „Verfassung" erfasst das Grundgesetz und die Landesverfassung. Der Eid kann auch ohne die Worte „So wahr mir Gott helfe", oder mit einer anderen Beteuerungsformel geleistet werden (vgl. § 46 Abs. 2 und Abs. 3 LBG). Anstelle des Eides kann in bestimmten Fällen auch ein Gelöbnis vorgesehen werden (vgl. § 46 Abs. 4 LBG).

---

[40] BVerfG, Beschluss vom 22.05.1975, 2 BvL 13/73, BVerfGE 39, 334 = ZBR 1975, 251 = RiA 1975, 175 = DÖD 1975, 204 = NJW 1975, 1641.
[41] BVerfG, Urteil vom 23.10.1952, 1 BvB 1/51, BVerfGE 2, 1 (12).
[42] BVerfG, Beschluss vom 22.05.1975, 2 BvL 13/73, BVerfGE 39, 334 = ZBR 1975, 251 = RiA 1975, 175 = DÖD 1975, 204 = NJW 1975, 1641.

Die Treuepflicht fordert von dem Beamten insbesondere, dass er trotz einer durchaus erwünschten kritischen Einstellung den Staat und seine geltende Verfassungsordnung bejaht und dass er sich durch Wort und sonstiges Verhalten in äußerlich erkennbarer Weise (aktiv) für die freiheitliche demokratische Grundordnung einsetzt.[43]

Der Dienstherr hat darauf zu achten, dass niemand Beamter wird, der nicht die Gewähr dafür bietet, jederzeit für die freiheitliche demokratische Grundordnung einzutreten. Es dürfen keine Umstände vorliegen, die nach der Überzeugung der Ernennungsbehörde die künftige Erfüllung dieser Pflicht zur Verfassungstreue durch den Bewerber zweifelhaft erscheinen lassen[44].

Bei der Entscheidung handelt es sich um ein prognostisches Urteil über die Persönlichkeit des Bewerbers, nicht lediglich um die Feststellung einzelner Beurteilungselemente wie beispielsweise Äußerungen, Veröffentlichungen, Teilnahme an nicht genehmigten Demonstrationen, extreme politische Aktivitäten, Zugehörigkeit zu bestimmten Gruppen (Sekten), Vereinigungen oder extremen politischen Parteien.

Die verwaltungsgerichtliche Kontrolle beschränkt sich darauf, ob die Verwaltung den anzuwendenden Begriff oder den gesetzlichen Rahmen, in dem sie sich bewegen kann, verkannt hat oder ob sie von einem unrichtigen Sachverhalt ausgegangen ist, allgemein gültige Wertmaßstäbe nicht beachtet, sachfremde Erwägungen angestellt oder gegen Verfahrensvorschriften verstoßen hat[45].

Für Landesbeamte in Nordrhein-Westfalen regelt sich das Prüfungsverfahren nach den „Grundsätzen für die Prüfung der Verfassungstreue von Bewerbern für den öffentlichen Dienst" vom 28.01.1980[46].

Anfragen bei den Verfassungsschutzbehörden dürfen danach nicht routinemäßig erfolgen, sondern nur dann, wenn Anhaltspunkte darauf hindeuten, dass der Bewerber nicht die Voraussetzungen für die Einstellung erfüllt (Abkehr von der Regelanfrage). Sie erfolgen gar nicht für Bewerber, die das 18. Lebensjahr noch nicht vollendet haben und bei Bewerbern für den Vorbereitungsdienst, der Voraussetzung für die Ausübung eines Berufes auch außerhalb des öffentlichen Dienstes ist (z. B. Lehrerausbildung).

Bewerber haben über ihre **Verfassungstreue** folgende Erklärung abzugeben[47]:

> „Ich bin über meine Pflicht zur Verfassungstreue und darüber belehrt worden, dass die Teilnahme an Bestrebungen, die gegen die freiheitliche demokratische Grundordnung oder gegen ihre grundlegenden Prinzipien gerichtet sind, mit den Pflichten eines Angehörigen des öffentlichen Dienstes

---

[43] BVerwG, Urteil vom 06.02.1975, 2 C 68.73, BVerwGE 47, 330 = ZBR 1975, 185 = DÖD 1975, 133 = RiA 1975, 158.
[44] BVerwG, Urteil vom 27.11.1980, 2 C 36/79, DVBl. 1981, 455 (456). Vgl. hierzu ausführlich Hoffmann in Schütz/Maiwald, BeamtR, Teil B Rn. 104 ff. zu § 7 BeamtStG.
[45] BVerfG, Beschluss vom 22.05.1975, 2 BvL 13/73, BVerfGE 39, 334 = ZBR 1975, 251 = RiA 1975, 175 = DÖD 1975, 204 = NJW 1975, 1641; BVerwG, Urteil vom 06.02.1975, 2 C 68.73, BVerwGE 47, 330 = ZBR 1975, 185 = DÖD 1975, 133 = RiA 1975, 158.
[46] Runderlass des Innenministeriums (jetzt Ministerium für Inneres und Kommunales) vom 28.01.1980 (MBl.NRW. S. 178, SMBl.NRW. 203020).
[47] Nr. IV, 1.4.2 des Runderlasses des Innenministeriums (jetzt Ministerium für Inneres und Kommunales) vom 28.01.1980 (MBl.NRW. S. 178, SMBl.NRW. 203020).

unvereinbar ist. Aufgrund der mir erteilten Belehrung erkläre ich hiermit, dass ich meine Pflicht zur Verfassungstreue stets erfüllen werde, dass ich die Grundsätze der freiheitlichen demokratischen Grundordnung im Sinne des Grundgesetzes bejahe und dass ich bereit bin, mich jederzeit durch mein gesamtes Verhalten zu der freiheitlichen demokratischen Grundordnung im Sinne des Grundgesetzes zu bekennen und für deren Erhaltung einzutreten.

Ich versichere ausdrücklich, dass ich in keiner Weise Bestrebungen unterstütze, deren Ziele gegen die freiheitliche demokratische Grundordnung oder gegen eines ihrer grundlegenden Prinzipien gerichtet sind.

Ich bin mir bewusst, dass beim Verschweigen einer solchen Unterstützung die Ernennung als durch arglistige Täuschung herbeigeführt angesehen wird. Arglistige Täuschung führt zur Zurücknahme der Ernennung."

Lehnt ein Bewerber die Abgabe der Erklärung ab, sind eine Einzelfallprüfung einzuleiten und Anfragen bei den Verfassungsschutzbehörden zu halten. Bestehen aufgrund einer Antwort Bedenken gegen eine Einstellung, sind die dafür erheblichen Tatsachen dem Bewerber mitzuteilen, der dann das Recht hat, sich im Rahmen einer Anhörung dazu zu äußern.

Die Entscheidung über die Einstellung oder Ablehnung von Bewerbern, deren Verfassungstreue die Einstellungsbehörde nicht für gewährleistet hält, trifft in der Landesverwaltung die oberste Dienstbehörde im Einvernehmen mit dem Ministerium für Inneres und Kommunales.

Für Bewerber, die seit dem 01.01.1989 das Beitrittsgebiet verlassen haben oder zum Zweck der Dienstaufnahme in Nordrhein-Westfalen verlassen werden, gelten neben den Grundsätzen für die Prüfung der Verfassungstreue ergänzend die Grundsätze für die Prüfung der Verfassungstreue von Bewerbern für den öffentlichen Dienst aus dem Beitrittsgebiet[48]. Danach liegen Tatbestände, die Zweifel an der Verfassungstreue begründen können insbesondere vor, wenn der Bewerber

- gegen die Grundsätze der Menschlichkeit oder Rechtsstaatlichkeit verstoßen hat, insbesondere die im Internationalen Pakt über bürgerliche und politische Rechte vom 19.12.1966 gewährleisteten Menschenrechte oder die in der Allgemeinen Erklärung der Menschenrechte vom 10.12.1948 enthaltenen Grundsätze verletzt hat,
- für das frühere Ministerium für Staatssicherheit / Amt für nationale Sicherheit tätig war,
- sich im staatlich-politischen System der DDR vor dem 09.11.1989 exponiert hat durch herausgehobene Funktionen, z. B. in SED / Blockparteien, Massenorganisationen / gesellschaftlichen Organisationen oder durch sonstige herausgehobene Funktionen.[49]

---

[48] Runderlass des Innenministeriums (jetzt Ministerium für Inneres und Kommunales) vom 28.10.1991 (MBl.NRW. S. 1474), geändert durch Runderlass vom 20.06.2000 (MBl. NRW. S. 796, SMBl.NRW. 203020).
[49] Nr. 2 der Grundsätze für die Prüfung der Verfassungstreue von Bewerbern für den öffentlichen Dienst aus dem Beitrittsgebiet, vgl. Fußnote 48.

Das Ministerium für Inneres und Kommunales des Landes Nordrhein-Westfalen hat den Gemeinden und Gemeindeverbänden empfohlen, die Grundsätze über die Prüfung der Verfassungstreue entsprechend anzuwenden.

5.3.1.2.6 Besondere Voraussetzungen je nach Art des zu begründenden Beamtenverhältnisses

Je nach Art des zu begründenden Beamtenverhältnisses sind spezielle Einstellungsvoraussetzungen zu prüfen.

Beamtenverhältnis auf Widerruf

Das Beamtenverhältnis auf Widerruf dient nach § 4 Abs. 4 BeamtStG zur Ableistung eines Vorbereitungsdienstes oder der nur vorübergehenden Wahrnehmung von Beamtenaufgaben nach § 3 Abs. 2 BeamtStG.

Für die Einstellung in den Vorbereitungsdienst müssen neben den Staatsangehörigkeitsvoraussetzungen die Zugangsvoraussetzungen vorliegen (vgl. § 6 LBG), die durch Bestimmungen von Laufbahnverordnungen, Ausbildungsverordnungen und Ausbildungs- und Prüfungsordnungen konkretisiert werden (vgl. dazu im Einzelnen die Ausführungen unter 6.).

Für Beamte auf Widerruf, die nur vorübergehend verwendet werden sollen (vgl. § 4 Abs. 4 Buchstabe b) BeamtStG), enthält das Landesbeamtengesetz keine besonderen Einstellungsvoraussetzungen.

Zum Beamtenverhältnis auf Widerruf vgl. Ausführungen zu 4.2.2.4.

Beamtenverhältnis auf Probe

Das Beamtenverhältnis auf Probe dient der Ableistung einer Probezeit

- zur späteren Verwendung auf Lebenszeit (§ 4 Abs. 3 Buchstabe a) BeamtStG) oder
- zur Übertragung eines Amtes mit leitender Funktion nach (§ 4 Abs. 3 Buchstabe b) BeamtStG, § 21 LBG).

Zum Beamtenverhältnis auf Probe vgl. Ausführungen zu 4.2.2.3.

Vom Beamtenverhältnis auf Probe, das zur Feststellung der Bewährung für die Laufbahn der Berufung in das Beamtenverhältnis auf Lebenszeit vorangeht, ist die Übertragung von **Ämtern in leitender Funktion** im Beamtenverhältnis auf Probe zu unterscheiden. Ein Amt mit leitender Funktion im Sinne des § 21 Abs. 7 LBG (vgl. Ausführungen zu 4.2.2.3.2) wird zunächst im Beamtenverhältnis auf Probe übertragen (vgl. § 21 Abs. 1 Satz 1 LBG)

Beamtenverhältnis auf Zeit

Das Beamtenverhältnis auf Zeit dient

- der befristeten Wahrnehmung von Beamtenaufgaben i. S. des § 3 Abs. 2 BeamtStG (§ 4 Abs. 2 Buchstabe a) BeamtStG) oder
- der zunächst befristeten Übertragung eines Amtes mit leitender Funktion nach (§ 4 Abs. 2 Buchstabe b) BeamtStG).

Für Beamte auf Zeit gelten die Vorschriften für Beamte auf Lebenszeit entsprechend, soweit durch Landesrecht nichts anderes bestimmt ist (vgl. § 6 BeamtStG). Allerdings gelten die Laufbahnvoraussetzungen nicht für kommunale Wahlbeamte (vgl. § 1 Abs. 2 Nr. 2 LVO).

Zusätzlich sind für kommunale Wahlbeamte (vgl. §§ 118, 119 LBG) die besonderen Voraussetzungen nach dem Kommunalverfassungsrecht zu prüfen.

Zum Beamtenverhältnis auf Zeit vgl. Ausführungen zu 4.2.2.2.

Vom Beamtenverhältnis auf Zeit, das i. d. R. für Wahlbeamte in Betracht kommt, ist die Übertragung von Ämtern in leitender Funktion im Beamtenverhältnis auf Zeit zu unterscheiden. Die Übertragung einer leitenden Funktion im Beamtenverhältnis auf Zeit sieht das nordrhein-westfälische Landesrecht nicht vor.

Beamtenverhältnis auf Lebenszeit

Das Beamtenverhältnis auf Lebenszeit dient der dauernden Wahrnehmung von Beamtenaufgaben i. S. von § 3 Abs. 2 BeamtStG (hoheitsrechtliche Aufgaben oder Aufgaben zur Sicherung des Staates oder des öffentlichen Lebens) (§ 4 Abs. 1 BeamtStG).

Nach § 10 Satz 1 BeamtStG ist die Ernennung zum Beamten auf Lebenszeit nur zulässig, wenn der Beamte sich in einer Probezeit von mindestens sechs Monaten und höchstens fünf Jahren bewährt hat. Von der Mindestprobezeit können durch Landesrecht Ausnahmen bestimmt werden (vgl. § 10 Satz 1 BeamtStG). In Nordrhein-Westfalen können Ausnahmen von der Mindestprobezeit durch den Landespersonalausschuss zugelassen werden (vgl. § 14 Abs. 1 Nr. 1 LVO und § 14 Abs. 2 LVO).

Zum Beamtenverhältnis auf Lebenszeit vgl. Ausführungen zu 4.2.2.1.

Ehrenbeamtenverhältnis

Als Ehrenbeamter kann berufen werden, wer Beamtenaufgaben i. S. von § 3 Abs. 2 BeamtStG unentgeltlich wahrnehmen soll (§ 5 Abs. 1 BeamtStG).

Zum Ehrenbeamtenverhältnis vgl. Ausführungen zu 4.2.2.5.

5.3.1.2.7 Eignung, Befähigung und fachliche Leistung

Der Leistungsgrundsatz gehört zu den Strukturprinzipien (vgl. 2.1.1.2.3) des Beamtenrechts.

Jeder Deutsche (auch jeder andere Bewerber bei Vorliegen der Staatsangehörigkeitsvoraussetzungen des Beamtenstatusgesetzes bzw. Vorliegen einer Ausnahmegenehmigung) hat nach Eignung, Befähigung und fachlicher Leistung gleichen Zugang zu jedem öffentlichen Amte (Art. 33 Abs. 2 GG).

Aus Art. 33 Abs. 2 GG folgt der so genannte Bewerbungsverfahrensanspruch als grundrechtsgleiches Rechts auf leistungsgerechte Einbeziehung eines Bewerbers in ein sachgerechtes Auswahlverfahren.

Eine Benachteiligung darf nicht wegen der in Art. 3 Abs. 3 Satz 1 GG und Art. 33 Abs. 3 GG genannten Kriterien Geschlecht, Abstammung, Rasse, Sprache, Heimat und Herkunft, religiöse oder politische Anschauungen erfolgen. Auch darf niemand wegen seiner Behinderung benachteiligt werden (vgl. Art. 3 Abs. 3 Satz 2 GG).Das Leistungsprinzip gehört zu den hergebrachten Grundsätzen des Berufsbeamtentums, unter deren Berücksichtigung das Recht des öffentlichen Dienstes nach Art. 33 Abs. 5 GG zu regeln ist. Art. 33 Abs. 2 GG als Zugangsregelung zu den öffentlichen Ämtern hat allerdings eine besondere Bedeutung.

Das Recht des Bewerbers aus Art. 33 Abs. 2 GG gehört zu den grundrechtsgleichen Rechten (Art. 93 Abs. 1 Nr. 4a GG). Das Bundesverfassungsgericht entscheidet über Verfassungsbeschwerden, die jedermann mit der Behauptung erheben kann, durch die öffentliche Gewalt in einem in Art. 33 GG enthaltenen Recht verletzt worden zu sein.

Art. 33 Abs. 2 GG formuliert nicht nur einen Teilaspekt dieses hergebrachten Grundsatzes, das Leistungsprinzip ist vielmehr als aktueller Grundsatz des Verfassungsrechts anzusehen. Treten also andere Belange in Konkurrenz zur Zugangsregelung des Art. 33 Abs. 2 GG, kann der Konflikt nicht, wie bei Art. 33 Abs. 5 GG, nach Maßgabe vertretbarer Überlegungen des Gesetzgebers, sondern nur auf Verfassungsebene gelöst werden. Nur eine solche Konkurrenz auf Verfassungsebene berechtigt zu Abweichungen. Für den Regelfall ist von einer strikten Verbindlichkeit des Leistungsprinzips auszugehen.[50]

Konkurrenzen können insbesondere zu dem zum unveränderlichen Kernbereich der Verfassung gehörenden Sozialstaatsprinzip aus Art. 20 GG auftreten.

In Fällen, in denen soziale Aspekte den Ausschlag geben, weil nach der Anwendung des Leistungsprinzips eine Entscheidung nicht getroffen werden kann (gleiche Qualifikation der Bewerber), handelt es sich nicht um eine solche Konkurrenz.

---

[50] Vgl. Schmidt-Aßmann, Leistungsgrundsatz des Art. 33 Abs. 2 GG und soziale Gesichtspunkte bei der Regelung des Zugangs zum Beamtenverhältnis, NJW 1980, 16 (17).

Auch die Regelungen des Neunten Buches Sozialgesetzbuch, die in §§ 82, 128 SGB IX, besondere Pflichten der öffentlichen Arbeitgeber nennen, können nicht als Durchbrechung des Leistungsprinzips angesehen werden. Der Gesetzgeber hat unter dieser Maßgabe Bestimmungen über Eignung, Befähigung und fachliche Leistung lediglich so modifiziert, dass von schwerbehinderten Menschen nur das für die Laufbahn erforderliche Mindestmaß körperlicher Rüstigkeit verlangt wird (§ 13 Abs. 1 LVO). Im Übrigen verbietet sich eine Benachteiligung behinderter Menschen nach den Vorschriften des Allgemeinen Gleichbehandlungsgesetzes.

Eine echte Durchbrechung des Leistungsprinzips wäre es, wenn der Dienstherr einen schwerbehinderten Menschen allein aufgrund seiner Schwerbehinderteneigenschaft ohne Rücksicht auf den Leistungsgrundsatz einstellen müsste. Das ist aber nicht der Fall[51].

Eine solche eindeutige Durchbrechung findet sich z. B. in § 10 SVG.

Nach § 9 BeamtStG sind Ernennungen nach Eignung, Befähigung und fachlicher Leistung ohne Rücksicht auf Geschlecht, Abstammung, Rasse oder ethnische Herkunft, Behinderung, Religion oder Weltanschauung, politische Anschauungen. Herkunft, Beziehungen oder sexuelle Identität vorzunehmen.

Eignung

Eignung ist als Oberbegriff anzusehen, der die allgemein-menschliche Qualifikation erfasst; sie wird als umfassendes Qualifikationsmerkmal verstanden, als Inbegriff der Eigenschaften, die von einem Bewerber verlangt werden, damit er körperlich und geistig allgemein den Anforderungen des Amtes gewachsen und auch zur Bekleidung dieses Amtes charakterlich geeignet ist[52].

Die jeweilige besondere **geistige und charakterliche Eignung** für eine Laufbahn, die vor der Einstellung festzustellen ist, lässt sich nicht allgemein festlegen. Die Anforderungen dürfen nur sachbedingt sein. Zu prüfen ist, ob der Bewerber in geordneten wirtschaftlichen Verhältnissen lebt, nicht vorbestraft ist (Führungszeugnis) und gegen ihn kein gerichtliches Strafverfahren oder ein Ermittlungsverfahren der Staatsanwaltschaft anhängig ist. Die charakterliche Eignung steht in engem Zusammenhang mit der Amtswürdigkeit (vgl. 5.3.1.2.10).

Ausnahmsweise wird bei Bewerbern hinsichtlich sicherheitsempfindlicher Tätigkeiten eine Sicherheitsüberprüfung nach dem Gesetz über die Voraussetzungen und das Verfahren von Sicherheitsüberprüfungen durchgeführt. Das Gesetz regelt die Voraussetzungen und das Verfahren zur Überprüfung einer Person, die mit einer sicherheitsempfindlichen Tätigkeit betraut werden soll, um im öffentlichen Interesse die Beschäftigung von Personen an sicherheitsempfindlichen Stellen von lebens- und verteidigungswichtigen Einrichtungen zu verhindern, die bei geheimhaltungsbedürftigen Angelegenheiten ein Sicherheitsrisiko darstellen (vgl. § 1 SüG NRW).

---

[51] BVerwG, Urteil vom 12.01.1967, 2 C 86/63, BVerwGE 26, 8 (10) = ZBR 1967, 186.
[52] Remmel, Die Konkurrentenklage im Beamtenrecht, RiA 1982, 1 (8).

Vor der Berufung in das Beamtenverhältnis ist nach Nr. 2.1 VV zu den §§ 8, 9 BeamtStG / § 15 LBG NRW (Ernennung)[53] auch zu prüfen, ob der Bewerber gesundheitlich geeignet ist. Die gesundheitliche Eignung ist durch ein amtliches Zeugnis der unteren Gesundheitsbehörde[54] nachzuweisen, das nicht früher als drei Monate vor dem Zeitpunkt erteilt worden ist, zu dem es vorgelegt wird.

Das Kriterium „**gesundheitliche Eignung**" ist für die Beamten besonders zu beachten, die eine über das normale Maß hinausgehende Leistungsfähigkeit besitzen müssen. So bestimmt § 3 Abs. 1 Nr. 3 LVOPol, dass der Beamte **polizeidiensttauglich** sein muss. Die Beamten des feuerwehrtechnischen Dienstes müssen nach amtsärztlichem Gutachten für den Dienst in der Feuerwehr geeignet sein (§ 2 Abs. 1 Nr. 3, § 7 Abs. 1 Nr. 2, § 8 Abs. 1 Nr. 2 und § 13 Nr. 2 LVOFeu).

Bei der von Art. 33 Abs. 2 GG geforderten Eignungsbeurteilung hat der Dienstherr immer auch eine Entscheidung darüber zu treffen, ob der einzelne Bewerber den Anforderungen des jeweiligen Amtes in gesundheitlicher Hinsicht entspricht. Denn geeignet im Sinne des Art. 33 Abs. 2 GG ist nur, wer dem angestrebten Amt auch in körperlicher und psychischer Hinsicht gewachsen ist.[55] Ist nach der körperlichen oder psychischen Konstitution eines Bewerbers die gesundheitliche Eignung nicht gegeben, kann er unabhängig von seiner fachlichen Eignung nicht in ein Beamtenverhältnis berufen werden.

Die Beurteilung der Eignung eines Bewerbers für das von ihm angestrebte öffentliche Amt bezieht sich nicht nur auf den gegenwärtigen Stand, sondern auch auf die künftige Amtstätigkeit und enthält eine Prognose, die eine konkrete und einzelfallbezogene Würdigung der gesamten Persönlichkeit des Bewerbers verlangt[56].

Die Prognose erfasst den Zeitraum bis zum Erreichen der gesetzlichen Altersgrenze. Es kommt darauf an, ob der Beamtenbewerber voraussichtlich bis zu diesem Zeitpunkt Dienst leisten wird oder wegen Dienstunfähigkeit vorzeitig in den Ruhestand versetzt werden muss. Ein Beamtenbewerber ist gesundheitlich nicht geeignet, wenn tatsächliche Anhaltspunkte die Annahme rechtfertigen, dass mit überwiegender Wahrscheinlichkeit vom Eintritt einer Dienstunfähigkeit vor Erreichen der gesetzlichen Altersgrenze auszugehen ist.[57] Mit der Entscheidung des Bundesverwaltungsgerichtes vom 25.07.2013 wurde die bisherige Rechtsprechung aufgegeben, nach der die gesundheitliche Eignung nur dann gegeben war, wenn der Eintritt der Dienstunfähigkeit vor Erreichen der gesetz-

---

[53] Verwaltungsvorschriften zur Ausführung des Beamtenstatusgesetzes (BeamtStG) und des Landesbeamtengesetzes (LBG NRW), VV des Innenministeriums (jetzt Ministerium für Inneres und Kommunales) – 24-42.01.04-03.02-101- vom 10.11.2009 (MBl.NRW. S. 532), geändert durch VV vom 11.02.2011 (MBl.NRW. S. 68).
[54] Untere Gesundheitsbehörden sind in Nordrhein-Westfalen die Kreise und die kreisfreien Städte. [§ 5 Abs. 2 Nr. 1 Gesetz über den öffentlichen Gesundheitsdienst des Landes Nordrhein-Westfalen (ÖGDG NRW) vom 25.11.1997 (GV.NRW. S. 430), zuletzt geändert durch Artikel 2 des Gesetzes vom 30.04.2013 (GV.NRW. S. 202)].
[55] BVerfG, Stattgebender Kammerbeschluss vom 10.12.2008, 2 BvR 2571/07, Schütz BeamtR ES/A II 1.4 Nr 173 = ZBR 2009, 125 = NVwZ 2009, 389.
[56] BVerfG, Urteil vom 24.09.2003, 2 BvR 1436/02, BVerfGE 108, 282 = Schütz BeamtR ES/A II 1.5 Nr 51 = ZBR 2004, 137.
[57] BVerwG, Urteil vom 25.07.2013, 2 C 12/11, BVerwGE 147, 244 = Schütz BeamtR ES/A II 1.4 Nr 225 = ZBR 2014, 89.

lichen Altersgrenze oder häufigere Erkrankungen während des Beamtenverhältnisses mit an Sicherheit grenzender Wahrscheinlichkeit ausgeschlossen werden konnten[58].

Die Verwaltungsgerichte haben über die gesundheitliche Eignung von Beamtenbewerbern zu entscheiden, ohne an tatsächliche oder rechtliche Wertungen des Dienstherrn gebunden zu sein; diesem steht insoweit kein Beurteilungsspielraum zu[59].

Im Rahmen dieser gesundheitlichen Eignungsbeurteilung hat der Dienstherr auch dem Verbot der Benachteiligung behinderter Menschen aus Art. 3 Abs. 3 Satz 2 GG Rechnung zu tragen. Ein Bewerber darf daher wegen seiner Behinderung nur dann von dem Beförderungsgeschehen ausgeschlossen werden, wenn dienstliche Bedürfnisse eine dauerhafte Verwendung in dem angestrebten Amt zwingend ausschließen[60]. Schwerbehinderte Menschen sollten nach amtsärztlichem Zeugnis bei der erstmaligen Untersuchung zur Einstellung in das Beamtenverhältnis voraussichtlich mit einem hohen Grad der Wahrscheinlichkeit noch **wenigstens fünf Jahre dienstfähig** sein. Das OVG Hamburg geht in seinem Urteil vom 26.09.2008[61] davon aus, dass für die Dauer eines Prognosezeitraumes von etwa 10 Jahren eine höhere Wahrscheinlichkeit als 50 % dafür sprechen muss, dass der Beamte dienstfähig bleibt und darüber hinaus in diesem Zeitraum krankheitsbedingte Fehlzeiten von nicht mehr als etwa zwei Monaten pro Jahr auftreten werden, wobei die Wahrscheinlichkeit einer einmaligen etwas längeren Ausfallzeit im Prognosezeitraum anstelle wiederkehrender längerer krankheitsbedingter Ausfallzeiten einer insgesamt positiven Prognose nicht entgegensteht.

Befähigung

Befähigung hebt auf die fachlich-technische Seite ab. Bewerber müssen über das erlernbare berufliche Können verfügen, das durch Ableisten der entsprechenden Ausbildung erworben worden ist und das die bestmögliche Ausfüllung des zu besetzenden Amtes ermöglicht. Die Befähigung ist folglich nach dem Erfolg der von dem Bewerber absolvierten Ausbildungen, die sich an den konkreten Prüfungsergebnissen messen lassen, zu beurteilen[62]. Wie Laufbahnbewerber und andere Bewerber die Befähigung für ihre Laufbahn im Einzelnen erwerben, regelt u. a. § 4 LVO (vgl. 6.2).

---

[58] Vgl. z. B. BVerwG, Urteil vom 18.07.2001, 2 A 5/00, Schütz BeamtR ES/A II 5.1 Nr 81 = ZBR 2002, 184 = DÖD 2002, 219.
[59] BVerwG, Urteil vom 25.07.2013, 2 C 12/11, BVerwGE 147, 244 = Schütz BeamtR ES/A II 1.4 Nr 225 = ZBR 2014, 89.
[60] BVerwG, Urteil vom 21.06.2007, 2 A 6/06 , juris Langtext Rn. 28 = Schütz BeamtR ES/A II 1.4 Nr 154 = Buchholz 11 Art 33 Abs 2 GG Nr 35.
[61] OVG Hamburg, Urteil vom 26.09.2008, 1 Bf 19/08, juris Langtext Rn. 36 = Schütz BeamtR ES/A II 1.5 Nr 60 = RiA 2009, 87.
[62] Remmel, Die Konkurrentenklage im Beamtenrecht, RiA 1982, 1 (8).

Fachliche Leistung

Die fachliche Leistung, das fachliche Können, besteht in den nach den dienstlichen Anforderungen bewerteten Arbeitsergebnissen[63]. Sie ist daher nur festzustellen, wenn die Bewerberin bzw. der Bewerber bereits auf dem für die Laufbahn in Betracht kommenden Aufgabengebiet tätig gewesen ist. Dasselbe gilt für Tätigkeiten in der Vergangenheit in vergleichbaren Positionen.

Das Kriterium „fachliche Leistung" ist deshalb in erster Linie bei der Einstellung von Bewerberinnen bzw. Bewerbern, die bereits berufstätig waren sowie bei Beförderungsentscheidungen (vgl. 5.3.3) von Bedeutung.

5.3.1.2.8 Fähigkeit zur Bekleidung öffentlicher Ämter

Eine Einstellung kommt nur in Betracht, wenn der Bewerber die Fähigkeit zur Bekleidung öffentlicher Ämter als staatlich verbürgten Vertrauensbeweis besitzt. Die Ernennung einer Person, die die Fähigkeit zur Bekleidung öffentlicher Ämter im Zeitpunkt der Ernennung nicht besitzt, ist nach § 11 Abs. 1 Nr. 3 Buchstabe b) BeamtStG nichtig. Daraus folgt, dass eine solche Ernennung nicht ausgesprochen werden darf und die Fähigkeit zur Bekleidung öffentlicher Ämter somit eine Einstellungsvoraussetzung darstellt.

Als Bürgermeister oder als Landrat nicht wählbar ist, wer am Wahltag infolge Richterspruchs die Fähigkeit zur Bekleidung öffentlicher Ämter nicht besitzt (§ 65 Abs. 2 Satz 2 GO, § 44 Abs. 2 Satz 2 KrO).

Die Fähigkeit zur Bekleidung öffentlicher Ämter ist grundsätzlich vorhanden. Sie geht kraft Gesetzes für die Dauer von fünf Jahren (vgl. § 45 Abs. 1 StGB) verloren, wenn jemand wegen eines Verbrechens zu einer Freiheitsstrafe von mindestens einem Jahr verurteilt wird.

Verbrechen sind rechtswidrige Taten, die im Mindestmaß mit einer Freiheitsstrafe von einem Jahr oder darüber bedroht sind (§ 12 Abs. 1 StGB). **Vergehen** sind rechtswidrige Taten, die im Mindestmaß mit einer geringeren Freiheitsstrafe oder die mit Geldstrafe bedroht sind (§ 12 Abs. 2 StGB). Ob ein Verbrechen oder ggf. ein Vergehen vorliegt, ist damit nach dem Strafmaß der einzelnen Vorschriften des Strafgesetzbuchs zu beurteilen. Schärfungen oder Milderungen, die nach den Vorschriften des Allgemeinen Teils oder für besonders schwere oder minder schwere Fälle vorgesehen sind, bleiben für die Einteilung außer Betracht (§ 12 Abs. 3 StGB).

Neben dem Verlust kraft Gesetzes kann das Gericht nach § 45 Abs. 2 StGB als Nebenfolge dem Verurteilten die Fähigkeit zur Bekleidung öffentlicher Ämter für die Dauer von zwei bis zu fünf Jahren aberkennen, soweit einzelne Vorschriften des Strafgesetzbuches dies besonders vorsehen.

---

[63] BVerwG, Urteil vom 28.10.2004, 2 C 23/03, juris Langtext Rn. 14 = BVerwGE 122, 147 = Schütz BeamtR ES/A II 1.4 Nr 122.

Vorgesehen ist diese Möglichkeit z. B. durch § 101 StGB bei Straftaten nach dem Zweiten Abschnitt des besonderen Teils des Strafgesetzbuches (Landesverrat und Gefährdung der äußeren Sicherheit, §§ 93 bis 100a StGB), bei der Bildung terroristischer Vereinigungen (§ 129a Abs. 8 StGB) und bei verschiedenen Straftaten im Amt (§§ 331 ff. StGB) nach § 358 StGB. Die Aberkennung der Fähigkeit zur Bekleidung öffentlicher Ämter nach den §§ 101, 129a Abs. 8 und 358 StGB setzt voraus, dass eine Verurteilung zu einer Freiheitsstrafe von mindestens sechs Monaten erfolgt ist, § 101 StGB fordert daneben, dass die Tat vorsätzlich begangen wurde.

Die Fähigkeit zur Bekleidung öffentlicher Ämter kann daneben vom Bundesverfassungsgericht aberkannt werden, wenn die Verwirkung von Grundrechten (Art. 18 GG) festgestellt worden ist (vgl. § 39 Abs. 2 BVerfGG).

Der Verlust der Fähigkeit zur Bekleidung öffentlicher Ämter wird mit der Rechtskraft des Urteils wirksam (vgl. § 45a Abs. 1 StGB). Die Dauer des Verlustes wird nach § 45a Abs. 2 Satz 1 StGB von dem Tage an gerechnet, an dem die Freiheitsstrafe verbüßt, verjährt oder erlassen ist. Im Falle der Anordnung einer freiheitsentziehenden Maßregel der Besserung und Sicherung wird die Frist erst von dem Tage an gerechnet, an dem auch die Maßregel erledigt ist (vgl. § 45a Abs. 2 Satz 2 StGB). Die Aussetzung einer Strafe zur Bewährung hat keinen Einfluss auf die Rechtsfolge des § 45 StGB. Die Frist wird in diesem Falle in die Bewährungszeit eingerechnet (vgl. § 45a Abs. 3 StGB).

5.3.1.2.9 Übung

Sachverhalt

Bei Bewerbern für die Einstellung in ein Beamtenverhältnis werden folgende Verurteilungen nach den Bestimmungen des Strafgesetzbuches festgestellt:

a) wegen falscher Versicherung an Eides Statt nach § 156 StGB zu einer Freiheitsstrafe von einem Jahr,
b) wegen schwerer Körperverletzung nach § 226 Abs. 1 StGB zu einer Freiheitsstrafe von einem Jahr,
c) wegen Bestechlichkeit nach § 332 Abs. 1 Satz 1 StGB zu einer Freiheitsstrafe von einem Jahr.

Fragestellung

Ist durch eine Verurteilung in den vorgenannten Fällen die Fähigkeit zur Bekleidung öffentlicher Ämter verloren gegangen bzw. besteht für das Gericht die Möglichkeit, die Fähigkeit zur Bekleidung öffentlicher Ämter abzuerkennen?

Lösungshinweise

Wer wegen eines Verbrechens zu einer Freiheitsstrafe von mindestens einem Jahr verurteilt wird, verliert für die Dauer von fünf Jahren die Fähigkeit, öffentliche Ämter zu bekleiden (vgl. § 45 Abs. 1 StGB).

Das Gericht kann für die Dauer von zwei bis zu fünf Jahren die in Absatz 1 bezeichneten Fähigkeiten aberkennen, soweit das Gesetz es besonders vorsieht (vgl. § 45 Abs. 2 StGB).

a) Falsche Versicherung an Eides Statt

Falsche Versicherung an Eides Statt nach § 156 StGB wird mit Freiheitsstrafe bis zu drei Jahren oder mit Geldstrafe bestraft.

Verbrechen sind rechtswidrige Taten, die im Mindestmaß mit Freiheitsstrafe von einem Jahr oder darüber bedroht sind (§ 12 Abs. 1 StGB). Vergehen sind rechtswidrige Taten, die im Mindestmaß mit einer geringeren Freiheitsstrafe oder die mit Geldstrafe bedroht sind (§ 12 Abs. 2 StGB). Mindestmaß bei falscher Versicherung an Eides Statt nach § 156 StGB ist Geldstrafe, es handelt sich somit nicht um ein Verbrechen. Die Fähigkeit zur Bekleidung öffentlicher Ämter ist nach § 45 Abs. 1 StGB nicht verloren gegangen.

Ob das Gericht die Möglichkeit hat, gemäß § 45 Abs. 2 StGB die Fähigkeit zur Bekleidung öffentlicher Ämter abzuerkennen, müsste sich aus einer Vorschrift ergeben, die die Nebenfolgen der Straftat regelt.

Die Möglichkeit zur Aberkennung der Fähigkeit zur Bekleidung öffentlicher Ämter durch das Gericht ist im Neunten Abschnitt des besonderen Teils des Strafgesetzbuches (Falsche uneidliche Aussage und Meineid, §§ 153 bis 163 StGB) nicht vorgesehen.

Der Bewerber hat durch die Verurteilung die Fähigkeit zur Bekleidung öffentlicher Ämter nicht verloren und könnte in ein Beamtenverhältnis berufen werden.

b) Schwere Körperverletzung

Schwere Körperverletzung nach § 226 Abs. 1 StGB wird mit Freiheitsstrafe von einem Jahr bis zu zehn Jahren bestraft.

Verbrechen sind rechtswidrige Taten, die im Mindestmaß mit Freiheitsstrafe von einem Jahr oder darüber bedroht sind (§ 12 Abs. 1 StGB). Mindestmaß bei schwerer Körperverletzung nach § 226 Abs. 1 StGB ist Freiheitsstrafe von einem Jahr. Es handelt sich somit um ein Verbrechen. Die Fähigkeit zur Bekleidung öffentlicher Ämter ist kraft Gesetzes verloren gegangen.

c) Bestechlichkeit

Bestechlichkeit nach § 332 Abs. 1 Satz 1 StGB wird mit Freiheitsstrafe von sechs Monaten bis zu fünf Jahren oder in minder schweren Fällen mit Freiheitsstrafe bis zu drei Jahren oder mit Geldstrafe bestraft.

Verbrechen sind rechtswidrige Taten, die im Mindestmaß mit Freiheitsstrafe von einem Jahr oder darüber bedroht sind (§ 12 Abs. 1 StGB). Mindestmaß bei Bestechlichkeit nach § 332 Abs. 1 Satz 1 StGB ist eine Freiheitsstrafe von sechs Monaten, es handelt sich somit nicht um ein Verbrechen. Die Fähigkeit zur Bekleidung öffentlicher Ämter ist nach § 45 Abs. 1 StGB nicht kraft Gesetzes verloren gegangen.

Ob das Gericht die Möglichkeit hatte, gemäß § 45 Abs. 2 StGB die Fähigkeit zur Bekleidung öffentlicher Ämter abzuerkennen, müsste sich aus einer Vorschrift ergeben, die die Nebenfolgen der Straftat regelt.

Die Nebenfolgen für die im dreißigsten Abschnitt des besonderen Teils des Strafgesetzbuches (Straftaten im Amt, §§ 331 bis 357 StGB) behandelten Straftaten regelt § 358 StGB. Bei Verurteilung zu einer Freiheitsstrafe von mindestens sechs Monaten wegen Bestechlichkeit nach § 332 Abs. 1 Satz 1 StGB sieht § 358 StGB die Möglichkeit vor, die Fähigkeit zur Bekleidung öffentlicher Ämter abzuerkennen. Nach dem Sachverhalt ist der Bewerber zu einer Freiheitsstrafe von einem Jahr verurteilt worden. Somit sind die Voraussetzungen für die Aberkennung durch das Gericht nach § 358 StGB gegeben. Hinweise auf einen entsprechenden Richterspruch enthält der Sachverhalt nicht.

5.3.1.2.10 Amtswürdigkeit

Der für die Einstellung vorgesehene Bewerber muss für die Berufung in das Beamtenverhältnis (Amtsverhältnis) würdig sein. Bei festgestellter Amtsunwürdigkeit kommt eine Einstellung (auch wegen fehlender charakterlicher Eignung) nicht in Betracht, da eine Ernennung zurückzunehmen ist, wenn nicht bekannt war, dass die ernannte Person wegen eines Verbrechens oder Vergehens rechtskräftig zu einer Strafe verurteilt war oder wird, das sie für die Berufung in das Beamtenverhältnis nach § 8 Abs. 1 Nr. 1 BeamtStG unwürdig erscheinen lässt (§ 12 Abs. 1 Nr. 2 BeamtStG).

Daraus folgt, dass eine Ernennung nicht ausgesprochen werden darf, wenn die Unwürdigkeit zum Zeitpunkt der Ernennung bekannt ist und die zuständige Stelle im Einstellungsverfahren bei der Auslegung des unbestimmten Rechtsbegriffs „unwürdig" zu einem entsprechenden Ergebnis kommt.

Die Regelung bezieht sich auf die Begriffe „Verbrechen" und „Vergehen". Verbrechen sind rechtswidrige Taten, die im Mindestmaß mit Freiheitsstrafe von einem Jahr oder darüber bedroht sind (§ 12 Abs. 1 StGB). Vergehen sind rechtswidrige Taten, die im Mindestmaß mit einer geringeren Freiheitsstrafe oder die mit Geldstrafe bedroht sind (§ 12 Abs. 2 StGB). Schärfungen oder Milderungen für besonders schwere oder minder schwere Fälle bleiben bei der Abgrenzung außer Betracht (vgl. § 12 Abs. 3 StGB).

Bei der Auslegung des unbestimmten Rechtsbegriffs[64] „unwürdig" ist die Straftat unter Beachtung der geplanten Verwendung des Beamten zu würdigen. Der Dienstherr ist bei seiner Entscheidung an das Urteil des Strafgerichtes gebunden[65]. Die Frage, ob ein Bewerber der Berufung in das Beamtenverhältnis unwürdig ist, kann nur für alle Laufbahnen und Dienststellungen einheitlich beurteilt werden. Unwürdigkeit bezieht sich nicht auf das konkrete Beamtenverhältnis, sondern auf das Beamtentum schlechthin[66]. Bei Straftaten mit einer Freiheitsstrafe von einem Jahr und darüber wird in aller Regel, wie auch bei Eigentumsdelikten oder Straftaten, bei denen das Strafgesetzbuch die Möglichkeit zur Aberkennung der Fähigkeit zur Bekleidung öffentlicher Ämter durch das Gericht vorsieht, Amtsunwürdigkeit anzunehmen sein.

Für die Beurteilung der Amtswürdigkeit sind folgende Aspekte von Bedeutung:

- Zeit, Art und Ort der Straftat,
- Alter des Straftäters (Jugendlicher / Heranwachsender),
- Besondere Lebensumstände,
- Motiv / Handeln oder Unterlassen,
- Vorsatz oder Fahrlässigkeit,
- Versuch, Anstiftung oder Beihilfe,
- Verbrechen oder Vergehen und
- Wiedergutmachung und Verhalten seit der Tat.

Verbrechen führen zu einem Verlust der Fähigkeit zur Bekleidung öffentlicher Ämter (vgl. § 45 Abs. 1 und § 12 Abs. 1 StGB) für die Dauer von fünf Jahren. Nach Ablauf dieser Zeit oder nach Ablauf einer vom Gericht nach § 45 Abs. 2 StGB oder vom Bundesverfassungsgericht nach § 39 Abs. 2 BVerfGG aberkannten Fähigkeit zur Bekleidung öffentlicher Ämter steht die Beachtung des § 11 Abs. 1 Nr. 3 Buchstabe b) LBG einer Ernennung nicht mehr entgegen, es muss aber überprüft werden, ob der Bewerber würdig ist, in das Beamtenverhältnis berufen zu werden.

5.3.1.2.11 Keine Entfernung aus dem Dienst oder Aberkennung des Ruhegehaltes in einem Disziplinarverfahren

Die Prüfung dieser Voraussetzung kommt nur bei der geplanten Einstellung eines früheren Beamten in Betracht.

Eine Ernennung soll zurückgenommen werden, wenn nicht bekannt war, dass gegen die ernannte Person in einem Disziplinarverfahren auf Entfernung aus dem Beamtenverhältnis (§ 5 Abs. 1 Nr. 5 und § 10 LDG) oder auf Aberkennung des Ruhegehaltes (vgl. § 5 Abs. 2 Nr. 2 und § 12 LDG) erkannt worden war (§ 12 Abs. 2 BeamtStG), wobei die Wiedereinstellung eines ehemaligen Ruhestandsbeamten eher unwahrscheinlich ist.

---

[64] BVerwG, Urteil vom 08.11.1962, 2 C 180/60, BVerwGE 15, 128, NJW 1963, 677 = JZ 1963, 326.
[65] Vgl. Fn. 64.
[66] Vgl. Fn. 64

Bei der Vorschrift des § 12 Abs. 2 BeamtStG handelt es sich um eine Sollbestimmung, sodass nur in besonderen, atypischen Fällen von einer Rücknahme abzusehen sein wird. § 10 Abs. 6 Satz 1 Halbsatz 1 LDG schließt grundsätzlich die Wiedereinstellung eines aus dem Beamtenverhältnis entfernten Beamten bei einem Dienstherrn im Geltungsbereich des Landesbeamtengesetzes für das Land Nordrhein-Westfalen aus. Der Landespersonalausschuss kann Ausnahmen zulassen (§ 10 Abs. 6 Satz 1 Halbsatz 2 LDG) Selbst ein anderes Beschäftigungsverhältnis soll nach § 10 Abs. 6 Satz 2 LDG nicht begründet werden. Somit wird die Sollregelung in Nordrhein-Westfalen im Prinzip zu einer gebundenen Entscheidung.

5.3.1.2.12 Altersvoraussetzungen

Bei der Einstellung sind die Altersvoraussetzungen des Landesbeamtengesetzes zu beachten.

Die Höchstaltersgrenze für die Einstellung in ein Beamtenverhältnis ist wesentliche Grundlage für die Finanzierbarkeit und Funktionsfähigkeit des beamtenrechtlichen Versorgungssystems. Sie trägt maßgeblich dazu bei, ein ausgewogenes Verhältnis zwischen Dienstzeit und Versorgungsansprüchen sicherzustellen. Die Notwendigkeit eines angemessenen Verhältnisses zwischen der Dienstzeit des Beamten einerseits und dem Anspruch auf Versorgung während des Ruhestandes andererseits ist dem Alimentations- und dem Lebenszeitprinzip immanent. Nach diesen Prinzipien ist die Versorgung Gegenleistung dafür, dass die Beamtinnen und die Beamten ihr ganzes Arbeitsleben bis zum Erreichen der gesetzlichen Altersgrenze in den Dienst des Staates stellen.[67]

Vor diesem Hintergrund sind das Lebenszeitprinzip und das Alimentationsprinzip auch geeignet, Höchstaltersgrenzen verfassungsrechtlich zu rechtfertigen[68].

Bei der Berechnung der Altersgrenzen sind die §§ 187 bis 193 BGB zu beachten (vgl. § 31 Abs. 1 VwVfG NRW). Ist der Beginn eines Tages der für den Anfang einer Frist maßgebende Zeitpunkt, so wird dieser Tag bei der Berechnung der Frist mitgerechnet (§ 187 Abs. 2 Satz 1 BGB). Das Gleiche gilt von dem Tage der Geburt bei der Berechnung des Lebensalters (§ 187 Abs. 2 Satz 2 BGB). Danach vollendet der Mensch ein Lebensalter um 24.00 Uhr des dem Geburtstag vorhergehenden Tages. Das zahlenmäßig bezeichnete Jahr bestimmt das vollendete Jahr. Der am Monatsersten geborene Beamte vollendet sein Lebensjahr mit Ablauf des letzten Tages des vorhergehenden Monats.

---

[67] Vgl. Landtagsdrucksache 15/9759, S. 21.
[68] Vgl. BVerfG, Beschluss vom 21.04.2015, 2 BvR 1322/12, 2 BVR 1989/12, VR 2015, 283 = ZBR 2015, 304 = NVwZ 2015, 1279.

Allgemeine beamtenrechtliche Höchstaltersvoraussetzungen

Wer die Altersgrenze überschritten hat, darf nicht zum Beamten ernannt werden (§ 31 Abs. 4 LBG). Zur Altersgrenze vgl. Ausführungen zu 10.4.1 Wird eine Beamtin oder ein Beamter ernannt, der die Altersgrenze überschritten hat, ist er zu entlassen (vgl. § 23 Abs. 1 Satz 1 Nr. 5 BeamtStG)

Höchstaltersvoraussetzungen für Laufbahnbewerber

Die Höchstaltersgrenze für Laufbahnbewerber bestimmt § 14 LBG.

Nach § 14 Abs. 3 LBG darf als Laufbahnbewerber in das Beamtenverhältnis auf Probe eingestellt werden, wer das 42. Lebensjahr noch nicht vollendet hat. Die Vorschrift des § 14 Abs. 3 LBG gilt nach § 14 Abs. 4 LBG entsprechend bei der Einstellung in das Beamtenverhältnis auf Lebenszeit von Beamten anderer Dienstherrn sowie von früheren Beamten.

Ausnahmen von den Höchstaltersvoraussetzungen

Die Regelungen des § 14 Abs. 5 LBG enthalten einen Ausgleich für Benachteiligungen, die mit teilweise verfassungsrechtlich geschützten Gemeinwohlbelangen in engem Zusammenhang stehen[69].

Die Höchstaltersgrenzen erhöhen sich nach §14 Abs. 5 LBG um Zeiten

- der Ableistung einer Dienstpflicht nach Art. 12a GG (§ 14 Abs. 5 Satz 1 Nr. 1 LBG),
- der Teilnahme an Maßnahmen i. S. des § 34 Abs. 2 der Freistellungs- und Urlaubsverordnung NRW vom 10.01.2012 (GV.NRW. S. 2; berichtigt S. 92) in der jeweils geltenden Fassung (§ 14 Abs. 5 Satz 1 Nr. 2 LBG),
- der tatsächlichen Betreuung eines minderjährigen Kindes (§ 14 Abs. 5 Satz 1 Nr. 3 LBG) oder
- der tatsächlichen Pflege einer oder eines nach § 7 Abs. 3 des Pflegezeitgesetzes vom 28.05.2008 (BGBl. I S. 874, 896) in der jeweils geltenden Fassung pflegebedürftigen nahen Angehörigen, deren oder dessen Pflegebedürftigkeit nach § 3 Abs. 2 des vorgenannten Gesetzes nachgewiesen ist (§ 14 Abs. 5 Satz 1 Nr. 4 LBG).

Ableistung einer Dienstpflicht nach Art. 12a GG (§ 14 Abs. 5 Satz 1 Nr. 1 LBG)

Nach Art. 12a Abs. 1 GG können Männer - im Verteidigungsfall unter besonderen Voraussetzungen auch Frauen (vgl. § 12a Abs. 4 GG) - vom vollendeten achtzehnten Lebensjahr an zum Dienst in den Streitkräften, im Bundesgrenzschutz oder in einem Zivil-

---

[69] Landtagsdrucksache 16/9759 S. 23.

schutzverband verpflichtet werden. Wer aus Gewissensgründen den Kriegsdienst mit der Waffe verweigert, kann nach Art. 12a Abs. 2 Satz 1 GG zu einem Ersatzdienst verpflichtet werden.

Die Regelungen über die Wehrpflicht sind durch das Wehrrechtsänderungsgesetz 2011 seit dem 01.07.2011 ausgesetzt worden. Sie gelten nach § 2 Wehrrechtsänderungsgesetz nur im Spannungs- oder Verteidigungsfall.

Teilnahme an Maßnahmen i. S. des § 34 Abs. 2 der Freistellungs- und Urlaubsverordnung NRW (§ 14 Abs. 5 Satz 1 Nr. 1 LBG)
Nach § 34 Abs. 2 FrUrlV kann Urlaub ohne Besoldung zur Ableistung eines

- freiwilligen sozialen oder ökologischen Jahres i. S. des Jugendfreiwilligendienstegesetzes (JFDG) vom 16.05.2008 (BGBl. I S. 842) in der jeweils geltenden Fassung,
- freiwilligen Dienstes für das Allgemeinwohl i. S. des Bundesfreiwilligendienstegesetzes (JFDG) vom 16.05.2008 (BGBl. I S. 842) in der jeweils geltenden Fassung,
- vergleichbaren staatlich anerkannten Freiwilligendienstes für das Allgemeinwohl

wenn dienstliche Gründe nicht entgegenstehen.

§ 3 Abs. 1 JFDG definiert das freiwillige soziale Jahr als eine ganztägige überwiegend praktische Hilfstätigkeit, die an Lernzielen orientiert ist und in gemeinwohlorientierten Einrichtungen geleistet wird, insbesondere in Einrichtungen der Wohlfahrtspflege, in Einrichtungen der Kinder- und Jugendhilfe, einschließlich der Einrichtungen für außerschulische Jugendbildung und Einrichtungen für Jugendarbeit, in Einrichtungen der Gesundheitspflege, in Einrichtungen der Kultur und Denkmalpflege oder in Einrichtungen des Sports. Das freiwillige soziale Jahr wird nach § 3 Abs. 2 LFDG pädagogisch mit dem Ziel begleitet, soziale, kulturelle und interkulturelle Kompetenzen zu vermitteln und das Verantwortungsbewusstsein für das Gemeinwohl zu stärken.

Bei einem freiwilligen ökologischen Jahr handelt es sich nach § 4 Abs. 1 JFDG um eine ganztägige überwiegend praktische Hilfstätigkeit, die an Lernzielen orientiert ist und in geeigneten Stellen und Einrichtungen geleistet wird, die im Bereich des Natur- und Umweltschutzes einschließlich der Bildung zur Nachhaltigkeit tätig sind. Das freiwillige ökologische Jahr wird, wie auch das freiwillige soziale Jahr, nach § 4 Abs. 2 JFDG pädagogisch begleitet, hier mit dem zusätzlichen Ziel, insbesondere den nachhaltigen Umgang mit Natur und Umwelt zu stärken und Umweltbewusstsein zu entwickeln, um ein kompetentes Handeln für Natur und Umwelt zu fördern.

Der Jugendfreiwilligendienst muss nach § 2 Abs. 1 Nr. 1 JFDG ohne Erwerbsabsicht außerhalb einer Berufsausbildung und vergleichbar mit einer Vollbeschäftigung geleistet werden. Die Freiwilligen müssen sich nach § 2 Abs. 1 Nr. 1 JFDG auf Grund einer Vereinbarung (vgl. § 11 JFDG) für eine Zeit von mindestens sechs und höchstens 24 Monaten verpflichtet haben und sie müssen nach § 2 Abs. 1 Nr. 4 JFDG die Vollzeitschulpflicht erfüllt, dürfen aber das 27. Lebensjahr noch nicht vollendet haben.

Sie erhalten nach § 2 Abs. 1 Nr. 3 JFDG für den Dienst nur unentgeltliche Unterkunft, Verpflegung und Arbeitskleidung sowie ein angemessenes Taschengeld oder anstelle von Unterkunft, Verpflegung und Arbeitskleidung entsprechende Geldersatzleistungen, wobei ein Taschengeld dann angemessen ist, wenn es 6 Prozent der in der allgemeinen Rentenversicherung geltenden Beitragsbemessungsgrenze (§ 159 des Sechsten Buches Sozialgesetzbuch) nicht übersteigt.

Hat sich die Einstellung aus den in § 14 Abs. 5 LBG genannten Gründen verzögert, wird die Altersgrenze im Umfang der Verzögerung hinausgeschoben.

Betreuung eines minderjährigen Kindes oder tatsächliche Pflege einer oder eines nahen Angehörigen

Hat sich die Einstellung oder Übernahme wegen der tatsächlichen Betreuung eines minderjährigen Kindes (§ 14 Abs. 5 Satz 1 Nr. 3 LBG) oder der tatsächlichen Pflege einer oder eines nahen Angehörigen (§14 Abs. 5 Satz 1 Nr. 4 LBG) verzögert, erhöht sich die Höchstaltersgrenze um jeweils bis zu drei Jahre, bei mehreren Kindern oder Angehörigen um insgesamt bis zu sechs Jahre . Von einer tatsächlichen Betreuung oder Pflege kann bereits dann ausgegangen werden, wenn über einen dementsprechenden Zeitraum keine berufliche Tätigkeit im Umfang von in der Regel mehr als zwei Drittel der jeweiligen regelmäßigen Arbeitszeit ausgeübt wurde (vgl. § 14 Abs. 5 Satz 2 LBG).

Nicht erforderlich ist, dass es sich bei dem betreuten Kind um ein eigenes Kind handelt. Tatsächliche Betreuung kann frühestens mit dem Tage der Geburt des Kindes einsetzen und setzt voraus, dass zwischen dem Betreuenden und dem Kind ein auf Dauer gerichtetes Betreuungsverhältnis bestanden hat, das neben der laufenden Versorgung Möglichkeiten einer erzieherischen Einflussnahme eröffnet.

Bezüglich des Personenkreises der nahen Angehörigen verweist § 14 Abs. 5 Satz 1 Nr. 4 LBG auf § 7 Abs. 3 des Pflegezeitgesetzes (PflegeZG). Nahe Angehörige sind danach

- Großeltern, Eltern, Schwiegereltern, Stiefeltern (§ 7 Abs. 3 Nr. 1 PflegeZG),
- Ehegatten, Lebenspartner, Partner einer eheähnlichen oder lebenspartnerschaftsähnlichen Gemeinschaft, Geschwister, Ehegatten der Geschwister und Geschwister der Ehegatten, Lebenspartner der Geschwister und Geschwister der Lebenspartner (§ 7 Abs. 3 Nr. 2 PflegeZG),
- Kinder, Adoptiv- oder Pflegekinder, die Kinder, Adoptiv- oder Pflegekinder des Ehegatten oder Lebenspartners, Schwiegerkinder und Enkelkinder (§ 7 Abs. 3 Nr. 3 PflegeZG).

Die Pflegebedürftigkeit des nahen Angehörigen ist nach § 3 Abs. 2 Satz 1 PflegeZG, worauf § 14 Abs. 5 Satz 1 Nr. 4 LBG verweist, durch Vorlage einer Bescheinigung der Pflegekasse oder des Medizinischen Dienstes der Krankenversicherung nachzuweisen.

Die Pflege muss von dem Beamten tatsächlich selbst durchgeführt worden sein oder werden. Dass die Pflegeperson auch die fachlich anspruchsvolleren Pflegetätigkeiten selbst vornimmt, ist nicht entscheidend.

Im Unterschied bis zu der bis zum 30.06.2016 geltenden Rechtslage ist es nicht mehr erforderlich, dass die in § 14 Abs. 5 Satz 1 genannten Erhöhungstatbestände ursächlich für das Überschreiten der Höchstaltersgrenze sind.

Der Neuregelung liegt dabei auch der Gedanke zu Grunde, dass die von der Rechtsprechung[70] entwickelten Beweislastregeln nicht nur in erheblichem Umfang Verwaltungskapazitäten gebunden haben, sondern insbesondere zu einer weitgehenden Aushöhlung der bisherigen Verzögerungstatbestände geführt haben[71].

Höchstaltersgrenze für schwerbehinderte Menschen

Schwerbehinderte Menschen und ihnen gemäß § 2 Abs. 3 SGB IX in der jeweils geltenden Fassung gleichgestellte behinderte Menschen dürfen auch dann eingestellt werden, wenn sie das 45. Lebensjahr vollendet haben (vgl. § 14 Abs. 6 Satz 1 LBG).

In diesen Fällen finden die Regelungen über die Erhöhung der Höchstaltersgrenzen des § 14 Abs. 5 LBG keine Anwendung (vgl. § 14 Abs. 6 Satz 2 LBG).
Ausnahmen nach § 7 Abs. 6 des Soldatenversorgungsgesetzes

Daneben sind Ausnahmen vorgesehen für Inhaber von Eingliederungs- bzw. Zulassungsscheinen nach § 7 Abs. 6 Soldatenversorgungsgesetz, der unberührt bleibt (vgl. § 14 Abs. 7 LBG).

Eine Höchstaltersgrenze ist nach § 7 Abs. 6 SVG unbeachtlich, wenn sich ein Soldat auf Zeit, dessen Dienstzeit für einen Zeitraum von zwölf oder mehr Jahren festgesetzt worden ist, bis zum Ablauf von sechs Monaten nach Beendigung seines Wehrdienstverhältnisses oder dem Ende der Förderung seiner Bildungsmaßnahme um Einstellung in den öffentlichen Dienst bewirbt. In diesen Fällen stehen dessen Einstellung Vorschriften nicht entgegen, nach denen ein Höchstalter bei der Einstellung nicht überschritten sein darf.

Nichtgeltung der Höchstaltersgrenzen

Eine Höchstaltersgrenze gilt nicht

- für die Berufung in ein Amt mit leitender Funktion im Beamtenverhältnis auf Probe (vgl. § 14 Abs. 9 Satz 1 Nr. 1 LBG),
- für den Wechsel aus einem Richterverhältnis in das Beamtenverhältnis und umgekehrt innerhalb des Geltungsbereichs des Landesbeamtengesetzes Nordrhein-Westfalen (§ 14 Abs. 9 Satz 1 Nr. 2 LBG) oder
- für die Einstellung in das Beamtenverhältnis auf Probe im Anschluss an die Beendigung eines Vorbereitungsdienstes, wenn bei dessen Beginn für die Einstellung in das Beamtenverhältnis auf Widerruf eine Höchstaltersgrenze festgelegt war (§ 14 Abs. 9 Satz 1 Nr. 3 LBG).

---

[70] Vgl. BVerwG, Urteil vom 20.01.2000, 2 C 13/99, ZBR 2000, 305 mit weiteren Hinweisen zur Rechtsprechung des Bundesverwaltungsgerichts = DVBl. 2000, 1129 = IÖD 2000, 194 = RiA 2000, 286..
[71] Vgl. Landtagsdrucksache 16/9759, S. 24.

§ 14 Abs. 9 Satz 1 Nr. 3 LBG bezieht sich auf die Fälle, in denen eine Höchstaltersgrenze auf Grund der Ermächtigung in § 6 Abs. 2 Satz 2 LBG a. F.[72] durch die Verordnungen über die Ausbildung und Prüfung für die Einstellung in den Vorbereitungsdienst festgelegt werden konnte.

Weitere Ausnahmen von den Höchstaltersgrenzen

Ausnahmen von den Höchstaltersvoraussetzungen können nach § 14 Abs. 10 Satz 1 LBG zugelassen werden

- für einzelne Fälle oder Gruppen von Fällen, wenn der Dienstherr ein erhebliches dienstliches Interesse daran hat, Bewerber als Fachkräfte zu gewinnen oder zu behalten (§ 14 Abs. 10 Satz 1 Nr. 1 LBG) oder
- für einzelne Fälle, wenn sich nachweislich der berufliche Werdegang aus von dem Bewerber nicht zu vertretenden Gründen in einem Maß verzögert hat, welches die Anwendung der Höchstaltersgrenze unbillig erscheinen ließe (§ 14 Abs. 10 Satz 1 Nr. 2 LBG).

§ 14 Abs. 10 Satz 2 LBG bestimmt, dass ein erhebliches dienstliches Interesse insbesondere dann vorliegt, wenn die Ausnahmeerteilung zur Sicherstellung der Erledigung der öffentlichen Aufgabe erforderlich ist.

Zur Zuständigkeit für die Ausnahmeentscheidung vgl. die Ausführungen zur Beteiligung andere Stellen unter 5.3.1.1.11.

Höchstaltersgrenze im Polizeivollzugsdienst

In das Beamtenverhältnis auf Probe darf für den Polizeivollzugsdienst eingestellt werden, wer das 40. Lebensjahr noch nicht vollendet hat (vgl. § 109 Abs. 2 Satz 1 LBG).

In das Beamtenverhältnis auf Widerruf darf für den Polizeivollzugsdienst eingestellt werden, wer das 37. Lebensjahr noch nicht vollendet hat (vgl. § 109 Abs. 3 Satz 1 LBG).

Die Regelung des § 109 Abs. 2 Satz 1 LBG berücksichtigt die erhöhten Anforderungen an die körperliche und geistige Leistungsfähigkeit sowie an die seelische Belastbarkeit im Polizeivollzugsdienst. Die besondere Höchstaltersgrenze soll auch unter Berücksichtigung der besonderen Altersgrenze der Polizeivollzugsbeamten für den Eintritt in den Ruhestand sicherstellen, dass die Leistungsfähigkeit dem Dienstherrn über einen längeren Zeitraum zur Verfügung stehen kann.[73]

---

[72] Beamtengesetz für das Land Nordrhein-Westfalen (Landesbeamtengesetz – LBG NRW) vom 21.04.2009 (GV.NRW. S. 224), zuletzt geändert durch Artikel 1 des Gesetzes vom 17.12.2015 (GV.NRW. S. 938).
[73] Vgl. Landtagsdrucksache 16/9759, S. 26, 27.

Höchstaltersgrenze für die übrigen kommunalen Wahlbeamten

Bei ihrer erstmaligen Berufung in ein Beamtenverhältnis auf Zeit müssen die übrigen kommunalen Wahlbeamten unter Berücksichtigung der Regelaltersgrenze des § 31 Abs. 2 LBG die Voraussetzungen zur Ableistung der Dienstpflicht von acht Jahren nach § 119 Abs. 2 Satz 1 LBG erfüllen (vgl. § 119 Abs. 2 Satz 2 LBG). Eine nach Jahren bezifferte konkrete Höchstaltersgrenze ist damit nicht vorgesehen.

5.3.1.2.13 Unvereinbarkeit von Amt und Mandat (Inkompatibilität)

Unvereinbarkeitsregelungen haben ihre Grundlage im Prinzip der Gewaltenteilung, das solche Bestimmungen zur Vermeidung von Interessenkollisionen zwischen Legislative und Exekutive verlangt. Art. 137 Abs. 1 GG bestimmt, dass die Wählbarkeit von Beamten, Angestellten des öffentlichen Dienstes, Berufssoldaten, freiwilligen Soldaten auf Zeit und Richtern im Bund, in den Ländern und den Gemeinden gesetzlich beschränkt werden kann[74]. Eine entsprechende Regelung enthält Art. 46 Abs. 3 Landesverfassung.

Diese Bestimmungen lassen keinen Ausschluss der Wählbarkeit zu (**Ineligibilität**), sondern ermächtigen lediglich zu Inkompatibilitätsregelungen.

Die beamtenrechtlichen Folgen, die sich aus der Übernahme oder der Ausübung eines Mandats ergeben, werden in besonderen Gesetzen und Verordnungen geregelt (vgl. § 73 Abs. 1 LBG).

Zu unterscheiden sind Inkompatibilitäten zwischen Amt und Mandaten im Europäischen Parlament, im Bundestag, im Landtag und in den Vertretungen einer Gemeinde, eines Gemeindeverbandes oder einer sonstigen, der Aufsicht des Landes unterstehenden Körperschaft, Anstalt oder Stiftung des öffentlichen Rechts. Einzelheiten bestimmen sich nach Bundes- bzw. Landesrecht.

Mandat im Bundestag / Europäischen Parlament oder Mitglied der Bundesregierung

Die Rechte und Pflichten aus dem Dienstverhältnis eines in den Bundestag gewählten Beamten mit Dienstbezügen ruhen vom Tage der Feststellung des Bundeswahlausschusses (§ 42 Abs. 2 Satz 1 BWahlG) oder der Annahme des Mandats für die Dauer der Mitgliedschaft (vgl. § 5 Abs. 1 Satz 1 AbgG). Die Vorschrift gilt entsprechend für die Mitgliedschaft im Europäischen Parlament (vgl. § 8 Abs. 3 EuAbgG).

Wird ein Beamter Mitglied der Bundesregierung, so scheidet er mit dem Beginn des neuen Amtsverhältnisses aus seinem bisherigen Amt als Beamter aus (§ 18 Abs. 1 Satz 1 BMinG). Seine Rechte und Pflichten ruhen für die Dauer der Mitgliedschaft in der Bundesregierung (vgl. § 18 Abs. 1 Satz 2 BMinG)) und leben anschließend wieder auf.

---

[74] Zur Vertiefung vgl. Menzel, Unvereinbarkeit von Amt und Mandat in den Ländern nach Art. 137 Abs. 1 GG und Landesverfassungsrecht, DÖV 1996, 1037.

Mandat im Landtag Nordrhein-Westfalen und Mitgliedschaft in der Landesregierung

Ein in den Landtag des Landes Nordrhein-Westfalen gewählter Beamter im Sinne des § 1 LBG, der Dienstbezüge erhält, scheidet mit dem Beginn der Mitgliedschaft aus seinem Amt aus (§ 23 Abs. 1 Satz 1 AbgG NRW). Die Rechte und Pflichten aus dem Beamtenverhältnis mit Ausnahme der Pflicht zur Amtsverschwiegenheit und des Verbots der Annahme von Belohnungen und Geschenken ruhen für die Dauer der Mitgliedschaft im Landtag (vgl. § 23 Abs. 1 Satz 2 AbgG NRW).

Für einen Beamten, der in die gesetzgebende Körperschaft eines anderen Landes gewählt richten sich die Folgen nach den entsprechenden Regelungen der anderen Länder.

Wird ein Beamter zum Mitglied der Landesregierung ernannt, so ruhen für die Dauer der Mitgliedschaft die in dem Dienstverhältnis begründeten Rechte und Pflichten mit Ausnahme der Pflicht zur Amtsverschwiegenheit und des Verbotes zur Annahme von Belohnungen und Geschenken (§ 15 Abs. 1 Satz 1 Landesministergesetz[75]).

Mitgliedschaft in Vertretungen der Gemeinden und Gemeindeverbände

Für Mitglieder der Vertretungen der Gemeinden und Gemeindeverbände sieht § 13 Abs. 1 Satz 1 Kommunalwahlgesetz[76] für Beamte in folgenden Fällen Unvereinbarkeiten von Amt und Mandat vor:

- Sie können nicht der Vertretung ihrer Anstellungskörperschaft angehören (§ 13 Abs. 1 Satz 1 Buchstabe a) Kommunalwahlgesetz).
- Stehen sie im Dienst des Landes und sind sie in einer staatlichen Behörde unmittelbar mit der Ausübung der allgemeinen Aufsicht oder der Sonderaufsicht über Gemeinden und Gemeindeverbände befasst, können sie nicht der Vertretung einer beaufsichtigten Gemeinde oder eines beaufsichtigten Gemeindeverbandes angehören (§ 13 Abs. 1 Satz 1 Buchstabe b) Kommunalwahlgesetz).
- Stehen sie im Dienste des Landes und werden sie in einer Kreispolizeibehörde beschäftigt, so können sie nicht der Vertretung des Kreises angehören, bei dem die Kreispolizeibehörde gebildet ist(§ 13 Abs. 1 Satz 1 Buchstabe c) Kommunalwahlgesetz).
- Stehen sie im Dienst eines Kreises und sind sie bei dem Landrat als untere staatliche Verwaltungsbehörde unmittelbar mit der Ausübung der allgemeinen Aufsicht oder der Sonderaufsicht über kreisangehörige Gemeinden befasst, können sie nicht der Vertretung einer kreisangehörigen Gemeinde angehören(§ 13 Abs. 1 Satz 1 Buchstabe d) Kommunalwahlgesetz).
- Stehen sie im Dienste einer Gemeinde, so können sie nicht Mitglied der Vertretung des Kreises sein, dem die Gemeinde angehört, es sei denn, dass sie bei einer öf-

---

[75] Landesministergesetz in der Neufassung vom 02.07.1999 (GV.NRW. S. 218), zuletzt geändert durch Artikel 1 des Gesetzes vom 08.07.2016 (GV. NRW. S. 619).
[76] Kommunalwahlgesetz vom 30.06.1998 (GV.NRW. S. 454, berichtigt S. 509), zuletzt geändert durch Artikel 7 des Gesetzes vom 14.06.2016 (GV. NRW. S. 442).

fentlichen Einrichtung (§ 107 Abs. 2 der Gemeindeordnung) oder einem Eigenbetrieb der Gemeinde beschäftigt sind(§ 13 Abs. 1 Satz 1 Buchstabe e) Kommunalwahlgesetz).

Bei der Prüfung der Einstellungsvoraussetzungen sind die Fälle von Bedeutung, in denen sich ein Mitglied einer gesetzgebenden Körperschaft oder einer Vertretung um die Einstellung als Beamter bewirbt.

Wird ein Mitglied des Europäischen Parlaments, des Bundestages oder des Landtages Beamter, hat er innerhalb einer angemessenen Frist, die von der obersten Dienstbehörde festzusetzen ist, sein Mandat niederzulegen, anderenfalls ist er zu entlassen (vgl. § 27 Abs. 1 LBG).

Werden Mitglieder einer Vertretung von Gemeinden oder Gemeindeverbänden Beamte der Gemeinde oder des Gemeindeverbandes, deren Vertretung sie angehören, müssen sie ihr Mandat niederlegen. Stellt der Wahlleiter fest, dass das Mitglied der Vertretung in ein Beamtenverhältnis berufen wurde und wird das Mandat nicht innerhalb einer Woche nach Zustellung dieser Feststellung niedergelegt, scheidet das Mitglied der Vertretung mit Ablauf dieser Frist aus der Vertretung aus (vgl. § 13 Abs. 4 und Abs. 3 Satz 2 Kommunalwahlgesetz). Der Verlust der Mitgliedschaft in der Vertretung wird festgestellt. Dabei handelt es sich um einen Verwaltungsakt im Sinne des § 35 Satz 1 VwVfG NRW, der i. d. R. mit der Anordnung der sofortigen Vollziehung (vgl. § 80 Abs. 2 Nr. 4 VwGO) ergeht.

Mitglieder von Vertretungen der Gemeinden und der Gemeindeverbände können aber durchaus Beamte des Bundes, des Landes, einer anderen Gemeinde oder Gemeindeverbandes oder einer sonstigen der Aufsicht des Landes unterstehenden Körperschaft, Anstalt oder Stiftung sein.

5.3.1.3 Übung

Sachverhalt

Bei der Stadt S ist zur Wahrnehmung hoheitlicher Aufgaben zum 01.09. beim Städtischen Sozialdienst die freie Planstelle einer Stadtsozialamtfrau / eines Stadtsozialamtmannes zu besetzen. In der Dienststelle sind mehr Frauen als Männer in der Gruppe, in der die Stelle besetzt werden soll, beschäftigt. Auf die externe Stellenausschreibung hin bewirbt sich der Sozialarbeiter Arnold A.

A ist 30 Jahre alt und besitzt die deutsche Staatsangehörigkeit. Er gehört zu den schwerbehinderten Menschen i. S. des Neunten Buches Sozialgesetzbuch. Er hat die Befähigung für den Dienst in der Sozialarbeit als Laufbahn besonderer Fachrichtung (vgl. Anlagen 2 und 3 zur Laufbahnverordnung), in der er verwendet werden soll, durch ein Studium der Sozialarbeit an einer Fachhochschule, ein Berufspraktikum, die staatliche Anerkennung und durch eine hauptberufliche Tätigkeit erworben.

Zu Beginn seiner Studienzeit nahm A in Berlin an einer friedlichen Demonstration gegen die Anrechnung des Kindergeldes auf die Sozialhilfe teil, bei der die Tätigkeit des Deutschen Bundestages gestört wurde. A wurde deswegen nach § 106b StGB wegen Störung der Tätigkeit eines Verfassungsorgans zu einer Freiheitsstrafe von drei Monaten verurteilt. Die Vollstreckung der Strafe wurde zur Bewährung ausgesetzt.

Aus einem von der Stadt S durchgeführten Auswahlverfahren ging A als der bestgeeignete Bewerber hervor. Er soll zum Stadtsozialamtmann ernannt werden.

Bisher wurden Personalrat, Gleichstellungsbeauftragte, Schwerbehindertenvertretung und andere Dienststellen nicht beteiligt.

Fragestellung

Liegen die formellen und materiellen Voraussetzungen für eine Ernennung vor?

Lösungshinweise

1 Formelle Voraussetzungen

1.1 Ernennungszuständigkeit

A soll Beamter der Stadt S, also Beamter einer Gemeinde, werden.

Die Beamten der Gemeinden und der Gemeindeverbände sowie der sonstigen der Aufsicht des Landes unterstehenden Körperschaften, Anstalten und Stiftungen des öffentlichen Rechts werden von den nach Gesetz, Verordnung oder Satzung hierfür zuständigen Stellen ernannt (§ 16 Abs. 2 Satz 1 LBG). Der Bürgermeister trifft die dienstrechtlichen Entscheidungen, soweit gesetzlich nichts anderes bestimmt ist (vgl. § 73 Abs. 3 Satz 1 GO).

1.2 Verfahren

Eine **Stellenausschreibung** ist erfolgt. Eine Stellenausschreibung ist in der Gemeindeverwaltung für die Stellen der Beigeordneten vorgeschrieben (§ 71 Abs. 2 Satz 1 GO). Daneben sind die Stellen in Bereichen auszuschreiben, in denen Frauen im Zuständigkeitsbereich der für die Personalauswahl zuständigen Dienststelle in der jeweiligen Gruppe der Arbeitnehmerinnen und Arbeitnehmer weniger Frauen als Männer beschäftigt sind (vgl. § 8 Abs. 1 Satz 1 LGG). Es handelt sich nicht um die Stelle einer bzw. eines Beigeordneten, auch sind nach dem Sachverhalt in der Dienststelle mehr Frauen als Männer in der Vergleichsgruppe beschäftigt, zu der die zu besetzende Stelle gehört.

Eine Stellenausschreibung war nicht erforderlich. Es entspricht aber den Grundsätzen einer vernünftigen Personalpolitik, Stellen auch ohne Bestehen einer gesetzlichen oder sonstigen Verpflichtung auszuschreiben, um aus einem möglichst großen Kreis von Bewerbern eine Auswahl treffen zu können, die es sicherstellt, möglichst qualifizierte Mitarbeiter zu gewinnen.

Im **Ernennungsverfahren** ist der Beamte **zu beteiligen.** Die Ernennung erfolgt durch Aushändigung der Ernennungsurkunde (vgl. § 8 Abs. 2 Satz 1 BeamtStG). und ist ein mitwirkungsbedürftiger Verwaltungsakt, bei dem der Beamte die Mitwirkung durch die vorbehaltlose Entgegennahme der Ernennungsurkunde ausdrückt. Mitkonkurrenten sind vorab von der Entscheidung in Kenntnis zu setzen, damit sie ggf. Rechtsschutz erlangen können. Besondere Hinweise enthält der Sachverhalt diesbezüglich nicht.

Bei Einstellungen hat der **Personalrat** mitzubestimmen (§§ 72 Abs. 1 Satz 1 Nr. 1, 66 Abs. 1 LPVG). Laut Sachverhalt ist der Personalrat nicht beteiligt worden.

Diese formelle Voraussetzung für die Ernennung liegt noch nicht vor.

Die **Gleichstellungsbeauftragte** ist frühzeitig über die beabsichtigte Maßnahme zu unterrichten und anzuhören (vgl. § 18 Abs. 2 LGG). Nach den Angaben im Sachverhalt ist die Gleichstellungsbeauftragte noch nicht beteiligt worden.

Diese formelle Voraussetzung liegt noch nicht vor.

Der Arbeitgeber hat die **Schwerbehindertenvertretung** in allen Angelegenheiten, die die schwerbehinderten Menschen berühren, unverzüglich und umfassend zu unterrichten und vor einer Entscheidung anzuhören (vgl. § 95 Abs. 2 Satz 1 SGB IX). Die Schwerbehindertenvertretung ist noch nicht beteiligt worden.

Auch diese formelle Voraussetzung liegt noch nicht vor.

Die Stadt S beabsichtigt, A in einem Beförderungsamt einzustellen. Das ist nach § 14 Abs. 2 Satz 3 LBG nur mit einer entsprechenden Ausnahmegenehmigung des **Landespersonalausschusses** (§ 97 Abs. 1 Nr. 1 Buchstabe a) LBG) zulässig.

Diese erforderliche Ausnahmegenehmigung liegt nicht vor.

2 Materielle Voraussetzungen

A soll Beamter der Stadt S werden. Gemäß § 2 Nr. 1 BeamtStG haben die Gemeinden das Recht Beamte zu haben.

Die Stadt S besitzt also die **Dienstherrnfähigkeit.**

Laut Sachverhalt werden auf der in Betracht kommenden Stelle **hoheitliche Aufgaben** (Art. 33 Abs. 4 GG und § 3 Abs. 2 BeamtStG) erledigt.

Eine **freie Planstelle** (§ 8 Abs. 1 Satz 1 GemHVO) ist laut Sachverhalt vorhanden.

A ist laut Sachverhalt **Deutscher** (§ 7 Abs. 1 Nr. 1 BeamtStG). An seinem Eintreten für die **freiheitliche demokratische Grundordnung** ist nicht zu zweifeln (§ 7 Abs. 1 Nr. 2 BeamtStG). Auch die Teilnahme an der Demonstration mit der Störung der Tätigkeit eines Gesetzgebungsorgans (§ 106b StGB) geben dazu keinen Anlass.

Der Dienst in der Sozialarbeit ist eine Laufbahn besonderer Fachrichtung der Laufbahngruppe 2 (erstes Einstiegsamt). A hat laut Sachverhalt die **Befähigung für diese Laufbahn** erworben.

A ist wegen der Störung der Tätigkeit eines Gesetzgebungsorgans zu einer Freiheitsstrafe verurteilt worden. Da eine Ernennung nach § 11 Abs. 1 Nr. 3 Buchstabe b) BeamtStG nichtig wäre, wenn der Beamte die Fähigkeit zur **Bekleidung öffentlicher Ämter** nicht besitzt, ist zu prüfen, ob A durch die Verurteilung diese Fähigkeit verloren hat. Nach § 45 Abs. 1 StGB verliert jemand die Fähigkeit zur Bekleidung öffentlicher Ämter für die Dauer von fünf Jahren, wenn er wegen eines Verbrechens zu einer Freiheitsstrafe von mindestens einem Jahr verurteilt wird. A ist zu einer Freiheitsstrafe von drei Monaten verurteilt worden. Er hat die Fähigkeit zur Bekleidung öffentlicher Ämter kraft Gesetzes nicht verloren. Eine Aberkennung durch das Gericht nach § 45 Abs. 2 StGB ist im Falle einer Verurteilung wegen der Störung der Tätigkeit eines Gesetzgebungsorgans nach § 106b StGB nicht vorgesehen.

Aus § 12 Abs. 1 Nr. 2 BeamtStG folgt, dass eine Ernennung nicht ausgesprochen werden darf, wenn jemand nicht würdig ist, in das Beamtenverhältnis berufen zu werden. Grundlage für die Prüfung der **Amtswürdigkeit** im Gegensatz zur Amtsfähigkeit kann auch ein Vergehen sein. Es ist zu prüfen, ob die Störung der Tätigkeit des Deutschen Bundestages A unwürdig erscheinen lässt. Hier ist zu berücksichtigen, dass es sich um eine Demonstration in jüngeren Jahren (laut Sachverhalt zu Beginn der Studienzeit) gehandelt hat, bei der A sein Engagement für sozial Schwache gezeigt hat. Hinzu kommt, dass das Gericht von der Möglichkeit Gebrauch gemacht hat, die Vollstreckung der Freiheitsstrafe zur Bewährung auszusetzen. Das lässt den Schluss zu, dass A als amtswürdig angesehen werden kann.

Altersvoraussetzungen (§ 14 LBG) und **Unvereinbarkeit von Amt und Mandat** als weitere persönliche Voraussetzungen sind unproblematisch.

Ergebnis

Es ist festzustellen, dass die Voraussetzungen für die Ernennung bezüglich der Beteiligung des Personalrats, der Gleichstellungsbeauftragten, der Schwerbehindertenvertretung und des Landespersonalausschusses noch nicht vorliegen. Eine Ernennung darf nicht ausgesprochen werden. Wird der Personalrat beteiligt, die Gleichstellungsbeauftragte unterrichtet und die Schwerbehindertenvertretung angehört, kann eine Einstellung im Eingangsamt erfolgen. Erteilt der Landespersonalausschuss die entsprechende Ausnahmegenehmigung, wäre die Einstellung ggf. auch im Beförderungsamt möglich.

5.3.2 Die Umwandlung eines Beamtenverhältnisses in ein solches anderer Art

Zur Umwandlung eines Beamtenverhältnisses in ein solches anderer Art bedarf es einer Ernennung § 8 Abs. 1 Nr. 2 BeamtStG). Die Umwandlung setzt ein bestehendes Beamtenverhältnis zum selben Dienstherrn voraus, das ohne Unterbrechung in ein anderes Beamtenverhältnis umgestaltet wird[77].

Nach der Formulierung in § 8 Abs. 1 Nr. 2 BeamtStG kommen zunächst einmal grundsätzlich die in § 4 BeamtStG genannten Beamtenverhältnisse für eine Umwandlung in Betracht.

Ein Ehrenbeamtenverhältnis (vgl. § 5 Abs. 1 BeamtStG) darf nach § 5 Abs. 3 BeamtStG nicht in ein Beamtenverhältnis anderer Art umgewandelt werden.

Eine Umwandlung ist grundsätzlich nur in ein Beamtenverhältnis mit größerem Bestandsschutz möglich.

Nach § 22 Abs. 3 BeamtStG ist ein Beamter mit der Begründung eines neuen Beamtenverhältnisses auf Zeit aus einem anderen Beamtenverhältnis bei demselben Dienstherrn entlassen, soweit das Landesrecht keine abweichenden Regelungen trifft. Das Landesrecht Nordrhein-Westfalen trifft keine abweichenden Regelungen, sodass in Nordrhein-Westfalen eine Umwandlung in ein Beamtenverhältnis auf Zeit ausgeschlossen ist.

Als Umwandlungsfälle kommen in Betracht die

- Umwandlung eines Beamtenverhältnisses auf Widerruf in ein Beamtenverhältnis auf Probe (soweit das Beamtenverhältnis auf Widerruf nicht kraft Gesetzes endet), die
- Umwandlung eines Beamtenverhältnisses auf Probe in ein Beamtenverhältnis auf Lebenszeit und die
- Umwandlung eines Beamtenverhältnisses auf Zeit in ein Beamtenverhältnis auf Lebenszeit

Nach § 22 Abs. 4 BeamtStG endet ein Beamtenverhältnis auf Widerruf mit Ablauf des Tages der Ablegung oder dem endgültigen Nichtbestehen der für die Laufbahn vorgeschriebenen Prüfung, sofern durch Landesrecht nichts anderes bestimmt ist. Für den allgemeinen Verwaltungsdienst hat das nordrhein-westfälische Landesrecht nichts anderes bestimmt. Die Ausbildung endet nach § 10a Abs. 1 Satz 2 VAPgD BA mit dem Bestehen der Bachelorprüfung, die zugleich Laufbahnprüfung ist und trifft damit keine von § 22 Abs. 4 BeamtStG abweichende Regelung. Somit scheidet eine Umwandlung, im Gegensatz zum Polizeivollzugsdienst, in diesen Fällen aus.

Das Beamtenverhältnis auf Widerruf im Polizeivollzugsdienst endet nicht kraft Gesetzes mit dem Bestehen der II. Fachprüfung. Nach Beendigung des Vorbereitungsdienstes und bestandener II. Fachprüfung wird den Kommissaranwärtern die Eigenschaft einer eines Beamten auf Probe verliehen (vgl. § 12 Abs. 2 LVOPol). Das Beamtenverhältnis auf

---

[77] BVerwG, Urteil vom 16.04.1980, 6 C 49/78, ZBR 1981, 64 = VR 1981, 245; Wichmann/Langer, Rn. 85.

Widerruf wird in das Beamtenverhältnis auf Probe umgewandelt. Es handelt sich um eine Ernennung, auf die der Beamte bei Vorliegen der Voraussetzungen einen Anspruch hat.

Bei der Umwandlung sind im Wesentlichen die Voraussetzungen zu beachten, die auch für die Begründung des Beamtenverhältnisses gefordert werden, wobei eine erneute Überprüfung einzelner Voraussetzungen nur dann erforderlich ist, wenn die Verhältnisse es erfordern oder speziell für die Umwandlung zusätzliche oder andere Rechtsnormen erheblich sind. Nachfolgend werden die abweichenden bzw. zusätzlichen Voraussetzungen besonders dargestellt. Im Übrigen wird auf die Ausführungen zur Begründung von Beamtenverhältnissen (Einstellung) unter 5.3.1 verwiesen.

5.3.2.1 Formelle Voraussetzungen

5.3.2.1.1 Zuständigkeit

Die Zuständigkeitsregelungen des § 16 LBG, der Verordnung über die Ernennung, Entlassung und Zurruhesetzung der Beamten und Richter des Landes Nordrhein-Westfalen sowie für die Beamten der Gemeinden, der Gemeindeverbände und der Körperschaften, Anstalten und Stiftungen in den dafür geltenden Gesetzen, Verordnungen oder Satzungen unterscheiden nicht zwischen den einzelnen Ernennungsfällen, sodass die Ausführungen unter 5.3.1.1.1 auch für die Umwandlung eines Beamtenverhältnisses in ein solches anderer Art gelten.

5.3.2.1.2 Stellenausschreibung

Eine Stellenausschreibung ist bei Umwandlungen nicht vorgesehen.

5.3.2.1.3 Formalisiertes Auswahlverfahren

Ein formalisiertes Auswahlverfahren ist bei der Umwandlung eines Beamtenverhältnisses in ein solches anderer Art nicht vorgesehen.

5.3.2.1.4 Beteiligung des zu ernennenden Beamten

Bei der Umwandlung eines Beamtenverhältnisses in ein solches anderer Art handelt es sich um einen Ernennungsfall i. S. des § 8 Abs. 1 Nr. 2 BeamtStG, der die Aushändigung einer Ernennungsurkunde voraussetzt (vgl. § 8 Abs. 2 Satz 1 BeamtStG). Die Ernennungsurkunde ist ein mitwirkungsbedürftiger Verwaltungsakt, der die Zustimmung des Beamten (i. d. R. durch vorbehaltlose Entgegennahme der Ernennungsurkunde) erfordert.

5.3.2.1.5 Beteiligung der Gleichstellungsbeauftragten

Zur Beteiligung der Gleichstellungsbeauftragten vgl. Ausführungen unter 5.3.1.1.6.

5.3.2.1.6 Beteiligung des Personalrates

Eine Beteiligung des Personalrates ist in Umwandlungsfällen nicht vorgesehen.

5.3.2.1.7 Beteiligung des Landespersonalausschusses

Eine Beteiligung des Landespersonalausschusses ist bei der Umwandlung von Beamtenverhältnissen nicht vorgesehen.

5.3.2.1.8 Ernennungsurkunde

Zur Umwandlung eines Beamtenverhältnisses in ein solches anderer Art bedarf es einer Ernennung (§ 8 Abs. 1 Nr. 2 BeamtStG). § 8 Abs. 2 Nr. 2 BeamtStG bestimmt, dass im Falle der Umwandlung der die Art des Beamtenverhältnisses bestimmende Zusatz aufgenommen werden muss.

Neben den Regelungen in § 8 Abs. 2 BeamtStG wird durch Nummer 1.1.2 VV zu § 8 BeamtStG weitere Urkundeninhalt vorgeschrieben.

Die Urkundsformel muss folgende Angaben enthalten:

- bei Umwandlung eines Beamtenverhältnisses in ein solches anderer Art

    „ *Frau / Herrn*.......... (bisherige Amtsbezeichnung / Vor- und Familienname)
    ....
    wird die Eigenschaft einer Beamtin/eines Beamten auf (z. B. Lebenszeit / Probe verliehen"

5.3.2.1.9 Planstelleneinweisung

Der Ernennungsfall „Umwandlung" erfordert grundsätzlich keine Planstelleneinweisung. Ist mit der Umwandlung die Verleihung eines anderen Amtes (z. B. bei der Umwandlung eines Beamtenverhältnisses auf Probe in ein Beamtenverhältnis auf Lebenszeit mit gleichzeitiger Beförderung) verbunden, ist eine Einweisung ausschließlich wegen der Verleihung des Beförderungsamtes erforderlich Zur Planstelleneinweisung vgl. die Ausführungen zu 5.3.1.1.13.

5.3.2.2 Materielle Voraussetzungen

Hier sind nur die Voraussetzungen zu prüfen, die nicht schon bei einer Begründung des Beamtenverhältnisses geprüft worden sind bzw. die, die zwischenzeitlich davon abweichen. Bezüglich Dienstherrnfähigkeit, Ausübung hoheitsrechtlicher Befugnisse, Staatsangehörigkeit und Verfassungstreue vgl. Ausführungen zur Einstellung unter 5.3.1.

5.3.2.2.1 Haushaltsrechtliche Voraussetzungen

Für Beamte auf Lebenszeit, auf Zeit und auf Probe müssen besetzbare Planstellen vorhanden sein (vgl. Ausführungen zu 5.3.1.2.3), sodass die haushaltsrechtlichen Voraussetzungen bei einer Umwandlung eines Beamtenverhältnisses zu beachten sind.

5.3.2.2.2 Besondere Voraussetzungen für die Umwandlung eines Beamtenverhältnisses auf Widerruf in ein Beamtenverhältnis auf Probe

Das Beamtenverhältnis auf Probe dient der Ableistung einer Probezeit zur späteren Verwendung auf Lebenszeit (vgl. § 4 Satz 1 Nr. 3 Buchstabe a) BeamtStG). Die Umwandlung eines Beamtenverhältnisses auf Widerruf in ein Beamtenverhältnis auf Probe kann für Laufbahnbewerber nach Erwerb der Laufbahnbefähigung durch das Ableisten des Vorbereitungsdienstes und das Ablegen der Laufbahnprüfung erfolgen, falls das Beamtenverhältnis nicht kraft Gesetzes mit der Beendigung der Ausbildung endet.

Nach § 22 Abs. 4 BeamtStG endet das Beamtenverhältnis auf Widerruf mit Ablauf des Tages der Ablegung oder dem endgültigen Nichtbestehen der für die Laufbahn vorgeschriebenen Prüfung, sofern durch Landesrecht nichts anderes bestimmt ist.

Nach § 6 Abs. 1 Satz 1 VAPgD BA werden zugelassene Personen für die Dauer der Ausbildung und Prüfung (Vorbereitungsdienst) in das Beamtenverhältnis auf Widerruf berufen[78]. Nach § 10a Abs. 1 Satz 2 VAPgD BA endet die Ausbildung mit dem Bestehen der Bachelorprüfung, die zugleich Laufbahnprüfung ist. Auch wenn § 10a Abs. 1 Satz 2 VAPgD BA nicht ausdrücklich den Ablauf des Tages des Bestehens der Laufbahnprüfung nennt, ist davon auszugehen, dass keine gegenüber § 27a Halbsatz 1 VAPgD (alte Fassung)[79] abweichende Regelung geschaffen werden sollte.

Für eine Weiterbeschäftigung muss ein Beamtenverhältnis auf Probe neu begründet werden. Eine Umwandlung in ein Beamtenverhältnis auf Probe kommt hier nicht in Betracht.

---

[78] Abweichend von Absatz 1 können nach § 6 Abs. 2 VAPgD BA zugelassene Personen, die für eine Tätigkeit auf der Funktionsebene des gehobenen Dienstes befähigt werden sollen, für die Dauer der Ausbildung und Prüfung mit der Einstellungsbehörde einen Vertrag für das Studium im Beschäftigungsverhältnis abschließen.

[79] Verordnung über die Ausbildung und Prüfung für Laufbahnen des gehobenen nichttechnischen Dienstes im Lande Nordrhein-Westfalen (Ausbildungsverordnung gehobener nichttechnischer Dienst – VAPgD) vom 25.06.1994 (GV.NRW. S. 494), zuletzt geändert 10. ÄndVO vom 30.11.2010 (GV. NRW. S. 659), obsolet durch Fristablauf.

Das Beamtenverhältnis auf Widerruf im Polizeivollzugsdienst endet nicht mit dem Bestehen der II. Fachprüfung. Nach Beendigung des Vorbereitungsdienstes und bestandener Staatsprüfung wird den Kommissaranwärtern die Eigenschaft eines Beamten auf Probe verliehen (vgl. § 12 Abs. 2 LVOPol).

5.3.2.2.3 Besondere Voraussetzungen für die Umwandlung eines Beamtenverhältnisses auf Probe in ein Beamtenverhältnis auf Lebenszeit

Das Beamtenverhältnis auf Lebenszeit dienst der dauernden Wahrnehmung von hoheitsrechtlichen Aufgaben i. S. von § 3 Abs. 2 BeamtStG. § 10 BeamtStG nennt die Voraussetzungen für die Ernennung zum Beamten auf Lebenszeit. Sie ist nach § 10 Satz 1 BeamtStG nur zulässig, wenn der Beamte sich in einer Probezeit von mindestens sechs Monaten und höchstens fünf Jahren bewährt hat.

Ein Beamtenverhältnis auf Probe ist in ein solches auf Lebenszeit umzuwandeln, wenn die beamtenrechtlichen Voraussetzungen hierfür erfüllt (§ 15 LBG). In diesem Fall besteht ausnahmsweise ein Anspruch auf Ernennung. Zum Rechtsanspruch auf die Umwandlung in ein Beamtenverhältnis auf Lebenszeit vgl. auch die Ausführungen zu 5.5.2.3.

5.3.3 Die Verleihung eines anderen Amtes mit anderem Grundgehalt

Zur Verleihung eines anderen Amtes (Amt im statusrechtlichen Sinne) mit anderem Grundgehalt bedarf es einer Ernennung (§ 8 Abs. 1 Nr. 3 BeamtStG).

Um die Verleihung eines anderen Amtes mit anderem Grundgehalt handelt es sich, wenn dem Beamten ein anderes Amt mit höherem Endgrundgehalt und anderer Amtsbezeichnung (vgl. § 19 Abs. 1 Satz 1 Nr. 1 LBG) oder ein Amt mit höherem Endgrundgehalt bei gleicher Amtsbezeichnung (vgl. § 19 Abs. 1 Satz 1 LBG) verliehen wird, um eine Rangherabsetzung handelt es sich bei der Verleihung eines anderen Amtes mit geringerem Grundgehalt und anderer Amtsbezeichnung.

5.3.3.1 Die Verleihung eines anderen Amtes mit höherem Grundgehalt (Beförderung)

Der Ernennungsfall des § 8 Abs. 1 Nr. 3 BeamtStG erfasst sowohl die Verleihung von Ämtern mit höherem als auch mit geringerem (Rangherabsetzung) Grundgehalt. Die Vorschrift wird bezüglich der Verleihung eines anderen Amtes mit höherem Grundgehalt ergänzt durch § 19 LBG mit den in Abs. 1 Satz 1 Nr. 1 bis Nr. 3 LBG genannten Fällen , die das Landesbeamtengesetz als Beförderungen bezeichnet.

Danach sind Beförderungen die

- Ernennung unter Verleihung eines anderen Amtes mit höherem Endgrundgehalt und anderer Amtsbezeichnung (§ 19 Abs. 1 Satz 1 Nr. 1 LBG),
- Ernennung unter Verleihung eines anderen Amtes mit höherem Endgrundgehalt bei gleicher Amtsbezeichnung (§ 19 Abs. 1 Satz 1 Nr. 2 LBG),
- Ernennung unter Verleihung eines anderen Amtes mit gleichem Endgrundgehalt und anderer Amtsbezeichnung beim Wechsel der Laufbahngruppe (§ 19 Abs. 1 Satz 1 Nr. 3 LBG).

Amt im Sinne von § 8 Abs. 1 Nr. 3 BeamtStG ist das statusrechtliche Amt. Zum Amtsbegriff vgl. die Ausführungen zu 3.2. Eine Änderung des funktionellen Amtes muss zum Zeitpunkt der Beförderung nicht zwingend erfolgen, es ist sogar häufig so, dass die Aufgaben des höherwertigen Amtes im funktionellen Sinne (im Hinblick auf die Erprobungszeit oder aufgrund der Tatsache, dass haushaltsrechtlich eine entsprechende Stelle nicht zur Verfügung stand) dem zu befördernden Beamten schon vorher übertragen worden sind.

Vor Feststellung der Eignung für einen höher bewerteten Dienstposten in einer Erprobungszeit, für die in den Rechtsverordnungen nach § 9 und § 110 Abs. 1 LBG (Laufbahnverordnungen) eine Dauer von mindestens drei Monaten festzulegen ist, darf der Beamte nicht befördert werden (vgl. § 19 Abs. 3 Satz 1 LBG). Dies gilt nicht für die Beförderung in Ämter, deren Inhaber richterliche Unabhängigkeit besitzen, Staatsanwälte, politische Beamte i. S. von § 37 LBG oder Wahlbeamte sind; in den Laufbahnverordnungen können weitere Ausnahmen für Fälle des Aufstiegs zugelassen werden, wenn diesen eine Prüfung vorausgeht (vgl. § 19 Abs. 3 Satz 2 LBG). Die Ermächtigung des § 19 Abs. 3 Satz 2 Halbsatz 2 LBG wurde durch § 7 Abs. 4 Satz 3 LVO für die Fälle der beruflichen Entwicklung in den §§ 18 und 25 bis 27 LVO ausgeschöpft.

Die Erprobungszeit dauert nach § 7 Abs. 4 Satz 4 LVO in

- der Laufbahngruppe 1 drei Monate (§ 7 Abs. 4 Satz 4 Nr. 1 LVO),
- der Laufbahngruppe 2 ab dem ersten Einstiegsamt jeweils sechs Monate (§ 7 Abs. 4 Satz 4 Nr. 2 LVO) und
- der Laufbahngruppe 2 ab einem Amt der Besoldungsgruppe A 14 jeweils neun Monate (§ 7 Abs. 4 Satz 4 Nr. 3 LVO).

Wenn innerhalb der vorgesehenen Zeiträume die Eignung nicht festgestellt werden kann, ist die probeweise Übertragung des Dienstpostens rückgängig zu machen (vgl. § 7 Abs. 4 Satz 7 LVO).

Die Erprobungszeit für Polizeivollzugsbeamte beträgt nach § 8 Abs. 4 Nr. 3 Satz 1 LVOPol drei Monate. Dies gilt nicht für die Fälle des Aufstiegs nach Bestehen der II. oder III. Fachprüfung (§ 8 Abs. 4 Nr. 3 Satz 2 LVOPol).

Beim Endgrundgehalt handelt es sich um das Grundgehalt der letzten Stufe der jeweiligen Besoldungsordnung, soweit diese nicht feste Gehälter ausweist Zum Endgrundgehalt gehören Amtszulagen (§ 19 Abs. 1 Satz 2 LBG, § 45 Abs. 2 Satz 2 LBesG NRW), nicht hingegen (wegen ihres widerruflichen Charakters) Stellenzulagen (§ 48 LBesG), auch dann nicht, wenn sie ruhegehaltfähig sind.

Die Grundamtsbezeichnungen (z. B. Inspektor) ergeben sich aus den Anlagen zum Landesbesoldungsgesetz für das Land Nordrhein-Westfalen.

Die (Zusatz-)Amtsbezeichnungen der Beamten des Landes werden von der Landesregierung festgesetzt, soweit sie diese Befugnis nicht durch andere Behörden ausüben lässt (vgl. § 77 Abs. 1 Satz 1 LBG).

Die (Zusatz-)Amtsbezeichnungen (z. B. Stadtinspektor) der Beamtinnen und Beamten der Gemeinden, der Gemeindeverbände und der Sparkassen werden von den obersten Dienstbehörden festgesetzt (vgl. § 77 Abs. 1 Satz 2 LBG).

In den folgenden Ausführungen werden die Voraussetzungen dargestellt, die sich speziell auf den Ernennungsfall „Verleihung eines anderen Amtes mit anderem Grundgehalt" beziehen. Bezüglich anderer Ernennungsvoraussetzungen wird auf die Ausführungen zu den bisher behandelten Ernennungsfällen (§ 8 Abs. 1 Nr. 1 und Nr. 2 BeamtStG) hingewiesen.

5.3.3.1.1 Formelle Voraussetzungen

Zuständigkeit

Die Zuständigkeitsregelungen im Landesbeamtengesetz, der Verordnung über die Ernennung, Entlassung und Zurruhesetzung der Beamten und Richter des Landes Nordrhein-Westfalen, sowie für die Beamten der Gemeinden, der Gemeindeverbände und der Körperschaften, Anstalten und Stiftungen in den dafür geltenden Gesetzen, Verordnungen oder Satzungen unterscheiden nicht zwischen den einzelnen Ernennungsfällen, sodass die Ausführungen unter 5.3.1.1.1 auch für die Verleihung eines anderen Amtes mit anderer Amtsbezeichnung und anderem Endgrundgehalt gelten.

Stellenausschreibung

Eine Stellenausschreibung ist bei der Vergabe von Beförderungsämtern (Verleihung eines anderen Amtes mit anderer Amtsbezeichnung und anderem Endgrundgehalt) im Landesbeamtengesetz nicht vorgeschrieben. Zur Stellenausschreibung, insbesondere nach § 8 LGG, vgl. Ausführungen zu 5.3.1.1.2.

Formalisiertes Auswahlverfahren

Ein formalisiertes Auswahlverfahren ist nur bei der Begründung von Beamtenverhältnissen in Einzelfällen vorgeschrieben und somit für die Ernennung i. S. des § 8 Abs. 1 Nr. 3 BeamtStG ohne Bedeutung.

Beteiligung der zu ernennenden Beamtin bzw. des zu ernennenden Beamten

Bei der Verleihung von Ämtern mit anderem Grundgehalt handelt es sich um Ernennungsfälle i. S. des § 8 Abs. 1 Nr. 3 BeamtStG, die die Aushändigung einer Ernennungsurkunde voraussetzen (vgl. § 8 Abs. 1 Satz 2 BeamtStG). Die Ernennung stellt einen mitwirkungsbedürftigen Verwaltungsakt dar, der die des Beamten (i. d. R. durch vorbehaltlose Entgegennahme der Ernennungsurkunde) erfordert.

Beteiligung unterlegener Mitkonkurrenten

Damit von der Ernennungsbehörde keine vollendeten Tatsachen zum Nachteil von Mitkonkurrenten bei einer Ernennung geschaffen werden, muss für diese die Möglichkeit bestehen, einen Antrag auf einstweilige Anordnung nach § 123 Abs. 1 Satz 1 VwGO zu stellen, bevor die beabsichtigte Entscheidung realisiert worden ist. Auf Antrag kann das zuständige Verwaltungsgericht, auch schon vor Klageerhebung, eine einstweilige Anordnung in Bezug auf den Streitgegenstand treffen, wenn die Gefahr besteht, dass durch eine Veränderung des bestehenden Zustandes die Verwirklichung eines Rechts des Antragstellers vereitelt werden könnte. Für den Erlass einstweiliger Anordnungen ist das Gericht der Hauptsache zuständig (§ 123 Abs. 2 Satz 1 VwGO). Das Gericht entscheidet durch Beschluss (§ 123 Abs. 4 VwGO).

Die Stellung des Antrages beim Verwaltungsgericht setzt voraus, dass Konkurrenten innerhalb einer für die Rechtsschutzüberlegungen ausreichenden Zeitspanne Kenntnis von der Absicht der Ernennung eines Mitbewerbers durch die zuständige Stelle erhalten[80]. Der Dienstherr hat unterlegene Mitbewerber rechtzeitig vor der Ernennung über das Ergebnis der Auswahlentscheidung und die maßgebenden Gründe dafür zu unterrichten.[81] Danach muss er eine angemessene Zeit zuwarten, damit die Unterlegenen das Verwaltungsgericht anrufen können; in der Praxis der Verwaltungsgerichte hat sich eine Wartezeit von zwei Wochen ab Zugang der Mitteilung über die Ablehnung der Bewerbung als angemessen herausgebildet[82]. Hat der Dienstherr in der abschließenden Beschwerdeinstanz des einstweiligen Rechtsschutzes vor dem Oberverwaltungsgericht obsiegt, muss er nochmals angemessene Zeit mit der Ernennung warten, um dem unterlegenen Bewerber Gelegenheit zu geben, zur Durchsetzung seines Bewerbungsverfahrensanspruches nach Art. 33 Abs. 2 GG das Bundesverfassungsgericht anzurufen[83]. Erst nach Ablauf dieser Zeiträume darf die Ernennung vorgenommen werden.

Der Bewerbungsverfahrensanspruch kann als Anspruch des Bewerbers auf eine sach- und fachgerechte Auswahl unter mehreren Bewerbern bezeichnet werden. Grundlage des Bewerbungsverfahrensanspruchs stellt Art. 33 Abs. 2 GG dar, der ein grundrechtsgleiches

---

[80] BVerfG, Stattgebender Kammerbeschluss vom 24.09.2002, 2 BvR 857/02, Schütz BeamtR ES/A II 1.4 Nr 92 = ZBR 2002, 427 = DÖD 2003, 17.
[81] BVerwG, Urteil vom 01.04.2004, 2 C 26/03, Schütz BeamtR ES/A II 1.4 Nr 110 = DÖD 2004, 250 = NVwZ 2004, 1257.
[82] BVerwG, Urteil vom 04.11.2010, 2 C 16/09, juris Langtext, Rn. 34 = BVerwGE 138, 102 = ZBR 2011, 91.
[83] BVerwG, Urteil vom 04.11.2010, 2 C 16/09, juris Langtext, Rn. 35 = BVerwGE 138, 102 = ZBR 2011, 91.

Rechts auf leistungsgerechte Einbeziehung eines Bewerbers in ein sachgerechtes Auswahlverfahren vermittelt. Art. 33 Abs. 2 GG gewährt jedem Deutschen ein grundrechtsgleiches Recht auf gleichen Zugang zu jedem öffentlichen Amt nach Eignung, Befähigung und fachlicher Leistung. Daraus folgt der Anspruch eines Bewerbers auf ermessens- und beurteilungsfehlerfreie Entscheidung über seine Bewerbung.

Die Bewerbungsverfahrensansprüche der unterlegenen Bewerber gehen durch die Ernennung unter, wenn diese das Auswahlverfahren endgültig abschließt. Dies ist regelmäßig der Fall, weil die Ernennung nach dem Grundsatz der Ämterstabilität nicht mehr rückgängig gemacht werden kann, sodass das Amt unwiderruflich vergeben ist. Ein unterlegener Bewerber kann seinen Bewerbungsverfahrensanspruch nur dann durch eine Anfechtungsklage gegen die Ernennung weiterverfolgen, wenn er unter Verstoß gegen Art. 19 Abs. 4 GG daran gehindert worden ist, seine Rechtsschutzmöglichkeiten vor der Ernennung auszuschöpfen.[84]

Damit hat das Bundesverwaltungsgericht mit seinem Urteil vom 04.11.2010 seine bisherige Rechtsauffassung zur Ämterstabilität aufgegeben. Bis zu diesem Zeitpunkt galt der Grundsatz, dass eine durchgeführte Ernennung nur unter den Voraussetzungen des § 12 BeamtStG zurückgenommen werden konnte, mit der Folge, dass dem übergangenen Bewerber allenfalls Schadensersatz in Geld zugestanden hatte. Da vor dem Hintergrund des unumstößlichen Grundsatzes der Ämterstabilität eine Ernennung des unterlegenen Bewerbers nicht mehr möglich war, scheiterte dessen Klage am allgemeinen Rechtsschutzbedürfnis, da das Ziel der Klage nicht mehr erreichbar war.

Nach der Entscheidung des Bundesverwaltungsgerichtes kann nunmehr die bereits ausgesprochene Beförderung von einem unterlegenen Mitbewerber mit Erfolg angefochten werden, wenn die Ernennung unter Verletzung des Grundrechts des unterlegenen Bewerbers auf wirkungsvollen Rechtsschutz nach Art. 19 Abs. 4 GG vorgenommen wurde. Dann steht der Grundsatz der Ämterstabilität einer Aufhebung der Ernennung als Verwaltungsakt mit Drittwirkung, der in die Rechte eines unterlegenen Bewerbers eingreift, nicht entgegen.

Verstößt die Ernennung gegen die Rechte des Klägers aus Art. 33 Abs. 2 GG, so ist sie mit Wirkung für die Zukunft aufzuheben. Die Aufhebung mit Rückwirkung auf den Zeitpunkt der vorgenommenen Ernennung scheidet aus, da die mit der Ernennung verbundene Statusänderung jedenfalls ohne gesetzliche Grundlage nicht nachträglich ungeschehen gemacht werden kann. Das Beamtenstatusgesetz sieht eine Aufhebung für die Vergangenheit nur in den Fällen vor, in denen ein Rücknahmetatbestand erfüllt ist. Zudem ist eine Ernennung auf einen zurückliegenden Zeitpunkt unzulässig und insoweit unwirksam (vgl. § 8 Abs. 4 BeamtStG).[85]

---

[84] BVerwG, Urteil vom 04.11.2010, 2 C 16/09, juris Langtext, Rn. 27 = BVerwGE 138, 102 = ZBR 2011, 91.
[85] BVerwG, Urteil vom 04.11.2010, 2 C 16/09, juris Langtext, Rn. 39 = BVerwGE 138, 102 = ZBR 2011, 91.

Beteiligung der Gleichstellungsbeauftragten

Die Gleichstellungsbeauftragte ist wie bei der Begründung eines Beamtenverhältnisses zu beteiligen, vgl. dazu die Ausführungen unter 5.3.1.1.6.

Beteiligung des Personalrates

Bei der Beförderung eines Beamten hat der Personalrat grundsätzlich mitzubestimmen (vgl. §§ 72 Abs. 1 Satz 1 Nr. 2, 66 Abs. 1 LPVG). Zu den Ausnahmen vgl. Ausführungen zu 5.3.1.1.7, zum Beteiligungsverfahren Ausführungen zu 12.3.

Beteiligung der Schwerbehindertenvertretung

Die Schwerbehindertenvertretung ist bei schwerbehinderten Beamten wie bei der Begründung eines Beamtenverhältnisses zu beteiligen, vgl. dazu die Ausführungen unter 5.3.1.1.8

Beteiligung des Landespersonalausschusses

Der Landespersonalausschuss entscheidet über folgende Ausnahmen:

- Verbot der Beförderung während der Erprobungszeit (§ 19 Abs. 3 Satz 1 LBG, § 7 Abs. 4 Satz 1 und § 14 Abs. 1 Nr. 3 LVO), für Polizeivollzugsbeamte ist eine Ausnahme nicht zulässig,
- Verbot der Beförderung während der Probezeit (§ 19 Abs. 2 Satz 1 Nr. 1 und Abs. 5 LBG, § 7 Abs. 2 Satz 1 Nr. 1 und § 14 Abs. 1 Nr. 3 LVO , § 8 Abs. 4 Nr. 1 und Abs. 6 LVOPol),
- Verbot der Beförderung vor Ablauf eines Jahres seit Beendigung der Probezeit (§ 19 Abs. 2 Satz 1 Nr. 2 und Abs. 5 LBG, § 7 Abs. 2 Satz 1 Nr. 2 und § 14 Abs. 1 Nr. 3 LVO, § 8 Abs. 4 Nr. 2 und Abs. 6 LVOPol),
- Verbot der Beförderung vor Ablauf eines Jahres seit der letzten Beförderung, es sei denn, dass das bisherige Amt nicht zu durchlaufen war (§ 19 Abs. 2 Satz 1 Nr. 3 und Abs. 5 LBG, § 7 Abs. 2 Satz 1 Nr. 3 und § 14 Abs. 1 Nr. 3 LVO)
- Verbot der Beförderung innerhalb von zwei Jahren vor Eintritt in den Ruhestand wegen Erreichens der Altersgrenze (§ 19 Abs. 2 Satz 2 LBG, § 7 Abs. 2 Satz 2 und § 14 Abs. 1 Nr. 3 LVO),
- Verbot der Sprungbeförderung (§ 19 Abs. 4 und Abs. 5 LBG, § 7 Abs. 1 Satz 1, § 14 Abs. 1 Nr. 2 LVO),
- Verbot der Beförderung nach einer Disziplinarmaßnahme §§ 9 Abs. 3 Satz 1 und Abs. 4 Satz 2 LDG.

Für die so genannten politischen Beamten (§ 37 Abs. 1 LBG) entscheidet in den Fällen des § 20 Abs. 5 LBG anstelle des Landespersonalausschusses die Landesregierung (§ 37 Abs. 2 LBG).

Beteiligung anderer Stellen

Über Ausnahmen vom

- Verbot einer weiteren Beförderung innerhalb von zwei Jahren vor Eintritt in den Ruhestand wegen Erreichens der Altersgrenze (§ 7 Abs. 2 Satz 2 LVO, § 14 Abs. 1 Nr. 3 LVO),
- Verbot der Beförderung in ein Amt der Besoldungsgruppe A 13 der Ämtergruppe des ersten Einstiegsamtes vor Ablauf einer Dienstzeit von acht Jahren oder von drei Jahren nach Verleihung eines Amtes der Besoldungsgruppe A 12 (§ 24 Abs. 1, § 14 Abs. 1 Nr. 4 LVO),
- Verbot der Beförderung in ein Amt der Besoldungsgruppe A 15 vor Ablauf einer Dienstzeit von vier Jahren oder von drei Jahren nach Verleihung eines Amtes der Besoldungsgruppe A 14 (§ 28 Abs. 1, § 14 Abs. 1 Nr. 4 LVO),
- Verbot der Beförderung in ein Amt der Besoldungsgruppe A 16 oder ein Amt mit höherem Endgrundgehalt vor Ablauf einer Dienstzeit von sechs Jahren oder von drei Jahren nach Verleihung eines Amtes der darunterliegenden Besoldungsgruppe (§ 28 Abs. 2, § 14 Abs. 1 Nr. 4 LVO)

entscheiden für die Beamten

- des Landes die oberste Dienstbehörde als Aufsichtsbehörde im Einvernehmen mit dem für das Innere zuständige Ministerium und dem Finanzministerium (§ 14 Abs. 2 Satz 2 Nr. 1 LVO),
- der Landschaftsverbände, des Landesverbandes Lippe und des Regionalverbandes Ruhr das für das Innere zuständige Ministerium als Aufsichtsbehörde (§ 14 Abs. 2 Satz 2 Nr. 2 LVO),
- der Gemeinden und der sonstigen Gemeindeverbände die Aufsichtsbehörde, in den Fällen des § 28 LVO die Bezirksregierung als Aufsichtsbehörde (§ 14 Abs. 2 Satz 2 Nr. 3 LVO) oder
- für die Beamtinnen und Beamten der der Aufsicht des Landes unterstehenden Körperschaften, Anstalten und Stiftungen des öffentlichen Rechts, mit Ausnahme der Gemeinden und Gemeindeverbände, die Aufsichtsbehörde, bei Lehrern im Einvernehmen mit der Schulaufsichtsbehörde (§ 14 Abs. 2 Satz 2 Nr. 4 LVO).

Daneben entscheidet das für Inneres zuständige Ministerium im Einvernehmen mit dem Finanzministerium über eine Ausnahme vom Verbot der Beförderung vor Ablauf eines Jahres seit der letzten Beförderung (vgl. § 8 Abs. 6 LVOPol).

Das Verbot der weiteren Beförderung innerhalb von zwei Jahren vor Eintritt in den Ruhestand wegen Erreichens der Altersgrenze bereits eine Beförderung erfolgt ist (§ 8 Abs. 4 Nr. 5 LVOPol) ist nicht ausnahmefähig.

Ernennungsurkunde

Zur Verleihung eines anderen Amtes mit anderem Grundgehalt bedarf es einer Ernennung (§ 8 Abs. 1 Nr. 3 BeamtStG). § 8 Abs. 2 Nr. 3 BeamtStG bestimmt, dass bei der Verleihung eines Amtes in der Ernennungsurkunde die Amtsbezeichnung aufgenommen werden muss.

Neben den Regelungen in § 8 Abs. 2 BeamtStG wird durch die Nummer 1.1.3 VV zu § 8 BeamtStG ein bestimmter Urkundeninhalt vorgeschrieben.

Die Urkundsformel muss folgende Angaben enthalten:

- Bei gleichzeitiger Änderung der Amtsbezeichnung

  „ Frau/Herr .... (bisherige Amtsbezeichnung / Vor- und Familienname)
  .... wird zur/zum
  .... (verliehene Amtsbezeichnung)
  ernannt."

- Ohne gleichzeitige Änderung der Amtsbezeichnung

  „ Frau/Herr .... (Amtsbezeichnung / bisherige Besoldungsgruppe in Klammern / Vor- und Familienname)
  .... wird zur/zum
  .... (Amtsbezeichnung / neue Besoldungsgruppe in Klammern)
  ernannt."

Planstelleneinweisung

Bei der Beförderung ist dem Beamten seine Einweisung in eine Planstelle schriftlich mitzuteilen. Zur Planstelleneinweisung vergleiche die Ausführungen zu 5.3.1.1.13.

Bei der Verleihung eines Amtes mit höherem Grundgehalt kann der Beamte mit Rückwirkung von dem ersten oder einem sonstigen Tage des Kalendermonats, in dem die Ernennung wirksam wird, in die höhere Planstelle eingewiesen werden, soweit diese zu dem zurückliegenden Zeitpunkt besetzbar war (vgl. § 20 Abs. 3 Satz 1 LBesG).

Das Landesbesoldungsgesetz enthält in § 20 Abs. 3 Satz 2 die Ermächtigung, in Haushaltsgesetzen oder Haushaltssatzungen zuzulassen, dass Beamte mit Rückwirkung von höchstens drei Monaten in die höhere Planstelle eingewiesen werden können. Diese Verfahrensweise setzt allerdings voraus, dass der Beamte während dieser Zeit die Obliegenheiten des verliehenen oder aber eines gleichwertigen Amtes tatsächlich wahrgenommen hat und die Planstelle zu dem zurückliegenden Zeitpunkt besetzbar war.

Die Haushaltsgesetze des Landes Nordrhein-Westfalen sahen in den letzten Jahren eine solche Möglichkeit, im Gegensatz zu Haushaltssatzungen in der Kommunalverwaltung, nicht vor.

5.3.3.1.2 Materielle Voraussetzungen

Haushaltsrechtliche Voraussetzungen

Grundsätzlich muss nach den Vorschriften des Haushaltsrechts eine freie Planstelle im Stellenplan für den Ernennungsfall zur Verfügung stehen.

In der Landesverwaltung darf ein Amt nur zusammen mit der Einweisung in eine besetzbare Planstelle (§ 49 LHO) verliehen werden.

Für Beamte der Gemeinden und Gemeindeverbände, die befördert werden sollen, müssen ebenfalls besetzbare Planstellen vorhanden sein. Der Stellenplan der Gemeinden und Gemeindeverbände hat die im Haushaltsjahr erforderlichen Stellen der Beamten auszuweisen (§ 8 Abs. 1 Satz 1 GemHVO). Die Nachwuchskräfte sind nur zahlenmäßig in Übersichten zum Stellenplan zu erfassen (vgl. § 8 Abs. 3 Nr. 2 GemHVO). Daraus folgt, dass für Beamte, denen ein Amt verliehen wird (bei Beförderung), eine besetzbare Planstelle vorhanden sein muss. Die Regelungen der Gemeindehaushaltsverordnung sind auch von den Kreisen zu beachten.

Die Beachtung des Stellenplans ist durch die § 74 Abs. 2 Halbsatz 1 GO, § 49 Abs. 3 Halbsatz 1 KrO und 20 Abs. 4 Satz 5 Halbsatz 1 LVerbO vorgeschrieben. Daneben sind Besetzungssperren zu beachten, die sich aus den Haushaltsgesetzen des Landes oder aus den jeweiligen Haushaltssatzungen der Gemeinden und Gemeindeverbände ergeben.

Vorhandensein eines Beförderungsamtes

Das Besoldungsgesetz für das Land Nordrhein-Westfalen unterscheidet **Einstiegsämter** und Beförderungsämter. Die Einstiegsämter für Beamtinnen und Beamte sind durch § 24 Abs. 1 LBesG bestimmt worden.

Danach sind die Einstiegsämter folgenden Besoldungsgruppen zuzuweisen:
- in der Laufbahngruppe 1 als erstes Einstiegsamt der Besoldungsgruppe A 5 (§ 24 Nr. 1 LBesG),
- in der Laufbahngruppe 1 als zweites Einstiegsamt der Besoldungsgruppe A 6, in technischen Laufbahnen der Besoldungsgruppe A 6 oder A 7 (§ 24 Nr. 2 LBesG),
- in der Laufbahngruppe 2 als erstes Einstiegsamt der Besoldungsgruppe A 9, in technischen Laufbahnen der Besoldungsgruppe A 10 (§ 24 Nr. 3 LBesG),
- in der Laufbahngruppe 2 als zweites Einstiegsamt der Besoldungsgruppe A 13 (§ 24 Nr. 4 LBesG).

Die Regelung des § 25 LBesG ermöglicht die Zuweisung von Eingangsämtern zu einer höheren Besoldungsgruppe in Sonderlaufbahnen mit Anforderungen, die bei sachgerechter Bewertung zwingend die Zuweisung des Einstiegsamtes zu einer höheren Besoldungsgruppe fordern.

Alle Ämter die nicht Einstiegsämter sind, sind Beförderungsämter.

Beförderungsämter dürfen nur eingerichtet werden, wenn sie sich von den Ämtern der niedrigeren Besoldungsgruppe nach der Wertigkeit der zugeordneten Funktionen wesentlich abheben. (vgl. § 26 LBesG). Bei der Einrichtung der Beförderungsämter sind die Obergrenzen nach § 27 LBesG zu beachten.

5.3.3.1.3 Beförderungsverbote

Die beamten- und laufbahnrechtlichen Bestimmungen enthalten eine Vielzahl verschiedener Beförderungsverbote. Vor der Verleihung eines anderen Amtes mit höherem Grundgehalt ist in jedem Einzelfall zu prüfen, ob ein Beförderungsverbot der Ernennung ggf. entgegensteht. Gibt es ein solches Verbot, ist zu prüfen, ob es im Einzelfall ausnahmefähig ist.

Verbot der Beförderung bei Mitgliedschaft im Parlament

§ 18 Satz 1 LBG verbietet die Beförderung eines Beamten, wenn der Beamte, dessen Rechte und Pflichten aus dem Beamtenverhältnis wegen einer Mitgliedschaft im Europäischen Parlament, im Bundestag, im Landtag oder in einer gesetzgebenden Körperschaft eines anderen Landes ruhen oder der wegen der Mitgliedschaft in einer gesetzgebenden Körperschaft eines anderen Landes ohne Besoldung beurlaubt ist, das Mandat niederlegt und sich anschließend erneut um einen Sitz in den genannten Gesetzgebungskörperschaften bewirbt. Dasselbe gilt, wenn eine Wahlperiode endet, die neue aber noch nicht begonnen hat (vgl. § 18 Satz 2 LBG).

Das Beförderungsverbot während der Wahrnehmung des Mandats ergibt sich unmittelbar aus dem Ruhen der Beamtenrechte. Ausnahmen vom Beförderungsverbot gemäß § 18 LBG sind nicht vorgesehen.

Verbot der Beförderung vor Ablauf der Erprobungszeit

Vor Feststellung der Eignung für einen höher bewerteten Dienstposten in einer Erprobungszeit darf der Beamte nicht befördert werden (vgl. § 19 Abs. 3 Satz 1 LBG, § 7 Abs. 4 Satz 1 LVO, § 8 Abs. 4 Nr. 3 Satz 1 LVOPol). Dies gilt nicht für die Beförderung in Ämter, deren Inhaber richterliche Unabhängigkeit besitzen, Staatsanwälte, politische Beamte im Sinne des § 37 LBG oder Wahlbeamte sind (vgl. § 19 Abs. 3 Satz 2 LBG, § 7 Abs. 4 Satz 2 LVO). Eine Erprobungszeit ist auch in Fällen des Aufstiegs nicht zu fordern (vgl. § 7 Abs. 4 Satz 3 LVO, § 8 Abs. 4 Nr. 3 Satz 3 LVOPol). Dieses ist beispielsweise der Fall, wenn einem Beamten der Laufbahngruppe 1 (z. B. Obersekretär) nach einer Einführung die Laufbahnprüfung für die neue Laufbahngruppe bestanden hat und in die Laufbahngruppe 2 aufsteigt. In diesem Fall kann das Amt „Inspektor" ohne Erprobungszeit verliehen werden.

§ 19 Abs. 3 Satz 1 LBG findet ebenfalls keine Anwendung, wenn ein Amt mit leitender Funktion nach § 21 LBG im Beamtenverhältnis auf Probe übertragen wird (vgl. § 21 Abs. 6 LBG).

Die Dauer der Erprobungszeit richtet sich nach der Laufbahngruppe. Sie beträgt nach § 7 Abs. 4 Satz 4 LVO in

- der Laufbahngruppe 1 drei Monate (§ 7 Abs. 4 Satz 4 Nr. 1 LVO,
- der Laufbahngruppe 2 ab dem ersten Einstiegsamt jeweils sechs Monate (§ 7 Abs. 4 Satz 4 Nr. 2 LVO und
- der Laufbahngruppe 2 ab einem Amt der Besoldungsgruppe A 14 jeweils neun Monate (§ 11 Abs. 4 Satz 3 Nr. 3 LVO).

Für Polizeivollzugsbeamte beträgt die Erprobungszeit durchgängig drei Monate (vgl. § 8 Abs. 4 Nr. 3 Satz 2 LVOPol).

Das erfolgreiche Ableisten der Erprobungszeit führt nicht automatisch zu einem Anspruch auf eine anschließende Beförderung, allerdings darf die Beförderung nicht mehr unter Hinweis auf eine mangelnde Eignung für den höherwertigen Dienstposten abgelehnt werden[86].

Verbot der Beförderung während der Probezeit

Während der laufbahnrechtlichen Probezeit darf ein Beamter grundsätzlich nicht befördert werden (vgl. § 19 Abs. 2 Satz 1 Nr. 1 LBG, § 7 Abs. 2 Satz 1 Nr. 1 LVO, § 8 Abs. 4 Nr. 1 LVOPol).

Probezeit ist die Zeit im Beamtenverhältnis auf Probe, während der sich Laufbahnbewerber nach Erwerb, andere Bewerber nach Feststellung der Befähigung für ihre Laufbahn bzw. ihren Laufbahnabschnitt bewähren sollen (§ 5 Abs. 1 Satz 1 LVO, § 5 Abs. 1 LVOPol).

Eine Beförderung darf in Ausnahmefällen **ohne Ausnahmegenehmigung** schon während der Probezeit vorgenommen werden. Eine solche Beförderung während der Probezeit ist im Rahmen des Nachteilsausgleichs (§ 20 LBG, § 6 LVO) zum Ausgleich beruflicher Verzögerungen infolge der Geburt oder der tatsächlichen Betreuung eines Kindes unter 18 Jahren oder der tatsächlichen Pflege einer oder eines nach ärztlichem Gutachten pflegebedürftigen Angehörigen zulässig (§ 20 Abs. 3 LBG, § 7 Abs. 3 Satz 1 LVO).

§ 20 Abs. 4 LBG schreibt eine entsprechende Anwendung von § 20 Abs. 3 LBG in den Fällen des Nachteilsausgleichs vor

- für ehemalige Beamte der Bundespolizei,
- für ehemalige Soldaten nach dem Arbeitsplatzschutzgesetz in der Fassung der Bekanntmachung vom 16.07.2009 (BGBl. I S. 2055) in der jeweils geltenden Fassung und dem Soldatenversorgungsgesetz in der Fassung der Bekanntmachung vom 16.09.2009 (BGBl. I S. 3054) in der jeweils geltenden Fassung,
- für ehemalige Zivildienstleistende nach dem Zivildienstgesetz in der Fassung der Bekanntmachung vom 17.05.2005 (BGBl. I S. 1346) in der jeweils geltenden Fassung,

---

[86] Vgl. Wichmann/Langer, Rn. 126.

- für Entwicklungshelfer nach dem Entwicklungshelfergesetz vom 18.06.1969 (BGBl. I S. 549) in der jeweils geltenden Fassung sowie
- für die Teilnahme an Maßnahmen im Sinne des § 34 Abs. 2 der Freistellungs- und Urlaubsverordnung NRW vom 10.01.2012 (GV.NRW. S. 2, berichtigt S. 92) in der jeweils geltenden Fassung.

Vom Verbot der Beförderung während der Probezeit kann der Landespersonalausschuss Ausnahmen zulassen (§ 19 Abs. 5 LBG, § 14 Abs. 1 Nr. 3 LVO, § 8 Abs. 6 LVOPol). An die Stelle des Landespersonalausschusses tritt bei den sog. politischen Beamten (§ 37 Abs. 1 LBG) die Landesregierung (§ 37 Abs. 2 LBG).

Verbot der Beförderung vor Ablauf eines Jahres seit Beendigung der Probezeit

Nach § 19 Abs. 2 Satz 1 Nr. 2 LBG, § 7 Abs. 2 Satz 1 Nr. 2 LVO und § 8 Abs. 4 Nr. 2 LVOPol ist eine Beförderung vor Ablauf eines Jahres seit Beendigung der Probezeit nicht zulässig.

Auch hier sind, wie auch bei dem Beförderungsverbot innerhalb der Probezeit Ausnahmen ohne Ausnahmegenehmigung im Rahmen des Nachteilsausgleichs möglich (vgl. dazu die vorstehenden Ausführungen zum Beförderungsverbot während der Probezeit).

Vom Verbot der Beförderung vor Ablauf eines Jahres seit Beendigung der Probezeit kann der Landespersonalausschuss Ausnahmen zulassen (§ 19 Abs. 5 LBG, § 14 Abs. 1 Nr. 3 LVO und § 8 Abs. 6 LVOPol).

Verbot der Beförderung vor Ablauf eines Jahres seit der letzten Beförderung

Der Beamte darf vor Ablauf eines Jahres seit der letzten Beförderung grundsätzlich nicht befördert werden (vgl. § 19 Abs. 2 Satz 1 Nr. 3 LBG, § 7 Abs. 2 Satz 1 Nr. 3 LVO und § 8 Abs. 4 Nr. 4 LVOPol), es sei denn, das Beförderungsamt, das der Beamte innehat, ist nicht regelmäßig zu durchlaufen.

Regelmäßig zu durchlaufen sind die Ämter einer Laufbahn, die im Landesbesoldungsgesetz unterschiedlichen Besoldungsgruppen der Besoldungsordnung A zugeordnet sind (§ 7 Abs. 1 Satz 2 LVO).

Abweichungen bestimmt nach § 7 Abs. 1 Satz 3 LVO

- bei Beamten des Landes die für die Ordnung der Laufbahn zuständige oberste Dienstbehörde im Einvernehmen mit dem für Inneres zuständigen Ministerium und dem Finanzministerium und
- bei Beamten der Gemeinden, Gemeindeverbände und der sonstigen der Aufsicht des Landes unterstehenden Körperschaften, Anstalten und Stiftungen des öffentlichen Rechts die oberste Aufsichtsbehörde, bei Lehrern außerdem im Einvernehmen mit der obersten Schulaufsichtsbehörde.

Die oberste Aufsichtsbehörde für die Gemeinden und die Gemeindeverbände ist das für Inneres zuständige Ministerium (§ 120 Abs. 4 GO, § 57 Abs. 1 Satz 3 KrO, § 24 Abs. 1 Satz 1 LVerbO).

Regelmäßig zu durchlaufen sind die Ämter einer Laufbahn, die unterschiedlichen Besoldungsgruppen zugeordnet sind. Die Vorschrift des § 7 Abs. 2 Satz 1 Nr. 3 LVO gilt daher nicht für den Aufstieg.

Ob ein Amt der Besoldungsordnung B regelmäßig zu durchlaufen ist, regeln die Behörden, die auch die Abweichungen zum regelmäßigen Durchlaufen von Ämtern der Besoldungsordnung A bestimmen können (§ 7 Abs. 1 Satz 4 LVO, vgl. oben).

Nicht regelmäßig zu durchlaufen sind im Polizeivollzugsdienst die Ämter der

- Besoldungsgruppen B 2 und B 3 (§ 8 Abs. 3 Nr. 1 LVOPol),
- Besoldungsgruppen A 11 bis A 13 beim Wechsel von Laufbahnabschnitt II in den Laufbahnabschnitt III (§ 8 Abs. 3 Nr. 2 LVOPol) und
- Besoldungsgruppen A 8 und A 9 beim Wechsel von Laufbahnabschnitt I in den Laufbahnabschnitt II nach Bestehen der II. Fachprüfung (§ 8 Abs. 3 Nr. 3 LVOPol).

Mit diesem Verbot der „**Eilbeförderung**" soll erreicht werden, dass die Eignung und die Befähigung des Beamten in dem bisherigen Amt vor der Verleihung höherer Beförderungsämter mit ausreichender Sicherheit beurteilt werden kann und das Verbot der Sprungbeförderung nicht durch mehrmalige, ohne angemessenen zeitlichen Abstand aufeinander folgende Beförderungen desselben Beamten umgangen wird.

Die Wartezeit von einem Jahr ist lediglich als Sperrfrist zu verstehen, nicht als Dienstzeiterfordernis. Der Beamte kann demnach auch dann befördert werden, wenn er während dieser Frist ohne Dienstbezüge beurlaubt ist und diese Urlaubszeiten nicht bei der Berechnung der Dienstzeit (§ 10 Abs. 5 Satz 1 LVO) berücksichtigt werden.[87]

Wird ein früherer Beamter wieder eingestellt oder von einem anderen Dienstherrn übernommen und war bereits ein Beförderungsamt verliehen, darf die im Beförderungsamt verbrachte Zeit auf die einjährige Sperrfrist angerechnet werden (vgl. § 12 Abs. 3 Satz 2 LVO, § 25 Abs. 4 Satz 1 Halbsatz 2 LVOPol). Die Entscheidung trifft die zuständige Stelle nach pflichtgemäßem Ermessen.

Von dem Verbot der Eilbeförderung kann der Landespersonalausschuss Ausnahmen zulassen (§ 19 Abs. 5 LBG, § 14 Abs. 1 Nr. 3 LVO) Für Polizeivollzugsbeamte entscheidet über eine Ausnahme das für Inneres zuständige Ministerium im Einvernehmen mit dem Finanzministerium (vgl. § 8 Abs. 6 LVOPol).

Nach § 19 Abs. 2 Satz 3 LBG kann der Beamte wegen besonderer Leistungen ohne Mitwirkung des Landespersonalausschusses befördert werden. Die besondere Leistung ist in der Regel durch eine dienstliche Beurteilung nachzuweisen. Es handelt sich hier um eine Ermessensentscheidung der für die Ernennung zuständigen Stelle.

---

[87] Tadday/Rescher, Rn. 4a) zu § 10 LVO a.F.

Verbot der Sprungbeförderung

Die §§ 19 Abs. 4 LBG, 7 Abs. 1 Satz 1 LVO und 8 Abs. 3 Satz 1 LVOPol regeln, dass regelmäßig zu durchlaufende Ämter nicht übersprungen werden dürfen. Zum regelmäßigen Durchlaufen von Ämtern vgl. Ausführungen zum Beförderungsverbot vor Ablauf eines Jahres seit der letzten Beförderung. Eine Ausnahme gilt für die Fälle des § 9 Abs. 1 Nr. 6 LBG mit der Ermächtigung, in der Laufbahnverordnung Regelungen über das regelmäßige Durchlaufen von Ämtern sowie die davon abweichende vorzeitige Beförderung auf der Grundlage einer Qualifizierung oder eines Studiums zu treffen. Die Laufbahnverordnung hat von dieser Ermächtigung für die Fälle eines Masterstudiums in § 26 Abs. 1 LVO Gebrauch gemacht.

Ausnahmen vom Verbot der Sprungbeförderung kann der Landespersonalausschuss zulassen (§ 19 Abs. 5 LBG, § 7 Abs. 1 Satz 1 LVO). Bei den politischen Beamten (§ 37 Abs. 1 LBG) entscheidet anstelle des Landespersonalausschusses die Landesregierung (§ 37 Abs. 2 LBG).

Die Laufbahnverordnung der Polizei regelt eine Ausnahme vom Verbot der Sprungbeförderung nicht. Für die Polizeivollzugsbeamten gilt allein § 19 Abs. 5 LBG.

Verbot der Altersbeförderung

Eine weitere Beförderung innerhalb von zwei Jahren vor Eintritt in den Ruhestand wegen Erreichens der Altersgrenze ist nicht zulässig (vgl. § 19 Abs. 2 Satz 2 LBG, § 7 Abs. 2 Satz 2 LVO, § 8 Abs. 4 Nr. 5 LVOPol).

Die Vorschriften waren ursprünglich zur Vermeidung übermäßiger Versorgungslasten gedacht.

Durch § 5 Abs. 3 Satz 1 LBeamtVG ist diese ursprüngliche Zweckbestimmung aber gegenstandslos geworden. § 5 Abs. 3 Satz 1 LBeamtVG bestimmt, dass die ruhegehaltfähigen Dienstbezüge eines Beamten, der aus einem Beförderungsamt in den Ruhestand tritt, nach dem vor der letzten Beförderung bekleideten Amt bemessen werden, wenn der Beamte die Bezüge seines zum Zeitpunkt des Eintritts in den Ruhestand bekleideten Amtes nicht mindestens zwei Jahre erhalten hat.

Das Beförderungsverbot ist auf das Erreichen der gesetzlichen Altersgrenze abgestellt. Zur Altersgrenze vgl. Ausführungen zu 10.4.1.

Vom Verbot der Altersbeförderung können Ausnahmen durch den Landespersonalausschuss zugelassen werden (vgl. § 19 Abs. 5 LBG, § 14 Abs. 1 Nr. 3 LVO). Die Laufbahnverordnung der Polizei nennt eine Ausnahmemöglichkeit nicht. Hier gilt aber, wie auch in der Laufbahnverordnung, die Bestimmung des Landesbeamtengesetzes.

Verbot der Beförderung vor Ablauf bestimmter Wartezeiten

Das Landesbeamtengesetz und die Laufbahnverordnungen sehen Beförderungsverbote vor, die für alle Beförderungsfälle gelten. Zusätzlich regeln die Laufbahnverordnungen die Einhaltung gewisser Wartezeiten vor der Beförderung in bestimmte Beförderungsämter.

Regelungen über Wartezeiten für bestimmte Beförderungen enthalten die §§ 28 LVO und 8 LVOPol.

Tadday/Rescher [88] nennen als wesentliche Argumente für eine Dienstzeitbindung

- das Bedürfnis namentlich großer Verwaltungen und der dort beschäftigten Beamtinnen und Beamten, die beruflichen Werdegänge transparenter und berechenbarer zu machen,
- die Unterstützung des Leistungsgrundsatzes dadurch, dass eine auf Gleichmäßigkeit gerichtete Gestaltung des beruflichen Werdeganges gleich leistungsstarker Beamtinnen und Beamter zu einer größeren Chancengleichheit führt,
- den dadurch entstehenden Zuwachs an Diensterfahrung, indem nur ausreichend lange im Beruf stehende Beamtinnen und Beamte zu herausgehobenen Ämtern und den ihnen zugeordneten schwierigen Funktionen zugelassen werden und
- die Möglichkeit, in Zeiten angespannter öffentlicher Haushalte, personalwirtschaftlich adäquate Maßstäbe zu verwirklichen.

Die Laufbahnverordnung und die Laufbahnverordnung der Polizei enthalten die in der nachstehenden Aufstellung genannten Mindestwartezeiten für Beförderungen.

Mindestwartezeiten für Beförderungen		
Besoldungsgruppe	Polizeivollzugsbeamte	Übrige Beamte[89]
A 13 des Laufbahnabschnitts II	Dienstzeit von 8 Jahren (§ 8 Abs. 1 LVO Pol)	Keine entsprechende Regelung
A 15	Dienstzeit von 4 Jahren (§ 8 Abs. 2 LVOPol)	Dienstzeit von 4 Jahren oder drei Jahre nach Verleihung eines Amtes der Besoldungsgruppe A 14 (§ 28 Abs. 1 LVO).[90]

---

[88] Tadday/Rescher, Rn. 2 zu § 31 LVO a. F.
[89] Diese Regelungen gelten auch für die Beamten des feuerwehrtechnischen Dienstes, da die LVOFeu keine abweichenden Regelungen enthält.
[90] Die Regelung gilt nach § 28 Abs. 3 LVO nicht für die Beamten des Schulaufsichtsdienstes nach § 35 LVO.

Mindestwartezeiten für Beförderungen		
Besoldungsgruppe	Polizeivollzugsbeamte	Übrige Beamte[89]
A 16 oder Amt mit höherem Endgrundgehalt	Keine Regelung	Dienstzeit von 6 Jahren oder drei Jahre nach Verleihung eines Amtes der darunterliegenden Besoldungsgruppe (§ 28 Abs. 2 LVO)[91]

Dienstzeiten, die Voraussetzung für eine Beförderung sind, rechnen vom Zeitpunkt der Beendigung der Probezeit in der Laufbahngruppe (§ 14 Abs. 2 Satz 1 LVO). Bei der Berechnung der Dienstzeit zählen die Zeiten einer Teilzeitbeschäftigung mit mindestens der Hälfte der regelmäßigen Arbeitszeit in vollem Umfang (§ 14 Abs. 2 Satz 1 LVO). Dies gilt auch für Zeiten einer unterhälftigen Teilzeitbeschäftigung aus familiären Gründen (§ 14 Abs. 2 Satz 1 LVO).

Daneben enthält die Laufbahnverordnung besondere Dienstzeiterfordernisse für Leitungsämter und Ämter mit besonderen Funktionen bei Lehrern.

Innerhalb ihrer Laufbahn (§ 31 LVO) darf Lehrern

- ein Amt der stellvertretenden Leitung einer Schule oder Seminarleitung an einem Zentrum für schulpraktische Lehrerausbildung erst nach einer hauptberuflichen Tätigkeit von vier Jahren, im Falle einer stellvertretenden Leitung einer Grund- und Hauptschule von drei Jahren (§ 34 Abs. 1 Satz 1 Nr. 1 LVO) oder
- ein Amt der Leitung einer Schule oder eines Zentrums für schulpraktische Lehrerausbildung erst nach einer hauptberuflichen Tätigkeit von sechs Jahren im Falle einer Leitung einer Grund- und Hauptschule von vier Jahren (§ 34 Abs. 1 Satz 1 Nr. 1 LVO)

übertragen werden.

Dienstzeiten, die nach der Laufbahnverordnung der Polizei Voraussetzung für eine Beförderung oder für den Aufstieg sind, rechnen nach § 8a LVOPol von dem Zeitpunkt der Beendigung der Probezeit in der Laufbahngruppe oder bei erfolgtem Aufstieg ab der Verleihung des ersten Amtes in der neuen Laufbahngruppe; in den Fällen des Nachteilsausgleiches ab dem Zeitpunkt der frühestmöglichen Beförderung.

Von den Dienstzeiterfordernissen können nach § 14 Abs. 1 Nr 4 LVO Ausnahmen zugelassen werden.

---

[91] Die Regelung gilt nach § 28 Abs. 3 LVO für die Beamten des Schulaufsichtsdienstes nach § 35 LVO nur, soweit ein Amt oberhalb der Besoldungsgruppe A 16 verliehen wird.

Über Ausnahmen entscheiden für die Beamten

- des Landes die oberste Dienstbehörde als Aufsichtsbehörde im Einvernehmen mit dem für Inneres zuständigen Ministerium und dem Finanzministerium (§ 14 Abs. 2 Satz 2 Nr. 1 LVO),
- der Landschaftsverbände, des Landesverbandes Lippe und des Regionalverbandes Ruhr das für Inneres zuständige Ministerium als Aufsichtsbehörde (§ 14 Abs. 2 Satz 2 Nr. 2 LVO),
- der Gemeinden und der sonstigen Gemeindeverbände die Bezirksregierung als Aufsichtsbehörde (§ 14 Abs. 2 Satz 2 Nr. 3 LVO) oder
- für die Beamten der der Aufsicht des Landes unterstehenden Körperschaften, Anstalten und Stiftungen des öffentlichen Rechts, mit Ausnahme der Gemeinden und Gemeindeverbände, die Aufsichtsbehörde, bei Lehrern im Einvernehmen mit der Schulaufsichtsbehörde (§ 14 Abs. 2 Satz 2 Nr. 4 LVO).

Die Laufbahnverordnung der Polizei sieht Ausnahmen von den Dienstzeiterfordernissen nicht vor.

Disziplinarrechtliche Beförderungsverbote

Das Landesdisziplinargesetz sieht Beförderungsverbote nach der Verhängung bestimmter Disziplinarmaßnahmen vor. So darf der Beamte

- während der Dauer einer Kürzung der Dienstbezüge (§ 8 Abs. 4 Satz 1 LDG) und
- innerhalb eines Zeitraums von fünf Jahren nach Eintritt der Unanfechtbarkeit einer Zurückstufung (§ 9 Abs. 3 Satz 1 LDG)

nicht befördert werden.

Das Beförderungsverbot beginnt mit dem Tage der Unanfechtbarkeit der Entscheidung, mit der die Maßnahme verhängt wurde (§ 8 Abs. 4 Satz 2 und § 9 Abs. 3 Satz 2 LDG). Der Zeitraum kann in der Entscheidung abgekürzt werden, sofern dies im Hinblick auf eine von dem Beamten nicht zu vertretende übermäßige Dauer des Disziplinarverfahrens angezeigt ist (§ 8 Abs. 4 Satz 3 und § 9 Abs. 3 Satz 2 LDG). Ergeben sich erst nach der Unanfechtbarkeit der Entscheidung Gesichtspunkte, die für eine Abkürzung sprechen, kann der Landespersonalausschuss diese zulassen (§ 8 Abs. 4 Satz 4 und § 9 Abs. 3 Satz 2 LDG).

Die Disziplinarmaßnahmen Verweis und Geldbuße stehen bei Bewährung einer Beförderung des Beamten nicht entgegen (§ 6 Abs. 2 und § 7 Abs. 2 LDG).

Wenn in einem Straf- oder Bußgeldverfahren unanfechtbar eine Strafe, Geldbuße oder Ordnungsmaßnahme verhängt worden ist, darf wegen desselben Sachverhaltes eine zu einem Beförderungsverbot führende Kürzung der Dienstbezüge nur ausgesprochen werden, wenn dies zusätzlich erforderlich ist, um den Beamten zur Pflichterfüllung anzuhalten (vgl. § 14 Abs. 1 LDG).

Beachtung der Beförderungsgrundsätze

§ 19 Abs. 6 Satz 1 LBG verweist bezüglich der Beförderungen auf die Grundsätze des § 9 BeamtStG für Ernennungen. Danach sind Ernennungen nach dem Leistungsprinzip (vgl. 2.1.1.2.1), d. h. ausschließlich nach Eignung, Befähigung und fachlicher Leistung ohne Rücksicht auf Geschlecht, Abstammung, Rasse oder ethnische Herkunft, Behinderung Religion oder Weltanschauung, politische Anschauungen, Herkunft, Beziehungen oder sexuelle Identität vorzunehmen Ernennungen (hier die Verleihung eines anderen Amtes mit anderem Grundgehalt) sind nach diesen Grundsätzen unter Beachtung der Förderung von Frauen vorzunehmen. Zu den Begriffen Eignung, Befähigung und fachliche Leistung vgl. Ausführungen zu 5.3.1.2.7.

Frauen sind nach § 19 Abs. 6 Satz 2 LBG bei im Wesentlichen gleicher Eignung, Befähigung und fachlicher Leistung bevorzugt zu befördern, sofern nicht in der Person eines Mitbewerbers liegende Gründe überwiegen. Damit wurde durch das Dienstrechtsmodernisierungsgesetz von 2016 die bisherige Regelung um das Tatbestandsmerkmal „im Wesentlichen", abweichend von § 7 Abs. 1 LGG, ergänzt. § 19 Abs. 6 Satz 3 LBG legt für den Fall einer Konkurrenzsituation zwischen Mann und Frau fest, wann im Regelfall von einer im Wesentlichen gleichen Eignung, Befähigung und fachlicher Leistung auszugehen ist. Das ist der Fall, wenn die jeweils aktuelle dienstliche Beurteilung der Bewerberin und des Mitbewerbers ein gleichwertiges Gesamturteil aufweist.

Der neuen Regelung liegt das Gutachten „Zielquote von Frauen in Führungspositionen" des ehemaligen Präsidenten des Bundesverfassungsgerichts, Prof. Dr. Papier, zugrunde, in dem der Gutachter die bisher normierte leistungsbezogene Quotenregelung bei Qualifikationsgleichstand als nicht zielführend bezeichnet. Grund dafür sei die durch die Rechtsprechung gebotene Ausdifferenzierung der Leistungsmerkmale bei Auswahl- und Beförderungsverfahren, durch welche im Ergebnis praktisch immer eine Reihung des Bewerberkreises herbeigeführt werde. Da es somit kaum zur Einstufung „gleiche Qualifikation" kommen könne, laufe die vom Gesetzgeber zum Abbau der Unterrepräsentanz von Frauen vorgesehene Entscheidungsquote leer.[92]

Das Verwaltungsgericht Düsseldorf hat am 05.09.2016 in einem vorläufigen Rechtsschutzverfahren[93] entschieden, dass die Neuregelung zur Frauenförderung in § 19 Abs. 6 LBG verfassungswidrig sei und dies mit der fehlenden Gesetzgebungskompetenz des Landes begründet. § 9 BeamtStG mit der Verpflichtung, Ernennungen nach Eignung, Befähigung und fachlicher Leistung ohne Rücksicht auf das Geschlecht vorzunehmen, sei abschließend und für einschränkende landesrechtliche Regelungen kein Raum.

Mit Stand vom 21.10.2016 lagen fünf stattgebende Beschlüsse von Verwaltungsgerichten mit dem dargestellten Inhalt vor. Gegen alle Beschlüsse wurde Beschwerde beim OVG NRW eingelegt. Die in den Verfahren aufgeworfenen Rechtsfragen werden gerichtlich, wenn notwendig auch vor dem Verfassungsgericht oder wie bei der alten Quotenregelung, wie damals geschehen, beim EuGH überprüft. Die Landesregierung des Landes

---

[92] Vgl. Landtagsdrucksache 16/10380, S. 344.
[93] VG Düsseldorf, Beschluss vom 05.09.2016, 2 L 2866/16, juris.

Nordrhein-Westfalen ist von der Verfassungsmäßigkeit der neuen Regelung zur Frauenförderung überzeugt.[94]

Die Regelungen des § 19 Abs. 6 Satz 2 und Satz 3 LBG finden Anwendung, solange im Bereich der für die Beförderung zuständigen Behörde innerhalb einer Laufbahn der Frauenanteil in dem jeweiligen Beförderungsamt entweder den Frauenanteil in einem der unter dem zu besetzenden Beförderungsamt liegenden Beförderungsämter unterschreitet und der Frauenanteil in dem jeweiligen Beförderungsamt 50 Prozent noch nicht erreicht hat.

Übung

Sachverhalt

Bei der Stadt S war eine Planstelle eines Amtsrates / einer Amtsrätin (Besoldungsgruppe A 12 des Laufbahngruppe 2) zu besetzen. Aus der Zahl der Bewerberinnen und Bewerber hatte sich die Städtische Amtfrau Heike H (34 Jahre alt) nach einem internen Auswahlverfahren als die bestgeeignete Kandidatin erwiesen. Frau H wurde am 01.04.2016 zur Ableistung einer Erprobungszeit auf die zu besetzende Planstelle umgesetzt. Zum Ablauf der sechsmonatigen Erprobungszeit wurde die Eignung von Frau H für den höher bewerteten Dienstposten festgestellt.

Frau H wurde nach ihrem Abitur im Jahre 1999 von der Stadt S unter Berufung in das Beamtenverhältnis auf Widerruf zur Stadtinspektoranwärterin ernannt. In der Zeit vom 01.09.1999 bis zum 31.08.2002 leistete sie den für die Laufbahn des gehobenen nichttechnischen Dienstes in den Gemeinden und Gemeindeverbänden im Lande Nordrhein-Westfalen vorgeschriebenen Vorbereitungsdienst ab.

Nachdem Heike H die Laufbahnprüfung mit der Note befriedigend bestanden hatte, wurde sie mit Wirkung vom 01.09.2002 zur Stadtinspektorin ernannt. Nach erfolgreicher Probezeit vom 01.09.2002 bis zum 28.02.2005 wurde Frau H mit Wirkung vom 01.03.2005 zur Beamtin auf Lebenszeit ernannt. Zum 01.03.2007 folgte die Beförderung zur Stadtoberinspektorin und zum 01.03.2013 die Beförderung zur Stadtamtfrau.

Eine Planstelle war vorhanden. Der Personalrat hatte seine Zustimmung zu der beabsichtigten Ernennung gegeben. Die Gleichstellungsbeauftragte wurde entsprechend der Bestimmungen des Landesgleichstellungsgesetzes beteiligt, die Rechte der Schwerbehindertenvertretung wurden gewahrt.

Frau H wurden am 01.10.2016 vom Bürgermeister der Stadt S eine Ernennungsurkunde und eine Planstelleneinweisung ausgehändigt, die den gesetzlichen Anforderungen entsprachen.

Frau H hat die Ernennungsurkunde vorbehaltlos entgegengenommen.

---

[94] Schriftlicher Bericht des Ministers für Inneres und Kommunales vom 21.10.2016, Vorlage 16/4340 für die Sitzung des Unterausschusses „Personal" des Haushalts- und Finanzausschusses des Landtags Nordrhein-Westfalen am 25.10.2016.

Fragestellung

Lagen die für diesen Ernennungsfall vorgesehenen formellen und materiellen Voraussetzungen für die Ernennung vor?

Lösungshinweise

Bei der von der Stadt S vorgenommenen Ernennung handelte es sich um die Verleihung eines anderen Amtes mit höherem Endgrundgehalt und anderer Amtsbezeichnung (Beförderung nach § 19 Abs. 1 Satz 1 Nr. 1 LBG). Hierzu bedarf es nach § 8 Abs. 1 Nr. 3 BeamtStG einer Ernennung.

Formelle Voraussetzungen

- Zuständigkeit

Die Beamten der Gemeinden werden von den nach Gesetz, Verordnung oder Satzung hierfür zuständigen Stellen ernannt (§ 16 Abs. 2 Satz 1 LBG). Die beamtenrechtlichen Entscheidungen trifft der Bürgermeister (vgl. § 73 Abs. 3 Satz 1 GO). Zuständig für die Vornahme der Ernennung war der Bürgermeister der Stadt S, der im vorliegenden Fall die Ernennungsurkunde auch aushändigte. Die Bestimmungen über die Zuständigkeit wurden bei der Ernennung von Frau H beachtet.

- Beteiligung der zu ernennenden Beamtin

Bei der Ernennungsurkunde zur Verleihung eines anderen Amtes mit höherem Endgrundgehalt und anderer Amtsbezeichnung (Beförderung) handelt es sich um einen mitwirkungsbedürftigen Verwaltungsakt i. S. des § 35 Satz 1 VwVfG, sodass die Zustimmung der Beamtin erforderlich war. Frau H hat die Ernennungsurkunde laut Sachverhalt vorbehaltlos entgegengenommen.

- Beteiligung des Personalrates

Der Personalrat hat bei der Beförderung eines Beamten mitzubestimmen (§§ 72 Abs. 1 Satz 1 Nr. 2, 66 Abs. 1 LPVG). Die Ausnahmeregelungen des § 72 Abs. 1 Satz 2 LPVG berühren diesen Ernennungsfall nicht. Der Personalrat hatte laut Sachverhalt seine Zustimmung zu der beabsichtigten Ernennung gegeben.

- Beteiligung der Gleichstellungsbeauftragten

Die Gleichstellungsbeauftragte wirkt bei allen Maßnahmen, die Auswirkungen auf die Gleichstellung von Frau und Mann haben mit, insbesondere bei Auswahlverfahren (vgl. § 17 Abs. 1 Halbsatz 2 Nr. 1 LGG). Die Rechte der Gleichstellungsbeauftragten wurden nach den Angaben im Sachverhalt beachtet.

- Beteiligung der Schwerbehindertenvertretung

Die Rechte der Schwerbehindertenvertretung wurden nach den Angaben im Sachverhalt gewahrt.

- Ernennungsurkunde

Die Ernennungsurkunde entsprach laut Sachverhalt der vorgeschriebenen Form.

- Planstelleneinweisung

Die Planstelleneinweisung entsprach laut Sachverhalt der vorgeschriebenen Form.

- Beteiligung des Landespersonalausschusses bzw. anderer Stellen

Ob eine Beteiligung vor der Ernennung erforderlich war, wird im materiellen Teil der Lösung geprüft.

Materielle Voraussetzungen

- Haushaltsrechtliche Voraussetzungen

Aus § 8 Abs. 1 Satz 1 und Abs. 3 GemHVO folgt, dass für Beamtinnen und Beamte der Gemeinden, die befördert werden sollen, besetzbare Planstellen vorhanden sein müssen. Laut Sachverhalt ist für Heike H eine Planstelle vorhanden. Angaben über eventuell vorliegende haushaltsrechtliche Beförderungsverbote enthält der Sachverhalt nicht. Die haushaltsrechtlichen Voraussetzungen standen einer Ernennung nicht entgegen.

- Vorhandensein eines Beförderungsamtes

Es geht im vorliegenden Fall um die Besetzung eines Amtes der Besoldungsgruppe A 12 der Laufbahngruppe 2. Das Einstiegsamt in der Laufbahngruppe 2 als erstes Einstiegsamt ist der Besoldungsgruppe A 9 zugewiesen (§ 24 Nr. 3 LBesG). Das Amt einer Städtischen Amtsrätin der Besoldungsgruppe A 12 ist folglich ein Beförderungsamt.

- Beförderungsverbot für Abgeordnete und Mitglieder der Gesetzgebungskörperschaften anderer Länder

Dieses Beförderungsverbot war im vorliegenden Fall nicht einschlägig.

- Disziplinarrechtliche Beförderungsverbote

Auch dieses Beförderungsverbot war nicht einschlägig, da der Sachverhalt keinen Hinweis auf eine verhängte Disziplinarmaßnahme enthält.

- Beförderungsverbot während einer Erprobungszeit

Vor Feststellung der Eignung für einen höher bewerteten Dienstposten in einer Erprobungszeit darf die Beamtin nicht befördert werden (§ 19 Abs. 3 Satz 1 LBG, § 7 Abs. 4 Satz 1 LVO). Nach den Angaben im Sachverhalt wurde bei Frau H die Eignung für den zu besetzenden Dienstposten in einer sechsmonatigen Erprobungszeit festgestellt.

- Verbot der Sprungbeförderung

Nach § 19 Abs. 4 LBG und § 7 Abs. 1 Satz 1 LVO dürfen regelmäßig zu durchlaufende Ämter nicht übersprungen werden. Im vorliegenden Fall wurde Frau H das nächste Beförderungsamt verliehen. Das Verbot der Sprungbeförderung stand der Ernennung nicht entgegen.

- Verbot der Beförderung vor Ablauf eines Jahres seit der letzten Beförderung (Verbot der Eilbeförderung)

Die Beamtin oder der Beamte darf vor Ablauf eines Jahres seit der Anstellung oder der letzten Beförderung nicht befördert werden (vgl. § 19 Abs. 2 Satz 1 Nr. 3 LBG, § 7 Abs. 2 Satz 1 Nr. 3 LVO). Frau H wurde zuletzt zum 01.03.2013 befördert. Zum Ernennungszeitpunkt am 01.10.2016 war mehr als ein Jahr vergangen. Das Verbot der Eilbeförderung stand einer Ernennung nicht entgegen.

- Verbot der Beförderung vor Ablauf bestimmter Wartezeiten

Die Laufbahnverordnung regelt die Einhaltung gewisser Wartezeiten vor der Beförderung in bestimmte Beförderungsämter. Eine Regelung über Wartezeiten bei einer Beförderung zur Amtsrätin (Besoldungsgruppe A 12) enthält § 28 LVO nicht.

- Verbot der Altersbeförderung

Eine weitere Beförderung ist nicht zulässig innerhalb von zwei Jahren vor Eintritt in den Ruhestand wegen Erreichens der Altersgrenze (§ 19 Abs. 2 Satz 2 LBG, § 7 Abs. 2 Satz 2 LVO). Frau H war zum Zeitpunkt der Ernennung erst 34 Jahre alt. Das Verbot der Altersbeförderung stand einer Ernennung nicht entgegen.

- Beachtung der Beförderungsgrundsätze (Leistungsprinzip)

Die Auslese der Bewerber ist auch bei Beförderungen nach dem Leistungsprinzip vorzunehmen (§ 19 Abs. 6 LBG, § 9 BeamtStG). Frau H war die bestgeeignete Bewerberin im Auswahlverfahren. Das Leistungsprinzip wurde im vorliegenden Fall beachtet.

Ergebnis

Die Voraussetzungen für die Ernennung zur Städtischen Amtsrätin lagen vor.

5.3.3.2 Die Verleihung eines anderen Amtes mit geringerem Endgrundgehalt und anderer Amtsbezeichnung (Rangherabsetzung)

Wird dem Beamten ein anderes Amt mit **geringerem** Endgrundgehalt und anderer Amtsbezeichnung verliehen, handelt es sich um eine Ernennung i. S. des § 8 Abs. 1 Nr. 3 BeamtStG.

5.3.3.2.1 Formelle Voraussetzungen

Zuständigkeit

Die Zuständigkeitsregelungen im Landesbeamtengesetz, der Verordnung über die Ernennung, Entlassung und Zurruhesetzung der Beamten und Richter des Landes Nordrhein-Westfalen, sowie für die Beamten der Gemeinden, der Gemeindeverbände und der Körperschaften, Anstalten und Stiftungen in den dafür geltenden Gesetzen, Verordnungen oder Satzungen unterscheiden nicht zwischen den einzelnen Ernennungsfällen, sodass die Ausführungen unter 5.3.1.1.1 auch für die Verleihung eines anderen Amtes mit geringerem Endgrundgehalt und anderer Amtsbezeichnung gelten.

Beteiligung des zu ernennenden Beamten

Bei der Ernennung handelt es sich grundsätzlich um einen mitwirkungsbedürftigen, zustimmungsbedürftigen Verwaltungsakt (vgl. Ausführungen zu 5.1).

Beteiligung der Gleichstellungsbeauftragten

Die Gleichstellungsbeauftragte wirkt bei allen Maßnahmen, die Auswirkungen auf die Gleichstellung von Frau und Mann haben mit (vgl. § 17 Abs. 1 LGG). Zum Mitwirkungsverfahren vgl. die Ausführungen zu 5.3.1.1.6.

Beteiligung des Personalrates

Bei der Rangherabsetzung eines Beamten hat der Personalrat grundsätzlich mitzubestimmen (vgl. §§ 72 Abs. 1 Satz 1 Nr. 2, 66 Abs. 1 LPVG). Zu den Ausnahmen vgl. Ausführungen zu 5.3.1.1.7, zum Beteiligungsverfahren Ausführungen zu 12.3.

Beteiligung der Schwerbehindertenvertretung

Die Schwerbehindertenvertretung ist bei schwerbehinderten Beamten nach der Generalklausel des § 95 SGB IX zu beteiligen, vgl. dazu die Ausführungen unter 5.3.1.1.8

Ernennungsurkunde

Zur Verleihung eines anderen Amtes mit anderem Grundgehalt bedarf es einer Ernennung (§ 8 Abs. 1 Nr. 3 BeamtStG). § 8 Abs. 2 Nr. 3 BeamtStG bestimmt, dass bei der Verleihung eines Amtes in der Ernennungsurkunde die Amtsbezeichnung aufgenommen werden muss.

Neben den Regelungen in § 8 Abs. 2 BeamtStG wird durch die Nummer 1.1.3 VV zu § 8 BeamtStG ein bestimmter Urkundeninhalt vorgeschrieben.

Die Urkundsformel muss folgende Angaben enthalten:

- Bei gleichzeitiger Änderung der Amtsbezeichnung

  „ Frau/Herr .... (bisherige Amtsbezeichnung / Vor- und Familienname)
  .... wird zur/zum
  .... (verliehene Amtsbezeichnung)
  ernannt."

- Ohne gleichzeitige Änderung der Amtsbezeichnung

  „ Frau/Herr .... (Amtsbezeichnung / bisherige Besoldungsgruppe in Klammern
  / Vor- und Familienname)
  .... wird zur/zum
  .... (Amtsbezeichnung / neue Besoldungsgruppe in Klammern)
  ernannt."

Planstelleneinweisung

Bei der Rangherabsetzung ist dem Beamten seine Einweisung in eine Planstelle schriftlich mitzuteilen. Zur Planstelleneinweisung vgl. die Ausführungen zu 5.3.1.1.13.

Beteiligung des Landespersonalausschusses und anderer Stellen

Die Beteiligung des Landespersonalausschusses und anderer Stellen ist bei der Rangherabsetzung nicht vorgesehen.

5.3.3.2.2 Materielle Voraussetzungen

Haushaltsrechtliche Voraussetzungen

Auch bei der Rangherabsetzung handelt es sich um die Verleihung eines anderen Amtes, die grundsätzlich nur zusammen mit der Einweisung in eine besetzbare Planstelle vorgenommen werden darf (vgl. im Einzelnen die Ausführungen zu 5.3.1.1.13).

Rangherabsetzung mit Zustimmung des Beamten

Der Beamte kann in ein anderes Amt einer Laufbahn, für die er die Befähigung besitzt, versetzt werden, wenn er es beantragt oder ein dienstliches Bedürfnis besteht (§ 25 Abs. 2 Satz 1 LBG). Diese Vorschrift bezieht sich nicht nur auf die Änderung des funktionellen Amtes, sondern ist auch Grundlage für eine Rangherabsetzung, die rechtstechnisch eine statusverändernde Versetzung darstellt. Gleichzeitig wird das Amt im funktionellen und das Amt im statusrechtlichen Sinne verändert.

Mit Zustimmung des Beamten ist eine Rangherabsetzung immer möglich. Es werden hier im Wesentlichen zwingende persönliche Gründe sein, die den Beamten veranlassen, seine Zustimmung zur Versetzung in ein Amt mit geringerem Endgrundgehalt zu geben (z. B. Vermeidung eines Dienstortswechsels oder zum Zwecke des Dienstortswechsels bei einem Umzug aus persönlichen Gründen).

Bei dieser freiwilligen Versetzung in ein Amt mit geringerem Endgrundgehalt darf der Beamte nach der Verleihung des anderen Amtes die bisherige Amtsbezeichnung nicht mehr führen (§ 77 Abs. 2 Satz 2 und Satz 3 LBG).

Rangherabsetzung ohne Zustimmung des Beamten

Die Rangherabsetzung ohne die Zustimmung des Beamten ist wegen der Schwere des Eingriffs in seine Rechte nur in Ausnahmefällen zulässig. Voraussetzungen für eine Versetzung in ein Amt mit geringerem Endgrundgehalt enthalten die §§ 18 Abs. 1 Satz 2 und Satz 3 BeamtStG und 26 Abs. 2 Satz 1 LBG.

Bei der Umbildung, Auflösung und Verschmelzung von Behörden des Landes (zum Verfahren vgl. Ausführungen zu 7.2) aufgrund eines Gesetzes oder einer Verordnung der Landesregierung, kann eine Rangherabsetzung erfolgen, wenn

- es sich um einen Beamten der beteiligten Behörden handelt,
- das Aufgabengebiet des Beamten von der Auflösung oder Umbildung berührt wird

und

- eine dem bisherigen Amt des Beamten entsprechende Verwendung nicht möglich ist (vgl. § 18 Abs. 1 Satz 2 BeamtStG, § 26 Abs. 2 Satz 1 LBG).

In diesem Falle darf der Beamte neben der neuen Amtsbezeichnung die des früheren Amtes mit dem Zusatz „außer Dienst" („a. D.") führen (vgl. § 18 Abs. 1 Satz 4 BeamtStG, § 77 Abs. 2 Satz 4 Halbsatz 2 LBG). Das Grundgehalt muss mindestens dem des Amtes entsprechen, das der Beamte vor dem bisherigen Amt innehatte (vgl. § 18 Abs. 1 Satz 3 BeamtStG, § 26 Abs. 2 Satz 2 LBG). Damit kommt nur eine Versetzung in das nächstniedrigere Amt der Laufbahn des Beamten in Betracht.

Bei der Rangherabsetzung handelt sich um eine Ermessensentscheidung, die unter Beachtung des § 40 VwVfG NRW zu treffen ist.
Besitzt der Beamte nicht die Befähigung für die andere Laufbahn, hat er an Maßnahmen für den Erwerb der neuen Befähigung teilzunehmen (§ 25 Abs. 4 LBG).

Ist eine Rangherabsetzung nicht möglich, können die Beamten auf Lebenszeit und auf Zeit innerhalb einer Frist von sechs Monaten in den einstweiligen Ruhestand versetzt werden (§ 26 Abs. 1 Satz 1 und Satz 2 LBG). Beamte auf Probe und auf Widerruf können entlassen werden (vgl. § 23 Abs. 3 Satz 1 Nr. 3 und § 23 Abs. 4 BeamtStG).

Besoldungsrechtliche Auswirkungen

Die besoldungsrechtlichen Auswirkungen einer Rangherabsetzung regelt § 21 LBesG.

Verringert sich das Grundgehalt durch Verleihung eines anderen Amtes aus Gründen, die nicht von dem Beamten zu vertreten sind, ist das Grundgehalt zu zahlen, das bei einem Verbleiben in dem bisherigen Amt zugestanden hätte (§ 21 Abs. 1 Satz 1 LBesG).

Übung

Sachverhalt

Der bei der Bezirksregierung X tätige Regierungsamtsrat (Besoldungsgruppe A 12) Julius J (35 Jahre alt) beantragt aus zwingenden persönlichen Gründen seine Versetzung zur Bezirksregierung Y. Ihm ist bekannt, dass bei der Bezirksregierung Y lediglich eine Planstelle eines Regierungsamtmanns (Besoldungsgruppe A 11) zur Verfügung steht.

Dem Antrag des Beamten wird entsprochen. Die Bezirksregierung X verfügt, nachdem die Bezirksregierung Y ihr Einverständnis erklärt und der zuständige Personalrat seine Zustimmung gegeben hat, zum 01.12. die Versetzung von Herrn J zur Bezirksregierung Y (vgl. § 25 Abs. 2 und Abs. 5 Satz 2 LBG).

Herrn J wird am 01.12. von der Bezirksregierung Y eine formgerechte Ernennungsurkunde sowie eine ebenfalls formgerechte Planstelleneinweisung ausgehändigt. Die Ernennungsurkunde wurde von J vorbehaltlos entgegengenommen.

Der Personalrat bei der Bezirksregierung Y hat nach § 25 Abs. 5 Satz 2 LBG seine Zustimmung zu der beabsichtigten Ernennung gegeben. Die Gleichstellungsbeauftragte wurde entsprechend der Bestimmungen des Landesgleichstellungsgesetzes beteiligt. Die Rechte der Schwerbehindertenvertretung wurden gewahrt.

Fragestellung

Liegen die für diesen Ernennungsfall vorgesehenen formellen und materiellen Voraussetzungen vor?

Bearbeitungshinweis

Auf die Voraussetzungen hinsichtlich der Versetzung ist nicht einzugehen.

Lösungshinweise

Bei der von der Bezirksregierung Y vorgenommenen Ernennung handelte es sich um die Verleihung eines anderen Amtes mit anderem Grundgehalt nach § 8 Abs. 1 Nr. 3 BeamtStG. Im Folgenden wird nur auf die Voraussetzungen eingegangen, die sich auf diesen Ernennungsfall beziehen.

Formelle Voraussetzungen

- Zuständigkeit

Die Landesregierung ernennt die Beamten des Landes (§ 16 Abs. 1 Satz 1 LBG). Sie kann diese Befugnis auf andere Stellen übertragen (§ 16 Abs. 1 Satz 2 LBG).

Die Landesregierung hat von dieser Befugnis durch den Erlass der Verordnung über die Ernennung, Entlassung und Zurruhesetzung der Beamten und Richter des Landes Nordrhein-Westfalen Gebrauch gemacht.[95]

In § 1 dieser Verordnung hat sich die Landesregierung die Ernennung der Beamten und Richter des Landes, denen ein Amt der Besoldungsgruppe B 3 oder R 3 oder ein Amt der Besoldungsgruppe B oder R mit höherem Grundgehalt verliehen ist oder wird, vorbehalten. Die Ausübung der Befugnis für die anderen Beamten ist durch § 2 auf die obersten Landesbehörden übertragen worden. Oberste Landesbehörden sind neben der Landesregierung der Ministerpräsident und die Landesministerien (§ 3 LOG). Im vorliegenden Fall handelt es sich um die Verleihung eines Amtes der Besoldungsgruppe A 11. Die Befugnis zur Ernennung ist demnach auf die obersten Landesbehörden (hier Ministerium für Inneres und Kommunales) übertragen worden.

Die obersten Landesbehörden (im vorliegenden Fall das Ministerium für Inneres und Kommunales) wiederum werden durch § 3 der Verordnung über die Ernennung, Entlassung und Zurruhesetzung der Beamtinnen und Beamten und Richterinnen und Richter des Landes Nordrhein-Westfalen ermächtigt, die Ausübung der Befugnis für die Beamtinnen und Beamten, denen in Amt der Besoldungsgruppen A 1 bis A 16 verleihen ist oder wird, auf ihnen nachgeordnete Behörden und Einrichtungen zu übertragen.

Das Ministerium für Inneres und Kommunales hat von dieser Ermächtigung durch den Erlass der Verordnung über beamten- und disziplinarrechtliche Zuständigkeiten im Geschäftsbereich des für Inneres zuständigen Ministeriums Gebrauch gemacht[96]. Nach § 2 Abs. 1 Satz 1 dieser Verordnung wird die Ausübung der Befugnis zur Ernennung der Beamten ab der Besoldungsgruppe A 16 vom Ministerium wahrgenommen. Damit obliegt die Befugnis zur Ernennung der Beamten bis zur Besoldungsgruppe A 15 den nachgeordneten Behörden und Einrichtungen.

Herrn J wurde ein Amt der Besoldungsgruppe A 11 verliehen. Zuständig für die Ernennung war somit die Bezirksregierung Y als dem Ministerium für Inneres und Kommunales nachgeordnete Behörde. Die Ernennung ist von der zuständigen Behörde ausgesprochen worden.

- Beteiligung des zu ernennenden Beamten

Bei der Ernennung handelt es sich um einen mitwirkungsbedürftigen Verwaltungsakt. Eine Ausnahme von diesem Grundsatz kommt bei Rangherabsetzungen als Folge von Auflösungen, Verschmelzungen oder wesentlichen Aufbauveränderungen von Behörden

---

[95] Verordnung über die Ernennung, Entlassung und Zurruhesetzung der Beamtinnen und Beamten und Richterinnen und Richter des Landes Nordrhein-Westfalen vom 25.02.2014, GV.NRW. S. 199, zuletzt geändert durch Verordnung vom 09.09.2014 (GV. NRW. S. 500).
[96] Verordnung über beamten- und disziplinarrechtliche Zuständigkeiten im Geschäftsbereich des für Inneres zuständigen Ministeriums vom 18.11.2015 (GV.NRW. S. 760).

in Betracht, um die es im vorliegenden Fall aber nicht geht. Die Rangherabsetzung von J konnte somit nur mit seiner Zustimmung vorgenommen werden, die aber durch seinen Antrag und der vorbehaltlosen Entgegennahme der Ernennungsurkunde gegeben ist.

- Beteiligung des Personalrates

Der Personalrat hat bei der Rangherabsetzung eines Beamten mitzubestimmen (§§ 72 Abs. 1 Satz 1 Nr. 2, 66 Abs. 1 LPVG). Da es sich um eine Personalmaßnahme bei der Bezirksregierung X handelt, ist der dortige Personalrat zuständig. Die Ausnahmeregelungen des § 72 Abs. 1 Satz 2 LPVG berühren diesen Ernennungsfall nicht. Der Personalrat hatte laut Sachverhalt seine Zustimmung zu der beabsichtigten Ernennung gegeben.

- Mitwirkung der Gleichstellungsbeauftragten

Die Rechte der Gleichstellungsbeauftragten nach den Bestimmungen des Landesgleichstellungsgesetzes wurden laut Sachverhalt gewahrt.

- Mitwirkung der Schwerbehindertenvertretung

Die Rechte der Schwerbehindertenvertretung nach den Bestimmungen des Neunten Buches Sozialgesetzbuch wurden laut Sachverhalt ebenfalls gewahrt.

- Ernennungsurkunde

Die Ernennungsurkunde entsprach laut Sachverhalt der gesetzlich vorgeschriebenen Form.

- Planstelleneinweisung

Auch die Planstelleneinweisung entsprach laut Sachverhalt der vorgeschriebenen Form.

Materielle Voraussetzungen

- Haushaltsrechtliche Voraussetzungen

Für Beamte auf Lebenszeit müssen besetzbare Planstellen vorhanden sein. Bei der Bezirksregierung Y war laut Sachverhalt eine besetzbare Planstelle vorhanden.

- Rangherabsetzung mit Zustimmung des Beamten

Der Beamte kann in ein anderes Amt einer Laufbahn, für die er die Befähigung besitzt, versetzt werden, wenn er es beantragt (§ 25 Abs. 2 Satz 1 Alternative 1 LBG). Herr J hat seine mit der Rangherabsetzung verbundene Versetzung zur Bezirksregierung Y beantragt. Er besitzt die Befähigung für die Laufbahn des gehobenen nichttechnischen Dienstes, da mit der Versetzung zur Bezirksregierung Y ein Laufbahnwechsel nicht erfolgt.

Ergebnis

Die formellen und materiellen Voraussetzungen für die Rangherabsetzung liegen vor.

5.3.4 Die Verleihung eines anderen Amtes mit anderer Amtsbezeichnung

Einer Ernennung bedarf es zur Verleihung eines anderen Amtes mit anderer Amtsbezeichnung soweit das Landesrecht dies bestimmt (§ 8 Abs. 1 Nr. 4 BeamtStG).

In § 8 Abs. 1 Nr. 4 BeamtStG werden die Fälle, in denen es bei der Verleihung eines anderen Amtes mit anderer Amtsbezeichnung einer Ernennung bedarf, nicht mehr bundeseinheitlich vorgegeben. Sie sind durch Landesrecht zu bestimmen. Bisher war eine solche Ernennung bei einem Wechsel der Laufbahngruppe (Aufstieg) erforderlich. Infolge der Verlagerung der Kompetenz für das Laufbahnrecht auf die Länder bleibt es zukünftig jedoch der Entscheidung der Länder vorbehalten, ob sie am Laufbahngruppenprinzip festhalten. Entsprechend muss auch im Landesrecht geregelt werden, in welchen Fällen es bei der Verleihung eines anderen Amtes mit anderer Amtsbezeichnung einer Ernennung bedarf.[97]

Nordrhein-Westfalen hat von der Ermächtigung des § 8 Abs. 1 Nr. 4 BeamtStG Gebrauch gemacht.

Der Ernennungsfall erfasst den sog. Laufbahnwechsel „Aufstieg", d. h. es handelt sich um eine Ernennung unter Verleihung eines anderen Amtes mit gleichem Endgrundgehalt und anderer Amtsbezeichnung beim Wechsel der Laufbahngruppe und damit um einen Sonderfall der Beförderung (vgl. § 19 Abs. 1 Satz 1 Nr. 3 LBG). Besonders befähigte Beamte einer Laufbahn sollen in die nächsthöhere Laufbahn derselben Fachrichtung aufsteigen können. Der Aufstieg ist ohne Erfüllung der Einstellungsvoraussetzungen für die Laufbahngruppe (§ 6 LBG) möglich, wenn die für die höhere Laufbahngruppe erforderlichen Kenntnisse und Fähigkeiten vorliegen (§ 23 Abs. 1 Satz 1 LBG). Zu beachten sind weiterhin die Vorschriften der Laufbahnverordnung, da es sich um einen Laufbahnwechsel handelt (vgl. § 11 Abs. 4 LVO).

Der Aufstieg ist regelmäßig mit der Verleihung eines höheren Amtes verbunden. Bei dem Endamt einer niedrigeren Laufbahngruppe und dem Eingangsamt der höheren Laufbahngruppe (z. B. Amtsinspektor A 9 Laufbahngruppe 1, Inspektor A 9 Laufbahngruppe 2), handelt es sich in der Regel um Verzahnungsämter, d. h., sie sind derselben Besoldungsgruppe zugeordnet. Wenn der Beamte aus dem Endamt seiner Laufbahngruppe in die nächsthöhere Laufbahngruppe aufsteigt, ändert sich seine Amtsbezeichnung, aber nicht sein Endgrundgehalt. In diesem Fall handelt es sich um eine Beförderung i. S. des § 19 Abs. 1 Satz 1 Nr. 3 LBG.

Das Laufbahnrecht ist durch das Dienstrechtsmodernisierungsgesetz (DRModG NRW) vom 14.06.2016 neu gefasst worden. Unter Aufrechterhaltung des Laufbahnprinzips wurde eine Verschlankung der Strukturen durch Reduzierung der Anzahl der Laufbahn-

---

[97] Vgl. Bundestagsdrucksache 16/4027, S. 23.

gruppen vorgenommen. Die bisher vier Laufbahngruppen des einfachen, mittleren , gehobenen und höheren Dienstes sind in zwei Laufbahngruppen neu geordnet worden.[98]

Die neue Laufbahngruppenstruktur normiert § 5 Abs. 2 Satz 1 und Satz 2 LBG. Danach gibt es die Laufbahngruppen 1 und 2. Innerhalb der Laufbahngruppen gibt es nach Maßgabe des Besoldungsrechts erste und zweite Einstiegsämter.

Unter Berücksichtigung der neuen Laufbahnstruktur gibt es nur noch einen Aufstiegsfall, den Aufstieg vom Sekretär, Obersekretär, Hauptsekretär bzw. Amtsinspektor (Besoldungsgruppen A 6, A 7, A 8 oder A 9 der Laufbahngruppe 1) zum Inspektor (Besoldungsgruppe A 9 der Laufbahngruppe 2)

5.3.4.1 Formelle Voraussetzungen

5.3.4.1.1 Zuständigkeit

Die Zuständigkeitsregelungen im Landesbeamtengesetz, der Verordnung über die Ernennung, Entlassung und Zurruhesetzung der Beamten und Richter des Landes Nordrhein-Westfalen, sowie für die Beamten der Gemeinden, der Gemeindeverbände und der Körperschaften, Anstalten und Stiftungen in den dafür geltenden Gesetzen, Verordnungen oder Satzungen unterscheiden nicht zwischen den einzelnen Ernennungsfällen, sodass die Ausführungen unter 5.3.1.1.1 auch für Verleihung eines anderen Amtes mit anderer Amtsbezeichnung beim Wechsel der Laufbahngruppe (Aufstieg) gelten.

5.3.4.1.2 Stellenausschreibung

Eine Stellenausschreibung ist bei diesem Ernennungsfall nicht vorgeschrieben.

5.3.4.1.3 Formalisiertes Auswahlverfahren

Ein formalisiertes Auswahlverfahren ist nur bei der Begründung von Beamtenverhältnissen vorgeschrieben.

5.3.4.1.4 Beteiligung des zu ernennenden Beamten

Bei der Verleihung eines anderen Amtes mit anderer Amtsbezeichnung beim Wechsel der Laufbahngruppe (Aufstieg) handelt es sich um einen Ernennungsfall i. S. des § 8 Abs. 1 Nr. 4 BeamtStG, der die Aushändigung einer Ernennungsurkunde voraussetzt (vgl. § 8 Abs. 2 Satz 1 BeamtStG). Die Ernennungsurkunde ist ein mitwirkungsbedürftiger Verwaltungsakt, der die Zustimmung des Beamten (i. d. R. durch vorbehaltlose Entgegennahme der Ernennungsurkunde) erfordert.

---

[98] Vgl. Landtagsdrucksache 16/10380, S. 3.

5.3.4.1.5 Beteiligung der Gleichstellungsbeauftragten

Die Gleichstellungsbeauftragte wirkt bei allen Maßnahmen, die Auswirkungen auf die Gleichstellung von Frau und Mann haben mit (vgl. § 17 Abs. 1 LGG). Zum Mitwirkungsverfahren vgl. die Ausführungen zu 5.3.1.1.6.

5.3.4.1.6 Beteiligung des Personalrates

Der Personalrat hat bei einem Laufbahnwechsel (Aufstieg) mitzubestimmen (§§ 72 Abs. 1 Satz 1 Nr. 3, 66 Abs. 1 LPVG). Die Verleihung eines anderen Amtes mit anderer Amtsbezeichnung beim Wechsel der Laufbahngruppe ist eine Beförderung, d. h. auch dieser Ernennungsfall darf nicht ohne die Zustimmung des Personalrates ausgesprochen werden (§§ 72 Abs. 1 Satz 1 Nr. 2, 66 Abs. 1 LPVG). Die Zustimmung des Personalrates ist erforderlich, obwohl dieser bereits bei der Zulassung zum Aufstieg nach § 72 Abs. 1 Satz 1 Nr. 2 LPVG zustimmen musste.

5.3.4.1.7 Beteiligung der Schwerbehindertenvertretung

Die Schwerbehindertenvertretung ist bei schwerbehinderten Beamten nach der Generalklausel des § 95 SGB IX zu beteiligen, vgl. dazu die Ausführungen unter 5.3.1.1.8.

5.3.4.1.8 Beteiligung des Landespersonalausschusses

Vorschriften, die eine Beteiligung des Landespersonalausschusses vorsehen, sind bei diesem Ernennungsfall nicht zu beachten.

5.3.4.1.9 Beteiligung anderer Stellen

Die Laufbahnverordnung sieht die Möglichkeit der Erteilung von Ausnahmegenehmigungen. bei der Forderung nach einer Mindestdienstzeit von 3 Jahren nach § 20 Abs. 1 Satz 1 Nr. 2 LVO für die Zulassung zum Aufstieg (vgl. § 14 Abs. 1 Nr. 4 LVO) vor.

Über Ausnahmen entscheiden für die Beamten

- des Landes die oberste Dienstbehörde als Aufsichtsbehörde im Einvernehmen mit dem für Inneres zuständigen Ministerium und dem Finanzministerium (§ 14 Abs. 2 Satz 2 Nr. 1 LVO),
- der Landschaftsverbände, des Landesverbandes Lippe und des Regionalverbandes Ruhr das für Inneres zuständige Ministerium als Aufsichtsbehörde (§ 14 Abs. 2 Satz 2 Nr. 2 LVO),
- der Gemeinden und der sonstigen Gemeindeverbände die Aufsichtsbehörde, in den Fällen des § 28 LVO die Bezirksregierung als Aufsichtsbehörde (§ 14 Abs. 2 Satz 2 Nr. 3 LVO) oder

- für die Beamten der der Aufsicht des Landes unterstehenden Körperschaften, Anstalten und Stiftungen des öffentlichen Rechts, mit Ausnahme der Gemeinden und Gemeindeverbände, die Aufsichtsbehörde, bei Lehrern im Einvernehmen mit der Schulaufsichtsbehörde (§ 14 Abs. 2 Satz 2 Nr. 4 LVO).

5.3.4.1.10 Ernennungsurkunde

§ 8 Abs. 2 Satz 2 Nr. 3 BeamtStG schreibt für diesen Ernennungsfall vor, dass die Ernennungsurkunde die Amtsbezeichnung enthalten muss. Neben den Regelungen in § 8 Abs. 2 BeamtStG wird durch die Nummer 1.1.4 VV zu § 8 BeamtStG ein bestimmter Urkundeninhalt vorgeschrieben.

Die Urkundsformel muss folgende Angaben enthalten:

„Frau/Herr.......... (bisherige Amtsbezeichnung/Vor- und Familienname
wird zur/zum ....(verliehene Amtsbezeichnung).
ernannt.

5.3.4.1.11 Planstelleneinweisung

Bei der Verleihung eines anderen Amtes mit anderer Amtsbezeichnung beim Wechsel der Laufbahngruppe ist dem Beamten seine Einweisung in die neue Planstelle schriftlich mitzuteilen. Zur Planstelleneinweisung vergleiche die Ausführungen zu 5.3.1.1.13.

5.3.4.2 Materielle Voraussetzungen

5.3.4.2.1 Haushaltsrechtliche Voraussetzungen

Auch bei der Ernennung nach § 8 Abs. 1 Nr. 4 BeamtStG handelt es sich um die Verleihung eines anderen Amtes, die unter Beachtung der haushaltsrechtlichen Vorschriften nur zusammen mit der Einweisung in eine besetzbare Planstelle vorgenommen werden darf (vgl. im Einzelnen die Ausführungen zu 5.3.1.1.13).

5.3.4.2.2 Eignung, Befähigung und fachliche Leistung

Zu den Begriffen vgl. die Ausführungen zu 5.3.1.2.7.

Der Beamte, dem ein Amt der nächsthöheren Laufbahn verliehen werden soll, muss neben der geistigen, körperlichen und charakterlichen Eignung auch über die Befähigung für die neue Laufbahn verfügen. Die Voraussetzungen für den Aufstieg sind in der Laufbahnverordnung zu regeln (§ 9 Abs. 1 Satz 2 Nr. 7 LBG). Die Laufbahnverordnung enthält entsprechende Bestimmungen in den §§ 19 bis 23 LVO.

Das Kriterium „fachliche Leistung" ist bereits bei der Auswahl zwischen den Bewerbern im Rahmen der Zulassung zum Aufstieg von Bedeutung, aber auch später, wenn mehrere Bewerber die Aufstiegsvoraussetzungen erfüllen, aber keine Planstellen in gleicher Anzahl zur Verfügung stehen.

5.3.4.2.3 Laufbahnrechtliche Aufstiegsvoraussetzungen

Die laufbahnrechtlichen Aufstiegsvoraussetzungen sind unter 6 dargestellt.

5.4 Mängel der Ernennung und ihre Folgen

Bei der Ernennung handelt es sich um einen Verwaltungsakt i. S. des § 35 Satz 1 VwVfG NRW. Die Frage der Wirksamkeit von Verwaltungsakten ist grundsätzlich nach § 43 VwVfG NRW zu beurteilen.

Das Verwaltungsverfahrensgesetz gilt für die öffentlich-rechtliche Verwaltungstätigkeit der Behörden des Landes, der Gemeinden usw., soweit nicht Rechtsvorschriften des Landes, (wie das Landesbeamtengesetz) inhaltsgleiche oder entgegenstehende Bestimmungen enthält (vgl. § 1 Abs. 1 VwVfG NRW).

Die Rechtsfolgen fehlerhafter Ernennungen ergeben sich aus den abschließend geregelten Spezialvorschriften des Beamtenstatusgesetzes. Werden andere beamtenrechtliche Entscheidungen mit Verwaltungsaktqualität getroffen, sind die Vorschriften zur Bestandskraft von Verwaltungsakten des Abschnitts 2 Verwaltungsverfahrensgesetz zu beachten.

Das Beamtenstatusgesetz kennt drei mögliche Folgen rechtswidriger Ernennungen:
- Nichternennung,
- nichtige Ernennung,
- rücknehmbare Ernennung.

Eine Ernennung ist auch rechtswidrig, wenn sie unter einer Verletzung des Grundrechts eines unterlegenen Bewerbers auf einen wirkungsvollen Rechtsschutz nach Art. 19 Abs. 4 GG zustande gekommen ist. Hier kommt eine Aufhebung der Ernennung durch die Verwaltungsgerichte in Betracht.

Bezüglich der Rechtsfolgen einer mit Mängeln behafteten Ernennung wird - wie auch im allgemeinen Verwaltungsrecht - zwischen dem Nichtakt (Nichternennung), dem nichtigen Verwaltungsakt (Nichtigkeit der Ernennung) und dem aufhebbaren Verwaltungsakt (Rücknahme der Ernennung) unterschieden. Ernennungen mit Ernennungsfehlern, die keinen Fall der Nichternennung darstellen, nicht die Nichtigkeit und auch keine Rücknahme zur Folge haben, sind auf Dauer rechtswirksam. Das ergibt sich im Umkehrschluss aus den §§ 11 und 12 BeamtStG, die die Nichtigkeit und Rücknahme von Ernennung abschließend regeln[99]. Im Rahmen der Aufgabe des Staates, die zu den hergebrach-

---

[99] Vgl. Bundestagsdrucksache 16/4027, S. 23.

ten Grundsätzen des Berufsbeamtentums gehört, die Rechtsstellung, insbesondere das Statusrecht der Beamten einseitig durch Gesetz zu regeln, sind, abweichend von den im allgemeinen Verwaltungsrecht geltenden Grundregeln über fehlerhafte und nichtige Verwaltungsakte oder Nicht-Verwaltungsakte, besondere gesetzliche Voraussetzungen normiert[100].

Das Beamtenstatusgesetz begründet für die Länder eine Regelungssperre, die ihnen verbietet, die Nichtigkeits- und Rücknahmegründe beamtenrechtlicher Ernennungen einzuschränken oder zu erweitern,[101]

Wird im Entlassungsverfahren bei Beamten im Beamtenverhältnis auf Probe oder Widerruf festgestellt, dass die Ernennung nichtig oder zurückzunehmen ist, sind wegen der unterschiedlichen Rechtsfolgen die Vorschriften der §§ 11 und 12 BeamtStG vorrangig zu prüfen und ggf. anzuwenden.

5.4.1 Nichternennung

Eine Nichternennung liegt vor, wenn dem Ernennungsakt ein unerlässliches Rechtskriterium fehlt. Nichternennung ist dann anzunehmen, wenn die mit einer Ernennung verbundenen Rechtsfolgen unter keinem rechtlich denkbaren Gesichtspunkt eintreten kann.[102]

Bei den folgenden Ernennungsmängeln wird in der Literatur regelmäßig von einer Nichternennung ausgegangen[103]:

- Die Ernennung wird von einer Stelle ausgesprochen, die keine Dienstherrnfähigkeit (§ 2 BeamtStG) besitzt,
- die Ernennungsurkunde ist nicht oder von einer nicht autorisierten Person unterzeichnet bzw. enthält eine mechanisch erstellte Unterschrift,
- die Ernennungsurkunde wird nicht ausgehändigt,
- die Ernennung wird mit einer Nebenbestimmung (Auflage oder Bedingung) verbunden,
- das zu verleihende Amt (der Dienstposten) ist zum Zeitpunkt der Aushändigung der Ernennungsurkunde rechtlich nicht mehr vorhanden (z. B. durch zwischenzeitliche Streichung der Stelle im Stellenplan)[104] und
- die Ernennung wird wirksam angefochten.

Ob eine fehlende bzw. fehlerhafte Zustimmung (vgl. Ausführungen zu 5.1) des zu Ernennenden die Nichternennung zur Folge hat, ist umstritten. Aus Gründen der Rechtssicherheit muss hier von Nichternennung als Rechtsfolge ausgegangen werden[105]. Jede

---

[100] Vgl. BVerwG, Urteil vom 09.06.1983, 2 C 31/80, ZBR 1984, 41 = DVBl. 1983, 1108 = NVwZ 1984, 181.
[101] Vgl. Maiwald in Schütz/Maiwald, Rn. 21 zu § 11 BeamtStG.
[102] Vgl. Maiwald in Schütz/Maiwald, Rn. 15 zu § 11 BeamtStG.
[103] Vgl. Maiwald in Schütz/Maiwald, Rn. 16 zu § 11 BeamtStG; Wichmann/Langer, Rn. 137, Günther: Die Tatbestände nichtiger, zurückzunehmender oder rücknehmbarer Ernennungen, DÖD 1990, 281 (286).
[104] Vgl. BVerwG, Urteil vom 09.06.1983, 2 C 31/80, ZBR 1984, 41 = DVBl. 1983, 1108 = NVwZ 1984, 181.
[105] Überwiegende Meinung, vgl. Nachweise bei Scheerbarth/Höffken/Bauschke/Schmidt, § 12 I 2.

andere Rechtsfolge, insbesondere die schwebende Unwirksamkeit, steht im Widerspruch zu der notwendigen Rechtsklarheit einer Ernennung. Scheerbarth/Höffken/Bauschke/ Schmidt[106] gehen von Nichtigkeit aus. Dem kann nicht gefolgt werden, da die Ernennungsmängel, die zur Nichtigkeit führen, abschließend in § 11 BeamtStG genannt sind[107].

Nichternennung hat zur Folge, dass das Beamtenverhältnis von Beginn an nicht bestanden hat. Heilungsmöglichkeiten sieht das Beamtenrecht nicht vor. Ein zur Nichternennung führender Mangel kann nicht rückwirkend, sondern nur durch eine neue Ernennung beseitigt werden.

Bei einer Nichternennung ist von Anfang an vom Bestehen eines faktischen öffentlich-rechtlichen Dienstverhältnisses besonderer Art mit Bezahlungsanspruch auszugehen, wenn die nicht ernannte Person ihren Dienst aufgenommen hat. Eine Umdeutung in ein privatrechtliches Arbeitsverhältnis ist nicht zulässig.[108]

5.4.2 Nichtigkeit von Ernennungen

Ernennungsmängel, die zur Nichtigkeit führen, sind abschließend in § 11 BeamtStG (allgemein für Beamte), § 118 Abs. 3 Satz 3 LBG (Bürgermeister und Landräte - vgl. Abs. 10), und § 119 Abs. 2 Satz 5 LBG (übrige kommunale Wahlbeamte) genannt, die als Spezialnormen den Bestimmungen über die Nichtigkeit von Verwaltungsakten in § 44 VwVfG NRW vorgehen. Andere als in den genannten Vorschriften auftretende Mängel, die die Ernennung rechtswidrig machen, können ggf. zu einer Rücknahme der Ernennung nach § 12 BeamtStG führen.

Die Regelung des § 11 BeamtStG unterscheidet zwischen heilbaren und nicht heilbaren Nichtigkeitsfällen. Nichtigkeit tritt in folgenden Fällen ein:

---

[106] Scheerbarth/Höffken/Bauschke/Schmidt, § 12 I 2.
[107] Vgl. auch Günther, Die Tatbestände nichtiger, zurückzunehmender oder rücknehmbarer Ernennungen, DÖD 1990, 281 (288).
[108] Vgl. Scheerbarth/Höffken/Bauschke/Schmidt, § 12 V 2 m. w. N.

Nichtigkeit von Ernennungen	
Heilbare Fälle der Nichtigkeit	Nicht heilbare Fälle der Nichtigkeit
• Urkunde entspricht nicht der in § 8 Abs. 2 vorgeschriebenen Form (§ 11 Abs. 1 Nr. 1 BeamtStG) • Ernennung durch eine sachlich unzuständige Behörde (§ 11 Abs. 1 Nr. 2 BeamtStG) • Ernennungsverbot nach § 7 Abs. 1 Nr. 1 ohne Zulassung einer Ausnahme nach § 7 Abs. 3 BeamtStG (§ 11 Abs. 1 Nr. 3 Buchstabe a) BeamtStG)	• Fähigkeit zur Bekleidung öffentlicher Ämter lag nicht vor (§ 11 Abs. 1 Nr. 3 Buchstabe b) BeamtStG) • Unwirksamkeit der der Berufung in das Beamtenverhältnis zugrunde liegenden Wahl (§ 11 Abs. 1 Nr. 3 Buchstabe c) BeamtStG)

5.4.2.1 Urkunde entspricht nicht der in § 8 Abs. 2 BeamtStG vorgeschriebenen Form

Eine Ernennung ist nichtig, wenn sie nicht der in § 8 Abs. 2 BeamtStG vorgeschriebenen Form entspricht. Verstöße gegen Bestimmungen der Verwaltungsvorschriften zum Beamtenstatusgesetz führen nicht zur Nichtigkeit. Dieser Ernennungsmangel gehört zu den heilbaren Nichtigkeitsfällen.

Die Ernennung ist nach § 11 Abs. 2 Nr. 1 BeamtStG von Beginn an als wirksam anzusehen, wenn aus der Urkunde oder aus dem Akteninhalt eindeutig hervorgeht, dass die für die Ernennung zuständige Stelle ein bestimmtes Beamtenverhältnis begründen oder ein bestehendes in ein solches anderer Art umwandeln wollte, für das die sonstigen Voraussetzungen vorliegen und die für die Ernennung zuständige Stelle die Wirksamkeit schriftlich bestätigt; das Gleiche gilt, wenn die Angabe der Zeitdauer fehlt, die Zeitdauer aber durch Landesrecht bestimmt ist.

Bis zur Bestätigung bleibt die Ernennung nichtig.

Bei der Bestätigung, die im pflichtgemäßen Ermessen der Ernennungsbehörde liegt, handelt es sich, wie bei der Ernennung selbst, um einen rechtsgestaltenden, mitwirkungs- und formbedürftigen Verwaltungsakt i. S. des § 35 VwVfG NRW. Sie muss die in der ursprünglichen Ernennungsurkunde enthaltenen Formfehler korrigieren und sachlich zutreffende Angaben über die Art des zu begründenden oder umzuwandelnden Beamtenverhältnisses enthalten.[109]

---

[109] Vgl. Maiwald in Schütz/Maiwald, Rn. 70 und 71 zu § 11 BeamtStG.

5.4.2.2 Ernennung durch eine sachlich unzuständige Behörde

Eine Ernennung ist nichtig, wenn sie von einer sachlich unzuständigen Behörde ausgesprochen wird (§ 11 Abs. 1 Nr. 2 BeamtStG). Behörde ist jede Stelle, die Aufgaben der öffentlichen Verwaltung wahrnimmt (§ 1 Abs. 2 VwVfG NRW). Sachliche Unzuständigkeit ist gegeben, wenn die Behörde vom Aufgabenbereich her (z. B. Ministerium für Inneres und Kommunales ernennt eine Beamtin oder einen Beamten des Justizministeriums) oder innerhalb des Aufgabenbereichs instanziell (Beamtin oder Beamter wird z. B. von einer Landesmittelbehörde statt von einer Landesoberbehörde ernannt) nicht zuständig war.

Sachliche Unzuständigkeit gehört zu den heilbaren Nichtigkeitsfällen. Die Ernennung ist von Anfang an als wirksam anzusehen, wenn sie von der sachlich zuständigen Behörde bestätigt wird (§ 11 Abs. 2 Satz 2 BeamtStG).

Eine Ernennung durch eine **örtlich** unzuständige Behörde (Bezirksregierung M würde z. B. eine Beamtin oder einen Beamten der Bezirksregierung A ernennen) berührt die Wirksamkeit der Ernennung nicht.

5.4.2.3 Ernennung ohne Vorliegen der Staatsangehörigkeitsvoraussetzungen

In das Beamtenverhältnis darf nur berufen werden, wer die Staatsangehörigkeitsvoraussetzungen des § 7 Abs. 1 BeamtStG erfüllt (vgl. dazu 5.3.1.2.4). Wenn für die Gewinnung des Beamten ein dringendes dienstliches Bedürfnis besteht oder bei der Berufung von Hochschullehrern und anderen Mitarbeitern des wissenschaftlichen und künstlerischen Personals in das Beamtenverhältnis andere wichtige Gründe vorliegen, eine Person in das Beamtenverhältnis zu berufen, die eine andere Staatsangehörigkeit hat, kann das Ministerium für Inneres und Kommunales Ausnahmen hinsichtlich jeder anderen Staatsangehörigkeit zulassen.

Eine Ernennung ist nichtig, wenn im Zeitpunkt der Ernennung nach § 7 Abs. 1 Nr. 1 BeamtStG wegen fehlender Staatsangehörigkeitsvoraussetzungen eine Ernennung nicht erfolgen durfte (§ 11 Abs. 1 Nr. 3 Buchstabe a) BeamtStG). Der maßgebende Zeitpunkt für die Bewertung dieses Ernennungsmangels ist der Zeitpunkt der Ernennung. Ein später eingetretener Verlust der erforderlichen Staatsangehörigkeit führt nicht zur Nichtigkeit der Ernennung. Der Beamte ist in einem solchen Fall kraft Gesetzes entlassen (§ 22 Abs. 1 Nr. 1 BeamtStG).

Eine Heilungsmöglichkeit ist bei diesem Nichtigkeitsfall nicht vorgesehen.

5.4.2.4 Fehlende Fähigkeit zur Bekleidung öffentlicher Ämter

Eine Ernennung ist nichtig, wenn der Beamte im Zeitpunkt der Ernennung nicht die Fähigkeit zur Bekleidung öffentlicher Ämter hatte (§ 11 Abs. 1 Nr. 3 Buchstabe b) BeamtStG). Die Fähigkeit zur Bekleidung öffentlicher Ämter geht kraft Gesetzes für die Dauer von fünf Jahren (§ 45 Abs. 1 StGB) verloren, wenn jemand wegen eines Verbrechens (vgl. § 12 Abs. 1 StGB) zu einer Freiheitsstrafe von mindestens einem Jahr verurteilt wird. Daneben kann das Gericht nach § 45 Abs. 2 StGB dem Verurteilten bei Verurteilung wegen eines Vergehens (vgl. § 12 Abs. 2 StGB) die Fähigkeit zur Bekleidung öffentlicher Ämter für die Dauer von zwei bis zu fünf Jahren aberkennen, soweit Vorschriften des Strafgesetzbuches dies ausdrücklich vorsehen. Eine Verurteilung wegen eines Vergehens, die nicht zum Verlust der Fähigkeit zur Bekleidung öffentlicher Ämter führt, kann ggf. ein Rücknahmegrund nach § 12 Abs. 1 Nr. 2 sein (vgl. Ausführungen zu 5.4.3.2). Zu den Einzelheiten des Verlustes der Fähigkeit zur Bekleidung öffentlicher Ämter vgl. Ausführungen zu 5.3.1.2.8.

Maßgebend für die Beurteilung der Folge dieses Mangels ist der Zeitpunkt der Ernennung. Ein später eintretender Verlust der Fähigkeit zur Bekleidung öffentlicher Ämter führt nicht zur Nichtigkeit, sondern im Hinblick auf die mindestens einjährige Freiheitsstrafe zum Verlust der Beamtenrechte (vgl. § 24 BeamtStG).

Eine Heilungsmöglichkeit ist bei diesem Nichtigkeitsfall nicht vorgesehen.

5.4.2.5 Unwirksame Wahl

Die Ernennung ist nach § 11 Abs. 1 Nr. 3 Buchstabe c) BeamtStG (vgl. auch § 118 Abs. 3 Satz 3 und Abs. 10 LBG (Bürgermeister und Landrat), und § 119 Abs. 2 Satz 5 LBG (übrige kommunale Wahlbeamte) nichtig. wenn eine der Ernennung zu Grunde liegende Wahl unwirksam ist. Die Beurteilung, ob eine der Ernennung zu Grunde liegende Wahl unwirksam ist, richtet sich nach Landesrecht (vgl. § 40 Kommunalwahlgesetz).

Eine Heilungsmöglichkeit ist bei diesem Nichtigkeitsfall nicht vorgesehen.

5.4.2.6 Verfahren bei Nichtigkeit

Eine Erweiterung oder Einschränkung der Nichtigkeitsfälle durch Landesrecht ist nicht möglich. Aufgabe der Länder ist es aber, die verfahrensrechtliche Ausgestaltung der Nichtigkeitsfolgen zu regeln.

Das Verfahren nach dem gesetzlichen Eintritt der Nichtigkeit bestimmt sich nach § 17 LBG. Danach ist in allen Nichtigkeitsfällen (§ 11 Abs. 1 **und** Abs. 2 BeamtStG) die Nichtigkeit festzustellen und dem Ernannten oder im Falle des Todes den versorgungsberechtigten Hinterbliebenen schriftlich bekannt zu geben (vgl. § 17 Abs. 1 Satz 1 LBG). Zuständig für die Nichtigkeitsfeststellung ist der Dienstvorgesetzte (vgl. § 2 Abs. 4 LBG).

Nichtigkeit wirkt sich auf die mit den Mängeln behaftete und die darauf aufbauenden Ernennungen aus (vgl. 5.4.2.7).

Ob ein Verbot zur Führung der Dienstgeschäfte (vgl. § 17 Abs. 1 Satz 2 LBG) vorgenommen werden muss oder vorgenommen werden kann, richtet sich nach dem jeweiligen Ernennungsfall. Ist die Ernennung zur Begründung des Beamtenverhältnisses nach

§ 8 Abs. 1 Nr. 1 BeamtStG (Einstellung) nichtig, ist ein Beamtenverhältnis nicht entstanden. Auch die später ausgesprochenen - darauf aufbauenden - Ernennungen sind unwirksam. Deshalb **ist** hier nach Kenntnis des Grundes der Nichtigkeit dem Ernannten jede weitere Führung der Dienstgeschäfte zu verbieten (§ 17 Abs. 1 Satz 2 Halbsatz 2 LBG). Bei sonstigen Ernennungen **kann** die Führung der Dienstgeschäfte verboten werden (§ 17 Abs. 1 Satz 2 Halbsatz 1 LBG). Hierüber ist nach pflichtgemäßem Ermessen zu entscheiden. Bei der Regelung zum Verbot der Dienstgeschäfte nach § 17 Abs. 1 Satz 2 LBG handelt es sich um eine Spezialvorschrift gegenüber § 39 Abs. 1 BeamtStG.

Das Verbot kann bei Nichtigkeit nach § 11 Abs. 1 Nr. 1, 2 und 3a) BeamtStG (heilbare Nichtigkeitsfälle) nach § 18 Abs. 1 Satz 3 LBG erst dann ausgesprochen werden, wenn im Fall

- des § 11 Abs. 1 Nr. 1 BeamtStG die schriftliche Bestätigung der Wirksamkeit der Ernennung,
- des § 11 Abs. 1 Nr. 2 BeamtStG die Bestätigung der Ernennung oder
- des § 11 Abs. 1 Nr. 3 Buchstabe a) BeamtStG die Zulassung einer Ausnahme

abgelehnt worden ist.

Sowohl die Nichtigkeitsfeststellung als auch das Verbot zur Führung der Dienstgeschäfte sind Verwaltungsakte. Wird von der sachlich zuständigen Behörde die Bestätigung versagt, handelt es sich dabei nicht um selbstständige Verwaltungsakte. Nur im Rahmen der Entscheidung über die Rechtmäßigkeit der Nichtigkeitsfeststellung oder des Verbots zur Führung der Dienstgeschäfte kann geprüft werden, ob bei der Ablehnung der Bestätigung bzw. der Versagung der Zustimmung rechtmäßig gehandelt wurde.

Vor dem Verbot zur Führung der Dienstgeschäfte ist eine Anhörung des betroffenen Beamten (§ 28 VwVfG NRW) durchzuführen. Die Anhörung nach § 17 Abs. 2 Satz 2 LBG betrifft ausschließlich die Rücknahmeentscheidung nicht aber den Fall der Nichtigkeit.

5.4.2.7 Rechtsfolgen der Nichtigkeit

Die Nichtigkeit unterscheidet sich von der Nichternennung dadurch, dass der Verwaltungsakt trotz eines schweren Fehlers zwar rechtlich existent ist und somit äußerlich wirksam i. S. des § 43 VwVfG NRW, ihm aber die sog. erforderliche „innere" Wirksamkeit fehlt. Nichtigkeit tritt kraft Gesetzes ein und ist nicht das Ergebnis eines Verwaltungsverfahrens, das durch Verwaltungsakt abgeschlossen wird.

Die Nichtigkeit hat zur Folge, dass die Ernennung von Anfang an (ex tunc) unwirksam ist. Sie wirkt auf den Ernennungsfall, der mit dem Mangel behaftet ist, der zur Nichtigkeit führt und ggf. darauf aufbauende Ernennungen. Eine nichtige Begründung des Beamtenverhältnisses (Einstellung nach § 8 Abs. 1 Nr. 1 BeamtStG) hat zur Folge, dass auch die ggf. nachfolgend ausgesprochenen Ernennungen (z. B. Verleihung eines Amtes mit anderem Grundgehalt nach § 8 Abs. 1 Nr. 3 BeamtStG) unwirksam sind. Ist hingegen eine spätere Ernennung nichtig, bleiben früher ausgesprochene Ernennungen wirksam.

Die bis zum Verbot zur Führung der Dienstgeschäfte (vgl. 5.4.2.6) vorgenommenen Amtshandlungen des Ernannten sind in gleicher Weise gültig, wie wenn die Ernennung wirksam gewesen wäre (§ 17 Abs. 1 Satz 4 LBG).

Bei Nichtigkeit einer das Beamtenverhältnis begründenden Ernennung ist wie bei Nichternennung (vgl. 5.4.1) von einem faktischen öffentlich-rechtlichen Dienstverhältnis mit einem Anspruch auf Leistungen auszugehen. Im Übrigen können bereits gewährte Leistungen des Dienstherrn belassen werden (§ 17 Abs. 1 Satz 5 LBG).

Obwohl der Abschluss eines Arbeitsvertrages grundsätzlich nicht an bestimmte Formen gebunden ist, kann nicht davon ausgegangen werden, dass im Fall der nichtigen Beamtenernennung ein Arbeitsverhältnis begründet wurde.

5.4.3 Rücknahme von Ernennungen

Die Rücknahme unterscheidet sich von der Nichtigkeit dadurch, dass die beamtenrechtliche Ernennung zunächst mit allen Konsequenzen wirksam geworden ist und das Beamtenverhältnis anschließend erst in einem Verwaltungsverfahren unter Berücksichtigung der Verfahrensvorschriften durch Verwaltungsakt i. S. des § 35 Satz 1 VwVfG NRW beendet wird.

Das Landesbeamtengesetz unterscheidet in § 12 BeamtStG zwischen der verpflichtenden (§ 12 Abs. 1 BeamtStG) und der Rücknahme im Rahmen einer Sollbestimmung (§ 12 Abs. 2 BeamtStG). Die Regelung des § 12 BeamtStG enthält abschließend die Fälle, die zur Rücknahme von Ernennungen führen müssen bzw. führen können (wegen der Sollbestimmung aber nur in atypischen Fällen nicht führen), und geht den allgemeinen Regelungen des Verwaltungsverfahrensgesetzes über die Rücknahme von Verwaltungsakten vor (vgl. §§ 1 Abs. 1 und 48 VwVfG NRW).

Rücknahme von Ernennungen	
Verpflichtende Rücknahme (§ 12 Abs. 1 BeamtStG)	**Rücknahme im Rahmen einer Sollbestimmung (§ 12 Abs. 2 BeamtStG)**
• Die Ernennung wurde durch Zwang, arglistige Täuschung oder Bestechung herbeigeführt (§ 12 Abs. 1 Nr. 1 BeamtStG). • Es war nicht bekannt, dass die ernannte Person wegen eines Verbrechens oder Vergehens rechtskräftig zu einer Strafe verurteilt war oder wird, das sie für die Berufung in das Beamtenverhältnis nach § 8 Abs. 1 Nr. 1 als unwürdig erscheinen lässt (§ 12 Abs. 1 Nr. 2 BeamtStG). • Die Ernennung durfte nach § 7 Abs. 2 oder Abs. 3 nicht erfolgen (§ 12 Abs. 1 Nr. 3 BeamtStG). • Eine durch Landesrecht vorgeschriebene Mitwirkung einer unabhängigen Stelle oder einer Aufsichtsbehörde ist unterblieben und wurde nicht nachgeholt (§ 12 Abs. 1 Nr. 4 BeamtStG).	• Es war nicht bekannt, dass gegen die ernannte Person in einem Disziplinarverfahren auf Entfernung aus dem Beamtenverhältnis oder auf Aberkennung des Ruhegehaltes erkannt worden war (§ 12 Abs. 2 BeamtStG).

5.4.3.1 Zwang, arglistige Täuschung oder Bestechung

Eine Ernennung ist mit Wirkung für die Vergangenheit zurückzunehmen, wenn sie durch Zwang, arglistige Täuschung oder Bestechung herbeigeführt wurde (§ 12 Abs. 1 Nr. 1 BeamtStG).

Zwang bedeutet Anwendung physischer Gewalt oder die Androhung von schwerwiegenden Nachteilen und entspricht im Wesentlichen dem Tatbestand der Nötigung aus § 240 StGB.

Arglistige Täuschung liegt vor, wenn die Ernennung durch vorsätzliche und unlautere Vorspiegelung falscher oder Entstellung oder Unterdrückung (Verschweigen) wahrer, für die Ernennung wesentlicher Tatsachen veranlasst worden ist; sie entspricht inhaltlich im Wesentlichen dem Straftatbestand des Betruges aus § 263 StGB.

Eine arglistige Täuschung liegt nach der Rechtsprechung des Bundesverwaltungsgerichts vor, wenn der Ernennende durch Angaben, deren Unrichtigkeit ihm bewusst war oder deren Unrichtigkeit er für möglich hielt, jedoch in Kauf nahm, oder durch Verschweigen wahrer Tatsachen bei einem an der Ernennung maßgeblich beteiligten Bediensteten der Ernennungsbehörde einen Irrtum in dem Bewusstsein hervorrief, diesen durch Täuschung zu einer günstigen Entschließung zu bestimmen. Unrichtige Angaben sind stets eine Täuschung, unabhängig davon, ob die Ernennungsbehörde hiernach gefragt hat oder nicht. Das Verschweigen von Tatsachen ist eine Täuschung, wenn die Ernennungsbehörde nach Tatsachen gefragt hat oder der Ernannte auch ohne Befragung weiß oder in Kauf nimmt, dass die verschwiegenen Tatsachen für die Entscheidung der Ernennungsbehörde erheblich sind oder sein können. Eine arglistige Täuschung liegt nach alledem dann vor, wenn der Täuschende erkennt und in Kauf nimmt, dass die Ernennungsbehörde auf Grund seines Verhaltens für sie wesentliche Umstände als gegeben ansieht, die in Wahrheit nicht vorliegen oder - umgekehrt - der Ernennung hinderliche Umstände als nicht gegeben ansieht, obwohl solche in Wahrheit vorliegen.[110]

Die Arglist der Täuschung fehlt dann, wenn sich der Bewerber gegen eine unzulässige Frage im Bewerbungsverfahren nicht anders als durch die Täuschung wirksam zu wehren weiß, z. B. bei der Frage nach einer bestehenden Schwangerschaft, nach einer beabsichtigten Eheschließung oder nach einer Gewerkschaftszugehörigkeit.

Weiterhin muss ein ursächlicher Zusammenhang zwischen Täuschung und Ernennung bestehen. Eine solche Kausalität liegt vor, wenn die Ernennungsbehörde bei Kenntnis des wahren Sachverhaltes von der Ernennung Abstand genommen hätte.

Durch **Bestechung** wird eine Ernennung herbeigeführt, wenn einem Amtsträger ein Vorteil als Gegenleistung dafür angeboten, versprochen oder gewährt wird, dass er eine Diensthandlung vorgenommen hat oder vornehmen wird und er dadurch seine Dienstpflichten verletzt hat (vgl. auch Tatbestand der Bestechung aus § 334 StGB). Neben der im Zusammenhang mit einer rechtswidrigen Diensthandlung im Zusammenhang stehenden Bestechung erfasst die Rechtsfolge des § 12 Abs. 1 Nr. 1 BeamtStG aber auch die Fälle der Vorteilsgewährung, bei der für eine im Ermessen stehende, nicht rechtswidrige, Diensthandlung Vorteile angeboten oder gewährt werden (vgl. § 333 StGB).

Adressat von Zwang, arglistiger Täuschung oder Bestechung muss eine für die Entscheidung über die Ernennung maßgebende Person (z. B. Personaldezernent, Personalsachbearbeiter) sein[111].

---

[110] Vgl. BVerwG, Urteil vom 18.09.1985, 2 C 30/84, DVBl. 1986, 148 =ZBR 1986, 52 = DÖD 1986, 198.
[111] Vgl. BVerwG, Urteil vom 08.11.1961, 6 C 120/59, BVerwGE 13, 156 (158) = ZBR 1962, 144 = NJW 1962, 605 = DÖD 1962, 37.

5.4.3.2 Amtsunwürdigkeit

Eine Ernennung ist zurückzunehmen, wenn nicht bekannt war, dass die ernannte Person wegen eines Verbrechens oder Vergehens rechtskräftig zu einer Strafe verurteilt war oder wird, das sie für die Berufung in das Beamtenverhältnis als unwürdig erscheinen lässt (§ 12 Abs. 1 Nr. 2 BeamtStG).

Verbrechen sind rechtswidrige Taten, die im Mindestmaß mit Freiheitsstrafe von einem Jahr oder darüber bedroht sind (§ 12 Abs. 1 StGB). Vergehen sind rechtswidrige Taten, die im Mindestmaß mit einer geringeren Freiheitsstrafe oder die mit Geldstrafe bedroht sind (§ 12 Abs. 2 StGB).

Zur Auslegung des unbestimmten Rechtsbegriffes „Amtsunwürdigkeit" vgl. die Ausführungen zu 5.3.1.2.10.

Grundlage der Rücknahme der Ernennung kann jedes Verbrechen oder Vergehen sein, das vor der Berufung in das Beamtenverhältnis begangen wurde. Straftaten während des Bestehens eines Beamtenverhältnisses können nicht zur Rücknahme, sondern als Pflichtverstoß (vgl. §§ 47 ff. BeamtStG) ggf. zum Verlust der Beamtenrechte (vgl. § 24 BeamtStG), zur Entlassung (§ 23 Abs. 3 Satz 1 Nr. 1 BeamtStG) bei Probezeitbeamten oder zur Entfernung aus dem Beamtenverhältnis im Rahmen eines Disziplinarverfahrens nach dem Landesdisziplinargesetz (§ 10 LDG) führen.

Eine Aussetzung der Strafe zur Bewährung durch das Gericht (§ 56 StGB) schließt, wie auch ein Erlass der Strafe oder eine besondere dienstliche Bewährung nach der Ernennung, eine Rücknahme nicht aus[112].

War einer am Zustandekommen der Ernennung maßgeblich beteiligten Person (z. B. Personalsachbearbeiter, Personaldezernent) die Straftat bekannt, hätte bei der Prüfung der Einstellungsvoraussetzungen (vgl. 5.3.1.2.10) über die Amtsunwürdigkeit entschieden werden müssen. Eine Rücknahme ist in diesem Fall nicht möglich. Der Rücknahme steht nicht entgegen, dass die Ernennungsbehörde den wahren Sachverhalt hätte erkennen müssen[113].

Der Rücknahmetatbestand des § 12 Abs. 1 Nr. 2 BeamtStG bezieht sich - da es auf Unwürdigkeit für das Beamtentum schlechthin, nicht auf eine solche für das konkrete Beamtenverhältnis, ankommt demnach ausschließlich auf den Ernennungsfall nach § 8 Abs. 1 Nr. 1 LBG (Begründung eines Beamtenverhältnisses). Mit der Rücknahme werden auch die darauf aufbauenden Ernennungen unwirksam.

---

[112] Vgl. Scheerbarth/Höffken/Bauschke/Schmidt, § 12 V 4 m. w. N.
[113] Vgl. Scheerbarth/Höffken/Bauschke/Schmidt, § 12 V 4.

5.4.3.3 Fehlende Staatsangehörigkeitsvoraussetzungen

Eine Ernennung ist zurückzunehmen, wenn ein ausländischer Bewerber in das Beamtenverhältnis berufen wurde, obwohl die Aufgabe es erfordert, dass nur ein Deutscher i. S. des Art. 116 GG berufen werden durfte (vgl. § 7 Abs. 2 BeamtStG) und wenn die erforderliche Ausnahmegenehmigung nach § 7 Abs. 3 BeamtStG zum Zeitpunkt der Ernennung fehlte und auch nicht nachträglich erteilt wird (vgl. § 12 Abs. 1 Nr. 3 BeamtStG).

5.4.3.4 Ernennung ohne die durch Landesrecht vorgeschriebene Mitwirkung einer unabhängigen Stelle oder einer Aufsichtsbehörde

Eine Ernennung ist mit Wirkung für die Vergangenheit zurückzunehmen, wenn eine durch Landesrecht vorgeschriebene Mitwirkung einer unabhängigen Stelle (z. B. § 19 Abs. 5 LBG) oder einer Aufsichtsbehörde (z. B. § 19 Abs. 10 LBG) unterblieben ist und nicht nachgeholt wurde (§ 12 Abs. 1 Nr. 4 BeamtStG). Die Aufgaben der unabhängigen Stelle nimmt in Nordrhein-Westfalen der Landespersonalausschuss (§§ 94 ff. LBG) wahr. Gesetzlich vorgeschrieben ist die Mitwirkung dann, wenn sie für die von der zuständigen Stelle beabsichtigte Ernennung in einem Gesetz im materiellen Sinne (Gesetz oder Rechtsverordnung) gefordert wird.

Von der Vorschrift nicht erfasst wird die vorgeschriebene Mitwirkung anderer Stellen. Fehlt es an einer solchen Mitwirkung, ist die Ernennung rechtswidrig, aber wirksam erfolgt. Die Regelung des § 11 Abs. 1 Nr. 2 BeamtStG erfasst z. B. nicht die Beteiligung des Personalrates. Ist eine Ernennung ohne abschließendes Beteiligungsverfahren oder entgegen dem Votum des Personalrats zu Unrecht erfolgt, ist sie weder nichtig noch zurückzunehmen bzw. rücknehmbar. Die Ernennung wäre rechtswidrig, aber wirksam erfolgt.

5.4.3.5 Entfernung aus dem Beamtenverhältnis oder Aberkennung des Ruhegehaltes

Eine Rücknahme der Ernennung nach § 12 Abs. 2 BeamtStG kommt nur in Betracht, wenn ein früherer Beamter oder ein Beamter anderer Dienstherrn eingestellt wird. Eine Ernennung soll zurückgenommen werden, wenn nicht bekannt war, dass gegen die ernannte Person in einem Disziplinarverfahren auf Entfernung aus dem Beamtenverhältnis oder auf Aberkennung des Ruhegehaltes erkannt worden war (§ 12 Abs. 2 BeamtStG). Das gilt § 12 Abs. 2 Satz 2 BeamtStG auch, wenn die Entscheidung gegen einen Beamten der Europäischen Gemeinschaften oder eines Staates nach § 7 Abs. 1 Nr. 1 BeamtStG ergangen ist. Die Ernennung **soll** zurückgenommen werden, d. h. die Rücknahme stellt den Regelfall dar. Nur in atypischen Fällen kann davon abgesehen werden.

War die Entfernung aus dem Beamtenverhältnis oder die Aberkennung des Ruhegehaltes bekannt, ist eine Rücknahme nicht möglich.

Wer aus dem Beamtenverhältnis entfernt worden ist, darf bei einem Dienstherrn, für den das Landesbeamtengesetz gilt, nicht wieder zur Beamtin oder zum Beamten ernannt werden; der Landespersonalausschuss kann Ausnahmen zulassen (§ 10 Abs. 6 LDG).

In einem Fall der Aberkennung des Ruhegehaltes muss bereits vor der Begründung des Beamtenverhältnisses nach pflichtgemäßem Ermessen entschieden werden, ob eine Einstellung dieses Beamte vorgenommen werden soll (vgl. Ausführungen zu 5.3.1.2.11).

5.4.3.6 Rücknahmeverfahren

Das Verfahren bei der Rücknahme bestimmt sich nach § 17 LBG. Danach muss die Ernennung innerhalb einer Frist von sechs Monaten zurückgenommen werden, nachdem die dienstvorgesetzte Stelle von der Ernennung und dem Grund der Rücknahme Kenntnis erlangt hat (§ 17 Abs. 2 Satz 1 LBG).

Eine Rücknahme ist auch noch nach dem Tode des Beamten möglich. Vor der Rücknahme ist der Beamte zu hören, soweit dies möglich ist (§ 17 Abs. 2 Satz 2 LBG). Die Rücknahmeerklärung ist dem Beamten und im Falle seines Todes den versorgungsberechtigten Hinterbliebenen schriftlich bekannt zu geben (§ 17 Abs. 2 Satz 3 LBG).

Ob ein Verbot zur Führung der Dienstgeschäfte (vgl. § 17 Abs. 2 Satz 4 LBG i. V. m. § 17 Abs. 1 Satz 3 LBG) vorgenommen werden muss oder vorgenommen werden kann, richtet sich nach dem jeweiligen Ernennungsfall. Bei einer Ernennung zur Begründung des Beamtenverhältnisses nach § 8 Abs. 1 Nr. 1 BeamtStG (Einstellung) **ist** dem Ernannten jede weitere Führung der Dienstgeschäfte zu verbieten (§ 17 Abs. 1 Satz 3 Halbsatz 2 LBG). Bei sonstigen Ernennungen **kann** die Führung der Dienstgeschäfte verboten werden (§ Abs. 1 Satz 3 Halbsatz 1 LBG). Hierüber ist nach pflichtgemäßem Ermessen zu entscheiden. Bei der Regelung zum Verbot der Dienstgeschäfte nach § 17 Abs. 1 Satz 2 LBG handelt es sich um eine Spezialvorschrift gegenüber § 39 Abs. 1 BeamtStG.

Verzögert sich die Rücknahme der Ernennung, so ist zu prüfen, ob dem Beamten nach § 39 BeamtStG die Führung der Dienstgeschäfte zu verbieten ist

Zuständig für die Rücknahme ist die dienstvorgesetzte Stelle nach § 2 Abs. 4 Satz 1 LBG.

5.4.3.7 Rechtsfolgen der Rücknahme

Die Rücknahme hat zur Folge, dass das Beamtenverhältnis von Anfang an nicht bestanden hat und auch die darauf beruhenden späteren Ernennungen unwirksam werden. Dieselbe Rechtsfolge tritt auch bei der Rücknahme einer anderen Ernennung (§ 8 Abs. 1 Nr. 2 bis 4 BeamtStG) ein, auch hier verliert die Ernennung ex tunc ihre Bestandskraft, ebenso wie etwaige darauf aufbauende Ernennungen.

Bei Rücknahme einer das Beamtenverhältnis begründenden Ernennung ist wie bei Nichternennung (vgl. 5.4.1) und Nichtigkeit (vgl. 5.4.2) von einem faktischen öffentlich-rechtlichen Dienstverhältnis mit Gehaltsanspruch auszugehen. Im Übrigen können gewährte Leistungen des Dienstherrn belassen werden (§ 17 Abs. 2 Satz 4 i. V. m. § 17 Abs. 1 Satz 5 LBG).

Die bis zur Zustellung der Erklärung der Rücknahme (vgl. 5.4.3.6) vorgenommenen Amtshandlungen des Ernannten sind in gleicher Weise gültig, wie wenn sie ein Beamter ausgeführt hätte (§ 17 Abs. 2 Satz 4 i. V. m. § 17 Abs. 1 Satz 4 LBG).

5.4.3.8 Gerichtliche Aufhebung der Ernennung

Ein unterlegener Bewerber kann seinen Bewerbungsverfahrensanspruch durch eine Anfechtungsklage gegen die Ernennung weiterverfolgen, wenn er unter Verstoß gegen Art. 19 Abs. 4 GG daran gehindert worden ist, seine Rechtsschutzmöglichkeiten vor der Ernennung auszuschöpfen.[114]

Damit hat das Bundesverwaltungsgericht mit seinem Urteil vom 04.11.2010 seine bisherige Rechtsauffassung zur Ämterstabilität aufgegeben. Bis zu diesem Zeitpunkt galt der Grundsatz, dass eine durchgeführte Ernennung nur unter den Voraussetzungen des § 12 BeamtStG zurückgenommen werden konnte, mit der Folge, dass dem übergangenen Bewerber allenfalls Schadensersatz in Geld zugestanden hatte. Da vor dem Hintergrund des unumstößlichen Grundsatzes der Ämterstabilität eine Ernennung des unterlegenen Bewerbers nicht mehr möglich war, scheiterte dessen Klage am allgemeinen Rechtsschutzbedürfnis, da das Ziel der Klage nicht mehr erreichbar war.

Nach der Entscheidung des Bundesverwaltungsgerichtes kann nunmehr die bereits ausgesprochene Beförderung von einem unterlegenen Mitbewerber mit Erfolg angefochten werden, wenn die Ernennung unter Verletzung des Grundrechts des unterlegenen Bewerbers auf wirkungsvollen Rechtsschutz nach Art. 19 Abs. 4 GG vorgenommen wurde. Dann steht der Grundsatz der Ämterstabilität einer Aufhebung der Ernennung als Verwaltungsakt mit Drittwirkung, der in die Rechte eines unterlegenen Bewerbers eingreift, nicht entgegen.

Verstößt die Ernennung gegen die Rechte des Klägers aus Art. 33 Abs. 2 GG, so ist sie mit Wirkung für die Zukunft aufzuheben. Die Aufhebung mit Rückwirkung auf den Zeitpunkt der vorgenommenen Ernennung scheidet aus, da die mit der Ernennung verbundene Statusänderung jedenfalls ohne gesetzliche Grundlage nicht nachträglich ungeschehen gemacht werden kann. Das Beamtenstatusgesetz sieht eine Aufhebung für die Vergangenheit nur in den Fällen vor, in denen ein Rücknahmetatbestand erfüllt ist. Zudem ist eine Ernennung auf einen zurückliegenden Zeitpunkt unzulässig und insoweit unwirksam (vgl. § 8 Abs. 4 BeamtStG).[115]

---

[114] BVerwG, Urteil vom 04.11.2010, 2 C 16/09, juris Langtext, Rn. 27 = BVerwGE 138, 102 = ZBR 2011, 91.
[115] BVerwG, Urteil vom 04.11.2010, 2 C 16/09, juris Langtext, Rn. 39 = BVerwGE 138, 102 = ZBR 2011, 91.

5.4.3.9 Rechtswidrige, aber wirksame Ernennungen

Alle anderen Fehler im Zusammenhang mit einer Ernennung nach § 8 Abs. 1 BeamtStG, die nicht durch die §§ 11 und 12 BeamtStG erfasst werden, machen die Ernennung zwar rechtswidrig, lassen aber die Wirksamkeit unberührt. Die ernannte Person verbleibt in ihrer statusrechtlichen Stellung. Beispiele hierfür sind die Ernennung durch eine örtlich unzuständige Behörde oder die fehlende Beteiligung des Personalrates sowie die Einstellung oder Beförderung ohne Beachtung der erforderlichen Eignung, Befähigung und fachlichen Leistung.

5.4.4 Übungen

Sachverhalt 1

Alexander A hat sich bei der Stadt S um Einstellung in das Beamtenverhältnis auf Widerruf beworben. Nach Durchführung eines Auswahlverfahrens erhält Herr A eine Ernennungsurkunde mit folgendem Wortlaut:

> „Herr
> Alexander A
> wird
> zum Stadtinspektoranwärter
> ernannt".

Aus dem Akteninhalt geht eindeutig hervor, dass mit A ein Beamtenverhältnis auf Widerruf begründet werden sollte.

Fragestellung

Ist die Ernennung wirksam geworden?

Lösungshinweise

Die Ernennung wird grundsätzlich mit dem Tag der Aushändigung der Ernennungsurkunde wirksam, wenn nicht in der Urkunde ausdrücklich ein späterer Tag bestimmt ist (vgl. § 16 Abs. 3 LBG). Eine spätere Wirksamkeit ist in der Ernennungsurkunde nicht bestimmt worden. Ein Verwaltungsakt i. S. des § 35 Satz 1 VwVfG NRW wie die Ernennungsurkunde bleibt wirksam, solange und soweit er nicht zurückgenommen, widerrufen, anderweitig aufgehoben oder durch Zeitablauf oder auf andere Weise erledigt ist (vgl. § 43 Abs. 2 VwVfG NRW). Nur ein nichtiger Verwaltungsakt ist unwirksam (vgl. § 43 Abs. 3 VwVfG NRW).

Die Ernennung wäre nur dann nicht wirksam geworden, wenn es sich um einen Fall der Nichternennung oder um eine nichtige Ernennung handeln würde. Ebenfalls von Beginn an unwirksam ist eine zurückgenommene Ernennung, aber erst nach Ablauf des durchzuführenden Verfahrens. Im vorliegenden Fall könnte es sich um einen Fall der Nichtigkeit handeln.

Die Ernennung erfolgt nach § 8 Abs. 2 Satz 1 BeamtStG durch die Aushändigung einer Ernennungsurkunde. In der Urkunde müssen bei der Begründung des Beamtenverhältnisses die Wörter „unter Berufung in das Beamtenverhältnis" mit dem die Art des Beamtenverhältnisses bestimmenden Zusatz „auf Lebenszeit", „auf Probe", „auf Widerruf", „als Ehrenbeamter" oder „auf Zeit" mit der Angabe der Zeitdauer der Berufung enthalten sein (§ 8 Abs. 2 Satz 2 Nr. 1 BeamtStG). Die Herrn A ausgehändigte Ernennungsurkunde enthielt weder die Worte „unter Berufung in das Beamtenverhältnis" noch den in diesem Fall erforderlichen bestimmenden Zusatz „auf Widerruf". Die Ernennungsurkunde entsprach somit in zweifacher Hinsicht nicht der vorgeschriebenen Form.

Die Rechtsfolgen der Aushändigung einer nicht der vorgeschriebenen Form entsprechenden Ernennungsurkunde regelt § 11 Abs. 1 Nr. 1 BeamtStG. Danach ist eine Ernennung nichtig, wenn die Ernennungsurkunde nicht der in § 8 Abs. 2 BeamtStG vorgeschriebenen Form entspricht. Sie ist aber nach § 11 Abs. 2 Nr. 1 BeamtStG von Anfang an als wirksam anzusehen, wenn aus dem Akteninhalt eindeutig hervorgeht, dass die für die Ernennung zuständige Stelle ein bestimmtes Beamtenverhältnis begründen wollte und dies schriftlich bestätigt.

Laut Sachverhalt geht aus dem Akteninhalt eindeutig hervor, dass mit A ein Beamtenverhältnis auf Widerruf begründet werden sollte.

Wenn die für die Ernennung zuständige Stelle die Wirksamkeit schriftlich bestätigt, ist die Ernennung des A von Anfang an als wirksam anzusehen.

Sachverhalt 2

Der bei der Bezirksregierung A tätige Leitende Regierungsdirektor (Besoldungsgruppe A 16 der Laufbahngruppe 2) Bruno B soll zum Abteilungsdirektor (Besoldungsgruppe B 2) ernannt werden. Die Bezirksregierung A unterbreitet dem Ministerium für Inneres und Kommunales einen entsprechenden Vorschlag. B bittet den Behördenleiter, die Ernennung selbst vorzunehmen, um einem evtl. bevorstehenden haushaltsrechtlichen Beförderungsverbot zuvorzukommen.

Fragestellung

Welche beamtenrechtlichen Folgen würden sich bei einer Ernennung durch die Bezirksregierung A ergeben?

Lösungshinweise

Eine Ernennung durch die Bezirksregierung könnte wegen sachlicher Unzuständigkeit Nichtigkeit nach § 11 Abs. 1 Nr. 2 BeamtStG zur Folge haben. Sachliche Unzuständigkeit ist dann gegeben, wenn die Behörde vom Aufgabenbereich her oder innerhalb des Aufgabenbereichs instanziell nicht zuständig war.

Die Bezirksregierung A ist eine Landesmittelbehörde in der Landesverwaltung (vgl. § 7 Abs. 2 LOG). Der Leitende Regierungsdirektor B ist somit Beamter (§ 3 BeamtStG) des Landes Nordrhein-Westfalen. Die Landesregierung ernennt die Beamten des Landes (§ 16 Abs. 1 Satz 1 LBG). Sie kann die Befugnis auf andere Stellen übertragen (§ 16 Abs. 1 Satz 2 LBG). Die Landesregierung hat von dieser Befugnis durch den Erlass der Verordnung über die Ernennung, Entlassung und Zurruhesetzung der Beamtinnen und Beamten und der Richterinnen und Richter des Landes Nordrhein-Westfalen Gebrauch gemacht.

In § 1 der Verordnung über die Ernennung, Entlassung und Zurruhesetzung der Beamten und Richter des Landes Nordrhein-Westfalen hat sich die Landesregierung die Ernennung der Beamten und der Richter des Landes, denen ein Amt der Besoldungsgruppe B 3 oder R 3 oder ein Amt der Besoldungsgruppe B oder R mit höherem Grundgehalt verliehen ist oder wird, vorbehalten. Die Ausübung der Befugnis für die anderen Landesbeamten ist durch § 2 Satz 1 der Verordnung auf die obersten Landesbehörden übertragen worden. Oberste Landesbehörden sind neben der Landesregierung der Ministerpräsident und die Landesministerien (§ 3 LOG).

Die obersten Landesbehörden werden durch § 3 Abs. 1 der Verordnung über die Ernennung, Entlassung und Zurruhesetzung der Beamtinnen und Beamten und der Richterinnen und Richter des Landes Nordrhein-Westfalen ermächtigt, durch Rechtsverordnung die Ausübung der Befugnis zur Ernennung eines Beamten, dem ein Amt der Besoldungsgruppen A 1 bis A 16 verliehen ist oder wird, auf die ihnen unmittelbar nachgeordneten Behörden und Einrichtungen zu übertragen.

Im vorliegenden Fall handelt es sich um eine Ernennung zum Abteilungsdirektor. Das Amt eines Abteilungsdirektors ist der Besoldungsgruppe B 2 zugeordnet.

Die Zuständigkeit zur Ernennung ist durch § 2 der Verordnung über die Ernennung, Entlassung und Zurruhesetzung der Beamten und Richter des Landes Nordrhein-Westfalen auf die obersten Landesbehörden (vgl. § 3 LOG), hier auf das Ministerium für Inneres und Kommunales, übertragen worden.

Das Ministerium für Inneres und Kommunales hat von der Ermächtigung, durch Rechtsverordnung die Ausübung der Befugnisse auf die nachgeordneten Behörden zu übertragen, durch den Erlass der Verordnung über beamten- und disziplinarrechtliche Zuständigkeiten im Geschäftsbereich des für Inneres zuständigen Ministeriums Gebrauch gemacht[116]. Nach § 2 Abs. 1 Satz 1 dieser Verordnung wird die Ausübung der Befugnis zur

---

[116] Verordnung über beamten- und disziplinarrechtliche Zuständigkeiten im Geschäftsbereich des für Inneres zuständigen Ministeriums vom 18.11.2015 (GV.NRW. S. 760).

Ernennung der Beamtinnen und Beamten ab der Besoldungsgruppe A 16 vom Ministerium wahrgenommen..

Die Bezirksregierung A wäre somit sachlich unzuständig für die Ernennung des Beamten.

Eine durch eine sachlich unzuständige Behörde ausgesprochene Ernennung ist nach § 11 Abs. 1 Nr. 1 BeamtStG nichtig, allerdings könnte der Mangel durch eine nachträgliche Bestätigung der sachlich zuständigen Behörde, hier des Ministeriums für Inneres und Kommunales, geheilt werden und wäre dann als von Anfang an als wirksam anzusehen (vgl. § 11 Abs. 2 Nr. 1 BeamtStG).

Die Nichtigkeit ist festzustellen und der oder dem Ernannten schriftlich bekannt zu geben (§ 17 Abs. 1 Satz 1 LBG).

Ob ein Verbot zur Führung der Dienstgeschäfte ausgesprochen wird, richtet sich nach dem jeweiligen Ernennungsfall. Hier handelte es sich um eine Ernennung nach § 8 Abs. 1 Nr. 3 BeamtStG (Verleihung eines anderen Amtes mit anderem Grundgehalt). In den Ernennungsfällen des § 8 Abs. 1 Nr. 2 bis 4 BeamtStG kann die Führung der Dienstgeschäfte verboten werden (§ 17 Abs. 1 Satz 2 Halbsatz 1 LBG). Hierüber ist nach pflichtgemäßem Ermessen zu entscheiden. Das Verbot kann sich dabei nur auf die neu oder zusätzlich übertragenen Aufgaben des Amtes im funktionellen Sinne beziehen.

Das Verbot kann bei Nichtigkeit nach § 11 Abs. 1 Nr. 2 BeamtStG erst dann ausgesprochen werden, wenn die sachlich zuständige Behörde die Bestätigung abgelehnt hat (§ 17 Abs. 1 Satz 3 Nr. 2 LBG).

Sachverhalt 3

Die Regierungsamtfrau (Besoldungsgruppe A 11 der Laufbahngruppe 2) Claudia C wurde mit Wirkung vom 01.05. von der Bezirksregierung B zur Bezirksregierung C versetzt. Ihre Beförderung zur Regierungsamtsrätin (Besoldungsgruppe A 12 der Laufbahngruppe 2) stand bevor. Da die Voraussetzungen für eine Beförderung von der Bezirksregierung B geprüft und festgestellt wurden, beantragt Frau C nach ihrer Versetzung, dass die Bezirksregierung B die beabsichtigte Ernennung noch vornimmt. Aufgaben einer entsprechend bewerteten Planstelle nimmt Frau C bei der Bezirksregierung C wahr.

Fragestellung

Welche beamtenrechtlichen Folgen würden sich bei einer Ernennung durch die Bezirksregierung B ergeben.

Lösungshinweise

Eine Ernennung durch die Bezirksregierung B könnte wegen sachlicher Unzuständigkeit Nichtigkeit nach § 11 Abs. 1 Nr. 2 BeamtStG zur Folge haben. Sachliche Unzuständigkeit ist dann gegeben, wenn die Behörde vom Aufgabenbereich her oder innerhalb des Aufgabenbereichs instanziell nicht zuständig war.

Die Bezirksregierungen sind Landesmittelbehörden (§ 7 Abs. 2 LOG). Claudia C ist somit Beamtin des Landes Nordrhein-Westfalen.

Die Landesregierung ernennt die Beamten des Landes (§ 16 Abs. 1 Satz 1 LBG). Sie kann die Befugnis auf andere Stellen übertragen (§ 16 Abs. 1 Satz 2 LBG). Die Landesregierung hat von dieser Befugnis durch den Erlass der Verordnung über die Ernennung, Entlassung und Zurruhesetzung der Beamten und Richter des Landes Nordrhein-Westfalen Gebrauch gemacht.

In § 1 der Verordnung über die Ernennung, Entlassung und Zurruhesetzung der Beamten und Richter des Landes Nordrhein-Westfalen hat sich die Landesregierung die Ernennung der Beamten und der Richter des Landes, denen ein Amt der Besoldungsgruppe B 3 oder R 3 oder ein Amt der Besoldungsgruppe B oder R mit höherem Grundgehalt verliehen ist oder wird, vorbehalten. Die Ausübung der Befugnis für die anderen Landesbeamten ist durch § 2 Satz 1 der Verordnung auf die obersten Landesbehörden übertragen worden. Oberste Landesbehörden sind neben der Landesregierung der Ministerpräsident und die Landesministerien (§ 3 LOG).

Die obersten Landesbehörden werden durch § 3 Abs. 1 der Verordnung über die Ernennung, Entlassung und Zurruhesetzung der Beamten und der Richter des Landes Nordrhein-Westfalen ermächtigt, durch Rechtsverordnung die Ausübung der Befugnis zur Ernennung eines Beamten, dem ein Amt der Besoldungsgruppen A 1 bis A 16 verliehen ist oder wird, auf die ihnen unmittelbar nachgeordneten Behörden und Einrichtungen zu übertragen.

Im vorliegenden Fall handelt es sich um eine Ernennung zur Regierungsamtsrätin. Das Amt einer Regierungsamtsrätin ist der Besoldungsgruppe A 12 der Laufbahngruppe 2 zugeordnet. Die Zuständigkeit zur Ernennung ist durch § 2 der Verordnung über die Ernennung, Entlassung und Zurruhesetzung der Beamten und Richter des Landes Nordrhein-Westfalen auf die obersten Landesbehörden, hier auf das Ministerium für Inneres und Kommunales, übertragen worden. Hier besteht die Möglichkeit der weiteren Übertragung auf die unmittelbar nachgeordneten Behörden (§ 3 Abs. 1 Nr. 1 der Verordnung über die Ernennung, Entlassung und Zurruhesetzung der Beamten und Richter des Landes Nordrhein-Westfalen).

Das Ministerium für Inneres und Kommunales hat von dieser Ermächtigung durch den Erlass der Verordnung über beamten- und disziplinarrechtliche Zuständigkeiten im Geschäftsbereich des für Inneres zuständigen Ministeriums Gebrauch gemacht. Nach § 2 Abs. 1 Satz 1 dieser Verordnung wird die Ausübung der Befugnis zur Ernennung der Beamten ab der Besoldungsgruppe A 16 vom Ministerium wahrgenommen. Damit obliegt die Befugnis zur Ernennung der Beamten bis zur Besoldungsgruppe A 15 den nachgeordneten Behörden und Einrichtungen.

Für die Ernennung von Frau C wäre somit eine Bezirksregierung sachlich zuständig.

Die Bezirksregierungen sind Landesmittelbehörden (§ 7 Abs. 2 LOG), die für einen Teil des Landes zuständig sind (§ 7 Abs. 1 LOG). Die Bezirksregierung B wäre somit örtlich unzuständig.

Die Fälle, in denen eine Ernennung nichtig ist, sind abschließend in § 11 BeamtStG genannt. **Örtliche** Unzuständigkeit führt danach nicht zur Nichtigkeit einer Ernennung. Würde die Bezirksregierung B dem Antrag der Beamtin nachkommen, hätte dieses keine beamtenrechtlichen Folgen.

Sachverhalt 4

Dieter D ist mit Wirkung vom 01.07. des Vorjahres zum Stadtoberinspektor (Besoldungsgruppe A 10) befördert worden. Die Stadt S beabsichtigt, Herrn D auf demselben Dienstposten zum Stadtamtmann (Besoldungsgruppe A 11) zu ernennen, nachdem seine Eignung für den höherwertigen Dienstposten festgestellt wurde. Am 05.05. dieses Jahres erhält Herr D von der Stadt S eine Ernennungsurkunde mit folgendem Wortlaut:

„Herr
Stadtoberinspektor Dieter D
wird
mit Wirkung vom 01.06...
zum Stadtamtmann
ernannt"

Fragestellung

Ist die Ernennung wirksam geworden?

Bearbeitungshinweis

Abweichungen nach 7 Abs. 1 Satz 2 LVO sind nicht bestimmt worden.

Lösungshinweise

Die Ernennung wird grundsätzlich mit dem Tag der Aushändigung der Ernennungsurkunde wirksam, wenn nicht in der Urkunde ausdrücklich ein späterer Tag bestimmt ist (vgl. § 16 Abs. 3 LBG). Herrn D ist am 05.05. eine Ernennungsurkunde mit Wirkung vom 01.06. ausgehändigt worden. Somit wird die Ernennung erst zu dem späteren ausdrücklich bestimmten Tag wirksam.

Ein Verwaltungsakt i. S. des § 35 Satz 1 VwVfG NRW wie die Ernennung bleibt wirksam, solange und soweit er nicht zurückgenommen, widerrufen, anderweitig aufgehoben oder durch Zeitablauf oder auf andere Weise erledigt ist (vgl. § 43 Abs. 2 VwVfG NRW). Nur ein nichtiger Verwaltungsakt ist unwirksam (vgl. § 43 Abs. 3 VwVfG NRW).

Die Ernennung wäre nicht wirksam geworden, wenn es sich um einen Fall der Nichternennung oder um eine nichtige Ernennung handeln würde. Ebenfalls von Beginn an unwirksam ist eine zurückgenommene Ernennung. Im vorliegenden Fall könnte es sich um eine zurückzunehmende Ernennung handeln, da die Beförderung von Herrn D vor Ablauf eines Jahres erfolgt ist. Eine Ernennung ist zurückzunehmen, wenn eine durch Landesrecht vorgeschriebene Mitwirkung einer unabhängigen Stelle oder einer Aufsichtsbehörde unterblieben ist und nicht nachgeholt wurde (§ 12 Abs. 1 Nr. 4 BeamtStG). Unabhängige Stelle ist in Nordrhein-Westfalen der Landespersonalausschuss. Gesetzlich vorgeschrieben ist die Mitwirkung dann, wenn sie für die von der zuständigen Behörde beabsichtigten Ernennung in einem Gesetz oder in einer Rechtsverordnung gefordert wird.

Bei der von der Stadt S vorgenommenen Ernennung handelt es sich um die Verleihung eines anderen Amtes mit anderem (höherem) Grundgehalt (§ 8 Abs. 1 Nr. 3 BeamtStG). Eine Ernennung unter Verleihung eines anderen Amtes mit höherem Endgrundgehalt und anderer Amtsbezeichnung stellt nach § 19 Abs. 1 Satz 1 Nr. 1 LBG eine Beförderung dar. Nach § 19 Abs. 2 Satz 1 Nr. 3 LBG, § 7 Abs. 2 Satz 1 Nr. 3 LVO darf eine Beförderung nicht vor Ablauf eines Jahres seit der letzten Beförderung erfolgen, es sei denn, das das Amt, aus dem befördert wird, nicht regelmäßig zu durchlaufen ist. Regelmäßig zu durchlaufen sind die Ämter einer Laufbahn, die im Landesbesoldungsgesetz in der jeweils geltenden Fassung unterschiedlichen Besoldungsgruppen der Besoldungsordnung A zugeordnet sind (§ 7 Abs. 1 Satz 1 LVO). Abweichungen bestimmt nach § 7 Abs. 1 Satz 2 LVO

- bei Beamten des Landes die für die Ordnung der Laufbahn zuständige oberste Dienstbehörde im Einvernehmen mit dem für Inneres zuständigen Ministerium und dem Finanzministerium und
- bei Beamten der Gemeinden, Gemeindeverbände und der sonstigen der Aufsicht des Landes unterstehenden Körperschaften, Anstalten und Stiftungen des öffentlichen Rechts die oberste Aufsichtsbehörde.

Laut Bearbeitungshinweis sind Abweichungen nicht bestimmt worden.

Eine Ausnahme vom Verbot der Beförderung vor Ablauf eines Jahres seit der letzten Beförderung kann vom Landespersonalausschuss zugelassen werden (§ 19 Abs. 5 LBG, § 14 Abs. 1 Nr. 3 und Abs. 2 Satz 1 LVO).

Die Mitwirkung des Landespersonalausschusses als unabhängige Stelle war für die von der Stadt S beabsichtigte Ernennung somit gesetzlich vorgeschrieben. Da der Landespersonalausschuss entgegen der gesetzlichen Bestimmung nicht beteiligt wurde, ist die Ernennung nach § 12 Abs. 1 Nr. 4 BeamtStG mit Wirkung für die Vergangenheit zurückzunehmen, wenn die Mitwirkung des Landespersonalausschusses nicht nachgeholt wurde.

Verfahren und Rechtsfolgen einer rücknehmbaren Ernennung regelt § 17 LBG.

Aus der Formulierung in § 12 Abs. 1 Nr. 4 „und nicht nachgeholt wurde" ergibt sich, dass die Entscheidung des Landespersonalausschusses zu beantragen und abzuwarten ist.

Nach § 17 Abs. 2 LBG muss die Ernennung in den Fällen des § 12 BeamtStG innerhalb einer Frist von sechs Monaten zurückgenommen werden, nachdem die dienstvorgesetzte Stelle von der Ernennung und dem Grund der Rücknahme Kenntnis erlangt hat. Sobald der Grund für die Rücknahme bekannt wird, kann dem Ernannten jede weitere Führung der Dienstgeschäfte verboten werden (§ 17 Abs. 2 Satz 4 i. V. m. § 17 Abs. 1 Satz 2 LBG). Hierüber ist nach pflichtgemäßem Ermessen zu entscheiden.

Sachverhalt 5

Erich E ist am 01.06. des Vorjahres von der Stadt S unter Berufung in das Beamtenverhältnis auf Probe zum Stadtinspektor ernannt worden. Am 13.01. dieses Jahres wird festgestellt, dass E zwei Jahre vor der Einstellung wegen versuchter Wahlfälschung nach § 107a Abs. 1 und Abs. 3 StGB zu einer Freiheitsstrafe von einem Jahr verurteilt wurde.

Fragestellung

Führt die Verurteilung wegen der begangenen Straftat zur Nichtigkeit der Ernennung?

Lösungshinweise

Die Ernennung wird grundsätzlich mit dem Tag der Aushändigung der Ernennungsurkunde wirksam, wenn nicht in der Urkunde ausdrücklich ein späterer Tag bestimmt ist (vgl. § 16 Abs. 3 LBG). Nach dem Sachverhalt ist die Ernennung am 01.06. grundsätzlich wirksam geworden. Ein Verwaltungsakt i. S. des § 35 Satz 1 VwVfG NRW wie die Ernennung bleibt wirksam, solange und soweit er nicht zurückgenommen, widerrufen, anderweitig aufgehoben oder durch Zeitablauf oder auf andere Weise erledigt ist (vgl. § 43 Abs. 2 VwVfG NRW). Nur ein nichtiger Verwaltungsakt ist unwirksam (vgl. § 43 Abs. 3 VwVfG NRW).

Eine Ernennung ist nichtig, wenn zum Zeitpunkt der Ernennung nicht die Fähigkeit zur Bekleidung öffentlicher Ämter vorlag (§ 11 Abs. 1 Nr. 3 Buchstabe b) BeamtStG). Durch die Verurteilung könnte E die Fähigkeit zur Bekleidung öffentlicher Ämter wegen der Verurteilung verloren haben.

Wer wegen eines Verbrechens zu einer Freiheitsstrafe von mindestens einem Jahr verurteilt wird, verliert für die Dauer von fünf Jahren die Fähigkeit, öffentliche Ämter zu bekleiden und Rechte aus öffentlichen Wahlen zu erlangen (§ 45 Abs. 1 StGB).

Das Gericht kann dem Verurteilten für die Dauer von zwei bis zu fünf Jahren die in Absatz 1 bezeichneten Fähigkeiten aberkennen, soweit das Gesetz es besonders vorsieht (§ 45 Abs. 2 StGB).

Versuchte Wahlfälschung nach § 107a Abs. 1 und Abs. 3 StGB wird mit Freiheitsstrafe bis zu fünf Jahren oder mit Geldstrafe bestraft.

Verbrechen sind rechtswidrige Taten, die im **Mindestmaß** mit Freiheitsstrafe von einem Jahr oder darüber bedroht sind (§ 12 Abs. 1 StGB). Vergehen sind rechtswidrige Taten, die im Mindestmaß mit einer geringeren Freiheitsstrafe oder die mit Geldstrafe bedroht sind (§ 12 Abs. 2 StGB). Mindestmaß bei versuchter Wahlfälschung nach § 107a Abs. 1 und Abs. 3 StGB ist Geldstrafe, es handelt sich somit **nicht** um ein Verbrechen. Die Fähigkeit zur Bekleidung öffentlicher Ämter ist nach § 45 Abs. 1 StGB nicht verloren gegangen.

Ob das Gericht die Möglichkeit hatte, gemäß § 45 Abs. 2 StGB die Fähigkeit zur Bekleidung öffentlicher Ämter abzuerkennen, müsste sich aus einer Vorschrift ergeben, die die Nebenfolgen der Straftat regelt. § 108c StGB regelt Nebenfolgen für die im vierten Abschnitt des Strafgesetzbuches behandelten Straftaten. Die Nebenfolgen beziehen sich aber nicht auf den Verlust der Fähigkeit, öffentliche Ämter zu bekleiden, sondern nur auf den Verlust, Rechte aus öffentlichen Wahlen zu erlangen und das Recht, in öffentlichen Angelegenheiten zu wählen oder zu stimmen.

Durch die Verurteilung hat E die Fähigkeit zur Bekleidung öffentlicher Ämter nicht verloren. Nichtigkeit nach (§ 11 Abs. 1 Nr. 3 Buchstabe b) BeamtStG ist nicht eingetreten. Es könnte aber ggf. eine Rücknahme der Ernennung wegen Amtsunwürdigkeit nach § 12 Abs. 1 Nr. 2 BeamtStG in Betracht kommen. Weiterhin wäre zu prüfen, ob die Ernennung nach § 12 Abs. 1 Nr. 1 BeamtStG wegen arglistiger Täuschung zurückzunehmen ist.

Sachverhalt 6

Bei einer Überprüfung der Personalakten der Stadt S durch das Rechnungsprüfungsamt wird festgestellt, dass das zum Nachweis einer zu einem Hochschulstudium berechtigenden Schulbildung vorgelegte Abiturzeugnis des Frank F gefälscht worden ist.

F hat seinen Vorbereitungsdienst im Beamtenverhältnis auf Widerruf erfolgreich abgeleistet und befindet sich zurzeit im Beamtenverhältnis auf Probe.

Auf Befragen seines Vorgesetzten gibt er zu, sein Abiturzeugnis gefälscht zu haben.

Fragestellung

Kommt die Rücknahme der Ernennung nach § 12 Abs. 1 Nr. 1 BeamtStG in Betracht?

Lösungshinweise

Eine Ernennung ist zurückzunehmen, wenn sie durch Zwang, arglistige Täuschung oder Bestechung herbeigeführt wurde (§ 12 Abs. 1 Nr. 1 BeamtStG). Eine Täuschung liegt vor, wenn falsche Tatsachen vorgespiegelt oder wahre Tatsachen verschwiegen werden. Als arglistig ist sie anzusehen, wenn dem Täuschenden die Bedeutung der vorgespiegelten falschen Tatsache bewusst gewesen ist und zum Zwecke der Irreführung vorgenommen wird, um ggf. die Einstellungschancen zu erhöhen. Im vorliegenden Fall ist die Stadt S durch das gefälschte Abiturzeugnis getäuscht worden.

Da von F vor seiner Einstellung der Nachweis einer zu einem Hochschulstudium berechtigenden Ausbildung verlangt wurde und die Ernennung ohne diesen Nachweis nicht ausgesprochen worden wäre, kann im vorliegenden Fall von arglistiger Täuschung ausgegangen werden. Die Ernennung ist nach § 12 Abs. 1 Nr. 1 BeamtStG zurückzunehmen.

Das Verfahren im Zusammenhang mit einer Rücknahme der Ernennung im vorliegenden Fall regelt § 17 Abs. 2 LBG. Danach muss die Ernennung innerhalb einer Frist von sechs Monaten zurückgenommen werden, nachdem die dienstvorgesetzte Stelle von der Ernennung und dem Grund der Rücknahme Kenntnis erlangt hat (§ 17 Abs. 2 Satz 1 LBG). Vor der Rücknahme ist der Beamte zu hören (§ 17 Abs. 2 Satz 2 LBG). Die Rücknahme ist dem Beamten schriftlich bekannt zu geben (§ 17 Abs. 2 Satz 3 LBG).

Die Ernennung ist nach § 12 Abs. 1 BeamtStG mit Wirkung für die Vergangenheit zurückzunehmen. Damit hat die Rücknahme zur Folge, dass das Beamtenverhältnis von Anfang an nicht bestanden hat und auch die darauf beruhenden späteren Ernennungen - in diesem Fall die Berufung in das Beamtenverhältnis auf Probe - unwirksam werden. Von F vorgenommene Amtshandlungen sind gültig (§ 17 Abs. 2 Satz 4 i. V. m. § 17 Abs. 1 Satz 4 LBG).

Die gewährten Leistungen können belassen werden (§ 17 Abs. 2 Satz 4 i. V. m. § 17 Abs. 1 Satz 5 LBG).

Da F bei einer Anzeige auch strafrechtlich verfolgt würde, dürfte ggf. der Tatbestand der Amtsunwürdigkeit i. S. des § 12 Abs. 1 Nr. 2 BeamtStG ebenfalls erfüllt sein.

Sachverhalt 7

Gerhard G ist am 01.09. des Vorjahres vom Kreis K zum Kreisinspektoranwärter ernannt worden. Am 17.01. dieses Jahres wird bekannt, dass G zwei Jahre vor seiner Berufung in das Beamtenverhältnis wegen wiederholten Diebstahls zu einer Freiheitsstrafe von einem Jahr verurteilt worden ist. Die Vollziehung der Strafe wurde zur Bewährung ausgesetzt. G hatte den Kreis K bei seiner Bewerbung trotz ausdrücklicher Befragung und schriftlicher Erklärung nicht über diese Tatsache informiert.

Fragestellung

Kommt die Rücknahme der Ernennung nach § 12 Abs. 1 Nr. 2 BeamtStG in Betracht?

Lösungshinweise

Die Ernennung wird grundsätzlich mit dem Tag der Aushändigung der Ernennungsurkunde wirksam, wenn nicht in der Urkunde ausdrücklich ein späterer Tag bestimmt ist (vgl. § 16 Abs. 3 LBG). Nach dem Sachverhalt ist die Ernennung am 01.09. wirksam geworden. Ein Verwaltungsakt i. S. des § 35 Satz 1 VwVfG NRW wie die Ernennung bleibt wirksam, solange und soweit er nicht zurückgenommen, widerrufen, anderweitig aufgehoben oder durch Zeitablauf oder auf andere Weise erledigt ist (vgl. § 43 Abs. 2 VwVfG NRW). Nur ein nichtiger Verwaltungsakt ist unwirksam (vgl. § 43 Abs. 3 VwVfG NRW).

Eine Ernennung ist zurückzunehmen, wenn nicht bekannt war, dass die ernannte Person wegen eines Verbrechens oder Vergehens rechtskräftig zu einer Strafe verurteilt war oder wird, das ihn der Berufung in das Beamtenverhältnis unwürdig erscheinen lässt (§ 12 Abs. 1 Nr. 2 BeamtStG).

Eine Rücknahme kommt nicht in Betracht, wenn die Ernennung nach § 11 Abs. 1 Nr. 3 Buchstabe b) BeamtStG wegen des Fehlens der Fähigkeit zur Bekleidung öffentlicher Ämter **nichtig** wäre.

Wer wegen eines Verbrechens zu einer Freiheitsstrafe von mindestens einem Jahr verurteilt wird, verliert für die Dauer von fünf Jahren die Fähigkeit, öffentliche Ämter zu bekleiden und Rechte aus öffentlichen Wahlen zu erlangen (§ 45 Abs. 1 StGB). Das Gericht kann dem Verurteilten für die Dauer von zwei bis zu fünf Jahren die in Absatz 1 bezeichneten Fähigkeiten aberkennen, soweit das Gesetz es besonders vorsieht (§ 45 Abs. 2 StGB).

Diebstahl wird nach § 242 Abs. 1 StGB mit Freiheitsstrafe bis zu fünf Jahren oder mit Geldstrafe bestraft.

Verbrechen sind rechtswidrige Taten, die im **Mindestmaß** mit Freiheitsstrafe von einem Jahr oder darüber bedroht sind (§ 12 Abs. 1 StGB). Vergehen sind rechtswidrige Taten, die im Mindestmaß mit einer geringeren Freiheitsstrafe oder die mit Geldstrafe bedroht sind (§ 12 Abs. 2 StGB). Mindestmaß bei Diebstahl nach § 242 Abs. 1 StGB ist Geldstrafe, es handelt sich somit nicht um ein Verbrechen. Die Fähigkeit zur Bekleidung öffentlicher Ämter ist nach § 45 Abs. 1 StGB kraft Gesetzes nicht verloren gegangen.

Die Aberkennung der Fähigkeit zur Bekleidung öffentlicher Ämter durch das Gericht nach § 45 Abs. 2 StGB ist bei Diebstahl nicht vorgesehen.

Die Ernennung ist wegen der Verurteilung nicht nichtig geworden.

Grundlage einer Rücknahme wegen Amtsunwürdigkeit kann jedes Verbrechen oder Vergehen sein, das vor der Berufung in das Beamtenverhältnis begangen wurde. Eine Aussetzung des Vollzugs der Strafe zur Bewährung schließt eine Rücknahme nicht aus.

Die Frage, ob ein Beamter für die Berufung in das Beamtenverhältnis unwürdig ist, kann nur für alle Laufbahnen und Dienststellungen einheitlich beurteilt werden. Unwürdigkeit bezieht sich nicht auf das konkrete Beamtenverhältnis, sondern auf das Beamtentum schlechthin. Bei Straftaten mit einer Verurteilung zu einer Freiheitsstrafe von einem Jahr und darüber wird in aller Regel, wie auch bei Eigentumsdelikten allgemein im Wiederholungsfalle Amtsunwürdigkeit anzunehmen sein.

G ist als amtsunwürdig anzusehen. Die Ernennung **ist** nach § 12 Abs. 1 Nr. 2 BeamtStG zurückzunehmen.

Das Verfahren im Zusammenhang mit einer Rücknahme der Ernennung regelt § 17 LBG. Danach muss die Ernennung innerhalb einer Frist von sechs Monaten zurückgenommen werden, nachdem die dienstvorgesetzte Stelle von der Ernennung und dem Grund der Rücknahme Kenntnis erlangt hat (§ 17 Abs. 2 Satz 1 LBG). Vor der Rücknahme ist der Beamte zu hören (§ 17 Abs. 2 Satz 2 LBG). Die Rücknahme ist dem Beamten schriftlich bekannt zu geben (§ 17 Abs. 2 Satz 3 LBG).

Die Ernennung ist nach § 12 Abs. 1 BeamtStG mit Wirkung für die Vergangenheit zurückzunehmen. Damit hat die Rücknahme zur Folge, dass das Beamtenverhältnis von Anfang an nicht bestanden hat.

Die gewährten Leistungen können belassen werden (§ 17 Abs. 2 Satz 4 i. V. m. § 17 Abs. 1 Satz 5 LBG).

Wegen der wissentlichen Falscherklärung könnte gleichzeitig ein Fall der Täuschung i. S. des § 12 Abs. 1 Nr. 1 BeamtStG vorliegen.

5.5 Anspruch auf Ernennung

Grundsätzlich besteht kein Anspruch auf Ernennung. Es gibt nur wenige Ausnahmen, in denen ein Anspruch auf Ernennung besteht. Bewerber um eine Beamtenstelle oder Beamte selbst haben aber im Ernennungsverfahren in jedem Fall einen Anspruch auf ermessensfehlerfreie Entscheidung.

5.5.1 Anspruch auf ermessensfehlerfreie Entscheidung

Nach Art. 33 Abs. 2 GG hat jeder Deutsche nach seiner Eignung, Befähigung und fachlichen Leistung gleichen Zugang zu jedem öffentlichen Amte. Die heute überwiegende Meinung in der beamtenrechtlichen Literatur begreift diese Zugangsregelung - wie auch die Rechtsprechung - lediglich als Rechtsanspruch des Bewerbers auf ermessensfehlerfreie Entscheidung unter gleichzeitiger Beachtung des Leistungsgrundsatzes (sog. Bewerbungsverfahrensanspruch)[117]. Die zu einer Ernennung führenden Entscheidungen des Dienstherrn sind aber von unterschiedlicher Rechtsqualität und müssen - bezogen auf die aufeinander aufbauenden Entscheidungsstufen - differenziert betrachtet werden.

Im Rahmen seiner Organisationsgewalt hat der Dienstherr zunächst zu entscheiden, ob eine Stelle überhaupt besetzt werden soll. Selbst durch die Aufnahme einer Planstelle in den Stellenplan, der als Anlage dem Haushaltsplan beizufügen ist (§ 14 Abs. 1 Nr. 3 LHO, § 1 Abs. 2 Nr. 2 GemHVO), werden Ansprüche nicht begründet (vgl. ausdrücklich § 3 Abs. 2 LHO).

Ist die die Entscheidung zur Besetzung einer Stelle vom Dienstherrn im Rahmen seines Entschließungsermessens getroffen worden, muss in der nächsten Entscheidungsstufe der Bewerber ausgewählt werden, mit dem die Stelle besetzt werden soll. Hier ist unter Beachtung des Leistungsprinzips aus Art. 33 Abs. 2 GG zunächst ausschließlich nach den Kriterien „Eignung, Befähigung und fachliche Leistung" (zu den Begriffen vgl. Ausführungen zu 5.3.1.2.7) zu entscheiden. Hierbei handelt es sich nicht um Ermessensentscheidungen, sondern um die Auslegung von unbestimmten Rechtsbegriffen, bei denen zum Teil ein Beurteilungsspielraum gegeben ist. Durchbrechungen des Leistungsprinzips können sich durch die Konkurrenz des zum unveränderlichen Kernbereich der Verfassung gehörenden Sozialstaatsprinzips ergeben, aber auch hier sind für echte Durchbrechungen nur wenige Beispiele zu nennen.

Umstritten ist, ob nach einer Entscheidung unter Beachtung von „Eignung, Befähigung und fachlicher Leistung" noch entschieden werden kann, die Stellenbesetzung nicht vorzunehmen oder ob das Entschließungsermessen mit der Entscheidung über das „Ob" der Stellenbesetzung verbraucht ist. Hier muss dem Dienstherrn wegen seiner Personalhoheit zugestanden werden, die Stelle nicht zu besetzen, wenn sachliche Gründe dafür vorliegen[118].

Sind mehrere Bewerber gleich geeignet, besteht bei der Entscheidung über die Ernennung ein Auswahlermessen, bei dem die persönlichen Belange der Bewerber berücksichtigt werden können.

Hier können soziale Aspekte den Ausschlag geben, soweit sie nicht schon durch eine Modifikation bei der Auslegung der unbestimmten Rechtsbegriffe „Eignung, Befähigung und fachliche Leistung" berücksichtigt worden sind. So darf z. B. von schwerbehinderten Menschen nur das für die Laufbahn erforderliche Mindestmaß körperlicher Rüstigkeit verlangt werden.

Für die Beurteilung von Eignung, Befähigung und fachlicher Leistung sind ausschließlich die Anforderungen des zu vergebenden Amtes maßgeblich (§ 10 Abs. 1 Satz 1 LGG). Bei der Qualifikationsbeurteilung sollen Erfahrungen und Fähigkeiten aus der Betreuung von Kindern und Pflegebedürftigen einbezogen werden, soweit diese für die zu übertragende Aufgabe von Bedeutung sind (§ 10 Abs. 1 Satz 2 LGG).

---

[117] Remmel, Die Konkurrentenklage im Beamtenrecht, RiA 1982, 21 (22) m. w. N. zu Literatur und Rechtsprechung.
[118] A.A. Günther, Beförderung, ZBR 1979, 93 (99).

Vorangegangene Teilzeitbeschäftigungen, Unterbrechungen der Erwerbstätigkeit und Verzögerungen beim Abschluss der Ausbildung aufgrund der Betreuung von Kindern oder pflegebedürftiger Angehöriger dürfen nicht nachteilig berücksichtigt werden, wobei die dienstrechtlichen Vorschriften unberührt bleiben (§ 10 Abs. 2 Satz 1 und Satz 2 LGG). Familienstand, Einkommensverhältnisse des Partners oder der Partnerin und die Zahl der unterhaltsberechtigten Personen dürfen nicht berücksichtigt werden (§ 10 Abs. 2 Satz 3 LGG).

Zur Durchsetzung der Gleichberechtigung von Frauen und Männern sollen Frauen unter Beachtung des Vorrangs von Eignung, Befähigung und fachlicher Leistung besonders gefördert werden. Soweit im Zuständigkeitsbereich der Ernennungsbehörde in der angestrebten Laufbahn weniger Frauen als Männer sind, sind Frauen bei gleicher Eignung, Befähigung und fachlicher Leistung bevorzugt einzustellen bzw. zu befördern, sofern nicht in der Person eines Mitbewerbers liegende Gründe überwiegen (§ 15 Abs. 3 Satz 2 Halbsatz 1 sowie Satz 4 und § 20 Abs. 6 Satz 2 Halbsatz 1 LBG, § 7 Abs. 1 LGG).

Das bei der Einstellung zu beachtende Leistungsprinzip des Art. 33 Abs. 2 GG wird durch die Vorschriften zur Förderung des Anteils der Frauen nicht tangiert, weil die vorgeschriebene Bevorzugung von Frauen erst für den Fall gleicher Qualifikation (Eignung, Befähigung und fachliche Leistung) zweier Bewerber verschiedenen Geschlechts geboten ist. Das gruppenspezifische Entscheidungskriterium „Frau" darf und muss erst im Rahmen des der entscheidungsbefugten Behörde zuwachsenden Ermessensspielraums (Auswahlermessen) herangezogen werden, wenn die Auswahlkriterien des Art. 33 Abs. 2 GG ausgereizt sind und sich hiernach ein gleicher Qualifikationsstand der Bewerber ergibt.[119]

5.5.2 Materiell-subjektive Rechte auf Ernennung

Ein Ernennungsanspruch ist, abgesehen von dem aus einer Ermessensreduzierung auf null resultierenden Anspruch, nur in wenigen Ausnahmefällen gegeben. Dabei handelt es sich um folgende Tatbestände:

- Ernennungsanspruch wegen eines Ausbildungsmonopols des Staates,
- Anspruch des Polizeivollzugsbeamten auf Umwandlung des Beamtenverhältnisses auf Widerruf in das Beamtenverhältnis auf Probe (vgl. § 12 Abs. 2 LVOPol),
- Anspruch eines Beamten auf Umwandlung eines Beamtenverhältnisses auf Probe in ein Beamtenverhältnis auf Lebenszeit (vgl. § 15 LBG) und
- Anspruch auf Ernennung nach einer schriftlichen Zusicherung i. S. des § 38 VwVfG NRW.

5.5.2.1 Ausbildungsmonopol des Staates

In den Fällen, in denen der Staat ein Ausbildungsmonopol besitzt, d. h., wenn die staatliche Ausbildung auch Voraussetzung für den Zugang zu einem Beruf außerhalb des öffentlichen Dienstes ist, ist der Vorbereitungsdienst Ausbildungsstätte im Sinne von

---

[119] Vgl. Tadday/Rescher, Rn. 10 zu § 15 LBG.

Art. 12 Abs. 1 Satz 1 GG[120]. Aus dieser Vorschrift in Verbindung mit Art. 3 Abs. 1 GG und dem Sozialstaatsprinzip folgt ein Teilhaberecht auf gleichen Zugang zum Vorbereitungsdienst[121] und somit grundsätzlich ein Anspruch auf Ernennung für die Zeit der Ausbildung.

Die Festsetzung von Zulassungszahlen für die Vergabe von Ausbildungsplätzen für bestimmte Jahre ist damit aber in Einzelbereichen nicht ausgeschlossen. Der Verfassungsauftrag zur Bereitstellung ausreichender Ausbildungsplätze ist z. B. nicht evident verletzt, wenn nach vertretbarer Prognose für abgewiesene Bewerber zum Vorbereitungsdienst Wartezeiten von maximal zwei Jahren entstehen. Sie bedürfen nach der Rechtsprechung des Bundesverfassungsgerichts aber einer gesetzlichen Grundlage und sind nur dann verfassungsmäßig, wenn sie in den Grenzen des unbedingt Erforderlichen unter erschöpfender Nutzung der vorhandenen, mit öffentlichen Mittel geschaffenen Ausbildungskapazitäten angeordnet werden.[122]

In das Zugangsrecht darf durch Rechtsvorschriften eingegriffen werden, die zum Schutz überragender Gemeinschaftsgüter (auch subjektive) Zulassungsvoraussetzungen aufstellen. Derartige Gemeinschaftsgüter stellen z. B. der staatliche Auftrag zur Erziehung von Kindern und die Rechtspflege dar. Mit Art. 12 Abs. 1 GG ist es daher vereinbar, wenn die Einstellung eines erheblich vorbestraften Bewerbers in den Vorbereitungsdienst wegen charakterlicher Nichteignung für den Beruf des Lehrers abgelehnt wird.[123]

Als Ausbildungsstätte i. S. des § 12 Abs. 1 GG ist z. B. der Vorbereitungsdienst für Lehrer anzusehen.

5.5.2.2 Anspruch des Polizeivollzugsbeamten auf Umwandlung des Beamtenverhältnisses auf Widerruf in das Beamtenverhältnis auf Probe

Nach Beendigung des Vorbereitungsdienstes und Bestehen der II. Fachprüfung wird den Kommissaranwärtern die Eigenschaft einer Beamtin oder eines Beamten auf Probe verliehen (§ 12 Abs. 2 LVO Pol). Damit besteht für Polizeivollzugsbeamte ein Anspruch auf Umwandlung des Beamtenverhältnisses auf Widerruf in das Beamtenverhältnis auf Probe. Für die übrigen Beamten sehen die Laufbahnverordnungen einen solchen Anspruch nicht vor.

---

[120] Vgl. BVerfG, Beschluss vom 22.05.1975, 2 BvL 13/73, BVerfGE 39, 334 (372) = ZBR 1975, 251 = RiA 1975, 175 = DÖD 1975, 204 = NJW 1975, 1641 = DVBl 1975, 817.
[121] Wichmann/Langer, Rn. 146.
[122] Vgl. VGH Baden-Württemberg., Beschluss vom 13.11.1997, 4 S 2584/97, DÖD 1998, 262 = DÖV 1998, 209.
[123] Vgl. Scheerbarth/Höffken/Bauschke/Schmidt, § 12 I m. w. N.

5.5.2.3 Anspruch eines Beamten auf Umwandlung des Beamtenverhältnisses auf Probe in ein Beamtenverhältnis auf Lebenszeit

Das Beamtenverhältnis auf Lebenszeit bildet die Regel (§ 4 Abs. 1 Satz 2 BeamtStG). Ein Beamtenverhältnis auf Probe ist deshalb in ein solches auf Lebenszeit umzuwandeln, wenn die beamtenrechtlichen Voraussetzungen hierfür erfüllt (§ 15 LBG). Die Vorschrift sichert dem Beamten nach dem Ablauf von drei Jahren Klarheit darüber, ob er in das Beamtenverhältnis auf Lebenszeit berufen wird und damit sichere Anhaltspunkte für seinen weiteren Lebensweg hat.

5.5.2.4 Zusicherung

Die Zusicherung ist ein Unterfall der verwaltungsrechtlichen Zusage, die sich auf den Erlass oder Nichterlass eines Verwaltungsaktes i. S. des § 35 VwVfG NRW bezieht. Es handelt sich um ein verbindliches Versprechen der zuständigen Behörde, eine bestimmte Entscheidung zu treffen oder zu unterlassen. Wesentlich ist der Bindungswille der Behörde, die Selbstverpflichtung später etwas entsprechend der Zusage zu entscheiden.[124]

Mangels inhaltsgleicher oder entgegenstehender Bestimmungen in den gesetzlichen Vorschriften richtet sich die Rechtmäßigkeit einer Zusicherung auf Ernennung nach § 38 VwVfG NRW.

5.5.2.4.1 Formelle Voraussetzungen

Die Zusicherung muss von der **zuständigen Behörde** erteilt werden (vgl. § 38 Abs. 1 Satz 1 VwVfG). Spezielle Zuständigkeitsregelungen für zu erteilende Zusicherungen enthält das Beamtenrecht nicht, sodass sich die Zuständigkeit nach dem Verwaltungsakt richtet, dessen Erlass zugesichert werden soll. Damit ist in Ernennungsfällen die Behörde zuständig, die auch für den Erlass des Verwaltungsaktes „Ernennung" i. S. des § 8 Abs. 1 BeamtStG zuständig wäre (zur Ernennungszuständigkeit vgl. die Ausführungen unter 5.3).

Eine Zusicherung bedarf zu ihrer Wirksamkeit der **Schriftform** (vgl. § 38 Abs. 1 Satz 1 VwVfG NRW). Ein schriftlicher Verwaltungsakt muss nach § 39 Abs. 1 VwVfG NRW eine **Begründung** enthalten, die die wesentlichen tatsächlichen und rechtlichen Gründe beinhalten muss, die die Behörde zu ihrer Entscheidung bewogen haben. Die Begründung von Ermessensentscheidungen soll auch die Gesichtspunkte erkennen lassen, von denen die Behörde bei der Ausübung des Ermessens ausgegangen ist (vgl. § 39 Abs. 1 Satz 3 VwVfG NRW).

Ist vor dem Erlass des zugesicherten Verwaltungsaktes die Anhörung Beteiligter oder die Mitwirkung einer anderen Behörde oder eines Ausschusses aufgrund einer Rechtsvorschrift erforderlich, so darf die Zusicherung erst nach Anhörung der Beteiligten oder

---

[124] Vgl. Hoffmann in Schütz/Maiwald, BeamtR, Rn. 47 zu § 8 BeamtStG.

nach Mitwirkung dieser Behörde oder des Ausschusses gegeben werden (§ 38 Abs. 1 Satz 2 VwVfG NRW).

Wegen der „Vorabentscheidungsfunktion" der Zusicherung, wirken sich die formellen Anforderungen an die endgültige Personalmaßnahme regelmäßig auch schon auf die Zusicherung und das ihr vorangehende Verfahren aus und sind somit zu beachten[125]. Hierbei kommen insbesondere eine evtl. gesetzlich vorgeschriebene Stellenausschreibung (z. B. § 8 LGG) und die Beteiligung des Personalrates (z. B. § 72 LPVG) in Betracht.

5.5.2.4.2 Materielle Voraussetzungen

Auch hier sind die Voraussetzungen zu beachten, die für den jeweiligen Ernennungsfall gelten (vgl. Ausführungen zu 5.3).

Daneben ist eine Zusicherung nur dann als rechtmäßig anzusehen, wenn die Behörde mit **Bindungswillen** gehandelt hat.

Hier kommt es darauf an, ob ein verständiger Adressat unter Berücksichtigung aller ihm erkennbaren Umstände davon ausgehen darf, die Verwaltung habe sich binden wollen. Das bloße unverbindliche in Aussicht stellen, Ankündigen, Befürworten oder Vorschlagen der Ernennung reicht demnach nicht, ebenso wenig die Auskunft über Tatsachen oder die Rechtslage. Auch die Verwendung des Begriffs „Zusicherung" ist kein schwerwiegendes Indiz. Stets sind alle Umstände des Falles zu würdigen, aus denen sich der Bindungswille eindeutig und unmissverständlich ergeben muss.[126]

5.5.2.4.3 Wirksamkeit von Zusicherungen

Wirksamkeitserfordernisse sind nach § 38 Abs. 1 Satz 1 VwVfG NRW das Handeln der zuständigen Behörde und die Schriftform der Zusicherung. Auf die Unwirksamkeit findet daneben nach § 38 Abs. 2 VwVfG NRW die Vorschrift des § 44 VwVfG NRW über die Nichtigkeit von Verwaltungsakten entsprechende Anwendung.

Von Nichtigkeit der Zusicherung ist auszugehen, wenn der in Aussicht genommene Ernennungsfall nichtig wäre und eine Heilungsmöglichkeit nicht bestünde. Dabei handelt es sich um die Fälle, in denen der Ernannte im Zeitpunkt der Ernennung nicht die durch § 7 Abs. 1 Nr. 1 BeamtStG geforderte deutsche Staatsangehörigkeit oder die Staatsangehörigkeit eines anderen Mitgliedstaates der Europäischen Union (vgl. dazu die Ausführungen unter 5.3.1.2.4) besaß und eine entsprechende Ausnahmegenehmigung nach § 7 Abs. 3 BeamtStG nicht erteilt wurde sowie in den Fällen, in denen der Ernannte nicht die Fähigkeit zur Bekleidung öffentlicher Ämter besaß.

Ändert sich nach Abgabe der Zusicherung die Sach- oder Rechtslage derart, dass die Behörde bei Kenntnis der nachträglich eingetretenen Änderung die Zusicherung nicht

---

[125] Vgl. Günther, Über Einstellungs- und Beförderungszusicherungen, ZBR 1982, 193 (200).
[126] Vgl. Günther, Über Einstellungs- und Beförderungszusicherungen, ZBR 1982, 193 (194) m. w. N.

gegeben hätte oder aus rechtlichen Gründen nicht hätte geben dürfen, ist die Behörde an die Zusicherung nicht mehr gebunden (§ 38 Abs. 3 VwVfG NRW). Dieses könnte der Fall sein, wenn der Beamte nach der Zusicherung aber noch vor einer zugesicherten Beförderung gegen die ihm obliegenden Beamtenpflichten (vgl. z. B. §§ 33 ff. BeamtStG) verstößt und damit die Auswahlentscheidung zum Zwecke der Bestenauslese (Art. 33 Abs. 2 GG) neu überdacht werden muss.

5.5.3 Verfahrensrechte im Hinblick auf die Ernennung

Die Ernennung stellt (vgl. 5.5.1) eine Ermessensentscheidung dar, die mit einer - insbesondere bei der entscheidungserheblichen Feststellung von Eignung, Befähigung und fachlicher Leistung - Beurteilungsermächtigung des Dienstherrn verbunden ist, weshalb nur eine eingeschränkte gerichtliche Kontrolle von Ernennungsentscheidungen stattfindet. Deswegen kommt einem rechtsstaatlich durchgebildeten Ernennungsverfahren, das die einzig objektiv messbare Legitimationsgrundlage von Ernennungsentscheidungen darstellt, eine erhöhte Bedeutung zu.[127]

5.5.3.1 Stellenausschreibung

Eine Stellenausschreibung ist neben den Regelungen des § 8 LGG nur in Ausnahmefällen gesetzlich vorgeschrieben.

Gesetzlich vorgeschrieben ist die Stellenausschreibung z. B. für die Stellen der

- Beigeordneten (§ 71 Abs. 2 Satz 2 GO), bei Wiederwahl kann von einer Ausschreibung abgesehen werden (§ 71 Abs. 2 Satz 3 GO),
- Kreisdirektoren (§ 47 Abs. 2 KrO i. V. m. § 71 Abs. 2 Satz 2 GO),
- Direktoren der Landschaftsverbände und der Landesräte (§ 20 Abs. 2 Satz 2 LVerbO),
- Hochschullehrer (§ 38 Abs. 1 Satz 1 HG), Professoren und der Dozenten sowie der Abteilungsleiter der FHöV NRW (§§ 19 Abs. 1 und 20 Abs. 6 FHGöD, § 17 Abs. 2 Satz 1 FHGöD),
- Schulleiter und Stellvertreter (§ 61 Abs. 1 Satz 1 SchulG).

Hier könnten sich ggf. Rechte der oder des zu Ernennenden bei Verfahrensfehlern ergeben. Ist die Ernennung ohne vorgeschriebene Ausschreibung erfolgt, führt dieses aber nicht zur Nichtigkeit oder Rücknahme (vgl. §§ 11 und 12 BeamtStG). Zur Ausschreibung vgl. die Ausführungen unter 5.3.1.1.2.

---

[127] Vgl. Wichmann/Langer, Rn. 150.

5.5.3.2 Unterrichtung nicht berücksichtigter Bewerber

Damit von der Ernennungsbehörde keine vollendeten Tatsachen zum Nachteil von Mitkonkurrenten bei einer Ernennung geschaffen werden, muss für diese die Möglichkeit bestehen, einen Antrag auf einstweilige Anordnung nach § 123 Abs. 1 Satz 1 VwGO zu stellen, bevor die beabsichtigte Entscheidung realisiert worden ist. Auf Antrag kann das zuständige Verwaltungsgericht, auch schon vor Klageerhebung, eine einstweilige Anordnung in Bezug auf den Streitgegenstand treffen, wenn die Gefahr besteht, dass durch eine Veränderung des bestehenden Zustandes die Verwirklichung eines Rechts des Antragstellers vereitelt werden könnte. Für den Erlass einstweiliger Anordnungen ist das Gericht der Hauptsache zuständig (§ 123 Abs. 2 Satz 1 VwGO). Das Gericht entscheidet durch Beschluss (§ 123 Abs. 4 VwGO).

Nach Nr. 2.3 VV zu den §§ 8, 9 BeamtStG / § 15 LBG NRW (Ernennung) werden in einem Auswahlverfahren nicht berücksichtigte Bewerberinnen und Bewerber rechtzeitig vor der endgültigen Stellenbesetzung über den Ausgang des Verfahrens unterrichtet.

Die Stellung des Antrages beim Verwaltungsgericht setzt voraus, dass Konkurrenten innerhalb einer für die Rechtsschutzüberlegungen ausreichenden Zeitspanne Kenntnis von der Absicht der Ernennung eines Mitbewerbers durch die zuständige Stelle erhalten[128]. Der Dienstherr hat unterlegene Mitbewerber rechtzeitig vor der Ernennung über das Ergebnis der Auswahlentscheidung und die maßgebenden Gründe dafür zu unterrichten.[129] Danach muss er eine angemessene Zeit zuwarten, damit die Unterlegenen das Verwaltungsgericht anrufen können; in der Praxis der Verwaltungsgerichte hat sich eine Wartezeit von zwei Wochen ab Zugang der Mitteilung über die Ablehnung der Bewerbung als angemessen herausgebildet[130]. Hat der Dienstherr in der abschließenden Beschwerdeinstanz des einstweiligen Rechtsschutzes vor dem Oberverwaltungsgericht obsiegt, muss er nochmals angemessene Zeit mit der Ernennung warten, um dem unterlegenen Bewerber Gelegenheit zu geben, zur Durchsetzung seines Bewerbungsverfahrensanspruches nach Art. 33 Abs. 2 GG das Bundesverfassungsgericht anzurufen[131]. Erst nach Ablauf dieser Zeiträume darf die Ernennung vorgenommen werden.

Der Bewerbungsverfahrensanspruch kann als Anspruch des Bewerbers auf eine sach- und fachgerechte Auswahl unter mehreren Bewerbern bezeichnet werden. Grundlage des Bewerbungsverfahrensanspruchs stellt Art. 33 Abs. 2 GG dar, der ein grundrechtsgleiches Rechts auf leistungsgerechte Einbeziehung eines Bewerbers in ein sachgerechtes Auswahlverfahren vermittelt. Art. 33 Abs. 2 GG gewährt jedem Deutschen ein grundrechtsgleiches Recht auf gleichen Zugang zu jedem öffentlichen Amt nach Eignung, Befähigung und fachlicher Leistung. Daraus folgt der Anspruch eines Bewerbers auf ermessens- und beurteilungsfehlerfreie Entscheidung über seine Bewerbung.

---

[128] BVerfG, Stattgebender Kammerbeschluss vom 24.09.2002, 2 BvR 857/02, Schütz BeamtR ES/A II 1.4 Nr 92 = ZBR 2002, 427 = DÖD 2003, 17.
[129] BVerwG, Urteil vom 01.04.2004, 2 C 26/03, Schütz BeamtR ES/A II 1.4 Nr 110 = DÖD 2004, 250 = NVwZ 2004, 1257.
[130] BVerwG, Urteil vom 04.11.2010, 2 C 16/09, juris Langtext, Rn. 34 = BVerwGE 138, 102 = ZBR 2011, 91.
[131] BVerwG, Urteil vom 04.11.2010, 2 C 16/09, juris Langtext, Rn. 35 = BVerwGE 138, 102 = ZBR 2011, 91.

5.5.3.3 Akteneinsicht

Vor dem Hintergrund der Notwendigkeit eines effektiven Rechtsschutzes ist die Frage des Umfangs einer Akteneinsicht von besonderer Bedeutung. Der Beamte hat, auch nach Beendigung des Beamtenverhältnisses, ein Recht auf Einsicht in seine vollständige Personalakte (§ 86 Abs. 1 LBG). Zur Personalakte gehören nach § 50 Satz 1 BeamtStG alle Unterlagen, die die Beamtin oder den Beamten betreffen, soweit und mit dem Dienstverhältnis in einem unmittelbaren Zusammenhang stehen (Personalaktendaten).

Da Personalakten nur für Beamte bestehen, kommt ein Akteneinsichtsrecht nach § 86 Abs. 1 LBG für abgelehnte Bewerber um eine Einstellung in das Beamtenverhältnis nicht in Betracht. Es richtet sich hier nach § 29 VwVfG NRW. Die Behörde hat den Beteiligten Einsicht in die das Verfahren betreffenden Akten zu gestatten, soweit deren Kenntnis zur Geltendmachung oder Verteidigung ihrer rechtlichen Interessen erforderlich ist (§ 29 Abs. 1 Satz 1 VwVfG NRW). Nach § 29 Abs. 2 VwVfG NRW besteht diese Verpflichtung nicht, soweit der Inhalt der Akten wegen der berechtigten Interessen der Beteiligten oder dritter Personen geheim gehalten werden muss. Nach überwiegender Auffassung kann ein das Einsichtsrecht einschränkendes Interesse eines Mitbewerbers an Geheimhaltung wegen des übergeordneten Interesses des übergangenen Bewerbers nicht bejaht werden[132].

5.5.3.4 Bevollmächtigte und Beistände

Ein Beteiligter kann sich jederzeit durch einen Bevollmächtigten vertreten lassen (§ 14 Abs. 1 Satz 1 VwVfG NRW). Wird ein Bevollmächtigter bestellt, sind die Regelungen des § 14 Abs. 1 bis 3 VwVfG NRW zu beachten.

Einem Bevollmächtigten des Beamten ist Akteneinsicht zu gewähren, soweit dienstliche Gründe nicht entgegenstehen (§ 86 Abs. 2 Satz 1 LBG).

Der Beamte kann als Beteiligter in einem Verwaltungsverfahren zu Verhandlungen und Besprechungen mit einem Beistand erscheinen (§ 14 Abs. 4 Satz 1 VwVfG NRW). Das von einem Beistand Vorgetragene gilt als von der oder dem Beteiligten vorgebracht, soweit diese oder dieser nicht unverzüglich widerspricht (§ 14 Abs. 4 Satz 2 VwVfG NRW).

---

[132] Scheerbarth/Höffken/Bauschke/Schmidt, § 12 I 6 m. w. N.

6 Laufbahnrecht

Das Laufbahnprinzip als Konkretisierung des **Leistungsprinzips** wird regelmäßig den hergebrachten Grundsätzen des Berufsbeamtentums zugeordnet (vgl. 2.1.1.2.3). Es soll eine leistungsstarke, möglichst vielseitig verwendbare und unter Ausschluss sachfremder Erwägungen allein nach Eignung und Leistung ausgewählte und nach diesen Grundsätzen in den einzelnen Aufgabenbereichen eingesetzte Beamtenschaft gewährleisten und sicherstellen, dass sich die berufliche Entwicklung des Beamten nach objektiven, eignungs- und leistungsbezogenen Maßstäben vollzieht[1]. Aus diesem Grund sind zahlreiche Vorschriften der Laufbahnverordnungen bereits in den Kapiteln 4 und 5 erläutert worden.

Das Laufbahnrecht unterliegt der ausschließlichen Gesetzgebung der Länder, da sich die konkurrierende Gesetzgebung des Bundes nach Art. 74 Nr. 27 GG nur auf die die Statusrechte und -pflichten der Beamten der Länder, Gemeinden und anderen Körperschaften des öffentlichen Rechts sowie der Richter in den Ländern nicht aber auf Laufbahnen, Besoldung und Versorgung bezieht.

Durch das Dienstrechtsmodernisierungsgesetz vom 14.06.2016 (GV.NRW. S. 310) sind die laufbahnrechtlichen Regelungen neu gefasst worden. Die Neufassung soll der Tatsache Rechnung tragen, dass sich mit der Einführung von neuen gestuften Studienstrukturen (Bachelor/Master) und neuen Studiengängen die Hochschullandschaft verändert hat. Unter Aufrechterhaltung des Laufbahnprinzips ist eine Verschlankung durch Reduzierung der Zahl der Laufbahngruppen und im Bereich der besonderen Fachrichtungen erfolgt. Die bisher vier Laufbahngruppen des einfachen, mittleren, gehobenen und höheren Dienstes sind in zwei Laufbahngruppen neu geordnet worden, wobei die besoldungsrechtliche Ämterordnung weiterhin die Grundlage für die laufbahnrechtliche Ämterstruktur bildet. Die neue Laufbahnsystematik berücksichtigt, dass nach dem Grundsatz des lebenslangen Lernens die Befähigung nicht isoliert aufgrund einer zu Beginn des Berufslebens absolvierten Ausbildung, sondern auch die im Laufe eines Berufslebens durch Qualifikationen und Berufserfahrung erworbene Kompetenzerwerb jeweils im Kontext mit den zusätzlichen Erfahrungen und vor allem Qualifikationen zu bewerten ist.[2]

Grundlage der Ausführungen zum Laufbahnrecht in diesem Kapitel sind neben den grundlegenden Vorschriften des Landesbeamtengesetzes insbesondere die Verordnung über die Laufbahnen den Beamtinnen und Beamten im Land Nordrhein-Westfalen vom 21.06.2016 sowie die Verordnung über die Laufbahn der Polizeivollzugsbeamtinnen und Polizeivollzugsbeamten des Landes Nordrhein-Westfalen (Laufbahnverordnung der Polizei – LVOPol) und die Verordnung über die Laufbahnen der Beamtinnen und Beamten des feuerwehrtechnischen Dienstes im Lande Nordrhein-Westfalen (LVOFeu).

Laufbahnrechtliche Bestimmungen enthalten die §§ 5 ff. LBG. Nach § 9 Abs. 1 Satz 1 LBG erlässt die Landesregierung unter Berücksichtigung der Erfordernisse der einzelnen Verwaltungen durch Rechtsverordnung Vorschriften über die Laufbahnen der Beamten (Laufbahnverordnung). Die Verordnung gilt für die Beamten des Landes, der Gemeinden, der Gemeindeverbände und der anderen der Aufsicht des Landes unterstehenden

---

[1] Vgl. Scheerbarth/Höffken/Bauschke/Schmidt, § 13 I 1.
[2] Vgl: Landtagsdrucksache 16/10380, S. 3.

Körperschaften, Anstalten und Stiftungen des öffentlichen Rechts, soweit in § 1 Abs. 2 LVO nichts anderes bestimmt ist (§ 1 Abs. 1 LVO). Die Verordnung findet **keine Anwendung** auf

- die Professoren, die Juniorprofessoren, die Hochschuldozenten, die wissenschaftlichen und künstlerischen Assistenten, die Oberassistenten, die Oberingenieure und die in § 134 LBG genannten Beamten (§ 1 Abs. 2 Nr. 1 LVO)
- die kommunalen Wahlbeamten sowie die Beamtinnen und Beamten auf Zeit, deren Zugangsvoraussetzungen gesetzlich geregelt sind (§ 1 Abs. 2 Nr. 2 LVO).

Für die Beamten des feuerwehrtechnischen Dienstes sowie für die Polizeivollzugsbeamten gelten besondere Rechtsverordnungen (§ 1 Abs. 3 LVO).

Die Vorschriften über die Laufbahnen sollen nach § 9 Abs. 1 Satz 2 LBG insbesondere regeln

- die Voraussetzungen für die Einrichtung und Ausgestaltung von Laufbahnen, insbesondere Regelungen zum Befähigungserwerb sowie die Feststellung der bei einem anderen Dienstherrn erworbenen Laufbahnbefähigung (§ 9 Abs. 1 Satz 2 Nr. 1 LBG),
- Mindestanforderungen an einen Vorbereitungsdienst, insbesondere seine Dauer, seine Kürzung durch Anrechnung und seine Verlängerung sowie seinen Abschluss (§ 9 Abs. 1 Satz 2 Nr. 2 LBG),
- Mindestanforderungen an eine hauptberufliche Tätigkeit (§ 9 Abs. 1 Satz 2 Nr. 3 LBG),
- Art, Dauer und Berechnung der Probezeit, ihre Verlängerung und die Anrechnung von Zeiten hauptberuflicher Tätigkeit sowie die Dauer der Mindestprobezeit (§ 9 Abs. 1 Satz 2 Nr. 4 LBG),
- Beförderungsvoraussetzungen (§ 9 Abs. 1 Satz 2 Nr. 5 LBG),
- die in der Laufbahn regelmäßig zu durchlaufenden Ämter, sowie die davon abweichende vorzeitige Beförderung auf der Grundlage einer Qualifizierung oder eines Studiums (§ 9 Abs. 1 Satz 2 Nr. 6 LBG),
- die Voraussetzungen für den Aufstieg in das erste Einstiegsamt der Laufbahngruppe 2 - Laufbahnbefähigung im Wege des Aufstiegs - (§ 9 Abs. 1 Satz 2 Nr. 7 LBG),
- die Einstellungsvoraussetzungen für andere Bewerber (§ 9 Abs. 1 Satz 2 Nr. 8 LBG),
- der Verzicht auf eine erneute Probezeit, die in einem früheren Richter- oder Beamtenverhältnis bereits abgeleistet worden ist (§ 9 Abs. 1 Satz 2 Nr. 9 LBG),
- der Verzicht auf das erneute Durchlaufen von Laufbahnämtern, die in einem früheren Richter- oder Beamtenverhältnis bereits erreicht worden sind (§ 9 Abs. 1 Satz 2 Nr. 10 LBG),
- die inhaltlichen Anforderungen für die Anerkennung einer Laufbahnbefähigung bei einem Laufbahnwechsel sowie die Ausgestaltung des Laufbahnwechsels (§ 9 Abs. 1 Satz 2 Nr. 11 LBG),
- Kosten und Kostenerstattung für eine berufliche Qualifizierung oder ein Studium (§ 9 Abs. 1 Satz 2 Nr. 12 LBG) und

- Festlegung von Höchstaltersgrenzen für die Einstellung oder Übernahme ins Beamtenverhältnis (§ 9 Abs. 1 Satz 2 Nr. 13 LBG).

Die Regelungen von § 5 Abs. 1 LBG gelten nach § 5 Abs. 2 LBG nicht für Beamte auf Zeit.

Nach § 7 Abs. 2 Satz 1 LBG erlässt die für die Ordnung einer Laufbahn zuständige oberste Landesbehörde für die jeweilige Laufbahn im Bereich der Landesverwaltung und für die der Aufsicht unterstehenden Gemeinden, Gemeindeverbände und sonstigen Körperschaften, Anstalten und Stiftungen des öffentlichen Rechts im Einvernehmen mit dem für Inneres zuständigen Ministerium und dem Finanzministerium zur Ausführung der Bestimmungen nach

- § 9 Abs. 1 Satz 2 Nr. 1 LBG (Voraussetzungen für die Einrichtung und Ausgestaltung von Laufbahnen, insbesondere Regelungen zum Befähigungserwerb sowie die Feststellung der bei einem anderen Dienstherrn erworbenen Laufbahnbefähigung),
- § 9 Abs. 1 Satz 2 Nr. 2 LBG (Mindestanforderungen an einen Vorbereitungsdienst, insbesondere seine Dauer, seine Kürzung durch Anrechnung und seine Verlängerung sowie seinen Abschluss und
- § 9 Abs. 1 Satz 2 Nr. 3 LBG (Voraussetzungen für den Aufstieg in das erste Einstiegsamt der Laufbahngruppe 2 – Laufbahnbefähigung im Wege des Aufstiegs).

Vorschriften über die Ausbildung und Prüfung der Beamten durch Rechtsverordnung.

Nach § 7 Abs. 2 Satz 2 LBG sollen in den Vorschriften über die Ausbildung und Prüfung insbesondere geregelt werden:

- die Voraussetzungen für die Zulassung zum Vorbereitungsdienst (§ 7 Abs. 2 Satz 2 Nr. 1 LBG),
- der Inhalt und das Ziel der Ausbildung während des Vorbereitungsdienstes (§ 7 Abs. 2 Satz 2 Nr. 2 LBG),
- die Ausgestaltung des Vorbereitungsdienstes und Abweichungen von seiner regelmäßigen Dauer auch hinsichtlich Beurlaubungen und Teilzeitbeschäftigungen (§ 7 Abs. 2 Satz 2 Nr. 3 LBG),
- die Art und der Umfang der theoretischen und der praktischen Ausbildung (§ 7 Abs. 2 Satz 2 Nr. 4 LBG),
- die Anrechnung von förderlichen Zeiten auf den Vorbereitungsdienst (§ 7 Abs. 2 Satz 2 Nr. 5 LBG),
- die Beurteilung der Leistungen während des Vorbereitungsdienstes (§ 7 Abs. 2 Satz 2 Nr. 6 LBG)
- die Art und Zahl der Prüfungsleistungen (§ 7 Abs. 2 Satz 2 Nr. 7 LBG),
- das Verfahren der Prüfung (§ 7 Abs. 2 Satz 2 Nr. 8 LBG),
- die Berücksichtigung von Leistungen während des Vorbereitungsdienstes bei der Festlegung des Prüfungsergebnisses (§ 7 Abs. 2 Satz 2 Nr. 9 LBG),

- die Prüfungsnoten, die eine nach der Leistung des Kandidaten abgestufte Beurteilung ermöglichen (§ 7 Abs. 2 Satz 2 Nr. 10 LBG),
- die Ermittlung und die Feststellung des Prüfungsergebnisses (§ 7 Abs. 2 Satz 2 Nr. 11 LBG),
- die Bildung der Prüfungsausschüsse (§ 7 Abs. 2 Satz 2 Nr. 12 LBG),
- die Wiederholung von Prüfungsleistungen und der gesamten Prüfung (§ 7 Abs. 2 Satz 2 Nr. 13 LBG).

Die **Laufbahn der Polizeivollzugsbeamten** ist eine Einheitslaufbahn (§ 110 Abs. 1 Satz 1 LBG, § 2 Abs. 1 Satz 1 LVOPol). Die Einheitslaufbahn gliedert sich in die Laufbahnabschnitte I bis III (§ 2 Abs. 1 Satz 2 LVOPol).

Das für Inneres zuständige Ministerium erlässt im Einvernehmen mit dem Finanzministerium durch Rechtsverordnung besondere Vorschriften über die Laufbahn der Polizeivollzugsbeamten (§ 110 Abs. 1 Satz 2 Halbsatz 1 LBG). Nach § 110 Abs. 1 Satz 2 Halbsatz 2 LBG sind darin insbesondere zu regeln

- die Voraussetzungen für die Einstellung in den Polizeivollzugsdienst (§ 110 Abs. 1 Satz 2 Halbsatz 2 Nr. 1 LBG),
- die Festlegung von Höchstaltersgrenzen für die Zulassung zur Ausbildung für den Laufbahnabschnitt III des Polizeivollzugsdienstes unter Berücksichtigung der Dauer der Ausbildung und der besonderen Anforderungen des höheren Polizeivollzugsdienstes an die Eignung, Befähigung und fachliche Leistung (§ 110 Abs. 1 Satz 2 Halbsatz 2 Nr. 2 LBG),
- der Erwerb der Befähigung für den Laufbahnabschnitt II und III (§ 110 Abs. 1 Satz 2 Halbsatz 2 Nr. 3 LBG) sowie
- die in § 9 Abs. 1 Satz 2 Nr. 2, 4 bis 6, 9 und 10 LBG genannten Regelungsinhalte.

Dabei handelt es sich um

- Mindestanforderungen an einen Vorbereitungsdienst, insbesondere seine Dauer, seine Kürzung durch Anrechnung und seine Verlängerung sowie seinen Abschluss (§ 9 Abs. 1 Satz 2 Nr. 2 LBG),
- Art, Dauer und Berechnung der Probezeit, ihre Verlängerung und die Dauer der Mindestprobezeit (§ 9 Abs. 1 Satz 2 Nr. 4 LBG),
- Beförderungsvoraussetzungen (§ 9 Abs. 1 Satz 2 Nr. 5 LBG),
- die in der Laufbahn regelmäßig zu durchlaufenden Ämter, sowie die davon abweichende vorzeitige Beförderung auf der Grundlage einer Qualifizierung oder eines Studiums (§ 9 Abs. 1 Satz 2 Nr. 6 LBG),
- der Verzicht auf eine erneute Probezeit, die in einem früheren Richter- oder Beamtenverhältnis bereits abgeleistet worden ist (§ 9 Abs. 1 Satz 2 Nr. 9 LBG) und
- der Verzicht auf das erneute Durchlaufen von Laufbahnämtern, die in einem früheren Richter- oder Beamtenverhältnis bereits erreicht worden sind (§ 9 Abs. 1 Satz 2 Nr. 10 LBG.

Nach § 110 Abs. 2 Satz 1 LBG erlässt das für Inneres zuständige Ministerium im Einvernehmen mit dem Finanzministerium zur Ausführung der Bestimmungen der Laufbahnverordnung durch Rechtsverordnung Vorschriften über die Ausbildung und Prüfung der Polizeivollzugsbeamten. In den Vorschriften über die Ausbildung und Prüfung sind nach § 110 Abs. 2 Satz 2 LBG insbesondere zu regeln

- das Ziel, der Inhalt und die Ausgestaltung der Ausbildung für den Laufbahnabschnitt II und III (§ 110 Abs. 2 Satz 2 Nr. 1 LBG),
- das Verfahren für die Auswahl der Beamten, die zur beruflichen Entwicklung in den nächsthöheren Laufbahnabschnitt zugelassen werden (§ 110 Abs. 2 Satz 2 Nr. 2 LBG) sowie
- die in § 7 Abs. 2 Satz 2 Nr. 5 bis 13 genannten Regelungsinhalte (§ 110 Abs. 2 Satz 2 Nr. 3 LBG).

Dabei handelt es sich um

- die Anrechnung von förderlichen Zeiten auf den Vorbereitungsdienst (§ 7 Abs. 2 Satz 2 Nr. 5 LBG),
- die Beurteilung der Leistungen während des Vorbereitungsdienstes (§ 7 Abs. 2 Satz 2 Nr. 6 LBG),
- die Art und Zahl der Prüfungsleistungen (§ 7 Abs. 2 Satz 2 Nr. 7 LBG),
- das Verfahren der Prüfung (§ 7 Abs. 2 Satz 2 Nr. 8 LBG),
- die Berücksichtigung von Leistungen während des Vorbereitungsdienstes bei der Festlegung des Prüfungsergebnisses (§ 7 Abs. 2 Satz 2 Nr. 9 LBG),
- die Prüfungsnoten, die eine nach der Leistung des Kandidaten abgestufte Beurteilung ermöglichen (§ 7 Abs. 2 Satz 2 Nr. 10 LBG),
- die Ermittlung und die Feststellung des Prüfungsergebnisses (§ 7 Abs. 2 Satz 2 Nr. 11 LBG),
- die Bildung der Prüfungsausschüsse (§ 7 Abs. 2 Satz 2 Nr. 12 LBG),
- die Wiederholung von Prüfungsleistungen und der gesamten Prüfung (§ 7 Abs. 2 Satz 2 Nr. 13 LBG).

Das für Inneres zuständige Ministerium erlässt im Einvernehmen mit dem Finanzministerium durch Rechtsverordnung spezielle Vorschriften über die Laufbahn der Beamten des feuerwehrtechnischen Dienstes (§ 116 Abs. 4 Satz 1 Halbsatz 1 LBG). Nach § 116 Abs. 4 Satz 2 LBG bestimmt diese neben den in § 9 LBG genannten Regelungstatbeständen insbesondere

- die Voraussetzungen für die Einstellung in den feuerwehrtechnischen Dienst (§ 116 Abs. 1 Satz 2 Nr. 1 LBG),
- der Erwerb der Befähigung für die Laufbahngruppen des feuerwehrtechnischen Dienstes (§ 116 Abs. 1 Satz 2 Nr. 2 LBG),
- die Voraussetzungen für den Aufstieg in das erste Einstiegsamt der Laufbahngruppe 2 – Laufbahnbefähigung im Wege des Aufstiegs - (§ 116 Abs. 1 Satz 2 Nr. 3 LBG),
- die Voraussetzungen für die Beförderung (§ 116 Abs. 1 Satz 2 Nr. 4 LBG) und

- in welchem Umfang eine Tätigkeit in einer Feuerwehr außerhalb eines Beamtenverhältnisses auf die Probezeit angerechnet werden darf (§ 116 Abs. 1 Satz 2 Nr. 5 LBG).

6.1 Bestimmungsfaktoren der Laufbahn

Eine Laufbahn umfasst alle Ämter die derselben **Fachrichtung** und derselben **Laufbahngruppe** angehören; zur Laufbahn gehören auch der Vorbereitungsdienst und die Probezeit (§ 5 Abs. 1 Satz 2 LBG).

Es gibt die Laufbahngruppen 1 und 2 (§ 5 Abs. 2 Satz 1 LBG). Innerhalb der Laufbahngruppen gibt es nach Maßgabe des Besoldungsrechts erste und zweite Einstiegsämter (§ 5 Abs. 2 Satz 2 LBG).

Damit sind Laufbahngruppe und Fachrichtung die wesentlichen Bestimmungsfaktoren der Laufbahn. Im Polizeivollzugsdienst gibt es keine Fachrichtungen, sondern ausschließlich Laufbahngruppen.

6.1.1 Laufbahngruppe und Laufbahngruppensystem

Ämter können nach dem Ämterprinzip (eine Ernennung wird nur für dieses eine Amt vorgenommen), nach dem Laufbahnprinzip (die Einstellung erfolgt im untersten Amt, alle höherwertigen Ämter werden durch Beförderungen besetzt) und das **Laufbahngruppenprinzip** (Ämter werden nach Vorbildungsanforderungen zu bestimmten Gruppen zusammengefasst) besetzt werden[3].

Nach dem **Ämterprinzip** werden in Nordrhein-Westfalen z. B. die Ämter der kommunalen Wahlbeamten besetzt. Eine **Einheitslaufbahn** ist in Nordrhein-Westfalen nur für Polizeivollzugsbeamte eingerichtet (vgl. § 110 Abs. 1 Satz 1 LBG und § 2 Abs. 1 Satz 1 LVOPol).

Im geltenden Beamtenrecht stellt die Besetzung nach dem Laufbahngruppenprinzip die Regel dar, Ämterprinzip und (Einheits-)Laufbahnprinzip kommen nur in Ausnahmefällen in Betracht[4].

Die Zugehörigkeit zu einer Laufbahngruppe bestimmt sich nach dem Einstiegsamt, das erstmalig mit der Ernennung zum Beamten auf Probe übertragen (§ 8 Abs. 3 BeamtStG) und durch das Besoldungsrecht bestimmt wird (vgl. § 5 Abs. 2 Satz 1 LBG). Nach dem Besoldungsrecht ist zwischen **Regellaufbahnen** und **Sonderlaufbahnen** zu unterscheiden. Die Einstiegsämter für Regellaufbahnen werden durch § 24 LBesG folgenden Besoldungsgruppen zugewiesen:

---

[3] Vgl. Scheerbarth/Höffken/Bauschke/Schmidt, § 13 II 1.
[4] Zum Meinungsstreit über das Laufbahngruppenprinzip vgl. Tadday/Rescher, 2c) zu § 4 LVO a.F.

- in der Laufbahngruppe 1 als erstes Einstiegsamt der Besoldungsgruppe A 5 (§ 24 Nr. 1 LBesG),
- in der Laufbahngruppe 1 als zweites Einstiegsamt der Besoldungsgruppe A 6, in technischen Laufbahnen der Besoldungsgruppe A 6 oder A 7 (§ 24 Nr. 2 LBesG),
- in der Laufbahngruppe 2 als erstes Einstiegsamt der Besoldungsgruppe A 9, in technischen Laufbahnen der Besoldungsgruppe A 10 (§ 24 Nr. 3 LBesG),
- in der Laufbahngruppe 2 als zweites Einstiegsamt der Besoldungsgruppe A 13 (§ 24 Nr. 1 LBesG).

In **Sonderlaufbahnen** kann das Eingangsamt einer höheren als durch § 24 LBesG bestimmten Besoldungsgruppe zugewiesen werden. Sonderlaufbahnen sind nach § 25 LBesG zulässig, wenn im Einstiegsamt Anforderungen gestellt werden, die bei sachgerechter Bewertung zwingend die Zuweisung des Einstiegsamtes zu einer anderen Besoldungsgruppe als nach § 24 LBesG erfordern; sie können der höheren Besoldungsgruppe zugewiesen werden, in die gleichwertige Ämter eingereiht sind (§ 25 Abs. 1 Satz 1 LBesG). In diesen Fällen ist die Festlegung als Einstiegsamt in den Landesbesoldungsordnungen zu kennzeichnen (§ 25 Abs. 1 Satz 2 LBesG).

Alle Ämter, die nicht Einstiegsamt sind, sind Beförderungsämter. Eine Laufbahn umfasst neben dem Einstiegsamt in der Regel mehrere Beförderungsämter. Beförderungsämter dürfen grundsätzlich nur eingerichtet werden, wenn sie sich von den Ämtern der niedrigeren Besoldungsgruppe nach der Wertigkeit der zugeordneten Funktionen wesentlich abheben, es sei denn, dass im Rahmen der Ermächtigung des § 19 Abs. 1 Satz 2 LBG eine Zuordnung von Funktionen zu mehreren Ämtern vorgenommen wird (vgl. § 26 LBesG)

Das **Beförderungsamt** mit dem höchsten Endgrundgehalt der Laufbahngruppe 1 wird auch als Endamt bezeichnet, das mit dem Eingangsamt der Laufbahngruppe 2 verzahnt ist und somit derselben Besoldungsgruppe (A 9) zugeordnet wurde.

Übersicht über die Zugehörigkeit der Ämter zu den Laufbahngruppen

Laufbahngruppe	Besoldungsgruppe	Grundamtsbezeichnung
Laufbahngruppe 1, erstes Einstiegsamt	A 5	Oberamtsmeister
Laufbahngruppe 1, zweites Einstiegsamt	A 6 A 7 A 8 A 9	Sekretär Obersekretär Hauptsekretär Amtsinspektor
Laufbahngruppe 2, erstes Einstiegsamt	A 9 A 10 A 11 A 12 A 13	Inspektor Oberinspektor Amtmann Amtsrat Rat
Laufbahngruppe 2, zweites Einstiegsamt	A 13 A 14 A 15 A 16	Rat Oberrat Direktor Leitender Direktor

In der Laufbahngruppe 2 gehören zu den Beförderungsämtern neben den Ämtern der Besoldungsgruppen A 14, A 15 und A 16 auch noch die in der Besoldungsordnung B jeweils vorgesehenen Beförderungsämter. Dazu gehören in Nordrhein-Westfalen beispielsweise die Beförderungsämter Besoldungsgruppe B 2 (z. B. Leiter eines großen und bedeutenden Amtes der Verwaltung einer Stadt mit mehr als 100 000 Einwohnern, B 3 (z. B. Abteilungsdirektor als Leiter einer besonders großen oder besonders bedeutenden Abteilung bei einer Bezirksregierung), B 4 (Polizeipräsident in einem Polizeibereich mit mehr als 300.000 Einwohnern). Hinsichtlich der Zuordnung der einzelnen Funktion und Besoldungsgruppe vgl. Anlage 2 zum Landesbesoldungsgesetz (Landesbesoldungsordnung B).

6.1.2 Laufbahnabschnitte und Laufbahnsystem nach der Laufbahnverordnung der Polizei

Anders als im allgemeinen Laufbahnrecht wird im Polizeivollzugsdienst nicht nach Laufbahngruppen, sondern nach Laufbahnabschnitten unterschieden. Die Laufbahnverordnung der Polizei ist noch nicht an das Dienstrechtsmodernisierungsgesetz vom 14.06.2016 angepasst worden und verwendet noch die Begriffe „mittlerer, gehobener und höherer Dienst". Zum Laufbahnabschnitt I gehören nach § 2 Abs. 2 LVOPol die Ämter des mittleren Dienstes (entspricht der Laufbahngruppe 1), zum Laufbahnabschnitt II die des gehobenen (entspricht der Laufbahngruppe 2, erstes Einstiegsamt) und zum

Laufbahnabschnitt III die Ämter des höheren Polizeivollzugsdienstes (entspricht der Laufbahngruppe 2, zweites Einstiegsamt).

Einstellungen für den Laufbahnabschnitt 1 werden in Nordrhein-Westfalen nicht mehr vorgenommen.

Übersicht über die Zugehörigkeit der Ämter zu den Laufbahnabschnitten II und III des Polizeivollzugsdienstes

Laufbahnabschnitt	Besoldungsgruppe	Grundamtsbezeichnung
Laufbahnabschnitt II	A 9 A 10 A 11 A 12 A 13	Kommissar Oberkommissar Hauptkommissar Hauptkommissar Erster Hauptkommissar
Laufbahnabschnitt III	A 13 A 14 A 15 A 16	Rat Oberrat Direktor Leitender Direktor

Eine Besonderheit bildet das Amt „Hauptkommissar", das sowohl der Besoldungsgruppe A 11 als auch der Besoldungsgruppe A 12 zugeordnet ist.

Zum Laufbahnabschnitt III gehören nach der Landesbesoldungsordnung B (Anlage 2 zum Landesbesoldungsgesetz) beispielsweise auch die Ämter der Besoldungsgruppe B 2 (Leitender Polizeidirektor im Ministerium für Inneres und Kommunales), B 3 (Direktor des Landeskriminalamtes) sowie B 4 (Inspekteur der Polizei und Landeskriminaldirektor beim Ministerium für Inneres und Kommunales). Den Polizeivollzugsbeamten stehen alle Ämter des Polizeivollzugsdienstes nach den Vorschriften der Laufbahnverordnung offen (§ 2 Abs. 6 LVOPol).

6.1.3 Fachrichtung

Die verschiedenen den Ämtern zugeordneten Aufgaben werden in Fachrichtungen zusammengefasst. Die Fachrichtung bezeichnet dabei nicht die Wertigkeit der einzelnen Ämter. Eine Fachrichtung kann sich über mehrere Laufbahngruppen erstrecken. In Nordrhein-Westfalen gibt es z. B. in der Laufbahn der Laufbahngruppe 2 folgende Fachrichtungen:

- Allgemeine innere Verwaltung,
- Archivdienst,
- Bergverwaltung,
- Bibliotheks- und Dokumentationsdienst,

- Forstverwaltung,
- Justizvollzugs- und -verwaltungsdienst,
- Verwaltung der Gemeinden und Gemeindeverbände,
- Polizeivollzugsdienst,
- Sozialversicherung und
- Steuerverwaltung.

6.2 Befähigung

Befähigung ist ein zentraler Begriff des Laufbahnrechts und beinhaltet fachlich-technische Aspekte. So erfolgt die Auslese der Bewerber bei laufbahnrechtlichen Entscheidungen u. a. nach ihrer Befähigung (vgl. § 9 BeamtStG).

Der Beamte muss über das erlernbare berufliche Können verfügen, das er durch Ableisten der entsprechenden Ausbildung erworben hat und das ihm die bestmögliche Ausfüllung des zu besetzenden Amtes ermöglicht. Die Befähigung ist folglich nach dem Erfolg der von dem Bewerber absolvierten Ausbildungen, die sich an den konkreten Prüfungsergebnissen messen lassen, zu beurteilen[5]. Zur Abgrenzung von Befähigung zu Eignung und fachlicher Leistung vgl. Ausführungen zu 5.3.1.3.7.

Die Befähigung für die jeweilige Laufbahn kann entweder nach den Bestimmungen über Laufbahnbewerber oder nach den Bestimmungen über „Andere Bewerber" erworben werden (vgl. §§ 5 ff. LBG, § 4 Abs. 1 und Abs. 2 LVO). Daneben sind einige Sonderfälle des Befähigungserwerbs zu beachten. Dies gilt auch hinsichtlich des Laufbahnrechts der Polizeivollzugsbeamten.

6.2.1 Befähigungserwerb für Laufbahnbewerber

Zu den Laufbahnbewerbern gehören die Bewerber für die Laufbahnen mit Vorbereitungs-dienst und die Laufbahnen besonderer Fachrichtung.

Laufbahnbewerber erwerben die Befähigung für ihre Laufbahn

- durch Erwerb der Zugangsvoraussetzungen für eine Laufbahn gemäß § 6 Abs. 1 LBG (§ 4 Abs. 1 Nr. 1 LVO),
- nach den Vorschriften über Beamte besonderer Fachrichtungen (§ 4 Abs. 1 Nr. 2 LVO),
- nach den Vorschriften über den Aufstieg (§ 4 Abs. 1 Nr. 3 LVO),
- durch einem Laufbahnwechsel nach § 11 LVO (§ 5 Abs. 1 Nr. 4 LVO),
- nach § 5 Abs. 8 Satz 5 LVO durch die Übernahme in das nächstniedrigere Einstiegsamt oder die Laufbahngruppe 1 derselben Fachrichtung bei Nichtbewährung in der Probezeit, § 15 Abs. 3 LVO durch Zuerkennung des Zugangs zu einem

---

[5] Remmel, Die Konkurrentenklage im Beamtenrecht, RiA 1982, 1 (9).

niedrigeren Einstiegsamt derselben Fachrichtung bei Nichtbestehen der Laufbahnprüfung des zweiten Einstiegsamtes der Laufbahngruppe 1 oder des ersten Einstiegsamtes der Laufbahngruppe 2 (§ 5 Abs. 1 Nr. 4 LVO) oder

- nach Maßgabe des § 11 LBG aufgrund der Richtlinie (2005/36/EG) des Europäischen Parlaments und des Rates vom 07.09.2005 über die Anerkennung von Berufsqualifikationen[6] (§ 4 Abs. 1 Nr. 5 LVO).

6.2.1.1 Zugangsvoraussetzungen

Die Zugangsvoraussetzungen für die Laufbahnen mit Vorbereitungsdienst werden durch § 6 LBG festgelegt. Gefordert werden bestimmte Bildungsvoraussetzungen (§ 6 Abs. 1 LBG), das Ableisten eines Vorbereitungsdienstes und das Bestehen der jeweils vorgesehenen Prüfung (§ 6 Abs. 2 LBG).

Zugangsvoraussetzungen zu den Laufbahnen	
Laufbahngruppe, Einstiegsamt	Bildungsvoraussetzungen
Laufbahngruppe 1, erstes Einstiegsamt	- der erfolgreiche Besuch einer Hauptschule oder ein gesetzlich als gleichwertig anerkannter Bildungsstand (§ 6 Abs. 1 Nr. 1 LBG)
Laufbahngruppe 1, zweites Einstiegsamt	- der mittlere Schulabschluss (Fachoberschulreife) oder ein gesetzlich als gleichwertig anerkannter Bildungsstand (§ 6 Abs. 1 Nr. 2 Buchstabe a) LBG) oder - der erfolgreiche Besuch einer Hauptschule oder ein als gleichwertig anerkannter Bildungsstand sowie eine förderliche abgeschlossene Berufsausbildung oder eine abgeschlossene Berufsausbildung in einem öffentlich-rechtliche Ausbildungsverhältnis (§ 6 Abs. 1 Nr. 2 Buchstabe b) LBG)

---

[6] Abl. EG 2005 Nr. L 255, S. 22, L 271 vom 16.10.2007, S. 18, L 093 vom 04.04.2008, S. 28, L 33 vom 03.02.2009, S. 49, L 305 vom 24.10.2014, S. 115, zuletzt geändert durch die Richtlinie 2013/55 EU (Abl. L 354 vom 28.12.2013, S. 132).

Zugangsvoraussetzungen zu den Laufbahnen

Laufbahngruppe, Einstiegsamt	Bildungsvoraussetzungen
Laufbahngruppe 2, erstes Einstiegsamt	- eine zu einem Hochschulstudium berechtigende Schulbildung oder ein gesetzlich als gleichwertig anerkannter Bildungsstand (§ 6 Abs. 1 Nr. 3 Buchstabe a) LBG) oder - das Abschlusszeugnis eines zu einem Bachelorgrad oder einer entsprechenden Qualifikation führenden geeigneten Studiums an einer Fachhochschule, einer Universität, einer technischen Hochschule, einer Berufsakademie oder einer gleichstehenden Hochschule (§ 6 Abs. 1 Nr. 3 Buchstabe b) LBG)
Laufbahngruppe 2, zweites Einstiegsamt	- ein mit einem Mastergrad abgeschlossenes, geeignetes Hochschulstudium (§ 6 Abs. 1 Nr. 4 Buchstabe a) LBG) oder - ein gleichwertiger Abschluss an einer Universität, einer technischen Hochschule oder einer anderen gleichstehenden Hochschule (§ 6 Abs. 1 Nr. 4 Buchstabe b) LBG)

6.2.1.2 Laufbahnen mit Vorbereitungsdienst

Die Befähigung für die Laufbahn wird hier regelmäßig durch das Ableisten des Vorbereitungsdienstes im Beamtenverhältnis auf Widerruf (§ 4 Abs. 4 Buchst. a) BeamtStG) und durch das Bestehen der vorgeschriebenen Laufbahnprüfung gemäß § 6 Abs. 2 LBG erworben (§ 4 Abs. 1 Nr. 1 LVO). Sie wird in diesem Fall durch die öffentliche Verwaltung selbst, bezogen auf den späteren Einsatz in einer Fachrichtung und einer Laufbahngruppe, vermittelt.

Anwärter des Polizeivollzugsdienstes erwerben die Befähigung für den Laufbahnabschnitt durch das Ableisten des Vorbereitungsdienstes und das Bestehen der Fachprüfung (§ 4 Abs. 1 LVOPol). Den Polizeivollzugsbeamten stehen alle Ämter des Polizeivollzugsdienstes offen (vgl. § 2 Abs. 6 LVOPol). Die Befähigung für den nächsthöheren Laufbahnabschnitt wird Beamten durch das Ableisten der Ausbildung und das Bestehen der nächsthöheren Fachprüfung erworben (vgl. § 4 Abs. 2 Satz 1 LVOPol). Die Fachprüfung für den Laufbahnabschnitt III ist der Masterabschluss an der Deutschen Hochschule der Polizei (§ 4 Abs. 2 Satz 2 LVOPol.

Soweit ein Vorbereitungsdienst vorgesehen ist, sollen die Laufbahnbewerber diesen im Beamtenverhältnis auf Widerruf ableisten (§ 7 Abs. 1 Satz 1 Halbsatz 1 LBG, vgl. auch (§ 4 Abs. 4 Buchst. a) BeamtStG). Ausnahmen können nach § 7 Abs. 1 Satz 1 Halbsatz 2 LBG von der für die Ordnung der Laufbahn zuständige oberste Dienstbehörde von Gruppen von Laufbahnbewerbern in den Verordnungen über die Ausbildung und Prüfung nach § 7 Abs. 2 LBG oder in den Laufbahnverordnungen zugelassen werden.

Näheres über die Voraussetzungen für die Zulassung zum Vorbereitungsdienst und seine Ausgestaltung enthalten Vorschriften über die Ausbildung und Prüfung, die in Form einer Rechtsverordnung von den für die Ordnung der Laufbahnen zuständigen obersten Landesbehörden für die jeweilige Laufbahn im Bereich der Landesverwaltung und für die der Aufsicht unterstehenden Gemeinden, Gemeindeverbände und sonstigen Körperschaften, Anstalten und Stiftungen des öffentlichen Rechts im Einvernehmen mit dem für Inneres zuständigen Ministerium und dem Finanzministerium erlassen werden (vgl. § 7 Abs. 2 Satz 1 LBG).

In den Vorschriften über die Ausbildung und Prüfung sollen nach § 7 Abs. 2 Satz 2 LBG insbesondere geregelt werden

- die Voraussetzungen für die Zulassung zum Vorbereitungsdienst (§ 7 Abs. 2 Satz 2 Nr. 1 LBG),
- der Inhalt und das Ziel der Ausbildung während des Vorbereitungsdienstes (§ 7 Abs. 2 Satz 2 Nr. 2 LBG),
- die Ausgestaltung des Vorbereitungsdienstes und Abweichungen von seiner regelmäßigen Dauer auch hinsichtlich Beurlaubungen und Teilzeitbeschäftigungen (§ 7 Abs. 2 Satz 2 Nr. 3 LBG),
- die Art und der Umfang der theoretischen und der praktischen Ausbildung (§ 7 Abs. 2 Satz 2 Nr. 4 LBG),
- die Anrechnung von förderlichen Zeiten auf den Vorbereitungsdienst (§ 7 Abs. 2 Satz 2 Nr. 5 LBG),
- die Beurteilung der Leistungen während des Vorbereitungsdienstes (§ 7 Abs. 2 Satz 2 Nr. 6 LBG),
- die Art und die Zahl der Prüfungsleistungen (§ 7 Abs. 2 Satz 2 Nr. 7 LBG),
- das Verfahren der Prüfung (§ 7 Abs. 2 Satz 2 Nr. 8 LBG),
- die Berücksichtigung von Leistungen während des Vorbereitungsdienstes bei der Festlegung der Prüfungsergebnisse (§ 7 Abs. 2 Satz 2 Nr. 9 LBG),
- die Prüfungsnoten, die eine nach der Leistung des Kandidaten abgestufte Beurteilung ermöglichen (§ 7 Abs. 2 Satz 2 Nr. 10 LBG),
- die Ermittlung und die Feststellung des Prüfungsergebnisses (§ 7 Abs. 2 Satz 2 Nr. 11 LBG),
- die Bildung der Prüfungsausschüsse (§ 7 Abs. 2 Satz 2 Nr. 12 LBG),
- die Wiederholung von Prüfungsleistungen und der gesamten Prüfung (§ 7 Abs. 2 Satz 2 Nr. 13 LBG).

In den Vorbereitungsdienst des Polizeivollzugsdienstes für den Laufbahnabschnitt II kann eingestellt werden, wer die die nach dem Landesbeamtengesetz erforderlichen allgemeinen Voraussetzungen für die Berufung in das Beamtenverhältnis erfüllt, für den Polizeivollzugsdienst geeignet ist, polizeidiensttauglich ist (Voraussetzungen des § 3 LVO-Pol), und eine zu einem Hochschulstudium berechtigende Schulbildung oder einen als gleichwertig anerkannten Bildungsstand besitzt (§ 11 Abs. 1 LVOPol).

Die Beamten führen nach § 15 Abs. 4 Satz 1 LVO während des Vorbereitungsdienstes die Dienstbezeichnung „Anwärter", in einem Vorbereitungsdienst für das zweite Einstiegsamt in der Laufbahngruppe 2 die Dienstbezeichnung „Referendar" mit einem die Fachrichtung oder die Laufbahn bezeichnenden Zusatz (z. B. Stadtinspektoranwärter).

Für den **Vorbereitungsdienst** ist die **Mindestdauer** nach den Erfordernissen der einzelnen Laufbahngruppen festgesetzt worden. Der Vorbereitungsdienst dauert in Laufbahnen

- der Laufbahngruppe 1, erstes Einstiegsamt, in der Regel sechs Monate und in der Laufbahngruppe 1, zweites Einstiegsamt, in der Regel zwei Jahre (§ 15 Abs. 1 Satz 1 Nr. 1 LVO),
- der Laufbahngruppe 2, erstes Einstiegsamt, in der Regel drei Jahre, zweites Einstiegsamt, in der Regel zwei Jahre (§ 15 Abs. 1 Satz 1 Nr. 2 LVO).

Die Laufbahnverordnung der Polizei ist noch nicht an das Dienstrechtsmodernisierungsgesetz vom 14.06.2016 angepasst worden (Stand Oktober 2016).

Der Vorbereitungsdienst der Kommissaranwärter im Laufbahnabschnitt II (entspricht dem Vorbereitungsdienst der Laufbahngruppe 2, erstes Einstiegsamt) dauert nach § 12 Abs. 1 LVOPol mindestens drei Jahre. Die Einstellung in den Laufbahnabschnitt III ist für Bewerber möglich, die die zweite juristische Staatsprüfung oder die zweite Prüfung (Staatsprüfung) für den höheren allgemeinen Verwaltungsdienst bestanden haben (§ 18 Abs. 1 Nr. 2 LVOPol), ansonsten im Rahmen der polizeilichen Fortbildung nach den §§ 19 ff. LVOPol, mit einer zweijährigen Förderphase und einer mindestens zweijährigen Ausbildung für den Laufbahnabschnitt III an der Deutschen Hochschule der Polizei, die mit dem Masterabschluss der III. Fachprüfung endet (vgl. § 22 LVOPol).

Regelungen über die Anrechnung förderlicher Zeiten nach § 7 Abs. 2 Satz 2 Nr. 5 LBG enthalten die Verordnungen über die Ausbildung und Prüfung. So sieht z. B. § 10a Abs. 4 Satz 1 VAPgD BA vor, dass Zeiten eines Vorbereitungsdienstes für eine entsprechende Laufbahn von dem für Inneres zuständigen Ministerium bis zur Dauer eines Jahres auf den Vorbereitungsdienst angerechnet werden können.

Verlängerungen des Vorbereitungsdienstes kraft Gesetzes sehen sondergesetzliche Bestimmungen bei Ableistung eines freiwilligen Wehrdienstes (§ 16a und § 9 Abs. 8 Satz 1 Arbeitsplatzschutzgesetz), wegen Zeiten der Mitgliedschaft im Bundestag, im Europäischen Parlament oder im Landtag durch eine Urlaubsgewährung ohne Dienstbezüge während des vor (§ 5 Abs. 3 AbgG, § 8 Abs. 3 EuAbgG i. V. m. § 5 Abs. 3 AbgG, § 23 Abs. 1 Satz 1 AbgG NRW). Daneben verlängert sich der Vorbereitungsdienst bzw. kann der Vorbereitungsdienst nach Maßgabe der einzelnen Rechtsverordnungen über die Ausbildung und Prüfung nach § 6 LBG bei besonderen Anlässen (z. B. Beurlaubungszeiten ohne Dienstbezüge, Zeiten des Mutterschutzes für Beamtinnen oder Krankheitszeiten, z. B. § 10a Abs. 2 VAPgD BA) verlängert werden.

Übung

Sachverhalt

Stadtinspektoranwärter Alexander A ist nach seinem Abitur mit Wirkung vom 01.09. von der kreisfreien Stadt S in das Beamtenverhältnis auf Widerruf berufen worden und hat den dreijährigen Vorbereitungsdienst in Form eines Studiums an der Fachhochschule für öffentliche Verwaltung nach den Bestimmungen der Verordnung über die Ausbildung und Prüfung für Laufbahnen des gehobenen nichttechnischen Dienstes (Bachelor) im Lande Nordrhein-Westfalen (Ausbildungsverordnung gehobener nichttechnischer Dienst Bachelor – VAPgD BA)[7] abgeleistet. Er hat die Bachelorprüfung, die nach § 14 Abs. 2 VAPgD BA zugleich als Laufbahnprüfung gilt, mit dem Ergebnis 2,0 „gut" bestanden.

Fragestellung

Hat Herr A die Laufbahnbefähigung erworben?

Lösungshinweise

Im vorliegenden Fall könnte Herr A die Befähigung als Laufbahnbewerber für das erste Einstiegsamt der Laufbahngruppe 2 erworben haben.

Die Laufbahnverordnung ist anzuwenden, wenn Ausnahmen nach § 1 Abs. 2 LVO nicht vorliegen und es sich nicht um einen Beamten des feuerwehrtechnischen Dienstes oder des Polizeivollzugsdienstes (vgl. § 1 Abs. 3 LVO) handelt. Nach dem Sachverhalt ist Herr A Beamter des allgemeinen Dienstes. Die Laufbahnverordnung ist anzuwenden

Die Befähigung kann nach der Laufbahnverordnung u. a. durch Erwerb der Zugangsvoraussetzungen für eine Laufbahn mit Vorbereitungsdienst (Regellaufbahnbewerber) gemäß § 6 LBG erworben werden (§ 4 Abs. 1 Nr. 1 LVO). Bei der in Betracht kommenden Laufbahn handelt es sich um eine Laufbahn, für die ein Vorbereitungsdienst durch die VAPgD BA eingerichtet ist.

Nach § 6 Abs. 1 Nr. 3 Buchstabe a) LBG ist als Bildungsvoraussetzung für die Laufbahngruppe 2, erstes Einstiegsamt eine zu einem Hochschulstudium berechtigende Schulbildung oder ein gesetzlich als gleichwertig anerkannter Bildungsstand zu fordern, über den Herr A laut Sachverhalt mit seinem Abitur verfügt. Nach § 6 Abs. 2 Satz 1 LBG sind weitere Voraussetzungen für den Zugang zu den Laufbahnen mit Vorbereitungsdienst der für das jeweilige Einstiegsamt vorgesehene Vorbereitungsdienst und das Be-

---

[7] Die VAPgD BA ist noch nicht an das Dienstrechtsmodernisierungsgesetz vom 14.06.2016 angepasst worden (Stand Oktober 2016) und nennt noch den gehobenen Dienst. Der ehemalige gehobene Dienst entspricht nunmehr der Laufbahngruppe 2 mit dem ersten Einstiegsamt.

stehen der jeweils vorgesehenen Prüfung. Nach § 15 Abs. 1 Satz 1 Nr. 2 dauert der Vorbereitungsdienst in der Laufbahngruppe 2, erstes Einstiegsamt drei Jahre. Einzelheiten bestimmt die VAPgD BA.

Der Vorbereitungsdienst besteht nach § 7 VAPgD BA aus dem auf drei Studienjahre ausgerichteten Bachelor-Studiengang an der Fachhochschule für öffentliche Verwaltung des Landes Nordrhein-Westfalen. Die Bachelorprüfung besteht nach § 12 Abs. 1 VAPgD BA aus den Studienleistungen während des Studiums und der Bachelorarbeit einschließlich eines Kolloquiums. Die erfolgreich abgeleistete Hochschulprüfung gilt nach § 14 Abs. 2 Satz 1 zugleich als Laufbahnprüfung.

Herr A hat seinen dreijährigen Vorbereitungsdienst in Form eines Studiums an der Fachhochschule für öffentliche Verwaltung abgeleistet und die vorgesehene Prüfung bestanden

Herr A besitzt die Befähigung für das 1. Einstiegsamt der Laufbahngruppe 2.

6.2.1.3 Laufbahnen besonderer Fachrichtung

Die Laufbahnbefähigung kann als Laufbahnbewerber oder als anderer Bewerber erworben werden. Das Landesbeamtengesetz unterscheidet bei den Laufbahnbewerbern zwischen den Regellaufbahnbewerbern (Befähigungserwerb durch Vorbereitungsdienst und Prüfung) und den Beamten besonderer Fachrichtung (Befähigungserwerb nach den Bestimmungen über besondere Fachrichtungen).

Die tradierte Ordnung der Laufbahnen besonderer Fachrichtungen mit der Zuordnung von bestimmten Aus- und Fortbildungen zu festen Laufbahnen ist mit der Laufbahnverordnung vom 28.01.2014 aufgegeben worden, da insbesondere neue Studienabschlüsse eine konkrete Zuordnung zu einem Berufsbild und zu einer darüber definierten Laufbahn nicht mehr zulassen. Seit 2014 beinhaltet das Laufbahnrecht eine erheblich reduzierte Zahl von Laufbahnen besonderer Fachrichtungen und ermöglicht damit in diesen Laufbahnen eine Flexibilisierung auch beim Einstieg. Die Anlagen zur Laufbahnverordnung nehmen mit der dort gewählten Begrifflichkeit einen eindeutigen Bezug zum Hochschulrecht.

Die Zuordnung der Laufbahnen besonderer Fachrichtung werden nach Maßgabe der Anlage 3 zur Laufbahnverordnung den dort genannten Laufbahnen zugeordnet (vgl. § 55 Satz 1 LVO). Grundlage für die Zuordnung sind die am 07.02.2014 bestehenden Laufbahnen. In Anlage 3 wird auch bestimmt, welche Berufsqualifikationen, erforderlichenfalls mit Zusatzqualifikationen, in Verbindung mit welcher hauptberuflichen Tätigkeit unmittelbar für die jeweiligen Laufbahngruppen qualifizieren (vgl. § 55 Satz 2 LVO). In der Anlage können nach § 16 Abs. 5 Satz 1 LVO für bestimmte Ämter innerhalb der Laufbahnen besondere Anforderungen an die technische oder sonstige Fachbildung gestellt werden, die über die in § 8 LBG genannten allgemeinen Anforderungen an die Vorbildung hinausgehen.

Die Laufbahnen besonderer Fachrichtung der Laufbahngruppe 1, zweites Einstiegsamt, ergeben sich nach § 16 Abs. 1 LVO aus der Anlage 1, die Laufbahnen besonderer Fachrichtung der Laufbahngruppe 2 nach § 16 Abs. 2 Satz 1 LVO aus der Anlage 2 zur Laufbahnverordnung, mit Ausnahme der im Abschnitt 3 der Laufbahnverordnung geregelten Bestimmungen für Lehrer und wissenschaftliche Mitarbeiter und Lehrkräfte für besondere Aufgaben an Hochschulen sowie der in § 48 LVO enthaltenen Regelungen für Leiter von Versorgungs- und Verkehrsbetrieben und der in § 49 LVO genannten Leiter und Lehrer an Studieninstituten für kommunale Verwaltung.

In der Laufbahngruppe 1 wird unterschieden in die Laufbahnen Gesundheit, technische Dienste (einschließlich naturwissenschaftliche Dienste) und nichttechnische Dienste, in der Laufbahngruppe 2 tritt neben die genannten Laufbahnen noch die Laufbahn Bildung und Wissenschaft hinzu.

Für Bewerber besonderer Fachrichtung tritt an die Stelle des Vorbereitungsdienstes und der Laufbahnprüfung eine **hauptberufliche Tätigkeit** Dabei müssen die Inhalte eines Vorbereitungsdienstes mindestens gleichwertig durch die in der hauptberuflichen Tätigkeit erworbenen Kenntnisse und Fertigkeiten ersetzt werden können (vgl. § 8 Abs. 1 Satz 1 LBG). Nach § 8 Abs. 2 Satz 1 LBG können als hauptberufliche Tätigkeit nur solche Tätigkeiten anerkannt werden, die nach den Grundsätzen der funktionsbezogenen Bewertung gleichwertige Kenntnisse und Fertigkeiten des auszuübenden Amtes vermitteln. Nähere Bestimmungen dazu trifft nach § 8 Abs. 2 Satz 2 LBG die Laufbahnverordnung. Nach § 8 Abs. 2 Satz 3 LBG kann die Laufbahnverordnung insbesondere Regelungen über Art und Umfang der hauptberuflichen Tätigkeit treffen.

§ 16 Abs. 4 LVO bestimmt die Zeit der hauptberuflichen Tätigkeit, auch hier wieder mit Ausnahme der der im Abschnitt 3 der Laufbahnverordnung geregelten Bestimmungen für Lehrer und wissenschaftliche Mitarbeiter und Lehrkräfte für besondere Aufgaben an Hochschulen sowie der in § 48 LVO enthaltenen Regelungen für Leiter von Versorgungs- und Verkehrsbetrieben und der in § 49 LVO genannten Leiter und Lehrer an Studieninstituten für kommunale Verwaltung. Ferner können Ausnahmen in der Anlage 3 zur Laufbahnverordnung geregelt werden.

Nach § 16 Abs. 4 LVO beträgt die hauptberufliche Tätigkeit in Laufbahnen

- der Laufbahngruppe 1 zwei Jahre (§ 16 Abs. 4 Nr. 1 LVO) und
- der Laufbahngruppe 2 zwei Jahre und sechs Monate (§ 16 Abs. 4 Nr. 1 LVO).

Übung

Sachverhalt

Der Kreis K sucht zum 01.04.2017 eine Beamtin bzw. einen Beamten für den allgemeinen Verwaltungsdienst (Laufbahngruppe 2, erstes Einstiegsamt) in der Sozialarbeit. Es bewirbt sich u. a. die Sozialarbeiterin Beate B. Frau B hat in der Zeit vom 01.10.2008 bis zum 30.09.2011 an der Fachhochschule für Sozialarbeit in D studiert und anschließend in der Zeit vom 01.10.2011 bis zum 30.09.2012 ein Berufspraktikum bei der Stadt S geleistet. Die staatliche Anerkennung hat sie am 01.10.2012 erhalten.

Am 01.10.2012 wurde sie von der Stadt D mit Arbeitsvertrag eingestellt und ist seitdem als Sozialarbeiterin in der entsprechenden Entgeltgruppe tätig. Die Tätigkeit dieses Beschäftigungsverhältnisses entspricht der Tätigkeit in einem Amt in der Laufbahngruppe 2, erstes Einstiegsamt.

Fragestellung

Besitzt Frau B die Befähigung für den allgemeinen Verwaltungsdienst (Laufbahngruppe 2, erstes Einstiegsamt) in der Sozialarbeit?

Lösungshinweise

Für Frau B kommt als Sozialarbeiterin ein Befähigungserwerb als Laufbahnbewerberin nach den Bestimmungen über Bewerber besonderer Fachrichtungen in Betracht. Der Dienst in der Sozialarbeit gehört nach Anlage 3 zur Laufbahnverordnung zu den Laufbahnen besonderer Fachrichtung des nichttechnischen Dienstes. Für Bewerber besonderer Fachrichtung tritt an die Stelle des Vorbereitungsdienstes und der Laufbahnprüfung eine hauptberufliche Tätigkeit Dabei müssen die Inhalte eines Vorbereitungsdienstes (mindestens gleichwertig durch die in der hauptberuflichen Tätigkeit erworbenen Kenntnisse und Fertigkeiten ersetzt werden können (vgl. § 8 Abs. 1 Satz 1 LBG).

In der Anlage 3 können nach § 16 Abs. 5 Satz 1 LVO für bestimmte Ämter innerhalb der Laufbahnen besondere Anforderungen an die technische oder sonstige Fachbildung gestellt werden, die über die in § 8 LBG genannten allgemeinen Anforderungen an die Vorbildung hinausgehen.

Von Sozialarbeitern ist nach Anlage 3 zur Laufbahnverordnung als Befähigungsnachweis zu fordern:

- Die staatliche Anerkennung nach Besuch der Fachhochschule als Sozialarbeiterin oder Sozialarbeiter und
- eine hauptberufliche Tätigkeit von zwei Jahren und sechs Monaten (§ 16 Abs. 4 Nr. 1 LVO). im öffentlichen Dienst unter Anrechnung eines freiwillig geleisteten Berufspraktikums bis zu einem Jahr.

Frau B hat erfolgreich an der Fachhochschule für Sozialarbeit in D studiert und ein Berufspraktikum von einem Jahr bei der Stadt S abgeleistet. Die staatliche Anerkennung hat sie am 01.10.2012 erhalten. Seit dem 01.10.2012 ist die Bewerberin bei der Stadt S mit Arbeitsvertrag tätig. Bis zum geplanten Einstellungstermin am 01.10.2017 wurde von ihr somit eine hauptberufliche Tätigkeit von mehr als einem Jahr und sechs Monaten unter Anrechnung des einjährigen freiwilligen Berufspraktikums geleistet. Die Tätigkeit dieses Beschäftigungsverhältnisses entspricht der Tätigkeit in einem Amt in der Laufbahngruppe 2, erstes Einstiegsamt .

Die geforderte Zeit für die hauptberufliche Tätigkeit ist somit erfüllt.

Frau B erfüllt die für ihre Laufbahn (Laufbahn besonderer Fachrichtung als Sozialarbeiterin, Laufbahngruppe 2, erstes Einstiegsamt) geforderten Einstellungsvoraussetzungen und besitzt die Befähigung für diese Laufbahn.

6.2.2 Sonstige Fälle des Erwerbs der Laufbahnbefähigung

Bei § 4 Abs. 1 Nr. 3 bis 6 LVO nennt weitere Fälle des Erwerbs der Laufbahnbefähigung.

Es handelt sich hierbei jeweils um einen Laufbahnwechsel (vgl. Ausführungen zu 6.4). Außerdem kann die Befähigung aufgrund der Richtlinie 2005/36 EG des Europäischen Parlaments und des Rates vom 07.09.2005 über die Anerkennung von Berufsqualifikationen (Abl. EG 2005 Nr. L 255 S. 22), erworben werden (vgl. § 4 Abs. 1 Nr. 6 LVO i. V. m. § 11 LBG).

Daneben besteht in den Fällen der Dienstunfähigkeit nach § 26 Abs. 2 BeamtStG bzw. § 28 Abs. 3 BeamtStG noch die Möglichkeit, den Beamten anstelle der Versetzung in den Ruhestand in einer anderen Laufbahn einzusetzen. In diesem Falle hat er an Qualifizierungsmaßnahmen für den Erwerb der neuen Befähigung teilzunehmen und erlangt durch die Teilnahme an diesen Maßnahmen die neue Laufbahnbefähigung.

6.2.3 Andere Bewerber

In das Beamtenverhältnis darf nur berufen werden, wer die nach Landesrecht vorgeschriebene Befähigung besitzt (vgl. § 7 Abs. 1 Nr. 3 BeamtStG).

Wer in das Beamtenverhältnis berufen werden soll, muss nach § 3 Abs. 1 Satz 1 LBG die für die beabsichtigte Laufbahn vorgeschriebene oder - mangels solcher Vorschriften - übliche Vorbildung besitzen (Laufbahnbewerber).

In das Beamtenverhältnis kann nach § 3 Abs. 1 Satz 2 Halbsatz 1 LBG auch berufen werden, wer die erforderliche Befähigung durch Lebens- und Berufserfahrung innerhalb oder außerhalb des öffentlichen Dienstes erworben hat (anderer Bewerber i. S. des § 4 Abs. 2 LVO).

Von anderen Bewerbern dürfen die für die Laufbahn vorgeschriebene Vorbildung, Ausbildung (Vorbereitungsdienst oder hauptberufliche Tätigkeit) und Laufbahnprüfung nicht gefordert werden (§ 12 Abs. 1 LBG).

Die Bestimmungen über andere Bewerber gestalten das starre Laufbahnsystem mit seinen formalen Qualifikationen zum Arbeitnehmerbereich durchlässig und tragen der Tatsache Rechnung, dass Lebens- und Berufserfahrung einer entsprechenden Ausbildung gegenüber gleichwertig sein können und es von dienstlichem Vorteil sein kann, für bestimmte

Aufgaben Beamte zu gewinnen, deren einschlägige spezielle Berufserfahrung wertvoller sein kann, als die allgemeinere Ausbildung des Laufbahnbewerbers[8].

Die Befähigung anderer Bewerber für die Laufbahn, in der sie verwendet werden sollen, wird durch den Landespersonalausschuss festgestellt (§§ 12 Abs. 3 LBG, 97 Abs. 1 Nr. 2 LBG, § 4 Abs. 2 Satz 2 LVO). Für die in § 37 Abs. 1 LBG bezeichneten so genannten politischen Beamten obliegt die Befähigungsfeststellung der Landesregierung (vgl. § 4 Abs. 2 Satz 2 LVO).

Das Verfahren richtet sich nach der Anlage zu § 2 Abs. 1 der Geschäftsordnung des Landespersonalausschusses[9].

Eine Stellenbesetzung mit einem anderen Bewerber kommt nach § 3 Abs. 1 Satz 2 Halbsatz 2 LBG nicht für die Wahrnehmung von Aufgaben in Betracht,

- für die eine bestimmte Vorbildung und Ausbildung durch Gesetz oder Verordnung vorgeschrieben ist oder
- die ihrer Eigenart nach eine besondere laufbahnmäßige Vorbildung und Fachausbildung zwingend erfordern.

Um Fälle, in denen eine bestimmte Vorbildung und Ausbildung durch Gesetz oder Verordnung vorgeschrieben ist handelt es sich z. B. beim Lehrerausbildungsgesetz (LABG) und beim Steuerbeamtenausbildungsgesetz (StBAG).

Auch für die Wahrnehmung von Aufgaben, die ihrer Eigenart nach eine besondere laufbahnmäßige Vorbildung und Fachausbildung zwingend erfordern, dürfen andere Bewerber nicht eingestellt werden. Hier handelt es sich z. B. um Laufbahnen mit Vorbereitungsdienst und Prüfung des gehobenen technischen und des höheren technischen Dienstes, Laufbahnen des feuerwehrtechnischen Dienstes, Laufbahnen des Polizeivollzugsdienstes und bei den meisten Laufbahnen besonderer Fachrichtung.

Außerdem ist nach § 1 Abs. 4 Nr. 2 der Anlage zu § 2 Abs. 1 der Geschäftsordnung des Landespersonalausschusses (Verfahrensordnung) der Aufstieg von Beamten in die nächsthöhere Laufbahn derselben Fachrichtung nur im Wege des in der Laufbahnverordnung geregelten Aufstiegs und nicht über eine Feststellung der Befähigung dieser Beamten für die höhere Laufbahn durch den Landespersonalausschuss möglich. Diese Entscheidung des Landespersonalausschusses entspricht nicht dem Wortlaut des § 3 Abs. 1 Satz 2 Halbsatz 2 LBG, der nur in den Fällen, in denen eine bestimmte Vor- und Ausbildung durch Gesetz oder Rechtsverordnung vorgeschrieben ist oder in denen nach der Eigenart der wahrzunehmenden Aufgaben eine besondere laufbahnmäßige Vorbildung oder Fachausbildung zwingend erforderlich ist. Auch wird einem Beamten einer niedrigeren Laufbahngruppe die Gleichbehandlung mit allen anderen in Betracht kommenden Bewerbern verwehrt. Insoweit ist auch fraglich, ob sich die Entscheidung des Landespersonalausschusses mit Art. 33 Abs. 2 GG vereinbaren lässt. Begründet wird die Entschei-

---

[8] Vgl. Wichmann/Langer, Rn. 164 m. w. N.
[9] Geschäftsordnung des Landespersonalausschusses, Bekanntmachung der Geschäftsstelle des Landespersonalausschusses vom 23.11.2011 (MBl.NRW. 2012 S. 128, SMBl.NRW, 20304).

dung mit dem Hinweis, der Weg über den anderen Bewerber sei eine unzulässige Umgehung der Aufstiegsvorschriften[10].

Übung

Sachverhalt

Bei der Stadt S ist eine Planstelle der Besoldungsgruppe A 13 (Laufbahngruppe 2, zweites Einstiegsamt) zu besetzen. Der Beamte soll als Leiter der Arbeitsgruppe „Steuerangelegenheiten der Stadt als Steuerschuldner" eingesetzt werden. Die Stelle soll mit einem Bewerber besetzt werden, der über umfassende steuerliche und betriebswirtschaftliche Kenntnisse und möglichst über ein abgeschlossenes wirtschaftswissenschaftliches Studium verfügt.

Es bewirbt sich der Diplom-Kaufmann Christian C, 35 Jahre alt, der nach seinem Studium und einem betriebswirtschaftlichen Praktikum bei einer Bank in verschiedenen Industrieunternehmen mit den Schwerpunkt „Analyse der Jahresabschlüsse" und zuletzt in einem Steuerberatungsbüro mit dem Schwerpunkt „Steuererklärungen für gewerbliche Betriebe" tätig war. Die Zeugnisse des Wirtschaftswissenschaftlers sind ausgesprochen positiv ausgefallen.

Die Stadt S sieht Herrn C als den geeigneten Bewerber an und möchte ihn als Beamten auf diesem Dienstposten einstellen.

Fragestellung

Besitzt der Bewerber die Befähigung für das zweite Einstiegsamt der Laufbahngruppe 2 bzw. auf welche Weise kann sie erworben werden?

Lösungshinweise

Die Befähigung kann entweder nach den Bestimmungen über Laufbahnbewerber oder nach den Bestimmungen über „Andere Bewerber" erworben werden.

Die durch einen Vorbereitungsdienst und eine Laufbahnprüfung erworbene Befähigung besitzt Herr C nicht. Es handelt sich bei dem zu besetzenden Dienstposten der Besoldungsgruppe A 13 (Laufbahngruppe 2, zweites Einstiegsamt im allgemeinen Verwaltungsdienst in den Gemeinden und Gemeindeverbänden auch nicht um eine Laufbahn besonderer Fachrichtung. Herr C ist somit kein Laufbahnbewerber.

In das Beamtenverhältnis kann nach § 3 Abs. 1 Satz 2 Halbsatz 1 LBG auch berufen werden, wer die erforderliche Befähigung durch Lebens- und Berufserfahrung innerhalb oder außerhalb des öffentlichen Dienstes erworben hat (anderer Bewerber i. S. des § 4 Abs. 2 LVO). Von anderen Bewerbern dürfen die für die Laufbahn vorgeschriebene

---

[10] Vgl. Tadday/Rescher, 4c) zu § 45 LVO a.F.

Vorbildung, Ausbildung (Vorbereitungsdienst oder hauptberufliche Tätigkeit) und Laufbahnprüfung nicht gefordert werden (§ 12 Abs. 1 LBG).

Die Befähigung anderer Bewerber für die Laufbahn, in der sie verwendet werden sollen, wird durch den Landespersonalausschuss festgestellt (§§ 12 Abs. 3 LBG, 97 Abs. 1 Nr. 2 LBG, § 4 Abs. 2 Satz 2 LVO).

Das Verfahren richtet sich nach der Anlage zu § 2 Abs. 1 der Geschäftsordnung des Landespersonalausschusses

Im vorliegenden Fall beabsichtigt die Stadt S, Herrn C einzustellen. Von der Behörde ist ein Antrag auf Befähigungsfeststellung an den Landespersonalausschuss zu richten. Erst nach Prüfung und positiver Entscheidung durch den Landespersonalausschuss besitzt Herr C die Befähigung für die Laufbahn, in der er verwendet werden soll.

6.3 Probezeit

Probezeit ist die Zeit im Beamtenverhältnis auf Probe, während der sich Laufbahnbewerber i. S. des § 4 Abs. 1 Nr. 1 und Nr. 2 nach Erwerb, andere Bewerber (vgl. § 4 Abs. 2 LVO) nach Feststellung der Befähigung für ihre Laufbahn bewähren sollen (§ 5 Abs. 1 Satz 1 LVO). Dies gilt ebenso für den Polizeivollzugsdienst (§ 5 Abs. 1 LVO-Pol).

Das Beamtenverhältnis auf Probe dient u. a. der Ableistung einer Probezeit zur späteren Verwendung als Beamter auf Lebenszeit (vgl. § 4 Abs. 3 Buchstabe a) BeamtStG).

Das Rechtsverhältnis des Beamten auf Probe ist geschaffen worden, um dem Dienstherrn die Möglichkeit zu geben, Eignung, Fähigkeiten und Leistung des Beamten zu erproben und sich von ihm ohne Schwierigkeiten zu trennen, wenn er den Ansprüchen und Erwartungen des Dienstherrn nicht genügt. Es soll eine abschließende Beurteilung des Beamten vor der endgültigen Bindung des Dienstherrn durch die Berufung in das Beamtenverhältnis auf Lebenszeit ermöglichen, weil Fehleinschätzungen später nach der Übernahme in das Beamtenverhältnis auf Lebenszeit nicht mehr durch Entlassung korrigierbar sind und deshalb bei Übernahme nicht geeigneter Bewerber zulasten der Allgemeinheit erheblicher Schaden entstehen kann.[11] Gleiches gilt, wenn der Beamte den gesundheitlichen Anforderungen nicht genügt. Vor Ablauf der Probezeit ist die gesundheitliche Eignung nur zu prüfen, wenn der Gesundheitszustand dazu Veranlassung gibt (Nr. 2.1.1 Satz 1 der VV zu den §§ 8, 9 BeamtStG / § 15 LBG NRW).

Das Beamtenverhältnis auf Probe ist spätestens nach drei Jahren in ein solches auf Lebenszeit umzuwandeln, wenn die beamtenrechtlichen Voraussetzungen hierfür erfüllt sind (§ 15 LBG).

---

[11] Günther, Probezeit - Probebeamtenzeit, DÖD 1985, 148.

Während der Probezeit ist der Beamte auf Probe zu entlassen, wenn er sich in der Probezeit nicht bewährt hat (§ 23 Abs. 3 Nr. 2 BeamtStG, § 5 Abs. 8 Satz 4 LVO). Die Regelung des § 23 Abs. 3 Nr. 2 BeamtStG ist als Kannregelung ausgestaltet, nach § 5 Abs. 8 Satz 4 LVO ist die Entlassung allerdings verpflichtend.

6.3.1 Art und Dauer der Probezeit

Die Art der Probezeit ist nach den Erfordernissen in den einzelnen Laufbahnen festzusetzen (§ 14 Abs. 1 Satz 1 LBG). Eignung, Befähigung und fachliche Leistung sind nach § 13 Abs. 1 Satz 1 LBG unter Anlegung eines strengen Maßstabs wiederholt zu beurteilen (vgl. auch § 5 Abs. 1 Satz 3 LVO). Sofern dies dienstlich vertretbar ist, ist der Beamte während der Probezeit auf mehr als einem Dienstposten einzusetzen (vgl. § 5 Abs. 1 Satz 4 LVO). § 5 Abs. 1 Satz 5 und Satz 6 LVO führen weiter aus, dass als Grundlage für die Entscheidung über die Bewährung während der Probezeit eine Beurteilung spätestens nach zwölf Monaten und eine weitere zum Ablauf der Probezeit zu erstellen ist, in der festgestellt wird ob sich der Beamte in vollem Umfang bewährt hat. Hat sich der Beamte wegen besonderer Leistungen ausgezeichnet, ist dies festzustellen (vgl. § 5 Abs. 1 Satz 7 LVO).

Die **regelmäßige Probezeit** dauert **drei Jahre** (§ 13 Abs. 1 Satz 2 LBG, § 5 Abs. 1 Satz 3 LVO). Die Mindestprobezeit beträgt in der Laufbahngruppe 1 nach § 5 Abs. 2 LVO sechs Monate, in der Laufbahngruppe 2 ein Jahr. Die Mindestprobezeit im Polizeivollzugsdienst beträgt nach § 5 Abs. 4 LVOPol ein Jahr.

Bei Kürzungsentscheidungen darf die für die jeweiligen Laufbahnen festgesetzte Mindestprobezeit nicht unterschritten werden. Allerdings ist durch den Landespersonalausschuss bei anderen Bewerbern durch eine Ausnahmeentscheidung des Landes im Rahmen einer Ausnahmeentscheidung eine Kürzung der Probezeit möglich (vgl. § 13 Abs. 2 LBG). Ein völliger Verzicht auf die Probezeit ist mit einer Ausnahmeentscheidung nicht zulässig (für Kürzungen und Anrechnungen ausdrücklich geregelt in § 13 Abs. 1 Satz 3 LBG).

Eine Verlängerung der Probezeit kann sich nach § 5 LVO durch Nichtberücksichtigung von Zeiten in Fällen von Beurlaubung ohne Dienstbezüge und Krankheit (Abs. 6) oder unterhälftiger Teilzeitbeschäftigung (Abs. 7) sowie durch Nichtbewährung in der Probezeit (Abs. 8) ergeben. Die Gesamtdauer der Probezeit darf fünf Jahre nicht übersteigen § 5 Abs. 8 Satz 2 LVO).

6.3.1.1 Kürzung der Probezeit durch Anrechnung

Kürzungen der Probezeit durch Anrechnung sind im Einzelfall durch Verwaltungsakt aus folgenden Gründen möglich:

- Dienstzeiten und hauptberufliche Tätigkeit im öffentlichen Dienst sowie
- hauptberufliche Tätigkeit bei bestimmten öffentlichen Einrichtungen.

6.3.1.1.1 Dienstzeiten und hauptberufliche Tätigkeit im öffentlichen Dienst

Regelungen über die Anrechnung von Dienstzeiten und hauptberuflichen Tätigkeiten enthalten die §§ 13 Abs. 3 LBG und 5 Abs. 3 und Abs. 4 LVO.

Nach § 13 Abs. 3 Satz 1 LBG **können** Dienstzeiten im öffentlichen Dienst oder als Lehrkraft an Ersatzschulen und Zeiten einer hauptberuflichen Tätigkeit, die öffentlichen Belangen des Bundes oder eines Landes dient,, auf die Probezeit angerechnet werden. Voraussetzung ist, dass die Tätigkeit nach Art und Bedeutung mindestens einem Amt der betreffenden Laufbahn entsprochen hat. Ist dies nicht der Fall, bleiben die Tätigkeiten nach § 13 Abs. 3 Satz 2 LBG unberücksichtigt.

Nach § 13 Abs. 4 LBG wird das Nähere durch die Laufbahnverordnung geregelt, die in § 5 Abs. 3 und Abs. 4 LVO weiterführende und einschränkende (Art der Behördenentscheidung) Bestimmungen zur Anrechnung von Dienstzeiten und hauptberuflichen Tätigkeiten im öffentlichen Dienst enthält.

Dienstzeiten und hauptberufliche Tätigkeiten im öffentlichen Dienst, die nicht bereits auf den Vorbereitungsdienst angerechnet worden sind, **sollen** auf die Probezeit angerechnet werden, wenn die Tätigkeit nach Art und Bedeutung mindestens der des zu übertragenden Amtes entsprochen hat (vgl. § 5 Abs. 3 Satz 1 LVO und § 5 Abs. 1 Satz 3 LVO für andere Bewerber).

Ob die Dienstzeiten im öffentlichen Dienst in einem öffentlich-rechtlichen Dienstverhältnis oder in einem privatrechtlichen Arbeitsverhältnis geleistet worden sind, ist für die Anrechnung unerheblich. Es muss sich aber um eine hauptberufliche Tätigkeit handeln. Zeiten in einem Ausbildungsverhältnis bleiben unberücksichtigt.

Öffentlicher Dienst ist die Tätigkeit im Dienst eines öffentlich-rechtlichen Dienstherrn (Bund, Länder, Gemeinden, Gemeindeverbände und andere Körperschaften, Anstalten und Stiftungen des öffentlichen Rechts) mit Ausnahme der öffentlich-rechtlichen Religionsgemeinschaften und ihrer Verbände (vgl. § 31 Abs. 1 LBesG). Gleichgestellt sind nach § 31 Abs. 2 LBesG für Staatsangehörige eines Mitgliedstaates der Europäischen Union die ausgeübte gleichartige Tätigkeit im öffentlichen Dienst einer Einrichtung der Europäischen Union oder im öffentliche Dienst eines Mitgliedstaates der Europäischen Union sowie die von volksdeutschen Vertriebenen und Spätaussiedlern ausgeübte gleichartige Tätigkeit im Dienst eines öffentlich-rechtlichen Dienstherrn ihres Herkunftslandes.

Eine Dienstzeit, die nach Art und Bedeutung mindestens der Tätigkeit des zu übertragenden Amtes entsprochen hat, ist dann gegeben, wenn eine Tätigkeit nachgewiesen wird, in der Fachkenntnisse und Fähigkeiten erworben worden sind, die für die Wahrnehmung von Aufgaben des zu übertragenden Amtes erforderlich sind.

Bei Tätigkeiten in einem tariflichen Beschäftigungsverhältnis kann dieses im Wesentlichen durch einen Vergleich der Entgelt- mit der Besoldungsgruppe ermittelt werden.

Bei der Regelung über die Anrechnung von Dienstzeiten handelt es sich mit Ausnahme des § 5 Abs. 3 Satz 2 LVO (Kannbestimmung) um Sollbestimmungen, mit einer stark eingeschränkten Möglichkeit der Ermessensausübung. Ist die Behörde ermächtigt, nach ihrem Ermessen zu handeln, hat sie ihr Ermessen entsprechend dem Zweck der Ermächtigung auszuüben und die gesetzlichen Grenzen des Ermessens einzuhalten (§ 40 VwVfG NRW). Die Zeiten sind grundsätzlich, auch im Hinblick auf die Fürsorgepflicht des Dienstherrn, anzurechnen, wenn dem nicht ein wichtiger Grund entgegensteht.

Eine Anrechnung setzt zeitlich, wie generell bei der Berechnung der Probezeit, eine Beschäftigung mit mindestens der Hälfte der regelmäßigen Arbeitszeit voraus (vgl. § 5 Abs. 7 Satz 1 LVO). War während der anrechenbaren Zeiten nach Teilzeitbeschäftigung mit weniger als der Hälfte, aber mit mindestens einem Fünftel der regelmäßigen Arbeitszeit bewilligt, ist die Teilzeitbeschäftigung entsprechend ihrem Verhältnis zur hälftigen Beschäftigung zu berücksichtigen (vgl. § 5 Abs. 7 Satz 2 LVO).

Die Vorschriften über die Mindestprobezeit bleiben unberührt (§ 5 Abs. 3 Satz 4 LVO).

6.3.1.1.2 Hauptberufliche Tätigkeit

Zeiten einer hauptberuflichen Tätigkeit

- in einer zwischenstaatlichen oder überstaatlichen Einrichtung,
- im Rahmen der Entwicklungshilfe,
- im Dienst der Fraktionen des Europäischen Parlaments, des Bundestages oder der Landtage,
- im Dienst der kommunalen Spitzenverbände sowie
- als wissenschaftlicher Mitarbeiter im Dienst von wissenschaftlichen Forschungseinrichtungen, an denen die öffentliche Hand durch Zahlung von Beiträgen oder Zuschüssen oder in anderer Weise wesentlich beteiligt ist,

können auf die Probezeit angerechnet werden, wenn die Tätigkeit nach Art und Bedeutung mindestens des zu übertragenden Amtes entsprochen hat (§ 5 Abs. 4 Satz 1 LVO).

Eine Berücksichtigung solcher Zeiten setzt voraus, dass

- ein Beamtenverhältnis oder ein anderes öffentlich-rechtliches Dienstverhältnis oder
- ein nach den Kriterien des Arbeitsrechts als Arbeitsverhältnis zu qualifizierendes privatrechtliches Dienstverhältnis oder
- ein auf anderer Rechtsgrundlage beruhendes privatrechtliches Dienstverhältnis (Arbeitsverhältnis i. S. des Arbeitsrechts)

bestanden hat. Kennzeichnend für eine „Tätigkeit im Dienst" ist ein Abhängigkeitsverhältnis, kraft dessen der die Tätigkeit Ausübende dem Dienstgeber zu einer bestimmten Tätigkeit verpflichtet und mindestens bezüglich der Art und Weise der Tätigkeiten den Weisungen des Dienstgebers unterworfen war[12].

---

[12] Vgl. Tadday/Rescher, 5b) zu § 7 LVO a. F.

Eine **hauptberufliche Tätigkeit**, die nach Art und Bedeutung mindestens der Tätigkeit in einem Amt der Laufbahn entspricht, ist dann gegeben, wenn eine Tätigkeit nachgewiesen wird, in der Fachkenntnisse und Fähigkeiten erworben worden sind, die für die Wahrnehmung von Aufgaben der Laufbahn erforderlich sind. Die Tätigkeit muss den wahrzunehmenden Funktionen, dem Schwierigkeitsgrad, dem Maß der damit verbundenen Verantwortung sowie nach den Forderungen an den Vor- und Ausbildungsstand dem entsprechen, was für ein Amt der Laufbahn vorausgesetzt wird.[13]

Die Entscheidung über die Anrechnung ist nach pflichtgemäßem Ermessen zu treffen. Sie setzt zeitlich, wie generell bei der Berechnung der Probezeit, eine Beschäftigung mit mindestens der Hälfte der regelmäßigen Arbeitszeit voraus (vgl. § 5 Abs. 7 Satz 1 LVO). War während der anrechenbaren Zeiten nach § 5 Abs. 4 Satz 1 LVO Teilzeitbeschäftigung mit weniger als der Hälfte, aber mit mindestens einem Fünftel der regelmäßigen Arbeitszeit bewilligt, ist die Teilzeitbeschäftigung entsprechend ihrem Verhältnis zur hälftigen Beschäftigung zu berücksichtigen (vgl. § 5 Abs. 7 Satz 1 LVO).

Die Vorschriften über die Mindestprobezeit bleiben unberührt (§ 5 Abs. 4 Satz 2 LVO).

6.3.1.2 Nichtberücksichtigung von Zeiten und Verlängerung der Probezeit

Eine zeitliche Veränderung der Probezeit kann sich

- wegen der Nichtberücksichtigung von Beurlaubungs- bzw. Krankheitszeiten,
- wegen unterhälftiger Teilzeitbeschäftigung,
- durch eine Verlängerung wegen einer noch nicht festgestellten Bewährung nach den Bestimmungen der Laufbahnverordnung oder
- durch eine Verlängerung nach sondergesetzlichen Bestimmungen

ergeben.

Die Verlängerung der Probezeit stellt einen belastenden Verwaltungsakt i. S. § 35 Satz 1 VwVfG NRW dar, gegen den der Beamte bei fehlerhafter Verlängerung mit der Anfechtungsklage vorgehen kann (§ 54 BeamtStG, § 103 Abs. 1 LBG).

6.3.1.2.1 Beurlaubungs- und Krankheitszeiten

Beurlaubungszeiten ohne Dienstbezüge und Krankheitszeiten von mehr als drei Monaten gelten **nicht** als Probezeit (vgl. § 5 Abs. 6 Satz 1 LVO) und führen somit zu späteren Beendigung der Probezeit. Das ist beispielsweise der Fall, wenn der Beamte während der Elternzeit (vgl. § 64 LBG) ohne Besoldung beurlaubt wird. Die über die drei Monate hinausgehende Zeit muss bei einer anschließenden Weiterbeschäftigung noch abgeleistet werden.

---

[13] Vgl. Tadday/Rescher, 5cc) zu § 7 LVO a. F.

Urlaub, und damit auch ein solcher ohne Dienstbezüge ist ein vom Beamten gewolltes und genehmigtes Fernbleiben vom Dienst. Nicht zu den Beurlaubungsfällen i. S. des § 5 Abs. 6 Satz 1 LVO sind Zeiten der Dienstbefreiung zum Ausgleich von Mehrarbeit, des Verbots der Führung der Dienstgeschäfte (§ 39 BeamtStG), der vorläufigen Dienstenthebung nach dem Landesdisziplinargesetz (§ 38 LDG), des unerlaubten Fernbleibens vom Dienst (§ 62 LBG), des gerichtlichen Freiheitsentzuges und auch Zeiten des Ruhens der Rechte und Pflichten aus dem Beamtenverhältnis bei der Annahme eines Mandats (Europäisches Parlament, Bundestag, Landtag) oder bei der Ernennung zum Mitglied der Bundes- bzw. Landesregierung, zum Richter kraft Auftrags oder zum Richter am Bundesverfassungsgericht zu rechnen. Für den Fall der Wahl eines Beamten in das Europäische Parlament, den Bundes- oder Landtag bestimmen allerdings die Abgeordnetengesetze, dass die Zeit der Mitgliedschaft in den Gesetzgebungskörperschaften nicht als Probezeit berücksichtigt werden darf. Die spätere Beendigung der Probezeit richtet sich dann ausschließlich nach diesen Bestimmungen.[14]

Ist bei der Gewährung des Urlaubs von der obersten Dienstbehörde, bei Landesbeamten außerdem mit Zustimmung des für Inneres zuständige Ministerium und des Finanzministeriums, festgestellt worden, dass der **Urlaub überwiegend dienstlichen Interessen oder öffentlichen Belangen dient**, kann die Zeit des Urlaubs auf die Probezeit angerechnet werden (§ 5 Abs. 4 Satz 2 LVO). Der Begriff „dienstliches Interesse" stellt auf den Bereich des Dienstherrn ab; es muss ein konkretes Interesse im Zusammenhang mit den Dienstaufgaben des Beamten bestehen. Der Begriff „öffentliche Belange" ist demgegenüber der weitere Begriff; die Anrechnungsvoraussetzungen sind bereits gegeben, wenn der Urlaub den Interessen der Allgemeinheit dient.[15]

Nur die Zeit, die drei Monate übersteigt, gilt nicht als Probezeit. Hierbei ist nicht auf die einzelne Beurlaubungs- oder Krankheitszeit abzustellen, sondern auf die Gesamtdauer aller in die Probezeit fallenden Beurlaubungs- oder Krankheitszeiten. Das Ende der Probezeit wird um die die drei Monate übersteigende Zeit hinausgeschoben.

6.3.1.2.2 Unterhälftige Teilzeitbeschäftigung

Ist dem Beamten während der Probezeit eine Teilzeitbeschäftigung mit weniger als der Hälfte, aber mit mindestens einem Fünftel der regelmäßigen Arbeitszeit bewilligt worden, ist die Teilzeitbeschäftigung entsprechend ihrem Verhältnis zur hälftigen Beschäftigung zu berücksichtigen (§ 5 Abs. 7 Satz 2 LVO). Die Probezeit ist jedoch nur dann entsprechend zu verlängern, wenn die Auswirkung mehr als drei Monate beträgt (§ 9 Abs. 7 Satz 3 LVO).

---

[14] Vgl. Tadday/Rescher, 6b) zu § 7 LVO a. F.
[15] Vgl. Tadday/Rescher, 6b) zu § 7 LVO a. F.

6.3.1.3 Verlängerung der Probezeit wegen Nichtbewährung

Kann die Bewährung bis zum Ablauf der Probezeit noch nicht festgestellt werden, kann die Probezeit durch Verwaltungsakt verlängert werden (§ 5 Abs. 8 Satz 1 LVO). Sie darf jedoch insgesamt fünf Jahre nicht übersteigen (§ 5 Abs. 8 Satz 2 LVO).

Ob sich der Beamte in der Probezeit bewährt hat, ist nach den Kriterien „Eignung, Befähigung und fachliche Leistung" (vgl. 5.3.1.3.7) zu beurteilen. Die Entscheidung, ob eine Verlängerung wegen fehlender Bewährung in Betracht kommt, ist auf der Grundlage der Leistungen des Beamten während der gesamten Dauer der im Einzelfall festgesetzten Probezeit zu treffen. Die Entscheidung muss nach pflichtgemäßem Ermessen in der Regel spätestens zum Ende der regelmäßigen oder im Einzelfall festgesetzten Probezeit erfolgen.

Eine Verlängerung der Probezeit wegen fehlender Bewährung unterliegt der Mitbestimmung des Personalrates (vgl. §§ 72 Abs. 1 Satz 1 Nr. 1, 66 Abs. 1 LPVG).

Beamte, die sich nicht bewähren, sind zu entlassen (§ 5 Abs. 8 Satz 4 LVO). Sie können mit ihrer Zustimmung in das nächstniedrigere Einstiegsamt oder die Laufbahngruppe 1 derselben Fachrichtung übernommen werden, wenn sie hierfür geeignet sind und ein dienstliches Interesse vorliegt (§ 5 Abs. 8 Satz 5 LVO). Bei der Übernahme in die nächstniedrigere Laufbahn handelt es sich um einen Laufbahnwechsel i. S. des § 11 LVO (vgl. Ausführungen zu 0) und um eine besondere Art des Befähigungserwerbs nach einem Laufbahnwechsel (vgl. § 4 Abs. 1 Nr. 5 LVO).

6.3.1.4 Verlängerung der Probezeit nach sondergesetzlichen Bestimmungen

Nach sondergesetzlichen Bestimmungen verlängert sich die Probezeit um die Zeit, um die die Probezeit aus folgenden Gründen unterbrochen wird:

- Grundwehrdienst (§ 9 Abs. 8 Satz 1 Arbeitsplatzschutzgesetz)[16],
- Zivildienst (§ 78 ZDG i. V. m. § 9 Abs. 8 Satz 1 Arbeitsplatzschutzgesetz)[17],
- Mitgliedschaft im Europäischen Parlament (§ 8 Abs. 3 EuAbgG i. V. m. § 7 Abs. 4 AbgG),
- Mitgliedschaft im Deutschen Bundestag (§ 7 Abs. 4 AbgG) und
- Mitgliedschaft im Landtag (§ 34 Abs. 4 AbgG NRW).

Die Verlängerung erfolgt um die Zeit des Grundwehrdienstes oder der Mitgliedschaft in den Gesetzgebungskörperschaften bis zur Gesamtdauer der Probezeit.

---

[16] Die Vorschriften über die Wehrpflicht gelten nach § 2 Wehrpflichtgesetz nur im Spannungs- oder Verteidigungsfall. Nach § 16 Abs. 7 Arbeitsplatzschutzgesetz gelten die Regelungen des § 9 Abs. 8 Satz 1 auch im Falle des freiwilligen Wehrdienstes nach § 58b des Soldatengesetzes mit der Maßgabe, dass der Vorschriften über den Grundwehrdienst anzuwenden sind.

[17] Gegenstandslos, vgl. § 1a ZDG.

6.3.2 Probezeit im Polizeivollzugsdienst

Die Regelungen des § 5 LVOPol über die Probezeit der Polizeivollzugsbeamten entsprechen im Wesentlichen den Regelungen des § 5 LVO. Die Laufbahnverordnung der Polizei sieht allerdings anders als die Laufbahnverordnung für die Beamten des nichttechnischen Dienstes keine Möglichkeit der Übernahme in den nächstniedrigeren Laufbahnabschnitt vor.

6.3.3 Zusammenfassende Übersicht

Die nachfolgende Übersicht stellt die Nichtberücksichtigung von Zeiten und Verlängerung der Probezeit im Hinblick auf den Anlass, die Rechtsgrundlage und den Umfang dar.

Festsetzung der Probezeit im Einzelfall
Nichtberücksichtigung von Zeiten und Verlängerungen

Anlass	Rechtsgrundlage	Umfang der Nichtberücksichtigung oder Verlängerung
Beurlaubungszeiten ohne Dienstbezüge, Krankheitszeiten	§ 5 Abs. 6 Satz 1 LVO, § 5 Abs. 5 LVOPol	Zeiten von mehr als drei Monaten gelten nicht als Probezeit
Ausnahme: Überwiegend dienstliche Interessen bei Beurlaubung	§ 5 Abs. 6 Satz 2 LVO	
Bewährung in der Probezeit kann nicht festgestellt werden	§ 5 Abs. 8 Satz 1 LVO, § 5 Abs. 7 Satz 1 LVOPol	Verlängerung nach den Erfordernissen des Einzelfalles, höchstens bis zu einer Gesamtdauer des Beamtenverhältnisses auf Probe von maximal 5 Jahren (, § 5 Abs. 8 LVO, § 5 Abs. 7 Satz 1 LVOPol)
Freiwilliger Wehrdienst nach § 58b Soldatengesetz in der Probezeit	§ 16 Abs. 7 i. V. m. § 9 Abs. 8 Satz 1 Arbeitsplatzschutzgesetz	Verlängerung um die Dauer des Grundwehrdienstes
Mitgliedschaft im Europäischen Parlament	§ 8 Abs. 3 EuAbgG i. V. m. § 7 Abs. 4 AbgG	
Mitgliedschaft im Deutschen Bundestag	§ 7 Abs. 4 AbgG	Verlängerung um die Dauer der Mitgliedschaft bis zur Gesamtdauer der Probezeit
Mitgliedschaft im Landtag NRW	§ 34 Abs. 4 AbgG NRW	

6.3.4 Übungen

Sachverhalt 1

Annegret A ist am 01.08.2016 nach erfolgreich abgeleistetem Vorbereitungsdienst und bestandener Laufbahnprüfung (Note „befriedigend") für die Laufbahngruppe 1, zweites Einstiegsamt unter Berufung in das Beamtenverhältnis auf Probe zur Stadtsekretärin ernannt worden. Berücksichtigungsfähige hauptberufliche Tätigkeiten und Dienstzeiten im öffentlichen Dienst wurden zuvor nicht geleistet.

Fragestellung

Wie lange dauert die laufbahnrechtliche Probezeit von Frau A?

Bearbeitungshinweis

Es kann davon ausgegangen werden, dass Beurlaubungs- bzw. Krankheitszeiten nicht entstehen und dass sich die Beamtin in der Probezeit bewähren wird.

Lösungshinweise

Probezeit ist die Zeit im Beamtenverhältnis auf Probe, während der sich Laufbahnbewerber nach Erwerb der Befähigung für ihre Laufbahn bewähren sollen (vgl. § 5 Abs. 1 Satz 1 LVO).

Frau A hat die Befähigung als Regellaufbahnbewerberin für die Laufbahngruppe 1, zweites Einstiegsamt durch Vorbereitungsdienst und Laufbahnprüfung erworben. Die regelmäßige Probezeit beträgt drei Jahre (§ 5 Abs. 1 Satz 2 LVO).

Kürzungen der laufbahnrechtlichen Probezeit könnten sich wegen Dienstzeiten im öffentlichen Dienst und Zeiten hauptberuflicher Tätigkeiten bei bestimmten öffentlichen Einrichtungen (§ 5 Abs. 3 und Abs. 4 LVO) ergeben.

Berücksichtigungsfähige Dienstzeiten im öffentlichen Dienst und hauptberufliche Tätigkeiten und sind laut Sachverhalt nicht geleistet worden.

Verlängerungen der Probezeit können sich kraft Gesetzes oder durch Verwaltungsakt in Fällen der Erkrankung, der Beurlaubung ohne Dienstbezüge und der Nichtbewährung in der Probezeit ergeben. Im vorliegenden Fall ist laut Fragestellung und Bearbeitungshinweis davon auszugehen, dass solche Zeiten nicht entstehen werden.

Frau A hat in der Zeit vom 01.08.2016 bis zum 31.07.2019 die Regelprobezeit von drei Jahren (§ 5 Abs. 1 Satz 2 LVO) zu leisten.

Sachverhalt 2

Björn B soll mit Wirkung vom 01.04.2017 zum Stadtsozialinspektor zur Anstellung ernannt worden. Nach seinem Studium an der Fachhochschule für Sozialarbeit und seinem bei der Stadt S abgeleisteten Berufspraktikum hat er die staatliche Anerkennung erhalten. Danach war er drei Jahre als Beschäftigter beim Sozialamt der Stadt S (Vollzeitbeschäftigung) tätig. Seine Tätigkeit mit Arbeitsvertrag in der Sachbearbeitung entsprach einer Tätigkeit in der Laufbahngruppe 2, erstes Einstiegsamt. Hauptberufliche Tätigkeiten i. S. von § 5 Abs. 4 LVO sind nicht geleistet worden.

Fragestellung

Hat Herr B die Befähigung für die Laufbahn erworben und wie lange dauert ggf. seine laufbahnrechtliche Probezeit?

Bearbeitungshinweis

Beurlaubungs- bzw. Krankheitszeiten sind nicht gegeben. Es ist davon auszugehen, dass sich B in der Probezeit bewähren wird.

Lösungshinweise

Herr B könnte die Befähigung als Laufbahnbewerber nach den Bestimmungen über Bewerber besonderer Fachrichtung (§ 4 Abs. 1 Nr. 2 LVO) erworben haben.

Für Bewerber besonderer Fachrichtung tritt an die Stelle des Vorbereitungsdienstes und der Laufbahnprüfung eine hauptberufliche Tätigkeit Dabei müssen die Inhalte eines Vorbereitungsdienstes mindestens gleichwertig durch die in der hauptberuflichen Tätigkeit erworbenen Kenntnisse und Fertigkeiten ersetzt werden können (vgl. § 8 Abs. 1 Satz 1 LBG).

In der Anlage 3 können nach § 16 Abs. 5 Satz 1 LVO für bestimmte Ämter innerhalb der Laufbahnen besondere Anforderungen an die technische oder sonstige Fachbildung gestellt werden, die über die in § 8 LBG genannten allgemeinen Anforderungen an die Vorbildung hinausgehen.

Von Sozialarbeitern ist nach Anlage 3 zur Laufbahnverordnung als Befähigungsnachweis zu fordern:

- Die staatliche Anerkennung nach Besuch der Fachhochschule als Sozialarbeiterin oder Sozialarbeiter und
- eine hauptberufliche Tätigkeit von zwei Jahren und sechs Monaten (§ 16 Abs. 4 Nr. 1 LVO). im öffentlichen Dienst unter Anrechnung eines freiwillig geleisteten Berufspraktikums bis zu einem Jahr.

Herr B hat erfolgreich an der Fachhochschule für Sozialarbeit studiert und ein Berufspraktikum von einem Jahr bei der Stadt S abgeleistet. Die staatliche Anerkennung hat er erhalten. Seit drei Jahren ist der Bewerber bei der Stadt S mit Arbeitsvertrag tätig. Bis zum geplanten Einstellungstermin am 01.04.2017 wurde von ihm somit eine hauptberufliche Tätigkeit von mehr als einem Jahr und sechs Monaten unter Anrechnung des einjährigen freiwilligen Berufspraktikums geleistet. Die Tätigkeit dieses Beschäftigungsverhältnisses entspricht der Tätigkeit in einem Amt in der Laufbahngruppe 2, erstes Einstiegsamt.

Die geforderte Zeit für die hauptberufliche Tätigkeit ist somit erfüllt. Von der hauptberuflichen Tätigkeit im Beschäftigungsverhältnis waren ein Jahr und sechs Monate für den Befähigungserwerb erforderlich. Es verbleibt ein Zeitraum von einem Jahr und sechs Monaten.

Herr B erfüllt die für seine Laufbahn (Laufbahn besonderer Fachrichtung als Sozialarbeiter, Laufbahngruppe 2, erstes Einstiegsamt) geforderten Einstellungsvoraussetzungen und besitzt die Befähigung für diese Laufbahn.

Probezeit ist die Zeit im Beamtenverhältnis auf Probe, während der sich Laufbahnbewerber nach Erwerb, andere Bewerber nach Feststellung der Befähigung für ihre Laufbahn bewähren sollen (§ 5 Abs. 1 Satz 1 LVO). Die regelmäßige Probezeit dauert drei Jahre (§ 5 Abs. 1 Satz 2 LVO).

Hierbei handelt es sich um die Regelprobezeit, die in Ausnahmefällen durch Verwaltungsakt verkürzt werden kann.

Kürzungen der laufbahnrechtlichen Probezeit könnten sich im vorliegenden Fall wegen Zeiten hauptberuflicher Tätigkeiten bei bestimmten öffentlichen Einrichtungen (§ 5 Abs. 4 LVO) und Dienstzeiten im öffentlichen Dienst (§ 5 Abs. 3 LVO) ergeben.

Berücksichtigungsfähige hauptberufliche Zeiten i. S. des § 5 Abs. 4 LVO sind laut Sachverhalt nicht geleistet worden. Zeiten einer hauptberuflichen Tätigkeit im öffentlichen Dienst, die über die nach § 16 Abs. 4 LBG i. V. m. § 8 Abs. 1 LBG für die Ordnung von Laufbahnen besonderer Fachrichtung nachzuweisenden hinausgehen, dürfen auf die Probezeit angerechnet werden (§ 5 Abs. 3 Satz 2 LVO) Herr B hat insgesamt eine hauptberufliche Tätigkeit von drei Jahren geleistet. Ein Jahr und sechs Monate der Zeit waren für den Befähigungserwerb erforderlich. Der Rest von einem Jahr und sechs Monaten kann nach § 5 Abs. 3 Satz 2 LVO auf die Probezeit angerechnet werden. Es verbleibt ggf. eine Probezeit von einem Jahr und sechs Monaten.

Bei der Regelung über die Anrechnung nach § 5 Abs. 3 Satz 2 LVO handelt es sich um eine Kannbestimmung. Ist die Behörde ermächtigt, nach ihrem Ermessen zu handeln, hat sie ihr Ermessen entsprechend dem Zweck der Ermächtigung auszuüben und die gesetzlichen Grenzen des Ermessens einzuhalten (§ 40 VwVfG NRW). Bei entsprechender Ermessensausübung hat B eine im Einzelfall festgesetzte Probezeit von einem Jahr und sechs Monaten zu leisten.

Die Vorschriften über Mindestprobezeiten bleiben unberührt (§ 5 Abs. 3 Satz 4 LVO). Die Mindestprobezeit in der Laufbahngruppe 2 beträgt nach § 5 Abs. 2 LVO ein Jahr. Diese Bestimmungen stehen einer Kürzung der Probezeit im vorliegenden Fall nicht entgegen.

Verlängerungen der Probezeit können sich kraft Gesetzes oder durch Verwaltungsakt in Fällen der Krankheit, der Beurlaubung ohne Dienstbezüge und der Nichtbewährung in der Probezeit ergeben. Im vorliegenden Fall liegen laut Bearbeitungshinweis nicht vor.

Herr B wird in der Zeit vom 01.04.2017 bis zum 30.09.2018 die in seinem Fall festgesetzte Probezeit von einem Jahr und sechs Monaten ableisten.

Sachverhalt 3

Christian C ist nach erfolgreich abgeleistetem Vorbereitungsdienst und nach dem Bestehen der Laufbahnprüfung mit der Note „befriedigend" mit Wirkung vom 01.09.2014 zum Regierungsinspektor ernannt worden. In der Zeit vom 01.02.2015 bis zum 31.05.2015 war er nach einem Verkehrsunfall ununterbrochen dienstunfähig erkrankt. Berücksichtigungsfähige Dienst- und hauptberufliche Tätigkeiten im öffentlichen Dienst nach § 5 Abs. 3 LVO sowie hauptberufliche Tätigkeiten nach § 5 Abs. 4 LVO sind vor der Berufung in das Beamtenverhältnis nicht geleistet worden.

Fragestellung

Wie lange dauert die laufbahnrechtliche Probezeit von Herrn C?

Bearbeitungshinweise

Es ist davon auszugehen, dass es Beurlaubungs- bzw. weitere Krankheitszeiten nicht gibt bzw. geben wird und dass sich der Beamte in der Probezeit bewähren wird.

Lösungshinweise

Probezeit ist die Zeit im Beamtenverhältnis auf Probe, während der sich Laufbahnbewerber nach Erwerb, andere Bewerber nach Feststellung der Befähigung für ihre Laufbahn bewähren sollen (§ 5 Abs. 1 Satz 1 LVO). Die regelmäßige Probezeit beträgt drei Jahre (§ 5 Abs. 1 Satz 2 LVO).

Hierbei handelt es sich um eine Regelprobezeit, die in Ausnahmefällen durch Verwaltungsakt verkürzt werden kann.

Kürzungen der Probezeit könnten sich wegen Dienst- und hauptberuflichen Tätigkeiten im öffentlichen Dienst sowie Zeiten hauptberuflicher Tätigkeiten bei bestimmten öffentlichen Einrichtungen (§ 5 Abs. 3 und Abs. 4 LVO) ergeben.

Berücksichtigungsfähige Dienst- und hauptberufliche Tätigkeiten im öffentlichen Dienst sowie Zeiten hauptberuflicher Tätigkeiten bei bestimmten öffentlichen Einrichtungen sind laut Sachverhalt nicht geleistet worden.

Verlängerungen der Probezeit können sich kraft Gesetzes oder durch Verwaltungsakt in Fällen der Krankheit, der Beurlaubung ohne Dienstbezüge und der Nichtbewährung in der Probezeit ergeben.

Herr C war in der Zeit vom 01.02.2015 bis zum 31.05.2015 während der Probezeit dienstunfähig erkrankt. Krankheitszeiten von mehr als drei Monaten gelten nicht als Probezeit (vgl. § 5 Abs. 6 Satz 1 LVO). D war insgesamt vier Monate erkrankt. Das Ende der Probezeit verschiebt sich für ihn um einen Monat. Die Regelprobezeit beträgt drei Jahre und wäre am 31.08.2017 beendet. Wegen der Nichtberücksichtigung der Krankheitszeiten von mehr als drei Monaten endet sie einen Monat später mit Ablauf des 30.09.2017.

6.4 Laufbahnwechsel

Die wesentlichen Bestimmungsmerkmale einer Laufbahn sind Fachrichtung und Laufbahngruppe.

Eine Laufbahn umfasst alle Ämter die derselben **Fachrichtung** und derselben Laufbahngruppe angehören; zur Laufbahn gehören auch der Vorbereitungsdienst und die Probezeit (§ 5 Abs. 1 Satz 2 LBG). Es gibt die Laufbahngruppen 1 und 2 (§ 5 Abs. 2 Satz 1 LBG). Innerhalb der Laufbahngruppen gibt es nach Maßgabe des Besoldungsrechts erste und zweite Einstiegsämter (§ 5 Abs. 2 Satz 2 LBG).

Um einen Laufbahnwechsel handelt es sich immer dann, wenn der Beamte die Fachrichtung oder die Laufbahngruppe wechselt, daneben auch dann, wenn der Beamte unter Beibehaltung seiner Fachrichtung und seiner Laufbahngruppe zu einem Dienstherrn in einem anderen Bundesland wechselt[18].

Daraus ergeben sich folgende Fälle des Laufbahnwechsels:

- Laufbahnwechsel in ein nicht statusgleiches Amt (vertikal)
  - Aufstieg sowie
  - Abstieg

und

- Laufbahnwechsel in ein statusgleiches Amt (horizontal).

---

[18] Zur Vertiefung Baßlsperger: Laufbahnwechsel, ZBR 1994, 111.

6.4.1 Laufbahnwechsel in ein nichtstatusgleiches Amt

Hier sind **zwei Fälle** des Laufbahnwechsels denkbar:

- Wechsel von der Laufbahngruppe 1 in die Laufbahngruppe 2 derselben Fachrichtung oder Wechsel in den nächsthöheren Laufbahnabschnitt im Polizeivollzugsdienst (Aufstieg) und

- Wechsel in die nächstniedrigere Laufbahngruppe derselben Fachrichtung oder Wechsel in den nächstniedrigeren Laufbahnabschnitt im Polizeivollzugsdienst (Abstieg).

Soweit dienstrechtliche Vorschriften anzuwenden sind, die auf Laufbahngruppen abstellen, gilt nach § 2 Abs. 2 LVOPol im Polizeivollzugsdienst der Laufbahnabschnitt I als eine Laufbahn des mittleren Dienstes (jetzt Laufbahngruppe 1, zweites Einstiegamt), der Laufbahnabschnitt II als eine Laufbahn des gehobenen Dienstes (jetzt Laufbahngruppe 2, erstes Einstiegsamt) und der Laufbahnabschnitt III als eine Laufbahn des höheren Dienstes (jetzt Laufbahngruppe 2, zweites Einstiegsamt).

Ein Laufbahnwechsel mit Wechsel der Laufbahngruppe / Laufbahnabschnitt wird im Wege einer Ernennung, ggf. unter Beachtung der Vorschriften über die Versetzung oder Umsetzung, vollzogen. Es kommen die Ernennungsfälle nach § 8 Abs. 1 Nr. 3 BeamtStG (Verleihung eines anderen Amtes mit anderem Grundgehalt) und des § 8 Abs. 1 Nr. 4 BeamtStG (Verleihung eines anderen Amtes mit anderer Amtsbezeichnung) in Betracht. Zu den einzelnen Ernennungsvoraussetzungen vgl. die Ausführungen zu 5.3.1 bis 5.3.4.

6.4.1.1 Aufstieg in die nächsthöhere Laufbahngruppe

Für den Aufstieg von einer Laufbahn in die nächsthöhere Laufbahn derselben oder einer anderen Fachrichtung gelten die §§ 19 ff. LVO.

6.4.1.1.1 Aufstieg von der Laufbahngruppe 1 in die Laufbahngruppe 2 des allgemeinen Verwaltungsdienstes

Laufbahnbewerber erwerben die Befähigung für ihre Laufbahn nach den Vorschriften über den Aufstieg (§ 4 Abs. 1 Nr. 3 LVO). Bei einem Aufstieg handelt es sich um eine Ernennung nach § 8 Abs. 1 Nr. 4 BeamtStG (§ 23 Abs. 2 LBG).

Durch die Neufassung der laufbahnrechtlichen Regelungen im Dienstrechtsmodernisierungsgesetz vom 14.06.2016 ist unter Beibehaltung des Laufbahnprinzips eine Reduzierung der Anzahl der Laufbahngruppen vorgenommen worden. Die bisher vier Laufbahngruppen des einfachen, mittleren, gehobenen und höheren Dienstes sind in zwei Laufbahngruppen neu geordnet worden, so dass es nur noch eine Art des Aufstiegs gibt, den Aufstieg von der Laufbahngruppe 1 von den Ämtern des zweiten Einstiegsamtes in die Laufbahngruppe 2 in die Gruppe der Ämter des ersten Einstiegsamtes dieser Laufbahngruppe. Dieser Aufstieg entspricht dem früheren Aufstieg vom mittleren in den gehobenen Dienst. Der bisherige Aufstieg vom gehobenen in den höheren Dienst ist durch eine in den §§ 24 ff. LVO geregelte berufliche Entwicklung innerhalb der Laufbahngruppe 2 abgelöst worden.

Die Bestimmungen über den Wechsel von der Laufbahngruppe 1 in die Laufbahngruppe 2 (Aufstieg) sollen Beamten, die sich besonders bewährt haben, die Möglichkeit geben, höherwertige Ämter ohne den geforderten Bildungsabschluss bzw. Vorbereitungsdienst zu übernehmen.

Der Aufstieg ist auch ohne Erfüllung der Zugangsvoraussetzungen des § 6 LBG möglich, wenn die für die höhere Laufbahngruppe erforderlichen Kenntnisse und Fähigkeiten vorliegen (§ 23 Abs. 1 LBG). Die Vorschrift wird ergänzt durch § 19 Abs. 1 Satz 1 LVO. Danach ist der Aufstieg in das erste Einstiegsamt der Laufbahngruppe 2 ist innerhalb derselben Fachrichtung, wenn die Beamten nach Eignung, Leistung und Befähigung hierfür in besonderer Weise in Betracht kommen und die Voraussetzungen der §§ 20 bis 22 LVO erfüllen (§ 19 Abs. 1 Satz 1 LVO).

Der Die Laufbahnverordnung unterscheidet den Ausbildungsaufstieg (§ 20 LVO), den Qualifizierungsaufstieg (§ 21 LVO) und den Aufstieg in bestimmte Aufgabenbereiche (§ 22 LVO).

Ausbildungsaufstieg

Ein Beamter der Laufbahngruppe 1 können nach Maßgabe des § 20 LVO in das erste Einstiegsamt der Laufbahngruppe derselben Fachrichtung aufsteigen, wenn er

- mindestens ein Amt der Besoldungsgruppe A 6 aus der Ämtergruppe des zweiten Einstiegsamtes innehat (§ 20 Abs. 1 Satz 1 Nr. 1 LVO),
- sich in einer Dienstzeit von mindestens drei Jahren bewährt hat (§ 20 Abs. 1 Satz 1 Nr. 2 LVO),
- in einem Auswahlverfahren zu der Aufstiegsqualifizierung zugelassen worden ist (§ 20 Abs. 1 Satz 1 Nr. 3 LVO) und
- die für den Zugang zu der Laufbahn erforderlichen Bildungsvoraussetzungen nach § 6 Abs. 2 LBG (vgl. 6.2.1.1) erworben hat (§ 20 Abs. 1 Satz 1 Nr. 4 LVO).

Dienstzeiten rechnen nach § 10 Abs. 2 Satz 1 LVO von dem Zeitpunkt der Beendigung der Probezeit in der Laufbahngruppe.

Die geforderte Dienstzeit kann jeweils um ein Jahr gekürzt werden, wenn der Beamte

- eine zu einem Hochschulstudium berechtigende Schulbildung besitzt (§ 20 Abs. 1 Satz 2 Nr. 1 LVO),
- die Prüfung für die bisherige berufliche Verwendung mindestens „gut" bestanden hat (§ 20 Abs. 1 Satz 2 Nr. 2 LVO).

Die Entscheidung darüber, ob die Möglichkeit eines Ausbildungsaufstiegs angeboten wird, liegt nach § 20 Abs. 5 Satz 1 LVO bei der dienstvorgesetzten Stelle i. S. von § 2 Abs. 2 und Abs. 3 LBG oder der von ihr bestimmten Stelle. Diese führt auf der Grundlage aktueller dienstlicher Beurteilungen ein Auswahlverfahren zur Auswahl der am besten geeigneten Beamten durch. Eignung und Befähigung bemessen sich dabei nach dem Anforderungsprofil, das mit der Wahrnehmung der zu übertragenden Aufgaben verbunden ist (§ 20 Abs. 1 Satz 2 LVO).

Die Zulassungsentscheidung der dienstvorgesetzten oder von ihr bestimmten Stelle stellt einen Verwaltungsakt i. S. des § 35 Satz 1 VwVfG NRW dar, deren Bestandskraft ggf. nach den §§ 43 ff. VwVfG NRW zu beurteilen ist. Zuständig für die Entscheidung ist die jeweils dienstvorgesetzte Stelle (§ 2 Abs. 2 und Abs. 3 LBG). Bei der Zulassung handelt sich um einen mitbestimmungspflichtigen Tatbestand i. S. des § 72 Abs. 1 Satz 1 Nr. 2 LPVG, § 66 Abs. 1 LPVG. Die Entscheidung kann nur mit Zustimmung des Personalrats getroffen werden.

Eine Erprobungszeit vor Feststellung der Eignung für einen höher bewerteten Dienstposten vor einer Beförderung (§ 19 Abs. 3 LBG) nach erfolgtem Ausbildungsaufstieg ist nicht zu fordern. § 19 Abs. 3 LBG findet in den Fällen des Ausbildungsaufstiegs nach § 20 Abs. 1 Satz 3 LVO keine Anwendung (vgl. § 20 Abs. 1 Satz 3 LVO).

Die Regelung über das verpflichtende regelmäßige Durchlaufen von Ämtern nach § 7 Abs. 1 Satz 1 LVO und damit das Verbot der Sprungbeförderung (§ 19 Abs. 4 Satz 1 LVO) gilt im Falle des Aufstiegs nicht (vgl. § 19 Abs. 4 LBG).

Dauer des Ausbildungsaufstiegs

Die **Dauer des Ausbildungsaufstiegs** beträgt

- für die Bereiche des nichttechnischen Dienstes drei Jahre (§ 20 Abs. 2 Nr. 1 LVO),
- für die Bereiche des technischen Dienstes ein Jahr, falls der Beamte ein erforderliches Abschlusszeugnis gemäß § 15 Abs. 2 LVO (Hochschulstudium) besitzt (§ 20 Abs. 2 Nr. 2 Buchstabe a) LVO) und
- in allen übrigen Fällen des technischen Dienstes mindestens zwei Jahre (§ 20 Abs. 2 Nr. 2 Buchstabe b) LVO).

Inhalt des Ausbildungsaufstiegs

Der **Ausbildungsaufstieg umfasst** für die Bereiche

- des **nichttechnischen Dienstes** fachpraktische Studienzeiten sowie fachwissenschaftliche Studienzeiten an Fachhochschulen i. S. des § 1 FHGöD in der jeweils geltenden Fassung (§ 20 Abs. 3 Nr. 1 LVO), und unterscheidet sich nicht vom Vorbereitungsdienst für Direkteinsteiger nach §§ 7 und 9 ff. VAPgD BA,

- des **technischen Dienstes** unter der Voraussetzung von § 20 Abs.2 Nr. 2 Buchstabe a) LVO (Hochschulstudium) eine fachpraktische Ergänzung in fachbezogenen Schwerpunktbereichen (§ 20 Abs. 3 Nr. 2 LVO),
- des technischen Dienstes in den übrigen Fällen einen durch Ausbildungs- und Prüfungsordnung zu bestimmenden Ausbildungsgang (§ 20 Abs. 3 Nr. 3 LVO).

Laufbahnprüfung

Der Ausbildungsaufstieg umfasst für die Bereiche des nichttechnischen Dienstes fachpraktische Studienzeiten sowie fachwissenschaftliche Studienzeiten an Fachhochschulen i. S. des § 1 FHGöD in der jeweils geltenden Fassung (§ 20 Abs. 3 Nr. 1 LVO). Damit ist auch die Ablegung der Prüfung gefordert. Die erfolgreich abgeleistete Hochschulprüfung (Bachelorprüfung nach § § 12 VAPgD BA) gilt zugleich als Laufbahnprüfung (§ 14 Abs. 2 Satz 1 VAPgD BA).

Qualifizierungsaufstieg

Der Qualifizierungsaufstieg nach § 21 LVO stellt sich als ein prüfungserleichterter Aufstieg dar.

Abweichend von den Bestimmungen über den Ausbildungsaufstieg in § 20 LVO dürfen Beamte innerhalb ihrer Fachrichtung aufsteigen, wenn

- ihnen seit mindestens zwei Jahren mindestens ein Amt der Besoldungsgruppe A 9 verliehen ist oder ihnen ein Amt der Besoldungsgruppe A 8 verliehen ist und sie seit mindestens zwei Jahren die Aufgaben eines Amtes der Besoldungsgruppe A 9 wahrnehmen (§ 21 Abs. 1 Satz 1 Nr. 1 LVO),
- sie in einem Auswahlverfahren zu der Aufstiegsqualifizierung zugelassen worden sind (§ 21 Abs. 1 Satz 1 Nr. 2 LVO) und
- sie nach Maßgabe einer Rechtsverordnung über die Ausbildung und Prüfung gemäß § 7 LBG diese Qualifizierung erfolgreich abgeleistet und nach Teilnahme an einem Aufstiegslehrgang die Aufstiegsprüfung bestanden haben (§ 21 Abs. 1 Satz 1 Nr. 3 LVO).

Regelungen über den prüfungserleichterten Aufstieg enthielt die Ausbildungsverordnung gehobener nichttechnischer Dienst (VAPgD)[19], inzwischen obsolet durch Fristablauf zum 31.12.2015. Die VAPgD BA enthält keine Regelungen über den Qualifizierungsaufstieg.

Sofern Regelungen über den Aufstieg in den Vorschriften über Ausbildung und Prüfung nach § 7 LBG nicht erlassen worden sind sowie für Laufbahnen besonderer Fachrichtung entscheidet die oberste Dienstbehörde über die Anforderungen an die Qualifizierungsinhalte und die Aufstiegsprüfung (vgl. § 21 Abs. 1 Satz 2 LVO).

---

[19] Verordnung über die Ausbildung und Prüfung für Laufbahnen des gehobenen nichttechnischen Dienstes im Lande Nordrhein-Westfalen (Ausbildungsverordnung gehobener nichttechnischer Dienst – VAPgD) vom 25.06.1994 (GV.NRW. S. 707), zuletzt geändert durch die 10. ÄndVO vom 30.11.2010 (GV. NRW. S. 659), inzwischen obsolet durch Fristablauf zum 31.12.2015.

Das Ministerium für Inneres und Kommunales in Nordrhein-Westfalen hat mit an die Bezirksregierungen mit der Bitte um Weiterleitung an ihren nachgeordneten Bereich gerichteten Erlass vom 27.04.2015 (31-42.04.11/03-3-549/15 (1)) empfohlen, den Aufstieg weiterhin nach den bisherigen Vorschriften der VAPgD durchzuführen.

Der **Zeitraum einer Qualifizierung** beträgt nach § 21 Abs. 2 Satz 1 LVO mindestens zehn Monate. § 21 Abs. 2 Satz 2 LVO legt den Inhalt der Qualifizierung fest. Sie umfasst

- eine exemplarische praktische Einweisung in Aufgaben der angestrebten Laufbahngruppe und
- einen mindestens drei Monate dauernden Lehrgang.

Wird die Leistung während der Qualifizierung mindestens mit ausreichend beurteilt, nehmen die Beamten an einem mindestens drei Monate dauernden Aufstiegslehrgang mit abschließender Prüfung teil (vgl. § 21 Abs. 2 Satz 3 LVO).

In den von der für die Ordnung der Laufbahn zuständigen obersten Dienstbehörde zu erlassenen Vorschriften über die Ausbildung und Prüfung nach § 7 LBG kann bestimmt werden, dass statt der Qualifizierung und Teilnahme an einem Aufstiegslehrgang andere Formen einer prüfungsgebundenen Qualifizierung als gleichwertig anerkannt werden können. Vgl. dazu § 21 Abs. 3 LVO.

Aufstieg in bestimmte Aufgabenbereiche (Verwendungsaufstieg)

Die Ausbildungsinhalte der Vorschriften über die Ausbildung und Prüfung nach § 7 LBG reichen teilweise über die durch das Landesbeamtengesetz geforderten Standardqualifikation hinaus, andererseits fehlt aber das für eine Einstellung in die Laufbahngruppe 2 grundsätzlich geforderte Studium. Diesem Tatbestand trägt § 22 LVO dahingehend Rechnung, dass ein begrenzter Aufstieg in bestimmte Aufgabenbereiche bis in ein Amt der Besoldungsgruppe A 11 ermöglicht wird.

Beamte können eine auf einen bestimmten Aufgabenbereich beschränkte Laufbahnbefähigung für dieselbe Fachrichtung der Laufbahngruppe 2 erwerben, wenn

- sie sich in einem Amt der Besoldungsgruppe A 9 bewährt haben (§ 22 Abs. 1 Nr. 1 LVO),
- sie eine über die Voraussetzungen des § 6 Abs. 1 Nr. 2 LBG für das zweite Einstiegsamt der Laufbahngruppe 1 hinausgehende Qualifikation nachweisen mussten, die für die Amtsausübung erforderlich ist (§ 22 Abs. 1 Nr. 2 LVO) und
- wenn die zuständige oberste Dienstbehörde ein dienstliches Bedürfnis für den Einsatz des Beamten in dem Aufgabenbereich festgestellt hat (§ 22 Abs. 1 Nr. 3 LVO).

Beamten mit einer beschränkten Laufbahnbefähigung darf höchstens ein Amt der Besoldungsgruppe A 11 übertragen werden (§ 22 Abs. 2 LVO).

Beamten mit einer beschränkten Laufbahnbefähigung, welche nachträglich die Voraussetzungen für einen Ausbildungs- oder Qualifizierungsaufstieg nach den §§ 20 und 21 LVO erfüllen, kann auch ein über A 11 hinausgehendes Amt verliehen werden (§ 22 Abs. 3 LVO).

Aufstieg durch Bachelor- oder Diplomstudium mit dem Ziel der Spezialisierung

Die Regelung des § 23 LVO ermöglicht, abweichend von den Regelungen der §§ 20 und 21 LVO (vgl. vorhergehende Ausführungen), auch einen Aufstieg aus einer Laufbahn mit Vorbereitungsdienst in eine Laufbahn besonderer Fachrichtung, sofern von der obersten Dienstbehörde ein besonderes dienstliches Interesse festgestellt wird. Laufbahnrechtlich ist diese Möglichkeit des Aufstiegs mit dem Erwerb der Befähigung für eine Laufbahn besonderer Fachrichtung verbunden. Die Regelungen enthalten im Wesentlichen die Anforderungen, die mit dem Erwerb der Befähigung für eine Laufbahn besonderer Fachrichtung verbunden sind, insbesondere in Bezug auf das Erfordernis einer hauptberuflichen Tätigkeit.

Demzufolge bestimmt § 23 LVO, dass nach Bewährung in einer Dienstzeit von mindestens drei Jahren ein Aufstieg durch Laufbahnwechsel in eine Laufbahn besonderer Fachrichtung zulässig ist, sofern

- der Beamte nach seiner Eignung, Leistung und Befähigung hierfür in besonderer Weise in Betracht kommt (§ 23 Abs. 1 Nr. 1 LVO),
- hierfür ein **besonderes dienstliches Interesse** von der obersten Dienstbehörde oder der von ihr bestimmten Stelle festgestellt wird (§ 23 Abs. 1 Nr. 2 LVO),
- der Beamte in einem **Auswahlverfahren** zu diesem Laufbahnwechsel zugelassen worden ist (§ 23 Abs. 1 Nr. 3 LVO),
- ein **Diplom einer Fachhochschule** oder der in einem akkreditierten Studiengang an einer Fachhochschule oder Berufsakademie erworbene **Bachelorgrad** vorliegt (§ 23 Abs. 1 Nr. 4 LVO),
- der Beamte nach dem Erwerb der erforderlichen Bildungsvoraussetzungen nach § 23 Abs. 1 Nr. 4 LVO die nach § 16 LVO (Laufbahnen besonderer Fachrichtung, Anforderungen und Dauer der hauptberuflichen Tätigkeit) zum Erwerb der Laufbahnbefähigung erforderliche **hauptberufliche Tätigkeit** in den Aufgabenbereichen der neuen Laufbahn absolviert hat (§ 23 Abs. 1 Nr. 5 LVO) und
- der Beamte nach Erlangung der Befähigung für die Laufbahn besonderer Fachrichtung eine **Erprobung** von zehn Monaten erfolgreich absolviert hat (§ 23 Abs. 1 Nr. 6 LVO).

Die geforderte hauptberufliche Tätigkeit und die Erprobungszeit wird nach § 23 Abs. 2 LVO in der bisherigen Laufbahngruppe absolviert.

Die Entscheidung, ob die Möglichkeit eines qualifizierungsgebundenen Aufstiegs angeboten wird, obliegt nach § 23 Abs. 3 LVO der obersten Dienstbehörde oder der von ihr beauftragten Stelle. Wird ein qualifizierungsgebundener Aufstieg angeboten, ist auf der Grundlage aktueller dienstlicher Beurteilungen ein Auswahlverfahren zur Auswahl der am besten geeigneten Beamten durchzuführen, in dem sich Eignung und Befähigung nach dem Anforderungsprofil, das mit der Wahrnehmung der der Aufgaben der Ämtergruppe des ersten Einstiegsamtes der Laufbahngruppe 2 richtet.

6.4.1.1.2 Aufstieg im Polizeivollzugsdienst

Beamte, denen bereits ein Amt verliehen wurde, erwerben die Befähigung grundsätzlich durch das Ableisten der Ausbildung und das Bestehen der nächsthöheren Fachprüfung (vgl. § 4 Abs. 2 Satz 1 LVOPol).

Prüfungsfreier Aufstieg vom Laufbahnabschnitt I in den Laufbahnabschnitt II (Verwendungsaufstieg)

Beamtinnen und Beamte, die die I. Fachprüfung bestanden haben, können ohne das Ablegen der II. Fachprüfung in Ämter des Laufbahnabschnitts II bis zur Besoldungsgruppe A 11 aufsteigen (vgl. § 4 Abs. 3 i. V. m. § 7 Abs. 1 und Abs. 2 LVOPol). Weitere Beförderungen sind ausgeschlossen. Voraussetzung für einen solchen Aufstieg ist das vorherige Durchlaufen aller Beförderungsämter des Laufbahnabschnitts I sowie eine Dienstzeit von sieben Jahren (vgl. § 7 Abs. 1 LVOPol).

Aufstieg vom Laufbahnabschnitt I in den Laufbahnabschnitt II durch Ablegen der II. Fachprüfung

Beamte, die ein Amt des Laufbahnabschnitts I innehaben, können die Befähigung für den Laufbahnabschnitt II nach entsprechender Ausbildung durch Ablegen der II. Fachprüfung erlangen (vgl. § 4 Abs. 2 LVOPol). Sie können zur Ausbildung für den Laufbahnabschnitt II zugelassen werden, wenn sie

- sich in einer **Dienstzeit von mindestens fünf Jahren** bewährt haben (§ 13 Abs. 1 Nr. 1 LVOPol) und
- am **Zulassungsverfahren erfolgreich teilgenommen** haben (§ 13 Abs. 1 Nr. 2 LVOPol).

Der Zulassung geht ein **Auswahlverfahren** voraus (§ 15 Abs. 1 LVOPol). Das Auswahlverfahren dient der Feststellung, inwieweit und in welcher Rangfolge die Bewerberinnen und Bewerber für die Zulassung zur Ausbildung für den Laufbahnabschnitt II geeignet sind (§ 15 Abs. 2 LVOPol). Die Einzelheiten des Auswahlverfahrens, insbesondere den Zeitpunkt und die Bewerbungstermine bestimmt nach § 15 Abs. 3 LVOPol das für Inneres zuständige Ministerium (Ministerium für Inneres und Kommunales). Das Auswahlverfahren kann einmal wiederholt werden (§ 15 Abs. 5 LVOPol).

Nach erfolgreicher Teilnahme am Auswahlverfahren entscheidet das für Inneres zuständige Ministerium (Ministerium für Inneres und Kommunales) über die Zulassung; dabei werden die Ausbildungskapazitäten für den Laufbahnabschnitt II sowie die im Auswahlverfahren bestimmte Rangfolge berücksichtigt. Erweist sich der Beamte als ungeeignet, kann die Zulassung zur Ausbildung für den Laufbahnabschnitt II widerrufen werden (vgl. § 16 Abs. 2 LVOPol).

Aufstieg vom Laufbahnabschnitt II in den Laufbahnabschnitt III

Ein Aufstieg in den Laufbahnabschnitt III kommt nach Maßgabe des § 19 LVOPol für Beamte in Betracht, die die Ausbildung an der Fachhochschule abgeleistet haben, wenn sie

- sich nach der II. Fachprüfung in einer **Dienstzeit von mindestens sechs Jahren** bewährt haben (§ 19 Abs. 1 Nr. 1 LVOPol),
- der Leiter der Behörde eine Teilnahme am Auswahlverfahren **befürwortet**, weil sie nach ihrer Persönlichkeit für den höheren Polizeivollzugsdienst geeignet erscheinen (§ 19 Abs. 1 Nr. 1 LVOPol),
- das **40. Lebensjahr noch nicht vollendet** haben (§ 19 Abs. 1 Nr. 2 LVOPol) und
- am **Auswahlverfahren erfolgreich teilgenommen** haben (§ 19 Abs. 1 Nr. 3 LVOPol).

Das Auswahlverfahren dient der Feststellung, inwieweit die Bewerber für eine Zulassung zur Ausbildung für den Laufbahnabschnitt III geeignet sind (§ 20 Abs. 3 Satz 1 LVO-Pol). Dazu gibt die Auswahlkommission eine Empfehlung ab (vgl. (§ 20 Abs. 3 Satz 2 LVOPol).

Nach durchgeführtem Auswahlverfahren entscheidet das für Inneres zuständige Ministerium (Ministerium für Inneres und Kommunales) über die Zulassung zur Ausbildung im Rahmen des Bedarfs an Beamten für den Laufbahnabschnitt III (vgl. 21 Abs. 1 LVOPol).

Der Ausbildung geht eine zweijährige Förderphase voraus, die die Beamten erfolgreich durchlaufen müssen, die sich in Theoriemodule und Praxisabschnitte gliedert und die der Vermittlung eines umfassenden Einblicks in das polizeiliche Aufgabenspektrum dient (vgl. § 22 Abs. 1 LVOPol).

Die Ausbildung dauert mindestens zwei Jahre und endet mit dem Masterabschluss der III. Fachprüfung an der Deutschen Hochschule der Polizei (§ 22 Abs. 2 LVOPol).

6.4.1.2 Abstieg in die nächstniedrigere Laufbahngruppe

Laufbahnbewerber können ihre Befähigung auch durch Zuerkennung nach § 5 Abs. 8 Satz 5 Halbsatz 2 und § 15 Abs. 3 LVO erwerben (vgl. § 4 Abs. 1 Nr. 5 LVO). Hierbei handelt es sich um Fälle des sogenannten Abstiegs, d. h. des Laufbahnwechsels in die nächstniedrigere Laufbahngruppe innerhalb derselben Fachrichtung.

Ein solcher Laufbahnwechsel ist möglich

- bei Nichtbewährung in der Probezeit sowie
- beim Nichtbestehen der Laufbahnprüfung sowie
- auf Antrag des Beamten.

Für Polizeivollzugsbeamte kommt nur die Versetzung in ein Amt des nächstniedrigeren Laufbahnabschnitts auf Antrag in Betracht, da die in der Laufbahnverordnung vorgesehenen Möglichkeiten des Laufbahnwechsels in die nächstniedrigere Laufbahngruppe beim Nichtbestehen der Laufbahnprüfung oder bei Nichtbewährung in der Probezeit, im Polizeivollzugsdienst (Einheitslaufbahn) nicht vorgesehen sind. Aufstiegsbeamte des Laufbahnabschnitts I, die die II. Fachprüfung nicht bestehen, scheiden aus der Ausbildung aus und verbleiben in ihrem bisherigen Laufbahnabschnitt. Beamte, die sich in der Probezeit nicht bewähren, sind zu entlassen (vgl. § 5 Abs. 7 Satz 2 LVOPol).

6.4.1.2.1 Nichtbewährung in der Probezeit

Beamte, die sich in der Probezeit nicht bewähren, können mit ihrer Zustimmung in die nächst niedrigere Laufbahn derselben Fachrichtung übernommen werden, wenn sie hierfür geeignet sind und ein dienstliches Interesse vorliegt (§ 5 Abs. 8 Satz 5 LVO). Die Entscheidung ist nach pflichtgemäßem Ermessen bis zum Ablauf der Probezeit zu treffen. Ist die Behörde ermächtigt, nach ihrem Ermessen zu handeln, hat sie ihr Ermessen entsprechend dem Zweck der Ermächtigung auszuüben und die gesetzlichen Grenzen des Ermessens einzuhalten (§ 40 VwVfG NRW). Im Hinblick auf die Fürsorgepflicht des Dienstherrn ist über die Übernahme in die nächstniedrigere Laufbahn wohlwollend unter Beachtung der haushaltsrechtlichen Voraussetzungen zu entscheiden.

Die Übernahme in die nächstniedrigere Laufbahn ist durch eine Ernennung im Sinne des § 8 Abs. 1 Nr. 4 BeamtStG zu vollziehen.

6.4.1.2.2 Nichtbestehen der Laufbahnprüfung

Ein Laufbahnwechsel in ein niedrigeres Einstiegsamt derselben Fachrichtung nach Nichtbestehen oder nach endgültigem Nichtbestehen der Laufbahnprüfung kommt für Beamte des zweiten Einstiegsamtes der Laufbahngruppe 2 (bei einem Aufstieg) oder des ersten Einstiegsamtes der Laufbahngruppe 2 in Betracht.

Beamten, die die Prüfung nicht oder endgültig nicht bestehen, kann der Zugang zu einem niedrigeren Einstiegsamt derselben Fachrichtung zuerkannt werden, wenn die nachgewiesenen Kenntnisse ausreichen (§§ 15 Abs. 3 LVO). Die Vorschriften ermöglichen nicht nur beim endgültigen Nichtbestehen der Laufbahnprüfung die Zuerkennung des Zugangs für ein niedrigeres Einstiegsamt, sondern auch dann, wenn die Prüfung erstmalig nicht bestanden wurde und die Wiederholungsmöglichkeit nicht gegeben ist.

§ 15 Abs. 3 LVO lässt offen, wer für die Entscheidung über die Zuerkennung der Befähigung zuständig ist. Näheres regeln die Verordnungen über die Ausbildung und Prüfung. Danach entscheidet etwa über die Zuerkennung der Befähigung der Laufbahn derselben Fachrichtung im mittleren Dienst (jetzt zweites Einstiegsamt der Laufbahngruppe 1[20]) nach Abschluss des dritten fachwissenschaftlichen Studienabschnitts im zweiten Studienjahr die Einstellungsbehörde (§ 8 Abs. 5 VAPgD BA).

6.4.1.2.3 Versetzung in ein Amt der nächstniedrigeren Laufbahngruppe auf Antrag

Die Möglichkeit des Abstiegs auf Antrag des Beamten ergibt sich aus einem Zusammenspiel von § 25 Abs. 2 Satz 1 und Satz 2 LBG. Nach § 25 Abs. 1 Satz 2 LBG kann der Beamte in ein anderes Amt einer Laufbahn, für die er die Befähigung besitzt, versetzt werden, wenn er es beantragt oder ein dienstliches Bedürfnis besteht. Nach § 25 Abs. 2 Satz 2 LBG bedarf die Versetzung nicht seiner Zustimmung, wenn das neue Amt u. a. mit mindestens demselben Endgrundgehalt verbunden ist. Daraus ist abzuleiten, dass mit Zustimmung oder auf Antrag auch eine Versetzung in ein Amt einer niedrigeren Laufbahngruppe mit einem geringeren Endgrundgehalt (Abstieg) möglich ist.[21]

6.4.2 Laufbahnwechsel in ein statusgleiches Amt

Die Regelungen über einen Laufbahnwechsel in ein statusgleiches Amt enthält § 11 LVO. Schon die Laufbahnverordnung vom 28.01.2014 hat die Institute „Wechsel in entsprechende Laufbahnen" und „Wechsel in gleichwertige Laufbahnen" aufgegeben, wobei § 53 LVO noch eine Übergangsregelung zum Wechsel in entsprechende Laufbahnen enthält.

Ein Laufbahnwechsel in ein statusgleiches Amt einer anderen Laufbahn ist nach § 11 Abs. 1 Satz 1 LVO nur zulässig, wenn der Beamte die Befähigung für die neue Laufbahn besitzt (§ 11 Abs. 1 Satz 1 LVO). Dieses Erfordernis würde umgangen, wenn dem Beamten beliebig laufbahnfremde Dienstposten zugewiesen werden könnten. Dienstposten anderer Laufbahnen dürfen ihm daher nur übertragen werden, wenn er für die Aufgabenwahrnehmung durch seine Vor- und Ausbildung bereits ausreichende Kenntnisse erworben hat oder er die erforderliche Befähigung für die neue Laufbahn durch Unterweisung erwerben kann.[22]

§ 11 Abs. 2 LVO bestimmt, in welchen Fällen ein Wechsel in ein statusgleiches Amt zulässig ist, wenn der Beamte die nach § 11 Abs. 1 LVO grundsätzlich geforderte Befähigung nicht besitzt. Die Vorschrift lässt den Erwerb der Befähigung zu durch

---

[20] Die VAPgD BA ist noch nicht (Stand Oktober 2016) an das Dienstrechtsmodernisierungsgesetz vom 14.06.2016 angepasst worden.
[21] Vgl. Wichmann/Langer, Rn. 172
[22] Vgl. Scheerbarth/Höffken/Bauschke/Schmidt, § 13 VII 2 a).

- formale Unterweisung,
- andere absolvierte Qualifizierungsmaßnahmen sowie durch
- Berufserfahrung.

Ein Laufbahnwechsel ist nach § 11 Abs. 2 Satz 1 LVO nur zulässig, wenn die für die Wahrnehmung der Ämter in der Laufbahn erforderlichen Fähigkeiten und Kenntnisse
- durch **Unterweisung oder** entsprechende **Qualifizierungsmaßnahmen** oder
- in Verbindung mit Maßnahmen nach § 11 Abs. 2 Satz 1 LVO oder alleine durch die Wahrnehmung von Tätigkeiten, die mit den Anforderungen der neuen Laufbahn vergleichbar sind, erworben worden sind und
- der Beamte eine **Erprobung** erfolgreich absolviert hat, deren Dauer zehn Monate beträgt.

Beurlaubungszeiten ohne Dienstbezüge, Freistellungszeiten innerhalb einer Teilzeitbeschäftigung und Krankheitszeiten von mehr als drei Monaten gelten nicht als Erprobungszeit (§ 11 Abs. 2 Satz 1 Nr. 3 Satz 1 LVO).

Bei der Berechnung der Erprobungszeit zählen Zeiten einer Teilzeitbeschäftigung mit mindestens der Hälfte der regelmäßigen Arbeitszeit in vollem Umfang; bei Teilzeitbeschäftigung mit weniger als der Hälfte der regelmäßigen Arbeitszeit ist die Teilzeitbeschäftigung entsprechend ihrem Verhältnis zur hälftigen Beschäftigung zu berücksichtigen (§ 11 Abs. 2 Satz 1 Nr. 3 Satz 3 i. V. m. § 5 Abs. 7 Satz 1 und Satz 2 LVO). Die Erprobungszeit ist jedoch nur dann entsprechend zu verlängern, wenn die Auswirkung mehr als drei Monate beträgt (§ 11 Abs. 2 Satz 1 Nr. 3 Satz 3 i. V. m. § 5 Abs. 7 Satz 3 LVO).

Die für die Ordnung der Laufbahn zuständige oberste Dienstbehörde oder die von ihr bestimmte Stelle wird durch § 11 Abs. 2 Satz 3 LVO ermächtigt, in einer Rechtsverordnung nach § 7 LBG Art und Umfang der Maßnahmen der Unterweisungen und entsprechenden Qualifizierungsmaßnahmen nach § 11 Abs. 2 Satz 1 Nr. 1 LVO und von Tätigkeiten nach § 11 Abs. 2 Satz 1 Nr. 2 LVO festzulegen.

Handelt es sich um einen Wechsel in eine Laufbahn besonderer Fachrichtung muss die Befähigung nach den Vorschriften über Beamte besonderer Fachrichtungen erworben werden (§ 11 Abs. 2 Satz 4 LVO i. V. m. § 4 Abs. 1 Nr. 3 LVO).

Über den Laufbahnwechsel entscheidet die für die Ordnung der neuen Laufbahn zuständige oberste Dienstbehörde oder die von ihr bestimmte Stelle, bei Laufbahnen besonderer Fachrichtung die oberste Dienstbehörde (§ 11 Abs. 3 Satz 1 LVO).

Ein Laufbahnwechsel ist nicht zulässig, wenn für die neue Laufbahn eine bestimmte Vorbildung, Ausbildung oder Prüfung durch besondere Rechtsvorschrift zwingend vorgeschrieben oder nach ihrer Eigenart zwingend erforderlich ist (§ 11 Abs. 3 Satz 2 LVO).

Rechtsvorschriften, die eine konkrete Vorbildung, Ausbildung und Prüfung voraussetzen, enthalten etwa das Lehrerausbildungsgesetz (LABG) und das Steuerbeamtenausbildungsgesetz (StBAG). Laufbahnen, die nach ihrer Eigenart zwingend eine erforderliche Vorbildung, Ausbildung und Prüfung voraussetzen, sind etwa Laufbahnen mit Vorbereitungsdienst und Prüfung des gehobenen technischen und des höheren technischen Dienstes, Laufbahnen des feuerwehrtechnischen Dienstes, Laufbahnen des Polizeivollzugsdienstes und die meisten Laufbahnen besonderer Fachrichtung.

6.4.2.1 Außerhalb von Nordrhein-Westfalen erworbene Befähigungen

Bestimmungen über außerhalb von Nordrhein-Westfalen erworbene Befähigungen enthält § 10 LBG. Die Norm regelt die Sicherung der Mobilität im Wege der Anerkennung einer außerhalb Nordrhein-Westfalens erworbenen Laufbahnbefähigung.

Eine nach dem 01.04.2009 beim Bund oder in einem anderen Land erworbene Laufbahnbefähigung soll als Befähigung für eine Laufbahn vergleichbarer Fachrichtung in Nordrhein-Westfalen anerkannt werden (§ 10 Abs. 1 Satz 1 LBG). Die Anerkennung stellt die Regel dar. Nur dann, wenn die Ausbildung bei dem anderen Dienstherrn hinsichtlich der Dauer oder der Inhalte ein erhebliches Defizit gegenüber der Ausbildung in Nordrhein-Westfalen aufweist, das nicht bereits durch die vorhandene Berufserfahrung ausgeglichen ist, kann die Anerkennung vom Ableisten einer Unterweisung oder von Fortbildungsmaßnahmen abhängig gemacht werden (vgl. § 10 Abs. 1 Satz 2 LBG).

Zuständig für die Feststellung der Befähigung für die Laufbahn, in die eingestellt, gewechselt oder von einem Dienstherrn versetzt werden soll, ist die einstellende oder aufnehmende Behörde; dem Beamten ist die Feststellung der Befähigung schriftlich mitzuteilen (vgl. § 10 Abs. 3 Satz 1 LBG). Im Bereich der Landesverwaltung ist nach § 10 Abs. 3 Satz 2 LBG für die Feststellung die Zustimmung der für die Laufbahn zuständigen obersten Dienstbehörde oder der von ihr bestimmten Stelle erforderlich.

Unberührt bleibt die Anerkennung der Lehramtsbefähigung nach § 14 Abs. 3 LABG (vgl. § 10 Abs. 3 Satz 3 LBG). In diesen Fällen kann das Ministerium für Schule und Weiterbildung eine außerhalb des Landes Nordrhein-Westfalen erworbene Lehramtsbefähigung als Befähigung zu einem entsprechenden Lehramt im Sinne dieses Gesetzes anerkennen (§ 14 Abs. 3 Satz 1 LABG). Lehramtsbefähigungen, die nach den Vorgaben der Kultusministerkonferenz erworben wurden, sind anzuerkennen (§ 14 Abs. 3 Satz 2 LABG). Umfasst die außerhalb des Landes Nordrhein-Westfalen erworbene Lehramtsbefähigung mehrere Lehrämter im Sinne dieses Gesetzes, kann eine Anerkennung nur zu einem dieser Lehrämter erfolgen (§ 14 Abs. 3 Satz 3 LABG).

§ 53 LVO enthält eine Übergangsregelung für vor dem 01.04.2009 außerhalb des Geltungsbereichs der Laufbahnverordnung NRW erworbene Befähigungen. Beamte, die eine solche Befähigung erworben haben, besitzen nach § 122 BRRG[23] die Befähigung für die **entsprechende Laufbahn** im Geltungsbereich der Laufbahnverordnung NRW.

---

[23] Beamtenrechtsrahmengesetz (BRRG) in der Fassung der Bekanntmachung vom 31.03.1999 (BGBl. S 654), zuletzt geändert durch Artikel 15 Abs. 14 des Gesetzes vom 05.02.2009 (BGBl. I S. 160).

Eine Definition der entsprechenden Laufbahn enthält § 53 LVO nicht, sodass dafür auf die Definition des § 81 LVO a. F. zurückzugreifen ist.

Danach **entsprechen Laufbahnen einander**, wenn sie

- zu derselben Laufbahngruppe gehören (kein vertikaler Laufbahnwechsel),
- Ämter derselben Fachrichtung umfassen (z. B. aus den Laufbahnen des gehobenen allgemeinen Dienstes in den Gemeinden und Gemeindeverbänden und
- bei Regellaufbahnbewerbern eine gleiche Mindestvorbildung und eine im Wesentlichen gleiche Ausbildung sowie bei Beamten in Laufbahnen besonderer Fachrichtung eine gleiche Vorbildung und im Wesentlichen gleiche praktische und hauptberufliche Tätigkeit voraussetzen.

Mit dem Wechsel in eine entsprechende Laufbahn ist ein Wechsel der Fachrichtung nicht verbunden.

6.4.2.2 Wechsel von Beamten anderer Laufbahnen in den Polizeivollzugsdienst

In den Laufbahnabschnitt II oder den Laufbahnabschnitt III des Polizeivollzugsdienstes können in Einzelfällen durch Anerkennung der Befähigung Beamte anderer Laufbahnen des gehobenen und höheren Dienstes übernommen werden, die die Befähigung für eine Laufbahn erworben haben, die dem Laufbahnabschnitt II oder dem Laufbahnabschnitt III des Polizeivollzugsdienstes **gleichwertig** ist (§ 23 Abs. 1 Satz 1 LVOPol).

Laufbahnen und Laufbahnabschnitte sind einander gleichwertig, wenn sie zu derselben Laufbahngruppe gehören und die Befähigung aufgrund der bisherigen Vorbildung, Ausbildung und Tätigkeit durch erfolgreiche Unterweisung erworben werden kann (§ 23 Abs. 1 Satz 2 LVOPol). Die Dauer der Unterweisungszeit legt das für Inneres zuständige Ministerium (Ministerium für Inneres und Kommunales) fest (§ 23 Abs. 2 Satz 1 LVOPol). Sie soll mindestens ein Drittel des für den Laufbahnabschnitt vorgeschriebenen Vorbereitungsdienstes betragen (§ 23 Abs. 2 Satz 2 LVOPol). Während der Unterweisungszeit ist der Beamte in die Aufgaben des Laufbahnabschnitts einzuführen (§ 23 Abs. 2 Satz 3 LVOPol).

Über die Anerkennung der Befähigung für einen Laufbahnabschnitt entscheidet das für Inneres zuständige Ministerium (§ 23 Abs. 3 Satz 1 LVOPol). Dem Beamten darf ein Amt des Polizeivollzugsdienstes erst nach dem Erwerb der Befähigung verliehen werden (§ 23 Abs. 3 Satz 2 LVOPol).

6.4.2.3 Wechsel von Polizeivollzugsbeamten anderer Dienstherren in den Dienst des Landes Nordrhein-Westfalen

Bei Übernahme von Polizeivollzugsbeamten anderer Dienstherren ist die Verordnung über die Laufbahn der Polizeivollzugsbeamten des Landes Nordrhein-Westfalen anzuwenden; dies gilt nicht, wenn die Beamten kraft Gesetzes oder aufgrund eines Rechtsanspruchs in ihrer bisherigen Rechtsstellung übernommen werden (§ 25 Abs. 1 LVOPol).

6.4.3 Berufliche Entwicklung innerhalb der Laufbahngruppe 2

Durch die Neufassung der laufbahnrechtlichen Regelungen im Dienstrechtsmodernisierungsgesetz vom 14.06.2016 ist unter Beibehaltung des Laufbahnprinzips eine Reduzierung der Anzahl der Laufbahngruppen vorgenommen worden. Die bisher vier Laufbahngruppen des einfachen, mittleren, gehobenen und höheren Dienstes sind in zwei Laufbahngruppen neu geordnet worden, so dass es nur noch eine Art des Aufstiegs gibt, den Aufstieg von den Ämtern des zweiten Einstiegsamtes der Laufbahngruppe 1 in die Laufbahngruppe 2 in die Gruppe der Ämter des ersten Einstiegsamtes dieser Laufbahngruppe. Der bisherige Aufstieg vom gehobenen in den höheren Dienst ist durch eine in den §§ 25 ff. LVO geregelte berufliche Entwicklung, insbesondere innerhalb der Laufbahngruppe 2 abgelöst worden.

Die Laufbahnverordnung sieht innerhalb der beruflichen Entwicklung jetzt drei Möglichkeiten der Verleihung eines Amtes der Besoldungsgruppe A 13 oder der Verleihung eines Amtes der Besoldungsgruppe A 14, wenn der Beamte bereits ein Amt der Besoldungsgruppe A 13 innehat, der Ämtergruppe des zweiten Einstiegsamtes der Laufbahngruppe 2 vor,

- durch modulare Qualifizierung nach § 25 LVO,
- durch ein Masterstudium nach § 26 LVO und
- durch ein Masterstudium mit dem Ziel der Spezialisierung nach § 27 LVO.

6.4.3.1 Modulare Qualifizierung

Eine verbindliche Festlegung von Qualifizierungsmaßnahmen wird im Wesentlichen durch das Laufbahnprinzip bestimmt, mit dem auch die Beschreibung von Mindesterfordernissen an Vor- und Ausbildung bzw. Weiterbildung und damit ein notwendiger Kompetenzerwerb verbunden ist. Unter modularer Qualifizierung ist eine Qualifizierung in einzelnen Lernmodulen zu verstehen.

Der Qualifizierung liegt der Gedanke zu Grunde, dass es aus Gründen der Vergleichbarkeit und Interoperabilität des Personaleinsatzes für den Befähigungserwerb innerhalb derselben Laufbahn geboten ist, nicht den Erwerb beliebiger Qualifizierungen ausreichen zu lassen, sondern den Kompetenzerwerb innerhalb einer Laufbahn zu standardisieren. Damit ist § 22 LVO Ausdruck des in Art. 33 Abs. 5 GG als hergebrachten Grundsatz des Berufsbeamtentums verankerten Laufbahnprinzips.[24]

---

[24] Vgl. BVerfG, Beschluss vom 12.02.2003, 2 BvR 709/99, juris Langtext R. 51 = BVerfGE 107, 257 (273) = ZBR 2003, 353.

Unter Berücksichtigung der genannten Kriterien kann Beamten ein Amtes der Besoldungsgruppe A 13 oder ein Amtes der Besoldungsgruppe A 14, wenn der Beamte bereits ein Amt der Besoldungsgruppe A 13 innehat, der Ämtergruppe des zweiten Einstiegsamtes der Laufbahngruppe 2 verliehen werden, wenn er

- nach seiner **Eignung, Leistung und Befähigung** hierfür in besonderer Weise in Betracht kommt (§ 25 Abs. 1 Nr. 1 LVO),
- seit **mindestens zwei Jahren** ein Amt der **Besoldungsgruppe A 12** oder ein Amt mit höherem Endgrundgehalt innehat (§ 25 Abs. 1 Nr. 2 LVO),
- in einem **Auswahlverfahren** zu einer modularen **Qualifizierung** zugelassen worden ist (§ 25 Abs. 1 Nr. 3 LVO),
- diese Qualifizierung **erfolgreich absolviert** hat (§ 25 Abs. 1 Nr. 4 LVO) und
- sich anschließend in einer **mindestens zehnmonatigen Erprobung** in den Aufgaben den neuen Aufgabenbereichen bewährt hat. Zeiten der Bewährung in den neuen Aufgabenbereichen, die nach Zulassung, aber vor dem Abschluss der modularen Qualifizierung abgeleistet wurden, können auf die Erprobungszeit angerechnet werden (§ 25 Abs. 1 Nr. 5 Satz 1 LVO). Beurlaubungszeiten ohne Dienstbezüge, Freistellungszeiten innerhalb einer Teilzeitbeschäftigung und Krankheitszeiten von mehr als drei Monaten gelten nicht als Probezeit. Zeiten einer Teilzeitbeschäftigung mit mindestens der Hälfte der regelmäßigen Arbeitszeit zählt bei der Berechnung entsprechend § 5 Abs. 7 Satz 1 LVO in vollem Umfang; bei unterhälftiger Teilzeitbeschäftigung ist entsprechend § 5 Abs. 7 Satz 2 LVO die Teilzeitbeschäftigung entsprechend ihrem Verhältnis zur hälftigen Beschäftigung zu berücksichtigen (vgl. § 25 Abs. 1 Nr. 5 Satz 2 LVO).

Die Entscheidung darüber, ob die Möglichkeit einer modularen Qualifizierung angeboten wird, trifft die oberste Dienstbehörde im Rahmen ihres Organisationsermessens; wird eine entsprechende Entscheidung getroffen führt die oberste Dienstbehörde auf der Grundlage aktueller dienstlicher Beurteilungen ein Auswahlverfahren zur Auswahl der am besten geeigneten Beamten durch (§ 25 Abs. 4 Satz 1 LVO).

Das Auswahlverfahren dient

- der Feststellung, inwieweit und in welcher Rangfolge die Beamten für den Erwerb der Beförderungsvoraussetzungen auf Grundlage einer modularen Qualifizierung geeignet sind (§ 25 Abs. 4 Satz 2 LVO)
- der Überprüfung der Eignung und Befähigung, gemessen an dem Anforderungsprofil, das mit der Wahrnehmung eines Amtes der Laufbahngruppe 2, zweites Einstiegsamt verbunden ist (§ 25 Abs. 4 Satz 3 LVO).

§ 25 Abs. 2 LVO legt Anforderungen für die **modulare Qualifizierung** fest. Sie muss nach § 25 Abs. 2 Satz 1 LVO geeignet sein, in Verbindung mit

- der bisherigen Ausbildung,
- sonstigen Qualifizierungen und
- den bisherigen beruflichen Tätigkeiten

zu einer erfolgreichen Wahrnehmung der Aufgaben des höheren Amtes zu befähigen.

Auf Grund des § 6 Abs. 2 LBG (jetzt § 7 Abs. 2 LBG) ist von der Landesregierung die Qualifizierungsverordnung erlassen worden, die Einzelheiten zur Qualifizierung regelt. Die Qualifizierungsverordnung legt noch den Aufstieg vom gehobenen Dienst in den höheren Dienst zu Grunde. Sie ist noch nicht an das Dienstrechtsmodernisierungsgesetz vom 14.06.2016 angepasst worden (Stand Oktober 2016).

Nach § 2 Abs. 1 Satz 1 Qualifizierungsverordnung ist Ziel der modularen Qualifizierung, die für die zukünftige Amtsausübung erforderlichen Kenntnisse und Fähigkeiten zu vermitteln. Die zugelassenen Beamten sollen die in der bisherigen Ausbildung und in der beruflichen Praxis erworbenen fachlichen und persönlichen Kompetenzen weiterentwickeln, damit sie den Anforderungen der Ämter der Laufbahngruppe 2, zweites Einstiegsamt, gerecht werden können (§ 2 Abs. 1 Satz 2 Qualifizierungsverordnung).

Umfang und Inhalt der modularen Qualifizierung regelt § 5 Qualifizierungsverordnung. Die Gesamtdauer der modularen Qualifizierung wird durch § 5 Abs. 1 Qualifizierungsverordnung auf 40 Präsenztage festgesetzt. Die Qualifizierung besteht nach § 5 Abs. 2 Satz 1 Qualifizierungsverordnung aus den Modulen

- rechtliche Kompetenzen (§ 5 Abs. 2 Satz 1 Nr. 1 Qualifizierungsverordnung),
- finanzielle und wirtschaftliche Kompetenzen (§ 5 Abs. 2 Satz 1 Nr. 2 Qualifizierungsverordnung),
- persönliche Kompetenzen (§ 5 Abs. 2 Satz 1 Nr. 3 Qualifizierungsverordnung) und
- organisatorische Kompetenzen (§ 5 Abs. 2 Satz 1 Nr. 4 Qualifizierungsverordnung).

Von den 40 Präsenztagen sollen jeweils 20 Tage auf die Module rechtliche und finanzielle und wirtschaftliche Kompetenzen sowie auf die Module persönliche und organisatorische Kompetenzen entfallen (vgl. (§ 5 Abs. 2 Satz 2 Qualifizierungsverordnung).

Der Qualifizierungsverordnung ist als Anlage zu § 5 Abs. 2 ein Rahmenlehrplan beigefügt. Die inhaltliche Ausgestaltung nach dem Rahmenlehrplan, insbesondere die Auswahl und Gewichtung der einzelnen Qualifizierungsinhalt aus den Modulen obliegt der obersten Dienstbehörde.

6.4.3.2 Masterstudium

Ein Amt der Besoldungsgruppe A 13 oder ein Amt der Besoldungsgruppe A 14, wenn der Beamte bereits ein Amt der Besoldungsgruppe A 13 innehat, der Ämtergruppe des zweiten Einstiegsamtes der Laufbahngruppe 2 nach einer mindestens dreijährigen Dienstzeit auch ohne dass die darunterliegenden Ämter zu durchlaufen sind, verliehen werden, wenn er

- nach seiner **Eignung, Leistung und Befähigung** hierfür in besonderer Weise in Betracht kommt (§ 26 Abs. Nr. 1 LVO),
- in einem **Auswahlverfahren** zu einem **Masterstudium zugelassen** worden ist (§ 26 Abs. Nr. 2 LVO),

- dieses Masterstudium anschließend **erfolgreich absolviert** hat (§ 26 Abs. Nr. 3 LVO),und
- sich anschließend in einer **mindestens zehnmonatigen Erprobung** in den neuen Aufgabenbereichen bewährt hat (§ 26 Abs. Nr. 4 Satz 1 LVO). Beurlaubungszeiten ohne Dienstbezüge, Freistellungszeiten innerhalb einer Teilzeitbeschäftigung und Krankheitszeiten von mehr als drei Monaten gelten nicht als Probezeit. Zeiten einer Teilzeitbeschäftigung mit mindestens der Hälfte der regelmäßigen Arbeitszeit zählt bei der Berechnung entsprechend § 5 Abs. 7 Satz 1 LVO in vollem Umfang; bei unterhälftiger Teilzeitbeschäftigung ist entsprechend § 5 Abs. 7 Satz 2 LVO die Teilzeitbeschäftigung entsprechend ihrem Verhältnis zur hälftigen Beschäftigung zu berücksichtigen (vgl. § 26 Abs. 1 Nr. 4 Satz 2 LVO).

Von der zeitlichen Abfolge nach § 26 Abs. 1 Nummer 2 und 3 kann von der obersten Dienstbehörde eine Ausnahme zugelassen werden(§ 26 Abs. 3 LVO). Damit kann das Auswahlverfahren auch nach absolviertem Masterstudium durchgeführt werden.

Die Entscheidung darüber, ob die Möglichkeit einer Qualifizierung durch ein Masterstudium angeboten wird, trifft die oberste Dienstbehörde im Rahmen ihres Organisationsermessens; wird eine entsprechende Entscheidung getroffen führt die oberste Dienstbehörde auf der Grundlage aktueller dienstlicher Beurteilungen ein Auswahlverfahren zur Auswahl der am besten geeigneten Beamten durch (§ 26 Abs. 4 Satz 1 LVO).

Das Auswahlverfahren dient

- der Feststellung, inwieweit und in welcher Rangfolge die Beamten für den Erwerb der Beförderungsvoraussetzungen auf Grundlage einer modularen Qualifizierung geeignet sind (§ 26 Abs. 4 Satz 2 LVO)
- der Überprüfung der Eignung und Befähigung, gemessen an dem Anforderungsprofil, das mit der Wahrnehmung eines Amtes der Laufbahngruppe 2, zweites Einstiegsamt verbunden ist (§ 26 Abs. 4 Satz 3 LVO).

Die oberste Dienstbehörde oder die von ihr bestimmte Stelle kann Ausnahmen von der zeitlichen Abfolge nach § 39 Abs. 1 Nr. 2 und Nr. 3 LVO zulassen (§ 39 Abs. 3 LVO), was insbesondere dann in Betracht kommt, wenn das für den Aufstieg vorgesehene Studium bereits absolviert wurde.

Die Regelung über das verpflichtende regelmäßige Durchlaufen von Ämtern nach § 11 Abs. 1 Satz 2 Halbsatz 1 LVO und damit das Verbot der Sprungbeförderung (§ 11 Abs. 1 Satz 1 LVO) gilt im Falle des Aufstiegs durch ein Masterstudium nicht (vgl. § 26 Abs. 1 Satz 1 LVO).

§ 26 Abs. 2 LVO legt Anforderungen für das Masterstudium fest. Es muss nach § 26 Abs. 2 Satz 1 LVO geeignet sein, in Verbindung mit

- der bisherigen Ausbildung,
- sonstigen Qualifizierungen und
- den bisherigen beruflichen Tätigkeiten

zu einer erfolgreichen Wahrnehmung der Aufgaben des höheren Amtes zu befähigen.

Das Masterstudium kann berufsbegleitend ausgestaltet sein (§ 26 Abs. 2 Satz 2 LVO).

Auf Grund des § 6 Abs. 2 LBG (jetzt § 7 Abs. 2 LBG) ist von der Landesregierung die Qualifizierungsverordnung[25] erlassen worden, die Einzelheiten zum Masterstudium regelt. Die Qualifizierungsverordnung legt noch den Aufstieg vom gehobenen Dienst in den höheren Dienst zu Grunde. Sie ist noch nicht an das Dienstrechtsmodernisierungsgesetz vom 14.06.2016 angepasst worden (Stand Oktober 2016).

§ 9 Abs. 1 Qualifizierungsverordnung regelt den Inhalt des Masterstudiums, das in der Regel folgende Studieninhalte aufweisen soll

- rechtliches Verwaltungshandeln (§ 9 Abs. 1 Nr. 1 Qualifizierungsverordnung),
- wirtschafts- und finanzwissenschaftliches Verwaltungshandeln (§ 9 Abs. 1 Nr. 2 Qualifizierungsverordnung),
- personalrechtliches Verwaltungshandeln (§ 9 Abs. 1 Nr. 3 Qualifizierungsverordnung),
- organisatorisches Verwaltungshandeln (§ 9 Abs. 1 Nr. 4 Qualifizierungsverordnung),
- Kommunikation und Führung in der Verwaltung (§ 9 Abs. 1 Nr. 5 Qualifizierungsverordnung).

Der Masterstudiengang muss die Bereiche rechtliches Verwaltungshandeln und wirtschafts- und finanzwissenschaftliches Verwaltungshandeln zu mindestens 50 Prozent des Studienganges abdecken. Die übrigen Inhalte müssen mindestens 40 Prozent des Gesamtstudieninhaltes umfassen (vgl. (§ 9 Abs. 2 Satz 1 und Satz 2 Qualifizierungsverordnung). Der Studiengang muss nach § 9 Abs. 3 Qualifizierungsverordnung akkreditiert sein.

Die Entscheidung über eine Freistellung von den dienstlichen Aufgaben für die erforderlichen Präsenzzeiten kann von der obersten Dienstbehörde oder der von ihr beauftragten Stelle getroffen werden, ebenso eine Entscheidung über eine mögliche Übernahme von Studiengebühren vor Aufnahme des Studiums im Einzelfall (§ 26 Abs. 5 Satz 1 und Satz 2 LVO).

Die Übernahme der Studiengebühren ist nach § 26 Abs. 5 Satz 3 mit der Auflage zu verbinden, dass diese von dem Beamten zu erstatten sind,

- wenn er das Studium aus einem von ihm zu vertretenden Grund vorzeitig abbricht (§ 26 Abs. 5 Satz 3 Nr. 1 LVO) oder
- wenn er nach Beendigung des Studiums vor Ablauf einer Dienstzeit von fünf Jahren aus einem von ihm zu vertretenden Grund aus dem öffentlichen Dienst ausscheidet (§ 26 Abs. 5 Satz 3 Nr. 2 LVO).

---

[25] Verordnung über den Aufstieg durch Qualifizierung in die Laufbahn des höheren allgemeinen Verwaltungsdienst im Lande Nordrhein-Westfalen (Qualifizierungsverordnung – QualiVO hD allg Verw) vom 04.11.2014 (GV.NRW. S. 730).

Die Regelung trägt der regelmäßigen Erwartung Rechnung, dass nach einem Masterstudium, dessen Kosten vom Dienstherrn übernommen werden, auch Aufgaben in seinem Bereich wahrgenommen werden, die der Personalentwicklungsmaßnahme „Berufliche durch ein Masterstudium" zu Grunde liegen.

Der zu erstattende Betrag ermäßigt sich pro Jahr geleisteter Dienstzeit um ein Fünftel (§ 26 Abs. 5 Satz 4 LVO). Auf die Erstattung kann ganz oder teilweise verzichtet werden, wenn sie für den Beamten eine besondere Härte bedeuten würde (§ 26 Abs. 5 Satz 5 LVO). Nach Auslegung des unbestimmten Rechtsbegriffes „besondere Härte" wird die Entscheidung über den Verzicht auf die Erstattung unter Ausübung pflichtgemäßen Ermessens getroffen.

§ 9 Abs. 1 bis Abs. 4 Qualifizierungsverordnung regelt organisatorische Fragen der Qualifizierung durch ein Masterstudium. Der Ablauf stellt sich danach wie folgt dar:

- der Beamte informiert sich vor Studienbeginn über verschiedene Masterstudiengänge und stellt der dienstvorgesetzten Stelle den ausgewählten Studiengang in einem Gespräch vor (§ 9 Abs. 1 Qualifizierungsverordnung),
- die dienstvorgesetzte Stelle berät den Beamten unter Einbeziehung des dienstlichen Interesses bezüglich der Geeignetheit des Masterstudiums für die angestrebte berufliche Entwicklung unter Berücksichtigung der fachlichen und persönlichen Belange des Beamten (§ 9 Abs. 1 Qualifizierungsverordnung),
- Gegenstand und Ergebnis des Gesprächs bezüglich des vereinbarten Studiengangs sind aktenkundig zu machen (§ 9 Abs. 1 Qualifizierungsverordnung),
- die regelmäßige Teilnahme an den Veranstaltungen sowie die Erbringung der Leistungsnachweise sind verpflichtend (§ 9 Abs. 2 Qualifizierungsverordnung),
- die Beamten übermitteln die Leistungsnachweise regelmäßig an die dienstvorgesetzte Stelle (§ 9 Abs. 3 Qualifizierungsverordnung),
- die dienstvorgesetzte Stelle unterstützt die Beamten und steht während des Masterstudiums mit ihnen in regelmäßigem, beratenden Kontakt (§ 9 Abs. 4 Qualifizierungsverordnung).

6.4.3.3 Masterstudium mit dem Ziel der Spezialisierung

Die Regelung des § 27 LVO ermöglicht es, einem Beamten in einer Laufbahn besonderer Fachrichtung abweichend von den Regelungen über die modulare Qualifizierung und die Qualifizierung durch ein Masterstudium (vgl. vorhergehende Ausführungen), auch ein Amt der Besoldungsgruppe A 13 oder ein Amt der Besoldungsgruppe A 14 für den Fall, dass der Beamte bereits ein Amt der Besoldungsgruppe A 13 innehat, zu verleihen, ohne dass die darunter liegenden Ämter zu durchlaufen sind. Laufbahnrechtlich ist diese Möglichkeit der beruflichen Entwicklung mit dem Erwerb der Befähigung für eine Laufbahn besonderer Fachrichtung verbunden. Die Regelungen enthalten im Wesentlichen die Anforderungen, die mit dem Erwerb der Befähigung für eine Laufbahn besonderer Fachrichtung verbunden sind, insbesondere in Bezug auf das Erfordernis einer hauptberuflichen Tätigkeit.

Demzufolge bestimmt § 27 Abs.1 LVO, dass eine Verleihung der genannten Ämter zulässig ist, sofern

- der Beamte nach seiner Eignung, Leistung und Befähigung hierfür in besonderer Weise in Betracht kommt (§ 26 Abs. 1 Nr. 1 LVO),
- der Beamte sich in einer Dienstzeit von mindestens drei Jahren bewährt hat (§ 26 Abs. 1 Nr. 2 LVO),
- ein besonderes dienstliches Interesse von der obersten Dienstbehörde oder der von ihr bestimmten Stelle festgestellt wird (§ 26 Abs. 1 Nr. 3 LVO),
- der Beamte in einem Auswahlverfahren von der obersten Dienstbehörde zu diesem Masterstudium oder einem gleichwertigen Abschluss zugelassen worden ist (§ 26 Abs. 1 Nr. 4 LVO),
- ein mit einem Mastergrad abgeschlossenes geeignetes Hochschulstudium absolviert hat oder einen gleichwertigen Abschluss an einer Universität, einer technischen Hochschule oder einer anderen gleichstehenden Hochschule erworben hat (§ 26 Abs. 1 Nr. 5 Buchstabe a) und Buchstabe b) LVO),
- der Beamte nach dem Erwerb der erforderlichen Bildungsvoraussetzungen eine hauptberufliche Tätigkeit von zwei Jahren und sechs Monaten (§ 16 Abs. 4 Nr. 2 LVO) in den Aufgabenbereichen der neuen Laufbahn absolviert hat (§ 27 Abs. 1 Nr. 6 LVO) und
- der Beamte nach Erlangung der Befähigung für die Laufbahn besonderer Fachrichtung eine Erprobung von zehn Monaten erfolgreich absolviert hat (§ 27 Abs. 1 Nr. 7 Satz 1 LVO). Beurlaubungszeiten ohne Dienstbezüge, Freistellungszeiten innerhalb einer Teilzeitbeschäftigung und Krankheitszeiten von mehr als drei Monaten gelten nicht als Probezeit. Zeiten einer Teilzeitbeschäftigung mit mindestens der Hälfte der regelmäßigen Arbeitszeit zählt bei der Berechnung entsprechend § 5 Abs. 7 Satz 1 LVO in vollem Umfang; bei unterhälftiger Teilzeitbeschäftigung ist entsprechend § 5 Abs. 7 Satz 2 LVO die Teilzeitbeschäftigung entsprechend ihrem Verhältnis zur hälftigen Beschäftigung zu berücksichtigen (vgl. § 27Abs. 1 Nr. 7 Satz 2 LVO).

Während der zu absolvierenden hauptberuflichen Tätigkeit und der Erprobungszeit ist eine Beförderung in die Ämtergruppe des zweiten Einstiegsamtes nicht zulässig (§ 27 Abs. 2 LVO)

Die Entscheidung darüber, ob die Möglichkeit eines Masterstudiums mit dem Ziel der Spezialisierung angeboten wird, trifft die oberste Dienstbehörde im Rahmen ihres Organisationsermessens; wird eine entsprechende Entscheidung getroffen führt die oberste Dienstbehörde auf der Grundlage aktueller dienstlicher Beurteilungen ein Auswahlverfahren zur Auswahl der am besten geeigneten Beamten durch, wobei sich Eignung und Befähigung nach dem Anforderungsprofil bemisst, das mit der Wahrnehmung der zukünftigen Aufgaben verbunden ist (§ 40 Abs. 3 LVO).

6.4.4 Übungen

Sachverhalt 1

Edith E, 26 Jahre alt, hat die Laufbahnprüfung für den mittleren allgemeinen Verwaltungsdienst nach der Verordnung über die Ausbildung und Prüfung für die Laufbahn des mittleren allgemeinen Verwaltungsdienstes in den Gemeinden und Gemeindeverbänden des Landes Nordrhein-Westfalen nach erfolgreich abgeleistetem Vorbereitungsdienst mit der Note „gut" bestanden, ist am 01.09.2012 zur Stadtsekretärin ernannt worden und hat danach in der Zeit vom 01.09.2012 bis zum 31.08.2015 erfolgreich ihre Probezeit abgeleistet.

Fragestellung

Welche Voraussetzungen muss die Beamtin für einen Wechsel in die nächsthöhere Laufbahngruppe (Aufstieg) erfüllen und zu welchem Zeitpunkt ist der Aufstieg möglich?

Lösungshinweise

Beamte müssen für die Laufbahn, in der sie verwendet werden sollen, die Befähigung besitzen Für Frau E kommt der Befähigungserwerb nach den Vorschriften über den Aufstieg (§ 4 Abs. 1 Nr. 3 LVO) in Betracht. Es handelt sich um einen Ausbildungsaufstieg von der Laufbahngruppe 1 in die Laufbahngruppe 2 ohne Fachrichtungswechsel nach § 20 LVO.

Der Aufstieg setzt voraus, dass der Beamte

- mindestens ein Amt der Besoldungsgruppe A 6 aus der Ämtergruppe des zweiten Einstiegsamtes innehat (§ 20 Abs. 1 Satz 1 Nr. 1 LVO),
- sich in einer Dienstzeit von mindestens drei Jahren bewährt hat (§ 20 Abs. 1 Satz 1 Nr. 2 LVO),
- in einem Auswahlverfahren zu der Aufstiegsqualifizierung zugelassen worden ist (§ 20 Abs. 1 Satz 1 Nr. 3 LVO), die für den Zugang zu der Laufbahn erforderlichen Bildungsvoraussetzungen nach § 6 Abs. 2 LBG erworben hat (§ 20 Abs. 1 Satz 1 Nr. 4 LVO).

Dienstzeiten, die Voraussetzung für den Aufstieg sind, rechnen nach § 10 Abs. 2 Satz 1 LVO von dem Zeitpunkt der Beendigung der Probezeit in der Laufbahngruppe. Die geforderte Dienstzeit kann um jeweils ein Jahr gekürzt werden, wenn der Beamte

- eine zu einem Hochschulstudium berechtigende Schulbildung besitzt (§ 20 Abs. 1 Satz 2 Nr. 1 LVO),
- die Prüfung für die bisherige berufliche Verwendung mindestens „gut" bestanden hat (§ 20 Abs. 1 Satz 2 Nr. 2 LVO).

Voraussetzung für den Zugang zu den Laufbahnen mit Vorbereitungsdienst ist nach § 6 Abs. 2 Satz 1 LBG der für das jeweilige Einstiegsamt vorgesehene Vorbereitungsdienst und das Bestehen der jeweils vorgesehenen Prüfung.

Die Dauer des Qualifizierungsaufstiegs beträgt nach § 20 Abs. 2 Nr. 1 LVO für Bereiche des nichttechnischen Dienstes drei Jahre. Sie umfasst nach § 20 Abs. 3 Nr. 1 LVO für die Bereiche des nichttechnischen Dienstes fachpraktische Studienzeiten sowie fachwissenschaftliche Studienzeiten an Fachhochschulen i. S. des § 1 FHGöD in der jeweils geltenden Fassung (§ 31 Abs. 4 Nr. 1 LVO). und unterscheidet sich nicht vom Vorbereitungsdienst für Direkteinsteiger nach §§ 7 und 9 ff. VAPgD BA.

Frau E kann zur Qualifizierung zugelassen werden, wenn sie mindestens ein Amt der Besoldungsgruppe A 6 aus der Ämtergruppe des zweiten Einstiegsamtes innehat. Frau E hat die Ausbildung für den mittleren Dienst absolviert. Der mittlere Dienst entspricht der Ämtergruppe des zweiten Einstiegsamtes. Das Amt der Stadtsekretärin ist nach der Landesbesoldungsordnung A (Anlage 1 zum Landesbesoldungsgesetz) ein Amt der Besoldungsgruppe A 6. Die Voraussetzungen von § 20 Abs. 1 Satz 1 Nr. 1 LVO sind erfüllt.

Daneben muss sich die Beamtin in einer Dienstzeit von mindestens drei Jahren bewährt haben. Dienstzeiten, die Voraussetzung für den Aufstieg sind, rechnen nach § 10 Abs. 2 Satz 1 LVO von dem Zeitpunkt der Beendigung der Probezeit in der Laufbahngruppe, also vom 01.09.2015 an.

Die geforderte Dienstzeit kann um jeweils ein Jahr gekürzt werden, wenn die Beamtin

- eine zu einem Hochschulstudium berechtigende Schulbildung besitzt (§ 20 Abs. 1 Satz 2 Nr. 1 LVO) oder
- die Prüfung für die bisherige berufliche Verwendung mindestens „gut" bestanden hat (§ 20 Abs. 1 Satz 2 Nr. 2 LVO).

Frau E hat laut Sachverhalt ihre Laufbahnprüfung mit der Note „gut" bestanden. In diesem Fall kann die dreijährige Dienstzeit um ein Jahr gekürzt werden (§ 20 Abs. 1 Satz 2 Nr. 2 LVO). Der Sachverhalt enthält keinen Hinweis darauf, dass Frau E die zu einem Hochschulstudium berechtigende Schulbildung besitzt, sodass eine weitere Kürzung nicht in Betracht kommt.

Die Beamtin könnte nach einer Dienstzeit von zwei Jahren am 01.09.2017 zum Ausbildungsaufstieg zugelassen werden.

Die Dauer des Ausbildungsaufstiegs beträgt für die Bereiche des nichttechnischen Dienstes drei Jahre (§ 20 Abs. 2 Nr. 1 LVO) und umfasst für Bereiche des nichttechnischen Dienstes fachpraktische Studienzeiten sowie fachwissenschaftliche Studienzeiten an Fachhochschulen i. S. des § 1 FHGöD in der jeweils geltenden Fassung (§ 20 Abs. 3 Nr. 1 LVO) und unterscheidet sich nicht vom Vorbereitungsdienst für Direkteinsteiger nach §§ 7 und 9 ff. VAPgD BA, der nach § 6 Abs. 2 LBG Voraussetzung für den Zugang zu den Laufbahnen mit Vorbereitungsdienst ist nach § 6 Abs. 2 Satz 1 LBG der für das jeweilige Einstiegsamt ist. Weitere Voraussetzung ist vorgesehene das Bestehen der jeweils vorgesehenen Prüfung.

Frau E könnte mit Ablauf des 31.08.2020 den Vorbereitungsdienst geleistet und die vorgesehene Prüfung abgelegt haben.

Für die Beamtin kommt somit frühestens am 01.09.2020 ein Laufbahnwechsel von der Laufbahngruppe 1 in das erste Einstiegsamt der Laufbahngruppe 2 in Betracht.

Sachverhalt 2

Herr Friedrich F hat am 31.08.2014 die Befähigung für die Laufbahn des gehobenen allgemeinen Verwaltungsdienstes in den Gemeinden und Gemeindeverbänden im Lande Nordrhein-Westfalen mit der Note „ausreichend" durch Bestehen der Laufbahnprüfung erlangt und ist mit Wirkung vom 01.09.2014 unter Berufung in das Beamtenverhältnis auf Probe von der Stadt S zum Stadtinspektor ernannt worden. Seit dem 01.09.2014 befindet sich F in der Probezeit. Der Beamte leistet die Regelprobezeit ab, da Anrechnungen von Zeiten, Verlängerungen oder Kürzungen nicht in Betracht kommen.

Die dienstvorgesetzte Stelle stellt fest, dass die Leistungen von F in der Probezeit eindeutig und unbestritten nicht ausreichen, der Beamte scheint aber geeignet zu sein, die Aufgaben der Laufbahngruppe 1 wahrnehmen zu können. Freie Planstellen der Laufbahngruppe 1 stehen zur Verfügung, die Stadt S hat ein dienstliches Interesse an der Besetzung dieser Stellen.

Herr F hat auf Befragen sein Einverständnis erklärt, künftig in der Laufbahngruppe 1 tätig zu werden. Die zuständige Stelle der Stadt S will über die Angelegenheit bis zum 31.05.2017 entscheiden.

Fragestellung

Kommt für den Beamten ein Wechsel in die nächstniedrigere Laufbahngruppe (Abstieg) in Betracht?

Lösungshinweise

Beamte, die sich in der Probezeit nicht bewähren, können mit ihrer Zustimmung in die nächst niedrigere Laufbahn derselben Fachrichtung übernommen werden, wenn sie hierfür geeignet sind und ein dienstliches Interesse vorliegt (§ 5 Abs. 8 Satz 5 LVO). Die Entscheidung ist nach pflichtgemäßem Ermessen bis zum Ablauf der Probezeit zu treffen. Ist die Behörde ermächtigt, nach ihrem Ermessen zu handeln, hat sie ihr Ermessen entsprechend dem Zweck der Ermächtigung auszuüben und die gesetzlichen Grenzen des Ermessens einzuhalten (§ 40 VwVfG NRW). Im Hinblick auf die Fürsorgepflicht des Dienstherrn ist über die Übernahme in die nächstniedrigere Laufbahn wohlwollend unter Beachtung der haushaltsrechtlichen Voraussetzungen zu entscheiden.

Die Übernahme in die nächstniedrigere Laufbahn ist durch eine Ernennung im Sinne des § 8 Abs. 1 Nr. 4 BeamtStG zu vollziehen.

Herr F befindet sich seit dem 01.09.2014 in der Probezeit. Da Anrechnungszeiten, Verlängerungen und Kürzungen nicht in Betracht kommen, ist von dem Beamten nach § Abs. 1 Satz 2 LVO eine Probezeit von drei Jahren zu leisten, die ggf. am 31.08.2017 enden würde. In der Probezeit hat sich F nicht bewährt, er scheint aber für die Laufbahngruppe 1 geeignet zu sein. Laut Sachverhalt besteht auch ein dienstliches Interesse an einem Einsatz des Beamten in der Laufbahngruppe 1. Die Stadt S beabsichtigt, die Entscheidung bis zum 31.05.2017, also vor Ablauf der Probezeit zu treffen. Zu diesem Zeitpunkt hat Herr F insgesamt zwei Jahre und acht Monate seiner Probezeit abgeleistet.

Die materiell-rechtlichen Voraussetzungen für einen Laufbahnwechsel in die Laufbahngruppe 1 sind im vorliegenden Fall erfüllt, da der Beamte mit der Maßnahme einverstanden ist. Die Stadt S kann Herrn F in die Laufbahngruppe 1 übernehmen. Er hat dort noch die restliche Probezeit von vier Monaten zu leisten.

Sachverhalt 3

Gerhard G hat als Beamter der Stadt Wolfsburg durch Vorbereitungsdienst und Laufbahnprüfung am 01.09.2008 die Befähigung für den gehobenen nichttechnischen Dienst in den Gemeinden und Gemeindeverbänden im Lande Niedersachsen erworben. Er ist dort inzwischen als Stadtoberinspektor (Besoldungsgruppe A 10) tätig. G möchte auf eine Stelle der Besoldungsgruppe A 10 der Laufbahngruppe 2 in den Gemeinden und Gemeindeverbänden im Lande Nordrhein-Westfalen beim Kreis Unna wechseln, da dort seiner Meinung nach größere Beförderungschancen bestehen.

Fragestellung

Handelt es sich im vorliegenden Fall um einen Laufbahnwechsel und besitzt der Beamte ggf. die Befähigung für die neue Laufbahn?

Lösungshinweise

Der Beamte will aus der Laufbahngruppe 2 des nichttechnischen Verwaltungsdienstes im Lande Niedersachsen in die Laufbahngruppe 2 im Lande Nordrhein-Westfalen wechseln. Dabei handelt es sich um einen Laufbahnwechsel ohne Wechsel der Laufbahngruppe. Ein Laufbahnwechsel ist nur zulässig, wenn der Beamte die Befähigung für die neue Laufbahn besitzt. Hier könnte die Übergangsregelung des § 53 LVO greifen, wenn es sich um einen Wechsel in eine entsprechende Laufbahn handelt.

Für die Definition des Begriffes „entsprechende Laufbahn" ist auf § 81 Abs. 3 LVO a. F. zurückzugreifen. Danach entsprechen Laufbahnen einander, wenn sie

- zu derselben Laufbahngruppe gehören,
- Ämter derselben Fachrichtung umfassen,
- eine gleiche Mindestvorbildung und eine im Wesentlichen gleiche Ausbildung voraussetzen.

Ein viertes Merkmal eines Wechsels in entsprechende Laufbahnen, das sich daraus ergibt, dass § 53 LVO Regelungen für den Fall eines Befähigungserwerbs außerhalb des Geltungsbereichs der Laufbahnverordnung enthält, ist der Wechsel von einem Dienstherrn in einem anderen Bundesland in den Geltungsbereich der Laufbahnverordnung des Landes Nordrhein-Westfalen.

Das angestrebte neue Amt gehört, wie das bisherige Amt, zur Laufbahngruppe 2 auch handelt es sich um dieselbe Fachrichtung. Um eine gleiche Mindestvorbildung und eine im Wesentlichen gleiche Ausbildung muss es sich auch handeln, da seinerzeit das Beamtenrechtsrahmengesetz für die Bundesländer dazu entsprechende Vorgaben enthält (§§ 13 ff. BRRG). Letztlich handelt es sich auch um den Wechsel zu einem Dienstherrn in einem anderen Bundesland.

Herr G besitzt als Laufbahnbewerber mit Vorbereitungsdienst und Prüfung kraft Gesetzes die Befähigung für die Laufbahngruppe 2 im Lande Nordrhein-Westfalen und kann zum Kreis Unna wechseln.

7 Änderung des funktionellen Amtes und Maßnahmen bei der Umbildung von Behörden und Körperschaften

7.1 Änderung des funktionellen Amtes

Die Personal- und Organisationshoheit obliegt dem Dienstherrn. Er hat im öffentlichen Interesse jederzeit erforderliche Maßnahmen zur optimalen Aufgabenerledigung zu treffen. Eine Verbesserung der Aufgabendurchführung erfordert eine Personalplanung als Grundlage für entsprechende Entscheidungen. Zu den Personalplanungsentscheidungen, die mit einer Veränderung des Amtes im funktionellen Sinne verbunden sind, gehören folgende Einzelmaßnahmen:

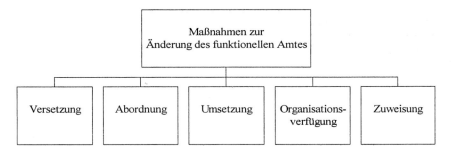

Grundsätzlich steht es - im gerichtlich nur eingeschränkt überprüfbaren - organisatorischen Ermessen des Dienstherrn, ob er eine freie Stelle im Wege der Versetzung, Umsetzung, Beförderung oder auf sonstige Weise besetzen will. Ggf. kann es zur Konkurrenz zwischen Beförderungs- und Umsetzungs- bzw. Versetzungsbewerbern bei der Stellenbesetzung kommen, wenn sich etwa auf eine freie besetzbare mit der Besoldungsgruppe A 11 ausgestattete Planstelle neben Oberinspektoren (Besoldungsgruppe A 10) auch ein Amtmann oder eine Amtfrau (Besoldungsgruppe A 11) bewirbt. Der Dienstherr ist frei in der Entscheidung darüber, ob er den Teilnehmerkreis auf Versetzungs- oder Beförderungsbewerber beschränken oder aber auf beide Bewerbergruppen erstrecken will. Hat er auf der ersten Stufe des ihm zustehenden Auswahlermessens den Bewerberkreis festgelegt, ist er für die Dauer des Auswahlverfahrens an diese gebunden, sodass der Bewerberkreis weder erweitert noch beschränkt werden kann.[1]

Die Versetzung und die Abordnung regeln den Behörden- und Tätigkeitswechsel von Beamten. Beide Formen weisen Übereinstimmungen auf, aber auch wesentliche Unterschiede. Diese betreffen die Kompetenz der abgebenden und aufnehmenden Behörden, der betroffenen Beamten und der Personalvertretungen; insbesondere zeigt sich dies bei Anordnung und Beendigung des Behördenwechsels.[2]

---

[1] OVG NRW, Beschluss vom 28.01.2002, 6 B 1275/01 (Beförderungsbewerber; Versetzungsbewerber; Konkurrenz), NWVBl. 2003, 278 = IÖD 2003, 55 = RiA 2003, 155.
[2] Vgl. Leisner, Versetzung und Abordnung im Beamtenrecht, ZBR 1989, 193.

Der Beamte muss Änderungen seines dienstlichen Aufgabenbereichs hinnehmen, da er zwar eine weitgehende statusrechtliche Garantie seiner Amtsstellung besitzt, aber **kein „Recht am Amt"** hat. Er muss organisatorische Veränderungen seines dienstlichen Aufgabenbereichs nach Maßgabe seines Amtes im statusrechtlichen Sinne akzeptieren. Der Dienstherr kann aus jedem **sachlichen Grund** den Aufgabenbereich des Beamten verändern, solange dem Beamten ein amtsangemessener Aufgabenbereich verbleibt. Besonderheiten des bisherigen Aufgabenbereichs, wie z. B. Vorgesetztenfunktion, Beförderungsmöglichkeiten und etwaiges gesellschaftliches Ansehen, kommt keine das Ermessen des Dienstherrn einschränkende Wirkung zu[3]. Bei der Versetzung mit Laufbahn- bzw. Dienstherrnwechsel sind jedoch strengere Voraussetzungen zu beachten.

Der Beamte hat bei Änderung seines Dienstpostens einen **Anspruch auf** Übertragung eines seinem statusrechtlichen Amt entsprechenden funktionellen Amtes, also auf einen **„amtsgemäßen"** Aufgabenbereich. Ohne sein Einverständnis darf ihm deshalb grundsätzlich keine Tätigkeit zugewiesen werden, die, gemessen an seinem status-rechtlichen Amt, seiner Laufbahn / seines Laufbahnabschnitts und seinem Aus- und Fortbildungsstand, d. h. dem abstrakten Aufgabenbereich seines statusrechtlichen Amtes, „unterwertig" ist. Hieraus folgt kein Recht des Beamten auf unveränderte und ungeschmälerte Ausübung des ihm einmal übertragenen konkreten Amtes im funktionellen Sinne. Vielmehr kann der Dienstherr Änderungen aus jedem sachlichen Grund vornehmen, solange dem Beamten ein amtsangemessener Aufgabenbereich verbleibt. Dies ist dann nicht der Fall, wenn nach der Maßnahme keinerlei Aufgaben für den Beamten verbleiben. Eine vollständige Nichtbeschäftigung stellt eine Verletzung des Gebots der amtsangemessenen Beschäftigung dar.[4]

Nach der Rechtsprechung des Bundesverwaltungsgerichts[5] ist es anerkannt, dass in geringfügigem Ausmaß auch Tätigkeiten einem Dienstposten zugeordnet werden können, die, würden sie überwiegen oder den Dienstposten prägen, einem Beamten der entsprechenden Besoldungsgruppe nicht zugewiesen werden könnten, weil dieser dann unterwertig beschäftigt wäre. Voraussetzung für die Zuordnung von Tätigkeiten, die vom Ansatz her nicht zum Status des jeweiligen Beamten passen, ist jedoch, dass die insoweit als fremdartig zu bezeichnenden Tätigkeiten den Dienstposten nicht prägen, also der Tätigkeit des Beamten auch nach außen hin nicht das Gepräge geben.

Der Beamte hat das Recht, sich ggf. gegen Maßnahmen des Dienstvorgesetzten zu wehren. Damit aber personalwirtschaftliche Ziele durch subjektive Interessenslagen nicht verzögert werden, ist durch die § 54 Abs. 4 BeamtStG bestimmt, dass Widerspruch und Anfechtungsklage gegen die Versetzungs- bzw. Abordnungsverfügung keine aufschiebende Wirkung haben.

---

[3] Vgl. Becker, Das Beamtenrecht im Spiegel der neuen Rechtsprechung, ZBR 1993, 193 (197).
[4] BVerwG, Urteil vom 28.11.1991, 2 C 41/89, BVerwGE 89, 199 = ZBR 1992, 175 = DÖD 1992, 279 = DVBl. 1992, 899 = NVwZ 1992, 572; BVerwG, Urteil vom 23.05.2002, 2 A 5/01, Buchholz, 240 § 18 BBesG Nr. 27 = Schütz BeamtR ES/A II 1.1 Nr 11.
[5] BVerwG, Urteil vom 29.04.1982, 2 C 26/80, BVerwGE 65, 253 = ZBR 1983, 154 = RiA 1982, 233 = NJW 1983, 899.

7.1.1 Versetzung

Zur Optimierung des Personaleinsatzes sind Versetzungen des Beamten möglich, insbesondere um Personal aus Bereichen, die von Stellenabbau, Modernisierungs-, Umstrukturierungsprozessen usw. betroffen sind, flexibel einsetzen zu können. Versetzungen sind eingeschränkt unter bestimmten Voraussetzungen auch ohne Zustimmung des Beamten und in Ämter anderer Laufbahnen (Laufbahnwechsel mit Umschulungsverpflichtung), ggf. auch in Ämter mit geringerem Endgrundgehalt und zu anderen Dienstherrn zulässig. Für Versetzungen eines Beamten innerhalb Nordrhein-Westfalens gelten die Regelung des § 25 LBG. Entsprechende Regelungen für länderübergreifende Versetzungen von einem Bundesland zu einem anderen oder für Versetzungen zum Bund enthält § 15 BeamtStG.

Versetzung ist die auf Dauer angelegte Übertragung eines anderen Amtes im konkret funktionellen Sinne bei einer anderen Behörde desselben oder eines anderen Dienstherrn (organisatorische Versetzung) oder bei unveränderter Behördenzugehörigkeit die Übertragung eines anderen Amtes im statusrechtlichen Sinne (statusberührende Versetzung). Die Versetzung mit Behördenwechsel als organisationsrechtliche Maßnahme bildet begrifflich den Regelfall (z. B. der Kommunalbeamte A der Gemeindeverwaltung G wechselt als Beamter zur Stadtverwaltung S oder der Polizeivollzugsbeamte C der Kreispolizeibehörde M wechselt in das Ministerium für Inneres und Kommunales NRW Düsseldorf). Keine Versetzung liegt vor, wenn dem Beamten bei derselben Behörde ein anderer Dienstposten übertragen wird. Ggf. handelt es sich hierbei um eine Umsetzung.

Die Versetzung in ein anderes Amt im funktionellen Sinne ist nicht zwingend mit einer statusrechtlichen Veränderung (Ernennung i. S. des § 8 Abs. 1 BeamtStG) verbunden. Dies gilt z. B., wenn eine Regierungsamtfrau (Besoldungsgruppe A 11) mit einem Amt im funktionellen Sinne bei der Bezirksregierung Köln zukünftig dauernd Aufgaben eines neuen Amtes im funktionellen Sinne beim Landesamt für Besoldung und Versorgung (Besoldungsgruppe A 11) als Regierungsamtfrau wahrnehmen soll.

Wenn nach der Versetzung eine Veränderung des Amtes im statusrechtlichen Sinne beabsichtigt ist, sind die Maßnahmen verfahrensrechtlich getrennt, aber aufeinander abgestimmt, durchzuführen. Da das bestehende Beamtenverhältnis fortgesetzt wird, ist die Aushändigung einer Ernennungsurkunde für den eigentlichen Versetzungsakt (auch bei einem Dienstherrnwechsel) nicht vorgesehen. Der Beamte erhält weder von der bisherigen Dienststelle eine Entlassungsverfügung noch von der neuen Dienststelle eine Ernennungsurkunde. Dem Beamten ist nach der organisatorischen Versetzung unter Hinweis auf die Fortdauer seines Beamtenverhältnisses die von ihm nach der Versetzung zu führende Amts- oder Dienstbezeichnung und die Besoldungsgruppe schriftlich mitzuteilen.

Soll nach der Versetzung eine Ernennung i. S. des § 8 Abs. 1 BeamtStG (z. B. Verleihung eines Amtes mit anderem Grundgehalt) erfolgen, ist dem Beamten die nach § 8 Abs. 2 BeamtStG vorgesehene Ernennungsurkunde auszuhändigen. Auch wenn in der Praxis vielfach Versetzungen mit der Verleihung von Ämtern mit anderem Grundgehalt verbunden sind, handelt es sich um getrennt und unabhängig voneinander zu prüfende Maßnahmen und Verfahrensschritte. Grundsätzlich sind erst nach einer vollständig durchgeführten und abgeschlossenen Versetzung weitere beamtenrechtliche Maßnahmen durch die neue Dienststelle zulässig. In der Regel fallen die Entscheidungen zeitlich auseinander, da nach § 19 Abs. 3 LBG der Beförderung bei Übertragung eines höherwertigen Dienstpostens eine Erprobungszeit zwischen drei und neun Monaten je nach Laufbahngruppe / Laufbahnabschnitt vorausgeht (§ 7 Abs. 4 Satz 4 LVO, § 8 Abs. 4 Nr. 3 LVOPol). Wenn die Eignung nicht festgestellt werden kann, ist die probeweise Übertragung des Dienstpostens rückgängig zu machen (§ 7 Abs. 4 Satz 7 LVO).

Eine Erprobungszeit kommt nicht in Betracht, wenn eine Ernennung nach einer Versetzung nur deshalb erforderlich ist, weil beim neuen Dienstherrn beim Bund oder in einem anderen Bundesland andere Besoldungsbestimmungen gelten.

Auf die beamten- und besoldungsrechtliche Stellung des Beamten finden im Fall der Versetzung zu einem anderen Dienstherrn die im Bereich des neuen Dienstherrn geltenden Vorschriften Anwendung. So würde beispielsweise einem Stadtinspektor einer Kommunalbehörde in Nordrhein-Westfalen bei einer Versetzung in den Landesdienst Nordrhein-Westfalen unter Hinweis auf die Fortdauer seines Beamtenverhältnisses die von ihm nach der Versetzung zu führende Amtsbezeichnung „Regierungsinspektor" (zur Amtsbezeichnung vgl. § 77 LBG), die Besoldungsgruppe A 9 und die Einweisung in die Planstelle schriftlich mitgeteilt.

Die Versetzung unterscheidet sich von der Abordnung, bei der der Beamte sein statusrechtliches und sein abstrakt funktionelles Amt bei seiner Stammdienststelle behält, dahingehend, dass mittels der Abordnung dem Beamten das konkret-funktionelle Amt bei einer anderen Dienststelle seines Dienstherrn oder eines anderen Dienstherrn nur vorübergehend und damit zeitlich befristet übertragen wird. Eine Versetzung auf Zeit ist damit nicht möglich; ggf. liegt eine Abordnung nach § 24 LBG oder § 14 BeamtStG vor.

Von der Versetzung (und Abordnung) ist die (gesetzlich nicht geregelte) **Umsetzung** zu unterscheiden. Bei der Umsetzung handelt es sich um eine behördeninterne Personalmaßnahme, bei der dem Beamten ganz oder teilweise, auf Dauer oder vorübergehend, andere Aufgaben übertragen werden, die grundsätzlich keine Auswirkungen auf das statusrechtliche Amt haben. So handelt es sich z. B. bei dem Wechsel eines Kommunalbeamten vom Fachbereich Personal in den Fachbereich Soziales oder bei der Übernahme eines neuen Aufgabengebietes eines Beamten innerhalb derselben Landesbehörde vom Dezernat A in das Dezernat B um eine Umsetzung und nicht um eine Versetzung oder Abordnung. Gleiches gilt für die Organisationsverfügung, mit der das Amt im funktionellen Sinne in wesentlichen Teilbereichen verändert wird. Dieses wäre z. B. der Fall, wenn das Aufgabengebiet mit den Buchstaben „A" bis „C" hinsichtlich der Zuständigkeit um einen neuen Aufgabenbereich erweitert würde, der mehr als 50 v. H der bisherigen Aufgaben umfasst.

Abzugrenzen ist die Versetzung von der **Zuweisung** zu einer öffentlichen Einrichtung oder zu einer anderen Einrichtung nach § 20 BeamtStG. Bei Privatisierungsmaßnahmen kann dem Beamten ganz oder teilweise eine seinem Amt entsprechende Tätigkeit zugewiesen werden, wenn öffentliche Interessen dies erfordern (vgl. § 20 Abs. 2 BeamtStG).

Eine Versetzung wird mit dem in der Versetzungsverfügung angegebenen Zeitpunkt wirksam, frühestens mit dem Tage der Bekanntgabe (§ § 41 und 43 VwVfG NRW). Hinsichtlich der Bekanntgabe sind die Zustellungsregelungen der § 105 LBG sowie § 11 LZG zu beachten. Der Tag der Wirksamkeit der Versetzung ist ggf. für die Berechnung der Rechtsmittelfrist und damit für die Bestandskraft des Verwaltungsaktes von Bedeutung.

Von einer Versetzung ausgenommen sind Ehrenbeamte ausgeschlossen (§ 107 Abs. 1 Nr. 2 Satz 1 LBG). Professoren an Hochschulen, können grundsätzlich nur mit ihrer Zustimmung versetzt werden (vgl. § 123 Abs. 2 Satz 1 LBG). Eine Ausnahme bilden die Professoren der Hochschulen des Landes, deren Ausbildungsgänge ausschließlich für den öffentlichen Dienst ausgerichtet sind. Für sie gelten bei der Auflösung, der Verschmelzung oder einer wesentlichen Änderung des Aufbaues oder der Aufgaben die § § 24, 25 LBG entsprechend, wenn ihr Aufgabengebiet von der Maßnahme berührt wird und eine ihrem bisherigen Amt entsprechende Verwendung nicht mehr möglich ist (vgl. § 123 Abs. 2 Satz 3 LBG).

Vor Versetzungen und Umsetzungen besonders geschützt sind Mitglieder und Ersatzmitglieder des Personalrates. Sie dürfen gegen ihren Willen nur versetzt werden, wenn dies unter Berücksichtigung der Mitgliedschaft im Personalrat aus wichtigen dienstlichen Gründen unvermeidbar ist und der Personalrat, dem das Mitglied angehört, zustimmt (vgl. § 43 LPVG). Gleiches gilt nach § 96 Abs. 3 Satz 1 SGB IX für die Vertrauenspersonen der schwerbehinderten Menschen. Das Landesgleichstellungsgesetz sieht entsprechende Regelungen für Gleichstellungsbeauftragte nicht vor.

7.1.1.1 Versetzung nach dem Landesbeamtengesetz

Eine Versetzung ist die auf Dauer angelegte Übertragung eines anderen Amtes bei einer anderen Dienststelle bei demselben oder einem anderen Dienstherrn (§ 25 Abs. 1 LBG)

Das Landesbeamtengesetz regelt

- die Versetzung auf Antrag oder mit Zustimmung des Beamten,
- die organisatorische Versetzung ohne Zustimmung des Beamten und
- die statusrechtliche Versetzung.

Dabei ist die Versetzung zu einer anderen Dienststelle im Bereich desselben Dienstherrn (Verwaltung des Landes Nordrhein-Westfalen) und die Versetzung zu einer anderen Dienststelle mit Dienstherrnwechsel im Geltungsbereich des Landesbeamtengesetzes möglich. Andere Versetzungsarten (länderübergreifende Versetzungen und Versetzungen zum Bund) sind nach den Vorschriften des Beamtenstatusgesetzes zu beurteilen.

Die Versetzung bezieht sich auf das abstrakt funktionelle Amt, also auf die Aufgaben des Beamten innerhalb seiner Laufbahn- und Besoldungsgruppe. Das konkret funktionelle Amt wird von der aufnehmenden Stelle zugewiesen. Das Amt im statusrechtlichen Sinne bleibt bei der Versetzung unberührt, da es ohne Unterbrechung fortgesetzt wird.[6]

7.1.1.1.1 Versetzung nach § 25 Abs. 2 Satz 1 LBG auf Antrag oder mit Zustimmung des Beamten

Der Beamte kann in ein anderes Amt einer Laufbahn, für die er die Befähigung besitzt, versetzt werden, wenn er es beantragt oder ein dienstliches Bedürfnis besteht (§ 25 Abs. 2 Satz 1 LBG).

Erfolgt die Versetzung auf Antrag des Beamten in Absprache und mit dem Einverständnis der aufnehmenden Dienststelle, setzt § 25 Abs. 2 Satz 1 LBG lediglich voraus, dass der Beamte die Befähigung für die neue Laufbahn besitzt. Die Regelung erfolgt in Übereinstimmung mit § 11 Abs. 1 LVO, wonach ein Laufbahnwechsel zulässig ist, wenn der Beamte die Befähigung für die neue Laufbahn besitzt.

Die zweite Alternative des § 25 Abs. 2 Satz 1 LBG gibt dem Dienstherrn die Möglichkeit, den Beamten zu versetzen, wenn ein dienstliches Bedürfnis besteht. Die Auslegung des unbestimmten Rechtsbegriffs **„dienstliches Bedürfnis"**, dessen Vorliegen Voraussetzung für die Entscheidung des Dienstherrn sein muss, unterliegt der vollen gerichtlichen Überprüfung. Allerdings sind keine allzu hohen Anforderungen an die Auslegung des Begriffs gefordert. Es reichen **sachliche Gründe** aus, die personalwirtschaftliche, haushaltsrechtliche oder personenbezogene Ursachen haben können. So ist das dienstliche Bedürfnis bei Über- oder Unterbesetzung beteiligter Behörden oder Ämter, mangelndem Leistungsvermögen des Beamten (einschließlich gesundheitlicher Gründe) oder dauerhaften Spannungen im Kollegenkreis, im Verhältnis zu Vorgesetzten bzw. Mitarbeitern begründet.

7.1.1.1.2 Versetzung nach § 25 Abs. 2 Satz 2 LBG ohne Zustimmung des Beamten

Eine Versetzung ist **ohne Zustimmung** des Beamten unter den Voraussetzungen des § 25 Abs. 2 Satz 2 LBG möglich. Danach muss das neue Amt zum Bereich desselben Dienstherrn gehören. Durch die Vorschrift erfasst wird der Bereich der Landesverwaltung. Bei der Verwaltung einer Gemeinde oder eines Gemeindeverbandes handelt es sich um eine einheitliche Verwaltung (einheitliche Behörde und Dienststelle). Bei der Verwendung in einer anderen Dienststelle derselben Gemeinde oder desselben Gemeindeverbandes (z. B. Amt, Fachbereich oder Abteilung) liegt keine Versetzung i. S. des § 25 LBG vor, sondern, wegen der Einheit der Kommunalverwaltung, wie auch bei einer Veränderung innerhalb einer Landesbehörde (z. B. Dezernatswechsel bei der Bezirksregierung Düsseldorf) eine Umsetzung vor.

Bei der zustimmungsfreien Versetzung muss das neue Amt (z. B. Inspektor in der Laufbahn des gehobenen allgemeinen Verwaltungsdienstes) derselben Laufbahn angehören, wie das bisherige Amt (Inspektor in der Laufbahngruppe 2, erstes Einstiegsamt des all-

---

[6] Zur Vertiefung siehe Kathke, Versetzung, Umsetzung, Abordnung und Zuweisung - Mobilität und Flexibilität im Beamtenverhältnis, ZBR 1999, 325.

gemeinen Verwaltungsdienstes im Lande Nordrhein-Westfalen.). Eine Laufbahn umfasst alle Ämter die derselben Fachrichtung und derselben Laufbahngruppe angehören; zur Laufbahn gehören auch der Vorbereitungsdienst und die Probezeit (§ 5 Abs. 1 Satz 2 LBG).

Der Beamte besitzt die Laufbahnbefähigung für die Laufbahn, für die er ausgebildet worden ist, bzw. für die er die Befähigung nach den Bestimmungen über die Beamten besonderer Fachrichtung erworben hat oder für die sie als anderer Bewerber festgestellt wurde.

Des Weiteren muss das neue Amt (z. B. Inspektor) mit mindestens demselben Endgrundgehalt (z. B. Besoldungsgruppe A 9) wie das bisherige Amt verbunden sein. Das Grundgehalt ist Bestandteil der Dienstbezüge (vgl. § 1 Abs. 4 LBesG), das hinsichtlich der Höhe die Leistung und Verantwortung des Amtes berücksichtigt. Die Grundgehälter der einzelnen Besoldungsgruppen ergeben sich aus den Besoldungsordnungen. Stellenzulagen gelten hierbei nicht als Bestandteile des Grundgehalts (vgl. § 25 Abs. 1 Satz 2 Halbsatz 2 LBG).

7.1.1.1.3 Versetzung nach § 25 Abs. 3 LBG ohne Zustimmung des Beamten

Nach § 25 Abs. 3 Halbsatz 1 LBG kann der Beamte aus dienstlichen Gründen bei Vorliegen der sonstigen Voraussetzungen auch ohne seine Zustimmung in ein anderes Amt, auch im Bereich eines anderen Dienstherrn (§ 2 BeamtStG), versetzt werden. Der unbestimmte Rechtsbegriff der „dienstlichen Gründe" ist enger auszulegen als der Begriff des „dienstlichen Bedürfnisses", da es sich bei der Versetzung ohne Zustimmung und ggf. mit Dienstherrnwechsel um einen sehr schwerwiegenden Eingriff in die Rechtsstellung des Beamten handelt, der sich bewusst für das Beamtenverhältnis (ggf. auf Lebenszeit) bei dem jeweiligen Dienstherrn durch Annahme der entsprechenden Ernennungsurkunde entschieden hat. Bei der Auslegung sind die Grenzen zu beachten, die die hergebrachten Grundsätze des Berufsbeamtentums (vgl. Art. 33 Abs. 5 GG) setzen. Deshalb kann eine Versetzung aus dienstlichen Gründen ausschließlich unter Beachtung des Verhältnismäßigkeitsprinzips bei erheblichen organisatorischen Schwierigkeiten des Dienstherrn gerechtfertigt sein, wenn eine mildere Maßnahme nicht in Betracht kommt. In der Person des Beamten liegende Gründe scheiden insoweit aus.[7]

Dienstliche Gründe liegen z. B. vor, wenn eine Stelle durch Organisationsmaßnahmen, Stelleneinsparungen usw. wegfällt, die Möglichkeit einer entsprechenden Weiterbeschäftigung nicht abzusehen ist und damit bei überplanmäßiger Weiterbeschäftigung hohe finanzielle Belastungen auf den Dienstherrn zukommen könnten. Allein der Bedarf an Personal wegen unbesetzter Planstellen bei der aufnehmenden Dienststelle, stellt keinen zwingenden dienstlichen Grund in diesem Sinne dar.

Nach § 25 Abs. 3 Halbsatz 1 LBG muss darüber hinaus das Endgrundgehalt des neuen Amtes dem Endgrundgehalt des bisherigen Amtes des Beamten entsprechen. Insofern entspricht die Regelung der Versetzung nach § 25 Abs. 2 Satz 2 LBG. Stellenzulagen

---

[7] Vgl. zur Problematik der „dienstlichen Gründe" Tadday/Rescher, Anm. 2.3 zu § 25 LBG.

gelten nicht als Bestandteil des Endgrundgehalts (vgl. § 25 Abs. 3 Halbsatz 2 LBG).

Weiterhin ermöglicht § 25 Abs. 3 Halbsatz 1 LBG auch die Versetzung in eine andere Laufbahn.

Besitzt der Beamte nicht die Befähigung für die andere Laufbahn, schließt das eine Versetzung nicht aus. Er hat ggf. an Maßnahmen für den Erwerb der neuen Befähigung teilzunehmen (§ 25 Abs. 4 LBG). Die Maßnahmen müssen im Hinblick auf den Anspruch einer „amtsgerechten" Verwendung zumutbar sein[8]. Näheres regelt die Laufbahnverordnung.

Für Polizeivollzugsbeamte beschränkt sich die Versetzung im Wesentlichen auf andere Polizeidienststellen in Nordrhein-Westfalen in entsprechende Funktionen des Polizeivollzugsdienstes. Es handelt sich insoweit um einen Wechsel in ein Amt im entsprechenden Laufbahnabschnitt.

7.1.1.1.4 Statusberührende Versetzung nach § 26 Abs. 2 LBG ohne Zustimmung des Beamten

Die Regelungen des § 26 Abs. 2 LBG lassen eine statusberührende Versetzung eines Beamten ohne dessen Zustimmung zu. Sie kommt allerdings nur als Folge einschneidender Organisationsmaßnahmen wie Auflösung oder wesentlicher Änderung des Aufbaus oder der Aufgaben einer Behörde oder bei Verschmelzung von Behörden in Betracht, wenn das Aufgabengebiet des Beamten davon konkret berührt wird. In einem solchen Fall kann der Beamte in ein anderes Amt derselben Laufbahn mit geringerem Grundgehalt im Bereich desselben oder eines anderen Dienstherrn im Land Nordrhein-Westfalen versetzt werden, wenn eine seinem bisherigen Amt entsprechende Verwendung nicht möglich ist (§ 26 Abs. 2 Satz 1 LBG). Das Grundgehalt muss dabei mindestens dem des Amtes entsprechen, das der Beamte vor seinem bisherigen Amt innehatte (§ 26 Abs. 2 Satz 2 LBG).

Die statusberührende Versetzung nach § 26 Absatz 2 Satz 2 LBG findet nur Anwendung bei der **Auflösung oder Umbildung von Behörden des Landes Nordrhein-Westfalen.** Bei der Umbildung von Körperschaften bestimmt sich die Rechtsstellung der Beamtinnen und Beamten nach den Vorschriften des Beamtenstatusgesetzes. Die Rechtsstellung der Beamten bei der Umbildung von Körperschaften richtet sich nach den § § 16 ff. BeamtStG.

7.1.1.2 Versetzung nach dem Beamtenstatusgesetz

Der Geltungsbereich des Landesbeamtengesetzes ist auf das Gebiet des Landes Nordrhein-Westfalen beschränkt. Bei länderübergreifenden Versetzungen und bei Versetzungen in die Bundesverwaltung ist die Versetzung nach der weitgehend mit dem Landesrecht vergleichbare Vorschrift des § 15 BeamtStG vorzunehmen.

---

[8] Vgl. Landtagsdrucksache 12/2124, S. 40.

Danach kann der Beamte in ein anderes Amt einer Laufbahn versetzt werden, wenn
- er die Befähigung für das neue Amt besitzt,
- er die Versetzung beantragt oder
- dienstliche Gründe für die Versetzung vorliegen (§ 15 Abs. 1 BeamtStG).

Liegt ein Versetzungsantrag des Beamten nicht vor, müssen dienstliche Gründe die Versetzung bedingen. Zur Abgrenzung der Begriffe „dienstliches Bedürfnis" und „dienstliche Gründe" vgl. Ausführungen unter 7.1.1.1.3.

Nach § 15 Abs. 3 Satz 1 BeamtStG wird die Versetzung vom abgebenden im Einvernehmen mit dem aufnehmenden Dienstherrn verfügt. Das Beamtenverhältnis wird mit dem neuen Dienstherrn fortgesetzt (§ 15 Abs. 3 Satz 2 BeamtStG).

Im Übrigen wird auf die Ausführungen zur Versetzung nach § 25 LBG verwiesen (vgl. 7.1.1.1 Versetzung nach dem Landesbeamtengesetz).

7.1.1.3 Formelle und materielle Voraussetzungen der Versetzung

Die Versetzung ist als Verwaltungsakt i. S. des § 35 Satz 1 VwVfG NRW rechtmäßig, wenn die entsprechenden formellen und materiellen Voraussetzungen vorliegen.

Der aufnehmende Dienstherr hat bei der Abgabe der Einverständniserklärung zu beachten, dass die Versetzung mit Dienstherrnwechsel aus seiner Sicht, auch bei gleichbleibendem Grundgehalt, einer Ernennung im Sinne des § 8 Abs. 1 Nr. 1 BeamtStG gleichkommt. Die Erklärung des Einverständnisses unterliegt daher denselben rechtlichen Kriterien, die für die Begründung des Beamtenverhältnisses maßgebend sind. Dieses ist ggf. bei den formellen und materiellen Voraussetzungen, z. B. auch hinsichtlich der Förderung von Frauen, zu beachten.

7.1.1.3.1 Formelle Voraussetzungen

Zuständigkeit

Die Versetzung mit **Dienstherrnwechsel** wird vom abgebenden Dienstherrn (Versetzungsentscheidung) im Einvernehmen mit dem aufnehmenden Dienstherrn (Aufnahmeentscheidung) verfügt (vgl. § 25 Abs. 5 Satz 2 Halbsatz 1 LBG, § 15 Abs. 3 Satz 1 BeamtStG). Dienstherr des Beamten ist entweder der Bund, ein Bundesland oder eine Gemeinde, ein Gemeindeverband bzw. eine sonstige unter der Aufsicht eines Landes oder des Bundes stehende Körperschaft, Anstalt oder Stiftung des öffentlichen Rechts mit Dienstherrnfähigkeit (vgl. § 2 BeamtStG). Da der Dienstherr als juristische Person selbst nicht handlungsfähig ist, handeln die für ihn zuständigen Organe.

Landesverwaltung Nordrhein-Westfalen

Für die Beamten der Landesverwaltung Nordrhein-Westfalen trifft die dienstvorgesetzte Stelle die beamtenrechtlichen Entscheidungen über die persönlichen Angelegenheiten der ihr nachgeordneten Beamten (wozu die Versetzungs- und Aufnahmeentscheidung gehört), soweit nicht nach Gesetz oder Verordnung eine andere Stelle zuständig ist (vgl. § 2 Abs. 4 Satz 1 Halbsatz 1 LBG). Dienstvorgesetzte Stelle für die Beamten des Landes Nordrhein-Westfalen ist die oberste Behörde des Geschäftsbereichs, in dem sie ein Amt bekleiden (vgl. § 2 Abs. 1 Satz 1 Nr. 1 LBG). Somit ist grundsätzlich die oberste Landesbehörde des Tätigkeitsbereichs des Beamten für die Entscheidung zuständig.

Von der Möglichkeit der Delegation nach § 2 Abs. 3 LBG haben die obersten Landesbehörden Gebrauch gemacht und entsprechende Zuständigkeitsverordnungen erlassen. So ist beispielsweise für den Bereich des Ministeriums für Inneres und Kommunales in der Verordnung über beamtenrechtliche Zuständigkeiten[9] geregelt, wer für die Entscheidung im Einzelfall zuständig ist. Bei Versetzungen in den Landesdienst und die Versetzung zu einem anderen Dienstherrn ist grundsätzlich die Dienstvorgesetzte für die Entscheidung zuständig.

Kommunalverwaltung in Nordrhein-Westfalen

Eine Versetzung innerhalb von Kommunalverwaltungen ist immer mit einem Dienstherrnwechsel verbunden, da innerhalb **derselben** Kommunalbehörde (Einheit der Verwaltung) nur eine Umsetzung auf Dauer in Betracht kommt. Die Versetzungs- und Aufnahmeentscheidung muss vom abgebenden bzw. aufnehmenden Dienstherrn verfügt werden vgl. § 25 Abs. 5 Satz 2 Halbsatz 1 LBG, § 15 Abs. 3 Satz 1 BeamtStG. Zuständig ist hierfür in Gemeinden der Bürgermeister (§ 73 Abs. 3 Satz 1 GO), in Kreisen der Landrat (§ 49 Abs. 1 KrO) und im Landschaftsverband der Direktor (§ 20 Abs. 4 Satz 2 LVerbO).

Beteiligung des Beamten (Antrag / Anhörung / Zustimmung)

Der Beamte kann u. a. in ein anderes Amt einer Laufbahn, für die er die Befähigung besitzt, versetzt werden, wenn er es beantragt (vgl. § 25 Abs. 2 Satz 1 LBG).

Nach § 25 Abs. 2 Satz 3 LBG ist der Beamte vor der Versetzung zu hören. Eine vergleichbare Regelung enthält § 15 BeamtStG nicht. Da die Versetzung ein Verwaltungsakt ist, ist der Beamte in diesen Fällen nach § 28 VwVfG anzuhören. Die Anhörung sollte nach Ablauf des formalen Verfahrens vor dem eigentlichen Versetzungstermin mit einer Erörterung des aktuellen Sachstandes und der mit der Versetzung verbundenen Konsequenzen für den Beamten, unabhängig von der Versetzungsart, durchgeführt werden.

---

[9] Verordnung über beamten- und disziplinarrechtliche Zuständigkeiten im Geschäftsbereich des für Inneres zuständigen Ministeriums vom 18.11.2015 (GV.NRW. S. 760).

Bei der Versetzung mit **Zustimmung** des Beamten ist diese vom abgebenden Dienstherrn einzuholen. Bei einem **Versetzungsantrag** kann in dem Antrag des Beamten die Zustimmung auf Versetzung gesehen werden. Sie ist grundsätzlich formfrei, sollte jedoch schriftlich erfolgen. Es ist umstritten, ob die fehlende Zustimmung zur Nichtigkeit oder zur Anfechtung der Versetzung führt.

Einverständnis des aufnehmenden Dienstherrn bzw. der aufnehmenden Dienststelle

Das Einverständnis des aufnehmenden Dienstherrn ist nach § 25 Abs. 5 Satz 2 LBG und § 15 Abs. 3 Satz 1 BeamtStG bei der Versetzung mit Dienstherrnwechsel einzuholen. An der Einholung und der Erklärung des Einverständnisses sind die betroffenen Dienstherren beteiligt, sodass die Maßnahme Außenwirkung entfalten und damit als Verwaltungsakt zu qualifizieren ist. Im Hinblick auf deren Drittwirkung kann diese auch von dem betroffenen Beamten angefochten werden[10]. Bei fehlendem Einverständnis des aufnehmenden Dienstherrn kann eine Versetzung nicht wirksam erfolgen.

Das Einverständnis ist schriftlich zu erklären (§ 25 Abs. 5 Satz 2 Halbsatz 2 LBG). § 15 BeamtStG enthält kein entsprechendes Schriftformerfordernis. Gleichwohl ist unter Beachtung der Rechtsprechung zu der Vorgängerregelung des § 123 Abs. 2 BRRG von einem Erfordernis der Schriftform auszugehen.[11]

Bei Versetzungen im Bereich desselben Dienstherrn - wie im Bereich der Landesverwaltung Nordrhein-Westfalen - wird die Versetzung von der abgebenden im Einvernehmen mit der aufnehmenden Stelle verfügt, wenn nicht die vorgesetzte Behörde die Versetzung vornimmt.

Beteiligung der Gleichstellungsbeauftragten

Die Gleichstellungsbeauftragte unterstützt die Dienststelle und wirkt grundsätzlich bei der Ausführung des Landesgleichstellungsgesetzes sowie aller Vorschriften und Maßnahmen, die Auswirkungen auf die Gleichstellung von Frau und Mann haben können mit (§ 17 Abs. 1 LGG). Sie ist somit frühzeitig über beabsichtigte Maßnahmen hinsichtlich der Versetzung zu unterrichten und anzuhören (§ 18 Abs. 2 Satz 1 LGG). Ihr ist innerhalb einer angemessenen Frist, die in der Regel eine Woche nicht unterschreiten darf, Gelegenheit zur Stellungnahme zu geben (§ 18 Abs. 2 Satz 2 LGG).

Beteiligung des Personalrates

Bei der Versetzung von Beamten hat der Personalrat mitzubestimmen (§ 72 Abs. 1 Satz 1 Nr. 5 LPVG), soweit kein Ausnahmetatbestand nach § 72 Abs. 1 Satz 2 und Satz 3 LPVG vorliegt. Es bedarf daher grundsätzlich der Zustimmung des Personalrats (§ 66 Abs. 1 LPVG).

---

[10] Vgl. Scheerbarth/Höffken/Bauschke/Schmidt, § 14 VI Nr. 2dd) m. W. N.
[11] Vgl. Metzler-Müller/Rieger/Seeck/Zentgraf, § 14 Ziffer 6.2.

Bei der Versetzung mit Dienstherrnwechsel ist das Einverständnis des aufnehmenden Dienstherrn notwendig. Das Einverständnis darf nur erteilt werden, wenn der Personalrat des aufnehmenden Dienstherrn oder der sonstigen Dienststelle wegen der Interessen der dort beschäftigten Mitarbeiter und Mitarbeiterinnen ebenfalls zuvor der Versetzung des Beamten zugestimmt hat oder aber die Zustimmung ausnahmsweise nicht erforderlich war (§ § 76 Abs. 1 Nr. 4 BPersVG, 72 Abs. 1 Satz 1 Nr. 5 LPVG)[12].

Bei einer Versetzung ohne Dienstherrnwechsel in der Landesverwaltung Nordrhein-Westfalen sind die Personalräte der abgebenden und aufnehmenden Dienststellen zu beteiligen.

Beteiligung der Schwerbehindertenvertretung

Vor jedem Arbeitsplatzwechsel von behinderten Beamten ist die Schwerbehindertenvertretung zu unterrichten und anzuhören (§ 95 Abs. 2 Satz 1 SGB IX).

Schriftform, Bestimmtheit und Begründung

Bei der Versetzungsverfügung handelt es sich um einen Verwaltungsakt, der alle Merkmale des § 35 Satz 1 VwVfG / VwVfG NRW (einschließlich Außenwirkung gegenüber dem betroffenen Beamten) enthält. Die Versetzung wird vom abgebenden Dienstherrn bzw. von der abgebenden Dienststelle bei einem Behördenwechsel innerhalb des Dienstherrn verfügt (vgl. § 25 Abs. 5 Satz 2 Halbsatz 1 LBG und § 15 Abs. 3 Satz 1 BeamtStG). Die Formulierung verpflichtet nicht zur Einhaltung der Schriftform. Für die Schriftform spricht aber, dass in die Verfügung zum Ausdruck zu bringen ist, dass das Einverständnis des aufnehmenden Dienstherrn vorliegt. Auch die ordnungsgemäße Führung der Personalakte nach den § § 83 ff. LBG und im Hinblick auf das bestehende Gebot der Zustellung von Verfügungen und Entscheidungen nach § 105 LBG erfordert grundsätzlich die Schriftform. In der Praxis wird die Versetzung ausnahmslos schriftlich vollzogen. Insoweit sind die Formerfordernisse des § 37 Abs. 3 VwVfG NRW zu beachten.

Die Versetzungsverfügung muss als Verwaltungsakt hinreichend bestimmt und begründet sein (§ § 37 Abs. 1 und 39 Abs. 1 Satz 1 und Satz 2 VwVfG NRW). In der Begründung sind die wesentlichen tatsächlichen und rechtlichen Gründe mitzuteilen, die die Behörde zur Versetzung des Beamten bewogen haben. Darüber hinaus ist nach § 25 Abs. 5 Satz 3 LBG und § 15 Abs. 3 Satz 1 BeamtStG das Einverständnis des aufnehmenden Dienstherrn in der Verfügung zum Ausdruck zu bringen.

---

[12] Vgl. Scheerbarth/Höffken/Bauschke/Schmidt, § 14 VI Nr. 3, m. w. N.

Planstelleneinweisung

Bei der Verleihung eines Amtes ist dem Beamten seine Einweisung in eine Planstelle schriftlich mitzuteilen. Da mit der Versetzung regelmäßig die Übertragung eines Amtes im statusrechtlichen Sinne verbunden ist, muss eine Planstelleneinweisung erfolgen.

In der Mitteilung werden der Zeitpunkt, zu dem die Einweisung in die Planstelle wirksam werden soll und die dem zu verleihenden Amt (z. B. Oberinspektor oder Oberkommissar) entsprechende Besoldungsgruppe (A 10) angegeben.

7.1.1.3.2 Materielle Voraussetzungen

Haushaltsrechtliche Voraussetzungen

Für Beamte auf Lebenszeit, auf Zeit oder für Beamte auf Probe müssen besetzbare Planstellen im Stellenplan vorhanden sein. Dies gilt nicht für die Beamtenanwärter in einem Beamtenverhältnis auf Widerruf, da diesen noch kein statusrechtliches Amt übertragen worden ist (vgl. § 8 Abs. 3 BeamtStG). Die § 25 LBG und 15 BeamtStG gelten für Anwärter entsprechend, etwa im dem Fall, dass eine bereits begonnene Ausbildung bei einem anderen Dienstherrn fortgesetzt werden soll[13].

Bei der Versetzung in den Dienst des Landes sind § 17 Abs. 5 und Abs. 6 LHO sowie § 48 Abs. 1 LHO mit den dazu ergangenen Verwaltungsvorschriften zu beachten. Bei der Versetzung von Beamten in den Bereich der Gemeinden, Gemeindeverbände usw. sind § 8 GemHVO und die speziellen kommunalverfassungsrechtlichen Regelungen des Haushalts-rechts der jeweiligen Behörde von Bedeutung.

Ermächtigungsnorm

Da mit der Versetzung in Rechte des Beamten eingegriffen wird, bedarf die Entscheidung einer entsprechenden gesetzlichen Ermächtigung. Als Ermächtigungsgrundlagen kommen § § 25 LBG bzw. § 15 BeamtStG in Betracht.

Befähigung

Eine Versetzung kommt grundsätzlich nur in Betracht, wenn der Beamte die Befähigung (vgl. § 7 LVO) für das neue Amt besitzt (§ 25 Abs. 1 Satz 1 LBG, § 15 Abs. 1 BeamtStG). Ein Laufbahnwechsel ist demnach nur zulässig, wenn der Beamte auch die Befähigung für die neue Laufbahn besitzt (vgl. § 11 Abs. 1 Satz 1 LVO). Eine Laufbahn umfasst alle Ämter, die derselben Fachrichtung und derselben Laufbahngruppe angehören; zur Laufbahn gehören auch der Vorbereitungsdienst und die Probezeit (§ 5 Abs. 1 Satz 2 LBG).

---

[13] Vgl. Scheerbarth/Höffken/Bauschke/Schmidt, § 14 VI Nr. 1 mit dem Hinweis zu Battis, der die vergleichbare Vorschrift des Bundesbeamtengesetzes direkt anwendet.

Liegen allerdings im Einzelfall ein dienstliches Bedürfnis oder dienstliche Gründe vor, kann der Beamte ausnahmsweise auch ohne seine Zustimmung in ein Amt derselben oder auch einer anderen Laufbahn versetzt werden (§ 25 Abs. 2 Satz 2 LBG, § 25 Abs. 3 Satz 1 LBG). Besitzt der Beamte nicht die Befähigung, muss er an Maßnahmen zum Erwerb der neuen Befähigung teilnehmen (§ 25 Abs. 4 LBG).

Ermessensausübung

Nach den jeweiligen Ermächtigungsnormen **kann** der Beamte versetzt werden. Der den Beamten abgebende Dienstherr bzw. die abgebende Dienststelle trifft die Versetzungsentscheidung nach pflichtgemäßem Ermessen. Der Beamte hat einen Anspruch auf eine ermessensfehlerfreie Entscheidung. Ist die Behörde ermächtigt, nach ihrem Ermessen zu handeln, hat sie ihr Ermessen entsprechend dem Zweck der Ermächtigung auszuüben und die gesetzlichen Grenzen des Ermessens einzuhalten (§ 40 VwVfG NRW). Im Rahmen der Ermessensentscheidung sind im Hinblick auf die bestehende Fürsorgepflicht des Dienstherrn gegenüber dem Beamten (§ 45 BeamtStG) die Interessen des zu versetzenden Beamten (Ehe und Familie, Berufstätigkeit des Ehegatten, Schulbesuch der Kinder, Unterhalts-, Betreuungs- und Pflegepflichten gegenüber Angehörigen, Eigentum oder Mietwohnung, Dauer der Ansässigkeit, Vereins- bzw. Parteiarbeit, ehrenamtliche Tätigkeit oder Engagement in anderen Institutionen z. B. in der freiwilligen Feuerwehr usw.) den dienstlichen Bedürfnissen der Behörde (Auswirkung der Versetzung auf den Dienstbetrieb, Wiederbesetzung oder Wegfall der Stelle usw.), unter Beachtung der Personal- und Organisationshoheit des Dienstherrn, gegenüberzustellen. Alleine die Beeinträchtigung familiärer Interessen (z. B. Berufstätigkeit des Ehepartners) erlaubt im Regelfall bei der Versetzung auf Antrag keine Entscheidung zugunsten des Beamten.

Auch die aufnehmende Dienststelle bei einem Behördenwechsel trifft seine Entscheidung nach pflichtgemäßem Ermessen.

7.1.2 Abordnung

Die Abordnung ist die **vorübergehende** vollständige oder teilweise Übertragung eines Amtes im konkret funktionellen Sinne bei einer anderen Dienststelle desselben oder eines anderen Dienstherrn unter Beibehaltung des bisherigen Amtes im statusrechtlichen Sinne und der Aufrechterhaltung der Zugehörigkeit zur bisherigen Dienststelle (vgl. § 24 Abs. 1 LBG). Abordnungen innerhalb Nordrhein-Westfalens sind nach § 24 LBG, länderübergreifende Abordnungen oder Abordnungen in die Bundesverwaltung sind nach § 14 BeamtStG vorzunehmen.

Im Gegensatz zur Versetzung, die als dauerhafte Übertragung eines neuen abstrakt-funktionellen Amtes bei einer anderen Behörde desselben oder eines anderen Dienstherrn unter Fortdauer des Beamtenverhältnisses, die beamtenrechtlich endgültige Überweisung eines Beamten an eine andere Behörde darstellt, stellt die Abordnung nur eine vorübergehende Maßnahme dar[14]. Die Abordnung kann unterschiedlich ausgestaltet sein. So

---

[14] Vgl. Müssig, ZBR 1990, 109 mit weiteren Hinweisen zu Rechtsprechung und Literatur.

kann der abgeordnete Beamte ausschließlich Tätigkeiten bei der neuen Stelle wahrnehmen. Denkbar sind auch eine teilweise Wahrnehmung von Aufgaben des bisherigen Amtes im funktionellen Sinne und daneben die teilweise Wahrnehmung von Aufgaben eines Dienstpostens bei der anderen Dienststelle.

Die Abordnung unterscheidet sich von der Versetzung auch dadurch, dass die Verbindung des Beamten zur bisherigen Dienststelle unter Fortdauer des Beamtenverhältnisses erhalten bleibt. Das Beamtenverhältnis wird mit dem bisherigen Dienstherrn fortgesetzt, für den die dienstvorgesetzte Stelle (§ 2 Abs. 4 LBG) die beamtenrechtlichen Entscheidungen über die persönlichen Angelegenheiten des Beamten trifft. Der Beamte wechselt die Dienststelle, u. U. auch die oberste Dienstbehörde, in jedem Fall erhält er zusätzlich neue Vorgesetzte und Dienstvorgesetzte, die für die organisatorischen (dienstlichen) Anordnungen hinsichtlich des Amtes im funktionellen Sinne zuständig sind.

Eine Abordnung des Beamten ist innerhalb des gegliederten Aufbaus der Landesverwaltung Nordrhein-Westfalen zu einer anderen Behörde oder Dienststelle bei demselben oder einem anderen Dienstherrn denkbar. Innerhalb einer Gemeinde oder eines Gemeindeverbandes verbleibt im Hinblick auf den einheitlichen Dienststellenbegriff i. S. des Landespersonalvertretungsgesetzes nur eine befristete Umsetzung.

Eine antragsgebundene Abordnung ist gesetzlich nicht vorgesehen. Allerdings kann die Abordnung zumindest auch dem Interesse des Beamten entsprechen, etwa dann, wenn vor einer in Aussicht genommenen Versetzung (z. B. wegen Beförderungsaussichten) eine Abordnung zur Erprobung bei der neuen Dienststelle vorgeschaltet werden soll.

Bei der Umsetzung handelt es sich um die Übertragung eines konkret-funktionellen Amtes innerhalb derselben Behörde im Lande Nordrhein-Westfalen oder innerhalb einer Gemeinde oder eines Gemeindeverbandes bzw. einer sonstigen Körperschaft, Anstalt oder Stiftung des öffentlichen Rechts mit Dienstherrneigenschaft aufgrund der Geschäftsverteilungsbefugnis der dienstvorgesetzten Stelle, ohne dass die Maßnahme statusberührenden Charakter hat. Die Umsetzung kann dauerhafter Natur sein, kann aber auch für eine befristete Zeit ganz oder teilweise (ähnlich der Abordnung) ausgesprochen werden. Um eine Umsetzung auf Zeit handelt es sich beispielsweise, wenn ein Gemeindebeamter des Sozialamtes für die Zeit der Kommunal-, Landtags-, Bundestags- oder Europawahl Aufgaben im Wahlamt wahrnimmt, nach Abschluss der Wahl aber wieder auf seinen ursprünglichen Dienstposten beim Sozialamt zurückkehrt.

Der Abordnung nachgebildet sind die Fälle der Zuweisung von Beamten nach § 20 BeamtStG Einem Beamten kann im dienstlichen oder öffentlichen Interesse mit seiner Zustimmung vorübergehend eine seinem Amt entsprechende Tätigkeit bei einer öffentlichen Einrichtung außerhalb des Anwendungsbereichs des Beamtenstatusgesetzes zugewiesen werden (§ 20 Abs. 1 Nr. 1 BeamtStG). Die Zuweisung einer Tätigkeit bei einer anderen Einrichtung ist zulässig, wenn öffentliche Interessen dies erfordern (§ 20 Abs. 1 Nr. 2 BeamtStG).

Keine Abordnung stellt die vorübergehende Tätigkeit in einer anderen Behörde während des Vorbereitungsdienstes zum Zwecke der Ausbildung dar. Im Vordergrund steht hier die Vermittlung der Ausbildungsinhalte, die außerhalb des rechtlichen Instituts „Abordnung" möglich ist. So werden beispielsweise Anwärter des gehobenen Dienstes in den Gemeinden und Gemeindeverbänden während der Zeit ihres Studiums an der Fachhochschule für öffentliche Verwaltung (Einrichtung des Landes i. S. des § 14 LOG) nicht an diese abgeordnet.

Von einer Abordnung ausgenommen sind Ehrenbeamte (§ 107 Abs. 1 Nr. 2 Satz 1 LBG). Professoren an Hochschulen können nur mit ihrer Zustimmung abgeordnet werden (vgl. § 123 Abs. 2 Satz 1 LBG). Eine Ausnahme bilden die Professoren der Hochschulen des Landes, deren Ausbildungsgänge ausschließlich für den öffentlichen Dienst ausgerichtet sind. Für sie gelten bei der Auflösung, der Verschmelzung oder einer wesentlichen Änderung des Aufbaues oder der Aufgaben die § § 24, 25 LBG entsprechend, wenn ihr Aufgabengebiet von der Maßnahme berührt wird und eine ihrem bisherigen Amt entsprechende Verwendung nicht mehr möglich ist.

Mitglieder des Personalrates dürfen gegen ihren Willen nur abgeordnet werden, wenn dies auch unter Berücksichtigung der Mitgliedschaft im Personalrat aus wichtigen dienstlichen Gründen unvermeidbar ist und der Personalrat, dem das Mitglied angehört, zustimmt (§ 43 LPVG).

7.1.2.1 Abordnung nach dem Landesbeamtengesetz

Der Beamte kann nach § 24 Abs. 2 LBG vorübergehend ganz oder teilweise zu einer seinem Amt entsprechenden Tätigkeit an eine andere Dienststelle eines Dienstherrn im Geltungsbereich des Landesbeamtengesetzes abgeordnet werden, wenn hierfür ein dienstlicher Grund besteht. Entscheidend können dabei in der Person des Beamten liegende als auch dienstliche (betriebliche) Gründe sein.

Aus **dienstlichen Gründen** kann der Beamte vorübergehend ganz oder teilweise auch zu einer nicht seinem Amt entsprechenden Tätigkeit abgeordnet werden, wenn ihm die Wahrnehmung der neuen Tätigkeit aufgrund seiner Vorbildung oder Berufsausbildung zuzumuten ist (§ 24 Abs. 3 Satz 1 LBG). Die Regelung erweitert die Einsatzmöglichkeiten gegenüber der Regelung des Abs. 2 der Vorschrift erheblich. Voraussetzung ist, dass dem Beamten die vorübergehend wahrzunehmende Tätigkeit unabhängig von seinem statusrechtlichen Amt allein aufgrund seiner Vor- und Berufsausbildung zuzumuten ist. Selbst die Abordnung zu einer Tätigkeit, die nicht einem Amt mit demselben Endgrundgehalt (sog. unterwertige Beschäftigung) entspricht, ist ausnahmsweise zulässig (vgl. § 24 Abs. 3 Satz 2 LBG).

Die Abordnung nach § 24 Abs. 2 Satz 1 und Satz 2 LBG bedarf nur dann der **Zustimmung** des Beamten, wenn sie die Dauer von zwei Jahren übersteigt (vgl. § 24 Abs. 3 Satz 3 LBG). Abordnungen (Voll- oder Teilabordnungen) unter zwei Jahren können demnach auch gegen den Willen des Beamten angeordnet werden.

Die **Abordnung zu einem anderen Dienstherrn** bedarf grundsätzlich der Zustimmung des Beamten (§ 24 Abs. 4 Satz 1 LBG). Abweichend hiervon ist die Abordnung auch ohne Zustimmung des Beamten zulässig, wenn die neue Tätigkeit einem Amt mit demselben Endgrundgehalt auch einer gleichwertigen oder anderen Laufbahn entspricht und die Abordnung die Dauer von fünf Jahren nicht übersteigt (vgl. § 24 Abs. 4 Satz 2 LBG). Ein Laufbahnwechsel in eine Laufbahn, für die der Beamte die Befähigung nicht besitzt, dürfte nur in besonders begründeten Einzelfällen in Betracht kommen.

Die Abordnung wird mit dem in der Abordnungsverfügung angegebenen Zeitpunkt wirksam, frühestens mit dem Tage, an dem sie dem Beamten bekannt gegeben worden ist. Hinsichtlich der Bekanntgabe ist die Zustellungsregelung des § 105 LBG zu beachten. Der Tag der Wirksamkeit der Abordnung ist für die Dauer der Abordnung, aber auch für die Berechnung der Rechtsbehelfsfrist von Bedeutung.

Klagen gegen Abordnungsentscheidungen haben keine aufschiebende Wirkung (vgl. § 54 Abs. 4 BeamtStG). Damit können Abordnungsmaßnahmen grundsätzlich sofort vollzogen werden, es sei denn, die aufschiebende Wirkung wurde durch das angerufene Gericht nach § 80 Abs. 5 VwGO angeordnet.

7.1.2.2 Abordnung nach dem Beamtenstatusgesetz

§ 14 BeamtStG regelt die länderübergreifende Abordnung und die Abordnung in die Die inhaltlichen Regelungen entsprechen weitestgehend denen des § 24 LBG.

Der Beamte kann aus dienstlichen Gründen in den Bereich eines Dienstherr eines anderen Landes oder des Bundes abgeordnet werden, wenn es sich bei den ganz oder teilweise übertragenen Aufgaben um eine seinem Amt entsprechende Tätigkeit handelt (§ 14 Abs. 1 BeamtStG).

Aus dienstlichen Gründen kann der Beamte vorübergehend ganz oder teilweise auch zu einer nicht seinem Amt entsprechenden Tätigkeit abgeordnet werden, wenn ihm die Wahrnehmung der neuen Tätigkeit aufgrund seiner Vorbildung oder Berufsausbildung zuzumuten ist, selbst wenn die Tätigkeit nicht einem Amt mit demselben Endgrundgehalt entspricht (§ 14 Abs. 2 BeamtStG). Die Abordnung zu einem anderen Dienstherrn bedarf der Zustimmung des Beamten (§ 14 Abs. 3 BeamtStG). Sie ist auch ohne Zustimmung zulässig, wenn die neue Tätigkeit dem Beamten zuzumuten ist und einem Amt mit demselben Grundgehalt entspricht und die Abordnung die Dauer von fünf Jahren nicht übersteigt (§ 14 Abs. 3 Satz 2 BeamtStG).

Wird ein Beamter zu einem anderen Dienstherrn außerhalb des Geltungsbereichs des Landesbeamtengesetzes abgeordnet, so finden auf ihn die für den Bereich dieses Dienstherrn geltenden Vorschriften über die Pflichten und Rechte der Beamten mit Ausnahme der Regelungen über Diensteid, Amtsbezeichnung, Besoldung und Versorgung entsprechende Anwendung (§ 14 Abs. 4 Satz 2 BeamtStG). Zur Zahlung der dem Beamten zustehenden Dienstbezüge ist der Dienstherr verpflichtet, zu dem der Beamte abgeordnet ist (§ 14 Abs. 4 Satz 3 BeamtStG).

7.1.2.3 Formelle und materielle Voraussetzungen der Abordnung

Bei der Abordnung eines Beamten handelt es sich einen Verwaltungsakt i. S. des § 35 Satz 1 VwVfG NRW, da diese in die subjektive Rechtsstellung des Beamten eingreift. Insofern ist die Rechtmäßigkeit einer Abordnungsentscheidung von formellen und materiellen Voraussetzungen abhängig.

7.1.2.3.1 Formelle Voraussetzungen

Zuständigkeit

Die Abordnung wird vom abgebenden Dienstherrn im Einvernehmen mit dem aufnehmenden verfügt (§ 24 Abs. 6 Satz 1 Halbsatz 1 LBG, § 14 Abs. 4 Satz 1 BeamtStG). Dienstherr ist entweder der Bund, ein Bundesland oder eine Gemeinde, ein Gemeindeverband bzw. eine sonstige unter der Aufsicht eines Landes oder des Bundes stehende Körperschaft, Anstalt oder Stiftung des öffentlichen Rechts mit Dienstherrneigenschaft (vgl. § 2 BeamtStG). Für den Dienstherrn, der selbst nicht handlungsfähig ist, werden die zuständigen Organe tätig.

Beteiligung des Beamten (Anhörung / Zustimmung)

Das Landesbeamtengesetz sieht für alle Formen der Abordnung zwingend die Anhörung des Beamten vor (§ 24 Abs. 5 LBG). § 14 BeamtStG enthält keine vergleichbare Anhörungsregelung. Die Pflicht zur Anhörung des Beamten ergibt sich hier allerdings aufgrund der Verwaltungsaktqualität der Abordnung aus § 28 VwVfG NRW.

Die Vorgaben des § 24 Abs. 3 Satz 3 LBG sehen die Zustimmung des Beamten für den Fall vor, dass die Abordnung die Dauer von zwei Jahren übersteigt.

Die Abordnungsregelung des Beamtenstatusgesetzes sieht grundsätzlich die Zustimmung des Beamten vor (vgl. § 14 Abs. 3 Satz 1 BeamtStG). Abweichend hiervon ist die sie auch ohne Zustimmung des Beamten vorgesehen, wenn die neue Tätigkeit zuzumuten ist und einem Amt mit demselben Grundgehalt entspricht und die Abordnung die Dauer von fünf Jahren nicht übersteigt.

Einverständnis des aufnehmenden Dienstherrn bzw. der aufnehmenden Dienststelle

Die Abordnung zu einer anderen Dienststelle desselben Dienstherrn (Bereich der Landesverwaltung Nordrhein-Westfalen) wird von der abgebenden im Einvernehmen mit der aufnehmenden Stelle verfügt.

Die Abordnung eines Beamten mit Dienstherrnwechsel wird von dem abgebenden Dienstherrn im Einverständnis mit dem aufnehmenden Dienstherrn verfügt; das Einverständnis ist schriftlich zu erklären (§ 24 Abs. 6 Satz 1 Halbsatz 2 LBG, § 14 Abs. 4 Satz 1 BeamtStG). In der Abordnungsverfügung ist zum Ausdruck zu bringen, dass das

Einverständnis des aufnehmenden Dienstherrn vorliegt (§ 24 Abs. 6 Satz 2 LBG). Eine ohne schriftliche Einverständniserklärung vollzogene Abordnung ist rechtswidrig.

Beteiligung der Gleichstellungsbeauftragten

Die Gleichstellungsbeauftragte unterstützt die Dienststelle und wirkt grundsätzlich bei der Ausführung des Landesgleichstellungsgesetzes sowie aller Vorschriften und Maßnahmen, die Auswirkungen auf die Gleichstellung von Frau und Mann haben können mit (§ 17 Abs. 1 LGG). Sie ist somit auch frühzeitig über beabsichtigte Maßnahmen hinsichtlich der Abordnung zu unterrichten und anzuhören (§ 18 Abs. 2 Satz 1 LGG). Ihr ist innerhalb einer angemessenen Frist, die in der Regel eine Woche nicht unterschreiten darf, Gelegenheit zur Stellungnahme zu geben (§ 18 Abs. 2 Satz 2 LGG).

Beteiligung des Personalrates

Der Personalrat der abgebenden Dienststelle hat bei der Abordnung von Beamten für eine Dauer von mehr als drei Monaten und bei ihrer Aufhebung mitzubestimmen, soweit kein Ausschlusstatbestand vorliegt (vgl. § 72 Abs. 1 Satz 1 Nr. 6 LPVG). Gleiches gilt auch für eine in Aussicht genommene Verlängerung der Abordnung. Soweit eine Maßnahme der Mitbestimmung des Personalrates unterliegt, kann sie nur mit seiner Zustimmung getroffen werden (§ 66 Abs. 1 LPVG). Die Rechte des Personalrates des abgebenden Dienstherrn stehen auch dem Personalrat des aufnehmenden Dienstherrn bzw. der Stelle zu, die die Interessen der Beschäftigten der aufnehmenden Dienststelle zu vertreten haben[15].

Beteiligung der Schwerbehindertenvertretung

Vor jedem Arbeitsplatzwechsel ist nach § 95 Abs. 2 SGB IX bei schwerbehinderten Beamten die Schwerbehindertenvertretung zu unterrichten und anzuhören.

Schriftform, Bestimmtheit und Begründung

Die Abordnung wird vom abgebenden Dienstherrn verfügt (vgl. § 24 Abs. 6 Satz 1 Halbsatz 1 LBG, § 14 Abs. 4 Satz 1 BeamtStG). Nach diesen Vorschriften besteht keine Verpflichtung, die Abordnung schriftlich zu verfügen. Es besteht aber in der Literatur Einvernehmen darüber, dass auf die Schriftform wegen der besonderen Bedeutung für den betroffenen Beamten und die Personalaktenführung nicht verzichtet werden kann, insbesondere nicht bei der Abordnung mit Dienstherrnwechsel[16]. Insoweit sind bei einer schriftlichen Abordnungsverfügung die Formerfordernisse des § 37 Abs. 3 VwVfG NRW zu beachten.

---

[15] Vgl. Scheerbarth/Höffken/Bauschke/Schmidt, § 14 VI Nr. 3 mit weiteren Hinweisen.
[16] Vgl. z. B. Scheerbarth/Höffken/Bauschke/Schmidt, § 14 III Nr. 3.

Die Abordnungsverfügung muss nach § 37 Abs. 1 VwVfG NRW hinreichend bestimmt sein und das Einverständnis des aufnehmenden Dienstherrn zum Ausdruck bringen (vgl. § 24 Abs. 6 Satz 2 LBG). Die Entscheidung ist zudem schriftlich zu begründen. In der Begründung sind die wesentlichen tatsächlichen und rechtlichen Gründe mitzuteilen, die die Behörde zur Abordnung des Beamten bewogen haben (§ 39 Abs. 1 Satz 1 und 2 VwVfG NRW).

7.1.2.3.2 Materielle Voraussetzungen

Haushaltsrechtliche Voraussetzungen

Der den Beamten aufnehmende Dienstherr oder die den Beamten aufnehmende Dienststelle müssen über die erforderlichen Haushaltsmittel für die Zahlung der Dienstbezüge verfügen, da sie zur Zahlung der Dienstbezüge usw. verpflichtet sind (vgl. § 24 Abs. 6 Satz 3 LBG und § 14 Abs. 4 Satz 3 BeamtStG), sodass regelmäßig eine freie besetzbare Planstelle zur Verfügung stehen muss.

Befähigung / unterwertige Beschäftigung

Eine Abordnung kommt grundsätzlich nur in Betracht, wenn ein dienstlicher Grund besteht und es sich um eine dem Amt des Beamten (Status) entsprechende Tätigkeit (Funktion) handelt (§ 24 Abs. 2 LBG, § 14 Abs. 1 BeamtStG).

Die Abordnung ist bei im Einzelfall vorliegenden dienstlichen Gründen auch zu einer nicht seinem Amt entsprechenden Tätigkeit zulässig, wenn ihm die Wahrnehmung der neuen Tätigkeit aufgrund seiner Vorbildung oder Berufsausbildung zuzumuten ist (§ 24 Abs. 3 Satz 1 LBG, § 14 Abs. 2 Satz 1 BeamtStG). Selbst die Abordnung zu einer Tätigkeit, die nicht einem Amt mit demselben Endgrundgehalt entspricht, ist zulässig (§ 24 Abs. 3 Satz 2 LBG, § 14 Abs. 2 Satz 2 BeamtStG). In diesen Fällen bedarf die Abordnung der Zustimmung des Beamten und ist auf zwei Jahre begrenzt (§ 24 Abs. 3 Satz 3 LBG). Im Beamtenstatusgesetz ist eine entsprechende Begrenzung nicht vorgesehen.

Die Abordnung ist auch in eine gleichwertige oder andere Laufbahn zulässig, wenn die neue Tätigkeit einem Amt mit demselben Endgrundgehalt entspricht und die Dauer von fünf Jahren insgesamt nicht übersteigt (§ 24 Abs. 4 LBG). Im Übrigen vgl. die Ausführungen zur Versetzung unter 7.1.1. Die Teilnahme an Maßnahmen zur Erlangung der Befähigung dürfte bei der Abordnung wegen der zeitlichen Befristung entfallen.

Ermessensausübung

Der Dienstherr trifft die Abordnungsentscheidung nach pflichtgemäßem Ermessen. Dabei ist unter Beachtung von ggf. gegensätzlichen Interessenlagen eine sachgerechte Entscheidung herbeizuführen. Ist die Behörde ermächtigt, nach ihrem Ermessen zu handeln, hat sie ihr Ermessen entsprechend dem Zweck der Ermächtigung auszuüben und die gesetzlichen Grenzen des Ermessens einzuhalten (§ 40 VwVfG NRW). Da Ermessen auszuüben ist, hat der schriftliche Verwaltungsakt auch die Gründe erkennen zu lassen, von denen der Dienstherr bei der Ausübung des Ermessens ausgegangen ist (vgl. § 39 Abs. 1 Satz 3 VwVfG NRW).

Der aufnehmende Dienstherr oder die aufnehmende Dienststelle trifft ihre Entscheidung ebenfalls nach pflichtgemäßem Ermessen. In beiden Fällen hat der Beamte Anspruch auf fehlerfreie Ausübung des Ermessens.

7.1.3 Umsetzung

Eine weitere Möglichkeit der Personalsteuerung ist durch die Umsetzung von Beamten gegeben. Die Umsetzung ist im Gegensatz zu der Versetzung und der Abordnung gesetzlich nicht geregelt. Sie beinhaltet die Übertragung eines neuen Dienstpostens (Amt im konkret funktionellen Sinne) bei derselben Behörde ohne eine Veränderung des Amtes im statusrechtlichen Sinne[17]. Die Umsetzung kann auf Dauer oder vorübergehend ausgerichtet sein.

Die Umsetzung ist im Gegensatz zu den Maßnahmen „Versetzung" und „Abordnung" **kein Verwaltungsakt** i. S. des § 35 Satz 1 VwVfG NRW. Der Umsetzung fehlt das Merkmal der Außenwirkung, da sie sich an den Beamten lediglich in seiner Eigenschaft als Amtsträger und Glied der Verwaltung richtet und somit lediglich organisationsinterne Wirkung erzielt.

Bei der Umsetzung handelt es sich um eine innerorganisatorische Maßnahme der Behörde, in deren Organisation der betroffene Beamte eingegliedert ist. Ein u. U. mit der Umsetzung verbundener Ortswechsel ist dabei für die Rechtsqualität ohne Bedeutung. Verwaltungsaktqualität hat lediglich die Umsetzung, die nach § 27 Abs. 2 Satz 2 BeamtStG zur Vermeidung der Versetzung in den Ruhestand wegen Dienstunfähigkeit in Betracht kommt. In diesem Fall wird das ansonsten fehlende Merkmal der Außenwirkung erfüllt.

Mitglieder des Personalrates dürfen gegen ihren Willen nur umgesetzt werden, wenn dies auch unter Berücksichtigung der Mitgliedschaft im Personalrat aus wichtigen dienstlichen Gründen unvermeidbar ist und der Personalrat, dem das Mitglied angehört, zustimmt (§ 43 LPVG). Ausgeschlossen ist die Umsetzung von sog. Amtsbeamten.

Die Entscheidung über Umsetzung eines Beamten liegt im pflichtgemäßen Ermessen des Dienstherrn, das unter Beachtung der Fürsorgepflicht fehlerfrei auszuüben ist. Im Gegensatz zur Versetzung und Abordnung steht dem Dienstherrn hier ein weiter Entscheidungs- und Ermessensspielraum zu. Der Personaleinsatz ist im Unterschied zu Abordnungen und Versetzungen nicht an die vorherige Darlegung bzw. den Nachweis eines dienstlichen Bedürfnisses oder Grundes gekoppelt, sondern unterliegt den allgemeinen Ermessensgrenzen. Grundsätzlich obliegt es dem Dienstherrn, die Dienstaufgaben für Beamte festzulegen und dabei Ort und Zeit der Diensterfüllung zu bestimmen. Ein dienstliches Bedürfnis ist für die Umsetzung anders als für eine Versetzung nicht erforderlich,

---

[17] Wichmann/Langer, Rn. 181.

es reicht jeder sachliche Grund[18]. wie sie für Abordnungen und Versetzungen gelten. Da es sich bei der Umsetzung nicht um einen Verwaltungsakt handelt, sind vorliegend die Vorschriften des § 39 Abs. 1 VwVfG zur schriftlichen Begründung der Entscheidung und der Ermessensabwägungen nicht zwingend anzuwenden, allerdings im Hinblick auf die Fürsorgepflicht des Dienstherrn gegenüber seinen Beamten wünschenswert.

7.1.3.1 Formelle Voraussetzungen

Zuständigkeit

Die Entscheidungskompetenz zur Umsetzung von Beamten folgt aus der Personalhoheit und Organisationsgewalt des Dienstherrn. Für die beamtenrechtlichen Entscheidungen ist die dienstvorgesetzte Stelle zuständig (vgl. § 2 Abs. 4 Satz 1 LBG). Für die Beamten des Landes kann die oberste Dienstbehörde durch Rechtsverordnung einen anderen Dienstvorgesetzten bestimmen (vgl. § 2 Abs. 3 LBG). Die Regelung des § 2 Abs. 4 Satz 1 LBG gilt für die Beamten der Gemeinden und Gemeindeverbände entsprechend, soweit nicht nach den für die geltenden Vorschriften eine andere Stelle zuständig ist (vgl. § 2 Abs. 4 Satz 2 LBG).

Zustimmung umzusetzender Beamter / Anhörung

Die Umsetzung als organisatorische Maßnahme kann nicht von der Zustimmung des Beamten abhängig sein. Eine auf die Fürsorgepflicht des Dienstherrn (vgl. § 45 BeamtStG) zurückzuführende Anhörung ist allerdings erforderlich, damit der Beamte nicht von einer solchen Entscheidung des Dienstvorgesetzten überrascht wird[19]. Von der Anhörung kann abgesehen werden, wenn die Umsetzung aufgrund eines Antrages des Beamten durchgeführt wird.

Umsetzungsverfügung / Schriftform

Schriftform ist für die Umsetzungsverfügung nicht vorgeschrieben. Auf sie sollte aber wegen der Bedeutung der Umsetzung für den betroffenen Beamten nicht verzichtet werden. Auch die Personalakte (vgl. § 83 ff. LBG) könnte ohne eine entsprechenden Verfügung nicht in der erforderlichen Form geführt werden. Die Formerfordernisse (§ 37 Abs. 3 VwVfG NRW) sind nicht verbindlich, da es sich nicht um einen Verwaltungsakt handelt.

---

[18] Hamburgisches Oberverwaltungsgericht, Beschluss vom 27.08.2004, 1 Bs 271/04, IÖD 2004, 267 = NVwZ-RR 2005, 125.
[19] Zur Rechtswidrigkeit einer solchen Maßnahme vgl. OVG NRW, Beschluss vom 07.02.1986, 1 A 2777/83, ZBR 1986, 274.

Bestimmtheit und Begründung

Obwohl keine Verpflichtung besteht, sind hinsichtlich der Bestimmtheit und der Begründung die § 37 Abs. 1 und 39 Abs. 1 Satz 1 und Satz 2 VwVfG NRW als Maßstab zugrunde zu legen. Die Umsetzungsverfügung müsste entsprechend hinreichend bestimmt sein und wäre zudem schriftlich zu begründen.

Beteiligung der Gleichstellungsbeauftragten

Die Gleichstellungsbeauftragte ist frühzeitig über die beabsichtigte Umsetzung zu unterrichten und anzuhören (§ 18 Abs. 2 Satz 1 LGG). Ihr ist innerhalb einer angemessenen Frist, die in der Regel eine Woche nicht unterschreiten darf, Gelegenheit zur Stellungnahme zu geben (§ 18 Abs. 2 Satz 2 LGG).

Beteiligung des Personalrates

Der Personalrat hat bei der Umsetzung von Beamten innerhalb der Dienststelle für eine Dauer von mehr als drei Monaten mitzubestimmen, soweit kein Ausschlusstatbestand vorliegt (vgl. § 72 Abs. 1 Satz 1 Nr. 5 und Satz 2 LPVG). Unabhängig vom Zeitraum der Umsetzung innerhalb der Dienststelle unterliegt sie auch dann der Mitbestimmung des Personalrates, wenn ein Ortswechsel für den betroffenen Beamten damit verbunden ist, wobei das Einzugsgebiet i. S. des Umzugskostenrechts zum Dienstort gehört (vgl. § 72 Abs. 1 Satz 1 Nr. 5 LPVG). Soweit eine Maßnahme der Mitbestimmung des Personalrates unterliegt, kann sie nur mit seiner Zustimmung getroffen werden (§ 66 Abs. 1 LPVG).

Beteiligung der Schwerbehindertenvertretung

Vor jedem Arbeitsplatzwechsel von schwerbehinderten Beamten ist die Schwerbehindertenvertretung zu unterrichten und anzuhören (§ 95 Abs. 2 SGB IX).

7.1.3.2 Materiell-rechtliche Voraussetzungen

Materiell-rechtlich sind als Voraussetzungen nur sachliche Gründe für die Umsetzung zu beachten. Die Umsetzung muss zur Aufgabenerfüllung notwendig sein. Ein dienstliches Bedürfnis oder dienstliche Gründe wie bei der Versetzung und Abordnung sind nicht erforderlich, hinreichend ist vielmehr jeder sachliche Grund. Der Aufgabenbereich des neuen Dienstpostens des Beamten muss dem abstrakten Aufgabenbereich seines statusrechtlichen Amtes entsprechen und mit demselben Endgrundgehalt verbunden sein. Mithin ist eine Umsetzung, die zu unterwertiger Beschäftigung führt, ausgeschlossen.

Weiterhin ist es erforderlich, dass der Beamte zur Wahrnehmung der neuen Aufgaben befähigt ist. Ein Wechsel in eine gleichwertige oder andere Laufbahn dürfte nur ausnahmsweise in besonderen Einzelfällen gerechtfertigt sein, wenn eine anderweitige Verwendung nicht möglich ist. In diesen Fällen ist der Beamte verpflichtet, an Maßnahmen teilzunehmen, um die Befähigung für die neue Laufbahn zu erlangen.

Der Beamte hat kein Recht auf unveränderte und ungeschmälerte Ausübung des ihm übertragenen konkreten Amtes im funktionellen Sinne (Dienstposten), sondern muss eine Änderung seines dienstlichen Aufgabenbereiches nach Maßgabe seines Amtes im statusrechtlichen Sinne hinnehmen. Sind bei einer derartigen Umsetzung sonstige einschlägige Rechtsvorschriften, etwa das Personalvertretungs- und Schwerbehindertenrecht, beachtet worden, so kann ihre Rechtmäßigkeit im Klageverfahren nur auf Ermessensfehler überprüft werden[20].

7.1.4 Organisationsverfügung (Geschäftsplanänderung)

Bei der Organisationsverfügung oder Geschäftsplanänderung handelt es sich um eine Personalmaßnahme, die den Aufgabenkreis (Dienstposten) des Beamten betrifft. Da der Beamte im Interesse einer an den Grundsätzen der Sparsamkeit und Wirtschaftlichkeit ausgerichteten effektiven Verwaltung nicht nur für einen bestimmten Dienstposten, sondern im Hinblick auf die erforderliche vielseitige Verwendbarkeit, Austauschbarkeit und Mobilität für den gesamten Aufgabenbereich seiner Laufbahn ausgebildet ist, ist die Übertragung eines Dienstpostens von vornherein mit der Möglichkeit der Umgestaltung des konkreten Aufgabenbereichs durch Geschäftsplanänderungen belastet[21].

Der Änderung des konkret funktionellen Amtes kann beispielsweise in der Kommunalverwaltung die Neuordnung in Fachbereiche zugrunde liegen. Aber auch die Wegnahme einzelner Aufgaben oder die Übertragung neuer Aufgaben kann Grundlage der Geschäftsplanänderung sein.

Da die Organisationsverfügung für den Beamten vergleichbare Konsequenzen wie die Umsetzung enthält, sind die dort geschilderten Voraussetzungen auch hier zu beachten, vgl. 7.1.3. Nicht vorgesehen ist bei einer solchen Maßnahme die Beteiligung des Personalrates, es sei denn, die Veränderungen bezüglich des konkret funktionellen Amtes wären so weitgehend, dass sie der Umsetzung gleichkommen.

Das dem Dienstherrn eingeräumte Ermessen zur Geschäftsplanänderung hinsichtlich der bestmöglichen Aufgabenwahrnehmung kann gerichtlich nur daraufhin überprüft werden, ob das Ermessen im Sinne der Ermächtigung ausgeübt worden ist.

7.1.5 Zuweisung einer Tätigkeit bei anderen Einrichtungen

Einem Beamten kann im dienstlichen oder öffentlichen Interesse mit seiner Zustimmung vorübergehend eine seinem Amt entsprechende Tätigkeit zugewiesen werden

- bei einer öffentlichen Einrichtung ohne Dienstherrneigenschaft oder bei einer öffentlich-rechtlichen Religionsgemeinschaft im dienstlichen oder öffentlichen Interesse (§ 20 Abs. 1 Nr. 1 BeamtStG) oder

---

[20] Vgl. BVerwG, Urteil vom 22.05.1980, 2 C 30/78, BVerwGE 60, 144 (150 ff.) = DÖD 1980, 203 = ZBR 1981, 28 m. w. N. zum Ermessen des Dienstherrn bei der Umsetzung eines Beamten im Zusammenhang mit Nichtraucherschutz am Arbeitsplatz.
[21] Kremer, Versetzung, Abordnung, Umsetzung und Geschäftsplanänderung, NVwZ 1983, 6 (9).

- bei einer anderen Einrichtung, wenn öffentliche Interessen es erfordern (§ 20 Abs. 1 Nr. 2 BeamtStG).

Die öffentlichen Einrichtungen sowie die öffentlich-rechtlichen Religionsgemeinschaften haben keine Dienstherrnfähigkeit, sodass eine Abordnung oder Versetzung nicht zulässig wäre.

Der Begriff der **„öffentlichen Einrichtung"** wird durch § 20 BeamtStG nicht definiert, so dass man die Vorschrift in Anlehnung an Schrifttum und Rechtsprechung zur Vorgängervorschrift des § 123a BRRG weit fassen kann[22].

Es handelt sich um jede mittelbare staatliche oder zwischenstaatliche Institution, die keine Dienstherrnfähigkeit hat. Dazu gehören insbesondere internationale, zwischenstaatliche oder supranationale Einrichtungen; öffentlich-rechtlich verfasste, deren Dienststellen auch in Deutschland liegen können; ferner andere Staaten oder Einrichtungen in anderen Staaten, die in Deutschland als öffentlich-rechtliche Körperschaften, Anstalten oder Stiftungen organisiert werden, unter den Begriff.[23]

Auch der Begriff der **„anderen Einrichtung"** fordert ein weites Verständnis, so dass private Einrichtungen im In- und Ausland hiermit gemeint sind[24].

Die Anwendung des § 20 Abs. 1 Nr. 1 BeamtStG setzt dienstliche oder öffentliche Interessen voraus. Darunter sind entweder das Interesse der jeweiligen Dienststelle an der Zuweisung oder darüber hinausgehende allgemeine öffentliche Interessen, z. B. der Stärkung der deutschen Präsenz in internationalen Einrichtungen, zu verstehen. Nach § 20 Abs. 1 Nr. 2 BeamtStG müssen öffentliche Interessen die Zuweisung erfordern. Der Begriff der öffentlichen Interessen ist hier eng auszulegen. Die Voraussetzungen liegen vor, wenn durch einen Austausch z. B. Methoden aus Bereichen außerhalb des öffentlichen Dienstes erlernt oder Erfahrungen gesammelt werden können. Durch § 20 Abs. 1 Nr. 2 BeamtStG soll der Personalaustausch zwischen öffentlichem Dienst und Privatwirtschaft gefördert werden.[25]

Wird eine Dienststelle ganz oder teilweise in eine öffentlich-rechtlich organisierte Einrichtung ohne Dienstherreigenschaft oder eine privatrechtlich organisierte Einrichtung der öffentlichen Hand umgewandelt, kann Beamten dieser Dienststelle nach § 20 Abs. 2 BeamtStG auch ohne ihre Zustimmung ganz oder teilweise eine ihrem Amt entsprechende Tätigkeit bei dieser Einrichtung zugewiesen werden, wenn öffentliche Interessen es erfordern.

§ 20 Abs. 2 BeamtStG betrifft die Fälle der inländischen Unternehmen der öffentlichen Hand, die in privater Rechtsform geführt werden und trägt damit der Privatisierung öffentlicher Aufgaben Rechnung. Die Zuweisung nach § 20 Abs. 2 BeamtStG setzt nicht die Zustimmung des Beamten voraus, da dieser mit der Entscheidung der Privatisierung

---

[22] Metzler-Müller/Rieger/Seeck/Zentgraf, Ziffer 3.1 zu § 20 BeamtStG.
[23] Vgl. Metzler-Müller/Rieger/Seeck/Zentgraf, Ziffer 3.1 zu § 20 BeamtStG mit Hinweis auf Bundestagsdrucksache 16/4027, S. 26.
[24] Vgl. Bundestagsdrucksache 16/4027, S. 27.
[25] Vgl. Bundestagsdrucksache 16/4027, S. 27.

seinen bisherigen Dienstherrn verliert und der Organisation folgt. Auch die Zuweisung nach § 20 Abs. 2 BeamtStG setzt das Vorliegen von öffentlichen Interessen voraus.[26]

Voraussetzung für die Anwendung der Norm ist, dass eine vollständige oder teilweise Privatisierungsmaßnahme vorausgegangen ist, die eine adäquate Weiterbeschäftigung des Beamten ausschließt. Die Zuweisung erfolgt in diesen Fällen daher grundsätzlich auf Dauer.

Wichmann/Langer halten die Regelung des § 20 Abs. 2 BeamtStG wegen der Möglichkeit der Zuweisung, ohne dass der Beamte dieser zustimmen muss, für verfassungswidrig. Sie wäre nur mit Zustimmung oder bei Vorliegen eines „dringenden" öffentlichen Interesses als verfassungskonform anzusehen, da ein oktroyierter Wechsel wegen des Treueverhältnisses nur ultima ratio sein dürfe. Die gegenteilige Ansicht verstieße gegen die Inhaltsbestimmung des Beamtenverhältnisses als einem Dienst- und Treueverhältnis zu einem einzigen Dienstherrn.[27] Dieser Auffassung ist zuzustimmen.

Die Rechtsstellung der Beamten bleibt in beiden Zuweisungsfällen unberührt (vgl. § 20 Abs. 3 BeamtStG).

Der Beamte behält damit außer seinem konkret-funktionellen Amt sämtliche Rechte und Pflichten gegenüber seinem Dienstherrn und damit auch sämtliche Besoldungs- und Versorgungsansprüche mit Ausnahme der Anrechnung nach § 12 LBesG. Nach § 12 Abs. 2 Satz 1 LBesG werden die aus einer Tätigkeit nach § 20 BeamtStG erzielten Bezüge auf die Besoldung angerechnet. In besonderen Fällen kann die oberste Dienstbehörde im Einvernehmen mit dem für das Besoldungsrecht zuständigen Minister von der Anrechnung ganz oder teilweise absehen (§ 12 Abs. 2 Satz 2 LBesG).

Auch die dienstvorgesetzte Stelle wechselt nicht. Sie trifft weiterhin grundsätzlich alle dienstrechtlichen Entscheidungen über die persönlichen Angelegenheiten, mit Ausnahme der Entscheidungen, die untrennbar mit der aus § 20 BeamtStG folgenden Dienstleistung verbunden sind.[28]

Die Zuweisung stellt einen Verwaltungsakt dar. Zuständig für den Erlass der Zuweisungsverfügung ist der zuweisende Dienstherr, der durch seine Organe handelt.

7.2 Maßnahmen bei der Umbildung, Auflösung usw. von Behörden und Körperschaften

Bei der Auflösung oder einer wesentlichen Änderung des Aufbaus oder der Aufgaben einer Behörde oder der Verschmelzung von Behörden kann der Beamte in ein anderes Amt derselben oder einer gleichwertigen Laufbahn mit geringerem Endgrundgehalt im Bereich desselben Dienstherrn versetzt werden, wenn eine seinem bisherigen Amt entsprechende Verwendung nicht möglich ist (vgl. § 26 Abs. 2 Satz 1 LBG). Das Grund-

---

[26] Vgl. Bundestagsdrucksache 16/4027, S. 27.
[27] Wichmann/Langer, Rn. 194 m. w. N.
[28] Vgl. Metzler-Müller/Rieger/Seeck/Zentgraf, Ziffer 8.1 zu § 20 BeamtStG.

gehalt muss dabei mindestens dem des Amtes entsprechen, welches der Beamte vor seinem bisherigen Amt innehatte. Im Rahmen der Besitzstandswahrung erhält der Beamte bei einer Verminderung des Grundgehaltes eine Ausgleichszulage in Höhe des Unterschiedsbetrages, der sich zwischen den Summen der Dienstbezüge in der bisherigen Verwendung und in der neuen Verwendung zum Zeitpunkt der Versetzung ergibt (vgl. § 61 Abs. 3 LBesG i. V. m. § 61 Abs. 1 Satz 2 LBesG), wenn aus dienstlichen Gründen versetzt wird.

Die statusberührende Versetzung nach § 26 Absatz 2 Satz 2 LBG findet nur Anwendung bei der Auflösung oder Umbildung von Behörden des Landes Nordrhein-Westfalen. Die Rechtsstellung der Beamten bei der Umbildung von Körperschaften richtet sich nach den §§ 16 ff. BeamtStG.

Bei einer vollständigen Eingliederung in eine andere Körperschaft, treten mit der Umbildung kraft Gesetzes die Beamten in den Dienst der aufnehmenden Körperschaft über § 16 Abs. 1 BeamtStG. Beamte einer Körperschaft, die vollständig oder teilweise in eine oder mehrere andere Körperschaften eingegliedert wird, sind (einvernehmlich) anteilig in den Dienst der aufnehmenden Körperschaft zu übernehmen (vgl. § 16 Abs. 2 bis 4 BeamtStG).

Aufgrund der Übernahmeverpflichtung und ihrer rechtlichen Ausgestaltung haben die beteiligten Körperschaften kein freies „Auswahlermessen". Ergeben sich Anwendungsprobleme, hat die Aufsichtsbehörde auf die Erfüllung der Pflichten der beteiligten Körperschaften hinzuwirken und ggf. die notwendigen Maßnahmen im Wege der Ersatzvornahme zu treffen. Die Personalhoheit einzelner Körperschaften wird hierbei nicht in relevanter Weise eingeschränkt und damit das Selbstverwaltungsrecht beeinträchtigt.[29]

7.3 Versetzung aus disziplinarrechtlichen Gründen - Rangherabsetzung

Bei dieser Art der Versetzung steht das statusrechtliche Amt (z. B. Amtmann) im Vordergrund und nicht ein Dienstherrn- oder Dienststellenwechsel. Nach § 5 Abs. 1 LDG gehört zu den möglichen Disziplinarmaßnahmen u. a. die Zurückstufung (Versetzung in ein Amt derselben Laufbahn mit geringerem Endgrundgehalt, z. B. Rangherabsetzung vom Amtmann zum Oberinspektor). Durch diese Disziplinarmaßnahme verliert der Beamte alle Rechte aus seinem bisherigen statusrechtlichen Amt einschließlich der damit verbundenen Besoldung und der Befugnis, die bisherige Amtsbezeichnung führen zu dürfen (§ 9 Abs. 1 Satz 2 LDG). Eine Änderung des Amtes im funktionellen Sinne kann, muss aber nicht damit verbunden sein. Der Beamte darf grundsätzlich nur bei Bewährung und frühestens fünf Jahre nach Unanfechtbarkeit des Urteils wieder befördert werden (§ 9 Abs. 3 LDG). Mit dem Verlust der Rechte aus dem bisherigen Amt enden auch die Nebentätigkeiten, die der Beamte im Zusammenhang mit dem bisherigen Amt oder auf Verlangen, Vorschlag oder Veranlassung seines Dienstvorgesetzten übernommen hatte (§ 9 Abs. 1 Satz 3 LDG).

---

[29] Vgl. VerfGH NRW, Urteil vom 26.06.2001, VerfGH 28/00 und 30/00, NWVBl., 340 = DÖV 2002, 475 = DVBl 2001, 1595.

7.4 Übung

Sachverhalt

Wegen unerwartet vieler Anträge auf Versetzung in den Ruhestand (Dienstunfähigkeit und Antragsaltersgrenze) und ständiger Aufgabenzuwächse durch gesetzliche Änderungen des Besoldungs- und Versorgungsrechts wird beim Landesamt für Besoldung und Versorgung (Landesoberbehörde im Geschäftsbereich des Finanzministeriums) eine Organisationsuntersuchung durchgeführt. Nach dem Ergebnis der Prüfung müssen vier Planstellen der Besoldungsgruppe A 9 neu besetzt werden, davon drei wegen hoher Arbeitsrückstände unverzüglich. Es sind folgende Personalmaßnahmen beabsichtigt:

1. Die Fallzahl einer Planstelle (eines Dienstpostens) wird nach Anhörung des Personalrats auf vier andere Beamte der betroffenen Abteilung aufgeteilt.

2. Eine Planstelle soll dem Stadtinspektor A vom Landesoberbergamt übertragen werden, der sich aus persönlichen Gründen um eine Stelle beim Landesamt für Besoldung und Versorgung bemüht hat.

3. Eine Planstelle soll für die Dauer von drei Monaten bis zur Einstellung eines geeigneten Bewerbers bzw. einer geeigneten Bewerberin mit der Regierungsinspektorin B von der Fachhochschule für öffentliche Verwaltung besetzt werden. Die Leiter der beteiligten Stellen haben sich bereits darüber verständigt. Frau B wurde vorab die Möglichkeit einer Stellungnahme eingeräumt.

4. Die Aufgaben einer Planstelle sollen sich zunächst die Regierungsinspektoranwärterin C und der Regierungsinspektoranwärter D während ihrer letzten fachpraktischen Studienzeit unter der Anleitung von zwei in der Ausbildung und im Sachgebiet erfahrenen Praktikern (Beamte des gehobenen Dienstes) teilen.

Fragestellung

Sind die beabsichtigten Personalbereitstellungsmaßnahmen unter Berücksichtigung der Versetzungs-, Abordnungs- und Umsetzungsmöglichkeiten zur Beseitigung des Fehlbedarfs formell und materiell zulässig?

Bearbeitungshinweise

Die Leiter der Landesbehörden bzw. -einrichtungen sind für die Entscheidung über die Versetzung und Abordnung sowie die Geschäftsverteilung zuständig.

Der Geschäftsverteilungsplan ist ein Organisationsplan. Von der ordnungsgemäßen Beteiligung des Personalrats ist auszugehen.

Lösungshinweise zu 1

Bei der Übertragung von zusätzlichen Aufgaben auf andere Mitarbeiter handelt es sich um eine Geschäftsplanänderung im Landesamt für Besoldung und Versorgung, weil der Aufgabenkreis der Beamten davon betroffen ist. Der jeweilige Dienstposten ist durch die Erhöhung der Fallzahl verändert worden, so dass von einer der Umsetzung vergleichbaren Situation ausgegangen werden kann. Die Neuorganisation ist bezüglich des Verfahrens mit der Umsetzung vergleichbar.

Zuständigkeit

Die Entscheidung über die Änderung des Geschäftsverteilungsplans obliegt der dienstvorgesetzten Stelle der Beamten. Dienstvorgesetzte Stelle der Beamten beim Landesamt für Besoldung und Versorgung (vgl. § 6 Abs. 2 LOG) ist die oberste Dienstbehörde, soweit durch Gesetz oder Verordnung nicht etwas anderes bestimmt ist (§ 2 Abs. 2 Nr. 1 LBG). Oberste Dienstbehörde ist nach § 2 Abs. 1 Satz 1 Nr. 1 LBG die oberste Behörde des Geschäftsbereichs, in dem die Beamten ein Amt bekleiden. Die von der Geschäftsverteilung betroffenen Beamten bekleiden ein Amt im Geschäftsbereich des Finanzministeriums. Somit ist das Finanzministerium die oberste Behörde (vgl. § 4 Abs. 1 LOG).

Nach dem Bearbeitungshinweis ist der Leiter des Landesamtes für Besoldung und Versorgung für die Geschäftsverteilung in seiner Behörde zuständig.

Zustimmung der von der Geschäftsverteilung betroffenen Beamten / Anhörung

Eine Beteiligung betroffener Beamter bei der Änderung des Geschäftsverteilungsplanes ist in Spezialvorschriften nicht vorgeschrieben. Da es sich bei dieser Personalmaßnahme um keinen Verwaltungsakt handelt, ist die Anhörung auch nach § 28 Abs. 1 VwVfG NRW nicht erforderlich. Denkbar wäre es, diese aber aus der Fürsorgepflicht des Dienstherrn (§ 45 BeamtStG) abzuleiten. Die Beamten würden somit nicht von der Entscheidung des Dienst-vorgesetzten überrascht.

Ermessensentscheidung

Die dienstvorgesetzte Stelle trifft die Entscheidung über die Geschäftsverteilung nach pflichtgemäßem Ermessen. Der Ermessensspielraum ist dabei sehr groß; es handelt sich um die Wahrnehmung notwendiger Aufgaben. Die Inhalte der zusätzlichen Aufgaben desselben Sachgebiets entsprechen dem abstrakt funktionellen Amt der Beamten, da es sich um Aufgaben der Laufbahn- und Besoldungsgruppe handelt. Besondere Schutzinteressen sind nach dem Sachverhalt nicht erkennbar. Da Ermessensfehler nicht ersichtlich sind, ist bei der Entscheidung der dienstvorgesetzten Stelle von einer sachgerechten Ermessensausübung auszugehen. Ob für die Beamten weniger belastende Maßnahmen, z. B. die Anordnung von Überstunden in Betracht kommen, lässt der Sachverhalt nicht erkennen.

Beteiligung des Personalrates

Ein Mitbestimmungsrecht des Personalrates ist bei einer solchen Maßnahme nach den §§ 72 bis 74 LPVG nicht vorgesehen. Der Personalrat ist aber u. a. bei der Vorbereitung der Entwürfe von Organisationsplänen anzuhören (§ 75 Abs. 1 Nr. 1 LPVG). Die Anhörung hat so rechtzeitig zu erfolgen, dass die Äußerung des Personalrats noch Einfluss auf die Willensbildung der Dienststelle nehmen kann (§ 75 Abs. 2 LPVG). Nach dem Sachverhalt ist von einer ordnungsgemäßen Beteiligung auszugehen.

Wirksamkeit

Die Änderung des Geschäftsverteilungsplanes wird mit dem in der Verfügung genannten Zeitpunkt wirksam, frühestens mit dem Tage der Bekanntgabe der Änderung. Angaben enthält der Sachverhalt hierzu nicht.

Ergebnis zu 1

Die Zuordnung der Aufgaben im vorgesehenen Umfang ist rechtlich nicht zu beanstanden.

Lösungshinweise zu 2

Eine freie Planstelle soll dem Stadtinspektor A vom Landesoberbergamt übertragen werden. Hierbei würde es sich um die Versetzung eines Beamten im Geltungsbereich des Landesbeamtengesetzes NRW handeln.

Der Beamte kann in ein anderes Amt einer Laufbahn, für die er die Befähigung besitzt (§ 4 Abs. 1 LVO), versetzt werden, wenn er es beantragt oder ein dienstliches Bedürfnis besteht (vgl. § 25 Abs. 1 Satz 1 LBG). Hier würde es sich um einen Wechsel auf Antrag des Beamten handeln.

Sowohl beim Landesoberbergamt als auch beim Landesamt für Besoldung und Versorgung handelt es sich um die Laufbahn des gehobenen allgemeinen Verwaltungsdienstes (jetzt Laufbahngruppe 2, erstes Einstiegsamt) im Lande Nordrhein-Westfalen. A besitzt aufgrund seiner Ausbildung die Befähigung für diese Laufbahn.

Zuständigkeit

Bei Versetzungen innerhalb der Landesverwaltung entscheidet die abgebende im Einvernehmen mit der aufnehmenden dienstvorgesetzten Stelle (§ 2 Abs. 4 Satz 1 Halbsatz 1 LBG).

Ermessen

Über den Versetzungsantrag des Herrn A ist nach pflichtgemäßem Ermessen zu entscheiden. Ist die Behörde ermächtigt, nach ihrem Ermessen zu handeln, hat sie ihr Ermessen entsprechend dem Zweck der Ermächtigung auszuüben und die gesetzlichen Grenzen des Ermessens einzuhalten (§ 40 VwVfG NRW). Dabei sind die Interessen des zu versetzenden Beamten den dienstlichen Interessen der Behörde zur bestmöglichen Aufgabenerledigung gegenüberzustellen. Der Beamte hat einen Anspruch auf eine ermessensfehlerfreie Entscheidung. Bei der im vorliegenden Fall getroffenen Ablehnung handelt es sich um einen Verwaltungsakt i. S. des § 35 Satz 1 VwVfG NRW.

Ergebnis zu 2

Eine Versetzung von Herrn A vom Landesoberbergamt zum Landesamt für Besoldung und Versorgung kann vorgenommen werden.

Lösungshinweise zu 3

Regierungsinspektorin B von der Fachhochschule für öffentliche Verwaltung soll für die Dauer von drei Monaten Aufgaben beim Landesamt für Besoldung und Versorgung (Landesoberbehörde nach § 6 Abs. 2 LOG) wahrnehmen. Hierbei handelt es sich um die Abordnung zu einer anderen Dienststelle desselben Dienstherrn im Bereich des Landesbeamtengesetzes nach § 24 Abs. 1 LBG.

Zuständigkeit

Bei Abordnungen innerhalb der Landesverwaltung entscheidet die abgebende im Einvernehmen mit der aufnehmenden dienstvorgesetzten Stelle (§ 2 Abs. 4 Satz 1 Halbsatz 1 LBG).

Wie aus dem Sachverhalt hervorgeht, haben sich die Leiter der beteiligten Stellen bereits über eine Abordnung verständigt.

Zustimmung des abzuordnenden Beamten / Anhörung

Da es sich im vorliegenden Fall um eine Abordnung nach § 24 Abs. 1 LBG von einer Dienststelle des Landes Nordrhein-Westfalen zu einer anderen Dienststelle desselben Dienstherrn handelt, ist die Zustimmung der Beamtin nicht erforderlich, wenn die Abordnung die Dauer von zwei Jahren nicht übersteigt (§ 24 Abs. 2 Satz 3 LBG). Die Abordnung von Frau G soll die Dauer von zwei Jahren nicht übersteigen, ihre Zustimmung ist nicht erforderlich.

Vor der Abordnung ist der Beamte zu hören (§ 24 Abs. 5 LBG). Nach dem Sachverhalt wurde Frau B die Möglichkeit der Abgabe einer Stellungnahme eingeräumt, was als Anhörung anzusehen ist.

Abordnungsverfügung der abgebenden Dienststelle / Schriftform

Die Abordnung wird von der abgebenden Stelle verfügt Auf Schriftform kann wegen der Bedeutung für den betroffenen Beamten und dem Grundsatz der ordnungsgemäßen Personalaktenführung nicht verzichtet werden. Hinweise enthält der Sachverhalt diesbezüglich nicht.

Bestimmtheit, Begründung und Ermessen

Bezüglich der Bestimmtheit und der Begründungspflicht sind als Rechtsgrundlagen die §§ 37 Abs. 1 und 39 Abs. 1 Satz 1 und Satz 2 VwVfG NRW zu beachten. Danach muss eine Abordnungsverfügung (Verwaltungsakt i. S. des § 35 Satz 1 VwVfG NRW) hinreichend bestimmt sein. Eine schriftliche Entscheidung ist zudem schriftlich zu begründen. In der Begründung sind die Wesentlichen tatsächlichen und rechtlichen Gründe mitzuteilen, die die Behörde zur Abordnung bewogen haben.

Die Fachhochschule für öffentliche Verwaltung hat die Abordnungsentscheidung nach pflichtgemäßem Ermessen zu treffen. Sie hat ihr Ermessen entsprechend dem Zweck der Ermächtigung auszuüben und die gesetzlichen Grenzen des Ermessens einzuhalten (§ 40 VwVfG NRW). Dabei sind ggf. gegensätzliche Interessenlagen zu beachten. Da Ermessen eingeräumt ist, hat der schriftliche Verwaltungsakt auch die Gründe erkennen zu lassen, von denen die Dienststelle bei der Ausübung des Ermessens ausgegangen ist (vgl. § 39 Abs. 1 Satz 3 VwVfG NRW). Ermessensfehler sind im vorliegenden Fall nicht zu erkennen.

Einverständnis der aufnehmenden Dienststelle

Aufgrund der Verständigung der Leiter der beteiligten Stellen kann von einem Einvernehmen ausgegangen werden.

Beteiligung des Personalrates

Die Beteiligung der Personalräte der betroffenen Dienststellen ist nur vorgeschrieben, wenn die Abordnung den Zeitraum von drei Monaten übersteigt (vgl. § 72 Abs. 1 Satz 1 Nr. 6 LPVG). Nach dem Sachverhalt soll die Abordnung für einen Zeitraum von drei Monaten erfolgen, ein Mitbestimmungsverfahren ist nicht erforderlich.

Materiell-rechtliche Voraussetzungen

Der Beamte kann, wenn ein dienstliches Bedürfnis besteht, vorübergehend zu einer seinem Amt entsprechenden Tätigkeit an eine andere Dienststelle seines Dienstherrn abgeordnet werden (§ 24 Abs. 1 LBG)

Die Abordnungsregelung des § 24 LBG ist anwendbar, da es sich um einen Abordnungsfall im Geltungsbereich des Landesbeamtengesetztes handelt. Wegen der zusätzlich wahrzunehmenden Aufgaben beim Landesamt für Besoldung und Versorgung und der personellen Unterbesetzung sowie des Aufgabenrückganges bei der Fachhochschule für öffentliche Verwaltung, liegt ein dienstliches Bedürfnis vor. Auch handelt es sich um eine vorübergehende Maßnahme, da ein Mitarbeiter /eine Mitarbeiterin laut Sachverhalt eingestellt werden soll und die Maßnahme auf drei Monate begrenzt ist. Schließlich handelt es sich um eine Aufgabe, die dem Amt der Inspektorin entspricht.

Die Voraussetzungen für die Abordnung liegen vor.

Wirksamkeit

Eine Aussage zur Wirksamkeit enthält der die Abordnung regelnde § 24 LBG nicht. Somit ist die Abordnung mit dem in der Abordnungsverfügung angegebenen Zeitpunkt wirksam, frühestens mit dem Tage, an dem sie Frau G gegenüber erklärt wird. Einzelheiten hierzu enthält der Sachverhalt nicht.

Ergebnis zu 3

Die Abordnung von Frau G ist formell- und materiell-rechtlich nicht zu beanstanden.

Lösungshinweise zu 4

Zu prüfen ist, ob den Regierungsinspektoranwärtern die Aufgaben einer Planstelle zur Erledigung unter Anleitung im Praktikumsabschnitt übertragen werden dürfen. Bei den betroffenen Anwärtern handelt es sich um Beamte im Beamtenverhältnis auf Widerruf. Die dienstrechtlichen Entscheidungen trifft unbeschadet besonderer Vorschriften die Einstellungsbehörde (vgl. § 6 Abs. 1 Satz 2 VAPgD BA).

Ziel des Vorbereitungsdienstes ist es, den Regierungsinspektoranwärtern die für ihre Laufbahn erforderliche Befähigung zu vermitteln (vgl. § 9 Abs. 1 Satz 1 VAPgD BA). Die Ausbildungsinhalte werden in Modulen (abgeschlossene Studien- bzw. Lerneinheiten) vermittelt (§ 10 Abs. 2 Satz 1 VAPgD BA) Die getroffene Maßnahme ist unbedenklich, wenn die ordnungsgemäße Vermittlung (lt. Sachverhalt übernehmen diese zwei in der Anleitung von Nachwuchskräften und im Sachgebiet erfahrene Verwaltungspraktiker).

8 Rechtsstellung des Beamten mit Berücksichtigung berufsethischer Fragen

Aus dem öffentlich-rechtlichen Dienst- und Treueverhältnis, in dem sich der Beamte befindet, ergeben sich für ihn besondere Rechte und Pflichten. Als Rechtsgrundlagen sind neben den hergebrachten Grundsätzen des Berufsbeamtentums aus Art. 33 Abs. 5 GG die Konkretisierungen in den §§ 33 bis 53 BeamtStG, §§ 42 bis 102 LBG zu beachten.

8.1 Beamtenpflichten

Die Pflichten des Beamten ergeben sich aus den aus Art. 33 Abs. 5 GG abzuleitenden hergebrachten Grundsätzen des Berufsbeamtentums (unmittelbar geltendes Recht) und ihrer gesetzlichen Konkretisierung in den §§ 33 bis 42 BeamtStG und in vereinzelten Regelungen des Landesbeamtengesetzes. Ausnahmsweise gibt es weitere Vorschriften mit Regelungen zu den Pflichten des Beamten, wie z. B. im Allgemeinen Gleichbehandlungsgesetz[1] oder im Hinblick auf sexuelle Belästigung. Für Polizeivollzugsbeamte sind darüber hinaus weitere Sondervorschriften wie beispielsweise das Polizeigesetz des Landes Nordrhein-Westfalen von Bedeutung.

Überlagert werden die Beamtenpflichten von der dem öffentlich-rechtlichen Dienst- und Treueverhältnis zugrunde liegenden Treuepflicht des Beamten (vgl. § 3 Abs. 1 BeamtStG). Diese Grundpflicht dient der Auslegung der gesetzlich geregelten Einzelpflichten, ggf. aber auch als Generalklausel bei fehlender spezialgesetzlicher Regelung. Da die Pflichten den Beamten als Grundrechtsträger treffen, ist ein Spannungsverhältnis in konkreten Situationen nicht auszuschließen. Entsprechend häufig werden die Verwaltungsgerichte - gegebenenfalls das Bundesverfassungsgericht - angerufen.

Das Bundesverwaltungsgericht[2] geht in Übereinstimmung mit der Rechtsprechung des Bundesverfassungsgerichts[3] davon aus, dass für die Erhaltung eines intakten Berufsbeamtentums die unerlässlich zu fordernden Pflichten die Wahrnehmung von Grundrechten der Beamten einschränken. Die durch Art. 33 Abs. 5 GG garantierte Funktionsfähigkeit des Berufsbeamtentums hat daher grundrechtseinschränkende Wirkung. Konflikte zwischen den Grundrechten eines Beamten und den hergebrachten Grundsätzen des Berufsbeamtentums sind im Wege einer Güterrechtsabwägung zu lösen.[4]

Es entspricht dem Wesen und der Eigenart des Beamtenrechts (Art. 33 Abs. 5 GG), dass der Gesetzgeber für die Regelung des Beamtenverhältnisses, die Verteilung der Rechte und Pflichten allein zuständig und verantwortlich ist; der einzelne Beamte hat keine eigenen rechtlichen Möglichkeiten, auf die nähere Ausgestaltung seines Rechtsverhältnisses einzuwirken; ebenso wenig ist er nach hergebrachten Grundsätzen etwa befugt, zur För-

---

[1] Allgemeines Gleichbehandlungsgesetz (AGG) vom 14.08.2006 (BGBl. I S. 1897), zuletzt geändert durch Artikel 8 des Gesetzes vom 03.04.2013 (BGBl. I S. 610).
[2] Vgl. BVerwG, Urteil vom 26.06.1980, 2 C 37/78, BVerwGE 35, 201 = DÖD 1980, 200 = ZBR 1981, 31.
[3] BVerfG, Beschluss vom 06.06.1988, 2 BvR 111/88, DÖD 1988, 210 = NJW 1989, 93 = JuS 1990, 319.
[4] Vgl. Becker, Das Beamtenrecht im Spiegel der neuen Rechtsprechung des Bundesverwaltungsgerichts, ZBR 1990, 269 (272) mit einer Vielzahl von Hinweisen zur Rechtsprechung und Literatur.

derung gemeinsamer Berufsinteressen kollektive wirtschaftliche Kampfmaßnahmen zu ergreifen. Das gilt ebenso zulasten wie zugunsten des Beamten. Somit ist die gesetzliche Regelung der Beamtenpflichten zwar gegebenenfalls einer Konkretisierung durch Verwaltungsakt oder innerdienstliche Weisung des Dienstherrn zugänglich, aber in dem Sinne zwingend und abschließend, dass weder durch Vereinbarung noch durch einseitige Erklärung des Dienstherrn oder des Beamten die gesetzlichen Pflichten abbedungen, in ihrem Inhalt verändert oder gesetzlich nicht vorgesehene Pflichten begründet werden können[5]. Das Beamtenverhältnis ist daher einer Gestaltung durch Vereinbarung nur insoweit zugänglich, als dafür eine gesetzliche Grundlage besteht[6]. Da es eine solche Regelung beispielsweise für den Fall des laufbahnrechtlich vorgesehenen Aufstiegs in die nächsthöhere Laufbahngruppe / in den nächsthöheren Laufbahnabschnitt nicht gibt, kann der Dienstherr mit dem zum Aufstieg zugelassenen Beamten auch nicht vereinbaren, dass die Kosten bei einem Abbruch der Ausbildung von diesem zu erstatten sind[7].

Der Beamte begeht ein **Dienstvergehen**, wenn er schuldhaft die ihm obliegenden Pflichten verletzt (§ 47 Abs. 1 Satz 1 BeamtStG). Ein Verhalten außerhalb des Dienstes, welches keinen materiellen Amtsbezug aufweist, ist nur dann ein Dienstvergehen, wenn es nach den Umständen des Einzelfalles in besonderem Maße geeignet ist, das Vertrauen in einer für sein Amt bedeutsamen Weise zu beeinträchtigen (§ 47 Abs. 1 Satz 2 BeamtStG). Die Taten sind als innerdienstliche Pflichtverletzungen zu bewerten. Die Unterscheidung zwischen inner- und außerdienstlichen Verfehlungen richtet sich nicht nur nach der formalen Dienstbezogenheit, d. h. der engen räumlichen und zeitlichen Beziehung des Verhaltens zur Dienstausübung. Vielmehr kommt es in erster Linie auf die **materielle Dienstbezogenheit** an. Entscheidend für die rechtliche Einordnung eines Verhaltens als innerdienstliche Pflichtverletzung ist dessen kausale und logische Einbindung in ein Amt und die damit verbundene dienstliche Tätigkeit[8].

Bei Ruhestandsbeamten gelten bestimmte Pflichtverstöße als Dienstpflichtverletzung (vgl. § 47 Abs. 2 BeamtStG). Das Nähere über die Verfolgung von Dienstvergehen durch die dienstvorgesetzte oder andere Stellen regelt das Landesdisziplinargesetz (vgl. § 47 Abs. 3 BeamtStG).

8.1.1 Allgemeine Pflichten

Der Pflichtenbereich kann in allgemeine Pflichten und besondere Pflichten eingeteilt werden. Zu den allgemeinen Pflichten zählen die Pflichten politischer Art und die sonstigen Pflichten, die dem Beamten innerhalb und außerhalb des Dienstes obliegen. Bei den besonderen Pflichten kann zwischen direkten Verpflichtungen und Einschränkungen unterschieden werden.

---

[5] Vgl. BVerwG, Urteil vom 23.03.1977, VI C 8.74, BVerwGE 52, 183 (189) = MDR 1977, 869 = DÖV 1978, 103.
[6] Becker, Das Beamtenrecht im Spiegel der neuen Rechtsprechung des Bundesverwaltungsgerichts, ZBR 1993, 193 (200).
[7] Becker, Das Beamtenrecht im Spiegel der neuen Rechtsprechung des Bundesverwaltungsgerichts, ZBR 1993, 193 (200).
[8] BVerwG, Urteil vom 20.02.2011, 1 D 55/99, Schütz BeamtR ES/B II 1.1 Nr. 6 = BVerwGE 114, 37 = ZBR 2001, 327; BayVGH, Urteil vom 04.06.2014, 16b D 13.707, juris Langtext Rn. 69.

8.1.1.1 Pflichten politischer Art

Den Pflichten politischer Art werden im Wesentlichen

- die Pflicht zum **Dienst am ganzen Volk** (§ 33 Abs. 1 Satz 1 BeamtStG),
- die Pflicht zum Eintreten für die freiheitlich demokratische Grundordnung (§ 33 Abs. 1 Satz 3 BeamtStG) und
- die Pflicht zur Mäßigung und Zurückhaltung bei politischer Betätigung (§ 33 Abs. 2 BeamtStG)

zugeordnet.

Dass der Beamte für die freiheitliche demokratische Grundordnung einzutreten hat, gehört zu den selbstverständlichen Pflichten, da niemand Beamter werden kann, der sich nicht zu den wesentlichen Staatszielen der Verfassung bekennt (§ 7 Abs. 1 Nr. 2 BeamtStG), die er bei der Wahrnehmung hoheitlicher Aufgaben (§ 3 Abs. 2 Nr. 1 BeamtStG) als Teil der Exekutive ggf. durchzusetzen hat.

Verstöße gegen die freiheitlich demokratische Grundordnung liegen ggf. vor, wenn der Beamte bewusst unsachlich den Staat oder seine Verfassungsorgane kritisiert, andere zum Bruch geltender Gesetze auffordert, sich in einer verbotenen oder verfassungsfeindlichen Organisation aktiv betätigt bzw. an Bestrebungen gegen grundlegende Prinzipien der Demokratie teilnimmt.

Der Beamte soll nicht unpolitisch sein, sondern bei entsprechender Betätigung lediglich die Mäßigung und Zurückhaltung wahren, die die **Neutralitätspflicht** erfordert. Die gebotene Neutralität wird z. B. durch das Tragen von Plaketten mit deutlicher politischer Aussage, oder bei der Abgabe von privaten Stellungnahmen in öffentlichen Veranstaltungen verletzt.

8.1.1.1.1 Pflicht zum Dienst am ganzen Volk

Der Beamte ist **Diener des ganzen Volkes, nicht einer Partei**[9] **oder Gruppe** (Art. 80 Satz 1 Landesverfassung). Folgerichtig wiederholt § 33 Abs. 1 Satz 1 BeamtStG, dass der Beamte dem ganzen Volk dient, nicht einer Partei. Er hat seine Aufgaben unparteiisch und gerecht (nach Recht und Gesetz) zu erfüllen und sein Amt zum Wohl der Allgemeinheit zu führen (§ 33 Abs. 1 Satz 2 BeamtStG). Die Regelung enthält die Pflicht zur politischen Neutralität. Nur ein politisch neutrales Berufsbeamtentum ist in der Lage, unabhängig von den jeweiligen Mehrheitsverhältnissen im politischen Bereich, für die notwendige Kontinuität bei der Erledigung der Aufgaben der öffentlichen Verwaltung zu sorgen.

---

[9] Unter Partei werden nicht nur die politischen Parteien im Sinne des Art. 21 GG verstanden. Mit ihm werden auch alle anderen wirtschaftlichen, sozialen, gesellschaftlichen, konfessionellen Interessengemeinschaften umfasst.

Die Pflicht zum **Dienst am ganzen Volk** beinhaltet die ausschließliche Ausrichtung auf das Wohl der Allgemeinheit unter Beachtung von Gesetz und Recht (vgl. Art. 20 Abs. 3 GG) bei der Amtsausübung. Die Bevorzugung oder Benachteiligung einzelner Personen oder Gruppen wäre mit dieser Pflicht unvereinbar.

Landesbedienstete in Ministerien dürfen beispielsweise im Rahmen ihrer dienstlichen Tätigkeit nicht für Parteien oder Verbände tätig werden, also für diese keine Redeentwürfe, Anträge bzw. politische Papiere erarbeiten. Für die schriftliche oder mündliche Unterrichtung von Parteien, Fraktionen oder Abgeordneten dürfen nur auf Anforderung der Leitung des Ministeriums Aufzeichnungen über Sachfragen und Probleme sowie Positionen der Landesregierung erstellt werden. Im **Kommunalbereich** gilt dieses u. a. im Verhältnis der Beschäftigten zu den Rats- und Kreistagsmitgliedern. Nur auf dieser Basis ist Beamten eine unparteiische und gerechte sowie von allen sachfremden Erwägungen ausgeschlossene Amtsführung möglich.

Die Pflicht, Aufgaben nach Recht und Gesetz wahrzunehmen und auf das Wohl der Allgemeinheit Bedacht zu nehmen bedeutet auch, dass der Beamte während der Dienstzeit private Interessen nicht verfolgen darf (z. B. Verkauf von Versicherungen im Kollegenkreis).

8.1.1.1.2 Neutralitätspflicht

Der Beamte hat seine Aufgaben **unparteiisch und gerecht** zu erfüllen (§ 33 Abs. 1 Satz 2 BeamtStG). Er verkörpert den Staat und wird in der Außenwirkung mit diesem identifiziert. Darum hat sich der Beamte unter Zurückstellung seiner eigenen politischen, religiösen oder sonstigen Auffassungen, die ihm verfassungsrechtlich garantiert sind, für den Staat in Ausübung seines Amtes neutral zu verhalten. Konfliktträchtig im Zusammenhang mit der Neutralitätspflicht des Staates und der den Staat vertretenden Beamten sind Situationen im Schuldienst, wenn es um äußere Merkmale der Meinungsäußerung geht.. Hierbei ist allerdings zu beachten, dass ein pauschales Kopftuchverbot für Lehrkräfte an öffentlichen Schulen die grundgesetzlich geschützte Glaubens- und Bekenntnisfreiheit verletzt. Damit ist ein landesweites gesetzliches Verbot religiöser Bekundungen durch das äußere Erscheinungsbild schon wegen der bloß abstrakten Eignung zur Begründung einer Gefahr für den Schulfrieden oder die staatliche Neutralität in einer öffentlichen bekenntnisoffenen Gemeinschaftsschule mit Art. 4 Abs. 1 und 2 GG nicht vereinbar[10].

Ein als Leiter des Personalreferats eingesetzter Beamter verletzt das Gebot unparteiischer und gerechter Aufgabenerfüllung, wenn er sich in einem Kantinengespräch mit anderen Bediensteten über Menschen fremder Staatsangehörigkeit oder über Juden in einer Weise äußert, die die Besorgnis rechtfertigt, er werde bei der Erfüllung seiner dienstlichen Aufgaben Personen solcher Herkunft gegenüber anderen Menschen benachteiligen[11].

---

[10] BVerfG Beschluss vom 27.01.2015, 1 BvR 471/10, 1 BvR 1181/10, BVerfGE 138, 296 = Schütz BeamtR ES/A II 1.5 Nr. 70.
[11] BVerwG, Urteil vom 20.02.2001, 1 D 55/99, BVerwGE 114, 37 =Schütz BeamtR ES/B II 1.1 Nr 6 = ZBR 2001, 327.

Für **Lehrer** ist die Neutralitätspflicht während bei Ausübung ihrer Tätigkeit im Schuldienst im Schulgesetz (SchulG)[12] konkretisiert worden. Nach § 57 Abs. 4 SchulG dürfen Lehrer in der Schule keine politischen, religiösen, weltanschaulichen oder ähnliche äußere Bekundungen abgeben, die geeignet sind, die Neutralität des Landes Nordrhein-Westfalen gegenüber Schülern sowie Eltern oder den politischen, religiösen oder weltanschaulichen Schulfrieden zu gefährden oder zu stören. Insbesondere ist ein äußeres Verhalten unzulässig, welches bei Schülern oder Eltern den Eindruck hervorrufen kann, dass eine Lehrerin oder ein Lehrer gegen die Menschenwürde, die Gleichberechtigung nach Artikel 3 GG, die Freiheitsgrundrechte oder die freiheitlich-demokratische Grundordnung auftritt.

8.1.1.1.3 Pflicht zum Eintreten für die freiheitlich demokratische Grundordnung

In das Beamtenverhältnis kann nach § 7 Abs. 1 Nr. 2 BeamtStG nur berufen werden, wer die Gewähr dafür bietet, dass er jederzeit für die freiheitlich demokratische Grundordnung i. S. des Grundgesetzes eintritt (vgl. 5.3.1.3.5). Nach der Begründung des Beamtenverhältnisses muss sich der Beamte dann durch sein gesamtes Verhalten zu den Grundsätzen der freiheitlich demokratischen Grundordnung **bekennen** und für deren Erhaltung **aktiv eintreten**[13]. Dies bedeutet, dass der Beamte mehr als nur eine formal korrekte, im Übrigen uninteressierte, kühle, innerlich distanzierte Haltung gegenüber dem Staat und Verfassung zeigen muss. Er muss sich vielmehr ausdrücklich von Gruppierungen distanzieren, die von einer staatsfeindlichen Gesinnung geprägt sind. Wird der Beamte etwa Zeuge einer Kundgebung einer verfassungsfeindlichen Gruppierung, so muss er diese sofort verlassen und ggf. auch die zuständigen Behörden (Polizei, Verfassungsschutz) über das Zusammentreffen informieren.[14]

Die durch § 33 Abs. 1 Satz 3 BeamtStG konkretisierte Kern- und Bekenntnispflicht des Beamten gehört zur Treuepflicht und ist damit ein hergebrachter Grundsatz des Berufsbeamtentums. Bei Ruhestandsbeamten wird eine gegenteilige Betätigung per Gesetz als Dienstvergehen geahndet (vgl. § 47 Abs. 2 BeamtStG).

Freiheitlich demokratische Grundordnung i. S. des Grundgesetzes ist nach der Rechtsprechung des Bundesverfassungsgerichts[15] eine Ordnung, die unter Ausschluss jeglicher Gewalt und Willkürherrschaft eine rechtsstaatliche Herrschaftsordnung auf der Grundlage der Selbstbestimmung des Volkes nach dem Willen der jeweiligen Mehrheit und der Freiheit und Gleichheit darstellt. Die freiheitlich demokratische Grundordnung ist das Gegenteil des totalen Staates, der als ausschließliche Herrschaftsmacht Menschenwürde, Freiheit und Gleichheit ablehnt.

---

[12] Schulgesetz für das Land Nordrhein-Westfalen (Schulgesetz NRW - SchulG) vom 15.02.2005 (GV.NRW. S. 102), zuletzt geändert durch Artikel 5 des Gesetzes vom 14. Juni 2016 (GV. NRW. S. 442)
[13] Vgl. hierzu ausführlich Hoffmann in Schütz/Maiwald, BeamtR, Teil B Rn. 86 ff. zu 7.
[14] Metzler-Müller/Rieger/Seeck/Zentgraf, BeamtStG, § 33 S. 315.
[15] Vgl. BVerfG, Urteil vom 23.10.1952, 1 BvB 1/51, BVerfGE 2, 1; BVerfG, Urteil vom 21.03.1957, 1 BvB 2/51, BVerfGE 6, 300= NJW 1957, 785.

Zu den grundlegenden Prinzipien dieser Ordnung sind insbesondere zu rechnen:

- Achtung vor den im Grundgesetz konkretisierten Menschenrechten, vor allem vor dem Recht auf Leben und freie Entfaltung der Persönlichkeit, die Volkssouveränität, die Gewaltenteilung,
- Verantwortlichkeit der Regierung gegenüber der Volksvertretung,
- Gesetzmäßigkeit der Verwaltung,
- Unabhängigkeit der Gerichte,
- Anerkennung des Mehrparteienprinzips und
- Chancengleichheit für alle politischen Parteien.

Die Teilnahme an Bestrebungen, die sich gegen diese Grundsätze richten, ist unvereinbar mit den Pflichten eines Angehörigen des öffentlichen Dienstes[16].

Der Dienstherr hat darauf zu achten, dass niemand Beamter wird bzw. im Beamtenverhältnis verbleibt, der nicht die Gewähr dafür bietet, jederzeit für die freiheitlich demokratische Grundordnung einzutreten. Es dürfen keine Umstände vorliegen, die nach der Überzeugung der Ernennungsbehörde die künftige Erfüllung dieser Pflicht zur Verfassungstreue durch den Beamtenbewerber oder Beamten zweifelhaft erscheinen lassen. Die Pflicht zur **Verfassungstreue** steht in einem Spannungsverhältnis zum Anspruch auf Zugang und zum Verbleiben im öffentlichen Dienst. Deshalb mussten sich Gerichte immer wieder mit der Frage der Eignungsprognose abgewiesener Bewerber bzw. der Entlassung von Beamten auseinandersetzen.

Nach den grundlegenden Entscheidungen des Bundesverfassungsgerichts und des Bundesverwaltungsgerichts im Jahre 1975[17] hatten die Beamtensenate des Bundesverwaltungsgerichts unter dem Aspekt des § 7 Abs. 1 Nr. 2 BBG und inhaltsgleicher landesrechtlicher Bestimmungen hauptsächlich die Problematik der Eignungsprognose von Beamtenbewerbern zu bewältigen. Die Leitlinien dieser Rechtsprechung sind im Wesentlichen bis zum Jahre 1983 entwickelt und präzisiert worden. Dabei spielten im letzten Stadium der Rechtsprechungsentwicklung vornehmlich Fragen der „Gewichtung" des zurückliegenden und neueren Verhaltens eines Beamtenbewerbers bei der Prognose seiner künftigen Verfassungstreue, des Verbots- und des Tatbestandsirrtums und des Verfahrens, wie z. B. die persönliche Anhörung des Bewerbers oder die Verwertung von Erkenntnissen des Verfassungsschutzes, eine Rolle.[18]

Nur in Einzelfällen kommt es in der Praxis zur disziplinarrechtlichen Verfolgung von Beamten bei Pflichtverstößen wegen fehlender Verfassungstreue.

---

[16] Vgl. Korn/Tadday, Anm. D 6 / 8 zu § 6.
[17] BVerfG, Beschluss vom 22.05.1975, 2 BvL 13/73, BVerfGE 39, 334 (354) = ZBR 1975, 251 = DÖD 1975, 204 = RiA 1975, 175 = DVBl 1975, 817 = DÖV 1975, 670; BVerwG, Urteil vom 06.02.1975, 2 C 68/73, BVerwGE 47, 330 = ZBR 1975, 185 = DÖD 1975, 133 = RiA 1975, 158 = DVBl. 1975, 822 = NJW 1975, 1135; BVerwG, Beschluss vom 26.03.1975, 2 C 11/74, BVerwGE 47, 365 = ZBR 1975, 194.
[18] Becker, Das Beamtenrecht im Spiegel der neuen Rechtsprechung des Bundesverwaltungsgerichts, ZBR 1987, 353 (356).

Zwei Entscheidungen sind hier von richtungweisender Bedeutung. Das Bundesverwaltungsgericht hat in Fortführung seiner Rechtsprechung[19] festgestellt, dass ein Beamter, der durch die **Übernahme von Parteiämtern und Kandidaturen bei allgemeinen Wahlen für die Deutsche Kommunistische Partei (DKP)** aktiv in der Öffentlichkeit eintritt, allein dadurch seiner politischen Treuepflicht zuwiderhandelt, ohne dass es darauf ankommt, ob er nach seiner inneren Einstellung das Programm und die Ziele der Partei in ihrer Gesamtheit oder nur insoweit billigt, als er sie für verfassungskonform hält. Im Wesentlichen zum gleichen Ergebnis kam der 1. Disziplinarsenat in seinem Urteil vom 12.03.1986[20] in dem gegen einen Funktionär der **Nationaldemokratischen Partei Deutschlands (NPD)** mit dem Ziel der Entfernung aus dem Dienst durchgeführten Disziplinarverfahren[21].

Ein Beamter verstößt schuldhaft gegen die politische Treuepflicht, wenn er Ämter und Mandate für die Partei **„Die Republikaner"** übernimmt und das zuständige Landesamt für Verfassungsschutz Bestrebungen der Partei gegen die freiheitlich demokratische Grundordnung festgestellt hat. Der Sinn dieser Auslegung liegt darin, dass der Beamte verpflichtet ist, sich durch sein gesamtes Verhalten zum Grundgesetz und zur Landesverfassung zu bekennen und für deren Erhaltung einzutreten. Es muss sichergestellt sein, dass die Beamtenschaft den Verfassungsstaat auch in Krisenzeiten und in Loyalitätskonflikten verteidigt, in denen der Staat darauf angewiesen ist, dass der Beamte Partei für ihn ergreift. Betätigt sich der Beamte aktiv in einer Partei, die diesen Staat, seine Organe oder die geltende Verfassungsordnung bekämpft, so verletzt er die ihm obliegende Pflicht. Dies gilt insbesondere dann, wenn der Beamte Parteiämter in einer Partei übernimmt, die mit der freiheitlich demokratischen Grundordnung unvereinbare Ziele verfolgt.

Nach der Rechtsprechung des Bundesverfassungsgerichts und Bundesverwaltungsgerichts ist es dabei nicht erforderlich, dass die Partei diese Ziele mit aktiver kämpferischer, aggressiver Haltung gegenüber der bestehenden Verfassungsordnung und mit der Absicht planvoller Beeinträchtigung und Beseitigung dieser Ordnung verfolgt, dass sie mithin die materiellen Verbotsvoraussetzungen des Art. 21 Abs. 2 GG erfüllt. Es **genügt** vielmehr, wenn **ihre Ziele mit der freiheitlich demokratischen Grundordnung unvereinbar sind.** Solche Ziele sind die Anwendung von Gewalt zum Umsturz der verfassungsmäßigen Ordnung oder die Diktatur des Proletariats, aber auch die Wiederherstellung des nationalsozialistischen Unrechtsregimes. Setzt sich dagegen ein Beamter in einer Partei, die in der Gefahr steht, insgesamt in die Verfassungsfeindlichkeit abzugleiten, dafür ein, dass sie die verfassungsfeindlichen Tendenzen auf Dauer nachhaltig unterbunden werden, so stellt das Verbleiben des Beamten in dieser Partei dann keinen Verstoß gegen die politische Treuepflicht des Beamten dar, wenn seine Bemühungen noch Aussicht auf Erfolg haben und der sich verfassungstreu gebende Flügel der Partei nicht lediglich als Tarnung für überwiegende verfassungsfeindliche Tendenzen in der Partei dient.[22]

---

[19] BVerwG, Urteil vom 29.10.1981, 1 D 50/80, BVerwGE 73, 263 = ZBR 1982, 22 = DVBl. 1983, 81 = NJW 1982, 779.
[20] BVerwG, Urteil vom 12.03.1986, 1 D 103/84, BVerwGE 83, 158 = ZBR 1986, 202 = RiA 1986, 136 = NJW 1986, 3096 = DVBl. 1986, 947.
[21] Becker, Das Beamtenrecht im Spiegel der neuen Rechtsprechung des Bundesverwaltungsgerichts, ZBR 1987, 353 (357).
[22] Vgl. Hessischer VGH, Beschluss vom 07.05.1998, 24 DH 2498/96, IÖD 18/98, 211 = NVwZ 1999, 904.

Gegen die Pflicht zur Verfassungstreue verstößt auch ein Beamter, der in alkoholisiertem Zustand den Hitlergruß verwendet und in imitierender Weise Hitlerreden hält[23] oder den Holocaust bestreitet[24].

Nährstoff hat die Diskussion zur Verfassungstreue nach der deutschen Wiedervereinigung erlangt. Im Beitrittsgebiet und in den alten Bundesländern sind Personen in das Beamtenverhältnis berufen worden, die (mehr oder minder intensiv) in das System der ehemaligen DDR eingebunden waren, die (mehr oder minder stark) von den tragenden Ideen des SED-Regimes überzeugt waren und die teilweise sogar für den **Staatssicherheitsdienst** (mehr oder minder freiwillig) tätig waren. Diese Situation erfordert heute noch eine angemessene Reaktion des Dienstherrn, damit sie auch weiterhin ihrer Pflicht, die Verfassungstreue der Beamtenschaft durch geeignete Maßnahmen sicherzustellen, nachkommen.[25] Tatbestände, die Zweifel an der Verfassungstreue begründen können, liegen insbesondere vor, wenn die Voraussetzungen einer außerordentlichen Kündigung nach den Bestimmungen des **Einigungsvertrages** (Anlage I Kap. XIX Sachgebiet A Abschnitt III Nr. 1 Abs. 5) gegeben sind. Danach liegt ein wichtiger Grund für eine außerordentliche Kündigung vor, wenn ein Beschäftigter

gegen die Grundsätze der Menschlichkeit oder Rechtsstaatlichkeit verstoßen hat, insbesondere die im Internationalen Pakt über bürgerliche und politische Rechte vom 19.12.1966 gewährleisteten Menschenrechte oder die in der Allgemeinen Erklärung der Menschenrechte vom 10.12.1984 enthaltenen Grundsätze verletzt hat oder

- für das frühere **Ministerium für Staatssicherheit / Amt für nationale Sicherheit** tätig war
- und deshalb ein Festhalten am Beschäftigungsverhältnis unzumutbar erscheint.

Ein Tatbestand, der Zweifel an der Verfassungstreue begründen kann, liegt ferner vor, wenn der Bewerber sich im staatlich politischen System der DDR vor dem 09.11.1989 durch herausgehobene Funktionen, z. B. in SED / Blockparteien, Massenorganisationen / gesellschaftlichen Organisationen oder durch sonstige herausgehobene Funktionen exponiert hat.[26]

Bei arglistiger Täuschung über die entsprechende Vergangenheit im Einstellungsverfahren ist die Ernennung zurückzunehmen (§ 12 Abs. 1 Nr. 1 BeamtStG).

Gegen Beamte auf Lebenszeit und Zeit, die nach der Begründung des Beamtenverhältnisses an Bestrebungen teilnehmen, die sich gegen die freiheitlich demokratische Grundordnung richten, wird ein Disziplinarverfahren mit dem Ziel der Entfernung aus dem Beamtenverhältnis nach dem Landesdisziplinargesetz (§ 5 Abs. 1 Nr. 5 LDG), gegen Beamte auf Probe (§ 23 Abs. 3 Satz 1 Nr. 1 und 2 BeamtStG) oder auf Widerruf (§ 23 Abs. 4 BeamtStG) ein Entlassungsverfahren eingeleitet.

---

[23] VG Saarland, Urteil vom 13.06.2008, 7 K 1107/07, juris Langtext.
[24] VG München, Urteil vom 11.07.2007, 16a D 06.2094, juris Langtext.
[25] Kathke, Verfassungsprüfung nach der deutschen Wiedervereinigung – dargestellt anhand einiger Beispiele, ZBR 1992, 344.
[26] Grundsätze für die Prüfung der Verfassungstreue von Bewerbern für den öffentlichen Dienst aus dem Beitrittsgebiet, RdErl. des Innenministeriums vom 28.10.1991- II A 1 – 1.20.01 – 0/91, SMBl.NRW 203020.,

8.1.1.1.4 Pflicht zur Mäßigung und Zurückhaltung

Als Grundrechtsträger hat der Beamte wie jede andere Person das Recht, seine Meinung in Wort, Schrift und Bild frei zu äußern (vgl. Art. 5 Abs. 1 Satz 1 GG). Das Recht der freien Meinungsäußerung findet seine Schranken in Art. 33 Abs. 5 GG und in den Vorschriften der allgemeinen Gesetze (vgl. Art. 5 Abs. 2 GG), wozu auch Beamtengesetze gehören. So hat der Beamte nach § 33 Abs. 2 BeamtStG bei politischer Betätigung diejenige Mäßigung und Zurückhaltung zu wahren, die sich aus seiner Stellung gegenüber der Gesamtheit und aus der Rücksicht auf die Pflichten seines Amtes ergeben[27].

In seiner Rechtsprechung geht das Bundesverwaltungsgericht - zumeist auf der Grundlage der sog. Güterabwägungslehre unter Bezugnahme auf Art. 33 Abs. 5 GG - davon aus, dass die für die Erhaltung eines intakten Beamtentums und die Funktionsfähigkeit der Verwaltung unerlässlich zu fordernden Pflichten den Beamten in der Ausübung von Grundrechten beschränken[28].

Die Pflicht zur Mäßigung und Zurückhaltung ist ein Teilaspekt der **Neutralitätspflicht**. Beamte müssen sich in der Öffentlichkeit zurückhaltend äußern, um das Vertrauen der Bevölkerung in eine unparteiische, gerechte und gemeinwohlorientierte Amtsführung nicht zu beeinträchtigen[29]. Diese gilt auch bei - durchaus wünschenswerter - politischer Betätigung des Beamten.

Die Mäßigungs- und Zurückhaltungspflicht verpflichtet Beamte in besonderer Weise, eine klare **Trennung zwischen „Amt" und „Person"** vorzunehmen und bei der Teilnahme am politischen Meinungskampf einzuhalten. Der Beamte verletzt ggf. seine Pflicht, wenn er sein Amt ausdrücklich in Anspruch nimmt und einsetzt, um einer von ihm selbst geteilten politischen oder sonstigen Auffassung größere Beachtung und Überzeugungskraft zu verschaffen[30].

Welche Mäßigung und Zurückhaltung von einem Beamten verlangt wird, zeigt ein Urteil des Bundesverwaltungsgerichts, wonach das Tragen einer Anti-Atomkraft-Plakette durch einen Lehrer während des Schuldienstes gegen das Gebot der Zurückhaltung bei politischer Betätigung verstößt[31].

Einem Beamten ist es aber etwa nicht verboten, außerhalb der Dienstzeit Werbung auf Wahlkampfplakaten zu betreiben oder als Wahlkampfhelfer aufzutreten. Auch ist es ihm erlaubt, sachlich fundierte Kritik an der Staatsführung zu üben.

---

[27] Vgl. Schachel in Schütz/Maiwald, BeamtR, Teil B Rn 13 zu § 33.
[28] Vgl. Becker, Das Beamtenrecht im Spiegel der neueren Rechtsprechung des Bundesverwaltungsgerichts, ZBR 1993, 193 (195).
[29] Vgl. zur politischen Neutralität von Angestellten im öffentlichen Dienst Wendt/Klee: Die aufsässige Angestellte, DVP 1995, 368.
[30] Vgl. hierzu das sog. „Richter- und Staatsanwalts-Urteil" des Bundesverwaltungsgerichts vom 29.10.1987, 2 C 73/86, ZBR 1988, 128 = DÖD 1988, 141 = RiA 1988, 125.
[31] BVerwG, Urteil vom 29.10.1987, 2 C 73/86, ZBR 1988, 128 = DÖD 1988, 141 = RiA 1988, 125 = NJW 1988, 1747 = NVwZ 1988, 736.

8.1.1.1.5 Übungen

Sachverhalt 1 (Pflicht zur Verfassungstreue)

Polizeikommissaranwärter H lässt sich von Polizeikommissar I überreden, ihn zu einem Skinheadkonzert zu begleiten. I trägt an diesem Abend einen Siegelring mit SS-Runen.

Fragestellung

Haben die Polizeibeamten ein Dienstvergehen begangen?

Lösungshinweise

Die Polizeibeamten könnten ein Dienstvergehen i. S. des § 47 Abs. 1 Satz 2 BeamtStG begangen haben, wenn sie durch ihr Verhalten gegen beamtenrechtliche Pflichten verstoßen.

Der Beamte muss sich durch sein gesamtes Verhalten zur freiheitlichen demokratischen Grundordnung i. S. des Grundgesetzes bekennen und für deren Erhaltung eintreten (§ 33 Abs. 1 Satz 3 BeamtStG).

Allerdings stellt die bloße Teilnahme an Feiern und Konzerten der Skinhead-Szene für sich allein keinen Verstoß des Beamten gegen die Pflicht zur Verfassungstreue dar, wenn er im Zusammenhang mit der Veranstaltung keine gegen die freiheitlich-demokratische Grundordnung gerichtete Haltung dokumentiert. Polizeikommissaranwärter H hat somit nicht gegen Pflichten verstoßen und auch kein Dienstvergehen i. S. des § 47 Abs. 1 Satz 2 BeamtStG begangen.

Polizeikommissar I dagegen trägt während der Veranstaltung einen Siegelring mit SS-Runen. Damit dokumentiert er offensichtlich die fehlende demokratische Grundhaltung. Trägt der Polizeibeamte in seiner Freizeit einen solchen Ring, begeht er ein außerdienstliches Dienstvergehen (§ 47 Abs. 1 Satz 2 BeamtStG).

Sachverhalt 2 (Pflicht zu politischen Zurückhaltung)

Kriminaloberkommissar A trägt während der Dienstzeit eine nicht zu übersehende Plakette mit der Aufschrift „Umgehungsstraße Süd - nein danke!". Die Plakette ist Bestandteil einer Kampagne einer kleineren Partei des Rates seiner Heimatstadt und einer Bürgerinitiative aus dem betroffenen Gebiet, in der der Polizeibeamte sehr aktiv ist. Er möchte nicht, dass in unmittelbarer Nähe seines Wohngrundstückes die Straße gebaut wird.

Von seinem Dienstgruppenleiter wird ihm das Tragen der Plakette während der Dienstzeit mit der Begründung versagt, dass nicht alle in der Dienststelle vorsprechenden Bürger sowie seine Kolleginnen und Kollegen seine Meinung in dieser Angelegenheit teilen und auch sonst die Ziele der Partei zu den radikalen Geschwindigkeitsbegrenzungen im Straßenverkehr ablehnen würden. Das Tragen einer solchen Plakette sei mit der Wahrnehmung seiner Aufgaben (zurzeit insbesondere Öffentlichkeitsarbeit an Schulen) nicht vereinbar.

Fragestellung

Ist die getroffene Anordnung des Vorgesetzten beamtenrechtlich als rechtmäßig anzusehen?

Lösungshinweise

Die Maßnahme wäre nicht zu beanstanden, wenn die Anordnung (§ 35 Satz 2 BeamtStG) A nicht in seinen Rechten verletzt. Hier könnte eine Verletzung des durch Art. 5 Abs. 1 Satz 1 GG geschützten Rechts der freien Meinungsäußerung - das die Visualisierung von Meinungen einschließt - vorliegen. Zu prüfen wäre daher zunächst, ob A als Polizeibeamten das Grundrecht der Meinungsfreiheit im Rahmen der Wahrnehmung seiner dienstlichen Aufgaben zusteht.

Als Grundrechtsträger hat der Beamte wie jeder andere Staatsbürger auch das Recht, seine Meinung in Wort, Schrift und Bild frei zu äußern. Das in Art. 5 Abs. 1 Satz 1 GG garantierte Recht der freien Meinungsäußerung findet seine Schranken jedoch in den Vorschriften der allgemeinen Gesetze (vgl. Art. 5 Abs. 2 GG). Eingriffe könnten hier durch die Regelungen der Art. 80 Satz 2 Verfassung für das Land Nordrhein-Westfalen und § 33 Abs. 2 BeamtStG zulässig sein. Danach hat der Beamte bei politischer Betätigung diejenige Mäßigung und Zurückhaltung zu wahren, die sich aus seiner Stellung gegenüber der Allgemeinheit und aus Rücksicht auf die Pflichten seines Amtes ergeben. Die Pflicht zur Mäßigung und Zurückhaltung entspricht der aus den hergebrachten Grundsätzen des Berufsbeamtentums (Art. 33 Abs. 5 GG) abzuleitenden Neutralitätspflicht, wonach der Beamte dem ganzen Volk, nicht einer Partei zu dienen hat. Das Vertrauen der Bevölkerung in eine unparteiische, gerechte und gemeinwohlorientierte Amtsführung darf nicht beeinträchtigt werden.

Eine Plakette mit der entsprechenden politischen Aussage zu tragen, die einer Partei zugeordnet werden kann und Rückschlüsse auf die Einstellung zu verkehrspolitischen und ökologischen Fragen des Beamten zulässt, stellt eine eindeutige politische Betätigung dar. Die Mäßigungs- und Zurückhaltungspflicht verlangt von dem Beamten aber in besonderer Weise, eine klare Trennung zwischen seinem Amt und der Teilnahme am politischen Meinungskampf vorzunehmen. A verstößt somit durch das Tragen der Plakette gegen seine Pflichten, auch im Hinblick auf die Neutralitätspflicht des Staates in Schulen.

Das durch den Vorgesetzten ausgesprochene Verbot (Anordnung i. S. des § 35 Satz 2 BeamtStG) ist rechtmäßig erfolgt. Es ist auch unter Beachtung des hohen Guts der freien Meinungsäußerung nicht unangemessen und nicht unverhältnismäßig, da A außerhalb seiner Dienstzeit die Plakette tragen kann, ohne gegen beamtenrechtliche Pflichten zu verstoßen.

8.1.1.2 Pflichten innerhalb des Dienstes

Zu den Pflichten innerhalb des Dienstes gehören:

- die volle Hingabe im Beruf,
- die Pflicht zur gerechten, unparteiischen und uneigennützigen Amtsführung,
- die Gehorsamspflicht,
- die Pflicht zur Beratung und Unterstützung von Vorgesetzten,
- die Pflicht zu achtungs- und vertrauenswürdigem Verhalten bei der Dienstausübung sowie
- die Pflicht zur Einhaltung des Dienstweges.

Als Zeitraum „innerhalb des Dienstes" ist die Arbeitszeit des Beamten i. S. des § 60 Abs. 1 LBG anzusehen, aber auch die Zeit außerhalb des Dienstes, wenn ein Bezug zur Amtsführung besteht oder hergestellt wird. Ausführungen zu Pflichten des Beamten außerhalb der Dienstzeit folgen unter 8.1.1.3.

8.1.1.2.1 Pflicht zur vollen Hingabe im Beruf

Der Beamte hat sich mit vollem persönlichem Einsatz seinem Beruf zu widmen (§ 34 Satz 1 BeamtStG)[32]. Die volle Hingabe erfordert - insbesondere in verantwortungsvoller Position (Vorgesetzten bzw. Führungsfunktion), in die man nur aufgrund erwiesener Tüchtigkeit und Leistung gelangt - den individuell optimalen und nicht nur einen generell durchschnittlichen Einsatz[33].

Die Pflicht zur vollen Hingabe erfasst[34]

- die Arbeitszeit des Beamten,
- die Fragen zur Zulässigkeit von Teilzeitbeschäftigung,
- das Streikverbot und den Einsatz auf bestreikten Arbeitsplätzen,
- die Gesunderhaltungspflicht einschließlich der Pflicht zur Wiederherstellung der Dienstfähigkeit durch zumutbare Heilbehandlungen und Operationen,
- die Pflicht zur Übernahme einer Nebenbeschäftigung oder eines Nebenamtes sowie
- die Pflicht zur Fortbildung im Interesse des Dienstes.

Schließlich hat der Beamte im Rahmen der vollen Hingabe

- Sachverhalte vollständig aufzuklären,
- Entscheidungen verantwortungsbewusst vorzubereiten sowie
- gerechte und zweckmäßige Lösungen herbeizuführen.

---

[32] Ausführlich Schachel in Schütz/Maiwald, BeamtR, Teil B Rn. 4 ff zu § 34.
[33] Vgl. BVerwG, Urteil vom 03.12.1980, 1 D 86/79, BVerwGE 73, 97 = ZBR 1981, 199 = DÖD 1981, 83 = RiA 1981, 117 = DVBl 1981, 500 = NJW 1981, 1283.
[34] Vgl. zu dieser Problematik auch Metzler-Müller/Rieger/Seeck/Zentgraf, BeamtStG § 34, S. 323 f.

Sein Verhalten gegenüber Bürgern, Vorgesetzten und Mitarbeitern muss von

- Achtung,
- Höflichkeit,
- Offenheit,
- Vertrauen und
- Wahrheit

geprägt sein.

Arbeitszeit / Mehrarbeit

Bei der Pflicht zur vollen Hingabe im Beruf handelt sich um eine konkretisierte Form der Treuepflicht. Die volle Hingabe bedeutet nicht, dass der Beamte unabhängig von der festgesetzten Arbeitszeit dem Dienstherrn seine Arbeitskraft schuldet. Die Arbeitszeit ist vom Gesetzgeber in § 60 Abs. 1 Satz 1 LBG festgeschrieben. Die regelmäßige Arbeitszeit darf im Jahresdurchschnitt einundvierzig Stunden in der Woche nicht überschreiten. Die durchschnittliche **Wochenarbeitszeit** vermindert sich für jeden gesetzlichen Feiertag, der auf einen Werktag fällt, um die Stunden, die an diesem Tag zu leisten wären (§ 60 Abs. 1 Satz 2 LBG). Um bei der Einführung flexiblerer Arbeitszeitregelungen einen größeren Gestaltungsspielraum zu erhalten, wurde der Ausgleichszeitraum für die Erbringung der regelmäßigen Arbeitszeit in Anlehnung an tarifliche Regelungen auf ein Jahr ausgedehnt. Einzelregelungen zur Nutzung des erweiterten Ausgleichszeitraumes sind in der Arbeitszeitverordnung geregelt.

Die Verordnung über die Arbeitszeit der Beamten im Lande Nordrhein-Westfalen (AZVO)[35] enthält ergänzende Regelungen zur Arbeitszeitverkürzung durch freie Tage, zu Bereitschaftsdiensten, zur Dienstbefreiung bei Schicht- und Nachtdienst, zu Pausenregelungen sowie zur gleitenden Arbeitszeit.

Für **Schwangere sowie junge Mütter** hat die Landesregierung durch Rechtsverordnung die der Eigenart des öffentlichen Dienstes entsprechende Anwendung der Vorschriften des Mutterschutzgesetzes geregelt (vgl. § 46 BeamtStG)[36]. Die Verordnung enthält u. a. Regelungen zu Beschäftigungs- und Stillzeiten sowie zu Arbeitserleichterungen. Für **jugendliche Beamte** gilt das Jugendarbeitsschutzgesetz in der jeweils geltenden Fassung entsprechend (vgl. § 74 Abs. 3 Satz 3 LBG).

Wenn zwingende dienstliche Verhältnisse es erfordern, ist der Beamte verpflichtet, ohne Entschädigung **über die regelmäßige Arbeitszeit hinaus Dienst zu tun** (§ 61 Abs. 1 Satz 1 LBG). Wird der Beamte durch eine dienstlich angeordnete oder genehmigte **Mehrarbeit** mehr als fünf Stunden im Monat über die regelmäßige Arbeitszeit hinaus be-

---

[35] Verordnung über die Arbeitszeit der Beamtinnen und Beamten im Lande Nordrhein-Westfalen (Arbeitszeitverordnung - AZVO) vom 04.07.2006, GV.NRW. S. 335, zuletzt geändert durch Artikel 2 der VO vom 21.06.2016, GV. NRW. S. 335.

[36] Verordnung über die Freistellung wegen Mutterschutz für Beamtinnen und Richterinnen, Eltern- und Pflegezeit, Erholungs- und Sonderurlaub der Beamtinnen und Beamten und Richterinnen und Richter im Land Nordrhein-Westfalen (Freistellungs- und Urlaubsverordnung NRW – FrUrlV NRW) vom 10.01.2012, GV.NRW. S. 92, zuletzt mehrfach geändert durch Art. 41 der VO vom 21.06.2016, GV. NRW. S. 485.

ansprucht, so ist ihm innerhalb eines Jahres für die über die regelmäßige Arbeitszeit hinaus geleistete Mehrarbeit entsprechende Dienstbefreiung zu gewähren (§ 61 Abs. 1 Satz 2 LBG). Ist eine Dienstbefreiung aus zwingenden dienstlichen Gründen nicht möglich, so können an ihrer Stelle Beamte in Besoldungsgruppen mit aufsteigenden Gehältern (u. a. in den Besoldungsgruppen A 5 bis A 16 LBesO) für einen Zeitraum von längstens 480 Stunden im Jahr eine Mehrarbeitsvergütung erhalten (vgl. § 61 Abs. 2 LBG). Für die Gewährung der Vergütung gilt § 66 LBesG.

Von der festgelegten regelmäßigen Arbeitszeit muss in einigen Bereichen der öffentlichen Verwaltung mit hoheitlichen Aufgaben abgewichen werden. So können beispielsweise Beamte des feuerwehrtechnischen Dienstes, Polizei- oder Justizvollzugsbeamte ihren Auftrag zum Schutz von Leben und Gesundheit oder zur Aufrechterhaltung der öffentlichen Sicherheit und Ordnung in einem starren Arbeitszeitkonzept nicht wahrnehmen. Abweichungen von der Arbeitszeitordnung gibt es u. a. für Professoren, Fachhochschullehrer usw. sowie für Lehrer an öffentlichen Schulen (vgl. Geltungsbereich des § 1 Abs. 2 AZVO).

Für Beamte im Lehrbereich können **Deputatsregelungen** festgelegt werden. Fallen durch Klassenfahrten, Studienreisen usw. Stunden aus, ist es rechtmäßig, diese nicht anzurechnen. Die zivilrechtliche Rechtskreistheorie ist im Beamtenverhältnis nicht anwendbar. Das ergibt sich daraus, dass nicht ein Vertrag über Leistung und Gegenleistung besteht, vielmehr gelten im Beamtenverhältnis die Alimentationspflicht und grundsätzlich unabhängig davon, die Pflicht zur vollen Hingabe. Es kommt deshalb nicht darauf an, in wessen Rechtskreis die Ursache für den Stundenausfall liegt. Bei der Deputatsregelung hat der Dienstherr einen weiten Ermessensspielraum, der erst an der Grenze des Unzumutbaren endet. Das gilt nicht für Lehrer im Beschäftigtenverhältnis, die aufgrund des Arbeitsvertrages einen Anspruch auf Anrechnung ausgefallener Stunden haben.

Wegen der Besonderheiten der Arbeitszeiten im **Polizeivollzugsdienst** ist für Polizeivollzugsbeamte die Verordnung über die Arbeitszeit der Polizeivollzugsbeamten des Landes Nordrhein-Westfalen (AZVOPol) zu beachten[37].

Beamte müssen nach einer zwischenzeitlichen Arbeitszeitverkürzung auf 38,5 Std. in der Woche in den letzten Jahren aktuell wieder mehr Stunden, insgesamt 41 pro Woche arbeiten. Diese Heraufsetzung der Arbeitszeit verletzt nicht das Recht der Beamten auf **Gleichbehandlung** nach Art. 3 Abs. 1 GG gegenüber Beschäftigten im öffentlichen Dienst, die aufgrund der tariflichen Vereinbarungen 39 Std. pro Woche arbeiten werden. Beamte und Beschäftigte sind in ihrem rechtlichen Status nicht vergleichbar. Beamte, die sich nicht um ihren Arbeitsplatz sorgen müssen und einen umfassenden Versorgungsanspruch für sich selbst und ihre Familienangehörigen haben, können anders behandelt werden als Arbeitnehmer. Die Arbeitszeit von Beschäftigten im öffentlichen Dienst wird nicht durch Gesetz, sondern durch tarifvertragliche Vereinbarung festgesetzt. Der Beamte ist sachlich gegenüber Beschäftigten bei einer solchen Entscheidung weder benachteiligt noch in seinem Eigentumsrecht durch die Verlängerung der Arbeitszeit ohne Besoldungserhöhung verletzt.

---

[37] Verordnung über die Arbeitszeit der Polizeivollzugsbeamten des Landes Nordrhein-Westfalen (AZVOPol) vom 15.08.1975 (GV.NRW. S. 532), zuletzt geändert durch VO vom 20.09.2013 (GV.NRW. S. 557).

Teilzeitbeschäftigung

Teilzeitbeschäftigung ist zu ermöglichen (§ 43 BeamtStG). Teilzeitbeschäftigt ist ein Beamter, dessen regelmäßige Wochenarbeitszeit kürzer ist als die eines vergleichbaren vollzeitbeschäftigten Beamten.

Die **volle Hingabe an den Beruf** als hergebrachter Grundsatz des Berufsbeamtentums umfasst den Bereich der Teilzeitbeschäftigung. Gegen eine völlige Freigabe der Teilzeitbeschäftigung durch den Gesetzgeber bestehen verfassungsrechtliche Bedenken hinsichtlich des aus Art. 33 Abs. 5 GG abzuleitenden Grundsatzes zur vollen Hingabe an den Beruf.

In Nordrhein-Westfalen gibt es inzwischen eine Vielzahl verschiedener Möglichkeiten der Ausübung von Teilzeit im Beamtenverhältnis. Wird eine Teilzeitbeschäftigung angeboten, ist der Beamte auf die Folgen der ermäßigten Arbeitszeit hinzuweisen, insbesondere auf die Folgen für Ansprüche (Besoldung, Versorgung, Beihilfe usw.) aufgrund beamtenrechtlicher Regelungen (vgl. § 68 LBG, § 13 Abs. 5 LGG). Die Ermäßigung der Arbeitszeit darf das berufliche Fortkommen des Beamten nicht beeinträchtigen (§ 69 Satz 1 Halbsatz 1 LBG).

Das **Benachteiligungsverbot** darf nur durchbrochen werden, wenn zwingende sachliche Gründe dieses im Einzelfall rechtfertigen würden. Keine sachliche Rechtfertigung gibt es beispielsweise, wenn der Beamte im Beamtenverhältnis auf Probe mit mindestens der Hälfte der regelmäßigen Arbeitszeit tätig wird. Eine solche Beschäftigung wirkt sich auf die Dauer der Probezeit nicht aus (§ 5 Abs. 7 Satz 1 LVO, § 5 Abs. 6 Satz 1 LVOPol). Ist dem Beamten während der Probezeit Teilzeitbeschäftigung mit weniger als der Hälfte der regelmäßigen Arbeitszeit bewilligt worden, ist die Teilzeitbeschäftigung entsprechend ihrem Verhältnis zur hälftigen Beschäftigung zu berücksichtigen; die Probezeit ist jedoch nur dann entsprechend zu verlängern, wenn die Auswirkung mehr als drei Monate beträgt (§ 5 Abs. 7 Satz 3 LVO, § 5 Abs. 6 Satz 2 LVOPol).

Teilzeitbeschäftigung darf sich nicht nachteilig auf die dienstliche Beurteilung auswirken (§ 13 Abs. 4 Satz 2 LGG).

Die Dienststellen sollen ihre Beschäftigten über die Möglichkeiten von Teilzeitbeschäftigung informieren. Sie sollen den Beschäftigten dem Bedarf entsprechend Teilzeitarbeitsplätze anbieten; dies gilt auch für Arbeitsplätze mit Vorgesetzten- und Leitungsaufgaben (§ 13 Abs. 2 LGG).

Voraussetzungslose Teilzeitbeschäftigung nach § 63 LBG

Beamten mit Dienstbezügen kann auf Antrag Teilzeitbeschäftigung **bis auf die Hälfte** der regelmäßigen Arbeitszeit und bis zur jeweils beantragten Dauer bewilligt werden, wenn dienstliche Belange nicht entgegenstehen (§ 63 Abs. 1 LBG). Weitere Voraussetzungen sind nicht zu erfüllen. Eine zeitliche Beschränkung enthält § 63 LBG nicht. Wünscht der Beamte nach Ablauf eine Teilzeitphase eine Verlängerung, so ist der Antrag spätestens sechs Monate vor Ablauf der genehmigten Freistellung zu stellen (vgl. § 63 Abs. 3

Satz 3 LBG). Weiterhin ist es möglich, dass der Beamte vor oder nach Ablauf einer nach altem Recht beantragten begrenzten Teilzeitbeschäftigung erneut Teilzeitbeschäftigung beantragt.

Erfordern zwingende dienstliche Belange eine Änderung der genehmigten Teilzeitbeschäftigung, kann die zuständige dienstvorgesetzte Stelle nachträglich die Dauer der Teilzeitbeschäftigung beschränken oder den Umfang der zu leistenden Arbeitszeit erhöhen (vgl. § 63 Abs. 3 Satz 1 LBG).

Wünscht der Beamte eine Änderung des Umfangs der Teilzeitbeschäftigung oder den Übergang zur Vollzeitbeschäftigung vor Ablauf der vorgesehenen Frist, soll die Änderung zugelassen werden, wenn dem Beamten die Teilzeitbeschäftigung im bewilligten Umfang nicht mehr zugemutet werden kann und dienstliche Belange nicht entgegenstehen (vgl. § 63 Abs. 3 Satz 2 LBG).

Den **Umfang der Ausübung von Nebentätigkeiten** während einer Teilzeitbeschäftigung regelt § 63 Abs. 2 LBG. Für die Ausübung von Nebentätigkeiten gelten die Nebentätigkeitsvorschriften der §§ 49 ff. LBG wie für vollzeitbeschäftigte Beamte. Da es sich - im Gegensatz zur früheren Teilzeitbeschäftigung aus arbeitsmarktpolitischen Gründen - um eine „voraussetzungslose" Teilzeitbeschäftigung handelt, bedarf es hinsichtlich der Ausübung von Nebentätigkeiten keiner besonderen, die Zweckbestimmung der bewilligten Teilzeitbeschäftigung - Entlastung des Arbeitsmarktes - sichernden Restriktion mehr. Die Regelung des § 49 Abs. 2 Satz 3 LBG (sogenannte Regelvermutung) soll mit der Maßgabe gelten, dass von der regelmäßigen wöchentlichen Arbeitszeit ohne Rücksicht auf die Bewilligung von Teilzeitbeschäftigung auszugehen ist.

Teilzeitbeschäftigung aus familiären Gründen nach § 64 LBG

Teilzeitbeschäftigung aus **familiären Gründen** ist dem Beamten mit Dienstbezügen auf Antrag in der Weise zu bewilligen, dass die Arbeitszeit bis auf die Hälfte der regelmäßigen Arbeitszeit ermäßigt wird, wenn zwingende dienstliche Belange nicht entgegenstehen (vgl. § 64 Abs. 1 LBG). Die Bewilligung ist davon abhängig, dass der Beamte mindestens ein Kind unter 18 Jahren oder einen pflegebedürftigen nahen Angehörigen tatsächlich betreut oder pflegt. Bei Teilzeitbeschäftigung aus familiären Gründen im Sinne des § 13 Abs. 3 LGG ist unter Ausschöpfen aller haushaltsrechtlichen Möglichkeiten ein personeller, sonst ein organisatorischer Ausgleich vorzunehmen (§ 13 Abs. 6 LGG). Auf die späteren Ausführungen zur Beurlaubung von Beamten aus familiären Gründen wird verwiesen.

Teilzeitbeschäftigung im Blockmodell nach § 65 LBG

Teilzeitbeschäftigung kann, soweit dem dienstlichen Belange nicht entgegenstehen, nach § 65 Abs. 1 Satz 1 LBG auf Antrag in der Weise bewilligt werden, dass während eines Teils des Bewilligungszeitraums die Arbeitszeit bis zur regelmäßigen Arbeitszeit erhöht und diese Arbeitszeiterhöhung während des unmittelbar daran anschließenden Teils des Bewilligungszeitraums durch eine entsprechende Ermäßigung der Arbeitszeit oder durch eine ununterbrochene Freistellung vom Dienst ausgeglichen wird. In Fällen einer familiären Teilzeitbeschäftigung nach § 64 LBG kann die Ermäßigung der Arbeitszeit oder die ununterbrochene Freistellung auch zu Beginn oder während des Bewilligungszeitraums in Anspruch genommen werden (§ 65 Abs. 2 Satz 1 LBG). Der gesamte Bewilligungszeitraum darf nach § 65 Abs. 1 Satz 2 LBG höchstens sieben Jahre betragen. Die Möglichkeit der Teilzeitbeschäftigung im Blockmodell hat die frühere Möglichkeit des sog. Sabbatjahres abgelöst.

Altersteilzeit nach § 66 LBG

Mit dem Neunten Gesetz zur Änderung dienstrechtlicher Vorschriften[38] ist erstmals eine Rechtsgrundlage für die Bewilligung von Altersteilzeit für Beamte in das Landesbeamtengesetz aufgenommen worden. Die Regelung der Altersteilzeit ist seit dem 01.07.2016 entfristet.

Nach § 66 LBG kann Beamten mit Dienstbezügen auf Antrag Teilzeitbeschäftigung mit der Hälfte der regelmäßigen Arbeitszeit bewilligt werden, wenn folgende Voraussetzungen erfüllt sind:

- der Beamte muss das 55. Lebensjahr vollendet haben; die Dauer der Altersteilzeitbeschäftigung darf dabei zehn Jahre nicht übersteigen (vgl. § 66 Abs. 1 Satz 1 Nr. 1 LBG), und
- dringende dienstliche Belange dürfen der Altersteilzeit nicht entgegenstehen (vgl. § 66 Abs. 1 Satz 1 Nr. 2 LBG).

Außerdem muss sich die Altersteilzeit auf die Zeit bis zum Beginn des Ruhestandes erstrecken (vgl. § 66 Abs. 1 Satz 1 vor Nr. 1 LBG).

Alternativ kann Altersteilzeit auch in der Form bewilligt werden, dass der Beamte die bis zum Beginn des Ruhestandes zu erbringende Dienstleistung vollständig vorab leistet und anschließend voll vom Dienst freigestellt wird (**Blockmodell** nach § 66 Abs. 2 LBG).

Die oberste Dienstbehörde kann von der Anwendung der Vorschrift ganz absehen oder sie auf bestimmte Verwaltungsbereiche oder Beamtengruppen beschränken (§ 66 Abs. 3 Satz 1 LBG).

Vereinigungsfreiheit / Streikverbot

Die Pflicht zur vollen Hingabe an den Beruf steht in Konkurrenz zur **Vereinigungsfreiheit** nach Art. 9 Abs. 3 GG. Obwohl der Beamte das Recht hat, sich in Gewerkschaften und in Berufsverbänden zusammenzuschließen (vgl. § 52 BeamtStG), werden kollektive Kampfmaßnahmen zur Durchsetzung gemeinsamer Interessen im Beruf als unzulässig angesehen. Selbst streikähnliche Maßnahmen wie der sog. „Dienst nach Vorschrift" oder der „Bummelstreik" sowie die Unterstützung von Streikmaßnahmen sind Beamten versagt. Die Pflicht zur vollen Hingabe **verbietet** es, kollektive **Kampfmaß-**

---

[38] Neuntes Gesetz zur Änderung dienstrechtlicher Vorschriften vom 20.04.1999 (GV.NRW. 1999, S. 148).

nahmen zur Förderung wirtschaftlicher Berufsinteressen zu ergreifen. Die besondere Art der Zahlung von Dienstbezügen auf der Grundlage der Alimentation des Beamten, führt dazu, dass Leistungen nicht erstritten oder vereinbart werden können, sondern ausschließlich der Kompetenz des Gesetzgebers unterliegen.

Die Rechtsprechung hält nach wie vor Streikmaßnahmen von Personen, die in einem öffentlich-rechtlichen Dienst- und Treueverhältnis stehen, für rechtswidrig. So führte bereits die Fluglotsenaktion im Sommer 1972 unter dem Motto: „Dienst nach Vorschrift" zu einer Vielzahl von Schadensersatzklagen gegenüber der Vereinigung der Fluglotsen. Der Bundesgerichtshof bestätigte die volle Haftung der Beklagten. Auch das Bundesverwaltungsgericht bekräftigte durch seine Disziplinarentscheidungen in dieser Angelegenheit das Streikverbot. Mit seiner Entscheidung vom 26.02.2015 bekräftigte das Bundesverwaltungsgericht nochmals seine Auffassung, dass das Streikverbot für Beamte als hergebrachter Grundsatz des Berufsbeamtentums i. S. des Art. 33 Abs. 5 GG anerkannt ist.[39] Allerdings müsse beachtet werden, dass das Streikverbot für außerhalb des genuin hoheitlichen Bereichs tätigen Beamten mit der Koalitionsfreiheit des Art. 11 der Europäischen Menschenrechtskonvention unvereinbar sei. In diesem Zusammenhang führt das Gericht wie folgt aus:

„Die verfassungs- und völkerrechtliche Verpflichtung, die Vorgaben des Art. 11 EMRK zur Koalitionsfreiheit der Angehörigen des öffentlichen Dienstes in die deutsche Rechtsordnung zu integrieren, kann nicht durch eine konventionskonforme Auslegung des Art. 33 Abs. 5 GG oder im Wege richterlicher Rechtsfortbildung erfüllt werden; denn die hergebrachten Grundsätze des Berufsbeamtentums gelten mit demjenigen Inhalt, der sich im traditionsbildenden Zeitraum herausgebildet hat. Dieser Traditionsbestand darf nicht im Wege der Auslegung geändert werden. Vielmehr kann allein der Gesetzgeber den Geltungsanspruch eines hergebrachten Grundsatzes in Wahrnehmung seines Auftrags zur Regelung und Fortentwicklung des Beamtenrechts in Grenzen einschränken. Es ist Aufgabe des Bundesgesetzgebers, einen Ausgleich zwischen den inhaltlich unvereinbaren Anforderungen des Art. 33 Abs. 5 GG und des Art. 11 EMRK herzustellen. Solange dies nicht geschehen ist, beansprucht das beamtenrechtliche Streikverbot nach Art. 33 Abs. 5 GG weiterhin Geltung und ist disziplinarisch zu ahndendes Recht."

Die Rechtsprechung des Bundesverwaltungsgerichts wirft durchaus Fragen auf. Es wird zunächst nicht hinreichend deutlich, welche Aufgaben des öffentlichen Dienstes konkret dem hoheitlichen Bereich zuzuordnen sind. Vor allem in der Kommunalverwaltung dürfte eine hinreichende und damit rechtssichere Abgrenzung kaum möglich sein. Zudem ist einem Streikrecht immanent, dass durch einen Streik auch ein erstreikbares Ziel erreicht werden kann. Dies erscheint unter Beachtung der bestehenden Rechtslage, wonach etwa alle Besoldungs- und Versorgungsansprüche der Beamten einer gesetzlichen Grundlage zuzuführen sind, nur schwerlich vorstellbar.

---

[39] BVerwG, Beschluss vom 26.02.2015, 2 B 6/15, ZBR 2015, 347 = RiA 2015, 268 = NVwZ 2015, 811.

Einsatz auf bestreikten Arbeitsplätzen

Vom Streikverbot zu unterscheiden ist die Frage, ob **Beamte auf von Arbeitnehmern bestreikten Arbeitsplätzen eingesetzt werden dürfen.** Nach der Rechtsprechung des Bundesverwaltungsgerichtes und des Bundesarbeitsgerichtes in den vergangenen Jahren wurde mit teilweise unterschiedlicher Begründung, aber immer unter Hinweis auf die Gehorsamspflicht des Beamten, der Streikeinsatz von Beamten, entgegen der überwiegenden Auffassung hierzu in der Literatur, für zulässig gehalten.

Mit Beschluss vom 02.03.1993 hat das Bundesverfassungsgericht jedoch entschieden, dass der Staat ohne die erforderliche gesetzliche Regelung den Einsatz von Beamten auf bestreikten Arbeitsplätzen - als hoheitliches Mittel - nicht zwangsweise anordnen darf. Das Gericht hat aber letztlich mit dem Beschluss keine Entscheidung über den Streit um die verfassungsrechtliche Zulässigkeit eines Beamteneinsatzes beim Streik der Tarifkräfte getroffen.[40] Zulässig ist ein freiwilliger Einsatz von Beamten auf bestreikten Arbeitsplätzen, wenn ein Widerspruch des Beamten vor dem Einsatz nicht erfolgt[41]

Gesunderhaltungspflicht

Die Pflicht zur vollen Hingabe an den Beruf verlangt von jedem Beamten, dass er seine Arbeitskraft dem Dienstherrn voll zur Verfügung stellt. Er darf sich während seiner Freizeit bewusst keinen Extrembelastungen mit außergewöhnlich hohem Risiko aussetzen und hat ggf. für die **Wiederherstellung des Gesundheitszustandes** Sorge zu tragen. Aus der Dienstleistungspflicht des Beamten kann eine Pflicht folgen, sich zur Wiederherstellung der vollen Dienstfähigkeit einer **zumutbaren Heilbehandlung** einschließlich eines operativen Eingriffs zu unterziehen[42]. Art. 2 Abs. 2 GG steht der Verpflichtung eines Beamten, eine zumutbare Operation zur Wiederherstellung seiner Dienstfähigkeit durchführen zu lassen und einer darauf gerichteten Aufforderung des Dienstherrn nicht entgegen[43]. Selbst zur Durchführung von Entziehungsmaßnahmen oder therapeutischen Behandlungen ist der Beamte im Einzelfall verpflichtet. Unabhängig davon hat das Bundesverwaltungsgericht festgestellt, dass die Lebensführung des Beamten zunächst und in erster Linie seine persönliche Angelegenheit ist. Das Bewusstsein der gesundheitsschädlichen Folgen z. B. von übermäßigem Alkoholgenuss kann daher für sich allein noch nicht zu einer Pflicht zum Verzicht auf jeglichen Alkoholkonsum führen[44].

Diese allgemein gültigen Grundsätze werden durch § 35 LBG näher konkretisiert. Nach § 35 Abs. 1 Satz 1 LBG sind Beamte verpflichtet, zur Wiederherstellung ihrer Dienstfähigkeit an geeigneten und zumutbaren gesundheitlichen und beruflichen Rehabilitationsmaßnahmen teilzunehmen. Diese Verpflichtung gilt nach § 35 Abs. 1 Satz 2 LBG auch

---

[40] BVerfG, Beschluss vom 02.03.1993, 1 BvR 1213/85, BVerfGE 88, 103 = ZBR 1993, 147 = DÖD 1993, 277; Anmerkung Mühl, DVBl. 1994, 578; Anmerkung Jachmann, ZBR 1994, 1.
[41] ArbG Bonn, Urteil vom 26.05.2015, 3 Ga 18/15, DÖD 2015, 241.
[42] BVerwG, Beschluss vom 09.05.1990, 2 B 48/90, ZBR 1990, 261 = DÖD 1992, 25 = RiA 1991, 310 = DVBl. 1990, 878 = NJW 1991, 766.
[43] OVG NRW, Urteil vom 14.02.1990, 6 A 2041/89, ZBR 1990, 358 = NJW 1990, 2950 = NWVBl 1991, 117.
[44] Vgl. zur Problematik der Gesunderhaltungspflicht BVerwG, Urteil vom 10.01.1984, 1 D 13/83, BVerwGE 76, 128 = ZBR 1984, 155 = DVBl. 1984, 485.

zur Vermeidung einer drohenden Dienstunfähigkeit. Soweit keine anderen Ansprüche bestehen, hat der Dienstherr nach § 35 Abs. 1 Satz 4 LBG die Kosten für die erforderlichen Maßnahmen zu tragen. Nicht geklärt ist in diesem Zusammenhang, ob der Beamte im Hinblick auf seine Schadensminderungspflicht verpflichtet ist, für eine Kostenübernahme entsprechender Rehabilitationsmaßnahmen durch seine privaten Krankenversicherung Sorge zu tragen bzw. entsprechende Ansprüche notfalls auch gerichtlich gegenüber der privaten Krankenversicherung geltend zu machen.

Pflicht zur Übernahme einer Nebentätigkeit

Die volle Hingabe an den Beruf (§ 34 Satz 1 BeamtStG) beinhaltet des Weiteren die Pflicht des Beamten, auf Verlangen seines Dienstvorgesetzten eine **Nebentätigkeit** (Nebenamt, Nebenbeschäftigung) im öffentlichen Dienst außerhalb des Hauptamtes zu übernehmen und fortzuführen, sofern die Tätigkeit seiner Vorbildung oder Berufsausbildung entspricht und ihn nicht über Gebühr in Anspruch nimmt (vgl. § 48 Satz 1 LBG). Aufgaben seiner Behörde oder Einrichtung sollen dem Beamten nicht zur Erledigung als Nebentätigkeit übertragen werden (§ 4 Abs. 1 NtV[45]). Nach § 4 Abs. 2 Satz 1 NtV dürfen Aufgaben einer anderen Behörde oder Einrichtung dem Beamten als Nebentätigkeit nur übertragen werden, wenn sie von eigenen Bediensteten der zuständigen Stelle allgemein oder im Einzelfall nicht wahrgenommen werden können. Die Übertragung ist nur im Einvernehmen mit dem Dienstvorgesetzten des Beamten zulässig (§ 4 Abs. 2 Satz 2 NtV).

Durch die Nebentätigkeit dürfen dienstliche Interessen nicht beeinträchtigt werden (vgl. § 48 Satz 2 LBG). Nach § 48 Satz 3 LBG ist das Verlangen zu widerrufen, wenn sich eine solche Beeinträchtigung während der Ausübung der Nebentätigkeit ergibt.

Ausführungen zu den Nebentätigkeiten, die der Beamte nicht auf Verlangen, Vorschlag oder Veranlassung seines Dienstvorgesetzten ausübt, folgen unter 8.1.2.2.1. Nach § 40 BeamtStG ist jede Nebentätigkeit grundsätzlich anzeigepflichtig.

Pflicht zur Fortbildung

Bestandteil der Obliegenheit zur vollen Hingabe im Beruf ist die Pflicht des Beamten, sich fortzubilden (vgl. für Polizeivollzugsbeamte § 24 Abs. 1 LVOPol). In schnelllebigen Zeiten (z. B. durch Änderung rechtlicher Vorgaben, datentechnische Entwicklungen, gesellschaftliche Veränderungen) sind Beamte nur bei ständiger Anpassung ihrer Kenntnisse und Fertigkeiten den steigenden Anforderungen ihrer Laufbahn / ihres Laufbahnabschnitts gewachsen.

Der Gesetzgeber hat die Pflicht zur Fortbildung ausdrücklich in § 42 Abs. 2 LBG festgeschrieben. Danach ist der Beamte verpflichtet, seine Kenntnisse und Fähigkeiten zu erhalten und fortzuentwickeln. Er muss insbesondere an Fortbildungen im dienstlichen In-

---

[45] Verordnung über die Nebentätigkeit der Beamten und Richter im Lande Nordrhein-Westfalen (Nebentätigkeitsverordnung – NtV) vom 21.09.1982 (GV.NRW. S. 605), zuletzt geändert durch Artikel 7 der VO vom 27.06.2014 (GV. NRW. S. 376).

teresse teilnehmen. Damit einhergehend ist die dienstvorgesetzte Stelle nach § 42 Abs. 4 Satz 1 LBG verpflichtet, ein Personalentwicklungskonzept zu erstellen und dies regelmäßig fortzuentwickeln. Dies kann nach § 42 Abs. 4 Satz 2 LBG auch in Form einer Dienstvereinbarung geschehen. Problematisch ist in diesem Zusammenhang, dass es der Gesetzgeber unterlassen hat, inhaltliche Rahmenbedingungen für das zu entwickelnde Personalentwicklungskonzept vorzugeben. Ein subjektiver Rechtsanspruch eines Beamte gegenüber seinem Dienstherrn auf Erstellen eines Personalentwicklungskonzepts besteht nicht.

8.1.1.2.2 Pflicht zur gerechten, unparteiischen und uneigennützigen Amtsführung

Der Beamte hat seine Aufgaben **unparteiisch und gerecht** nach sachlichen Gesichtspunkten zu erfüllen und bei seiner Amtsführung nur auf das Wohl der Allgemeinheit Bedacht zu nehmen (vgl. Art. 80 Satz 2 Verfassung für das Land Nordrhein-Westfalen und § 33 Abs. 1 Satz 2 BeamtStG). Eine parteiische und ungerechte Ausübung seines Amtes ist ihm damit untersagt. Die unparteiische Wahrnehmung von Aufgaben gilt gegenüber den politischen Parteien, aber auch im Verhältnis zu anderen Interessengruppen wie Verbänden, Vereinen, wirtschaftlichen Unternehmen usw. Nur bei Beachtung dieses Grundsatzes ist der der Verwaltung zukommende Interessensausgleich zwischen den widerstreitenden gesellschaftlichen Gruppierungen unter Beachtung der Neutralität möglich. Keine Bürger und keine Gruppen dürfen wegen ihrer politischen, religiösen oder sonstigen Zugehörigkeit bevorzugt oder benachteiligt werden. Untersagt ist zudem die einseitige Parteinahme für einen Verfahrensbeteiligten, soweit es alleine um die Rücksicht auf diesen Verfahrensbeteiligten geht[46].

Der Beamte hat sein Amt **uneigennützig nach bestem Gewissen** zu verwalten (§ 34 Satz 2 BeamtStG)[47]. Zu einer uneigennützigen Aufgabenerfüllung ist der Beamte nur in der Lage, wenn er nicht befangen ist. Eine Verquickung privater und dienstlicher Angelegenheiten verbietet sich damit von selbst. Dennoch hat der Gesetzgeber die Beschränkung von Amtshandlungen, die sich gegen ihn selbst oder einen Angehörigen richten, ausdrücklich vorgesehen (vgl. § 47 Abs. 1 LBG). Der Beamte ist danach von Amtshandlungen zu befreien, die sich gegen ihn selbst oder einen Angehörigen richten. Dieses ist i. d. R. aber nur möglich, wenn der Beamte seiner Pflicht zur Beratung und Unterstützung Vorgesetzter nachkommt.

Die **uneigennützige Amtsführung** verbietet es dem Beamten, Belohnungen und Geschenke für dienstliche Handlungen anzunehmen. Nach § 42 Abs. 1 BeamtStG darf der Beamte nur ausnahmsweise mit Zustimmung des Dienstvorgesetzten Belohnungen oder Geschenke in Bezug auf sein Amt annehmen. Dieses gilt für die Zeit nach Beendigung des Beamtenverhältnisses weiter. Zum Verbot der Annahme von Belohnungen und Geschenken vgl. 8.1.2.2.3

---

[46] Schachel in Schütz/Maiwald, BeamtR, Teil B Rn. 3 zu § 33.
[47] Vgl. Schachel in Schütz/Maiwald, BeamtR, Teil B Rn. 9 zu § 34; Steiner, Uneigennützigkeit und Gewissenhaftigkeit – Die Anforderungen zentraler beamtenrechtlicher Pflichtenkategorien, DÖD 2013, S. 133 ff.

8.1.1.2.3 Pflicht zum Gehorsam, zur Beratung und Unterstützung der Vorgesetzten

Der Beamte hat seine Vorgesetzten zu beraten und zu unterstützen (§ 35 Satz 1 BeamtStG). Er ist verpflichtet, die von ihnen erlassenen Anordnungen auszuführen und ihre allgemeinen Richtlinien zu befolgen, sofern es sich nicht um Fälle handelt, in denen er nach besonderer gesetzlicher Vorschrift an Weisungen nicht gebunden und nur dem Gesetz unterworfen ist (§ 35 Satz 2 BeamtStG). In der Ausnahmesituation handelt es sich um eine Rechtsfrage und nicht um eine Frage der Gewissensfreiheit des Beamten und muss dementsprechend in diesem Rahmen gelöst werden.

Die **Gehorsams-** bzw. **Folgepflicht**[48] gehört zu den hergebrachten Grundsätzen des Berufsbeamtentums. Sie ist unabdingbare Voraussetzung für eine konstruktive Zusammenarbeit. Eine funktionsfähige Verwaltung lebt von der Initiative, der Kreativität und dem Engagement der Beamten, aber auch vom Vertrauensverhältnis gegenüber Vorgesetzten, was u. a. durch Beratung, Unterstützung und Gehorsam zum Ausdruck kommt. Die Pflicht zum Gehorsam schließt die Weisungsgebundenheit ein. Der Beamte trägt, unabhängig von der Verpflichtung, Weisungen befolgen zu müssen, die volle persönliche Verantwortung für die Rechtmäßigkeit seiner dienstlichen Handlungen (§ 36 Abs. 1 BeamtStG). Die Pflicht zum Gehorsam gehört zu den zentralen Dienstpflichten des Beamten. Umgekehrt verpflichtet das Rechtsstaatsprinzip, dass dienstlichen Anordnungen Grenzen gesetzt sind. Anordnungen, die schwerwiegende Mängel aufweisen, verpflichten nicht zum Gehorsam. Zu den rechtswidrigen Anordnungen gehören insbesondere Verletzungen der Menschenwürde und Anordnungen, die zu Straftaten auffordern.

Dienstliche Anordnungen verpflichten den Beamten zu einem Tun oder Unterlassen. Sie betreffen konkret individuelle Sachverhalte, und zwar entweder speziell (Regelung eines Einzelfalls) oder generell (als allgemeine Weisung)[49]. **Allgemeine Richtlinien** sind hingegen allgemeine Vorschriften, die eine unbestimmte Zahl von Fällen oder Angelegenheiten betreffen (z. B. allgemeines Rauchverbot).[50]

Die Verantwortung des Beamten für die Rechtmäßigkeit seiner dienstlichen Handlungen und Unterlassungen ist in den Beamtengesetzen des Bundes und der Länder übereinstimmend geregelt. Gemäß § 36 Abs. 1 BeamtStG trägt jeder einzelne Beamte die **volle persönliche Verantwortung für die Rechtmäßigkeit seines dienstlichen Tuns**, unabhängig davon, in welchem Beamtenverhältnis er sich befindet oder welche Laufbahn / welchen Laufbahnabschnitt er eingeschlagen hat. Die gesetzlich festgeschriebene Verantwortlichkeit umfasst dabei die **vermögensrechtliche, disziplinarrechtliche und strafrechtliche Haftung**, d. h., der einzelne Beamte kann in vollem Umfang zur Verantwortung gezogen werden, wenn die von ihm vorgenommene dienstliche Handlung rechtswidrig ist und ihn ein Verschulden trifft. Der Grundsatz der Eigenverantwortlichkeit des Beamten, der angesichts der Flut von Gesetzen und der Unübersichtlichkeit der Rechtsprechung häufig kritisiert wird, wirft vor allem dann grundlegende Fragen auf, wenn der Beamte die rechtswidrige dienstliche Anordnung nicht aus eigener Initiative, sondern in Ausführung einer dienstlichen Weisung seiner Vorgesetzten vornimmt: Denn in diesem Fall haftet der

---

[48] Vgl. hierzu ausführlich Schachel in Schütz/Maiwald, BeamtR, Teil B Rn. 7 ff. zu § 35.
[49] V. Roetteken/Rothländer, § 35 Rn. 121.
[50] Metzler-Müller/Rieger/Seeck/Zentgraf, § 35 S. 346.

Beamte in vollem Umfang persönlich für sein Tun, obwohl er der Weisung seines Vorgesetzten aufgrund der in § 35 Satz 2 BeamtStG festgeschriebenen Gehorsamspflicht nachkommen muss.[51]

Bedenken gegen die Rechtmäßigkeit dienstlicher Anordnungen hat der Beamte daher unverzüglich bei seinem unmittelbaren Vorgesetzten i. S. des § 2 Abs. 5 LBG (im hierarchischen Verwaltungsaufbau z. B. Arbeits- oder Sachgruppenleiter, Dienstgruppenführer, Abteilungsleiter, Wachdienstleiter, Amtsleiter, Dezernent oder Behördenleiter) geltend zu machen, er hat zu **remonstrieren** (vgl. § 36 Abs. 2 Satz 1 BeamtStG). Kann der Beamte seinen unmittelbaren Vorgesetzten nicht von den Bedenken gegen die Rechtmäßigkeit der Anordnung überzeugen und wird diese aufrecht erhalten, so hat er sich an den nächsthöheren Vorgesetzten zu wenden (vgl. § 36 Abs. 2 Satz 2 BeamtStG). Bestätigt der nächsthöhere Vorgesetzte die Anordnung, so muss der Beamte sie ausführen; von der eigenen Verantwortung ist er befreit (vgl. § 36 Abs. 2 Satz 3 BeamtStG). Die Bestätigung hat nach § 36 Abs. 2 Satz 5 BeamtStG auf Verlangen schriftlich zu erfolgen.

Verlangt der unmittelbare Vorgesetzte die **sofortige Ausführung** der Anordnung, weil Gefahr im Verzuge besteht und die Entscheidung des nächsthöheren Vorgesetzten nicht herbeigeführt werden kann, so gilt § 36 Abs. 2 Satz 3 BeamtStG entsprechend (§ 36 Abs. 3 BeamtStG).

Sofern das dem Beamten **aufgetragene Verhalten strafbar** i. S. des Strafgesetzbuchs oder ordnungswidrig i. S. des Gesetzes über Ordnungswidrigkeiten ist und die Strafbarkeit oder Ordnungswidrigkeit für ihn erkennbar ist oder das ihm aufgetragene Verhalten die Würde des Menschen verletzt (vgl. Art. 1 Abs. 1 GG), ist der Beamte von der Gehorsamspflicht bzw. Weisungsgebundenheit befreit (§ 36 Abs. 2 Satz 4 BeamtStG). Verweigert er angesichts einer eindeutigen Rechtslage eine Anordnung durchzuführen und befindet er sich in keinem entschuldbaren Verbotsirrtum, begeht er ein Dienstvergehen.

Die Rechtswidrigkeit einer sachlichen Weisung, d. h. einer unmittelbar auf die Erfüllung einer Verwaltungsaufgabe gerichteten, den Beamten nur in seinem Betriebsverhältnis treffenden Weisung, hat der Beamte durch Remonstration an den höheren Vorgesetzten oder durch Appell an den unmittelbaren Vorgesetzten geltend zu machen. Für verwaltungsgerichtlichen Rechtsschutz besteht grundsätzlich kein Raum. Macht der Beamte geltend, durch die Weisung in dem Grundrecht auf Achtung der Würde des Menschen nach Art. 1 GG verletzt worden zu sein, so kann die Feststellungsklage zulässig sein.[52]

Besonderheiten im Polizeivollzugsdienst regelt § 59 PolG[53]. Polizeivollzugsbeamte sind verpflichtet, unmittelbaren Zwang anzuwenden, der von einem Weisungsberechtigten angeordnet wird. Das gilt nicht, wenn die Anordnung die Menschenwürde verletzt oder nicht zu dienstlichen Zwecken erteilt worden ist. Eine Anordnung darf nicht befolgt werden, wenn dadurch eine Straftat begangen würde. Befolgt der Polizeivollzugsbeamte die

---

[51] Felix, Die Bedeutung des Remonstrationsverfahrens für den Rechtsschutz des Beamten, ZBR 1994, 18.
[52] OVG Bremen, Urteil vom 09.08.1988, 2 BA 4/88, NVwZ-RR 1989, 564 ZBR 1989, 23 (Kurzwiedergabe) =, wobei der Entscheidung die §§ 57 Abs. 2 und 3 BremBG zugrunde liegen.
[53] Polizeigesetz des Landes Nordrhein-Westfalen (PolG NRW) vom 25.07.2003 (GV.NRW. S. 441), zuletzt geändert durch Artikel 7 des Gesetzes vom 02.10.2014 (GV. NRW. S. 622).

Anordnung trotzdem, so trifft ihn eine Schuld nur, wenn er erkennt oder wenn es nach den ihm bekannten Umständen offensichtlich ist, dass dadurch eine Straftat begangen wird. Bedenken gegen die Rechtmäßigkeit der Anordnung hat der Polizeivollzugsbeamte dem Anordnenden gegenüber vorzubringen, soweit das nach den Umständen möglich ist.

Zur Beratungs- und Unterstützungspflicht gehört es, dass der Beamte **Erkrankungen und Dienstunfähigkeit** dem Dienstherrn für notwendige Vertretungsregelungen **rechtzeitig anzeigt** und gegebenenfalls **ärztliche Atteste vorlegt**. Sobald einer Beamtin ihre Schwangerschaft bekannt ist, soll sie den Dienstvorgesetzten unterrichten und dabei den mutmaßlichen Tag der Entbindung angeben (§ 3 Abs. 1 Nr. 3 FrUrlV i. V. m. § 5 Abs. 1 Satz 1 MuSchG[54]), wobei die Schwangere im Hinblick auf die informelle Selbstbestimmung über den Zeitpunkt unter Beachtung der dienstlichen Obliegenheiten (z. B. Gefahr für Kollegen im Polizeivollzugsdienst) selbst entscheidet. Auf Verlangen des Dienstvorgesetzten soll sie das Zeugnis eines Arztes oder einer Hebamme vorlegen (§ 3 Abs. 1 Nr. 3 FrUrlV i. V. m. § 5 Abs. 1 Satz 2 MuSchG).

8.1.1.2.4 Gehorsamspflicht und strafrechtliche Schweigepflicht

Der Beamte ist verpflichtet, Anordnungen des Vorgesetzten auszuführen (§ 35 Satz 2 BeamtStG)[55]. Die **Gehorsamspflicht** steht unter dem ausdrücklichen **Vorbehalt**, dass das **aufgetragene Verhalten nicht strafbar** ist. Damit kann sich der Beamte gegenüber einer Anweisung seines Dienstvorgesetzten u. U. auf die ihm durch § 203 StGB auferlegte Schweigepflicht bezüglich der Verletzung von Privatgeheimnissen berufen. Die Vorschrift gilt z. B. für Amts- und Polizeiärzte, Psychologen, Ehe-, Familien- sowie Jugendberater bzw. staatlich anerkannte Sozialarbeiter oder Sozialpädagogen. Wenn sie unbefugt ein fremdes Geheimnis, namentlich ein zum persönlichen Lebensbereich gehörendes Geheimnis offenbaren, das ihnen in Wahrnehmung ihrer Funktion anvertraut worden ist oder sonst bekannt geworden ist, werden sie mit Freiheitsstrafe bis zu einem Jahr oder mit Geldstrafe bestraft. Gleiches gilt für Amtsträger (vgl. § 11 StGB), für den öffentlichen Dienst besonders Verpflichtete und Personen, die Aufgaben oder Befugnisse nach dem Personalvertretungsrecht wahrnehmen (vgl. § 203 Abs. 2 Nr. 1 bis 3 StGB). § 203 Abs. 1 Satz 1 StGB gilt für diesen Personenkreis nicht, soweit Einzelangaben anderen Behörden oder sonstigen Stellen für Aufgaben der öffentlichen Verwaltung bekannt gegeben werden und das Gesetz dies nicht untersagt.

Die Gehorsamspflicht des Beamten besteht nach der Rechtsprechung des Bundesverwaltungsgerichts im Hinblick auf die im Gesetz vorgesehene Remonstrationspflicht des Beamten und im Hinblick auf eine funktionsfähige Verwaltung auch im Falle einer **rechtswidrigen Weisung** des Vorgesetzten, sofern sie einen Bezug zur Dienstausübung des Beamten ausweisen[56]. Unverbindlich sind lediglich Anordnungen, die von einem sachlich oder örtlich unzuständigen Beamten erlassen wurden.

---

[54] Gesetz zum Schutz der erwerbstätigen Mutter (MuSchG) in der Fassung der Bekanntmachung vom 20.06.2002 (BGBl. I S. 2318), zuletzt geändert durch Artikel 6 des Gesetzes vom 23.10.2012 (BGBl. I S. 2246).
[55] Vgl. ausführlich Schachel in Schütz/Maiwald, BeamtR, Teil B Rn. 7 ff. zu § 35.
[56] BVerwG, Urteil vom 18.09.2008, 2 C 126/07, BVerwGE 132, 40 = NVwZ 2009, 187 = ZBR 2009, 164.

8.1.1.2.5 Pflicht zu achtungs- und vertrauenswürdigem Verhalten im Dienst

Das Verhalten des Beamten innerhalb des Dienstes muss der Achtung und dem Vertrauen gerecht werden, die sein Beruf erfordert (vgl. § 34 Satz 3 BeamtStG). Innerhalb des Dienstes beinhaltet die Vorschrift die

- sachgerechte Aufgabenerfüllung,
- die vertrauensvolle Zusammenarbeit,
- den geordneten Dienstbetrieb und
- die Loyalität zum Dienstherrn.

Mit den Pflichten eines Beamten ist es unvereinbar, **privaten Interessen** während der Arbeitszeit nachzugehen oder Mitarbeiterinnen / Mitarbeiter zu Pflichtverletzungen anzustiften, bzw. unberechtigte Anschuldigungen zu äußern.

Beleidigende Äußerungen gegenüber Vorgesetzten, Mitarbeiterinnen und Mitarbeitern sowie Bürgerinnen und Bürgern verletzten die vertrauensvolle Zusammenarbeit und damit das achtungswürdige Verhalten. Gleiches gilt, wenn der Beamte das Mindestmaß erforderlicher Umgangsformen nicht beachtet und sein äußeres Erscheinungsbild sehr vernachlässigt.

Das Verhalten des Beamten wird dem Anspruch nur gerecht, wenn er im Dienst seine Aufgaben gegenüber dem Bürger sachgerecht, höflich und hilfsbereit wahrnimmt. Vereinbarte Gesprächs- oder Ortstermine sind einzuhalten.

Zur **Bürgerfreundlichkeit** gehört es ganz selbstverständlich, dass er die Abgabe von Erklärungen, die Stellung von Anträgen oder die Berichtigung von Erklärungen oder Anträgen anzuregen hat, wenn diese offensichtlich nur versehentlich oder aus Unkenntnis unterblieben oder unrichtig abgegeben oder gestellt worden sind (vgl. § 25 Satz 1 VwVfG NRW). Der Beamte erteilt, soweit erforderlich, Auskunft über die den Beteiligten im Verwaltungs-, Ordnungswidrigkeiten- und Strafverfahren zustehenden Rechte und die ihnen obliegenden Pflichten (§ 25 Satz 2 VwVfG NRW). Für das sozialrechtliche Verwaltungsverfahren sind die §§ 14 und 15 SGB I[57] zu beachten. Darüber hinaus ist der Beamte verpflichtet, darauf hinzuwirken, dass jeder Berechtigte die ihm zustehenden Sozialleistungen in zeitgemäßer Weise, umfassend und schnell erhält und der Zugang zu den Sozialleistungen möglichst einfach gestaltet wird, insbesondere durch Verwendung allgemein verständlicher Antragsvordrucke (vgl. § 17 Abs. 1 Nr. 2 und Nr. 3 SGB I).

Die Pflicht zu achtungs- und vertrauenswürdigem Verhalten innerhalb des Dienstes umfasst auch ein **offenes und vertrauenswürdiges Verhältnis gegenüber Vorgesetzten und Mitarbeitern**. Unterschiedliche Rechtsstandpunkte sind sachlich zu diskutieren; Dritte durch Äußerungen zu verletzen, ist im Dienst nicht gestattet.

Letztlich wird der Beamte dem Anspruch auf Achtungs- und Vertrauenswürdigkeit nur gerecht, wenn er **Alkohol-, Rauchverbote** usw. im Dienst beachtet und keine Straftaten oder Ordnungswidrigkeiten begeht. Ein Vorgesetzter, der seine Mitarbeiter häufig zum

---

[57] Sozialgesetzbuch /SGB) Erstes Buch (I) vom 11.12.1975 (Artikel I des Gesetzes vom 11.12.1975, BGBl. I S. 3015), zuletzt geändert durch Artikel 3 des Gesetzes vom 19. Juli 2016 (BGBl. I S. 1757).

gemeinsamen Alkoholtrinken im Dienst verleitet, untergräbt die Dienstordnung und verstößt gegen seine Pflicht zu achtungs- und vertrauenswürdigem Verhalten innerhalb des Dienstes[58]. Ein Rückfall in die Alkoholsucht ist disziplinarrechtlich erst dann von Relevanz, wenn der Beamte eine Entwöhnungstherapie erfolgreich abgeschlossen hat[59].

Mobbing ist ebenfalls als schwerer Pflichtverstoß zu werten. Unter Mobbing ist der Missbrauch der Stellung etwa eines Vorgesetzten zu verstehen, um einen Untergebenen systematisch und fortgesetzt zu beleidigen, zu schikanieren und zu diskriminieren. Ob ein systematisches Anfeinden, Schikanieren oder Diskriminieren vorliegt, hängt immer von den Umständen des Einzelfalls ab. Nicht jede Auseinandersetzung oder Meinungsverschiedenheit zwischen Kollegen und Vorgesetzen und Untergebenen erfüllt den Begriff des Mobbings. Kurzfristigen Konfliktsituationen fehlt in der Regel schon die notwendige systematische Vorgehensweise. Die Gesamtheit verschiedener Handlungen kann aufgrund der sich verbindenden Systematik und ihres Fortsetzungszusammenhangs zu einer Haftung führen. Es muss sich allerdings ein System erkennen lassen. Mobbing kann auch zu einem Amtshaftungsanspruch führen, wenn Vorgesetzte im Rahmen der Dienstausübung durch pflichtwidrige Handlungen das Persönlichkeitsrecht des Beamten schädigen.[60]

Ein Verstoß gegen die **personalvertretungsrechtliche Verschwiegenheitspflicht** kann zugleich allgemeine Beamtenpflichten verletzten, da die Verschwiegenheitspflicht von Personalratsmitgliedern auch und gerade das Vertrauensverhältnis aller Bediensteten zum Dienstherrn wahren und schützen soll. Ggf. liegt hier ein Verstoß gegen das Achtungs- und Vertrauensgebot vor[61]. Zur Verschwiegenheit vgl. § 9 Abs. 1 LPVG. Gleiches gilt für die Arbeit der Gleichstellungsbeauftragten und der zuständigen Stelle nach dem Allgemeinen Gleichbehandlungsgesetz.

Im Zusammenhang mit der Problematik des korrekten äußeren Erscheinungsbildes von Beamten sind die in der Praxis vereinzelt auftretenden Fälle mangelnder Körperpflege zu sehen. Kommt es wegen unzureichender Körperhygiene etwa zu Geruchsbelästigungen von Kollegen durch einen Beamten und wird damit das zumutbare Maß überschritten, so ist der Beamte aufgrund der beamtenrechtlichen Pflicht zu würdevollem Verhalten gehalten, für entsprechende Abhilfe zu sorgen.

Verletzt der Beamte die Pflicht zu achtungs- und vertrauenswürdigem Verhalten im Dienst, so begeht er ein Dienstvergehen i. S. des § 47 Abs. 1 Satz 1 BeamtStG, das eine disziplinarrechtliche Ahndung nicht ausschließt.[62]

---

[58] BDH, Entscheidung vom 07.02.1962, I D 18/61, DÖV 1962, 752.
[59] OVG Nordrhein-Westfalen, Urteil vom 17.02.2016, 3d A 467/13.O, juris Langtext Rn. 53.
[60] Brandenburgisches Oberlandesgericht, Urteil vom 08.09.2015, 2 U 28/14, RiA 2016, 175 = MDR 2016, 86.
[61] OVG Rheinland-Pfalz, Beschluss vom 25.02.2000, 2 A 12134/99, RiA 2000, 303 = IÖD 2000, 227 = NVwZ-RR 2000, 524 = DVBl. 2000, 1143.
[62] Biletzki, Beamtenrechtliche Pflicht zu würdevollem Verhalten?, ZBR 1998, 84 m. w. N.

8.1.1.2.6 Übungen

Sachverhalt 1[63] **(Pflicht zur vollen Hingabe)**

Polizeibeamter O bekommt deutlich und unmissverständlich einen Einsatzbefehl, einen Psychologen in den Nachbarort zu fahren, der während der Fahrt notwendige Informationen über den Ablauf einer Geiselnahme erhalten soll. Da für O abzusehen ist, dass damit eine Verabredung mit seiner Freundin ausfällt, reagiert er ausgesprochen ärgerlich und fährt sehr zurückhaltend und für den Polizeipsychologen deutlich erkennbar langsam.

Fragestellung

Hat O durch sein Verhalten Pflichten verletzt?

Lösungshinweise

Der Polizeibeamte hat sich mit voller Hingabe seinem Beruf zu widmen (§ 35 Satz 1 BeamtStG). Er verstößt gegen diese Pflicht, wenn er bei der Ausübung des ihm mit der gebotenen Deutlichkeit erteilten Einsatzbefehls nicht die größtmögliche Eile an den Tag legt. Zur Pflichterfüllung ist es erforderlich, stets einen Einsatz zu zeigen, der am Maßstab des individuell Bestmöglichen ausgerichtet ist.

Sachverhalt 2[64]

Polizeibeamter P erfährt durch Gerüchte, dass zwei seiner Vorgesetzten während der Arbeitszeit eine ihm persönlich gut bekannte Kollegin sexuell belästigt haben sollen. Er geht davon aus, dass die Kollegin voraussichtlich nichts gegen die Vorgesetzten unternehmen wird und erstattet daher spontan Strafanzeige, obwohl es ihm möglich gewesen wäre, durch Rückfragen den Sachverhalt aufzuklären. Später stellt sich heraus, dass einen solchen Vorfall tatsächlich nicht gegeben hat.

Fragestellung

Hat P durch sein Verhalten Pflichten verletzt?

Lösungshinweise

Das Verhalten eines Polizeivollzugsbeamten innerhalb und außerhalb des Dienstes muss der Achtung und dem Vertrauen gerecht werden, die sein Beruf erfordert (§ 35 Satz 1 BeamtStG). Er verletzt diese Pflicht, wenn er wegen innerdienstlicher Vorgänge gegen

---

[63] Vgl. OVG Rheinland-Pfalz, Beschluss vom 13.04.1999, 3 A 10488/99, IÖD 1999, 236 = RiA 1999, 255 = ZBR 1999, 392 (Kurzwiedergabe).
[64] Vgl. BVerwG, Urteil vom 13.12.2000, 1 D 34/98, ZBR 2002,139 = NJW 2001, 3280 = DÖD 2001, 217.

Vorgesetzte leichtfertig Strafanzeige erstattet, deren Kenntnis er durch ein Gerücht erlangt hat. Eine Verletzung liegt insbesondere auch deshalb vor, weile zuvor nicht alles ihm Zumutbare unternommen hat, eine Klärung der Vorwürfe selbst oder durch den Dienstvorgesetzten herbeizuführen.

8.1.1.2.7 Pflicht zur Einhaltung des Dienstweges

Das achtungs- und vertrauenswürdige Verhalten im Dienst (§ 34 Satz 3 BeamtStG) umfasst die Pflicht zur **Einhaltung des Dienstweges**. Nur ein ständiger und wechselseitiger Informationsfluss ermöglicht es Vorgesetzten und Mitarbeitern, Kenntnis von einer Angelegenheit oder vom aktuellen Stand der Bearbeitung einer solchen zu erhalten. Dieses gilt für die dienstlichen und die persönlichen Angelegenheiten. Die Einhaltung des Dienstweges bei Anträgen und Beschwerden zur Wahrnehmung des persönlichen Rechtsschutzes ist in § 103 Abs. 2 Satz 1 Halbsatz 2 LBG geregelt. Richtet sich die **Beschwerde** gegen den unmittelbaren Vorgesetzten (§ 2 Abs. 5 LBG), so kann sie bei dem nächsthöheren Vorgesetzten unmittelbar eingereicht werden (§ 103 Abs. 2 Satz 3 LBG). Der Dienstweg ist in diesem Fall nicht einzuhalten. An den Landtag kann der Beamte jederzeit Eingaben unmittelbar richten (vgl. § 103 Abs. 2 Satz 4 LBG). Gleiches gilt bezüglich der Bezirksvertretung und des Rates in der Gemeinde (vgl. § 24 Abs. 1 Satz 1 GO) bzw. des Kreistages im Kreis (vgl. § 21 Abs. 1 Satz 1 KrO).

Zu den Besonderheiten der Einhaltung des Dienstweges im Rahmen der Remonstration vgl. § 36 Abs. 2 BeamtStG.

8.1.1.3 Pflichten außerhalb des Dienstes

Das Verhalten des Beamten muss nach § 34 Satz 3 BeamtStG auch außerhalb des Dienstes der Achtung und dem Vertrauen gerecht werden, die sein Beruf erfordert. Dabei kommt es auf den Ort (Arbeitsplatz) oder Zeitpunkt (Arbeitszeit) der Begehung der Pflichtverletzung nicht an, wenn eine konkrete Beziehung zum Amt des Beamten besteht. Ein Fehlverhalten des Beamten außerhalb des Dienstes ist - soweit ein materieller Dienstbezug nicht besteht - ein außerdienstliches Dienstvergehen, wenn es nach den Umständen des Einzelfalles **in besonderem Maße geeignet** ist, Achtung und Vertrauen in einer für sein Amt oder das Ansehen des öffentlichen Dienstes bedeutsamen Weise zu beeinträchtigen (§ 47 Abs. 1 Satz 2 BeamtStG).

Straftaten, Schuldenmachen und sittliches Fehlverhalten sind geeignet, das Vertrauen der Allgemeinheit und die Akzeptanz der Bürger für die staatliche Tätigkeit zu untergraben.

Eine Pflichtverletzung liegt schon vor, wenn das Verhalten des Beamten geeignet ist, achtungs- oder vertrauensschädigend **zu wirken**, auf eine bereits eingetretene tatsächliche Ansehens- oder Vertrauenseinbuße kommt es nicht an. Bei einem Verhalten des Beamten außerhalb des Dienstes kann das Vertrauen der Bürger in die Integrität der Verwaltung nur dann gefährdet sein, wenn überhaupt ein Bezug zur Beamteneigenschaft des betroffenen Beamten hergestellt werden kann. Die Voraussetzung ist ggf. erfüllt, wenn die Beamteneigenschaft für Dritte erkennbar ist (z. B. durch das Tragen einer Uniform). Zu beachten ist, dass der Beamte immer nur für sein eigenes nicht jedoch für fremdes Fehlverhalten einzustehen hat. Der Beamte trägt nicht die Verantwortung für Fehlverhalten von Familienangehörigen, soweit er es nicht fördert oder veranlasst.[65]

Der Beamte verstößt als Privatperson gegen die Pflicht und begeht gegebenenfalls ein **Dienstvergehen**, wenn sein Verhalten nach den Umständen des Einzelfalles geeignet ist, Achtung und Vertrauen in einer für sein Amt oder das Ansehen des öffentlichen Dienstes bedeutsamen Weise zu beeinträchtigen (vgl. § 47 Abs. 1 Satz 2 BeamtStG).

In diesem Zusammenhang hat das Oberverwaltungsgericht Rheinland-Pfalz[66] festgestellt, dass außerdienstliche sexuelle Handlungen zwischen Lehrern und Schülern - unabhängig vom Alter der Schüler - stets ein Dienstvergehen darstellen. Sexuelle Handlungen zwischen Lehrern und Schülern führen danach jedenfalls dann, wenn der betroffene Schüler minderjährig war, grundsätzlich zur Entfernung des Beamten aus dem Beamtenverhältnis, sofern nicht ausnahmsweise besonders außergewöhnliche Milderungsgründe vorliegen. Selbst ein lediglich einmaliger Übergriff stellt ebenso wenig einen Milderungsgrund dar wie ein Einverständnis des betroffenen Schülers mit den sexuellen Handlungen.

Ebenso liegt stets ein außerdienstliches Dienstvergehen vor, wenn ein Beamter **kinderpornographische Video- oder Bilddateien** aus dem Internet auf seinen privaten Rechner herunterlädt bzw. anderweitig in Besitz bringt[67]. Außerdienstliches Verhalten von Beamten ist nur disziplinarwürdig, wenn es zur Beeinträchtigung des berufserforderlichen Vertrauens führen kann. Dies ist insbesondere bei vorsätzlich begangenen Straftaten sowie bei Vorliegen eines Bezuges zwischen dem Pflichtenverstoß und dem Amt des Beamten anzunehmen. Anknüpfungspunkt hierfür ist das Amt im statusrechtlichen Sinn. Der Besitz von kinderpornographischen Bild- oder Videodateien kann angesichts der Variationsbreite möglicher Verfehlungen nicht einer bestimmten Disziplinarmaßnahme als Regeleinstufung zugeordnet werden. Die Ausschöpfung des disziplinarrechtlichen Sanktionsrahmens kommt nur in Betracht, wenn dies dem Schweregehalt des vom Beamten begangenen Dienstvergehens entspricht. Für diese Einordnung kann indiziell auf die von den Strafgerichten ausgesprochene Sanktion zurückgegriffen werden. Ist von den Strafgerichten nur auf eine Geldstrafe erkannt oder das Strafverfahren eingestellt worden, bedarf der Ausspruch einer statusberührenden Disziplinarmaßnahme einer besonderen Begründung.[68]

Ein verbeamteter Lehrer verstößt nach der Rechtsprechung des Bayerischen Verwaltungsgerichtshofs[69] auch durch den strafbaren Besitz von Betäubungsmitteln und die Verbrauchsüberlassung von Betäubungsmitteln an Personen unter 18 Jahren gegen seine außerdienstliche Pflicht zu achtungs- und vertrauenswürdigem Verhalten. Das außerdienstliche Fehlverhalten des Beamten erfüllt darüber hinaus auch die besonders qualifizierenden Voraussetzungen des § 47 Abs. 1 Satz 2 BeamtStG. Zwar wird von einem Be-

---

[65] Biletzki, Beamtenrechtliche Pflicht zu würdevollem Verhalten?, ZBR 1998, 84 m. w. N.
[66] OVG Rheinland-Pfalz, Urteil vom 24.02.2012, 3 A 11426/11, juris Langtext Rn. 24 = ZBR 2012, 317 = NVwZ-RR 2012, 557.
[67] Bayerischer Verwaltungsgerichtshof, Urteil vom 17.11.2011, 16a D 10.2504, juris Langtext Rn. 44 ff. .
[68] BVerwG, Urteil vom 18.06.2015, 2 C 9/14, BVerwGE 152, 228 = Schütz BeamtR ES/B II 1.1 Nr. 31 = ZBR 2015, 422.
[69] Bayerischer Verwaltungsgerichtshof, Urteil vom 17.11.2011, 16a D 09.465, juris Langtext Rn. 51.

amten außerdienstlich kein wesentlich anderes Sozialverhalten erwartet als von jedem Bürger. Hier übersteigt jedoch das Fehlverhalten des Beamten das einer jeden außerdienstlichen Pflichtverletzung innewohnende Mindestmaß an disziplinarischer Relevanz deutlich und erfüllt damit die besonderen Anforderungen an ein Dienstvergehen. Maßgebend hierfür ist die Eignung zur Vertrauensbeeinträchtigung im besonderen Maße, die sich entweder auf das Amt des Beamten im konkret-funktionellen Sinne (Dienstposten), d. h. auf die Erfüllung der dem Beamten konkret obliegenden Dienstpflichten, oder auf das Ansehen des Berufsbeamtentums als Sachwalter einer stabilen und gesetzestreuen Verwaltung beziehen muss. Das strafrechtlich geahndete außerdienstliche Dienstvergehen des Beamten weist einen starken Bezug zu seinem Dienstposten auf. Der Dienstbezug ist gegeben, wenn das außerdienstliche Verhalten Rückschlüsse auf die Dienstausübung in dem Amt im konkret-funktionellen Sinn zulässt oder den Beamten in der Dienstausübung beeinträchtigt Dies ist der Fall, weil die Verbrauchsüberlassung von Betäubungsmitteln an Personen unter 18 Jahren und der Besitz von Haschisch bei einem Lehrer einen Persönlichkeitsmangel indiziert, der Anlass zu Zweifeln an seiner Eignung gibt. Ein Lehrer ist auch nach dem umfassenden Bildungsauftrag der Schule nicht nur zur Vermittlung von Wissen, sondern auch zur Erziehung der Kinder verpflichtet. Er muss insbesondere die geistige und sittliche Entwicklung der ihm anvertrauten Kinder fördern und schützen. Zudem muss der Lehrer in seiner Vorbildfunktion die verfassungsrechtlich geschützte Wertordnung glaubhaft vermitteln. Die Verbrauchsüberlassung von Haschisch an Personen unter 18 Jahren und der Besitz von Haschisch ist mit diesem Bildungsauftrag der Schule unvereinbar und lässt dessen Erfüllung durch den Beamten zweifelhaft erscheinen.

Nach der Rechtsprechung des Bundesverwaltungsgerichts bedeutet allerdings eine erstmalige außerdienstliche Trunkenheitsfahrt i. S. des § 316 StGB bei einem Beamten, der dienstlich nicht mit dem Führen eines Kraftfahrzeuges betraut ist, keine Verletzung der ihm nach § 34 Satz 3 BeamtStG obliegenden Dienstpflicht[70]

8.1.1.4 Übungen

Sachverhalt 1 (Pflicht zur vollen Hingabe)

Stadthauptsekretär B hat in den vergangenen Wochen mehrfach morgens seinen Dienst alkoholisiert angetreten. Da er seine Aufgaben am 21.01. des Jahres offenkundig für Laien erkennbar nicht ordnungsgemäß ausüben konnte, ordnete sein Vorgesetzter einen Alkoholtest an, um die Diensttauglichkeit amtsärztlich feststellen zu lassen.

Fragestellung

Muss sich B einer solchen Maßnahme unterziehen?

---

[70] BVerwG, Urteil vom 30.08.2000, 1 D 37/99, BVerwGE 112, 19 = ZBR 2001, 39 = DÖD 2001, 147. Siehe hierzu auch BVerwG, Urteil vom 08.05.2001, 1 D 20/00, BVerwGE 114, 212 = NJW 2001, 3565 = IÖD 2002, 16.

Bearbeitungshinweis

B ist nicht alkoholabhängig (krank).

Lösungshinweise

Die Dienstleistungspflicht für Beamte ergibt sich aus der Pflicht zur vollen Hingabe im Beruf (§ 34 Satz 1 BeamtStG). Das Verhalten von Polizeibeamten innerhalb des Dienstes muss der Achtung und dem Vertrauen gerecht werden, die der Beruf erfordert (§ 34 Satz 3 BeamtStG). Es wird von Beamten erwartet, dass sie ihre Dienstobliegenheiten jederzeit individuell optimal wahrnehmen. Der Beamte erfüllt diese Pflicht nicht, wenn er alkoholisiert seine Dienstobliegenheiten nicht ordnungsgemäß verrichtet. Bestehen Zweifel an der Dienstfähigkeit, ist der Dienstherr zur Feststellung der Voraussetzungen berechtigt.

Nach § 62 Abs. 1 Satz 2 LBG ist die Dienstunfähigkeit infolge Krankheit auf Verlangen nachzuweisen. Entsprechendes muss gelten, wenn der Beamte sich für dienstfähig hält, sein Verhalten aber berechtigte Zweifel erkennen lässt, dienstliche Handlungen ordnungsgemäß zu erledigen. Nach dem Sachverhalt war die Dienstfähigkeit offensichtlich nicht gegeben.

Wird in einem solchen Fall eine Untersuchung angeordnet, hat der Beamte sie zu befolgen (vgl. § 35 Satz 2 BeamtStG). B muss sich somit der Untersuchung unterziehen. Bei Weigerung würde er gegen die Pflicht zur Mitwirkung der Aufklärung einer vom Dienstherrn bezweifelten Dienstfähigkeit und somit der Befolgung von Anordnungen Vorgesetzter verstoßen.

Sachverhalt 2 (Weisungsgebundenheit)

Stadtamtmann C soll auf Anordnung seines Vorgesetzten in seiner Dienststelle für die Zeit von vier Wochen im Rahmen einer Krankheitsvertretung andere Aufgaben wahrnehmen, die sonst nicht zu seinem Dienstposten als Sachbearbeiter gehören. C weigert sich, die Aufgaben wahrzunehmen, da er die von seinem Vorgesetzten angeordnete Maßnahme für unzulässig hält.

Fragestellung

Ist C verpflichtet, die Anordnung auszuführen und kann er sich ggf. gegen die Maßnahme wehren?

Lösungshinweise

C hätte seine Bedenken gegen die Rechtmäßigkeit der dienstlichen Anordnung (Umsetzung für einen kurzen Zeitraum auf eine andere Stelle) unverzüglich bei seinem unmittelbaren Vorgesetzten geltend zu machen (vgl. § 36 Abs. 2 Satz 1 BeamtStG). Würde die Anordnung von seinem Vorgesetzten aufrechterhalten, seine Bedenken jedoch fortbestehen, hätte C die Möglichkeit, bei seinem nächsthöheren Vorgesetzten zu remonstrieren (vgl. § 36 Abs. 2 Satz 2 BeamtStG). Würde von diesem die Anordnung bestätigt werden, hätte C die Tätigkeiten, zumal Ausschlusstatbestände des § 36 Abs. 2 Satz 3 BeamtStG nicht zu erkennen sind, auszuführen.

Für einen verwaltungsrechtlichen Rechtsschutz besteht bei einer Weisung zur Erfüllung einer dringend wahrzunehmenden Aufgabe im Betriebsverhältnis grundsätzlich kein Raum, wenn eine Verletzung subjektiver Rechte (z. B. ein Grundrecht) des Beamten offensichtlich nicht erkennbar ist. Nur in einem solchen Fall wäre eine Feststellungsklage beim zuständigen Verwaltungsgericht ausnahmsweise zulässig (vgl. § 54 BeamtStG).

8.1.2 Besondere Pflichten

Die besonderen Verpflichtungen von Beamten können in die Kategorien „Verpflichtungen" und „Einschränkungen" eingeteilt werden.

8.1.2.1 Verpflichtungen für den Beamten

Zu den Verpflichtungen gehören

- die Leistung des Diensteides,
- die Dienstleistung während der vorgeschriebenen Arbeitszeit,
- die Verschwiegenheit in Amtsangelegenheiten und
- ggf. das Tragen von Dienstkleidung.

8.1.2.1.1 Pflicht zur Leistung des Diensteides

Jeder Beamte hat entsprechend der Regelungen des Art. 80 Satz 3 Landesverfassung und § 38 BeamtStG bei der Begründung des Beamtenverhältnisses nach § 46 Abs. 1 LBG folgenden **Diensteid** zu leisten:

> *„Ich schwöre, dass ich das mir übertragene Amt nach bestem Wissen und Können verwalten, Verfassung und Gesetze befolgen und verteidigen, meine Pflichten gewissenhaft erfüllen und Gerechtigkeit gegenüber jedermann üben werde. So wahr mir Gott helfe."*

Der Eid kann auch **ohne die religiöse Beteuerung** geleistet werden (vgl. Art. 80 Satz 4 Verfassung für das Land Nordrhein-Westfalen und § 46 Abs. 2 LBG, § 38 Abs. 2 BeamtStG). Lehnt ein Beamter aus Glaubens- oder Gewissensgründen die Ablegung des Eides ab, so kann er anstelle der Worte „Ich schwöre" die Worte „Ich gelobe" oder eine andere Beteuerungsformel sprechen (§ 46 Abs. 3 LBG).

Die Leistung des Diensteides ist **kein Tatbestand** der die Rechtswirksamkeit **der Ernennung** beeinflusst, da der Eid erst nach der Ernennung von dem Beamten zu leisten (sog. „erste" Beamtenpflicht). Weigert sich der Beamte den gesetzlich vorgeschriebenen Diensteid zu leisten, ist er zu entlassen (§ 23 Abs. 1 Satz 1 Nr. 1 BeamtStG).

Fraglich ist, ob die Einstellung eines Bewerbers verweigert werden darf, wenn dieser bereits **vor der Ernennung** zum Ausdruck bringt, dass er nicht bereit sein werde, den Diensteid nach erfolgter Berufung in das Beamtenverhältnis zu leisten. Der Bayerische Verwaltungsgerichtshof hat diesbezüglich entschieden, dass eine solche Weigerung die Ablehnung eines Antrages auf Berufung in das Beamtenverhältnis auf Widerruf nicht rechtfertige. Dieses wäre nur zulässig, wenn die Leistung des Diensteides als gesetzliche Einstellungsvoraussetzung für die Begründung des Beamtenverhältnisses vom Gesetzgeber verlangt würde. Da dieses nicht der Fall ist, kann auch unter dem Gesichtspunkt der „Unvernunft", wegen der alsbald bevorstehenden Entlassung, keine andere Entscheidung getroffen werden. Im zu entscheidenden Fall verweigerte der Bewerber die Eidesleistung aus - von ihm als solche gewerteten - religiösen Gründen unter Berufung auf die Bergpredigt, Matthäus 5, Verse 33 bis 37, ohne Zweifel am vorbehaltlosen Bekenntnis zur Verfassungstreue zum Ausdruck gebracht zu haben.[71]

Dabei ließ es der Bayerische Verwaltungsgerichtshof offen, wie über die im pflichtgemäßen Ermessen des Dienstherrn liegende Einstellung eines Bewerbers - z. B. im Beamtenverhältnis auf Probe oder auf Lebenszeit - zu entscheiden wäre, wenn ein solcher Bewerber seine Absicht vorab eindeutig bekundet, den Beamteneid verweigern zu wollen. Eine vergleichbare Situation könnte vorliegen, wenn bei der Auswahl gleich geeigneter Bewerber von einem Kandidaten ein solches Ansinnen im Bewerbungsverfahren vorgetragen wird. In den geschilderten Fällen ist es ermessenssachgerecht, einen Bewerber im Hinblick darauf nicht einzustellen, dass er alsbald wieder zu entlassen wäre. Unter dem Blickwinkel einer „Ernennung zur Schaffung der personellen Voraussetzungen für die ordnungsgemäße Erfüllung hoheitlicher Aufgaben" ist ein solcher Kandidat als „ungeeignet" einzustufen.

Ist das **Beamtenverhältnis unterbrochen** worden, so hat der Beamte den Eid nach seiner Wiederberufung in das Beamtenverhältnis erneut zu leisten. Das gilt auch bei der Begründung eines Beamtenverhältnisses zu einem anderen Dienstherrn mit der Folge der Entlassung aus seinem bisherigen Beamtenverhältnis nach § 22 Abs. 2 BeamtStG. Eine Versetzung zu einem anderen Dienstherrn im Anwendungsbereich des Landesbeamtengesetzes Nordrhein-Westfalen erfordert keine erneute Eidesleistung. Dagegen muss der Eid geleistet werden, wenn ein Beamter von einem Dienstherrn außerhalb des Anwendungsbereichs des Landesbeamtengesetzes zu einem Dienstherrn in Nordrhein-Westfalen versetzt wird. Beamte auf Zeit, die von ihrem Dienstherrn nach Ablauf ihrer Amtszeit

---

[71] Bayerischer VGH, Urteil vom 15.07.1987, 3 B 86.03066, = DVBl. 1988, 360.

wieder ernannt werden, leisten keinen neuen Eid. Einen neuen Diensteid leisten gleichfalls nicht Beamte auf Widerruf, deren Beamtenverhältnis nach § 21 Abs. 4 BeamtStG mit dem Bestehen einer Prüfung endet, wenn sie unmittelbar im Anschluss an die Beendigung des Beamtenverhältnisses auf Widerruf in ein Beamtenverhältnis auf Probe übernommen werden.

Der Diensteid ist durch die dienstvorgesetzte Stelle (vgl. § 2 Abs. 2 LBG) oder einen von ihm beauftragten Beamten **abzunehmen**, soweit gesetzlich nicht etwas anderes bestimmt ist. So wird beispielsweise der Bürgermeister vom Altersvorsitzenden in einer Sitzung des Rates vereidigt (vgl. § 65 Abs. 5 GO). Die Kreisordnung sieht eine Vereidigung des Landrats nicht vor, sondern lediglich die Abnahme der Verpflichtung zur gesetzmäßigen und gewissenhaften Wahrnehmung der Aufgaben in feierlicher Form (vgl. § 46 Abs. 3 KrO). Da aber § 44 Abs. 5 KrO bestätigt, dass der Landrat kommunaler Wahlbeamter ist, ergibt sich die Pflicht zur Eidesleistung aus Art. 80 Satz 3 Landesverfassung. Offen bleibt damit lediglich die Frage, wer für die Abnahme des Eides zuständig ist, was aber letztendlich für die wirksame Eidesleistung von nachgeordneter Bedeutung ist.

Vor der Eidesleistung ist dem zu Vereidigenden die Eidesformel vorzulesen. Es ist in angemessener Weise auf die Bedeutung des Eides hinzuweisen. Der Eid ist durch Nachsprechen der Eidesformel geleistet. Dabei soll die rechte Hand erhoben werden. Über die Vereidigung ist eine Niederschrift nach einem vorgegebenen Muster aufzunehmen, die von dem Beamten, der den Eid geleistet hat, sowie dem, der die Vereidigung vorgenommen hat, zu unterzeichnen ist[72]. Sie ist in die Personalakte des Beamten zu nehmen.

8.1.2.1.2 Pflicht zur Dienstleistung

Der Beamte darf dem Dienst nicht ohne Genehmigung fernbleiben (§ 62 Abs. 1 Satz 1 LBG i. V. m. § 34 Satz 1 BeamtStG). Diese Dienstleistungspflicht ergibt sich bereits aus der Pflicht zur vollen Hingabe im Beruf. Es wird erwartet, dass der Beamte seine Dienstobliegenheiten während der Dienstzeit individuell optimal wahrnimmt und ständig um eine Verbesserung des Arbeitsablaufes bemüht ist. Wenn zwingende dienstliche Verhältnisse es erfordern, besteht die Verpflichtung, über die regelmäßige Arbeitszeit hinaus Dienst zu verrichten (vgl. § 61 Abs. 1 Satz 1 LBG). Eine besondere Form der Dienstleistung ist der Bereitschaftsdienst und die Rufbereitschaft. Der erste Fall erfordert die Anwesenheit des Beamten in seiner Dienststelle um Aufgaben unverzüglich wahrnehmen zu können; bei der Rufbereitschaft muss während des Bereitschaftsdienstes die Erreichbarkeit und Dienstbereitschaft gewährleistet sein.

Keine Pflicht zur Dienstleistung besteht für die Zeit des genehmigten Erholungsurlaubs (vgl. § 71 Satz 1 LBG, § 44 BeamtStG), des Urlaubs aus anderen Anlässen (Sonderurlaub, vgl. § 72 Abs. 1 LBG) und zur Vorbereitung einer Wahl zum Europäischen Parlament, zum Bundestag, zum Landtag Nordrhein-Westfalen, zu der gesetzgebenden Körperschaft eines anderen Bundeslandes oder zu einer kommunalen Vertretungskörperschaft (vgl. § 72 Abs. 2 LBG). Von der Verpflichtung zur Dienstleistung ist der Beamte ebenfalls befreit, wenn er staatsbürgerlichen Aufgaben, wie beispielsweise als Zeuge, als

---

[72] VV zu § 38 BeamtStG/§ 46 LBG, Ziffer 4.

Schöffe oder bei der Ausübung eines Mandats verbundenen Tätigkeiten, nachkommt. Gleiches gilt bei einer behördlich oder gerichtlich angeordneten Freiheitsentziehung und für Beamte, für die von ihrer dienstvorgesetzten Stelle nach § 39 BeamtStG ein Verbot zur Führung der Dienstgeschäfte oder nach § 38 LDG eine vorläufige Dienstenthebung ausgesprochen worden ist.

Bei **sexueller Belästigung** am Arbeitsplatz sind Beamte ausnahmsweise berechtigt, ihre Tätigkeit ohne Verlust der Bezüge einzustellen, wenn der Dienstvorgesetzte keine oder offensichtlich ungeeignete Maßnahmen zur Unterbindung der sexuellen Belästigung ergreift und dieses zum Schutz belästigter Beamter erforderlich ist (vgl. § 14 Satz 1 AGG).

Die Pflicht zur Dienstleistung besteht bei Dienstunfähigkeit nicht. **Dienstunfähigkeit** infolge Krankheit ist auf Verlangen nachzuweisen (§ 62 Abs. 1 Satz 2 LBG). In einem Fall der selbst verschuldeten Dienstunfähigkeit kann ein Verstoß gegen die Pflicht zur vollen Hingabe im Beruf gesehen werden. Beamten wird immer wieder vorgehalten, sie blieben viel häufiger ihrem Arbeitsplatz fern als Beschäftigte in der freien Wirtschaft. Konkrete Untersuchungen über den Krankheitsstand gibt es nicht. Soweit aber Vergleiche durchgeführt worden sind, kommen diese in den letzten Jahren eher zu dem Ergebnis, dass Beamte eher verhältnismäßig selten dienstunfähig sind.

Den Verfahrensablauf bei Erkrankung regelt die VV zu § 62 Abs. 1 Satz 1 LBG wie folgt: Bleibt der Beamte wegen Krankheit vom Dienst fern, so hat er die Erkrankung und deren Dauer unverzüglich anzuzeigen (Ziffer 1.1). Bleibt der Beamte dem Dienst länger als drei Tage fern, so hat er eine ärztliche Bescheinigung über die voraussichtliche Dauer der Erkrankung vorzulegen. Dauert die Erkrankung länger als in der Bescheinigung angegeben, ist der Beamte verpflichtet, eine neue ärztliche Bescheinigung vorzulegen (Ziffer 1.2.). Der Beamte ist verpflichtet, sich auf Anordnung seines Dienstvorgesetzten (vgl. § 35 Satz 2 BeamtStG) von einem beamteten Arzt / Polizeiarzt untersuchen zu lassen. Die Kosten der Untersuchung trägt der Dienstherr.

Zu den Pflichten eines Beamten gehört auch die Mitwirkung an der Aufklärung durch amtsärztliche Stellungnahme einer vom Dienstherrn bezweifelten Arbeitsunfähigkeit sowie der Dienstunfähigkeit i. S. des § 33 LBG.

Es entspricht der ständigen Rechtsprechung des Bundesverfassungsgerichts und des Bundesverwaltungsgerichts, dass die durch Art. 33 Abs. 5 GG verfassungsrechtlich verankerten hergebrachten Grundsätze des Berufsbeamtentums nicht nur Rechte, sondern auch Pflichten des Beamten zum Inhalt haben und dass hierzu insbesondere die grundlegende Pflicht des Beamten zählt, sich ganz für den Dienstherrn einzusetzen und diesem - grundsätzlich auf Lebenszeit- seine volle Arbeitskraft zur Verfügung zu stellen. Dies setzt ggf. voraus, sich zur Erhaltung oder Wiederherstellung der vollen Dienstfähigkeit einer zumutbaren Heilbehandlung zu unterziehen. Ob sie zumutbar ist, kann nicht grundsätzlich, sondern nur nach Maßgabe der konkreten Umstände des Einzelfalles beantwortet werden.[73]

---

[73] BVerwG, Beschluss vom 09.05.1990, 2 B 48/90, ZBR 1990, 261 = NJW 1991, 766 = DÖD 1992, 25.

Der Beamte **verliert für die Zeit des Fernbleibens** seinen **Anspruch auf Bezüge** nach § 11 Abs. 1 Satz 1 LBesG **kraft Gesetzes**, wenn er schuldhaft ohne Genehmigung dem Dienst fernbleibt. Dies gilt auch bei einem Fernbleiben vom Dienst für Teile eines Tages (§ 11 Abs. 1 Satz 2 LBesG). Der Verlust der Bezüge ist festzustellen (§ 11 Abs. 1 Satz 3 LBesG). Die Vorschriften zur Anhörung nach § 28 Abs. 1 VwVfG NRW, zur Begründungspflicht nach § 39 Abs. 1 VwVfG NRW und zur Zustellung nach § 105 LBG sind zu beachten. Wird der Beamte die Führung der Dienstgeschäfte verboten (§ 39 BeamtStG) oder wird er vorläufig des Dienstes enthoben (§ 38 LDG), während er schuldhaft dem Dienst fernbleibt, so dauert der nach § 11 Abs. 1 LBesG festgestellte Verlust der Bezüge fort und endet erst mit dem Zeitpunkt, in dem der Beamte seine Amtsgeschäfte aufgenommen hätte, wenn er hieran nicht durch die vorläufige Dienstenthebung gehindert worden wäre (§ 39 Abs. 3 LDG). Als schuldhaftes Fernbleiben vom Dienst gilt auch der Vollzug einer Freiheitsstrafe, die rechtskräftig von einem deutschen Gericht verhängt wurde (§ 11 Abs. 2 Satz 1 LBesG). Für die Zeit der Untersuchungshaft wird die Besoldung unter dem Vorbehalt der Rückforderung bezahlt (§ 11 Abs. 2 Satz 2 LBesG). Die Besoldung ist nach § 11 Abs. 2 Satz 3 zurückzuerstatten, wenn der Betroffene wegen des dem Haftbefehl zugrunde liegenden Sachverhalts rechtskräftig zu einer Freiheitsstrafe verurteilt wird.

Wurde der Verlust der Bezüge nach Anhörung des Beamten durch Verwaltungsakt festgestellt, können bereits angewiesene Bezüge nach § 15 Abs. 2 Satz 1 LBesG i. V. m. §§ 812 ff. BGB vom Beamten durch Bescheid zurückverlangt werden. Die sofortige Vollziehung i. S. des § 80 Abs. 5 VwGO ist anzuordnen. Soweit der Rückforderungsanspruch durch Aufrechnung gegen die laufenden Bezüge des Beamten geltend gemacht wird, ist dem Beamten der nichtpfändbare Teil der Bezüge zu belassen (§ 14 Abs. 2 Satz 1 LBesG).

Ein nur **kurzfristiges Fernbleiben** vom Dienst durch verspätetes Erscheinen am Arbeitsplatz für einige Minuten oder die kurzfristige Entfernung vom Arbeitsplatz für die Erledigung privater Dinge unterhalb der Schwelle des Besoldungsrechts ist nicht als unentschuldigtes Entfernen vom Arbeitsplatz zu werten, sondern als eine mögliche Pflichtverletzung nach § 34 Satz 1 BeamtStG einzuordnen. Ein sozial-adäquates Verhalten, wie ein kurzes persönliches Gespräch im Kollegenkreis oder am Telefon über private Dinge, die den Betriebsablauf nicht beeinträchtigen, ist keine Pflichtverletzung.

8.1.2.1.3 Pflicht zur Verschwiegenheit

Der Beamte hat über die ihm bei seiner amtlichen Tätigkeit bekannt gewordenen Angelegenheiten **Verschwiegenheit** zu bewahren; dieses gilt auch für die Zeit nach der Beendigung des Beamtenverhältnisses weiter (vgl. § 37 Abs. 1 Satz 1 BeamtStG)[74]. Die bereits aus den **hergebrachten Grundsätzen des Berufsbeamtentums** abzuleitende Pflicht zur Amtsverschwiegenheit[75] gehört zu den Vorschriften, die der Meinungsfreiheit des Beamten nach Art. 5 Abs. 2 GG Schranken setzt und ihn insoweit in seinen Grundrechten einschränkt.

---

[74] Vgl. Hoffmann, BeamtStG, § 37 Ziffer 1 ff.
[75] V. Roetteken/Rothländer, § 37 Rn. 48 m. w. N.

Die Verschwiegenheitspflicht besteht gegenüber jedermann, insbesondere den Medien, aber auch gegenüber Familienangehörigen, Freunden, Bekannten usw., selbst gegenüber anderen Behörden und Dienststellen, nicht jedoch gegenüber Beteiligten, denen ein Recht auf Einsicht in die das Verfahren betreffenden Akten nach § 29 Abs. 1 Satz 1 VwVfG NRW bzw. § 25 Abs. 1 Satz 1 SGB X[76] zu gestatten ist. Die Verschwiegenheit gilt ebenso wenig für Mitteilungen im dienstlichen Verkehr oder über Tatsachen, die offenkundig sind oder ihrer Bedeutung nach keiner Geheimhaltung bedürfen (vgl. § 37 Abs. 2 Nr. 2 BeamtStG), weil z. B. die Medien bereits darüber berichtet haben.

Der Beamte darf selbst gerichtlich und außergerichtlich nicht aussagen oder Erklärungen abgeben, ohne zuvor hierfür eine **Aussagegenehmigung** seines Dienstvorgesetzten oder seines früheren Dienstherrn eingeholt zu haben (vgl. § 37 Abs. 3 Satz 1 BeamtStG). Die Genehmigung, als Zeuge auszusagen, darf nur versagt werden, wenn die Aussage dem Wohle des Bundes oder eines deutschen Landes Nachteile bereiten oder die Erfüllung öffentlicher Aufgaben ernstlich gefährden oder erheblich erschweren würde (vgl. § 37 Abs. 4 BeamtStG). Ist der Beamte selbst Partei oder Beschuldigter in einem gerichtlichen Verfahren oder soll sein Vorbringen der Wahrnehmung seiner berechtigten Interessen dienen, so darf die Genehmigung auch dann, wenn die Voraussetzungen des § 37 Abs. 5 BeamtStG erfüllt sind, nur versagt werden, wenn die dienstlichen Rücksichten dies unabweisbar fordern. In eigener Sache darf der Beamte seinen Verteidiger in Gerichts- oder Disziplinarverfahren auch über dienstliche Angelegenheiten unterrichten, ohne hierfür eine Genehmigung zu benötigen. Die Informationen müssen sich auf das notwendige zur Verteidigung erforderliche Maß beschränken.

Unberührt hiervon bleibt die gesetzlich begründete Pflicht des Beamten, **Straftaten anzuzeigen** und bei Gefährdung der freiheitlich demokratischen Grundordnung für deren Erhaltung einzutreten (vgl. § 37 Abs. 2 Satz 2 BeamtStG). Im Falle einer Interessenkollision geht der Anspruch auf Unterrichtung der Öffentlichkeit der Schweigepflicht vor.

Der Beamte begeht ein Dienstvergehen, wenn er eine Beschwerde nicht auf dem Dienstweg bis zur obersten Dienstbehörde vorbringt, sondern die „Flucht in die Öffentlichkeit" wählt. Verstöße gegen die Amtsverschwiegenheit werden als Dienstvergehen sowohl disziplinarrechtlich als auch strafrechtlich (§ 353b i. V. m. § 11 Abs. 1 Nr. 2 StGB) verfolgt.

Der Amtsverschwiegenheit im weiteren Sinne zuzurechnen ist die Regelung des § 37 Abs. 6 BeamtStG. Danach hat der Beamte, auch nach Beendigung des Beamtenverhältnisses, auf Verlangen des Dienstvorgesetzten amtliche Schriftstücke, Zeichnungen, bildliche Darstellungen sowie Aufzeichnungen jeder Art über dienstliche Vorgänge, auch soweit es sich um Wiedergaben handelt, **herauszugeben**. Die gleiche Verpflichtung betrifft seine Hinterbliebenen und seine Erben.

---

[76] Zehntes Buch Sozialgesetzbuch – Sozialverwaltungsverfahren und Sozialdatenschutz – (SGB X) in der Fassung der Bekanntmachung vom 18.01.2001 (BGBl. I S. 130), zuletzt geändert durch Artikel 7 des Gesetzes vom 21.07.2016 (BGBl. I S. 1768).

8.1.2.1.4 Pflicht zum Tragen von Dienstkleidung

Bei der **Dienstkleidung** handelt es sich um Kleidungsstücke, die in Farbe sowie im Schnitt gleich sind und von bestimmten Beamtengruppen während der Dienstzeit getragen werden müssen. Nicht dazu gehört Schutzkleidung, die bei bestimmten Tätigkeiten anstelle oder über der sonstigen Kleidung zum Schutz gegen Unfälle, Witterungseinflüsse usw. getragen wird.

Nach § 45 Satz 1 LBG erlässt die Landesregierung Bestimmungen über Dienstkleidung, die bei Ausübung des Amtes üblich oder erforderlich ist. Die Befugnis zum Erlass von Bestimmungen über die Dienstkleidung, die bei Ausübung des Amtes üblich oder erforderlich ist, wurde von der Landesregierung aufgrund der Ermächtigung in § 45 Satz 2 LBG auf die jeweiligen Ministerien übertragen, die aber der Zustimmung des Finanzministeriums bedürfen[77]. Einzelheiten regeln in Nordrhein-Westfalen für die Polizei die **Dienstkleidungsordnung der Polizei**, die neben allgemeinen Grundsätzen auch Ausführungen zum Dienstanzug, zur Aufbewahrung, Reinigung etc. von Dienstkleidung sowie das Tragen von Namensschildern, Uniformabzeichen usw. enthält[78].

Nach § 112 Abs. 1 Satz 1 LBG hat der Polizeivollzugsbeamte Anspruch auf unentgeltliche Ausstattung mit Dienstkleidung. Gleiches gilt nach § 116 Abs. 2 LBG für die Beamten der Feuerwehren.

Das **äußere Erscheinungsbild** von Uniformträgern erlebte in den letzten 10 Jahren vor der Jahrhundertwende, insbesondere im Spiegelbild der Rechtsprechung, besondere Bedeutung, gerade was Entscheidungen über die Zulässigkeit von dienstlichen Anordnungen hinsichtlich ungewöhnlicher Haar- und Barttracht oder das Tragen von Ohrschmuck durch männliche Amtsträger betrifft. Dies dürfte seine Ursachen wohl im Zeitgeist und den darauf basierenden Modeerscheinungen finden, die auch nicht vor als klassisch konservativ geltenden Bastionen der Zurückhaltung Halt machen, wie den Uniform tragenden Berufen. Jene Lockerungen im persönlichen Äußeren kollidieren häufig mit den Vorstellungen und dem Zweckdenken der Dienstherrn, die traditionell als weinig liberal in der Toleranz von Modeerscheinungen im Outfit der Amtswalter gelten.[79]

Zur Frage des äußeren Erscheinungsbildes könnten bei Polizeibeamten u. a. auch die Länge der Haare oder das Tragen von Ohrschmuck bzw. Tätowierungen gehören. Ein Verbot, Ohrschmuck und / oder lange Haare zu tragen, schränkt das Recht der Beamten auf freie Entfaltung der Persönlichkeit ein. Es bestand in der Vergangenheit die Auffassung, dass die Befugnis, einzuschätzen und abzuwägen, ob derartige Eingriffe wegen der Funktion der jeweils zu tragenden Dienstkleidung erforderlich und gerechtfertigt sind, dem Vorgesetzten dann zusteht, wenn die oberste Dienstbehörde eine generelle, einheitliche und nachvollziehbare Anordnung hierzu getroffen hat. Nachgeordnete Behörden allein sollten das äußere Erscheinungsbild der Träger von Dienstkleidung nicht

---

[77] Anordnung der Landesregierung über den Erlass von Bestimmungen über die Dienstkleidung der Beamten vom 07.10.1959, GV.NRW. S. 159.
[78] RdErl. d. Innenministeriums vom 08.04.2011, 44/43.2 – 63.01.01, MBl.NRW. S. 135.
[79] Henrichs, Zur beamtenrechtlichen Pflicht insbesondere von Uniformträgern der Polizei zu einem angemessenen äußeren Erscheinungsbild, ZBR, 2002, 84.

regeln dürfen.[80] Inzwischen hat das Bundesverwaltungsgericht entschieden, dass selbst eine Regelung der obersten Dienstbehörde, die uniformierten Polizeibeamten vorschreibt, die Haare in Hemdkragenlänge zu tragen, gegen Art. 2 Abs. 1 GG verstößt[81].

Den Gerichten wurde mehrfach die Frage vorgelegt, ob bei einem Polizeivollzugsbeamten jede **Tätowierung** im sichtbaren Bereich, der durch die Sommeruniform definiert wird, einen Eignungsmangel darstellt[82]. Nach Ziffer 3 b) Absatz 1 des Erlasses des Ministeriums für Inneres und Kommunales vom 29. Mai 2013 - 403-26.00.07 A ist Körperschmuck im sichtbaren Bereich als Zeichen der Individualität weiterhin grundsätzlich nicht erwünscht. Unter Körperschmuck sind nach Ziffer 1 des Erlasses alle nicht medizinischen Körpermodifikationen zu verstehen, die (überwiegend permanent) den Körper verändern, wie etwa Tätowierungen. Als Maßstab für die Unterscheidung zwischen dem sichtbaren und dem unsichtbaren Bereich des Körpers gilt die Sommeruniform, die sich über das Tragen kurzärmeliger Hemden beziehungsweise Blusen definiert (Ziffer 1 Abs. 2 bis 4 des Erlasses). Ein Eignungsmangel durch Körperschmuck im sichtbaren Bereich kann nach Ziffer 3 b) Absatz 3 des Erlasses im Rahmen einer individuellen Einzelbewertung verneint werden, wenn ein dezenter Körperschmuck z. B. maximal die durchschnittliche Größe eines Handtellers hat. Die Vorschriften des Erlasses greifen zwar in das Recht eines Bewerbers auf freie Entfaltung der Persönlichkeit (Art. 2 Abs. 1 GG) ein und beschränken über das Merkmal der persönlichen Eignung den Zugang zu einem öffentlichen Amt (Art. 33 Abs. 2 GG) und die Berufsfreiheit (Art. 12 Abs. 1 GG). Gleichwohl sind diese mit dem Grundsatz der Verhältnismäßigkeit vereinbar, sodass sie die Ablehnung der Zulassung eines Bewerbers zum Auswahlverfahren rechtfertigen können. Der Dienstherr ist demnach berechtigt, die Einstellung eines Bewerbers in den Polizeivollzugsdienst wegen einer großflächigen, nicht von der Sommeruniform verdeckten Tätowierung abzulehnen[83]. Darüber hinaus liegt ein absoluter Eignungsmangel vor, wenn die Tätowierung zwar von der Sommeruniform abgedeckt wird, der Inhalt der Tätowierung jedoch allgemein extremistischer oder gewaltverherrlichender Natur ist[84].

8.1.2.2 Einschränkungen für den Beamten

Der Beamte unterliegt aufgrund des öffentlich-rechtlichen Dienst- und Treueverhältnisses sowie den hergebrachten Grundsätzen des Berufsbeamtentums gewissen Einschränkungen. So kann ihm beispielsweise die Ausübung einer Nebentätigkeit versagt und die Wohnsitznahme vorgeschrieben werden. Aber auch die Annahme von Belohnungen und Geschenken (vgl. auch Ausführungen zu 8.1.2.2.3) unterliegt dem Einschränkungsbereich.

---

[80] Vgl. BVerwG Urteil vom 15.01.1999, 2 C 11/98, NJW 1999, 1985 = ZBR 1999, 277 = DÖD 1999, 271 = RiA 2000, 259 = DVBl 2000, 929..
[81] Zu den Gründen vgl. BVerwG Urteil vom 02.03.2006, 2 C 3/05, BVerwGE 125, 85 = IÖD 2006, 158 = DVBl. 2006, 339 =ZBR 2006, 380 =DÖV 2006, 249.
[82] Vgl. OVG NRW, Beschluss vom 11.06.2013, 6 B 566/13, juris Langtext Rn. 8 ff. = IÖD 2013, 173; VG Aachen, Urteil vom 29.11.2012, 1 K 1518/12, juris Langtext Rn. 27 = ZBR 2013, 139 = NWVBl 2013, 301.
[83] OVG NRW, Beschluss vom 14.07.2016, 6 B 540/16, juris Langtext Rn. 11.
[84] OVGNRW, Beschluss vom 21.07.2016, 6 A 1239/15, juris Langtext Rn. 5.

8.1.2.2.1 Ausübung einer Nebentätigkeit

Der Beamte hat sich mit voller Hingabe seinem Beruf zu widmen (vgl. Ausführungen zu 8.1.1.2.1). Dabei handelt sich, wie bereits dargestellt, um eine Konkretisierung der Treuepflicht. Die volle Hingabe bedeutet jedoch nicht, dass der Beamte unabhängig von der festgesetzten Arbeitszeit dem Dienstherrn seine Arbeitskraft rund um die Uhr schuldet. Insoweit ist es dem Beamten, wenn auch nur eingeschränkt, gestattet, eine Nebentätigkeit neben seinem Hauptamt auszuüben. Vorschriften über Nebentätigkeiten enthalten die §§ 48 bis 58 LBG, § 40 BeamtStG und die aufgrund des § 57 LBG erlassene Verordnung über die Nebentätigkeit der Beamten und Richter im Lande Nordrhein-Westfalen (NtV)[85] sowie die aufgrund des § 125 Abs. 3 LBG erlassene Verordnung über die Nebentätigkeit des wissenschaftlichen und künstlerischen Personals an den Hochschulen des Landes Nordrhein-Westfalen (HNtV)[86].

Zu **unterscheiden** ist zwischen der dem Beamten auf Verlangen seines Dienstvorgesetzten auferlegten amtlichen Tätigkeit im öffentlichen Dienst außerhalb des Hauptamtes und der privaten Tätigkeit außerhalb des Hauptamtes innerhalb oder außerhalb des öffentlichen Dienstes. Bei der Abgrenzung zwischen Hauptamt und Nebentätigkeit ist zu beachten, dass die Ausbildung des Nachwuchses oder die Vertretung erkrankter Mitarbeiter / Mitarbeiterinnen keine Nebentätigkeit ist. Was als Nebentätigkeit im öffentlichen Dienst anzusehen ist oder einer Nebentätigkeit im öffentlichen Dienst gleichsteht, regelt § 3 NtV. Das Landesbeamtengesetz und die **Nebentätigkeitsverordnung** verwenden die Begriffe Nebentätigkeit, Nebenamt und Nebenbeschäftigung, die in den Absätzen 1 bis 3 des § 2 NtV wie folgt definiert werden:

Nebentätigkeit § 2 Abs. 1 NtV	Wahrnehmung eines Nebenamtes oder einer Nebenbeschäftigung
Nebenamt § 2 Abs. 2 NtV	Ein nicht zum Hauptamt gehörender Kreis von Aufgaben, der aufgrund eines öffentlich-rechtlichen Dienst- und Treueverhältnisses wahrgenommen wird
Nebenbeschäftigung § 2 Abs. 3 NtV	Jede nicht zum Hauptamt oder einem Nebenamt gehörende Nebentätigkeit innerhalb oder außerhalb des öffentlichen Dienstes

Darüber hinaus gibt es Tätigkeiten, die nicht als Nebentätigkeit gelten, wie beispielsweise die Mitgliedschaft in Vertretungen und ihrer Ausschüsse, von Bezirksvertretungen sowie von Ausschüssen der Gebietskörperschaften und der Gemeindeverbände (zur vollständigen Aufzählung vgl. § 2 Abs. 4 NtV und RdErl. des Innenministeriums (jetzt Ministerium für Inneres und Kommunales) vom 19.01.1983[87]).

---

[85] Verordnung über die Nebentätigkeit der Beamten und Richter im Lande Nordrhein-Westfalen vom 21.09.1982(GV.NRW. S. 605), zuletzt geändert durch Verordnung vom 27.06.2014(GV. NRW. S. 376).
[86] Verordnung über die Nebentätigkeit des wissenschaftlichen und künstlerischen Personals an den Hochschulen des Landes Nordrhein-Westfalen vom 19.12.2014 (GV. NRW. 2015).
[87] RdErl. des Innenministeriums vom 19.01.1983, IIIA 4 – 37.02.40 – 7041/83, MBl. NRW. S. 143.

Genehmigungspflichtige, allgemein genehmigte und nicht genehmigungspflichtige Nebentätigkeiten

Zu unterscheiden ist, ob es sich um eine **genehmigungspflichtige oder nicht genehmigungspflichtige Tätigkeit** handelt. Der Beamte bedarf, soweit er nicht nach § 49 Satz 1 LBG zur Übernahme verpflichtet ist, zur Ausübung folgender Tätigkeiten der vorherigen Genehmigung (vgl. § 49 Abs. 1 Satz 1 LBG):

- zur Übernahme eines **Nebenamtes** (Nr. 1),
- zur Übernahme einer **Nebenbeschäftigung gegen Vergütung**, zu einer gewerblichen Tätigkeit, zur Mitarbeit in einem Gewerbebetrieb oder zur Ausübung eines freien Berufes (Nr. 2). Vergütung für eine Nebentätigkeit ist jede Gegenleistung in Geld oder geldwerten Vorteilen, auch wenn kein Rechtsanspruch darauf besteht (§ 11 Abs. 1 NtV). Als Vergütung gelten nicht der Ersatz von Fahrtkosten sowie Tage- und Übernachtungsgelder bis zur Höhe des Betrages, den die Reisekostenvorschriften für Beamte in der höchsten Reisekostenstufe für den vollen Kalendertag vorsehen (§ 11 Abs. 2 NtV). Pauschalierte Aufwandsentschädigungen sind nach § 11 Abs. 3 NtV in vollem Umfang, Tage- und Übernachtungsgelder insoweit, als sie die Beträge nach § 11 Abs. 2 NtV übersteigen, als Vergütung anzusehen,
- zum Eintritt in den **Vorstand, Aufsichtsrat, Verwaltungsrat** oder in ein sonstiges Organ einer Gesellschaft oder eines in einer anderen Rechtsform betriebenen Unternehmens, soweit diese einen wirtschaftlichen Zweck verfolgen, sowie zur Übernahme einer Treuhänderschaft (Nr. 3).

Die Wahrnehmung eines öffentlichen Ehrenamtes sowie einer unentgeltlichen Vormundschaft, Betreuung, Pflegschaft oder Testamentsvollstreckung gilt seit dem 01.07.2016 nicht als Nebentätigkeit (§ 49 Abs. 1 Satz 2 LBG). Ihre Übernahme ist der dienstvorgesetzten Stelle vor Aufnahme schriftlich anzuzeigen (§ 49 Abs. 1 Satz 3 LBG).

Die Genehmigung ist für jede einzelne Nebentätigkeit zu erteilen und auf längstens fünf Jahre zu befristen; sie kann mit Auflagen und Bedingungen i. S. des Verwaltungsverfahrensgesetzes versehen werden (§ 49 Abs. 3 Satz 1 LBG).

Eine oder mehrere Nebentätigkeiten, die nach § 49 Abs. 1 Satz 1 Nr. 1 bis Nr. 3 LBG genehmigungspflichtig sind, sind **allgemein genehmigt**, wenn sie

- insgesamt einen geringen Umfang haben (§ 7 Satz 1 Nr. 1 NtV),
- dienstliche Interessen nicht beeinträchtigen (§ 7 Satz 1 Nr. 2 NtV),
- außerhalb der Arbeitszeit ausgeübt werden (§ 7 Satz 1 Nr. 3 NtV) und
- nicht oder mit weniger als insgesamt 100 Euro monatlich vergütet werden (§ 7 Satz 1 Nr. 4 NtV).

Unabhängig von der allgemeinen Genehmigung hat der Beamte die allgemein genehmigte Nebentätigkeit vor der Aufnahme schriftlich anzuzeigen (vgl. § 10 Satz 1 NtV).

Nicht genehmigungspflichtige Nebentätigkeiten

Nicht genehmigungspflichtig sind nach § 51 Abs. 1 LBG

- die Verwaltung eigenen oder der Nutznießung des Beamten unterliegenden **Vermögens** (§ 51 Abs. 1 Nr. 1 LBG),
- eine schriftstellerische, wissenschaftliche, künstlerische oder **Vortragstätigkeit** (§ 51 Abs. 1 Nr. 2 LBG). Mit den dienstlichen Interessen können aber vertragliche Bindungen des Beamten für einen längeren Zeitraum zur fortlaufenden Fertigung solcher Arbeiten unvereinbar sein (vgl. § 9 Abs. 1 Satz 2 NtV), Gleiches gilt, wenn die verwaltende Tätigkeit oder der Erwerbszweck im Vordergrund stehen (z. B. kunstgewerbliche Produktion, regelmäßige Auftritte als Musiker, Sänger usw.),
- die mit **Lehr- oder Forschungsaufgaben** zusammenhängende selbstständige Gutachtertätigkeit von Lehrern an öffentlichen Hochschulen, die als solche zu Beamten ernannt sind, und Beamten an wissenschaftlichen Instituten und Anstalten außerhalb der öffentlichen Hochschulen (§ 51 Abs. 1 Nr. 3 LBG),
- die Tätigkeit zur Wahrung von Berufsinteressen der Beamten in **Gewerkschaften, in Berufsverbänden oder in Organen von Selbsthilfeeinrichtungen** (§ 51 Abs. 1 Nr. 4 LBG),
- die unentgeltliche Tätigkeit in **Organen von Genossenschaften** (§ 51 Abs. 1 Nr. 5 LBG).

Nebentätigkeiten, die der Beamte nicht auf Verlangen (§ 48 LBG), Vorschlag oder Veranlassung des Dienstvorgesetzten übernommen hat, darf er nur außerhalb der Arbeitszeit ausüben (vgl. § 52 Abs. 1 Satz 1 LBG). Ausnahmen dürfen nach § 52 Abs. 1 Satz 2 LBG nur in besonders begründeten Fällen zugelassen werden, wenn dienstliche Gründe nicht entgegenstehen und die versäumte Arbeitszeit nachgeleistet wird.

Antrags- und Anzeigepflicht

Anträge auf Erteilung der Genehmigung eine Nebentätigkeit (§ 49 LBG) bedürfen der **Schriftform** (vgl. § 52 Abs. 2 Satz 1 LBG). Ist durch Gesetz schriftliche Form vorgeschrieben, so muss die Urkunde von dem Aussteller eigenhändig durch Namensunterschrift oder mittels notariell beglaubigten Handzeichens unterzeichnet werden (§ 126 Abs. 1 BGB). Ein Fax oder eine E-Mail genügt dem gesetzlichen Schriftformerfordernis nicht. Soll die gesetzlich vorgeschriebene schriftliche Form durch die elektronische Form ersetzt werden, so muss der Aussteller der Erklärung dieser seinen Namen hinzufügen und das elektronische Dokument mit einer qualifizierten elektronischen Signatur nach dem Signaturgesetz versehen (§ 126a BGB).

Nicht genehmigungspflichtige Nebentätigkeiten i. S. des § 51 Abs. 1 Nr. 2, 3 und 4 LBG, die der Beamte gegen Vergütung ausüben will, sind **schriftlich anzuzeigen** (§ 10 Abs. 1 Satz 1 NtV). Der Beamte hat in seiner Anzeige die Art und Dauer, den voraussichtlichen Umfang (wöchentliche zeitliche Inanspruchnahme) der Nebentätigkeit, den Auftraggeber sowie die Höhe der zu erwartenden Vergütung (§ 11 NtV) mitzuteilen (§ 10 Abs. 2 NtV). Die Verpflichtung zur Anzeige besteht unabhängig davon, ob Einrichtungen, Personal und Material des Dienstherrn bei der Ausübung der Nebentätigkeit in Anspruch genommen werden (vgl. § 10 Abs. 1 Satz 2 NtV), was nur mit Genehmigung und Entrichten eines angemessenen Entgelts zulässig ist (vgl. § 16 NtV).

Versagung und Widerruf

Die Genehmigung einer Tätigkeit i. S. des § 49 Abs. 1 LBG ist zu versagen, wenn die Nebentätigkeit **dienstliche Interessen beeinträchtigen kann** (§ 49 Abs. 2 Satz 1 LBG). Ein solcher Versagungsgrund liegt insbesondere in den nachfolgend geschilderten Fällen vor:

Wenn die Nebentätigkeit nach Art und Umfang die Arbeitskraft des Beamten so stark in Anspruch nimmt, dass die ordnungsgemäße Erfüllung seiner dienstlichen Pflichten behindert werden kann (§ 49 Abs. 2 Satz 2 Nr. 1 LBG). Die Voraussetzung des Satzes 2 Nr. 1 gilt **in der Regel als erfüllt**, wenn die zeitliche Beanspruchung durch eine oder mehrere Nebentätigkeiten in der Woche **ein Fünftel der regelmäßigen wöchentlichen Arbeitszeit** überschreitet (§ 49 Abs. 2 Satz 3 LBG). Die Voraussetzung ist z. B. bei Beantragung einer Nebentätigkeit als Taxifahrer für 9 Stunden wöchentlich überschritten (Fahrzeiten 2 x 4,5 Std. am Wochenende), da selbst die absolute Obergrenze überschritten wird.

Die Genehmigung ist zu versagen, wenn die Nebentätigkeit den Beamten in einen **Widerstreit mit seinen dienstlichen Pflichten** bringen kann (§ 49 Abs. 2 Satz 2 Nr. 2 LBG). So ist beispielsweise im Einzelfall die Beeinträchtigung dienstlicher Interessen begründet, wenn ein Oberstudienrat als Geschäftsführer einer Gesellschaft mit beschränkter Haftung, die ein Reisebüro betreibt, tätig ist, weil er in einen Widerstreit mit seinen dienstlichen Pflichten gelangen kann, soweit es um die Durchführung von Klassenfahrten und Schülerreisen geht[88]. Mit dem Polizeiberuf grundsätzlich unvereinbar ist die Mitarbeit in Taxiunternehmen als Fahrer, in Bewachungsunter-nehmen, das Fahren von Gefahrguttransportern und grundsätzlich auch eine Tätigkeit im Gaststättengewerbe.

Die Genehmigung ist zu versagen, wenn sie in einer Angelegenheit ausgeübt wird, in der die **Behörde oder Einrichtung**, der der Beamte angehört, **tätig** wird oder werden kann (§ 49 Abs. 2 Nr. 3 LBG).

Die Genehmigung ist zu versagen, wenn die Nebentätigkeit die **Unparteilichkeit oder die Unbefangenheit** des Beamten beeinflussen kann (§ 49 Abs. 2 Satz 2 Nr. 4 LBG). Will ein Beamter eine Preisrichter-, Schiedsrichter-, Schlichter- oder Gutachtertätigkeit in einer Sache ausüben, mit der die eigene Behörde, der er angehört, amtlich befasst ist oder werden kann, so liegt grundsätzlich ein Tatbestand i. S. des § 49 Abs. 2 Satz 2 Nr. 2 bis 4 LBG vor (§ 6 Abs. 3 Satz 1 NtV).

Die Genehmigung ist zu versagen, wenn die Nebentätigkeit zu einer wesentlichen **Einschränkung der künftigen dienstlichen Verwendbarkeit** des Beamten führen kann (§ 49 Abs. 2 Satz 2 Nr. 5 LBG).

---

[88] Vgl. OVG Rheinland-Pfalz, Urteil vom 20.12.1989, 2 A 67/89, ZBR 1990, 185 = GewArch 1990, 430.

Die Genehmigung ist weiterhin zu versagen, wenn sie dem **Ansehen der öffentlichen Verwaltung abträglich** sein kann (§ 49 Abs. 2 Satz 2 Nr. 6 LBG).

Ergibt sich nach Erteilung der Genehmigung eine Beeinträchtigung dienstlicher Interessen, so ist die Genehmigung zu widerrufen (vgl. § 49 Abs. 4 LBG). Die Genehmigung erlischt bei Versetzung zu einer anderen Dienststelle (§ 49 Abs. 3 Satz 2 LBG). Wird eine nicht genehmigungspflichtige Nebentätigkeit ausgeübt, dürfen dienstliche Interessen dadurch ebenfalls nicht beeinträchtigt werden (vgl. § 51 Abs. 2 Satz 1 LBG). Ergibt sich eine solche Beeinträchtigung, so ist die Nebentätigkeit nach § 51 Abs. 2 Satz 2 LBG ganz oder teilweise zu untersagen.

Nebenpflichten des Beamten bei Ausübung einer Nebentätigkeit

Der Beamte hat die für die Entscheidung erforderlichen **Nachweise**, insbesondere über Art und Umfang der Nebentätigkeit sowie die Entgelte und die geldwerten Vorteile hieraus, zu erbringen; er hat jede Änderung unverzüglich schriftlich anzuzeigen (vgl. § 52 Abs. 2 Satz 2 LBG).

Auf Verlangen des Dienstvorgesetzten ist er nach § 52 Abs. 4 LBG verpflichtet, über Art und Umfang der von ihm ausgeübten Nebentätigkeit und die Höhe der dafür empfangenen Vergütung **Auskunft** zu geben.

Der Beamte legt am Jahresende seinem Dienstvorgesetzten eine jeden Einzelfall erfassende Aufstellung über Art und Umfang der Nebentätigkeit sowie über die Vergütungen vor, die er für eine genehmigungspflichtige oder eine nach § 51 Abs. 1 Nr. 2, 3 und 4 b) LBG nicht genehmigungspflichtige Nebentätigkeit innerhalb oder außerhalb des öffentlichen Dienstes erhalten hat, wenn diese insgesamt die in der Rechtsverordnung nach § 57 LBG zu bestimmende Höchstgrenze (vgl. § 15 NtV) von 1.200,00 Euro übersteigen. Zur Höchstgrenze der Nebeneinnahmen und zur ggf. erforderlichen Abführungspflicht vgl. § 13 NtV.

Einzelheiten zur Genehmigung, zum Nutzungsentgelt, zur Höhe des Nutzungsentgelts, zum Verfahren und zur Gebührenverteilung regeln die §§ 16 bis 20 NtV.

Rechtsqualität der Entscheidungen bei Nebentätigkeiten

Die Genehmigung bzw. die Versagung genehmigungspflichtiger Nebentätigkeiten (§ 49 Abs. 1 und Abs. 2 LBG), der Widerruf einer Nebentätigkeitsgenehmigung (§ 49 Abs. 4 LBG) und die Untersagung nicht genehmigungspflichtiger Nebentätigkeiten (§ 51 Abs. 2 LBG) sind Verwaltungsakte i. S. des § 35 Satz 1 VwVfG NRW, gegen die der Beamte bei Versagung Verpflichtungsklage, ansonsten Anfechtungsklage nach der Verwaltungsgerichtsordnung erheben kann (vgl. § 103 Abs. 1 LBG). Vorläufigen Rechtsschutz erlangt er über § 123 VwGO.

Der Personalrat hat in Personalangelegenheiten bei der Versagung oder dem Widerruf der Genehmigung einer Nebentätigkeit mitzubestimmen (vgl. § 72 Abs. 1 Satz 1 Nr. 12 LPVG). Soweit eine Maßnahme der Mitbestimmung unterliegt, kann sie nach § 66 Abs. 1 LPVG nur mit seiner Zustimmung getroffen werden.

8.1.2.2.2 Pflicht zur Wohnsitznahme

Nach § 44 LBG kann der Beamte angewiesen werden, sich während der dienstfreien Zeit erreichbar in der Nähe seines Dienstortes aufzuhalten, wenn besondere dienstliche Verhältnisse es dringend erfordern. Es handelt sich um eine Art Rufbereitschaft, die nur ausnahmsweise zulässig ist und zeitlich begrenzt sein muss.

8.1.2.2.3 Verbot der Annahme von Belohnungen und Geschenken

Die **uneigennützige Amtsführung** (vgl. 8.1.1.2.2) verbietet es dem Beamten, Belohnungen und Geschenke für dienstliche Handlungen anzunehmen. Der Beamte darf, auch nach Beendigung des Beamtenverhältnisses, keine **Belohnungen** oder **Geschenke in Bezug auf sein Amt** annehmen (§ 59 LBG, § 42 Abs. 1 BeamtStG). Er muss jeden Anschein vermeiden, im Rahmen der Amtsführung für persönliche Vorteile empfänglich zu sein (vgl. Nr. 1.1 Satz 1 der VV zu § 76 LBG). Ausnahmen bedürfen der Zustimmung des gegenwärtigen oder des letzten Dienstvorgesetzten (§ 59 LBG, § 42 Abs. 1 Satz 2 BeamtStG). Dieses gilt für die Zeit nach Beendigung des Beamtenverhältnisses weiter.

Die Regelung der §§ 59 LBG, 42 BeamtStG schränkt das Grundrecht auf freie Entfaltung der Persönlichkeit (Art. 2 Abs. 1 GG) ein. Dieses ist aber im zwingenden dienstlichen Interesse zur Sicherung der Unparteilichkeit (vgl. § 33 Abs. 1 BeamtStG) und Uneigennützigkeit (vgl. § 34 Satz 2 BeamtStG) erforderlich. Es war Amtsträgern von jeher verboten, Belohnungen und Geschenke anzunehmen. Seit dem Allgemeinen Preußischen Landrecht hat der Beamte sein Amt mit großer Treue und Redlichkeit ohne Rücksicht auf private Vorteile zu führen. Insoweit handelt es sich um einen hergebrachten Grundsatz des Berufsbeamtentums (vgl. Art. 33 Abs. 5 GG), der die Einschränkung des Art. 2 Abs. 1 GG rechtfertigt.

Die Annahme von Belohnungen oder Geschenken ohne ausdrückliche oder allgemeine Zustimmung des Dienstvorgesetzten ist als Pflichtverletzung **immer** auch **ein (innerdienstliches) Dienstvergehen**, das die Voraussetzungen des § 47 Abs. 1 Satz 1 BeamtStG erfüllt. Bei Ruhestandsbeamten oder früheren Beamten mit Versorgungsbezügen liegt ein Dienstvergehen vor, wenn sie gegen das Verbot der Annahme von Belohnungen oder Geschenken in Bezug auf ihr früheres Amt verstoßen (vgl. § 47 Abs. 2 BeamtStG).

Belohnungen und Geschenke i. S. des § 59 LBG, § 42 BeamtStG sind alle Zuwendungen wirtschaftlicher oder nichtwirtschaftlicher Art (Vorteile), die vom Geber oder in seinem Auftrag von dritten Personen dem Beamten unmittelbar oder mittelbar zugewendet werden, ohne dass der Beamte ein Anrecht hierauf hat (Ziffer 4 der VV zu § 42 BeamtStG/§ 59 LBG). Mögliche Vorteile sind unter Ziffer 4.1 der VV zu § 42

BeamtStG/§ 59 LBG aufgeführt. U. a. kann ein **Vorteil** in folgenden Vorgängen gesehen werden:[89]

- Zahlung von Geld,
- der Überlassung von Gutscheinen (z. B. Telefon- oder Eintrittskarten) oder von Gegenständen (z. B. Fahrzeuge, Baumaschinen) zum privaten Gebrauch oder Verbrauch,
- besonderen Vergünstigungen bei Privatgeschäften (z. B. zinslose oder zinsgünstige Darlehen, verbilligter Einkauf),
- der Zahlung unverhältnismäßig hoher Vergütungen für - auch genehmigte - private Nebentätigkeiten (z. B. Vorträge, Gutachten),
- der Überlassung von Fahrkarten oder Flugtickets, der Mitnahme auf Reisen,
- Bewirtungen,
- der Gewährung von Unterkunft,
- erbrechtlichen Begünstigungen (z. B. Zuwendung eines Vermächtnis oder Einsetzung als Erbe) sowie
- sonstigen Zuwendungen jeder Art.

Auf den **Wert** der Belohnung oder des Geschenkes kommt es grundsätzlich nicht an[90]. Der Tatbestand der Annahme von Belohnungen liegt bereits vor, wenn ein Beamter bei Erörterungsterminen, Besprechungen, Besichtigungen usw., die Verwaltungsmaßnahmen vorbereiten, sich von den an dem jeweiligen Verwaltungsverfahren beteiligten Personen (Firmen und Betrieben usw.) zu Mahlzeiten, Getränken oder Übernachtungen einladen lässt. Hiergegen kann nicht eingewendet werden, die Bewirtungen seien nicht für Amtshandlungen, sondern nur gelegentlich eines Dienstgeschäftes gewährt worden. Ebenso wenig kann sich der Beamte auf eine angebliche Verkehrsüblichkeit solcher Bewirtungen berufen.

Der **Tatbestand der „Annahme"** ist erfüllt, ohne dass es einer besonderen Annahmeerklärung bedarf. Als stillschweigend genehmigt angesehen werden kann nur eine übliche und angemessene Bewirtung bei allgemeinen Veranstaltungen, an denen der Beamte im Rahmen seines Amtes, in dienstlichem Auftrag oder mit Rücksicht auf die ihm durch sein Amt auferlegten gesellschaftlichen Verpflichtungen teilnimmt, wie Einführung und Verabschiedung von Amtspersonen, offizielle Empfänge, gesellschaftliche Veranstaltungen usw. (vgl. Nr. 8.1 VV zu § 76 LBG).

Der **Amtsbezug** im Zusammenhang mit Belohnungen und Geschenken ist erfüllt, wenn der Geber die Leistung für eine bestimmte Amtshandlung oder deshalb gewährt, weil der Empfänger ein bestimmtes Amt bekleidet oder bekleidet hat (Ziffer 5 Satz 1 der VV zu § 42 BeamtStG/59 LBG). Dabei kommt es auf den Ort und die Zeit (z. B. im Urlaub im Ausland) nicht an. Ist ein Amtsbezug (Amt im statusrechtlichen oder Amt im funktionellen Sinne) gegeben, handelt es sich um eine Dienstpflichtverletzung innerhalb des Dienstes i. S. des § 47 Abs. 1 Satz 1 BeamtStG und nicht um ein Verhalten außerhalb des Dienstes nach § 47 Abs. 1 Satz 2 BeamtStG, was bei der Beurteilung des Dienstvergehens von Bedeutung ist. Ein Vorteil in Bezug auf das Amt liegt in jedem Fall vor,

---

[89] Siehe hierzu auch Metzler-Müller/Rieger/Seeck/Zentgraf, BeamtStG, § 42, S. 412 ff.
[90] V. Roetteken/Rothländer, § 42 Rn. 18.

wenn die zuwendende Person sich davon leiten lässt, dass der Empfänger ein bestimmtes Amt bekleidet oder bekleidet hat. Ein konkreter Bezug zu einer bestimmten Amtshandlung (z. B. Genehmigung, Bewilligung) ist nicht erforderlich.

Bei der Annahme von Einladungen ist äußerste Zurückhaltung zu üben; es ist schon der Anschein zu vermeiden, dass dienstliche Interessen beeinträchtigt werden (vgl. Ziffer 9 VV zu § 42 BeamtStG/§ 59 LBG).

Die Annahme von Belohnungen oder Geschenken ohne besondere oder allgemeine Zustimmung der zuständigen Stelle kann dienstrechtliche, vermögensrechtliche, disziplinar- und strafrechtliche Folgen nebeneinander nach sich ziehen (vgl. Ziffer 3 VV zu § 42 BeamtStG/§ 59 LBG). Wer gegen das in § 42 Abs. 1 BeamtStG genannte Verbot verstößt, hat das aufgrund des pflichtwidrigen Verhaltens Erlangte auf Verlangen des Dienstherrn herauszugeben, soweit nicht im Strafverfahren der Verfall angeordnet worden oder es auf andere Weise auf den Staat übergegangen ist (§ 42 Abs. 2 BeamtStG).

Konsequenzen	Beispiel
Dienstrechtlich	Entlassung eines Beamten im Beamtenverhältnis auf Probe nach § 23 Abs. 3 Nr. 1 BeamtStG. Verlust der Beamtenrechte aufgrund strafrechtlicher Verurteilung nach § 24 Abs. 1 BeamtStG.
Vermögensrechtlich	Verpflichtung des Beamten, Vorteile (z. B. Bestechungsgeld) an den Dienstherrn unter den Voraussetzungen des § 42 Abs. 2 BeamtStG auszuhändigen.
Disziplinarrechtlich	Entfernung eines Beamten im Beamtenverhältnis auf Lebenszeit aus dem Beamtenverhältnis nach § 5 Abs. 1 Nr. 5 LDG.
Strafrechtlich	Verurteilung durch Gericht bei Vorliegen eines Straftatbestandes.

Bei der Annahme von Belohnungen und Geschenken handelt es sich um Korruption. Korruption ist als Missbrauch eines öffentlichen Amtes, begangen auf Veranlassung oder aus eigener Initiative zur Erlangung eines Vorteils für sich oder einen Dritten mit Eintritt oder in Erwartung des Eintritts eines Schadens oder Nachteils für die Allgemeinheit zu verstehen. Als **klassische Korruptionsdelikte** gelten folgende Straftatbestände:

- § 331 StGB   Vorteilsannahme,
- § 332 StGB   Bestechlichkeit,
- § 333 StGB   Vorteilsgewährung,
- § 334 StGB   Bestechung sowie
- § 335 StGB   Besonders schwere Fälle der Bestechlichkeit und Bestechung.

Korruption ist für einen Rechtsstaat nicht hinnehmbar. Sie untergräbt das Vertrauen der Bürger in den Staat und in die Funktionsfähigkeit seiner Einrichtungen. Sie fördert die Staatsverdrossenheit und verursacht hohe volkswirtschaftliche Schäden. Bund, Länder und Gemeinden sind verpflichtet, der Korruption entschieden entgegenzutreten. Auch die Wirtschaft ist verantwortlich, wirksame Maßnahmen zu ergreifen.

Unter **Korruptionsprävention** ist die Vorbeugung gegen und die Vermeidung von Korruptionsdelikten zu verstehen.

Ein Beamter, der für die (nicht pflichtwidrige) Dienstausübung einen Vorteil für sich oder einen Dritten fordert, sich versprechen lässt oder annimmt, erfüllt den Tatbestand der Vorteilsnahme nach § 331 StGB, die mit Freiheitsstrafe bis zu drei Jahren oder Geldstrafe bestraft wird. Beinhaltet die Handlung gleichzeitig die Voraussetzungen des Dienstvergehens i. S. des § 47 BeamtStG, so ist der Tatbestand der Bestechlichkeit gegeben, für den § 332 StGB eine Freiheitsstrafe von sechs Monaten bis zu fünf Jahren und § 335 StGB in besonders schweren Fällen eine Freiheitsstrafe von einem Jahr bis zu zehn Jahren androht. Da schon der Versuch mit Strafe bedroht ist, kann die bloße Bereitschaft zu einer pflichtwidrigen Diensthandlung strafrechtliche Konsequenzen nach sich ziehen (vgl. Ziffer 2.2. Satz 2 der VV zu § 42 BeamtStG (§ 59 LBG).

8.1.3 Disziplinarrechtliche Konsequenzen bei Pflichtverletzungen

Der Beamte begeht nach § 47 Abs. 1 Satz 1 BeamtStG ein Dienstvergehen, wenn er schuldhaft die ihm obliegenden Pflichten verletzt (sog. **einheitliches Dienstvergehen**). Der Begriff des Dienstvergehens ist der weitere und zugleich der maßgebliche Begriff der Regelung. Er ist die Grundlage für die disziplinarrechtliche Verfolgung (§ 17 LDG) und mögliche Entscheidung. Die Pflichtverletzung erfolgt aus dem konkreten Pflichtentatbestand. Die Abweichung von der Pflichtennorm ist der objektive Teil des Dienstvergehens. Erst mit dem subjektiven Teil, dem Verschulden, ist der Tatbestand des Dienstvergehens erfüllt[91].

Ein Verhalten des Beamten **außerhalb des Dienstes** ist ein Dienstvergehen, wenn es nach den Umständen des Einzelfalles in besonderem Maße geeignet ist. Achtung und Vertrauen in einer für sein Amt oder das Ansehen des öffentlichen Dienstes bedeutsamen Weise zu beeinträchtigen (§ 47 Abs. 1 Satz 2 BeamtStG).

Für die **Abgrenzung zwischen einer innerdienstlichen und außerdienstlichen Pflichtverletzung** ist nicht entscheidend, ob zwischen dem Fehlverhalten und dem Dienst ein räumlicher oder zeitlicher Zusammenhang besteht (sog. formale Dienstbezogenheit), sondern es ist im Einzelfall zu prüfen, ob eine Dienstpflicht dem Beamten ein bestimmtes Tun oder Unterlassen gebietet und der Beamte gegen dieses Gebot verstößt (sog. materielle Dienstbezogenheit). In diesem Fall handelt es sich um ein innerdienstliches Dienstvergehen auch wenn ein formaler Bezug zum Dienst fehlt. Demnach liegt etwa eine innerdienstliche Pflichtverletzung vor, wenn der Beamte außerhalb der Dienstzeit entgegen § 37 BeamtStG Betriebsgeheimnisse verrät.

---

[91] Köhler/Ratz, Bundesdisziplinargesetz und materielles Disziplinarrecht, Allgemeiner Teil Nr. 1, S. 75.

Bei einem Ruhestandsbeamten oder früheren Beamten mit Versorgungsbezügen gilt es als Dienstvergehen nach § 47 Abs. 2 BeamtStG,

- wenn er sich gegen die freiheitliche demokratische Grundordnung i. S. des Grundgesetzes betätigt **oder**
- an Bestrebungen teilnimmt, die darauf abzielen, den Bestand oder die Sicherheit der Bundesrepublik zu beeinträchtigen, **oder**
- gegen § 37 BeamtStG (Verletzung der Amtsverschwiegenheit), gegen § 40 BeamtStG (Anzeigepflicht und Verbot einer Tätigkeit) oder gegen § 42 BeamtStG (Verbot der Annahme von Belohnungen oder Geschenken) verstößt **oder**
- entgegen § 29 BeamtStG einer erneuten Berufung in das Beamtenverhältnis schuldhaft nicht nachkommt.

Jeder Verstoß gegen eine Pflichtennorm oder gegen eine konkrete dienstliche Weisung ist pflichtwidrig, wenn nicht besondere Umstände die Pflichtwidrigkeit ausschließen oder beseitigen. Für die disziplinarrechtlichen Tatbestände gilt jedoch eine andere Systematik als etwa für das Strafrecht. Die Pflichtennormen enthalten in aller Regel nur die abstrakten, programmatischen Zielbeschreibungen für das gewünschte Ergebnis des Beamtenverhaltens, nicht aber Tatbestandsmerkmale, die in sich wertfrei das relevante Verhalten definieren. Deshalb kann weitgehend der Pflichtentatbestand nicht ohne die Frage der Pflichtwidrigkeit oder besser der Berechtigung zum fraglichen Verhalten festgestellt werden. Soweit die Pflichtennorm unbestimmt geregelt ist und damit nicht tatbestandsmäßig auf ein konkret definiertes Verhalten abstellt, ist die Pflichtgemäßheit bzw. -widrigkeit schon im Pflichtentatbestand integriert. Bei der Prüfung des Tatbestandes sind bereits Gesichtspunkte der Interessensabwägung, der Zumutbarkeit, der dienstlichen Fürsorgepflicht usw. einbezogen. Wenn dagegen dem Beamten ein ganz bestimmtes Verhalten vorgeschrieben ist, so liegt bereits in der Abweichung der tatbestandsmäßige Pflichtverstoß vor. In diesen Fällen können die genannten Gesichtspunkte der Interessensabwägung, Interessenskollision, Zumutbarkeit und Fürsorgepflicht Rechtfertigungsgründe liefern.[92]

Für das Vorliegen eines Dienstvergehens ist es weiterhin erforderlich, das die Pflicht bzw. Pflichten (Einheit des Dienstvergehens) **schuldhaft** begangen worden sind. Verschulden umfasst jede Form von Schuld wie Vorsatz und Fahrlässigkeit. Hierfür gelten im Disziplinarrecht weitgehend dieselben Kategorien wie im Strafrecht. Vorsatz setzt Wissen und Wollen voraus, fahrlässig handelt, wer die Sorgfalt außer Acht lässt, zu der er nach den Umständen des Einzelfalles verpflichtet und nach seinen persönlichen Kenntnissen und Fähigkeiten imstande ist. Zur Schuld gehört das Bewusstsein der Pflichtwidrigkeit.[93]

Ist ein Dienstvergehen festgestellt worden, regelt die weitere Verfolgung das Disziplinargesetz für das Land Nordrhein-Westfalen (§ 47 Abs. 3 BeamtStG) unter Beachtung des persönlichen (§ 1 LDG) und sachlichen Geltungsbereichs (§ 2 LDG). Liegen zureichende tatsächliche Anhaltspunkte vor, die den Verdacht eines Dienstvergehens rechtfertigen, **hat** die dienstvorgesetzte Stelle grundsätzlich ein **Disziplinarverfahren einzuleiten** (§ 17 Abs. 1 Satz 1 LDG). Die Entscheidung über die Verhängung einer Disziplinarmaßnahme

---

[92] Köhler/Ratz, Bundesdisziplinargesetz und materielles Disziplinarrecht, Allgemeiner Teil Nr. 3, S. 84 f.
[93] Köhler/Ratz: Bundesdisziplinargesetz und materielles Disziplinarrecht, Allgemeiner Teil Nr. 27 ff., S. 87.

(§ 5 LDG) ergeht nach pflichtgemäßem Ermessen (§ 13 Abs. 1 LDG), soweit die § 13 LDG (Zulässigkeit von Disziplinarmaßnahmen nach Straf- oder Bußgeldverfahren) und § 14 LDG (Disziplinarmaßnahmeverbot wegen Zeitablaufs) eine Verfolgung nicht ausschließen.

Gegen Personen im Beamtenverhältnis auf Probe oder auf Widerruf können nur Verweise erteilt und Geldbußen auferlegt werden (§ 5 Abs. 3 Satz 1 LDG). Für ihre Entlassung wegen eines Dienstvergehens gelten § 34 Abs. 1 Nr. 1 und Abs. 4 sowie § 35 LBG.

Zur Vertiefung vgl. die Ausführungen zur disziplinarrechtlichen Verfolgung von Pflichtverletzungen unter 9.1.2.2.

8.2 Beamtenrechte

Wie im Kapitel 8.1. ausgeführt, hat der Beamte aufgrund des öffentlich rechtlichen Dienst- und Treueverhältnisses besondere Pflichten. Diese Pflichten sind gleichzeitig Rechte des Dienstherrn. Umgekehrt hat der Dienstherr ebenfalls Pflichten, die für den Beamten Rechte darstellen. Die Rechte und Pflichten müssen entsprechend dem Gebot der Rechtsstaatlichkeit in einem ausgewogenen Verhältnis zueinanderstehen.

Die wesentlichen Rechte entspringen aus der aus Art. 33 Abs. 5 GG abzuleitenden **Fürsorgepflicht**[94] des Dienstherrn als einem hergebrachten Grundsatz des Berufsbeamtentums. Für die Beamten im Land Nordrhein-Westfalen werden sie überwiegend in den §§ 63 bis 92 LBG und §§ 43 bis 46 BeamtStG konkretisiert. Weitere Rechte ergeben sich aus speziellen Rechtsvorschriften, insbesondere aus den Besoldungsgesetzen des Bundes und des Landes Nordrhein-Westfalen, aus dem Landesbeamtenversorgungsgesetz und dem Landespersonalvertretungs- bzw. Landesgleichstellungsgesetz, sowie aus § 128 Abs. 1 SGB IX.

Rechte werden vielfach vom Dienstherrn durch Verwaltungsakt i. S. des § 35 Satz 1 VwVfG NRW - wie bei der Ernennung nach § 8 Abs. 1 BeamtStG - begründet. Ausnahmsweise entstehen Rechte bereits mit der Bewerbung um eine Beamtenstelle noch vor der Berufung in das Beamtenverhältnis (die Vorschriften zum Verwaltungsrechtsweg des § 54 BeamtStG, 103 LBG sind auf diese Fälle anzuwenden) oder durch eine rechtswirksame (schriftliche) dienstrechtliche **Zusicherung** der hierfür zuständigen Stelle nach des § 38 Abs. 1 VwVfG NRW.

---

[94] Zur Fürsorgepflicht des Dienstherrn vgl. ausführlich Hoffmann in Schütz/Maiwald, BeamtR, Teil B Rn. 1 ff. zu § 45.

8.2.1 Nichtvermögenswerte Rechte

Bei den Rechten der Beamten ist zwischen nichtvermögenswerten und vermögenswerten Rechten zu unterscheiden. Die nichtvermögenswerten Rechte umfassen die Rechte auf Fürsorge und Schutz durch den Dienstherrn, Rechte mit Bezug auf das Amt und Einzelrechte persönlicher Art. Für den Dienstherrn verantwortlich sind insbesondere die für ihn handelnden Organe wie die dienstvorgesetzte Stelle (§ 2 Abs. 2 LBG) und die Vorgesetzten (§ 2 Abs. 5 LBG).

8.2.1.1 Recht auf Anhörung und Beratung

Das öffentlich-rechtliche Dienst- und Treueverhältnis erfordert unter Beachtung der Fürsorgepflicht des Dienstherrn (§ 45 BeamtStG) eine vertrauensvolle Zusammenarbeit. Das bedeutet, dass der Beamte vor allen Maßnahmen im Hinblick auf sein Statusamt oder sein Amt im funktionellen Sinne anzuhören ist. Für bestimmte Maßnahmen sehen die beamtenrechtlichen Vorschriften die **Anhörung** des Beamten ausdrücklich vor. Demnach ist der Beamte etwas vor der Rücknahme einer Ernennung zu hören (§ 17 Abs. 2 Satz 2 LBG). Darüber hinaus ist der Beamte zu Beschwerden, Behauptungen und Bewertungen, die für ihn ungünstig sind oder ihm nachteilig werden können, vor deren Aufnahme in die Personalakte zu hören (§ 85 LBG).

Bei Maßnahmen mit Verwaltungsaktqualität ist der Beamte nach § 28 VwVfG NRW anzuhören. Aber selbst wenn die Maßnahme keine Außenwirkung aufweist und somit kein Verwaltungsakt ist, ist der Beamte bei für ihn nachteiligen Maßnahmen aus dem Gedanken der Fürsorgepflicht (§ 45 BeamtStG) zu hören[95].

Eine besondere Bedeutung hat die Anhörungsregelung im **Disziplinarrecht**. Der Beamte ist über die Einleitung des Disziplinarverfahrens unverzüglich zu unterrichten, sobald dies ohne Gefährdung der Aufklärung des Sachverhalts möglich ist (§ 20 Abs. 1 Satz 1 LDG). Hierbei muss eröffnet werden, welches Dienstvergehen zur Last gelegt wird (§ 20 Abs. 1 Satz 2 LDG). Gleichzeitig ist darauf hinzuweisen, dass es der betroffenen Person freisteht, sich mündlich oder schriftlich zu äußern oder nicht zur Sache auszusagen und sich jederzeit eines Bevollmächtigten oder Beistandes zu bedienen (§ 20 Abs. 1 Satz 3 LDG).

Für die Abgabe einer schriftlichen Äußerung wird dem Beamten eine Ausschlussfrist von einem Monat und für die Abgabe der Erklärung, sich mündlich äußern zu wollen, eine Ausschlussfrist von zwei Wochen gesetzt (§ 20 Abs. 2 Satz 1 LDG). Hat der Beamte rechtzeitig erklärt, sich mündlich äußern zu wollen, soll die Anhörung innerhalb von drei Wochen nach Eingang der Erklärung durchgeführt werden (§ 20 Abs. 2 Satz 3 LDG). Ist die nach § 20 Abs. 1 Satz 2 und 3 LDG vorgeschriebene Belehrung unterblieben oder unrichtig erfolgt, darf die Aussage des Beamten nicht zu seinem Nachteil verwertet werden (§ 20 Abs. 3 LDG).

---

[95] Hoffmann in Schütz/Maiwald, BeamtR, Teil B Rn. 23 zu § 45 mwN.

Nach der Beendigung der Ermittlungen in einem Disziplinarverfahren ist das Ergebnis dem Beamten mitzuteilen und ihm Gelegenheit zur **abschließenden Äußerung** zu geben; § 20 Abs. 2 LDG gilt entsprechend (§ 31 Satz 1 LDG). Die Anhörung kann unterbleiben, wenn das Disziplinarverfahren nach § 33 Abs. 2 Nr. 2 bis 4 LDG eingestellt wird (§ 31 Satz 2 LDG).

Im **Einzelfall** hat der Beamte einen **Anspruch auf Beratung**. So sieht § 68 LBG vor, dass bei Beantragung von Teilzeitbeschäftigung oder langfristiger Beurlaubung usw., die Beamten vor der Bewilligung auf die Folgen ermäßigter Arbeitszeit oder langfristiger Beurlaubungen hinzuweisen sind, insbesondere auf die Folgen für Ansprüche (u. a. Besoldung und Versorgung) aufgrund beamtenrechtlicher Regelungen. Ein genereller Anspruch auf Beratung oder Belehrung lässt sich auch nicht aus der allgemeinen Fürsorgepflicht des § 45 BeamtStG ableiten[96].

8.2.1.2 Recht auf Fürsorge und Schutz

Der Dienstherr hat im Rahmen des Dienst- und Treueverhältnisses für das Wohl des Beamten und seiner Familie, auch für die Zeit nach Beendigung des Beamtenverhältnisses, zu sorgen (§ 45 BeamtStG). Die Fürsorgepflicht ist als hergebrachter Grundsatz des Berufsbeamtentums grundgesetzlich geschützt[97] Aus dieser Generalklausel zur Fürsorge und zum Schutz ergibt sich insbesondere die Verpflichtung für den Dienstherrn, rechtliche Bestimmungen zu beachten, die das Verhältnis zum Beamten betreffen.

Die umfassende Fürsorgepflicht des Dienstherrn stellt das Gegenstück zur Treuepflicht mit der vollen Hingabe des Beamten an seinen Beruf dar § 34 Satz 1 BeamtStG.

Die **Fürsorgepflicht** des Dienstherrn geht nicht soweit, den Beamten über alle einschlägigen Vorschriften zu belehren, die für ihn von Bedeutung sind. Dies gilt vor allem dann nicht, wenn es sich um Kenntnisse handelt, die zumutbar bei jedem Beamten vorausgesetzt werden können oder die sich der Beamte unschwer selbst verschaffen kann. So besteht für den Dienstherrn z. B. keine Verpflichtung, Beamte von sich aus auf alle Möglichkeiten einer Antragstellung aufmerksam zu machen. Dies wäre nur dann der Fall, wenn in besonderen Situationen Umstände vorliegen, die eine Belehrungspflicht auslösen. Eine solche Pflicht besteht ggf. dann, wenn in vergleichbaren Fällen der Dienstherr Beamte üblicherweise belehrt. Besteht eine solche Verwaltungspraxis, so entfaltet sie für betroffene Beamte eine unmittelbare Außenwirkung über Art. 3 Abs. 1 GG. Das heißt, dass der Beamte nicht ohne sachlichen Grund anders behandelt werden darf, als das nach bisheriger Verwaltungspraxis üblich war. Diese Bindung an den Gleichheitssatz setzt nicht voraus, dass sie vom Dienstherrn bei der Begründung seiner Verwaltungspraxis gewollt oder ihm auch nur bewusst war. Allerdings trägt der Beamte die materielle Beweislast, ob eine Verletzung der Fürsorgepflicht vorliegt.[98]

---

[96] Hoffmann in Schütz/Maiwald, BeamtR, Teil B Rn. 19 zu § 45 mwN.
[97] Vgl. zum Meinungsstand Günther, Zum Verfassungsort der Fürsorgepflicht des Dienstherrn gegenüber Beamten, ZBR 2013, 14 ff.
[98] BVerwG, Urteil vom 30.01.1997, 2 C 10/96 mit weiteren Hinweisen zur Rechtsprechung, BVerwGE 104, 55 = DÖV 1997 = 690; ZBR 1997, 231 = DÖD 1997, 193.

8.2.1.2.1 Unterstützung der Behörde bei Rechtsschutzangelegenheiten

In Strafsachen und Bußgeldverfahren werden Angehörige der Landesverwaltung[99] in **Rechtsschutzangelegenheiten** unterstützt. Ist gegen einen Beamten wegen einer dienstlichen Verrichtung oder eines Verhaltens, das mit einer dienstlichen Tätigkeit zusammenhängt, ein **strafrechtliches Ermittlungsverfahren** oder ein **Bußgeldverfahren** eingeleitet, öffentliche Klage im strafgerichtlichen Verfahren, Privatklage (§ 374 StPO) oder Nebenklage (§ 395 StPO) erhoben, der Erlass eines Strafbefehls beantragt, eine Strafverfügung oder ein Bußgeldbescheid erlassen worden, so soll ihm auf seinen Antrag zur Bestreitung der **notwendigen Kosten seiner Rechtsverteidigung** ein Vorschuss oder, wenn er Dienstbezüge nicht erhält, ein zinsloses Darlehen gewährt werden.

Voraussetzung ist, dass ein **dienstliches Interesse** an einer zweckentsprechenden Rechtsverteidigung besteht, die Verteidigungsmaßnahme (z. B. Bestellung eines Verteidigers, Einholung eines Gutachtens) wegen der Eigenart der Sach- oder Rechtslage geboten erscheint, nach den Umständen des Falles anzunehmen ist, dass den Beamten kein oder nur ein geringes Verschulden trifft, die Verauslagung der Kosten dem Beamten nicht zugemutet werden kann und von anderer Seite - ausgenommen von Berufsverbänden - kostenfreier Rechtsschutz nicht zu erlangen ist. In der Kommunalverwaltung wird in der Regel ähnlich verfahren.[100]

Bei vielen kommunalen Dienstherren gelten entsprechende Regelungen.

8.2.1.2.2 Beachtung der Rechtsstellung des Beamten

Der Dienstherr schützt den Beamten bei seiner **amtlichen Tätigkeit und in seiner Stellung** als Beamter (vgl. § 45 Satz 2 BeamtStG). Soweit erforderlich, hat der Dienstherr die Pflicht, den Beamten über die Rechtslage allgemein oder konkret über die Rechtsfolgen vor der Abgabe rechtsverbindlicher Erklärungen aufzuklären (z. B. über die Folgen eines Antrages auf Versetzung zu einem anderen Dienstherrn (oder Entlassung auf Antrag nach. In Fällen, in denen eine Pflicht zur Anhörung nach beamtenrechtlichen Vorschriften vorgesehen ist, muss dem Beamten das Recht eingeräumt werden, sich zu den für die Entscheidung erheblichen Tatsachen äußern zu können. In einem solchen Fall ist die beamtenrechtliche Anhörungsvorschrift oder § 28 VwVfG NRW zu beachten, bevor mit einem Verwaltungsakt in Rechte des Beamten eingegriffen wird.

Die Fürsorgepflicht des Dienstherrn ist unmittelbare und selbstständige Rechtsgrundlage für den Anspruch des Beamten auf Schutz und Wahrung seiner Persönlichkeitsrechte. Sie umfasst die in § 45 BeamtStG ausdrücklich ausgesprochene Verpflichtung, den Beamten bei seiner amtlichen Tätigkeit und in seiner Stellung als Beamter zu schützen. Dazu gehört es, den Beamten gegen unberechtigte Vorwürfe in Schutz zu nehmen[101]. Die Für-

---

[99] Rechtsschutz für Landesbedienstete: Gem. RdErl. d. Innenministers- 24 – 1.42 – 2/08 und d. Finanzministeriums – IV – B -1110-85.4.-Iv A 2, v. 07.07.2008, MBl.NRW. S. 376.
[100] Der Erlass sieht darüber hinaus auch einen Rechtsschutz in Zivilrechtsangelegenheiten vor.
[101] Vgl. BVerfG, Beschluss vom 15.12.1976, 2 BvR 841/73, BVerfGE 43, 154 (165) = DVBl. 1977, 562 = DÖV 1977, 558 = NJW 1977, 1189; BVerwG, Urteil vom 29.06.1995,2 C 10/93, BVerwGE 99, 56 = DVBl. 1995, 1248 = ZBR 1995, 370.

sorgepflicht gebietet es ebenfalls, dem Beamten Hilfen zu bieten, damit er sich selbst gegen Behauptungen und Anschuldigungen Dritter, die seine Amtsführung betreffen, zur Wehr setzen kann.[102]

8.2.1.2.3 Gerechte und wohlwollende Behandlung des Beamten

Der Beamte hat ein Recht auf gerechte und wohlwollende Behandlung durch den Dienstherrn. Vorschriften sind gerecht, sachlich und wohlwollend auszulegen. Insbesondere verbietet sich jede geschlechtsbezogene Differenzierung tatsächlicher und rechtlicher Art. Der Staat ist verpflichtet, die tatsächliche Durchsetzung der Gleichberechtigung von Frauen und Männern zu fördern (vgl. Art. 3 Abs. 2 GG, § 1 LGG).

Der Dienstherr darf bei beamtenrechtlichen Entscheidungen eine Beamtin oder einen Beamten nicht wegen des Geschlechts benachteiligen. Eine Ausnahme wäre nur zulässig, wenn eine geschlechtsspezifische Besetzung unumgänglich ist, was - anders als im Arbeitsrecht - im Bereich der Wahrnehmung hoheitlicher Aufgaben weitgehend ausgeschlossen sein dürfte.

Ist der Dienstvorgesetzte ermächtigt, nach seinem Ermessen zu handeln, hat er das Ermessen entsprechend dem Zweck der gesetzlichen Ermächtigung auszuüben und die Grenzen des Ermessens zu beachten (vgl. § 40 VwVfG). Bei Ermessensentscheidungen sind die Interessen des Beamten in den Entscheidungsprozess einzubeziehen. Der Beamte hat einen Anspruch auf ermessensfehlerfreie Entscheidung. Die Ermessensentscheidung ist zu begründen (§ 39 Abs. 1 Satz 3 VwVfG NRW).

Bei **Ermessensentscheidungen** ist eine faire Interessenabwägung zwischen den berechtigten Interessen des Beamten und den von der Behörde wahrgenommenen Interessen der Allgemeinheit nach Willkür ausschließenden Sachkriterien und unter Beachtung des **Verhältnismäßigkeitsgrundsatzes** vorzunehmen. Gleichzeitig ist der Grundsatz der Verhältnismäßigkeit zu beachten. Entscheidungen sind verhältnismäßig, wenn sie geeignet, erforderlich und angemessen sind. Eine Maßnahme ist z. B. dann geeignet, wenn sie ein zwecktaugliches Mittel ist. Erforderlich ist sie, wenn es kein milderes, den Beamten weniger belastendes zwecktaugliches Mittel gibt. Steht die Entscheidung nicht außer Verhältnis zu den Nachteilen für den Beamten, die dieser ggf. durch sein Verhalten herbeigeführt hat, ist die Maßnahme auch angemessen.

Soweit die beamtenrechtlichen Vorschriften für eine Entscheidung im Einzelfall allein nicht ausreichen, sind die mit Verfassungsrang ausgestatteten hergebrachten Grundsätze des Berufsbeamtentums (Art. 33 Abs. 5 GG) zu beachten und bei der Auslegung heranzuziehen.

---

[102] BVerwG, Urteil vom 27.02.2003, 2 C 10/02, zum Anspruch des Beamten gegenüber seinem Dienstherrn zur Nennung des Denunzianten, BVerwGE 118, 10 = ZBR 2004, 56 = DÖD 2003, 238 = NJW 2003, 3217.

8.2.1.2.4 Offenes und vertrauensvolles Verhalten gegenüber dem Beamten

Das Verhältnis zwischen den Vorgesetzten und dem Beamten muss offen und vertrauensvoll ausgestaltet sein. So wie der Beamte seine Vorgesetzten nach § 35 Satz 1 BeamtStG beraten und unterstützen muss (vgl. Ausführungen zu 8.1.1.2.3), obliegt diese Pflicht auch dem Vorgesetzten. Ein solches Verhalten ist unabdingbare Voraussetzung für eine konstruktive Zusammenarbeit im Interesse einer gut funktionierenden Verwaltung. So wären z. B. bewusst aufgebaute Spannungen, Heimlichkeiten, Unaufrichtigkeiten oder die Zurückhaltung von Informationen, die für die Sachbearbeitung erforderlich sind, ein Pflichtverstoß i. S. des § 34 Satz 3 BeamtStG. Ein eklatanter Verstoß gegen das Gebot eines offenen und vertrauensvollen Verhaltens ist auch das verbotswidrige Anlegen einer **zweiten (geheimen) Personalakte**.

8.2.1.2.5 Wahrung der Rechte des Beamten und Bewahrung vor Schaden

Der Dienstherr hat die verfassungsrechtlichen und die sie konkretisierenden gesetzlichen Regelungen im Interesse des Beamten zu beachten und zu respektieren. Einschränkungen sind unzulässig und bedeuten einen Verstoß gegen die Wahrung der Rechte des Beamten. Darüber hinaus muss der Dienstherr alles Nötige veranlassen, um den Beamten vor Nachteilen und Schäden zu bewahren.

Es entsteht ein Anspruch aus der Fürsorgepflicht, wenn der Dienstherr die Belehrung grundsätzlich allgemein vornimmt und lediglich in einem Einzelfall darauf verzichtet hat. Die nicht unmittelbar nach dem Gesetz geschuldete Fürsorgemaßnahme kann vom Dienstherrn zum Programm erhoben werden und wird dann geschuldet.[103] Allerdings ist zu beachten, dass aus der in § 45 BeamtStG normierten allgemeinen Fürsorgepflicht keine allgemeine Belehrungs- und Beratungspflicht des Dienstherr über den Inhalt sämtlicher Vorschriften, die für die Rechte und Pflichten und für das Wohl des Beamten von Bedeutung sind, abgeleitet werden kann[104].

Die Fürsorgepflicht verbietet dem Dienstherrn und damit insbesondere dem Dienstvorgesetzten und den Vorgesetzten, den Beamten durch Kritik an seiner **Amtsführung** gegenüber Dritten ohne rechtfertigenden Grund bloßzustellen. Das gilt sowohl für nachteilige Tatsachenbehauptungen als auch für missbilligende Werturteile. Dass der Beamte namentlich genannt wird, ist nicht erforderlich. Im Falle unzulässiger Kritik nach außen kann der Beamte als Erfüllung der noch möglichen Fürsorge beanspruchen, dass der Dienstherr die Ansehensbeeinträchtigung für die Zukunft durch eine geeignete, nach Form und Adressatenkreis der beeinträchtigenden Äußerung entsprechende Erklärung ausräumt.[105]

---

[103] Summer, Neue Aspekte zur Fürsorgepflicht - Einerseits Entzauberung, andererseits weitere Anwendungen, ZBR 1998, 151 (152).
[104] OVG NRW, Beschluss vom 07.01.2015, 6 B 1303/14, juris Rn. 7; Hoffmann in Schütz/Maiwald, BeamtR, Rn. 19 zu § 45.
[105] Vgl. BVerwG, Urteil vom 29.06.1995, 2 C 10/93, BVerwGE 99, 56 = ZBR 1995, 370 = DÖD 1996, 36 = NJW 1996, 210.

8.2.1.2.6 Schutz der Gesundheit, des Eigentums und der Ehre

Dem Dienstherrn obliegt die Pflicht, den Beamten vor **gesundheitlichen Beeinträchtigungen** zu schützen[106]. So könnten beispielsweise Arbeitsüberlastung oder auch der durch Mitarbeiter verursachte Tabakrauch am Arbeitsplatz[107], den Dienstherrn zum Handeln zwingen, um die Gesundheit des Beamten, aber auch das uneingeschränkte Leistungsvermögen zu erhalten. Die Fürsorgepflicht löst eine Handlungspflicht des Dienstherrn bereits dann aus, wenn ein nicht von der Hand zu weisender Verdacht einer Gesundheitsbeeinträchtigung nicht ausgeräumt werden kann, da der Beamte kraft der Fürsorgepflicht des Dienstherrn einen Anspruch auf Schutz nicht nur vor sicheren, sondern schon vor ernstlich möglichen Beeinträchtigungen seiner Gesundheit durch Einwirkungen am Arbeitsplatz geltend machen kann[108]. Weiterhin ist diesem Bereich die ordnungsgemäße Beschaffenheit und Ausstattung des Arbeitsplatzes mit den entsprechenden Schutzvorkehrungen wie beispielsweise die bei Bildschirmarbeitsplätzen erforderliche augenärztliche Untersuchung zuzurechnen. Der technische Arbeitsschutz bildet den Kernbereich des Arbeitsschutzes. In Abgrenzung zum sozialen Arbeitsschutz befasst sich der technische Arbeitsschutz allgemein mit der Abwehr von arbeitsbedingten Gefahren durch angewandte Technik für Leib und Leben der Beschäftigten. Zum technischen Arbeitsschutz gehören insbesondere die Bereiche:

- Sicherheit von gefährlichen Anlagen,
- Arbeitsstätten,
- Schutz vor schädlichen Einwirkungen am Arbeitsplatz,
- Gerätesicherheit,
- Menschengerechte Gestaltung der Arbeit,
- Organisation der Arbeitssicherheit in den Betrieben.[109]

Die Fürsorgepflicht des Dienstherrn wird im Bereich des technischen Arbeitsschutzes durch allgemein erlassene Vorschriften und Detailregelungen, die dem Arbeits- und Unfallschutz dienen, näher konkretisiert. Im Gesetz über die Durchführung von Maßnahmen des Arbeitsschutzes zur Verbesserung der Sicherheit und des Gesundheitsschutzes der Beschäftigten bei der Arbeit v. 07.08.1996[110], welches die europäischen Vorgaben der sog. Rahmenrichtlinie Arbeitsschutz (RL 89/391/EWG) des Rates v. 12.6.1989[111] über die Durchführung von Maßnahmen zur Verbesserung der Sicherheit und des Arbeitsschutzes der Arbeitnehmer bei der Arbeit umsetzt[112], sind die wesentlichen Regelungen des staatlichen Arbeitsschutzes enthalten. Der persönliche Anwendungsbereich des ArbSchG ist nach § 2 Abs. 2 Nr. 4 bis 6 ArbSchG nicht nur für Arbeitnehmer, sondern auch

---

[106] Hoffmann in Schütz/Maiwald, BeamtR, Rn. 32 zu § 45.
[107] Vgl. BVerwG, Urteil vom 25.02.1993, 2 C 14/91, Buchholz 236.1 § 31 Nr. 24 = NVwZ 1993, 692 = DÖD 1993, 180.
[108] BVerwG, Urteil vom 13.09.1984, 2 C 33/82, Buchholz 237.7 § 85 Nr. 5 = ZBR 1985, 21 = RiA 1985, 42.
[109] Vgl. Hoffmann in Schütz/Maiwald, BeamtR, Rn. 34 zu § 45.
[110] Gesetz über die Durchführung von Maßnahmen des Arbeitsschutzes zur Verbesserung der Sicherheit und des Gesundheitsschutzes bei der Arbeit (Arbeitsschutzgesetz – ArbSchG) vom 07.08.1996 (BGBl. I S. 1246), zuletzt geändert durch Artikel 427 der Verordnung vom 31.08.2015 (BGBl. I S. 1474). .
[111] ABl. EG Nr. L 183 S. 1.
[112] Vgl. hierzu Buchholz, ZTR 1996, 495; Vogl, NJW 1996, 2753; Fischer/Schierbaum, PersR 1996, 423; Berger-Delhey, PersV 1996, 518; Koll, PersV 1998, 230; Nahrmann/Schierbaum, PersR 1997, 470; Wlotzke, NZW 1996, 1017; ders. NZA 2000, 19.

für Beamte, Richter und Soldaten eröffnet. Als Betriebe im Sinne des ArbSchG gelten für den Bereich des öffentlichen Dienstes nach § 2 Abs. 5 Satz 1 ArbSchG die Dienststellen. § 2 Abs. 5 Satz 2 ArbSchG enthält eine eigenständige Definition des Begriffs der Dienststelle. Danach sind Dienststellen die einzelnen Behörden, Verwaltungsstellen und Betriebe der Verwaltungen des Bundes, der Länder, der Gemeinden und der sonstigen Körperschaften, Anstalten und Stiftungen des öffentlichen Rechts, die Gerichte des Bundes und der Länder sowie die entsprechenden Einrichtungen der Streitkräfte. Das ArbSchG dient gemäß § 1 Abs. 1 ArbSchG der Sicherung und Verbesserung der Sicherheit und des Gesundheitsschutzes der Beschäftigten bei der Arbeit. Als Maßnahmen des Arbeitsschutzes gelten nach § 2 ArbSchG Maßnahmen zur Verhütung von Unfällen bei der Arbeit und arbeitsbedingten Gesundheitsgefahren, einschließlich Maßnahmen der menschengerechten Gestaltung der Arbeit.

Das Arbeitsschutzgesetz normiert in seinem zweiten Abschnitt (§§ 3 bis 14 ArbSchG) Pflichten des Arbeitgebers bzw. des Dienstherrn. Der Arbeitgeber ist nach § 3 Abs. 1 Satz 1 ArbSchG verpflichtet, die erforderlichen Maßnahmen des Arbeitsschutzes unter Berücksichtigung der jeweiligen Umstände zu treffen, die die Sicherheit und die Gesundheit der Beschäftigten bei der Arbeit betreffen. Er muss darüber hinaus nach Satz 2 die getroffenen Maßnahmen auf ihre Wirksamkeit überprüfen und diese erforderlichenfalls den sich ändernden Gegebenheiten anpassen. (sog. Grundpflichten des Arbeitgebers). Darüber hinaus obliegt es dem Arbeitgeber die erforderlichen Maßnahmen zur Ersten Hilfe, Brandbekämpfung und Evakuierung der Beschäftigten zu treffen (§ 10 ArbSchG) und dem Beschäftigten auf seinen Wunsch zu ermöglichen, sich arbeitsmedizinisch untersuchen zu lassen (§ 11 ArbSchG). Das Arbeitsschutzgesetz enthält nicht nur Pflichten des Arbeitgebers, sondern auch näher konkretisierte Rechte der Beschäftigten. Diese sind etwa nach § 17 Abs. 1 Satz 1 ArbSchG berechtigt, dem Arbeitgeber Vorschläge zu allen Fragen der Sicherheit und der Gesundheit bei der Arbeit zu machen, wobei Beamte hierbei den Dienstweg einzuhalten haben.

Nach § 76 Abs. 2 Satz 1 LBG erstellt die oberste Dienstbehörde ein Rahmenkonzept für das Gesundheitsmanagement. Jede Behörde entwickelt in diesem, Rahmen ihr eigenes Konzept oder einen Katalog zum behördlichen Gesundheitsmanagement (§ 76 Abs. 3 Satz 1 LBG). Die Vorschrift enthält darüber hinaus keine weiteren inhaltlichen Vorgaben zur Erstellung eines Gesundheitsmanagements.

Dem Beamten ist insgesamt derselbe Schutz einzuräumen wie dem Mitarbeiter, der nicht in einem öffentlich-rechtlichen Dienstverhältnis steht. Nach § 618 Abs. 1 BGB hat der Arbeitgeber Arbeitnehmern Räume, Vorrichtungen oder Gerätschaften, die er zur Verrichtung der Dienste zu beschaffen hat, so einzurichten und zu unterhalten und Leistungen, die unter seiner Anordnung oder seiner Leitung vorzunehmen sind, so zu regeln, dass der einzelne Arbeitnehmer gegen Gefahr für Leben und Gesundheit soweit geschützt ist, als die Natur der Arbeitsleistung es gestattet. Der Dienstherr wird in bestimmten Bereichen nicht in der Lage sein, alle Gefahren auszuschalten. So werden sich beispielsweise Feuerwehr- und Polizeivollzugsbeamte bei einzelnen Einsätzen der Gefahr aussetzen müssen, Schaden an Gesundheit und Leben zu erleiden (vgl. 2.1.1.1). Für den Dienstherrn besteht aber die Pflicht, die **Risiken auf ein absolutes Mindestmaß zu reduzieren.**

Sind in Ausübung des Dienstes **Kleidungsstücke oder sonstige Gegenstände**, die ebenfalls üblicherweise **im Dienst** mitgeführt werden, **beschädigt** worden, zerstört worden oder abhandengekommen, so kann nach § 82 Abs. 1 Satz 1 LBG dafür Ersatz geleistet werden, wobei das Zurücklegen des Weges nach und von der Dienststelle nicht zum Dienst in diesem Sinne gehört (vgl. § 82 Abs. 1 Satz 2 LBG). Der Dienstherr ist verpflichtet, die dem Beamten gehörenden Gegenstände, die er üblicherweise im Dienst mit sich führt oder ggf. auch benötigt, vor Gefahren zu schützen. Hierzu dienen u. a. ausreichend gesicherte Unterbringungsmöglichkeiten wie verschließbare Schränke, Schreibtische, Schließfächer usw. Verwahrt der Beamte ihm gehörende Wertgegenstände oder Bargeld ungesichert im Schreibtisch auf und wird ihm dieses entwendet, haftet der Dienstherr allerdings nicht, weil der Beamte die erforderliche Sorgfalt außer Acht gelassen hat.

Ersatz kann gewährt werden, wenn der Schaden in Ausübung des Dienstes durch ein auf äußere Einwirkung beruhendes plötzliches, örtlich und zeitlich bestimmbares Ereignis eingetreten ist, ohne dass gleichzeitig ein Körperschaden verursacht wurde. Die für den Ersatz von Schäden bei Dienstunfällen maßgebende Verwaltungsvorschrift zu § 32 LBeamtVG a. F. - nunmehr § 38 LBeamtVG - gilt von einigen Ausnahmen abgesehen entsprechend. Ersatz für **Schäden** an Kleidungsstücken oder sonstigen Gegenständen wird nur gewährt, wenn keine Ansprüche gegenüber Dritten (ggf. gegenüber Versicherungen des Beamten) bestehen. Bei der Festsetzung des Ersatzwertes ist eine Minderung entsprechend der Gebrauchsdauer zu berücksichtigen. Bei Beschädigungen sind nur die Kosten der Wiederherstellung ersatzfähig.

Zum Dienst gehören auch **Dienstreisen**, Dienstgänge und die dienstliche Tätigkeit am Bestimmungsort sowie Fahrten, die nach dienstrechtlichen Vorschriften entschädigt werden können. Fahrten zur Teilnahme an Gemeinschaftsveranstaltungen, wie beispielsweise Personalfeiern, Personalausflüge oder dgl. gehören nicht zu den Dienstreisen in diesem Sinne.

Einzelheiten zu Sachschäden, die **Beamte des Landes** oder ihre Familienangehörigen durch Gewaltaktionen erleiden, regelt der Runderlass des Innen- und Finanzministeriums[113].

Der Dienstherr hat im Rahmen der ihm obliegenden Fürsorgepflicht die **Ehre** des Beamten im Zusammenhang mit der dienstlichen Tätigkeit zu schützen und ihn vor unberechtigten Angriffen zu bewahren bzw. die Folgen zu mildern oder zu beseitigen[114]. Werden wegen der dienstlichen Tätigkeit in den Medien Unwahrheiten verbreitet, hat der Dienstherr sich durch Gegendarstellungen schützend vor den Beamten zu stellen. Wird der Beamte während der Ausübung seines Dienstes oder in Beziehung auf seinen Dienst beleidigt, hat der Dienstherr nach pflichtgemäßem Ermessen zu entscheiden, ob er von seinem Strafantragsrecht nach § 194 Abs. 3 StGB Gebrauch macht.

---

[113] RdErl. vom 03.02.1987, IIA 1 – 1.30.00 – 16/87, MBl.NRW. S. 483, geändert durch RdErl. vom 18.1.2002, MBl.NRW. S. 119.
[114] Vgl. ausführlich Hoffmann in Schütz/Maiwald, BeamtR, Rn. 56 ff. zu § 45.

8.2.1.2.7 Schutz vor sexueller Belästigung am Arbeitsplatz

Ziel des Allgemeinen Gleichbehandlungsgesetzes ist es u. a. Benachteiligungen aus Gründen des Geschlechts, des Alters oder der sexuellen Identität zu verhindern oder zu beseitigen (§ 1 AGG). Beschäftigte dürfen nicht wegen eines solchen Grundes benachteiligt werden; dies gilt auch, wenn die Person, die die Benachteiligung begeht, das Vorliegen eines solchen Grundes bei der Benachteiligung nur annimmt (§ 7 Abs. 1 AGG). Die Vorschriften des Allgemeinen **Gleichbehandlungsgesetzes** gelten unter Berücksichtigung ihrer besonderen Rechtsstellung entsprechend für Beamte des Bundes, der Länder, der Gemeinden, der Gemeindeverbände sowie der sonstigen der Aufsicht des Bundes oder eines Landes unterstehenden Körperschaften, Anstalten und Stiftungen des öffentlichen Rechts (§ 24 Nr. 1 AGG).

Sexuelle Belästigung ist nach der Legaldefinition des § 3 Abs. 4 AGG eine Benachteiligung in Bezug auf den Anwendungsbereich des § 2 Abs. 1 Nr. 1 bis 4 AGG, wenn ein unerwünschtes, sexuell bestimmtes Verhalten, wozu auch

- unerwünschte sexuelle Handlungen und Aufforderungen zu diesen,
- sexuell bestimmte körperliche Berührungen,
- Bemerkungen sexuellen Inhalts sowie
- unerwünschtes Zeigen und sichtbares Anbringen von pornografischen Darstellungen gehören,

bezweckt oder bewirkt, dass die Würde der betreffenden Person verletzt wird, insbesondere wenn ein von Einschüchterungen, Anfeindungen, Erniedrigungen, Entwürdigungen oder Beleidigungen gekennzeichnetes Umfeld geschaffen wird. Sexuelle Belästigung stellt gleichzeitig eine Verletzung der Menschenwürde (Art. 1 Abs. 1 GG) und des Rechtes auf sexuelle Selbstbestimmung (Art. 2 GG) dar und stört nachhaltig das Arbeitsklima und den Betriebsfrieden.

Benachteiligungen aus einem in § 1 AGG genannten Grund sind entsprechend der gesetzlichen Regelungen nach § 2 Abs. 1 AGG u. a. unzulässig in Bezug auf:

- die Bedingungen, einschließlich Auswahlkriterien und Einstellungsbedingungen, für den Zugang zu unselbstständiger Erwerbstätigkeit, unabhängig von Tätigkeitsfeld und beruflicher Position, sowie für den beruflichen Aufstieg,
- die Beschäftigungs- und Arbeitsbedingungen einschließlich Arbeitsentgelt und Entlassungsbedingungen, insbesondere in individual- und kollektivrechtlichen Vereinbarungen und Maßnahmen bei der Durchführung und Beendigung eines Beschäftigungsverhältnisses sowie beim beruflichen Aufstieg,
- den Zugang zu allen Formen und allen Ebenen der Berufsbildung einschließlich der Berufsausbildung, der beruflichen Weiterbildung sowie der praktischen Berufserfahrung.

Der Dienstherr hat Mitarbeiter und Mitarbeiterinnen vor sexueller Belästigung zu schützen, wobei der Schutz auch **vorbeugende Maßnahmen** umfasst (§ 12 Abs. 1 AGG). Zu den vorbeugenden Maßnahmen gehören u. a. Fortbildungsangebote mit Informationen über die Rechtslage, Beschwerdemöglichkeiten und Sanktionen, Sensibilisierung von Vorgesetzten und Mitarbeitern sowie die Erörterung der Thematik unter Einbeziehung der Gleichstellungsbeauftragten, des Personalrats, der zuständigen Stelle nach § 13 AGG usw. Es gehört zu den Führungsaufgaben von Vorgesetzten, dass die persönliche Integrität und Selbstachtung im Arbeitsalltag gewahrt wird.

Eine Benachteiligung nach § 7 Abs. 1 AGG durch Arbeitgeber oder Beschäftigte (§ 12 Abs. 3 AGG) ist eine Verletzung vertraglicher Pflichten. Verstoßen Beschäftigte gegen das Benachteiligungsverbot, so hat der Arbeitgeber die im Einzelfall geeigneten, erforderlichen und angemessenen Maßnahmen zur Unterbindung der Benachteiligung wie beispielsweise Umsetzung, Versetzung oder Entlassung zu ergreifen.

Beschäftigte haben das Recht, sich bei den zuständigen Stellen der Dienststelle zu **beschweren**, wenn sie sich im Zusammenhang mit ihrem Beschäftigungsverhältnis vom Arbeitgeber, von Vorgesetzten, anderen Beschäftigten oder Dritten wegen sexueller Belästigung benachteiligt fühlen (§ 13 Abs. 1 Satz 1 AGG). Zuständige Stellen in diesem Sinne sind neben der Stelle, die gesondert einzurichten ist, der Dienstvorgesetzte, die Vorgesetzten sowie die Gleichstellungsbeauftragte und der Personalrat, die Schwerbehindertenvertretung bzw. die ggf. besonders benannten sozialen Ansprechpartner. Belästigte Personen haben ein Wahlrecht, welche Stelle sie ansprechen. Beschwerden sind vertraulich zu behandeln. Ohne Zustimmung der belästigten Person wird die Beschwerde nicht verfolgt.

Der Dienstvorgesetzte hat die Beschwerde vollständig im Rahmen der zur Verfügung stehenden rechtlichen und tatsächlichen Möglichkeiten aufzuklären und geeignete Maßnahmen zu treffen, um die Fortsetzung einer festgestellten Belästigung zu unterbinden. Die Entscheidung über die Beschwerde soll unverzüglich getroffen werden. Ein Zeitraum von vier Wochen darf dabei keinesfalls überschritten werden. Aus der Entscheidung muss ersichtlich sein, welche dienstrechtlichen (z. B. Entlassung von Beamten im Beamtenverhältnis auf Probe in der Probezeit) und ggf. disziplinarrechtlichen (je nach Schwere der sexuellen Belästigung Verweis, Geldbuße, Kürzung der Dienstbezüge, Zurückstufung, Entfernung aus dem Dienst) sowie personalwirtschaftlichen Maßnahmen (z. B. Umsetzung oder Versetzung) ergriffen werden. Mögliche Sanktionen, wie Umsetzung oder Versetzung sollen Belästigende treffen und nicht die belästigte Person, ggf. nur mit ihrer Zustimmung. Bei der Entscheidung über mögliche Sanktionen sind die Interessen beider Parteien unter Beachtung des Grundsatzes der Verhältnismäßigkeit zu berücksichtigen. Bei schuldhaft unzureichender Prüfungs- und Entscheidungspflicht liegt auch eine Verletzung der Fürsorgepflicht (§ 45 BeamtStG) gegenüber der belästigten Person vor. Wird die Beschwerde nicht geprüft und / oder vom Dienstvorgesetzten keine erforderliche Entscheidung getroffen, liegt gegebenenfalls eine Pflichtverletzung und ein Dienstvergehen i. S. des § 47 Abs. 1 Satz 1 BeamtStG vor.

Das Ergebnis ist der oder dem beschwerdeführenden Beschäftigten mitzuteilen (§ 13 Abs. 1 Satz 2 AGG). Ergreifen der Dienstvorgesetzte oder Vorgesetzte keine oder offensichtlich ungeeignete Maßnahmen zur Unterbindung der sexuellen Belästigung, sind die betroffenen Beschäftigten berechtigt, ihre Tätigkeit ohne Verlust der Bezüge einzustellen, soweit dies zu ihrem Schutz erforderlich ist (§ 14 AGG). Der Arbeitgeber darf nach dem Maßregelungsverbot des § 13 Abs. 1 AGG Beschäftigte nicht wegen der Inanspruchnahme von Rechten nach dem Allgemein Gleichbehandlungsgesetz benachteiligen. Personen, die einen Fall sexueller Belästigung anzeigen, dürfen keine persönlichen oder beruflichen Nachteile erfahren. Gleiches gilt für Personen, die den Beschäftigten hierbei unterstützen oder als Zeuginnen oder Zeugen aussagen (§ 13 Abs. 1 Satz 2 AGG).

Ist gleichzeitig mit der sexuellen Belästigung ein Straftatbestand erfüllt (z. B. §§ 174b, 177, 182, 183, 184 StGB) hat die belästigte Person die Möglichkeit, unabhängig vom internen Beschwerdeverfahren, die Straftat anzuzeigen.

8.2.1.2.8 Schutz in besonderen Lebenssituationen wie Schwangerschaft, Mutterschaft, Schutz für Jugendliche und Behinderte

Die Landesregierung wird nach, § 46 BeamtStG i. V. m. § 74 Abs. 1 Satz 1 LBG verpflichtet, durch Rechtsverordnung die der Eigenart des öffentlichen Dienstes entsprechende Anwendung der Vorschriften des **Mutterschutzgesetzes** auf Beamtinnen zu regeln. Von dieser Ermächtigungsgrundlage hat das Land Nordrhein-Westfahlen mit dem Erlass der Freistellungs- und Urlaubsverordnung[115] Gebrauch gemacht. Nach § 3 Abs. 1 FrUrlV gelten die §§ 2 Abs. 1 bis 3 MuSchG (Gestaltung des Arbeitsplatzes), §§ 3, 4 Abs. 1 bis 3, 6 und 8 MuSchG (Beschäftigungsverbote), § 5 MuSchG (Mitteilungspflicht und ärztliches Zeugnis) und § 7 Abs. 1 bis 3 MuSchG (Stillzeit) für Beamtinnen und Richterinnen entsprechend. Darüber hinaus enthält § 4 FrUrlV Regelungen zur Besoldung bei Beschäftigungsverboten und Stillzeit. Des Weiteren ist in § 6 FrUrlV ein Entlassungsverbot während der Schwangerschaft und nach der Entbindung und in § 7 FrUrlV ein Recht auf Wahrnehmung notwendiger ärztlicher Untersuchungen statuiert.

Jugendliche Beamte sind besonders schutzbedürftig. Das Jugendarbeitsschutzgesetz[116] in der jeweils geltenden Fassung gilt für jugendliche Beamte nach § 74 Abs. 3 Satz 3 LBG entsprechend.

Soweit die Eigenart des Polizeivollzugsdienstes und die Belange der inneren Sicherheit es erfordern, kann das Innenministerium durch Rechtsverordnung Ausnahmen von den Vorschriften des Jugendarbeitsschutzgesetzes für jugendliche Polizeivollzugsbeamte zulassen (§ 74 Abs. 3 Satz 4 LBG).

Eines besonderen Schutzes bedürfen schwerbehinderte und ihnen gleichgestellte Bewerber um eine Beamtenstelle. Bei der Einstellung von schwerbehinderten und ihnen gleichgestellten Bewerbern darf nur das für die Laufbahn erforderliche Mindestmaß körperlicher Eignung verlangt werden (§ 13 Abs. 1 LVO). Im Prüfungsverfahren sind Körperbehinderten auf Antrag die ihrer körperlichen Behinderung angemessenen Erleichterungen zu gewähren (§ 17 Abs. 2 LVO). Bei der Beurteilung der Leistung schwerbehinderter und ihnen gleichgestellter behinderter Menschen ist die Minderung der Arbeits- und Einsatzfähigkeit durch die Behinderung zu berücksichtigen (§ 17 Abs. 3 LVO). Die Verord-

---

[115] Verordnung über die Freistellung wegen Mutterschutz für Beamtinnen und Richterinnen, Eltern- und Pflegezeit, Erholungs- und Sonderurlaub der Beamtinnen und Beamten und Richterinnen und Richtern im Land Nordrhein-Westfalen (Freistellungs- und Urlaubsverordnung NRW – FrUrlV NRW) vom 10.01.2012, GV.NRW. S. 2, zuletzt geändert durch Artikel 1 der VO vom 21.06.2016 (GV. NRW. S. 485).

[116] Gesetz zum Schutz der arbeitenden Jugend (Jugendarbeitsschutzgesetz – JArbSchG) vom 12.04.1976 (BGBl. I S. 965), zuletzt geändert durch Artikel 2 des Gesetzes vom 03.03.2016 (BGBl. I S. 369).

nung über die Laufbahn der Polizeivollzugsbeamten des Landes Nordrhein-Westfalen sieht Regelungen zur Schwerbehinderung nicht vor.

Bei einer Schwerbehinderung eines Beamten hat der Dienstherr weiterhin Art. 3 Abs. 3 Satz 2 GG und die Regelungen des Neunten Buches Sozialgesetzbuch zu beachten. Den eingeschränkten Schutz des Neunten Buches Sozialgesetzbuch genießen schwerbehinderte und weitgehend den schwerbehinderten Menschen gleichgestellte Beamte. Zur Anwendung der Schutzbestimmungen für Beamte vgl. § 128 SGB IX.

8.2.1.2.9 Schutz und Förderung von Frauen

Frauen bedürfen eines besonderen Schutzes und einer besonderen Förderung im Berufsleben. Neben den bereits erläuterten Schutzsituationen bei Schwanger- und Mutterschaft sind sie wegen der Benachteiligungen in der Vergangenheit vom Bundesgesetzgeber und von den Landesgesetzgebern als besonders („schutz-") „förderungswürdig" eingestuft worden.

Die **Gleichstellungsgesetze** des Bundes und der Länder verfolgen im Großen und Ganzen gemeinsame Ziele: Im öffentlichen Dienst soll auf der Grundlage von **Frauenförderplänen** unter anderem der Anteil von Frauen insbesondere in den höheren Laufbahnen gesteigert, Diskriminierung wegen des Geschlechts unterbunden, sexuelle Belästigung am Arbeitsplatz geahndet sowie die Vereinbarkeit von Beruf und Familie durch flexible Arbeitszeiten und Beurlaubung aus familiären Gründen für Frauen und Männer erleichtert werden.

Das **Landespersonalvertretungsgesetz** sieht eine entsprechende Regelung vor. Nach § 14 Abs. 6 LPVG sollen Frauen und Männer ihrem zahlenmäßigen Anteil in der Dienststelle entsprechend vertreten sein. Deutlich wird die Frauenförderung heute bei der Berufung und Besetzung von Gremien. In Beiräten, Kommissionen, Ausschüssen, Verwaltungs- und Aufsichtsräten ist auf eine gleichmäßige Teilhabe von Frauen und Männern hinzuwirken, soweit Frauen unterrepräsentiert sind. Gleiches gilt für Frauen in Führungspositionen. Mit Stand zum 30.06.2016 sind deutschlandweit 22,5 % der Führungspositionen und damit weniger als ein Viertel mit Frauen besetzt[117].

Zur Erhöhung des Frauenanteils an Führungspositionen im öffentlichen Dienst des Bundes sowie zur Verbesserung der Vereinbarkeit von Familie, Pflege und Beruf ist das Bundesgleichstellungsgesetz umfassend novelliert worden. Die Bundesverwaltung wird künftig insbesondere verpflichtet, im Gleichstellungsplan konkrete Zielvorgaben für den Frauen- und Männeranteil auf jeder einzelnen Führungsebene festzulegen. Darüber hinaus sind konkrete Maßnahmen vorzusehen, wie diese erreicht werden sollen. Entsprechende Regelungen sollen in das **Landesgleichstellungsgesetz in Nordrhein-Westfalen (LGG)**[118] übernommen werden. So gehören eine Erhöhung des Frauenanteils in Füh-

---

[117] http://de.statista.com/statistik/daten/studie/182510/umfrage/frauenanteil-in-fuehrungspositionen-nach-unternehmensgroesse/.
[118] Gesetz zur Gleichstellung von Frauen und Männern für das Land Nordrhein-Westfalen (Landesgleichstellungsgesetz - LGG) vom 09.11.1999 (GV.NRW. S. 590), zuletzt geändert durch Artikel 3 des Gesetzes vom 16.09.2014 (GV. NRW. S. 547).

rungspositionen, eine geschlechtergerechte Repräsentanz in Gremien im Einflussbereich der öffentlichen Hand sowie eine Stärkung der Position der Gleichstellungsbeauftragten zu den zentralen Zielen der Neuregelung des Landesgleichstellungsgesetzes[119] für den öffentlichen Dienst[120].

Mit Inkrafttreten des LGG wird die Verwirklichung des Grundrechts der Gleichberechtigung von Frauen und Männern verfolgt (§ 1 Abs. 1 Satz 1 LGG). Nach Maßgabe des Gesetzes und anderer Vorschriften zur Gleichstellung von Frauen und Männern werden Frauen gefördert, um bestehende Benachteiligungen abzubauen (vgl. § 1 Abs. 1 Satz 2 LGG). Ziel des Gesetzes ist es auch, die Vereinbarkeit von Beruf und Familie für Frauen und Männer zu verbessern (vgl. § 1 Abs. 1 Satz 3 LGG). Frauen und Männer dürfen wegen ihres Geschlechts nicht diskriminiert werden (§ 1 Abs. 2 LGG). Die Erfüllung des Verfassungsauftrages aus Artikel 3 Abs. 2 GG und die Umsetzung des Landesgleichstellungsgesetzes sind besondere Aufgaben der Dienstkräfte mit Leitungsfunktionen (§ 1 Abs. 3 LGG).

Jede Dienststelle (§ 3 Abs. 1 LGG) mit mindestens 20 Beschäftigten (§ 3 Abs. 2 LGG) bestellt eine Gleichstellungsbeauftragte und eine Stellvertreterin (§ 15 Abs. 1 Satz 1 LGG). Soweit eine Gleichstellungsbeauftragte ausnahmsweise nicht zu bestellen ist, nimmt die Gleichstellungsbeauftragte der übergeordneten Dienststelle oder der Dienststelle, die die Rechtsaufsicht ausübt, diese Aufgabe wahr (§ 15 Abs. 1 Satz 2 LGG). Die dienstliche Stellung der Gleichstellungsbeauftragten, ihre Aufgaben und Rechte, besonders das Widerspruchsrecht, sind in den § 16 bis 19 LGG geregelt.

Hält die Gleichstellungsbeauftragte eine Maßnahme für unvereinbar mit diesem Landesgleichstellungsgesetz, anderen Vorschriften zur Gleichstellung von Frau und Mann oder mit dem Frauenförderplan, kann sie innerhalb einer Woche nach ihrer Unterrichtung der Maßnahme widersprechen (§ 19 Abs. 1 Satz 1 Halbsatz 1 LGG).

Besonders förderungswürdig sind Beamtinnen im Zusammenhang mit **Einstellungen und Beförderungen**. Ernennungen sind gemäß § 9 BeamtStG nach Eignung, Leistung, Befähigung ohne Rücksicht auf das Geschlecht usw. vorzunehmen. Soweit im Zuständigkeitsbereich der Ernennungsbehörde in der angestrebten Laufbahn innerhalb der Ämtergruppe mit gleichem Einstiegsamt weniger Frauen als Männer sind, sind Frauen bei gleicher Eignung, Befähigung und fachlicher Leistung bevorzugt einzustellen (**sog. Quotenregelung**), sofern nicht in der Person des Mitbewerbers liegende Gründe überwiegen (vgl. § 14 Abs. 2 Satz 1 LBG). Für Beförderungen gilt § 19 Abs. 6 LBG. Danach sind Beförderungen nach den Grundsätzen des § 9 des Beamtenstatusgesetzes vorzunehmen (§ 19 Abs. 6 Satz 1 LBG). Frauen sind bei im Wesentlichen gleicher Eignung, Befähigung und fachlicher Leistung allerdings bevorzugt zu befördern, sofern nicht in der Person eines Mitbewerbers liegende Gründe überwiegen ((§ 19 Abs. 6 Satz 2 LBG). Von einer im Wesentlichen gleichen Eignung, Befähigung und fachlichen Leistung im Sinne von Satz 2 ist in der Regel auszugehen, wenn die jeweils aktuelle dienstliche Beurteilung der Bewerberin und des Mitbewerbers ein gleichwertiges Gesamturteil aufweist (§ 19 Abs. 6

---

[119] Vgl. Gesetzesentwurf der Landesregierung zum Gesetz zur Neuregelung des Gleichstellungsrechts vom 28.06.2016 (Landtagsdrucksache 16/12366).
[120] Pressemitteilung der Landesregierung Nordrhein-Westfalen vom 10.03.2016.

Satz 3 LBG). § 19 Abs. 6 Satz 2 und 3 LBG finden nach § 19 Abs. 6 Satz 4 LBG Anwendung, solange im Bereich der für die Beförderung zuständigen Behörde innerhalb einer Laufbahn der Frauenanteil in dem jeweiligen Beförderungsamt entweder den Frauenanteil im Einstiegsamt oder den Frauenanteil in einem der unter dem zu besetzenden Beförderungsamt liegenden Beförderungsämter unterschreitet und der Frauenanteil in dem jeweiligen Beförderungsamt 50 Prozent noch nicht erreicht hat. Ist mit der Beförderung die Vergabe eines Dienstpostens mit Vorgesetzten- oder Leitungsfunktion verbunden, gilt § 19 Abs. 6 Satz 4 LBG bezogen auf die angestrebte Funktion (§ 19 Abs. 6 Satz 5 LBG).

Ob § 19 Abs. 6 LBG mit geltendem Verfassungsrecht vereinbar ist, darf durchaus bezweifelt werden. Das Verwaltungsgericht Düsseldorf hat hierzu etwa in seiner Entscheidung vom 05.09.2016, 2 L 2866/16[121] wie folgt ausgeführt:

"Für eine solche Regelung fehlt dem Land die Gesetzgebungskompetenz. Der Bund hat nach Art. 74 Abs. 1 Nr. 27 des Grundgesetzes die Zuständigkeit zur Regelung der Statusrechte und -pflichten der Beamten. Hiervon hat er durch § 9 des Beamtenstatusgesetzes Gebrauch gemacht. Danach sind Ernennungen nach Eignung, Befähigung und fachlicher Leistung ohne Rücksicht auf das Geschlecht vorzunehmen. Diese Regelung ist – soweit es das Merkmal der Eignung anbelangt – abschließend. Für einschränkende landesrechtliche Regelungen ist kein Raum mehr.

Vor diesem Hintergrund bedurfte es keiner Entscheidung, ob die Neuregelung zugleich dem in Art. 33 Abs. 2 GG verankerten Leistungsgrundsatz widerspricht. Das Gericht hält es jedoch für fraglich, ob der Gesetzgeber hinreichend berücksichtigt hat, dass das Leistungsprinzip auch dem öffentlichen Interesse an einer Besetzung eines öffentlichen Amtes gerade mit dem leistungsstärksten Bewerber und damit auch der Sicherung der Qualität des öffentlichen Dienstes dient. Zwar ist die Förderung der Gleichberechtigung in Art. 3 Abs. 2 Satz 2 GG grundrechtlich verankert. Dieser verfassungsrechtliche Grundsatz ist aber nicht darauf gerichtet, die Geltung des Leistungsgrundsatzes nach Art. 33 Abs. 2 GG für die Vergabe öffentlicher Ämter generell einzuschränken."

Papier/Heidenreich halten Zielquoten hingegen aus verfassungsrechtlicher Sicht für unbedenklich. In einem im Auftrag des Landes Nordrhein-Westfalen angefertigten Rechtsgutachten[122] führen die Autoren auf Seite 6 aus, dass es dem Landesgesetzgeber offen stehe, geschlechtsbezogene Fördermaßnahmen zu normieren, da das Beamtenstatusgesetz keine entsprechende abschließende Regelung enthalte. Zudem sei die in § 19 Abs. 6 LBG enthaltene Regelung durch einen verfassungsrechtlichen legitimierten Zweck gerechtfertigt und zudem geeignet und erforderlich (S. 7 ff. des Gutachtens).

Hoffmann, A. hält dem entgegen, dass § 19 Abs. 6 LBG gegen den in Art. 33 Abs. 2 GG statuierten Leistungsgrundsatz verstoße, da der Leistungsvergleich ausschließlich anhand der Endnote der dienstlichen Beurteilung erfolge, sodass es keiner Ausschärfung der dienstlichen Beurteilung bedürfe. Zudem verlören auch die älteren Beurteilungen im

---

[121] VG Düsseldorf, Beschluss vom 05.09.2016, 2 L 2866/16, juris.
[122] Abrufbar unter http://www.mgepa.nrw.de/mediapool/pdf/presse/pressemitteilungen/Gutachten_ Zielquoten.pdf., abgerufen am 10.10.2016.

Leistungsvergleich völlig Ihre Bedeutung.[123]

Zu bedenken ist zudem, dass alleine die Ausschärfung der dienstlichen Beurteilung einen Blick auf die Anforderungen des konkret zu besetzenden Dienstpostens zulässt, da bei der Erstellung des Anforderungsprofils dieser nicht in den Blick zu nehmen ist. Vielmehr gilt diesbezüglich als Maßstab das zu übertragende statusrechtliche Amt[124].

8.2.1.3 Amtsbezogene Rechte

Zu den amtsbezogenen Rechten gehört das Recht auf Amtsausübung, das Recht im Einzelfall von der Amtsausübung befreit zu werden, das Recht auf Führung der Amts- und **Dienstbezeichnung** im Dienst und der Anspruch auf Fortbildung im Interesse des Dienstes.

8.2.1.3.1 Recht auf Amtsausübung

Das Recht auf Amtsausübung ist das Gegenstück zur Dienstleistungspflicht des Beamten. Es besteht ein gerichtlich durchsetzbarer **Anspruch auf amtsangemessene Beschäftigung**[125]. In diesem Zusammenhang bestehen Bedenken, dass die durch § 19 Abs. 1 Satz 2 LBesG zugelassene Bündelung von Ämtern (sog. Topfwirtschaft) mit dem in Art. 33 Abs. 5 GG statuierten hergebrachten Grundsatz der amtsangemessenen Beschäftigung und damit mit Verfassungsrecht im Einklang steht, da die Tätigkeit des Beamten (sog. konkret-funktionelles Amt) einem Statusrechtlichen Amt häufig nicht zugeordnet werden kann.

Es besteht **kein Anspruch auf eine unveränderte Amtsausübung**[126]. Der Dienstherr kann aufgrund der Personal- und Organisationshoheit den Umfang und Bestand des Amtes im konkret-funktionellen Sinne durch Personalverteilungsmaßnahmen oder durch Organisationsverfügung verändern. Der Beamte hat jedoch einen Anspruch auf eine statusgemäße Beschäftigung bezüglich des abstrakt funktionellen Amtes (vgl. Ausführungen zu 7).

Der Anspruch auf Beschäftigung kann dem Beamten nur unter den gesetzlich geregelten Voraussetzungen entzogen werden.

Ein **Verbot zur Führung der Dienstgeschäfte** nach § 17 Abs. 1 Satz 2 LBG kommt in Betracht, wenn der Dienstherr Kenntnis von der Nichtigkeit bzw. Rücknehmbarkeit einer Ernennung nach § 8 Abs. 1 Nr. 1 BeamtStG (Einstellung) erlangt; bei einer Ernennung nach § 8 Abs. 1 Nr. 2 bis 4 BeamtStG (Umwandlung, Beförderung und Aufstieg) kann das Verbot in dem erforderlichen Umfang ausgesprochen werden (vgl. Ausführungen zu 5.4).

---

[123] Hoffmann, A. in Schütz/Maiwald, BeamtR, Teil C Rn. 45 zu § 15.
[124] BVerwG, Beschluss vom 19.12.2014, 2 VR 1/14, Buchholz 11 Art. 33 Abs. 2 GG Nr. 65 = IÖD 2015, 38.
[125] Schweiger, Der Anspruch des Beamten auf amtsangemessene Beschäftigung, ZBR 2011, 245 ff.
[126] OVG NRW, Beschluss vom 19.08.2013, 1 B 415/13, juris Langtext Rn. 18 ff.

Dem Beamten kann aus zwingenden dienstlichen Gründen **die Führung seiner Dienstgeschäfte verboten** werden (§ 39 Satz 1 BeamtStG). Es handelt sich um eine vorläufige, zeitlich befristete Maßnahme, da das Verbot erlischt, wenn nicht bis zum Ablauf von drei Monaten gegen den Beamten das förmliche Disziplinarverfahren oder ein sonstiges auf Rücknahme der Ernennung oder auf Beendigung des Beamtenverhältnisses gerichtetes Verfahren eingeleitet worden ist (vgl. § 39 Satz 2 BeamtStG). So können beispielsweise geistige Verwirrtheit des Beamten oder Untersuchungen bezüglich eines bevorstehenden Disziplinarverfahrens zum Verbot der Führung der Dienstgeschäfte führen, wenn dieses zur Ermittlung des Sachverhalts erforderlich ist und ggf. Verdunklungsgefahr besteht. Zuständig für die Entscheidung ist der Dienstvorgesetzte.

Bei einem Verbot nach § 17 LBG oder nach § 39 BeamtStG handelt es sich um einen **belastenden Verwaltungsakt** i. S. des § 35 Satz 1 VwVfG NRW. Das Verbot wird mit der Bekanntgabe wirksam. Die sofortige Vollziehung des Verwaltungsaktes sollte nach § 80 Abs. 2 Nr. 4 VwGO angeordnet werden. Statthaftes Rechtsmittel ist die verwaltungsgerichtliche Anfechtungsklage.

Im Zusammenhang mit Disziplinarverfahren ist in der vorläufigen **Dienstenthebung** nach den §§ 38 ff. LDG eine weitere Maßnahme zur Einschränkung des Rechtes auf **Amtsausübung** zu sehen. Die zuständige Stelle kann einen Beamten gleichzeitig mit oder nach der Einleitung des Disziplinarverfahrens (§ 17 LDG) vorläufig des Dienstes entheben, wenn im Disziplinarverfahren voraussichtlich auf Entfernung aus dem Beamtenverhältnis erkannt werden oder wenn bei einer Person im Beamtenverhältnis auf Probe oder auf Widerruf voraussichtlich eine Entlassung nach § 23 Abs. 3 Nr. 1 und 4 BeamtStG erfolgen wird (§ 38 Abs. 1 Satz 1 LDG). Der Beamte kann außerdem vorläufig des Dienstes enthoben werden, wenn durch das Verbleiben im Dienst der Dienstbetrieb oder die Ermittlungen wesentlich beeinträchtigt würden und die vorläufige Dienstenthebung zu der Bedeutung der Sache und der zu erwartenden Disziplinarmaßnahme nicht außer Verhältnis steht (§ 38 Abs. 1 Satz 2 LDG).

8.2.1.3.2 Recht auf Befreiung von der Amtsausübung

Der Beamte ist von **Amtshandlungen zu befreien**, die sich gegen ihn selbst oder einen Angehörigen richten würden (§ 47 Abs. 1 LBG). Er darf auch keine Amtshandlungen vornehmen, durch die er sich selbst oder einem Angehörigen einen Vorteil verschaffen würde. Der Beamte ist verpflichtet, dem Dienstvorgesetzten die Tatbestände, die ihm bei Amtshandlungen beschränken oder Zurückhaltung auferlegen, zu melden.

Gesetzliche Vorschriften, nach denen der Beamte von einzelnen Amtshandlungen ausgeschlossen ist, bleiben unberührt (vgl. § 47 Abs. 2 LBG). Lässt sich der Beamte in solchen Fällen in Kenntnis der Sachlage nicht von Amtshandlungen befreien, liegt eine Pflichtverletzung und ein Dienstvergehen i. S. des § 47 Abs. 1 Satz 1 BeamtStG vor.

Zu beachten sind in diesem Zusammenhang auch die §§ 20 und 21 VwVfG NRW und die §§ 16 und 17 SGB X, die regeln, wer für eine Behörde in einem Verwaltungsverfahren nicht teilnehmen darf (zwingender Ausschluss) und unter welchen Voraussetzungen die Besorgnis der Befangenheit (entscheidungserfordernder Ausschluss) besteht. Nach § 21

VwVfG NRW und § 17 SGB X hat, wer in einem Verwaltungsverfahren für eine Behörde tätig werden soll, den Leiter der Behörde oder den von diesem Beauftragten zu unterrichten und sich auf dessen Anordnung der Mitwirkung zu enthalten, wenn ein Grund vorliegt, der geeignet ist, Misstrauen gegen eine unparteiische Amtsausübung zu rechtfertigen oder wenn von einem Beteiligten das Vorliegen eines solchen Grundes behauptet wird (sog. Befangenheit).

8.2.1.3.3 Recht auf Führung der Amts- und Dienstbezeichnung

Der Beamte führt im Dienst die **Amtsbezeichnung** des ihm übertragenen Amtes; er hat das Recht, die Amtsbezeichnung auch außerhalb des Dienstes zu führen (vgl. § 77 Abs. 2 Satz 1 und 2 LBG). Die Amtsbezeichnung ist gleichzeitig die Bezeichnung des statusrechtlichen Amtes. Das Amt im statusrechtlichen Sinne wird dem Beamten erstmals mit der Verbeamtung auf Probe verliehen (§ 8 Abs. 3 BeamtStG). Da es sich um einen hergebrachten Grundsatz des Berufsbeamtentums handelt, besteht ein Anspruch auf eine **angemessene Amtsbezeichnung**, die auch in der Ernennungsurkunde enthalten sein muss. Wenn eine Tätigkeit ausgeübt wird, die der Allgemeinheit als besonders verantwortlich oder bedeutsam erscheint, muss dieses durch die Amtsbezeichnung zum Ausdruck kommen (z. B. Direktor)[127].

Nach dem Übertritt in ein anderes Amt darf der Beamte nach § 77 Abs. 2 Satz 4 LBG die bisherige Amtsbezeichnung nicht mehr führen; in den Fällen der Versetzung in ein Amt mit geringerem Endgrundgehalt gelten § 77 Abs. 3 Satz 2 und Satz 3 LBG entsprechend.

Keine Amtsbezeichnung sondern eine **Dienstbezeichnung** führen Beamte im Beamtenverhältnis auf Widerruf (Anwärter und Referendare).

Zu den Amtsbezeichnungen sind die Landesbesoldungsordnungen als Anlagen zum Landesbesoldungsgesetz zu beachten. Beamtinnen führen die Amtsbezeichnung in weiblicher Form. Die Zuordnung der Ämter zu den Besoldungsgruppen der Besoldungsordnungen A und B und die Amtsbezeichnungen in diesen Ämtern richten sich nach den Landesbesoldungsordnungen- (vgl. § 22 LBesG[128]). Die Höhe der Dienstbezüge ist in den Anlagen sechs bis elf zum Landesbesoldungsgesetz ausgewiesen.

Bei den Festlegungen handelt es sich um die sog. **Grundamtsbezeichnungen** wie beispielsweise in der Laufbahngruppe 1, zweites Einstiegsamt das Eingangsamt „Sekretär", in der Laufbahngruppe 2, erstes Einstiegsamt „Inspektor" oder „Kommissar" und im zweiten Einstiegsamt „Rat" (vgl. § 24 LBesG). Die vollständigen Amtsbezeichnungen ergeben sich für die Beamten des Landes aus den Festsetzungen der Landesregierung, soweit sie diese Befugnis nicht durch andere Behörden ausüben lässt (§ 77 Abs. 1 Satz 1 LBG). Die Amtsbezeichnungen der Beamten der Gemeinden und Gemeindeverbände werden von

---

[127] Vgl. Leisner, „Ämterbezeichnungen als Gebot der Rechtsstaatlichkeit", Schriften zum Beamtenrecht und zur Entwicklung des öffentlichen Dienstes 1968 bis 1991, S. 293 (303).
[128] Landesbesoldungsgesetz für das Land Nordrhein-Westfalen i. d. F. der Bekanntmachung vom 14.06.2016 (GV.NRW. S. 310).

den obersten Dienstbehörden festgesetzt (§ 77 Abs. 1 Satz 2 LBG). Im Polizeivollzugsdienst vgl. zu den Laufbahnabschnitten und Amtsbezeichnungen § 2 Abs. 3 LVOPol.

Ein Recht auf Anrede mit der Amtsbezeichnung im Dienst oder außerdienstlich besteht nicht (vgl. § 77 Abs. 2 Satz 3 LBG). Amtsbezeichnungen sind ihrem Wesen nach Funktionsbezeichnungen und von akademischen Graden und staatlich verliehenen Titeln zu unterscheiden.

Ruhestandsbeamte dürfen die ihnen bei Eintritt in den Ruhestand zustehende Amtsbezeichnung mit dem Zusatz „außer Dienst (a. D.)" und die ihnen im Zusammenhang mit dem Amt verliehene Titel weiterführen (§ 77 Abs. 3 Satz 1 LBG).

Einem entlassenen Beamten kann die Erlaubnis erteilt werden, die Amtsbezeichnung mit dem Zusatz „außer Dienst (a. D.)" sowie die im Zusammenhang mit dem Amt verliehenen Titel zu führen (§ 77 Abs. 4 Satz 1 LBG). Die Erlaubnis kann zurückgenommen werden, wenn der frühere Beamte sich ihrer als nicht würdig erweist (§ 77 Abs. 4 Satz 2 LBG).

Professoren mit der Amtsbezeichnung „Professor" dürfen nach Eintritt in den Ruhestand und nach der Entlassung aus dem Beamtenverhältnis ihre Amtsbezeichnung ohne Zusatz „außer Dienst" weiterführen (§ 123 Abs. 4 Satz 1 LBG).

8.2.1.3.4 Recht auf Fortbildung

Die **Fortbildung** der Beamten steht in unauflöslicher Beziehung zu ihrer Leistungsfähigkeit, insbesondere ihrer Fähigkeit zu flexibler Reaktion auf neue Aufgabenstellungen und Einführungen neuer rationeller Arbeitstechniken und optimaler Verfahren. Fortbildung ist daher für eine moderne und leistungsfähige Verwaltung unerlässlich.[129]

Der Dienstherr hat durch geeignete Maßnahmen für die Fortbildung des Beamten im Interesse des Dienstes zu sorgen[130]. Er ist nach § 17 Abs. 1 Satz 1 LVO verpflichtet, die dienstliche Fortbildung zu fördern. Dieser Verpflichtung wird in allen Bereichen der öffentlichen Verwaltung nachgekommen. Ein breites Spektrum unterschiedlichster Angebote unterbreiten beispielsweise die Aus- und Fortbildungsakademien, die Institute an der Fachhochschule für öffentliche Verwaltung NRW, die kommunalen Studieninstitute, die Verwaltungs- und Wirtschaftsakademien sowie eine Vielzahl weiterer privater Anbieter. § 17 Abs. 1 Satz 2 LVO beschreibt beispielhaft die möglichen Inhalte von Fortbildungsmaßnahmen. Nach § 17 Abs. 1 Satz 3 LVO sollen sich alle Maßnahmen auf die Erhaltung und Fortentwicklung der Fach-, Methoden und Sozialkompetenz insbesondere der Genderkompetenz und der interkulturellen Kompetenz erstrecken.

Die Vorgesetzten sollen nach § 17 Abs. 3 Satz 1 LVO die dienstliche Fortbildung des Beamten unterstützen und dessen Entwicklung in der Aufgabenwahrnehmung fördern. Dem Recht auf Fortbildung steht die Pflicht, sich fortzubilden (vgl. § 25 Abs. 1

---

[129] Scheerbarth/Höffken/Bauschke/Schmidt, § 11 V Nr. 3 mit weiteren Hinweisen zur Literatur.
[130] Schnellenbach, Beamtenrecht in der Praxis, § 10 Rn. 25.

LVOPol) entsprechend dem hergebrachten Grundsatz zur vollen Hingabe an den Beruf gegenüber.

Bei der Vergabe von Plätzen für Fortbildungsmaßnahmen, insbesondere für Weiterqualifikationen, sind - soweit die erforderlichen Voraussetzungen erfüllt sind - weibliche Beschäftigte mindestens entsprechend ihrem Anteil an den Bewerbungen zu der Fortbildungsmaßnahme zuzulassen (§ 11 Abs. 1 LGG). Für weibliche Beschäftigte sollen besondere Fortbildungsmaßnahmen angeboten werden, die auf die Übernahme von Tätigkeiten vorbereiten, bei denen Frauen unterrepräsentiert sind (§ 11 Abs. 2 LGG). Die Maßnahmen sollen so durchgeführt werden, dass in Voll- oder Teilzeit Beschäftigten, die Kinder betreuen oder pflegebedürftige Angehörige versorgen die Teilnahme möglich ist (§ 17 Abs. 5 Satz 1 LVO). Entstehen durch die Teilnahme an Fortbildungsmaßnahmen notwendige Kosten für die Betreuung von Kindern unter zwölf Jahren, so sind diese vom Dienstherrn oder Arbeitgeber zu erstatten (§ 11 Abs. 3 LGG).

Der Personalrat hat, soweit eine gesetzliche oder tarifliche Regelung nicht besteht, mitzubestimmen über allgemeine Fragen der Fortbildung der Beschäftigten sowie bei der Auswahl der Teilnehmer an Fortbildungsveranstaltungen (§ 72 Abs. 4 Satz 1 Nr. 16 LPVG).

8.2.1.3.5 Anspruch auf Amts- und Dienstkleidung

Der Dienstherr ist verpflichtet, erforderliche **Dienstkleidung** den Beamten zur Verfügung zu stellen. Hierzu erlässt die Landesregierung die Bestimmungen, wobei die Ausübung der Befugnis anderen Stellen übertragen werden kann (§ 45 Satz 1 und 2 LBG). Es handelt sich insoweit um eine spezielle Ausprägung der in § 45 BeamtStG enthaltenen allgemeinen Fürsorgepflicht des Dienstherrn. Polizeivollzugsbeamte haben Anspruch auf unentgeltliche Ausstattung mit Bekleidung (§ 112 Abs. 1 Satz 1 LBG). Gleiches gilt für Beamte im feuerwehrtechnischen Dienst (vgl. § 116 Abs. 2 LBG i. V. m. § 112 Abs. 1 Satz 1 LBG).

Für das **Ansehen der Polizei in der Öffentlichkeit** ist ein gepflegtes Erscheinungsbild der Polizeibeamten in Dienst- und in Zivilkleidung unverzichtbar. Uniformträger müssen das eindeutige Signalbild „Polizei" vermitteln. Die Uniform ist nicht nur Dienstkleidung, sie bietet auch Schutz und Sicherheit. Art und Umfang der Dienstkleidung richten sich nach der jeweiligen Funktion oder Aufgabenwahrnehmung. Polizeivollzugsbeamte tragen während des Dienstes Dienstkleidung, soweit nicht für die Wahrnehmung bestimmter Aufgaben das Tragen von Zivilkleidung angeordnet oder zugelassen ist, wie bei der Kriminalitätssachbearbeitung. Die ausgegebenen Bekleidungs- und Ausrüstungsgegenstände sind Eigentum des Landes Nordrhein-Westfalen. Die Bediensteten sind für die ordnungsgemäße Aufbewahrung und sachgerechte Behandlung verantwortlich. Es ist den Polizeivollzugsbeamten freigestellt, Namensschilder zu tragen, soweit nicht die Besonderheit der Aufgaben dem entgegensteht. Die Uniform ist nicht nur Dienstkleidung, sie bietet auch Schutz und Sicherheit.[131] Polizeivollzugsbeamte, die Dienst in Privatkleidung ver-

---

[131] Zur Dienstkleidungsordnung der Polizei des Landes Nordrhein-Westfalen vgl. RdErl. d. Ministeriums für Inneres und Kommunales – 405 / 401 - 63.01.01 - vom 21.01.2014, MBl. NRW. S. 46.

sehen, erhalten wegen der erhöhten Abnutzung ihrer Zivilkleidung einen Bekleidungszuschuss als Aufwandsentschädigung[132].

Dienstkleidung ist nicht zu verwechseln mit spezieller Schutzkleidung, die zur Vorbeugung gegen Arbeitsunfälle in bestimmten Verwaltungsbereichen nach den Vorschriften über die Unfallverhütung oder wegen starker Verschmutzungsgefahr getragen werden muss.

8.2.1.4 Einzelrechte persönlicher Art

Zu den Einzelrechten persönlicher Art des Beamten gehören Rechte wie Urlaub, die ordnungsgemäße Führung der Personalakte, Beurteilung und Zeugniserteilung sowie ein Antrags-, Beschwerde- und Klagerecht.

8.2.1.4.1 Urlaubsanspruch / Dienstbefreiung aus besonderen Gründen

Es gibt verschiedene Arten von Urlaub für Beamte und darüber hinaus Dienstbefreiung aus besonderen Gründen. Folgende Urlaubsarten sind zu unterscheiden:

- Erholungsurlaub,
- Elternzeit,
- Sonderurlaub und
- Urlaub ohne Dienstbezüge,
- Urlaubsansparung zur Kinderbetreuung.

Erholungsurlaub

Der Beamte hat einen Anspruch auf Erholungsurlaub unter Fortgewährung der Leistungen des Dienstherrn (vgl. § 71 Satz 1 LBG, § 44 BeamtStG). Urlaub stellt ein genehmigtes Fernbleiben vom Dienst dar (vgl. § 62 Abs. 1 Satz 1 LBG).

Einzelheiten regelt die aufgrund der Ermächtigung des § 71 Satz 2 LBG ergangene Freistellungs- und Urlaubsverordnung[133].

Die Beamtinnen und Beamten des Landes, der Gemeinden, der Gemeindeverbände und der anderen der Aufsicht des Landes unterstehenden Körperschaften, Anstalten und Stiftungen des öffentlichen Rechts erhalten **auf Antrag** (§ 39 Abs. 1 Satz 1 FrUrlV) in jedem Urlaubsjahr Erholungsurlaub unter Fortzahlung der Besoldung (§ 17 Abs. 1 FrUrlV). Der Urlaub wird genehmigt, soweit der ordnungsgemäße Ablauf der Dienst-

---

[132] Zur Instandsetzungspauschale für Dienstkleidung vgl. RdErl. d. Innenministeriums v. 24.07.2002 – 43.3 – 5200, SMBl.NRW. Nr. 2057.
[133] Verordnung über die Freistellung wegen Mutterschutz für Beamtinnen und Richterinnen, Eltern- und Pflegezeit, Erholungs- und Sonderurlaub der Beamtinnen und Beamten und Richterinnen und Richtern im Land Nordrhein-Westfalen (Freistellungs- und Urlaubsverordnung NRW – FrUrlV NRW) vom 10.01.2012, (GV.NRW. S. 2), zuletzt geändert durch Artikel 1 der VO vom 21.06.2016 (GV.NRW S. 485).

geschäfte gewährleistet ist (§ 39 Abs. 2 FrUrlV). Urlaubsjahr ist das Kalenderjahr (§ 17 Abs. 1 FrUrlV). Erholungsurlaub ist zu beantragen und wird erteilt, sofern die ordnungsgemäße Erledigung der Dienstgeschäfte gewährleistet ist. Im Einzelnen regelt die Freistellungs- und Urlaubsverordnung die Dauer des Erholungsurlaubs, die Erteilung, die Teilung, die Übertragung, den Widerruf sowie die Verlegung aber auch die Gewährung von Zusatzurlaub und Urlaub für die Durchführung von Kuren.

Der Urlaub beträgt nach § 18 Abs. 2 Satz 1 FrUrlV bei einer Fünftagewoche **einheitlich 30 Arbeitstage**. Im Rahmen eines Beamtenverhältnisses auf Widerruf zur Ableistung des Vorbereitungsdienstes beträgt der Erholungsurlaub nach § 18 Abs. 2 Satz 2 FrUrlV lediglich 28 Arbeitstage.

Sonderregelungen bestehen für schwerbehinderte Beamte nach § 125 SGB IX.

Bei Beendigung des Beamtenverhältnisses ist der krankheitsbedingt ganz oder teilweise nicht in Anspruch genommene Mindesturlaub von 20 Arbeitstagen pro Urlaubsjahr, der zu diesem Zeitpunkt nach § 19 Abs. 2 FrUrlV nicht verfallen ist, von Amts wegen abzugelten (sog. **Abgeltungsanspruch**). Gleiches gilt für nicht beanspruchten Zusatzurlaub nach § 125 Absatz 1 Satz 1 des Neunten Buches Sozialgesetzbuch (§ 19a Abs. 1 Satz 1 und 2 FrUrlV). Der Abgeltungsbetrag pro nicht genommenem Urlaubstag entspricht dem anteiligen Bruttobezug eines Arbeitstages (§ 19a Abs. 2 Satz 1 FrUrlV). Der Abgeltungsanspruch verjährt in der regelmäßigen Verjährungsfrist von drei Jahren, beginnend mit dem Schluss des Jahres, in dem das Beamtenverhältnis beendet wird beziehungsweise die Freistellungsphase vor Beendigung des Beamtenverhältnisses beginnt (§ 19a Abs. 3 Satz 1 FrUrlV).

Der Urlaub wird nach Arbeitstagen berechnet (§ 18 Abs. 1 Satz 1 FrUrlV).

Nur einen Teilanspruch auf den Erholungsurlaub haben Beamte, die ggf. nicht das volle Kalenderjahr beschäftigt waren:

Grund teilweiser Beschäftigung und Urlaubsanspruch:

- **Beginn oder Ende** des Beamtenverhältnisses im Laufe des Urlaubsjahres
  = 1/12 des Jahresurlaubs für jeden vollen Monat der Dienstzugehörigkeit (§ 18 Abs. 3 Satz 1 FrUrlV)

- Beendigung wegen Erreichens der **Altersgrenze** (§ 31 LBG) in der ersten Jahreshälfte
  = Anspruch auf den halben Jahresurlaub (§ 18 Abs. 3 Satz 2 FrUrlV)

- Beendigung wegen Erreichens der **Altersgrenze** (§ 31 LBG) in der zweiten Jahreshälfte
  = Anspruch auf den vollen Jahresurlaub (§ 18 Abs. 3 Satz 2 FrUrlV)

- Bewilligung von Urlaub unter **Wegfall der Besoldung**
  = Kürzung des Erholungsurlaubs um 1/12 für jeden vollen Monat der Beurlaubung (§ 18 Abs. 4 Satz 1 FrUrlV)

Der **Erholungsurlaub** wird **nicht gekürzt,** wenn und solange der Beamte während der Elternzeit oder Pflegezeit bei dem eigenen Dienstherrn eine **Teilzeitbeschäftigung** ausübt (vgl. § 18 Abs. 4 Satz 2 FrUrlV).

Der Erholungsurlaub soll im laufenden Urlaubsjahr nach Möglichkeit voll ausgenutzt werden. Der Erholungsurlaub kann hierbei geteilt werden, wenn der Erholungszweck hierdurch nicht gefährdet wird (§ 19 Abs. 1 FrUrlV). Urlaub, der nicht innerhalb von zwölf Monaten nach Ablauf des Urlaubsjahres genommen worden ist, verfällt (§ 19 Abs. 2 FrUrlV).

Während einer Ausbildung ist der Erholungsurlaub so zu bewilligen, dass der geordnete Ablauf der Ausbildung gewährleistet ist (§ 20 Abs. 1 FrUrlV). Bei einer Ausbildung an einer Fachhochschule soll Urlaub nach § 20 Abs. 3 FrUrlV nicht während der fachwissenschaftlichen Studienzeit gewährt werden.

Elternzeit

Die Landesregierung hat durch Rechtsverordnung die der Eigenart des öffentlichen Dienstes entsprechende Anwendung der Vorschriften des Bundeselterngeld- und Elternzeitgesetzes über die **Elternzeit** auf Beamte zu regeln (vgl. § 74 Abs. 2 Satz 1 LBG, § 46 BeamtStG). In den §§ 9 ff. FrUrlV sind insbesondere die Voraussetzungen der Inanspruchnahme der Elternzeit, einer möglichen Teilzeitbeschäftigung während der Elternzeit und der Entlassungsschutz für Beamtinnen und Beamte im Beamtenverhältnis auf Probe und Widerruf geregelt.

Beamtinnen und Beamte haben nach § 9 FrUrlV i. V. m. § 15 Abs. 1 BEEG[134] **Anspruch auf Elternzeit** ohne Dienstbezüge oder Anwärterbezüge, wenn sie

- mit ihrem Kind,
- mit einem Kind, für das sie die Anspruchsvoraussetzungen nach § 1 Abs. 3 oder 4 BEEG erfüllen,
- mit einem Kind, das sie in Vollzeitpflege (§ 33 SGB VIII) aufgenommen haben
- in einem Haushalt leben und dieses Kind selbst betreuen und erziehen.

Der Anspruch auf Elternzeit besteht grundsätzlich bis zur Vollendung des **dritten Lebensjahres des Kindes,** wobei zwölf Monate mit Zustimmung des Dienstherrn bis zum achten Lebensjahr übertragen werden können, bei einem angenommenen oder in Vollzeit- oder Adoptionspflege genommenen Kind bis zu drei Jahren, seitdem das Kind in Obhut genommen wurde, längstens bis zur Vollendung des achten Lebensjahres des Kindes (§ 9 FrUrlV i. V. m. § 15 Abs. 2 BEEG).

---

[134] Gesetz zum Elterngeld und zur Elternzeit (Bundeselterngeld- und Elternzeitgesetz – BEEG) vom 05.12.2006 (BGBl. I S. 2748), neugefasst durch Bekanntmachung vom 27.01.2015 (BGBl. I S. 33).

Elternzeit kann, auch anteilig, von jedem Elternteil allein oder von beiden Elternteilen gemeinsam unter Anrechnung der Mutterschutzfrist genommen werden; sie ist jedoch auf bis zu drei Jahre für jedes Kind begrenzt (§ 9 FrUrlV i. V. m. § 15 Abs. 3 BEEG).

Während der Elternzeit darf der Beamte nicht mehr als **30 Stunden** bei ihrem Dienstherrn erwerbstätig sein (§ 10 Abs. 1 FrUrlV). Mit Genehmigung des Dienstherrn kann die Teilzeitbeschäftigung auch außerhalb eines Beamtenverhältnisses ausgeübt werden (§ 10 Abs. 2 Satz 1 FrUrlV).

Beamtinnen und Beamte müssen die Elternzeit spätestens sieben Wochen **schriftlich verlangen** und gleichzeitig erklären, für welche Zeiten sie Elternzeit bis zum vollendeten zweiten Lebensjahr des Kindes nehmen werden (§ 9 FrUrlV i. V. m. § 16 Abs. 1 Satz 2 BEEG). In dringenden Fällen ist ausnahmsweise auch eine kürzere Frist möglich (§ 9 FrUrlV i. V. m. § 16 Abs. 1 Satz 2 BEEG). Die Zeit einer Mutterschutzfrist bzw. eines anschließenden Erholungsurlaubs wird auf den Zweijahreszeitraum angerechnet (§ 9 FrUrlV i. V. m. § 16 Abs. 1 Satz 3 BEEG).

Die Elternzeit kann vorzeitig beendet oder unter bestimmten Voraussetzungen verlängert werden, wenn der Dienstvorgesetzte zustimmt (§ 9 FrUrlV i.V. m. § 16 Abs. 3 Satz 1 BEEG).

Während der Elternzeit darf die Entlassung von Beamtinnen und Beamten auf Probe oder auf Widerruf gegen ihren Willen nach § 12 Abs. 1 FrUrlV nur ausgesprochen werden, wenn ein Sachverhalt vorliegt, bei dem Beamtinnen und Beamte auf Lebenszeit aus dem Dienst zu entfernen wären (vgl. § 5 Abs. 1 Nr. 1 LDG). Die Beendigungsregelungen nach den §§ 22, 23 Abs. 1 und 2 BeamtStG bleiben unberührt (§ 12 Abs. 2 FrUrlV).

Sonderurlaub

Aufgrund der Ermächtigung nach § 72 Abs. 1 Satz 1 LBG hat die Landesregierung durch Rechtsverordnung den Urlaub aus anderen Anlässen (**Sonderurlaub**) der Beamtinnen und Beamten und Richterinnen und Richter im Lande Nordrhein-Westfalen geregelt.

Die Freistellungs- und Urlaubsverordnung enthält Regelungen zu den Anlässen für die Urlaubsgewährung, die Dauer des Sonderurlaubs, die Erteilung des Urlaubs unter Berücksichtigung der Gewährleistung des Dienstbetriebes, den möglichen Widerruf und die ausnahmsweise Anrechnung auf den Erholungsurlaub sowie Vorgaben zur Fortzahlung von Leistungen des Dienstherrn. Die Verordnung gilt für die Beamten des Landes, der Gemeinden, der Gemeindeverbände und der anderen der Aufsicht des Landes unterstehenden Körperschaften, Anstalten und Stiftungen des öffentlichen Rechts (vgl. § 1 FrUrlV) und sieht bei Vorliegen folgender Tatbestände die Gewährung von Sonderurlaub vor:

- Urlaub zur Ausübung staatsbürgerlicher Rechte,
- Urlaub zur Erfüllung staatsbürgerlicher Pflichten und
- Urlaub zur Bekämpfung von öffentlichen Notständen.

Urlaub ist für die Dauer der notwendigen Abwesenheit für die Teilnahme an öffentlichen Wahlen und Abstimmungen (§ 25 Abs. 1 Nr. 1 FrUrlV), zur Wahrnehmung amtlicher, insbesondere gerichtlicher oder polizeilicher Termine, soweit sie nicht durch private Angelegenheiten veranlasst sind (§ 25 Abs. 1 Nr. 2 FrUrlV), und zur Ausübung einer ehrenamtlichen Tätigkeit oder eines öffentlichen Ehrenamtes in anderen als den in § 72 Abs. 3 LBG (Ausübung eines Mandats) genannten Fällen, wenn dazu eine gesetzliche Verpflichtung besteht (§ 25 Abs. 1 Nr. 3 FrUrlV), zu gewähren.

Beruht eine ehrenamtliche Tätigkeit oder ein öffentliches Ehrenamt auf gesetzlicher Vorschrift, besteht aber zur Übernahme keine Verpflichtung, soll der erforderliche Urlaub gewährt werden, wenn keine dienstlichen Gründe entgegenstehen (vgl. § 25 Abs. 2 Satz 1 FrUrlV). Für die Teilnahme an regelmäßig wiederkehrenden Sitzungen in anderen als den in § 72 Abs. 3 LBG genannten Fällen in Ausübung eines Mandates soll der erforderliche Urlaub gewährt werden, wenn zwingende dienstliche Gründe nicht entgegenstehen (vgl. § 25 Abs. 2 Satz 2 FrUrlV).

Regelungen zur Gewährung von Sonderurlaub aus **folgenden Gründen** enthält § 26 Abs. 1 FrUrlV:

- Urlaub für staatsbürgerliche Zwecke,
- Urlaub für berufliche Zwecke,
- Urlaub für kirchliche Zwecke,
- Urlaub für gewerkschaftliche Zwecke,
- Urlaub für sportliche Zwecke und
- Urlaub für ähnliche Zwecke.

In den vorgenannten Fällen kann Urlaub unter Beschränkung auf das notwendige Maß bewilligt werden, soweit die Ausübung der Tätigkeit außerhalb der Dienstzeit nicht möglich ist und dienstliche Gründe nicht entgegenstehen (§ 26 Abs. 1 Satz 1 FrUrlV). Das Arbeitnehmerweiterbildungsgesetz[135] gilt hinsichtlich des Nachweises, ob Veranstaltungen beruflichen oder politischen Zwecken dienen, entsprechend (§ 26 Abs. 1 Satz 2 FrUrlV). Der Urlaub darf, auch wenn er für verschiedene Zwecke bewilligt wird, insgesamt fünf Arbeitstage einschließlich Reisetage im Urlaubsjahr nicht übersteigen (§ 26 Abs. 2 Satz 1 FrUrlV).

Über die bereits aufgeführten Urlaubstatbestände kann unter bestimmten Voraussetzungen Sonderurlaub u. a. **auch aus folgenden Anlässen** gewährt werden:

- Urlaub für gewerkschaftliche Aufgaben nach § 53 BeamtStG i. V. m. 93 LBG (§ 28 Abs. FrUrlV) sowie für Teilnahme an Tarifverhandlungen,
- Urlaub für ehrenamtliche Mitarbeit in der Jugendhilfe (§ 29 FrUrlV),
- Urlaub für eine Ausbildung als Schwesternhelferin oder Pflegediensthelfer (§ 30 FrUrlV),

---

[135] Gesetz zur Freistellung von Arbeitnehmern zum Zwecke der beruflichen und politischen Weiterbildung - Arbeitnehmerweiterbildungsgesetz (AWbG) vom 06.11.1984 (GV. NRW. S. 678), zuletzt geändert durch Gesetz vom 09.12.2014 (GV. NRW. S. 887).

- Urlaub zur Ausübung einer Tätigkeit in zwischenstaatlichen und überstaatlichen Organisationen oder zur Wahrnehmung von Aufgaben der Entwicklungszusammenarbeit (§ 31 FrUrlV) sowie
- Urlaub für eine fremdsprachliche Aus- oder Fortbildung (§ 32 FrUrlV).

Darüber hinaus kann nach § 33 FrUrlV auch Sonderurlaub aus persönlichen Anlässen gewährt werden. Die in § 33 Abs. 1 Satz 2 FrUrlV aufgezählten Gründe sind wie sich aus Satz 1 der Vorschrift ergibt, nicht abschließend. Die Gewährung von Sonderurlaub kommt etwa im Falle der Niederkunft der Ehefrau oder eingetragenen Lebenspartnerin im Sinne des Lebenspartnerschaftsgesetzes (§ 33 Abs. 1 Satz 2 Nr. 1 FrUrlV) oder bei Erkrankung eines Kindes unter zwölf Jahren oder eines behinderten und auf Hilfe angewiesenen Kindes (§ 33 Abs. 1 Satz 2 Nr. 6 FrUrlV)in Betracht.

Im Hochschulbereich kommt Sonderurlaub für wissenschaftliche und künstlerische Zwecke nach § 27 FrUrlV in Betracht.

Urlaub in besonderen Fällen ohne Besoldung kann bewilligt werden, wenn ein wichtiger Grund vorliegt und dienstliche Gründe nicht entgegenstehen (vgl. § 34 Abs. 1 FrUrlV). Was als wichtiger Grund anzusehen ist, erläutert die Verordnung nicht. Ein Urlaub von mehr als sechs Monaten bedarf der Zustimmung der obersten Dienstbehörde.

Soweit nicht ausnahmsweise ein Anspruch auf Gewährung von Sonderurlaub besteht, entscheidet der Dienstherr nach pflichtgemäßem Ermessen im Hinblick auf die Fürsorgepflicht (§ 45 BeamtStG) und unter Beachtung des Grundsatzes der Gleichbehandlung. Sonderurlaub darf nicht willkürlich verweigert werden.

Wenn ein Beamter für die Aufnahme eines Studiums Sonderurlaub ohne Besoldung beantragt, so dürfte regelmäßig ein wichtiger Grund i. S. der Verordnung vorliegen. Im Rahmen der Ermessensausübung hat der Dienstherr zu prüfen, ob die aufgrund des Sonderurlaubs vorübergehend frei werdende Stelle anderweitig oder auch durch eine befristet einzusetzende Ersatzkraft besetzt werden kann. Ohne Belang ist, ob zwischen dem Studium und der Wahrnehmung des Amtes im funktionellen Sinne ein fachlicher Zusammenhang besteht. Bei der Ermessensabwägung ist zwischen dem vom Beamten geltend gemachten wichtigen Grund und den sich aus dem zeitlichen Ausfall ergebenden nachteiligen Folgen für den Dienstherrn abzuwägen. Allein der Hinweis auf das Interesse an der unveränderten Fortführung des Amtes reicht für eine Ablehnung des Antrages nicht aus.[136]

Der Sonderurlaub ist rechtzeitig zu beantragen (vgl. § 39 Abs. 1 Satz 2 FrUrlV). Der Antrag auf Urlaub für staatsbürgerliche Pflichten ist unverzüglich nach Bekanntwerden des Urlaubsanlasses zu stellen (§ 39 Abs. 1 Satz 3 FrUrlV). Er kann widerrufen werden, wenn bei Abwesenheit des Beamten die ordnungsgemäße Erledigung der Dienstgeschäfte nicht mehr gewährleistet wäre. (vgl. § 40 Abs. 1 Satz 1 FrUrlV). Grundsätzlich wird bei Beurlaubungen nach der Sonderurlaubsverordnung die Besoldung weitergezahlt (vgl.

---

[136] Vgl. hierzu Urteil des BAG vom 30.10.2001, 9 AZR 426/00, Tenor: Wenn ein Arbeiter im öffentlichen Dienst für die Aufnahme eines Studiums Sonderurlaub nach dem Manteltarif für Arbeiter der Länder beantragt, so liegt regelmäßig ein wichtiger Grund für die Gewährung von Sonderurlaub ohne Lohnfortzahlung vor, BAGE 99, 274 = ZTR 2002, 337 = MDR 2002, 829.

§ 36 Abs. 1 Satz 1 FrUrlV). Eine Ausnahme stellt der Urlaub aus persönlichen Fällen nach § 34 FrUrlV dar.

Urlaub ohne Dienstbezüge aus arbeitsmarktpolitischen und familiären Gründen

Aus arbeitsmarktpolitischen Gründen **kann** Beamten mit Dienstbezügen auf Antrag Urlaub ohne Dienstbezüge nach § 70 LBG gewährt werden. Urlaub aus familiären Gründen **ist** Beamten auf Antrag nach § 64 Abs. 1 Satz 1 LBG zu gewähren.

Der **Urlaub aus arbeitsmarktpolitischen Gründen** kann in Bereichen bewilligt werden, in denen wegen der Arbeitsmarktsituation ein außergewöhnlicher Bewerberüberhang besteht und deshalb ein dringendes öffentliches Interesse daran gegeben ist, verstärkt Bewerber im öffentlichen Dienst zu beschäftigen (vgl. § 70 Abs. 1 LBG). Der Urlaub ohne Dienstbezüge kann bis zur Dauer von höchstens sechs Jahren (§ 70 Abs. 1 Nr. 1 LBG) oder nach Vollendung des 55. Lebensjahres auf Antrag, der sich auf die Zeit bis zum Beginn des Ruhestandes erstrecken muss (§ 70 Abs. 1 Nr. 2 LBG), ohne Dienstbezüge auch für diesen längeren Zeitraum gewährt werden, wenn dienstliche Belange nicht entgegenstehen.

Wird Urlaub ohne Besoldung beantragt, sind die Beamten auf die Folgen hinzuweisen, insbesondere auf die Folgen für Ansprüche aufgrund beamtenrechtlicher Regelungen (vgl. § 68 LBG). Der Antrag eines Beamten auf langfristige Beurlaubung ohne Dienstbezüge aus Arbeitsmarktgründen kann nach antragsgemäßer Bewilligung des Urlaubs nicht mehr ohne Zustimmung des Dienstherrn rechtswirksam zurückgenommen werden[137]. Eine Rückkehr aus dem Urlaub kann zugelassen werden, wenn dem Beamten die Fortsetzung des Urlaubs nicht zugemutet werden kann und dienstliche Belange nicht entgegenstehen.

Aus **familiären Gründen** kann ein Urlaub ohne Dienstbezüge bis zur Dauer von 15 Jahren gewährt werden, wenn mindestens ein Kind unter achtzehn Jahren oder ein pflegebedürftiger sonstiger Angehöriger tatsächlich betreut und gepflegt wird (vgl. § 64 Abs. 1 Satz 1 i. V. m. Abs. 3 Satz 1 LBG). Da Zeiten einer Elternzeit bei der Gesamtdauer der Urlaubsbewilligung nicht zu berücksichtigen sind, ist eine Betreuung von Kindern über einen Zeitraum von 18 Jahren möglich (vgl. § 64 Abs. 3 Satz 1 LBG).

Urlaub ohne Besoldung ist zur tatsächlichen Betreuung oder Pflege von mindestens einem Kind unter 18 Jahren oder einer oder einem nach § 7 Abs. 3 des Pflegezeitgesetzes pflegebedürftigen nahen Angehörigen zu bewilligen, soweit zwingende dienstliche Belange dem Begehren nicht entgegenstehen (§ 64 Abs. 1 Satz 1 Nr. 1 und 2 LBG). Während des Zeit des Urlaubs kann Teilzeitbeschäftigung auch mit weniger als die Hälfte der regelmäßigen Arbeitszeit bewilligt werden, wenn zwingende dienstliche Belange nicht entgegenstehen (§ 64 Abs. 1 Satz 2 LBG). Der Antrag auf Verlängerung einer Teilzeitbeschäftigung ist nach § 64 Abs. 4 Satz 1 LBG spätestens sechs Monate vor Ablauf der genehmigten Freistellung zu stellen. § 64 Abs. 4 Satz 2 LBG enthält eine sog. Störfallklausel.

---

[137] BVerwG, Urteil vom 15.05.1997, 2 C 3/96, BVerwGE 104, 375 = ZBR 1998, 26 = DÖD 1998, 33 = DVBl. 1998,194 = NWVBl. 1998,12.

Danach ist ein Übergang zur Vollzeitbeschäftigung oder eine Änderung des Umfangs der Teilzeitbeschäftigung auf Antrag zuzulassen, wenn der Beamte die Fortsetzung der bewilligten Teilzeitbeschäftigung nicht mehr zugemutet werden kann und dienstliche Belange nicht entgegenstehen. Die Fortsetzung der Teilzeitbeschäftigung dürfte unter Fürsorgegesichtspunkten bzw. bei Beachtung des Alimentationsprinzips dem Beamten etwa nicht mehr zumutbar sein, wenn ein amtsangemessener Lebensstandard nicht mehr gewährleistet ist.

Sonstige Urlaubsregelungen bzw. Dienstbefreiung / Freistellung

Neben den Urlaubsregelungen aufgrund der einzelnen Rechtsverordnungen gibt es für verschiedene weitere Anlässe gesetzliche Urlaubsregelungen oder Befreiungen von der Dienstausübung:

- Wahlvorbereitungsurlaub bei der Zustimmung der Aufstellung als Bewerber für die Wahl zum Europäischen Parlament, zum Bundestag, zum Landtag, zu der gesetzlichen Körperschaft eines anderen Landes oder zu einer kommunalen Vertretungskörperschaft innerhalb der letzten drei Monate ohne Besoldung (vgl. § 72 Abs. 2 LBG),
- Urlaub unter Belassung der Leistungen des Dienstherrn zur Mandatsausübung in der Vertretung einer Gemeinde oder eines Gemeindeverbandes oder einer Bezirksvertretung sowie für die Tätigkeit als Mitglied eines nach Kommunalverfassungsrecht gebildeten Ausschusses (vgl. § 72 Abs. 3 LBG).

Zur Gewährleistung des kommunalverfassungsrechtlichen Mandats begründet § 44 GO für den privaten Arbeitgeber bzw. den öffentlichen Dienstherren die Pflicht, abhängig Beschäftigte von der Arbeit bzw. vom Dienst freizustellen, wenn und insoweit es für deren Mandatstätigkeit im Rat, in der Bezirksvertretung und den Ausschüssen erforderlich ist. Eine materielle Prüfungspflicht hinsichtlich des Inhalts und der Intensität der Mandatstätigkeit steht dem Dienstvorgesetzten nicht zu. Dieser Freistellungsanspruch umfasst nicht die sonstigen auf Veranlassung des Rates (vgl. § 44 Abs. 2 Satz 2 Alternative 2 GO) ausgeübte Tätigkeiten wie diejenigen als vom Rat gewählter Vertreter der Gemeinde in den in § 113 GO genannten Gremien. Insoweit hat der Beamte einen Anspruch auf ermessensfehlerfreie Gewährung von Sonderurlaub nach § 34 Abs. 1 FrUrlV.[138]

Urlaubsansparung zur Kinderbetreuung

Beamte können nach § 20a Abs. 1 Satz 1 FrUrlV auf Antrag den **Erholungsurlaub** nach § 18 Absatz 2, der einen Zeitraum von 20 Arbeitstagen im Urlaubsjahr (Mindesturlaub) übersteigt, **ansparen**, solange ihnen für mindestens ein Kind unter zwölf Jahren die Personensorge zusteht. Dem Mindesturlaub von 20 Arbeitstagen liegt nach § 20a Abs. 1 Satz 2 FrUrlV eine Fünf-Tage-Woche bei ganzjähriger Beschäftigung zugrunde. Angesparter nicht in Anspruch genommener Erholungsurlaub verfällt bei Wegfall der Personensorge zum Ende des folgenden Urlaubsjahres, jedoch spätestens mit Ablauf des

---

[138] Vgl. Eildienst Landkreistag Nordrhein-Westfalen 4-5/98 – 1130 - 10, S. 108.

zwölften Urlaubsjahres nach der Geburt des letzten Kindes, für das die Personensorge zusteht (vgl. § 20a Abs. 2 Satz 1 FrUrlV).

8.2.1.4.2 Anspruch auf Teilzeitbeschäftigung

Teilzeitbeschäftigung ist nach § 43 BeamtStG zu ermöglichen. Im LBG sind verschiedene Modelle der Teilzeitbeschäftigung vorgesehen. Es handelt sich hierbei um

- die voraussetzungslose Teilzeitbeschäftigung (§ 63 LBG),
- die Teilzeitbeschäftigung aus familiären Gründen (§ 64 LBG),
- die Teilzeitbeschäftigung im Blockmodel (§ 65 LBG),
- die Altersteilzeit (§ 66 LBG)
- die Familienpflegezeit (§ 67 LBG) und
- die Pflegezeit (§ 67 LBG).

Eine Teilzeitbeschäftigung ist nach § 63 Abs. 1 LBG **bis zur Hälfte der regelmäßigen wöchentlichen Arbeitszeit** und bis zur jeweils beantragten Dauer zu bewilligen, wenn der Teilzeitbeschäftigung keine dienstlichen Belange **entgegenstehen (voraussetzungslose Teilzeitbeschäftigung)**.

Die **Teilzeitbeschäftigung aus familiären Gründen** nach § 64 Abs. 1 Satz 1 LBG bietet die Möglichkeit für den Beamten, während einer Betreuungs- oder Pflegephase Teilzeitbeschäftigung zu beantragen. Die Höchstdauer beträgt nach § 64 Abs. 3 Satz 1 LBG 15 Jahre. Der Antrag auf Verlängerung einer Teilzeitbeschäftigung ist nach § 64 Abs. 4 Satz 1 LBG NRW spätestens sechs Monate vor Ablauf der genehmigten Freistellung zu stellen.

Die **Teilzeitbeschäftigung im Blockmodell** ermöglicht dem Beamten, während einer bewilligten Teilzeitbeschäftigung seine Arbeitszeit zu erhöhen, um diese Arbeitszeiterhöhung während des unmittelbar daran anschließenden Teils des Bewilligungszeitraums durch eine entsprechende Ermäßigung der Arbeitszeit oder durch eine ununterbrochene Freistellung vom Dienst auszugleichen (§ 65 Abs. 1 Satz 1 LBG). Der gesamte Bewilligungszeitraum darf höchstens sieben Jahre betragen (§ 65 Abs. 1 Satz 2 LBG). Während der gesamten Dauer der Anspar- und Freistellungszeit erhält der Beamte eine gleichbleibend verringerte Besoldung. In Fällen der Teilzeitbeschäftigung aus familiären Gründen nach § 64 LBG kann die Ermäßigung der Arbeitszeit oder die ununterbrochene Freistellung auch zu Beginn oder während des Bewilligungszeitraums in Anspruch genommen werden (§ 65 Abs. 2 Satz 1 LBG). § 65 Abs. 3 LBG enthält eine sog. Störfallklausel. Soweit danach während des Bewilligungszeitraums nach § 65 Abs. 1 LBG Umstände eintreten, welche die vorgesehene Abwicklung unmöglich mache, so ist die Teilzeitbeschäftigung mit Wirkung für die Vergangenheit zu widerrufen. Ein Grund für den Widerruf der Teilzeitbeschäftigung liegt vor,

- bei Beendigung des Beamtenverhältnisses i. S. des § 21 BeamtStG (§ 65 Abs. 3 Satz 1 Nr. 1 LBG),
- bei Dienstherrnwechsel (§ 65 Abs. 3 Satz 1 Nr. 2 LBG),oder
- in besonderen Härtefällen, wenn dem Beamte die Fortsetzung der Teilzeitbeschäftigung nicht mehr zuzumuten ist (§ 65 Abs. 3 Satz 1 Nr. 3 LBG).

Der letzte Fall dürfte etwa dann gegeben sein, wenn sich die Lebensumstände des Beamten derart ändern, dass eine aufgrund der Teilzeitbeschäftigung verminderte Besoldung alleine eine amtsangemessene Lebensführung nicht mehr gewährleistet, wie ggf. nach einer Ehescheidung.

Zuviel gezahlte Bezüge sind vom Beamten zurück zu zahlen, zu wenig gezahlte Bezüge sind vom Dienstherrn nachzuzahlen (§ 65 Abs. 3 Satz 3 LBG).

Die Möglichkeit der **Altersteilzeitbeschäftigung** des § 66 LBG dient dem gleitenden Übergang in den Ruhestand, wobei nach § 66 Abs. 2 LBG die Teilzeitbeschäftigung auch im Rahmen eines sog. Blockmodells gewährt werden kann. Die Regelung ist seit dem 01.07.2016 entfristet.

Beamte haben nach § 67 LBG i. V. m. § 16 Abs. 1 FrUrlV **Anspruch auf Freistellung**. Möglich ist es, dem Dienst kurzzeitig für zehn Arbeitstage fernzubleiben oder vom Dienst bis zu einer Dauer von sechs (Pflegezeit, Betreuung pflegebedürftiger minderjähriger Angehöriger) bzw. drei Monaten (Begleitung letzte Lebensphase) teilweise oder vollständig freigestellt zu werden.

Die **Familienpflegezeit** nach § 67 LBG eröffnet dem Beamten die Möglichkeit, nahe Angehörige in häuslicher Umgebung zu pflegen (vgl. § 16a FrUrlV). Die Familienpflegezeit wird als Teilzeitbeschäftigung bewilligt, soweit zwingende dienstliche Gründe nicht entgegenstehen. Die regelmäßige wöchentliche Arbeitszeit muss in der Pflegephase mindestens 15 Stunden betragen (§ 16a Abs. 2 Satz 1 FrUrlV). Die Teilzeitbeschäftigung kann auch als Blockmodell entsprechend § 65 Abs. 2 LBG in Anspruch genommen werden. In diesen Fällen ist dem Beamten seine tatsächliche Arbeitszeit während der Pflegephase bis zu längstens 24 Monaten um den Anteil der reduzierten Arbeitszeit zu ermäßigen, welcher nach Beendigung der Pflegephase in der ebenso langen Nachpflegephase erbracht wird (§ 16a Abs. 3 FrUrlV).

8.2.1.4.3 Anspruch auf ordnungsgemäße Führung der Personalakte

Für jeden Beamten ist eine Personalakte **zu führen** (§ 83 Abs. 1 Satz 1 LBG). Sie **kann** nach § 83 Abs. 1 Satz 2 LBG in Teilen oder vollständig **automatisiert** geführt werden. Der Beamte hat ein Recht auf Vertraulichkeit und Schutz vor unbefugter Einsicht (§ 50 Satz 1 und 3 BeamtStG). Zu den Personalakten gehören alle Unterlagen einschließlich der mittels Datenverarbeitung gespeicherten Dateien, die den Beamten betreffen, soweit sie mit seinem Dienstverhältnis in einem unmittelbaren inneren Zusammenhang stehen (**Personalaktendaten**); andere Unterlagen dürfen in die Personalakte nicht aufgenommen werden (vgl. § 50 Satz 2 BeamtStG). Die Personalakte muss im wohlverstandenen Interesse des Beamten ein lückenloses Bild des beamtenrechtlichen bedeutsamen Lebenslaufes bieten.

Personalakten **sind alle Vorgänge** über die dienstlichen oder persönlichen Verhältnisse des Beamten, soweit sie seine Rechtsstellung oder seine dienstliche Verwendung betreffen oder im Zusammenhang mit seinen Rechten und Pflichten aus dem Beamtenverhältnis stehen, auch soweit sie bei nachgeordneten oder übergeordneten Behörden oder Einrichtungen (Behörden) geführt werden. **Nicht** zu den Personalakten gehören Sachakten, Sammelakten und Verwaltungsvorgänge, auch wenn sie personenbezogene Daten über den Beamten enthalten.

Keine Personalakten und damit Bestandteil der Sachakten sind auch Unterlagen, die besonderen, von der Person und dem Dienstverhältnis sachlich zu trennenden Zwecken dienen, insbesondere Prüfungs-, Sicherheits- oder Kindergeldakten (vgl. § 83 Abs. 3 Satz 1 LBG, Ziffer 1.2. der VV zu § 50 BeamtStG, § 83 Abs. 3 LBG).

Personalaktendaten dürfen in Dateien nur für **Zwecke der Personalverwaltung oder Personalwirtschaft** verarbeitet und genutzt werden (§ 89 Abs. 1 Satz 1 LBG). Bei der erstmaligen Speicherung ist dem Betroffenen die Art der über ihn gespeicherten Daten mitzuteilen, bei wesentlichen Änderungen ist er zu beanchrichtigen (vgl. § 89 Abs. 5 Satz 1 LBG).

Die dem Beamten gesetzlich eingeräumte **Vertraulichkeit** erlaubt den Zugang zur Personalakte nur den Beschäftigten, die im Rahmen der Personalverwaltung mit der Bearbeitung von Personalangelegenheiten beauftragt sind, und nur soweit dies zu Zwecken der Personalverwaltung oder der Personalwirtschaft erforderlich ist; dies gilt auch für den Zugang im automatisierten Abrufverfahren (vgl. § 83 Abs. 2 Satz 1 LBG). Damit dürfen Personalakten vom Behördenleiter, seinem ständigen Vertreter und von mit der Bearbeitung von Personalangelegenheiten beauftragten Bediensteten eingesehen werden (§ 83 Abs. 2 Satz 2 LBG). Zugang zur Personalakte haben ausnahmsweise die mit Angelegenheiten der Innenrevision beauftragten Beschäftigten, soweit sie die zur Durchführung ihrer Aufgaben (z. B. Korruptionsverhinderung) erforderlichen Erkenntnisse andernfalls nur mit unverhältnismäßigem Aufwand oder unter Gefährdung des Prüfungszwecks gewinnen könnten (vgl. § 83 Abs. 2 Satz 3 LBG). Die Gleichstellungsbeauftragte hat nach Maßgabe der Grundsätze des § 83 Abs. 2 LBG einen Anspruch auf Einsichtnahme in Personalakten (§ 18 Abs. 1 Satz 2 LGG). Kein Beamter darf die eigene Personalakte führen.

Ärztliche Gutachten usw. sind in einem verschlossenen Umschlag mit entsprechender Aufschrift aufzubewahren. Bei jeder Öffnung sind der Grund der Entnahme und das Datum zu vermerken (Ziffer 2.4. der VV zu § 50 BeamtStG, § 83 LBG).

Unterlagen über **Beihilfen** sind stets als Teilakte zu führen und von der übrigen Personalakte getrennt aufzubewahren (vgl. § 84 Sätze 1 und 2 LBG). Sie sollen in einer von der übrigen Personalverwaltung getrennten Organisationseinheit geführt und nur von den dort Beschäftigten bearbeitet werden (§ 84 Satz 3 LBG).

Der Beamte ist zu Beschwerden, Behauptungen, die für ihn **ungünstig** sind oder ihm nachteilig werden können, vor deren Aufnahme in die Personalakte **zu hören**, soweit die Anhörung nicht nach anderen Rechtsvorschriften erfolgt; seine Äußerung hierzu ist zur Personalakte zu nehmen (vgl. § 85 LBG). Soweit sich im Rahmen der Anhörung Zweifel an der Begründetheit der Beschwerden, Behauptung oder Bewertung ergeben und sich diese nicht ausräumen lassen, ist von der Aufnahme des Vorgangs in die Personalakte abzusehen (Ziffer 3.2. der VV zu § 84 LBG alt).

Mitteilungen in **gerichtlichen Verfahren** gegen Beamte einschließlich strafrechtlicher Ermittlungen und Ordnungswidrigkeiten sind zur Beurteilung der Persönlichkeit des Beamten in einem ggf. durchzuführenden Disziplinarverfahren zu den Personalakten zu nehmen. Die Vorlage von Personalakten an Gerichte und Staatsanwaltschaften richtet sich nach den einschlägigen Verfahrensvorschriften (z. B. §§ 99 VwGO, 119 SGG[139], §§ 96 und 161 StPO[140]).

Bei der Frage, ob **Beschwerden, Behauptungen und Bewertungen** zur Personal- oder zur Sachakte zu nehmen sind, ist zu unterscheiden (vgl. Ziffer 1.2. der VV zu § 50 BeamtStG):

Beschwerden, Behauptungen und Bewertungen, die sich **ausschließlich gegen eine Entscheidung** des Beamten richten, sind zur Sachakte zu nehmen. Solche, die sich **auch gleichzeitig gegen die Person des Beamten** richten, sind ebenfalls zur Sachakte zu entnehmen. Erweist sich in diesem Fall die Beschwerde usw. gegen die Person des Beamten als ganz oder teilweise begründet, so ist entweder eine Abschrift von ihr zur Personalakte zu nehmen oder in der Personalakte auf die Sachakte hinzuweisen. In beiden Fällen ist jedoch der Personalakte eine Abschrift der abschließenden Verfügung beizufügen.

Richtet sich die Beschwerde usw. **ausschließlich gegen die Person des Beamten**, ist sie zur Personalakte zu nehmen, wenn sie sich als ganz oder teilweise begründet erweist. Andernfalls sind sie zur Sachakte zu nehmen. § 16 Abs. 4 LDG bleibt unberührt.

Auf **Antrag** des Beamten können jedoch unbegründete Beschwerden usw. zur Personalakte genommen werden.

Anonyme Eingaben sind zu vernichten, sofern sie keinen Anlass geben, Ermittlungen einzuleiten.

Verwertung von Disziplinarvorgängen

Eintragungen in der Personalakte über Verweis, Geldbuße und die Kürzung der Dienstbezüge sind einschließlich der über diese **Disziplinarmaßnahmen** entstandenen Vorgänge mit Eintritt des Verwertungsverbotes von Amts wegen zu entfernen und zu vernichten (§ 16 Abs. 3 Satz 1 LDG). Der Tenor einer abschließenden gerichtlichen Entscheidung, mit der auf eine Zurückstufung erkannt wurde, verbleibt in der Personalakte (§ 16 Abs. 3 Satz 2 LDG). Auf Antrag der Beamtin oder des Beamten unterbleibt die Entfernung oder erfolgt eine gesonderte Aufbewahrung (§ 16 Abs. 3 Satz 3 LDG). Die Regelungen gelten entsprechend für Disziplinarvorgänge, die nicht zu einer Disziplinarmaßnahme geführt haben (§ 16 Abs. 4 Satz 1 LDG). **Disziplinarvorgänge**, die zu einer missbilligenden Äußerung geführt haben, sind nach zwei Jahren aus der Personalakte zu entfernen und zu vernichten (§ 16 Abs. 5 LDG).

---

[139] Sozialgerichtsgesetz (SGG) in der Fassung der Bekanntmachung vom 23.09.1975 (BGBl. I S. 2535), zuletzt geändert durch Artikel 2 Abs. 2 des Gesetzes vom 17.02.2016 (BGBl. I S. 203).
[140] Strafprozessordnung (StPO) in der Fassung der Bekanntmachung vom 07.04.1987 (BGBl. I S. 1074), zuletzt geändert durch Artikel 2 des Gesetzes vom 08.07.2016 (BGBl. I S. 1610).

Die Vorlage von Personalakten und anderen Behördenunterlagen mit personenbezogenen Daten sowie die Erteilung von Auskünften aus diesen Akten und Unterlagen an die mit Disziplinarvorgängen befassten Stellen und die Verarbeitung der so erhobenen personenbezogenen Daten im Disziplinarverfahren sind, soweit nicht andere Rechtsvorschriften dem entgegenstehen, auch gegen den Willen des Beamten sowie anderer Betroffener zulässig, wenn und soweit die Durchführung des Disziplinarverfahrens dies erfordert und überwiegende berechtigte Interessen des Beamten, anderer Betroffener oder der ersuchten Stellen nicht entgegenstehen (§ 30 Abs. 1 LDG).

Unterlagen über Beschwerden, Behauptungen und Bewertungen, auf die die Tilgungsvorschriften des Disziplinarrechts keine Anwendung finden, sind, falls diese sich als unbegründet oder falsch erwiesen haben, mit Zustimmung der Beamtin oder des Beamten unverzüglich aus der Personalakte zu entfernen und zu vernichten oder falls sie für die Beamtin oder den Beamten ungünstig sind oder ihr oder ihm nachteilig werden können, auf Antrag der Beamtin oder des Beamten nach zwei Jahren zu entfernen und zu vernichten. Dies gilt nicht für dienstliche Beurteilungen (§ 88 Abs. 1 Satz 1 LBG).

Vorgänge, die in Personalakten abzuheften sind, dürfen, soweit in Ziffer 6 der VV zu § 89 alt LBG nicht anderes bestimmt ist oder eine Pflicht zur Löschung oder Entfernung nicht besteht, nicht wieder entfernt oder durch Streichen, Überkleben, Radieren oder in anderer Weise unkenntlich gemacht werden (Ziffer 6.2. der VV zu § 89 LBG alt). Unterlagen, die nicht Personalaktendaten i. S. des § 50 Satz 2 BeamtStG sind, sind aus der Personalakte zu entfernen. Die Entfernung ist aktenkundig zu machen.

Einsichtnahme

Der Beamte hat ein **Recht auf Einsicht** in seine vollständige Personalakte; dieses gilt auch nach der Beendigung des Beamtenverhältnisses (vgl. § 86 Abs. 1 LBG). Das Recht auf Einsichtnahme in die Personalakte hat auch ein Beamter, der vorläufig seines Amtes enthoben oder in den einstweiligen Ruhestand versetzt ist oder dem die **Führung der Dienstgeschäfte** verboten wurde. Einem Bevollmächtigten des Beamten ist Einsicht in die Personalakte zu gewähren, soweit dienstliche Gründe nicht entgegenstehen (vgl. § 86 Abs. 2 Satz 1 LBG). Gleiches gilt für Hinterbliebene und ihre Bevollmächtigten, wenn ein berechtigtes Interesse glaubhaft gemacht wird (vgl. § 86 Abs. 2 Satz 2 LBG). Da sie keiner gesetzlichen Pflicht zur Verschwiegenheit unterliegen, sind auf die Vertraulichkeit der Personalakten und ausdrücklich darauf hinzuweisen, dass sie von der erlangten Kenntnis nur in dem zur Einsicht oder Auskunft berechtigenden Umfang Gebrauch machen dürfen (Ziffer 4.4 der VV zu § 87 LBG alt).

Die Personalakten führende Behörde bestimmt, **wo** die Einsicht gewährt wird (§ 86 Abs. 3 Satz 1 LBG). Die Personalakten sind in Gegenwart eines mit der Bearbeitung von Personalangelegenheiten beauftragten Bediensteten einzusehen (Ziffer 4.2. der VV zu § 87 LBG alt). Werden die Personalakten bei einer anderen als der Beschäftigungsbehörde geführt, so soll dem Beamten die Möglichkeit gegeben werden, die Akte bei der Beschäftigungsbehörde oder einer anderen geeigneten Behörde in Gegenwart eines beauftragten Bediensteten einzusehen. Soweit dienstliche Gründe nicht entgegenstehen, können Auszüge, Abschriften, Ablichtungen oder Ausdrucke gefertigt werden; dem Beamten ist auf Verlangen ein Ausdruck der zu seiner Person automatisiert gespeicherten Personalaktendaten zu überlassen (§ 86 Abs. 3 Satz 2 LBG).

Der Beamte kann wiederholt seine Personalakte einsehen. Die **Häufigkeit** der Einsichtnahme in die Personalakte ist nur unter dem Aspekt des Missbrauchs beschränkbar. Eine Dokumentation der Einsichtnahme ist unzulässig (Ziffer 4.1. der VV zu § 87 LBG alt).

Tilgungsregelungen

Unterlagen über Beschwerden, Behauptungen und Bewertungen, auf die die **Tilgungsvorschriften des Disziplinarrechts** keine Anwendung finden, sind,

1. falls sie sich als unbegründet oder falsch erwiesen haben, mit Zustimmung des Beamten unverzüglich aus der Personalakte zu entfernen und zu vernichten,
2. falls sie für den Beamten ungünstig sind oder ihm nachteilig werden können, auf Antrag des Beamten nach drei Jahren zu entfernen und zu vernichten; dies gilt nicht für dienstliche Beurteilungen (§ 88 Abs. 1 Satz 1 LBG).

Personalakten sind nach ihrem Abschluss von der Personalakten führenden Behörde grundsätzlich fünf Jahre aufzubewahren. Einzelheiten regelt § 90 LBG.

8.2.1.4.4 Anspruch auf Beurteilung / Zeugniserteilung / Beurteilung[141]

Der **Begriff der dienstlichen Beurteilung**[142] setzt Folgendes voraus:

- Eine schriftliche dienstliche Äußerung des Beurteilers.
- Gegenstand der Äußerung sind die erbrachten fachlichen Leistungen des Beurteilten bzgl. seiner Eignung und Befähigung.
- Wesentlich sind die Arbeitsergebnisse.
- Zeitlicher Maßstab ist ein festgesetzter Beurteilungszeitraum.

Eignung, Befähigung und fachliche Leistung des Beamten (vgl. Art. 33 Abs. 2 GG und § 9 BeamtStG) sind mindestens vor Ablauf der Probezeit dienstlich zu beurteilen (§ 92 Abs. 1 Satz 1 LBG). Nach § 5 Abs. 1 Satz 5 LVO sind als Grundlage für die Entscheidung über die Bewährung während der Probezeit **mindestens zwei Beurteilungen** über Eignung, Befähigung und fachliche Leistung zu fertigen. Bei der Leistungsbewertung ist ein **strenger Maßstab** anzulegen (§ 5 Abs. 1 Satz 3 LVO). Die **Beurteilung** vor Ablauf der Probezeit soll garantieren, dass eine Amtsverleihung nur dann erfolgt, wenn der Beamte für seine Laufbahn / seinen Laufbahnabschnitt geeignet und befähigt ist sowie die fachlichen Voraussetzungen erfüllt. Das Leistungsprinzip aus Art. 33 Abs. 2 GG gilt nicht nur bei der Einstellung, sondern auch bei den folgenden Beförderungen.

---

[141] Vgl. Richtlinie für die dienstliche Beurteilung zur Vorbereitung von Personalmaßnahmen, insbesondere Beförderungsentscheidungen, RdErl. des Ministeriums für Inneres und Kommunales, 24-1.39.51-1/09 vom 19.11.2010, MBl.NRW. S. 845.

[142] Zwischen- und Abschlusszeugnisse der Beamten auf Widerruf im Vorbereitungsdienst sind keine dienstlichen Beurteilungen, vgl. Art. 54 Abs. 2 BayLlbG. Selbiges gilt für Dienstzeugnisse, vgl. § 85 BBG).

Beamte sollen weiterhin in **regelmäßigen Zeitabständen** (sog. Regelbeurteilung) **und** anlässlich ihrer **Versetzung** (sog. Anlass-/Bedarfsbeurteilung) beurteilt werden (vgl. § 92 Abs. 1 Satz 2 LBG)[143]. Die Beurteilung dient der zweckmäßigen Verwendung des Beamten zur optimalen Aufgabenerledigung der öffentlichen Verwaltung und der Auslese unter Bewerbern für anstehende Beförderungen. Damit dient sie zugleich dem beruflichen Fortkommen des Beamten. Mit der dienstlichen Beurteilung wird festgestellt, ob der Beamte für seine Laufbahn / seinen Laufbahnabschnitt geeignet ist und die geforderte Leistung erbringt. Vor Versetzungen und Beförderungen sind Beurteilungen einzuholen, soweit eine Regelbeurteilung zu weit zurückliegt und damit nicht mehr aktuell ist. Der Dienstherr ist sodann verpflichtet, die Anlassbeurteilung, soweit diese einen deutlich kürzeren Zeitraum als die Regelbeurteilungen abbildet, **aus den Regelbeurteilungen zu entwickeln**[144]. Enthält die Anlassbeurteilung gegenüber der Regelbeurteilung Leistungssprünge, sind diese vom Dienstherrn ausreichend zu begründen. Die Beurteilung erstreckt sich auf die Merkmale wie Veranlagung, Charakter, Bildungsstand, Arbeitsleistung und Arbeitsergebnisse, soziales Verhalten sowie Belastbarkeit. Die Beurteilungen sind mit einem Gesamturteil abzuschließen und sollen einen Vorschlag für die weitere dienstliche Verwendung enthalten (§ 92 Abs. 1 Satz 3 LBG).

Bei Regelbeurteilungen sind nach § 8 Abs. 2 Satz 1 LVO bei Beurteilungen von Landesbeamten Vergleichsgruppen zu bilden. Die Zugehörigkeit zu einer Vergleichsgruppe bestimmt sich nach § 8 Abs. 2 Satz 2 LVO in erster Linie nach der Besoldungsgruppe oder nach der Funktionsebene. § 8 Abs. 3 Satz 1 LVO enthält eine auf die Vergleichsgruppen bezogene **Quotenregelungen** für Spitzenleistungen bei Landesbeamten. Danach soll der Anteil der Landesbeamten einer Vergleichsgruppe bei der besten Note zehn Prozent und bei der zweitbesten Note 20 Prozent nicht überschreiten.

Die Beurteilung ist dann **aussagefähig**, wenn sie Dritte in den Stand versetzt, sich ein klares Bild von dem Leistungsvermögen und den charakterlichen Eigenarten des Beurteilten zu machen. Eine Beurteilung, die bei dem Leser nur ein ungutes Gefühl hinterlässt, ihn aber nicht in den Stand setzt, sich ein eigenes Urteil zu bilden, genügt nicht den Anforderungen hinsichtlich der erforderlichen Klarheit usw.

Zuständig für die Erstellung der Beurteilung ist grundsätzlich die **dienstvorgesetzte Stelle** (§ 2 Abs. 2 LBG). In großen Behörden kann sie die Aufgabe auf nachgeordnete Mitarbeiter, insbesondere auf den unmittelbaren Vorgesetzten (§ 2 Abs. 5 LBG) übertragen. Aus der Fürsorgepflicht des Dienstherrn ist die Pflicht zur korrekten und gerechten Erstellung einer Beurteilung abzuleiten. Damit sind hohe Anforderungen an den die Beurteilung erstellenden Beamten verbunden. Die Erstellung von Beurteilungen durch Erst- und Zweitbeurteiler tragen zur Objektivierung des Beurteilungsverfahrens bei. Die endgültig erstellte Beurteilung ist zur Personalakte des Beamten zu nehmen, nachdem dem Beamten zuvor **Gelegenheit** eingeräumt worden ist, von der in vollem Wortlaut eröffneten Beurteilung **Kenntnis zu nehmen** und sie mit dem Vorgesetzten **zu besprechen** (vgl. § 92 Abs. 1 Satz 4 LBG).

---

[143] Ausführlich zur Bedeutung der dienstlichen Beurteilung im Rahmen von Auswahlentscheidungen siehe Hoffmann, Rechtssichere Personalauswahl in der öffentlichen Verwaltung, S. 73 ff.

[144] BVerwG, Urteil vom 22.11.2012, 2 VR 5/12, juris Langtext, Rn. 30 = BVerwGE 145, 112 = ZBR 2013, 207 = RiA 2013, 116.

Eine **Gegenäußerung des Beamten** ist ebenfalls zu den Personalakten zu nehmen (§ 92 Abs. 1 Satz 5 LBG). Der Beurteiler darf gegenüber dem Beurteilten hinsichtlich Gegenäußerungen **nicht voreingenommen** sein. Eine Voreingenommenheit liegt z. B. vor, wenn der Beurteiler nicht willens oder in der Lage ist, den Beamten sachlich und gerecht zu beurteilen. So kann beispielsweise eine zunächst fehlerfreie Beurteilung noch fehlerhaft werden, wenn der Beurteiler die berechtigten Aufhebungs- und Änderungsanträge des beurteilten Beamten zu behindern oder zu vereiteln versucht.

Nach § 10 Abs. 3 VAPgD BA werden **Beamte auf Widerruf** unabhängig von den die Module abschließenden Studienleistungen während der fachpraktischen Zeit beurteilt.

Die Beurteilung selbst ist **kein** eigenständiger **Verwaltungsakt** i. S. des § 35 Satz 1 VwVfG NRW, sondern dient als vorbereitende Maßnahme ggf. dem späteren Erlass eines Verwaltungsaktes, sodass diese nicht Bestandskräftig werden kann. Damit kann eine dienstliche Beurteilung etwa auch im Rahmen einer späteren Konkurrentenklage noch auf ihre Rechtmäßigkeit gerichtlich überprüft werden. Die Beurteilung ist mit einer Prüfungsentscheidung vergleichbar. Es handelt sich um einen Akt wertender Erkenntnis, der die **gerichtliche Rechtmäßigkeitskontrolle** im Wesentlichen auf folgende Punkte beschränkt[145]:

- Verkennung anzuwendender Begriffe,
- Verkennung des gesetzlichen Rahmens,
- unrichtiger Sachverhalt,
- Verkennung allgemein gültiger Wertmaßstäbe,
- Erwägungen sachfremder Art und
- Verstoß gegen Verfahrensvorschriften.

Die Personalvertretungsgesetze des Bundes und der Länder[146] sehen vor, dass die **Freistellung eines Personalratsmitglieds vom Dienst** nicht zu einer Beeinträchtigung des beruflichen Werdegangs führen darf.[147] Das Benachteiligungsverbot soll sicherstellen, dass die Mitglieder des Personalrats ihre Tätigkeit unabhängig wahrnehmen können. Darüber hinaus soll es verhindern, dass Bedienstete von einer Mitarbeit im Personalrat, insbesondere von einer Freistellung vom Dienst, aus Sorge um ihre berufliche Perspektiven Abstand nehmen. Daher folgt aus dem Benachteiligungsverbot, dass der Dienstherr freigestellten Personalratsmitgliedern diejenige berufliche Entwicklung ermöglichen muss, die sie ohne Freistellung voraussichtlich genommen hätten. Die Freistellung darf die Chancen, sich in einem Auswahlverfahren um ein höheres Amt nach Art. 33 Abs. 2 GG durchzusetzen, nicht verbessern, aber auch nicht beeinträchtigten.[148]

---

[145] Vgl. Hoffmann, Rechtssichere Personalauswahl in der öffentlichen Verwaltung, S. 87 ff.
[146] § 46 Abs. 3 Satz 6 BPersVG, Art. 8 BayPVG, § 7 Abs. 1 LPVG NRW.
[147] Eine ähnliche Problematik ergibt sich bei einer Freistellung aufgrund der Wahrnehmung eines parlamentarischen Mandats bzw. soweit die Gleichstellungsgesetze eine fiktive Nachzeichnung fordern, vgl. § 28 Abs. 3 Satz 1 BGleiG.
[148] BVerwG, Urteil vom 21.09.2006, 2 C 13.05, juris Langtext Rn. 13 = BVerwGE 126, 333 = ZBR 2007, 311 = RiA 2007, 214.

Es bedarf daher einer **Prognose des Dienstherrn**, wie der berufliche Werdegang ohne die Freistellung verlaufen wäre. Dies ist abhängig von der voraussichtlichen Entwicklung der dienstlichen Leistungen (fiktive Nachzeichnung der Laufbahn). Hinsichtlich der Methode und des Verfahrens zur Erstellung der Prognose steht dem Dienstherrn ein Einschätzungsspielraum zu. Eine ordnungsgemäße fiktive Nachzeichnung der Laufbahn setzt voraus, dass die Prognose durch fundierte Aussagen über die fiktive Leistungsentwicklung und den sich daraus ergebenden Werdegang durch Zugrundelegung von objektiven Tatsachen nachvollziehbar ist.[149]

Nach der ständigen Rechtsprechung des **BVerfG** und des **BVerwG** haben dann, wenn mehrere verbeamtete Bewerber den Anforderungskriterien gerecht werden und deshalb über die erforderliche Eignung für den Dienstposten verfügen, - in der Regel durch dienstliche Beurteilungen ausgewiesene - Abstufungen der Qualifikation Bedeutung.[150] Zur Ermittlung des Leistungsstands konkurrierender Bewerber ist dabei in erster Linie auf die zum Zeitpunkt der Auswahlentscheidung aktuellsten Beurteilungen abzustellen, weshalb der **letzten dienstlichen Beurteilung regelmäßig eine ausschlaggebende Bedeutung** zukommt.[151]

Der für die Auswahlentscheidung maßgebliche Leistungsvergleich der Bewerber muss vorrangig auf aussagekräftige, d. h. hinreichend differenzierte und auf gleichen Bewertungsmaßstäben beruhende dienstliche Beurteilungen gestützt werden. Aussagekräftig sind dienstliche Beurteilungen nur dann, wenn sie hinreichend aktuell sind.[152]

Ob eine dienstliche Beurteilung noch hinreichend aktuell ist, ist nicht nur anhand des Zeitraums, der zwischen Beurteilung und Auswahlentscheidung liegt, zu bemessen, sondern die Aktualität kann auch dann nicht mehr gegeben sein, wenn nach der letzten Beurteilung Veränderungen in tatsächlicher Hinsicht eingetreten sind, die dazu führen, dass sich das Leistungsbild des Beamten verändert hat.

Zudem müssen die Beurteilungen der Bewerber auch im Verhältnis zueinander von vergleichbarer Aktualität sein.[153]

Das Gesamturteil einer Beurteilung muss sich nachvollziehbar aus den Einzelbewertungen ableiten lassen (**sog. Plausibilitätsgebot**). Das allgemein anerkannte Gebot der Plausibilität dienstlicher Beurteilungen verlangt nicht, dass das Gesamturteil als zwingend folgerichtiges Produkt der Benotungen der ihm nachgeordneter Einzelkriterien erscheint. Das Gesamturteil darf in keinem unlösbaren Widerspruch zu den Einzelbewertungen stehen.[154]

---

[149] BayVGH, Beschluss vom 25.01.2016, 3 CE 15.2014,RiA 2016, 78.
[150] BVerwG, Beschluss vom 26.03.2015, 1 WB 44.14, juris Langtext Rn. 36 = Buchholz 449 § 3 SG Nr 78.
[151] BVerfG, Beschluss vom 16.12.2015, 2 BvR 1958/13, ZTR 2016, 170 = ZBR 2016, 128 = RiA 2016, 186; BVerwG, Beschluss vom 27.08.2015, 1 WB 59.14, juris Langtext Rn. 38.
[152] BVerwG, Beschluss vom 19.12.2014, 2 VR 1.14, juris Langtext Rn. 22 = IÖD 2015, 38 = Buchholz 11 Art 33 Abs 2 GG Nr 65.
[153] Vgl. OVG Lüneburg, Beschluss vom 04.09.2008, 5 ME 291/08, juris Langtext Rn. 7 ; VGH BW, Beschluss vom 15.03.2007, 4 S 339/07, IÖD 2007, 244; OVG NRW, Beschluss vom 19.09.2001, 1 B 704/01, NVwZ-RR 2002, 594 = DÖD 2001, 315 = NVwZ-RR 2002, 594..
[154] OVG NRW, Beschluss vom 28.06.2006, 6 B 618/06, ZBR 2006, 390 = NWVBl 2007, 119 = RiA 2007, 76.

Das Gesamturteil darf nicht rein rechnerisch aus den Einzelbewertungen ermittelt werden. Im Unterschied zu den Einzelbewertungen **bedarf das Gesamturteil der dienstlichen Beurteilung** vielmehr in der Regel **einer gesonderten Begründung**, um erkennbar zu machen, wie es aus den Einzelbegründungen hergeleitet wird. Einer Begründung bedarf es insbesondere dann, wenn die Beurteilungsrichtlinien für die Einzelbewertungen einerseits und für das Gesamturteil andererseits unterschiedliche Bewertungsskalen vorsehen. Im Übrigen sind die Anforderungen an die Begründung für das Gesamturteil umso geringer, je einheitlicher das Leistungsbild bei den Einzelbewertungen ist. Gänzlich entbehrlich ist eine Begründung für das Gesamturteil nur dann, wenn im konkreten Fall eine andere Note nicht in Betracht kommt, weil sich die vergebene Note - vergleichbar einer Ermessensreduzierung auf Null - geradezu aufdrängt.[155] Im Rahmen der Begründung des Gesamturteils ist zu beachten, dass Art. 33 Abs. 2 GG nicht vorgibt wie die einzelnen an Art. 33 Abs. 2 GG zu orientierenden Beurteilungsmerkmale zu gewichten sind. Im Rahmen des dem Dienstherrn zustehenden Ermessens ist es vielmehr Sache des Dienstherrn festzulegen, welches Gewicht er den einzelnen Merkmalen beimessen will. Das abschließende Gesamturteil ist durch eine Würdigung, Gewichtung und Abwägung der einzelnen bestenauswahlbezogenen Gesichtspunkte zu bilden. Diese Gewichtung bedarf schon deshalb einer Begründung, weil nur so die Einhaltung gleicher Maßstäbe gewährleistet ist und das Gesamturteil nachvollzogen und einer gerichtlichen Überprüfung zugeführt werden kann.[156] Die gewichtende Zuordnung von Einzelbewertungen zum Gesamturteil einer dienstlichen Beurteilung bedarf insbesondere dann notwendig einer nachvollziehbaren Begründung, wenn die Bewertungsskalen für die Einzelmerkmale und das Gesamtergebnis eine unterschiedliche Anzahl möglicher Einstufungen aufweisen.[157]

Dienstzeugnis

Dem Beamten wird bei Nachweis eines berechtigten Interesses und nach Beendigung des Beamtenverhältnisses auf Antrag ein **Dienstzeugnis** über Art und Dauer der von ihm bekleideten Ämter erteilt (§ 92 Abs. 3 Satz 1 LBG). Ohne weitere Angaben wird das Zeugnis als „einfaches Dienstzeugnis" bezeichnet. Das Dienstzeugnis muss auf Verlangen des Beamten nach § 92 Abs. 3 Satz 2 LBG auch über die von ihm ausgeübte Tätigkeit und seine Leistungen Auskunft geben. Ggf. handelt es sich um ein qualifiziertes Dienstzeugnis. Es muss der Wahrheit entsprechen und darf auch negative Eindrücke nicht verschweigen.

Das Dienstzeugnis im Beamtenrecht entspricht dem Arbeitszeugnis im Arbeitsrecht. Arbeitnehmer haben bei Beendigung des Arbeitsverhältnisses einen Anspruch auf Ausstellung eines Zeugnisses (vgl. § 630 BGB[158], § 73 HGB[159], § 113 GewO[160]). Zeugnisse dürfen keine Angaben zum Gesundheitszustand, zur Mitgliedschaft im Personalrat, ge-

---

[155] BVerwG, Urteil vom 17.09.2015, 2 C 27.14, BVerwGE 153, 48 = ZBR 2016, 134 = NVwZ 2016, 1262.
[156] OVG Lüneburg, Beschluss vom 12.04.2016, 5 ME 14/16, juris Langtext Rn. 23.
[157] OVG NRW, Beschluss vom 22.03.2016, 1 B 1459/15, juris Langtext Rn. 11.
[158] Bürgerliches Gesetzbuch in der Fassung der Bekanntmachung vom 02.01.2002 (BGBl. I S. 42), zuletzt geändert durch Artikel 3 des Gesetzes vom 24.05.2016 (BGBl. I S. 1190).
[159] Handelsgesetzbuch (HGB) in der im Bundesgesetzblatt Teil III, Gliederungsnummer 4100-1, veröffentlichten Fassung, zuletzt geändert durch Artikel 5 des Gesetzes vom 05.07.2016 (BGBl. I S. 1578).
[160] Gewerbeordnung (GewO) in der Fassung der Bekanntmachung vom 22.02.1999 (BGBL. I S. 202), zuletzt geändert durch Artikel 9 des Gesetzes vom 31.07.2016 (BGBl. I S. 1914).

werkschaftlichen Betätigung oder über geringfügige Verfehlungen enthalten.

8.2.1.4.5 Antrags-, Beschwerde- und Klagerecht

Der Beamte kann sich auf unterschiedliche Art gegen Entscheidungen seiner Vorgesetzten und seiner dienstvorgesetzten Stelle zur Wehr setzen. Im Wesentlichen stehen ihm die Instrumente des **Antrags-, Beschwerde- und Klagerechts** zur Verfügung. Der Beschwerdeweg und Rechtsschutz ist in den §§ 54 BeamtStG, 103 LBG geregelt.

Im Übrigen wird auf die Ausführungen zum Beschwerdeweg und zum Rechtsschutz unter Nr. 11 verwiesen.

8.2.2 Vermögenswerte Rechte

Die vermögenswerten Rechte können eingeteilt werden in die drei Bereiche der Sicherung des Lebensunterhalts des Beamten und seiner Familie bzw. seiner Hinterbliebenen sowie in dienstliche und außerdienstliche Sonderbelastungen. Es handelt sich um die **sog. materiellen Rechte** des Beamten.

Der Beamte erhält Leistungen des Dienstherrn (Besoldung, Versorgung und sonstige Leistungen) im Rahmen der darüber erlassenen besonderen Bestimmungen (§ 79 Abs. 1 LBG) zum Lebensunterhalt für sich selbst und seine Familienangehörigen; ggf. seine Hinterbliebenen. Sonstige Leistungen sind Kostenerstattungen und Fürsorgeleistungen, soweit sie nicht zur Besoldung und nicht zur Versorgung gehören (§ 79 Abs. 2 LBG). Zur Vertiefung vgl. Entscheidung des Bundesverfassungsgerichts zur Ballungsraumzulage aus dem Jahr 2007[161].

8.2.2.1 Lebensunterhalt

Besoldung und Versorgung beruhen auf dem **Alimentationsprinzip** (vgl. 2.1.1.2.3). Nach der Rechtsprechung des Bundesverfassungsgerichts und des Bundesverwaltungsgerichts hat der Dienstherr nach diesem hergebrachten Grundsatz des Berufsbeamtentums dem Beamten und seiner Familie in Form von Dienstbezügen sowie in der Alters- und Hinterbliebenenversorgung einen dem Dienstrang, der Bedeutung des Amtes und der Entwicklung der allgemeinen Lebensverhältnisse angemessenen Lebensunterhalt grundsätzlich auf Lebenszeit zu gewähren.[162]

Besoldung und Versorgung sind unter Beachtung des Alimentationsgrundsatzes zu bemessen. Das bedeutet, dass die Dienst- und Versorgungsbezüge je nach Amt, Dienststellung und Verantwortung unter Berücksichtigung der Entwicklung der allgemeinen wirtschaftlichen Verhältnisse angemessen festzusetzen und anzupassen sind. Sie müssen

---

[161] BVerfG, Urteil vom 06.03.2007, 2 BvR 556/04, DVBl. 2007, 440 = ZBR 2007, 128 = NVwZ 2007, 568 = VR 2007, 212.
[162] Vgl. Wichmann/Langer, Rn. 319 mit weiteren Hinweisen zur Rechtsprechung.

die Voraussetzung dafür bieten, dass sich der Beamte ganz dem öffentlichen Dienst als Lebensberuf widmen und in rechtlicher und wirtschaftlicher Unabhängigkeit die ihm durch das Grundgesetz zugewiesenen Aufgaben, unabhängig und gesetzestreu wahrnehmen kann. Entspricht die Besoldung nicht (mehr) dem Alimentationsprinzip, so ist die entsprechende gesetzliche Regelung verfassungswidrig.[163]

Das BVerfG hat in seiner Entscheidung vom 05.05.2015[164] zur Frage der Vereinbarkeit der Besoldung von Richtern und Staatsanwälten in Sachsen-Anhalt mit dem hegebrachten Grundsatz der amtsangemessenen Alimentation erstmals Eckpunkte festgelegt, anhand derer es konkret möglich ist, die Amtsangemessenheit der Besoldung und Versorgung im Einzelfall zu messen. Im Einzelnen ist bei der Prüfung wie folgt vorzugehen.

„*1. Dem weiten Entscheidungsspielraum des Gesetzgebers bei der praktischen Umsetzung der aus Art. 33 Abs. 5 GG resultierenden Pflicht zur amtsangemessenen Alimentierung der Richter und Staatsanwälte entspricht eine zurückhaltende, auf den Maßstab evidenter Sachwidrigkeit beschränkte verfassungsgerichtliche Kontrolle der einfachgesetzlichen Regelung. Ob die Bezüge evident unzureichend sind, muss anhand einer Gesamtschau verschiedener Kriterien und unter Berücksichtigung der konkret in Betracht kommenden Vergleichsgruppen geprüft werden.*

2. Im Rahmen dieser Gesamtschau liegt es nahe, mit Hilfe von aus dem Alimentationsprinzip ableitbaren und volkswirtschaftlich nachvollziehbaren Parametern einen durch Zahlenwerte konkretisierten Orientierungsrahmen für eine grundsätzlich verfassungsgemäße Ausgestaltung der Alimentationsstruktur und des Alimentationsniveaus zu ermitteln.

3. Hierzu eignen sich fünf Parameter, die in der Rechtsprechung des Bundesverfassungsgerichts zum Alimentationsprinzip angelegt sind und denen indizielle Bedeutung bei der Ermittlung des verfassungsrechtlich geschuldeten Alimentationsniveaus zukommt (deutliche Differenz zwischen einerseits der Besoldungsentwicklung und andererseits der Entwicklung der Tarifentlohnung im öffentlichen Dienst, des Nominallohnindex sowie des Verbraucherpreisindex, systeminterner Besoldungsvergleich und Quervergleich mit der Besoldung des Bundes und anderer Länder). Ist die Mehrheit dieser Parameter erfüllt (1. Prüfungsstufe), besteht eine Vermutung für eine verfassungswidrige Unteralimentation. Diese Vermutung kann durch die Berücksichtigung weiterer alimentationsrelevanter Kriterien im Rahmen einer Gesamtabwägung widerlegt oder weiter erhärtet werden (2. Prüfungsstufe).

4. Ergibt die Gesamtschau, dass die als unzureichend angegriffene Alimentation grundsätzlich als verfassungswidrige Unteralimentation einzustufen ist, bedarf es der Prüfung, ob dies im Ausnahmefall verfassungsrechtlich gerechtfertigt sein kann. Der Grundsatz der amtsangemessenen Alimentation ist Teil der mit den hergebrachten Grundsätzen verbundenen institutionellen Garantie des Art. 33 Abs. 5 GG. Soweit er mit anderen verfassungsrechtlichen Wertentscheidungen oder Instituten kollidiert, ist er entsprechend dem Grundsatz der praktischen Konkordanz im Wege der Abwägung zu einem schonenden

---

[163] BVerfG, Urteil vom 14.02.2012, 2 BvL 4/10, BVerfGE 130, 263 = VR 2012, 133 = ZBR 2012, 160.
[164] BVerfG, Urteil vom 05.05.2015, 2 BvL 17/09, ZBR 2015, 250 = ZTR 2015, 356 = Schütz BeamtR ES/C I Nr. 18.

Ausgleich zu bringen (3. Prüfungsstufe). Verfassungsrang hat namentlich das Verbot der Neuverschuldung in Art. 109 Abs. 3 Satz 1 GG.

5. Jenseits der verfassungsrechtlich gebotenen Mindestalimentation genießt die Alimentation des Richters oder Staatsanwalts einen relativen Normbestandsschutz. Der Gesetzgeber darf hier Kürzungen oder andere Einschnitte in die Bezüge vornehmen, wenn dies aus sachlichen Gründen gerechtfertigt ist.

6. Die Festlegung der Besoldungshöhe durch den Gesetzgeber ist an die Einhaltung prozeduraler Anforderungen geknüpft. Diese Anforderungen treffen ihn insbesondere in Form von Begründungspflichten. "

Diese Grundsätze hat das BVerfG in seiner Entscheidung zur Besoldung der sächsischen Beamten der Besoldungsgruppe A 10 vom 17.11.2015[165] bestätigt.

Im Unterschied zum Entgelt der Arbeitnehmer im öffentlichen Dienst stellt die Alimentation **keine Entlohnung für konkret geleistete Dienste** dar (vgl. § 611 BGB), sondern ist die vom Gesetzgeber festzusetzende Gegenleistung des Dienstherrn, damit sich der Beamte mit seiner ganzen Persönlichkeit seinen Aufgaben widmen und entsprechend den jeweiligen Anforderungen seines Aufgabengebietes seine Dienstpflichten nach besten Kräften und unabhängig von äußeren Einflüssen erfüllen kann. Die Höhe der Besoldungs- und Versorgungsbezüge wird durch Gesetz festgelegt und nicht wie im Arbeitsrecht im Rahmen eines Tarifvertrages zwischen den Tarifvertragsparteien ausgehandelt.

Anwärterbezüge als sonstige Dienstbezüge, die Beamte im Beamtenverhältnis auf Widerruf oder Referendare erhalten, unterfallen nicht der verfassungsrechtlich verankerten Alimentierung nach Art. 33 Abs. 5 GG[166].

8.2.2.1.1 Besoldung / Dienstbezüge

Mit dem **Dienstrechtsanpassungsgesetz für das Land Nordrhein-Westfalen vom 16.05.2013**[167] wurden das Bundesbesoldungsgesetz (Artikel 1 Nummer 1 Buchstabe a) und das Beamtenversorgungsgesetz (Artikel 5 Nummer 1 Buchstabe a) in nordrhein-westfälisches Recht **übergeleitet**. Die Überschrift des Bundesbesoldungsgesetzes wurde durch Artikel 2 Nr. 1 wie folgt neu gefasst: „Übergeleitetes Besoldungsgesetz für das Land Nordrhein-Westfalen (ÜBesG NRW)". Durch Artikel 6 Nr. 1 wurde auch die Überschrift des Beamtenversorgungsgesetzes wie folgt neu gefasst: „Beamtenversorgungsgesetz für das Land Nordrhein-Westfalen (Landesbeamtenversorgungsgesetz – LBeamtVG NRW)".

Soweit in Verordnungsermächtigungen in dem Übergeleiteten Besoldungsgesetz für das Land Nordrhein-Westfalen die Bundesregierung oder eine oberste Bundesbehörde zum Erlass einer Rechtsverordnung ermächtigt wird, tritt an die Stelle der Bundesregierung

---

[165] BVerfG, Beschluss vom 17.11.2015, 2 BvL 19/09, BVerfGE 140, 240 = ZBR 2016, 89 = ZBR 2016, 89.
[166] Vgl. BVerwG, Urteil vom 27.02.1992, 2 C 28/91, DVBl. 1992, 914 (917) = ZBR 1992, 244 = IÖD 1992, Nr. 9 2 - 5.
[167] GV. NRW. S. 233.

die Landesregierung und an die Stelle einer obersten Bundesbehörde die zuständige oberste Landesbehörde. Ist in den Verordnungsermächtigungen eine Beteiligung des Bundesrates vorgesehen, bedarf es dieser nicht (§ 1 Abs. 3 LBesG). Wird in diesem Gesetz auf das Bundesbesoldungsgesetz oder das Bundesbesoldungsgesetz in der am 31. August 2006 geltenden Fassung verwiesen, bezieht sich die Verweisung auf das Übergeleitete Besoldungsgesetz für das Land Nordrhein-Westfalen, soweit in diesem Gesetz nichts anderes bestimmt ist (§ 1 Abs. 4 LBesG). Ähnliches gilt für das Versorgungsrecht nach Artikel 5 Nr. 2 des Dienstrechtsanpassungsgesetzes. Wird in Verordnungsermächtigungen in dem übergeleiteten Beamtenversorgungsgesetz für das Land Nordrhein-Westfalen die Bundesregierung oder eine oberste Bundesbehörde zum Erlass einer Rechtsverordnung ermächtigt, tritt an die Stelle der Bundesregierung die Landesregierung und an die Stelle einer obersten Bundesbehörde die zuständige oberste Landesbehörde. Soweit in den Verordnungsermächtigungen eine Beteiligung des Bundesrates vorgesehen ist, bedarf es dieser nicht.

Mit Artikel 2 des **Dienstrechtsmodernisierungsgesetzes für das Land Nordrhein-Westfalen** (DRModG NRW) vom 27.06.2016[168], welches zum 01.07.2016 in Kraft getreten ist, wurden das ÜBesG NRW und das LBesG in ein einheitliches LBesG überführt.

Das Landesbeamtengesetz enthält zusätzlich lediglich ergänzende Vorschriften, da grundsätzlich das LBesG für die Besoldung der Beamten und Richter des Landes und der Beamten der Gemeinden, der Gemeindeverbände und der sonstigen der Aufsicht des Landes unterstehenden Körperschaften, Anstalten und Stiftungen des öffentlichen Rechts (vgl. § 1 Abs. 1 LBesG) zu beachten ist. Die Zuordnung der Ämter zu den Besoldungsgruppen der Besoldungsordnungen A, B, R und W und die Amtsbezeichnungen in diesen Ämtern richten sich nach den Anlagen 1 bis 4 des LBesG (vgl. §§ 22, 32, 40 LBesG), die Grundgehaltssätze sind in Anlage 6 bis 11 ausgewiesen.

Die Landesregierung bestimmt durch Rechtsverordnung die Behörden, die die Besoldung bei Landesbeamten festsetzen (§ 85 Abs. 1 Satz 1 LBesG)[169]. Für die Beamten der Gemeinden, Gemeindeverbände und der sonstigen der Aufsicht des Landes unterstehenden Körperschaften, Anstalten und Stiftungen des öffentlichen Rechts setzt die oberste Dienstbehörde oder die von ihr bestimmte Stelle die Besoldung fest (§ 85 Abs. 1 Satz 2 LBesG).

---

[168] Dienstrechtsmodernisierungsgesetz für das Land Nordrhein-Westfalen (Dienstrechtsmodernisierungsgesetz - DRModG NRW) (GV. NRW. S. 309).
[169] Verordnung zur Bestimmung der Besoldungsfestsetzungsbehörden des Landes Nordrhein-Westfalen (Besoldungszuständigkeitsverordnung NRW - BesZVO) vom 27.11.1979, GV.NRW. S. 990, zuletzt geändert durch VO vom 13.12.2011, GV. NRW. S. 683.

Die Besoldung umfasst alle Leistungen des Dienstherrn, die dem Beamten im Rahmen seines Dienstverhältnisses (**Dienstbezüge und sonstige Bezüge**) gewährt werden:

Dienstbezüge (§ 1 Abs. 4 LBesG)

- Grundgehalt,
- Leistungsbezüge für Professoren sowie hauptberufliche Leiter und Mitglieder von Leitungsgremien an Hochschulen,
- Familienzuschlag,
- Zulagen mit Ausnahme der Leistungsprämien,
- Vergütungen,
- Auslandsbesoldung.

Sonstige Bezüge (§ 1 Abs. 5 LBesG)

- Anwärterbezüge,
- vermögenswirksame Leistungen,
- Leistungsprämien,
- Zuschläge.

Bis zum 31.12.2016 gehört die **jährliche Sonderzahlung** nach dem Sonderzahlungsgesetz-NRW[170] vom 20. November 2003 (GV. NRW. S. 696) in der jeweils geltenden Fassung als sonstiger Bezug zur Besoldung nach § 1 Absatz 5 LBesG sowie zur Brutto- und Nettobesoldung im Sinne des § 70 Absatz 2 LBesG nach § 70 Absatz 3 LBesG. Zum 01.01.2017 wird die jährliche Sonderzahlung in die monatlichen Bezüge integriert (§ 91 Abs. 8 LBesG).

Die **Besoldung** der Beamten wird durch Gesetz geregelt (§ 2 Abs. 1 LBesG)[171]. Zusicherungen, Vereinbarungen und Vergleiche, die eine höhere als die gesetzlich zustehende Besoldung verschaffen sollen, sind unwirksam (§ 2 Abs. 2 Satz 1 LBesG). Gleiches gilt für Versicherungsverträge, die zu diesem Zweck abgeschlossen werden (vgl. § 2 Abs. 2 Satz 2 LBesG). Der Anspruch auf Besoldung (vgl. § 3 Abs. 1 Satz 1 LBesG) entsteht nach § 3 Abs. 1 Satz 2 LBesG mit dem Tag, an dem die Ernennung, Versetzung, Übernahme oder der Übertritt des Beamten in den Dienst eines der in § 1 Abs. 1 LBesG (Geltungsbereich) genannten Dienstherrn wirksam wird. Bedarf es im Einzelfall zur Verleihung eines Amtes mit anderem Endgrundgehalt keiner Ernennung oder wird der Beamte rückwirkend in eine Planstelle eingewiesen, so entsteht der Anspruch mit dem Tag, der in der Einweisungsverfügung bestimmt ist (§ 3 Abs. 1 Satz 3 LBesG).

Wird einem Beamten ein Amt mit höherem Endgrundgehalt verliehen, so kann er mit Rückwirkung von dem ersten oder einem sonstigen Tage des Kalendermonats, in dem die Verleihung wirksam wird, in die **höhere Planstelle** eingewiesen werden, soweit diese besetzbar war. In Haushaltsgesetzen (Landesverwaltung) oder in Haushaltssatzungen (Kommunalverwaltung) kann zugelassen werden, dass Beamte mit Rückwirkung von

---

[170] Gesetz über die Gewährung einer Sonderzahlung an Beamte, Richter und Versorgungsempfänger für das Land Nordrhein-Westfalen (Sonderzahlungsgesetz NRW – SZG NRW) vom 20.11.2003 (GV.NRW. S. 696), zuletzt geändert durch Artikel 27 des Gesetzes vom 14.06.2016 (GV. NRW. S. 310).
[171] Kugele, § 2 Rn. 2 ff.

höchstens drei Monaten in die höhere Planstelle eingewiesen werden, soweit sie während dieser Zeit die Obliegenheiten des verliehenen oder eines gleichartigen Amtes tatsächlich wahrgenommen haben und die Planstellen, in die sie eingewiesen werden, besetzbar waren (vgl. § 20 Abs. 3 LBesG).

Der Anspruch auf Besoldung **endet** mit Ablauf des Tages, an dem der Beamte aus dem Dienstverhältnis ausscheidet, soweit gesetzlich nichts anderes bestimmt ist (§ 3 Abs. 2 LBesG).

Ein Beamter, dessen regelmäßige Arbeitszeit nach den Vorschriften des Landesbeamtengesetzes ermäßigt worden ist, erhält im gleichen Verhältnis (zur Arbeitszeit) verringerte Dienstbezüge (vgl. § 8 Abs. 1 LBesG).

Die Besoldung wird entsprechend der Entwicklung der allgemeinen wirtschaftlichen und finanziellen Verhältnisse und unter Berücksichtigung der mit den Dienstaufgaben verbundenen Verantwortung regelmäßig angepasst (§ 16 LBesG). Seit 1999 müssen die Beamten einen eigenen Beitrag zur Altersversorgung leisten. Um die Versorgungsleistungen angesichts der demografischen Veränderungen und des Anstiegs der Zahl der Versorgungsempfängerinnen und Versorgungsempfänger sicherzustellen, wird als Sondervermögen eine Versorgungsrücklage aus der Verminderung der Besoldungs- und Versorgungsanpassungen nach § 17 Abs. 2 LBesG gebildet (§ 17 Abs. 1 Satz 1 LBesG). Damit soll zugleich das Besoldungs- und Versorgungsniveau in gleichmäßigen Schritten von durchschnittlich 0,2 Prozent abgesenkt werden (§ 17 Abs. 1 Satz 1 LBesG).

Regelungen zur Zahlungsweise der Besoldung enthält § 6 LBesG. Danach hat der Empfänger auf Verlangen der zuständigen Behörde ein Konto im Inland anzugeben oder einzurichten, auf das die Überweisung erfolgen kann (§ 6 Satz 1 LBesG). Die Übermittlungskosten, mit Ausnahme der Kosten für die Gutschrift auf dem Konto des Empfängers, trägt der Dienstherr, die Kontoeinrichtungs-, Kontoführungs- oder Buchungsgebühren trägt der Empfänger selbst (§ 6 Satz 2 und 3 LBesG). Eine Auszahlung auf andere Weise kann nur zugestanden werden, wenn dem Empfänger die Einrichtung oder Benutzung eines Kontos aus wichtigem Grund nicht zugemutet werden kann (§ 6 Satz 4 LBesG).

Funktionsgerechte Besoldung

Die Funktionen der Beamten sind gemäß § 19 Abs. 1 Satz 1 LBesG nach den mit ihnen verbundenen Anforderungen sachgerecht zu bewerten und Ämtern zuzuordnen (Grundsatz der funktionsgerechten Besoldung). Die Ämter sind nach ihrer Wertigkeit unter Berücksichtigung der gemeinsamen Belange aller Dienstherrn den **Besoldungsgruppen** zuzuordnen (vgl. § 19 Abs. 1 Satz 3 LBesG). Allerdings ist nach § 19 Abs. 1 Satz 2 LBesG eine Zuordnung von Funktionen zu mehreren Ämtern zulässig.

Zur **Zulässigkeit der Topfwirtschaft (Dienstpostenbündelung)** hat das BVerfG in seinem Beschluss vom 16.12.2015[172] wie folgt ausgeführt:

„Eine Dienstpostenbündelung (sogenannte Topfwirtschaft) ist nur zulässig, wenn für sie ein sachlicher Grund besteht. Ein solcher sachlicher Grund kann insbesondere dann angenommen werden, wenn der von der Dienstpostenbündelung betroffene Bereich Teil der sogenannten „Massenverwaltung" ist, bei der Dienstposten in der Regel mit ständig wechselnden Aufgaben einhergehen.

Der Dienstherr muss sich bewusst machen, welche Dienstposten von der Bündelung betroffen sind und welche Aufgaben in dieser Spannweite anfallen. Andernfalls besteht nicht die - für die Zulässigkeit einer Dienstpostenbündelung wiederum erforderliche - Möglichkeit einer angemessenen Leistungsbewertung.

Werden mehr als drei Ämter einbezogen, bedarf es dafür einer besonderen, nur in Ausnahmefällen denkbaren Rechtfertigung.

Eine laufbahngruppenübergreifende Bündelung ist angesichts der unterschiedlichen Anforderungen an die Befähigung in aller Regel unzulässig."

Das **Grundgehalt** bestimmt sich nach der Besoldungsgruppe des dem Beamten verliehenen Amtes (vgl. § 20 Abs. 1 Satz 1 LBesG). Zu unterscheiden ist zwischen aufsteigenden Gehältern und festen Gehältern. Ämter und damit die Dienstbezüge des Beamten in den Laufbahngruppen 1 und 2 sind der Besoldungsordnung A (aufsteigende Gehälter) zugeordnet. Daneben gibt es mit aufsteigenden Gehältern die besonderen Besoldungsgruppen für Richter und Staatsanwälte (R 1 und R 2). Die Besoldungsordnung B sieht für die Besoldungsgruppen B 1 bis B 11 feste Gehälter vor. Gleiches gilt für die Besoldungsgruppen R 3 bis R 10 der Besoldungsordnung R (Anlagen 1 bis 4 zum LBesG).

Besonderheiten der Besoldungsordnung W sind darin zu sehen, dass neben dem als Mindestbezug gewährten Grundgehalt variable Leistungsbezüge aus Anlass von Berufungs- und Bleibeverhandlungen (Berufungs- und Bleibe-Leistungsbezüge), für besondere Leistungen in Forschung, Lehre, Kunst, Weiterbildung und Nachwuchsförderung (besondere Leistungsbezüge), für die Wahrnehmung von Funktionen oder besonderen Aufgaben im Rahmen der Hochschulselbstverwaltung oder der Hochschulleitung (Funktions-Leistungsbezüge) vergeben werden (vgl. § 33 Abs. 1 Satz 1 LBesG). Das Nähere zur Gewährung der Leistungsbezüge regelt die Verordnung über die Gewährung und Bemessung von Leistungsbezügen sowie über die Gewährung von Forschungs- und Lehrzulagen für Hochschulbedienstete (Hochschul-Leistungsbezügeverordnung – HLeistBVO)[173] die Zuständigkeit, das Verfahren und die Voraussetzungen sowie Kriterien für die Vergabe von Leistungsbezügen an Professoren und die Vergabe von Leistungsbezügen wegen der Wahrnehmung von Funktionen oder besonderen Aufgaben im Rahmen der Hochschulselbstverwaltung und Hochschulleitung.[174]

---

[172] BVerfG, Beschluss vom 16.12.2015, 2 BvR 1958/13, ZTR 2016, 170 = ZBR 2016, 128 = RiA 2016, 186.
[173] Verordnung über die Gewährung und Bemessung von Leistungsbezügen sowie über die Gewährung von Forschungs- und Lehrzulagen für Hochschulbedienstete (Hochschul-Leistungsbezügeverordnung – HLeistBVO vom 17.12.2004 (GV.NRW. S. 790), zuletzt geändert durch VO vom 01.07.2016 (GV. NRW. S. 527), in Kraft getreten mit Wirkung vom 01.07.2016.
[174] Vgl. zur Frage der Verfassungsgemäßheit der Professorenbesoldung BVerfG, Urteil vom 14.02.2012, 2 BvL 4/10, BVerfGE 130, 263 = VR 2012, 133 ZBR 2012, 160.

Beamten kann in Stellen von besonderer Bedeutung ein Amt der Besoldungsordnung B (feste Gehälter) übertragen werden. Für die kommunalen Wahlbeamten richtet sich die Besoldung nach der Kommunalbesoldungsordnung des Bundes, die in Nordrhein-Westfalen durch die Eingruppierungsverordnung[175] konkretisiert wird.

Eingangsämter

Die Einstiegsämter für Beamte sind nach § 24 Abs. 1 LBesG folgenden Besoldungsgruppen zuzuweisen:

Laufbahn / Laufbahnabschnitt	Besoldungsgruppe
Laufbahngruppe 1 als erstes Einstiegsamt	A 5[176]
Laufbahngruppe 1 als zweites Einstiegsamt / Laufbahnabschnitt I	A 6 oder A 7
Laufbahngruppe 2 als erstes Einstiegsamt / Laufbahnabschnitt II	A 9 in technischen Laufbahnen A 10
Laufbahngruppe 2 als zweites Einstiegsamt / Laufbahnabschnitt III	A 13

Alle Ämter, die nicht Eingangsämter sind, sind sog. **Beförderungsämter**. Beförderungsämter dürfen, soweit gesetzlich nichts anderes bestimmt ist, nur eingerichtet werden, wenn sie sich von den Ämtern der niedrigeren Besoldungsgruppe nach der Wertigkeit der zugeordneten Funktionen wesentlich abheben (§ 26 LBesG). Die Anteile der Beförderungsämter dürfen nach Maßgabe sachgerechter Bewertung bestimmte **Obergrenzen**, die nach Vomhundertsätzen festgesetzt worden sind, nicht überschreiten (vgl. § 27 Abs. 1 Satz 1 LBesG)

- in der Besoldungsgruppe A 8   30 Prozent (§ 27 Abs. 1 Satz 1 Nr. 1 LBesG),
- in der Besoldungsgruppe A 9   8 Prozent (§ 27 Abs. 1 Satz 1 Nr. 2 LBesG),
- in der Besoldungsgruppe A 11   30 Prozent (§ 27 Abs. 1 Satz 1 Nr. 3 LBesG),
- in der Besoldungsgruppe A 12   16 Prozent (§ 27 Abs. 1 Satz 1 Nr. 4 LBesG),
- in der Besoldungsgruppe A 13   6 Prozent (§ 27 Abs. 1 Satz 1 Nr. 5 LBesG),
- in den Besoldungsgruppen A 15, A 16 und B 2 nach Einzelbewertung zusammen 40 Prozent (§ 27 Abs. 1 Satz 1 Nr. 6 LBesG),
- in den Besoldungsgruppen A 16 und B 2 zusammen 10 Prozent (§ 27 Abs. 1 Satz 1 Nr. 7 LBesG).

---

[175] Verordnung über die Eingruppierung der kommunalen Wahlbeamten auf Zeit und die Gewährung von Aufwandsentschädigungen durch die Gemeinden und Gemeindeverbände sowie weitere Körperschaften des öffentlichen Rechts (Eingruppierungsverordnung – EingrVO) vom 09.02.1979 (GV.NRW. S. 97), zuletzt geändert durch Artikel 1 der Verordnung vom 20.10.2015 (GV. NRW. S. 729).

[176] Die am 30.06.2016 vorhandenen Beamtinnen und Beamten der bisherigen Besoldungsgruppen A 3 und A 4 der Bundesbesoldungsordnung A des Übergeleiteten Besoldungsgesetzes für das Land Nordrhein-Westfalen und der Landesbesoldungsordnung A des Landesbesoldungsgesetzes werden zum 01.07.2016 in die Besoldungsgruppe A 5 der Landesbesoldungsordnung A übergeleitet und in eine entsprechende Planstelle der Besoldungsgruppe A 5 der Landesbesoldungsordnung A eingewiesen (§ 86 Abs. 2 LBesG).

Die Prozentsätze beziehen sich nach § 27 Abs. 1 Satz 2 LBesG

- für die Besoldungsgruppe A 8 oder A 9 auf die Gesamtzahl der Planstellen für Beamtinnen und Beamte der Besoldungsgruppen A 6 (zweites Einstiegsamt) bis A 9 in der Laufbahngruppe 1 bei einem Dienstherrn (§ 27 Abs. 1 Satz 2 Nr. 1 LBesG),
- für die Besoldungsgruppe A 11, A 12 oder A 13 auf die Gesamtzahl der Planstellen für Beamtinnen und Beamte der Besoldungsgruppe A 9 bis A 13 (ohne zweites Einstiegsamt) in der Laufbahngruppe 2 bei einem Dienstherrn (§ 27 Abs. 1 Satz 2 Nr. 2 LBesG), und
- für die Besoldungsgruppe A 15, A 16 oder B 2 auf die Gesamtzahl der Planstellen für Beamtinnen und Beamte der Besoldungsgruppen A 13 (zweites Einstiegsamt) bis A 16 und B 2 in der Laufbahngruppe 2 bei einem Dienstherrn (§ 27 Abs. 1 Satz 2 Nr. 3 LBesG).

Die in § 27 Abs. 1 LBesG normierten **Obergrenzen gelten** nach § 27 Abs. 2 LBesG **nicht für**

- die Gemeinden, Gemeindeverbände sowie für die Gemeindeprüfungsanstalt, den Landesverband Lippe und den Regionalverband Ruhr (§ 27 Abs. 2 Nr. 1 LBesG),
- die obersten Landesbehörden (§ 27 Abs. 2 Nr. 2 LBesG),
- Lehrerinnen und Lehrer und pädagogisches Hilfspersonal an öffentlichen Schulen und Hochschulen (§ 27 Abs. 2 Nr. 3 LBesG),
- Lehrkräfte an verwaltungsinternen Fachhochschulen (§ 27 Abs. 2 Nr. 4 LBesG),
- Laufbahnen, in denen auf Grund des § 25 Absatz 1 das Einstiegsamt einer höheren Besoldungsgruppe (Sonderlaufbahnen) zugewiesen worden ist (§ 27 Abs. 2 Nr. 5 LBesG),
- Bereiche eines Dienstherrn, in denen durch Haushaltsbestimmung die Besoldungsaufwendungen höchstens auf den Betrag festgelegt sind, der sich bei Anwendung des Absatzes 1 und der Rechtsverordnungen zu Absatz 3 ergeben würde (§ 27 Abs. 2 Nr. 6 LBesG).

Für eine besoldungsrechtliche Wirkung ist neben der Ernennung die Einweisung in eine dem Amt entsprechende Planstelle, die haushalts- bzw. stellenplanmäßig zur Verfügung stehen muss, erforderlich.

Grundgehalt

Das Grundgehalt richtet sich nach dem dem Beamten übertragenen statusrechtlichen Amt. Es ist der wesentliche Teil der Dienstbezüge. Familienstand und die Anzahl der Kinder haben keinen Einfluss auf die Höhe des Grundgehaltes. Von den 12 Besoldungsgruppen der Besoldungsordnung A (A 5 bis A 16) entfallen 1 auf die Laufbahngruppe 1 erstes Einstiegsamt (A 5), 4 auf die Laufbahngruppe 1 zweites Einstiegsamt (A 6 bis A 9) und 9 auf die Laufbahngruppe 2 (A 9 bis A 16). Das Spitzenamt der Laufbahngruppe 1 zweites Einstiegsamt (A 9) ist mit den Eingangsamt der Laufbahngruppe 2 erstes Einstiegsamt (A 9) **verzahnt**.

Das Grundgehalt wird, soweit die Besoldungsordnungen nicht feste Gehälter vorsehen (vgl. Besoldungsordnung B) nach **Erfahrungsstufen** bemessen (§ 29 Abs. 1 Satz 1 LBesG). Dabei erfolgt der Aufstieg in eine nächsthöhere Stufe nach bestimmten Zeiten mit dienstlicher Erfahrung und der Leistung (§ 29 Abs. 1 Satz 2 LBesG). Mit der ersten Ernennung in ein Beamtenverhältnis mit Anspruch auf Dienstbezüge im Geltungsbereich dieses Gesetzes wird ein Grundgehalt der ersten mit einem Grundgehaltsbetrag ausgewiesenen Stufe der maßgeblichen Besoldungsgruppe (Anfangsgrundgehalt) festgesetzt, soweit nicht berücksichtigungsfähige Zeiten nach § 30 Absatz 1 anerkannt werden. Die Stufe wird mit Wirkung vom Ersten des Monats festgesetzt, in dem das Beamtenverhältnis begründet wird. Ausgehend von diesem Zeitpunkt beginnt der Stufenaufstieg (§ 29 Abs. 2 Satz 1 bis 3 LBesG). Das Grundgehalt steigt in der Besoldungsordnung A bis zur fünften Stufe im Abstand von zwei Jahren, bis zur neunten Stufe im Abstand von drei Jahren und darüber hinaus im Abstand von vier Jahren (§ 29 Abs. 3 Satz 1 LBesG).

Im Falle einer Versetzung auf Antrag in den Geltungsbereich des Landesbesoldungsgesetzes kommt bei einem Dienstherrenwechsel nach § 61 LBesG die Zahlung einer **Ausgleichszulage** in Betracht. Verringert sich danach aufgrund einer Versetzung, die auf Antrag erfolgt, in den Geltungsbereich dieses Gesetzes die Summe der Dienstbezüge, ist eine Ausgleichszulage zu gewähren (§ 61 Abs. 1 Satz 1 LBesG). Dies gilt nicht für einen Wechsel in die Besoldungsgruppen W 2 oder W 3 der Landesbesoldungsordnung W (§ 61 Abs. 1 Satz 2 LBesG). Die Ausgleichszulage bemisst sich in Höhe des Unterschiedsbetrages, der sich zwischen den Summen der Dienstbezüge in der bisherigen Verwendung und in der neuen Verwendung zum Zeitpunkt der Versetzung ergibt. Sie vermindert sich bei jeder Erhöhung der Dienstbezüge um die Hälfte des Erhöhungsbetrages (§ 61 Abs. 1 Satz 3 LBesG). Selbiges gilt bei einer Versetzung aus dienstlichen Gründen, einer Übernahme oder einem Übertritt in den Geltungsbereich dieses Gesetzes (§ 61 Abs. 3 Satz 1 LBesG). Diese Ausgleichszulage ist nach § 61 Abs. 3 Satz 2 LBesG ruhegehaltsfähig. Nach § 61 Abs. 1 Satz 4 LBesG wird die Ausgleichszulage im Falle einer Erhöhung der Dienstbezüge um die Hälfte des Erhöhungsbetrages aufgezehrt.

Überleitung der vorhandenen Beamten

Bei Beamten sowie Richtern, deren Ämter in den Bundesbesoldungsordnungen A, B, R oder W des Übergeleiteten Besoldungsgesetzes für das Land Nordrhein-Westfalen vom 16.05.2013 (GV. NRW. S. 234) in der bis zum Inkrafttreten dieses Gesetzes geltenden Fassung oder in den Landesbesoldungsordnungen A oder B des Landesbesoldungsgesetzes in der Fassung der Bekanntmachung vom 17.02.2005 (GV. NRW. S. 154) in der bis zum Inkrafttreten dieses Gesetzes geltenden Fassung ausgebracht waren, werden die bisherigen Ämter in die entsprechenden Ämter und Besoldungsgruppen der Anlagen 1 bis 5 übergeleitet, soweit sich durch dieses Gesetz keine Änderungen bei der Amtsbezeichnung und der Besoldungsgruppe ergeben (§ 86 Abs. 1 Satz 1 LBesG).

Die am 30.06.2016 vorhandenen Beamten der bisherigen Besoldungsgruppen A 3 und A 4 der Bundesbesoldungsordnung A des Übergeleiteten Besoldungsgesetzes für das Land Nordrhein-Westfalen und der Landesbesoldungsordnung A des Landesbesoldungsgesetzes werden zum 01.07.2016 in die Besoldungsgruppe A 5 der Landesbesoldungsordnung A übergeleitet und in eine entsprechende Planstelle der Besoldungsgruppe A 5 der Landesbesoldungsordnung A eingewiesen (§ 86 Abs. 2 LBesG).

Leistungsabhängiger Aufstieg in den Leistungsstufen nach der Leistungsstufenverordnung (LStuVO[177])

Das Grundgehalt wird, soweit die Besoldungsordnungen nicht feste Gehälter vorsehen (vgl. Besoldungsordnung B) nach **Erfahrungsstufen** bemessen (§ 29 Abs. 1 Satz 1 LBesG). Dabei erfolgt der Aufstieg in eine nächsthöhere Stufe nach bestimmten Zeiten mit dienstlicher Erfahrung und der Leistung (§ 29 Abs. 1 Satz 2 LBesG). Vgl. dazu die Ausführungen zum Grundgehalt. Bei dauerhaft herausragenden Leistungen kann für Beamte der Landesbesoldungsordnung A nach § 29 Abs. 4 Satz 1 LBesG die nächsthöhere Stufe als Grundgehalt vorweg festgesetzt werden (Leistungsstufe).

Die **vorzeitige Festsetzung einer Leistungsstufe** dient der Anerkennung dauerhaft herausragender Gesamtleistungen, deren Festsetzung auf der Grundlage einer aktuellen Leistungseinschätzung, die die dauerhaft herausragenden Leistungen dokumentiert, erfolgt und zu erwarten ist, dass dies auch in Zukunft der Fall sein wird (vgl. § 2 Abs. 2 Satz 1 LStuVO). Bei dauerhaft erheblich über dem Durchschnitt liegenden Leistungen kann somit die nächsthöhere Stufe vorweg erreicht werden, frühestens nach Ablauf der Hälfte des regelmäßigen zeitlichen Abstandes bis zum Erreichen der nächsthöheren Stufe (vgl. § 3 Abs. 1 Satz 1 LStuVO). Durch Vorziehen der nächsthöheren Stufe (sog. Leistungsstufe) soll der Beamte begünstigt werden, der dauerhaft herausragende Leistungen erbringt und dessen bisherige Leistungen aus der Sicht des Dienstherrn die Prognose zulassen, dass er diese auch weiterhin erbringen wird. Er erhält damit die Bezahlung aus der nächsthöheren Stufe früher und länger. Die Festsetzung der Leistungsstufe und die Gewährung einer Leistungszulage oder Leistungsprämie nach der Leistungsprämien- und -zulagenverordnung[178] dürfen nicht mit demselben Sachverhalt begründet werden (§ 3 Abs. 2 Satz 1 LStuVO).

Durch dauerhaft herausragende Gesamtleistungen entsteht **kein Anspruch** auf die Gewährung (§ 2 Abs. 2 Satz 2 LStuVO). Leistungsstufen können nur im Rahmen bereitstehender Haushaltsmittel gewährt werden (§ 2 Abs. 3 LStuVO).

Die vorzeitige Erhöhung des Grundgehalts durch die Festsetzung einer Leistungsstufe ist **unwiderruflich** (vgl. § 3 Abs. 1 Satz 3 LStuVO). Der Gesetzgeber geht davon aus, dass die Leistungsstufe als Bezahlungsverbesserung ohnehin nur befristet wirkt, da für den Beamten nach Ablauf der Zeit, um welche die Erhöhung seines Grundgehaltes vorgezogen worden ist, wieder der Rhythmus nach § 29 Abs. 3 Satz 1 LBesG gilt. Durch diese temporäre Beschränkung der Bezahlungsverbesserung im Grundgehalt - im Rahmen der Zwei-Jahresintervalle höchstens ein Jahr, innerhalb der Drei-Jahresintervalle höchstens 18 Monate und im Rahmen der Vier-Jahresintervalle höchstens zwei Jahre - wird ein

---

[177] Verordnung über das leistungsabhängige Aufsteigen in den Grundgehaltsstufen (Leistungsstufenverordnung – LStuVO) vom 10.03.1998 (GV.NRW. S. 205, berichtigt S. 556 und 632), zuletzt geändert durch Artikel 7 der VO vom 02.12.2014 (GV.NRW. S. 870), in Kraft getreten am 17.12.2014.

[178] Verordnung über die Gewährung von Prämien und Zulagen für besondere Leistungen (Leistungsprämien- und -zulagenverordnung - LPZVO -) vom 10.03.1998 (GV.NRW. S. 204), zuletzt geändert durch Artikel 6 der VO vom 02.12.2014 (GV.NRW. S. 870).

Gewöhnungseffekt, der den Leistungsaspekt in Frage stellen könnte, vermieden. Im Gegenteil, durch die Möglichkeit, diese Bezahlungsverbesserung in der nächsten Stufe zu wiederholen, wird ein erneuter **Leistungsanreiz** geboten. Durch Leistungsstufen werden Leistungen der Beamten zeitnah honoriert. In der Vergangenheit konnte herausragende Arbeit nur durch Beförderung - bei Vorliegen der beamten- und laufbahnrechtlichen Voraussetzungen und einer freien und besetzbaren Planstelle - belohnt werden.

Die vom Dienstherrn gewährte höhere Besoldung im Leistungszeitraum **unterliegt nicht dem Alimentationsprinzip** und ist damit nicht den hergebrachten Grundsätzen des Berufsbeamtentums zuzuordnen. Im Grundgehalt selbst ist bereits die für eine unabhängige Amtsführung notwendige Alimentationssicherheit durch die erste Stufe in der Besoldungsgruppe gewahrt. Das Aufrücken in Stufen honoriert Leistung und obliegt daher in seiner Ausgestaltung dem Gesetzgeber. Da es keine spezifisch strukturelle Bedeutung für die Institution des Berufsbeamtentums hat, bestehen verfassungsrechtliche Bedenken diesbezüglich nicht. Die Leistungsbezogenheit des Aufrückens in Dienstaltersstufen war bereits früheren Besoldungsordnungen eigen. Der Rechtsanspruch des leistungsungebundenen Aufstiegs in den Dienstaltersstufen bis zum 30.06.1997 hat sich allmählich entwickelt und ist im Ergebnis weitgehend auf Verwaltungsvereinfachung zurückzuführen und auch nur damit zu rechtfertigen.[179]

Eine befristete Vorweggewährung der nächsthöheren Stufe ist als **rein leistungsbezogenes** Element zu sehen. Die Vergabe von Leistungsstufen kommt von vornherein nur für konstante Leistungsträger in Betracht. Anders als bei Leistungsprämien und Leistungszulagen nach der Leistungsprämien- und Leistungszulagenverordnung dient dieses Instrument nicht dazu, aktuelle Leistungen oder situative Einzelleistungen zu honorieren. Sachlicher Grund für die Gewährung einer Leistungsstufe ist ausschließlich die dauerhaft herausragende Leistung des Beamten. Ein Kriterium für die Einschätzung des Dienstherrn hierüber kann beispielsweise eine relativ zeitnahe dienstliche Beurteilung, eine aktuelle Leistungseinschätzung oder das Ergebnis eines vorausgegangenen Bewerbungs-(auswahl)verfahrens sein. Liegen Erkenntnisse aus solchen Verfahren nicht vor, genügt auch ein aktuelles Votum, aus dem sich ergibt, dass der Beamte in der Vergangenheit, wie auch derzeit dauerhaft herausragende Leistungen erbringt. Zusätzlich muss eine Prognose abgegeben werden, dass die herausragende Leistung auch künftig zu erwarten ist.[180] Die Akzeptanz der Entscheidung ist in der Praxis von der sachgerechten Einstufung abhängig.

Leistungsstufen bleiben 15 Prozent der Beamten eines Dienstherrn in der Besoldungsgruppe A mit Dienstbezügen bei entsprechend fachlichen Leistungen vorbehalten, die das Endgrundgehalt noch nicht erreicht haben (vgl. § 29 Abs. 4 Satz 2 LBesG). § 6 Abs. 1 Satz 1 LStuVO nennt 10 vom Hundert, ist aber noch nicht an das Dienstrechtsmodernisierungsgesetz vom 14.06.2016 angepasst worden (Stand Oktober 2016). Die getroffene Begrenzung der Empfänger von Leistungsstufen auf diesen Prozentsatz der noch nicht im Endgrundgehalt befindlichen Beamten soll dazu beitragen, dass nur herausragende Leistungsträger in den einzelnen Laufbahngruppen durch eine vorzeitige Erhöhung des Grundgehalts begünstigt werden. Gleichzeitig bleiben die Ausgaben für den Haushalts-

---

[179] Vgl. Summer, Leistungsanreize / Unleistungssanktionen, ZBR 1995, 125 (135, 136).
[180] Vgl. Bundesratsdrucksache 885/95, S. 67 f.

und Besoldungsgesetzgeber überschaubar. Die Bewertung obliegt dem Dienstherrn. Dieser kann Leistungsstufen gewähren, ist dazu aber im Hinblick auf die Haushaltslage nicht zwingend verpflichtet.[181] Einen einklagbaren Rechtsanspruch auf Gewährung einer Leistungszulage hat der Beamte nicht, wohl aber einen Anspruch auf ermessensfehlerfreie Entscheidung, wenn Leistungsstufen vergeben werden.

Die Vergabe von Leistungsstufen steht beamtenrechtlich unterhalb der Verleihung eines anderen Amtes mit anderem (höherem) Endgrundgehalt und anderer Amtsbezeichnung (vgl. § 8 Abs. 1 Nr. 4 BeamtStG). Mit der Beförderung werden gute Leistungen des Beamten honoriert (Leistungsprinzip aus Art. 33 Abs. 2 GG). Vor Ablauf eines Jahres und Feststellung der Eignung für einen höherwertigen Dienstposten in einer Erprobungszeit darf der Beamte nicht nochmals befördert werden (vgl. § 19 Abs. 2 Satz 1 Nr. 3 LBG). Nach der Verleihung eines Amtes mit höherem Endgrundgehalt soll in den folgenden 12 Monaten eine Leistungsstufe nicht bewilligt werden (§ 3 Abs. 2 Satz 2 LStuVO).

Verbleib in der Leistungsstufe

Der Beamte verbleibt in der bisherigen Stufe des Grundgehalts, wenn und solange seine Gesamtleistung den mit seinem Amt verbundenen durchschnittlichen Anforderungen nicht genügt (§ 2 Abs. 4 LStuVO). Nach der Begründung des Gesetzentwurfs zur Änderung des Bundesbesoldungsgesetzes wird durch die neue Struktur des Grundgehaltes das Bezahlungssystem zeitgerecht umgestaltet. Steigerungen im Grundgehalt erfolgen leistungsabhängig und nicht durch reinen Zeitablauf. Wird festgestellt, dass der Beamte fortwährend nicht anforderungsgerechte Leistungen erbringt, verbleibt er in seiner bisherigen Stufe, bis die Leistung ein Aufsteigen in die nächsthöhere Stufe rechtfertigt (vgl. § 29 Abs. 4 Satz 3 LBesG)[182].

Die Feststellung erfolgt auf der Grundlage der letzten dienstlichen Beurteilung (vgl. § 5 Abs. 1 Satz 1 LStuVO). Eine Leistungsstufe soll nicht aufgrund einer Beurteilung festgesetzt werden, die bereits Grundlage der Verleihung eines Amtes mit höherem Endgrundgehalt war (§ 5 Abs. 1 Satz 2 LStuVO).

Der beabsichtigten Entscheidung (Verwaltungsakt i. S. von § 35 Satz 1 VwVfG NRW) über die Hemmung des Aufstiegs müssen übliche Personalführungsmaßnahmen vorausgehen. Insbesondere sind Leistungsmängel rechtzeitig vor dem maßgebenden Zeitpunkt des „normalen" Aufsteigens in die nächste Stufe deutlich aufzuzeigen und dem Beamten ist Gelegenheit zu geben, diese zu beheben (Anhörung nach § 28 Abs. 1 VwVfG NRW).

Der anstehende Aufstieg kann bei Minderleistung solange suspendiert werden, bis die erbrachte Leistung einen Aufstieg wieder rechtfertigt. In einem solchen Fall verliert der nicht leistungserbringende Beamte den Differenzbetrag der jeweiligen Stufe für ein Jahr. Bei einem Oberinspektor in der Besoldungsgruppe A 10 der Stufe 6, der die Stufe 7 erst ein Jahr später erhält, wäre die Hemmung für ein Jahr mit einem Einkommensverlust von über 1.000,00 € verbunden. Innerhalb eines Jahres nach der für den Beamten negativen

---

[181] Vgl. Bundesratsdrucksache 885/95, S. 23 und Bundestagsdrucksache 13/3994, S. 39.
[182] Vgl. Bundesratsdrucksache 885/95, S.67.

Feststellung ist zu prüfen, ob eine Leistungssteigerung (mindestens dem Amt entsprechende durchschnittliche Anforderungen) vorliegt, die ein Aufsteigen in die nächsthöhere Stufe rechtfertigt (vgl. § 29 Abs. 4 Satz 4 LBesG). Ggf. wird der Beamte vom ersten Tag des folgenden Monats an, in dem die erneute Feststellung erfolgt, der nächsthöheren Stufe zugeordnet (vgl. § 4 Satz 2 LStuVO).

Die Differenzierung des § 29 Abs. 4 LBesG ermöglicht es Beamten, die von der Aufstiegshemmung betroffen waren, durch Leistung wieder aufzusteigen und die Stufe des eigentlichen Besoldungsdienstalters bis hin zum Endgrundgehalt zu erreichen. Ein dauerhafter Ausschluss von Einkommensverbesserungen durch Hemmung im Stufenaufstieg wird eher die Ausnahme sein oder ggf. auch disziplinarrechtliche Konsequenzen erfordern.[183]

Mit Einführung der Leistungsstufen steht ein **Personalführungsinstrument** zur Verfügung[184]. Allerdings haben finanzielle Leistungsanreize auch ihre Grenzen. Sie können Personalführung unterstützen, nicht aber ersetzen. Die Wirkung hängt wesentlich von der zweckentsprechenden Anwendung durch Vorgesetzte ab. Für den Erfolg eines leistungsbezogenen Besoldungsgefüges ist aber nicht nur die Qualität der Führungsentscheidung von Bedeutung. Fehlende Sachbezogenheit wird sich auf Dauer gegen Vorgesetzte selbst richten und mit Autoritäts- bzw. Akzeptanzverlusten einhergehen.[185]

Zuständig für die Entscheidungen nach § 29 Abs. 4 LBesG ist in der Landesverwaltung die oberste Dienstbehörde des Beamten oder die von ihr bestimmte Stelle (vgl. § 7 Abs. 1 LStuVO). In Gemeinden und Gemeindeverbänden entscheidet die nach dem Kommunalverfassungsrecht für beamtenrechtliche Entscheidungen zuständige Stelle (vgl. § 7 Abs. 2 LStuVO, § 74 Abs. 1 Satz 2 GO und 49 Abs. 2 Satz 2 KrO).

Die Entscheidung ist dem Beamten **schriftlich mitzuteilen** (§ 29 Abs. 5 Satz 3 LBesG, § 7 Abs. 3 Satz 1 LStuVO). **Widerspruch und Anfechtungsklage**, die bei Hemmung des Aufstiegs nicht auszuschließen sind, ist die aufschiebende Wirkung versagt (vgl. § 29 Abs. 5 Satz 4 LBesG, § 7 Abs. 3 Satz 2 LStuVO). Nach der Begründung zum Gesetzentwurf ist es ausreichend, im rechtsmittelfähigen Bescheid die Tatsachen und Gründe aufzuzeigen, die der Feststellung der Leistungsstufe oder zur Hemmung im Aufstieg geführt haben. Die Notwendigkeit der Beseitigung der Suspensivwirkung wird damit begründet, dass ggf. allein durch die Einlegung des Widerspruchs die Besoldungsverbesserung durch Aufstieg in die nächsthöhere Stufe erfolgen würde. Auf Antrag des Beamten kann das zuständige Verwaltungsgericht der Hauptsache nach § 80 Abs. 5 Satz 1 VwGO die aufschiebende Wirkung des Rechtsbehelfs anordnen. In Betracht kommen dürfte eine solche Maßnahme nur bei erheblichen und offensichtlichen Zweifeln an der Rechtmäßigkeit der Entscheidung. Andernfalls würde das Gericht im Haupt-verfahren entscheiden.

---

[183] Vgl. Bundesratsdrucksache 885/95, S. 68 und Bundestagsdrucksache 13/399, S. 29.
[184] Vgl. Bundesratsdrucksache 885/95, S. 67 und Bundestagsdrucksache 13/3994, S. 29.
[185] Vgl. Beus/Bredendiek, Das Gesetz zur Reform des öffentlichen Dienstrechts, ZBR 1997, 201 (203).

Eine Sonderregelung enthält § 29 Abs. 6 LBesG für den Fall der vorläufigen Dienstenthebung (vgl. § 38 LDG). Der Beamte verbleibt in diesem Fall für die Dauer der vorläufigen Dienstenthebung in seiner bisherigen Stufe. Führt das Disziplinarverfahren nicht zur Entfernung aus dem Beamtenverhältnis (vgl. § 5 Abs. 1 Nr. 5 LDG) oder endet das Dienstverhältnis nicht durch Entlassung auf Antrag des Beamten (vgl. § 23 Abs. 1 Satz 1 Nr. 4 BeamtStG) oder infolge strafgerichtlicher Verurteilung (vgl. § 24 BeamtStG), so regelt sich das Aufsteigen im gesetzlich vorgesehenen Rhythmus des § 29 Abs. 3 LBesG.

Familienzuschlag

Die Gewährung des **Familienzuschlages** ist in den §§ 42 bis 44 LBesG geregelt. Er wird nach der Anlage 13 zum LBesG neben dem Grundgehalt gewährt (§ 42 Satz 1 LBesG). Die Höhe richtet sich nach **Stufen**, die die Familienverhältnisse des Beamten berücksichtigen (vgl. § 42 Satz 2 LBesG). Für Anwärter, die nach § 74 Abs. 1 LBesG Anwärterbezüge erhalten, ist die Besoldungsgruppe des Eingangsamtes maßgebend, in das sie nach Abschluss des Vorbereitungsdienstes unmittelbar eintreten (§ 42 Satz 3 LBesG).

Zur **Stufe 1** gehören Beamte in einer Ehe oder Lebenspartnerschaft, verwitwete Beamte sowie hinterbliebene Beamte einer Lebenspartnerschaft, geschiedene Beamte, sowie Beamte deren Ehe aufgehoben oder für nichtig erklärt worden ist, wenn sie aus der Ehe zum Unterhalt verpflichtet sind und die Unterhaltsverpflichtung mindestens die Höhe des Betrags der Stufe 1 des Familienzuschlags erreicht sowie andere Beamte, die eine andere Person nicht nur vorübergehend in ihre Wohnung aufgenommen haben und ihr Unterhalt gewähren, weil sie gesetzlich oder sittlich dazu verpflichtet sind oder aus beruflichen oder gesundheitlichen Gründen ihrer Hilfe bedürfen (vgl. § 43 Abs. 1 Satz 1 LBesG). Zur Stufe 1 gehören nach § 43 Abs. 1 Satz 2 LBesG ferner andere Beamtinnen, Beamte, Richterinnen und Richter, die ein Kind nicht nur vorübergehend in ihre Wohnung aufgenommen haben, für das ihnen Kindergeld nach dem Einkommensteuergesetz oder nach dem Bundeskindergeldgesetz zusteht oder ohne Berücksichtigung der §§ 64 und 65 des Einkommensteuergesetzes oder der §§ 3 und 4 des Bundeskindergeldgesetzes zustehen würde. Damit gehören insbesondere Alleinerziehende zur Stufe 1 des Familienzuschlags. Die Eigenmittelgrenze ist in diesen Fällen erst zu prüfen, wenn der Anspruch auf Kindergeld entfallen ist. Damit ist gesichert, dass der Anspruch auf den Familienzuschlag der Stufe 1 nicht bei einer möglicherweise nur geringfügigen Erhöhung des Kindesunterhaltes entfällt.

Zur **Stufe 2** und den folgenden Stufen gehören die Beamten der Stufe 1, denen Kindergeld nach dem Einkommensteuergesetz oder nach dem Bundeskindergeldgesetz zusteht oder ohne Berücksichtigung nach den entsprechenden Vorschriften zustehen würde (vgl. § 43 Abs. 2 Satz 1 LBesG). Zur Stufe 2 und den folgenden Stufen gehören auch die Beamten, und Richter der Stufe 1, die Kinder ihrer Lebenspartnerin oder ihres Lebenspartners in ihren Haushalt aufgenommen haben, wenn andere Beamte oder Richter der Stufe 1 bei sonst gleichem Sachverhalt zur Stufe 2 oder einer der folgenden Stufen gehörten (§ 43 Abs. 2 Satz 2 LBesG). Die Stufe richtet sich nach der Anzahl der berücksichtigungsfähigen Kinder (§ 43 Abs. 2 Satz 3 LBesG).

Zulagen und Vergütungen

Regelungen über die verschiedenen Arten von Zulagen enthalten die §§ 45 bis 65 LBesG. Zu unterscheiden ist u. a. zwischen **Amts-, Struktur- und Stellenzulagen** (vgl. § 45, 47, 48 LBesG) sowie Prämien und Zulagen für **besondere Leistungen** (vgl. § 60 LBesG). Für herausgehobene Funktionen können Amts- und Stellenzulagen vorgesehen werden. Sie dürfen grundsätzlich 75 v. H. des Unterschiedsbetrages zwischen dem Endgrundgehalt der Besoldungsgruppe des Beamten und dem Endgrundgehalt der nächsthöheren Besoldungsgruppe nicht übersteigen (vgl. §§ 45 Abs. 1 Satz 2, 48 Abs. 1 Satz 2 LBesG). Amtszulagen werden unwiderruflich gewährt und sind ruhegehaltsfähig. Sie gelten als Bestandteil des Grundgehaltes (vgl. § 45 Abs. 2 LBesG). Stellenzulagen dürfen nur für die Dauer der Wahrnehmung der herausgehobenen Funktion gewährt werden. Sie sind widerruflich und nur ruhegehaltsfähig, wenn dies gesetzlich ausdrücklich bestimmt ist (vgl. § 48 Abs. 4 LBesG).

Für folgende Funktionen sind **Stellenzulagen** vorgesehen:

- Zulage für Beamte mit vollzugspolizeilichen Aufgaben (§ 49 LBesG),
- Zulage für Beamte der Feuerwehr (§ 50 LBesG),
- Zulage für Beamtinnen und Beamte bei Justizvollzugseinrichtungen, Psychiatrischen Krankenanstalten, in abgeschlossenen Vorführbereichen der Gerichte sowie in Abschiebungshafteinrichtungen (§ 51 LBesG),
- Zulage für Beamte im Außendienst der Steuerverwaltung (§ 52 LBesG),
- Zulage für Beamte als fliegendes Personal (§ 53 LBesG),
- Zulage für die Verwendung bei obersten Behörden des Bundes oder eines anderen Landes (§ 54 LBesG),
- Stellenzulage für Lehrkräfte (§ 55 LBesG).

Die Gewährung einer Stellenzulage setzt grundsätzlich voraus, dass der Beamte in vollem Umfang in der zulagenberechtigten Funktion verwendet wird[186]. Neben diesen Zulagen und Vergütungen gibt es in bestimmten Fällen nach § 57 LBesG für den Wegfall von Stellenzulagen zur Wahrung des Besitzstandes noch eine Ausgleichszulage.

Werden einem Beamten die **Aufgaben eines höherwertigen Amtes** vorübergehend vertretungsweise übertragen, wird ab dem 13. Monat der ununterbrochenen Wahrnehmung dieser Aufgaben eine nicht ruhegehaltsfähige Zulage gewährt, wenn zu diesem Zeitpunkt die haushaltsrechtlichen und laufbahnrechtlichen Voraussetzungen für die Übertragung dieses Amtes vorliegen (§ 59 Abs. 1 LBesG).

Die Übertragung von Aufgaben eines höherwertigen Amtes erfolgt immer vorübergehend, da der Beamte jederzeit Umgesetzt werden kann. Die Aufgaben eines höherwertigen Amtes in den Fällen einer Vakanzvertretung werden aber auch dann vorübergehend vertretungsweise wahrgenommen, wenn sie dem Beamten für einen Zeitraum übertragen werden, dessen Ende weder feststeht noch absehbar ist. Die Vakanzvertretung endet, mag sie auch als zeitlich unbeschränkt oder sogar ausdrücklich als „dauerhaft" oder „endgültig" bezeichnet worden sein, erst mit der funktionsgerechten Besetzung der Stel-

---

[186] BVerwG, Urteil vom 16.07.1998, 2 C 25/97, BVerwGE 98, 192 = ZBR 1998. 423 = IÖD 1999, 33.

le. Dies ist der Fall, wenn ein Beamter mit dem entsprechenden Statusamt in die freie Planstelle eingewiesen und ihm die Stelle, d. h. das Amt im konkret-funktionellen Sinne (Dienstposten) übertragen wird[187].

Die **haushaltsrechtlichen Voraussetzungen** für die Übertragung des höherwertigen Amtes i. S. von § 59 Abs. 1 LBesG sind erfüllt, wenn der Beförderung des betreffenden Beamten kein haushaltsrechtliches Hindernis entgegensteht[188]. Dementsprechend bedarf es der Ausbringung einer Planstelle innerhalb eines gültigen Stellenplans[189]. Einer Zulagengewährung steht es dementsprechend auch bereits entgegen, wenn eine sich aus einer Haushaltssperre ergebende Beförderungssperre gilt oder andere haushaltsrechtliche Umstände der Besetzung einer Planstelle bzw. einer Ernennung des betreffenden Beamten entgegenstehen[190].

Laufbahnrechtlich fordert § 59 Abs. 1 LBesG die **Beförderungsreife** des Beamten. Solange eine Beförderung des **Vakanzvertreters** (eine bloße Verhinderungsvertretung erfüllt die Anspruchsvoraussetzungen nicht)[191] in das funktionsgerechte Statusamt nicht möglich ist, darf damit eine Zulage nach § 59 Abs. 1 LBesG nicht gewährt werden. Es besteht auch dann kein Anspruch auf die Zulage nach § 59 Abs. 1 LBesG in Höhe der Differenz zum nächsthöheren erreichbaren Amt, wenn die Beförderungsreife zwar nicht für das übernächste, aber für das nächst erreichbare höhere Amt gegeben ist.[192]

An der sog. Beförderungsreife fehlt es auch dann, wenn der Beamte das höhere Statusamt nur durch einen Laufbahnwechsel erreichen kann und er auf den Laufbahnwechsel keinen gebundenen Anspruch hat[193].

Die Zulage ist auch in Fällen zu zahlen, in denen der Dienstherr auf die ihm mögliche Anpassung der Anzahl der Dienstposten an die der Planstellen der entsprechenden Wertigkeit verzichtet hat (Fälle der **Topfwirtschaft**)[194].Übersteigt bei der „Topfwirtschaft" die Anzahl der Anspruchsberechtigten die Anzahl der besetzbaren Planstellen („Mangelfälle"), kann nur eine anteilige Zulage nach § 59 Abs. 1 LBesG. gewährt werden. Die anteilige Zulage bestimmt sich aus dem individuellen Differenzbetrag des § 59 Abs. 2 LBesG; der davon zu gewährende Anteil ergibt sich aus dem Verhältnis der besetzbaren Planstellen zur Anzahl der Anspruchsberechtigten.[195]

---

[187] VG Regensburg, Urteil vom 06.03.2013, RO 1 K 12.1450, juris Langtext Rn. 19.
[188] BVerwG, Beschluss vom 11.04.2016, 2 B 92/15, juris Langtext Rn. 22.
[189] OVG NRW, Urteil vom 12.12.2013, 3 A 663/13, juris Langtext Rn. 24.
[190] OVG NRW, Urteil vom 18.09.2013, 3 A 1168/13, Schütz BeamtR ES/C I 1.4 Nr. 107.
[191] OVG NRW, Beschluss vom 17.04.2013, 1 A 942/11, juris Langtext Rn. 9.
[192] Sächsisches OVG, Beschluss vom 15.01.2016, 2 A 465/14, juris Langtext Rn. 8 ff.
[193] Thüringer OVG, Urteil vom 18.08.2015, 2 KO 191/15, juris Langtext Rn. 61.
[194] BVerwG, Urteil vom 25.09.2014, 2 C 16/13, Schütz BeamtR ES/C 1 1.4 Nr. 109 = BVerwGE 150, 216 =ZBR 2015, 129.
[195] OVG Rheinland-Pfalz, Urteil vom 02.09.2016, 10 A 10415/16, juris Langtext Rn. 31 ff.

Leistungszulagen und Leistungsprämien

Die Landesregierung ist ermächtigt, zur Abgeltung herausragender besonderer Leistungen durch Rechtsverordnung die Gewährung von Prämien und Zulagen an Beamte der Besoldungsordnung A zu regeln (vgl. § 60 Abs. 1 Satz 1 LBesG). In diesem Zusammenhang sind die Leistungsstufenverordnung[196] sowie die Leistungsprämien- und -zulagenverordnung erlassen[197] worden.

Leistungszulagen und Leistungsprämien dürfen in einem Jahr bis zu 15 v. H. der Zahl der bei dem Dienstherrn vorhandenen Beamten in Besoldungsgruppen der Besoldungsordnung A gewährt werden (vgl. § 60 Abs. 2 Satz 1 LBesG, § 5 Abs. 1 Satz 1 LPZVO), sie sind nicht ruhegehaltfähig (vgl. § 60 Abs. 5 Satz 1 LBesG LBesG).

Die **Leistungszulage** dient der Anerkennung einer in einem Zeitraum von mindestens drei Monaten erbrachten und auch für die Zukunft zu erwartenden herausragenden besonderen Leistung (§ 4 Abs. 1 LPZVO). Sie darf mtl. 7 vom Hundert des Anfangsgrundgehalts nicht übersteigen (vgl. § 4 Abs. 2 Satz 1 LPZVO). Die Höhe und die Dauer der Gewährung sind entsprechend der erbrachten Leistung zu bemessen (§ 4 Abs. 2 Satz 2 LPZVO).

Die **Leistungsprämie** dient der Anerkennung einer herausragenden besonderen Einzelleistung. Ihre Gewährung soll in engem zeitlichen Zusammenhang mit der besonderen Leistung stehen (§ 3 Abs. 1 LPZVO). Bei der Prämie handelt es sich um eine Einmalzahlung (vgl. § 3 Abs. 2 Satz 1 Halbsatz 1 LPZVO) für eine herausragende Leistung max. in Höhe eines Betrages, der das Anfangsgrundgehalt der Besoldungsgruppe des Beamten nicht übersteigen darf.

Über die **Bewilligung** von Leistungszulagen und Leistungsprämien entscheidet in der Landesverwaltung die oberste Dienstbehörde, die die Entscheidungsbefugnis auf andere Stellen übertragen kann (vgl. § 6 Abs. 1 Satz 1 und Satz 2 LPZVO). In den der Aufsicht des Landes unterstehenden Körperschaften, Anstalten und Stiftungen des öffentlichen Rechts entscheidet abweichend von Satz 1 die für beamtenrechtliche Entscheidungen zuständige Stelle (§ 6 Abs. 1 Satz 3 LPZVO. In den Gemeinden und Gemeindeverbänden entscheidet der Hauptverwaltungsbeamte als Dienstvorgesetzter (§ 6 Abs. 2 LPZVO). (vgl. § 6 Abs. 2 LPZVO).

Leistungszulagen und Leistungsprämien können nur im Rahmen **besonderer haushaltsrechtlicher Regelungen** gewährt werden (§ 60 Abs. 3 Satz 1 LBesG, § 2 Abs. 3 Satz 1 LPZVO). Anders als bei den Leistungsstufen kann die Veranschlagung von Haushaltsmitteln im Haushaltsplan von der aktuellen Finanzsituation des Dienstherrn abhängig gemacht werden. Denkbar wäre es daher, ggf. auch nur Leistungszulagen oder nur Leistungsprämien vorzusehen.

---

[196] Verordnung über das leistungsabhängige Aufsteigen in den Grundgehaltsstufen (Leistungsstufenverordnung – LStuVO) vom 10.03.1998 (GV.NRW. S. 205, berichtigt S. 556 und 632), zuletzt geändert durch Artikel 7 der VO vom 02.12.2014 (GV. NRW. S. 870).
[197] Verordnung über die Gewährung von Prämien und Zulagen für besondere Leistungen (Leistungsprämien- und -zulagenverordnung - LPZVO -) vom 10.03.1998 (GV.NRW. S. 204), zuletzt geändert durch Artikel 6 der VO vom 02.12.2014 (GV.NRW. S. 870).

Die **Begründung** für die Gewährung der Sonderleistung ist **aktenkundig** zu machen; die herausragende besondere Leistung ist im Einzelnen darzustellen (§ 2 Abs. 3 Satz 1 LPZ-VO). Die Entscheidung über die Gewährung oder den Widerruf ist dem Beamten schriftlich mitzuteilen (vgl. § 6 Abs. 3 LPZVO). Durch eine herausragende besondere Leistung entsteht kein Anspruch auf die Gewährung einer Prämie oder Zulage (vgl. § 2 Abs. 3 Satz 2 LPZVO).

8.2.2.1.2 Anwärterbezüge

Abschnitt 6 des LBesG enthält in den §§ 74 ff. die Regelungen zu den Bezügen für Anwärter und Referendare. **Anwärterbezüge** erhalten Beamte im Beamtenverhältnis auf Widerruf (vgl. § 74 Abs. 1 LBesG). Für Anwärter, die im Rahmen ihres Vorbereitungsdienstes ein Studium ableisten, kann die Gewährung der Anwärterbezüge von der Erfüllung von Auflagen abhängig gemacht werden (§ 74 Abs. 4 LBesG). Eine Auflage kann etwa eine nach Beschäftigungsjahren gestaffelte Rückzahlungspflicht der Anwärterbezüge vorsehen, soweit der Beamte nach Ableistung des Vorbereitungsdienstes aus dem öffentlichen Dienst ausscheidet.

Die **Höhe** des **Anwärtergrundbetrages** ergibt sich aus der Anlage 12 LBesG. Die Höhe des Betrages ist abhängig vom Eingangsamt, in das der Anwärter nach Abschluss der Ausbildung unmittelbar eintreten könnte.

Die oberste Dienstbehörde oder die von ihr bestimmte Stelle kann den **Anwärtergrundbetrag** bis auf dreißig vom Hundert des Grundbetrages, der einem Beamten der entsprechenden Laufbahn / in dem entsprechenden Laufbahnabschnitt in der ersten Dienstaltersstufe zusteht, **herabsetzen**, wenn der Anwärter die vorgeschriebene Laufbahnprüfung nicht bestanden hat oder sich die Ausbildung aus einem vom Anwärter zu vertretenden Grunde verzögert (§ 79 Abs. 1 LBesG). Von der Kürzung ist bei Verlängerung des Vorbereitungsdienstes infolge genehmigten Fernbleibens oder Rücktritts von der Prüfung oder in besonderen Härtefällen abzusehen (§ 79 Abs. 2 LBesG).

Wird eine Zwischenprüfung nicht bestanden oder ein sonstiger Leistungsnachweis nicht erbracht, so ist die Kürzung auf den sich daraus ergebenden Zeitraum der Verlängerung des Vorbereitungsdienstes zu beschränken (§ 79 Abs. 3 LBesG).

8.2.2.1.3 Vermögenswirksame Leistungen

Beamte erhalten **vermögenswirksame Leistungen** (§ 80 LBesG) nach dem Fünften Vermögensbildungsgesetz in der Fassung der Bekanntmachung vom 04.03.1994 in der jeweils geltenden Fassung[198]. Vermögenswirksame Leistungen sind Geldleistungen, die der Beamte anlegt. Der Berechtigte kann bestimmen, dass die Leistungen unter bestimmten Voraussetzungen zugunsten seines Ehegatten oder seiner Kinder angelegt werden.

---

[198] Fünftes Gesetz zur Förderung der Vermögensbildung der Arbeitnehmer (Fünftes Vermögensbildungsgesetz – 5. VermBG) vom 04.03.1994 (BGBl. I S. 406), zuletzt geändert durch Artikel 8 des Gesetzes vom 18.0872016 (BGBl. I S. 1679).

Vermögenswirksame Leistungen werden für Kalendermonate gewährt, in denen dem Berechtigten Dienstbezüge oder Anwärterbezüge zustehen (vgl. § 1 Abs. 2 des Gesetzes über vermögenswirksame Leistungen für Beamte, Richter, Berufssoldaten und Soldaten auf Zeit (BBVLG) [199]). Die vermögenswirksame Leistung beträgt 6,65 €, teilzeitbeschäftigte Beamte erhalten den Betrag, der dem Verhältnis der ermäßigten zur regelmäßigen Arbeitszeit entspricht (§ 2 Abs. 1 des Gesetzes über vermögenswirksame Leistungen für Beamte, Richter, Berufssoldaten und Soldaten auf Zeit). Beamte auf Widerruf im Vorbereitungsdienst, deren Anwärterbezüge nebst Familienzuschlag der Stufe 1 971,45 € monatlich nicht erreichen, erhalten 13,29 Euro (vgl. § 2 Abs. 2 BBVLG). Es handelt sich bei den vermögenswirksamen Leistungen um steuerpflichtige Einnahmen i. S. des Einkommensteuergesetzes und im Falle eine Nachversicherung des Beamten in der gesetzlichen Rentenversicherung um sozialversicherungspflichtige Entgelte.

Vermögenswirksame Leistungen werden nur für eine Anlageform nach dem Fünften Vermögensbildungsgesetz gewährt (vgl. § 1 Abs. 1 vor Nr. 1 BBVLG). Unter anderem handelt es sich um Sparbeiträge aufgrund eines Sparvertrages über Wertpapiere oder andere Vermögensbeteiligungen mit einem Kreditinstitut, Aufwendungen nach den Vorschriften des Wohnungsbau-Prämiengesetzes, Aufwendungen zum Bau, zum Erwerb, zum Ausbau eines im Inland belegenen Wohngebäudes, zum Erwerb eines Dauerwohnrechts i. S. des Wohnungseigentumsgesetzes an einer im Inland belegenen Wohnung, zum Erwerb eines im Inland belegenen Grundstücks zum Zwecke des Wohnungsbaus, Sparbeiträge aufgrund eines Sparvertrages mit einem Kreditinstitut sowie Beiträge aufgrund eines Kapitalversicherungsvertrages auf den Erlebens- und Todesfall sowie zur Alterssicherung.

Der Anspruch entsteht frühestens für den Kalendermonat, in dem die Mitteilung über die Anlage bei der zuständigen Stelle eingegangen ist, sowie für die beiden vorangegangenen Kalendermonate desselben Kalenderjahres, wenn für diese Monate die sonstigen gesetzlichen Voraussetzungen erfüllt sind (vgl. § 1 Abs. 3 BBVLG i. V. m. § 4 Abs. 1 BBVLG).

8.2.2.1.4 Versorgungsbezüge

Scheidet der Beamte aus dem aktiven Beamtenverhältnis aus, hat er einen **Anspruch auf Versorgungsbezüge**. Die Versorgung der Beamten wird durch das Landesbeamtenversorgungsgesetz[200] geregelt. Wie die Besoldung ist auch die Beamtenversorgung **Teil des einheitlichen Alimentationsprinzips** mit dem Ziel der wirtschaftlichen Absicherung des Beamten und seiner Familie. Die Pflicht des Dienstherrn, auch nach Eintritt in den Ruhestand eine angemessene Lebensführung zu ermöglichen, korrespondiert mit dem auf Lebenszeit angelegten Dienst- und Treueverhältnis, das den Beamten verpflichtet, seine ganze Persönlichkeit für den Dienstherrn einzusetzen und ihm seine volle Arbeitskraft zur Verfügung zu stellen. Finanzierung und Zahlung der Versorgungsbezüge erfolgen

---

[199] Gesetz über vermögenswirksame Leistungen für Beamte, Richter, Berufssoldaten und Soldaten auf Zeit (BBVLG) in der Fassung der Bekanntmachung vom 16.05.2002 (BGBl. I S. 1778).
[200] Beamtenversorgungsgesetz für das Land Nordrhein-Westfalen (Landesbeamtenversorgungsgesetz – LBeamtVG) vom 14.06.2016 (GV. NRW S. 310), geändert durch Artikel 3 des Gesetzes vom 08.07.2016 (GV. NRW. S. 619).

aus den laufenden Haushaltsmitteln des Dienstherrn. Es war eine bewusste politische Entscheidung nach dem Zweiten Weltkrieg, die Versorgung der Beamten aus den laufenden Erträgen der Volkswirtschaft zu finanzieren. Eine Beitragspflicht des Beamten, wie sie in der gesetzlichen Rentenversicherung durch Zwangsmitgliedschaft besteht, wurde abgelehnt.

Die Gewerkschaften verfolgen weitgehend das Ziel einer Harmonisierung der verschiedenen Systeme der Alterssicherung. Das Renten- und Versorgungssystem soll unabhängig von der Eigenständigkeit und Besonderheiten unter Abwägung der Vor- und Nachteile einander angenähert werden, ohne die unterschiedlichen rechtlichen Strukturen der Systeme in Frage zu stellen. Dies gilt insbesondere für die Bifunktionalität der Beamtenversorgung als Regel- und Zusatzsicherung. In der Pflegeversicherung ist der Schritt bereits vollzogen worden.

Die **Versorgungsaufwendungen steigen** aufgrund struktureller und demografischer Entwicklung in den letzten Jahren **stark an**. Ursachen sind gestiegene Anforderungen und die damit verbundene höhere Qualifikation der Beamten durch eine Verbesserung der Laufbahnrelationen zugunsten der Laufbahngruppe 2 (z. B. Abschaffung des Laufbahnabschnitts I im Polizeivollzugsdienst). Ebenfalls gilt dies für die vermehrten Einstellungszahlen in den 70er und 80er Jahren in den Bereichen Bildung (Lehrer), soziale Dienste, Umweltschutz und innere Sicherheit (Polizeivollzugsbeamte). Um die Versorgungsleistungen angesichts der finanziellen Situation sicherzustellen, sind beim Bund und in den Ländern Versorgungsrücklagen zu bilden (vgl. § 17 Abs. 1 Satz 1 LBesG). In der Zeit vom 01.01.1999 bis zum 31.12.2017 werden die Anpassungen der Besoldungserhöhung der aktiven Beamten in gleichmäßigen Schritten von durchschnittlich 0,2 v. H. abgesenkt und einem Sondervermögen zugeführt (vgl. 17 Abs. 2 LBesG). Näheres wird durch gesondertes Gesetz geregelt (vgl. § 17 Abs. 4 LBesG). Bei der Eigenbeteiligung handelt es sich um eine Durchbrechung der ausschließlich steuerfinanzierten Zahlung von Versorgungsbezügen für Beamte.

Die **Versorgung** muss dem **Amt angemessen** sein, das der Beamte **zuletzt** bekleidet hat. Dieses Prinzip ist Ausdruck des beamtenrechtlichen Leistungsgrundsatzes und der besonderen strukturellen Bedeutung der beamtenrechtlichen Beförderung. Es liegt den beamtenrechtlichen Vorschriften schon seit 1871 zugrunde. Der Gesetzgeber muss diesen hergebrachten Grundsatz gem. Art. 33 Abs. 5 GG beachten. Danach muss sich die Höhe der Versorgung nach der Höhe der Besoldung im zuletzt bekleideten Amt richten. Mit diesem Grundsatz ließ sich die Regelung des § 5 Abs. 3 Satz 1 LBeamtVG gerade noch vereinbaren, wonach die letzte Besoldung nur dann berücksichtigt wird, wenn sie **zwei Jahre** lang bezogen wurde.

Das **Landesbeamtenversorgungsgesetz** regelt die **Versorgung im Alter und bei Dienstunfähigkeit** der Beamten der Länder, der Gemeinden und der Gemeindeverbände sowie der sonstigen unter der Aufsicht eines Landes unterstehenden Körperschaften, Anstalten und Stiftungen des öffentlichen Rechts (vgl. § 1 Abs. 1 LBeamtVG). Der Beamte erhält Versorgung nach Eintritt des Versorgungsfalles wegen Erreichens der Regelaltersgrenze (vgl. § 31 Abs. 1 LBG, § 114 Abs. 1 LBG, § 116 Abs. 3 LBG, § 117 Abs. 1 LBG), der vorgezogenen gesetzlichen Altersgrenze für Polizeivollzugsbeamte (vgl. § 114 Abs. 2 LBG), für Beamte des allgemeinen Vollzugsdienstes und des Werkdienstes bei den Justizvollzugsanstalten, des Vollzugsdienstes in Abschiebungshaftvollzugseinrichtungen und im technischen Aufsichtsdienst in untertägigen Bergwerksbestrieben (vgl. § 17 Abs. 2 LBG),), bei Hinausschieben der Altersgrenze auf Antrag (vgl. § 32 LBG) und ggf. wegen Dienstunfähigkeit (vgl. §§ 33, 34, 115 LBG).

Versorgungsbezüge sind nach § 2 LBeamtVG:

- Ruhegehalt und Unterhaltsbeitrag (§§ 4 bis 19),
- Hinterbliebenenversorgung (§§ 20 bis 33),
- Bezüge bei Verschollenheit (§ 34),
- Unfallfürsorge (§§ 35 bis 55),
- Übergangsgeld (§ 56),
- Ausgleich bei besonderen Altersgrenzen (§ 56a) und
- Familienbezogene Leistungen (§§ 58 bis 62).

Die Versorgung der Beamten und Hinterbliebenen wird ausschließlich durch Gesetz geregelt (vgl. § 3 Abs. 1 LBeamtVG). Zusicherungen, Vereinbarungen und Vergleiche, die dem Beamten eine höhere als die ihnen gesetzlich zustehende Versorgung verschaffen sollen, sind unwirksam; das Gleiche gilt für Versicherungsverträge, die zu diesem Zweck abgeschlossen werden (vgl. § 3 Abs. 2 Sätze 1 und 2 LBeamtVG). Nach § 3 Abs. 3 LBeamtVG ist ein Verzicht auf gesetzlich zustehende Versorgung weder ganz noch teilweise möglich.

Die Anspruchsvoraussetzungen und die Gestaltung der einzelnen Versorgungsarten sind unterschiedlich ausgeprägt. Einmal hängt es vom Status des Beamten ab, andererseits ist es von Bedeutung, wodurch der Versorgungsfall eingetreten ist. Für den Eintritt in den Ruhestand gelten die Vorschriften der §§ 31 bis 41 LBG.

Dienstunfähigkeit bei Beamten auf Lebenszeit und auf Zeit

Dienstunfähigkeit liegt nach § 26 Abs. 1 Satz 1 BeamtStG vor, wenn der Beamte im Beamtenverhältnis auf Lebenszeit und Zeit infolge eines körperlichen Gebrechens oder wegen der Schwäche seiner körperlichen oder geistigen Kräfte zur Erfüllung seiner Dienstpflichten dauernd unfähig ist. Als dienstunfähig kann der Beamte auch dann angesehen werden, wenn er infolge Erkrankung innerhalb eines Zeitraumes von sechs Monaten mehr als drei Monate keinen Dienst getan hat und keine Aussicht besteht, dass er innerhalb weiterer sechs Monate wieder voll dienstfähig wird; sog. fingierte Dienstunfähigkeit (vgl. § 26 Abs. 1 Satz 2 BeamtStG). Auch wenn die Vorschrift für die Beamtenverhältnisse auf Lebenszeit und auf Zeit vorgesehen ist, kann sie ggf. bei der Feststellung der Dienstunfähigkeit anderer Arten von Beamtenverhältnissen hilfreich sein.

Von der Versetzung in den Ruhestand wegen Dienstunfähigkeit soll nach § 27 Abs. 1 BeamtStG allerdings abgesehen werden, wenn der Beamte unter Beibehaltung des übertragenen Amtes die Dienstpflichten noch während mindestens der Hälfte der regelmäßigen Arbeitszeit erfüllen kann (sog. **begrenzte Dienstfähigkeit**). Bei begrenzter Dienstfähigkeit erhalten Beamte und Richter Besoldung entsprechend § 8 Absatz 1 LBesG. Sie wird mindestens in Höhe des Ruhegehalts gewährt, das bei Versetzung in den Ruhestand zustehen würde (§ 9 Abs. 1 LBesG). Zudem wird ein Zuschlag gewährt (§ 9 Abs. 2 LBesG). Die Einzelheiten hierzu sind in § 71 LBesG normiert. Ein Zuschlag wird zusätzlich zur Besoldung nach § 9 Abs. 1 LBesG gewährt, wenn die Arbeitszeit aufgrund der begrenzten Dienstfähigkeit um mindestens 20 Prozent gemindert ist. Der Zuschlag beträgt nach § 71 Abs. 2 Satz 1 LBesG zehn Prozent der Dienstbezüge, die begrenzt Dienstfähige bei Vollzeitbeschäftigung erhalten würden, mindestens jedoch 300 Euro monatlich. Der Zuschlag und die Besoldung nach § 9 Absatz 1 LBesG dürfen die Besoldung bei Vollzeitbeschäftigung nicht übersteigen (§ 71 Abs. 2 Satz 2 LBesG). Ob die dem begrenzt dienstfähigen Beamten zustehende Besoldung nebst des Zuschlages dem Grundsatz der amtsangemessenen Besoldung entspricht, kann durchaus angezweifelt werden, da sich die Besoldung der betroffenen Beamten an der Besoldung für Vollbeschäftigte orientieren muss. Allerdings darf der Gesetzgeber berücksichtigen, dass begrenzt dienstfähige Beamte objektiv nicht die volle Dienstleistung erbringen. Nach der Rechtsauffassung des BVerwG verletzt ein Zuschlag von 150 Euro monatlich das Alimentationsprinzip.[201]

Der Polizeivollzugsbeamte ist dienstunfähig, wenn er den besonderen gesundheitlichen Anforderungen für den Polizeivollzugsdienst nicht mehr genügt und nicht zu erwarten ist, dass er seine volle Verwendungsfähigkeit innerhalb von zwei Jahren wiedererlangt (**Polizeidienstunfähigkeit**), es sei denn, die auszuübende Funktion erfordert bei Beamten auf Lebenszeit diese besonderen gesundheitlichen Anforderungen auf Dauer nicht mehr uneingeschränkt (§ 115 Abs. 1 LBG).

Wird der Polizeivollzugsbeamte polizeidienstunfähig, so soll er, falls nicht zwingende Gründe entgegenstehen, in ein Amt der in § 1 bezeichneten Dienstherrn versetzt werden, wenn die sonstigen Voraussetzungen des § 25 erfüllt sind. Soweit der Polizeivollzugsbeamte für die neue Laufbahn die Befähigung nicht besitzt, hat er die ihm gebotene Gelegenheit wahrzunehmen, die ergänzenden Fähigkeiten und Kenntnisse zu erwerben (§ 115 Abs. 3 LBG).

Dienstunfähigkeit bei Beamten auf Widerruf

Für Beamte auf Widerruf bestehen relativ geringe Versorgungsansprüche im Falle einer **Dienstunfähigkeit wegen Krankheit oder bei einem Freizeitunfall**, da das Beamtenverhältnis widerrufen wird und lediglich eine **Nachversicherung** in der gesetzlichen Rentenversicherung nach § 8 SGB VI erfolgt. Das hat zur Folge, dass sich die Versorgung des entlassenen Beamten ausschließlich nach dem Sozialversicherungsrecht richtet. Eine Rente wegen der Minderung der Erwerbsfähigkeit kann vom zuständigen Rententräger aber nur gewährt werden, wenn die speziellen Voraussetzungen einschließlich der zu beachtenden **Wartezeit** nach § 50 SGB VI erfüllt sind. Der Tatbestand der Dienstunfähigkeit im Beamtenrecht allein ist kein leistungsauslösender Faktor in der gesetzlichen Rentenversicherung.

---

[201] BVerwG, Vorlagebeschluss vom 18.06.2015, 2 C 49/13, ZBR 2016, 32 = RiA 2016, 132 =NVwZ 2016, 137.

Etwas günstiger ist der Beamte im Beamtenverhältnis auf Widerruf bei einem **Dienstunfall** gestellt. Dienstunfall ist ein auf äußerer Einwirkung beruhendes, plötzliches, örtlich und zeitlich bestimmbares, einen Körperschaden verursachendes Ereignis, das in Ausübung oder infolge des Dienstes eingetreten ist (§ 36 Abs. 1 Satz 1 LBeamtVG). Zum Dienst gehören u. a. auch Dienstreisen, Dienstgänge und die dienstliche Tätigkeit am Bestimmungsort, die Teilnahme an dienstlichen Veranstaltungen sowie Nebentätigkeiten im öffentlichen oder ihm gleichgestellten Dienst, zu deren Übernahme der Beamte verpflichtet ist oder Nebentätigkeiten, deren Wahrnehmung im Zusammenhang mit den Dienstgeschäften erwartet wird, sofern der Beamte nicht in der gesetzlichen Unfallversicherung versichert ist (vgl. § 36 Abs. 1 Satz 2 LBeamtVG).

Die **Unfallfürsorge** sieht in diesem Fall neben der **Nachversicherung** und der Übernahme der Kosten des Heilverfahrens für die Dauer der Erwerbsbeschränkung die Gewährung eines Unterhaltsbeitrages vor. Dieser beträgt bei völliger Erwerbsunfähigkeit 66 2/3 Prozent der ruhegehaltfähigen Dienstbezüge; bei einer Minderung der Erwerbsfähigkeit um wenigstens 20 Prozent dem der Minderung entsprechenden Teil des Unterhaltsbeitrages (vgl. § 44 Abs. 1 und Abs. 2 LBeamtVG). Ausnahmsweise kommt bei einer Minderung der Erwerbsfähigkeit eine Erhöhung des Betrages in Betracht (vgl. § 44 Abs. 3 LBeamtVG). Die Hinterbliebenen eines Beamten auf Widerruf erhalten nur dann einen Unterhaltsbeitrag, wenn der Tod des Beamten auf einen Dienstunfall zurückzuführen ist (vgl. § 49 Abs. 1 LBeamtVG).

Dienstunfähigkeit bei Beamten auf Probe

Im Beamtenverhältnis auf Probe ist zu unterscheiden, ob eine eingetretene Dienstunfähigkeit während der **Ausübung des Dienstes bzw. infolge des Dienstes** oder aber im Bereich der **Privatsphäre** entstanden ist. Bei Dienstunfähigkeit, die nicht auf Dienstbeschädigung zurückzuführen ist, **kann** der Beamte entlassen werden (vgl. § 23 Abs. 1 Satz 1 Nr. 2 und 3 BeamtStG), wenn er nicht nach § 28 BeamtStG in den Ruhestand versetzt wird. Bei einer Entlassung kann ein **Unterhaltsbeitrag** nach § 18 LBeamtVG gewährt werden.

Der Beamte auf Probe **ist** in den Ruhestand zu versetzen, wenn er infolge Krankheit Verwundung oder sonstiger Beschädigung, die er sich ohne grobes Verschulden in Ausübung oder aus Veranlassung des Dienstes zugezogen hat, dienstunfähig geworden ist (vgl. § 28 Abs. 1 BeamtStG*)*. Er kann in den Ruhestand versetzt werden, wenn er aus anderen Gründen dienstunfähig geworden ist *(§ 28 Abs. 2 BeamtStG),* die sich aber nach den Anforderungen des Abs. 1 der jeweiligen Vorschrift zu richten haben.

Erfüllt der Beamte nicht die Voraussetzungen des § 32 BeamtStG i. V. m. § 4 Abs. 1 LBeamtVG (u. a. eine Dienstzeit von mindestens fünf Jahren oder Dienstunfall), so endet das Beamtenverhältnis statt durch Eintritt in den Ruhestand durch Entlassung *(§ 23 BeamtStG).*

Bei Versetzung in den Ruhestand erhält der Ruhestandsbeamte Ruhegehalt.

Beim **Tod des Beamten** im Beamtenverhältnis auf Probe haben Hinterbliebene ausnahmsweise Anspruch auf Versorgung. Die Versorgungsansprüche für Hinterbliebene sind ggf. davon abhängig, ob der Tod des Beamten in einem dienstlichen Zusammenhang stand. Ist dieses nicht der Fall, wird neben der Nachversicherung in der gesetzlichen Rentenversicherung nur ausnahmsweise ein Unterhaltsbeitrag gewährt. Ist der Tod des Beamten auf einen Dienstunfall zurückzuführen, erhalten Hinterbliebene Witwen- und Waisengeld (vgl. hierzu §§ 23, 28 Abs. 1 Nr. 3 LBeamtVG).

Ruhegehalt

Die Gewährung des **Ruhegehaltes** entspricht den grundgesetzlich garantierten hergebrachten Grundsätzen des Berufsbeamtentums. Im Einzelnen sind die Voraussetzungen bezüglich des Entstehens und der Berechnung des Ruhegehaltes im § 4 LBeamtVG geregelt. Der Anspruch entsteht grundsätzlich mit dem Beginn des Ruhestandes wegen Dienstunfähigkeit oder Alters. Die Höhe des Ruhegehaltes wird auf der Grundlage der **ruhegehaltfähigen Dienstbezüge** und der **ruhegehaltfähigen Dienstzeit** errechnet.

Voraussetzung für die Leistungsgewährung ist

- das Ableisten einer Dienstzeit von mindestens **fünf Jahren** (vgl. § 4 Abs. 1 Satz 1 Nr. 1 LBeamtVG) **oder**
- **Dienstunfähigkeit** infolge Krankheit, Verwundung oder eine sonstige Beschädigung, die sich der Beamte ohne grobes Verschulden bei Ausübung oder aus Veranlassung des Dienstes zugezogen hat (vgl. § 4 Abs. 1 Satz 1 Nr. 2 LBeamtVG).

Ruhegehaltfähige Dienstbezüge[202] sind das Grundgehalt, der Familienzuschlag und sonstige Dienst- und Leistungsbezüge, die im Besoldungsrecht als ruhegehaltfähig bezeichnet sind (vgl. § 5 Abs. 1 Satz 1 LBeamtVG).

Unter **regelmäßiger ruhegehaltfähiger Dienstzeit** (§ 6 ff. LBeamtVG) ist die Zeit zu verstehen, die ein Beamter vom Tage seiner ersten Berufung in das Beamtenverhältnis an im Dienst eines öffentlich-rechtlichen Dienstherrn im Beamtenverhältnis zurückgelegt hat. Dies gilt nach § 6 Abs. 1 LBeamtVG nicht für die Zeit

- im Beamtenverhältnis auf Widerruf i. S. des § 4 Abs. 4 Buchst. b) BeamtStG (§ 6 Abs. 1 Nr. 1 LBeamtVG),
- in einem Amt, das die Arbeitskraft des Beamten nur nebenbei beansprucht ((§ 6 Abs. 1 Nr. 2 LBeamtVG),
- einer Tätigkeit, aus der ohne Ruhegehaltsberechtigung nur Gebühren bezogen werden ((§ 6 Abs. 1 Nr. 3 LBeamtVG),
- einer Beurlaubung ohne Dienstbezüge; die Zeit einer Beurlaubung ohne Dienstbezüge kann berücksichtigt werden, wenn spätestens bei Beendigung des Urlaubs schriftlich zugestanden worden ist, dass er öffentlichen Belangen oder dienstlichen Interessen dient ((§ 6 Abs. 1 Nr. 4 LBeamtVG),
- eines schuldhaften Fernbleibens vom Dienst unter Verlust der Dienstbezüge (§ 6 Abs. 1 Nr. 5 LBeamtVG),

---

[202] Hierzu ausführlich Reich, § 5 Rn. 3 ff.

- für die eine Abfindung aus öffentlichen Mitteln gewährt wurde oder ((§ 6 Abs. 1 Nr. 5 LBeamtVG) oder
- einer ehrenamtlichen Tätigkeit ((§ 6 Abs. 1 Nr. 7 LBeamtVG)[203].

Die **ruhegehaltfähige Dienstzeit** kann nach § 7 LBeamtVG **erhöht** werden. Als ruhegehaltfähig gilt weiter der berufsmäßige und nicht berufsmäßige Wehrdienst bzw. vergleichbare Zeiten (vgl. § 8 LBeamtVG), Zeiten im privatrechtlichen Arbeitsverhältnis im öffentlichen Dienst (vgl. § 9 LBeamtVG), sonstige Zeiten (vgl. § 10 LBeamtVG) und Ausbildungszeiten (vgl. § 11 LBeamtVG).

Durch die **ruhegehaltfähige Dienstzeit** ist die Höhe des Ruhegehaltes u. a. von der Beschäftigungsdauer im Beamtenverhältnis abhängig. Es erfolgt eine gleichmäßige Anwartschaft von 1,79375 Prozent der ruhegehaltfähigen Dienstbezüge (vgl. dazu § 5 LBeamtVG) für jedes Jahr einer ruhegehaltfähigen Dienstzeit, jedoch höchstens 71,75 Prozent (vgl. § 16 Abs. 1 LBeamtVG). Der Höchstbetrag ist damit frühestens nach 40 Dienstjahren erreicht. Bei der Ermittlung der Gesamtsumme wird ein Rest von Tagen entsprechend seinem Wert anteilig auf der Basis von 365 Tagen berücksichtigt.

Versorgungsabschlag

Das Ruhegehalt **vermindert** sich nach § 16 Abs. 2 Satz 1 BeamtVG um 3,6 Prozent für jedes Jahr, um das der Beamte

- vor Ablauf des Monats, in dem sie oder er das 63. Lebensjahr vollendet, nach § 33 Absatz 3 Satz 1 Nummer 2 LBG in den Ruhestand versetzt wird (§ 16 Abs. 2 Satz 1 Nr. 1 LBeamtVG),
- vor Ablauf des Monats, in dem sie oder er die für sie oder ihn geltende gesetzliche Altersgrenze erreicht, nach § 33 Absatz 3 Satz 1 Nummer 1, § 114 Absatz 3, § 117 Absatz 2 LBG in den Ruhestand versetzt wird (§ 16 Abs. 2 Satz 1 Nr. 2 LBeamtVG),
- vor Ablauf des Monats, in dem sie oder er das 65. Lebensjahr vollendet, wegen Dienstunfähigkeit, die nicht auf einem Dienstunfall beruht, in den Ruhestand versetzt wird (§ 16 Abs. 2 Satz 1 Nr. 2 LBeamtVG).

Ein Beamter, der **vor der gesetzlichen Altersgrenze** auf eigenen Antrag in den Ruhestand treten will, muss einen **Versorgungsabschlag** auf seine Versorgungsbezüge auch dann hinnehmen, wenn er zuvor mehr als 40 Jahre im Dienst verbracht hat[204]. Das Bundesverfassungsgericht wies die Verfassungsbeschwerde eines Ruhestandsbeamten zurück, der sich 1999 mit Vollendung des 62. Lebensjahres vorzeitig in den Ruhestand versetzen ließ und dessen monatliches Ruhegehalt gemindert wurde. Gegen diese Festsetzung hatte er bei Verwaltungsgerichten ohne Erfolg Rechtsmittel eingelegt. Der Beamte sah die Kürzung vor allem deshalb als verfassungswidrig an, weil einem Beamten nach 40 Dienstjahren der damalige Ruhegehaltshöchstsatz von 75 Prozent der Bezüge (derzeit 71,75) zustehe, er aber bereits mehr als 40 Dienstjahre absolviert und rein rechnerisch

---

[203] Zeiten vor der Vollendung des 17. Lebensjahres sind seit dem 01.07.2016 ruhegehaltsfähig.
[204] BVerfG, Beschluss vom 20.06.2006, 2 BvR 361/03, DVBl. 2006, 1241 = ZBR 2006, 342 = DÖV 2006, 1046.

einen Ruhegehaltssatz über diesen Prozentsatz erreicht habe. Außerdem verletze die Regelung den Grundsatz des Vertrauensschutzes, weil bei der Einführung der Abschläge 1989 eine lange Übergangszeit vorgesehen worden sei, die man 1997 vorgezogen habe. 1997 war festgelegt worden, dass diejenigen, die sich 1998 vorzeitig pensionieren ließen, einem „Vomhundertsatz der Minderung für jedes Jahr" von 0,6 unterliegen sollten. Die Höhe des Abschlags stieg allmählich an und beträgt heute für jedes nicht mehr im aktiven Dienst verbrachte Jahr 3,6 Prozent; gleichzeitig wurde die Antragsaltersgrenze für potenzielle Vorruheständler von 62 auf 63 Lebensjahre erhöht.

Das Bundesverfassungsgericht stellte fest, dass die Kürzung im Hinblick auf die im Grundgesetz verankerten „hergebrachten Grundsätze des Berufsbeamtentums" nicht zu beanstanden sei. Darüber hinaus bleibe die Länge der Dienstzeit die Berechnungsgrundlage. Wer jedoch wie der Beschwerdeführer mehr als 40 Dienstjahre berücksichtigt haben möchte, verkenne das Alimentationsprinzip. Denn danach müsse der Beamte „sein ganzes Arbeitsleben bis zum Erreichen der vom Gesetzgeber im Rahmen seines Gestaltungsspielraums festgelegten Altersgrenze in den Dienst des Staates" stellen. Versorgungsleistungen dürften zudem in einem angemessenen Abstand hinter dem aktiven Arbeitseinkommen zurückbleiben, sodass gegen die Festlegung eines Versorgungshöchstsatzes keine Bedenken bestünden. Nach welcher Dauer des Dienstverhältnisses der Höchstsatz erreicht werde, betreffe lediglich die rechnerische Ausgestaltung des Versorgungsrechts. Das alles hindere den Gesetzgeber nicht daran, einem freiwillig vorzeitig Ausscheidenden wegen des „Ungleichgewichts" zwischen Alimentierung und Dienstleistung" das Ruhegehalt zu mindern.

Artikel 33 Abs. 5 GG[205] garantiere nicht die „unverminderte Höhe" der Bezüge. Der Gesetzgeber dürfe sie vielmehr kürzen, wenn das aus sachlichen, im System der Altersversorgung liegenden Gründen gerechtfertigt sei. Solche systemimmanenten Gründe könnten darin liegen, dass das Versorgungsrecht Frühpensionierungen dadurch begünstige, weil der Höchstruhegehaltssatz bereits mehrere Jahre vor der gesetzlichen Altersgrenze erreicht werde. Die mit Frühpensionierungen verbundenen Belastungen der Staatsfinanzen rechtfertigten Einschnitte in die Versorgung mit dem Ziel, das tatsächliche Pensionierungsalter anzuheben.

Der Einführung des Versorgungsabschlags verstoße nicht gegen den Vertrauensschutz, zumal er auf ältere Beamte „nur in geringerem Umfang Anwendung" gefunden habe. Das Vertrauen eines Beamten in den Fortbestand der bisherigen günstigen Rechtslage sei nicht generell schutzwürdiger als das öffentliche Interesse an ihrer Änderung.

Ausdrücklich hob das Bundesverfassungsgericht hervor, was der Gesetzgeber bei der Beamtenversorgung im Zusammenhang mit Artikel 33 Abs. 5 GG zu beachten habe. Das Ruhegehalt müsse grundsätzlich „anhand der Dienstbezüge des letzten vom Beamten bekleideten Amts" berechnet werden, also nicht wie im Rentenrecht durch Ermittlung eines Mittelwerts der erbrachten Beiträge. Das Ruhegehalt müsse laut Grundgesetz „das zuletzt bezogene Diensteinkommen als auch die Zahl der Dienstjahre widerspiegeln". Allerdings dürfe der Gesetzgeber dem „Gleichgewicht zwischen Alimentierung und dienstlicher Hingabe" Rechnung tragen, mithin auch einem „Anreiz" zu Frühpensionierungen entgegenwirken.

---

[205] Art. 33 Abs. 5 GG vor der Änderung durch das Gesetz vom 28.08.2006 (BGBl. I S. 2034).

Hinterbliebenenversorgung

Die **Hinterbliebenenversorgung** ist abhängig von der Versorgungsanwartschaft oder dem Versorgungsanspruch des verstorbenen Beamten. Sie ist in den §§ 20 bis 34 LBeamtVG geregelt und umfasst:

- Bezüge für den Sterbemonat (§ 21 LBeamtVG),
- Sterbegeld (§ 22 LBeamtVG),
- Witwen- und Witwergeld (§§ 23, 24 LBeamtVG),
- Witwen- und Witwerabfindung (§ 25 LBeamtVG),
- Waisengeld (§§ 28, 29 LBeamtVG) und
- Unterhaltsbeiträge (§§ 26, 27, 31 LBeamtVG).

Unfallfürsorge

Wird ein Beamter durch einen **Dienstunfall** verletzt, so wird ihm und ggf. seinen Angehörigen **Unfallfürsorge** gewährt (vgl. § 35 Abs. 1 LBeamtVG). Dienstunfall ist nach der Legaldefinition des § 36 Abs. 1 Satz 1 LBeamtVG ein auf äußerer Einwirkung beruhendes, plötzliches, örtlich und zeitlich bestimmbares, einen Körperschaden verursachendes Ereignis, das in Ausübung oder infolge des Dienstes eingetreten ist. Zum Dienst in diesem Sinne gehören **auch** Dienstreisen, Dienstgänge und die dienstliche Tätigkeit am Bestimmungsort sowie die Teilnahme an dienstlichen Veranstaltungen und Nebentätigkeiten im öffentlichen Dienst oder in dem ihm gleichstehenden Dienst, zu deren Übernahme der Beamte gemäß § 48 LBG verpflichtet ist, oder Nebentätigkeiten, deren Wahrnehmung von ihr oder ihm im Zusammenhang mit den Dienstgeschäften erwartet wird, sofern der Beamte hierbei nicht in der gesetzlichen Unfallversicherung versichert ist (§ 2 des Siebten Buches Sozialgesetzbuch - Gesetzliche Unfallversicherung - vom 07.08.1996 (BGBl. I S. 1254) in der jeweils geltenden Fassung); § 36 Abs. 1 Satz 2 LBeamtVG. Schließlich gilt als Dienst auch das Zurücklegen des mit dem Dienst zusammenhängenden Weges nach und von der Dienststelle (§ 36 Abs. 2 Satz 1 Halbsatz 1 LBeamtVG).

Erkrankt ein Beamter, der nach der Art seiner dienstlichen Verrichtung der Gefahr der Erkrankung an bestimmten Krankheiten besonders ausgesetzt ist, an einer solchen Krankheit, so gilt dies als Dienstunfall, es sei denn, dass der Beamte sich die Krankheit außerhalb des Dienstes zugezogen hat. Eine Erkrankung kann allerdings nur dann gemäß § 36 Abs. 3 Satz 1 LBeamtVG als Dienstunfall anerkannt werden, wenn die Krankheit zur Zeit der Erkrankung in die Anlage 1 zur Berufskrankheiten-Verordnung aufgenommen ist. Eine spätere Aufnahme genügt nicht[206].

Die Fürsorgeleistungen sind in den §§ 38 ff. LBeamtVG geregelt und umfassen:

- Erstattung von Sachschäden und besonderen Aufwendungen (§ 38 LBeamtVG),
- Heilverfahren (§ 39 LBeamtVG),
- Pflegekosten (§ 40 LBeamtVG),
- Unfallausgleich (§ 41 LBeamtVG),

---

[206] BVerwG, Urteil vom 10.12.2015, 2 C 46/13, Schütz BeamtR ES/C II 3.1 Nr. 102 = ZBR 2016, 170 = NVwZ-RR 2016, 466.

- Unfallruhegehalt (§§ 42 f. LBeamtVG),
- Unterhaltsbeitrag für frühere Beamte, frühere Ruhestandsbeamte (§ 44 LBeamtVG),
- Unterhaltsbeitrag bei Schädigung eines ungeborenen Kindes (§ 45 LBeamtVG),
- Unfallsterbegeld (§ 46 LBeamtVG),
- Unfall-Hinterbliebenenversorgung (§ 47 LBeamtVG),
- Unterhaltsbeitrag für Verwandte der aufsteigenden Linie (§ 48 LBeamtVG),
- Unterhaltsbeitrag für Hinterbliebene (§ 49 LBeamtVG),
- einmalige Unfallentschädigung und einmalige Entschädigung (§ 51 LBeamtVG) und
- Schadensausgleich in besonderen Fällen (§ 52 LBeamtVG).

Ist der Beamte infolge eines Dienstunfalles dienstunfähig geworden und in den Ruhestand getreten, so erhält er **Unfallruhegehalt** (§ 42 Abs. 1 LBeamtVG). Ein erhöhtes Unfallruhegehalt wird gewährt, wenn sich der Beamte in Ausübung einer Diensthandlung, mit der für ihn eine besondere Lebensgefahr verbunden ist, sein Leben einsetzt und infolge dieser Gefährdung einen Dienstunfall erleidet (vgl. § 43 Abs. 1 Satz 1 LBeamtVG). Eine **besondere Lebensgefahr** ist mit einer dienstlichen Handlung verbunden, wenn die Gefährdung weit über das normale Maß hinausgeht und der Verlust des Lebens wahrscheinlich oder doch sehr nahe liegend ist.

8.2.2.2 Ausgleich dienstlicher Sonderbelastungen

Zum Ausgleich dienstlicher Sonderbelastungen können dem Beamten **Reise- und Umzugskosten** erstattet sowie eine **Mehrarbeitsvergütung** gewährt werden. Es können aber auch **Schäden am Eigentum** ersetzt werden, die in Ausübung des Dienstes entstanden sind.

8.2.2.2.1 Reisekosten

Reisekostenvergütungen werden für Beamte im Landesreisekostengesetz[207] geregelt. Das Landesreisekostengesetz sieht die Erstattung von Reisekosten für Dienstreisen und Dienstgänge (Reisekostenvergütung in den §§ 3 bis 18 LRKG) vor. **Dienstreisen** sind Reisen zur Erledigung von Dienstgeschäften außerhalb des Dienstortes, die von der zuständigen Behörde schriftlich oder elektronisch angeordnet oder genehmigt worden sind (§ 2 Abs. 1 Satz 1 LRKG). **Dienstgänge** sind Gänge oder Fahrten am Dienstort oder Wohnort zur Erledigung von Dienstgeschäften außerhalb der Dienststätte, die von der zuständigen Behörde für den Einzelfall oder generell angeordnet oder genehmigt worden sind. (§ 2 Abs. 2 Satz 1 LRKG). Dienstreisen und Dienstgänge dürfen nur durchgeführt werden, wenn der angestrebte Zweck nicht mit geringerem Kostenaufwand erreicht werden kann (§ 3 Abs. 1 Satz 1 LRKG).

---

[207] Gesetz über die Reisekostenvergütung der Beamtinnen und Beamten, Richterinnen und Richter (Landesreisekostengesetz - LRKG) vom 16.12.1998 (GV.NRW. S. 738), zuletzt geändert durch Artikel 32 des Gesetzes vom 14.06.2016 (GV.NRW. S. 310).

Zur Reisekostenvergütung bei Dienstreisen können im Einzelfall gehören:

- Fahrkostenerstattung (§ 5 LRKG),
- Wegstrecken- und Mitnahmeentschädigung (§ 6 LRKG),
- Tagegeld für Verpflegungsmehraufwendungen, Aufwandsvergütung (§ 7 LRKG),
- Übernachtungskostenerstattung (§ 8 LRKG) und
- Nebenkosten, Auslagenerstattung für Reisevorbereitungen, soweit sie zur Erledigung des Dienstgeschäftes notwendig waren (§ 9 LRKG).

Bei **Dienstgängen** werden Fahrkostenerstattung, Wegstrecken- und Mitnahmeentschädigung, Tagegeld oder Aufwandsvergütung sowie Nebenkostenerstattung gewährt (vgl. § 10 LRKG).

8.2.2.2.2 Umzugskosten

Umzugskosten werden nach dem Gesetz für die Beamten im Gesetz über die Umzugskostenvergütung für die Beamten, Beamtinnen, Richter und Richterinnen (Landesumzugskostengesetz - LUKG)[208] gewährt. Nach § 1 Abs. 1 LUKG gilt das Gesetz über die **Umzugskostenvergütung** für Bundesbeamte (Bundesumzugskostengesetz - BUKG[209]) im Lande Nordrhein-Westfalen sinngemäß.

Voraussetzung für den **Anspruch auf Umzugskosten** ist nach § 2 Abs. 1 Satz 1 BUKG die **schriftliche oder elektronische Zusage**. Sie soll gleichzeitig mit der den Umzug veranlassenden Maßnahme erteilt werden (§ 2 Abs. 1 Satz 2 BUKG). Die Kosten werden nach der Beendigung des Umzuges gewährt, soweit kein Ausschlusstatbestand nach Abs. 3 vorliegt (vgl. § 2 Abs. 2 Satz 1 BUKG).

Die **Umzugskostenvergütung** ist nach § 3 Abs. 1 BUKG u. a. für folgende Umzüge von der zuständigen Stelle zuzusagen:

- Versetzung aus dienstlichen Gründen an einen anderen Ort als den bisherigen Dienstort (§ 3 Abs. 1 Nr. 1 BUKG),
- Anweisung des Dienstvorgesetzten, die Wohnung innerhalb bestimmter Entfernung von der Dienststelle zu nehmen oder eine Dienstwohnung zu beziehen (§ 3 Abs. 1 Nr. 2 BUKG),
- Räumung einer Dienstwohnung auf dienstliche Weisung (§ 3 Abs. 1 Nr. 3 BUKG) und
- Aufhebung einer Versetzung nach einem Umzug mit Zusage der Umzugskostenvergütung (§ 3 Abs. 1 Nr. 4 BUKG).

---

[208] Gesetz über die Umzugskostenvergütung für die Beamten, Beamtinnen, Richter und Richterinnen (Landesumzugskostengesetz – LUKG) in der Neufassung vom 06.07.1993 (GV.NRW. S. 464), zuletzt geändert durch Artikel 2 und Artikel 3 des Gesetzes vom 03.12.2013 (GV. NRW. S. 722).
[209] Gesetz über die Umzugskostenvergütung für die Bundesbeamten, Richter im Bundesdienst und Soldaten (Bundesumzugskostengesetz - BUKG) i. d. F. der Bekanntmachung vom 11.12.1990 (BGBl. I S. 2682), zuletzt geändert durch Art. 46 Abs. 5 der zehnten Zuständigkeitsanpassungsverordnung vom 31.08.2015 (BGBl. I S. 1474).

Den **Umfang der Leistungen**, die bei einem Umzug vergütet werden können, regelt § 5 BUKG. Im Einzelnen sind folgende Leistungen der Umzugskostenvergütung vorgesehen:

- Beförderungsauslagen (§ 6 BUKG),
- Reisekosten (§ 7 BUKG),
- Mietentschädigung (§ 8 BUKG),
- andere Auslagen (§ 9 BUKG),
- Pauschvergütung für sonstige Umzugsauslagen (§ 10 BUKG) und
- Auslagen nach § 11 BUKG.

Darüber hinaus wird **Auslagenersatz** nach den Vorschriften über die **Gewährung von Trennungsentschädigung** bei Vorliegen bestimmter Voraussetzungen gewährt.

8.2.2.2.3 Mehrarbeitsvergütung

Der Beamte ist verpflichtet, ohne Entschädigung über die regelmäßige Arbeitszeit hinaus Dienst zu tun, wenn zwingende dienstliche Verhältnisse es erfordern (§ 61 Abs. 1 Satz 1 LBG). Grundsätzlich ist die geleistete dienstlich angeordnete oder genehmigte Mehrarbeit, die über fünf Stunden im Monat hinausgeht, durch Dienstbefreiung innerhalb eines Jahres auszugleichen (vgl. § 61 Abs. 1 Satz 2 LBG).

Ist eine Dienstbefreiung aus zwingenden dienstlichen Gründen nicht möglich, so können Beamte in Besoldungsgruppen mit aufsteigenden Gehältern stattdessen eine Mehrarbeitsvergütung für einen Zeitraum von längstens 480 Stunden im Jahr erhalten (vgl. § 61 Abs. 2 Satz 1 LBG). § 66 Abs. 1 LBesG enthält die Ermächtigung durch Rechtsverordnung die Gewährung einer Mehrarbeitsvergütung zu regeln. Nach der Vorbemerkung zum Erlass zur Durchführung der Verordnung über die Gewährung von Mehrarbeitsvergütung für Beamte[210] richtet sich die Gewährung von Mehrarbeitsvergütung für Beamte noch nach der Bundesmehrarbeitsvergütungsverordnung[211].

Die Verordnung enthält **folgende Regelungen**:

- Bereiche, in denen Mehrarbeit für Beamte mit Dienstbezügen in Besoldungsgruppen mit aufsteigenden Gehältern vergütet wird (§ 2 BMVergV),
- Voraussetzungen für die Gewährung der Mehrarbeitsvergütung, wie die Arbeitszeitregelung, schriftliche Anordnung oder Genehmigung usw. (§ 3 BMVergV) und
- Stundensatz der Vergütung nach den einzelnen Besoldungsgruppen (§ 4 BMVergV).

---

[210] RdErl. des Finanzministeriums zur Durchführung der Verordnung über die Gewährung von Mehrarbeitsvergütung für Beamte vom 30.9.1974 - B 2135 - 4.1 - IV A 3 (MBl. NRW. S. 1522), geändert durch RdErl. v. 07.04.1976 (MBl. NRW. S. 721).
[211] Verordnung über die Gewährung von Mehrarbeitsvergütung für Beamtinnen und Beamte des Bundes (Bundesmehrarbeitsvergütungsverordnung - BMVergV) in der Fassung der Bekanntmachung vom 04.11.2009 (BGBl. I S. 3701), zuletzt geändert durch Artikel 7 des Gesetzes vom 25.11.2014 (BGBl. I S. 1772).

8.2.2.2.4 Ersatz von Schäden des Beamten

Sind in Ausübung des Dienstes Kleidungsstücke oder sonstige Gegenstände (sog. Sachschäden), die üblicherweise im Dienst mitgeführt werden, beschädigt oder zerstört worden oder abhandengekommen, so **kann** dafür Ersatz geleistet werden (§ 82 Abs. 1 Satz 1 LBG). Die Voraussetzungen sind erfüllt, wenn der **Schaden** in Ausübung des Dienstes durch ein auf äußere Einwirkung beruhendes plötzliches, örtlich und zeitlich bestimmbares Ereignis eingetreten ist, ohne dass gleichzeitig ein Körperschaden verursacht wurde. Im Rahmen der Unfallfürsorge besteht ebenfalls ein Anspruch auf Erstattung von Sachschäden und zusätzlich für besondere Aufwendungen (vgl. § 38 Satz 1 LBeamtVG).

Zum Dienst in diesem Sinne gehören auch Dienstreisen, Dienstgänge und die dienstliche Tätigkeit am Bestimmungsort sowie Fahrten, die nach den entsprechenden Vorschriften entschädigt werden (vgl. § 31 Abs. 1 LBeamtVG alt i. V. m. Ziffer 1 der VV zu § 83 LBG alt). Das Zurücklegen des Weges nach und von der Dienststelle gehört nicht zum Dienst im Sinne des Satzes 1 (vgl. § 82 Abs. 1 Satz 2 LBG).

Anträge auf Gewährung von Sachschadenersatz sind innerhalb einer Ausschlussfrist von drei Monaten zu stellen (§ 82 Abs. 1 Satz 3 LBG).

Ein Anspruch auf Schadensersatz gegen den Dienstherrn besteht nur für diejenigen Sachen des Beamten, die dieser notwendig und im üblichen Rahmen in den Dienst einbringt und notwendigerweise dort belässt.[212] Zum Dienst gehören auch Dienstreisen, Dienstgänge und die dienstliche Tätigkeit am Bestimmungsort sowie Fahrten, die nach den einschlägigen Vorschriften entschädigt werden. Dagegen gehören nicht zum Dienst das Zurücklegen des mit dem Dienst zusammenhängenden Weges nach und von der Dienststelle sowie die Teilnahme an Gemeinschaftsveranstaltungen.

Ersatz kann nach § 82 Abs. 1 LBG auch geleistet werden, wenn bei der ordnungsgemäßen Wahrnehmung von Rechten oder bei der Erfüllung von Pflichten nach dem Landespersonalvertretungsgesetz oder dem Neunten Buch Sozialgesetzbuch ein Schaden im Sinne des § 82 Abs. 1 LBG eingetreten ist.

Gegenüber einem **Fahrer eines Dienstkraftfahrzeuges** hat der Dienstherr die Stellung eines Haftpflichtversicherers und ist verpflichtet, im Rahmen der Mindestversicherungssummen für den Fahrer ebenso einzutreten, wie eine Versicherung[213]. Für Schäden, die von dem Beamten vorsätzlich oder grob fahrlässig verursacht worden sind, wird Schadensersatz nicht geleistet. Gleiches gilt, wenn der Beamte auf andere Art und Weise (z. B. gegenüber dem Schädiger) einen Anspruch auf Ersatz der Aufwendungen hat. Wird unabhängig vom Ausgang eines solchen Streitverfahrens der Schaden durch den Dienstherrn reguliert, hat der Beamte seinen Anspruch abzutreten.

---

[212] BVerwG, Urteil vom 22.09.1993 - 2 C 32/91, BVerwGE 94, 163, ZBR 1994, 229 = DÖV 1994, 300 = DVBl. 1994, 582 = NJW 1995, 271.
[213] Vgl. Richtlinien über die Schadenshaftung der Fahrer von Dienstkraftfahrzeugen im Verhältnis zu ihrem Dienstherrn, Runderlass des Finanzministeriums vom 09.10.2013, MBl. NRW. S. 491.

Über den Antrag auf Schadensersatz hat der Dienstherr nach pflichtgemäßem Ermessen zu entscheiden (§ 40 VwVfG NRW). Bei der Entscheidung handelt es sich um einen Verwaltungsakt i. S. des § 35 Satz 1 VwVfG NRW, der zu seiner Rechtmäßigkeit der ggf. der Anhörung nach § 28 VwVfG und der Begründung nach § 39 VwVfG NRW bedarf.

8.2.2.3 Außerdienstliche Sonderbelastungen

Außerdienstliche **Sonderbelastungen** werden durch die jährliche **Sonderzuwendung** sowie durch die Gewährung von **Beihilfen** im Krankheits- und Pflegefall ausgeglichen. In Ausnahmesituationen können bei Belastungen im Einzelfall Gehaltsvorschüsse und Unterstützungen vom Dienstherrn gewährt werden.[214]

8.2.2.3.1 Jährliche Sonderzahlung

Bis zum 31.12.2016 gehört die jährliche Sonderzahlung nach dem Sonderzahlungsgesetz-NRW vom 20.11.2003 (GV. NRW. S. 696) in der jeweils geltenden Fassung als sonstiger Bezug zur Besoldung nach § 1 Absatz 5 LBesG sowie zur Brutto- und Nettobesoldung im Sinne des § 70 Absatz 2 LBesG nach § 70 Absatz 3 LBesG. Zum 01.01.2017 wird die jährliche Sonderzahlung in die monatlichen Bezüge integriert (§ 91 Abs. 8 LBesG) und unterfällt damit dem allgemeinen Alimentationsprinzip.

Eine jährliche Sonderzahlung erhalten u. a. Beamte des Landes, der Gemeinden, der Gemeindeverbände und der sonstigen der Aufsicht des Landes unterstehenden Körperschaften, Anstalten und Stiftungen des öffentlichen Rechts; ausgenommen sind die Ehrenbeamtinnen und Ehrenbeamten (§ 1 Abs. 1 Nr. 1 SZG).

Voraussetzung für den Anspruch ist,

- dass die Berechtigten am 01.12. in einem der in § 1 Abs. 1 Nr. 1 und 2 SZG bezeichneten Rechtsverhältnisse stehen,
- seit dem ersten nicht allgemein freien Tag des Monats Oktober ununterbrochen oder im laufenden Kalenderjahr insgesamt sechs Monate bei einem öffentlich-rechtlichen Dienstherrn in einem hauptberuflichen Dienstverhältnis oder einem Ausbildungsverhältnis stehen oder gestanden haben und
- mindestens bis einschließlich 31. März des folgenden Jahres im Dienst dieses Dienstherrn verbleiben, es sei denn, dass sie ein früheres Ausscheiden nicht selbst zu vertreten haben (§ 2 Abs. 1 SZG).

Auf die **Wartezeiten** können bestimmte Zeiten angerechnet werden bzw. gelten hinsichtlich des Dienstverhältnisses bis zum 31.03. des folgenden Jahres unter bestimmten Voraussetzungen als erfüllt (§ 2 Abs. 4 und 5 SZG). Als Dienstverhältnis gilt auch das Dienstverhältnis einer/eines teilzeitbeschäftigten Berechtigten i. S. des § 8 LBesG (§ 2 Abs. 2 SZG).

---

[214] Vgl. allg. zur Beistandspflicht bei Sonderbelastungen im Rahmen der Fürsorgepflicht Hoffmann in Schütz/Maiwald, BeamtR, Teil B Rn 70 ff. zu § 45.

Die Sonderzahlung **besteht** aus einem Grundbetrag und einem Sonderbetrag für Kinder (§ 5 SZG). Die Höhe des Grundbetrages richtet sich für Beamte nach § 6 SZG, für Versorgungsempfänger nach § 7 SZG und der Sonderbetrag für Kinder nach § 8 SZG.

Für die **Gewährung und Bemessung** der Sonderzahlung sind grundsätzlich die rechtlichen und tatsächlichen Verhältnisse am 01.12. des jeweiligen Kalenderjahres maßgebend (§ 9 SZG). Die Sonderzahlung wird mit den laufenden Bezügen für den Monat Dezember als Einmalbetrag gewährt (§ 10 SZG).

Hat der Beamte **nicht während des gesamten Kalenderjahres** aufgrund einer Tätigkeit im Dienst eines öffentlich-rechtlichen Dienstherrn (§ 31 Abs. 1 LBesG) Bezüge oder aus einem öffentlich-rechtlichen Dienstverhältnis Versorgungsbezüge (§ 3 Abs. 2 SZG) erhalten, so vermindert sich der Grundbetrag für die Zeiten, für die ihm keine Bezüge zugestanden haben (§ 6 Abs. 3 Satz 1 SZG). Die Minderung beträgt für jeden vollen Monat ein Zwölftel (§ 6 Abs. 3 Satz 2 SZG). Dabei werden mehrere Zeiträume zusammengezählt und in diesem Falle der Monat zu dreißig Tagen gerechnet (§ 6 Abs. 3 Satz 3 SZG). Die Verminderung unterbleibt für die Monate des Entlassungsjahres, in denen Grundwehrdienst oder Zivildienst geleistet wird, wenn der Berechtigte vor dem 01.12. entlassen worden ist und unverzüglich in den öffentlichen Dienst zurückkehrt (§ 6 Abs. 3 Satz 4 SZG). So erhalten die am 01.09. eines Jahres in das Beamtenverhältnis berufenen Anwärter für die Laufbahn des gehobenen nichttechnischen Dienstes im Lande Nordrhein-Westfalen bzw. die Kommissaranwärter $^4/_{12}$ des Sonderzahlungsbetrages für Anwärter.

Der Zahlung von Dienstbezügen steht die Zahlung von **Mutterschaftsgeld** nach dem Mutterschutzgesetz während eines Arbeitsverhältnisses zu einem öffentlich-rechtlichen Dienstherrn gleich (§ 6 Abs. 3 Satz 5 SZG). Für die Dauer einer Elternzeit unterbleibt die Verminderung des Grundbetrages bis zur Vollendung des zwölften Lebensmonats des Kindes, wenn am Tage vor Antritt der Elternzeit Anspruch auf Bezüge aus einem Rechtsverhältnis nach § 6 Abs. 3 Satz 1 SZG bestanden hat (§ 6 Abs. 3 Satz 6 SZG).

Ist die Sonderzahlung geleistet worden, obwohl die Voraussetzungen des § 2 Abs. 1 Nr. 3 SZG hinsichtlich der Dienstzeit bis zum 31.03. des folgenden Jahres nicht vorlagen, ist sie in voller Höhe **zurückzuzahlen** (§ 2 Abs. 6 SZG).

8.2.2.3.2 Beihilfen

Aufgrund des § 75 Abs. 8 LBG werden nach der Verordnung über die Gewährung von Beihilfen in Krankheits-, Geburts- und Todesfällen[215] die entsprechenden Leistungen gewährt.[216] Ein Anspruch auf Beihilfengewährung besteht in Krankheits-, Geburts- und Todesfällen sowie in Fällen eines nicht rechtswidrigen Schwangerschaftsabbruchs und einer nicht rechtswidrigen Sterilisation (vgl. § 2 Abs. 1 Nr. 1 bis Nr. 5 BVO) für den

---

[215] Verordnung über Beihilfen in Geburts-, Krankheits-, Pflege- und Todesfällen (Beihilfenverordnung NRW – BVO NRW) vom 05.09.2009 (GV.NRW. S. 224), zuletzt geändert durch VO vom 01.12.2015 (GV.NRW. S. 844).
[216] Siehe hierzu auch Hoffmann in Schütz/Maiwald, BeamtR, Teil B, Rn. 83 ff. zu § 45.

Beihilfeberechtigten selbst bzw. für seine nicht selbst beihilfeberechtigten Angehörigen. Zum **anspruchsberechtigten Personenkreis** gehören nach § 1 Abs. 1 BVO u. a. Beamte, Ruhestandsbeamte, Witwen sowie Kinder von Beamten und Ruhestandsbeamten, solange sie Dienstbezüge, Anwärterbezüge, Ruhegehalt, Witwen- bzw. Witwergeld, Waisengeld, Unterhaltsbeitrag oder Unterhaltsbeihilfe erhalten.

Beihilfefähig sind die notwendigen Aufwendungen (§ 3 BVO) in angemessenem Umfange entsprechend der §§ 4 ff. BVO:

Beihilfefähige Aufwendungen in folgenden Fällen	Rechtsgrundlage
Krankheit	§ 4 BVO
Psychotherapeutische Leistungen, psychosomatische Grundversorgung	§ 4a BVO
Psychoanalytische Verfahren und Verhaltenstherapie	§ 4b bis 4d BVO
Neuropsychologische Therapie	§ 4f BVO
Komplextherapie und integrierte Versorgung	§ 4g BVO
Soziotherapie	§ 4h BVO
Sonstige Heilbehandlungen	§ 4i BVO
Dauernder Pflegebedürftigkeit und erheblichem allg. Betreuungsbedarf	§ 5 BVO
Häusliche Pflege	§ 5a BVO
Teilstationäre Pflege	§ 5b BVO
Kurzzeitpflege	§ 5c BVO
Vollstationäre Pflege	§ 5d BVO
Zusätzliche Betreuungsleistung bei häuslicher / vollstationärer Pflege	§ 5d BVO
Stationären Rehabilitationsmaßnahmen	§ 6 BVO
Müttergenesungskuren oder Mutter-/Vater-Kind-Kuren	§ 6a BVO
Ambulante Kur- und Rehabilitationsmaßnahmen	§ 7 BVO
Nicht rechtswidrigem Schwangerschaftsabbruch	§ 8 BVO
Aufwendungen bei und einer durch Krankheit erforderlichen Sterilisation	§ 8 BVO
Bei Empfängnisverhütung	§ 8 BVO
Geburtsfällen	§ 9 BVO
Behandlung im Ausland	§ 10 BVO
Aufwendungen in Todesfällen	§ 11 BVO

Die Beihilfe **bemisst** sich nach § 12 Abs. 1 Satz 1 BVO nach einem Vomhundertsatz der beihilfefähigen Aufwendungen (Bemessungssatz); maßgebend für die Höhe des Bemessungssatzes sind die Verhältnisse im Zeitpunkt des Entstehens der Aufwendungen (vgl. § 3 Abs. 5 Satz 2 BVO). Der Bemessungssatz ist wie folgt gestaffelt:

Berechtigter Personenkreis

Beihilfeberechtigter - § 1 Abs. 1 Nr. 1 und 4 BVO – 50 v. H.
(§ 12 Abs. 1 Satz 2 Buchstabe a) BVO)
Empfänger von Versorgungsbezügen, der als solcher 70 v. H.
beihilfeberechtigt ist (§ 12 Abs. 1 Satz 2 Buchstabe b) BVO)

Berücksichtigungsfähiger **Ehegatte** 70 v. H.
(§ 12 Abs. 1 Satz 2 Buchstabe c) BVO)
Berücksichtigungsfähiges **Kind** bzw. berücksichtigungsfähige 80 v. H.
Waise (§ 12 Abs. 1 Satz 2 Buchstabe d) BVO)

Sind **zwei oder mehr Kinder** berücksichtigungsfähig oder nur deshalb nicht berücksichtigungsfähig, weil sie selbst beihilfeberechtigt sind, beträgt der Bemessungssatz bei dem Beihilfeberechtigten nach § 12 Abs. 1 Satz 2 Buchstabea) BVO siebzig vom Hundert; bei mehreren Beihilfeberechtigten beträgt der Bemessungssatz nur bei einem von ihnen zu bestimmenden Berechtigten siebzig vom Hundert; in Ausnahmefällen kann die Bestimmung neu getroffen werden (§ 12 Abs. 1 Satz 3 BVO).

Beihilfen werden **auf Antrag** gewährt (§ 13 Abs. 1 Satz 1 BVO). Sie müssen grundsätzlich insgesamt mehr als hundert Euro betragen (vgl. § 13 Abs. 4 Satz 1 BVO). Bei Beihilfen von mehr als fünfhundert Euro, bei stationären Behandlungen oder Heilkuren von mehr als tausend Euro, hat der Beihilfeberechtigte die ihm von der Festsetzungsstelle zurückgegebenen Belege für die beihilfefähigen Aufwendungen noch drei Jahre nach dem Empfang der Beihilfe aufzubewahren und auf Anfordern vorzulegen, soweit sie nicht bei der Versicherung verbleiben (§ 13 Abs. 8 Satz 1 BVO).

Die Beihilfevorschriften enthalten nach § 12a BVO eine Selbstbeteiligung (**Kostendämpfungspauschale**). Die Beihilfe wird je Kalenderjahr, in dem ein Beihilfeantrag gestellt wird, um folgende Pauschale gekürzt:

Stufe	Besoldungsgruppen	Betrag
1	A 7 bis A 11	150,00 €
2	A 12 bis A 15, B 1, C 1, C 2, H 1, H 3, R 1, W 1	300,00 €
3	A 16, B 2, B 3, C 3, H 4, H 5, R 2, R 3, W 2, W 3	450,00 €
4	B 4 bis B 7, C 4, R 4 bis R 7	600,00 €
5	Höhere Besoldungsgruppen	750,00 €

Bei **Teilzeitbeschäftigung** werden die Beträge im gleichen Verhältnis wie die Arbeitszeit vermindert (§ 12a Abs. 2 BVO).

Die Regelungen zur Kostendämpfungspauschale verletzt nach der Rechtsprechung des Bundesverwaltungsgerichts[217] nicht den Grundsatz der amtsangemessenen Alimentation, sodass die entsprechenden Regelungen verfassungsgemäß sind.

---

[217] BVerwG, Urteil vom 13.06.2008, 2 C 75/07, juris Langtext.

8.2.2.3.2 Freie Heilfürsorge

Aufgrund des § 112 Abs. 2 LBG wird Polizeivollzugsbeamten nach der Verordnung über die freie **Heilfürsorge** der Polizei (Polizei-Heilfürsorgeverordnung - FHVOPol)[218] wegen des erhöhten Gesundheitsrisikos gewährt.

Polizeivollzugsbeamte haben Anspruch auf freie Heilfürsorge, solange ihnen Besoldung zusteht, Elternzeit oder Pflegezeit nach der auf Grund des § 74 Abs. 2 LBG zu erlassenden Rechtsverordnung oder Urlaub nach § 72 Abs. 1 Satz 2 oder § 72 Abs. 2 LBG gewährt wird. Dies gilt auch während einer Beurlaubung nach § 64 Abs. LBG 1 i. V. m. Absatz 2, sofern der Beamte nicht Anspruch auf Familienversicherung nach § 10 des Fünften Buches Sozialgesetzbuch hat (§ 112 Abs. 2 Satz 1 und 2 LBG, § 1 FHVOPol).

Der Anspruch auf freie Heilfürsorge **umfasst** nach § 2 Abs. 1 FHVOPol die zur Erhaltung oder Wiederherstellung der Polizeidienstfähigkeit notwendige und angemessene

- vorbeugende Gesundheitsfürsorge,
- ärztliche Behandlung einschließlich Psychotherapie im Krankheitsfall,
- zahnärztliche Behandlung,
- Behandlung im Krankenhaus,
- Behandlung in Vorsorge- und Rehabilitationseinrichtungen,
- Versorgung mit Arznei- und Verbandmitteln,
- Versorgung mit Heilmitteln,
- Versorgung mit Hilfsmitteln,
- Behandlung im Ausland sowie
- Vergütung der Fahrkosten.

Grundsätzlich richtet sich der Umfang der in 2 Abs. 1 FHVOPol genannten Leistungen nach den Vorschriften des Fünften Buches Sozialgesetzbuch, wobei die Regelungen über Kostenbeteiligungen und Zuzahlungen finden keine Anwendung (§ 2 Abs. 2 FHVOPol).

Polizeivollzugsbeamte sind nach § 3 FHVOPol berechtigt, sich durch einen Polizeiarzt untersuchen, beraten und behandeln zu lassen, um Krankheiten vorzubeugen und die körperliche Leistungsfähigkeit zu erhalten und zu fördern (Gesundheitsfürsorge).

Im Krankheitsfall kann sich der Beamte von einem Polizeiarzt oder einem anderen Arzt behandeln lassen (§ 4 Abs. 2 Satz 1 FHVOPol). Entscheidet sich der Polizeivollzugsbeamte für eine Behandlung durch einen anderen Arzt, so hat sie oder er eine Ärztin oder einen Arzt, die oder der an der vertragsärztlichen Versorgung im Sinne des § 95 SGB V teilnimmt, in der Regel am Dienst- oder Wohnort oder in deren Nähe in Anspruch zu nehmen (§ 4 Abs. 2 Satz 2 FHVOPol). Der Polizeivollzugsbeamte erhält zum Nachweis der Anspruchsberechtigung vom Kostenträger (Land NRW) eine elektronisch lesbare Versichertenkarte, die bei jedem Arztbesuch mitzuführen und vorzulegen ist (§ 4 Abs. 2 Satz 1 FHVOPol).

---

[218] Verordnung über die freie Heilfürsorge der Polizei (Polizei-Heilfürsorgeverordnung - FHVOPol) vom 09.12.2009 (GV.NRW. S. 812), zuletzt geändert durch Art. 8 der VO vom 27.06.2014 (GV. NRW. S. 376).

Bei Schwangerschaft und Entbindung einer Polizeivollzugsbeamtin werden die mit der Betreuung durch eine Ärztin oder einen Arzt und/oder eine Hebamme oder einen Entbindungspfleger verbundenen Kosten übernommen (§ 4 Abs. 5 FHVOPol).

8.2.2.3.4 Gehaltsvorschüsse und Unterstützungen

Die Gewährung von **Gehaltsvorschüssen** und **Unterstützungen** gehen auf die Fürsorgepflicht des Dienstherrn zurück (§ 45 BeamtStG). Der Konkretisierung der Fürsorgepflicht dienen die Richtlinien über die Gewährung von:

Vorschüssen in besonderen Fällen (Vorschussrichtlinien - VR[219]) und die **Unterstützungsgrundsätze** (UGr[220]).

Vorschüsse werden vom Dienstherrn nach pflichtgemäßem Ermessen als freiwillige Leistung erbracht. Sie werden in Einzelfällen gewährt, wenn sie für unvorhergesehene bzw. unabweisbare Ausgaben des Beamten dringend benötigt werden und aus den dem Beamten zur Verfügung stehenden Dienstbezügen zurzeit nicht oder nur durch unzumutbare Einschnitte im allgemeinen Lebensbereich bestritten werden können.

Unterstützungsleistungen sind ebenfalls freiwillige Leistungen, die der Fürsorgepflicht des Dienstherrn zuzurechnen sind. Sie werden ausnahmsweise im Einzelfall bei einer unausweichlichen Notlage als einmalige oder laufende Leistung, ggf. unter dem Vorbehalt des jederzeitigen Widerrufs für höchstens fünf Jahre gewährt, soweit Haushaltsmittel dafür im Haushaltsplan zur Verfügung gestellt worden sind. Viele Dienstherren orientieren sich im Bewilligungsverfahren am Bedarf der Sozialleistungen nach dem SGB II. Auf die Gewährung von Leistungen hat der Beamte keinen Anspruch.

8.3 Übungen

Sachverhalt 1

Stadtoberinspektor C vom Sozialamt der Stadt Y soll in einem Sonderbüro für die Zeit von vier Wochen Leistungen zum Lebensunterhalt nach dem Sozialgesetzbuch für nicht organisierte Arbeitnehmer während der Dauer eines Streiks in der Stahlindustrie bewilligen. C weigert sich, die Aufgaben dort wahrzunehmen, da er die von seinem Vorgesetzten angeordnete Maßnahme als Gewerkschaftsmitglied für rechtswidrig hält.

Fragestellung

Wie kann sich C gegen die Anordnung wehren?

---

[219] Richtlinien über die Gewährung von Vorschüssen in besonderen Fällen (Vorschussrichtlinien – VR -), RdErl. des Finanzministers vom 02.06.1976 – B 3140 – 0.1 – IV A 4 1 (MBl.NRW. S. 1235), zuletzt geändert durch RdErl. vom 24.09.2003 (MBl.NRW. S. 1150).
[220] Unterstützungsgrundsätze - UGr, RdErl. des Finanzministers vom 05.05.1972 – B 3120 – 0.1 IV A 4, erlassen im Einvernehmen mit dem Innenminister (MBl.NRW. S. 964), zuletzt geändert durch RdErl. vom 24.09.2003 (MBl.NRW. S. 1150).

Lösungshinweise

C hätte seine Bedenken gegen die Rechtmäßigkeit der dienstlichen Anordnung (Umsetzung für einen kurzen Zeitraum auf eine andere Stelle) unverzüglich bei seinem unmittelbaren Vorgesetzten durch Remonstration geltend zu machen (vgl. § 36 Abs. 2 Satz 1 BeamtStG). Würde die Anordnung von seinem Vorgesetzten aufrechterhalten, seine Bedenken jedoch fortbestehen, hätte sich C an den nächsthöheren Vorgesetzten wenden müssen (vgl. § 36 Abs. 2 Satz 2 BeamtStG). Wäre von diesem die Anordnung bestätigt worden, hätte C die Tätigkeiten im Sonderbüro ausführen müssen, zumal Ausschlusstatbestände nicht erkennbar sind (vgl. § 36 Abs. 2 Satz 4 BeamtStG).

Für einen verwaltungsrechtlichen Rechtsschutz besteht bei einer Weisung zur Erfüllung einer dringend wahrzunehmenden Aufgabe im Betriebsverhältnis grundsätzlich kein Raum, zumal eine Verletzung von Grundrechten offensichtlich nicht erkennbar ist. Nur bei Vorliegen dieser Voraussetzungen wäre eine Feststellungsklage zulässig.

Sachverhalt 2

Beim Kreis K gehen schriftlich anonyme Hinweise ein, dass der Kreisamtmann D (stellvertretender Kassenleiter) in seiner Funktion als Kassierer eingenommene Gelder der Kreiskasse unterschlägt. Eine sofort durchgeführte Prüfung erhärtet den Verdacht. Mit Schreiben vom selben Tage wird D die Führung seiner Dienstgeschäfte als Kassierer und stellvertretender Kassenleiter aus zwingenden dienstlichen Gründen verboten. Die Entscheidung ist mit einer eindeutigen Anordnung - auch im Hinblick auf die sofortige Vollziehung der Maßnahme - versehen und umfassend begründet sowie mit ordnungsgemäßen Belehrungen über die möglichen Rechtsbehelfe versehen.

Fragestellung

Ist das Verbot der Führung der Dienstgeschäfte rechtmäßig ausgesprochen worden?

Lösungshinweise

Nach § 39 Abs. 1 Satz 1 BeamtStG kann D die Führung seiner Dienstgeschäfte verboten werden, wenn zwingende dienstliche Gründe vorliegen.

Das Verbot der Führung der Dienstgeschäfte setzt die tatsächliche Übertragung bestimmter Dienstgeschäfte voraus. Der Begriff ist weit auszulegen und umfasst regelmäßig das Amt im konkret funktionellen Sinne (Dienstposten). Nach dem Sachverhalt ist D in seiner Funktion als stellvertretender Kassenleiter gleichzeitig Kassierer der Kreiskasse. Das Verbot der Führung der Dienstgeschäfte bezieht sich nach dem Sachverhalt auf seine Dienstgeschäfte.

Das Verbot kann nur ausgesprochen werden, wenn zwingende dienstliche Gründe dieses erfordern. Ein solcher Grund liegt u. a. vor, wenn ansonsten Nachteile für den Dienstherrn nicht ausgeschlossen werden können. Im vorliegenden Fall könnten bei einer Dienstausübung weitere Unterschlagungen erfolgen bzw. begangene Unregelmäßigkeiten einer Aufklärung entzogen werden. Es liegen somit zwingende dienstliche Gründe für die Maßnahme vor, um den Dienstherrn vor Schaden zu bewahren.

Die Tatbestandsvoraussetzungen des § 34 Abs. 1 Satz 1 BeamtStG sind erfüllt. Die Entscheidung ist jedoch nach pflichtgemäßem Ermessen zu treffen. Das Ermessen ist entsprechend dem Sinn und Zweck der Vorschrift sowie unter Berücksichtigung der Interessen von D auszuüben (§ 40 VwVfG NRW). Die im Verwaltungsakt verfügte Maßnahme (Mittel) muss geeignet (tauglich) sein, um das von der Behörde angestrebte Ziel (Zweck) zu erreichen. Das Ziel muss im Verhältnis zur Wertigkeit der angeordneten Maßnahme stehen. Das ausgesprochene Verbot der Führung der Dienstgeschäfte darf nicht zu dem angestrebten Erfolg erkennbar außer Verhältnis stehen („Zweck-Mittel-Relation").

Bei einem erhärteten Verdacht einer Unterschlagung, aber noch nicht nachgewiesenen Pflichtverletzung, ist ein Rechtsverstoß bezüglich der Ermessensentscheidung nicht auszuschließen. In einer Kreisverwaltung dürfte von der Anzahl der Arbeitsplätze ausgehend ein anderes Aufgabengebiet kurzfristig zur Verfügung stehen, in das D umgesetzt werden könnte. Nur wenn dies ausnahmsweise, was nach dem Sachverhalt offen bleibt, nicht der Fall wäre, könnte die Führung der Dienstgeschäfte verboten werden. Das Ermessen ist nicht dem Zweck entsprechend ausgeübt worden.

Weiterhin ist zu prüfen, ob aufgrund anderer Verfahrensfehler der Verwaltungsakt rechtswidrig sein könnte. Nach dem Sachverhalt ist die Entscheidung (Verwaltungsakt) schriftlich (§ 37 Abs. 2 VwVfG NRW) ergangen. Die Anordnung ist lt. Sachverhalt eindeutig erfolgt und begründet worden (vgl. § 39 VwVfG NRW) sowie mit einer ordnungsgemäßen Rechtsbehelfsbelehrung versehen gewesen. Die Rechtmäßigkeit der Anordnung der sofortigen Vollziehung nach § 80 Abs. 1 Nr. 4 VwGO muss nach diesem Prüfungs-verlauf nicht näher untersucht werden.

Nicht alle Verfahrensvorschriften sind beachtet worden. Der Beamte ist vor Erlass des Verbots zu hören, soweit dies, ohne die zu treffende Entscheidung zu verzögern, möglich ist (§ 28 VwVfG NRW). Eine Anhörung ist nach den Vorgaben des Sachverhalts nicht erfolgt. Gründe, die eine sachlich nicht vertretbare Verzögerung zur Folge gehabt hätten, sind nach dem Sachverhalt nicht erkennbar.

Somit ist das Verbot der Führung der Dienstgeschäfte auch diesbezüglich rechtswidrig ausgesprochen worden. Der Mangel kann nicht dadurch geheilt werden, dass der Beamte im Rechtsbehelfsverfahren Gelegenheit erhält, sich zu den vorgetragenen Tatsachen zu äußern.

D ist unverzüglich zu den Vorwürfen und zur Umsetzung anzuhören und kann dann auf einem anderen Dienstposten eingesetzt werden.

Sachverhalt 3

Regierungsrat E ist aufgrund seiner wahrzunehmenden Aufgaben verpflichtet, in regelmäßigen Abständen Fahrten zu unterschiedlichen Dienststellen mit dem privaten PKW durchzuführen, da in vielen Fällen die Benutzung öffentlicher Verkehrsmittel einen zu hohen Zeitaufwand erfordert. So ist er in der Lage, mehrere Termine an einem Tag wahrzunehmen. Bei einer solchen dienstlich angeordneten Fahrt wird sein Fahrzeug auf dem Parkplatz erheblich beschädigt. Das Fahrzeug war von ihm ordnungsgemäß abgestellt worden. Der Unfallfahrer ist flüchtig.

Zeugen des Unfalls sind nicht bekannt. Anzeige ist von E bei der Polizei erstattet worden. Lt. Kostenvoranschlag der Vertragswerkstatt beträgt der Schaden ca. 3.500 €.

Fragestellung

Hat E einen Anspruch auf Ersatz des Schadens durch den Dienstherrn?

Lösungshinweise

Ein Anspruch auf Schadensersatz besteht nicht. Sind aber in Ausübung des Dienstes sonstige Gegenstände, die üblicherweise im Dienst mitgeführt werden - wozu auch Kraftfahrzeuge gehören - beschädigt worden, so kann dafür Ersatz geleistet werden (vgl. § 82 Abs. 1 Satz 1 LBG). Voraussetzung ist nach § 82 Abs. 1 Satz 1 LBG, dass der Schaden in Ausübung des Dienstes durch ein auf äußere Einwirkung beruhendes plötzliches, örtlich und zeitlich bestimmbares Ereignis eingetreten ist, ohne dass gleichzeitig ein Körperschaden eingetreten ist. Zum Dienst gehören auch Dienstgänge und Dienstreisen.

Die Voraussetzungen sind nach dem Sachverhalt erfüllt, da es sich um eine dienstlich angeordnete Fahrt handelte, bei der das Ereignis, der Schaden an dem Kraftfahrzeug des E, eingetreten ist.

Der Dienstherr hat nach pflichtgemäßem Ermessen (§ 40 VwVfG NRW) und im Hinblick auf die Fürsorgepflicht (§ 45 BeamtStG) zu entscheiden, ob er Ersatz für den Schaden leistet. Dabei ist zu berücksichtigen, dass durch die Benutzung des Kraftfahrzeuges zeitliche Einsparungen verbunden waren, die es dem Beamten ermöglichte, mehrere Besuchstermine an einem Tag zu erledigen. Dieses ist von dienstlichem Interesse. Der Beamte kann mit einer Regulierung des Schadens durch den Dienstherrn rechnen. Dabei sind Versicherungsansprüche vorrangig in Anspruch zu nehmen. Mögliche Ansprüche gegenüber dem flüchtigen Schädiger bzw. der Kraftfahrzeughaftpflichtversicherung sind an den Dienstherrn abzutreten.

Sachverhalt 4

Der Leiter einer Dienststelle der Landesverwaltung ordnet schriftlich an, dass mit sofortiger Wirkung die Beschilderung im Verwaltungsgebäude auszutauschen ist. Auf der in Auftrag gegebenen neuen Beschilderung sollen künftig die Bezeichnung des Dezernats mit Kurzbezeichnung, der Name des jeweiligen Beamten und seine Funktionsbezeichnung (z. B. Abteilungsleiter, Sachbearbeiter) und die Zimmernummer angezeigt werden. Die Verwendung der Amts- oder Dienstbezeichnung soll mit der Begründung unterbleiben, dass die Beamten z. Z. sehr stark im Kreuzfeuer der Kritik stehen würden und so für Besucher der Dienststelle ein Rückschluss auf das Beamtenverhältnis nicht erkennbar sei.

Mit der Anordnung der Entscheidung ist Regierungsdirektor F nicht einverstanden. Dieses teilt er dem Leiter der Behörde schriftlich mit. Gleichzeitig bittet er darum, ihn zukünftig im Schriftwechsel oder auch persönlich mit der Amtsbezeichnung anzureden.

Fragestellung

Ist die getroffene Anordnung rechtmäßig und kann F auf Anrede mit der Amtsbezeichnung bestehen?

Lösungshinweise

Der Beamte führt im Dienst die Amtsbezeichnung des ihm übertragenen Amtes (§ 77 Abs. 2 Satz 1 LBG). Bei dem Anspruch auf Führung der Amtsbezeichnung handelt es sich um einen auf Art. 33 Abs. 5 GG gestützten hergebrachten Grundsatz des Berufsbeamtentums. Gleichzeitig bringt die Differenzierung der Amtsbezeichnungen den im Beamtenrecht bestehenden Leistungsgrundsatz zum Ausdruck. Die dienstvorgesetzte Stelle hat somit nicht das Recht, eine solche Anordnung zu erlassen, mit der die Amtsbezeichnung durch die Funktionsbezeichnung auf der Türbeschilderung ersetzt werden soll, da es sich nicht ausschließlich um organisatorische Maßnahmen handelt, sondern auch das Amt im statusrechtlichen Sinne tangiert. Die getroffene Entscheidung wäre insoweit rechtswidrig.

Regierungsdirektor F hat aber kein Recht auf Anrede mit der Amtsbezeichnung. Ein solcher Anspruch ist durch § 77 Abs. 2 Satz 2 LBG ausdrücklich ausgeschlossen. Insofern muss seiner Bitte auf Anrede mit der Amtsbezeichnung nicht nachgekommen werden.

Sachverhalt 5

Ein an der Fachhochschule lehrender Professor lagert in einem Vorraum vor dem Hörsaal seit Jahren eigene Gemälde, da in seinem Haus größere Renovierungsarbeiten durchgeführt wurden. Der Vorraum war in der Vergangenheit ständig verschlossen. Nach einiger Zeit wurden in diesem Vorraum durch eine Heizungsfirma Heizungskörperventile ausgewechselt. Zu diesem Zweck betraten Mitarbeiter der ausführenden Firma und ein an der Fachhochschule angestellter Hausmeister ohne vorherige Benachrichtigung des Professors den Raum. Dabei wurden einige der gelagerten Gemälde, die den Zugang zu einem Heizkörper verstellten, umgestellt. Später stellte der Professor fest, dass diese Gemälde beschädigt waren und verlangte Schadensersatz von seinem Dienstherrn.

Fragestellung

Hat sein Antrag auf Ersatz des Schadens Erfolg?

Lösungshinweise

Ein Anspruch auf Ersatz des vom Dienstherrn bzw. eines für diesen zurechenbar handelnden Bediensteten schuldhaft adäquat kausal verursachten Schadens an im Bereich des Dienstherrn befindlichen Sachen des Beamten wegen Verletzung der Fürsorgepflicht gem. § 45 BeamtStG besteht nicht.

Ein solcher Anspruch ist zwar auch Ausdruck des allgemeinen Fürsorgeprinzips, jedoch sind die entsprechenden Voraussetzungen hier nicht gegeben. Nach § 45 BeamtStG sorgt der Dienstherr im Rahmen des Dienst- und Treueverhältnisses für das Wohl des Beamten und seiner Familie; er schützt ihn bei seiner amtlichen Tätigkeit. Die Pflicht zu Schutz und Fürsorge beinhaltet nicht nur die Pflicht, Schaden vom Beamten und den von ihm in den Dienst eingebrachten Gegenständen keinen Schaden zuzufügen. Die Schutzpflicht des Dienstherrn erfasst allerdings nur diejenigen Sachen des Beamten, die dieser notwendig und im üblichen Rahmen zum Dienst mitbringt. Für den Dienst notwendig und damit dienstlich veranlasst in diesem Sinne ist die Verwendung privater Gegenstände des Beamten durch diesen im Dienst dann, wenn dies der Dienstherr ausdrücklich anordnet (z. B. Tragen von Schutz- und Arbeitskleidung). Im vorliegenden Fall handelte es sich aber um Gegenstände, die nicht notwendiger weise Bestandteil des Lehrauftrags waren. Der Antrag auf Ersatz des Sachschadens hat keinen Erfolg. Unberührt davon bleiben mögliche zivilrechtliche Ansprüche gegenüber den am Schaden beteiligten Personen.

9 Folgen von Pflichtverletzungen

Bei Dienstpflichtverletzungen ist zu unterscheiden, ob sie von einem Beamten oder vom Dienstherrn durch einen Beamten begangen worden sind. Zunächst werden Pflichtverstöße des Beamten gegenüber dem Dienstherrn und Dritten näher beschrieben. Danach wird auf die Pflichtverletzungen des Dienstherrn eingegangen.

9.1 Pflichtverletzung durch Beamte

Der Beamte begeht ein Dienstvergehen, wenn er schuldhaft die ihm obliegenden Pflichten verletzt (§ 47 Abs. 1 Satz 1 BeamtStG). Es wird **unterschieden** zwischen Dienstvergehen, die **im Dienst** und solchen, die **außerhalb des Dienstes** begangen werden. Ein Verhalten des Beamten außerhalb des Dienstes ist ein Dienstvergehen, wenn es nach den Umständen des Einzelfalles in besonderem Maße geeignet ist, Achtung und Vertrauen in einer für sein Amt oder das Ansehen des öffentlichen Dienstes bedeutsamen Weise zu beeinträchtigen, (§ 47 Abs. 1 Satz 2 BeamtStG).

Die Abgrenzung zwischen inner- und außerdienstlicher Pflichtverletzung beruht nicht auf der Zufälligkeit räumlicher oder zeitlicher Beziehung eines Verhaltens zur Dienstausübung, sondern auf einer etwaigen kausalen und logischen Einbindung des maßgeblichen Verhaltens in ein Amt und die damit verbundene dienstliche Tätigkeit. Ist eine solche Einordnung nicht möglich, insbesondere wenn es sich als das Verhalten einer Privatperson darstellt, ist es als außerdienstliches (Fehl-) Verhalten zu qualifizieren.[1] Demnach ist für die Unterscheidung nicht die formelle Dienstbezogenheit entscheidend. Maßgebend ist damit nicht die enge räumliche oder zeitliche Beziehung zum Dienst. Vielmehr ist in erster Linie auf die **materielle Dienstbezogenheit** abzustellen[2].

Auch **Ruhestandsbeamte und frühere Beamte** können Dienstpflichten verletzen. Sie begehen nach § 47 Abs. 2 BeamtStG ein Dienstvergehen, wenn sie

- sich gegen die freiheitliche demokratische Grundordnung im Sinne des Grundgesetzes betätigen,
- an Bestrebungen teilnehmen, die darauf abzielen, den Bestand oder die Sicherheit der Bundesrepublik Deutschland zu beeinträchtigen,
- gegen folgende Einzelpflichten verstoßen
  - § 37 BeamtStG (Amtsverschwiegenheit),
  - § 41 BeamtStG (Anzeigepflicht und Verbot einer Tätigkeit) oder
  - § 42 BeamtStG (Verbot der Annahme von Belohnungen oder Geschenken).

Dienstvergehen werden durch **folgende Merkmale** gekennzeichnet:

- Beamteneigenschaft,
- Pflichtverletzung,
- Schuld (Vorsatz oder Fahrlässigkeit) sowie
- Bewusstsein der Pflichtwidrigkeit.

---

[1] BVerwG, Beschluss vom 24.10.2006, 1 DB 6.06, juris Langtext Rn. 19; OVG NRW, Urteil vom 21.05.2014, 3d A 1614/11.O, juris Langtext Rn. 37.
[2] Schachel in Schütz/Maiwald, BeamtR, Teil B Rn. 16 zu § 47.

Beamter ist, wer in einem öffentlich-rechtlichem Dienst- und Treueverhältnis zu seinem Dienstherrn steht (§ 3 Abs. 1 BeamtStG).

Die **Pflichtverletzung** des Beamten kann sich aus den in den §§ 33 ff. BeamtStG (vgl. Ausführungen zu 8.1) aufgelisteten Pflichten oder aus sonstigen Regelungen des Landesbeamtengesetzes ergeben. Darüber hinaus kann sie spezialgesetzlich begründet sein. So ist beispielsweise sexuelle Belästigung am Arbeitsplatz eine Pflichtverletzung und ein Dienstvergehen (vgl. §§ 1, 7 Abs. 1, 3 Abs. 4, 24 AGG).

Ein Dienstvergehen liegt objektiv vor, wenn der Beamte gegen eine beamtenrechtliche Pflicht verstößt. Als subjektives Element ist es erforderlich, dass dem Beamten das Verhalten als Pflichtverletzung bewusst ist, er also **schuldhaft** handelt.

Schuldhaftes Handeln liegt vor, wenn der Beamte einen Entschluss zu einem pflichtwidrigen Tun oder Unterlassen fasst, also eine freie und persönliche Entscheidung gegen geltende Beamtenpflichten trifft. Das geltende Recht kennt Vorsatz und Fahrlässigkeit als Grundformen der Schuld (vgl. § 276 Abs. 1 BGB).

Vorsätzlich handelt der Beamte, der den Tatbestand einer Pflichtverletzung mit Wissen und Wollen verwirklicht. **Fahrlässig** handelt der Beamte, der die Sorgfalt außer Acht lässt, zu der er nach den äußeren Umständen und seinen persönlichen Fähigkeiten aufgrund seiner Vor- und Ausbildung sowie Berufserfahrung verpflichtet und in der Lage ist, die Rechtsfolgen aber nicht voraussieht bzw. leichtfertig in Kauf nimmt. Leichte Fahrlässigkeit reicht für das Vorliegen der Voraussetzungen aus. Fahrlässig handelt, wer die im Verkehr üblicher Weise erforderliche Sorgfalt außer Acht lässt. Diesbezüglich ist auf einen pflichtgetreuen durchschnittlichen Beamten abzustellen, der sich ggf. bei Unsicherheit über die Rechtslage sachkundig machen würde. Auch durch ein „Unterlassen" kann der Beamte Pflichten verletzen.

Liegt eine Pflichtverletzung vor, ist dieses für den Beamten mit Konsequenzen verbunden. Als **Folgen** von Pflichtverletzungen kommen in Betracht:

- vermögensrechtliche Folgen,
- beamtenrechtliche Folgen bzw.
- strafrechtliche Folgen.

9.1.1 Vermögensrechtliche Folgen von Pflichtverletzungen

Zu unterscheiden ist haftungsrechtlich zwischen der Pflichtverletzung bei der Ausübung hoheitlicher bzw. fiskalischer Tätigkeiten und danach, wem der Beamte im Einzelfall einen Schaden zugefügt hat. Handelt es sich um einen Schaden, den der Beamte seinem Dienstherrn zufügt, spricht man vom sog. **Eigenschaden**; hat den Schaden ein außenstehender Dritter erlitten, wird regelmäßig der Begriff **„Fremdschaden"** verwendet. **Vermögensrechtliche Folgen** können sein:

- Regress und Schadensersatz,
- Erstattungsforderungen und
- Verlust der Dienstbezüge.

9.1.1.1 Schadensersatz

Handelt es sich um die Schädigung des Vermögens eines Dritten, stellt sich die Frage des Schadensersatzes. Insofern treten dem § 823 Abs. 1 BGB vergleichbare Situationen ein. Die Regulierung und Verantwortung für den Schaden ist im Beamtenrecht danach zu beurteilen, wer den Schaden bei welcher Art der Tätigkeit begangen hat und danach, wer den Anspruch auf Schadensersatz hat.

9.1.1.1.1 Fremdschäden bei Amtspflichtverletzung

Verletzt ein Beamter vorsätzlich oder fahrlässig die ihm einem Dritten gegenüber obliegende Pflicht, so hat er dem Dritten den daraus entstehenden Schaden zu ersetzen (vgl. § 839 Abs. 1 Satz 1 BGB). Beamtenrechtlich geht eine Haftung über § 823 BGB hinaus, da eine schuldhafte Amtspflichtverletzung selbst dann vorliegen kann, wenn die Tatbestände des § 823 BGB nicht erfüllt sind.

Bei Fahrlässigkeit kann der Beamte in Anspruch genommen werden, wenn der Dritte nicht auf andere Weise Ersatz verlangen kann (vgl. § 839 Abs. 1 Satz 2 BGB). Die Ersatzpflicht tritt nicht ein, wenn der Verletzte es vorsätzlich oder fahrlässig unterlassen hat, den Schaden durch Gebrauch eines Rechtsmittels abzuwenden (§ 839 Abs. 3 BGB).

Als **geschädigter Dritter** kommt jede natürliche oder juristische Person, der die Maßnahme galt, ggf. auch ein sonstiger unbeteiligter Dritter in Betracht. Die Pflicht zur Regulierung solcher Ansprüche durch den Dienstherrn ergibt sich bei der Wahrnehmung hoheitlicher Aufgaben aus Art. 34 Satz 1 GG (Staatshaftung). Durch die Vorschrift wird die persönliche Haftung des Beamten aus § 839 BGB ergänzt und zum Teil überlagert, soweit es sich um einen Schaden handelt, der bei Ausübung eines öffentlichen Amtes entstanden ist.

Verletzt danach jemand (neben Beamten auch Beschäftigte in einem privatrechtlichen Beschäftigungsverhältnis) in Ausübung eines ihm anvertrauten Amtes (Wahrnehmung hoheitlicher Tätigkeit) die einem Dritten gegenüber obliegende Amtspflicht (aus § 839 BGB), so trifft die Verantwortlichkeit grundsätzlich den Staat oder die Körperschaft, in deren Dienst er steht. Der Begriff der Dienstpflicht ist inhaltlich weiter als der Begriff der Amtspflicht. Dienstpflichten, die sich nur auf den fiskalischen Bereich beziehen, werden von § 48 BeamtStG erfasst, nicht aber vom Begriff der Amtspflicht[3]. Weil der Dienstherr nach Art. 34 Abs. 1 GG für den Beamten einsteht, ist der Geschädigte im Hinblick auf die Schadensregulierung privilegiert. Der Geschädigte kann sich nur an den Dienstherrn wenden, die persönliche Haftung des Beamten gegenüber dem Dritten aus § 839 BGB entfällt.

Der **Umfang der Schadensersatzpflicht** wegen Amtspflichtverletzung umfasst nicht die Wiederherstellung des vor der Pflichtverletzung bestehenden Zustandes (**Naturalrestitution**), sondern lediglich einen Ersatz in Geld. Für den Geschädigten ist dennoch sichergestellt, dass bei der Wahrnehmung von Staatsaufgaben ein zahlungsfähiger

---

[3] May in Schütz/Maiwald, BeamtR, Teil B Rn. 28 zu § 48.

Schuldner existiert, der im Schadensfall in der Lage ist, für den Schaden einzustehen. Damit ist er privilegiert, da davon ausgehen werden kann, dass sein Schaden unabhängig von den finanziellen Verhältnissen des Beamten ersetzt wird.

Werden Schadensersatzansprüche wegen angeblicher Amtspflichtverletzungen eines Beamten von einem Dritten geltend gemacht, ist dem Beamten Gelegenheit zu geben, sich zu äußern, wenn seine Ersatzpflicht nicht von vornherein offensichtlich ausscheidet. Auch, wenn er seine Ersatzpflicht verneint, ist er über das weitere Verfahren, soweit tunlich, auf dem Laufenden zu halten. Wird Klage erhoben, so ist zur Wahrung der Rückgriffsbelange zu prüfen, ob Streitverkündung an den Beamten erforderlich ist.

Hat der Dienstherr Schadensersatz geleistet und liegen die Voraussetzungen des Rückgriffs nach Art. 34 Satz 2 GG wegen vorsätzlicher oder grob fahrlässiger Amtspflichtverletzung vor, so ist der Beamte unter Angabe der Gründe zur Zahlung des Rückgriffbetrages aufzufordern. Verneint der Beamte seine Ersatzpflicht, so soll er im Wege der Aufrechnung herangezogen werden, wenn nicht Klage geboten ist oder eine gerichtliche Klärung wegen der Schwierigkeiten der Sach- oder Rechtslage ohnehin zu erwarten ist. Die Durchsetzung des Anspruchs kann durch Beschreitung des ordentlichen Rechtsweges, der nach Art. 34 Satz 3 GG nicht ausgeschlossen werden darf, erfolgen. Der Dienstherr könnte beim Amtsgericht einen Mahnbescheid erwirken oder Zahlungsklage gegen den Beamten, der gegen Pflichten verstoßen hat, erheben.

Wenn die Geltendmachung der an sich begründeten Schadensersatzforderung nach der Lage des Einzelfalles für den Beamten eine besondere Härte bedeuten würde, können die Ansprüche für Landesbeamte nach § 59 Abs. 1 Satz 1 Nr. 3 LHO bzw. für Kommunalbeamte nach § 26 Abs. 3 GemHVO auch erlassen werden.

Im fiskalischen Bereich (alle Aufgaben der öffentlichen Verwaltung, die nicht der hoheitlichen Verwaltung zuzurechnen sind) haftet „nur" der Beamte im beamtenrechtlichen Sinne (vgl. § 3 Abs. 1 BeamtStG) persönlich für einen Schaden. Eine vorrangige Haftung durch den Dienstherrn nach Art. 34 Satz 1 GG ist bei der Wahrnehmung solcher Aufgaben nicht vorgesehen. Der geschädigte Dritte wäre gezwungen, gegen den schadensverursachenden Beamten direkt vorzugehen, auch mit dem Risiko, dass die wirtschaftliche Situation des Beamten eine Regulierung ausnahmsweise nicht zulässt.

9.1.1.1.2 Eigenschäden des Dienstherrn bei Ausübung hoheitlicher oder fiskalischer Tätigkeit

Rechtsgrundlage für die Schadenshaftung bei Eigenschäden des Dienstherrn ist, unabhängig von der Wahrnehmung hoheitlicher oder fiskalischer Aufgaben, ausschließlich § 48 BeamtStG[4]. Danach hat der Beamte bei **vorsätzlicher oder grob fahrlässiger** Verletzung der ihm obliegenden Pflichten, dem Dienstherrn, dessen Aufgabe er wahrgenommen hat, den daraus entstehenden Schaden zu ersetzen.

---

4 Vgl. hierzu ausführlich May in Schütz/Maiwald, BeamtR, Teil B, Rn. 1 ff. zu § 48.

Schädigt der Beamte das Eigentum oder das Vermögen des Dienstherrn, ist die Rechtslage eindeutig. Es besteht eine haftungsbegründende Rechtsbeziehung zwischen dem Beamten und dem Dienstherrn.

Als **Beispiel** für die **Schädigung des Eigentums** des Dienstherrn kann folgender Sachverhalt angeführt werden: Durch die Benutzung eines privaten Datenträgers wird das Rechnersystem des Dienstherrn mit einem Virus infiziert. Programme funktionieren nicht mehr und ausgedruckte Listen sind völlig unbrauchbar. Da die Fehlersuche erfolglos verläuft, muss ein Rechner ausgetauscht werden.

Beispiel für die **Schädigung des Vermögens**: Der Sachbearbeiter im Fachbereich Soziales versäumt es, rechtzeitig vorrangige Ansprüche gegenüber Dritten geltend zu machen. Dabei kann es zu Vermögensverlusten für den Dienstherrn kommen. Zu den Voraussetzungen für eine Inanspruchnahme des Beamten vgl. die Ausführungen zu 9.1.1.1.4.

9.1.1.1.3 Ersatzleistungen des Dienstherrn gegenüber Dritten für Fremdschäden bei hoheitlicher oder fiskalischer Tätigkeit

Der Beamte ist nach § 48 BeamtStG auch für einen Schaden verantwortlich, den er bei der Ausübung seiner Tätigkeit einem **Dritten** und nicht unmittelbar seinem Dienstherrn zufügt. Handelt es sich um die Wahrnehmung hoheitlicher Aufgaben, liegt gleichfalls eine Amtspflichtverletzung vor. Bei dem vom Schaden betroffenen Dritten kann es sich um einen anderen Beschäftigten des Dienstherrn oder einen außenstehenden Dritten handeln. In Fällen dieser Art ist der Dienstherr nicht unmittelbar in seinem Eigentum oder Vermögen geschädigt, sondern verpflichtet, einen entstandenen Schaden zu regulieren. Diesbezüglich stellt § 48 BeamtStG einen Regressanspruch des Dienstherrn gegenüber dem Beamten dar. Hier bestehen Rechtsbeziehungen zwischen dem Dienstherrn und dem schadensverursachenden Beamten sowie dem Dienstherrn und dem geschädigten Dritten.

Die **Schädigung eines „Mitbeamten"** kann eintreten, wenn eine Beförderung rechtswidrig verhindert wurde. Hier könnte der geschädigte Beamte Ansprüche auf Schadensersatz unmittelbar gegenüber dem Dienstherrn geltend machen (hoheitlicher Bereich).

Der Schadensersatzanspruch des Beamten stützt sich wegen Verletzung der Auswahlkriterien der Eignung, Befähigung und fachlichen Leistung bei der Auswahl für einen Beförderungsdienstposten und dadurch entgangener Beförderung auf das Beamtenverhältnis an sich, ohne dass es eines Rückgriffs auf das Rechtsinstitut der Verletzung der Fürsorgepflicht bedarf. Für den Rechtsschutz gilt der in § 839 Abs. 3 BGB enthaltene Rechtsgedanke, wonach eine Ersatzpflicht für rechtswidriges staatliches Handeln nicht eintritt, wenn der in seinen Rechten verletzte Beamte mögliche Rechtsbehelfe unmittelbar gegen die beanstandete Entscheidung (z. B. gerichtlichen Rechtsschutz nebst vorgeschaltetem Verwaltungsverfahren) ohne hinreichenden Grund nicht in Anspruch genommen hat.[5]

---

[5] Vgl. BVerwG, Urteil vom 28.05.1998, 2 C 29/97, BVerwGE 107, 29 = ZBR 2000, 421 = IÖD 1998, 254 = DVBl. 1998, 1083 = DÖV 1998, 884.

Ähnlich ist der Sachverhalt in der Außenrechtsbeziehung zu sehen, wenn beispielsweise der Beamte in einem Einstellungsverfahren bei der Besetzung einer Beschäftigtenstelle einem Bewerber eine Zusage erteilt (fiskalischer Bereich), die nicht eingehalten werden kann und dem Bewerber dadurch ein Schaden entsteht.[6] Zu den Voraussetzungen der Inanspruchnahme des Beamten vgl. die Ausführungen zu 9.1.1.1.4.

Als **Beispiel** für die **Schädigung eines Dritten** kommt rechtswidrig gewährtes Wohngeld nach dem Wohngeldgesetz (Haushaltsmittel des Bundes und des Landes Nordrhein-Westfalen) durch einen Gemeindebeamten in Betracht. Kann überzahltes Wohngeld wegen fehlender Voraussetzungen nicht zurückgefordert werden oder ist der überzahlte Betrag uneinbringlich, ist zu prüfen, ob ein Rückgriffsrecht nach § 48 BeamtStG besteht. Liegen die Voraussetzungen für einen Regress vor, steht der Ersatzanspruch der Gemeinde als dem Dienstherrn zu. Da das Wohngeld vom Land gezahlt wird, entsteht den Gemeinden kein eigener Schaden. Das Land kann jedoch seinen Schaden im Wege des Rückgriffs nicht selbst gegenüber dem Beamten geltend machen, da es nicht Dienstherr des Gemeindebeamten ist. Bestehende Regressansprüche werden in diesen Fällen nach den Grundsätzen der Schadensliquidation im Drittinteresse gegenüber dem Beamten geltend gemacht und die zurückgeforderten Beträge beim Wohngeld für das Land vereinnahmt.

9.1.1.1.4 Voraussetzungen für die Inanspruchnahme bei Eigen- und Fremdschäden

In den unter Nr. 9.1.1.3.2 und 9.1.1.3.3 geschilderten Fällen müssen nach, § 48 BeamtStG nebeneinander folgende Voraussetzungen erfüllt sein, damit der Dienstherr den Beamten in Anspruch nehmen kann:

Rechtsfolge	Tatbestände
Der Beamte hat den Schaden zu ersetzen.	• Verletzung beamtenrechtlicher Pflichten, • Pflichtverletzung vorsätzlich oder grob fahrlässig, • Schadensfall des Dienstherrn, für den die Aufgaben wahrgenommen wurden und • Kausalzusammenhang zwischen Pflichtverletzung und Schaden.

Zunächst müssen **beamtenrechtliche Pflichten** verletzt worden sein. Nur bei der Verletzung solcher Pflichten begeht der Beamte ein Dienstvergehen i. S. des § 48 BeamtStG. Der für den Dienstherrn tätige Schadensverursacher muss sich in einem öffentlich-rechtlichen Dienst- und Treueverhältnis befinden, d. h. Beamter im beamtenrechtlichen Sinne sein (vgl. § 3 Abs. 1 BeamtStG). Die Pflichten der Beamten sind in den §§ 33 ff.

---

[6] Zu den Beispielen vgl. Simianer, Vermögensrechtliche Haftung des Beamten dem Dienstherrn gegenüber, ZBR, 1993, 33.

BeamtStG im Einzelnen genannt. Zu beachten ist, dass darüber hinaus Pflichten nach sondergesetzlichen Vorschriften und nach den hergebrachten Grundsätzen des Berufsbeamtentums (Art. 33 Abs. 5 GG) bestehen, die ebenfalls verletzt werden können. Von besonderer Bedeutung ist die Pflicht des Beamten aus dem Dienst- und Treueverhältnis, den Dienstherrn vor Schaden zu bewahren.

Der Beamte muss den Schaden **vorsätzlich oder grob fahrlässig** verursacht haben. Vorsätzliche Dienstpflichtverstöße liegen vor, wenn der Beamte bewusst und gewollt durch ein Tun, Dulden oder Unterlassen ein Ergebnis anstrebt oder in Kauf nimmt, das mit den Dienstpflichten nicht vereinbar ist. Grob fahrlässig handelt der Beamte, der im dienstlichen (amtlichen) Verkehr die erforderliche Sorgfalt in besonderer Weise außer Acht lässt, obwohl er aufgrund seiner Vor- und Ausbildung sowie Berufserfahrung ohne weiteres in der Lage sein müsste, die Dienstpflichtverletzung zu erkennen. Bei leichter Fahrlässigkeit ist der zum Schadensersatz verpflichtende Tatbestand nicht erfüllt.

Der **Schaden muss dem Dienstherrn des Beamten entstanden sein**, der ihn in das Beamtenverhältnis berufen hat.

Schließlich muss ein **adäquater Kausalzusammenhang** zwischen der Pflichtverletzung und dem Schaden bestehen. Adäquat ist eine Bedingung dann, wenn das Ereignis im allgemeinen und nicht nur unter besonders eigenartigen, unwahrscheinlichen und nach dem gewöhnlichen Verlauf der Dinge außer Betracht zu lassenden Umstände geeignet ist, einen Erfolg dieser Art herbeizuführen[7]. Die auf eine reine Wahrscheinlichkeitsbetrachtung ausgerichtete Adäquanztheorie bedarf aber insoweit der Ergänzung, als zwischen dem haftungsbegründenden Ereignis und dem Schaden ein Rechtswidrigkeitszusammenhang bestehen muss[8]. Entscheidend ist damit, welches Verlauf der Dinge bei pflichtgemäßen Verhalten des Beamten genommen hätte[9].

Sind alle Tatbestandsmerkmale erfüllt, tritt die Schadensersatzpflicht ein. Der Beamte hat dem Dienstherrn den Verlust zu ersetzen. Vor der Geltendmachung des Haftungsanspruchs ist der Beamte zu hören, ihm soll auf Verlangen Gelegenheit gegeben werden, die Verwaltungsvorgänge einzusehen.

In Fällen der Dienstpflichtverletzung ist der Haftungsbetrag i. d. R. nach durch einen mit Gründen und Belehrung über den Rechtsbehelf versehenen Verwaltungsakt (§ 35 Satz 1 VwVfG NRW) festzustellen und nach Unanfechtbarkeit des feststellenden Verwaltungsaktes im Wege der **Aufrechnung** mit den Dienstbezügen einzuziehen.

Durch Heranziehungs- oder Leistungsbescheid ist der Haftungsbetrag **anzufordern**, wenn der Haftungsbetrag im Verhältnis zu den Dienstbezügen des Beamten sehr hoch ist oder wenn eine Aufrechnung nicht möglich oder mit Rücksicht auf die sozialen Verhältnisse des Beamten oder eine zweifelhafte Rechtslage nicht tunlich ist. Der Haftungsbetrag

---

[7] Ständige Rechtsprechung des BGH, z. B. Urteil vom 14.10.1971, VII ZR 313/69, BGHZ 57, 137 = NJW 1972, 36 = MDR 1972, 133.
[8] Vgl. BVerwG, Urteil vom 07.12.1984, 6 C 199/81, BVerwGE 70, 296 = NJW 1985, 2602 = DVBl 1985, 739.
[9] BGH Urteil vom 09.01.2003, III ZR 46/02, juris Langtext Rn. 13 = NJW-RR 2003, 563.

kann auch eingeklagt werden, wenn eine gerichtliche Klärung wegen der Schwierigkeit der Sach- und Rechtslage ohnehin zu erwarten ist.

Gegen den Feststellungs-, Heranziehungs- oder Leistungsbescheid kann der Beamte Widerspruch einlegen; bei Zurückweisung des Widerspruchs durch den Dienstherrn müsste er Klage vor dem Verwaltungsgericht erheben (vgl., § 54 BeamtStG, § 103 LBG). Gegen die direkt eingereichte Zahlungsklage könnte er im gerichtlichen Verfahren Rechtsschutz erlangen.

Haben mehrere Beamte gemeinsam einen Schaden verursacht, so haften sie als Gesamtschuldner (vgl. § 48 Satz 2 BeamtStG). Besteht die Mehrheit der Schuldner aus einem Beamten und einem Dritten, der dem Dienstherrn nach Zivilrecht (§§ 823 ff. BGB) haftet, greift § 48 Satz 2 BeamtStG nicht ein; in einem solchen Fall ergibt sich die gesamtschuldnerische Haftung nach h. M. aus einer analogen Anwendung des § 840 BGB[10].

9.1.1.2 Erstattungsansprüche des Dienstherrn gegenüber dem Beamten (Rückforderung von Bezügen)

Zuviel gezahlte Bezüge können eine Pflichtverletzung auslösen, wenn der Beamte die Überzahlung erkannt hat und die die Bezüge zahlende Stelle nicht darauf aufmerksam macht. Der Kenntnis des Mangels des rechtlichen Grundes der Zahlung steht es gleich, wenn der Mangel so offensichtlich war, dass der Empfänger ihn hätte erkennen müssen (§ 15 Abs. 2 Satz 2 LBesG).

Die Rückforderung zu viel gezahlter Bezüge richtet sich nach den Vorschriften des Bürgerlichen Gesetzbuchs über die Herausgabe einer ungerechtfertigten Bereicherung, soweit gesetzlich nichts anderes bestimmt ist (§ 15 Abs. 2 Satz 1 LBesG). Damit enthält § 15 Abs. 2 LBesG eine spezielle Ausgestaltung des öffentlich-rechtlichen Erstattungsanspruchs. Neben dem Erstattungsanspruch des Dienstherrn aus § 15 Abs. 2 LBesG kann bei schuldhafter, die Überzahlung verursachender Pflichtverletzung (z. B. Verletzung einer Anzeigepflicht), ein Schadensersatzanspruch gleichzeitig aus § 48 BeamtStG bestehen, der ebenfalls zu verfolgen ist.

Ist von der Rückforderung aus Billigkeitsgründen (§ 15 Abs. 2 Satz 3 LBesG) abgesehen worden, so ist die Frage des Rückgriffs nach § 48 BeamtStG nicht mehr zu prüfen.

Bei Leistungen nach dem LBesG ist § 15 LBesG direkt anzuwenden. Handelt es sich um sonstige Leistungen (Reisekosten, Beihilfen usw.) an den Beamten gilt die Vorschrift entsprechend.

Die Rückforderung überzahlter Bezüge ist ausgeschlossen, wenn die **Bereicherung weggefallen** ist (vgl. § 818 Abs. 3 BGB). Der Beamte ist, sofern der Wegfall der Bereicherung nicht unterstellt werden kann, auf die Möglichkeit hinzuweisen, sich auf den Wegfall der Bereicherung zu berufen. Macht er den Wegfall der Bereicherung geltend, so ist er aufzufordern, sich innerhalb einer angemessenen Frist über die Höhe seiner Einkünfte

---

[10] May in Schütz/Maiwald, BeamtR, Teil B Rn. 75 zu § 48.

während des Überzahlungszeitraums und über deren Verwendung zu äußern. Inwieweit eine Bereicherung weggefallen ist, hat der Empfänger im Einzelnen darzulegen und nachzuweisen.

Bei **geringfügigen Überzahlungen**, die monatlich nicht mehr als zehn Prozent der an sich zustehenden Bezüge betragen, wird ein offenbarer Wegfall der Bereicherung unterstellt[11].

Die Rückforderung überzahlter Bezüge wird ggf. durch Aufrechnung des Rückforderungsanspruchs gegen den Anspruch auf pfändbare Bezüge oder durch einen Rückforderungsbescheid geltend gemacht. Grundsätzlich ist mit laufenden Bezügen aufzurechnen.

Ein **Rückforderungsbescheid** (Verwaltungsakt i. S. des § 35 VwVfG NRW) muss den Zeitraum und den Betrag der Überzahlung sowie die Höhe des zurückgeforderten Betrages enthalten und den Empfänger darüber unterrichten, in welcher Form die Rückzahlung erfolgen soll. Die Regelungen des Verwaltungsverfahrensgesetzes zur Bestimmtheit sowie Begründung der Entscheidung (§§ 37 und 39 VwVfG NRW) und der ggf. auszuübenden Ermessensentscheidung (§ 40 VwVfG NRW) sind zu beachten; auch ist der Rückforderungsbescheid mit einer Rechtsbehelfsbelehrung zu versehen. Die sofortige Vollziehung ist anzuordnen.

9.1.1.3 Verlust von Leistungen

Pflichtverletzungen können auf verschiedene Art und Weise zu einem Verlust von Leistungen führen.

9.1.1.3.1 Verlust der Dienstbezüge

Der Beamte darf nach § 62 Abs. 1 Satz 1 LBG dem Dienst nicht ohne Genehmigung fernbleiben (vgl. Ausführungen zu 8.1.2.1.2). Bleibt er jedoch **ohne Genehmigung schuldhaft dem Dienst fern**, so verliert er für die Zeit des Fernbleibens seine Bezüge (§ 11 Abs. 1 Satz 1 LBesG). Dieses gilt nach § 11 Abs. 1 Satz 2 LBesG auch bei einem Fernbleiben vom Dienst für Teile eines Tages.

Auch das schuldhafte Fernbleiben vom Dienst für eine kürzere Zeit als einen vollen Arbeitstag führt zum Verlust der Besoldung. Ein Abzug wird jedoch nur für volle nicht geleistete Stunden (bei Lehrern: Unterrichtsstunden) vorgenommen. Hat der Beamte an einem Arbeitstag überhaupt keinen Dienst geleistet, entfällt der Tagesbezug in voller Höhe, unabhängig von der auf diesen Tag tatsächlich entfallenden Dienststunden.

Nimmt der zur Dienstleistung verpflichtete Beamte seinen Dienst nicht auf und liegt auch kein Rechtfertigungsgrund vor, bleibt er im Regelfall dem Dienst schuldhaft (vorsätzlich) fern. In einem solchen Fall ist der Verlust der Bezüge durch die dienstvorgesetzte Stelle festzustellen (vgl. § 11 Abs. 1 Satz 3 LBesG).

---

[11] OVG NRW, Urteil vom 22.06.2016, 1 A 2580/14, juris Langtext Rn. 26 f. m. w. N.

Der **Vollzug einer Freiheitsstrafe**, die rechtskräftig von einem deutschen Gericht verhängt wurde, gilt nach § 11 Abs. 2 Satz 1 LBesG als schuldhaftes Fernbleiben vom Dienst. Für die Zeit einer Untersuchungshaft wird die Besoldung unter dem Vorbehalt der Rückforderung gezahlt (§ 11 Abs. 2 Satz 2 LBesG). Die Besoldung ist zurückzuerstatten, wenn die oder der Betroffene wegen des dem Haftbefehl zugrunde liegenden Sachverhalts rechtskräftig zu einer Freiheitsstrafe verurteilt wird (§ 11 Abs. 2 Satz 3 LBesG).

Die Feststellung des Verlustes der Dienstbezüge hat deklaratorische Bedeutung, da die **Rechtsfolge kraft Gesetzes** eintritt. Unabhängig davon ist die Anhörung des Beamten nach § 28 Abs. 1 VwVfG NRW durchzuführen und der schriftliche Verwaltungsakt mit einer Begründung zu versehen (vgl. § 39 Abs. 1 VwVfG NRW). Zuständig für die Entscheidung nach § 11 Abs. 1 Satz 3 LBesG ist die dienstvorgesetzte Stelle (vgl. § 2 Abs. 4 LBG). Verliert der Beamte wegen schuldhaften Fernbleibens vom Dienst seinen Anspruch auf Bezüge, so wird dadurch eine disziplinarrechtliche Verfolgung nicht ausgeschlossen (vgl. § 62 Abs. 2 LBG).

Der Dienstherr kann wegen schuldhaften Fernbleibens vom Dienst überzahlter Bezüge keinen Schadensersatz verlangen, da § 11 LBesG eine abschließende Sonderregelung für die Rückforderung überzahlter Dienstbezüge enthält[12]. Obwohl es sich um ein Dienstvergehen i. S. des § 47 Abs. 1 Satz 1 BeamtStG handelt, entfällt also die Haftung aus § 48 BeamtStG.

9.1.1.3.2 Verlust des Anspruchs auf Leistungen bei Entlassung

Führt die Dienstpflichtverletzung zur Entlassung (vgl. §§ 22 ff. BeamtStG), hat der frühere Beamte nur noch dann einen Anspruch auf Leistungen des Dienstherrn nach § 79 LBG, wenn dieses ausdrücklich gesetzlich vorgesehen ist. Nach dem Versorgungsrecht besteht u. U. ein Anspruch auf einen **Unterhaltsbeitrag** (§ 18 LBeamtVG) und auf **Übergangsgeld** (§ 56 LBeamtVG). Unbeschadet dessen besteht aber der Anspruch auf **Nachversicherung** in der gesetzlichen Rentenversicherung nach § 8 SGB VI[13].

9.1.1.3.3 Verlust des Anspruchs auf Leistungen bei Verlust der Beamtenrechte

Endet das Beamtenverhältnis durch den Verlust der Beamtenrechte nach § 24 BeamtStG; vgl. Ausführungen zu 10.2), so hat der frühere Beamte keinen Anspruch auf Leistungen des Dienstherrn, soweit gesetzlich nichts anderes bestimmt ist (vgl. § 29 Abs. 1 Satz 1 LBG).

---

[12] VGH Baden-Württemberg, Beschluss vom 23.01.1998, 4 S 504/95, juris Langtext Leitsatz 1.
[13] Sechstes Buch Sozialgesetzbuch (SGB VI) – Gesetzliche Rentenversicherung in der Fassung der Bekanntmachung vom 19.02.2002 (BGBl. S. 754), zuletzt geändert durch Artikel 7 des Gesetzes vom 21.12.2015 (BGBl. I S. 2518).

9.1.1.3.4 Verlust von Leistungen nach dem Landesdisziplinargesetz

Als Disziplinarmaßnahme kommen nach § 5 Abs. 1 LDG bei einem Dienstvergehen u. a. die Geldbuße, Kürzung der Dienstbezüge, Zurückstufung, Entfernung aus dem Beamtenverhältnis sowie die Kürzung und Aberkennung des Ruhegehaltes in Betracht.

Die **Geldbuße** kann nach § 7 Abs. 1 LDG bis zur Höhe der monatlichen Dienst- oder Anwärterbezüge auferlegt werden. Nach § 9 Abs. 1 Satz 1 LDG ist die **Kürzung der Dienstbezüge** die bruchteilmäßige Verminderung der monatlichen Dienstbezüge um höchstens ein Fünftel auf die Dauer von längstens drei Jahren. Die **Zurückstufung** stellt nach § 9 Abs. 1 Satz 1 LDG die Versetzung in ein Amt derselben oder einer gleichwertigen Laufbahn mit geringerem Endgrundgehalt dar. Der Beamte verliert mit der Zurückstufung alle Rechte aus dem bisherigen Amt einschließlich der damit verbunden Dienstbezüge (vgl. § 9 Abs. 1 Satz 2 LDG). Der Verlust des Anspruchs auf Leistungen des Dienstherrn durch **Entfernung aus dem Beamtenverhältnis** und die **Kürzung bzw. Aberkennung des Ruhegehaltes** regeln die §§ 10, 11 und 12 LDG. Bei Beamten im Beamtenverhältnis auf Probe und Widerruf kommt als vermögenswerter Nachteil nur die Geldbuße in Betracht (vgl. § 5 Abs. 3 LDG), da die Beendigung des Beamtenverhältnisses durch Entlassung (§§ 22 und 23 BeamtStG) für sie eine beamten- und keine disziplinarrechtliche Entscheidung ist.

Nach § 38 Abs. 2 LDG kommt mit oder nach Einleitung des Disziplinarverfahrens (§ 17 LDG) im Falle einer **vorläufigen Dienstenthebung** nach § 38 Abs. 1 LDG eine **Kürzung der Dienst- oder Anwärterbezüge bis zur Höhe von 50. Prozent** in Betracht, wenn im Disziplinarverfahren voraussichtlich auf Entfernung aus dem Beamtenverhältnis erkannt werden oder bei einer Person im Beamtenverhältnis auf Probe oder auf Widerruf voraussichtlich eine Entlassung ohne Einhaltung einer Frist nach § 23 Abs. 3 Nr. 1 BeamtStG sowie § 23 Abs. 4 BeamtStG erfolgen wird. Als Höchstbetrag kommt die Hälfte der jeweiligen Dienst- oder Anwärterbezüge in Betracht.

Eine Suspendierung nach § 39 BeamtStG führt nicht zu einer Kürzung der Dienstbezüge nach dieser Norm.

9.1.2 Beamtenrechtliche Folgen von Pflichtverletzungen

Je nach Art und Schwere der Pflichtverletzung fallen die Konsequenzen unterschiedlich aus. Möglich sind die Missbilligung des Verhaltens durch den Dienstvorgesetzten, Personalmaßnahmen in Form von Umsetzung, Versetzung oder Entlassung und schließlich die Herausgabe des rechtswidrig Erlangten.

9.1.2.1 Missbilligung

Bei der Missbilligung handelt es sich um einen Tadel gegenüber einem Beamten, der eine Dienstpflichtverletzung von geringerer Schwere begangen hat. Sie steht dem Dienstherrn unterhalb der Disziplinarmaßnahmen des § 5 LDG als leichtere Form einer Maßregelung zur Verfügung, wenn das Ansehen des Berufsbeamtentums nicht besonders gelitten hat und ein Disziplinarverfahren noch nicht gerechtfertigt ist (vgl. § 13 Abs. 1 LDG). Nach § 6 Abs. 1 Satz 2 LDG sind missbilligende Äußerungen eines Dienstvorgesetzten (Zurechtweisungen, Ermahnungen oder Rügen), die nicht ausdrücklich als Verweis bezeichnet werden, keine Disziplinarmaßnahmen i. S. des Landesdisziplinargesetzes. Beamtenrechtliche Missbilligungen stellen nicht selten die Vorstufe für disziplinarrechtliche Maßnahmen dar, zu denen es kommt, wenn der Beamte das getadelte Verhalten nicht ändert. Als Missbilligung wird grundsätzlich jede dienstaufsichtliche Beanstandung des Verhaltens eines Beamten betrachtet, gleichgültig in welcher Form sie geschieht. Sie findet ihre Rechtsgrundlage in der aus dem allgemeinen Beamtenrecht folgenden Geschäftsleitungs-, Weisungs- und Aufsichtsbefugnis des Dienstherrn, die ihn im Rahmen der Dienstaufsicht berechtigt, auf eine reibungslose und rechtsfehlerfreie Erledigung der Dienstgeschäfte hinzuwirken und bei Bedarf kritisch einzuschreiten[14]. Über die Erteilung einer Missbilligung ist nach pflichtgemäßen Ermessen zu entscheiden[15].

9.1.2.2 Herausgabeanspruch

Der Beamte darf, auch nach Beendigung des Beamtenverhältnisses, keine Belohnungen oder Geschenke in Bezug auf sein Amt annehmen (§ 42 Abs. 1 BeamtStG). Verstößt der Beamte gegen diese Pflicht, ist er aufgrund des pflichtwidrigen Verhaltens dem Dienstherrn zur Herausgabe des widerrechtlich Erlangten verpflichtet; die Vorschriften des Strafgesetzbuches über den Verfall im Strafverfahren sind sinngemäß anzuwenden (§ 42 Abs. 2 BeamtStG).

Die Regelung gilt nicht, wenn im Strafverfahren ein Verfall angeordnet ist (§ 42 Abs. 2 Satz 4 BeamtStG). Insofern ist bei gleichzeitiger Straftat der Abschluss des Strafverfahrens vor der Entscheidung über die Herausgabe des widerrechtlich Erlangten abzuwarten.

9.1.2.3 Disziplinarrechtliche Verfolgung von Pflichtverletzungen

Das Nähere über die Verfolgung von Dienstvergehen regelt bei Pflichtverletzungen das Disziplinargesetz für das Land Nordrhein-Westfalen (§ 47 Abs. 3 BeamtStG). Das Disziplinarrecht hat das Ziel, im Falle einer Pflichtverletzung die Leistungsfähigkeit der Verwaltung zu sichern und das Ansehen des Beamtentums in der Öffentlichkeit zu wahren. Dabei können **drei Funktionen des Disziplinarrechts** unterschieden werden,

- die Lösungsfunktion,
- die Ordnungsfunktion und
- die Schutzfunktion.

Dabei soll die **Lösungsfunktion** das Beamtenverhältnis beenden, wenn der Beamte durch ein Dienstvergehen das öffentlich-rechtliche Dienst- und Treueverhältnis zerstört hat (§ 13 Abs. 3 LDG). Durch die **Ordnungsfunktion** soll der Beamte zur künftigen Pflicht-

---

[14] Bayerischer VGH, Beschluss vom 05.07.2016, 3 ZB 14.1781, juris Langtext Rn. 8.
[15] OVG NRW, Beschluss vom 17.05.2016, 1 L 176/15, juris Langtext Rn. 22.

erfüllung angehalten werden und schließlich soll die Schutzfunktion den Beamten vor einer willkürlichen Maßregelung bewahren.[16]

Disziplinarrecht ist nicht mit dem Strafrecht vergleichbar, das auf Abschreckung und Sühne ausgerichtet ist. Ein Beamter kann daher wegen einer Pflichtverletzung straf- und disziplinarrechtlich verfolgt werden, ohne dass dadurch gegen das Verbot der Doppelbestrafung nach Art. 103 Abs. 3 GG verstoßen wird.

Das Nähere über Verfolgung von Dienstvergehen nach § 47 Abs. 1 BeamtStG oder nach sondergesetzlichen Vorschriften regelt nach § 47 Abs. 3 BeamtStG das Disziplinargesetz des Landes Nordrhein-Westfalen (Landesdisziplinargesetz - LDG NRW)[17]. Es stellt die Rechtsgrundlage für Disziplinarmaßnahmen dar. Das Landesdisziplinargesetz gilt für Beamtinnen und Beamte sowie Ruhestandsbeamtinnen und Ruhestandsbeamte im Sinne des Landesbeamtengesetzes (§ 1 Abs. 1 LDG).

Nach § 2 Abs. 1 LDG (sachlicher Geltungsbereich) können Beamtinnen und Beamte wegen eines während ihres Beamtenverhältnisses begangenen Dienstvergehens i. S. des § 47 Abs. 1 BeamtStG und Ruhestandsbeamtinnen und Ruhestandsbeamte wegen eines während ihres Beamtenverhältnisses begangenen Dienstvergehens oder wegen einer nach Eintritt in den Ruhestand begangenen, als Dienstvergehens geltenden, Handlung (§ 47 Abs. 2 BeamtStG) disziplinarrechtlich verfolgt werden.

9.1.2.3.1 Disziplinarmaßnahmen

Die einzelnen **Disziplinarmaßnahmen** nennt § 5 Abs. 1 LDG. Es handelt sich dabei um:

- Verweis (§§ 5 Abs. 1 Nr. 1, 6 LDG),
- Geldbuße (§§ 5 Abs. 1 Nr. 2, 7 LDG),
- Kürzung der Dienstbezüge (§§ 5 Abs. 1 Nr. 3, 8 LDG),
- Zurückstufung (§§ 5 Abs. 1 Nr. 4, 9 LDG),
- Entfernung aus dem Beamtenverhältnis (§§ 5 Abs. 1 Nr. 5, 10 LDG),
- Kürzung des Ruhegehalts (§§ 5 Abs. 2 Nr. 1, 11 LDG) und
- Aberkennung des Ruhegehalts (§§ 5 Abs. 2 Nr. 2, 12 LDG).

Die Zulässigkeit der einzelnen Disziplinarmaßnahmen richtet sich nach der Art des Beamtenverhältnisses. Während bei Ruhestandsbeamten nur die Kürzung und Aberkennung des Ruhegehaltes in Betracht kommt, sind bei Beamten auf Probe oder auf Widerruf ausschließlich Verweis und Geldbuße zulässig (vgl. § 5 Abs. 3 Satz 1 LDG). Handelt es sich um ein mittleres oder schwerwiegendes Dienstvergehen sind Beamte auf Probe nach § 23 Abs. 3 Satz 1 Nr. 2 BeamtStG und Beamte auf Widerruf nach § 23 Abs. 4 BeamtStG zu entlassen. Eine Disziplinarmaßnahme ergeht nach § 13 Abs. 1 LDG nach pflichtgemä-

---

[16] Vgl. Schwandt, Das neue Beamten-Disziplinarrecht, DÖD 2003, 1.
[17] Disziplinargesetz für das Land Nordrhein-Westfalen (Landesdisziplinargesetz – LDG NRW) vom 16.11.2004 (GV. NRW. S. 624), zuletzt geändert durch Artikel 37 des Gesetzes vom 14.06.2016 (GV.NRW. S. 310).

ßem Ermessen insbesondere unter Berücksichtigung der Schwere des Dienstvergehens (§ 13 Abs. 2 Satz 1 LDG)[18].

Da die **Schwere des Dienstvergehens** nach § 13 Abs. 1 LDG maßgebendes Bemessungskriterium für die Bestimmung der erforderlichen Disziplinarmaßnahme ist, muss das festgestellte Dienstvergehen nach seiner Schwere einer der im Katalog des § 5 Abs. 1 LDG aufgeführten Disziplinarmaßnahmen zugeordnet werden. Bei der Auslegung des Begriffs „Schwere des Dienstvergehens" ist maßgebend auf das Eigengewicht der Verfehlung abzustellen. Hierfür können bestimmend sein objektive Handlungsmerkmale (insbesondere Eigenart und Bedeutung der Dienstpflichtverletzung, z. B. Kern- oder Nebenpflichtverletzung, sowie besondere Umstände der Tatbegehung, z.b. Häufigkeit und Dauer eines wiederholten Fehlverhaltens), subjektive Handlungsmerkmale (insbesondere Form und Gewicht der Schuld des Beamten, Beweggründe für sein Verhalten) sowie unmittelbare Folgen des Dienstvergehens für den dienstlichen Bereich und für Dritte[19].

Bei einer außerdienstlich begangenen Straftat kann zur Festlegung der Schwere des begangenen Dienstvergehens, die gemäß § 13 Abs. 2 Satz 1 LDG NW richtungweisend für die Bestimmung der erforderlichen Disziplinarmaßnahme ist, indiziell auf die vom Strafgericht konkret ausgesprochene Sanktion zurückgegriffen werden[20]. Ist von den Strafgerichten bei einem außerdienstlich begangenen Dienstvergehen lediglich auf eine Geldstrafe erkannt worden, kommt die Entfernung aus dem Beamtenverhältnis nur ausnahmsweise und bei Vorliegen disziplinarrechtlich bedeutsamer Umstände in Betracht[21].

Dies gilt aber nur für außerdienstlich begangene Dienstvergehen, nicht aber für ein innerdienstliches Dienstvergehen, bei dem - wie hier - das pflichtwidrige Verhalten in das Amt des Beamten und in die damit verbundene dienstliche Tätigkeit eingebunden war. Bei diesem hat sich die grundsätzliche Zuordnung des Dienstvergehens zu einer der Disziplinarmaßnahmen im Sinne von § 5 Abs. 1 LDG NW zunächst ebenfalls am gesetzlich bestimmten Strafrahmen auszurichten, um durch die Orientierung des Umfangs des Vertrauensverlustes an dieser Vorgabe des Gesetzgebers eine nachvollziehbare und gleichmäßige disziplinarische Ahndung der Dienstvergehen zu gewährleisten[22]. Dementsprechend kommt es nicht darauf an, ob ein Dienstvergehen als Zugriffsdelikt eingestuft wird, für das die Entfernung aus dem Beamtenverhältnis grundsätzlich Richtschnur für die Maßnahmebestimmung sein soll, wenn die veruntreuten Beträge oder Werte insgesamt die Schwelle der Geringwertigkeit deutlich übersteigen, kommt es nicht an. Diese Rechtsprechung wurde vom 2. Senat des Bundesverwaltungsgerichts in seiner Entscheidung vom 10.12.2015[23] aufgegeben.

Bei der Auswahl der im Einzelfall erforderlichen Disziplinarmaßnahme ist gemäß § 13 Abs. 2 Sätze 2 bis 3, Abs. 3 Satz 1 LDG NRW die **Persönlichkeit des Beamten und der Umfang der durch das Dienstvergehen herbeigeführte Vertrauensbeeinträchti-

---

[18] Vgl. zu den allgemeinen Grundsätzen der Bemessung einer Disziplinarmaßnahme BVerwG, Urteil vom 26.06.2012, 2 B 28/12, juris Langtext Rn. 5 ff = USK 2012-99 = Schütz BeamtR ES/B II 1.2 Nr 87.
[19] BVerwG, Urteil vom 10.12.2015, 2 C 6/14, NVwZ 2016, 772 = ZBR 2016, 254 = IÖD 2016, 91.
[20] BVerwG, Urteil vom 18.06.2015, 2 C 9/14, BVerwGE 152, 228 = ZBR 2015, 422 = NVwZ 2015, 1680.
[21] BVerwG, Beschluss vom 05.07.2016, 2 B 24/16, juris Langtext Rn. 13.
[22] BVerwG, Urteil vom 10.12.2015, 2 C 6/14, NVwZ 2016, 772 = ZBR 2016, 254 = IÖD 2016, 91..
[23] BVerwG, Urteil vom 10.12.2015, 2 C 6/14, NVwZ 2016, 772 = ZBR 2016, 254 = IÖD 2016, 91.

gung angemessen zu berücksichtigen. Dazu sind die genannten Bemessungskriterien mit dem ihnen im Einzelfall zukommenden Gewicht zu ermitteln und in die Entscheidung einzustellen, um dem im Disziplinarverfahren geltenden Schuldprinzip und dem Grundsatz der Verhältnismäßigkeit (Übermaßverbot) zu genügen. Die Disziplinarmaßnahme muss unter Berücksichtigung aller be- und entlastenden Umstände des Einzelfalls in einem gerechten Verhältnis zur Schwere des Dienstvergehens und zum Verschulden des Beamten stehen[24].

Verweis, Geldbuße, Kürzung der Dienstbezüge und Kürzung des Ruhegehalts

Der **Verweis** ist der schriftliche Tadel eines bestimmten Verhaltens (§ 6 Abs. 1 Satz 1 LDG). Missbilligende Äußerungen (Zurechtweisungen, Ermahnungen oder Rügen), die nicht ausdrücklich als Verweis bezeichnet sind, stellen nach § 6 Abs. 1 Satz 2 LDG keine Disziplinarmaßnahmen dar.

Die **Geldbuße** ist als erhebliche vermögensrechtliche Konsequenz für den Beamten einzustufen. Sie kann nach § 7 Abs. 1 Satz 1 LDG bis zur Höhe der monatlichen Dienst- oder Anwärterbezüge auferlegt werden.

Verweis und Geldbuße stehen bei Bewährung einer Beförderung nicht entgegen (§ 6 Abs. 2 und § 7 Abs. 2 LDG).

Die **Kürzung der Dienstbezüge** ist die bruchteilmäßige Verminderung der monatlichen Dienstbezüge um höchstens ein Fünftel auf die Dauer von längstens drei Jahren (§ 8 Abs. 1 Satz 1 LDG). Durch die Beschränkung der Höchstlaufzeit auf drei Jahre wird ausgeschlossen, dass sich von einer Kürzung im Höchstmaß betroffene Personen ggf. im Ergebnis schlechter gestellt sehen als von einer Zurückstufung Betroffene[25].

Durch § 8 Abs. 4 Satz 1 LDG wird eine **Beförderungssperre** für die Dauer der Kürzung der Dienstbezüge begründet, die nach § 8 Abs. 4 Satz 2 LDG mit dem Tage der Unanfechtbarkeit der Entscheidung beginnt, mit der die Maßnahme verhängt wurde. Eine übermäßig lange Verfahrensdauer soll zu keinem Nachteil für die Beamtin oder den Beamten führen, wenn sie nicht von ihr bzw. ihm zu vertreten ist. Deshalb kann die Beförderungssperre in der Entscheidung abgekürzt werden, sofern dies im Hinblick darauf angezeigt ist (§ 8 Abs. 4 Satz 3 LDG). Die Dauer der Beförderungssperre ist ausnahmefähig. Eine Abkürzung kann vom Landespersonalausschuss zugelassen werden, wenn sich erst nach der Unanfechtbarkeit der Entscheidung Gesichtspunkte ergeben, die für eine Abkürzung sprechen (vgl. § 8 Abs. 4 Satz 4 LDG).

Die **Kürzung des Ruhegehalts** ist die bruchteilmäßige Verminderung des monatlichen Ruhegehalts um höchstens ein Fünftel auf längstens drei Jahren (§ 11 Abs. 1 Satz 1 LDG).

---

[24] OVG NRW Urteil vom 21.05.2014, 3d A 1614/11.O, juris Langtext Rn. 41.
[25] Landtagsdrucksache NRW 13/5220, S. 80.

Ist im **Straf- oder Bußgeldverfahren** unanfechtbar eine Strafe, Geldbuße oder Ordnungsmaßnahme verhängt worden oder kann eine Tat nach § 153a Abs. 1 Satz 5 (Erfüllung von Auflagen und Weisungen bei einem Absehen von einer öffentlichen Klage) oder Abs. 2 Satz 2 StPO (vorläufiges Einstellen des Verfahrens verbunden mit Auflagen und Weisungen), darf wegen desselben Sachverhalts ein **Verweis, eine Geldbuße oder eine Kürzung des Ruhegehaltes** nicht ausgesprochen werden; eine Kürzung der Dienstbezüge oder eine Zurückstufung, darf nur ausgesprochen werden, wenn dies zusätzlich erforderlich ist, um die Beamtin oder den Beamten zur Pflichterfüllung anzuhalten (vgl. § 14 Abs. 1 Satz 1 LDG). Die Vorschrift regelt für den Fall, dass ein Beamter wegen eines Dienstvergehens, das zugleich eine Straftat oder eine Ordnungswidrigkeit darstellt, nur noch ausnahmsweise diszipliniert werden darf.

Neben der Kriminalstrafe oder der Verhängung eines Bußgeldes ist eine ggf. unter dem Gesichtspunkt des Gebots einer Pflichtenmahnung notwendig. Nach sachgleicher Bestrafung oder der Verhängung eines Bußgeldes setzt die Zulässigkeit dieser Disziplinarmaßnahmen die konkrete Befürchtung voraus, der Beamte werde sich auch künftig nicht seinen Pflichten entsprechend verhalten. Eine solche Prognose macht eine Beurteilung der Person des Beamten, seines bisherigen Werdeganges und seines dabei gezeigten Verhaltens im Beamtenverhältnis erforderlich. Hat der Beamte schon einmal in vergleichbarer Weise versagt, so muss die die Kürzung der Dienstbezüge bzw. die Zurückstufung unabhängig von dem Ergebnis des Straf- bzw. Bußgeldverfahrens zulässig sein.[26]

Zurückstufung

Die Zurückstufung ist die Versetzung in ein Amt derselben oder einer gleichwertigen Laufbahn mit **geringerem Endgrundgehalt** (§ 9 Abs. 1 Satz 1 LDG). Durch die Zurückstufung **verliert** der Beamte **alle Rechte** aus seinem bisherigen Amt einschließlich der damit verbundenen Dienstbezüge und die Befugnis, die bisherige Amtsbezeichnung zu führen (vgl. § 9 Abs. 1 Satz 2 LDG). Mit der Zurückstufung ist ein **Beförderungsverbot** für fünf Jahre nach Eintritt der Unanfechtbarkeit der Entscheidung verbunden, wobei, wie bei der Kürzung der Dienstbezüge, bei einer übermäßig langen Dauer des Disziplinarverfahrens, die die Beamtin oder der Beamte nicht zu vertreten hat, eine Kürzung in der Entscheidung ausgesprochen werden kann (vgl. § 9 Abs. 3 Satz 2 i. V. m. § 8 Abs. 4 Satz 3 LDG). Auch kann der Landespersonalausschuss eine Ausnahme zulassen, wenn sich erst nach der Unanfechtbarkeit der Entscheidung Gesichtspunkte ergeben, die für eine Abkürzung der Beförderungssperre sprechen (vgl. § 9 Abs. 3 Satz 2 i. V. mit § 8 Abs. 4 Satz 4 LDG).

Die Rechtsfolgen der Zurückstufung erstrecken sich auch auf ein neues Beamtenverhältnis (§ 9 Abs. 4 Satz 1 LDG). Dabei steht nach § 9 Abs. 4 Satz 2 LDG die Einstellung oder Anstellung in einem höheren Amt, als dem, in welches zurückgestuft wurde, der Beförderung gleich. Auch hier kann der Landespersonalausschuss nach § 9 Abs. 4 Satz 3 LDG Ausnahmen zulassen.

---

[26] Vgl. zur Geldbuße und Gehaltskürzung nach früherem Recht BVerwG, Urteil vom 03.03.1998,1 D 13/97, BVerwGE 113, 197 = ZBR 1998, 427 = DVBl. 1998, 1069 = IÖD 1998, 200 = NJW 1998, 2463.

Die Zurückstufung kann lediglich im Rahmen einer **Disziplinarklage** des Dienstherrn vor dem zuständigen Verwaltungsgericht erreicht werden (vgl. § 35 Abs. 1 LDG).

Entfernung aus dem Beamtenverhältnis

Die Entfernung aus dem Beamtenverhältnis bewirkt neben der Beendigung des Dienstverhältnisses auch den **Verlust** der Ansprüche auf Dienstbezüge und Versorgung, der Befugnis, die Amtsbezeichnung und die im Zusammenhang mit dem Amt verliehenen Titel zu führen sowie die Dienstkleidung zu tragen (vgl. § 10 Abs. 1 Satz 2 LDG). Die Entfernung aus dem Beamtenverhältnis ist die für aktive Beamte schwerste Disziplinarmaßnahme. Nur auf diese Art kann sich der Dienstherr von einem Beamten trennen, der aufgrund seiner besonders schweren Pflichtverletzung für ihn nicht mehr im Dienst belassen werden darf (§ 13 Abs. 3 Satz 1 LDG). Diese Disziplinarmaßnahme kann nur im gerichtlichen Verfahren verhängt werden. Mit Rechtskraft des Urteils ist, grundsätzlich keine erneute Ernennung zur Beamtin oder zum Beamten zulässig (vgl. § 10 Abs. 6 Satz 1 Halbsatz 1 LDG). Der Landespersonalausschuss kann Ausnahmen zulassen (vgl. § 10 Abs. 6 Satz 1 Halbsatz 2 LDG). Auch ein anderes Beschäftigungsverhältnis soll nach § 10 Abs. 6 Satz 2 LDG mit der aus dem Beamtenverhältnis entfernten Person nicht begründet werden.

Nach der Entfernung aus dem Beamtenverhältnis wird nach § 10 Abs. 3 Satz 1 LDG für die Dauer von sechs Monaten ein Unterhaltsbeitrag in Höhe von 70 v. H. des Ruhegehaltes geleistet, das die Beamtin oder der Beamte im Zeitpunkt der Entscheidung erdient hätte. Bei Unwürdigkeit oder wenn erkennbar ist, dass keine Bedürftigkeit besteht, kann die Gewährung des Unterhaltsbeitrages in der Entscheidung ganz oder teilweise ausgeschlossen werden (vgl. § 10 Abs. 3 Satz 2 LDG). Auch eine Verlängerung über sechs Monate hinaus ist bei glaubhaft gemachter unbilliger Härte möglich (vgl. § 10 Abs. 3 Satz 3 LDG).

Kürzung des Ruhegehaltes

Begehen Ruhestandsbeamte eine Pflichtverletzung i. S. des § 47 Abs. 2 BeamtStG, kommt eine Kürzung, in schweren Fällen, die Aberkennung des Ruhegehalts, als Disziplinarmaßnahme in Betracht. Die Kürzung des Ruhegehaltes ist nach § 11 Satz 1 LDG die bruchteilmäßige Verminderung des monatlichen Ruhegehalts um **höchstens ein Fünftel** für die **Dauer von drei Jahren**. Für die Kürzung des Ruhegehaltes gelten die Regelungen des § 8 Abs. 1 Satz 3 sowie Abs. 2 Satz 1 und 4 LDG (vgl. § 11 Satz 2 LDG) wie bei aktiven Beamten entsprechend.

Aberkennung des Ruhegehaltes

Das Ruhegehalt ist abzuerkennen, wenn der Ruhestandsbeamte als noch im Dienst befindlicher Beamter aus dem Beamtenverhältnis **hätte** entfernt werden müssen (vgl. § 13 Abs. 3 Satz 2 LDG. Die Aberkennung des Ruhegehaltes bewirkt neben dem Verlust des Anspruchs auf Versorgung einschließlich der Hinterbliebenenversorgung auch den Verlust die Befugnis, die Amtsbezeichnung und die im Zusammenhang mit dem früheren Amt verliehenen Titel zu führen und die Dienstkleidung zu tragen (vgl. § 12 Abs. 1 LDG).

Nach der Aberkennung des Ruhegehalts wird nach § 12 Abs. 2 Satz 1 LDG bis zur Gewährung einer Rente aufgrund einer Nachversicherung, längstens jedoch für die Dauer von sechs Monaten ein Unterhaltsbeitrag in Höhe von 70 v. H. des Ruhegehaltes geleistet, das der Beamtin oder dem Beamten bei Eintritt der Unanfechtbarkeit der Entscheidung zusteht. Bei Unwürdigkeit oder wenn erkennbar ist, dass keine Bedürftigkeit besteht, kann die Gewährung des Unterhaltsbeitrages in der Entscheidung ganz oder teilweise ausgeschlossen werden (vgl. § 12 Abs. 3 Satz 2 LDG i. V. m. § 10 Abs. 3 Satz 2 LDG). Auch eine Verlängerung über sechs Monate hinaus ist bei glaubhaft gemachter unbilliger Härte möglich (vgl. § 12 Abs. 3 Satz 2 LDG i.V.m. § 10 Abs. 3 Satz 3 LDG).

9.1.2.3.2 Zuständigkeit für die einzelnen Disziplinarmaßnahmen

Das Landesdisziplinargesetz unterscheidet zwischen dem behördlichen Disziplinarverfahren (§§ 17 ff. LDG) und dem gerichtlichen Disziplinarverfahren (§§ 45 ff. LDG). Im behördlichen Verfahren wird entschieden, wenn ein Verweis, eine Geldbuße, eine Kürzung der Dienstbezüge oder eine Kürzung des Ruhegehalts angezeigt ist (vgl. § 34 Abs. 1 LDG). Das gerichtliche Verfahren ist durchzuführen, wenn auf Zurückstufung, Entfernung aus dem Dienst oder auf Aberkennung des Ruhegehalts entschieden werden soll (§ 35 Abs. 1 LDG).

In beiden Verfahren nimmt die **dienstvorgesetzte Stelle** eine entscheidende Funktion war. Das gesamte behördliche Verfahren von der Einleitung bis zur Abschlussentscheidung liegt in ihrer Hand.

Wer dienstvorgesetzte Stelle in der **Landesverwaltung** ist, regeln die obersten Dienstbehörden für ihren Geschäftsbereich durch Verordnung, z. B. im Geschäftsbereich des Ministeriums für Inneres und Kommunales geregelt durch Verordnung über beamten- und disziplinarrechtliche Zuständigkeiten im Geschäftsbereich des für Inneres zuständigen Ministeriums. Die Disziplinarbefugnisse sind danach grundsätzlich auf die Leiter der Behörden oder Einrichtungen übertragen worden, soweit sich die Zuständigkeit nicht bereits aus § 17 Abs. 5 Satz 1 LDG selbst ergibt (§ 7 Zuständigkeitsverordnung).

Der Hauptverwaltungsbeamte einer **Gemeinde** oder eines **Gemeindeverbandes** ist dienstvorgesetzte Stelle der ihr oder ihm nachgeordneten Beamten (§ 79 Abs. 1 Satz 1 LDG). Für die Hauptverwaltungsbeamten der Gemeinden und Gemeindeverbände und die Kreisausschussmitglieder handelt die Aufsichtsbehörde als zuständige Stelle nach § 32 LDG (§ 79 Abs. 1 Satz 2 LDG).

Als **höhere dienstvorgesetzte Stelle** der Hauptverwaltungsbeamten der Gemeinden und Kreise und der Kreisausschussmitglieder sowie der übrigen Beamtinnen und Beamten der Gemeinden und Gemeindeverbände gilt die Aufsichtsbehörde (§ 79 Abs. 2 Satz 1 LDG). Als oberste Dienstbehörde für alle Beamtinnen und Beamten der Gemeinden und Gemeindeverbände gilt das Innenministerium; abweichend davon tritt in den Fällen der

§§ 33 Abs. 2 Nr. 4, 76 Abs. 3 und 4 LDG an dessen Stelle der Dienstherr (§ 79 Abs. 2 Satz 2 LDG).

9.1.2.3.3 Durchführung des Verfahrens

Das Disziplinarverfahren beginnt mit der Einleitung nach § 17 LDG. Liegen zureichende tatsächliche Anhaltspunkte vor, die den **Verdacht eines Dienstvergehens** rechtfertigen, **hat** die dienstvorgesetzte Stelle ein Disziplinarverfahren einzuleiten und die höhere dienstvorgesetzte Stelle hierüber unverzüglich zu unterrichten (vgl. § 17 Abs. 1 Satz 1 LDG). Damit besteht eine **Einleitungspflicht**, deren Wahrnehmung die höhere dienstvorgesetzte Stelle und die oberste Dienstbehörde im Rahmen ihrer Aufsicht sicherstellt (vgl. § 17 Abs. 1 Satz 2 Halbsatz 1 LDG). Höhere dienstvorgesetzte Stelle und oberste Dienstbehörde können nach § 17 Abs. 1 Satz 2 Halbsatz 2 LDG das Disziplinarverfahren in jeder Lage des Verfahrens an sich ziehen oder sich dies allgemein vorbehalten. Die Einleitung des Verfahrens ist aktenkundig zu machen (vgl. § 17 Abs. 1 Satz 3 LDG).

Verfahrensrechtlich sind die §§ 3 und 4 LDG von Bedeutung. Zur Ergänzung des Landesdisziplinargesetzes sind die Bestimmungen des Verwaltungsverfahrensgesetzes und der Verwaltungsgerichtsordnung anzuwenden, soweit sie nicht zu den Bestimmungen des Landesdisziplinargesetzes in Widerspruch stehen oder soweit nicht im Landesdisziplinargesetz etwas anderes bestimmt ist (§ 3 Abs. 1 LDG). Soweit nach dem Landesdisziplinargesetz im Rahmen des behördlichen Verfahrens die Zustellung von Anordnungen und Entscheidungen vorgeschrieben ist, erfolgt diese nach dem Verwaltungszustellungsgesetz (§ 3 Abs. 2 Satz 1 LDG). Die Beamtin oder der Beamte muss Zustellungen unter der Anschrift gegen sich gelten lassen, die der dienstvorgesetzten Stelle angezeigt worden ist (§ 3 Abs. 2 Satz 2 LDG). Disziplinarverfahren sind beschleunigt durchzuführen (§ 4 Abs. 1 LDG).

Das Verfahren ist nach § 18 Abs. 1 LDG auch auf Antrag des Beamten bei der dienstvorgesetzten Stelle oder der höheren dienstvorgesetzten Stelle einzuleiten. Hierbei handelt es sich um das so genannte **Selbstreinigungsverfahren**, mit dem der Beamte sich von dem Verdacht eines Dienstvergehens entlasten will.

Der Beamte ist nach § 20 Abs. 1 LDG über die Einleitung des gegen ihn gerichteten Verfahrens mit der Eröffnung des zur Last gelegten Dienstvergehens zu **unterrichten**, sobald dies ohne Gefährdung der Sachverhaltsaufklärung möglich ist. Gleichzeitig ist die betroffene Person auf die Möglichkeit hinzuweisen, sich mündlich oder schriftlich zu äußern oder nicht aussagen zu wollen (vgl. § 20 Abs. 1 Satz 3 LDG).

Die Regelung des § 21 Abs. 1 Satz 1 LDG begründet die **Pflicht**, die zur **Aufklärung** des Sachverhaltes erforderlichen Ermittlungen durchzuführen, wobei die belastenden, die entlastenden und die Umstände zu ermitteln sind, die für die Bemessung der Disziplinarmaßnahme bedeutsam sind (vgl. § 21 Abs. 1 Satz 2 LDG). Von Ermittlungen **ist** nach § 21 Abs. 2 Satz 1 LDG in den Fällen ganz oder teilweise abzusehen, in denen eine Sachverhaltsaufklärung auf Grund der tatsächlichen Feststellungen eines rechtskräftigen Urteils im Straf- oder Bußgeldverfahren oder auch im verwaltungsgerichtlichen Verfahren im Zusammenhang mit dem Verlust der Besoldung bei schuldhaftem Fernbleiben vom Dienst nach § 9 BBesG bereits erfolgt ist. Soweit der Sachverhalt auf sonstige Weise aufgeklärt ist, kann von Ermittlungen abgesehen werden (vgl. § 21 Abs. 2 Satz 2 LDG).

Im Rahmen der Ermittlungen sind nach § 24 Abs. 1 LDG die erforderlichen Beweise zu erheben. Insbesondere können

- schriftliche dienstliche Auskünfte eingeholt werden (§ 24 Abs. 1 Satz 2 Nr. 1 LDG),
- Zeuginnen und Zeugen sowie Sachverständige vernommen oder ihre schriftliche Äußerung eingeholt werden (§ 24 Abs. 1 Satz 2 Nr. 2 LDG),
- Urkunden und Akten beigezogen (§ 24 Abs. 1 Satz 2 Nr. 3 LDG),
- der Augenschein eingenommen werden (§ 24 Abs. 1 Satz 2 Nr. 4 LDG) oder
- Unterbringung im Krankenhaus zur Erstellung eines Gutachtens über den psychischen Zustand des Beamten (§ 28 LDG).

Nach Durchführung der Ermittlungen und vor der Abschlussentscheidung ist das Ergebnis der Ermittlungen der Beamtin oder dem Beamten mitzuteilen und Gelegenheit **zur abschließenden Anhörung** zu geben (vgl. § 31 LDG).

Im Rahmen der **Abschlussentscheidung** kommen in Betracht:

- der Erlass einer Einstellungsverfügung nach § 33 LDG,
- der Erlass einer Disziplinarverfügung nach § 34 LDG oder
- die Erhebung der Disziplinarklage nach § 35 LDG.

§ 33 Abs. 1 und Abs. 2 LDG nennen die Fälle, in denen das Disziplinarverfahren eingestellt wird. Eine **Einstellungsverfügung** kommt in Betracht, wenn

- ein Dienstvergehen nicht erwiesen ist (§ 33 Abs. 1 Nr. 1 LDG),
- ein Dienstvergehen zwar erwiesen ist, eine Disziplinarmaßnahme jedoch nicht angezeigt erscheint (§ 33 Abs. 1 Nr. 2 LDG),
- nach § 14 (Straf- oder Bußgeldverfahren) oder § 15 (Zeitablauf) eine Disziplinarmaßnahme nicht ausgesprochen werden darf (§ 33 Abs. 1 Nr. 3 LDG) bzw.
- das Disziplinarverfahren oder eine Disziplinarmaßnahme aus sonstigen Gründen unzulässig ist (§ 33 Abs. 1 Nr. 4 LDG),

ferner, wenn

- die Beamtin oder der Beamte stirbt (§ 33 Abs. 2 Nr. 1 LDG),
- das Beamtenverhältnis durch Entlassung, Verlust der Beamtenrechte oder Abberufung endet (§ 33 Abs. 2 Nr. 2 LDG),
- bei einer Ruhestandsbeamtin oder einem Ruhestandsbeamten die Folgen einer gerichtlichen Entscheidung nach § 59 Abs. 1 BeamtVG (Erlöschen der Versorgungsbezüge wegen Verurteilung) eintreten (§ 33 Abs. 2 Nr. 3 LDG) oder
- die Ruhestandsbeamtin oder der Ruhestandsbeamte der obersten Dienstbehörde gegenüber auf ihre oder seine Rechte schriftlich verzichtet (§ 33 Abs. 2 Nr. 4 LDG).

Eine **Disziplinarverfügung** wird nach § 34 Abs. 1 LDG ausgesprochen, wenn ein Verweis, eine Geldbuße, eine Kürzung der Dienstbezüge oder eine Kürzung des Ruhegehalts angezeigt ist. Gegen die Disziplinarverfügung kann von dem Beamten Klage erhoben werden.

Soll auf Zurückstufung, auf Entfernung aus dem Dienst oder auf Aberkennung des Ruhegehalts entschieden werden ist nach § 35 Abs. 1 LDG **Disziplinarklage** zu erheben. Die Aufgaben der Disziplinargerichtsbarkeit nehmen die Verwaltungsgerichte wahr (vgl. § 45 Abs. 1 Satz 1 LDG). Hierzu werden bei den Verwaltungsgerichten in Düsseldorf und Münster Kammern und beim Oberverwaltungsgericht für das Land Nordrhein-Westfalen Senate für Disziplinarsachen gebildet (vgl. § 45 Abs. 1 Satz 2 LDG).

Das Klageverfahren regeln die §§ 52 ff. LDG. Nach Erhebung der schriftlichen Disziplinarklage (vgl. § 52 Abs. 1 LDG) erhebt das Gericht nach § 57 Abs. 1 Satz 1 LDG die erforderlichen Beweise und entscheidet nach § 59 Abs. 1 Satz 1 LDG auf Grund mündlicher Verhandlung durch Urteil, soweit das Disziplinarverfahren nicht auf andere Weise abgeschlossen wird. Eine Entscheidung durch Beschluss ist mit Zustimmung der Beteiligten möglich, wenn nur ein Verweis, eine Geldbuße, eine Kürzung der Dienstbezüge oder eine Kürzung des Ruhegehalts verhängt werden oder die Disziplinarklage abgewiesen werden soll (vgl. § 60 Abs. 1 Satz 1 LDG).

Gegen das Urteil des Verwaltungsgerichts steht nach § 64 Abs. 1 Satz 1 LDG den Beteiligten die Berufung, gegen Beschlüsse nach § 66 LDG Beschwerde an das Oberverwaltungsgericht zu.

9.1.2.4 Personalmaßnahmen

Spezielle Pflichtverletzungen können mit personellen Konsequenzen für Beamte verbunden sein. Regelungen hierzu enthält u. a. § 23 BeamtStG, der für diesen Fall als wesentliche Maßnahme die Entlassung des Beamten aus dem Beamtenverhältnis vorsieht.

Nach § 46 LBG, § 38 BeamtStG hat der Beamte einen Diensteid zu leisten (vgl. Ausführungen zu 8.1.2.1.1). Bei Weigerung liegt eine Dienstpflichtverletzung vor, die zur Entlassung durch Verwaltungsakt des Dienstvorgesetzten führt (vgl. § 23 Abs. 1 Satz 1 Nr. 1 BeamtStG).

Zu entlassen ist auch der Beamte im Beamtenverhältnis auf Zeit, der seiner Verpflichtung nach § 4 Satz 5 und § 119 Abs. 2 Satz 4 LBG nicht nachkommt (§ 27 Abs. 2 LBG). Die Verpflichtung nach dieser Vorschriften besteht darin, dass der Beamte auf Zeit nach Ablauf seiner Amtszeit verpflichtet ist, das Amt weiterzuführen, soweit Gesetze oder Verordnungen nichts anderes bestimmen und er nicht unter ungünstigeren Bedingungen für wenigstens die gleiche Zeit wieder gewählt werden soll.

Bei der Unvereinbarkeit von Amt und Mandat (Inkompatibilität), die bei gleichzeitiger Mitgliedschaft im Europäischen Parlament, im Bundestag oder im Landtag vorliegt, hat der Beamte sein Mandat innerhalb einer von der obersten Dienstbehörde gesetzten angemessenen Frist niederzulegen. Erfolgt die Niederlegung des Mandats nicht, ist der Beamte zu entlassen (vgl. § 27 Abs. 1 LBG).

Zusätzlich kommt eine Entlassung bei Pflichtverstößen für Beamte im Beamtenverhältnis auf Probe (vgl. § 23 Abs. 3 Satz 1 Nr. 1 BeamtStG - disziplinarwürdige Pflichtverletzung) und bei charakterlicher Nichteignung während der Probezeit (vgl. § 23 Abs. 3 Satz 1 Nr. 2 BeamtStG), und im Beamtenverhältnis auf Widerruf auch in anderen als den bisher aufgeführten Situationen in Betracht (vgl. § 23 Abs. 4 BeamtStG).

Das Beamtenverhältnis eines Beamten, der im ordentlichen Strafverfahren durch das Urteil eines deutschen Gerichts im Geltungsbereich des Grundgesetzes wegen einer vorsätzlichen Tat zu Freiheitsstrafe **von mindestens einem Jahr** (die Aussetzung der Vollstreckung der Strafe zur Bewährung nach § 56 Abs. 2 StGB ist dabei ohne Bedeutung) oder wegen einer vorsätzlichen Tat, die nach den Vorschriften über Friedensverrat, Hochverrat, Gefährdung des demokratischen Rechtsstaates oder Landesverrat und Gefährdung der äußeren Sicherheit strafbar ist, zu Freiheitsstrafe von mindestens sechs Monaten verurteilt wird, endet mit der Rechtskraft des Urteils (§ 24 Abs. 1 Satz 1 BeamtStG). Entsprechendes gilt, wenn dem Beamten die Fähigkeit zur Bekleidung öffentlicher Ämter aberkannt wird oder wenn der Beamte aufgrund einer Entscheidung des Bundesverfassungsgerichts gemäß Art. 18 GG ein Grundrecht verwirkt hat (§ 24 Abs. 1 Satz 2 BeamtStG).[27]

9.1.2.5 Verbot der Führung der Dienstgeschäfte

Dem Beamten kann (insbesondere bei Dienstpflichtverletzungen) aus zwingenden dienstlichen Gründen die Führung der Dienstgeschäfte verboten werden (vgl. § 39 BeamtStG). Gleiches ist nach § 38 Abs. 1 LDG im Disziplinarverfahren möglich, wenn voraussichtlich auf Entfernung aus dem Beamtenverhältnis erkannt werden oder wenn bei einer Person im Beamtenverhältnis auf Probe oder auf Widerruf voraussichtlich eine Entlassung nach § 23 Abs. 3 Satz 1 Nr. 1 und Abs. 4 BeamtStG erfolgen wird. Ein Beamter kann ferner vorläufig des Dienstes enthoben werden, wenn durch das Verbleiben im Dienst der Dienstbetrieb oder die Ermittlungen im Disziplinarverfahren wesentlich beeinträchtigt würden und die vorläufige Dienstenthebung zu der Bedeutung der Sache und der zu erwartenden Disziplinarmaßnahme nicht außer Verhältnis steht (vgl. § 38 Abs. 1 Satz 2 LDG).

9.1.2.6 Sonstige Konsequenzen

Schließlich kann die Pflichtverletzung von Beamten im Arbeitsalltag mit weiteren Konsequenzen verbunden sein. So ist ein Vermerk über das Dienstvergehen in die Beurteilung aufzunehmen; auch eine Änderung des Amtes im konkret funktionellen Sinne (Umsetzung oder Versetzung, vgl. Ausführungen zu 7.) wäre im Einzelfall denkbar und rechtmäßig.

---

[27] Vgl. hierzu ausführlich Hoffmann in Schütz/Maiwald, BeamtR, Teil B Rn. 1 ff. zu § 24.

9.1.3 Strafrechtliche Folgen von Pflichtverletzungen

Ein Dienstvergehen liegt regelmäßig vor, wenn der Beamte im Zusammenhang mit seiner Amtsausübung eine Straftat begangen hat. Aber auch Straftaten ohne Bezug zum Dienst können im Einzelfall disziplinarrechtlich verfolgt werden.

Im Strafrecht werden Beamte, wie andere Straftäter auch, bei nachgewiesener Schuld nach den Vorschriften des Strafgesetzbuchs gerichtlich verurteilt. Allerdings ist das Strafmaß für Amtsträger i. S. des § 11 Abs. 1 Satz 2 StGB bei bestimmten Delikten höher als für andere Straftäter (sog. qualifizierter Straftatbestand). Straftatbestände, für die Amtsträger höher bestraft werden als andere Personen (sog. **unechtes Amtsdelikt**) sind z. B.:

- Gefangenenbefreiung (§ 120 StGB),
- Verwahrungsbruch (§ 133 StGB) und

Daneben kennt das Strafgesetzbuch Straftatbestände, die nur von Amtsträgern begangen werden können (**echtes Amtsdelikt**). Als Beispiele dienen:

- Vorteilsnahme (§ 331 StGB),
- Bestechlichkeit (§§ 332 StGB),
- Rechtsbeugung (§ 339 StGB),
- Körperverletzung im Amt (§ 340),
- Verfolgung Unschuldiger (§ 344 StGB),
- Vollstreckung gegen Unschuldige (§ 345 StGB),
- Falschbeurkundung im Amt (§ 348 StGB) und
- Verletzung des Dienstgeheimnisses und einer besonderen Geheimhaltungspflicht (§ 353b StGB).

9.2 Pflichtverletzung durch den Dienstherrn

Der Dienstherr ist als juristische Person selbst nicht handlungsfähig, er handelt durch seine Organe und durch beauftragte Beamte und Arbeitnehmer. Diese können eine Dienstpflichtverletzung gegenüber dem Beamten begehen. Wird eine Pflicht verletzt, die sich der Dienstherr zurechnen lassen muss, bestehen Ansprüche unterschiedlicher Art bei dem betroffenen Beamten:

- Anspruch auf **Erfüllung**:
    - a) vermögenswerter Rechte,
    - b) nicht vermögenswerter Rechte,
- Anspruch auf **Beseitigung** nachteiliger Folgen und
- Anspruch auf **Schadensersatz**.

9.2.1 Anspruch auf Erfüllung

Ansprüche können im Schadensfall auf unterschiedliche Weise erfüllt werden. Insbesondere ist zwischen der Erfüllung vermögenswerter und nicht vermögenswerter Rechte zu unterscheiden.[28]

9.2.1.1 Anspruch auf Erfüllung vermögenswerter Rechte

Ansprüche auf die Erfüllung vermögenswerter Rechte hat der Beamte zur Sicherstellung des amtsangemessenen Lebensunterhalts und zum Ausgleich dienstlicher und außerdienstlicher Sonderbelastungen. Es handelt sich um gesetzliche konkretisierte Bereiche der Fürsorgepflicht und des Alimentationsprinzips materieller Art (vgl. Ausführungen zu 8.2.2).

Die Ansprüche können sich in einen Schadensersatzanspruch wandeln, wenn sie schuldhaft nicht gewährt werden oder sich die Erfüllung als (nachträglich) unmöglich erweist. Der Schadensersatzanspruch besteht unter folgenden Voraussetzungen:

- **Verletzung** der Fürsorge- und Schutzpflicht durch einen für den Dienstherrn handelnden Amtswalter (Beamten),
- **Schuldhafter** Verstoß gegen die Fürsorge- und Schutzpflicht,
- **Schadenseintritt** (konkret) aufgrund des Fürsorge- und Schutzpflichtverstoßes und
- **Kausalzusammenhang** zwischen dem Fürsorge- und Schutzpflichtverstoß sowie dem Schaden.

Besteht die Pflichtverletzung in einem Unterlassen, so kann der Kausalzusammenhang nur angenommen werden, wenn das gebotene pflichtgerechte Handeln nicht nur möglicherweise, sondern nur mit an Sicherheit grenzender Wahrscheinlichkeit den Eintritt des Schadens verhindert hätte. Ein Mitverschulden des Beamten kann entsprechend § 254 BGB berücksichtigt werden; § 839 Abs. 3 BGB ist analog anwendbar. Der Schadensersatzanspruch richtet sich i. d. R. auf Ausgleich, unter Umständen aber auch auf Naturalrestitution; er erfasst nicht den immateriellen Schaden.[29]

9.2.1.2 Anspruch auf Erfüllung nicht vermögenswerter Rechte

Der Anspruch auf die Erfüllung nicht vermögenswerter - immaterieller - Rechte bezieht sich auf die Fürsorge- und Schutzbestimmungen, auf die amtsbezogenen Rechte und die Einzelrechte persönlicher Art (vgl. Ausführungen zu 8.2.1). Es ist zwischen den in gesetzlichen Vorschriften konkretisierten Ansprüchen auf Erfüllung und Ansprüchen, die zusätzlich aus der Fürsorgepflicht nach § 45 BeamtStG abzuleiten sind, zu unterscheiden. Nach § 45 BeamtStG hat der Dienstherr im Rahmen des Dienst- und Treueverhältnisses **folgende Erfüllungspflichten:**

---

[28] Zum Erfüllungsanspruch siehe Hoffmann in Schütz/Maiwald, BeamtR, Teil B Rn. 108 f. zu § 45.
[29] Scheerbarth/Höffken/Bauschke/Schmidt, § 17 II 1 d m. w. N. zur Rechtsprechung und Literatur.

- Sorge für das Wohl des Beamten und seiner Familie, auch für die Zeit nach Beendigung des Beamtenverhältnisses,
- Schutz des Beamten bei seiner amtlichen Tätigkeit und in seiner Stellung als Beamter,
- Sorge für eine Fortbildung des Beamten im Interesse des Dienstes.

Soweit die sich aus der Fürsorgepflicht ergebenden Ansprüche in Vorschriften konkretisiert worden sind, ist die Rechtslage insgesamt eindeutig. Schwieriger sind Entscheidungen dann herbeizuführen, wenn Pflichten betroffen sind, die nicht durch Gesetz oder Verordnung näher ausgestaltet worden sind. Hier gewinnt der Gedanke der hergebrachten Grundsätze des Berufsbeamtentums (Art. 33 Abs. 5 GG) mit der Fürsorgepflicht des Dienstherrn als Gegenstück zur Treuepflicht des Beamten an Bedeutung. **Folgende Bereiche** sind beispielhaft anzuführen:

- Sachliche und gerechte Beurteilung,
- wohlwollende Behandlung,
- Berücksichtigung der Interessenlage des Beamten bei Ermessensentscheidungen,
- Bewahrung vor Schaden,
- Förderung des beruflichen Fortkommens,
- Förderung nach Eignung und Leistung sowie
- Einbeziehung in Beförderungsverfahren.

Der Beamte hat einen Anspruch auf Beachtung durch den Dienstherrn und kann Ansprüche dieser Art ebenfalls rechtlich durchsetzen. Auf ein Verschulden des Dienstherrn kommt es nicht an.

9.2.2 Anspruch auf Beseitigung nachteiliger Folgen

Der Anspruch auf Beseitigung nachteiliger Folgen erfasst den **sog. Folgenbeseitigungsanspruch** aus § 113 Abs. 1 Satz 2 VwGO.[30] Es handelt sich um einen Unterfall des öffentlich-rechtlichen Schadensersatzanspruchs, der die Wiederherstellung des vorherigen Zustandes bezweckt, um die durch das rechtswidrige hoheitliche bzw. schlicht hoheitliche Handeln hervorgerufene Situation zu beseitigten.

Aufgabe des Folgenbeseitigungsanspruchs kann aber nicht die Herstellung eines Zustandes sein, der vor der Entscheidung nicht bestanden hat.

Für die Beseitigung der Folgen eines bereits vollzogenen Verwaltungsaktes müssen **folgende Voraussetzungen** erfüllt sein:

- Zulässigkeit und Begründetheit der Anfechtungsklage gegen den Ausgangs-Verwaltungsakt,
- Antragstellung des Beamten auf Folgenbeseitigung,

---

[30] Zum Folgenbeseitigungsanspruch siehe Hoffmann in Schütz/Maiwald, BeamtR, Teil B Rn. 110 ff. zu § 45.

- Fortdauer des durch den rechtswidrigen Verwaltungsakt und dessen Vollziehung bestehenden Zustandes sowie
- rechtliches und faktisches Vermögen des Dienstherrn zur Folgenbeseitigung.

Ist die Folgenbeseitigung rechtlich und faktisch unmöglich oder unverhältnismäßig, besteht ggf. ein Anspruch auf Entschädigung in Geld. Der Anspruch auf Beseitigung kann nicht als Rechtsgrundlage dienen, in die Rechte eines möglicherweise begünstigten Dritten einzugreifen. Hätte die Behörde mehrere Möglichkeiten zur Beseitigung der Folgen, könnte in einem verwaltungsrechtlichen Streitverfahren nur ein Bescheidungsurteil (analog § 113 Abs. 5 Satz 2 VwGO) erstritten werden.

Ist die Entscheidung des Dienstherrn nicht durch einen Verwaltungsakt vollzogen, sondern durch eine andere rechtswidrige Maßnahme verursacht worden, ist eine Beseitigung bei Vorliegen **folgender Voraussetzungen** möglich:

- Rechtswidrige Handlung des Dienstherrn, die kein Verwaltungsakt ist,
- Andauern des durch die Entscheidung verursachten rechtswidrigen Zustandes und
- Möglichkeit einer rechtlich und faktisch möglichen Wiederherstellung des alten Zustandes.

Als Beispiel kommt die Streichung einer negativen Aussage aus einer dienstlichen Beurteilung in Betracht.

9.2.3 Anspruch auf Schadensersatz

Der Beamte kann Pflichtverletzungen, die der Dienstherr ihm gegenüber zu verantworten hat und Ansprüche auf Schadensersatz auf unterschiedliche Weise geltend machen. Sind die Voraussetzungen der Amtspflichtverletzung nach § 839 BGB erfüllt, besteht ein Anspruch auf Schadensersatz nach Art. 34 Satz 1 GG gegenüber dem Dienstherrn, weil hier das Haftungsprivileg eingreift. Für den Anspruch aus § 839 BGB, Art. 34 Satz 1 GG steht dem Beamten der Rechtsweg zu den ordentlichen Gerichten offen (vgl. Art. 34 Satz 3 GG).

Der Beamte könnte den Anspruch u. U. auch wegen schuldhafter Verletzung der Fürsorgepflicht haben. Obwohl er gesetzlich nicht geregelt ist, gibt es nach der Rechtsprechung keine Zweifel an seiner Anerkennung. Voraussetzung für den Anspruch auf Schadensersatz ist die schuldhafte Verletzung der Fürsorgepflicht bzw. einer sonstigen Pflicht des Dienstherrn und ein Schaden, der ursächlich als Folge der Pflichtverletzung eingetreten ist. Die Schadensersatzpflicht ist auf die Beseitigung des materiellen Schadens beschränkt. Schmerzensgeldansprüche, die ausnahmsweise unter bestimmten Voraussetzungen durch § 839 BGB bestehen, können nicht realisiert werden. Es besteht die Möglichkeit, die Ansprüche nebeneinander zu verfolgen.

Der Beamte muss bei schuldhafter Verletzung der Fürsorgepflicht Widerspruch gegen die Entscheidung einlegen und bei Erlass eines Widerspruchsbescheides ggf. Klage vor dem Verwaltungsgericht erheben.

10 Beendigung des Beamtenverhältnisses

Dem Legalitätsgrundsatz als einem der hergebrachten Grundsätze des Berufsbeamtentums folgend (vgl. Ausführungen zu 2.1.1.2.3), kann die rechtliche Stellung des Beamten auch vor dem Hintergrund der Ämterstabilität[1] unter anderen Voraussetzungen oder in anderen Formen als denen, die gesetzlich bestimmt oder zugelassen sind, nicht verändert werden.

Zur Beendigung des Beamtenverhältnisses im weiteren Sinne gehören die rechtlichen Konsequenzen, die bei fehlerhafter Ernennung des Beamten i. S. des § 8 BeamtStG vorgesehen sind, wenn die Ernennung durch Verwaltungsakt (§ 35 VwVfG NRW) zurückzunehmen ist bzw. zurückgenommen werden kann (vgl. § 12 BeamtStG). Für diese Art der Beendigung sind die Verfahrensabläufe und die Rechtsfolgen abschließend in § 17 LBG geregelt. Wegen der unterschiedlichen Rechtsfolgen für den Beamten nach der Beendigung des Beamtenverhältnisses ist zwischen der Rücknahme der Ernennung (das Beamtenverhältnis hat von Anfang an nicht bestanden) und der Entlassung aus dem Beamtenverhältnis (Änderungen für die Zukunft) zu unterscheiden. In einer Konkurrenzsituation geht die Rücknahme der Ernennung nach § 12 BeamtStG der Beendigung des Beamtenverhältnisses nach den §§ 21 ff. BeamtStG vor.

Gesetzliche Regelungen über die Beendigung des Beamtenverhältnisses und die verfahrensrechtlichen Regelungen enthalten die §§ 27 bis 41 im Abschnitt 4 des Landesbeamtengesetzes. Da es sich bei den Entscheidungen regelmäßig um Verwaltungsakte i. S. des § 35 Satz 1 VwVfG NRW handelt, sind bei der Beendigung des Beamtenverhältnisses durch Verwaltungsakt ergänzend die Vorschriften des Verwaltungsverfahrensgesetzes zu beachten.

Das Beamtenverhältnis endet nach der abschließenden Regelung des § 21 BeamtStG durch

- Entlassung § 21 Nr. 1, §§ 22 und 23 BeamtStG, §§ 27, 28 LBG),
- Verlust der Beamtenrechte § 21 Nr. 2 BeamtStG, § 24 BeamtStG, §§ 29, 30 LBG),
- Entfernung aus dem Beamtenverhältnis nach dem Disziplinargesetz für das Land Nordrhein-Westfalen (§ 21 Nr. 3 BeamtStG, § 5 Abs. 1 Nr. 5 LDG),
- Eintritt oder Versetzung in den Ruhestand (§ 21 Nr. 4 BeamtStG, §§ 25 ff. BeamtStG, §§ 31 ff. LBG).

10.1 Entlassung

Das Beamtenstatusgesetz und das Landesbeamtengesetz Nordrhein-Westfalen regeln die Entlassung kraft Gesetzes und die Entlassung durch Verwaltungsakt. Bei der Entlassung durch Verwaltungsakt sind die Entlassungen aufgrund zwingender gesetzlicher Bestimmungen (obligatorische Entlassungsfälle) und die Entlassungen aufgrund von Kannvorschriften (fakultative Entlassungsfälle) zu unterscheiden. Die Entlassung durch Verwaltungsakt setzt ein abgeschlossenes Verwaltungsverfahren unter Beachtung der Vorschriften des Landesbeamtengesetzes und des Verwaltungsverfahrensgesetzes voraus.

---

[1] Vgl. hierzu BVerwG, Urteil vom 27.04.1999, 2 C 34/98, BVerwGE 109, 68 = ZBR 1999, 386 = DÖV 1999, 1048 = DVBl. 1999, 1435 = IÖD 1999, 242.

10.1.1 Entlassung kraft Gesetzes

Die Fälle der Entlassung kraft Gesetzes sind in § 22 BeamtStG und in den Fällen des § 118 du des § 124 LBG geregelt.

Entlassung kraft Gesetzes

Rechtsgrundlage	Entlassungstatbestand
§ 22 Abs. 1 Nr. 1 BeamtStG	Verlust der Eigenschaft als Deutscher im Sinne des Art. 116 GG oder Verlust der Staatsangehörigkeit eines anderen Mitgliedstaates der Europäischen Union oder eines anderen Vertragsstaates des Abkommens über den Europäischen Wirtschaftsraum oder eines Drittstaates, dem Deutschland und die Europäische Union vertraglich einen entsprechenden Anspruch auf Anerkennung von Berufsqualifikationen eingeräumt haben (vgl. § 7 Abs. 1 BeamtStG)
§ 22 Abs. 1 Nr. 2 BeamtStG, § 41 LBG	Erreichen der Altersgrenze, wenn das Beamtenverhältnis nicht durch den Eintritt in den Ruhestand endet
§ 22 Abs. 2 BeamtStG	Eintritt in ein öffentlich-rechtliches Dienst- oder Amtsverhältnis zu einem anderen Dienstherrn oder zu einer Einrichtung ohne Dienstherrneigenschaft, sofern nicht im Einvernehmen mit dem neuen Dienstherrn oder der Einrichtung die Fortdauer des Beamtenverhältnisses neben dem neuen Dienst- oder Amtsverhältnis angeordnet wird oder durch Landesrecht etwas anderes bestimmt wird, mit Ausnahme des Beamtenverhältnisses auf Widerruf oder des Ehrenbeamtenverhältnisses
§ 22 Abs. 3 BeamtStG	Berufung in ein Beamtenverhältnis auf Zeit aus einem anderen Beamtenverhältnis bei demselben Dienstherrn, soweit Landesrecht keine abweichenden Regelungen trifft
§ 22 Abs. 4 BeamtStG	Ablegung oder endgültiges Nichtbestehen der für die Laufbahn vorgeschriebenen Prüfung, sofern durch Landesrecht nichts anderes bestimmt ist
§ 118 Abs. 4 Satz 4 LBG und § 118 Abs. 10 LBG	Ablauf der Amtszeit von Bürgermeistern und Landräten ohne Erreichen der durch § 118 Abs. 4 Satz 3 LBG vorgeschriebenen ruhegehaltfähigen Dienstzeit oder Gesamtdienstzeit
§ 124 Abs. 1 Satz 6 Halbsatz 2 LBG	Ablauf der Amtszeit von Juniorprofessoren

10.1.1.1 Verlust der erforderlichen Staatsangehörigkeit (§ 22 Abs. 1 Nr. 1 BeamtStG)

Der Beamte ist nach § 22 Abs. 1 Nr. 1 BeamtStG entlassen, wenn die Voraussetzungen des § 7 Abs. 1 Nr. 1 BeamtStG nicht mehr vorliegen, d. h. wenn er die Eigenschaft als Deutscher im Sinne des Artikels 116 GG oder die Staatsangehörigkeit

- eines anderen Mitgliedstaates der Europäischen Union (vgl. § 7 Abs. 1 Nr. 1 Buchstabe a)),
- eines anderen Vertragsstaates des Abkommens über den Europäischen Wirtschaftsraum (vgl. § 7 Abs. 1 Nr. 1 Buchstabe b)),
- eines Drittstaates, dem Deutschland und die Europäische Union vertraglich einen entsprechenden Anspruch auf Anerkennung von Berufsqualifikationen eingeräumt haben (vgl. § 7 Abs. 1 Nr. 1 Buchstabe c))

verliert.

Deutsche i. S. von Art. 116 GG sind Personen, die die deutsche Staatsangehörigkeit besitzen (Einzelheiten regelt das Reichs- und Staatsangehörigkeitsgesetz) oder als Flüchtling oder Vertriebener deutscher Volkszugehörigkeit oder dessen Ehegatte oder Abkömmling in dem Gebiete des Deutschen Reiches nach dem Stande vom 31.12.1937 Aufnahme gefunden haben.

Die Voraussetzungen des Verlustes des Staatsangehörigkeit nennt § 17 StAG.

Nach § 17 Abs. 1 StAG geht die Staatsangehörigkeit verloren

- durch Entlassung (§ 17 Abs. 1 Nr. 1 StAG)

Ein Deutscher wird nach § 18 StAG auf seinen Antrag aus der Staatsangehörigkeit entlassen, wenn er den Erwerb einer ausländischen Staatsangehörigkeit beantragt und ihm die zuständige Stelle die Verleihung zugesichert hat. Die näheren Voraussetzungen regeln die §§ 19 und 22 bis 24 StAG.

- durch den Erwerb einer ausländischen Staatsangehörigkeit (§ 17 Abs. 1 Nr. 2 StAG)

Ein Deutscher verliert nach § 25 Abs. 1 Satz 1 StAG seine Staatsangehörigkeit mit dem Erwerb einer ausländischen Staatsangehörigkeit, wenn dieser Erwerb auf seinen Antrag oder auf den Antrag des gesetzlichen Vertreters erfolgt, der Vertretene jedoch nur, wenn die Voraussetzungen vorliegen, unter denen nach § 19 die Entlassung beantragt werden könnte. Der Verlust tritt nach § 25 Abs. 1 Satz 2 StAG nicht ein, wenn ein Deutscher die Staatsangehörigkeit eines anderen Mitgliedstaates der Europäischen Union, der Schweiz oder eines Staates erwirbt, mit dem die Bundesrepublik Deutschland einen völkerrechtlichen Vertrag nach § 12 Abs. 3 StAG abgeschlossen hat.

- durch Verzicht (17 Abs. 1 Nr. 3 StAG),

  Ein Deutscher kann nach § 26 StAG auf seine Staatsangehörigkeit verzichten, wenn er mehrere Staatsangehörigkeiten besitzt.

- durch Annahme als Kind durch einen Ausländer (§ 17 Abs. 1 Nr. 4 StAG),

  Ein minderjähriger Deutscher verliert nach § 27 StAG mit der nach den deutschen Gesetzen wirksamen Annahme als Kind durch einen Ausländer die Staatsangehörigkeit, wenn er dadurch die Staatsangehörigkeit des Annehmenden erwirbt.

- durch Eintritt in die Streitkräfte oder einen vergleichbaren bewaffneten Verband eines ausländischen Staates (§ 17 Abs. 1 Nr. 5 StAG)

  Ein Deutscher, der auf Grund freiwilliger Verpflichtung ohne eine Zustimmung des Bundesministeriums der Verteidigung oder der von ihm bezeichneten Stelle in die Streitkräfte oder einen vergleichbaren bewaffneten Verband eines ausländischen Staates, dessen Staatsangehörigkeit er besitzt, eintritt, verliert nach § 28 StAG die deutsche Staatsangehörigkeit. Dies gilt nicht, wenn er auf Grund eines zwischenstaatlichen Vertrages dazu berechtigt ist.

- durch Erklärung (§ 17 Abs. 1 Nr. 6 StAG)

  Eine optionspflichtige Person hat nach § 29 StAG nach Vollendung des 21. Lebensjahres zu erklären, ob sie oder er die deutsche oder die ausländische Staatsangehörigkeit behalten will. Optionspflichtig ist, wer die deutsche Staatsangehörigkeit erworben hat, nicht im Inland aufgewachsen ist, eine andere ausländische Staatsangehörigkeit als die eines anderen Mitgliedstaates der Europäischen Union oder der Schweiz besitzt und innerhalb eines Jahres nach Vollendung seines 21. Lebensjahres einen Hinweis über seine Erklärungspflicht erhalten hat.

- durch Rücknahme eines rechtswidrigen Verwaltungsaktes (§ 17 Abs. 1 Nr. 7 StAG)

  Die Voraussetzungen für die Rücknahme einer rechtswidrigen Einbürgerung oder einer rechtswidrige Genehmigung zur Beibehaltung der deutschen Staatsangehörigkeit richten sich nach § 35 StAG.

Der Verlust der Staatsangehörigkeit der Mitglieds, Vertrags- und Drittstaaten i. S. von § 7 Abs. 1 BeamtStG richtet sich nach den geltenden Gesetzen dieser Staaten.

Die Rechtsfolge des § 22 Abs. 1 Nr. 1 BeamtStG tritt allerdings dann nicht ein, wenn gleichzeitig eine andere Staatsangehörigkeit nach § 7 Abs. 1 Nr. 1 vorliegt.

10.1.1.2 Erreichen der Altersgrenze, wenn das Beamtenverhältnis nicht durch den Eintritt in den Ruhestand endet (§ 22 Abs. 1 Nr. 2 BeamtStG, § 41 LBG)

Die Versetzung in den Ruhestand setzt nach § 32 BeamtStG die Erfüllung einer versorgungsrechtlichen Wartezeit voraus. Nach § 4 Abs. 1 Satz 1 Nr. 1 LBeamtVG, wird ein Ruhegehalt nur gewährt, wenn die Beamtin oder der Beamte eine Dienstzeit von fünf Jahren abgeleistet hat.

Ist diese Voraussetzung nicht erfüllt, endet das Beamtenverhältnis statt durch Eintritt in den Ruhestand durch Entlassung.

10.1.1.3 Eintritt in ein öffentlich-rechtliches Dienst- oder Amtsverhältnis zu einem anderen Dienstherrn (§ 22 Abs. 2 BeamtStG)

Die Beamtin oder der Beamte ist nach § 22 Abs. 2 Satz 1 BeamtStG entlassen, wenn ein öffentlich-rechtliches Dienst- oder Amtsverhältnis zu einem anderen Dienstherrn oder zu einer Einrichtung ohne Dienstherrneigenschaft begründet wird, sofern nicht im Einvernehmen mit dem neuen Dienstherrn oder der Einrichtung

- die Fortdauer des Beamtenverhältnisses neben dem neuen Dienst- oder Amtsverhältnis angeordnet oder
- durch Landesrecht etwas anderes bestimmt wird.

Die Vorschrift gilt nach § 22 Abs. 2 Satz 2 BeamtStG nicht für den Eintritt in ein Beamtenverhältnis auf Widerruf oder als Ehrenbeamter.

Die Vorschrift erfasst neben den Beamtenverhältnissen auch Soldaten- und Richterverhältnisse. Öffentlich-rechtliche Amtsverhältnisse sind z. B.

- der Präsident der Bundesnetzagentur (§ 4 Abs. 1 Gesetz über die Bundesnetzagentur für Elektrizität, Gas, Telekommunikation, Post und Eisenbahnen – BEGTPG),
- Mitglieder des Vorstandes der Deutschen Bundesbank (§ 7 Abs. 4 Satz 1 BBankG),
- Leiter der Antidiskriminierungsstelle des Bundes (§ 26 Abs. 2 Satz 2 AGG).

10.1.1.3.1 Ausnahmetatbestände

Anordnung der Fortdauer des Beamtenverhältnisses neben dem neuen Dienst- oder Amtsverhältnis

Die Rechtsfolge des § 22 Abs. 2 BeamtStG tritt nicht ein, wenn die Fortdauer des Beamtenverhältnisses vom bisherigen Dienstherrn nach Einholung des Einvernehmens des neuen Dienstherrn oder der neuen Einrichtung angeordnet wird. Die Anordnung muss dem Beamten vor Begründung des neuen Dienst- oder Amtsverhältnis bekannt gegeben werden.

Andere Bestimmung durch Landesrecht

Gesetzlich etwas anderes bestimmt ist im Landesministergesetz. Wird ein Beamter des Landes Nordrhein-Westfalen zum Mitglied der Landesregierung ernannt, so ruhen für Dauer der Mitgliedschaft die in dem bisherigen Beamtenverhältnis begründeten Rechte und Pflichten mit Ausnahme der Pflicht zur Amtsverschwiegenheit und des Verbots zur Annahme von Belohnungen und Geschenken (vgl. § 15 Abs. 1 Satz 1 Landesministergesetz). Die Regelung gilt entsprechend für die zu Mitgliedern der Landesregierung ernannten Beamten einer Gemeinde (Gemeindeverbandes) oder einer sonstigen Körperschaft, Anstalt oder Stiftung des öffentlichen Rechts (§ 15 Abs. 3 Satz 1 Landesministergesetz).

Eintritt in ein Beamtenverhältnis auf Widerruf oder als Ehrenbeamtin oder Ehrenbeamter

Die Rechtsfolge des § 22 Abs. 2 Satz 1 BeamtStG ergibt sich nur bei einem Eintritt in ein Beamtenverhältnis auf Lebenszeit, auf Zeit oder auf Probe.

Sie gilt nicht für den Eintritt in ein Beamtenverhältnis auf Widerruf oder als Ehrenbeamter (vgl. § 22 Abs. 2 Satz 2 BeamtStG). So kann z. B. ein von seinem Dienstherrn beurlaubter Beamter der Laufbahngruppe 1 bei einem anderen Dienstherrn im Geltungsbereich des Landesbeamtengesetzes ein Beamtenverhältnis auf Widerruf zur Ausbildung für die Laufbahngruppe 2 begründen, ohne das ursprüngliche Beamtenverhältnis durch Antrag auf Entlassung nach § 23 Abs. 1 Satz 1 Nr. 4 BeamtStG beenden zu müssen.

10.1.1.4 Berufung in ein Beamtenverhältnis auf Zeit zu demselben Dienstherrn

Der Beamte ist mit der Berufung in ein Beamtenverhältnis auf Zeit zu demselben Dienstherrn nach § 22 Abs. 3 BeamtStG entlassen, soweit das Landesrecht keine abweichenden Regelungen trifft.

Eine abweichende Regelung ist z. B. in § 20 Abs. 2 Satz 1 HG für den Fall getroffen worden, dass ein gewähltes Mitglied des Präsidiums einer Hochschule des Landes Nordrhein-Westfalen im Beamtenverhältnis auf Lebenszeit in das Beamtenverhältnis auf Zeit berufen wird. Hier ruhen lediglich die Rechte und Pflichten aus dem Beamtenverhältnis auf Lebenszeit, es besteht neben dem Beamtenverhältnis auf Zeit fort.

10.1.1.5 Ablegung oder endgültiges Nichtbestehen der Laufbahnprüfung (§ 22 Abs. 4 BeamtStG)

Das Beamtenverhältnis auf Widerruf endet nach § 22 Abs. 4 BeamtStG mit Ablauf des Tages der Ablegung oder dem endgültigen Nichtbestehen der für die Laufbahn vorgeschriebenen Prüfung, sofern durch Landesrecht nichts anderes bestimmt ist.

Etwas anderes bestimmt die Verordnung über die Laufbahn der Polizeivollzugsbeamtinnen und Polizeivollzugsbeamten des Landes Nordrhein-Westfalen (Laufbahnverordnung der Polizei - LVOPol). Das Beamtenverhältnis auf Widerruf der Kommissaranwärter wird nach bestandener II. Fachprüfung in das Beamtenverhältnis auf Probe umgewandelt (vgl. § 12 Abs. 2 LVOPol).

10.1.1.6 Entlassung von Beamten mit leitender Funktion aus dem Beamtenverhältnis auf Probe (§ 22 Abs. 5 BeamtStG)

Das Beamtenstatusgesetz enthält keine Regelungen über die Übertragung eines Amtes mit leitender Funktion im Beamtenverhältnis auf Probe. Damit obliegt die Entscheidung, ob Führungsfunktionen auf Probe vergeben werden sollen, dem Landesgesetzgeber. Der Landesgesetzgeber Nordrhein-Westfalen hat von dieser Möglichkeit Gebrauch gemacht. Zu diesem besonderen Beamtenverhältnis auf Probe vgl. Ausführungen 4.2.2.3.2.

Ein Amt mit leitender Funktion im Sinne des § 21 Abs. 7 LBG wird zunächst im Beamtenverhältnis auf Probe übertragen (§ 21 Abs. 1 Satz 1 LBG). § 21 Abs. 7 LBG nennt die in Betracht kommenden Ämter.

Es handelt sich im Landesdienst um die

- Ämter der erstmalig als Referatsleiter in den obersten Landesbehörden oder den diesen angegliederten Dienststellen eingesetzten Beamten sowie die mindestens der Besoldungsgruppe B 4 angehörenden Ämter der in den obersten Landesbehörden oder den diesen angegliederten Dienststellen tätigen Beamten (§ 21 Abs. 7 Satz 1 Nr. 1a) LBG),
- mindestens der Besoldungsgruppe A 15 oder der Besoldungsordnung B angehörenden Ämter der Leiter von Behörden, Einrichtungen und Landesbetriebe sowie von Justizvollzugsanstalten (§ 21 Abs. 7 Satz 1 Nr. 1b) LBG),
- der Besoldungsgruppe A 16 oder der Besoldungsordnung B angehörenden Ämter der Leiter von Teilen (Abteilungen oder Gruppen) der den obersten Landesbehörden nachgeordneten Behörden, Einrichtungen und Landesbetriebe (§ 21 Abs. 7 Satz 1 Nr. 1c) LBG),
- Ämter der Besoldungsgruppe A 16 bei den Polizeibehörden (§ 21 Abs. 7 Satz 1 Nr. 1d) LBG),
- Ämter der Leiter öffentlicher Schulen sowie der Leiter von Zentren für schulpraktische Lehrerausbildung (§ 21 Abs. 7 Satz 1 Nr. 1e) LBG),
- Ämter der als Leiter einer Oberfinanzdirektion eingesetzten Beamten, die zugleich Bundesbeamte sind sowie das Amt des Leiters der Zentralstelle für die Vergabe von Studienplätzen (§ 21 Abs. 7 Satz 1 Nr. 1f) LBG),
- im Dienst der Gemeinden und Gemeindeverbände die Ämter der Leiter von Organisationseinheiten, die dem Hauptverwaltungsbeamten oder einem anderen Wahlbeamten oder diesem in der Führungsfunktion vergleichbaren Beschäftigten unmittelbar unterstehen, sofern in der Hauptsatzung allgemein für diese Ämter die Übertragung auf Probe bestimmt ist (§ 21 Abs. 7 Satz 1 Nr. 2 LBG),
- im Dienst der sonstigen der Aufsicht des Landes unterstehenden Körperschaften, Anstalten und Stiftungen des öffentlichen Rechts die Ämter, die nach Maßgabe

einer von der zuständigen obersten Aufsichtsbehörde zu erlassenden Rechtsverordnung dazu bestimmt werden (§ 21 Abs. 7 Satz 1 Nr. 3 LBG).

Die regelmäßige Probezeit beträgt nach § 21 Abs. 1 Satz 2 LBG zwei Jahre ohne die Möglichkeit einer Verlängerung (vgl. § 21 Abs. 1 Satz 5 LBG), Eine Verkürzung kann durch die oberste Dienstbehörde zugelassen werden, die Mindestprobezeit beträgt ein Jahr (vgl. § 21 Abs. 1 Satz 3 LBG). War dem Beamten eine leitende Funktion bereits übertragen, können die in der leitenden Funktion verbrachten Zeiten nach § 21 Abs. 1 Satz 4 LBG auf die Probezeit angerechnet werden.

Vom Tage der Ernennung ruhen für die Dauer des Beamtenverhältnisses auf Probe die Rechte und Pflichten aus dem Amt, das dem Beamten zuletzt im Beamtenverhältnis oder im Richterverhältnis auf Lebenszeit übertragen worden ist, mit Ausnahme der Pflicht zur Amtsverschwiegenheit und des Verbotes der Annahme von Belohnungen und Geschenken; das Beamtenverhältnis oder das Richterverhältnis auf Lebenszeit besteht fort (vgl. § 21 Abs. 3 Satz 1 LBG).

Für diesen Sonderfall des Beamtenverhältnisses auf Probe enthalten die §§ 22 Abs. 5 BeamtStG und 21 Abs. 10 LBG folgende Entlassungstatbestände:

- Ablauf der Probezeit (§ 22 Abs. 5 BeamtStG),
- Versetzung zu einem anderen Dienstherrn (§ 22 Abs. 5 BcamtStG)),
- Übertragung eines Amtes nach § 21 Abs. 8 LBG (Mitglieder des Landesrechnungshofes, Beamtenverhältnisse auf Zeit nach anderen Vorschriften, politische Beamte) bei demselben Dienstherrn (§ 21 Abs. 10 Nr. 1 LBG),
- Beendigung des Beamtenverhältnisses oder Richterverhältnisses auf Lebenszeit (§ 21 Abs. 10 Nr. 2 LBG),

10.1.1.7 Ablauf der Amtszeit bei Bürgermeistern und Landräten ohne Erfüllung der Dienstzeitvoraussetzungen für den Eintritt in den Ruhestand (§ 118 Abs. 4 Satz 4 und Abs. 10 LBG)

Bürgermeister und Landräte treten mit Ablauf ihrer Amtszeit in den Ruhestand, wenn sie

1. insgesamt eine mindestens achtjährige ruhegehaltfähige Dienstzeit abgeleistet und das 45. Lebensjahr vollendet haben oder
2. eine ruhegehaltfähige Dienstzeit i. S. des § 6 LBeamtVG von 18 Jahren erreicht haben oder
3. als Beamter auf Zeit eine Gesamtdienstzeit von acht Jahren erreicht haben;

andernfalls sind sie entlassen (§ 118 Abs. 4 Satz 4 LBG). Für Landräte gilt die Regelung entsprechend (vgl. § 118 Abs. 10 LBG).

10.1.1.8 Ablauf der Amtszeit von Beamten auf Zeit ohne ausreichende Dienstzeit

Die Beamten auf Zeit treten, soweit sie nicht nach § 27 Abs. 2 LBG entlassen werden, (Verstoß gegen die Verpflichtung zur Weiterführung des Amtes nach § 4 Satz 5 und § 119 Abs. 2 Satz 4 LBG) mit dem Ablauf ihrer Amtszeit in den Ruhestand, wenn sie eine mindestens zehnjährige ruhegehaltfähige Dienstzeit abgeleistet haben; andernfalls sind sie entlassen (vgl. § 31 Abs. 3 LBG).

10.1.1.9 Beendigung der Amtszeit von Juniorprofessoren auf Zeit (§ 124 Abs. 1 Satz 6 Halbsatz 2 LBG)

Nach § 124 Abs. 1 Satz 6 Halbsatz 2 LBG sind die Juniorprofessoren mit dem Ablauf ihrer Amtszeit entlassen.

10.1.1.10 Zuständigkeit und Verfahren für den Fall der Entlassung kraft Gesetzes

Zuständigkeit und Verfahren für den Fall der Entlassung kraft Gesetzes sind im Wesentlichen nach allgemeinen beamtenrechtlichen und verfahrensrechtlichen Grundsätzen zu beurteilen.

10.1.1.10.1 Zeitpunkt der Entlassung kraft Gesetzes

Die Entlassung kraft Gesetzes tritt ein

- bei der Entlassung nach § 22 Abs. 1 Nr. 1 BeamtStG mit dem Verlust der Staatsangehörigkeit eines der in §7 Abs. 1 BeamtStG genannten Staaten,
- bei der Entlassung nach § 22 Abs. 1 Nr. 2 BeamtStG mit dem Zeitpunkt des Erreichens der Altersgrenze, wenn das Beamtenverhältnis nicht mit dem Eintritt in den Ruhestand endet,
- bei der Entlassung nach § 22 Abs. 2 BeamtStG mit Ablauf des Tages vor der Begründung eines öffentlich-rechtlichen Dienst- oder Amtsverhältnisses zu einem anderen Dienstherrn oder zu einer Einrichtung ohne Dienstherrnfähigkeit,
- bei der Entlassung nach § 22 Abs. 3 BeamtStG mit der Berufung in ein Beamtenverhältnis auf Zeit bei demselben Dienstherrn,
- bei der Entlassung nach § 22 Abs. 4 BeamtStG mit Ablauf des Tages der Ablegung oder dem endgültigen Nichtbestehen der für die Laufbahn vorgeschriebenen Prüfung und
- bei der Entlassung nach § 22 Abs. 5 BeamtStG mit Ablauf der Probezeit oder mit Versetzung zu einem anderen Dienstherrn,
- bei Bürgermeistern und Landräten im Falle des (§ 118 Abs. 4 Satz 4 und Abs. 10 LBG mit dem Ablauf der Amtszeit,
- bei Juniorprofessoren im Falle des (§ 124 Abs. 1 Satz 6 Halbsatz 2 LBG mit dem Ablauf ihrer Amtszeit.

10.1.1.10.2 Feststellung der Voraussetzungen der Entlassung

Eine Regelung über die Zuständigkeit für die Feststellung der Entlassung ist weder in § 22 BeamtStG noch in der das Entlassungsverfahren regelnden Norm des § 28 LBG enthalten. Damit bestimmt sich die Zuständigkeit nach allgemeinen beamtenrechtlichen Regeln. Bei der Feststellung des Vorliegens der Voraussetzungen der Entlassung handelt es sich um eine beamtenrechtliche Entscheidung über die persönlichen Angelegenheiten, für die nach § 2 Abs. 4 LBG die dienstvorgesetzte Stelle zuständig ist.

Damit entscheidet die dienstvorgesetzte Stelle darüber, ob eine der Voraussetzungen der Entlassung kraft Gesetzes vorliegt und stellt den Tag der Beendigung des Beamtenverhältnisses fest).

Hierbei handelt es sich um eine verbindliche Feststellung, ob und wann das Beamtenverhältnis beendet wurde, mithin um einen feststellenden Verwaltungsakt[2], der die Anhörung des Beamten voraussetzt (vgl. § 28 VwVfG NRW).

10.1.1.11 Rechtsfolgen der Entlassung (Wirkung)

Nach der Entlassung hat der frühere Beamte keinen Anspruch auf Leistungen des Dienstherrn, soweit gesetzlich nichts anderes bestimmt ist (§ 28 Abs. 3 Satz 1 LBG). Er darf die Amtsbezeichnung und die im Zusammenhang mit dem Amt verliehenen Titel nur führen, wenn ihm die Erlaubnis nach § 77 Abs. 4 LBG erteilt ist (§ 28 Abs. 3 Satz 2 LBG). Tritt die Entlassung im Laufe eines Kalendermonats ein, so können die für den Entlassungsmonat gezahlten Dienst- oder Anwärterbezüge dem Beamten belassen werden (§ 28 Abs. 3 Satz 3 LBG).

10.1.1.12 Übung

Sachverhalt

Anneliese A ist Beamtin bei der Stadt S. Sie möchte Beamtin des Landes werden und beantragt ihre Versetzung zur Bezirksregierung in M. Die Stadt S lehnt den Antrag der Beamtin ab. Daraufhin nimmt sie eine Ernennungsurkunde der Bezirksregierung M entgegen, mit der sie in ein bestandskräftiges Beamtenverhältnis auf Probe zum Land Nordrhein-Westfalen berufen wird.

Fragestellung

Welche Rechtsfolgen ergeben sich durch die Annahme der Ernennungsurkunde und welche Verfahrensschritte sind zu beachten?

---

[2] Wichmann/Langer, Rn. 285 m. w. N.

Lösungshinweise

Es könnte sich hier um einen Fall der Entlassung kraft Gesetzes handeln.

Der Beamte ist entlassen, wenn er in ein öffentlich-rechtliches Dienst- oder Amtsverhältnis zu einem anderen Dienstherrn tritt, sofern gesetzlich nichts anderes bestimmt ist; dies gilt nicht für den Eintritt in ein Beamtenverhältnis auf Widerruf oder als Ehrenbeamter (§ 22 Abs. 2 Satz 1 und Satz 2 BeamtStG).

Frau A war Beamtin der Stadt S, die als Gemeinde (§ 2 Nr. 1 BeamtStG) die Dienstherrnfähigkeit besitzt. Sie hat eine Ernennungsurkunde der Bezirksregierung M entgegengenommen und ist dadurch in ein öffentlich-rechtliches Dienstverhältnis zum Land Nordrhein-Westfalen, einem anderen Dienstherrn im Geltungsbereich des Landesbeamtengesetzes, berufen worden.

Eine Entlassung kraft Gesetzes würde nicht eintreten, wenn gesetzlich etwas anderes bestimmt wäre oder der Eintritt in ein Beamtenverhältnis auf Widerruf oder in ein Ehrenbeamtenverhältnis erfolgt wäre (vgl. § 22 Abs. 2 Satz 1 und Satz 2 BeamtStG).

Laut Sachverhalt ist Frau A in ein Beamtenverhältnis auf Probe berufen worden. Abweichende gesetzliche Regelungen treffen den vorliegenden Fall nicht.

Frau A ist kraft Gesetzes aus ihrem Beamtenverhältnis zur Stadt S entlassen.

Die dienstvorgesetzte Stelle entscheidet darüber, ob ein Entlassungsgrund vorliegt und stellt den Tag der Beendigung des Beamtenverhältnisses fest. Die Entscheidung ist der Beamtin mitzuteilen. Es handelt sich um eine verbindliche Feststellung, ob und wann das Beamtenverhältnis beendet wurde, mithin um einen feststellenden Verwaltungsakt, vor dessen Erlass die Beamtin nach den Bestimmungen des § 28 VwVfG NRW anzuhören ist.

10.1.2 Entlassung durch Verwaltungsakt

Die Fälle der Entlassung durch Verwaltungsakt sind in § 23 BeamtStG und § 27 LBG geregelt. Hier ist zu unterscheiden zwischen obligatorischen und fakultativen Verwaltungsakten. Bei der obligatorischen Entlassung ist bei Vorliegen der Tatbestandsvoraussetzungen die Rechtsfolge zwingend durch Gesetz vorgegeben. Der Beamte **ist** zu entlassen.

Folgende Fälle der **obligatorischen Entlassung** sehen das Beamtenstatusgesetz und das Landesbeamtengesetz vor.

Entlassung durch obligatorischen Verwaltungsakt

Rechtsgrundlage	Entlassungstatbestand
§ 23 Abs. 1 Satz 1 Nr. 1 BeamtStG	Weigerung, den vorgeschriebenen Diensteid (§ 38 BeamtStG) oder ein an dessen Stelle vorgeschriebenes Gelöbnis zu leisten
§ 23 Abs. 1 Satz 1 Nr. 2 BeamtStG	Fehlende Möglichkeit der Versetzung in den Ruhestand oder einstweiligen Ruhestand wegen der Nichterfüllung einer versorgungsrechtlichen Wartezeit
§ 23 Abs. 1 Satz 1 Nr. 3 BeamtStG	Dauernde Dienstunfähigkeit und keine Versetzung in den Ruhestand
§ 23 Abs. 1 Satz 1 Nr. 4 BeamtStG	Verlangen der Entlassung in schriftlicher Form
§ 23 Abs. 1 Satz 1 Nr. 5 BeamtStG	Berufung in ein Beamtenverhältnis nach Erreichen der Altersgrenze
§ 27 Abs. 1 LBG	Keine Niederlegung des Mandats bei Unvereinbarkeit mit dem Amt
§ 17 Abs. 3 Satz 4 BeamtStG	Nichtbefolgung einer Übernahmeverfügung bei Umbildung von Körperschaften
§ 27 Abs. 2 LBG	Verstoß gegen die Verpflichtung zur Weiterführung des Amtes nach § 4 Satz 6 und § 119 Abs. 2 Satz 4 LBG

Bei der Entlassung durch **fakultativen Verwaltungsakt** ist der zuständigen Stelle bei der Entscheidung Ermessen eingeräumt. Bei Vorliegen der Tatbestandsvoraussetzungen hat die Behörde zusätzlich das Ermessen entsprechend dem Sinn und Zweck der Vorschrift unter Berücksichtigung des Einzelfalles auszuüben. Der Beamte hat Anspruch auf eine ermessensfehlerfreie Entscheidung. Das Beamtenstatusgesetz sieht folgende Fälle der fakultativen Entlassung vor. Entsprechende Regelungen enthält das Landesbeamtengesetz nicht.

Entlassung durch fakultativen Verwaltungsakt

Rechtsgrundlage	Entlassungstatbestand
§ 23 Abs. 2 BeamtStG	Verlust der Eigenschaft als Deutsche oder als Deutscher i. S. des Art. 116 GG in den Fällen des § 7 Abs. 2 BeamtStG
§ 23 Abs. 3 Satz 1 Nr. 1 BeamtStG	Handlung einer Beamtin oder eines Beamten auf Probe, die im Beamtenverhältnis auf Lebenszeit mindestens eine Kürzung der Dienstbezüge zur Folge hätte
§ 23 Abs. 3 Satz 1 Nr. 2 BeamtStG	Mangelnde Bewährung (Eignung, Befähigung, fachliche Leistung) in der Probezeit
§ 23 Abs. 3 Satz 1 Nr. 3 BeamtStG	Entlassung einer Beamtin oder eines Beamten auf Probe wegen Auflösung der Beschäftigungsbehörde usw.
§ 30 Abs. 2 BeamtStG	Entlassung eines politischen Beamten (vgl. § 30 Abs. 1 BeamtStG) auf Probe

Fraglich ist, ob es sich bei der Regelung des § 23 Abs. 3 Satz 1 Nr. 2 BeamtStG um eine Entscheidung handelt, die Ermessen einräumt. Bei der Entlassung eines Beamten im Beamtenverhältnis auf Probe wegen mangelnder Bewährung handelt es sich nicht um eine Ermessensentscheidung. Gelangt der Dienstherr zu der Überzeugung, dass der Beamte auf Probe hinsichtlich Eignung, Befähigung und fachlicher Leistung nicht behebbare Mängel aufweist, so ist er verpflichtet, den Beamten zu entlassen. Mit dem Wort „kann" des § 23 Abs. 1 vor Nr. 1 BeamtStG trägt die Regelung dem Gesichtspunkt Rechnung, die Probezeit zu verlängern, wenn die Bewährung oder Nichtbewährung des Beamten noch nicht endgültig festgestellt worden ist. Nach § 5 Abs. 8 Satz 4 LVO und § 5 Abs. 7 Satz 2 LVOPol sind Beamte, die sich nicht bewähren, zu entlassen.

Der Verwaltungsakt „Entlassung" ergeht rechtmäßig, wenn im Verwaltungsverfahren die formellen und materiellen Voraussetzungen beachtet werden.

10.1.2.1 Formelle Voraussetzungen

Die Prüfungen zu den formellen Voraussetzungen umfassen insbesondere die Zuständigkeit, Form, Bestimmtheit und Begründung sowie die ggf. einzuhaltenden Fristen, die Anhörung des Beamten, Zustellung der Entlassungsverfügung und sonstige gesetzlich vorgesehene Verfahrensregelungen.

Das Beamtenstatusgesetz enthält keine Bestimmungen über das Entlassungsverfahren, dessen Regelung damit dem Landesgesetzgeber überlassen ist.

10.1.2.1.1 Zuständigkeit

Die Entlassung wird von der Stelle verfügt, die nach § 16 Abs. 1 und 2 LBG für die Ernennung des Beamten zuständig wäre (§ 28 Abs. 1 Satz 1 LBG). Zur Zuständigkeit bei Ernennungen vgl. die Ausführungen zu 5.3.1.1.1.

10.1.2.1.2 Form, Bestimmtheit und Begründung

Die Entlassung bedarf der Schriftform (§ 28 Abs. 1 Satz 2 LBG). Eine Verfügung in elektronischer Form ist ausgeschlossen (§ 28 Abs. 1 Satz 3 LBG). Die Entlassungsverfügung muss bestimmt sein (§ 37 VwVfG NRW), sie ist zu begründen (§ 39 Abs. 1 Satz 1 und Satz 2 VwVfG NRW) und wegen der erforderlichen Bestandskraft mit einer Rechtsbehelfsbelehrung (vgl. § 58 VwGO) zu versehen. Ist Ermessen eingeräumt, ist im Entlassungsbescheid die Ermessensentscheidung zu begründen (vgl. § 39 Abs. 1 Satz 3 VwVfG NRW).

10.1.2.1.3 Frist

Die Entlassung tritt grundsätzlich mit dem Ablauf des Monats ein, in dem die Entlassungsverfügung zugestellt worden ist, im Falle des § 23 Abs. 1 Satz 1 Nr. 1 BeamtStG mit der Zustellung der Entlassungsverfügung, im Falle des § 27 Abs. 2 BeamtStG mit dem Ablauf der Amtszeit (§ 28 Abs. 2 LBG).

10.1.2.1.4 Zustellung

Die Entlassungsverfügung ist dem Beamten zuzustellen (vgl. aus § 28 Abs. 1 Satz 1 i. V. m. § 105 LBG). Ein Beamter muss Zustellungen unter der Anschrift, die er seinem Dienstvorgesetzten angezeigt hat, gegen sich gelten lassen (§ 11 Abs. 1 Satz 1 LZG). Hat der Beamte unter der angezeigten Anschrift keine Wohnung, so steht der Versuch einer Zustellung der Zustellung gleich (§ 11 Abs. 1 Satz 2 LZG).

10.1.2.1.5 Beteiligungen

Anhörung

Eine spezielle Anhörungsvorschrift für den Fall der Entlassung enthält das Landesbeamtengesetz nicht. Die Verpflichtung, den betroffenen Beamten anzuhören, ergibt sich aus § 28 VwVfG NRW. Bevor ein Verwaltungsakt erlassen wird, der in Rechte eines Beteiligten eingreift, ist diesem Gelegenheit zu geben, sich zu den für die Entscheidung erheblichen Tatsachen zu äußern (§ 28 Abs. 1 VwVfG NRW). Bei einer Entlassungsverfügung handelt es sich um einen Verwaltungsakt, der in Rechte des Beamten eingreift (belastender Verwaltungsakt). Als Empfänger des Verwaltungsaktes ist der Beamte Beteiligter i. S. des § 13 Abs. 1 Nr. 2 VwVfG NRW. Eine Ausnahme stellt die Entlassung auf Verlangen des Beamten nach § 23 Abs. 1 Satz 1 Nr. 4 BeamtStG dar. Hier ist eine

Anhörung wegen des vom Beamten gestellten Antrages nicht erforderlich, aber wegen der Rechtsfolgen für den Betroffenen im Hinblick auf die Fürsorgepflicht sinnvoll.

Eine erforderliche Anhörung kann bis zu Abschluss eines ggf. in Betracht kommenden Verwaltungsgerichtsverfahren bis zum Abschluss der ersten Instanz nachgeholt werden (vgl. § 45 Abs. 1 Nr. 3 und Abs. 2 VwVfG NRW).

Beteiligung der Gleichstellungsbeauftragten

Die Gleichstellungsbeauftragte ist zu unterrichten und anzuhören (vgl. § 18 Abs. 2 i. V. m. § 17 Abs. 1 Halbsatz 2 Nr. 1 LGG). Zum Verfahren vgl. Ausführungen zur Beteiligung bei der Begründung des Beamtenverhältnisses unter 5.3.1.2.5.

Beteiligung des Personalrates

Eine Beteiligung des Personalrates kommt im Falle von fakultativen Entlassungen von Beamten auf Probe oder auf Widerruf in der Form der Mitbestimmung nach § 72 Abs. 1 Satz 1 Nr. 8 LPVG in Betracht. Soweit eine Maßnahme der Mitbestimmung des Personalrats unterliegt, kann sie nur mit seiner Zustimmung getroffen werden (§ 66 Abs. 1 Satz 1 LPVG).

Die Anhörung des Personalrats ist bei der Anordnung von amts- und vertrauensärztlichen Untersuchungen zur Feststellung der Dienstfähigkeit nach § 75 Abs. 1 Nr. 4 LPVG erforderlich. Dieses könnte bei der Entlassung eines Beamten im Beamtenverhältnis auf Probe während der laufbahnrechtlichen Probezeit oder eines Beamten im Beamtenverhältnis auf Widerruf nach § 23 Abs. 3 Satz 1 Nr. 2 BeamtStG bzw. § 23 Abs. 4 BeamtStG wegen mangelnder gesundheitlicher Eignung in Betracht kommen. Die Anhörung hat so rechtzeitig zu erfolgen, dass die Äußerung des Personalrats noch Einfluss auf die Willensbildung der Dienststelle nehmen kann (vgl. § 75 Abs. 2 LBG).

Beteiligung der Schwerbehindertenvertretung

Die Schwerbehindertenvertretung ist bei der Entlassung von schwerbehinderten Beamten nach der Generalklausel des § 95 SGB IX unter Beachtung der Anwendung der Norm für Beamte nach § 128 SGB IX zu beteiligen.

10.1.2.2 Materielle Voraussetzungen

Die materiellen Voraussetzungen ergeben sich aus den für den jeweiligen Entlassungstatbestand geltenden Bestimmungen. Der Verwaltungsakt ist materiell rechtmäßig, wenn die Tatbestandsvoraussetzungen der Rechtsnorm, auf die er gestützt wird, erfüllt sind. Bei den fakultativen Verwaltungsakten ist zusätzlich das Ermessen pflichtgemäß auszuüben.

10.1.2.2.1 Entlassung durch obligatorischen Verwaltungsakt

In den Fällen der §§ 23 Abs. 1 Satz 1 BeamtStG, 27 Abs. 1 und Abs. 2 LBG und § 17 Abs. 3 Satz 4 BeamtStG **ist** der Beamte zu entlassen, in allen übrigen Fällen handelt es sich um Ermessensentscheidungen. Bis auf die Regelung zu § 23 Abs. 1 Satz 1 Nr. 4 BeamtStG (Entlassung auf Verlangen des Beamten), kommen die Verwaltungsakte, abgesehen von der Anhörung, ohne weitere Mitwirkung des betroffenen Beamten zustande.

Weigerung, den Diensteid oder ein an dessen Stelle vorgeschriebenes Gelöbnis zu leisten (§ 23 Abs. 1 Satz 1 Nr. 1 BeamtStG)

Beamte sind zu entlassen, wenn sie sich weigern, den Diensteid oder ein an dessen Stelle vorgeschriebenes Gelöbnis zu leisten (§ 23 Abs. 1 Satz 1 Nr. BeamtStG).

Beamte haben entsprechend der Regelungen des Art. 80 Satz 3 Landesverfassung und § 38 BeamtStG einen Diensteid oder ein Gelöbnis zu leisten (vgl. Ausführungen zu 8.1.2.1.1) zu leisten.

Die Leistung des Diensteides oder des Gelöbnisses ist kein Tatbestand, der die Rechtswirksamkeit einer Ernennung nach § 8 Abs. 1 BeamtStG beeinflusst. Erst nach der Ernennung zum Beamten ist der Eid oder das Gelöbnis von diesem als so genannte „erste" Dienstpflicht zu leisten. Weigert sich der Beamte den Diensteid oder das Gelöbnis zu leisten, ist er zu entlassen.

Fehlende Möglichkeit der Versetzung in den Ruhestand oder einstweiligen Ruhestand wegen der Nichterfüllung einer versorgungsrechtlichen Wartezeit (§ 23 Abs. 1 Satz 1 Nr. 2 BeamtStG)

Nach § 32 BeamtStG setzt die Versetzung in den Ruhestand die Erfüllung einer versorgungsrechtlichen Wartezeit voraus, d. h., eine Versetzung in den Ruhestand ist nur möglich, wenn dem Beamten ein Anspruch auf Ruhegehalt zusteht.

Nach § 4 Abs. 1 Satz 1 Nr. 1 LBeamtVG wird Ruhegehalt nur gewährt, wenn der Beamte eine Dienstzeit von mindestens fünf Jahren abgeleistet hat.

Dauernde Dienstunfähigkeit und keine Versetzung in den Ruhestand (§ 23 Abs. 1 Satz 1 Nr. 3 BeamtStG)

Beamte auf Lebenszeit sind nach § 26 Abs. 1 Satz 1 BeamtStG in den Ruhestand zu versetzen, wenn sie dienstunfähig sind. Die Norm definiert „Dienstunfähigkeit" als dauernde Unfähigkeit, wegen ihres körperlichen Zustandes oder aus gesundheitlichen Gründen ihre Dienstpflichten zu erfüllen. Für Beamte auf Zeit gilt § 26 Abs. 1 Satz 1 BeamtStG entsprechend (vgl. § 6 BeamtStG). Eine besondere Regelung über die Dienstunfähigkeit von Polizeivollzugsbeamten, an deren gesundheitliche Leistungsfähigkeit besondere Anforderungen zu stellen sind, enthält § 115 Abs. 1 LBG. Danach ist der Polizeivollzugsbeamte dienstunfähig, wenn er den besonderen gesundheitlichen Anforderungen für den Polizeivollzugsdienst nicht mehr genügt und nicht zu erwarten ist, dass er seine volle Verwendungsfähigkeit innerhalb von zwei Jahren wiedererlangt (Polizeidienstunfähigkeit), es sei denn, die auszuübende Funktion erfordert bei Beamten auf Lebenszeit diese besonderen gesundheitlichen Anforderungen auf Dauer nicht mehr uneingeschränkt.

Bei schwerbehinderten Beamten sind die für Beamte anzuwendenden Schutzvorschriften des Neunten Buches Sozialgesetzbuch zu beachten.

Beamte auf Probe sind nach § 28 Abs. 1 Satz 1 BeamtStG in den Ruhestand zu versetzen, wenn sie infolge Krankheit, Verwundung oder sonstiger Beschädigung, die sie sich ohne grobes Verschulden bei Ausübung oder aus Veranlassung des Dienstes zugezogen haben, dienstunfähig geworden sind, sie können nach § 28 Abs. 2 BeamtStG in den Ruhestand versetzt werden, wenn sie aus anderen Gründen dienstunfähig geworden sind.

Liegen die Voraussetzungen des § 32 BeamtStG oder des § 28 Abs. 1 Satz 1 BeamtStG nicht vor, ist der betroffene Beamte zu entlassen.

§ 26 Abs. 2 BeamtStG ist nach § 23 Abs. 1 Satz 2 BeamtStG entsprechend anzuwenden. Bevor der dienstunfähige Beamte entlassen wird, ist danach zu prüfen, ob eine anderweitige Verwendung möglich ist. § 26 Abs. 2 BeamtStG nennt dazu als Alternativen die Übertragung eines Amtes derselben oder einer anderen Laufbahn. Dabei ist die Übertragung ohne Zustimmung möglich, wenn

- das neue Amt zum Bereich desselben Dienstherrn gehört,
- es mit mindestens demselben Grundgehalt verbunden ist wie das bisherige Amt und
- zu erwarten ist, dass die gesundheitlichen Anforderungen des neuen Amtes erfüllt werden (vgl. § 26 Abs. 2 Satz 2 BeamtStG).

Besitzt der Beamte die Befähigung für die andere Laufbahn nicht, besteht die Verpflichtung, an Qualifizierungsmaßnahmen für den Erwerb der neuen Befähigung teilzunehmen (vgl. § 26 Abs. 2 Satz 3 BeamtStG).

Entlassung auf Verlangen (§ 23 Abs. 1 Satz 1 Nr. 4 BeamtStG)

Der Beamte ist nach § 23 Abs. 1 Satz 1 Nr. 4 BeamtStG zu entlassen, wenn die Entlassung in schriftlicher Form verlangt wird. Ergänzende Regelungen zu § 23 Abs. 1 Satz 1 Nr. 4 BeamtStG enthält § 27 LBG in den Absätzen 3 und 4.

Das Verlangen muss nach § 27 Abs. 3 Satz 1 LBG schriftlich erklärt werden (Antrag). Ein Verlangen in elektronischer Form ist nach § 27 Abs. 3 Satz 2 LBG nicht zulässig. Es kann nach § 27 Abs. 3 Satz 2 LBG, solange die Entlassungsverfügung dem Beamten noch nicht zugegangen ist, innerhalb von zwei Wochen nach Zugang bei der dienstvorgesetzten Stelle, zurückgenommen werden, nach Ablauf der Frist ist die Rücknahme mit Zustimmung der nach § 28 Abs. 1 Satz 1 LBG zuständigen Stelle möglich. Dabei handelt es sich um die Stelle, die nach § 16 Abs. 1 und 2 für die Ernennung des Beamten zuständig wäre.

Die Entlassung ist grundsätzlich für den beantragten Zeitpunkt auszusprechen und kann nur solange hinausgeschoben werden, bis der Beamte seine Amtsgeschäfte ordnungsgemäß erledigt hat; dabei darf eine Frist von drei Monaten nicht überschritten werden (vgl. § 27 Abs. 4 LBG).

Berufung in das Beamtenverhältnis nach Erreichen der Altersgrenze (§ 23 Abs. 1 Satz 1 Nr. 5 BeamtStG)

Wer die Altersgrenze überschritten hat, darf nicht zum Beamten ernannt werden (§ 31 Abs. 4 LBG). Wird der Beamte nach Erreichen der Altersgrenze der §§ 31, 114 (Polizeivollzugsdienst) und 116 (feuerwehrtechnischer Dienst) LBG in das Beamtenverhältnis berufen, ist das zunächst wirksam begründete Beamtenverhältnis durch Entlassung zu beenden.

Keine Niederlegung des Mandats bei Unvereinbarkeit mit dem Amt (§ 27 Abs. 1 LBG)

Durch § 27 Abs. 1 LBG wird der Katalog der obligatorischen Entlassungsfälle des Beamtenstatusgesetzes erweitert. Nach § 27 Abs. 1 LBG ist der Beamte zu entlassen, wenn er bei Übertragung eines Amtes, das kraft Gesetzes mit dem Mandat unvereinbar ist, Mitglied des Europäischen Parlaments, des Bundestages oder des Landtages war und sein Mandat nicht innerhalb der von der obersten Dienstbehörde gesetzten angemessenen Frist niederlegt. Zur Unvereinbarkeit von Amt und Mandat vgl. Ausführungen unter 5.3.1.3.13.

Nichtbefolgen einer Übernahmeverfügung (§ 17 Abs. 3 Satz 4 BeamtStG)

Die §§ 16 ff. BeamtStG regeln die Rechtsfolgen für Beamte bei der Umbildung von Körperschaften. Es handelt sich dabei im Einzelnen um folgende Fälle:

- Eine Körperschaft wird vollständig in eine andere Körperschaft eingegliedert,
- eine Körperschaft wird vollständig in mehrere andere Körperschaften eingegliedert,
- eine Körperschaft wird teilweise in eine oder mehrere andere Körperschaften eingegliedert,
- eine Körperschaft wird mit einer oder mehreren anderen Körperschaften zu einer neuen Körperschaft zusammengeschlossen,
- aus einer Körperschaft oder aus Teilen einer Körperschaft werden eine oder mehrere neue Körperschaften gebildet und
- Aufgaben einer Körperschaft gehen vollständig oder teilweise auf eine oder mehrere Körperschaften über.

Die Beamten einer juristischen Person des öffentlichen Rechts mit Dienstherrnfähigkeit (Körperschaft), die **vollständig in eine andere Körperschaft** eingegliedert wird, treten mit der Umbildung kraft Gesetzes in den Dienst der aufnehmenden Körperschaft über (§ 16 Abs. 1 BeamtStG).

Die Beamten einer Körperschaft, die **vollständig in mehrere andere Körperschaften** eingegliedert wird, sind anteilig in den Dienst der aufnehmenden Körperschaften zu übernehmen (§ 16 Abs. 2 Satz 1 BeamtStG).

Die Beamten einer Körperschaft, die **teilweise in eine oder mehrere andere Körperschaften** eingegliedert wird, sind zu einem verhältnismäßigen Teil, bei mehreren Körperschaften anteilig, in den Dienst der aufnehmenden Körperschaften zu übernehmen (§ 16 Abs. 3 Satz 1 BeamtStG).

Entsprechendes gilt, wenn eine Körperschaft mit einer oder mehreren anderen Körperschaften zu einer neuen Körperschaft zusammengeschlossen wird, wenn aus einer Körperschaft oder aus Teilen einer Körperschaft eine oder mehrere neue Körperschaften gebildet werden oder wenn Aufgaben einer Körperschaft vollständig oder teilweise auf eine oder mehrere andere Körperschaften übergehen (vgl. § 16 Abs. 4 BeamtStG).

In den Fällen des § 16 Abs. 2 und Abs. 3 BeamtStG erhalten die Beamten eine Übernahmeverfügung (vgl. § 17 Abs. 3 Satz 1 BeamtStG). Die Verfügung wird mit der Zustellung an den Beamten wirksam (vgl. § 17 Abs. 3 Satz 2 BeamtStG). Der Beamte ist verpflichtet, einer Übernahmeverfügung Folge zu leisten (§ 17 Abs. 3 Satz 3 BeamtStG). Kommt er der Verpflichtung nicht nach, so ist er zu entlassen (§ 17 Abs. 3 Satz 3 BeamtStG).

In den Fällen des § 16 Abs. 4 BeamtStG gelten § 17 Abs. 1 bis 3 BeamtStG entsprechend (vgl. § 17 Abs. 4 BeamtStG).

Verstoß gegen die Verpflichtung zur Weiterführung des Amtes nach § 4 Satz 6 und § 119 Abs. 2 Satz 4 LBG

Der Beamte ist nach § 27 Abs. 2 LBG ferner zu entlassen, wenn er als Beamter auf Zeit seiner Verpflichtung nach § 4 letzter Satz (Satz 6) und § 119 Abs. 2 Satz 4 LBG nicht nachkommt.

Wenn ein Beamter auf Zeit nach Ablauf der Amtszeit unter nicht ungünstigeren Umständen für wenigstens die gleiche Zeit wieder ernannt werden soll, ist er nach § 4 letzter Satz (Satz 6) LBG verpflichtet, das Amt weiterzuführen. Nicht von der Bürgerschaft gewählte kommunale Wahlbeamte sind nach § 119 Abs. 2 Satz 4 LBG verpflichtet, das Amt nach einer ersten und zweiten Wiederwahl weiterzuführen.

Kommt der Beamte seiner Verpflichtung zur Weiterführung des Amtes nicht nach, ist er zu entlassen.

10.1.2.2.2 Entlassung durch fakultativen Verwaltungsakt

Bestimmungen über eine Entlassung durch fakultativen Verwaltungsakt enthalten die Absätze 2 bis 4 des § 23 BeamtStG.

Verlust der Eigenschaft als Deutscher im Sinne des Art. 116 des Grundgesetzes in den Fällen des § 7 Abs. 2 BeamtStG (§ 23 Abs. 2 BeamtStG)

Wenn die Aufgaben es erfordern, darf nur ein Deutscher im Sinne des Artikels 116 des Grundgesetzes in ein Beamtenverhältnis berufen werden (vgl. § 7 Abs. 2 BeamtStG und Ausführungen unter 5.3.1.3.4). Verliert ein Beamter in diesen Fällen die Eigenschaft als Deutscher im Sinne des Artikels 116 des Grundgesetzes, kann er entlassen werden (vgl. § 23 Abs. 2 BeamtStG).

Handlung eines Beamten auf Probe, das im Beamtenverhältnis auf Lebenszeit mindestens eine Kürzung der Dienstbezüge zur Folge hätte (§ 23 Abs. 3 Satz 1 Nr. 1 BeamtStG)

Der Beamte auf Probe kann bei einem disziplinarrechtlich relevanten Verhalten entlassen werden, das bei einem Beamten auf Lebenszeit mindestens eine Kürzung der Dienstbezüge zur Folge hätte (vgl. §§ 5 Abs. 1 Nr. 3, 8 LDG, § 23 Abs. 3 Satz 1 Nr. 1 BeamtStG).

Folgende Tatbestandsvoraussetzungen müssen für diesen Entlassungsfall gegeben sein:

Zur Ableistung einer Probezeit kann in ein Beamtenverhältnis auf Probe berufen werden, wer zur späteren Verwendung als Beamter auf Lebenszeit oder zur Übertragung einer leitenden Funktion eine Probezeit zurückzulegen hat. Die Probezeit wird immer im Beamtenverhältnis auf Probe geleistet (vgl. § 5 Abs. 1 LVO, § 5 LVOPol).

Beamte begehen ein Dienstvergehen (vgl. (8.1), wenn sie schuldhaft die ihnen obliegenden Pflichten verletzen (vgl. § 47 Abs. 1 Satz 1 BeamtStG). Ein Verhalten außerhalb des Dienstes ist nur dann ein Dienstvergehen, wenn es nach den Umständen des Einzelfalles in besonderem Maße geeignet ist, das Vertrauen in einer für ihr Amt bedeutsamen Weise zu beeinträchtigen (vgl. § 47 Abs. 1 Satz 2 BeamtStG).

Für Beamte auf Probe sind von den in § 5 LDG genannten Disziplinarmaßnahmen nur Verweis und Geldbuße zulässig (§ 5 Abs. 3 Satz 1 LDG). Die Regelung des § 23 Abs. 3 Satz 1 Nr. 1 BeamtStG stellt deshalb auf das Disziplinarmaß ab, mit dem ein Beamter auf Lebenszeit zu rechnen hätte, würde er dasselbe Dienstvergehen begangen haben.

Die Entlassung nach § 23 Abs. 3 Satz 1 Nr. 1 BeamtStG stellt keine disziplinarrechtliche, sondern eine beamtenrechtliche Entscheidung dar. Da § 23 Abs. 3 Satz 1 Nr. 1 BeamtStG aber auf ein bestimmtes, für Beamte auf Probe nicht zulässiges, Disziplinarmaß abstellt, muss sich der Dienstherr aufgrund einer hypothetischen Betrachtung die Überzeugung verschaffen, dass in einem Disziplinarverfahren gegen einen Beamten auf

Lebenszeit nach dem Landesdisziplinargesetz mindestens auf eine Kürzung der Dienstbezüge erkannt würde.

Die Ausführungen gelten auch für das Verhalten eines Beamten auf Widerruf, das bei einem Beamten auf Lebenszeit mindestens eine Kürzung der Dienstbezüge zur Folge hätte.

Das „Verhalten" i. S. des § 23 Abs. 3 Satz 1 Nr. 1 BeamtStG während der Probezeit kann gleichzeitig den Tatbestand der mangelnden charakterlichen Eignung i. S. des § 23 Abs. 3 Satz 1 Nr. 2 BeamtStG erfüllen. Die Entlassung kann in einem solchen Fall auch auf diese Ermächtigungsgrundlage gestützt werden.

Mangelnde Bewährung eines Beamten auf Probe in der Probezeit (§ 23 Abs. 3 Satz 1 Nr. 2 BeamtStG)

Der Beamte auf Probe kann (s. aber § 5 Abs. 8 Satz 4 LVO) bei mangelnder Bewährung (Eignung, Befähigung und fachliche Leistung) in der Probezeit entlassen werden (§ 23 Abs. 3 Satz 1 Nr. 2 BeamtStG).

Für diesen Entlassungsfall müssen folgende Tatbestandsvoraussetzungen vorliegen:

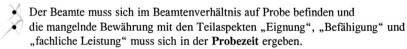

- Der Beamte muss sich im Beamtenverhältnis auf Probe befinden und
- die mangelnde Bewährung mit den Teilaspekten „Eignung", „Befähigung" und „fachliche Leistung" muss sich in der **Probezeit** ergeben.

Der Begriff der Bewährung umfasst „Eignung", „Befähigung" und „fachliche Leistung" (vgl. 5.3.1.3.7). Für die Entlassung eines Beamten ist es ausreichend, wenn auch nur unter einem der genannten Aspekte durchgehende Zweifel an der Bewährung während der Probezeit bestehen. Ob sich der Beamte bewährt hat, wird durch Auslegung der genannten unbestimmten Rechtsbegriffe festgestellt. Hierbei ist dem Dienstherrn ein Beurteilungsspielraum eingeräumt. Der Akt wertender Erkenntnis kann vom Gericht im Streitfall auf folgende Kriterien hin überprüft werden:

- Verkennung des Begriffs „Bewährung",
- Zugrundelegung des korrekten Sachverhalts,
- Beachtung allgemein gültiger Wertmaßstäbe,
- Vermeidung sachwidriger Erwägungen und
- Überschreitung der Grenzen des eingeräumten Beurteilungsspielraums.[3]

Die Entlassung eines Beamten auf Probe wegen mangelnder Bewährung unterliegt damit eingeschränkter verwaltungsgerichtlicher Überprüfung[4]. Die Rechtsvorschrift genügt aber als Ermächtigungsgrundlage für die Entlassung von Beamten auf Probe den verfassungsrechtlichen Anforderungen bezüglich der Bestimmtheit einer gesetzlichen Vorschrift und des Vorbehalts des Gesetzes.[5]

---

[3] Vgl. VG Gelsenkirchen, Urteil vom 19.04.1991, 1 K 293/90, ZBR 1992, 28.
[4] Rechtsprechung des Bundesverwaltungsgerichts: u. a. BVerwG, Urteil vom 31.05.1990, 2 C 35/88, BVerwGE 85, 177 = ZBR 1990, 348 = RiA 1991, 86 = DÖV 1990, 1022 = DVBl. 1990, 1228.
[5] Vgl. Leitsatz BVerwG, Urteil vom 19.03.1998, 2 C 5/97, BVerwGE 106, 263 = ZBR 1999, 58 = DÖD 1999, 32 = IÖD 1998, 242 = DVBl. 1998, 1073.

Die Entscheidung über die Bewährung ist grundsätzlich vor Ablauf der Probezeit zu treffen. Eine von der Rechtsprechung eingeräumte Überlegensfrist steht dem Dienstherrn in erster Linie hinsichtlich der Alternative Verlängerung der Probezeit (vgl. 6.3.1.1.7) oder Entlassung, mithin bei der Rechtsfolge zu. Die Dauer der Frist richtet sich nach den Umständen des Falles, die Entscheidung muss nach festgestellter Nichtbewährung ungesäumt erfolgen.[6]

Kann die Bewährung bis zum Ende der Probezeit noch nicht festgestellt werden, kann die Probezeit durch Verwaltungsakt verlängert werden, sie darf jedoch fünf Jahre nicht überschreiten (vgl. § 5 Abs. 8 Satz 1 und 2 LVO, § 5 Abs. 7 Satz 1 LVOPol). Beamte, die sich nicht bewähren, sind zu entlassen (§ 5 Abs. 8 Satz 4 LVO, § 5 Abs. 7 Satz 2 LVOPol).

Im Polizeivollzugsdienst darf die Probezeit um höchstens zwei Jahre verlängert werden. Die auch in der Laufbahnverordnung bis zum Inkrafttreten der Laufbahnverordnung vom 21.06.2016 enthaltene Beschränkung auf zwei Jahre ist in die neue Laufbahnverordnung nicht übernommen worden.

Kann der Beamte sowohl nach (§ 23 Abs. 3 Satz 1 Nr. 1 BeamtStG) als auch nach (§ 23 Abs. 3 Satz 1 Nr. 2 BeamtStG) entlassen werden, hat der Dienstherr die Wahl zwischen den beiden Entlassungsmöglichkeiten.

Ergibt sich die die Nichtbewährung in der Probezeit allein aus einer mangelnden gesundheitlichen Eignung, ist zu prüfen, ob für den Beamten eine anderweitige Verwendung unter Beachtung des § 26 Abs. 2 BeamtStG in Betracht kommt, dessen entsprechende Anwendung durch § 23 Abs. 3 Satz 2 BeamtStG vorgeschrieben ist.

Entlassung eines Beamten auf Probe wegen Auflösung der Beschäftigungsbehörde usw. (§ 23 Abs. 3 Satz 1 Nr. 3 BeamtStG)

Ein Beamter auf Probe kann wegen Auflösung seiner Beschäftigungsbehörde oder einer auf einer landesrechtlichen Vorschrift beruhenden wesentlichen Änderung des Aufbaus oder der Verschmelzung dieser Behörde mit einer anderen entlassen werden, wenn sein Aufgabengebiet von der Auflösung oder Umbildung berührt wird und eine anderweitige Verwendung nicht möglich ist (vgl. § 23 Abs. 1 Satz 1 Nr. 3 BeamtStG).

Für diesen Entlassungsfall müssen folgende Tatbestandsvoraussetzungen gegeben sein:
- Der Beamte muss sich im Beamtenverhältnis auf Probe befinden,
- die Behörde, bei der der Beamte beschäftigt ist, muss aufgelöst, wesentlich in ihrem Aufbau verändert oder mit einer anderen Behörde verschmolzen werden,
- das Aufgabengebiet des Beamten muss berührt werden und
- eine anderweitige Verwendung darf nicht möglich sein.

---

[6] Vgl. Günther: Spezifika der Entlassung von Probebeamten, ZBR 1985, 321.

Entlassung von Beamten auf Widerruf (§ 23 Abs. 4 BeamtStG)

Der Beamte auf Widerruf kann jederzeit entlassen werden (§ 23 Abs. 4 BeamtStG).

Das Beamtenverhältnis auf Widerruf dient

- der Ableistung eines Vorbereitungsdienstes (§ 4 Abs. 4 Buchstabe a) BeamtStG) oder
- der nur vorübergehenden Wahrnehmung von Aufgaben im Sinne des § 3 Abs. 2 BeamtStG (§ 4 Abs. 4 Buchstabe b) BeamtStG).

Die Regelungen des § 23 Abs. 4 BeamtStG unterscheiden zwischen diesen beiden Formen des Beamtenverhältnisses auf Widerruf.

Der nur nebenbei oder vorübergehend verwendete Beamte auf Widerruf kann jederzeit aus jedem sachlichen Grund entlassen werden[7]. Hinreichende sachliche Entlassungsgründe sind z. B. die mangelhafte Beherrschung der deutschen Sprache, begründete Zweifel an der Verfassungstreue, ein Verstoß gegen die Pflicht zur Zurückhaltung bei politischer Betätigung, tadelhafte Führung (Unwürdigkeit), mehrfache oder erhebliche Verletzung von Dienstpflichten, ungenügende dienstliche Leistungen, schuldhaftes Fernbleiben vom Dienst, Zweifel an der Eignung (z. B. gesundheitliche Eignung), dringender Verdacht schwerwiegender strafrechtlicher Verfehlungen, organisatorische Änderungen im Bereich des Dienstherrn, haushaltswirtschaftliche Gründe.

Die für Beamte auf Probe in § 23 Abs. 3 Satz 1 Satz 1 BeamtStG genannten Entlassungsgründe können auch zu der Entlassung eines Beamten auf Widerruf führen.

Nur für die nebenbei oder vorübergehend verwendeten Beamten auf Widerruf ist die Entlassung uneingeschränkt möglich. Für den weitaus häufigeren Fall der Beamten auf Widerruf im Vorbereitungsdienst enthält § 23 Abs. 4 Satz 2 BeamtStG einschränkende Regelungen. Ihnen soll Gelegenheit gegeben werden, den Vorbereitungsdienst zu beenden und die Prüfung abzulegen. Nur in besonders zu begründenden Ausnahmefällen können Beamte auf Widerruf während des Vorbereitungsdienstes entlassen werden.

Für Beamte auf Widerruf im Vorbereitungsdienst kommt eine Entlassung jedenfalls dann in Betracht, wenn der Beamte während des Vorbereitungsdienstes den an ihn zu stellenden Anforderungen in körperlicher, geistiger, fachlicher oder charakterlicher Hinsicht in erheblichem Maße nicht genügt und es dem Dienstherrn nicht zugemutet werden kann, den Beamten weiter zu beschäftigen.

Als Entlassungsgründe sind in der Rechtsprechung außerdem anerkannt: Dienstpflichtverletzung, aus der auf die charakterliche Nichteignung für die spätere Ernennung zum Beamten auf Lebenszeit geschlossen werden kann; wenn der Beamte charakterlich, geistig und körperlich den Anforderungen nicht genügt und nicht zu erwarten ist, dass sich das ändert; wenn der Beamte für einen nicht absehbaren oder unvertretbar langen Zeitraum an der Ablegung der Prüfung gehindert ist; unzureichende Leistungen, aus denen

---

[7] Vgl. Günther, Entlassung von Beamten auf Widerruf, ZBR 1987, 129.

zu folgern ist, dass der Beamte das Ziel des Vorbereitungsdienstes nicht erreicht oder mangelnde Verfassungstreue[8].

Entlassung eines politischen Beamten auf Probe

Die so genannten politischen Beamten (vgl. § 30 Abs. 1 BeamtStG), die sich im Beamtenverhältnis auf Probe befinden, können jederzeit entlassen werden (§ 30 Abs. 1 BeamtStG). Bei dem Entlassungstatbestand des § 30 Abs. 2 BeamtStG wird auf das Beamtenverhältnis auf Probe abgestellt.

10.1.3 Übung

Sachverhalt

Stadtinspektor Clemens C ist in der Abteilung für Verkehrsregelung im Straßenverkehrsamt der kreisfreien Stadt S tätig. C befindet sich im Beamtenverhältnis auf Probe. Zum Aufgabenbereich von C gehören u. a. die Anordnungen für das Anbringen bzw. Entfernen von Lichtzeichenanlagen. Bei dieser Tätigkeit sind häufig Ortstermine wahrzunehmen. Dafür steht ein Dienstfahrzeug zur Verfügung, das von C gefahren wird.

C fährt regelmäßig mit seinem privaten Kraftfahrzeug von der Dienststelle nach Hause. Als das diesjährige Schützenfest in seinem Heimatort stattfindet, begibt er sich zunächst in das Festzelt, um den Anlass gebührend zu feiern. In den Abendstunden tritt er die Heimfahrt an. Dabei verursacht er unter Alkoholeinfluss einen Verkehrsunfall, bei dem ein Passant schwer verletzt wird.

Der Rettungswagen wird benachrichtigt. C entfernt sich vor dem Eintreffen des Rettungswagens vom Unfallort. Später wird er von der Polizei in seiner Wohnung aufgesucht, um ihn zu einer Blutprobe abzuholen. Dabei leistet C erheblichen Widerstand und kann erst nach einem Handgemenge zur Blutprobe gebracht werden, die einen Blutalkoholgehalt von 1,6 Promille ergibt.

Ein Strafverfahren gegen C wird wegen Trunkenheit im Verkehr (§ 316 StGB) unerlaubten Entfernens vom Unfallort (§ 142 StGB), fahrlässiger Körperverletzung (§ 229 StGB) sowie Widerstandes gegen Vollstreckungsbeamte (§ 113 StGB) eingeleitet. C wurde vor fünf Jahren schon einmal wegen Verstoßes gegen die 0,5 Promillegrenze mit einer Geldbuße und einem Fahrverbot belegt.

Nachdem C nach § 28 VwVfG NRW Gelegenheit gegeben wurde, sich zu den entscheidungserheblichen Tatsachen zu äußern, wird kein Disziplinarverfahren eingeleitet, der Beamte wird nach § 23 Abs. 3 Satz 1 Nr. 1 BeamtStG entlassen. Der Personalrat hat der Entlassung zugestimmt Die vom Oberbürgermeister unterzeichnete Verfügung entspricht bezüglich Form, Bestimmtheit und Begründung den Anforderungen der §§ 37 und 39 VwVfG NRW.

---

[8] Vgl. Scheerbarth/Höffken/Bauschke/Schmidt, § 21 I 3 c bb m. w. N; BVerwG, Urteil vom 09.06.1981, 2 C 48/78, BVerwGE 62, 267 = ZBR 1982, 81

Fragestellung

War die Entlassung von Herrn C formell und materiell rechtmäßig?

Bearbeitungshinweis

Das Verhalten würde bei einem Beamten im Beamtenverhältnis auf Lebenszeit mit einer Kürzung der Dienstbezüge im Disziplinarverfahren geahndet.

Lösungshinweise

Es handelt sich um eine Entlassung, die auf § 23 Abs. 3 Satz 1 Nr. 1 BeamtStG gestützt ist.

1. Formelle Rechtmäßigkeit

1.1 Zuständigkeit

Die Entlassung eines Beamten wird von der Stelle verfügt, die nach § 16 Abs. 1 und Abs. 2 LBG für die Ernennung des Beamten zuständig wäre (§ 28 Abs. 1 Satz 1 LBG). Hier handelt es sich um einen Beamten einer Gemeinde. Die Beamten der Gemeinden werden nach § 16 Abs. 2 Satz 1 LBG von den nach Gesetz hierfür zuständigen Stellen ernannt. Die dienstrechtlichen Entscheidungen trifft der Bürgermeister (vgl. § 73 Abs. 3 Satz 1 GO). In kreisfreien Städten tritt an die Stelle des Bürgermeisters der Oberbürgermeister (§ 40 Abs. 2 Satz 2 GO).

1.2 Form, Bestimmtheit, Begründung

Die Entlassungsverfügung entspricht laut Sachverhalt den Anforderungen der §§ 37 und 39 VwVfG NRW.

1.3 Verfahren

1.3.1 Anhörung des Beamten

Die Pflicht zur Anhörung richtet sich in diesem Fall nach § 28 VwVfG NRW, da weder das Beamtenstatusgesetz noch das Landesbeamtengesetz eine spezialgesetzliche Regelung über die Anhörung des betroffenen Beamten vor der Entlassung enthalten. C ist als Empfänger des Verwaltungsaktes Beteiligter (§ 13 Abs. 1 Nr. 2 VwVfG NRW). Ihm musste vor Erlass des Verwaltungsaktes, der in seine Rechte eingreift, Gelegenheit gegeben werden, sich zu den für die Entscheidung erheblichen Tatsachen zu äußern (§ 28 Abs. 1 VwVfG NRW). C ist laut Sachverhalt angehört worden. Gegen die Bestimmung des § 28 VwVfG NRW wurde nicht verstoßen.

1.3.2 Beteiligung des Personalrates

Der Personalrat hat nach § 72 Abs. 1 Satz 1 Nr. 8 LPVG bei der Entlassung von Beamten auf Probe mitzubestimmen. Die Entlassung darf nach § 66 Abs. 1 Satz 1 LPVG nur mit der Zustimmung des Personalrates ausgesprochen werden. Der Personalrat hat laut Sachverhalt seine Zustimmung zu der beabsichtigten Maßnahme gegeben.

2. Materielle Rechtmäßigkeit

Die Entlassungsverfügung ist auf § 23 Abs. 3 Satz 1 Nr. 1 BeamtStG gestützt. Ein Beamter auf Probe kann danach bei einem Verhalten entlassen werden, das bei einem Beamten auf Lebenszeit mindestens eine Kürzung der Dienstbezüge zur Folge hätte.

C müsste sich im Beamtenverhältnis auf Probe befinden und ein Verhalten gezeigt haben, das bei einem Beamten auf Lebenszeit eine Disziplinarmaßnahme zur Folge hätte, die mindestens mit einer Kürzung der Dienstbezüge geahndet werden kann.

Der Beamte befindet sich laut Sachverhalt im Beamtenverhältnis auf Probe.

Der Beamte begeht ein Dienstvergehen, wenn er schuldhaft die ihm obliegenden Pflichten verletzt. Ein Verhalten außerhalb des Dienstes ist nur dann ein Dienstvergehen, wenn es nach den Umständen des Einzelfalles in besonderem Maße geeignet ist, das Vertrauen in einer für ihr Amt bedeutsamen Weise zu beeinträchtigen (vgl. § 47 Abs. 1 Satz 2 BeamtStG).

Das Verhalten von C ist als Dienstpflichtverletzung zu bewerten. Die außerdienstliche Trunkenheitsfahrt (Wiederholungsfall) eines Beamten, der dienstlich ein Kraftfahrzeug führen muss (vgl. Sachverhalt), stellt zusammen mit dem unerlaubten Entfernen vom Unfallort, der fahrlässigen Körperverletzung und dem Widerstand gegen Vollstreckungsbeamte ein in § 47 Abs. 1 Satz 2 BeamtStG beschriebenes Verhalten dar, das nach den Umständen des Einzelfalles in besonderem Maße geeignet ist, das Vertrauen in einer für ihr Amt bedeutsamen Weise zu beeinträchtigen. Wer durch ein schweres Dienstvergehen das Vertrauen des Dienstherrn und der Allgemeinheit verloren hat, kann nicht weiter im Beamtenverhältnis beschäftigt werden.

Für den Beamten auf Probe kommen von den in § 5 Abs. 1 LDG genannten Disziplinarmaßnahmen nur Verweis und Geldbuße in Betracht (vgl. § 5 Abs. 3 Satz 1 LDG).

§ 23 Abs. 3 Satz 1 Nr. 1 BeamtStG stellt deshalb auf das Disziplinarmaß ab, mit dem ein Beamter auf Lebenszeit zu rechnen hätte, würde er ein Dienstvergehen begangen haben.

Die Entlassung nach § 23 Abs. 3 Satz 1 Nr. 1 BeamtStG stellt keine disziplinarrechtliche, sondern eine beamtenrechtliche Entscheidung dar. Da § 23 Abs. 3 Satz 1 Nr. 1 BeamtStG aber auf ein im Disziplinarverfahren zu erwartendes Disziplinarmaß abstellt, muss sich der Dienstherr aufgrund einer hypothetischen Betrachtung die Überzeugung verschaffen, dass in einem entsprechenden Fall in einem Disziplinarverfahren gegen einen Beamten auf Lebenszeit mindestens auf eine Kürzung der Dienstbezüge erkannt würde.

Das gezeigte Verhalten eines Beamten, der dienstlich ein Kraftfahrzeug zu führen hat, würde bei einem Beamten auf Lebenszeit mindestens zu einer Kürzung der Dienstbezüge führen (vgl. Bearbeitungshinweis). Die Voraussetzungen für die Entlassung nach § 23 Abs. 3 Satz 1 Nr. 1 BeamtStG liegen damit vor.

Bei einer Entlassungsentscheidung auf der Grundlage des § 23 Abs. 3 Satz 1 Nr. 1 BeamtStG ist der zuständigen Stelle Ermessen eingeräumt, In der Regel gilt unter Berücksichtigung des Allgemeininteresses an der baldigen Wiederherstellung der Integrität des öffentlichen Dienstes (der Beamte hat schließlich ein Dienstvergehen begangen) die Entlassung als ermessensfehlerfrei.

Die Entlassung von C ist formell und materiell rechtmäßig erfolgt.

10.2 Verlust der Beamtenrechte

Die Beendigung des Beamtenverhältnisses durch den Verlust der Beamtenrechte (vgl. § 24 Abs. 1 BeamtStG) tritt in folgenden Fällen ein:

- Rechtskräftige Verurteilung in einem ordentlichen Strafverfahren durch ein deutsches Gericht
- wegen einer vorsätzlichen Tat zu einer Freiheitsstrafe von mindestens einem Jahr (§ 24 Abs. 1 Satz 1 Nr. 1 BeamtStG) oder
- wegen einer vorsätzlichen Tat, die nach den Vorschriften über Friedensverrat, Hochverrat, Gefährdung des demokratischen Rechtsstaates, Landesverrat und Gefährdung der äußeren Sicherheit oder, soweit sich die Tat auf eine Diensthandlung im Hauptamt bezieht, Bestechlichkeit, strafbar ist, zu einer Freiheitsstrafe von mindestens sechs Monaten (§ 24 Abs. 1 Satz 1 Nr. 2 BeamtStG),
- Aberkennung der Fähigkeit zur Bekleidung öffentlicher Ämter (§ 24 Abs. 1 Satz 2 Alternative 1 BeamtStG) oder
- Verwirkung eines Grundrechts aufgrund einer Entscheidung des Bundesverfassungsgerichts gemäß Art. 18 GG (§ 24 Abs. 1 Satz 2 Alternative 1 BeamtStG).

10.2.1 Freiheitsstrafe von mindestens einem Jahr wegen einer vorsätzlichen Tat

Nach (§ 24 Abs. 1 Satz 1 BeamtStG) endet das Beamtenverhältnis mit der Rechtskraft des Urteils, das in einem ordentlichen Strafverfahren ergeht, wenn der Beamte wegen einer vorsätzlichen Tat zu einer Freiheitsstrafe von mindestens einem Jahr verurteilt wird. Die Voraussetzung ist auch erfüllt, wenn mehrere vorsätzliche Rechtsverletzungen zu einer Gesamtfreiheitsstrafe von einem Jahr führen und die Verbüßung der Strafe ggf. zu Bewährung ausgesetzt wird.

Die Straftat muss vorsätzlich begangen worden sein, Fahrlässigkeit reicht, unabhängig vom Strafmaß, nicht aus. Für den Eintritt des Verlustes der Beamtenrechte bei einer Verurteilung wegen vorsätzlicher in Tateinheit mit fahrlässiger Straftat, muss aus dem Strafurteil eindeutig hervorgehen, dass die Verhängung von mindestens einem Jahr Freiheitsstrafe allein wegen der Vorsatztat erfolgt ist[9].

Wird der Beamte mit Strafbefehl i. S. des § 407 Abs. 1 Satz 1 StPO zu einer Freiheitsstrafe von einem Jahr verurteilt, liegen die Voraussetzungen des (§ 24 Abs. 1 Satz 1 BeamtStG) mangels ordentlichen Strafverfahrens nicht vor, unabhängig davon, dass nach § 410 Abs. 3 StPO der unanfechtbare Strafbefehl einem rechtskräftigen Urteil gleichsteht[10].

10.2.2 Freiheitsstrafe von mindestens sechs Monaten wegen Friedensverrats, Hochverrats, Gefährdung des demokratischen Rechtsstaates, Landesverrats und Gefährdung der äußeren Sicherheit oder Bestechlichkeit

Nach § 24 Abs. 1 Satz 1 Nr. 2 BeamtStG endet das Beamtenverhältnis mit der Rechtskraft des Urteils, das in einem ordentlichen Strafverfahren ergeht, wenn der Beamte wegen einer vorsätzlichen Tat, die nach den Vorschriften über Friedensverrat, Hochverrat, Gefährdung des demokratischen Rechtsstaates, Landesverrat und Gefährdung der äußeren Sicherheit oder, soweit sich die Tat auf eine Diensthandlung im Hauptamt bezieht, Bestechlichkeit, strafbar ist, zu einer Freiheitsstrafe von mindestens sechs Monaten verurteilt wird. Im Einzelnen handelt es sich dabei um folgende Straftaten des ersten Abschnitts des besonderen Teils des Strafgesetzbuches:

- Friedensverrat
    - Vorbereitung eines Angriffskrieges (§ 80 StGB),
    - Aufstachelung zum Angriffskrieg (§ 80a StGB),

- Hochverrat
    - Hochverrat gegen den Bund (§ 81 StGB),
    - Hochverrat gegen ein Land (§ 82 StGB),
    - Vorbereitung eines hochverräterischen Unternehmens (§ 83 StGB),

- Gefährdung des demokratischen Rechtsstaates
    - Fortführung einer für verfassungswidrig erklärten Partei (§ 84 StGB),
    - Verstoß gegen ein Vereinigungsverbot (§ 85 StGB),
    - Verbreitung von Propagandamitteln verfassungswidriger Organisationen (§ 86 StGB),
    - Verwendung von Kennzeichen von verfassungswidrigen Organisationen (§ 86a StGB),
    - Agententätigkeit zu Sabotagezwecken (§ 87 StGB),

---

[9] Vgl. BVerwG, Urteil vom 12.10.1989, 2 C 51/88, BVerwGE 84, 1 = ZBR 1990, 181 = DÖD 1990, 62.
[10] OVG Nordrhein-Westfalen, Urteil vom 15.04.1999, 12 A 2950/98, IÖD 1999, 260.

- verfassungsfeindliche Sabotage (§ 88 StGB),
- verfassungsfeindliche Einwirkung auf Bundeswehr und öffentliche Sicherheitsorgane (§ 89 StGB),
- Verunglimpfung des Bundespräsidenten (§ 90 StGB),
- Verunglimpfung des Staates und seiner Symbole (§ 90a StGB),
- verfassungsfeindliche Verunglimpfung von Verfassungsorganen (§ 90b StGB),

- Landesverrat und Gefährdung der äußeren Sicherheit
  - Landesverrat (§ 94 StGB),
  - Offenbarung von Staatsgeheimnissen (§ 95 StGB),
  - landesverräterische Ausspähung und Auskundschaften von Staatsgeheimnissen (§ 96 StGB),
  - Preisgabe von Staatsgeheimnissen (§ 97 StGB),
  - Verrat illegaler Geheimnisse (§ 97a StGB),
  - Verrat in irriger Annahme eines illegalen Staatsgeheimnisses (§ 97b StGB),
  - landesverräterische Agententätigkeit (§ 98 StGB),
  - geheimdienstliche Agententätigkeit (§ 99 StGB),
  - friedensgefährdende Beziehungen (§ 100 StGB),
  - landesverräterische Fälschung (§ 100a StGB),

- Bestechlichkeit (§ 332 Abs. 1 StGB), wenn sich die Tat auf eine Diensthandlung im Hauptamt bezieht.

10.2.3 Aberkennung der Fähigkeit zur Bekleidung öffentlicher Ämter

Das Beamtenverhältnis endet mit der Rechtskraft des Urteils, wenn die Fähigkeit zur Bekleidung öffentlicher Ämter aberkannt wird. Ein Strafgericht kann dem Verurteilten als Nebenfolge für die Dauer von zwei bis zu fünf Jahren die Fähigkeit zur Bekleidung öffentlicher Ämter aberkennen, soweit das Strafgesetzbuch dies besonders vorsieht (vgl. § 45 Abs. 2 StGB). Dies ist z. B. bei bestimmten Straftaten im Amt nach den §§ 331 ff. StGB vorgesehen. Zum Verlust der Fähigkeit zur Bekleidung öffentlicher Ämter vgl. 5.3.1.3.8.

10.2.4 Verwirkung von Grundrechten

Das Beamtenverhältnis endet mit der Rechtskraft des Urteils, wenn der Beamte aufgrund einer Entscheidung des Bundesverfassungsgerichts nach Art. 18 GG ein Grundrecht verwirkt hat.

Art. 18 GG sieht die Verwirkung für folgende Grundrechte vor, wenn das entsprechende Grundrecht zum Kampf gegen die freiheitliche demokratische Grundordnung missbraucht wird:

- Freiheit der Meinungsäußerung, insbesondere die Pressefreiheit (Art. 5 Abs. 1 GG),
- Lehrfreiheit (Art. 5 Abs. 3 GG),
- Versammlungsfreiheit (Art. 8 GG),
- Vereinigungsfreiheit (Art. 9 GG),
- Brief-, Post- und Fernmeldegeheimnis (Art. 10 GG),
- Eigentum (Art. 14 GG) oder
- Asylrecht (Art. 16a GG).

10.2.5 Wirkung des Verlustes der Beamtenrechte

Regelungen zum Verlust der Dienstbezüge sowie Amtsbezeichnungen und Titel, zum Wiederaufnahmeverfahren und zur Möglichkeit der Begnadigung enthalten die §§ 29 und 30 LBG. Der frühere Beamte hat keinen Anspruch auf Leistungen des Dienstherrn (§ 29 Abs. 1 Satz 1 LBG). Er darf die Amtsbezeichnung und die im Zusammenhang mit diesem Amt verliehenen Titel nicht führen (§ 29 Abs. 1 Satz 2 LBG).

In der gesetzlichen Rentenversicherung wird der ehemalige Beamte auf Lebenszeit nachversichert, wenn er seinen Anspruch auf Versorgung verliert (vgl. § 8 Abs. 2 Satz 1 Nr. 1 SGB VI). Die Nachversicherung erstreckt sich auf den Zeitraum, in dem die Versicherungsfreiheit vorgelegen hat. Für den Nachversicherungszeitraum werden Arbeitnehmer- und Arbeitgeberanteile bis zur Höhe der jeweiligen Beitragsbemessungsgrenze entrichtet.

Nach § 24 Abs. 2 BeamtStG gilt das Beamtenverhältnis als nicht unterbrochen, wenn eine Entscheidung, die den Verlust der Beamtenrechte zur Folge hat, in einem Wiederaufnahmeverfahren aufgehoben wird.

10.3 Entfernung aus dem Beamtenverhältnis

Bei der Entfernung aus dem Beamtenverhältnis handelt es sich um die schwerste Disziplinarmaßnahme (§ 5 Abs. 1 Nr. 5, § 10 LDG), die für Beamte im Beamtenverhältnis auf Lebenszeit in Betracht kommt. Das Beamtenverhältnis endet in diesem Fall mit der Rechtskraft der Disziplinarentscheidung. Die Entfernung aus dem Beamtenverhältnis bewirkt den Verlust des Anspruchs auf Leistungen des Dienstherrn sowie die Befugnis, die Amtsbezeichnung und die im Zusammenhang mit dem Amt verliehenen Titel zu führen und die Dienstkleidung zu tragen (§ 10 Abs. 1 LDG). Ist der Beamte rechtskräftig aus dem Beamtenverhältnis entfernt worden, so darf er grundsätzlich auch bei keinem anderen Dienstherrn im Geltungsbereich des Landesbeamtengesetzes wieder zum Beamten ernannt werden; es soll auch kein anderes Beschäftigungsverhältnis begründet werden (vgl. § 10 Abs. 6 LDG).

Die Entfernung aus dem Beamtenverhältnis kommt für Beamte auf Probe oder auf Widerruf nicht in Betracht, da bei ihnen nur Verweis und Geldbuße zulässig sind (vgl. § 5 Abs. 3 Satz 1 LDG). Sie können ggf. nach § 23 Abs. 2 Satz 1 Nr. 1 oder § 23 Abs. 4 BeamtStG entlassen werden.

10.4 Eintritt oder Versetzung in den Ruhestand

Das Beamtenverhältnis endet nach § 21 Nr. 4 BeamtStG u. a. durch den Eintritt oder Versetzung in den Ruhestand Dabei setzt die Versetzung in den Ruhestand nach § 32 BeamtStG die Erfüllung einer versorgungsrechtlichen Wartezeit voraus.

Ein Ruhegehalt wird nach (§ 4 Abs. 1 Satz 1 LBeamtVG nur gewährt, wenn der Beamte eine Dienstzeit von mindestens fünf Jahren abgeleistet hat oder infolge Krankheit, Verwundung oder sonstiger Beschädigung, die er sich ohne grobes Verschulden bei Ausübung oder aus Veranlassung des Dienstes zugezogen hat, dienstunfähig geworden ist (vgl. hierzu § 36 LBeamtVG). Die Dienstzeit wird vom Zeitpunkt der ersten Berufung in das Beamtenverhältnis gerechnet und nur berücksichtigt, soweit sie ruhegehaltsfähig ist (§ 4 Abs. 1 Satz 2 LBeamtVG).

Die gesetzlichen Vorschriften unterscheiden zwischen dem Eintritt in den Ruhestand kraft Gesetzes und dem Eintritt in den Ruhestand durch Verwaltungsakt im Anschluss an ein abgeschlossenes Verwaltungsverfahren.

10.4.1 Eintritt in den Ruhestand kraft Gesetzes durch Erreichen der Altersgrenze

Der Beamte tritt kraft Gesetzes nach Erreichen der Altersgrenze in den Ruhestand (vgl. § 25 BeamtStG).

Beamte auf Lebenszeit und auf Zeit treten mit dem Ende des Monats in den Ruhestand, in dem sie die für sie jeweils geltende Altersgrenze erreichen (§ 31 Abs. 1 Satz 1 LBG). Die Altersgrenze wird grundsätzlich mit Vollendung des 67. Lebensjahres erreicht (Regelaltersgrenze), soweit nicht gesetzlich eine andere Altersgrenze (besondere Altersgrenze) bestimmt ist (§ 31 Abs. 1 Satz 2 LBG). Für Leiter und Lehrer an öffentlichen Schulen gilt als Altersgrenze des Ende des Schulhalbjahres, in dem das 67. Lebensjahr vollendet wird (§ 31 Abs. 1 Satz 3 LBG).

Bezüglich des Erreichens der Altersgrenze enthält § 31 Abs. 2 LBG eine Übergangsregelung. Danach erreichen Beamte auf Lebenszeit und auf Zeit, die vor dem 01.01.1947 geboren sind die Altersgrenze mit Vollendung des 65. Lebensjahres. Für Beamte auf Lebenszeit und auf Zeit, die nach dem 31.12.1946 geboren sind, wird die Regelaltersgrenze wie folgt angehoben:

Geburtsjahr	Anhebung um Monate	Altersgrenze Jahr	Monate
1947	1	65	1
1948	2	65	2
1949	3	65	3
1950	4	65	4
1951	5	65	5
1952	5	65	6
1953	7	65	7
1954	8	65	8
1955	9	65	9
1956	10	65	10
1957	11	65	11
1958	12	66	0
1959	14	66	2
1960	16	66	4
1961	18	66	6
1962	20	66	8
1963	22	66	10
1964	24	67	0

Auch hier gilt für Leiter und Lehrer an öffentlichen Schulen, dass sie mit dem Ende des Schulhalbjahres nach Erreichen der jeweiligen Altersgrenze in den Ruhestand treten (vgl. § 31 Abs. 2 Satz 3 LBG).

Beamte im Beamtenverhältnis auf Zeit treten vor Erreichen der Altersgrenze mit Ablauf ihrer Amtszeit in den Ruhestand, soweit sie nicht nach § 27 Abs. 2 LBG entlassen werden und sie insgesamt eine mindestens zehnjährige ruhegehaltfähige Dienstzeit abgeleistet haben. Erfüllen sie die Voraussetzungen nicht, sind sie entlassen (vgl. § 31 Abs. 3 LBG).

Ehrenbeamte sind grundsätzlich zu verabschieden, wenn die Voraussetzungen für die Versetzung eines Beamten in den Ruhestand gegeben sind; für sie gilt keine Altersgrenze (vgl. § 107 Abs. 1 Nr. 1 LBG).

Sonderregelungen bezüglich der Altersgrenze sieht das Landesbeamtengesetz für bestimmte Beamtengruppen vor:

- Polizeivollzugsbeamte auf Lebenszeit treten mit Ende des Monats, in dem sie das 62. Lebensjahr vollenden, in den Ruhestand (§ 114 Abs. 1 LBG). Die Altersgrenze verringert sich um ein Jahr für fünfundzwanzig Dienstjahre, die im Wechselschichtdienst abgeleistet wurden (§ 114 Abs. 2 Satz 1 LBG). Wechselschichtdienst sind Zeiten, in denen der Beamte ständig nach einem Schichtplan (Dienstplan) eingesetzt ist, der einen regelmäßigen Wechsel der täglichen Arbeitszeit in Wechselschichten (wechselnde Arbeitsschichten, in denen ununterbrochen bei Tag und Nacht, werktags, sonntags und feiertags gearbeitet wird) vorsieht (§ 114 Abs. 2 Satz 2 LBG). Der Beamte hat die Zeiten nachzuweisen (§ 114 Abs. 2 Satz 3 LBG).
- Die Beamte des feuerwehrtechnischen Dienstes des Landes und in den Feuerwehren der Gemeinden und Gemeindeverbände treten mit dem Ende des Monats, in dem sie das 60. Lebensjahr vollendet haben, in den Ruhestand (vgl. § 116 Abs. 3 Satz 1 LBG.
- Die Beamten des allgemeinen Vollzugsdienstes und des Werkdienstes bei den Justizvollzugsanstalten, des Vollzugsdienstes in Abschiebungshaftvollzugseinrichtungen und im technischen Aufsichtsdienst in untertägigen Bergwerksbetrieben treten mit dem Ende des Monats, in dem sie das 62. Lebensjahr vollendet haben in den Ruhestand (vgl. § 117 Abs. 1 LBG). Auf Antrag können sie ohne Nachweis der Dienstunfähigkeit auf Antrag frühestens mit Vollendung des 60. Lebensjahres in den Ruhestand treten (§ 117 Abs. 2 LBG)
- Professoren, die die Altersgrenze erreichen, treten abweichend von § 31 Abs. 1 Satz 1 LBG erst mit Ablauf des letzten Monats der Vorlesungszeit in den Ruhestand, wenn der Monat, in dem der Professor die Altersgrenze erreicht, in die Vorlesungszeit fällt (vgl. § 123 Abs. 3 LBG).

Wenn es im dienstlichen Interesse liegt, kann der Eintritt in den Ruhestand auf Antrag nach § 32 Abs. 1 Satz 1 LBG um bis zu drei Jahre, jedoch nicht über das Ende des Monats in dem das 70. Lebensjahr vollendet wird, hinausgeschoben werden. Wenn dienstliche Gründe im Einzelfall die Fortführung der Dienstgeschäfte erfordern, kann die für die Versetzung in den Ruhestand zuständige Stelle mit Zustimmung der obersten Dienstbehörde (§ 2 Abs. 1 LBG) und des Beamten den Eintritt in den Ruhestand für eine bestimmte Dauer, die jeweils ein Jahr und insgesamt aber drei Jahre nicht übersteigen darf, hinausschieben (§ 32 Abs. 3 Satz 1 LBG). Bei Wahlbeamten bedarf diese Entscheidung einer Zweidrittelmehrheit der gesetzlichen Mitgliederzahl des betreffenden Wahlgremiums (§ 32 Abs. 2 Satz 2 LBG).

Der Eintritt in den Ruhestand erfolgt kraft Gesetzes nach Feststellung der Voraussetzungen. Nach der Entscheidung der zuständigen Stelle werden dem Beamten der Zeitpunkt und die Gründe des Eintritts in den Ruhestand von der dienstvorgesetzten Stelle mitgeteilt.

Das Landespersonalvertretungsgesetz sieht keine Beteiligung des Personalrates vor. Die Entscheidung, ob bei Eintritt in den Ruhestand Dank und Anerkennung für treue Dienste auszusprechen sind, trifft die für die Zurruhesetzung zuständige Stelle.

10.4.2 Eintritt in den Ruhestand durch Verwaltungsakt

Die Fälle des Eintritts in den Ruhestand durch Verwaltungsakt sind in den §§ 26 bis 32 BeamtStG, ergänzt um die §§ 33 bis 41 LBG geregelt. Zu unterscheiden ist zwischen obligatorischen und fakultativen Verwaltungsakten, die für folgende Ruhestandsfälle vorgesehen sind:

Eintritt in den Ruhestand durch Verwaltungsakt	
Obligatorisch	Fakultativ
• Dienstunfähigkeit bei Beamten im Beamtenverhältnis auf Lebenszeit und auf Zeit (§§ 26 Abs. 1 BeamtStG,) • Dienstunfähigkeit infolge einer Dienstbeschädigung bei Beamten im Beamtenverhältnis auf Probe (§ 28 Abs. 1 BeamtStG)	• Dienstunfähigkeit aus anderen Gründen als einer Dienstbeschädigung bei Beamten im Beamtenverhältnis auf Probe (§ 28 Abs. 2 BeamtStG)

Die Versetzung von Beamten in den Ruhestand durch Verwaltungsakt im Sinne des § 35 Satz 1 VwVfG NRW erfordert von der zuständigen Stelle die Beachtung formeller und materieller Voraussetzungen.

10.4.3 Formelle Voraussetzungen

Die Prüfung der formellen Voraussetzungen umfasst die Zuständigkeit, Form, Bestimmtheit und Begründung, Frist und Zustellung sowie die Prüfung von Verfahrensregelungen. Der Verwaltungsakt ist nur rechtmäßig, wenn alle formellen Voraussetzungen beachten werden.

10.4.3.1 Zuständigkeit

Bestimmungen über die Zuständigkeit bei der Versetzung in den Ruhestand enthält das Landesbeamtengesetz. Die Versetzung in den Ruhestand wird, soweit durch Gesetz, Verordnung oder Satzung nichts anderes bestimmt ist, von der Stelle verfügt, die nach § 16 Abs. 1 und Abs. 2 LBG für die Ernennung des Beamten zuständig wäre (§ 36 Abs. 1 Satz 1 LBG). Ist z. B. der Bürgermeister für die Ernennung des Beamten der Gemeinde oder der Polizeipräsident für einen Polizeivollzugsbeamten zuständig, verfügt er auch den Eintritt in den Ruhestand.

10.4.3.2 Form, Bestimmtheit und Begründung

Die Versetzung des Beamten in den Ruhestand ist von der zuständigen Stelle zu verfügen. Die Verfügung ist dem Beamten mitzuteilen (§ 36 Abs. 1 Satz 2 Halbsatz 1 LBG). Die Zurruhesetzungsverfügung muss als schriftlicher Verwaltungsakt inhaltlich hinreichend bestimmt sein (vgl. § 37 Abs. 1 VwVfG NRW), schriftlich begründet werden (vgl. § 39 VwVfG NRW) und mit einer Rechtsbehelfsbelehrung versehen sein. Wichtig ist, dass der Beamte erkennen kann, welcher Beendigungsfall konkret vorliegt und zu welchem Zeitpunkt die Versetzung in den Ruhestand wirksam wird.

Eine Zurruhesetzungsverfügung in elektronischer Form ist ausgeschlossen (§ 36 Abs. 1 Satz 3 LBG).

10.4.3.3 Zustellung

Aus der Vorschrift des § 36 Abs. 2 Satz 1 LBG i. V. m. § 105 LBG ergibt sich, dass die Zurruhesetzungsverfügung dem Beamten zuzustellen ist. Die Zustellung erfolgt nach § 11 LZG. Im Übrigen wird auf die Ausführungen zur Entlassung verwiesen (10.1.17.4). Verfügungen und Entscheidungen, die einem Beamten nach den Vorschriften des Landesbeamtenrechts zuzustellen sind, können dem Beamten auch in der Weise zugestellt werden, dass sie ihm mündlich oder durch Gewährung von Einsicht bekannt gegeben werden (§ 11 Abs. 2 Satz 1 LZG). Hierüber ist eine Niederschrift anzufertigen (§ 11 Abs. 2 Satz 2 LZG). Der Beamte oder Versorgungsberechtigte erhält von ihr auf Antrag eine Abschrift (§ 11 Abs. 2 Satz 3 LZG).

10.4.3.4 Beteiligungen

Anhörung

Den Vorschriften über die Versetzung in den Ruhestand ist nicht zu entnehmen, ob der Beamte vorher anzuhören ist. Die Anhörung ist wegen der Bedeutung und Konsequenzen einer solchen Verfügung (Verwaltungsakt i. S. des § 35 Satz 1 VwVfG NRW) für den betroffenen Beamten aber auch wegen des Schutzes vor Überraschungsentscheidungen des Dienstherrn nach § 28 Abs. 1 VwVfG NRW durchzuführen. Ist ein Antrag Voraussetzung für die Versetzung in den Ruhestand, ersetzt dieser die Anhörung, wenn davon ausgegangen werden kann, dass der Beamte die mit dem Ruhestand verbundenen Konsequenzen (z. B. die Höhe der Versorgungsbezüge) überblickt.

Beteiligung des Personalrates

Eine Beteiligung des Personalrates ist nach § 72 Abs. 1 Satz 1 Nr. 9 LPVG bei jeder vorzeitigen Versetzung in den Ruhestand erforderlich. Soweit der Personalrat bei einer Versetzung in den Ruhestand mitzubestimmen hat, kann die Maßnahme nur mit seiner Zustimmung getroffen werden (vgl. § 66 Abs. 1 LPVG).

Beteiligung der Gleichstellungsbeauftragten

Die Gleichstellungsbeauftragte ist zu unterrichten und anzuhören (vgl. § 18 Abs. 2 i. V. m. § 17 Abs. 1 Nr. 1 LGG). Zum Verfahren vgl. Ausführungen zu 5.3.1.2.5.

Beteiligung der Schwerbehindertenvertretung

Die Schwerbehindertenvertretung ist bei schwerbehinderten Beamten nach der Generalklausel des § 95 SGB IX zu beteiligen.

10.4.4 Materielle Voraussetzungen

Bei der Prüfung der materiellen Rechtmäßigkeit ist zwischen den einzelnen Beendigungstatbeständen zu unterscheiden. Eine Maßnahme ist nur rechtmäßig, wenn die Tatbestandsvoraussetzungen der in Betracht kommenden Rechtsnorm vorliegen.

10.4.4.1 Dienstunfähigkeit bei Beamten auf Lebenszeit und auf Zeit

Nach § 26 Abs. 1 Satz 1 BeamtStG ist der Beamte auf Lebenszeit oder auf Zeit in den dauernden Ruhestand zu versetzen, wenn er wegen seines körperlichen Zustands oder aus gesundheitlichen Gründen zur Erfüllung seiner Dienstpflichten dauernd unfähig (dienstunfähig) ist. Dabei ist auf das Amt im statusrechtlichen Sinne abzustellen und nicht auf die Funktion des zuletzt ausgeübten Amtes (Amt im funktionellen Sinne). Der Beamte kann auch dann als dienstunfähig angesehen werden, wenn er infolge Erkrankung innerhalb von sechs Monaten mehr als drei Monate keinen Dienst getan hat und keine Aussicht besteht, dass er innerhalb einer Frist, deren Bestimmung dem Landesrecht vorbehalten bleibt, die Dienstfähigkeit wieder voll hergestellt ist (§ 26 Abs. 1 Satz 2 BeamtStG) Die Frist beträgt nach § 33 Abs. 1 Satz 3 LBG sechs Monate.

Liegt Dienstunfähigkeit vor, ist die Versetzung in den Ruhestand obligatorisch. Die Dienstunfähigkeit wird durch die untere Gesundheitsbehörde festgestellt (vgl. § 33 Abs. 1 Satz 1 und Abs. 2 Satz 2 LBG). Untere Gesundheitsbehörden sind in Nordrhein-Westfalen die Kreise und die kreisfreien Städte (vgl. § 5 Abs. 2 Nr. 1 ÖGDG)

Gesetzliche Vorschriften, die für einzelne Beamtengruppen andere Voraussetzungen für die Beurteilung der Dienstunfähigkeit treffen, bleiben unberührt (vgl. § 33 Abs. 1 Satz 2 LBG). Dieses ist z. B. für Polizeivollzugsbeamte der Fall, für die nach § 115 Abs. 1 LBG die sog. Polizeidienstunfähigkeit zu beachten ist. Der Polizeivollzugsbeamte ist dienstunfähig, wenn er den besonderen gesundheitlichen Anforderungen für den Polizeivollzugsdienst nicht mehr genügt und nicht zu erwarten ist, dass er seine volle Verwendungsfähigkeit innerhalb von zwei Jahren wiedererlangt (Polizeidienstunfähigkeit), es sei denn, die auszuübende Funktion erfordert bei Beamten auf Lebenszeit diese besonderen gesundheitlichen Anforderungen auf Dauer nicht mehr uneingeschränkt (§ 115 Abs. 1 LBG).

Bestehen Zweifel über die Dienstunfähigkeit des Beamten, hat er sich nach Weisung der dienstvorgesetzten Stelle durch einen Arzt der unteren Gesundheitsbehörde untersuchen und, falls ein Arzt der unteren Gesundheitsbehörde dies für erforderlich hält, auch beobachten zu lassen (vgl. § 33 Abs. 1 Satz 1 LBG). Das weitere Verfahren regelt § 34 LBG. In diesen Verfahrensabschnitten ist der Personalrat grundsätzlich zu beteiligen (vgl. § 72 Abs. 1 Satz 1 Nr. 9 LPVG) und anzuhören (vgl. § 75 Abs. 1 Nr. 4 LPVG). Die Anhörung hat so rechtzeitig zu erfolgen, dass die Äußerungen des Personalrats noch Einfluss auf die Willensbildung der Dienststelle nehmen kann (§ 75 Abs. 2 LPVG).

Hält die dienstvorgesetzte Stelle nach Einholung eines amtlichen Gutachtens der unteren Gesundheitsbehörde den Beamten für dienstunfähig i. S. des § 26 Abs. 1 BeamtStG und beantragt der Beamte oder sein Vertreter selbst nicht die Versetzung in den Ruhestand, so teilt die dienstvorgesetzte Stelle ihm oder seinem Vertreter unter Angabe der Gründe mit, dass seine Versetzung in den Ruhestand beabsichtigt sei (vgl. § 34 Abs. 1 Satz 1 LBG).

Der Beamte oder sein Vertreter kann innerhalb eines Monats gegen die beabsichtigte Versetzung in den Ruhestand Einwendungen (abgeschwächte Form in der Art eines Widerspruchs) erheben (vgl. § 34 Abs. 1 Satz 2 LBG).

Ist der Beamte infolge einer psychischen Krankheit oder körperlichen, geistigen oder seelischen Behinderung zur Besorgung seiner eigenen Angelegenheiten nicht in der Lage und ist ein Vertreter nicht vorhanden, so hat das Vormundschaftsgericht auf Ersuchen der Behörde einen geeigneten Vertreter für den Beteiligten zu bestellen (vgl. § 16 Abs. 1 Nr. 4 VwVfG NRW). Der Beamte ist Beteiligter i. S. des § 13 Abs. 1 Nr. 2 VwVfG NRW, da die Behörde beabsichtigt, den Beamten mittels Verwaltungsakt in den Ruhestand zu versetzen.

In Einzelfällen kann es z. B. bei geistiger Verwirrung des Beamten erforderlich sein, den Beamten von der Führung seiner Dienstgeschäfte nach § 39 BeamtStG auszuschließen. Das Verbot der Führung der Dienstgeschäfte kann aus zwingenden dienstlichen Gründen ausgesprochen werden. Solche Gründe liegen vor, wenn die Weiterbeschäftigung unausweichlich zu dienstlichen Nachteilen irgendwelcher Art führen würde und eine weniger einschneidende Möglichkeit zur Abwendung der dienstlichen Nachteile nicht besteht.

Wird die Dienstunfähigkeit festgestellt, so ist der Beamte nach § 34 Abs. 2 Satz 3 LBG mit dem Ende des Monats, in dem ihm oder seinem Vertreter die Verfügung zugestellt worden ist, in den Ruhestand zu versetzen.

Die Rechtmäßigkeit des dem Verfahren folgenden Verwaltungsaktes über die Versetzung in den Ruhestand des Beamten wegen Dienstunfähigkeit ohne Antrag beurteilt sich danach, ob die zuständige Behörde im Zeitpunkt der letzten Verwaltungsentscheidung - ggf. des Widerspruchsbescheides - nach den ihr zur Verfügung stehenden Erkenntnissen annehmen durfte, dass der Betroffene dauernd dienstunfähig ist. Danach eingetretene wesentliche Veränderungen sind nicht zu berücksichtigen.[11]

---

[11] Vgl. BVerwG, Urteil vom 16.10.1997, 2 C 7/97, BVerwGE 105, 267 = ZBR 1998, 176 = DÖD 1998, 208 = DÖV 1998, 208.

Ist Dienstunfähigkeit festgestellt worden und endet die rechtskräftige Erledigung des Zurruhesetzungsverfahrens wegen Dienstunfähigkeit erst nach Erreichen der Altersgrenze, führt dieses nicht zur Nachzahlung der einbehaltenen Dienstbezüge[12].

Verstirbt der Beamte während des Zwangspensionierungsverfahrens noch vor der abschließenden Feststellung der Dienstunfähigkeit durch Verwaltungsakt, sind einbehaltene Beträge auszuzahlen, da sie zum Nachlass des Beamten gehören. Ein Anspruch auf Auszahlung an die Erben entfällt ausnahmsweise dann, wenn das Verwaltungsverfahren vollständig mit dem Ergebnis der Dienstunfähigkeit abgeschlossen wurde, der Beamte aber vor Bekanntgabe des Verwaltungsaktes verstirbt.

Vorrang der Weiterverwendung vor der Versetzung in den Ruhestand

Nach dem Grundsatz „Rehabilitation vor Versorgung" soll von der Versetzung des Beamten in den Ruhestand wegen Dienstunfähigkeit abgesehen werden, wenn eine anderweitige Verwendung möglich ist (vgl. § 26 Abs. 1 Satz 3 BeamtStG). Die Sollvorschrift räumt der zuständigen Stelle einen Ermessensspielraum nur für den so genannten atypischen Fall ein. Die Möglichkeiten der Regelung sollten insbesondere gegenüber lebensjüngeren Beamten ausgeschöpft werden. Das Gleiche gilt für schwerbehinderte Beamte, wenn die Dienstunfähigkeit auf der Behinderung beruht.

Kann dem Beamten ein Amt im funktionellen Sinne in einem anderen Bereich derselben Dienststelle oder bei einer anderen Dienststelle desselben Dienstherrn (nur Landesverwaltung) übertragen werden, sind zusätzlich die Vorschriften der Versetzung (ggf. Umsetzung) zu beachten.

Die Übertragung eines anderen Amtes **ohne Zustimmung** des Beamten ist zulässig, wenn

- das neue Amt zum Bereich desselben Dienstherrn gehört,
- mit mindestens demselben Grundgehalt wie das bisherige Amt verbunden ist und
- zu erwarten ist, dass die gesundheitlichen Anforderungen des neuen Amtes erfüllt werden (vgl. § 26 Abs. 2 Satz 2 BeamtStG).

Besitzt der Beamte nicht die Befähigung für die andere Laufbahn, hat er an Qualifizierungsmaßnahmen für den Erwerb der neuen Befähigung teilzunehmen (§ 26 Abs. 2 Satz 3 BeamtStG)

Ausnahmsweise kann zur Vermeidung der Versetzung in den Ruhestand dem Beamten unter Beibehaltung des ihm übertragenen Amtes ohne seine Zustimmung auch eine geringerwertige Tätigkeit (konkret-funktionelles Amt) im Bereich seines Dienstherrn übertragen werden, wenn eine anderweitige Verwendung nicht möglich ist und dem Beamten die Wahrnehmung der neuen Aufgaben unter Berücksichtigung seiner bisherigen Tätigkeiten zumutbar ist (§ 26 Abs. 3 BeamtStG).

---

[12] BVerwG, Urteil vom 16.10.1997, 2 C 3/97, BVerwGE 105, 263 = ZBR 1998, 101 = DÖD 1998, 139 = IÖD 1998, 160 = DVBl. 1998, 200.

Die gesetzlichen Regelungen sollen eine Versetzung in den Ruhestand wegen Dienstunfähigkeit vermeiden, selbst dann, wenn der Beamte aus gesundheitlichen Gründen die Aufgaben seines bisherigen Amtes im konkret funktionellen Sinn nicht mehr ausfüllen kann.

Wird ein Polizeivollzugsbeamter polizeidienstunfähig, aber nicht dienstunfähig i. S. des § 26 Abs. 1 BeamtStG, so soll er nach § 115 Abs. 3 Satz 1 LBG, falls nicht zwingende dienstliche Gründe entgegenstehen, in ein Amt einer anderen Laufbahn bei einem anderen Dienstherrn im Geltungsbereich des Landesbeamtengesetzes versetzt werden, wenn die sonstigen Versetzungsvoraussetzungen des § 25 LBG erfüllt sind. Soweit der Beamte für die neue Laufbahn die Befähigung nicht besitzt, hat er die ihm gebotene Gelegenheit wahrzunehmen, die ergänzenden Kenntnisse und Fähigkeiten nach Maßgabe der entsprechenden Regelungen der Laufbahnverordnung bzw. Verordnung über die Ausbildung und Prüfung zu erwerben (vgl. § 115 Abs. 3 Satz 2 LBG). Da § 26 Abs. 1 Satz 3 und Abs. 2 BeamtStG unberührt bleibt (vgl. § 115 Abs. 3 Satz 3 LBG), sind die allgemeinen beamtenrechtlichen Regelungen ebenfalls zu beachten.

Verringerung der Dienstzeit wegen begrenzter Dienstfähigkeit

Lässt sich eine Versetzung in den Ruhestand unter Beachtung des § 26 Abs. 2 und Abs. 3 BeamtStG durch Änderung des funktionellen / statusrechtlichen Amtes nicht vermeiden, soll von ihr dennoch abgesehen werden, wenn der Beamte unter Beibehaltung des ihm übertragenen Amtes seine Dienstpflichten noch während mindestens der Hälfte der regelmäßigen Arbeitszeit erfüllen kann (vgl. § 27 Abs. 1 BeamtStG). Bei der begrenzten Dienstfähigkeit ist die Arbeitszeit im Verhältnis zum Umfang der begrenzten Dienstfähigkeit herabzusetzen (vgl. § 27 Abs. 2 Satz 1 BeamtStG). Der Beamte kann mit seiner Zustimmung auch in einer nicht seinem Amt entsprechenden Tätigkeit eingeschränkt verwendet werden (vgl. § 27 Abs. 2 Satz 2 BeamtStG).

Bei begrenzter Dienstfähigkeit nach § 27 BeamtStG erhalten die Beamten Besoldung im gleichen Verhältnis wie die Arbeitszeit gekürzt wird (§ 9 Abs. 1 Satz 1 LBesG i. V. m. § 8 Abs. 1 LBesG). Die Besoldung wird aber mindestens in der Höhe des Ruhegehaltes gewährt, das bei Versetzung in den Ruhestand zustehen würde (§ 9 Abs. 1 Satz 2 LBesG).

10.4.4.2 Dienstunfähigkeit bei Beamten auf Probe

Der Beamte auf Probe ist in den Ruhestand zu versetzen, wenn er infolge Krankheit, Verwundung oder sonstiger Beschädigung, die er sich ohne grobes Verschulden in Ausübung oder aus Veranlassung des Dienstes zugezogen hat, dienstunfähig (§§ 26 BeamtStG, 116 Abs. 1 LBG) geworden ist (vgl. § 28 Abs. 1 BeamtStG).

Nach § 28 Abs. 2 BeamtStG kann ein Beamter im Beamtenverhältnis auf Probe in den Ruhestand versetzt werden, wenn die Dienstunfähigkeit nicht auf Krankheit, Verwundung oder sonstiger Beschädigung bei Ausübung oder aus Veranlassung des Dienstes entstanden ist.

Eine vergleichbare Vorschrift für Beamte im Beamtenverhältnis auf Widerruf ist im Beamtenstatusgesetz nicht enthalten, sodass das Beamtenverhältnis eines Beamten auf Widerruf bei bestehender Dienstunfähigkeit stets durch Entlassung zu beenden ist.

Von einer Versetzung in den Ruhestand nach § 28 Abs. 2 BeamtStG wird in der Regel abzusehen sein, wenn der Beamte seine Dienstunfähigkeit durch eigenes grobes Verschulden herbeigeführt hat. Wird der Beamte im Falle des § 28 Abs. 2 BeamtStG nicht in den Ruhestand versetzt, so ist er nach § 23 Abs. 1 Satz 1 Nr. 3 BeamtStG zu entlassen.

10.4.4.3 Eintritt in den dauernden Ruhestand auf Antrag (Antragsaltersgrenze)

Ein Beamter auf Lebenszeit oder auf Zeit kann ohne Nachweis der Dienstunfähigkeit auf seinen Antrag in den dauernden Ruhestand versetzt werden

- frühestens mit Vollendung des 63. Lebensjahres (§ 33 Abs. 3 Satz 1 Nr. 1 LBG),
- als schwerbehinderter Mensch im Sinne von § 2 Abs. 2 SGB IX frühestens mit Vollendung des 60. Lebensjahres (§ 33 Abs. 3 Satz 1 Nr. 2 LBG).

Aus dienstlichen Gründen kann bei Leitern und Lehrern an öffentlichen Schulen die Versetzung in den Ruhestand bis zum Ende des laufenden Schuljahres hinausgeschoben werden (§ 33 Abs. 3 Satz 2 LBG).

Die Behörde entscheidet über den Antrag des Beamten nach pflichtgemäßem Ermessen. Ein Anspruch auf Versetzung in den Ruhestand besteht nicht. Das Ermessen ist insofern eingeschränkt, als nur dienstliche Gründe berücksichtigt werden dürfen. Die Haushaltssituation darf als Entscheidungsgrundlage nicht herangezogen werden.

Das Ruhegehalt vermindert sich nach § 16 Abs. 2 LBeamtVG um 3,6 vom Hundert für jedes Jahr, um das der Beamte

- vor Ablauf des Monats, in dem er das 63. Lebensjahr vollendet, nach § 33 Abs. 3 Satz 1 Nummer 2 des Landesbeamtengesetzes in den Ruhestand versetzt wird,
- vor Ablauf des Monats, in dem er die für sie oder ihn geltende gesetzliche Altersgrenze erreicht, nach § 33 Abs. 3 Satz 1 Nummer 1, § 114 Abs. 3, § 117 Abs. 2 des Landesbeamtengesetzes in den Ruhestand versetzt wird,
- vor Ablauf des Monats, in dem er das 65. Lebensjahr vollendet, wegen Dienstunfähigkeit, die nicht auf einem Dienstunfall beruht, in den Ruhestand versetzt wird.

10.4.5 Eintritt in den einstweiligen Ruhestand politischer Beamter

Eine besondere Form des Eintritts in den Ruhestand regeln die §§ 30 BeamtStG und 37 LBG. Es handelt sich um den einstweiligen Ruhestand, in den die Landesregierung folgende Beamte (die so genannten politischen Beamten) im Beamtenverhältnis auf Lebenszeit jederzeit versetzen kann:

- Chef der Staatskanzlei und Staatssekretär sowie Staatssekretäre,
- Regierungspräsidenten,
- Leiter der für den Verfassungsschutz zuständigen Abteilung,
- Regierungssprecher und
- Polizeipräsidenten.

Die Landesregierung entscheidet nach pflichtgemäßem Ermessen, ob und wann sie einen der vorgenannten Beamten in den einstweiligen Ruhestand versetzt. Die Angabe von Gründen ist ausnahmsweise nicht erforderlich. Der Gesetzgeber hat hier dem Dienstherrn die Möglichkeit einer kurzfristigen Trennung von dem Beamten eingeräumt, da in diesen Positionen die grundsätzliche Übereinstimmung mit den politischen Ansichten der Landesregierung erforderlich ist.

10.4.6 Eintritt in den einstweiligen Ruhestand bei der Auflösung oder Umbildung von Behörden

Bei Auflösung, wesentlicher Aufbauveränderung oder Verschmelzung einer Behörde mit einer oder mehreren anderen, können Beamte auf Lebenszeit oder auf Zeit, deren übertragenes Aufgabengebiet von der Auflösung oder Umbildung in den einstweiligen Ruhestand berührt wird, wenn eine Versetzung nach den §§ 25 und 26 LBG nicht möglich ist (vgl. § 31 Abs. 1 Satz 1 BeamtStG). Die Versetzung ist aus Gründen der Rechtssicherheit betroffener Beamter an Fristen gebunden. Sie darf nur innerhalb von sechs Monaten nach Auflösung der Behörde oder nach Inkrafttreten des Gesetzes oder der Verordnung ausgesprochen werden und ist nur innerhalb der Zahl der aus diesem Anlass eingesparten Planstellen zulässig (§ 26 Abs. 1 Satz 2 LBG). In dem Gesetz oder in der Verordnung kann ein anderer Zeitpunkt für den Beginn der Frist bestimmt werden (§ 26 Abs. 1 Satz 3 LBG).

Der einstweilige Ruhestand beginnt, wenn nicht im Einzelfall ausdrücklich ein späterer Zeitpunkt festgesetzt worden ist, mit dem Zeitpunkt, in dem die Versetzung in den einstweiligen Ruhestand dem Beamten bekannt gegeben wird, spätestens mit dem Ende der drei Monate, die auf den Monat der Bekanntgabe folgen (vgl. § 38 Satz 1 LBG). Die verfahrensrechtlichen Regelungen zur Form, Bestimmtheit, Begründung, Zustellung und Anhörung sind auch in diesen Fällen der Versetzung in den Ruhestand zu beachten.

10.4.7 Übungen

Sachverhalt 1

Stadtinspektor David D befindet sich in der Probezeit und hat seit der ersten Berufung in das Beamtenverhältnis eine Dienstzeit von drei Jahren und sechs Monaten geleistet. Ohne sein Verschulden erleidet D bei einem Verkehrsunfall in seiner Freizeit schwere Verletzungen.

Es wird festgestellt, dass er nicht mehr in der Lage sein wird, seinen Dienst bei der Stadt S wieder aufzunehmen. Er wird dauernd dienstunfähig und pflegebedürftig sein.

Fragestellung

Welche Rechtsfolgen könnten sich wegen der Dienstunfähigkeit von Herrn D ergeben?

Lösungshinweise

Im vorliegenden Fall könnte es sich um den Eintritt in den Ruhestand nach § 28 Abs. 2 BeamtStG oder um eine Entlassung nach § 23 Abs. 1 Satz 1 Nr. 3 BeamtStG handeln.

Der Beamte auf Probe ist in den Ruhestand zu versetzen, wenn er infolge Krankheit, Verwundung oder sonstiger Beschädigung, die er sich ohne grobes Verschulden in Ausübung oder aus Veranlassung des Dienstes zugezogen hat, dienstunfähig im Sinne des § 26 BeamtStG geworden ist (§ 28 Abs. 1 BeamtStG). Diese Voraussetzungen liegen laut Sachverhalt nicht vor. Er kann in den Ruhestand versetzt werden, wenn er aus anderen Gründen dienstunfähig geworden ist (§ 28 Abs. 2 BeamtStG).

Laut Sachverhalt befindet sich der Beamte in der Probezeit und somit im Beamtenverhältnis auf Probe.

Dienstunfähigkeit liegt nach § 26 Abs. 1 Satz 1 BeamtStG vor, wenn der Beamte infolge seines körperlichen Zustandes oder aus gesundheitlichen Gründen zur Erfüllung seiner Dienstpflichten dauernd unfähig (dienstunfähig) ist. Herr D ist laut Sachverhalt dienstunfähig im Sinne des § 26 Abs. 1 Satz 1 BeamtStG. Er könnte nach § 28 Abs. 2 BeamtStG in den Ruhestand versetzt werden, wenn § 32 BeamtStG dem nicht entgegenstehen würde.

Eine Versetzung in den Ruhestand setzt nach § 32 BeamtStG die Erfüllung einer versorgungsrechtlichen Wartezeit voraus. Wenn die Dienstunfähigkeit, wie im vorliegenden Fall, nicht durch einen Dienstunfall eingetreten ist (vgl. § 4 Abs. 1 Satz 1 Nr. 2 LBeamtVG), wird ein Ruhegehalt nur gewährt, wenn der Beamte eine Dienstzeit (§ 6 LBeamtVG) von fünf Jahren abgeleistet hat (vgl. § 4 Abs. 1 Satz 1 Nr. 1 LBeamtVG).

David D hat bisher laut Sachverhalt erst eine Dienstzeit von drei Jahren und sechs Monaten zurückgelegt. Eine Versetzung in den Ruhestand ist nicht möglich.

Das Beamtenverhältnis von D endet durch Entlassung durch obligatorischen Verwaltungsakt nach § 23 Abs. 1 Satz 1 Nr. 3 BeamtStG.

Sachverhalt 2

Stadtoberinspektor Edwin E, 55 Jahre alt, Beamter der Stadt D, ist krank. Eine Information aus dem Personalinformationssystem zeigt dem Bürgermeister an, dass der Beamte infolge Erkrankung in den letzten sieben Monaten bereits vier Monate keinen Dienst verrichtet hat. Zur Zeit liegt ebenfalls ein Attest über eine Dienstunfähigkeit nach Herzinfarkt vor. Das Fachamt hat bereits um Ersatz für E nachgefragt.

Der Bürgermeister bittet um Prüfung, ob das Beamtenverhältnis beendet werden kann, damit die Möglichkeit der Stellenbesetzung besteht. Da es sich um eine Stelle mit umfangreichen Bürgerkontakten handelt, möchte er die Stelle so schnell wie möglich mit einer jungen Beamtin der Laufbahngruppe 2 besetzen, die in Kürze ihr Studium an der Fachhochschule für öffentliche Verwaltung beenden wird. Ansonsten wäre die Einstellung der Beamtin in das Beamtenverhältnis auf Probe wegen fehlender freier Planstellen gefährdet.

In einem Telefongespräch teilt E dem Sachbearbeiter mit, dass er zur Zeit nicht beabsichtige, einen Antrag auf Versetzung in den Ruhestand zu stellen.

Fragestellung

Besteht die Möglichkeit das Beamtenverhältnis von E zu beenden und welche Voraussetzungen sind ggf. im Zurruhesetzungsverfahren zu beachten.

Bearbeitungshinweise

1. Anlässlich der von einem Arzt der unteren Gesundheitsbehörde durchgeführten Untersuchung wird festgestellt, dass E z. Z. wegen der Folgen eines Herzinfarktes dienstunfähig ist und wegen des Allgemeinzustandes aufgrund weiterer körperlicher Schwächen er auch voraussichtlich in den nächsten sechs bis zwölf Monaten nicht wieder voll dienstfähig werden wird. Eine anderweitige Verwendung i. S. des § 26 Abs. 2 BeamtStG scheidet aus. Selbst die Beschäftigung auf derselben oder einer anderen Stelle mit verringerter Dienstzeit nach § 27 BeamtStG wird vom Arzt in allen Aufgabenfeldern der Behörde ausgeschlossen, da der Gesundheitszustand von E den Anforderungen nicht genügen würde. Die ärztliche Prognose wird von einem weiteren Gutachter bestätigt.

2. Die Rechte der Gleichstellungsbeauftragten, des Personalrats, und der Schwerbehindertenvertretung sind beachtet worden.

Lösungshinweise

Als mögliche Beendigung des Beamtenverhältnisses von E kommt nur die Versetzung in den Ruhestand in Betracht (vgl. § 21 Abs. 1 Nr. 4 BeamtStG). Für den Eintritt in den Ruhestand gelten die Vorschriften der §§ 25 bis 32 BeamtStG. Die Dienstzeitvoraussetzungen von fünf Jahren nach § 32 BeamtStG i. V. m. § 4 Abs. 1 Nr. 1 LBeamtVG sind im vorliegenden Fall im Hinblick auf das Alter des Beamten offensichtlich erfüllt.

Die Versetzung in den Ruhestand wäre nach § 26 Abs. 1 Satz 1 BeamtStG möglich, wenn E als Beamter auf Lebenszeit dienstunfähig wäre. Dass es sich bei E als Stadtoberinspektor im Alter von 55 Jahren um einen Beamten im Beamtenverhältnis auf Lebenszeit handelt, kann unterstellt werden. Somit könnte er in den Ruhestand versetzt werden, wenn er wegen seines körperlichen Zustandes oder aus gesundheitlichen Gründen zur Erfüllung der Dienstpflichten dauernd unfähig (dienstunfähig) ist (vgl. § 26 Abs. 1 Satz 1 BeamtStG). Ob E dauernd dienstunfähig ist, kann dem Sachverhalt nicht entnommen werden. E selbst hat nicht die Absicht, sich in den Ruhestand versetzen zu lassen.

Als dienstunfähig i. S. des § 26 Abs. 1 Satz 1 BeamtStG können Beamte auch angesehen werden, wenn sie infolge Erkrankung innerhalb von sechs Monaten mehr als drei Monate keinen Dienst getan haben und keine Aussicht besteht, dass sie innerhalb weiterer sechs Monate wieder voll dienstfähig werden (vgl. § 26 Abs. 1 Satz 2 BeamtStG).

Die Tatbestandsvoraussetzungen des § 26 Abs. 1 Satz 2 BeamtStG sind erfüllt. E hat in den letzten sieben Monaten infolge Erkrankung mehr als drei Monate (insgesamt bereits vier Monate) wegen Dienstunfähigkeit keinen Dienst verrichtet. Nach Gutachten der unteren Gesundheitsbehörde wird er auch innerhalb der nächsten sechs bis zwölf Monate nicht wieder voll dienstfähig werden. E kann somit als dienstunfähig i. S. des § 26 Abs. 1 Satz 1 BeamtStG angesehen werden.

Von der Versetzung in den Ruhestand wegen Dienstunfähigkeit soll abgesehen werden, wenn eine anderweitige Verwendung möglich ist (vgl. § 26 Abs. 2 Satz 1 BeamtStG). Dem Beamten kann zur Vermeidung seiner Versetzung in den Ruhestand unter Beibehaltung seines Amtes ohne seine Zustimmung auch eine geringerwertige Tätigkeit innerhalb seiner Laufbahngruppe übertragen werden, wenn eine anderweitige Verwendung nicht möglich ist und ihm die Wahrnehmung der neuen Aufgabe unter Berücksichtigung seiner bisherigen Tätigkeit zuzumuten ist (vgl. § 26 Abs. 2 Satz 1 BeamtStG). Die Maßnahmen der Vermeidung der Versetzung in den Ruhestand kommen nicht in Betracht, da ausdrücklich ausgeschlossen wird, dass der Gesundheitszustand von E den Anforderungen genügt. Gleiches gilt hinsichtlich der Beschäftigung wegen begrenzter Dienstfähigkeit nach § 27 BeamtStG.

Das Verfahren der Zurruhesetzung des Beamten ist im vorliegenden Fall nach § 34 LBG durchzuführen, da ein Antrag auf Versetzung in den Ruhestand von E nicht gestellt wird. Aufgrund des amtsärztlichen Gutachtens hat die dienstvorgesetzte Stelle dem Beamten E unter Angabe der Gründe (vgl. § 39 VwVfG NRW) mitzuteilen, dass er ihn für dienstunfähig hält und seine Versetzung in den Ruhestand beabsichtigt sei (vgl. § 34 Abs. 1 Satz 1 LBG). Gegen die beabsichtigte Maßnahme kann E innerhalb eines Monats Einwendungen erheben (vgl. § 34 Abs. 1 Satz 2 LBG). Wird die Dienstfähigkeit von E festgestellt, ist das Verfahren einzustellen (vgl. § 34 Abs. 2 Satz 2 LBG). Wird seine Dienstunfähigkeit festgestellt, so ist er mit dem Ende des Monats, in dem ihm oder seinem Vertreter die Verfügung zugestellt wird, in den Ruhestand zu versetzen (vgl. § 34 Abs. 2 Satz 3 LBG). Zuständig ist grundsätzlich die Stelle, die nach § 16 Abs. 1 oder Abs. 2 LBG für die Ernennung zuständig wäre. Im vorliegenden Fall ist das der Bürgermeister (vgl. § 73 Abs. 3 Satz 1 GO).

Sachverhalt 3

Verwaltungsdirektor F befindet sich im Beamtenverhältnis auf Lebenszeit bei der Universitätsbibliothek L. Der Beamte hat nach Feststellung des Landgerichts mit einer Buchhandlung viele Jahre lang Preisnachlässe für Bücher ausgehandelt, die gegen die Preisbindung des Buchhandels verstießen. Die eingeräumten Rabatte wurden zur Weiterleitung an die Bibliothek auf das Privatkonto von F überwiesen. Die erforderliche Ausschreibung ist nicht erfolgt. Das Gericht hat weiterhin festgestellt, dass die auf das Privatkonto des Beamten eingegangenen Beträge seine Kreditwürdigkeit erhöhten, was als Vorteil aus der pflichtwidrigen Handlung anzusehen ist. F wurde wegen dieser Straftaten zu einer Gesamtstrafe von einem Jahr und drei Monaten verurteilt, die Vollstreckung der Strafe aber zur Bewährung ausgesetzt. Das Verfahren ist am 15.03. rechtskräftig abgeschlossen geworden.

Fragestellung

Mit welchen beamtenrechtlichen Konsequenzen ist die Verurteilung von F verbunden.

Lösungshinweise

Das Beamtenverhältnis endet nach § 21 Nr. 2 BeamtStG u. a. durch Verlust der Beamtenrechte. Im vorliegenden Fall könnte sich der Verlust aus § 24 Abs. 1 Satz 1 BeamtStG ergeben. Danach endet das Beamtenverhältnis kraft Gesetzes mit der Rechtskraft des Urteils eines deutschen Gerichts, wenn der Beamte im ordentlichen Strafverfahren durch Urteil wegen einer vorsätzlichen Tat zu Freiheitsstrafe von mindestens einem Jahr verurteilt wird. Die Voraussetzungen liegen insgesamt vor. Es handelte sich um eine vorsätzliche Tat, die zu einer Verurteilung durch ein deutsches Gericht geführt hat. Das Strafmaß von 13 Monaten liegt über dem Mindestzeitraum. Mit der Rechtskraft des Urteils am 15.03. endet das Beamtenverhältnis von F kraft Gesetzes .

Die Zahlung der Dienstbezüge endet mit Ablauf des 31.03; F darf die Amtsbezeichnung nicht mehr führen (vgl. § 29 Abs. 1 LBG). Gleichzeitig wird er in der gesetzlichen Rentenversicherung nachversichert, da er als Beamter auf Lebenszeit ohne Anspruch auf Versorgung aus dem Beamtenverhältnis ausgeschieden ist (vgl. § 8 SGB VI).

10.5 Rechtsfolgen der Beendigung von Beamtenverhältnissen

10.5.1 Rechtsfolgen der Entlassung

Die Rechtsfolgen der Entlassung treten mit der Wirksamkeit des Verwaltungsaktes „Entlassung" ein und richten sich nach § 28 Abs. 3 LBG. Die Entlassung tritt danach im Falle des § 23 Abs. 1 Satz 1 BeamtStG (obligatorische Entlassung durch Verwaltungsakt) mit der Zustellung der Entlassungsverfügung, im Falle des § 27 Abs. 2 LBG (obligatorische Entlassung nach Verstoß gegen die Verpflichtung zur Weiterführung des Amtes als Beamte auf Zeit) mit dem Ablauf der Amtszeit, im Übrigen mit dem Ende des Monats ein, in dem die Entlassungsverfügung dem Beamten zugestellt worden ist.

Es handelt sich dabei im Einzelnen um folgende Rechtsfolgen:

- Der frühere Beamte hat keinen Anspruch auf Leistungen des Dienstherrn mehr, soweit gesetzlich nichts anderes bestimmt ist (vgl. § 28 Abs. 3 Satz 1 Satz 1 LBG),
- er darf die Amtsbezeichnung und die mit dem Amt verliehenen Titel nur führen, wenn ihm die Erlaubnis nach § 77 Abs. 4 LBG erteilt ist (vgl. § 28 Abs. 3 Satz 2 LBG),
- seine Dienst- oder Anwärterbezüge für den Entlassungsmonat können belassen werden (vgl. § 28 Abs. 3 Satz 3 LBG).

10.5.2 Rechtsfolgen des Eintritts in den Ruhestand

10.5.2.1 Dauernder Ruhestand

Nach dem Übertritt in den Ruhestand hat der Ruhestandsbeamte die folgenden Pflichten und Rechte:

- Pflicht, einer erneuten Berufung in das Beamtenverhältnis bei seinem früheren Dienstherrn (auch in einer anderen Laufbahn) Folge zu leisten, wenn der Beamte wegen Dienstunfähigkeit in den Ruhestand versetzt wurde (§ 29 Abs. 2 BeamtStG).
- Pflicht zur Amtsverschwiegenheit (§ 37 Abs. 1 Satz 2 BeamtStG)),
- Verbot der Annahme von Belohnungen oder Geschenken in Bezug auf das frühere Amt (§ 42 Abs. 1 BeamtStG)
- Recht auf erneute Berufung in das Beamtenverhältnis bei Wiederherstellung der Dienstfähigkeit auf Antrag des Beamten, wenn nicht zwingende dienstliche Gründe entgegenstehen (§ 29 Abs. 1 BeamtStG)),
- Recht auf Zahlung des Ruhegehaltes (§§ 4 Abs. 2LBeamtVG),
- Recht auf Führung der Amtsbezeichnung mit dem Zusatz „außer Dienst" (a. D.) nach § 77 Abs. 3 Satz 1 LBG. Professoren dürfen ihre Amtsbezeichnung ohne Zusatz weiterführen (§ 123 Abs. 4 LBG).
- Recht auf Einsicht in die Personalakte (§ 86 Abs. 1 LBG),
- Recht auf ein Dienstzeugnis (§ 92 Abs. 3 LBG) und
- Recht auf Fürsorge (§ 45 BeamtStG)).

10.5.2.2 Einstweiliger Ruhestand

Die Rechtsfolgen des einstweiligen Ruhestandes entsprechen im Wesentlichen denen des dauernden Ruhestandes, mit einer abweichenden Bemessung des Ruhegehaltes.

Der einstweilige Ruhestand endet nach § 30 Abs. 3 Satz 2 BeamtStG bei erneuter Berufung in das Beamtenverhältnis auf Lebenszeit. Dabei müssen folgende Voraussetzungen vorliegen:

- Amt derselben oder einer gleichwertigen Laufbahn wie das Amt vor der Versetzung in den Ruhestand und
- mindestens dasselbe Grundgehalt.

11 Beschwerdeweg und Rechtsschutz

Der Beamte hat eine Vielzahl von Rechten und Pflichten, die sich aus dem öffentlich-rechtlichen Dienst und Treueverhältnis ergeben. Im Bereich der Pflichten sind Eingriffe persönlicher Art nicht ausgeschlossen. Auch im innerdienstlichen Bereich können Anordnungen des Dienstvorgesetzten und der sonstigen Vorgesetzten ihn als Rechtspersönlichkeit, also als Träger von Rechten und Pflichten, treffen. Der Beamte steht solchen Entscheidungen, Anordnungen usw., die seine Rechte und Interessen betreffen, insgesamt nicht schutzlos gegenüber. Bei der Mehrzahl von Entscheidungen besteht die Möglichkeit, **Rechtsbehelfe** einzulegen. Ein Rechtsbehelf ist jedes von der Rechtsordnung bereitgestellte verfahrensmäßige Instrument, um eine Entscheidung oder ein sonstiges Verhalten der Legislative, Exekutive oder Judikative überprüfen zu lassen[1].

Rechtsbehelfe		
Außergerichtliche Rechtsbehelfe		**Gerichtliche Rechtsbehelfe**
Formlos	Förmlich	Förmlich
• Anträge und Beschwerden (§ 103 Abs. 2 LBG), • Remonstration (Gegenvorstellung), • Petitionen, • Beschwerde an Personalrat, Gleichstellungsbeauftragte, Schwerbehindertenvertretung und Stelle nach dem AGG • Anrufung des Datenschutz-beauftragten, • Antrag nach § 18 Abs. 1 LDG, • Gnadengesuch	• Widerspruch, • Einwand nach § 34 Abs. 1 Satz 2 LBG, • Antrag auf Wiederaufgreifen des Verfahrens (§ 51 VwVfG NRW)	• Klage vor dem Verwaltungsgericht, • Klage vor dem Disziplinargericht, • Klage vor dem Finanzgericht • Klage vor dem Zivilgericht • Verfassungsbeschwerde vor dem Bundesverfassungsgericht

---

[1] Monhemius, Rn. 641.

11.1 Außergerichtliche Rechtsbehelfe

Bei außergerichtlichen Rechtsbehelfen ist zwischen **formlosen und förmlichen Rechtsbehelfen** zu unterscheiden. Formlose Rechtsbehelfe sind nicht an Formvorschriften und Fristen gebunden. Allerdings kann der Anspruch auf Wahrnehmung und Durchsetzung von Rechten durch Zeitablauf ausnahmsweise verwirkt sein.

Der Beamte kann sich bei der Wahrnehmung seiner Interessen allgemein durch einen Bevollmächtigten und Beistand (vgl. § 14 VwVfG NRW) oder durch seine Gewerkschaft oder seinen Berufsverband vertreten lassen. Auch kann er den Personalrat um Unterstützung bitten (vgl. § 64 Nr. 5 LPVG).

11.1.1 Außergerichtliche formlose Rechtsbehelfe

Gegen Entscheidungen im ausschließlich dienstlichen Bereich (so genanntes Betriebsverhältnis), die den Beamten nicht in seiner Eigenschaft als Träger von Rechten und Pflichten treffen, kann er sich grundsätzlich mit außergerichtlichen formlosen Rechtsbehelfen wehren.

11.1.1.1 Anträge und Beschwerden

Der Beamte hat nach § 103 Abs. 2 LBG das Recht, **Anträge** und **Beschwerden** bis zu seiner obersten Dienstbehörde vorzubringen. Er hat die Möglichkeit, sich damit gegen Maßnahmen zu wehren, die aus seiner Sicht einer rechtmäßigen, effektiven und bürgerfreundlichen Dienstleistungsverwaltung und einem kollegialen Umgang untereinander nicht entsprechen.

Während Anträge als Gegenvorstellung initiativ ausgerichtet sind, haben Beschwerden des Beamten das Ziel, getroffene Anordnungen jeder Art des Verwaltungshandelns zu beseitigen, abzuändern oder die Veränderung eines persönlichen Verhaltens von Beschäftigten, Vorgesetzten usw. (Tun, Dulden, Unterlassen) herbeizuführen.

Die **Aufsichtsbeschwerde** im organisatorischen Bereich bezeichnet man allgemein als **Fachaufsichtsbeschwerde**, die Beschwerde über das persönliche Verhalten von Verwaltungsmitarbeitern dagegen als **Dienstaufsichtsbeschwerde**. Auf die Bezeichnung als Bitte, Vorschlag, Beschwerde usw. in einem Schriftsatz oder Vortrag des Beamten kommt es nicht an. Beschwerden führen nicht zu einer aufschiebenden Wirkung.

Formal ist zu beachten, dass der Beamte den Dienstweg einhält (§ 103 Abs. 2 Satz 1 Halbsatz 2 LBG), d. h., den Vorgesetzten, den nächsthöheren Vorgesetzten usw. nicht übergeht. Richtet sich die Beschwerde gegen den unmittelbaren Vorgesetzten i. S. des § 2 Abs. 5 LBG, kann sie bei dem nächsthöheren Vorgesetzten eingereicht werden (§ 103 Abs. 2 Satz 3 LBG).

Die zuständigen Stellen sind verpflichtet, Anträge und Beschwerden entgegenzunehmen, innerhalb einer angemessenen Zeit zu prüfen und dem Beamten einen entsprechenden Bescheid zu erteilen. Nicht jede Eingabe lässt erkennen, ob der Beamte formlos oder förmlich von seinem Recht des außergerichtlichen Rechtsbehelfs Gebrauch machen will. Da der Widerspruch als förmlicher Rechtsbehelf an die Form- und Verfahrensvorschriften der Verwaltungsgerichtsordnung gebunden ist und durch Abhilfe- (§ 72 VwGO) oder Widerspruchsbescheid (§ 73 VwGO) von der Ausgangs- bzw. Widerspruchsbehörde erledigt wird, ist durch gewissenhafte Interpretation oder durch Rückfrage die Absicht des Beamten über den tatsächlichen Zweck zu ermitteln.

Bei Anträgen und Beschwerden hat der Beamte die sich aus dem öffentlich-rechtlichen Dienst- und Treueverhältnis ergebenden Pflichten zu beachten, wie beispielsweise die Pflicht zur wahrheitsgetreuen Aussage und zu achtungs- und vertrauensvollem Verhalten (vgl. § 34 BeamtStG), da er ansonsten eine Dienstpflichtverletzung begeht.

11.1.1.2 Remonstration (Gegenvorstellung)

Der Begriff „Remonstration" oder Gegenvorstellung entstammt einer Regelung, die eigentlich zu den Pflichten des Beamten zu zählen ist (vgl. § 36 Abs. 2 BeamtStG). Danach hat der Beamte Bedenken gegen die Rechtmäßigkeit dienstlicher Anordnungen unverzüglich seinem unmittelbaren Vorgesetzten vorzutragen, da er nach § 35 Satz 2 BeamtStG grundsätzlich verpflichtet ist, Anordnungen auszuführen und allgemeine Richtlinien zu befolgen. Da die Gegenvorstellung den Beamten ggf. davor schützt eine Straftat oder Ordnungswidrigkeit zu begehen, kann sie dem Bereich der dem Beamten zur Verfügung stehenden Rechtsbehelfe zugeordnet werden. Zum Inhalt der Remonstration vgl. im Einzelnen 8.1.1.2.3.

11.1.1.3 Petitionen

Wie Jedermann auch hat der Beamte das Recht, sich einzeln oder in Gemeinschaft mit anderen schriftlich mit Bitten oder Beschwerden an die zuständigen Stellen und an die Volksvertretungen (Europäisches Parlament, Bundestag, Landtag) zu wenden (vgl. Art. 17 GG) sowie Anregungen und Beschwerden an die Gemeindevertretung oder den Kreistag zu richten (vgl. 8.2.1.4.4).

Für Beamte wird das Recht der jederzeitigen unmittelbaren Eingaben an den Landtag durch § 103 Abs. 2 Satz 4 LBG ausdrücklich bestätigt. Die Petition kann an den Bundestag, den Landtag oder an die jeweiligen Petitionsausschüsse gerichtet werden. Nach Art. 17 GG ist für Petitionen die Schriftform vorgeschrieben. Der Petent hat einen Anspruch auf Entgegennahme seiner Petition, eine sachliche Prüfung seines Vortrages und eine schriftliche Stellungnahme durch die zuständige Stelle.

Nach § 24 Abs. 1 Satz 1 GO hat jeder (also auch Beamte) das Recht, sich schriftlich mit Anregungen und Beschwerden in Angelegenheiten der Gemeinde an den Rat oder die Bezirksvertretung zu wenden. Dieses Recht steht Beamten selbst im Bereich innerdienstlicher Angelegenheiten zu. Vom Rat, der Bezirksvertretung oder vom zuständigen Ausschuss ist der Beamte über die Stellungnahme zu den Anregungen und Beschwerden zu unterrichten. Das gleiche Recht haben Beamte des Kreises, die sich nach § 21 KrO an den Kreistag wenden können.

11.1.1.4 Beschwerden an Personalrat, Gleichstellungsbeauftragte und Schwerbehindertenvertretung

Der Beamte kann sich mit Anregungen und Beschwerden an den **Personalrat** wenden. Dieser ist nach § 64 Nr. 5 LPVG verpflichtet, diese entgegenzunehmen und, falls sie berechtigt erscheinen, durch Verhandlung mit dem Leiter der Dienststelle auf ihre Erledigung hinzuwirken. Die Personalvertretung arbeitet zum Wohle der Beschäftigten dabei vertrauensvoll mit der Dienststelle zusammen (vgl. § 2 Abs. 1 LPVG).

Besondere Formvorschriften sind für diese Art der Anregungen und Beschwerden nicht vorgeschrieben. Beschäftigte können sich unmittelbar an die für sie zuständige Gleichstellungsbeauftragte wenden. In der Landesverwaltung darüber hinaus an die Gleichstellungsbeauftragte der übergeordneten Dienststelle oder an das Ministerium als die für Gleichstellungsfragen zuständige oberste Landesbehörde (vgl. § 20 LGG). Zu den Aufgaben der Gleichstellungsbeauftragten gehören nach § 17 Abs. 2 LGG auch die Beratung und Unterstützung der Beschäftigten in Fragen der Gleichstellung. Die Gleichstellungsbeauftragte hat ein unmittelbares Vortragsrecht bei der Dienststellenleitung und kann Sprechstunden für die Beschäftigten durchführen (§ 18 Abs. 4 Satz 1 und Abs. 5 Satz 1 LGG).

Zu den Aufgaben der **Schwerbehindertenvertretung** gehört es, Anregungen und Beschwerden von schwerbehinderten Menschen entgegen zu nehmen und, falls sie berechtigt erscheinen, durch Verhandlung mit dem Arbeitgeber auf eine Erledigung hinzuwirken (vgl. § 95 Abs. 1 Satz 2 Nr. 3 SGB IX).

Beamte haben das Recht, wie Arbeitnehmer auch, sich bei den zuständigen Stellen des Dienstherrn zu beschweren, wenn sie sich im Zusammenhang mit ihrem Beschäftigungsverhältnis vom Arbeitgeber, von Vorgesetzten, anderen Beschäftigten oder Dritten wegen eines in § 1 AGG genannten Grundes benachteiligt fühlen. Die Beschwerde ist zu prüfen und das Ergebnis der oder dem beschwerdeführenden Beschäftigten mitzuteilen (§ 13 Abs. 1 AGG). Die Rechte des Personalrats bleiben davon unberührt (§ 13 Abs. 2 AGG).

Wer der Ansicht ist, wegen eines in § 1 AGG genannten Grundes benachteiligt worden zu sein, kann sich auch an die **Antidiskriminierungsstelle** des Bundes wenden (§ 27 Abs. 1 AGG). Die Antidiskriminierungsstelle des Bundes unterstützt nach § 27 Abs. 2 AGG auf unabhängige Weise Personen, die sich aus Gründen der Benachteiligung an sie wenden, bei der Durchsetzung ihrer Rechte. Hierbei kann sie insbesondere

- über Ansprüche und die Möglichkeiten des rechtlichen Vorgehens im Rahmen gesetzlicher Regelungen zum Schutz vor Benachteiligungen informieren,
- Beratung durch andere Stellen vermitteln bzw.
- eine gütliche Beilegung zwischen den Beteiligten anstreben.

11.1.1.5 Anrufung des Datenschutzbeauftragten

Bedienstete der öffentlichen Stellen können sich jederzeit in Angelegenheiten des Datenschutzes unmittelbar an den **Beauftragten ihrer Dienststelle** wenden (§ 32a Abs. 4 Satz 1 DSG[2]). Der Beauftragte ist zur Verschwiegenheit über die Identität der betroffenen Person sowie über Umstände, die Rückschlüsse auf diese zulassen, verpflichtet, soweit er von der betroffenen Person davon nicht befreit wurde (§ 32a Abs. 4 Satz 2 DSG).

Bedienstete der öffentlichen Stellen haben darüber hinaus das Recht, sich unmittelbar an den **Landesbeauftragten für den Datenschutz** zu wenden, wenn sie der Ansicht sind, dass gegen Vorschriften des Datenschutzgesetzes Nordrhein-Westfalen oder gegen andere Datenschutzvorschriften verstoßen worden ist oder ein solcher Verstoß bevorsteht (vgl. § 25 Abs. 1 DSG). Damit die Anrufung aus Angst vor Repressalien nicht unterbleibt, darf niemand benachteiligt oder gemaßregelt werden, weil er den Landesbeauftragten für den Datenschutz eingeschaltet hat (vgl. § 25 Abs. 2 DSG).

11.1.1.6 Antrag nach § 18 Abs. 1 LDG

Die Rechtsgrundlage zum sog. „**Selbstreinigungsverfahren**" enthält § 18 Abs. 1 LDG. Danach haben Beamte das Recht, bei der dienstvorgesetzten Stelle ein Disziplinarverfahren gegen sich selbst zu beantragen, um sich von dem Verdacht eines Dienstvergehens zu entlasten. Der Antrag darf nach § 18 Abs. 2 Satz 1 LDG nur abgelehnt werden, wenn keine zureichenden tatsächlichen Anhaltspunkte vorliegen, die den Verdacht eines Dienstvergehens rechtfertigen oder wenn eine Disziplinarmaßnahme nach den §§ 14 und 15 LDG (Disziplinarmaßnahmen nach Straf- oder Bußgeldverfahren, Maßnahmeverbot wegen Zeitablaufs) nicht ausgesprochen werden darf. Lehnt die dienstvorgesetzte Stelle den Antrag ab, weil sie ihn nicht für gerechtfertigt hält, hat sie dem Beamten dieses mitzuteilen (vgl. § 17 Abs. 2 Satz 2 LDG).

11.1.1.7 Gnadengesuch

Der Beamte kann in bestimmten Fällen von Straftaten und Dienstpflichtverletzungen von der Möglichkeit Gebrauch machen, um Gnade zu bitten, um die Rechtsfolgen einer Sanktionsnorm abzumildern.

11.1.1.7.1 Gnadengesuch nach dem Landesbeamtengesetz[3]

Das Beamtenverhältnis eines Beamten, der im ordentlichen Strafverfahren durch das Urteil eines deutschen Gerichts im Geltungsbereich des Grundgesetzes wegen einer vorsätzlichen Tat zu Freiheitsstrafe von mindestens einem Jahre oder wegen einer vorsätzlichen Tat, die nach den Vorschriften über Friedensverrat, Hochverrat, Gefährdung des demo-

---

[2] Datenschutzgesetz Nordrhein-Westfalen - DSG NRW -, Bekanntmachung der Neufassung vom 09.06.2000 (GV.NRW. S. 542), zuletzt geändert durch Gesetz vom 02.06.2015 (GV. NRW. S. 482).
[3] Zum Gnadenerweis vgl. Gunkel in Schütz/Maiwald, Teil C, Kommentierung zu § 30 LBG.

kratischen Rechtsstaates oder Landesverrat und Gefährdung der äußeren Sicherheit strafbar ist, verurteilt wird, endet mit der Rechtskraft des Urteils (vgl. § 24 Abs. 1 Satz 1 BeamtStG).

Der Beamte kann einen Antrag auf Begnadigung stellen. Dem Ministerpräsidenten steht hinsichtlich des Verlustes der Beamtenrechte das **Gnadenrecht** zu (Art. 59 Abs. 1 Satz 1 Landesverfassung, § 30 Abs. 1 Satz 1 LBG). Er kann die Befugnis auf andere Stellen übertragen (vgl. Art. 59 Abs. 1 Satz 2 Landesverfassung, § 30 Abs. 1 Satz 2 LBG), was in Nordrhein-Westfalen geschehen ist. Wird der Beamte im Rahmen der Ermessensentscheidung begnadigt gilt das Beamtenverhältnis als nicht unterbrochen (vgl. § 30 Abs. 2 LBG i. V. m. § 24 Abs. 2 BeamtStG).

11.1.1.7.2 Gnadengesuch nach der Disziplinarordnung

In Disziplinarsachen steht dem Ministerpräsidenten das Gnadenrecht für alle Beamten zu, für die nach § 1 LDG das Landesdisziplinargesetz anzuwenden ist, wobei er das Recht auch hier nicht selbst ausüben muss (vgl. § 78 Abs. 1 Satz 2 LDG). Wird die Entfernung aus dem Beamtenverhältnis oder die Aberkennung des Ruhegehaltes im Gnadenwege aufgehoben, gelten die Konsequenzen des Gnadenrechts nach dem Landesbeamtengesetz sinngemäß (vgl. § 78 Abs. 2 LDG).

11.1.2 Außergerichtliche förmliche Rechtsbehelfe

Außergerichtliche förmliche Rechtsbehelfe sind der beamtenrechtliche Widerspruch (vgl. § 103 Abs. 1 LBG und §§ 68 ff. VwGO) und der Antrag auf Wiedereinsetzung des Verfahrens (vgl. § 51 VwVfG NRW). Ein Widerspruchsverfahren findet nach § 103 Abs. 1 Satz 1 LBG grundsätzlich nicht statt. Dies gilt nicht für Maßnahmen, denen die Bewertung einer Leistung im Rahmen einer berufsbezogenen Prüfung zugrunde liegt, sowie für Maßnahmen in besoldungs-, versorgungs-, beihilfe-, heilfürsorge-, reisekosten-, trennungsentschädigungs- und umzugskostenrechtlichen Angelegenheiten (§ 103 Abs. 1 Satz 2 LBG).

11.1.2.1 Widerspruch

Nach Art. 20 Abs. 3 GG ist die vollziehende Gewalt an Recht und Gesetz gebunden. Zum Kerngehalt des Rechtsstaatsprinzips gehört es, dass der beteiligte Beamte (vgl. § 13 VwVfG NRW) nach Abschluss des Verwaltungsverfahrens (vgl. § 9 VwVfG NRW) die Entscheidung der Behörde (vgl. § 1 Abs. 2 VwVfG NRW) überprüfen lassen kann. Wird der Beamte durch die öffentliche Gewalt in seinen subjektiven Rechten verletzt, steht ihm der Rechtsweg offen (Art. 19 Abs. 4 Satz 1 GG).

Für förmliche Rechtsbehelfe gegen Verwaltungsakte gelten die Verwaltungsgerichtsordnung und die zu ihrer Ausführung ergangenen Rechtsvorschriften, soweit nicht durch Gesetz etwas anderes bestimmt ist; im Übrigen gelten die Vorschriften dieses Gesetzes (§ 79 VwVfG). Nach § 54 Abs. 1 BeamtStG ist für Klagen der Beamten, Ruhestandsbeamten, früheren Beamten und der Hinterbliebenen aus dem Beamtenverhältnis grundsätzlich der Verwaltungsrechtsweg gegeben. § 54 BeamtStG ist als Spezialvorschrift gegenüber § 40 VwGO anzusehen.

Verwaltungsrechtlich sind Verwaltungsakte und sonstige beamtenrechtliche Entscheidungen voneinander abzugrenzen. Verwaltungsakte haben eine wesentliche Bedeutung hinsichtlich des Rechtsschutzes des Beamten. Je nach Rechtsnatur der Entscheidung sind teilweise abweichende Verfahrensschritte zu beachten.

Ein **Verwaltungsakt** ist jede Verfügung, Entscheidung oder andere hoheitliche Maßnahme, die eine Behörde zur Regelung eines Einzelfalles auf dem Gebiet des öffentlichen Rechts trifft und die auf unmittelbare Rechtswirkung nach außen gerichtet ist (§ 35 Satz 1 VwVfG NRW).

Maßnahmen sind zweckgerichtete Handlungen mit Erklärungsinhalt. Bewilligungen oder Versagungen erfüllen regelmäßig die Voraussetzungen und sind somit Maßnahmen in diesem Sinne. Die Maßnahme muss eine **Behörde** getroffen haben. Behörde ist jede Stelle, die Aufgaben der öffentlichen Verwaltung wahrnimmt (§ 1 Abs. 2 VwVfG NRW).

Die Maßnahme muss auf dem **Gebiet des öffentlichen Rechts** getroffen werden. Dieses ist der Fall, wenn die Rechtsgrundlage dem öffentlichen Recht zuzuordnen ist. Beamtenrechtliche Entscheidungen basieren weitgehend auf solchen Vorschriften (z. B. Landesbeamtengesetz, Laufbahnverordnung, Landesreisekostengesetz, Beihilfenverordnung) und damit liegt öffentliches Handeln vor.

Regelungen sind Maßnahmen der Behörde, die auf unmittelbare Herbeiführung einer Rechtsfolge gerichtet sind. Dies ist der Fall, wenn Rechte oder Pflichten des am Verfahren beteiligten Beamten begründet, aufgehoben, geändert oder festgesetzt werden. Insbesondere Bewilligungen oder Versagungen erfüllen somit den Tatbestand der Regelung.

Außenwirkung ist gegeben, wenn die beabsichtigte Rechtsfolge gegenüber einer außerhalb der Ablauforganisation der Verwaltung stehenden natürlichen oder juristischen Person eintreten soll. Sie fehlt folglich, wenn die Maßnahme Rechtswirkungen nur innerhalb der Verwaltung entfaltet. Schwierigkeiten der Abgrenzung ergeben sich, wenn die Regelung nicht eindeutig eine Person außerhalb der öffentlichen Verwaltung trifft, sondern ein enges Rechtsverhältnis der Person zum Staat besteht, wie dieses bei Beamten im öffentlich-rechtlichen Dienst- und Treueverhältnis (§ 3 Abs. 1 BeamtStG) der Fall ist. Gegenüber Beamten entfalten Regelungen nur Außenwirkung, wenn sie ihn als Rechtspersönlichkeit mit selbstständigen Rechten treffen (Amt im statusrechtlichen Sinne).

Keine Außenwirkung entfalten Entscheidungen im so genannten Innen- bzw. Betriebsverhältnis, d. h., wenn Maßnahmen Beamte ausschließlich in ihrer Eigenschaft als Mitglied der Verwaltung hinsichtlich ihres Amtes im funktionellen Sinne ansprechen. Nur wenn alle Tatbestände nebeneinander erfüllt sind, liegt ein Verwaltungsakt i. S. des § 35 Satz 1 VwVfG NRW vor.

Vor Erhebung der Anfechtungsklage sieht § 68 Abs. 1 VwGO grundsätzlich die Nachprüfung der Recht- und Zweckmäßigkeit des Verwaltungsaktes in einem **Vorverfahren** vor. Für die **Verpflichtungsklage** gilt dieses entsprechend, wenn der Antrag auf Vornahme des Verwaltungsaktes abgelehnt worden ist (vgl. § 68 Abs. 2 VwGO). Der Beamte hat Widerspruch auch vor Leistungs- und Feststellungsklagen (vgl. § 54 Abs. 2 Satz 3 BeamtStG) zu erheben, obwohl diese Klagearten keinen Verwaltungsakt voraussetzen. Allerdings sieht § 103 Abs. 1 LBG vor, dass grundsätzlich vor Erhebung einer Klage **kein Widerspruchsverfahren** durchzuführen ist. Dies gilt allerdings nicht bei Maßnahmen, denen die Bewertung einer Leistung im Rahmen einer berufsbezogenen Prüfung zugrunde liegt, sowie für Maßnahmen in besoldungs-, versorgungs-, beihilfe-, heilfürsorge-, reisekosten-, trennungsentschädigungs- und umzugskostenrechtliche Angelegenheiten.

Sinn und Zweck des Vorverfahrens ist es, der für die Regelung zuständigen Stelle (ggf. auch der obersten Dienstbehörde) die Überprüfung ihrer Entscheidung vor dem Klageverfahren zu ermöglichen und dem Betroffenen eine außergerichtliche Rechtsschutzmöglichkeit einzuräumen. Gleichzeitig ist das **Widerspruchsverfahren** Zulässigkeitsvoraussetzung für die verwaltungsrechtliche Klageerhebung, ohne die das Gericht ggf. nicht in eine Sachprüfung eintritt.

Für förmliche Rechtsbehelfe gegen Verwaltungsakte gelten die Verwaltungsgerichtsordnung und die zu ihrer Ausführung ergangenen Rechtsvorschriften (landesrechtliche Ausführungsgesetze zur Verwaltungsgerichtsordnung), soweit nicht durch Gesetz etwas anderes bestimmt ist; im Übrigen gelten die Vorschriften des Verwaltungsverfahrensgesetzes (vgl. § 79 VwVfG NRW). Die Verwaltungsgerichtsordnung enthält Zulässigkeitsvoraussetzungen (§§ 68 bis 71 VwGO), Formvorschriften, Zuständigkeits- und Kostenregelungen (§§ 72 und 73 VwGO) sowie Vorschriften über die aufschiebende Wirkung von Widersprüchen (§ 80 Abs. 1 Satz 1 VwGO). Für sonstige Fragestellungen sind die Vorschriften des Verwaltungsverfahrensgesetzes zu beachten, soweit bezüglich von Ernennungen usw. nicht die abschließenden Regelungen der §§ 11 und 12 BeamtStG maßgebend sind (vgl. Ausführungen unter 5.4).

11.1.2.1.1 Zulässigkeit des Widerspruchs

Die Zulässigkeit des Widerspruchs hängt davon ab, ob für die zugrunde liegende Streitigkeit der Rechtsweg zum Verwaltungsgericht eröffnet ist. Dementsprechend ist in beamtenrechtlichen Auseinandersetzungen zunächst festzustellen, ob der Verwaltungsrechtsweg offen steht.

Verwaltungsrechtsweg

Der Verwaltungsrechtsweg wird durch die spezialgesetzliche Rechtswegzuweisung des § 54 Abs. 1 BeamtStG eröffnet, wonach für Klagen der Beamten, Ruhestandsbeamten, früheren Beamten und der Hinterbliebenen aus dem Beamtenverhältnis der Verwaltungsrechtsweg eröffnet ist. Der Begriff „Beamtenverhältnis" ist dabei weit zu fassen. Es kommt nicht darauf an, ob für das Klagebegehren eine beamtenrechtliche Rechtsgrundlage einschlägig ist. Nach dem Sinn und Zweck der Vorschrift ist der Verwaltungsrechtsweg damit über den Wortlaut der Norm hinaus für alle Streitigkeiten beamtenrechtlicher Natur gegeben, selbst wenn ein Beamtenverhältnis noch nicht begründet wurde oder dem Rechtsstreit kein Verwaltungsakt zugrunde liegt. Diese Auslegung schließt Streitigkeiten vor Begründung des Beamtenverhältnisses, beispielsweise Auseinandersetzungen im Bewerbungsverfahren bei Einstellungszusagen oder bei der Nichtzulassung zum Auswahlverfahren, ein.

Statthaftigkeit

Der Widerspruch des Beamten ist statthaft, wenn er seiner Natur nach zulässig ist, also als verfahrensrechtliches Mittel ausdrücklich zur Verfügung steht. Die Statthaftigkeit des Widerspruchs ergibt sich unmittelbar aus § 103 Abs. 1 Satz 2 LBG für die dort aufgeführten Maßnahmen. Im Regelfall dient der Widerspruch der Beseitigung eines Verwaltungsaktes (Anfechtungsentscheidung) oder dem Erlass eines abgelehnten Verwaltungsaktes (**Verpflichtungsentscheidung**). Grundsätzlich ist daher zu prüfen, ob das Begehren des Widerspruchsführers auf eine angefochtene oder beantragte Verwaltungsmaßnahme gerichtet ist, die die Voraussetzungen des § 35 Satz 1 VwVfG NRW (Verwaltungsaktqualität) erfüllt.

Ordnungsgemäße Einlegung des Widerspruchs

Die ordnungsgemäße Einlegung des Widerspruchs ist nach § 70 VwGO zu prüfen. Der Widerspruch muss innerhalb eines Monats, nachdem der Verwaltungsakt (soweit ein solcher Grundlage der rechtlichen Auseinandersetzung ist) dem Beschwerten bekannt gegeben worden ist (vgl. § 41 VwVfG NRW), schriftlich oder zur Niederschrift bei der Behörde erhoben werden, die den Verwaltungsakt erlassen hat (§ 70 Abs. 1 Satz 1 VwGO).

Von der Durchführung eines Vorverfahrens kann ausnahmsweise abgesehen werden, wenn über einen Antrag des Beamten auf Erlass eines Verwaltungsaktes nicht binnen dreier Monate entschieden worden ist. In diesem Fall kann der Beamte unmittelbar Klage (sog. Untätigkeitsklage) nach § 75 VwGO einlegen.

Schriftform

Der Widerspruch ist schriftlich oder zur Niederschrift zu erheben (vgl. § 70 Abs. 1 Satz 1 VwGO). Hinsichtlich der zu beachten Form sind im beamtenrechtlichen Widerspruchsverfahren keine Besonderheiten zu beachten.

Frist

Der Widerspruch ist innerhalb **eines Monats**, nach Bekanntgabe bei der Behörde zu erheben, die den Verwaltungsakt erlassen hat (vgl. § 70 Abs. 1 Satz 1 VwGO). Die Frist wird auch durch Einlegung bei der Behörde, die den Widerspruchsbescheid zu erlassen hat, gewahrt (§ 70 Abs. 1 Satz 2 VwGO). Die Frist beginnt nur zu laufen, wenn der Beamte über den Rechtsbehelf und die Verwaltungsbehörde bei der der Rechtsbehelf anzubringen ist, den Sitz und die einzuhaltende Frist schriftlich belehrt worden ist (vgl. § 58 Abs. 1 VwGO).

Ist die Belehrung unterblieben oder unrichtig erteilt, so ist die Einlegung des Widerspruchs innerhalb eines Jahres seit der Bekanntgabe des Verwaltungsaktes zulässig, außer wenn die Einlegung vor Ablauf der Jahresfrist infolge höherer Gewalt unmöglich war oder eine schriftliche Belehrung dahin erfolgt ist, dass ein Rechtsbehelf nicht gegeben ist (vgl. § 58 Abs. 2 VwGO). Ebenso gelten die Vorschriften über die **Wiedereinsetzung in den vorigen Stand** nach § 60 Abs. 1 bis 4 VwGO entsprechend (vgl. § 70 Abs. 2 VwGO).

Die **Berechnung der Widerspruchsfrist** erfolgt nach § 31 Abs. 1 VwVfG NRW i. V. m. den §§ 187 bis 193 BGB. Nach § 187 Abs. 1 BGB wird für die Fristberechnung der Tag der Bekanntgabe des Verwaltungsaktes -als das für den Beginn der Frist maßgebende Ereignis- nicht mitgerechnet. Gem. § 188 Abs. 2 Alternative 1 BGB endet die Frist mit dem Ablauf desjenigen Tages des darauf folgenden Monats, der die gleiche Zahl trägt, wie der Tag der Bekanntgabe. Fällt das Ende der Frist auf einen Sonntag, einen gesetzlichen Feiertag oder einen Sonnabend, so endet die Frist mit dem Ablauf des nächstfolgenden Werktages (§ 31 Abs. 3 Satz 1 VwVfG NRW).

Bezüglich der einzuhaltenden Frist ist zwischen Widersprüchen gegen Verwaltungsakte und sonstigen beamtenrechtlichen Widersprüchen zu unterscheiden. Ist kein Verwaltungsakt Grundlage der rechtlichen Auseinandersetzung wie beispielsweise bei Leistungs- und Feststellungsbegehren, sind Widerspruchsfristen nicht zu beachten.

Im Einzelfall könnte der dem Beamten eingeräumte Rechtsschutz durch Zeitablauf ausnahmsweise **verwirkt** sein. Der Rechtsgedanke der Verwirkung (Unterfall des Grundsatzes von Treu und Glauben) ist auch im Beamtenrecht, als Teilgebiet des öffentlichen Rechts anwendbar. Für die Annahme der Verwirkung ist nicht auf den bloßen Zeitablauf abzustellen. Von einer Verwirkung kann nur dann ausgegangen werden, wenn der Berechtigte über einen längeren Zeitraum bei der Gegenseite den Eindruck erweckt, dass er sein Recht nicht mehr geltend machen wird. Nach der Rechtsprechung des Bundesverwaltungsgerichts gilt für einen Schadensersatzanspruch der in § 839 Abs. 3 BGB enthaltene Rechtsgedanke, wonach eine Ersatzpflicht für rechtswidriges staatliches Handeln nicht eintritt, wenn der durch entgangene Beförderung in seinen Rechten verletzte Beamte mögliche Rechtsbehelfe ohne hinreichenden Grund nicht in Anspruch genommen hat[4].

Als Orientierungsmaßstab kann die Regelung des § 58 Abs. 2 VwGO hinsichtlich der Jahresfrist hilfreich sein.

---

[4] BVerwG, Urteil vom 28.05.1998, 2 C 29/97, BVerwGE 107, 29 = ZBR 2000, 421 = DÖD 1999, 34 = IÖD 1998, 254 = NJW 1998, 3288 = DVBl. 1998, 1083.

Richtige Stelle

Der Widerspruch ist bei der Behörde zu erheben, die den Verwaltungsakt oder die sonstige Regelung getroffen oder unterlassen hat (vgl. § 70 Abs. 1 Satz 1 VwGO). Die Frist ist auch durch die Einlegung bei der Behörde, die den **Widerspruchsbescheid** zu erlassen hat, gewahrt (§ 70 Abs. 1 Satz 2 VwGO). Den Widerspruchsbescheid erlässt grundsätzlich die oberste Dienstbehörde (§ 126 Abs. 3 Nr. 2 VwGO). Sie kann die Entscheidung für Fälle, in denen sie den Verwaltungsakt nicht selbst erlassen hat, durch allgemeine Anordnung auf andere Behörden übertragen; die Anordnung ist zu veröffentlichen (§ 126 Abs. 3 Nr. 2 Satz 2 VwGO). Zu prüfen ist in Fällen, in denen der Widerspruch nicht bei der Behörde eingelegt worden ist, die den Verwaltungsakt usw. erlassen hat, ob es sich um die zuständige Widerspruchsbehörde handelt.

Beteiligungs- und Handlungsfähigkeit, Bevollmächtigung

Besonderheiten bezüglich dieser Prüfungsinhalte sind in beamtenrechtlichen Widersprüchen nicht zu beachten. Die **Beteiligungs- und Handlungsfähigkeit** ist nach den §§ 11 bis 13 VwVfG NRW zu prüfen, die der Bevollmächtigung nach § 14 VwVfG NRW.

Widerspruchsbefugnis

Weitere Voraussetzung für die Zulässigkeit des Widerspruchs ist die Geltendmachung einer Rechtsverletzung. Nur in einem solchen Fall ist der Beamte zum Widerspruch befugt. Die Widerspruchsbefugnis ist mangels spezieller Vorschriften für das Widerspruchsverfahren analog der Regelung für die Klagebefugnis nach § 42 Abs. 2 VwGO zu prüfen. Durch die Forderung nach einer Rechtsverletzung sollen Popularwidersprüche vermieden werden. Entsprechend dieser Regelung hängt die Zulässigkeit der Klage, und damit des Widerspruchs, davon ab, dass der Beamte geltend machen kann, in seinen Rechten verletzt zu sein.

Grundsätzlich wird für die Frage der Widerspruchsbefugnis zwischen Möglichkeits- und Adressatentheorie unterschieden. Nach der Möglichkeitstheorie ist der Widerspruchsführer widerspruchsbefugt, wenn er die mögliche Verletzung subjektiver Rechte geltend machen kann. Eine solche Rechtsverletzung ist immer möglich, wenn die so genannten Außenrechtsbeziehungen des Beamten zu seinem Dienstherrn berührt sind. Außenrechtsbeziehungen sind dann betroffen, wenn der Beamte als Träger von Rechten und Pflichten (Statusamt), also als Rechtspersönlichkeit, dem Dienstherrn gegenübersteht und in dem streitigen Zusammenhang nicht ausschließlich als Bestandteil der Ablauforganisation der Verwaltung (Funktionsamt). Als Rechtssubjekt tritt der Beamte bei der Einstellung, Versetzung, Beförderung, Entlassung, Zurruhesetzung, aber z. B. auch bei Entscheidungen im Besoldungs-, Beihilfen-, Umzugskosten- und Reiserecht, seinem Dienstherrn gegenüber.

Bei Entscheidungen im Betriebs- oder Innenrechtsverhältnis des Beamten zu seinem Dienstherrn (z. B. Umsetzung) ist die Verletzung subjektiver Rechte ebenfalls nicht auszuschließen. Anders verhält es sich, wenn es ausschließlich um Abläufe des Arbeitsprozesses geht. Hier liegt eine Rechtsverletzung im Regelfall **nicht** vor. Ggf. ist ein Widerspruch mit einem solchen Hintergrund besonders sorgfältig daraufhin zu untersuchen, ob nicht ausschließlich das Betriebsverhältnis betroffen ist und es an der erforderlichen Widerspruchsbefugnis mangelt. Ggf. ist der „Widerspruch" als Beschwerde zu interpretieren.

Bei der Anfechtung von Verwaltungsakten liegt die Widerspruchsbefugnis nach der Adressatentheorie vor, wenn der Beamte Adressat des belastenden Verwaltungsaktes ist, da dann immer die Möglichkeit einer Rechtsverletzung gegeben ist.

11.1.2.1.2 Formelle und materielle Begründetheit

Der beamtenrechtliche Widerspruch ist begründet, wenn die vom Beamten angefochtene Entscheidung rechtswidrig ist und ihn in subjektiven Rechten verletzt (analog § 113 Abs. 1 Satz 1 VwGO). War der zuständigen Stelle bei ihrer Entscheidung Ermessen eingeräumt, ist der Widerspruch des Beamten auch dann begründet, wenn der Verwaltungsakt unzweckmäßig ist (vgl. § 68 Abs. 1 Satz 1 VwGO).

Formelle Rechtmäßigkeit

Der Verwaltungsakt muss formell rechtmäßig zustande gekommen sein. Beamtenrechtliche Besonderheiten sind nicht zu beachten. Die Prüfungen zur Zuständigkeit, Bestimmtheit, Form und Begründung sowie zum Verfahren mit der Anhörung des Beamten und der Beteiligung des Personalrates usw. sind wie bei der Prüfung von Widersprüchen in anderen Rechtsbereichen durchzuführen.

Materielle Recht- und Zweckmäßigkeit

Gleiches gilt für die Prüfung der materiellen Recht- und Zweckmäßigkeit, die nach den Vorgaben des Sachverhalts unter Beachtung der entsprechenden beamten-, laufbahn-, besoldungs- und versorgungsrechtlichen Vorschriften nach § 68 bzw. § 113 Abs. 1 VwGO zu prüfen sind.

Wirkung des Widerspruchs

Widerspruch und **Anfechtungsklage** haben grundsätzlich aufschiebende Wirkung (Suspensiveffekt des Widerspruchs); das gilt auch bei rechtsgestaltenden und feststellenden Verwaltungsakten sowie bei Verwaltungsakten mit Doppelwirkung nach § 80a VwGO (vgl. § 80 VwGO). Der Suspensiveffekt entfällt u. a., wenn dies durch Bundesgesetz oder Landesgesetz vorgesehen ist (vgl. § 80 Abs. 2 Satz 1 Nr. 3 VwGO).

Eine entsprechende bundesgesetzliche Regelung enthält der unmittelbar für alle Beamtenverhältnisse geltende § 54 Abs. 3 BeamtStG, wonach Widerspruch und Anfechtungsklage gegen die Abordnung und Versetzung keine aufschiebende Wirkung haben.

Die aufschiebende Wirkung **entfällt** auch in den Fällen, in denen von der Behörde die sofortige Vollziehung besonders angeordnet wird (vgl. § 80 Abs. 2 Nr. 4 VwGO). Sie ist zulässig, wenn sie im öffentlichen Interesse oder im überwiegenden Interesse eines Beteiligten liegt. Das besondere Interesse an der sofortigen Vollziehung des Verwaltungsaktes ist von der Behörde grundsätzlich zu begründen (vgl. § 80 Abs. 3 VwGO). Auf Antrag des Beamten kann das Gericht der Hauptsache die aufschiebende Wirkung ganz oder teilweise wieder herstellen (vgl. § 80 Abs. 5 Satz 1 VwGO).

Die Anordnung der sofortigen Vollziehung kommt nach § 80 Abs. 1 Nr. 4 VwGO z. B. in Betracht, wenn die aufschiebende Wirkung des Widerspruchs bei objektiver Bewertung der Sachlage einem berechtigten Allgemeininteresse entgegenstehen würde.

11.1.2.1.3 Widerspruchsbescheid

Ist die beamtenrechtliche Regelung rechtmäßig und der Widerspruch zwar zulässig aber unbegründet, ergeht ein Widerspruchsbescheid (§ 73 Abs. 1 VwGO). Den Widerspruchsbescheid erlässt die oberste Dienstbehörde (§ 54 Abs. 3 BeamtStG). Die oberste Dienstbehörde (vgl. § 2 Abs. 1 LBG) kann die Entscheidung für Fälle, in denen sie den Verwaltungsakt nicht selbst erlassen hat, durch allgemeine Anordnung auf andere Behörden übertragen; die Anordnung ist zu veröffentlichen (vgl. § 54 Abs. 3 Satz 2 und 3 BeamtStG).

In der **Landesverwaltung** wird durch § 6 Satz 1 Verordnung über beamten- und disziplinarrechtliche Zuständigkeiten im Geschäftsbereich des für Inneres zuständigen Ministeriums[5] die Befugnis, im Vorverfahren zu Klagen aus dem Beamtenverhältnis über den Widerspruch zu entscheiden, auf die Behörden und Einrichtungen übertragen, die den mit dem Widerspruch angefochtenen Verwaltungsakt erlassen oder die Handlung vorgenommen haben, gegen die sich der Widerspruch richtet.

In der **Kommunalverwaltung** ist die Befugnis von der obersten Dienstbehörde (vgl. § 2 Abs. 1 Nr. 2 LBG) regelmäßig auf den Leiter der Verwaltung (Bürgermeister / Bürgermeisterin bzw. Landrat / Landrätin) übertragen, soweit die Entscheidung über den Widerspruch nicht selbst der obersten Dienstbehörde obliegt.

Die Entscheidung über den Widerspruch ist zu begründen, mit einer Rechtsmittelbelehrung zu versehen und zuzustellen (§ 73 Abs. 2 Satz 1 VwGO). Im Widerspruchsbescheid ist auch zu bestimmen, wer die Kosten trägt (§ 73 Abs. 2 Satz 2 VwGO). Weitere Einzelheiten zur Erstattung von Kosten im Vorverfahren regelt § 80 VwVfG NRW.

---

[5] Verordnung über beamten- und disziplinarrechtliche Zuständigkeiten im Geschäftsbereich des für Inneres zuständigen Ministeriums vom 18.11.2015 (GV. NRW. S. 760).

Gegen den Widerspruchsbescheid kann der Beamte innerhalb **eines Monats** nach Zustellung schriftlich oder zur Niederschrift bei der Geschäftsstelle des zuständigen Verwaltungsgerichts Klage erheben (vgl. § 74 Abs. 1 Satz 1 VwGO). Die Klage muss den Kläger, den Beklagten und den Streitgegenstand bezeichnen und einen Antrag enthalten. Die Klage ist gegen den Dienstherrn zu richten; zur Bezeichnung des Beklagten genügt die Angabe der Behörde (vgl. § 78 Abs. 1 Nr. 1 VwGO). Gegenstand der Klage ist der ursprüngliche Verwaltungsakt in der Gestalt, die er durch den Widerspruchsbescheid gefunden hat (vgl. § 79 Abs. 1 Nr. 1 VwGO). Die zur Begründung dienenden Tatsachen und Beweismittel sollen in der Klageschrift bezeichnet werden. Beizufügen sind der Klage die angefochtene Verfügung und der Widerspruchsbescheid.

11.1.2.1.4 Abhilfebescheid

Hält die Behörde den Widerspruch für zulässig und begründet, so hilft sie ihm ab und entscheidet über die Kosten (§ 72 Abs. 2 VwGO, § 80 VwVfG).

11.1.2.2 Einwand bei beabsichtigter Versetzung in den Ruhestand nach § 34 Abs. 1 Satz 1 LBG

Beabsichtigt der Dienstherr den Beamten nach Einholung eines amtsärztlichen Gutachtens wegen Dienstunfähigkeit in den Ruhestand zu versetzen (vgl. 34 Abs. 1 Satz 1 LBG), obwohl der Beamte selbst keinen Antrag gestellt hat, so teilt der Dienstvorgesetzte dem Beamten oder seinem Vertreter mit, dass seine Versetzung in den Ruhestand beabsichtigt sei (vgl. Ausführungen unter 10.). Auf die Möglichkeit, innerhalb eines Monats Einwendungen zu erheben (§ 34 Abs. 1 Satz 2 LBG) soll aber hingewiesen werden.

Bei Einwendungen entscheidet die für die Versetzung in den Ruhestand zuständige Stelle nach § 34 Abs. 2 Satz 2 und Satz 3 LBG, ob das Verfahren einzustellen oder fortzuführen ist. Zuständig ist nach § 34 Abs. 2, § 36 Abs. 1 LBG grundsätzlich die Stelle, die nach § 16 Abs. 1 oder Abs. 2 LBG für die Ernennung des Beamten zuständig wäre.

11.1.2.3 Antrag auf Wiederaufgreifen des Verfahrens

Die Behörde hat auf Antrag des Beamten über die Aufhebung oder Änderung eines unanfechtbaren Verwaltungsaktes unter den Voraussetzungen des § 51 Abs. 1 Nr. bis 3 VwVfG erneut zu entscheiden. Der Antrag ist nur zulässig, wenn der Betroffene ohne grobes Verschulden außerstande war, den Grund für das Wiederaufgreifen in dem früheren Verfahren, insbesondere durch Rechtsbehelf, geltend zu machen und der Antrag innerhalb von drei Monaten nach Kenntnis des Grundes für das Wiederaufgreifen gestellt wurde (vgl. § 51 Abs. 2 und 3 VwVfG NRW).

11.2 Gerichtliche Rechtsbehelfe

11.2.1 Förmliche gerichtliche Rechtsbehelfe

Dem Beamten stehen verschiedene gerichtliche Rechtsbehelfe unterschiedlicher Rechtswege zur Verfügung. Welcher Rechtsweg beschritten werden muss, hängt von der streitanhängigen Angelegenheit ab. Überwiegend wird der Beamte sein Recht vor dem Verwaltungsgericht erstreiten müssen. Bei der nachfolgenden Beschreibung der Reihenfolge der einzelnen Rechtswege wird von der Häufigkeit der Rechtsstreitigkeiten innerhalb der verschiedenen Rechtswege ausgegangen.

11.2.1.1 Klage vor dem Verwaltungsgericht

Für alle Klagen der Beamten, Ruhestandsbeamten, früheren Beamten und der Hinterbliebenen von Beamten ist der Verwaltungsrechtsweg (vgl. § 54 Abs. 1 BeamtStG) nach den Vorschriften der Verwaltungsgerichtsordnung gegeben. Die Norm ist bei vorbeamtenrechtlichen Streitigkeiten (z. B. in Einstellungsverfahren) entsprechend anzuwenden.

Ist der Beamte mit der Entscheidung der Behörde in Form des nach § 73 VwGO erlassenen Widerspruchsbescheides nicht einverstanden, muss er innerhalb der vorgesehenen Frist Klage erheben (vgl. § 74 VwGO). Örtlich zuständig ist das Verwaltungsgericht, in dessen Bezirk der Beamte seinen dienstlichen Wohnsitz oder in Ermangelung dessen seinen Wohnsitz hat (§ 52 Nr. 4 VwGO).

Die Anfechtungsklage hat wie bereits zuvor der Anfechtungswiderspruch gegenüber der angefochtenen Anordnung grundsätzlich aufschiebende Wirkung (vgl. § 80 VwGO). Die aufschiebende Wirkung entfällt, wenn die sofortige Vollziehung nach § 80 Abs. 2 Nr. 4 VwGO angeordnet worden ist, wobei im Verfahren die Widerspruchsbehörde als auch das Gericht die sofortige Vollziehung ganz oder teilweise aussetzen können.

Da Verpflichtungs-, Leistungs- und Feststellungsklagen keine aufschiebende Wirkung haben, kommt **vorläufiger Rechtsschutz** durch eine einstweilige Anordnung in Betracht. Einstweilige Anordnungen sind auch zur Regelung eines vorläufigen Zustandes in Bezug auf ein streitiges Rechtsverhältnis zulässig, wenn diese Regelung, vor allem bei dauernden Rechtsverhältnissen, zur Abwendung von wesentlichen Nachteilen, zur Verhinderung drohender Gefahr oder aus anderen Gründen für den Beamten nötig erscheint (vgl. § 123 Abs. 1 Satz 2 VwGO).

Vorläufiger Rechtsschutz ist insbesondere bei **Konkurrenzen um Beförderungsämter** von Bedeutung[6]. Auf Antrag kann das Gericht, auch schon vor Klageerhebung, eine einstweilige Anordnung in Bezug auf die Auswahlentscheidung des Dienstherrn treffen, wenn die Gefahr besteht, dass durch die Besetzung eines Beförderungsamtes die Verwirklichung der Rechte von Mitkonkurrenten vereitelt oder wesentlich erschwert werden könnte (vgl. § 123 Abs. 1 Satz 1 VwGO).

---

[6] Vgl. Schnellenbach, Konkurrenzen um Beförderungsämter – geklärte und ungeklärte Fragen, ZBR 1997, 169.

Im **Mittelpunkt der gerichtlichen Auseinandersetzungen** bei Konkurrentenstreitigkeiten steht das sog. **Eilverfahren**, weil nur durch eine positive Entscheidung zugunsten des unterlegenen Bewerbers das Eintreten von vollendeten Tatsachen im Hinblick auf die weitere Verfügbarkeit der gegenständlichen Stelle verhindert werden kann. Dies gilt insbesondere für die Besetzung von Beförderungsdienstposten. Ein bei der Beförderungsauswahl unterlegener Bewerber muss seinen Anspruch aus Art. 33 Abs. 2 GG durch vorläufigen Rechtsschutz wirksam sichern können. Art. 19 Abs. 4 GG garantiert eine effektive gerichtliche Kontrolle. Einstweiliger Rechtsschutz ist deswegen unter umfassender tatsächlicher und rechtlicher Prüfung der Bewerberauswahl zu gewähren. Wird eine Verletzung des Bewerbungsverfahrensanspruchs festgestellt, muss die Ernennung des ausgewählten Bewerbers bereits dann durch einstweilige Anordnung/Verfügung untersagt werden, wenn die Auswahl des Antragstellers bei rechtsfehlerfreier Auswahl jedenfalls möglich erscheint.[7] Aus Art. 33 Abs. 2 GG folgt ein Anspruch auf erneute Auswahl, wenn sich die Auswahlentscheidung des Dienstherrn als rechtsfehlerhaft erweist und die ausgeschriebenen Stelle noch zu besetzen ist. Bei einer erneuten Auswahlentscheidung ist der Dienstherr an die Rechtsauffassung des Gerichts gebunden. Die vom Gericht festgestellten Auswahlfehler sind damit zu unterlassen.[8] Da Konkurrentenverfahren regelmäßig im Rahmen des vorläufigen Rechtsschutzes entschieden werden, findet ein Rechtsmittelverfahren vor dem Bundesverwaltungsgericht regelmäßig nicht statt, sodass eine Einheitlichkeit der Rechtsprechung nicht gewährleistet ist.

Nach § 123 Abs. 1 Satz 1 VwGO kann das Gericht eine einstweilige Anordnung in Bezug auf den Streitgegenstand treffen, wenn die Gefahr besteht, dass durch eine Veränderung des bestehenden Zustandes die Verwirklichung eines Rechts des Antragstellers vereitelt oder wesentlich erschwert wird. Hierbei sind gemäß § 123 Abs. 3 VwGO das Bestehen eines zu sichernden Rechts (Anordnungsanspruch) und die besondere Eilbedürftigkeit (Anordnungsgrund) glaubhaft zu machen. Für den Erlass der einstweiligen Anordnung ist das Gericht der Hauptsache zuständig (§ 123 Abs. 2 Satz 1 VwGO). Das Gericht entscheidet durch Beschluss, wobei die Vorschriften der §§ 80 und 80a VwGO zu beachten sind (vgl. § 123 Abs. 4 und 5 VwGO).

Bei Klagen aus dem Beamtenverhältnis wird der Dienstherr grundsätzlich durch die dienstvorgesetzte Stelle vertreten (vgl. § 104 Satz 1 LBG). Für Klagen aus dem Beamtenverhältnis von Beamten des Landes kann die oberste Dienstbehörde durch Rechtsverordnung eine andere Vertretung bestimmen (§ 104 Satz 2 LBG). Nach § 6 Abs. 2 der Verordnung über beamten- und disziplinarrechtliche Zuständigkeiten im Geschäftsbereich des für Inneres zuständigen Ministeriums ist die Befugnis, auf die Behörden und Einrichtungen übertragen worden, die den mit der Klage angefochtenen Verwaltungsakt erlassen oder die Handlung vorgenommen haben, gegen die sich die Klage richtet.

Gegen Urteile der Verwaltungsgerichte ist innerhalb eines Monats nach Zustellung **Berufung** vor dem Oberverwaltungsgericht möglich (vgl. § 124 Abs. 2 VwGO). Für die **Revision** vor dem Bundesverwaltungsgericht gelten die allgemeinen Zulässigkeitsvoraussetzungen des § 132 Abs. 2 VwGO.

---

[7] BVerwG, Urteil vom 04.11.2010, 2 C 16.09, BVerwGE 138, 102 = ZTR 2011, 256 = ZBR 2011, 91; OVG Berlin-Brandenburg, Beschluss vom 02.05.2016, OVG 4 S 7.16, juris Langtext Rn. 3.
[8] BAG, Urteil vom 21.01.2003, 9 AZR 72/02, BAGE 104, 295 =AP Nr. 59 zu Art. 33 Abs. 2 GG = ZBR 2004, 273.

11.2.1.2 Klage vor dem Disziplinargericht

Disziplinargerichte können vom Beamten aus unterschiedlichen Gründen zur Wahrung seiner Rechte in Disziplinarangelegenheiten angerufen werden.

Die Aufgaben der Disziplinargerichtsbarkeit nehmen nach § 45 Abs. 1 Satz 1 LDG die Gerichte der Verwaltungsgerichtsbarkeit wahr. Hierzu werden bei den Verwaltungsgerichten in Düsseldorf und Münster Kammern und bei dem Oberverwaltungsgericht Senate für Disziplinarsachen gebildet (§ 45 Abs. 1 Satz 2 LDG).

Eine **Disziplinarklage** kommt nach § 35 Abs. 1 LDG in Betracht, wenn gegen den Beamten auf Zurückstufung oder auf Entfernung aus dem Beamtenverhältnis oder gegen einen Ruhestandsbeamten auf Aberkennung des Ruhegehaltes entschieden werden soll, im Zusammenhang mit dem beamtenrechtlichen Rechtsschutz dann, wenn im disziplinarrechtlichen Widerspruchsverfahren (vgl. § 41 Abs. 1 Satz 1 LDG) zuungunsten des Beamten entschieden worden ist.

Gegen das Urteil des Verwaltungsgerichts über eine Disziplinarklage steht dem Beamten die Berufung an das Oberverwaltungsgericht zu (vgl. § 64 Abs. 1 Satz 1 LDG).

11.2.1.3 Klage vor dem Finanzgericht

Der Beamte erhält für seine Kinder Kindergeld nach den §§ 62 ff. des Einkommensteuergesetzes. Die Zahlung von Kindergeld erfolgt durch die öffentlichen Arbeitgeber. Bei Klagen des Beamten im Zusammenhang mit der Kindergeldgewährung ist der Finanzrechtsweg nach der Abgabenordnung zu beschreiten. Nur in Ausnahmefällen (z. B. bei beschränkter Steuerpflicht) wird das Kindergeld nach dem Bundeskindergeldgesetz von den Familienkassen der Bundesanstalt für Arbeit gewährt. Hier wäre ggf. der Rechtsweg zu den **Sozialgerichten** eröffnet (vgl. § 51 SGG).

11.2.1.4 Klage vor dem Zivilgericht

Die Anrufung der ordentlichen Gerichte durch den Beamten ist u. a. nach Art. 34 Satz 3 GG möglich. Bei Regressforderungen des Dienstherrn wegen Amtspflichtverletzung bei Fremdschäden. Im Streitfall kommt eine rechtliche Auseinandersetzung vor dem zuständigen Landgericht in Betracht.

Gleiches gilt für den Fall, dass der Beamte Ansprüche gegenüber dem Dienstherrn wegen Amtspflichtverletzung geltend macht. Diese könnte er nach § 839 Abs. 1 BGB und Art. 34 Satz 3 GG zivilrechtlich erstreiten, wenn der Amtspflichtverletzung vorsätzliches oder grob fahrlässiges Verhalten vorausgegangen ist.

11.2.1.5 Verfassungsbeschwerde vor dem Bundesverfassungsgericht

Das Bundesverfassungsgericht entscheidet nach Art. 93 Abs. 1 Nr. 4a) GG über **Verfassungsbeschwerden**, die von jedermann mit der Behauptung erhoben werden können, durch die öffentliche Gewalt in seinen Grundrechten oder in anderen wesentlichen Rechten des Grundgesetzes verletzt worden zu sein. Die Rechtswegeröffnung wird durch § 90 Abs. 1 BVerfGG bestätigt, wonach in den dort genannten Grundrechtsverletzungen die Verfassungsbeschwerde zum Bundesverfassungsgericht erhoben werden kann. So hat das Bundesverfassungsgericht zuletzt beispielsweise Entscheidungen zum Beihilferecht der Beamten, zur Angemessenheit der Alimentierung kinderreicher Beamtenfamilien sowie zum Tragen des Kopftuchs einer muslimischen Lehrerin während des Unterrichts treffen müssen[9].

Obwohl die grundsätzliche Geltung der Grundrechte im Beamtenverhältnis im Wesentlichen unstreitig ist, bestehen doch über ihre Wirkkraft und über die Möglichkeiten ihrer Einschränkung erhebliche Meinungsverschiedenheiten. Diese entzünden sich insbesondere an der Frage, wie dienstliche Weisungen rechtlich zu qualifizieren sind, d. h. genauer, ob sie Verwaltungsaktqualität haben oder nicht. Überwiegend wird die Auffassung vertreten, dass der Beamte im „Amtsrecht", d. h. bei den ihn in seinem Aufgabenkreis betreffenden Normen, keine Grundrechtsposition hat. Maßgeblicher Aspekt dafür, dass der Beamte als Amtswalter nicht grundrechtsfähig ist, ist der Umstand, „dass er als integraler Teil der Staatsorganisation gerade kein Adressat der Grundrechte ist, und dass er seine Aufgaben nicht aus eigenem Recht und zum eigenen Nutzen, sondern treuhänderisch zum Wohl der Allgemeinheit wahrnimmt". Ausnahmen sind aber z. B. dann möglich, wenn eine dienstliche Weisung von dem Beamten die Preisgabe seiner Menschenwürde verlangt. In derartigen Fällen ist der Grundrechtsschutz aktiviert.[10]

Die Verfassungsbeschwerde kann erst nach Ausschöpfung des Rechtsweges erhoben werden (§ 90 Abs. 2 Satz 2 BVerfGG). Die Verfassungsbeschwerde ist binnen eines Monats zu erheben und zu begründen. Von welchem Zeitpunkt an Fristen zu laufen beginnen, ist in § 93 Abs. 1 BVerfGG geregelt.

---

[9] BVerfG, Urteil vom 24.09.2003, 2 BvR 1436/02, BVerfGE 108, 282 = ZBR 2004, 137 = NJW 2003, 3111 = DVBl. 2003, 1526 = DÖV 2004, 30.
[10] Vgl. Leuze, Das allgemeine Persönlichkeitsrecht des Beamten, ZBR 1998, 187 (188, 189) mit weiteren Hinweisen zur Literatur und Rechtsprechung.

12 Grundlagen des Personalvertretungsrechts

Als Rechtsgrundlage des Personalvertretungsrechts ist insbesondere das dem öffentlichen Recht zuzuordnende **Landespersonalvertretungsgesetz** (LPVG)[1] von Bedeutung. Es gehört nicht zum Betriebsverfassungsrecht, das nur für den Bereich der Privatwirtschaft die Rechtsbeziehungen zwischen Arbeitgebern und Arbeitnehmern regelt. Die Anwendung des Betriebsverfassungsgesetzes ist für die Verwaltungen und Betriebe des Bundes, der Länder und Gemeinden sowie der sonstigen Körperschaften, Anstalten und Stiftungen des öffentlichen Rechts ausdrücklich ausgeschlossen. Durch Tarifvertrag oder Dienstvereinbarung kann das Personalvertretungsrecht nicht abweichend vom Landespersonalvertretungsgesetz geregelt werden (vgl. § 4 LPVG).

Bereits Art. 130 Abs. 3 der Weimarer Verfassung enthielt den Auftrag an den Gesetzgeber, besondere Beamtenvertretungen einzurichten. Teilweise wird daraus der Schluss gezogen, dass deshalb das Recht auf besondere Beamtenvertretungen zu den hergebrachten Grundsätzen des Berufsbeamtentums zu zählen ist. Das ist aber nach dem Gesamtkontext der Weimarer Reichsverfassung und der politischen Situation zur Zeit der Entstehung nicht der Fall.[2]

In Nordrhein-Westfalen sind neben dem Landespersonalvertretungsgesetz folgende Rechtsvorschriften für den öffentlichen Dienst in personalvertretungsrechtlichen Angelegenheiten zu beachten:

- Wahlordnung zum Landespersonalvertretungsgesetz (WO-LPVG[3]),
- Verordnung über die Höhe der Aufwandsdeckung für Personalvertretungen (Aufwandsdeckungsverordnung)[4] und
- Verordnung über die Errichtung von Personalvertretungen für die im Landesdienst beschäftigten Lehrer[5].

Nach § 1 Abs. 1 LPVG werden bei den Dienststellen des Landes Nordrhein-Westfalens, der Gemeinden, der Gemeindeverbände und der sonstigen der Aufsicht des Landes unterstehenden Körperschaften, Anstalten und Stiftungen des öffentlichen Rechts Personalvertretungen gebildet. Sie arbeiten zum Wohle der Beschäftigten und zur Erfüllung der dienstlichen Aufgaben mit der Dienststelle und mit den in der Dienststelle vertretenen Gewerkschaften und Arbeitgebervereinigungen zusammen (vgl. § 2 Abs. 1 LPVG).

---

[1] Personalvertretungsgesetz für das Land Nordrhein.-Westfalen (Landespersonalvertretungsgesetz – LPVG) vom 03.12.1974 (GV.NRW. S. 1514), zuletzt geändert durch Artikel 3 des Gesetzes vom 08.12.2015 (GV.NRW. S. 812).
[2] Zur Vertiefung siehe Schnapp, Das personalvertretungsrechtliche Gruppenprinzip - ein hergebrachter Grundsatz des Berufsbeamtentums?, ZBR 1999, 397 (399).
[3] Wahlordnung zum Landespersonalvertretungsgesetz (WO-LPVG) vom 20.05.1986(GV.NRW. S. 485), zuletzt geändert durch VO vom 18.10.2011 (GV. NRW. S. 497).
[4] Verordnung über die Höhe der Aufwandsdeckung für Personalvertretungen (Aufwandsdeckungsverordnung) vom 25.02.1976 (GV.NRW. S. 89), zuletzt geändert durch Verordnung vom 28.04.2015 (GV. NRW. S. 430).
[5] Verordnung über die Errichtung von Personalvertretungen für die im Landesdienst beschäftigten Lehrer vom 01.10.1984 (GV.NRW. S. 618), zuletzt geändert durch VO vom 2. Juli 2015 (GV. NRW. S. 538).

Sie haben alles zu unterlassen, was geeignet ist, die Arbeit und den Frieden der Dienststelle zu beeinträchtigen (vgl. § 2 Abs. 2 Satz 1 LPVG).

12.1 Begriffsbestimmungen des Landespersonalvertretungsgesetzes

12.1.1 Dienststellen

Dienststellen sind Behörden, Einrichtungen und Betriebe des Landes sowie die Hochschulen des Landes (wissenschaftliche Hochschulen, Kunsthochschulen, Fachhochschulen), die medizinischen Einrichtungen der Hochschulen, die Schulen und die Gerichte (vgl. § 1 Abs. 2 Halbsatz 1 LPVG); bei den Gemeinden, den Gemeindeverbänden und den sonstigen der Aufsicht des Landes unterstehenden Körperschaften, Anstalten und Stiftungen des öffentlichen Rechts bilden die Verwaltungen, die Eigenbetriebe und die Schulen gemeinsam eine Dienststelle (§ 1 Abs. 2 Halbsatz 2 LPVG). Für bestimmte Gruppen von Beschäftigten gelten Sonderregelungen des Zehnten Kapitels des Personalvertretungsgesetzes.

Für den Bereich der Polizei sind die Sondervorschriften der §§ 81 bis 84 LPVG zu beachten. Nach § 82 Satz 1 sind Dienststellen die Kreispolizeibehörden, das Landeskriminalamt, das Landesamt für Polizeiliche Dienste, das Landesamt für Ausbildung, Fortbildung und Personalangelegenheiten der Polizei und die Deutsche Hochschule der Polizei Dienststellen i. S. des § 1 Abs. 2 LPVG. Weitere Sonderregelungen gibt es u. a. auch für Lehrer (§§ 85 bis 92 LPVG) und für wissenschaftliches und künstlerisches Personal an Hochschulen (§§ 104 und 105b LPVG).

12.1.2 Nebenstellen

Nebenstellen oder Teile einer Dienststelle können von der obersten Dienstbehörde zu selbstständigen Dienststellen i. S. dieses Gesetzes erklärt werden (§ 1 Abs. 3 LPVG).

12.1.3 Beschäftigte

Beschäftigte i. S. des Landespersonalvertretungsgesetzes sind die Beamten, Arbeitnehmer und die arbeitnehmerähnlichen Personen der in § 1 Abs. 2 LPVG bezeichneten Körperschaften, Anstalten und Stiftungen des öffentlichen Rechts einschließlich der Personen, die sich in einer Berufsausbildung befinden. (§ 5 Abs. 1 Satz 1 LPVG).

Wer **Beamter** i. S. des Landespersonalvertretungsgesetzes ist, bestimmen die Beamtengesetze; als Beamte gelten auch Beschäftigte in einem öffentlich-rechtlichen Ausbildungsverhältnis (vgl. § 5 Abs. 2 LPVG). Nach § 3 Abs. 1 BeamtStG ist Beamter, der zu seinem Dienstherrn in einem öffentlich-rechtlichen Dienst- und Treueverhältnis steht.

Arbeitnehmer sind Beschäftigte, die nach dem für die Dienststelle maßgebenden Tarifvertrag oder nach der für die Dienststelle geltenden Dienstordnung oder nach ihrem Arbeitsvertrag Arbeitnehmer sind oder als übertarifliche Arbeitnehmer beschäftigt werden, einschließlich der zu ihrer Berufsausbildung Beschäftigten (vgl. § 5 Abs. 3 LPVG)

Als Beschäftigte im Sinne des Landespersonalvertretungsgesetzes **gelten** z. B. **nicht** Hochschullehrer, Hochschulassistenten, wissenschaftliche und künstlerische Assistenten, Oberassistenten, Oberingenieure und Ehrenbeamte sowie Personen, die überwiegend zu ihrer Heilung, Wiedereingewöhnung, sittlichen Besserung oder Erziehung beschäftigt werden (vgl. § 5 Abs. 4 LPVG).

12.2 Der Personalrat

Der Personalrat ist das öffentlich-rechtliche **Repräsentativorgan**, das von den wahlberechtigten Beschäftigten in geheimer und unmittelbarer Wahl gewählt wird (vgl. § 16 Abs. 1 LPVG).

Die Mitglieder des Personalrates führen ihr Amt unentgeltlich als Ehrenamt (§ 42 Abs. 1 LPVG). Versäumnisse der Arbeitszeit, die zur ordnungsgemäßen Durchführung der Aufgaben des Personalrates erforderlich ist, hat keine Minderung der Bezüge oder des Arbeitsentgelts zur Folge; ggf. ist bei Überschreitung der individuellen Arbeitszeit Dienstbefreiung in entsprechendem Umfang zu gewähren (vgl. § 42 Abs. 2 LPVG). Mitglieder des Personalrates sind durch den Leiter der Dienststelle ganz oder teilweise freizustellen, wenn und soweit es nach Umfang und Art zur ordnungsgemäßen Durchführung ihrer Aufgaben erforderlich ist (vgl. § 42 Abs. 3 Satz 1 LPVG).

Personalratsmitglieder sind nach Anzahl der Beschäftigten der Dienststelle von ihrer dienstlichen Tätigkeit **freizustellen**. Beispielsweise ist bei 200 bis 500 Beschäftigten ein Personalratsmitglied von der dienstlichen Tätigkeit freizustellen, bei 9.001 bis 10.000 Beschäftigten sind es zwölf Mitglieder (vgl. 42 Abs. 4 LPVG).

Die von den Beamten im Zusammenhang mit einer Inanspruchnahme des Personalrates versäumte Arbeitszeit, hat keine Minderung der Bezüge oder des Arbeitsentgelts zur Folge (vgl. § 39 Abs. 2 LPVG). Der Personalrat darf für seine Zwecke von den Beschäftigten keine Beiträge erheben oder annehmen (§ 41 LPVG).

Aus Gründen der Stärkung und Unabhängigkeit des Personalrats dürfen Mitglieder gegen ihren Willen nur versetzt, abgeordnet oder umgesetzt werden, wenn dies auch unter Berücksichtigung der Mitgliedschaft im Personalrat aus wichtigen dienstlichen Gründen unvermeidbar ist und der Personalrat, dem das Mitglied angehört, zustimmt (vgl. § 43 Satz 1 LPVG).

12.2.1 Wahl und Zusammensetzung des Personalrats / Geschäftsführung

In allen Dienststellen mit in der Regel **mindestens fünf wahlberechtigten Beschäftigten**, von denen drei wählbar sind, werden Personalräte gebildet (§ 13 Abs. 1 LPVG). Sind in der Dienststelle Angehörige unterschiedlicher Gruppen beschäftigt, so muss jede Gruppe entsprechend ihrer Stärke im Personalrat vertreten sein, wenn dieser aus mindestens drei Mitgliedern besteht (vgl. § 14 Abs. 1 Satz 1 LPVG).

Der Personalrat soll sich aus Vertretern der verschiedenen Beschäftigungsarten zusammensetzen (§ 14 Abs. 5 LPVG). Frauen und Männer sollen ihrem zahlenmäßigen Anteil in der Dienststelle entsprechend vertreten sein (§ 14 Abs. 6 LPVG).

Die Personalratsmitglieder werden **gewählt**. **Wahlberechtigt** sind grundsätzlich alle Beschäftigten, die am Wahltage das 18. Lebensjahr vollendet haben (§ 10 Abs. 1 LPVG). Abgeordnete Beamte sind wahlberechtigt, sobald die Abordnung länger als sechs Monate gedauert hat; im gleichen Zeitpunkt verliert er das Wahlrecht bei seiner bisherigen Dienststelle (vgl. § 10 Abs. 2 LPVG). Abgeordnete Polizeivollzugsbeamte sind nur bei ihrer Stammdienststelle wahlberechtigt und wählbar (§ 83 Abs. 1 LPVG).

Wählbar sind i. d. R. alle Wahlberechtigten, die am Wahltage seit **sechs Monaten** im Dienst derselben Körperschaft, Anstalt oder Stiftung i. S. des § 1 Abs. 1 LPVG stehen und, soweit sie Beschäftigte des Landes sind, dem Geschäftsbereich derselben obersten Dienstbehörde angehören (vgl. § 11 Abs. 1 LPVG).

Nicht wählbar sind Beschäftigte, denen beispielsweise durch gerichtliche Entscheidung die Fähigkeit aberkannt wurde, Rechte aus öffentlichen Wahlen zu erlangen oder die wöchentlich regelmäßig mit weniger als zwei Fünftel der regelmäßigen Arbeitszeit beschäftigt sind bzw. am Wahltage seit mehr als sechs Monaten unter Wegfall der Bezüge beurlaubt sind (vgl. § 11 Abs. 2 LPVG).

Spätestens eine Woche nach der Personalratswahl hat der Wahlvorstand die Mitglieder des Personalrats zur Vornahme der vorgeschriebenen Wahlen einzuberufen (vgl. § 30 Abs. 1 LPVG). Der Personalrat wählt aus seiner Mitte den **Vorsitzenden** und Stellvertreter (§ 29 Abs. 1 Satz 1 LPVG). Die Reihenfolge der Stellvertretung bestimmt der Personalrat; sofern im Personalrat Beamte und Arbeitnehmer vertreten sind, darf der erste Stellvertreter nicht der Gruppe des Vorsitzenden angehören (vgl. § 29 Abs. 1 Sätze 2 und 3 LPVG). Der Vorsitzende führt die laufenden Geschäfte und vertritt den Personalrat im Rahmen der von diesem gefassten Beschlüsse (§ 29 Abs. 2 LPVG). Er beraumt die Sitzungen an, lädt zu ihnen ein, setzt die Tagesordnung fest und leitet die Verhandlung (vgl. § 30 Abs. 2 LPVG).

Die **Beschlüsse des Personalrats** werden mit **einfacher Mehrheit** der anwesenden Mitglieder gefasst, wobei Stimmenthaltung außer Betracht bleibt (vgl. § 33 Abs. 1 Satz 1 und Satz 2 LPVG). Bei Stimmengleichheit ist ein Antrag abgelehnt (§ 33 Abs. 1 Satz 3 LPVG). Über gemeinsame Angelegenheiten der verschiedenen Gruppen wird vom Personalrat gemeinsam beraten und beschlossen (§ 34 Abs. 1 Satz 1 LPVG). Über Angelegenheiten, die lediglich die Angehörigen einer Gruppe betreffen, wird nach gemeinsamer

Beratung vom Personalrat beschlossen, sofern die Mehrheit der Vertreter der betreffenden Gruppe nicht widerspricht (§ 34 Abs. 2 Satz 1 Halbsatz 1 LPVG). Über jede Verhandlung des Personalrates ist eine Niederschrift aufzunehmen, die mindestens den Wortlaut der Beschlüsse und die Stimmenmehrheit, mit der sie gefasst sind, enthalten muss (vgl. § 37 Abs. 1 Satz 1 LPVG).

Die **Sitzungen** des Personalrats sind nicht öffentlich und finden in der Regel während der Arbeitszeit statt (vgl. § 31 Abs. 1 und Abs. 2 LPVG).

Der Personalrat kann **Sprechstunden** während der Arbeitszeit einrichten; die Zeit und den Ort bestimmt er im Benehmen mit dem Leiter der Dienststelle (vgl. § 39 Abs. 1 LPVG). Für die Sitzungen, die Sprechstunden und die laufende Geschäftsführung hat die Dienststelle im erforderlichen Umfang Räume, den Geschäftsbedarf und Büropersonal zur Verfügung zu stellen (vgl. § 40 Abs. 3 LPVG). Die durch die Arbeit des Personalrats entstehenden Kosten einschließlich der Reisekosten trägt die Dienststelle. Einzelheiten regelt § 40 Abs. 1 und Abs. 2 LPVG.

Der Personalrat hat einmal in jedem Kalenderjahr einer **Personalversammlung** über seine Tätigkeit zu berichten; er kann zusätzliche Personalversammlungen einberufen (§ 46 Abs. 1 und Abs. 2 LPVG), wozu er auf Antrag des Leiters der Dienststelle oder eines Viertels der wahlberechtigten Mitglieder verpflichtet ist (vgl. § 46 Abs. 2 LPVG). Die Personalversammlung besteht aus den Beschäftigten der Dienststelle (§ 45 Abs. 1 Satz 1 LPVG). Die Versammlungen finden grundsätzlich während der Arbeitszeit statt (vgl. § 47 Satz 1 Satz 1 LPVG). Die Personalversammlung kann dem Personalrat Anträge unterbreiten und zu seinen Beschlüssen Stellung nehmen; sie darf alle Angelegenheiten behandeln, die die Dienststelle oder ihre Beschäftigten unmittelbar betreffen, insbesondere Tarif-, Besoldungs- und Sozialangelegenheiten (vgl. § 48 LPVG).

Die Jugend- und Auszubildendenvertretung hat einmal im Kalenderjahr eine **Jugend- und Auszubildendenversammlung** durchzuführen, die vom Vorsitzenden der Jugend- und Auszubildendenvertretung geleitet wird (vgl. § 59 LPVG).

Ein Mitglied der Jugend- und Auszubildendenvertretung und die Schwerbehindertenvertretung können an allen Sitzungen des Personalrates beratend teilnehmen (vgl. § 36 Abs. 1 Satz 1 Halbsatz 1 LPVG). Die gesamte Jugend- und Auszubildendenvertretung kann nach § 36 Abs. 2 LPVG an Sitzungen des Personalrates, in denen Angelegenheiten behandelt werden, die besonders jugendliche Beschäftigte betreffen teilnehmen und bei Beschlüssen mitbestimmen.

12.2.2 Organisation des Personalrates sowie der Jugend- und Auszubildendenvertretung

In der Landesverwaltung werden für den Geschäftsbereich mehrstufiger Verwaltungen bei den Mittelbehörden (u. a. Bezirksregierungen) **Bezirkspersonalräte** und bei den obersten Landesbehörden (u.a. Landesministerien) **Hauptpersonalräte** gebildet (vgl. § 50 Abs. 1 LPVG). Die Mitglieder des Bezirkspersonalrates werden von den zum Geschäftsbereich der Mittelbehörde, die Mitglieder des Hauptpersonalrates von den zum Geschäftsbereich der obersten Landesbehörden gehörenden Beschäftigten gewählt (§ 50 Abs. 2 Satz 1 LPVG).

Der **Hauptpersonalrat der Polizei**, dessen Mitglieder von den Beschäftigten der in § 82 LPVG bezeichneten Dienststellen gewählt werden, wird beim Innenministerium gebildet (§ 84 Abs. 2 LPVG).

Werden Nebenstellen oder Teile einer Dienststelle von der obersten Dienstbehörde (vgl. § 3 Abs. 1 LBG) zu **selbständigen Dienststellen** i. S. des § 1 Abs. 3 LPVG erklärt, ist neben den einzelnen Personalräten ein **Gesamtpersonalrat** zu errichten (vgl. § 52 LPVG). In einer Gemeinde könnte somit ein Gesamtpersonalrat zu bilden sein, wenn beispielsweise die Städt. Klinik zu einer Nebenstelle erklärt wird.

In Dienststellen mit in der Regel mindestens fünf zur **Jugend- und Auszubildendenvertretung** wahlberechtigten Beschäftigten werden Jugend- und Auszubildendenvertretungen gebildet. Regelungen enthalten die § 54 ff. LPVG. **Wahlberechtigt** sind alle jugendlichen Beschäftigten, die das **18. Lebensjahr** noch nicht vollendet haben, sowie Auszubildende, Beamtenanwärter und Praktikanten. **Wählbar** sind Beschäftigte, die am Wahltag noch nicht das **27. Lebensjahr** vollendet haben, sowie Auszubildende, Beamtenanwärter und Praktikanten (§ 55 Abs. 1 Satz 1 LPVG). Die Jugend- und Auszubildendenvertretung besteht je nach Anzahl der wahlberechtigten Beschäftigten i. d. R. zwischen einer und fünfzehn Mitgliedern (vgl. § 56 Abs. 1 LPVG). Besteht die Jugend- und Auszubildendenvertretung aus drei oder mehr Mitgliedern, so wählt sie aus ihrer Mitte einen Vorsitzenden und dessen Stellvertreter (§ 57 Abs. 3 Satz 1 LPVG). Die Rechtsstellung der Mitlieder der Jugend- und Auszubildendenvertretung entspricht insgesamt der der Personalratsmitglieder (vgl. § 58 Abs. 1 Satz 1 LPVG).

12.3 Formen der Beteiligung der Personalvertretung

Die Aufgaben des Personalrates sind im Einzelnen in den §§ 62 ff. LPVG geregelt. Nach § 62 LPVG hat der Personalrat neben der Dienststelle darüber zu wachen, dass alle Beschäftigten nach Recht und Billigkeit behandelt werden, insbesondere, dass jede unterschiedliche Behandlung von Personen wegen ihrer Abstammung, Religion, Nationalität, Herkunft, politischen oder gewerkschaftlichen Betätigung oder Einstellung oder wegen ihres Geschlechts unterbleibt. Auch, wenn es sich um eine Selbstverständlichkeit handelt, wird damit die gemeinsame Zielsetzung von Dienststelle und Personalrat im Interesse aller Beschäftigten bekräftigt.

Für den Verfahrensablauf bestimmt § 63 LPVG, dass der Leiter der Dienststelle und der Personalrat mindestens einmal im Vierteljahr zu gemeinschaftlichen Besprechungen zusammentreten (**Vierteljahresgespräch**). In den Gesprächen sollen alle Vorgänge, die die Beschäftigten wesentlich berühren, behandelt werden. Über strittige Fragen ist mit dem ernsten Willen zur Einigung zu verhandeln und Vorschläge für die Beilegung von Meinungsverschiedenheiten sind zu unterbreiten. Der Leiter der Dienststelle ist berechtigt, zu der Besprechung für Personal- und Organisationsangelegenheiten zuständige Beschäftigte hinzuzuziehen.

Der Personalrat hat nach § 64 LPVG u.a. folgende allgemeine Aufgaben:

	Aufgaben nach § 64 LPVG[6]
Nr. 1	Maßnahmen, die der Dienststelle, ihren Angehörigen oder im Rahmen der Aufgabenerledigung der Dienststelle der Förderung des Gemeinwohls dienen, zu beantragen
Nr. 2	Überwachen der Einhaltung geltender Gesetze, Verordnungen, Tarifverträge, Dienstvereinbarungen und Verwaltungsanordnungen zugunsten der Beschäftigen
Nr. 3	Einsetzen für die Wahrung der Vereinigungsfreiheit der Beschäftigten
Nr. 4	Beachtung der Verhütung von Unfall- und Gesundheitsgefahren
Nr. 5	Anregungen und Beschwerden der Beschäftigten und ggf. Aufnahme von Verhandlungen mit dem Leiter der Dienststelle
Nr. 6	die Eingliederung und berufliche Entwicklung Schwerbehinderter und sonstiger schutzbedürftiger, insbesondere älterer Personen zu fördern
Nr. 7	Beantragung von Maßnahmen zur beruflichen Förderung Schwerbehinderter zu beantragen
Nr. 8	Mitwirkung an der Entwicklung der interkulturellen Öffnung der Verwaltung und Eingliederung von Beschäftigten mit Migrationshintergrund in die Dienststelle sowie Förderung des Verständnisses zwischen Beschäftigten unterschiedlicher Herkunft
Nr. 9	Zusammenarbeit mit der Jugend- und Auszubildendenvertretung zur Förderung der Belange der von ihr vertretenen Beschäftigten
Nr. 10	Verwirklichung des Grundrechts der Gleichberechtigung von Männern und Frauen
Nr. 11	Anregung von Maßnahmen, die dem Umweltschutz in der Dienststelle dienen

Darüber hinaus ist der Personalrat in folgenden Bereichen zu beteiligen:
- **Mitbestimmung,**
- **Mitwirkung** und
- **Anhörung.**

12.3.1 Mitbestimmung

Die **stärkste Form der Beteiligung** des Personalrates bei Entscheidungen der Dienststelle ist die **Mitbestimmung**. Nach § 66 Abs. 1 LPVG können Maßnahmen der Dienststelle, die der Mitbestimmung unterliegen, nur mit Zustimmung des Personalrates getrof-

---

[6] Vgl. hierzu die ausführlichen Ausführungen von Cecior/Vallandar/Lechtermann/Klein, § 64 Rn. 1 ff.

fen werden. Das bedeutet, dass eine Einigung zwischen dem Leiter der Dienststelle und dem Personalrat grundsätzlich notwendig ist. Abgesehen von der Möglichkeit der Herbeiführung eines Ergebnisses im sog. förmlichen Mitbestimmungsverfahren, ist die Dienststelle bei ausbleibender Verständigung nicht befugt, die beabsichtigte Maßnahme durchzuführen. Die einzelnen Mitbestimmungstatbestände sind in § 72 LPVG festgelegt. Hierbei wird unterschieden zwischen

- Personalangelegenheiten (§ 72 Abs. 1 LPVG),
- sozialen Angelegenheiten (§ 72 Abs. 2 LPVG) und
- Rationalisierungs-, Technologie- und Organisationsangelegenheiten (§ 72 Abs. 3 LPVG).

Nach § 72 Abs. 1 Satz 1 LPVG ist der Personalrat in den dort abschließend aufgeführten Personalangelegenheiten der Beamten (auch Angestellten und Arbeitern) zu beteiligen:

\multicolumn{2}{c}{Mitbestimmungstatbestände § 72 Abs. 1 Satz 1 LPVG[7] [8]}	
Nr. 1	Einstellung, Nebenabreden zum Arbeitsvertrag, erneute Zuweisung eines Arbeitsplatzes gemäß Arbeitsplatzsicherungsvorschriften sowie nach Beendigung eines Urlaubs ohne Dienstbezüge nach § 70 und § 71 LBG und nach Beendigung der Jahresfreistellung nach § 64 LBG bzw. den entsprechenden Regelungen für Arbeitnehmer und nach der Rückkehr aus der Elternzeit ohne gleichzeitige Teilzeit, Verlängerung der Probezeit, Befristung von Arbeitsverträgen
Nr. 2	Beförderung, Zulassung zum Aufstieg, Übertragung eines anderen Amtes mit niedrigerem Endgrundgehalt
Nr. 3	Laufbahnwechsel
Nr. 4	Eingruppierung, Höhergruppierung, Herabgruppierung, Übertragung einer höher oder niedriger zu bewertenden Tätigkeit, Stufenzuordnung und Verkürzung und Verlängerung der Stufenlaufzeit gemäß Entgeltgrundsätzen, Bestimmung der Fallgruppe innerhalb einer Entgeltgruppe, wesentliche Änderungen von Arbeitsverträgen
Nr. 5	Versetzung zu einer anderen Dienststelle, Umsetzung innerhalb der Dienststelle für eine Dauer von mehr als drei Monaten, Umsetzung innerhalb der Dienststelle, die mit einem Wechsel des Dienstortes verbunden ist, wobei das Einzugsgebiet im Sinne des Umzugskostenrechts zum Dienstort gehört
Nr. 6	Abordnung, Zuweisung von Beamten gemäß § 20 BeamtStG, Zuweisungen von Arbeitnehmern gemäß tariflicher Vorschriften, für eine Dauer von mehr als drei Monaten und ihrer Aufhebung
Nr. 7	Kürzung der Anwärterbezüge oder der Unterhaltsbeihilfe

---

[7] Vgl. hierzu die ausführlichen Ausführungen von Cecior/Vallandar/Lechtermann/Klein, § 72 Rn. 1 ff.
[8] Die im LPVG genannten Vorschriften des Landesbeamtengesetzes sind noch nicht (Stand Oktober 2016) an das Dienstrechtsmodernisierungsgesetz vom 14.06.2016 angepasst worden.

	Mitbestimmungstatbestände **§ 72 Abs. 1 Satz 1 LPVG[7] [8]**
Nr. 8	Entlassung von Beamten auf Lebenszeit, auf Probe oder auf Widerruf oder Entlassung aus einem öffentlich-rechtlichen Ausbildungsverhältnis, wenn Entlassung nicht selbst beantragt wurde
Nr. 9	Vorzeitige Versetzung in den Ruhestand und Feststellung der begrenzten Dienstfähigkeit und der Polizeidienstunfähigkeit, wenn die Maßnahme nicht selbst beantragt wurde
Nr. 10	Weiterbeschäftigung von Beamten und Arbeitnehmern über die Altersgrenze hinaus
Nr. 11	Anordnungen, welche die Freiheit in der Wahl der Wohnung beschränken
Nr. 12	Versagung, Untersagung oder Widerruf der Genehmigung einer Nebentätigkeit
Nr. 13	Ablehnung eines Antrags auf Teilzeitbeschäftigung oder Urlaub gemäß §§ 63 bis 67 oder 70 und 71 LBG sowie Ablehnung einer entsprechenden Arbeitsvertragsänderung bei Arbeitnehmern
Nr. 14	Ablehnung eines Antrags auf Einrichtung eines Arbeitsplatzes außerhalb der Dienststelle

Das für die **Abgrenzung zwischen Umsetzung und Versetzung** maßgebende Kriterium des Behördenwechsels knüpft auch im Personalvertretungsrecht allein an die organisationsrechtliche- und nicht an die personalvertretungsrechtliche Situation an. Aufgrund dessen stellt die Zuweisung eine neuen Dienstpostens / Arbeitsplatzes, die zwar mit einem Wechsel der Dienststelle im personalvertretungsrechtlichen Sinn, aber nicht mit einem Wechsel der Behörde im organisatorischen Sinn verbunden ist, keine Versetzung, sondern eine Umsetzung dar. Wenn eine Umsetzung mit einem Wechsel der Dienststelle im personalvertretungsrechtlichen Sinn verbunden ist, steht neben dem Personalrat der abgebenden Dienststelle auch dem Personalrat der aufnehmenden Dienststelle ein Mitbestimmungsrecht zu.[9]

Die **erneute Ernennung** eines wegen Dienstunfähigkeit vorläufig in den Ruhestand versetzten Beamten ist ebenfalls ein Fall der „**Einstellung**" i. S. des Personalvertretungsrechts und unterliegt daher der Mitbestimmung des Personalrats. Begrifflich handelt es sich bei der Regelung des § 72 Abs. 1 Satz 1 Nr. 1 LPVG um Fälle der Ernennung von Beamten nach § 8 Abs. 1 Nr. 1 BeamtStG. Es ist anerkannt, dass die erneute Berufung in das Beamtenverhältnis nach einer Phase des vorläufigen Ruhestandes (Reaktivierung) einer erneuten Ernennung durch Aushändigung einer Ernennungsurkunde nach § 8 Abs. 2 Satz 1 BeamtStG bedarf. Gegenstand der Mitbestimmung des Personalrats ist in den Fällen des § 72 Abs. 1 Satz 1 Nr. 1 LPVG die Eingliederung des Beamten in die Dienststelle, deren Beschäftigte vom Personalrat vertreten werden. Die Belange der Beschäftigten einer Dienststelle sind bei einer Eingliederung nicht nur dann berührt, wenn erstmalig eine Einstellung erfolgt, sondern auch dann, wenn das Dienstverhältnis unter-

---

[9] OVG NRW, Beschluss vom 29.01.1999, 1 A 2617/97 PVL, DÖV 1999, 924 = PersV 1999, 555 = Schütz BeamtR ES/D IV 1 Nr 106.

brochen war und eine erneute Einstellung erforderlich wird.

Eine Besonderheit bezüglich der Konsequenzen einer unterbliebenen Beteiligung des Personalrates ist bei der Ernennung von Beamten zu beachten, da diese abschließend im Beamtenstatusgesetz geregelt sind. Ist z. B. die Ernennung bereits erfolgt, kann der Personalrat nicht verlangen, dass das hinsichtlich der Ernennung begonnene und später abgebrochene personalvertretungsrechtliche Beteiligungsverfahren fortgesetzt wird, denn die Ernennung kann auch aufgrund eines zu Unrecht abgebrochenen personalvertretungsrechtlichen Beteiligungsverfahrens nicht mehr aufgehoben oder rückgängig gemacht werden. Zu den Gründen, die die Beamtenernennung nichtig oder rücknehmbar machen, gehört eine unterlassene Beteiligung des Personalrats nicht.[10]

Bestimmte Beschäftigtengruppen werden von den Mitbestimmungstatbeständen des § 72 Abs. 1 Satz 1 LPVG nach § 72 Abs. 1 Satz 2 Halbsatz 1 LPVG nur erfasst, wenn sie es **beantragen**, wie etwa bei Dozenten.

Die Mitbestimmungstatbestände des § 72 Abs. 1 Satz 1 LPVG **gelten nicht**

Nr. 1 für die in § 37 LBG bezeichneten Beamten,

Nr. 2 für Beamtenstellen von der Besoldungsgruppe B 3 an aufwärts, für Stellen der Abteilungsleitung der Generalstaatsanwaltschaften sowie für Arbeitnehmer, die ein der Besoldungsgruppe B 3 an aufwärts vergleichbares Entgelt erhalten,

Nr. 3 für überwiegend und unmittelbar künstlerisch tätige Beschäftigte an Theatern, die unter den Geltungsbereich des Normalvertrages Bühne fallen,

Nr. 4 für kommunale Wahlbeamte,

Nr. 5 für Leiter von öffentlichen Betrieben in den Gemeinden, den Gemeindeverbänden und den sonstigen der Aufsicht des Landes unterstehenden Körperschaften, Anstalten und Stiftungen des öffentlichen Rechts.

Die Mitbestimmung des Personalrates ist auch in sozialen Angelegenheiten (§ 72 Abs. 2 LPVG), in Rationalisierungs-, und Technologie- und Organisationsangelegenheiten (§ 72 Abs. 3 LPVG) sowie in sonstigen Angelegenheiten (§ 72 Abs. 4 und 5 LPVG) vorgesehen, wobei dieses für Absatz 4 nur gilt, soweit keine gesetzlichen oder tarifrechtlichen Regelungen bestehen. Die aus beamtenrechtlicher Sicht **wichtigsten Bereiche** sind in der nachfolgenden Übersicht dargestellt:

---

[10] Vgl. Hessischer VGH, Beschluss vom 13.11.1997, 22 LG 3912/97, HessVGRspr 1998, 68 = IÖD 1998, 82 = ESVGH 48, 235.

Mitbestimmungstatbestände nach § 72 Abs. 2 LPVG	
Nr. 1	Gewährung und Versagung von Unterstützungen, Vorschüssen, Darlehen und entsprechenden Zuwendungen
Nr. 2	Zuweisung und Kündigung von Wohnungen, über die die Beschäftigungsstelle verfügt, und Ausübung eines Vorschlagsrechts sowie die allgemeine Festsetzung der Nutzungsbedingungen
Nr. 3	Zuweisung von Dienst- und Pachtland und Ausübung eines Vorschlagsrechts sowie Festsetzung von Nutzungsbedingungen
Nr. 4	Einrichtung, Verwaltung und Auflösung von Sozialeinrichtungen ohne Rücksicht auf ihre Rechtsform
Nr. 5	Aufstellung von Sozialplänen einschließlich Plänen für Umschulungen zum Ausgleich von Härtefällen sowie Milderung wirtschaftlicher Nachteile infolge von Rationalisierungsmaßnahmen

Mitbestimmungstatbestände nach § 72 Abs. 3 LPVG	
Nr. 1	Einführung, Anwendung, wesentliche Änderung oder wesentliche Erweiterung von automatisierter Verarbeitung personenbezogener Daten der Beschäftigten außerhalb von Besoldungs-, Gehalts-, Lohn, Versorgungs- und Beihilfeleistungen sowie Jubiläumszuwendungen
Nr. 2	Einführung, Anwendung, Erweiterung technischer Einrichtungen, es sei denn, dass deren Eignung zur Überwachung des Verhaltens oder der Leistung der Beschäftigten ausgeschlossen ist
Nr. 3	Einführung grundlegend neuer, wesentlicher Änderung oder wesentlicher Ausweitung neuer Arbeitsmethoden
Nr. 4	Maßnahmen, die die Hebung der Arbeitsleistung oder Erleichterungen des Arbeitsablaufs zur Folge haben sowie Maßnahmen der Änderung der Arbeitsorganisation
Nr. 5	Einführung, wesentliche Änderung oder Ausweitung betrieblicher Informations- und Kommunikationsnetze
Nr. 6	Einrichtung von Arbeitsplätzen außerhalb der Dienststelle

Wesentliche Mitbestimmungstatbestände nach § 72 Abs. 4 LPVG	
Nr. 1	Beginn und Ende der täglichen Arbeitszeit und der Pausen sowie der Verteilung der Arbeitszeit auf die einzelnen Wochentage, Einführung, Ausgestaltung und Aufhebung der gleitenden Arbeitszeit
Nr. 2	Anordnung von Überstunden oder Mehrarbeit unter bestimmten Voraussetzungen
Nr. 10	Gestaltung der Arbeitsplätze
Nr. 11	Geltendmachung von Ersatzansprüchen gegen einen Beschäftigten
Nr. 15	Beurteilungsrichtlinien
Nr. 16	Allgemeine Fragen der Fortbildung der Beschäftigten, Auswahl der Teilnehmer an Fortbildungsveranstaltungen

Der Personalrat hat in den Fällen des § 72 Abs. 3 und 4 LPVG auch mitzubestimmen, wenn eine Maßnahme probeweise oder befristet durchgeführt werden soll (§ 72 Abs. 5 LPVG). Darüber hinaus hat der Personalrat nach § 74 Abs. 1 LPVG bei ordentlichen Kündigungen durch den Arbeitgeber mitzubestimmen.

12.3.2 Mitwirkung

Soweit der Personalrat an Entscheidungen mitwirkt, ist die beabsichtigte Maßnahme vor der Durchführung **mit dem Ziel einer Verständigung rechtzeitig und eingehend mit ihm zu erörtern** (§ 69 Abs. 1 Satz 1 LPVG).

Mitwirkungsrechte nach § 73 LPVG[11]	
Nr. 1	Verwaltungsanordnungen einer Dienststelle für die innerdienstlichen, sozialen oder persönlichen Angelegenheiten der Beschäftigten ihres Geschäftsbereichs
Nr. 2	Stellenausschreibungen, soweit die Personalmaßnahme der Mitbestimmung unterliegen kann
Nr. 3	Errichtung, Auflösung, Einschränkung, Verlegung oder Zusammenlegung von Dienststellen oder wesentlichen Teilen von ihnen
Nr. 4	Behördliche oder betriebliche Grundsätze der Personalplanung
Nr. 5	Aufträge zur Überprüfung der Organisation oder Wirtschaftlichkeit einer Dienststelle durch Dritte
Nr. 6	Erhebung der Disziplinarklage gegen einen Beamten, wenn er die Beteiligung des Personalrats beantragt
Nr. 7	Maßnahmen zur Beschäftigungsförderung
Nr. 8	Grundlegende Änderungen von Arbeitsabläufen bei Wirtschaftsbetrieben

12.3.3 Anhörung

Das Anhörungsrecht des Personalrates nach § 75 Abs. 1 LPVG beinhaltet keine Mitbestimmungs- oder Mitwirkungsrechte. Anhörungen sind so durchzuführen, dass der Personalrat sich umfassend mit der Problematik eines Sachverhalts auseinander setzen und ggf. erforderliche Beschlüsse herbeiführen kann. Allerdings lösen Einwendungen für die Dienststelle keine rechtlichen Folgen aus. Eine besondere Form ist gesetzlich für die Anhörung nicht vorgeschrieben, so dass sie mündlich oder schriftlich durchgeführt werden kann. Die Anhörung hat jedoch so rechtzeitig zu erfolgen, dass bei Äußerungen des Personalrats die Dienststelle diese bei ihrer Willensbildung noch berücksichtigen kann (§ 75 Abs. 2 LPVG). In folgenden Fällen ist der Personalrat anzuhören:

---

[11] Vgl. hierzu die ausführlichen Ausführungen von Cecior/Vallandar/Lechtermann/Klein, § 73 Rn. 1 ff.

Anhörungsrecht nach § 75 Abs. 1 LPVG[12]	
Nr. 1	Vorbereitung von Entwürfen von Stellenplänen, Bewertungsplänen und Stellenbesetzungsplänen
Nr. 2	Grundlegende Änderungen von Arbeitsverfahren und Arbeitsabläufen
Nr. 3	Planung von Neu-, Um- und Erweiterungsbauten sowie Anmietung von Diensträumen
Nr. 4	Anordnung von amts- und vertrauensärztlichen Untersuchungen zur Feststellung der Arbeits- und Dienstfähigkeit
Nr. 5	Wesentliche Änderung oder Verlegung von Arbeitsplätzen

Darüber hinaus ist der Personalrat vor Abmahnungen, bei Kündigungen in der Probezeit, bei außerordentlichen Kündigungen, bei Aufhebungs- oder Beendigungsverträgen und bei Mitteilungen an Auszubildende darüber, dass deren Einstellung nach beendeter Ausbildung nicht beabsichtigt ist, anzuhören (§ 74 Abs. 2 Satz 1 LPVG).

12.4 Beteiligungsverfahren

Der Personalrat ist zur Durchführung seiner Aufgaben **rechtzeitig und umfassend** durch Vorlage der dafür erforderlichen Unterlagen **zu unterrichten** (vgl. § 65 Abs. 1 LPVG).

Die Verpflichtung zur rechtzeitigen und umfassenden Unterrichtung des Personalrates liegt beim Leiter der Dienststelle. Die Unterrichtung muss konkret genug sein sowie Art und Umfang der beabsichtigten Maßnahme erkennen lassen. Beteiligt der Dienststellenleiter den Personalrat irrtümlich im Wege des Mitwirkungsverfahrens, statt ihn lediglich anzuhören, und räumt er ihm damit ein stärkeres Beteiligungsrecht als vom Gesetz vorgesehen ein, so ist dieses grundsätzlich unschädlich. In diesem Fall kann jedoch nur ein fehlerfrei durchgeführtes Mitwirkungsverfahren den Anforderungen einen Anhörung genügen.[13]

Bei Einstellungen sind ihm auf Verlangen die Unterlagen aller Bewerber vorzulegen; an Vorstellungsgesprächen kann ein Mitglied des Personalrates teilnehmen (vgl. § 65 Abs. 2 LPVG). Auf die Einhaltung des Datenschutzes ist zu achten, sie obliegt dem Personalrat (vgl. § 65 Abs. 4 LPVG).

---

[12] Vgl. hierzu die ausführlichen Ausführungen von Cecior/Vallandar/Lechtermann/Klein, § 75 Rn. 1 ff.
[13] OVG NRW, Urteil vom 21.03.1991, 12 A 642/90, PersR 1991, 301= DVBl. 1991, 718 = NWVBl 1991, 382.

12.4.1 Beteiligungsverfahren im Rahmen der Mitbestimmung in der Landesverwaltung

Soweit eine Maßnahme der Mitbestimmung (vgl. § 72 LPVG) des Personalrates unterliegt, kann sie nur mit seiner Zustimmung getroffen werden (§ 66 Abs. 1 LPVG).

Der Verfahrensablauf ist im Einzelnen in § 66 Abs. 2 LPVG geregelt: Der Leiter der Dienststelle unterrichtet den Personalrat von der beabsichtigten Maßnahme und beantragt seine Zustimmung (§ 66 Abs. 2 Satz1 LPVG). Der Personalrat kann im Bedarfsfalle eine Begründung zu der beabsichtigten Maßnahme durch den Leiter der Dienststelle verlangen (§ 66 Abs. 2 Satz 2 LPVG).

Stimmt der Personalrat der beabsichtigten Maßnahme innerhalb von **zwei Wochen** zu, ist das Verfahren abgeschlossen. Sofern der Personalrat beabsichtigt, der Maßnahme im Einzelfall nicht zuzustimmen, hat er dieses innerhalb von zwei Wochen nach Zugang des Antrags mitzuteilen, ansonsten gilt die Maßnahme als gebilligt (§ 66 Abs. 2 Satz 4 LPVG). Danach folgt die Phase der Verständigung. Die Maßnahme ist mit diesem Ziel zwischen Personalrat und Dienststellenleiter konstruktiv zu erörtern. Zum Erörterungstermin in Personal- und Organisationsangelegenheiten kann der Leiter der Dienststelle, zuständige Beschäftigte hinzuziehen.

Soweit nicht der Leiter der Dienststelle über die beabsichtigte Maßnahme entscheidet, sondern das verfassungsmäßig zuständige oberste Organ oder ein von diesem bestimmter Ausschuss, ist der Personalrat so rechtzeitig zu unterrichten, dass seine Stellungnahme bei der Entscheidung von dem zuständigen Organ oder Ausschuss zum Sitzungstermin berücksichtigt werden kann.

Der Beschluss des Personalrats über die beantragte Zustimmung ist dem Leiter der Dienststelle innerhalb von zwei Wochen nach Zugang des Antrages mitzuteilen; in den Fällen einer Erörterung beginnt die Frist mit dem Tage der Erörterung an zu laufen (vgl. § 66 Abs. 3 Satz 1 LPVG). In Ausnahmefällen können Fristen verlängert oder gekürzt werden.

Verweigert der Personalrat form- und fristgerecht die Zustimmung und kommt somit keine Einigung über eine vom Leiter der Dienststelle beantragte Maßnahme zustande, so kann er innerhalb von zwei Wochen nach Ablauf der in § 66 Abs. 3 LPVG vorgesehenen Frist die Angelegenheit der im Verwaltungsaufbau übergeordneten Stelle, bei der eine Stufenvertretung besteht, vorlegen (§ 66 Abs. 5 Satz 1 LPVG). Der Leiter der Dienststelle unterrichtet den Personalrat, wenn er die Angelegenheit der übergeordneten Stelle vorlegt (§ 66 Abs. 5 Satz 5 LPVG). Diese Möglichkeit in der Landesverwaltung ist für den Kommunalbereich ausgeschlossen.

Damit wird das bei der unteren Landesbehörde durchgeführte Verfahren jetzt bei der Landesmittelbehörde zwischen dem dortigen Leiter und dem Bezirkspersonalrat durchgeführt. Kommt auch mit dem Bezirkspersonalrat eine Einigung nicht zustande, wird das Verfahren in der dritten Stufe anhängig, wenn nicht von der Dienststelle Abstand von der ursprünglich beabsichtigten Maßnahme genommen wird. Der Leiter der obersten Landesbehörde (i. d. R. der Fachminister oder die Fachministerin) beantragt beim Hauptpersonalrat die Zustimmung. Kommt keine Einigung zustande, so ist auf Antrag des Leiters der obersten Landesbehörde das Einigungsverfahren vor der Einigungsstelle einzuleiten.

Bei jeder obersten Dienstbehörde wird für die Dauer der Wahlperiode der Personalvertretung eine **Einigungsstelle** gebildet (§ 67 Abs. 1 Satz 1 LPVG). Sie besteht aus einem unparteiischen Vorsitzenden, seinem Stellvertreter und Beisitzern (§ 67 Abs. 1 Satz 2 LPVG). Die Mitglieder der Einigungsstelle sind **unabhängig** und üben ihre Tätigkeit als Ehrenamt in eigener Verantwortung aus (§ 67 Abs. 2 Satz 1 LPVG). Die Sitzungen der Einigungsstelle sind nicht öffentlich (§ 67 Abs. 4 Satz 1 LPVG). Die Zusammensetzung der Einigungsstelle regelt § 67 Abs. 3 LPVG und das Abstimmungsverfahren § 67 Abs. 5 LPVG. Die Einigungsstelle wird tätig in der Besetzung mit dem Vorsitzenden und sechs Beisitzern, die auf Vorschlag der obersten Dienstbehörde und Personalvertretung je zur Hälfte aus dem Kreis der von ihnen benannten Beisitzer entnommen werden. Entscheidungen werden durch Beschluss gefasst. Anträgen der Beteiligten kann sie auch teilweise entsprechen. Der Beschluss muss sich im Rahmen der geltenden Rechtsvorschriften, insbesondere das Haushaltsgesetzes, halten. Die Einigungsstelle ist beschlussfähig, wenn der Vorsitzende und drei Beisitzer anwesend sind. Der Beschluss wird mit Stimmenmehrheit gefasst, er ist zu begründen und den Beteiligten als Beschlussempfehlung zuzustellen.

12.4.2 Beteiligungsverfahren im Rahmen der Mitbestimmung in Gemeinden, Gemeindeverbänden und der sonstigen der Aufsicht des Landes unterstehenden Körperschaften, Anstalten und Stiftungen des öffentlichen Rechts

Das Verfahren in der Kommunalverwaltung entspricht im Wesentlichen dem in der Landesverwaltung geschilderten Verfahren. Allerdings entfällt das Stufenverfahren (vgl. § 66 Abs. 5 Satz 1 LPVG) durch Vorlage an die im Verwaltungsaufbau übergeordnete Stelle, da es eine solche im Kommunalbereich nicht gibt. Hier setzt das Verfahren direkt vor der Einigungsstelle ein, wenn im Erörterungstermin die gewünschte Einigung nicht erzielt wird und auf die Durchführung der Maßnahme nicht verzichtet werden soll.

Für Maßnahmen im Beamtenbereich, in denen die Einigungsstelle nach § 66 Abs. 7 Satz 4 LPVG lediglich eine Empfehlung an die zuständige Stelle beschließen kann, entscheidet bei Beschäftigten der Gemeinden, der Gemeindeverbände und der sonstigen der Aufsicht des Landes unterstehenden Körperschaften, Anstalten und Stiftungen des öffentlichen Rechts deren verfassungsmäßig zuständiges oberstes Organ oder der von ihm bestimmte Ausschuss endgültig (vgl. § 68 Satz 1 Nr. 2 LPVG).

Geht die Initiative für eine Maßnahme nicht vom Leiter einer Dienststelle, sondern vom Personalrat aus, ist das Verfahren ebenfalls wie oben geschildert abzuwickeln. Bei Anträgen in allen personellen, sozialen, organisatorischen und sonstigen innerdienstlichen Angelegenheiten, die Maßnahmen nach § 72 Abs. 1 LPVG zum Gegenstand haben, kommt es aber nicht zum Beschluss durch die Einigungsstelle, sondern in Gemeinden, Gemeindeverbänden und bei sonstigen der Aufsicht des Landes unterstehenden Körperschaften, Anstalten und Stiftungen des öffentlichen Rechts entscheidet der Leiter der Dienststelle endgültig (vgl. § 66 Abs. 6 LPVG).

12.4.3 Beteiligungsverfahren im Rahmen der Mitwirkung

Das Verfahren im Bereich der Mitwirkungsrechte des Personalrats ist in § 69 LPVG geregelt. Soweit danach der Personalrat an Entscheidungen mitwirkt, ist die vom Leiter der Dienststelle beabsichtigte Maßnahme zwischen ihm und dem Personalrat mit dem Ziel einer Verständigung rechtzeitig und eingehend zu erörtern. Werden wegen einer beabsichtigten Maßnahme innerhalb von zwei Wochen nach der Erörterung keine Einwendungen erhoben, gilt die Maßnahme als gebilligt. Werden dagegen Einwendungen erhoben, so sind die Gründe dafür mitzuteilen. Entspricht die Dienststelle Einwendungen des Personalrats nicht oder nicht im vollen Umfang, so teilt sie ihm ihre Entscheidung unter Angabe der Gründe schriftlich mit (vgl. § 69 Abs. 2 Satz 3 LPVG).

In der Landesverwaltung kann der Personalrat einer nachgeordneten Behörde innerhalb von zwei Wochen nach Zugang der Mitteilung über die Nichtberücksichtigung der Einwendungen die Entscheidung der im Verwaltungsaufbau übergeordneten Stelle, bei der eine Stufenvertretung besteht, beantragen. Eine Abschrift des Antrags leitet der Personalrat dem Leiter der Dienststelle zu. Die im Verwaltungsaufbau übergeordnete Stelle entscheidet nach Verhandlungen mit der bei ihr bestehenden Stufenvertretung endgültig (vgl. § 69 Abs. 3 Satz 2 LPVG).

Werden in einer Gemeinde, einem Gemeindeverband oder einer sonstigen der Aufsicht des Landes unterstehenden Körperschaft, Anstalt oder Stiftung des öffentlichen Rechts Einwendungen des Personalrats von der Dienststelle nicht oder nicht in vollem Umfang berücksichtigt, kann der Personalrat die Entscheidung des verfassungsmäßig zuständigen obersten Organs oder des von ihm bestimmten Ausschusses beantragen (vgl. § 69 Abs. 6 LPVG).

12.5 Rechtsfolgen von Verfahrensfehlern

Das Landespersonalvertretungsgesetz sieht Rechtsfolgen für den Fall von Verfahrensfehlern im Beteiligungsverfahren selbst nicht vor. Mangels spezieller Regelungen ist auf die Vorschriften des Landesbeamtengesetzes und auf die allgemeinen Regelungen des Verwaltungsverfahrensrechts unter Beachtung der beamtenrechtlichen Besonderheiten zurückzugreifen.

Die Rechtswidrigkeit von Entscheidungen kann unterschiedliche Ursachen haben. So sind beispielsweise Vorschriften des Mitbestimmungsverfahrens verletzt, wenn das Mitbestimmungsverfahren vom Personalrat nicht ordnungsgemäß durchgeführt worden ist, obwohl die Dienststelle ihn ordnungsgemäß beteiligt hat.

Eine Verletzung des Mitbestimmungsverfahrens liegt auch vor, wenn der Personalrat oder eine zuständige Stufenvertretung vorsätzlich oder versehentlich vom Leiter der Dienststelle nicht beteiligt worden ist, obwohl die Zustimmung (vgl. § 72 Abs. 1 Satz 1 und § 66 Abs. 1 LPVG) zwingend erforderlich gewesen wäre. Gleiches gilt für den Fall, dass eine Maßnahme durchgeführt wird, obwohl der Personalrat seine Zustimmung in einem ordnungsgemäß durchgeführten Verfahren verweigert hat und im weiteren Verfahrensablauf die erforderliche Entscheidung der Einigungsstelle nicht eingeholt worden ist. In allen Fällen sind die Rechtsfolgen aus beamtenrechtlicher Sicht danach zu beurteilen, welchen Rechtscharakter die Maßnahme im Einzelfall hat. Zu unterscheiden ist daher zwischen Verwaltungsakten i. S. des § 35 Satz 1VwVfG NRW, Anordnungen im innerdienstlichen Bereich und sonstigen rechtsgeschäftlichen Handlungen.

Eine Maßnahme ist **nicht nichtig**, wenn der ihr zugrunde liegende Verwaltungsakt nicht unter Beachtung des ordnungsgemäßen Beteiligungsverfahrens zustande gekommen ist. Ein solches Versäumnis ist nicht als ein besonders schwerwiegender Fehler i. S. des § 44 Abs. 1 VwVfG NRW einzustufen. Der Verwaltungsakt ist auch **nicht schon deshalb nichtig**, weil die nach einer Rechtsvorschrift erforderliche Mitwirkung einer anderen Behörde unterblieben ist (vgl. § 44 Abs. 2 Nr. 4 VwVfG NRW). Da nur ein nichtiger Verwaltungsakt unwirksam ist (vgl. § 43 Abs. 3 VwVfG NRW) bleibt er, solange und soweit er nicht zurückgenommen, widerrufen, anderweitig aufgehoben oder durch Zeitablauf oder auf andere Weise erledigt ist, wirksam (vgl. § 43 Abs. 2 VwVfG NRW).

Der ohne die nach § 66 Abs. 1 LPVG vorgeschriebene Mitbestimmung zustande gekommene Verwaltungsakt ist anfechtbar. Dies gilt allerdings nicht für gebundene Entscheidungen[14]. Die Anfechtung des Verwaltungsaktes ist nur durch den in seinen Rechten verletzten Beschäftigten, nicht aber durch den Personalrat möglich, der selbst nicht durch die Entscheidung in seinen Rechten verletzt sein kann, sondern nur durch die Art und Weise des Zustandekommens des Verwaltungsaktes. Der Personalrat kann ggf. in einem Beschlussverfahren nach § 79 Abs. 1 Nr. 3 Alternative 1 LPVG vom Verwaltungsgericht die Rechtswidrigkeit wegen fehlender Beteiligung feststellen lassen. Die Feststellung der Rechtswidrigkeit berührt jedoch nicht die Bestandskraft des Verwaltungsaktes oder der sonstigen Entscheidung.

Gleiches gilt für den Fall der fristlosen Entlassung von Beamten auf Probe oder auf Widerruf. Vor der Entlassung ohne Einhaltung einer Frist ist dem Personalrat Gelegenheit zur Stellungnahme zu geben (vgl. § 74 LPVG). Auch in einem solchen Fall kann der fehlerhafte aber nicht nichtige Verwaltungsakt nur von dem zur Entlassung anstehenden Beamten angefochten werden.

Schließlich stellt sich die Frage, ob der Beamte bei einem für ihn ungünstig ausgegangenen Beteiligungsverfahren (der Personalrat stimmt seiner vom Dienststellenleiter vorgeschlagenen Ernennung mehrheitlich nicht zu) die Möglichkeit der Anfechtung des Beschlusses des Personalrates hat. Die Durchführung des Mitbestimmungsrechts hat ausschließlich internen Charakter und entfaltet keine direkte Auswirkung gegenüber betroffenen Beschäftigten. Die Anfechtung eines Beschlusses durch den von der Maßnahme betroffenen Beamten ist daher nicht möglich.

---

[14] BVerwG, Beschluss vom 20.12.2010, 2 B 39/10, juris Langtext Rn. 6 = ZTR 2011, 196.

Verfahrensfehler im Beteiligungsverfahren können auch im Zusammenhang mit innerdienstlichen Anordnungen eintreten. Die Anfechtung einer Maßnahme, die trotz Rechtsverletzung im Beteiligungsverfahren getroffen wird, scheidet grundsätzlich aus. Der Beamte ist verpflichtet, nach § 35 Satz 2 BeamtStG Anordnungen seiner Vorgesetzten auszuführen und ihre allgemeinen Richtlinien zu befolgen (vgl. Ausführungen zu 8.1.1.2.3). Hiervon darf er nur abweichen, wenn einer der besonderen Ausschlusstatbestände nach § 35 Abs. 2 Satz 3 BeamtStG (Straftatbestand, Ordnungswidrigkeit, Verletzung der Menschenwürde) vorliegt. Insofern unterliegt eine solche Entscheidung, wie in allen anderen Fällen, in denen die Grundlage der innerdienstlichen Anordnung in einem ordnungsgemäß durchgeführten Beteiligungsverfahren zustande gekommen ist, nur dann einer gerichtlichen Überprüfung, wenn sie unmittelbar Rechte und Pflichten begründet, die das sog. Grundverhältnis des Beamten betreffen.

Bei sonstigen rechtsgeschäftlichen Handlungen des Dienstherrn ist zwischen Rechtsgeschäften und einseitigen Willenserklärungen zu unterscheiden.

Als Rechtsgeschäft könnte der Abschluss eines Darlehnsvertrages (sog. Arbeitgeberdarlehn) in Betracht kommen. Der Personalrat hat nach § 72 Abs. 2 Nr. 1 LPVG in sozialen Angelegenheiten wie der Gewährung von Darlehn an Beschäftigte mitzubestimmen. Da die Maßnahme der Mitbestimmung unterliegt, kann sie nur mit Zustimmung des Personalrates getroffen werden (§ 66 Abs. 1 LPVG). Fehlt die Zustimmung oder ist das Beteiligungsverfahren nicht durchgeführt worden, ist der Darlehnsvertrag solange schwebend unwirksam (§§ 182 ff. BGB), wie der Verfahrensfehler nicht behoben worden ist. Der Personalrat müsste zur Wirksamkeit des Vertrages nachträglich seine Zustimmung erteilen; versagt er sie, ist der Vertrag unwirksam.

Als Beispiel einer rechtsgestaltenden einseitigen Willenserklärung gegenüber Beamten kommt die Kündigung der Dienstwohnung in Betracht, die der Zustimmung des Personalrats nach § 72 Abs. 2 Nr. 2 LPVG bedarf. Würde der Dienstherr dem Beamten die Wohnung ohne die erforderliche Zustimmung des Personalrates kündigen, ist die Kündigung nichtig, da schwebende Unwirksamkeit bei dieser Art von Rechtsgeschäften nicht vorgesehen ist.

Vorschriften des Landespersonalvertretungsgesetzes können auch durch einen fehlerhaften Beschluss im Beteiligungsverfahren durch den Personalrat verletzt werden. Der Personalrat hat sich beispielsweise bei Ermessensentscheidungen an den Rahmen zu halten, den das Gesetz vorgibt. Eine Entscheidung nach freiem Ermessen wäre unzulässig. Überschreitet er bewusst die Grenze oder macht von seinem Ermessen in einer vom Gesetz nicht gedeckten gröblichen Weise Gebrauch, liegt Ermessensmissbrauch vor und die Maßnahme ist rechtswidrig. Geschieht dieses in mitbestimmungsbedürftigen Angelegenheiten, so kann die Entscheidung im Beschlussverfahren nach § 79 LPVG aufgehoben werden.

Stichwortverzeichnis

Die Zahlen verweisen auf die Seiten.

Aberkennung des Ruhegehaltes 462
Abhilfebescheid 531
Ablauf der Amtszeit 479
Abordnung 296, 539
  Beteiligung des Personalrates 301
  formelle Voraussetzungen 300
  materielle Voraussetzungen 302
  nach dem Beamtenstatusgesetz 299
  nach dem Landesbeamtengesetz 298
Abschluss des Arbeitsvertrages 197
Abstieg 265
abstrakt-funktionelles Amt 53
Achtungs- und Vertrauenswürdigkeit 340
achtungswürdiges Verhalten 340
Akteneinsicht 223
Alimentationsprinzip 29, 403
Altersbeförderung 171
Altersteilzeit 332
Altersvoraussetzungen 142
Amt 49
  im beamtenrechtlichen Sinne 50
  im funktionellen Sinne 52
  im organisationsrechtlichen Sinne 49
  im Sprachgebrauch 49
  im statusrechtlichen Sinne 51
Amt für nationale Sicherheit 323
Amt mit leitender Funktion 131, 478
Ämterbeamter 89
Ämterprinzip 229
Ämterstabilität 472
Amtsausübung 380, 381
Amtsbeamter 90
Amtsbezeichnung 380, 382
amtsbezogene Rechte 380
Amtsführung 370
amtsgemäßer Aufgabenbereich 284
Amtshaftung 35, 46
Amtspflichtverletzung 448
Amtsträger 47
Amtsunwürdigkeit 200
Amtswalterverhältnis 52
Amtswürdigkeit 140
Amtszeit von Juniorprofessoren 480
Amtszulagen 418
anderer Bewerber 89, 242
andere Einrichtung 307
Änderung des funktionellen Amtes 283
Anfechtbarkeit wegen Irrtums 98
Anfechtbarkeit wegen Täuschung o. Drohung 98
Anfechtungsentscheidung 526
Anfechtungsklage 529, 529
Anhörung 366, 485, 506

Anordnung der Fortdauer des
  Beamtenverhältnisses 476
Anrufung des Bundesverfassungsgerichts 535
Anrufung des Datenschutzbeauftragten 522
Anrufung des Finanzgerichts 534
Anrufung des Zivilgerichts 534
Anspruch auf ermessensfehlerfreie Entscheidung 215
Anspruch auf Ernennung 215
Anstellung 382
Antidiskriminierungsstelle des Bundes 476
Anträge 519
Antragsaltersgrenze 511
Anwärterbezüge 405, 421
Anwärtergrundbetrag 421
Anzeigepflicht 357
Arbeitnehmer 43, 48
Arbeitsplatzschutzgesetz 251
Arbeitszeit 328, 347
arglistige Täuschung 198
Art der Probezeit 246
Aufbauveränderung einer Behörde 512
Aufgaben des Personalrates 546
Auflösung der Beschäftigungsbehörde 493
Auflösung oder Umbildung von Behörden 290, 512
Aufrechnung 452
Aufsichtsbeschwerde 519
Aufstieg 258
  formelle Voraussetzungen 187
  im Polizeivollzugsdienst 264
  in bestimmte Aufgabenbereiche 262
  von der Laufbahngruppe 1 in die Laufbahngruppe 2 258
Aufstiegsbeamter 87
Ausbildungsaufstieg 259
Ausbildungsmonopol 217
Ausgleich dienstlicher Sonderbelastungen 431
ausländische Staatsangehörigkeit 116
Aussagegenehmigung 352
Außergerichtliche Rechtsbehelfe 519
Auswahlverfahren 263, 264
Auszubildendenversammlung 540
Auszubildendenvertretung 541

Beamter
  als Grundrechtsträger 18
  bei den Justizvollzugsanstalten 94
  besonderer Fachrichtung 86
  des feuerwehrtechnischen Dienstes 94
  des Landesrechnungshofs 91
  des Landtags 91
  im haftungsrechtlichen Sinne 45

im staatsrechtlichen Sinne 43
im strafrechtlichen Sinne 47
mit besonderer Rechtsstellung 91
Beamtenbegriff 42
Beamtenbundesrecht 38
Beamtenpflichten 316
Beamtenrechte
   Verlust 498
Beamtenverhältnis
   Art 65
   auf Lebenszeit 68
   auf Probe 76
   auf Widerruf 81
   auf Zeit 69
   Beendigung 472
   Rechtsnatur 65
   Unterscheidung nach dem Dienstherrn 65
   Unterscheidung nach dem Haushaltsrecht 90
   Unterscheidung nach dem Umfang der Bindung 83
   Unterscheidung nach dem wahrzunehmenden Amt 89
   Unterscheidung nach der Dauer der Bindung 67
   Unterscheidung nach der Intensität der Bindung 67
   Unterscheidung nach der Laufbahn 84
Beamtenversorgung 422
Bedienstete der öffentlichen Verwaltung 42
Beendigung des Beamtenverhältnisses 472
Befähigung 20, 133, 136, 189, 233, 295
Befähigungserwerb
   durch Zuerkennung 87
   von Aufstiegsbeamten 87
Befähigungserwerb für Laufbahnbewerber 233
Beförderung
   materielle Voraussetzungen 166
   Zuständigkeit 160
Beförderungsamt 166, 230, 410
Beförderungsgrundsätze 175
Beförderungssperre 460
Beförderungsverbote 167
begrenzte Dienstfähigkeit 424, 510, 544
Begründung des Beamtenverhältnisses 101
   formelle Voraussetzungen 102
Behördenstruktur 57
Beigeordneter
   Abberufung 75
   in Gemeinden und Gemeindeverbänden 73
Beihilfe 395, 435
Beihilfenverordnung 436
Benachteiligungsverbot 330
Beratung und Unterstützung der Vorgesetzten 337
berufliche Entwicklung innerhalb der Laufbahngruppe 2 271
Berufung 537
Beschäftigte 537

Beschwerde 523
Beschwerderecht 343, 403
Beschwerdeweg 518
Besoldung 405, 407
   Besoldungsgruppe 408, 409
   Eingangsamt 410
   Grundgehalt 411
Besoldungsordnung W 409
besoldungsrechtliche Auswirkungen 183
besondere Fachrichtung 239
Bestechlichkeit 499
Bestechung 199
Bestimmungsfaktoren der Laufbahn 229
Beteiligung
   der Gleichstellungsbeauftragten 156, 163, 180, 188
   der Personalvertretung 541
   der Schwerbehindertenvertretung 163, 180, 188
   des Landespersonalausschusses 113, 163, 181, 188
   des Personalrates 112, 156, 163, 180, 188
   des zu ernennenden Beamten 109, 155, 180
   unterlegener Mitkonkurrenten 110, 161
Beteiligungsfähigkeit 528
Beurlaubungszeit 249
Beurteilung 398
Bevollmächtigung 528
Bewahrung vor Schaden 370
Bewerbungsverfahrensanspruch 106
Bezirkspersonalrat 540
Bundesbeamter 66
Bundesnetzagentur 476
Bundespersonalgesetz 9
Bundesrecht 37
Bürgermeister 60
   Abwahl 73
   Altersgrenze 73
   Wahl 71

Carl Severing 5, 9
charakterliche Eignung 134
Code civil 3

Datenschutzbeauftragter 522
Dauer
   der hauptberuflichen Tätigkeit 240
   der Probezeit 246
   des Ausbildungsaufstiegs 260
dauernder Ruhestand 517
Deputatsregelung 329
Deutsche Bundesbank 476
Deutsche Staatsangehörigkeit 123
Dienst- und Treueverhältnis 316
Dienstaufsichtsbeschwerde 519
Dienstbefreiung 392
Dienstbehörde 56
Dienstbezeichnung 380, 382

Dienstbezüge 405, 407
Diensteid 347, 349
Dienstenthebung 381
Dienstgeschäfte
  Verbot 397
Dienstherrnfähigkeit 54, 119
Dienstherrnwechsel 287
Dienstkleidung 353, 384
Dienstleistungspflicht 334, 349
Dienstposten 53
Dienstrechtsmodernisierungsgesetz 224
Dienstrechtsreformgesetz 1997 25
Dienstreise 373
Dienststelle 537
Dienstunfähigkeit 350, 424, 507, 510
Dienstunfall 430
Dienstvergehen 317, 446
dienstvorgesetzte Stelle 59
Dienstweg 343
Dienstzeugnis 402
Direktor des Landschaftsverbandes 61
Diskriminierungsverbot 106
Disziplinargericht 538
Disziplinarmaßnahme 396
disziplinarrechtliche Beförderungsverbote 174
Disziplinarverfügung 466
Disziplinarvorgang 396
DKP 322

Ehrenbeamter 92
Ehrenbeamtenverhältnis 83
Eigenschäden des Dienstherrn 449
Eignung 20, 133, 134, 189
Eignungsprinzip 20
Eilbeförderung 170
Eingriffsverwaltung 23
Einheitslaufbahn 51, 227, 229
Einigungsstelle 554
Einigungsvertrag 323
Einstellung 101
einstweiliger Ruhestand 511, 517
Einverständnis des aufnehmenden Dienstherrn 293
Entfernung 472
  aus dem Beamtenverhältnis 462, 501
  auf Verlangen 488
  Beteiligung der Gleichstellungsbeauftragten 486
  Beteiligung der Schwerbehindertenvertretung 486
  Beteiligung des Personalrates 486
  formelle Voraussetzungen 484
  Frist 485
  kraft Gesetzes 473
  materielle Voraussetzungen 486
  Rechtsfolgen 481, 516
  Verfahren 480, 485
  von Beamten mit leitender Funktion 478
  Zuständigkeit 480, 485
Entlassung
  durch fakultativen Verwaltungsakt 491
  durch Verwaltungsakt 482
  von Beamten auf Widerruf 494
Entlassungsverfügung 485
entsprechende Laufbahn 269
Erholungsurlaub 385, 387
Erklärung zur Verfassungstreue 129
Erklärungsirrtum 98
Ermessensentscheidung 369
Ernennung 96
  als formbedürftiger Verwaltungsakt 98
  als mitwirkungsbedürftiger Verwaltungsakt 97
  als rechtsgestaltender Verwaltungsakt 96
  als Verwaltungsakt 96
  als zustimmungsbedürftiger Verwaltungsakt 97
  Altersvoraussetzungen 142
  Anspruch 215
  Bedeutung 96
  Begriff 96
  Beteiligung der Aufsichtsbehörde 114
  Beteiligung der Bezirksregierung 114
  Beteiligung der Gleichstellungsbeauftragten 156, 163, 180, 188
  Beteiligung der Schwerbehindertenvertretung 163, 180, 188
  Beteiligung des Landespersonalausschusses 113, 156, 163, 181, 188
  Beteiligung des Personalrat 156
  Beteiligung des Personalrates 112, 163, 180, 188
  Beteiligung des zu ernennenden Beamten 109, 155, 161, 180, 187
  haushaltsrechtliche Voraussetzungen 121, 157, 166, 181, 189
  Mängel 190
  materielle Voraussetzungen 119
  Nichtigkeit 192
  Rangherabsetzung 179
  Rechtsnatur 96
  Rücknahme 197
  Umwandlung 154
  Verfahrensrechte 221
  Verleihung eines anderen Amtes 158
  Wirksamkeit 99
  Zuständigkeit 102, 155, 160, 180, 187
Ernennungsfälle 100
  Voraussetzungen 101
Ernennungsurkunde 116, 156, 165, 180, 189
  Unterzeichnung 117
Erprobung 272
Ersatzleistungen des Dienstherrn 450
Erstattungsanspruch 453
Erziehungsurlaub 385, 387

Stichwortverzeichnis

Fachaufsichtsbeschwerde 519
fachliche Leistung 20, 133, 137, 189
Fachrichtung 229, 232, 257, 295
Fähigkeit zur Bekleidung öffentlicher Ämter 137, 194, 500
Familienzuschlag 417, 427
Feststellungswiderspruch 527
Finanzrechtsweg 535
Folgenbeseitigungsanspruch 470
formalisiertes Auswahlverfahren 109
Fortbildung 380, 383
Frauenförderung 377
freie Heilfürsorge 439
Freiheitlich demokratische Grundordnung 128, 320
Freizügigkeit 18
Fremdschäden 448
Friedensverrat 499
Führung der Personalakte 394
funktionelles Amt 53, 283
funktionsgerechte Besoldung 408
Funktionsvorbehalt 1, 22
Fürsorgepflicht 32, 365, 367

Gefährdung
  der äußeren Sicherheit 499
  des demokratischen Rechtsstaates 499
Gegenäußerung 400
Gegenvorstellung 520
Gehaltskürzung 460
Gehaltsvorschuss 440
Gehorsamspflicht 327, 337
geistige Eignung 134
Geldbuße 456, 460
gerechte und wohlwollende Behandlung 369
gerichtliche Rechtsbehelfe 532
Gesamtpersonalrat 541
Geschäftsplanänderung 306
Geschichte des Beamtenrechts 1
Gesetz zur Wiederherstellung des Berufsbeamtentums 7
Gesetzmäßigkeit der Verwaltung 321
Gesunderhaltungspflicht 334
gesundheitliche Eignung 135
Gewaltenteilung 321
Gleichbehandlungsgesetz 374
Gleichheitsprinzip 22
Gleichstellungsbeauftragte 111
Gleichstellungsgesetz 377
Gnadengesuch 522
Gnadenrecht 523
Grundamtsbezeichnung 231, 382
Grundgehalt 409, 411

Haftungsprivileg 35, 46
Handlungsfähigkeit 528
Hauptberufliche Bindung 34
Haupt-Landes-Pragmatik 3

Hauptpersonalrat 540
haushaltsrechtliche Voraussetzungen 121
Heilfürsorge 439
Herausgabeanspruch 457
Hergebrachte Grundsätze des Berufsbeamtentums 24
Hinterbliebenenversorgung 424, 430
Höchstalter
  Ausnahmen 115, 143, 147, 148
  Überschreitung 115
  Voraussetzungen
Hochverrat 499
hoheitsrechtliche Befugnisse 22, 120

Ineligibilität 148
Inhalt des Ausbildungsaufstiegs 260
Inhaltsirrtum 98
Inkompatibilität 148, 466

jährliche Sonderzahlung 435
Jugend- und Auszubildendenvertretung 540
Jugendarbeitsschutzgesetz 328
Jugendversammlung 540
Jugendvertretung 541

Kirchenbeamte 48
Klagerecht 403
Koalitionsfreiheit 18
Koalitionsrecht 36
Kommunalbeamte 67, 91
kommunale Wahlbeamte 26, 93
kommunale Zweckverbände 55
konkret-funktionelles Amt 53
körperliche Unversehrtheit 18
Krankheitszeit 249
Kreisdirektor
  Abberufung 76
Kürzung
  der Dienstbezüge 491
  der laufbahnrechtlichen Probezeit 246
  der Probezeit 248, 249
  des Ruhegehaltes 462

Landesbeamte 66, 90
Landesbeamtenversorgungsgesetz 423
Landesbeauftragter für den Datenschutz 526
Landesgleichstellungsgesetz 111
Landespersonalausschuss 62, 113
Landesrecht NRW 39
Landesverrat 499
Landrat
  Abwahl 73
  Altersgrenze 73
  Wahl 71
Laufbahn
  Bestimmungsfaktoren 229
  der Polizeivollzugsbeamten 227
Laufbahnabschnitte 231

Laufbahnbewerber 85, 233
  als Beamte besonderer Fachrichtung 86
  als EU-Staatsangehörige 88
  mit Vorbereitungsdienst u d Prüfung 85
Laufbahnen
  besonderer Fachrichtung 239
  mit Vorbereitungsdienst 235
Laufbahngruppen 27, 229
Laufbahngruppenprinzip 229
Laufbahnprinzip 27
Laufbahnprüfung 261
Laufbahnrecht 224
laufbahnrechtliche Aufstiegsvoraussetzungen 190
laufbahnrechtliche Probezeit 245
Laufbahnsystem 231
Laufbahnwechsel 257
  in ein nichtstatusgleiches Amt 258
  in ein statusgleiches Amt 267
Lebenszeitprinzip 25
Legalitätsgrundsatz 35
Lehr- oder Forschungsaufgaben 357
Leistungsanreiz 414
Leistungsprämie 414, 420
Leistungsprinzip 20, 27, 28, 224
Leistungsstufen 27
Leistungsstufenverordnung 413
Leistungsverwaltung 23
Leistungswiderspruch 531
Leistungszulagen 27, 420
leitende Funktion 131
  auf Zeit 132
Lösungsfunktion 457

Mängel der Ernennung 190
Mangelnde Bewährung 492
Masterstudium 273
Mehrarbeit 328
Mehrarbeitsvergütung 433
Mehrparteienprinzip 321
Meinungsäußerung 18
mnderjährige Bewerber 98
Mindestdauer des Vorbereitungsdienstes 237
Ministerium für Staatssicherheit 323
Missbilligung 456
Mitbestimmung 542
  Abordnung 543
  Anstellung 543
  Aufstieg 543
  Beförderung 543
  Beurteilungsrichtlinien 546
  Entlassung 544
  Fortbildung 546
  Laufbahnwechsel 543
  Mehrarbeit 546
  Nebentätigkeit 544
  Probezeit 543
  Reaktivierung 544

Ruhestand 544
Umsetzung 543
Versetzung 543
Zuweisung 543
Mitbestimmungsverfahren 549
Mitwirkung 551
modulare Qualifizierung 271
Mutterschaftsgeld 436
Mutterschutz 376

Nachversicherung 426, 455
Naturalrestitution 448
Nebenamt 335, 355
Nebenbeschäftigung 335, 355
Nebenstelle 541
Nebentätigkeit 335, 355
Nebentätigkeitsanzeige 357
Nebentätigkeitsgenehmigung 359
Nebentätigkeitsverordnung 355
Negativattest 74
Neutralitätspflicht 18, 318, 319, 324
Neutralitätsprinzip 28
Nichtbefolgen einer Übernahmeverfügung 489
Nichtbestehen der Laufbahnprüfung 266, 477
Nichtbewährung 251
  in der Probezeit 266
Nichterfüllung einer versorgungsrechtlichen Wartezeit 487
Nichternennung 191
Nichtigkeit der Ernennung 192
Nichtvermögenswerte Rechte 366
NPD 322

Oberste Dienstbehörde 56
  Aufgaben 58
  Zuständigkeiten 59
Oberste Landesbehörden 57, 105
Öffentliche Einrichtung 307
Ordnungsfunktion 457
Organe des Dienstherrn 54, 56
Organisation der Personalvertretung 540
Organisationsverfügung 306

Personalakte 394
Personalhoheit 23
Personalrat 538
  Aufgaben 542
  Beschlussverfahren 552
  Beteiligung 541
  Mitbestimmung 553
  Organisation 540
  Recht auf Anhörung 547
  Recht auf Beteiligung 548
  Wahl 539
  Zusammensetzung 539
Personalversammlung 540
Personalvertretungsrecht 536
Petitionen 520

Stichwortverzeichnis

Pflicht
  zu achtungs- und vertrauenswürdigem Verhalten 340
  zur Leistung von Mehrarbeit 329
  zum Dienst am ganzen Volk 318
  zum Eintreten für die freiheitlich demokratische Grundordnung 320
  zum Gehorsam 337
  zum Tragen von Dienstkleidung 353
  zur Dienstleistung 349
  zur Einhaltung des Dienstweges 343
  zur Fortbildung 335
  zur gerechten, unparteiischen und uneigennützigen Amtsführung 336
  zur Mäßigung und Zurückhaltung 324
  zur Verschwiegenheit 351
  zur vollen Hingabe im Beruf 327
  zur Wohnsitznahme 360
Pflichten
  außerhalb des Dienstes 343
  des Beamten 316
  innerhalb des Dienstes 327
  politischer Art 318
Pflichtverletzung 446
  durch den Dienstherrn 468
Planstelleneinweisung 119, 156, 165, 181, 189
politische Beamte 95
Polizeidiensttauglichkeit 135
Polizeidienstunfähigkeit 425
Polizeivollzugsbeamte 92
Preußenschlag 6
Preußisches Allgemeines Landrecht 3
Probezeit 245
  Kürzung 246, 247, 248, 249
  Nichtberücksichtigung von Zeiten 249
  Nichtbewährung 251, 266
  Verlängerung 251
  Verlängerung nach sondergesetzlichen Bestimmungen 251
Probezeit im Polizeivollzugsdienst 252
Professor 94
Prüfung 261

Qualifizierungsaufstieg 261

Rangherabsetzung 179, 309
  besoldungsrechtliche Auswirkungen 183
  formelle Voraussetzungen 180
  materielle Voraussetzungen 181
Recht am Amt 284
Recht auf Amtsausübung 380
Recht auf Fortbildung 383
Recht auf Führung der Amts- und Dienstbezeichnung 382
Recht auf Fürsorge und Schutz 367
Rechtsbehelfe 518
Rechtsfolgen
  der Entlassung 481
  der Nichtigkeit 196
  der Rücknahme 202
Rechtsquellen des Beamtenrechts 17
Rechtsschutz 368, 518, 527
Rechtsstellung des Beamten 316
Regellaufbahn 229
Regellaufbahnbewerber 235
Reichsbeamtengesetz 4
Reichsdienststrafordnung 7
Reichsverfassung von 1849 4
Reisekosten 431
Remonstration 338, 520
Rückforderung von Bezügen 453
Rückforderungsbescheid 454
Rücknahme
  Rechtsfolgen 202
  der Ernennung 197
Rücknahmeverfahren 202
Ruhegehalt 424, 427
ruhegehaltfähige Dienstbezüge 427
ruhegehaltfähige Dienstzeiten 428
Ruhestand 502
  Antrag 511
  Begrenzte Dienstfähigkeit 510
  Beteiligung der Gleichstellungsbeauftragten 507
  Beteiligung der Schwerbehindertenvertretung 507
  Beteiligung des Personalrates 506
  Dienstunfähigkeit 507
  Eintritt durch Verwaltungsakt 505
  Formelle Voraussetzungen 505
  Kraft Gesetzes 502
  Materielle Voraussetzungen 507
  Rechtsfolgen 517

Schadensersatz 373, 434, 448, 471
Schädigung
  des Eigentums 450
  des Vermögens 450
  eines Dritten 451
  eines Mitbeamten 450
Schutz der Gesundheit 371
Schweigepflicht 339
Schwerbehinderter 377
Schwerbehindertenvertretung 113, 521
Selbstreinigungsverfahren 464, 522
sxuelle Belästigung 374
  am Arbeitsplatz 350
Sonderbelastung 435
Sonderlaufbahn 229, 230
Sonderurlaub 385, 388
Sonderurlaubsverordnung 388
Sonderzuwendung 435
Sozialgericht 534
Spezialisierung 263, 276
Sprungbeförderung 171

Staatsangehörigkeit 122
   eines Mitgliedstaates der Europäischen Union
   126, 127
Staatssicherheitsdienst 323
Statthaftigkeit 526
statusberührende Versetzung 290
statusrechtliches Amt 53
Stellenausschreibung 21, 106, 160, 221
Stellenzulagen 418
strafrechtliche Folgen von Pflichtverletzungen
   468
Streikverbot 18, 332

Tarifvertrag 197
Teilzeitbeschäftigung 84, 330
   Altersteilzeit 332
   Aus familienpolitischen Gründen 331
   Voraussetzungslose Teilzeitbeschäftigung 330
Tilgungsvorschriften 398
Trennungsentschädigung 433
Treuepflicht 18, 33, 316

Übergangsgeld 424
Übernahmeverpflichtung 309
Umfang der Schadensersatzpflicht 448
Umsetzung 286, 303
   Beteiligung des Personalrates 305
   Formelle Voraussetzungen 304
Umwandlung
   Materielle Voraussetzungen 157
Umwandlung eines Beamtenverhältnisses 154
Umzugskosten 432
unechte Amtsdelikte 468
uneigennützige Amtsführung 336, 360
Unfallfürsorge 424, 426, 430
unterhälftige Teilzeitbeschäftigung 250
Unterhaltsbeitrag 426
Unterstützungsgrundsätze 440
Unvereinbarkeit von Amt und Mandat 148
Urkundeninhalt 116
Urlaubsanspruch 385

Verbleib in der Leistungsstufe 415
Verbot
   der Altersbeförderung 171
   der Annahme von Belohnungen und
      Geschenken 360
   der Eilbeförderung 170
   der Führung der Dienstgeschäfte 467
   der Sprungbeförderung 171
   zur Führung der Dienstgeschäfte 380, 397
Verbrechen 137
Vereinigungsfreiheit 332
Verfahren bei Nichtigkeit 195
Verfahrensrechte im Hinblick auf die Ernennung
   221
Verfassung des Deutschen Reiches von 1871 4
Verfassungsbeschwerde 539

verfassungsrechtliche Grundlagen 17
Verfassungstreue 127, 321
Vergehen 137
Verlängerung der Probezeit 251
Verlängerung des Vorbereitungsdienstes 237
Verleihung eines anderen Amtes 158
Verlust der Beamtenrechte 455, 498
Verlust
   der Dienstbezüge 454
   der Staatsangehörigkeit 474
vermögenswerte Rechte 403
vermögenswirksame Leistung 422
Verpflichtung zur Weiterführung des Amtes 490
Verpflichtungsentscheidung 526
Verpflichtungsklage 525
Verschwiegenheit 351
Versetzung 285
   auf Antrag oder mit Zustimmung 287
   Beteiligung des Personalrates 293
   Formelle Voraussetzungen 291
   Haushaltsrechtliche Voraussetzungen 295
   Materielle Voraussetzungen 295
   nach dem Beamtenrechtsrahmengesetz 290
   nach dem Landesbeamtengesetz 287
   ohne Zustimmung 288
   Planstelleneinweisung 295
   Zuständigkeit 291
Versetzungsantrag 293
Versetzungsverfügung 294
Versorgung 422
Versorgungsabschlag 428
Versorgungsbezüge 422
versorgungsrechtliche Wartezeit 476
vertrauenswürdiges Verhalten 340
Verwaltungsrechtsweg 525
Verweis 460
Verwendungsaufstieg 262
Verwirkung von Grundrechten 500
Verzahnungsamt 230
Volkssouveränität 321
Vollzeitbeamtenverhältnis 84
Vorbereitungsdienst
   Mindestdauer 237
Vorgesetzter 62
Vorläufiger Rechtsschutz 532
Vorschriften
   über die Ausbildung und Prüfung 226
   über die Laufbahnen 225
Vortragstätigkeit 357
Vorverfahren 525

Warnung 460
Weimarer Verfassung 5
Widerspruch 523
   Aufschiebende Wirkung 530
   Ordnungsgemäße Einlegung 526
   Statthaftigkeit 526
   Zulässigkeit 525

Stichwortverzeichnis

Widerspruchsbefugnis 528
Widerspruchsbescheid 528, 530
Widerspruchsfrist 527
Widerspruchsverfahren 525
Wiederaufgreifen des Verfahrens 531
Wiedereinsetzung in den vorigen Stand 527
Wirksamkeit
   der Ernennung 99
   von Zusicherungen 220
Wochenarbeitszeit 328
Wohnsitznahme 360

Zeitraum der Qualifizierung 262
Zugangsvoraussetzungen für die Laufbahnen 234
Zulagen 418
Zurruhesetzungsverfügung 506

Zurückstufung 461
Zusammensetzung des Personalrats 539
Zusatzurlaub 386
Zusicherung 219, 365
   Formelle Voraussetzungen 219
   Materielle Voraussetzungen 220
   Wirksamkeit 220
Zustellung der Entlassungsverfügung 485
Zustimmungsbedürftigkeit
   von Ernennungen 97
Zuweisung 286, 306
Zwang 198
Zwangspensionierungsverfahren 509
Zweckverbände 55
Zweifel über die Dienstunfähigkeit 512